象山年鉴

（2020）

象山县地方志编纂委员会　编

方志出版社
Publishing House of Local Records

图书在版编目(CIP)数据

象山年鉴. 2020 / 象山县地方志编纂委员会编. —
北京:方志出版社,2020. 12
ISBN 978-7-5144-4454-4

Ⅰ. ①象… Ⅱ. ①象… Ⅲ. ①象山县—2020—年鉴
Ⅳ. ①Z525. 54

中国版本图书馆 CIP 数据核字(2020)第 238463 号

象山年鉴(2020)

编　　者:象山县地方志编纂委员会
责任编辑:罗　滔

出 版 者:方志出版社
地址　北京市朝阳区潘家园东里 9 号(国家方志馆 4 层)
邮编　100021
网址　http://www. zgfzcb. cn
发　　行:方志出版社图书经销中心
电话(010)67110500
经　　销:各地新华书店
印　　刷:福州印团网电子商务有限公司

开　　本:889×1194　　1/16
印　　张:39. 5
字　　数:1503 千字
版　　次:2020 年 12 月第 1 版　　2020 年 12 月第 1 次印刷
印　　数:001~600 册

ISBN　978-7-5144-4454-4　　定价:128. 00 元

象山县地方志编纂委员会

名誉主任　潘银浩

主　　任　包朝阳

副 主 任　陈兴立

象山县地方志编纂委员会办公室

主　　任　袁亦林

副 主 任　吴家唯

《象山年鉴(2020)》编辑部

主　　编　吴家唯

副 主 编　沈学东

编　　辑(以姓氏笔画为序)

厉　攀　白炎根　史复明　张利民　陈洪杰

邵　鹏　金华勇　盛繁国

校　　对　许土根

编 辑 说 明

一、《象山年鉴》以马克思列宁主义、毛泽东思想、邓小平理论、“三个代表”重要思想、科学发展观、习近平新时代中国特色社会主义思想为指导，坚持辩证唯物主义和历史唯物主义的立场、观点和方法，真实、全面、准确地反映象山县年度历史。

二、《象山年鉴(2020)》(以下简称本年鉴)是《象山年鉴》的第 14 卷本，记载时限为 2019 年 1 月 1 日至 2019 年 12 月 31 日。

三、本年鉴由地图、照片、大事记、特载、专记、正文以及索引等组成。正文采用分类编辑法。设置类目、分目、条目三个层次的框架，并以条目为独立主题信息的主要载体。编排次序根据年鉴的基本体例、行业归类的特点以及读者的阅读需求和习惯确定。

四、本年鉴使用规范的语体文记述。采用统计公报公布的数据。统计公报未作统计的，以有关业务部门所供为据。

五、本年鉴数字用法、标点符号、计量单位分别执行国家标准《出版物上数字用法》(GB/T 15835-2011)、《标点符号用法》(GB/T 15834-2011)、《国际单位制及其应用》(GB 3100-1993)和《有关量、单位、符号的一般原则》(GB 3101-1993)。考虑到社会使用习惯，全书中亩不统一换算。

六、本年鉴所载文字资料，由象山县各有关职能部门提供，并经各级领导审核。所用图片，由有关单位和个人提供。

◎ 1 月 23 日，象山县第十八届人大三次会议开幕　　（陈洪杰　摄）

◎ 1 月 22 日，政协第十届象山县委员会第三次会议开幕　　（陈洪杰　摄）

◎ 全县“不忘初心　牢记使命”主题教育活动，庆祝新中国成立70周年　　（陈洪杰　摄）

◎ 9月16日，第十五届中国海洋论坛举行　　（陈洪杰　摄）

◎ 10月8日，象山县位列“全国综合实力百强县”第55位　　（陈洪杰　摄）

◎ 7月15日，象山数字档案馆成功晋升“国家级”　　（陈洪杰　摄）

◎ 1月16日，浙江沿海高速公路象山至乐清段正式通车 （陈洪杰 摄）

◎ 10月12日，泗洲头镇里坑村入选全国一村一品示范村 （陈洪杰 摄）

◎ 大塘港入选全国农村一二三产业融合发展先导区创建单位 （陈洪杰　摄）

◎ 2月3日，象山县获评省首批万里美丽经济交通走廊示范县 （陈洪杰　摄）

◎ 县 19 个村入选省善治示范村。图为西周镇土下村　（陈洪杰　摄）

◎ 11 月 8 日，大徐溪获评省级“美丽河湖”称号　（陈洪杰　摄）

◎ 2月2日，墙头镇黄溪村获评省美丽宜居示范村　　　　（陈洪杰　摄）

◎ 南部海岛整体入选省“十大海岛公园”培育对象。图为花岙岛群　　　　（陈洪杰　摄）

◎ 象山县成功创建省首批全域旅游示范县。图为游客畅游黄避岙乡“斑斓海岸” （陈洪杰　摄）

◎ 11月2日，象山县成功创建国家农产品质量安全县 （陈洪杰　摄）

◎ 石浦镇东门渔村获评宁波市“最美古村落” （陈洪杰　摄）

◎ 象山影视基地列入宁波国际交流示范基地 （陈洪杰　摄）

◎ 12月2日，象山获称全国节水型社会建设达标县。图为上张水库 （陈洪杰　摄）

◎ 1月29日，象山县首个机场航站楼投入使用　　（陈洪杰　摄）

◎ 4月23日，象山科创中心正式开园　　（陈洪杰　摄）

◎ 戴维钻石商业广场投运
（陈洪杰　摄）

◎ 天安路大修工程竣工
（陈洪杰　摄）

◎ 定格城市瞬间　礼赞70年巨变　　　（陈洪杰　摄）

◎ 象山港路打造最美樱花大道　　　（陈洪杰　摄）

◎ 海绵城市建设　象山获得全省优秀县　　　（陈洪杰　摄）

◎ 10月16日，县新增两个省级美丽宜居示范村。图为鹤铺镇双下村 （陈洪杰 摄）

◎ 2月20日，新桥镇晋级宁波市乡村全域旅游示范区，成为县第二个成功创建的乡镇。图为韩升村 （陈洪杰 摄）

◎ 5月28日，全省首个农村宅基地“三权分置”项目，鹤浦镇小百丈村“安可橘宿”投入试运营 （陈洪杰 摄）

◎ 10月15日，象山乡村治理学院和乡村治理研究院落户墙头镇溪里方村 （陈洪杰 摄）

◎ 12月28日，县五条文明示范线启动。图为“花开贤庠”文明示范线 （陈洪杰 摄）

◎ 3月1日，亚帆道路项目开工（陈洪杰　摄）

◎ 滨海水厂二期扩建　（陈洪杰　摄）

◎ 象山影视学院一期工程结顶　（陈洪杰　摄）

◎ 县3个征收改造项目列入国家棚改计划。图为丹东街道庄穆巷以东区块　（陈洪杰　摄）

◎ 6月30日，中国海影城三期开工建设　（陈洪杰　摄）

◎ 10月19日，中化国际年产二十二万支反渗透膜项目开工　（陈洪杰　摄）

◎ 塔山中学开工建设（陈洪杰　摄）

◎ 万达广场主体建筑封顶（陈洪杰　摄）

◎ 县中医医院迁建工程结顶（陈洪杰　摄）

◎ 象山河（东大河至新丰路）整治工程竣工（陈洪杰　摄）

◎ 2月20日，县“重大项目突破年”活动举行集中开工仪式

◎ 象山影视城影视大道完工　（陈洪杰　摄）

◎ 花岙岛生态岛礁建设工程　（陈洪杰　摄）

◎ 松兰山亚帆中心项目快速推进　（陈洪杰　摄）

◎ 丹大线产业区至大徐段改建工程
（陈洪杰　摄）

◎ 东大河改造工程　（陈洪杰　摄）

◎ 石浦高速公路定塘连接线（马漕线改建）工程完工。图为相帽岭脚隧道连接线　（陈洪杰　摄）

◎ 沈海高速连接线新桥至石浦段
（陈洪杰　摄）

◎ 3月15日，高塘岛乡金高椅汽渡码头提升改造工程通过专家评审　（陈洪杰　摄）

◎ 10月12日，石浦国家中心渔港改扩建工程完工
（陈洪杰　摄）

◎ 3月19日，锦浪科技在深交所创业板挂牌上市。成为县第八家上市企业　　（陈洪杰　摄）

◎ 5月21—23日，东红船业两艘船下水试航　（周　科　摄）

◎ 5月24日，象山工业·科技暨开放型经济风云榜颁奖典礼
（陈洪杰　摄）

◎ 7月29日，中石化炼化宁波公司象山工厂制造的全球最大整体制造“常压塔”，创下整体制造直径最大、长度最长、单台设备最重三项世界纪录　（陈洪杰　摄）

◎ 11 月 14 日，第 11 届中韩先进制造技术研讨会暨机械科学研究总院南方中心揭牌

◎ 风电“重器”匠心造。图为宁波日星铸业有限公司生产车间 （陈洪杰 摄）

◎ 县 3 项产品 入选“浙江制造精品”。图为和信制药设备的 LD3000-6 多效蒸馏水机 （陈洪杰 摄）

◎ 1月18日，第一届象山农业博览会开幕（陈洪杰　摄）

◎ 1月11日，象山县入选省畜牧业绿色发展示范县

◎ 12月12日，大徐镇综合市场开业投运（陈洪杰　摄）

◎ 11月18日，象山名特优产品展销体验中心开业（陈洪杰　摄）

◎ 10月31日，茅洋乡管溪流域通过市“美丽河湖”验收（陈洪杰　摄）

◎ “掘金”绿水青山　西周乡贤筑梦乡村民宿（陈洪杰　摄）

◎ 墙头镇方家岙村新建农贸市场　　　　（陈洪杰　摄）

◎ 涂茨镇旭拱岙村清廉文化扮靓美丽乡村　　（陈洪杰　摄）

◎ 县地产大樱桃栽培试验成功。图为墙头镇中晟樱桃园试种的美早大樱桃　（陈洪杰　摄）

◎ 10 月 16 日，县两家水产企业晋级市级农业龙头企业。图为宁波甬港水产种苗科技有限公司　（陈洪杰　摄）

◎ 3 月 9 日，县“千名干部访渔（农）家，一线蹲点三服务”活动出征仪式在县体育馆举行　（蒋曼儒　摄）

◎ 5 月 21 日，2200 羽白鹅种苗运抵东北，象山白鹅成为东西部扶贫“美丽使者”　（蒋曼儒　摄）

◎ 7 月 13 日，294 桌宾客齐聚高泥渔村，共享大黄鱼顶级味蕾体验　（陈洪杰　摄）

◎ 1月3日，县城乡公交公司127辆专用校车投入使用

◎ 10月30日，县城乡公交晓塘客运站正式投入使用

（陈洪杰　摄）

◎ 11月6日，高塘岛乡纱帽绿至穿心公路工程通过竣工验收

（陈洪杰　摄）

◎ 全力建设交通强国象山样本。图为盛宁线茅洋至泗洲头段改建工程

（陈洪杰　摄）

◎ 石浦交警集中整治严查骑电动车“九不准”交通违法行为
（陈洪杰　摄）

◎ 县公交公司 8 人获全国无偿献血奉献奖　　（王峥石　摄）

◎ 10 月 24 日，三角地至高泥公路提升改造工程竣工
（陈洪杰　摄）

◎ 黄避岙乡“斑斓海岸”滨海自行车道投用　　（陈洪杰　摄）

◎ 黄避岙乡龙屿旅游景区再添七彩滑道游乐新景
（陈洪杰　摄）

◎ 茅洋乡白岩下村再建玻璃滑道轨道二期“尖叫”式游乐项目　（陈洪杰　摄）

◎ 沙塘静湾、饮海三湾、海米木木、文麓雅苑4家民宿获评省最美巾帼示范民宿。图为海米木木民宿　（陈洪杰　摄）

◎ 9月11日，“石浦渔港古城旅游目的地项目战略合作协议”签署，中景团队将为渔港古城打造“东海不夜港”（陈洪杰　摄）

◎ 黄避岙乡高泥村的“黄鱼”元素博人眼球　（陈洪杰　摄）

◎ 汤岙河岸稻花香　山青水秀引客来　（陈洪杰　摄）

◎ 1月1日，宁波广播电视大学象山学院揭牌
（陈洪杰　摄）

◎ 3月1日，象山全面启动医共体建设
（陈洪杰　摄）

◎ 6月29日，龙舟竞渡大塘港（陈洪杰　摄）

◎ 4月20日，首届象山山地马拉松在涂茨镇汤岙村鸣枪起跑
（金　旭　摄）

◎ 6月25日，陈淑芳获评全国“人民满意公务员”
（陈洪杰　摄）

◎ 9月26日，首届象山县道德模范颁奖典礼举行
（蒋曼儒　摄）

◎ 9月16日，第二十二届中国（宁波象山）开渔节 （陈洪杰 摄）

◎ 9月7日，“迎亚运·绿色行”骑聚2022·百万人千万公里大联动——（宁波·象山站）在晓塘乡青山头村启动，500余名骑手沿大塘港饱览优美风光的同时，上演“速度与激情” （陈洪杰 摄）

◎ 12 月 18 日，象山民盟成立二十周年　　（陈洪杰　摄）

◎ 县蝉联省双拥模范县“八连冠”　　（陈洪杰　摄）

◎ 丹城第六小学项目竣工并通过验收　　（陈洪杰　摄）

◎ 5 月 15 日，宁波建设工程学校获省中职学校“美丽校园”称号
（陈洪杰　摄）

◎ 10月14日，“信访超市”开张　　　　（陈洪杰　摄）

◎ 美丽街区综合改造整治。图为丹峰西路　　（陈洪杰　摄）

◎ 全县生活垃圾分类工作深入推进　　　（陈洪杰　摄）

◎ 县完成180座农村公厕改造任务。图为泗洲头镇何婆岭村公厕
（陈洪杰　摄）

◎ 3月15日，象山大目湾出现平流雾奇观（陈洪杰　摄）

◎ 3月21日，受冷暖空气影响，象山突下冰雹
（陈洪杰　摄）

◎ 8月9日，16级“风王”台风“利奇马”来袭
（陈洪杰　摄）

◎ 10月30日，象山县首次发现离斑带蛱蝶。
摘自《今日象山》

◎ 10月30日，象山渔民捕获一条勒氏皇带鱼，长近三米，重近百斤。 摘自《今日象山》

◎ 11月7日，象山一渔船放生误捕的中华鲟。
摘自《今日象山》

◎ 象山县定塘镇农户种出冬瓜“巨无霸”，重65公斤。 摘自《今日象山》

◎ 象山县首次发现珍稀两栖动物：义乌小鲵。
摘自《今日象山》

象山县街巷地名图

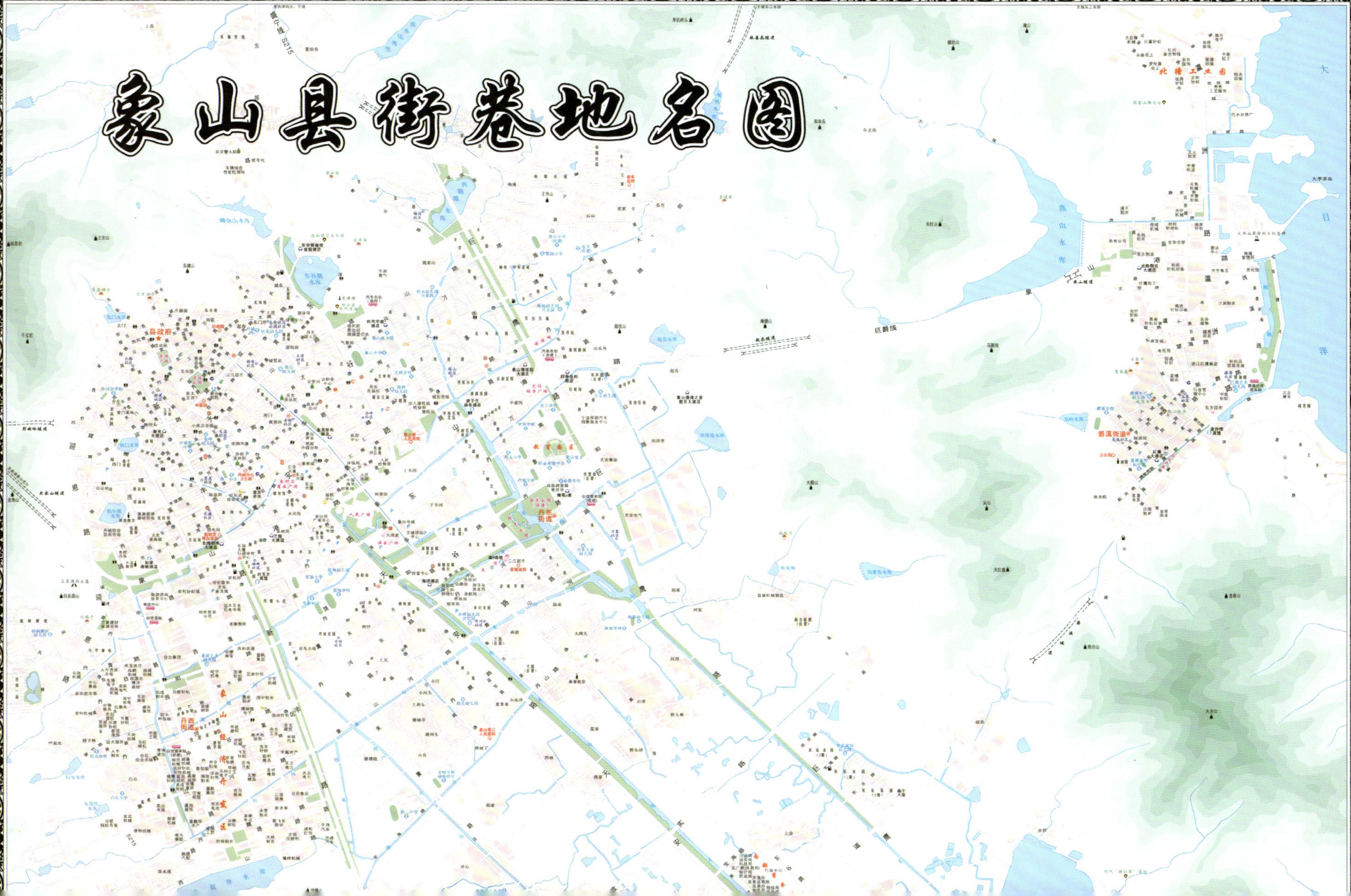

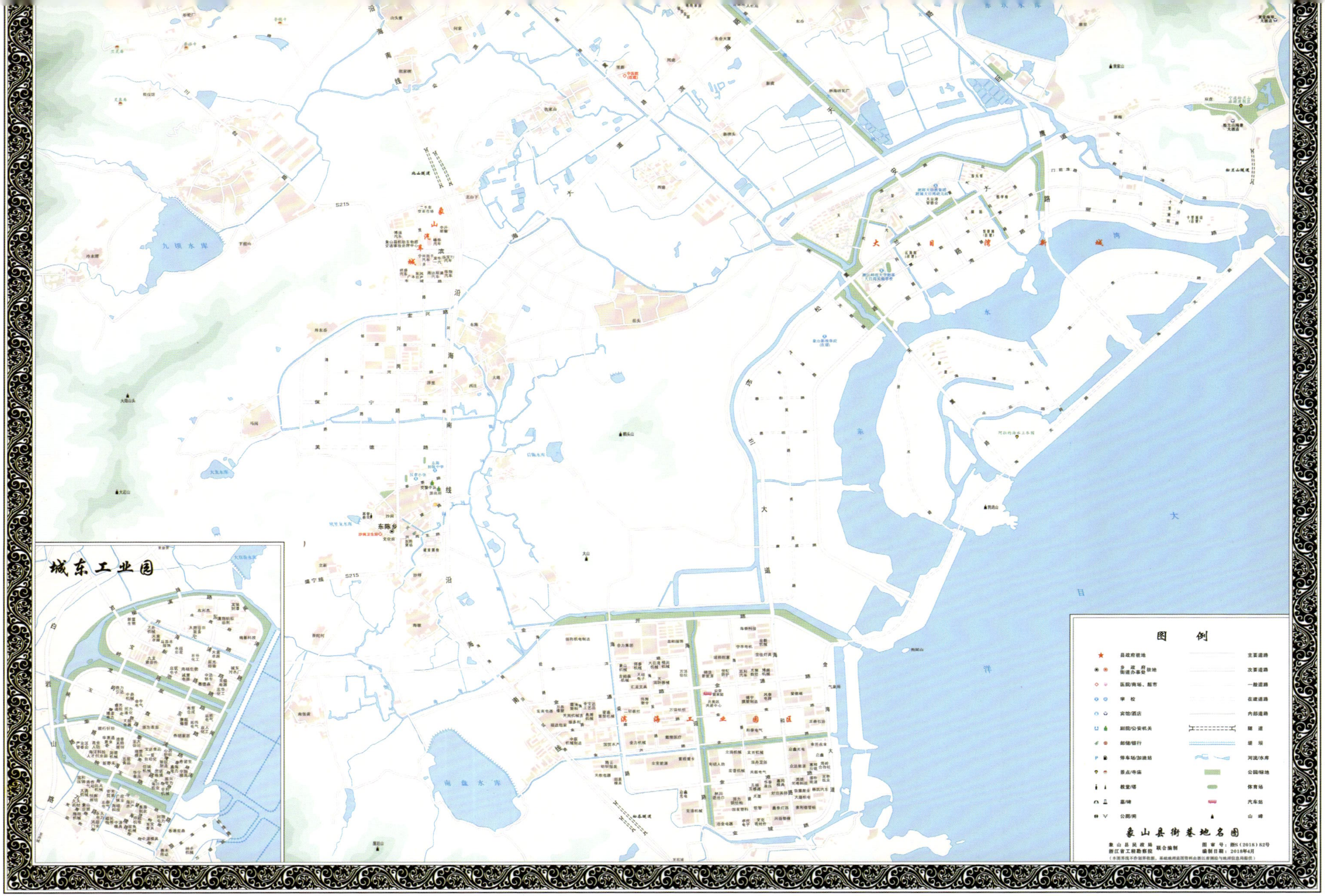

大目湾新城
象山汽车城
滨海工业园区
城东工业园
大目洋
九顷水库
东陈乡
S215
图例
县政府驻地
乡政府
街道办事处驻地
医院/商场、超市
学校
宾馆/酒店
剧院/公安机关
邮储/银行
停车场/加油站
景点/寺庙
教堂/塔
墓/碑
公园/闸
主要道路
次要道路
一般道路
在建道路
内部道路
隧道
堤坝
河流/水库
公园/绿地
体育场
汽车站
山峰
象山县街巷地名图
象山县民政局
浙江省工程勘察院
联合编制
图审号：浙S（2018）82号
编制日期：2018年4月

总 目

General catalogue

目　录

特　载

专　记

2019年大事记

县情概览

中国共产党象山县委员会

象山县人民代表大会

象山县人民政府

政协象山县委员会

民主党派

社 会 团 体

军　事

农业·农村

渔　业

水利水务

工　业

金融·保险

商　贸

旅　游

信息化和信息产业

城乡建设和管理

环境保护

人力资源管理

综合管理

人 民 生 活

教　育

科学技术

文化·体育

新闻传媒

卫 生

街道·镇乡

特　载

政府工作报告

——2020年5月9日在象山县第十八届人民代表大会第四次会议上

代县长　包朝阳

一、2019年工作回顾

2019年是新中国成立70周年。一年来，面对国内外风险挑战明显上升的复杂局面，县政府坚持以习近平新时代中国特色社会主义思想为指导，贯彻省委"'八八战略'再深化、改革开放再出发"、市委"六争攻坚、三年攀高"决策部署，在县委的正确领导下，在县人大、县政协的监督支持下，团结依靠广大干部群众，坚定不移实施"双突破双驱动"战略，突出稳企业、增动能、保平安，以深化"三服务"推动"六稳"措施落实，全县经济社会发展取得新的成绩。完成地区生产总值548.6亿元、增长5.5%，财政总收入76.9亿元、增长7.8%，城乡居民人均可支配收入分别增长7.4%、8.3%。圆满承办全国乡村治理现场会，"村民说事"制度写入中央文件。

（一）坚持稳增长、调结构，经济运行总体平稳。注重审时度势、综合施策，全力稳定企业发展，加快打造产业集群，扎实推动经济高质量发展。工业强县深入推进。完成规上工业增加值126亿元、增长3.6%，战略性新兴产业、高端装备制造业增加值分别增长19.5%、10.9%。开展精准服务企业活动，为企业减负10.7亿元，帮助转贷8.5亿元。实施金融支持制造业发展20条措施，普惠小微贷款增长23.1%，企业贷款平均利率下降0.11个百分点。落实市稳外贸新十条，积极应对经贸摩擦，完成出口184.5亿元。加强企业培育，新增规模以上企业87家、亿元企业10家、市级单项冠军企业2家，华翔电子入选省雄鹰行动培育企业，锦浪科技上市。推动企业智能化改造，实施"机器换人"项目20个，合力制动建成全县首个市级数字化车间。加快重点平台开发建设，经济开发区动建项目22个、引进落户企业28家，象保合作区生产力中心竣工投用，浙台（象山石浦）经贸合作区下湾门航道对外开放。引导建筑企业做强做优，获国家工程质量奖8项，龙元集团承接PPP项目投资额居全国民营企业前列，宏润集团研发出国内首台盾构机换刀机器人。全域旅游提档升级。积极创建国家全域旅游示范区，接待游客人次、旅游综合收入分别增长16.1%、18%。松兰山国家级旅游度假区建设扎实推进，影视城AAAAA级旅游景区创建稳步开展、获评省级重点文化产业园。新增省AAA级以上景区镇5个、A级以上景区村46个、省等级民宿10家，茅洋乡获评省级旅游风情小镇、省级乡村旅游产业集聚区，黄避岙乡被评为市级乡村全域旅游示范区，晓塘乡海之湾户外运动基地投入运营。全域旅游营销联盟组建运行，联合举办推广活动12次，"嗨象山"品牌打响。服务业提质增量。完成服务业增加值233.9亿元、增长6.9%。提升商贸品质，完成商品销售总额539.4亿元、增长12.4%，网络零售总额16.3亿元、增长20%。创成省级放心农贸市场5家，新增放心消费示范单位271家。举办第十七届宁波象山海鲜美食节，"四季十六碗"得到推广。有序发展金融业，引进金融机构2家，推行公共管理综合保险，存贷款余额分别增长14.6%、8.4%。农渔业稳步发展。实施农业"亩均超万美元"工程，完成农业增加值79.4亿元、增长3.4%。建成省级特色农业强镇2个、市级多彩农业美丽田园5个、市级种质资源场8个，定塘镇列入国家农业产业强镇示范建设名单，泗洲头镇里坑村被评为全国"一村一品"示范村。强化品牌、科技带动，举办农业博览会，象山柑橘入选国家农业品牌目录，枫康项目通过国家农业标准化示范区验收，获评国家农产品质量安全县、省级农业"机器换人"示范县。建设现代渔港经济区，创成国家渔业健康养殖示范县。

（二）坚持抓项目、聚动能，发展后劲持续增强。聚焦开放融合、改革创新，加快发展质量、效率、动力变革，为区域发展注入新活力。重大战略积极对接。召开融入长三角区域一体化发展会议，成立长三角（上海）合作联络中心，拓展合作空间。落实省"四大建设"，参与南湾新区发展规划编制，深化撤县设区研究，加强城际铁路、沿海高铁对接谋划，入选省大花园典型示范培育单位。全面启动国家级宁波海洋经济发展示范区主体区建设，抓牢30项重点任务，完成海洋产业增加值105亿元。试行养殖用海“三权分置”，出让海域使用权51宗。项目建设成效明显。开展重大项目突破年活动，完成固定资产投资220.2亿元、增长16%，高新技术产业投资、民间投资分别增长22.6%、13.2%。签约亿元以上项目40个、10亿元以上项目10个，实际利用外资1.2亿美元，利用内资突破百亿元。首个百亿工业项目中化膜产业生产基地开工，新建或投产亿元以上工业项目40个，完成工业投资64.6亿元、增长27.2%。象山影视学院一期建成，浙江广电象山影视基地三期开工，亚帆中心主楼结顶，沙滩排球场馆动建。高速定塘连接线基本建成，石浦高速完成总工程量50%，石浦客运中心完成PPP招标。重点改革加快推进。开展营商环境提升年活动，集中整治15个短板问题，“最多跑一次”改革获评省级考核优秀县，列全国营商环境百强县第47位。所有民生事项开通网上办理、实现一证通办，99%政务服务事项掌上办理，650个事项全县通办，216项证明事项取消。企业开办实现一日办结，一般企业投资项目审批“最多90天”，新批工业用地全部“标准地”出让，295个企业首违免罚事项公布实行。开展增收节支推进年活动，深化投融资体制改革，国企整合重组加速推进，象港集团组建运行，全民所有制企业公司制改制基本完成，国企资产总额增长18.7%。从严压缩公务支出，一般性支出压减8.2%。深化“亩均论英雄”改革，工业企业综合评价实现全覆盖，规上企业亩均税收增长37.2%。创新能力增强。全社会研发费用增长27%，新增高新技术企业22家、总量突破100家，列全国科技创新百强县第52位。机械科学研究总院南方中心挂牌运作并举办中韩先进制造技术研讨会，中国电子科学研究院创新分中心深入开展合作研究，中化膜研发创新中心成立，科创中心入驻企业69家。深化质量强县建设和知识产权培育，新认定“浙江制造”标准4项、“品字标”企业3家，新增注册商标1350件、授权发明专利178件。加强高层次人才引育，新建企业博士后工作站2个，新增各类高层次人才287名。

（三）坚持迎亚运、提品质，美丽象山形象显现。突出规划引领、功能完善，开展国土空间规划编制，统筹城乡发展和环境治理，城乡面貌持续改善。美丽县城建设扎实推进。实施“迎接亚运、城市双修”行动，环城西路、塔山遗址公园加快建设，天安路完成改造，美丽街区一期完工，获评省级海绵城市优秀县。棚改征迁清零成效明显，一至三期所有房屋拆除，四期房屋拆除80%，五期完成签约，征迁面积累计超过百万平方米。拆后区块加快开发，青草巷特色街区基本建成，老城区开发一期5个区块完成土地出让前期工作。10个城中村改造全面启动，老旧小区改造完成8万平方米。实施打造“最清洁县”创建全国文明城市行动，列入新时代文明实践中心工作全国试点县，通过国家卫生县城复评，创成省文明县。改善群众出行条件，新增公共停车位305个，“照亮百姓回家路”行动新增路灯2436盏。加快建设大目湾新城，动建功能性项目6个，完成投资23.1亿元。美丽镇村建设持续深化。健全小城镇环境整治长效机制，石浦老城区改造二期房屋腾空91%，西周、鹤浦创成国家卫生镇，南部海岛整体纳入省十大海岛公园重点培育。深化美丽乡村“千万工程”，成为全国乡村振兴示范县先行创建单位，建成省级新时代美丽乡村精品村41个、市级以上美丽宜居示范村12个、市级美丽乡村示范镇村7个、风景线3条，泗洲头镇墩岙村获评中国美丽休闲乡村。推动美丽乡村向富丽乡村转变，农村宅基地“三权分置”改革有效激活闲置资源，引进乡村产业项目38个，各类农村产权交易额1.5亿元。推进城乡基础设施建设，丹大线公路改建工程、110千伏新桥变建成投用，农村供水一户一表改造完成2.2万户，5G网络实现主城区全覆盖。美丽环境建设深入。打好污染防治攻坚战，整改国家海洋督察反馈问题12个、省级环保督察反馈问题12个，获评全国节水型社会建设达标县、省级清新空气示范区。建成市级美丽河道2条、“污水零直排区”4个，改造农村污水处理终端121个。完成“三改”69.1万平方米、拆违53.9万平方米，土地综合整治1.4万亩、修复海岸线9.1千米，“大棚房”整治工作走在全市前列，通过省级“无违建县”复评。建成环象绿道50千米，提质优化森林5729亩，创成省级森林城镇3个、“一村万树”示范村5个，列入国家森林城市创建单位。生活垃圾焚烧发电项目启动、主体工程全面建设，五大分类收运体系初步建立，分类处置基本实现城乡全覆盖。

（四）坚持补短板、惠民生，公共服务有效改善。围绕均衡普惠、提质增效，尽力加大民生投入，民生支出占财政总支出75.8%，民生实事项目较好完成。社会保障提标扩面。城镇登记失业率1.8%，创成省级“无欠薪县”。职工医保与生育保险制度合并实施，与上海、江苏实现门诊就医直接结算。新建区域性居家养老服务中心5家，居家养老政府购买服务全面实施。建成燕山陵园，殡葬改革试点获评全国优秀案例。新增公共租赁房保障家庭1164户，改造城乡危旧房18万平方米。健全救助主动发现机制，发放社会救助金1.1亿元、慈善救助金4737万元。精准帮扶低收入群体，低收入农户收入增长12.1%，东西部扶贫、山海协作任务有效落实。建立退役军人三级服务保障体系，圆满完成年度征兵任务，蝉联省级双拥模范县“八连冠”。社会事业协调发展。弘扬社会主义核心价值观，评选表彰首届象山道德模范、首届最美退役军人，“善行象山”品牌得到巩固。深化海洋文化强县建设，获批国家级海洋渔文化生态保护区，中国农民丰收节暨第二十二届中国开渔节举办。推动全民体育健身，承办世界无人机锦标赛等省级以上赛事7个。加强教育改革创新，委托定向培养乡村小学全科教师30名，“活动进校园”治理成效明显，实验小学实行集团化办学，丹城六小建成投用，改扩建乡村学校、幼儿园6所。

开展居民健康素养提升行动，国家级慢性病综合防控示范区创建，医共体建设、医养结合工作走在省市前列，县中医院迁建工程主体完工。创成国家级数字档案馆。完成第四次全国经济普查。平安建设创新推进。探索基层治理模式，“大徐经验”得到市委肯定推广，社会组织工作在全省作经验交流，被评为全国社会治理创新典范县。完善群众诉求办理体系，社会矛盾纠纷调处化解中心建成运行，集中化解重点信访积案45件。建设法治象山、信用象山，获评全国“七五”普法中期先进县、省级信用县，涂茨镇旭拱岙村等33个村被评为省级善治村。深入开展扫黑除恶专项斗争，严厉打击电信网络诈骗、毒品犯罪等违法行为，社会面防控警情下降23%。把牢意识形态主导权，县融媒体中心建成启用，热点舆情妥善处置。集中力量开展涉海涉渔领域“平安守护”行动，优化重构指挥、执法、责任体系，事故多发态势得到有效遏制。深入开展安全生产整治百日大会战等行动，集中治理消防、交通等领域和危化品使用单位、“两小”企业安全隐患，安全事故起数、死亡人数分别下降24%、30%。推行食品安全红黑榜制度，新建阳光厨房200家、农村家宴放心厨房25家。健全大应急体系，强化应急救援演练，防御“利奇马”超强台风等自然灾害。

（五）坚持转作风、增效能，政府建设加强。紧扣实干担当、勤勉履职，深化政府“两强三提高”行动，开展作风建设深化年活动，政府服务水平提升。“不忘初心、牢记使命”主题教育扎实开展。牢牢把握总体要求，推动党员干部通读精读规定书目，深入开展专题研讨，狠抓问题检视整改，增强“四个意识”，坚定“四个自信”，做到“两个维护”。推进“一线蹲点三服务”活动，为群众解决各类问题274个。落实减轻基层负担30条措施，实施精准抓落实10项制度，三类精简文件数量、督查考核事项分别下降40.9%、73.5%。依法行政深入推进。执行重大事项向人大报告、与政协协商制度，办理人大代表建议165件、政协委员提案162件。修订政府工作规则，完善重大行政决策程序，开展“两规范两提高”活动，行政行为更加规范。预防化解行政争议，优化行政复议程序，案件平均审理期限缩短27.5%。完成政府机构改革，政府数字化转型扎实推进，机关内部“最多跑一次”实现率达到80%。廉政建设持续强化。落实清廉象山建设任务，履行全面从严治党主体责任，支持纪检监察机关监督执纪，始终保持反腐败高压态势。深化作风建设“三问三治”，坚决防止“四风”问题反弹回潮，问责干部188人。全面推行自然资源资产审计，健全国企国资监管机制，强化工程建设、政府采购等重点领域监管，廉政风险防控体系完善。试行乡财县管模式，财政预算绩效管理得到加强。深化清廉乡村建设，农村“三资”管理、平安建设规范。

与此同时，工会、共青团、妇联、工商联、侨联、文联、残联、科协、红十字会等群团组织作用发挥，民族宗教、外事、对台、慈善、老干部、关心下一代、地方志、公积金、海关、海事、邮政、通信、烟草、盐业等工作取得新的成效。

年内以来，面对突如其来的新冠肺炎疫情，我们围绕“两手都要硬、两战都要赢”目标，在县委的坚强领导下，坚持扁平指挥、科学应对，以最快速度、最实举措、最大合力迅速进入疫情防控战斗状态，在大战中践行初心使命，在大考中交出合格答卷。疫情发生后，我们始终把群众生命安全和身体健康摆在首位，依靠广大干部群众，坚持联防联控、群防群控、精密智控，因时因势施策，抓早抓实举措，是疫情形势下全市最为安全的地区。在做好疫情防控的同时，我们积极主动帮助企业纾困解难，出台实施系列援企惠企政策，分区分级推进复工复产、复商复市，全力畅通产业循环、市场循环，是全市生产生活秩序较快恢复的地区。

各位代表，一年来取得的成绩来之不易，这是县委统揽全局、科学决策的结果，是县人大、县政协有效监督、支持的结果，是全县上下团结一心、真抓实干的结果。在此，我代表县人民政府，向全县人民和外来建设者，向县人大代表和政协委员，向离退休老同志，向各民主党派、工商联、无党派人士和人民团体，向驻象山部队、武警官兵，向所有关心支持象山发展的同志们、朋友们，特别是向年内以来日夜奋战在防疫战线上的广大医务工作者和一线工作人员，致以崇高的敬意和衷心的感谢！

在总结成绩的同时，我们也清醒地看到，全县经济社会发展还存在不少困难和问题。主要是：受疫情影响，经济下行压力明显加大，部分企业生产经营较为困难；传统产业转型升级任重道远，新兴产业占比不高，创新驱动能力不强；财政收支平衡矛盾比较突出，政府投融资体制改革仍需深化；城市品质和管理水平有待提升，公共服务供给与群众需求还有差距，安全生产、社会治理等领域风险不容忽视，基层基础有待巩固提升；少数政府工作人员思想不够解放、专业能力不够过硬，不敢担当、不善担当等问题还不同程度存在。对此，我们将直面问题，采取更加有力举措，持续改进和提升政府治理水平。

二、2020年工作安排

2020年是高水平全面建成小康社会、实现第一个百年奋斗目标的决胜之年，是“十三五”规划收官和“十四五”规划谋划之年，也是我县高水平推进县域治理现代化的开局之年。当前，世界经济仍处在金融危机后的深度调整期，再叠加疫情带来的严重冲击，世界大变局加速演变特征更趋明显，但我国经济展现出巨大韧性，稳中向好、长期向好的基本趋势没有改变。从象山来看，我们已全面迈入高速时代、湾区时代、亚运时代，更迎来长三角区域一体化发展、宁波海洋经济发展示范区建设等历史机遇。同时，我们也正处在爬坡换挡的关键时期，面临日趋分化的区域竞争、充满变数的产业革命和全球流行的疫情影响等严峻挑战。站在新的时代起点，面对新机遇、新挑战，我们必须借势借力、扬长补短，全方位对接重大战略，深层次放大海洋优势，深度推进改革创新，走出一条体现新发展理念的高质量发展之路。我们必须聚焦项目、大抓落实，做到资源围绕项目转、力量跟着项目干，以项目突破带动转型升级，以优质增量加快动能转换，打造新一轮追赶跨越的核心引擎。我们必须众志成城、同舟共济，一任接着一任干，一棒接着一棒跑，集中力量办好自己的事情，保持一张蓝图绘到底的战略定力。

年内政府工作的总体要求是：高举习近平新时代中国特色社会主义思想伟大旗帜，增强“四个意识”，坚定“四个自信”，做到“两个维护”，全面贯彻中共十九大和党的十九届二中、三中、四中全会精神，深入学习贯彻习近平总书记在浙江、宁波考察时的重要讲话和对浙江、宁波工作的重要指示精神，坚持稳中求进工作总基调，坚持新发展理念，坚持以供给侧结构性改革为主线，落实省、市决策部署，坚定不移实施“双突破双驱动”战略，围绕“六个更加”要求，扎实开展“四个年”活动，持续稳企业、增动能、补短板、保平安，统筹推进疫情防控和经济社会发展，推动“十三五”规划圆满收官，高水平全面建成小康社会，加快建设宁波现代化滨海城区，奋力开启高水平推进县域治理现代化新征程，在宁波当好浙江建设“重要窗口”的模范生中奋力争先创优。

建议2020年全县经济社会发展主要预期目标为：地区生产总值力争增长6.2%左右，财政总收入力争增长7%，固定资产投资力争增长15%，研发经费支出占比2.8%，居民消费价格涨幅3.5%左右，城镇登记失业率控制在3.5%以内，城乡居民收入增长与经济增长基本同步，能源和环境指标完成省市下达的任务。在当前疫情的影响下，实现这些目标的不确定性很大，我们必须准确识变、科学应变、主动求变、以变应变，以确定性的工作应对不确定性的挑战，尽最大把握发展主动权。

（一）对接重大战略，积极抢抓新一轮区域发展机遇

主动融入长三角一体化发展。落实长三角一体化国家规划和省市行动方案，推进“六大对接计划”52项任务，以更多合作成果助推高质量发展。坚持交通先行，贯彻高水平交通强省建设要求，全力争取沿海高铁过境设站，加快开展城际铁路工程可行性研究，编制象山港二通道预可行性研究报告，完成G527石浦至长街段可行性批复。积极承接产业、科技、人才溢出效应，力争引进重大项目10个，与上海开展科技项目合作5个，建立研究生联合培养实践点2个。加强办学办医合作，与华东师范大学、上海瑞金医院合作设立特色学科。全力推动撤县设区，融入宁波大都市。加快南湾新区环石浦港区域16个项目建设，新实现50个政务服务事项三门湾区域三县通办。

加快建设宁波海洋经济发展示范区。顺应海洋强国建设需求，全面落实国家级宁波海洋经济发展示范区主体区建设方案，实现海洋产业增加值115亿元。高标准完成“十四五”规划、国土空间总体规划编制，推进“多规合一”，形成海陆一体化发展规划体系。聚焦主体区四大区块，完善功能配套，提升平台能级。深化经济开发区强区扩权改革，建设主体区启动区块，园区规上工业增加值、工业投资均增长20%以上。推进象保合作区开发，基本建成航天智慧科技城公共设施一期。理顺大目湾—松兰山管理体制，建设城市综合广场、乐惠啤酒广场，发展文化科技创意、滨海休闲康旅产业。加快省级星光影视小镇创建，实施景区品质提升工程，建设多类型拍摄场景，拓展影视产业链，带动周边乡镇发展。建设浙台（象山石浦）经贸合作区，开展雷公山货运码头可行性研究，加快开发黄湾塘、打鼓峙岛，争创国家级现代渔港经济区。推进海洋科技创新，建设水产品加工创新服务综合体，动建海洋科技创业园。创新海洋综合管理，编制生态修复专项规划，探索立体用海、标准海（岛）改革。

积极参与重大开放平台。贯彻国家“一带一路”倡议，融入“17+1”经贸合作示范区建设，深化全面对接融入“一带一路”开放体系三年行动，形成开放新格局。主动对接宁波舟山港，借力发展海洋运输、口岸经济，完善石浦港区口岸正式开放基础设施，力争象山港区航道开放。落实市“225”外贸双万亿行动，加强“订单+清单”监测预警，优化稳外贸帮扶措施，用好出口退税、出口信保等政策工具，全力帮助企业减少损失、稳住出口份额。积极参与中国国际进口博览会，支持企业拓展多元市场和出口替代市场，鼓励开拓内销市场。完善外贸综合服务，强化外贸企业涉外法律援助，提高通关通检便利化水平。

（二）聚焦工业突破，加快培育更具竞争力的产业链群

精准高效服务企业。制定新一轮工业高质量发展政策，实施“五减”共克时艰行动，落实落细各类惠企措施，降低企业经营成本，全力帮助企业提振信心、共渡难关，规上工业增加值力争增长7%、工业投资增长15%。加强驻企联企服务，健全服务企业快速反应机制，积极破解产业链、供应链中的难点、堵点问题。实施融资畅通工程，完善政策性融资担保体系和应急转贷机制，力争普惠小微贷款综合融资成本下降0.5个百分点、制造业贷款总额增长8%。支持企业做优做强，推动申菱公司上市，新增规模以上企业50家、亿元企业5家、省级隐形冠军和市级单项冠军企业各1家。强化小微企业扶持，建成置信智造谷一期，建设大徐小微企业集聚区，新增省市认定小微企业园2个。弘扬企业家精神，关爱新生代企业家健康成长，培育一支坚守主业、专注创新、心系家乡的优秀企业家队伍。

深化产业链精准招商。以开展产业项目攻坚年活动为抓手，编制产业链招商规划和产业地图，建立专业招商工作机制，争取签约亿元以上项目40个、10亿元以上项目10个、50亿元以上项目取得突破，实际利用外资1.3亿美元、内资110亿元。聚焦“四群五链”，推进中化膜产业生产基地、昌晖新能源汽车零部件等项目建设，动建中船海上风电装备产业园，同步引进上下游产业链配套项目，打造特色产业链群。紧盯生命健康、电子信息等新兴产业，加大关联产业项目引进力度，战略性新兴产业增加值增长12%。树立激活存量企业也是招商理念，推动传统产业智能化技术改造，建设针织云、模具云等产业云平台，建成市级数字化车间2个。以正向激励反向倒逼促进企业转型升级，

深化“亩均论英雄”改革，实施低效用地亩产倍增计划，规上企业亩均税收增长10%以上。

突出科技创新赋能。坚持需求侧、供给侧协同发力，深化省级全面创新改革联系点建设，打造更具活力的创新生态。加强创新主体培育，新增高新技术企业35家、科技型小巨人企业20家，新建市级以上研发机构12家。注重数字科技创新与应用，支持企业发展5G+、物联网、区块链等产业，数字经济核心产业增加值增长10%。提升科创中心、半岛星创天地运营水平，动建机械科学研究总院南方中心项目，与中国电子科学研究院创新分中心、浙江理工大学现代针织研究院开展更广泛产学研合作。创新科技成果转化机制，技术交易额突破5亿元。重视知识产权保护与利用，推行知识产权质押贷款，探索建立科技银行，新增授权发明专利130件。鼓励企业制定标准、培育品牌，新增“浙江制造”标准3项、“品字标”企业2家。实施抢才“3111”行动，建立多方协同引才机制，引进高端人才项目15个以上。开展职业技能提升行动，培养高技能人才2000人。做实国家级专家服务基地、省级研究生联合培养基地，尽力为人才办好住房、教育等“关键小事”，让人才扎根象山创业发展。

推进建筑业现代化。深化建筑领域改革，完善建筑业扶持政策，引导龙头企业向基础设施、高端市场发展，支持中小企业深耕专业化细分领域，争取完成建筑业施工产值750亿元。鼓励企业主动接轨国际工程总承包和管理方式，加强建筑业先进技术研发应用，提高企业市场竞争力。支持建筑企业创优夺杯，获得市级以上优质工程奖25项。建立象山籍建筑精英人才数据库，引导在外建筑能人回乡投资发展。加强质量安全监管，规范建筑市场秩序，优化建筑业发展环境。

（三）深耕全域旅游，统筹推进现代服务业联动发展

争创国家全域旅游示范区。坚持全域统筹、海陆并进、文旅融合，实施旅游回暖振兴计划，创建省级文旅产业融合试验区，力争游客接待人次、旅游综合收入分别增长15%、17%。加强“旅游+”多业融合，精心设计定制线路，优化环岛游、环港游，开发海洋休闲运动等产品，打造海洋旅游目的地产品体系。做强核心景区，抓好松兰山国家级旅游度假区、影视城AAAAA级旅游景区创建，加快中国渔村二期、石浦渔港古城开发，推进亚帆中心、浙江广电影视基地三期等项目建设，建成半边山五彩渔镇、沙滩排球场馆。引导乡村旅游规范发展，提升蟹钳港景区品质，创建省AAA级以上景区镇5个、A级以上景区村50个，新增精品民宿20家。紧盯全时旅游短板，创建中心城区AAAA级景区城，加快发展夜间经济。市场化运作旅游营销联盟，加强亚运营销、网络营销，扩大“嗨象山”影响力。完善旅游服务体系，优化“畅游象山”交通系统，建设数字文旅平台，提升游客体验感。

推动消费分层升级。开展提信心促消费行动，举办汽车展、家博会等促销活动，培育壮大消费新业态，多角度激活释放消费需求，力争商品销售总额增长10%。引导商圈突出特色、错位发展，优化城市商业业态布局，建成万达广场商业综合体，启用青草巷特色街区。做强海鲜餐饮业，谋划建设中心城区、石浦海鲜餐饮特色街区。加快专业市场转型，提升东陈汽车市场，开展木材、钢材、石材、再生资源等专业市场迁建前期工作。增强城镇商贸服务功能，投用戴维商业广场，培育商贸示范镇2个。深化农贸市场改造提升，创成省级放心农贸市场2家、星级农贸市场8家，星级覆盖率达到90%以上。推动社区新零售应用，力争建成社区邻里中心2个。优化消费环境，新增放心消费单位200家。

培育新兴服务业态。坚持生产性服务业向专业化和价值链高端延伸、生活性服务业向高品质和多样化升级的导向，实施服务业发展三年攀高行动，服务业增加值力争增长7%。发展金融业，创新海洋金融、绿色金融等产品，供应链金融规模增至4亿元，丰富航运保险种类。严厉打击非法金融活动，不良贷款率控制在合理水平，维护良好金融生态环境。推动电商与特色产业融合发展，建设针织、水产品等电商孵化园，鼓励企业利用跨境电商开拓国际市场。发展物流业，建成综合物流电子商贸平台，建设现代物流园公共服务中心二期项目、航运物流中转站。培育大健康产业，建设北黄金海岸数字康养中心。

（四）借力亚运契机，全方位提升城市功能品位

品质导向建设美丽滨海城市。深化“迎接亚运、城市双修”行动，实施城区公共空间品质提升工程，优化亚运线路、城市门户设计，精心设置城市家具、景观亮化，做到点上出彩、线上美观、面上协调。推进丹山人家等安置区块、老城区开发一期建设，完成棚改四期、五期房屋拆除，改造城中村7个、老旧小区1个，谋划建设未来社区。完善市政设施，建成环城西路四期和五期、塔山遗址公园，贯通东谷路、会源路、来薰路等断头路，启动西门立交桥改建、巨鹰路拓宽工程。开展新时代美丽城镇建设，加强“线乱拉”等突出问题整治，创建省级美丽城镇样板乡镇3个。提升石浦小城市品质，加快西周小城市培育、贤庠中心镇建设，优化鹤浦、定塘等城镇功能布局。改善城乡基础配套，建设石浦高速、沿海南线海宁路至白云路段拓宽改建工程，动建石浦客运中心、盛宁线茅洋至泗洲头改建工程、鹤浦镇双下湾至大文沙公路。

精准思维提升城市管理水平。健全精细化法治化智慧化城市管理体制机制，推进智慧城管多网融合，加快建设精细化管理样板区，改善市容市貌。深入实施打造“最清洁县”行动，推行深度保洁制度，加强乱停车、乱设摊整治，规范商家店铺、共享单车管理。深化交通治堵，优化公交线路，新增公共停车位150个。开展物业管理提升三年攻坚行动，推进高层住宅小区消防安全整治，完善居委会、业委会和物业服务企业议事协调机制。坚持城市管理与文明创建有机结合，开展迎亚运、讲文明活动，新建文明示范线4条，培育省级文明镇村6个，争创全国文明城

市。推进新时代文明实践中心工作全国试点县建设,建成文明实践示范站所40个,完成市级乡风文明建设标准化试点。加强公民道德和爱国主义教育,开展道德模范评选,推动"善行象山"走深走实。用好"四会说四风"载体,倡导婚事新办、丧事简办。

最严标准攻坚推进污染防治。坚持方向不变、力度不减,坚决打好污染防治攻坚战,铁腕抓好第二轮中央环保督察问题整改,确保通过国家生态文明建设示范县复评。巩固治水剿劣成果,持续深化节水型社会建设,加快大塘港水环境治理提升,创成省级"污水零直排区"3个,建成东大河改造二期工程、滨海水厂二期扩建工程、石浦门前塘污水处理厂。推进存量违建处置,拆后土地利用率达到90%以上。深化净土清废,实施土地综合整治与修复项目7个,强化一般固废整治和危废动态清零。提升生活垃圾分类处置水平,完成生活垃圾焚烧发电项目主体工程,创成全国农村生活垃圾分类和资源化利用示范县。深化厕所革命,新改建公共厕所60座。加大城乡绿化力度,新增城市绿地20万平方米,建设环象绿道30千米,创成国家森林城市,启动国家园林城市创建。加强能源双控,推进电能替代,严控低效用能增长。

(五)致力兴农富民,加快建设新时代美丽乡村

推动乡村产业振兴。注重质量兴农、绿色兴农,推进一、二、三产融合发展,培育象山柑橘、梭子蟹2条20亿级农业全产业链,建成市级以上农业绿色发展示范区5个、市级多彩农业美丽田园示范基地2个。深化农业"一区一镇"建设,创建国家级特色农业产业强镇1个、省级特色农业强镇2个、省级现代农业园区1个。实施粮食产业"五优联动",加强生猪增产保供,保障"米袋子""菜篮子"货足价稳。谋划打造"蓝色粮仓",创建国家级水产原良种场1家、省级以上水产健康养殖示范场8家,扶持建设南极磷虾极地渔业项目。建设数字乡村,发展智慧农机、数字农业,促进"互联网+"农产品出村进城。鼓励组建农业产业化联合体,新增示范性新型农业经营主体10家以上。做强区域公用品牌,注册"象山红美人"国家地理标志证明商标,培育一批土字号、乡字号品牌,创建国家级特色农产品优势区。

塑造乡村特色风貌。坚持因地制宜、突出特色,加强村庄设计、风貌引导,挖掘传统文化基因,增强乡土韵味、展现乡愁记忆。深入实施"千万工程",分类创建美丽乡村,建设省级海岛公园,提升省大花园典型示范创建水平。持续推进"多村联创、多线联建",集中力量建设具有示范价值的精品村,建成市级美丽乡村示范镇村5个,打造梅映丹东、泗洲乡韵风景线。加快补齐农村基础设施短板,推进城乡供水一体化,实施新一轮海塘提标改造,新改建"四好农村路"20千米。建立市场化投入机制,引导社会力量参与美丽乡村建设。

拓宽富民强村渠道。完善低收入农户精准扶持机制,实现收入增长10%以上,有效保障困难群众基本生活。引导企业与农户建立股权型等合作方式,带动农民持续增收。加强高素质农民和新农人培育,开展农民培训7500人次。建立村集体经济长效增收机制,持续深化农村宅基地"三权分置"和闲置农房激活利用改革,推进科技、资金进乡村和青年、乡贤回农村,借力社会资本增强村集体经济实力。稳步推进行政村规模调整,同步开展撤村建居。加快儒雅洋片区移民,完善移民帮扶政策,做到搬得出、富得起。加强对口帮扶、山海协作,扎实做好产业合作、消费扶贫、劳务协作,助力对口地区打赢精准脱贫攻坚战。

(六)坚持改革引领,激发全社会内在发展活力

深化"最多跑一次"改革。注重目标集成、政策集成、效果集成,持续推进个人和企业全生命周期"一件事"最多跑一次。强化"掌上办"集成优化,实行政务服务"好差评"制度,推动一批高频次政务服务事项实现智能"秒办",打造掌上办事之县。加快"最多跑一次"改革向交通设施、旅游景区、农贸市场等公共服务领域拓展,推进"一窗受理"向基层延伸,加强村(社区)代办点建设,探索建立"政务服务+银行"综合体。深化机关内部"最多跑一次"改革,推行"一业联管""多督合一",90%以上非涉密事项实现一网通办。

建设一流营商环境。坚持市场化法治化国际化原则,贯彻省民营企业发展促进条例,深化"10+N"便利化攻坚行动,让各类资源要素自由流动和优化配置,营造更具活力、更为公平的市场环境,力争跨入全省营商环境评估县前列。深化商事登记制度改革,推进"证照分离"改革全覆盖。创新产业项目审批"一链式"服务,实施一般企业投资项目审批"最多80天"改革,开展低风险小型项目最多15个工作日试点,试行招标项目备案告知承诺制。完善中介机构评价机制,推广网上中介超市平台。健全审慎包容监管制度,加强"双随机一公开"监管,推出更多首违免罚清单。推进亲清政商关系制度化,建立政企交往负面清单,倡导政商关系亲不逾矩、清不远疏。

构建市场化投融资机制。树立市场导向、效益导向,开展投融资改革深化年活动,加快国企市场化转型。深化国企整合重组,做强象港集团,加快影视集团、商贸集团组建运作,培育1家AA+信用等级企业。理顺国企权责边界,完善市场化结算机制,盘活各类资产资源,国企净资产增长80亿元。设立国企投资发展基金,支持内部挖潜、外部拓展,鼓励参与特许经营项目,国企营业收入增长10%。健全项目投资与融资同步推进机制,精准对接融资产品,综合融资成本率下降1个百分点以上。完善与市场化相适应的国企管理制度,强化专业人才引育,建立绩效奖励机制,激发国企转型动力。抢抓疫情期间政策机遇,积极争取专项债券,谋划建设一批新基建、补短板项目。发挥政府产业引导基金作用,带动社会资本投向具有乘数效应的先进制造、新经济等领域。

(七)增进民生福祉,稳步提升人民群众获得感

优化基本公共服务。对标高水平

全面建成小康社会要求，加快八大领域补短板促提升，改善群众生活质量。坚持“外防输入、内防反弹”，精准抓好常态化疫情防控，巩固疫情防控持续向好态势。完善重大疫情应急处置机制，健全公共卫生服务体系，推进传染病医疗救治规范化建设，增强公共卫生领域风险处置能力。深入推进健康象山建设，加强全周期健康服务，强化常见慢性病筛查，居民健康素养水平达到27%。推动医共体提质增效，完成县中医院迁建工程，开展基层分院特色专科建设，县域就诊率保持在90%以上。深化教育领域综合改革，建立基础教育提质减负机制，落实公办民办学校同步招生政策，扎实创建全国义务教育优质均衡发展县。加强教师队伍建设，名优教师占专任教师比提高至15%，中小学新招聘教师分配至乡村学校不低于75%。完善教育设施，建设塔山中学，动建政实小学，改扩建乡村薄弱学校5所，投用象山影视学院。开展第七次全国人口普查。支持工会、共青团、妇联、工商联、侨联、文联、科协等改革与发展，推动民族宗教、外事、对台、传媒、档案等工作取得新进展，提升老干部、关心下一代、邮政、通信等事业工作水平。

推进文化繁荣发展。提升国家级海洋渔文化生态保护区建设成效，加强石浦渔文化核心区建设，办好中国开渔节，建成中国海洋渔文化馆。健全公共文化服务体系，推动优质文化资源下沉，建好用好农村文化礼堂。倡导全民阅读，新建城市书房、乡镇书吧5个。开展全民健身，完善公共体育健身设施，发展群众体育、老年体育。全面推进亚运赛事筹办工作，举办省级以上体育赛事7次。鼓励文艺精品创作，培育壮大影视、竹根雕等文化产业，创成市级文化产业园2个。

加大社会保障力度。多措并举稳就业促就业，实施“乐业象山”计划，加大援企稳岗力度，强化就业困难群体帮扶，新增城镇就业1.2万人。开展“根治欠薪”专项行动，保障劳动者合法权益。强化社保扩面和动态管理，户籍人员养老保险参保率达到95%。推进县域医共体医保支付方式改革，扩大异地就医直接结算覆盖面。发展幸福养老，改造提升特困人员供养服务设施，新建区域性居家养老服务中心8家，老年助餐服务实现镇乡(街道)全覆盖。实施精准高效社会救助，强化残疾人服务保障，发展慈善、红十字等社会公益事业。推进国防动员体系建设，加强全民国防教育，健全退役军人工作体系和保障制度，争创全国双拥模范县“六连冠”。完善住房保障体系，发展住房租赁业，扩大公租房保障范围。

(八)创新社会治理，有力维护社会大局和谐稳定

提升基层治理水平。开展基层基础巩固年活动，健全县镇村三级群众诉求规范办理机制，打造社会治理共同体。完善社会矛盾纠纷调处化解中心，搭建“一网通”管理平台，实现矛盾化解只进一扇门、最多跑一地。加强基层治理四平台运行管理，推广运用“大徐经验”，增强基层协调化解矛盾纠纷能力。规范提升全科网格，深化“村民说事”，力争50%村创成“信访四无村”。推进城乡社区、社会组织、社会工作“三社联动”，探索建立社区治理共同体，提升社会组织承接公共服务能力，推动志愿服务常态化、专业化。

促进社会公平正义。深化法治象山建设，提升各领域依法治理水平。落实“谁执法谁普法”责任，分类开展全民普法，引导群众尊法学法守法用法。推进综合行政执法改革，试行镇乡(街道)一支队伍管执法，全面推行执法进小区。健全“一府两院”联动机制，支持深化司法体制改革、强化审判执行。加强公共法律服务平台建设，建立法律援助积分管理制度，满足群众法律服务需求。完善镇村(社区)法律顾问一体化制度，创建市级以上民主法治村20个。深化社会信用体系建设，健全信用联合奖惩机制，营造重信誉、守信用、讲信义的社会环境。

守护公共领域安全。落实防范化解重大风险各项举措，保障全社会风险总体可控。健全扫黑除恶长效机制，纵深推进严打深挖、打伞破网、固本强基三大行动，严厉打击各类违法犯罪活动。完善立体化智能化社会治安防控体系，改进公安警务侦查模式，创建省级禁毒示范县。落实意识形态工作责任，引导树立正确舆论导向。实施安全生产专项整治三年行动，理顺园区企业安全监管体制，狠抓交通、消防等领域安全综合治理，严防较大及以上事故发生。深化涉海涉渔安全生产整治，改造渔业安全指挥中心，建立渔船管理服务中心。强化食品药品安全监管，保障群众饮食用药安全。建立镇乡(街道)应急救援队伍，做好自然灾害防御工作，提高防灾减灾救灾水平。

各位代表，经过前期广泛征求意见和论证，我们列出十方面民生实事候选项目，提请全体代表投票表决。我们将严格责任、狠抓落实，办好民生实事，全力为民排忧解难。

三、全面提升政府治理效能

民之所望，施政所向。我们将把不忘初心、牢记使命作为永恒课题，持续深化“两强三提高”行动，致力打造“整体智治、唯实惟先”的现代政府。

(一)忠诚坚定，团结干事。始终把绝对忠诚作为第一品格，确保政府各项工作沿着正确的政治方向前进。坚决贯彻上级党委、政府决策部署，自觉坚持在县委领导下开展工作，务必做到令行禁止。牢固树立整体政府理念，增强大局观念，摒弃本位主义，齐心协力应对挑战、推动发展。理顺部门职责，推进事业单位改革，促进职能整合、业务融合，提升政府系统内部合力。

(二)勤政为民，务实干事。始终把服务群众作为首要职责，用实实在在的变化回应群众期盼。坚持言必信、行必果，定下的事说干就干，认准的事一抓到底，承诺的事兑现。深入推动“三服务”活动，在持久、深入、精准、有效服务上下功夫。持续推进基层扩权赋能、减负增效，让基层有更多精力服务群众、干好事业。

(三)攻坚克难，担当干事。始终把敢抓敢管作为从政本分，敢啃硬骨头，敢挑千斤担。深入实践新发展理念，主动对标省市先进，敢于打破“坛坛罐罐”，剪去“枝枝蔓蔓”，与时俱进，轻装上阵。落实“两个担当”良性互动机制，完善奖优罚劣、容错纠错制度，旗

帜鲜明为干事者撑腰、为担当者担当。深入开展“双随机一通报”、电视问政，从严治理“慵懒散”，坚决破除“中梗阻”，全面提振精气神。

（四）锤炼能力，高效干事。始终把高效履职作为自觉追求，以干部能力提升年活动带动政府效能大提升。推行政府工作目标化、项目化、清单化、考核化，让“靠前站”成为习惯，让“马上办”成为常态。加快政府数字化转型，提升“互联网+”政务服务、监管、督查成效，实施场景化多业务协同应用，提高政府智治水平。

（五）依法行政，廉洁干事。始终把依法清廉作为基本操守，创建省级法治政府示范县。自觉接受县人大、县政协监督，落实人大代表督事制度，参与政协“请你来协商”，高质量办好建议、提案。贯彻全面从严治党责任，主动接受纪检监察监督，严格执行中央八项规定，驰而不息纠“四风”。加强财政预算管理与审计监督运用，一般性支出压减不低于8%，让有限财力用在发展最需要、民生最急迫的刀刃上。

名词解释

雄鹰行动 指省里提出培育一批资源配置能力强、国际市场占有率高、具有核心竞争力的企业，一批创新能力强、跻身世界前列的企业，一批抢占发展先机、在全球同行业中具有引领作用的新经济企业。

省“四大建设” 指省里统筹推进的大湾区、大花园、大通道、大都市区建设。

两强三提高 指省政府强化政府自身建设的一项举措，重点是“强谋划、强执行”“提高行政质量、效率和政府公信力”。

两规范两提高 指规范执法行为、提高执法能力，规范政务服务、提高服务水平。

三问三治 指问责治怠、问效治慢、问廉治腐。

六个更加 指县委十四届七次全会报告中提出的更加积极、更加主动，更加专业、更加精准，更加自信、更加自觉。

“四个年”活动 指产业项目攻坚年、投融资改革深化年、干部能力提升年、基层基础巩固年活动。

重要窗口 指习近平总书记在浙江考察时对浙江提出的新目标新定位，希望浙江成为新时代全面展示中国特色社会主义制度优越性的重要窗口。

六大对接计划 指产业转型、科技创新、文化旅游、交通设施、公共服务、体制机制六大对接计划。

市“225”外贸双万亿行动 第一个2是总量目标，指到2025年，实现进出口总额翻一番，达到2万亿元。第二个2和后面的5是结构性目标，2是指到2025年，机电及高新技术产品出口、能源及大宗商品进口分别达到5000亿元；5是指到2025年，跨境电商、数字贸易、服务贸易、优质商品进口、转口贸易分别达到2000亿元。

“五减”共克时艰行动 指省里为帮助企业复工复产，实行的“减税、减费、减租、减息、减支”行动。

四群五链 指四个产业集群：汽模配、时尚针织、临港装备、现代渔业；五条产业链：滨海康旅、影视文化、膜材料、绿色能源、商业航天。

抢才“3111”行动 指引进企业强基人才3000名、国企雏鹰人才100名、农旅创客人才100名、党政储备（事业专业）人才100名。

供应链金融 指银行将核心企业和上下游企业联系在一起，提供灵活的金融产品和服务的一种融资模式。

“10+N”便利化攻坚行动 指优化营商环境的一项重要工作，其中10是评价营商环境便利化10个主要指标，N是若干支撑性指标。

四会说四风 指红白理事会、家庭联盟会、乡贤参事会、道德评议会，移风易俗破旧风、家规祖训传家风、村规民约树村风、遵德守礼育民风。

五优联动 优粮优产、优粮优购、优粮优储、优粮优加、优粮优销。

信访四无村 指无去市赴省进京访、无群体访、无信访滋事扰序事件、无信访舆论炒作事件的村。

两个担当 干部要为事业担当，组织要为干部担当。

专　记

象山县机构改革工作

象山县以习近平新时代中国特色社会主义思想为指导，根据党中央关于深化地方机构改革的部署要求，按照省委和市委的改革方案，加强领导，精心组织，统筹推进，完成机构改革各项任务。

一、基本情况

县机构改革在县深化改革协调小组领导下，由县委书记叶剑鸣亲自主持，县委常委、组织部部长范焕平牵头负责，协调小组具体承担，整体分三个阶段。一是调研准备阶段。2018 年 5 月，县根据机构改革的总体安排，组织力量开展机构改革的前期调研工作，听取改革意见建议，了解各有关部门职责、内设机构和人员编制情况，掌握第一手资料，为研究制定改革方案提供重要依据。二是拟订方案阶段。在前期调研的基础上，研究提出县机构改革初步方案，经论证、反复修改，分别提交书记专题会议、县委常委会审议。与市深化机构改革协调小组办公室保持密切联系，多次向市协调小组办公室汇报县改革方案，将市协调小组反馈的意见和机构设置口径的调整变化情况，及时向县委、县政府主要领导进行汇报，对方案进行修改完善，形成方案初审稿，报省市审批。三是组织实施阶段。2018 年 12 月 26 日，县机构改革方案经省委省政府、市委市政府批复同意后，县委及时召开常委会进行传达学习，并向县人大、县政协进行通报，以县委、县政府名义印发机构改革方案。12 月 29 日，象山县在全市率先召开机构改革动员大会，县委书记叶剑鸣作动员讲话，县委副书记、县长黄焕利主持会议，并举行新组建部门集中授牌仪式。1 月 11 日前，实现新组建或合并部门领导班子和综合科室集中办公。2 月初，完成 38 个部门共 715 人的人员转隶工作。3 月底前，制定并印发部门“三定”规定，基本完成党政机构改革各项任务。

二、主要做法

象山县委贯彻习近平总书记关于深化党和国家机构改革的重要论述，全面贯彻落实党中央关于深化地方机构改革的部署要求，始终坚持加强党的全面领导、坚持以人民为中心的发展思想、坚持社会主义市场经济改革方向、坚持优化协同高效、坚持以法治方式推进改革，并结合象山实际落实改革各项任务，争创体制机制新优势。

（一）加强领导，落实改革各项要求。县委、县政府对该次机构改革高度重视，统筹协调，周密安排。2018 年 10 月 30 日，县委专门成立县深化机构改革协调小组，由县委书记和县长分别任协调小组组长和第一副组长。县协调小组下设办公室，组织部部长为协调小组办公室主任，牵头推进相关工作，并以县委编办人员为班底，抽调县委组织部、县委改革办、县人力社保局、县法制办等部门精干力量，组成工作专班集中办公。在改革过程中，县委、县政府主要领导多次听取改革情况汇报，对改革涉及的重点、难点问题，提出指导性意见，并要求对市深化机构改革协调小组的审核意见逐条研究、落实。县委常委会、县委书记专题会议、县政府常务会议、县委编委会专题研究改革工作，审定重大事项，把握改革方向。各分管领导督促县协调小组办公室和县财政、国资、审计、档案等部门出台文件，做好人员转隶、经费资产、档案移交等工作，确保机构改革平稳有序推进。

（二）调研，因地制宜制定改革方案。根据机构改革总体安排，县委编办开展实地调研和机构编制调查摸底，并在方案制定上反复论证，力求科学。一方面是在调查研究上力求，确保编制实情掌握更加真实。做好涉改单位实地调研工作，理清各部门机构设置、人员编制、领导职数配备实有情况，摸清相关部门在运行模式和管理体制中存在的问题，为机构改革提供翔实资料。另一方面是在征求意见上力求，确保改革方案制定更加科学。在实地调研基础上，形成县机构改革初步方案，并研究省市机构改革的有益做法，加强与兄弟县（市、区）沟通交流，征求四套班子及市深化机构改革协调小组办公室（县市区审核组）的意见建议，征求相关部门意见，经过反复修改、完善，使方案既上下衔接对应，又体现象山实际。

（三）把握重点，精心做好部门“三定”工作。把部门“三定”作为重点，加强业务培训和指导，抓好落实。一是加强业务指导。县委办公室、县政府办公室出台《县级机构改革部门“三定”工作实施意见》后，县协调小组办公室专门组织召开人员转隶和“三定”工作业务培训会，有关部门主要领导、分管领导和人事干部参加，县委组织部部长作动员讲话，明确各部门拟制“三定”规定草案的有关要求。县协调小组办公室分 4 个工作小组，明确联系部门、责任人和时间节点，一对一做好“三定”指导工作。二是加强沟通协调。按照改革要求，研究各部门上报的“三定”规定草案，将其主要职责分送相关部门征求意见。对相关部门反馈的意见，逐条进行分析研究，并及时与部门协商沟通达成一致意见。三是严格审核把关。建立由各“三定”工作小组和办领导层层审核把关的工作机制，反复修改完善各部门的“三定”规定草案，落实专人负责合法性审查，并按规定程序分别提交县委、县政府审定后印发实施。

（四）加强思想政治工作，确保机构改革平稳进行。这次机构改革，涉及的部门较多，对全县工作全局具有重要影响，社会各界也十分关注。县委、县政府高度重视，要求精心组织，把各项工作做深、做细、做扎实。县委、县政府主要领导多次强调，各部门要做到讲政治、顾大局，坚持局部利益服从整体利益，不折不扣地执行机构改革方案，严格执行各项纪律，加强思想政治工作，确保改革平稳进行。各部门特别是改革中新组建的部门采取措施，加强思想政治工作，搞好改革动员和政策宣传，及时掌握干部职工的思想动态，确保机构改革中秩序不乱、人心不散。县协调小组办公室精心做好各项基础工作，制定宣传方案和提纲，加强宣传舆论引导，通过象山发布、象山编办微信公众号在全县机构改革动员大会召开后，第一时间发布象山县机构改革动态，争取各方面对改革的理解和支持，为改革开展营造良好的舆论氛围。

三、改革成效

贯彻落实习近平总书记对浙江工作的重要指示精神，按照省委、市委要求，以深化“最多跑一次”改革为牵引，重点围绕强化社会管理和公共服务职能，探索机构设置和职能配置，在构建系统完备、科学规范、运行高效的机构职能体系等方面取得成效。

（一）加强党的领导，做到“两个维护”。一是建立健全和优化县委对重大工作的领导体制机制。组建县监察委员会，同县纪律检查委员会合署办公，履行纪检、监察两项职责，实行一套工作机构、两个机关名称，不再保留县监察局。组建（更名）9个县委议事协调机构，分别是县委审计委员会、县委全面深化改革委员会、县委全面依法治县委员会、县委网络安全和信息化委员会、县委财经委员会、县委国家安全委员会、县委外事工作委员会、县委教育工作领导小组、县委县政府农业和农村工作领导小组。二是加强县委职能部门的统一归口协调管理职能。调整优化县委机构编制委员会办公室领导体制，归口县委组织部管理。县委组织部统一管理公务员工作，对外加挂县公务员局牌子。县委宣传部统一管理新闻出版和电影工作，对外加挂县新闻出版局牌子。县委统战部统一管理民族宗教和侨务工作，对外保留县民族宗教事务局、县政府侨务办公室牌子。三是按照中央要求不再设立部分机构。不再设立县社会治安综合治理委员会及其办公室、县委维护社会稳定工作领导小组及其办公室，有关职责交由县委政法委员会承担；将县委防范和处理邪教问题领导小组及其办公室职责交由县委政法委员会、县公安局承担。

（二）理顺关系，部门职责分工更加科学。按照“一类事项原则上由一个部门统筹、一件事情原则上由一个部门负责”的原则，推进机构整合，优化机构设置。组建县自然资源和规划局，加挂县林业局、县海洋局牌子。组建县农业农村局，承担县扶贫开发领导小组办公室工作。组建县文化和广电旅游体育局，不再保留县文化广电新闻出版局，不再保留县体育局牌子。组建县卫生健康局，保留县老龄工作委员会，不再保留县卫生和计划生育局、县深化医药卫生体制改革领导小组办公室。组建县应急管理局，不再保留县安全生产监督管理局。组建县退役军人事务局、县医疗保障局。将县司法局和县政府法制办公室（县行政复议局）的职责整合，重新组建县司法局，保留县行政复议局牌子，不再保留县政府法制办公室。重新组建县市场监督管理局，加挂县知识产权局牌子，保留县食品安全委员会，不再保留县工商行政管理局、县质量技术监督局、县食品药品监督管理局、县食品安全委员会办公室牌子。优化县审计局职责，将县发展和改革局的重大项目稽察职责，县财政局的预算执行情况和其他财政收支情况监督检查职责，相关部门的国有企业领导干部经济责任审计职责，以及县属国有企业监事会职责等划入县审计局。优化县科学技术局职责，将县人力资源和社会保障局的引进国外智力和外国专家管理职责划入县科学技术局。

（三）对标省市，因地制宜优化机构设置。一是与省市基本对应设置其他机构。优化县委办公室职责，将县委机要局（县密码管理局）、县委保密委员会办公室（县国家保密局）并入县委办公室，将县档案局（县档案馆）的行政职能划转给县委办公室，对外保留县委机要局（县密码管理局）、县委保密委员会办公室（县国家保密局）、县档案局牌子，县档案馆继续作为县委直属事业单位设置。组建县委巡察工作领导小组办公室，作为县委工作机关，设在县纪律检查委员会机关。优化县发展和改革局职责，将县经济和信息化局的能源管理职责，县商务局（县粮食局）的粮食管理职责，以及县商务局、县民政局、县水利局等部门组织实施重要物资和应急储备物资的收储、轮换和日常管理职责整合，划入县发展和改革局，加挂县粮食和物资储备局牌子。将县经济和信息化局（县经济合作办公室）等相关部门的对口支援、区域合作等职责整合，划入县发展和改革局，加挂县对口支援和区域合作局牌子，不再保留县粮食局、县物价局、县经济合作办公室牌子。优化县交通运输局职责，将县海洋与渔业局的渔船检验和监督管理职责划入县交通运输局。县综合行政执法局继续保留县城市管理局牌子，统筹协调和指导监督全县综合行政执法。二是结合象山实际，因地制宜设置部分机构。将县委县政府信访局由与县委办公室合署办公调整为单独设置。县委老干部局作为县委工作机关，归口县委组织部管理。组建县水利和渔业局，将县水利局的职责、县海洋与渔业局的渔业相关职责整合，组建县水利和渔业局，不再保留县水利局。将县委台湾工作办公室（县政府台湾事务办公室）由单独设置调整为与县委办公室合署办公。三是优化市级部门派出机构设置。市生态环境局设立生态环境分局，作为市生态环境局的派出机构，不再保留县环境保护局。

（四）贯彻省市要求，机构编制和职数适当精简。一是改革前县级党政部门共38个。改革后，共设党政部门37个，精简科（局）级机构1个。县政务服务办公室作为县政府派出机构设置。二是按照增减平衡的原则，根据各部门职责和设置调整情况，收回8个部门行政编制21名，解决新组建部门和紧缺部门编制问题。改革前38个县级党政部门和县审管办共核定行政编制1270名，后勤服务人员编制20名。改革后新增边防转入公安的政法专项编制91名、税务编制划入财政编制32名（29名税务专项编制、3名地税行政编制），共核定行政编制1393名，后勤服务人员编制20名。三是改革前列入该次改革范围的县级党政部门和县审管办共核定领导职数154职（不含县领导兼任的职务、纪检组、巡察组的职数，下同）。改革后共核定149职，精简5职。四是改革前列入该次改革范围的县级党政部门和县审管办共核定内设机构269个、中层职数376名，改革后内设机构267个、中层职数366名，分别减少2个内设机构、10名中层职数。

第二十二届中国（象山）开渔节

为响应国家实施海洋强国、乡村振兴、“一带一路”倡议、建设宁波滨海现代化城区和渔文化名城等重大机遇，第二十二届中国（宁波象山）开渔节——中国农民丰收节系列活动于2019年9月6日至17日在象山县举行。本届活动在农业农村部、浙江省政府等上级有关部门和宁波市委、市政府的支持下，在象山县委、县政府和执委会的正确领导下，在全县各有关部门、镇乡（街道）、执委会各活动组及全体工作人员的共同努力下，牢牢把握办节原则，高水平高质量地举行各项活动所取得的。

9月7日至8日晚上，第七届中国（象山）海洋文化夜市在县人民广场举行。本届海洋文化夜市以“与海洋共生 Connect to Ocean”为主题，诠释“保护海洋就是保护人类自己”的理念。根据海洋渔文化产业的行业分类、发展方向及不同功能，夜市规划美丽乡镇（街道）展示、生活集市、我是“非遗”人、后备厢集市、2019科普日等8大主题展区。

9月6日至12日晚上，“平安守护　欢乐渔港”戏曲展演活动在石浦城隍庙、石浦南向村、延昌宋皇宫、东门渔村及鹤浦镇鹤翔村、高塘岛乡林港村等地举行，合计展演36场。

9月12日下午，2019中国青年志愿者蓝色护海行动暨海洋公益日主题活动在象山海洋酒店举行。此次活动由县委宣传部、团县委、县水利和渔业局、县自然资源和规划局、市生态环境局象山分局、县教育局、石浦镇人民政府、鹤浦镇人民政府、高塘岛乡人民政府联合主办。活动现场，主办方为“蓝色护海”志愿行动发起人林永法赠送蓝色护海纪念册，还相继举行蓝色海湾象山青年船老大联盟石浦分会、鹤浦分会、高塘分会授牌成立仪式，为蓝色海岸、蓝色家园、蓝色课堂3支志愿服务队授旗，举行蓝色护海志愿行动传承仪式，并启动“益”起行动15天线上打卡活动。

9月15日上午，2019中国农民丰收节系列活动——第二十二届中国（宁波象山）开渔节祭海仪式在东门渔村门头山岛举行。2019年的祭海仪式更注重提高渔民的参与度，不但祭祀场地重回门头山岛妈祖像前，所有参加祭祀的人员也全部由当地16个渔村推选组成，来自全国各地的游客香客团也前来参拜。

9月15日上午，动漫产业与文旅融合高峰论坛在石浦半边山皇冠假日酒店举行。中国文联电影艺术研究中心主任、中国电影评论学会会长饶曙光主持。县委书记叶剑鸣、宁波文化广电旅游局局长张爱琴致辞。县委常委、常务副县长陈兴立，宁波影视文化产业区管委会主任陈建瑜等出席。日本 Sedic 公司总裁厨子健介、中国旅游研究院副院长李仲广、洪泰大文娱产业基金合伙人金城分别作“东亚动漫产业展望”“文旅融合”“从檀头山到好莱坞——动画行业历史性机遇”等主题发言。日本国宝级漫画家木村裕一及与会嘉宾就中日动漫产业现状与国际合作、动漫如何成为生活元素、旅游元素等议题进行讨论。

9月15日下午，2019中国农民丰收节系列活动——第二十二届中国（宁波象山）开渔节新闻发布举行。县委常委、宣传部部长罗来兴通报本届开渔节的活动安排，并就有关情况回答记者提问。人民网、新华社、央广、《经济日报》、中新社等近30家中央、省、市和本地媒体的记者参加新闻发布会。

9月15日晚上，2019中国农民丰收节系列活动——第二十二届中国（宁波象山）开渔节妈祖巡安仪式在石浦渔港举行。9艘渔船组成巡安船队，从东门渔村出发，按照指定的路线绕石浦港巡安。妈祖巡安活动主要寄托渔民对平安归来的希望，渔民在出海之前都要向妈祖祈福，以求丰收平安。随着时间的变迁，巡安仪式如今逐渐成为反映中华渔文化的一个载体，以“立德、行善、大爱”为精神内涵的妈祖文化，人心，传遍世界。

9月15日晚上，第二十二届中国（宁波象山）开渔节——中国农民丰收节系列活动千人庆丰宴在宁波象山县石浦镇东门渔村举行。共设138桌宴席，邀请1400名群众广泛参与，品渔家美食，观渔区风俗，体现渔民丰收喜庆的场面。

9月15日全天，中国民间文艺家协会“民间文艺进校园（象山站）”志愿服务活动在丹城第五小学举行。中国、省、市文联、民协和县有关部门的领导及有关学校的师生等400余人参加该次活动。县民协选派的指导老师和全县各特色教育学校进行才艺展示，内容包括剪纸、农民画、鱼拓、竹编、泥塑、舞龙、马灯、提线木偶等26种民间文艺项目，展现象山半岛的地域特色和民间文艺进校园活动的成果。

9月16日上午，清廉乡村建设工作推进会在象山商会大厦召开。该次活动由中共象山县委和宁波市农业农村局共同主办。中纪委研究室原主任、中央第八巡视组原副组长李雪勤，宁波市纪委副书记、市监委副主任杨晔，象山县委书记叶剑鸣，浙江省委党校权力监督研究中心主任、教授董瑛，市农业农村局副局长卞银江，宁海县委常委、纪委书记徐震宇，县委常委、纪委书记陈善方等参加活动。会议期间，陈善方、董瑛分别作题为《三清践廉、系统治理——积微成著推进象山清廉乡村建设》《打造清廉乡村的象山样本》的发言。与会代表观看《三清践廉治村居》象山清廉乡村建设宣传片。会议还举行“廉行象山”启动仪式，与会领导专家共同“点亮”象山清廉文化地图。

9月16日上午，第二十二届中国（宁波象山）开渔节——中国农民丰收节系列活动开幕式暨开船仪式在石浦渔港举行。中共宁波市委副书记、市长裘东耀，中国工程院院士潘德炉，原国防大学马列所所长、少将颜晓峰，宁波市人民政府副市长许亚南，中纪委研究室原主任、中国社会科学院中国廉政研究中心副理事长李雪勤，农业农村部渔业渔政管理局二级巡视员江开勇、浙江省农业农村厅厅长林健东、中国渔业协会会长赵兴武，中国太平洋学会常务副会长、海洋出版社党委书记丁磊，《红旗》文稿杂志社社长、总编辑顾保国，浙江省文化和旅游厅副厅长杨建武、中国民间文艺家协会副主席万建中、中国国民党中央委员蔡宜助、日本爱媛县日中农林水产交流协会会长吉本正、中国航天科技集团五院总体部总经理董勇、凤凰领客董事长沈建阳、杭州亚组委杭外工作部副部长陆根沙、广东省阳江市人民政府副市长冯松柏、吉林省敦化市人民政府党组成员王立静、阿里巴巴乡村事业部-乡村服务部总监孙则瑞等领导嘉宾以及农业农村部渔业渔政管理局和省市有关单位的领导，兄弟省市的领导，相关社会团体、院校的负责人，台湾、香港嘉宾及来自日本、英国的各位国际友人共计400余名嘉宾代表参加活动。县委书记叶剑鸣致欢迎辞。农业农村部渔业渔政管理局二级巡视员江开勇致辞。中共宁波市委副书记、市长裘东耀宣布启动本届开渔节的开船仪式。一艘艘渔船首尾相接，驶过铜瓦门大桥这一石浦港的门户后，劈波斩浪驶向大海深处，开始捕捞休渔后的“第一网”征程。

9月16日全天，第十五届中国海洋论坛在石浦半岛酒店举行。该次活动由中国太平洋学会、宁波市人民政府主办，象山县人民政府承办，主题为“创新海洋蓝色经济绿色发展模式，推进海洋经济高质量发展”。出席参加该次论坛的主要嘉宾有中国太平洋学会常务副会长、自然资源部海洋出版社党委书记丁磊，中国工程院院士潘德炉，中国太平洋学会副会长、中国自然资源报社总编辑赵晓涛，中国太平洋学会副会长兼秘书长李正楼，上海海洋大学副校长李家乐，宁波市政府副秘书长宣柏林等。开幕式上，象山县人民政府与上海海洋大学举行战略合作签约；象山县供销合作联社与浙江顺联网络科技有限公司，宁波象山星慧北斗信息科技有限公司与成都国星通信有限公司，分别就农产品销售和海上生命终端救生系统项目完成合作签约。活动分设1个主论坛和3个分论坛，分论坛分别为动漫产业与文旅融合高峰论坛、善行象山主题论坛、渔村振兴与海丝文化研究论坛。这些论坛从不同角度、多个层面探讨实施蓝色经济绿色发展的现实路径，为推动象山乃至全国渔区转型发展厘清思路、明确方向，为发展海洋经济、促进地方社会发展提出解决方案。

开渔节是象山的一张精美名片，本届开渔节坚持“传播大于现场”的理念，运用各种宣传媒体，超前策划运作，打好“开渔”“丰收”两大品牌，以提高“休闲象山，渔开天下”在国内外的知名度。本届开渔节邀请往年关注开渔节活动的媒体，得到央视多个频道多个栏目以及英国人杂志、凤凰卫视、香港经济日报等境内外媒体的主动参与，共有70余家中央、省市级及境内外媒体100余位新闻记者参与报道。《人民日报》、中央电视台、中央人民广播电台、新华社、《光明日报》《经济日报》、中新社、凤凰卫视、《香港经济日报》等媒体都对该次活动给予全面的宣传报道。据不完全统计，共发表报道120余篇。9月16日央视《新闻联播》报道《东海伏季休渔结束今天正式开渔》，央视一套《朝闻天下》、央视四套、央视新闻频道刊播相关新闻3条，央广2条。央视二套《生财有道》、央视九套《吾土吾民》等专题栏目开渔节期间完成3期节目的拍摄进行刊播。此外，在传统媒体直播的基础上，2019年还在央视新闻+、一直播、西瓜视频、微博直播、今日头条等手机客户端播出或转播开渔节直播盛况，开辟视频互动直播新契机，开渔节开船仪式视频播放量累积超百万。截至9月17日，开船仪式直播点击量突破10万+，点赞量达1.72万人次。

（开渔办　何邦军）

高速公路建设

宁波舟山港石浦港区沈海高速连接线新桥至石浦段工程起点与三门湾大桥及接线工程（规划沿海高速第二段）的新桥枢纽互通（黄吉岙处）立交相接，向东南布线过黄吉岙，经下七里北侧，穿黄狗盘山、乌竹湾山，在两山之间设置新桥互通立交，路线折向南，经上盘西侧，设隧道穿竹岩洞山，新岙东侧，向南经楼下舍东侧、下山西侧，路线折向南偏东，经陆家东侧设置定塘互通立交，在小新城西侧设隧道穿后门山，经铁路坑西侧，设隧道穿牛头山，路线终于石浦镇白门头东侧，设置石浦互通立交与沿海南线相接。

宁波舟山港石浦港区沈海高速连接线新桥至石浦段路线总长约17.51千米。其中：

项目主线桥梁总长约9361米/7座（含分离式立交及互通主线桥），其中：特大桥8237米/4座、大桥1028米/2座、分离式96米/1座。主线桥上部结构以30米装配式T梁为主，个别跨路处采用预应力钢筋混凝土现浇箱梁，下部结构采用单排双柱式桥墩、桩基础。

工程主线共设隧道约4095米/3座，其中：竹岩洞隧道为连拱隧道，长约560米；后门山隧道、牛头山隧道为长隧道，共长约3535米。

工程共设置互通式立交3处,在新桥镇西南侧设新桥互通,采用双喇叭互通与在建的新桥连接线相接;在定塘镇东侧设定塘互通,采用双喇叭互通形式与定塘连接线相接;在石浦镇西侧设石浦互通,石浦至宁波方向设置一处单向匝道,互通主线跨越沿海南线后与石浦镇规划道路白云路相接。

项目设置匝道收费站3处,主线收费站1处,路政管理站、交警管理站、路段监控通信站、隧道监控通信站、养护工区各1处(与定塘互通合址建设);沿线设置完善的交通安全设施、监控设施、通信设施、收费设施、供电照明设施,管理用房总建筑面积约12006.5平方米。

石浦连接线工程进度:

1. 投资额完成。石浦高速连接线工程累计完成投资21.6亿元,占计划总投资41.73亿元的51.76%。2019年以来完成投资12.5亿元。

2. 形象进度实现达标。石浦高速连接线总体形象进度累计完成52%,其中路基开挖完成70%,填筑完成60%;桥梁基础完成90%,下部构造完成70%,上部构造完成55%;隧道开挖完成80%,衬砌完成65%。

3. 征迁工作有序推进。石浦高速连接线工程完成交地1648亩,交地率98.58%,拨付土地征用款7068.65万元;青苗及地面附属物理赔到户2788.97万元;迁移坟墓2328穴,迁移率100%;住宅拆迁共40户,签约26户,完成拆除7户,拨付拆迁资金1500万元;生产用房11处2179平方米,拆除10处1198平方米。

三门湾大桥及接线工程(象山段)工程进度:

1. "三改""工完场清"取得突破。全年完成三门湾大桥及接线工程新增"大三改"4项;完成"小三改"67项,共投资900万元;完成"工完场清"35处327.3亩并交付属地乡镇管理。

2. 基本实现全面收尾。完成沿线14个点位的再清理、再平整和复绿工作,共完成拆除临建、清理平整土地90余亩,清运各类垃圾土方9万立方,播散草种8万平方米;开展沿线绿化提升,新增绿化投资约1000万元。

3. 应急道路如期抢通。为缓解影视城交通压力,于"十一"前抢通石浦高速连接线项目新桥收费口至大下线下七里交叉口段路基作为应急道路,与已有道路形成通行环线。2019年国庆期间,影视城交通状况得到极大改善。

(县高速公路建设指挥部　俞银巧)

2019年房屋征迁

修订《象山县征收集体所有土地房屋拆迁补偿实施办法》《象山县征收集体所有土地房屋拆迁补偿实施细则》,编印2000余册《象山县征收集体所有土地房屋拆迁补偿相关政策解读》。为确保集体土地房屋拆迁工作信息化、阳光化,建立征收集体所有土地房屋拆迁网上签约平台。组织各实施镇乡(街道)、城中村指挥部成员和试点村主要班子成员,召开集体所有土地房屋拆迁业务培训会30余次,培训600人次。

1. 完善政策。规范征收集体所有土地房屋拆迁补偿工作,保障城乡建设进行,保护被拆迁人的合法权益,按照"察民情、办实事、大走访"的原则,在原有拆迁补偿政策和对标杭州、临安等地的基础上,历时8个月,修订《象山县征收集体所有土地房屋拆迁补偿实施办法》《象山县征收集体所有土地房屋拆迁补偿实施细则》,并呈报县政府发文。该次修改主要体现在征迁程序、被征迁房屋补偿、可安置面积和奖励补助四方面的修改,为"城中村"改造工作提供强有力的政策支撑。为促进集体房屋的阳光拆迁进程,确保拆迁程序公开、公平、公正,建立集体土地房屋拆迁网上签约平台,该签约平台形成主体框架,由软件公司着手优化完善。

2. 先行先试。按照"先行先试、主动服务"原则,组织实施单位对190余户被拆迁人开展前期调查摸底工作,逐一核实房屋和人口等基本情况,涉及丹西街道周建、里新村和下蒋家村92户被拆迁人,丹东街道蒋家村98户被拆迁人。截至,落实拆迁安置土地和安置房建设工作计划,出台拆迁安置方案,并开展政策前期处理工作。

五期棚改庄穆巷以东、老人民医院、东后巷三个区块,改造660余户被征迁人。上述三个区块13天内征收协议全部生效。首日签约量、首日签约率、签约生效时限等各项指标均排名全市前列,3个月内完成拟定补偿实施方案到签约生效工作,"短平快"完成计划项目。

1. 老人民医院区块涉及总建筑面积为2.4854万平方米,总户数为324户,皆为住宅征收户。征收范围为东至庄穆巷,南至东后巷,西至东澄河路,北至长寿路接长寿路11弄。签约时间为2019年12月7日—2019年12月26日,签约率为100%,货币化率为65.7%。

2. 庄穆巷区块涉及总建筑面积为1.4769万平方米,总户数为139户,皆为住宅征收户。征收范围为东至振兴幼儿园　南至马乌岭及东后巷,西至黄家桥路及庄穆巷,北至东塘山路(含东塘山路33号、东塘山路27、31号部分房屋)。签约时间为2019年12月5日—2019年12月24日,签约率为100%,货币化率为92.8%。

3. 东后巷区块涉及总建筑面积为1.7954万平方米,总户数为197户,皆为住宅征收户。征收范围为东至黄家桥路,南至后堂街,西至县府东侧围墙,北至东后巷。签约时间为2019年12月5日—2019年12月24日,签约率为99.49%,货币化率为88.8%。

围绕全县棚户区改造征迁清零工作,全年牵头召开大型征迁联席会议17次,解决关联性疑难杂症90余项,帮助镇乡(街道)解决问题70余件,98户被征迁人签订协议,完成清零目标。

2019年以来,咬定年度征迁清零目标,制定专项攻坚方案,明确攻坚主体和时间要求,通过专人专任、专项专攻,对征迁工作中的重点难点问题进行精准排摸和梳理。一、二、四期棚改项目中心城区共98户未按时签约户均签订房屋征收协议,分别是一期棚改16户,二期棚改4户,四期棚改78户。

(象山县房屋征收办公室)

美丽乡村建设

2019年,象山县根据宁波市委办公厅、市政府办公厅《关于开展美丽乡村分类创建工作促进农村品质提升的通知》文件精神和市“百村示范、千村整治”工程办公室要求,规范创建标准、完善工作措施、加大建设力度,总投入约1亿元,共有1个市级美丽乡村示范乡镇、6个市级美丽乡村示范村、3条市级美丽乡村风景线通过市村庄整治建设领导小组验收。

1个市级美丽乡村示范乡镇:

墙头镇位于象山县城西郊,镇域面积87平方千米,下辖23个行政村、1个居委会,人口2.1万人。S19甬台温高速复线、戴港至城区快速通道和311省道穿境而过,全镇北面呈“U”字形环抱西沪港,海岸线长40千米,可养殖海涂面积2266.67公顷,是全国贝类苗种繁殖基地、浙江省重点海水养殖区。该镇围绕全国乡村治理体系建设工作会议筹备的总体要求,主动布局谋划,做好溪里方村和方家岙村参观点及周边沿线村落形象提升。溪里方村通过推进路面白改黑、村内路面复古石板铺设、村口景观打造、村口沿线盆景绿化、竹栈道搭设、德治公园德治馆打造、法制公园改造、溪坑水环境治理等项目,提升村容旅游环境。方家岙村发挥中国美院、坪衢等设计团队优势,突出乡村治理、村民说事主题元素,创新融入当代新设计理念,按照整村环境提升、功能完善、品位提高总要求,研究制定村庄节点、参观路线、版面设计,打造村庄名片。通过引进中青旅和浙江恒合景观规划设计公司,集成三方的市场营销网络、专业策划能力和旅游资源特色,筹备组建宁波墙头文旅发展公司,负责旅游公共运营,实现优势互补、合作共赢,逐步形成“政府引导、企业主导、市场导向、运营专业”的乡村旅游公共运营模式。该镇先后荣获国家级生态镇、省级综治先进集体、省级体育强镇、省级森林城镇、市级文明镇、市级“双拥模范镇”(八连冠)、市级“军警民共建”先进集体等荣誉,2019年创建市级美丽乡村示范乡镇。

6个市级美丽乡村示范村:

丹东街道赤坎村位于丹东街道南部,与松兰山度假区和三联农庄毗邻,山清水秀,独具魅力,村三面环山,一面环湖。全村185户共652人,耕地面积28公顷,山林面积56.7公顷,其中经济林柑橘种植面积5.3公顷,杨梅种植面积4.7公顷。该村以村庄建设规划为指导,按照“安居、宜居、美居”的原则制定整治整改方向,推进村内道路路面硬化、停车场建设、溪坑改造、垃圾亭子建设、外立面围墙改造、水库沿岸景观建设、村综合楼等项目,逐步实现村容整洁环境优美,改造有序布局美,风貌协调色彩美,设施完善服务美。先后荣获县级村庄梳理改造先进村、县级美丽乡村建设先进村、县级文明村、县级全域旅游创建先进集体等荣誉称号,2019年创建市级美丽乡村示范村。

石浦镇东门渔村位于石浦港东部东门岛上,西面隔港与石浦对峙,北滨铜瓦门水道,东望檀头山岛。全村1121户共3240人,果园面积18.3公顷,山林面积120公顷,海水养殖面积13.3公顷。拥有大马力渔船231艘,大小冷库20余座,渔业固定资产3亿元,素有“浙江渔业第一村”美誉。该村围绕“科学规划布局美、村容整洁环境美、创业增收生活美、乡风文明身心美”的目标,持续推进沿港马路、背街小巷、房前屋后等处环境卫生综合整治和绿化美化。以东门老街为整治重点,开展直街立面改造,展现老东门的历史、文化、民俗风情和地域特色。通过柑橘地、房屋、海域养殖区域、码头等村级固定资产出租,每年村集体经济收入近200万元。全村共有“渔家乐”7家,休闲渔船12艘,年接待游客超过15万人以上。先后荣获首批中国传统村落、全国“最美渔村”、省级文明村、省级历史文化特色村、省级特色旅游村、省级农家乐示范村、市级全面小康村、市级历史文化名村、市级最美古村落等荣誉称号,2019年创建市级美丽乡村示范村。

西周镇儒雅洋村位于西周镇东南青龙山南麓群山环抱的丘陵谷地中,历史悠长,环境优美,古建筑资源丰富。全村414户共1312人,耕地面积38.7公顷,山林面积310公顷,其中竹山面积211.3公顷。该村以改善农村人居环境为突破点,因地制宜开展美丽乡村示范村创建工作,通过推进村庄环境综合整治、基础设施建设、修缮和保护传统古建筑彰显古村韵味,打造美丽庭院、“一村万树”示范等系列创建提升村容村貌。以竹笋节等活动为契机,宣扬优秀家风家训,全面践行“村民说事”制度,坚持民主管理,规范民主决策,完善民主公开,强化民主监督。以象西山水风情线、醉美山区党建精品带、儒雅山水文明示范线为枢纽融会贯通,推动美丽乡村建设纵深发展。先后荣获省级历史文化名村、市级文化特色村等荣誉称号,2019年创建市级美丽乡村示范村。

大徐镇下院村位于大徐镇东北珠山南麓,村庄三面崇山环抱,1千米长的主村道与汤鲁线相连,沿途溪水淙淙,溪上错落有致的9座小桥,把外厂、西岙、东岙和岙里4个自然村连成一片。全村278户共868人,山林面积166.7公顷,耕地面积33.3公顷。该村按照“生产发展、生活宽裕、乡风文明、村容整洁、管理民主”新农村建设要求,推进农民会所、道路、公园、游步道等公共公益项目,完善污水处理,垃圾处理等环境卫生设施,改造水利、开发果林、宅基地整理等。累计投入700万元资金,完成主村道和游步道延伸工程、村口石壁山体景观提升、玫瑰园、竹根雕艺术馆、AAA级旅游厕所1座。先后荣获市级生态村、市级千村绿化工程示范村、市级小康村、县级特色村等荣誉称号,2019年创建市级美丽乡村示范村。

晓塘乡中岙村位于晓塘乡中部,80省道穿村而过,交通便捷。全村共有392户1225人,初步形成以柑橘、葡萄和蔬菜种植为主的现代化生态农业。该村结合本村特有的自然风光、产业资源和文化内涵,围绕“农旅文”结合为主题开发特色村为目标,调动乡贤参与村庄建设的主动性,发挥美丽乡村多元化功能，营造政府参与、乡贤助力、全民配合的良好创建氛围。推进村庄景观打造、花海基地及竹山诗园等附属建设，山体公园沿线周边配套设施改造提升，AA级旅游厕所改造升级等一系列旅游基础设施提升项目。发挥农业产业优势，完成柑橘观光小道的改造，精品果园主道基础设施改造等一系列农业旅游观光产业提升项目。盘活闲置资源，深挖文创产业，打造竹山诗馆、艺术画馆、乡村书吧。整村农业、旅游、文化产业已有机融合，举办橘花艺术节和橘公共艺术节，吸引游客2万人，展示出"艺术特色村"金名片。先后荣获省级文明村、省级美丽乡村特色精品村、省级AA级景区村、市级美丽乡村示范村、市级五星级基层党组织，2019年创建市级美丽乡村示范村。

黄避岙乡高泥村位于西沪港和象山港交汇处，由里高泥、外高泥、东塔三个自然村组成，区域面积3.4平方千米，耕地面积45.6公顷，山林面积4082余亩，海水养殖面积3135亩。全村263户共803人，村民基本从事网箱养殖黄鱼和鲈鱼等，有"浙江省网箱养殖第一村"的美誉。该村在"乡村振兴"战略引领下，以"产业振兴""人才振兴"为主抓手，打造富美乡村新样板。全村有160户从事网箱养殖，包括黄鱼、鲈鱼、真鲷、包公鱼等21个品种，共有网箱3200只，其中黄鱼、鲈鱼养殖产业年产值超1.4亿元，产品远销售至日本、韩国。坚持以党建引领村庄"三治融合"，培育发扬邻里和睦守望相助的乡风文明风尚，通过"村民说事"这一乡村治理的象山新模式，将村庄治理从群防群治向"自治、法治、德治"相结合的新模式转变。先后荣获全国"无邪教村"示范村、省级AAA级旅游景区村庄、省级文明村、市级"千树绿化"示范村、市级"最洁美村庄"20强、市级产业特色村、市级垃圾分类示范村等荣誉称号，2019年创建市级美丽乡村示范村。

3条市级美丽乡村风景线：

鹤浦镇"海韵南田"风景线位于鹤浦镇境内，项目涉及流水岩村、小网巾村、鹤湾村、双下湾村、大百丈村、小百丈村、大沙村7个村、9个居住点，全长约12千米。该风景线总投资1943万元，围绕海岛乡村旅游发展目标，整合各村资源，串点成线、以线带面，连线成片，统筹创建资源，集中打造力量，延长旅游路线，全方位创建海韵南田风景线，开发海岛旅游新亮点。通过对流水岩村、小网巾村、鹤湾村、双下湾村、大百丈村、小百丈村、大沙村沿线村的环境整治提升、公共配套项目建设、主题打造类建设，实施双下湾观景平台、登山步道、烽火台、鹤湾景观树大道、马筋酒庄、张苍水铸铁遗址、大百丈先秦岩画和通往道路等主题项目19个。建成一条以特色海岛为主线，特色村落为基点，休闲旅游为配套的市级风景线。

贤庠镇"花开贤庠"风景线位于贤庠镇境内，项目涉及东风村、西山下村、章家墩村、沈家洋村、珠山岙村、碶头陈村、塘花园村、着衣亭村8个村，全长约15千米。该风景线总投资1000万元，围绕"山、水、林、田、路、房"六大元素，整合各村资源，串点成线、连线成片，因地制宜，注重发挥自然山水、田园风光、特色产业、地域文化等优势，突出"花开贤庠"的特色和主题，体现风格和韵味。高标准深化东风村、西山下村、章家墩村、沈家洋村、珠山岙村、碶头陈村、塘花园村、着衣亭村等沿线8个村庄整治，美化村容村貌，促进村庄集聚，推进沿线驿站和停车场建设、沿线道路土地征用、沿线道路建设、旅游标志标牌配置及旅游公厕建设基础设施建设项目等18个。建成别具特色的、山水相伴的、农旅结合的美丽乡村风景线。

墙头镇"印象西沪"风景线位于墙头镇境内，项目涉及雷港村、岭下村、舫前村、盛王张村、孙家村、下沙村、西沪村7个村，全长约11千米。该风景线总投资1000万元，以雷港——西沪象西线公路为主线，因地制宜选择节点串联成线，整体打造。对沿线村庄进行环境综合整治，全面实施垃圾分类、五水共治、村庄梳理式改造、道路硬化、村庄绿化美化等工作。选取舫前村、下沙村2个村作为风景线亮点村进行重点打造。通过挖掘文化发展乡村旅游，将具有历史悠久，人文荟萃沿线村庄进行串联，如舫前村茶文化、禅文化，下沙村渔文化等，结合全域旅游发展特色乡村旅游。建成集乡村旅游、民宿度假、运动休闲、文化创意、乡村游乐、美食购物、研学教育、康体养疗等的多功能型"印象西沪"风景线。

（县农业农村局　李婷）

象山小黄鱼

山因渔兴县，因港兴城，6000年的耕海牧渔史、6618平方千米的海域、925千米的海岸线和656个岛礁，孕育了丰富的海洋渔业特色文化和大黄鱼、小黄鱼、梭子蟹、紫菜等渔业特色产业，素有"东方不老岛、海山仙子国"之美誉。

20世纪80年代，我国近海渔业资源进入全面开发利用期，由于渔船作业时间的延长、网具数量的增加、探鱼设备的应用、渔船更新改造的实施等增加了捕捞强度，渔业资源总体处于衰退期，进入21世纪后，主要传统捕捞对象资源衰退趋势更加严重，其中大黄鱼基本绝迹，小黄鱼等渔获量主要以幼鱼为主，经济价值大幅度降低，小黄鱼种群资源结构日渐脆弱。经过7年技术攻关，克服小黄鱼应激反应和驯养难题；2019年，象山县实现小黄鱼大规模人工养殖，小黄鱼成为继大黄鱼和乌贼后，第三种实现人工规模化繁育的重要经济海产，向产业化方向大步迈进。

象山小黄鱼的历史记载

小黄鱼（Larrmichthys potyactis）属鲈形目、石首鱼科，为暖温性底层结群洄游鱼类，适温范围为6℃～32℃，其中最适生长温度范围是15℃～25℃。一般栖息在软泥或泥沙质海区，初夏是生殖季节，会群聚洄游至河口附近或岛屿、内湾的近岸浅水域，秋冬游入东海等较深海域，栖息水深一般不超过100米。

小黄鱼适温性和适盐性广，象山沿海是适宜养殖区域，捕捞产量大，为渔业经济发展做出重要贡献。在各类地方文献中，有普遍记载。

小黄鱼，又名石首鱼、春来、黄花

鱼、梅鱼，俗称小鲜。宋朝《宝庆志》、明嘉靖《象山县志》、清乾隆《象山县志》载：石首鱼，即黄鱼。《字林》谓出南海，头中有石，一名石首鱼。三四月间，舟人出洋网取，多至百万艘。腊之为郎君鲞。清道光《象山县志》载：出三伏者尤佳。小者谓之黄花鱼。《临海异物志》：石首小者名春来，今名小黄鱼。《宝庆志》记载：春鱼，似石首而小。明成化《象山县志》载：每春三月，业海渔人，竞以舟载竹，出海捕之，名捉春。冬月中得者名春来。

各种志书记载，象山小黄鱼产量丰富。民国县志记载，盐仓前，一名苔条湾，产鱼翅、明骨。石浦东门，产小黄鱼。成化县志载：景泰五年（1454）正月，大雪。石首鱼浮水面，沿途取之。《蓬岛樵歌注》载：渔家以立春后百日为头水，百十日为二水，百廿日为三水，过此为花水。三水内，鱼多育子上浮。头水者佳，以次渐逊。定海县北海中有大、小洋山，渔船多捕鱼于此，谓之打洋山。楝花开则海上石首鱼来，紫蝴蝶花开则白鳊来，渔人以为候。石首小者梅童，亦呼梅头，出梅山洋，土人以槐豆花卜其多寡。鱼无血，故又名菩萨鱼。宝庆《四明志》：俗呼冬天捕中者曰石首。三四月，业海人每以潮汛竞往采之，曰洋山鱼，舟人出洋取之，多至百万艘。盐之可经年，谓之郎君鲞。又云：春鱼似石首而小，三月，业海人竞往取之，名曰捉春，不减洋山之盛。冬天捕中有者曰捕春。民国县志记载：初夏，黄鱼即石首鱼起发，谓之渔期。爵溪渔船出洋，乘潮捕鱼，水底能鸣，其出入以三汛为度，俗名头水、二水、三水。每汛将毕，各渔船衔尾而来，兼之外来渔船，不下数千艘。三汛既毕，外船散归，本地渔船亦归垄亩。

文人墨客多有记载，余姚邵嗣贤《食黄鱼》云：“象邑业耕钓，土物力所任。四月石首鱼，出水如黄金。烹鲜盘餐美，东南第一琛。史公传货殖，鲐鮆堆成林。如何遭厉禁，片网不得沉。我来顿顿食，饱饫示同心。倘然食指动，勿惮登崎嵚。”镇海姚燮《西沪棹歌》云：“纷纷青紫蟹爬沙，对对雌雄鲎入笆。净漂春糟糟白鳊，匀调伏酱酱黄花。”黄花鱼，即石首鱼之小者，二三月间有之。

小黄鱼养殖的经济效益

小黄鱼是象山县传统的四大经济鱼类之一。象山县独特的地理位置和气候特性孕育了小黄鱼的品质。它肌肉结实，富有弹性，肉质细嫩，味道鲜美，富含丰富的蛋白质、钙、磷、碘和维生素 B1、B2 尼克酸等，对人体有很好的滋补作用。除鲜食外，干制品黄鱼鲞在市场上也颇受欢迎。耳石性寒味甘、咸，功能收敛解毒、清热通淋；鳔性平，味甘、咸，功能滋补阴添精、养血止血、润肺健脾。

20 世纪 60 年代是主要的海洋捕捞经济鱼种。90 年代后，由于海洋过度捕捞，小黄鱼自然种群呈衰减态势，捕捞量逐年下降。象山渔民捕捞逐渐向外洋延伸。2018 年，野生小黄鱼产量只有 13115 余吨，2019 年，象山渔业捕捞产量 36.94 万吨，其中野生小黄鱼产量只有 1.2 万余吨。

小黄鱼适温性和适盐性广，耐低温性能优于大黄鱼，适宜养殖区域范围广，在浙江沿海均可网箱越冬养殖；养殖周期短，只需 1 年，每尾规格能达到 120~150 克；养殖风险低，在 5-8 月禁渔期，可提供鲜活的养殖小黄鱼上市，填补市场空白，丰富市民的菜篮子，满足高端消费需求。

野生小黄鱼因捕捞量逐年下降，供不应求，销售价格日趋攀升，条重 150 克以上的成鱼市场价每千克 100 元以上。2019 年，上市全人工养殖小黄鱼约 8 万尾，禁渔期按每尾 1 两至 2.5 两以上重的不同规格，每千克市场价在 70 元至 200 多元不等，利润可观。

象山实现全人工养殖小黄鱼

2019 年，浙江省农业农村厅联合省内 10 家单位印发《关于加快推进水产养殖绿色发展实施意见》，推动和鼓励养殖业健康蓬勃发展。象山发展海水养殖和研发传统优良品种，助力产业高质量发展。象山小黄鱼科研团队，实现小黄鱼苗种从野生到全人工、从小试到稳步扩繁再到网箱养殖等突破，2019 年育苗量达到 105 万尾，实现网箱养殖，为小黄鱼养殖产业化奠定基础。

2014 年 5 月，象山一桥水产养殖专业合作社在养殖区网箱内发现 5000 余尾野生小黄鱼苗种。象山县科技与水产技术推广部门与浙江小黄鱼科研团队合作，开展小黄鱼驯养、人工繁育、养殖等相关技术研究。11 月，科研团队用活水船将存活的 2000 余尾小黄鱼，运至舟山普陀区西轩岛室内水泥池，进行越冬驯化养殖。

2015 年，科研团队突破小黄鱼人工繁育技术难题，首次繁育出子一代苗种 2.5 万尾。2016 年，破解小黄鱼全人工繁育技术难题，繁育出子二代苗种 5.8 万尾，填补国内小黄鱼人工鱼苗的空白。2017 年，改进全人工繁育技术，繁育出子三代苗种 24.6 万尾。2018 年，实现低盐度海区人工繁育，获得子四代苗种 31.5 万尾，并开展试验性公益增殖放流。2019 年，优化全人工繁育技术，培育子五代苗种 105.8 万尾，突破百万尾大关，网箱养殖大规格苗种 40 万尾。

象山港湾水产苗种有限公司建立小黄鱼育苗基地和网箱养殖示范点，初步建立繁育、养殖、病害防治、育种等技术体系，完善全人工繁育技术，加快研究小黄鱼亲本培育问题、小黄鱼养殖病害问题，加紧制订小黄鱼苗种繁育、人工养殖、病害防治等系列技术标准。

小黄鱼研究得到国家、省、市、县相关部门的大力支持，小黄鱼科研团队首次完成小黄鱼全基因组测序和精细图谱绘制，为培育高产抗病优质良种提供基因资源和技术手段。同时申请发明专利 17 件，已授权 10 件，包括国际专利 2 件，巩固了团队目前在国内小黄鱼科学研究上的领先地位。

象山小黄鱼的养殖和品牌建设

2015 年，小黄鱼养殖技术开发项目获象山县农业科技项目（编号 2015C0001）资助。2016 年，小黄鱼养殖技术开发项目获宁波市科技计划项目（编号 2016C100552015）资助。2019 年，小黄鱼家系选育研究获象山县农业科技重大项目立项（编号：2019C0001）资助。

2017 年，一桥合作社的示范养殖区域，3 万尾子三代小黄鱼苗种养成成品鱼。2019 年,一桥合作社根据小黄鱼的不同成长阶段,选择不同规格的网箱养殖,10 厘米鱼苗使用网目尺寸 3.5 厘米的网箱进行养殖。同时,养殖过程中注意病害防治,合理控制养殖密度,饵料配合饲料投食,成功养殖 30 多万尾子六代鱼种。

为增加养殖品种和养殖收入,提高市场竞争能力,县相关部门通过开展小黄鱼产品追溯系统构建、产品包装设计及商标申请,拓展线上线下营销渠道,初步建立小黄鱼品牌建设体系,开发 22 种小黄鱼菜品,开展全人工养殖小黄鱼产业化,推动渔业转型升级,致富渔民,发展渔业产业。

(象山县水利和渔业局 陈挺)

象山半岛番薯烧

象山民间自制特产番薯烧香气甘洌,口感醇厚。清末及民国时期,多数农民把番薯刨丝晒干,以番薯丝为主粮。20 世纪 60 年代,农村推广双季稻,种植早稻和晚稻,农业产量提高,农民不再以番薯为主粮,番薯用来自制番薯烧酒,经过技术改良,象山半岛番薯烧符合国家标准的制酒工艺流程,质量上乘。

产业特征 2012 年,蒋亥风专门从事番薯烧研制工作,创办蓼风酒坊,经过技术改良,整理出 2 种符合国家标准的制酒工艺流程,提升象山半岛番薯烧的质量和口味,进入批量生产。

2009 年,西周镇下沈赖金雅和儒雅洋黄伟汉创办下沈番薯烧坊。2015 年,赖金雅注册佛手草农业发展有限公司,吸取茅台酒制作优点,改革番薯烧的三个工艺:放弃使用砻糠,而使用辣蓼,避免存在砻糠等杂质的酶菌。用酒烧酒工艺去除甲醛,提纯酒香,挂壁好,入口绵。采用纳米过滤摧陈法工艺流程,制作的番薯烧,提高质量,通过国家标准。2019 年,赖金雅注册西周竹之山白酒商标,带动西周下沈、儒雅洋一带的农民烧番薯酒。

产业发展 根据民国《象山县志》记载:宋元时期,象山已经有比较成熟的烧酒行业,"建炎中兴以后,以武臣为尉,有武监酒税。""绍兴十四年,武尉一员,玉泉、玉女场官武员二,监酒武官一。"宝庆《四明志》记载:"务镇官,象山监酒务一员,酒务署在县西南一百八十步,酒以宝庆三年为准。象山酒务系籴买场。本柄钱二千九百二贯六百五十八文,糯米九百六十二石六斗四升一合四勺。从例递年每石豁除价钱二贯六百五十文,计一千六百九十七贯六百九十九文。曲麦一百一十七石四斗四合,每石价钱三贯六百文,计四百二十二贯六百五十四文。夫食物料钱七百八十二贯三百五文,内造曲三十一贯三百六十五文,造生煮酒二百七十六贯二百二十二文。"汤岙至今有酒坊井等遗迹。

民国至 20 世纪 70 年代,乡村酒师是种职业,上门加工番薯烧酒的师傅。一般以 2 人为一组,带设备上门加工。由于制作工艺和设备的局限,番薯烧酒的质量难以控制,质量时好时坏。

20 世纪 80 年代,象山县 18 个乡镇都有乡村酒师,形成地方特色产业。但是制作技术和工艺设备相对落后,有些农村自制酒具有甲醇过高,悬浮颗粒多,杂醇油和农药残留等各种问题。

21 世纪初,涌现出一批专业酒坊。如东陈蒋亥风的蓼风酒坊、西周下沈赖金雅的佛手草农业发展有限公司,衍伸出各种产品,如杨梅烧酒、铁皮枫斗烧、梨子烧、桃子烧、茶叶烧等。

2018 年,佛手草农业发展有限公司年产番薯烧酒 8 吨,带动西周下沈等地农户烧制 40 吨,年产值约 300 万元。据估计,全县十八个乡镇,年产番薯烧约 700 吨。

工艺制作 清洗番薯,去除泥沙等杂质。把番薯切成碎片,放入铁锅内煮熟,注意勿使锅底番薯烧焦。把熟番薯摊在地上,揉糊冷却后,按 100 斤番薯掺合 5 斤左右白药比例,和白药拌匀,然后放入塑料膜垫围的缸内(木桶和塑料桶均可),摊平覆盖的塑料膜,用绳索扎紧塑料膜缸口,不使漏气,发酵一个月至四个月,然后烧制。

发酵后的番薯,按每百斤番薯和 20 斤砻糠比例搅拌,使熟番薯有空隙,不致粘连而容易蒸发。然后放入木蒸桶内盛满,木蒸桶上口套入锡制或不锈钢制成的蒸具,一起放入盛水的铁锅里烧煮蒸馏,约 20 分钟后,开始出酒,40 至 50 分钟,可烧完第 1 蒸,再开始烧第 2 蒸。

烧制过程中,若锡蒸内的冷水发热,须通过锡蒸旁装置的橡皮管把热水排出,再加入冷水,以免被蒸的番薯蒸馏气上升,使酒泄掉,如锡蒸内是冷水,有冷压作用,让酒直接从酒管注出。

刚出的酒,酒精度在 90 度以上,随着出酒时间的延长,高低酒精度相互掺和,酒精度开始逐渐减低。用这种方法控制酒精度,番薯烧酒酒精度一般不高于 30 度。烧酒出酒率的高低,与配料适当是否有直接关系。一般每蒸可出酒 7 至 10 斤,每百斤生番薯可烧三蒸。酒味越正,出酒率越高。

最后,将烧制的酒灌入坛子或瓶内,把坛口或瓶口扎紧,勿使酒精蒸发,随取随用。

品牌营销 2016 年,象山半岛番薯烧酒制作技艺被列入象山县非物质文化遗产。

2016 年,曾多次参加重庆、广州、贵州、上海等地的大型商品展销会,因工艺独特考究,象山半岛番薯烧品质高、口感好,获得客商、消费者好评。2018 年,佛手草农业发展有限公司的茶酒烧获得北京中酒联盟协会颁发的发明创新奖。

2019 年,象山西周镇举行《首届"儒雅山居"番薯烧酒文化节》,打响"象山半岛番薯烧"品牌,促进当地旅游业的发展。2019 年年底,佛手草农业发展有限公司与西周儒雅山居联手共创农文旅活动,浙江电视台教育频道作专题报道。象山半岛番薯烧成为象山人的标志性特产。

象山品牌农产品

象山梨 象山梨树栽培历史虽然悠久,但均系零星分散种植,集中成片者少。明嘉靖《象山县志》已有栽培梨的记载。民国 20 年(1931),番西村番头岙地方林果场旧址栽植桃、梨、梅

200余株。民国26年(1937),全县产梨11担(550千克)。20世纪80年代,推广种植梨,年均栽种56.4公顷,年产311吨。90年代,年均栽梨77公顷,年产433吨。2008年,全县梨园面积375.2公顷,产梨2285吨。此后几年,象山县坚持实施“品牌富农”战略,加大“象山梨”区域公用品牌宣传推广力度,并在2010年开始在全县推广。因象山县常年雨水充沛,昼夜温差较大,生长环境好,使得象山梨果皮细薄、肉脆汁多、汁丰味甜、核小无渣等优点而远近闻名,并销往上海、杭州、广州、北京等全国各地,产品供不应求。2013年,全县梨种植面积达933.33公顷,产量9000余吨。2011年象山梨基地通过省级绿色农产品基地认证。

象山枇杷 象山枇杷是浙江省象山县特产,果形圆润,果色淡黄,果肉乳白,果实大,含糖高、酸甜适口、风味浓郁,皮薄汁多。象山枇杷栽培历史悠久,明嘉靖《象山县志》载:果之类有“桃、梅……枇杷……”。民国《象山县志》记载:“枇杷嘉靖志。案至正《四明续志》:一名卢橘,白色者上,黄次之,有一种无核名椒子枇杷。今象山亦有黄白二种,无无核者。”18世纪末,新桥高湾双龙禅寺(原名双龙庵)主持和尚式仁引入实生枇杷苗600株,栽种2.7公顷,成林后,年产枇杷约1300担,为象山县第一个专业枇杷生产园。之后,周边的关头、黄公岙、高塘、七里等10多个村庄农户也利用屋前屋后、菜园地角、低山矮丘广为种植枇杷,象山渐成为浙江枇杷产区之一。民国26年(1937),全县产枇杷1328担(66.4吨),其中县内消费828担,输出县外500担。但因实生树种植,果品良莠不一,品质低劣,发展缓慢。1953年全县枇杷面积11.5公顷,年产量仅44吨。1956年“八一”台灾损失惨重,新桥乡高湾村枇杷由灾前11公顷减至灾后4.7公顷(2835株)。象山枇杷在灾后20年间发展缓慢,面积徘徊在46.7公顷左右。1978年全县枇杷面积仅43.3公顷,年产量78吨。20世纪80年代初,农村普遍实行家庭联产承包责任制后,调动了农民利用荒山、丘陵以及宅旁隙地发展枇杷生产的积极性。1985年全县枇杷面积增至120.9公顷,1996年猛增到285.2公顷,产量首次超千吨,达1197吨。2002年枇杷面积达到792公顷,年产量4520吨。2008年枇杷面积1040.1公顷,年产量2366吨,仅次于柑橘、杨梅,分别占全县水果栽培面积、产量的7.2%和1.6%,位居宁波市首位,浙江省第二位和第七位。2008年以来,象山县坚持实施品牌富农战略,加大“象山枇杷”区域公用品牌宣传推广力度,2008年象山新桥枇杷节接待游客3万人次,还被评为2008年全国百强节庆活动。经过多年示范推广,“象山枇杷”得到市场高度认可,种植效益越来越好,栽培面积越来越大,2019年象山枇杷种植面积1440公顷,年产量8390吨。2006年新桥枇杷基地被评为国家级无公害农产品基地,“大象山”牌枇杷被认定为国家级无公害农产品。

象山丹桂 2019年,象山丹桂作为象山县花卉苗木的主导产业,成为多数建筑工程绿化的首选花卉。全县丹桂种植面积近250公顷,苗木数量近100万株,象山县西周镇普塘村,两株古丹桂树龄已逾400年。桂花旅游点接待游客近万余人次,桂花产业产值高达2000万元,拥有象山红木樨花木品牌的茅洋银子洋村等专业户以丹桂为主要经济收入来源。

象山丹桂,又名红木犀,终年常绿,枝繁叶茂,树龄长久,芳香四溢,是象山县特产的观赏花木和芳香树,历史悠久。南宋高宗年间(1127—1162),象山士子史本初培育出红木樨,香芬色丽,他处无,被朝廷列为贡品。明嘉靖、清乾隆《象山县志》皆有红木樨的记载。乾隆《象山县志》:“木本者,有桂,红白黄三种。红木樨为邑特产。”清倪象占《蓬山清话》卷之五“红木樨斋”载:“红木樨,象山特产也。余手植二株于学舍。”清钱沃臣《蓬岛樵歌》载:“铁砚堂前丹桂芳”。民国《象山县志·物产考》载:“嘉靖府志:郑行山、五狮山产丹桂”。

20世纪80年代以来,传统的桂花加工业进入新的发展阶段,开发出桂花米酒、桂花糕、桂花酒、桂花露等产品。2000年,象山县贤庠镇成立宁波市百汇桂花研究所,引进本土民间散植桂花4万余株,经对比验证,名品独干丹桂与西周镇普塘村古丹桂为同一桂花品种,后被命名为“象山丹桂”。2015年,象山县第十七次人大常委会审议决定将象山丹桂作为象山县花。在建设特色农业进程中,县政府明确“两手抓”的思路,一手抓资源发展,一手抓资源保护,促进象山丹桂产业的健康发展。

马岙杨梅 2019年,象山马岙杨梅种植面积达870公顷,产量超5000吨,占象山杨梅总产量的1/3。结合电商模式,与顺丰冷链物流深度合作,推出48小时冷链到家的线上销售模式,深受消费者的好评。象山马岙杨梅被列为宁波市2019年“甬品千创”行动计划的主推产品之一。

杨梅,果味酸甜适中,可鲜食,又可加工成杨梅干、酱、蜜饯等,有生津、止渴、助消化的功能;它枝叶繁茂、树冠圆整,初夏红果累累,是园林绿化的优良树种。

象山马岙杨梅的种植区域为泗洲头镇灵南片,种植历史逾百年,是县内万亩杨梅产业基地之一。马岙杨梅原以本地“炭梅”为主,遍及全镇21个村,是全镇的第一大水果产业和农业主导产业,是象山县杨梅产业的重要组成部分。品种多达10余种,主要有荸荠种、东魁、本地炭梅、乌紫、杂梅。因象山马岙杨梅的优良品质,2000年被列为县农业龙头产业之一,获象山县第二届“优质杨梅”优质奖,2003年被评为浙江省“十大精品杨梅”,2015年获宁波市第二届“十大名果”银奖。2010年开始,马岙杨梅开始引入外来品种进行本地化培育。2019年,将“王子安海”品种本地化,培育出果大核小,汁多味浓,平均果径达35毫米以上,果实硕大堪比东魁种,又继承荸荠种优良的口感。以往鲜销荸荠种、东魁种杨梅均价在4.5—16元/公斤,该品种的价格高达50元/公斤以上。该品种的成功培育,不仅填补马岙杨梅鲜销高端市场的空白,对整个象山杨梅产业也是意义重大。

象山甜瓜　象山甜瓜种植历史悠久，是象山县老字号优良地方品种。明嘉靖《象山县志》已有种植甜瓜的记载。清康熙《象山县志》已有“瓜之属：甜瓜、西瓜、王瓜”的记载。象山县独特的气候形成了象山甜瓜皮薄肉厚、肉质酥脆、味甜爽口的品质。1964 年至 1969 年，全县年平均种植甜瓜面积 46.33 公顷。70 年代，年平均种植甜瓜面积 58.6 公顷，70 年代后期甜瓜新品种开始陆续引进，故种植面积不断扩大。1979 年甜瓜种植面积达到 150.2 公顷。20 世纪 80 年代，随着城乡人民生活水平的提高，象山县种子公司、县糖烟酒菜公司、县农技推广中心、县果品公司等单位纷纷参与甜瓜种子经营，各种杂交甜瓜种子源源不断涌入象山。由于甜瓜产量高、品质好，促使象山甜瓜种植面条猛增，产量迅速提高。1985 年，甜瓜种植面积猛增到 893.33 公顷，比 1984 年增长 3.47 培。21 世纪，随着人们消费需求的变化，甜瓜生产朝着小果型、优质化和延长供应期方向发展，设施栽培成为甜瓜生产的主要栽培方式。2000 年—2008 年，年平均种植甜瓜面积 1844.53 公顷，亩产 1552 千克，总产量 42499 吨，分别比 20 世纪 90 年代平均增长 93.21%。2008 年以来，象山县坚持实施“品牌富农”战略，加大“象山甜瓜”区域公用品牌宣传推广力度，多次组织“象山甜瓜”网络文化节，接待游客近 3 万人次。2009 年象山甜瓜基地被评为国家级无公害农产品基地。

象山草莓　象山草莓历史悠久，早在清末就开始种植。因气候、土壤比较适合草莓生产，再加上标准化生产技术的推广和农民精细的生产操作，象山草莓果大、色泽亮，香味浓、甜度高、品质好的优良品质。民国《象山县志》载：“莓，《说文》作莓。有五种，象山皆产之。一郭公莓，即《尔雅》葥山梅。大果草莓的栽培始于 1915 年，发展缓慢。至 20 世纪 80 年代，进入迅速发展时期。象山草莓最早种植的是定塘公社沙地大队。1982 年，该大队引进新品种，试种 0.02 公顷获得成功。此后，草莓种植面积逐年扩大，沙地村也就成为全县最早草莓生产专业村。全村草莓种植面积从 1989 年 3.33 公顷，发展到 1992 年 18.33 公顷。亩均收入从 1989 年 1000 元增加到 1992 年 3500 元。翌年扩大至 2 户，种植草莓 0.3 公顷，亩产 850 千克。1989 年，全县加快产业结构调整步伐，墙头镇以此为契机，营建草莓特色产业，是年种植草莓 3.67 公顷，总产 50 吨，在县内有了名气。此后，全县草莓生产发展加快，栽培面积迅速扩大。1996 年起，全县草莓栽培面积 66.67 公顷，亩产 1500 千克，总产 1500 吨。1999 年，全县草莓种植面积增至 200 公顷，亩产 1600 千克，总产 4800 吨。21 世纪初，草莓种植持续增长，种植主要分布于 5 个区域：墙头中片，泗洲头西北片，定塘镇周岙村、沙地村、隔岸村，新桥镇井头村，东陈乡东陈村。这些区域具有耕地地势较高，土壤质地较松，栽培经验丰富等优势，有利发展种植草莓。2002 年，全县种植草莓 300 公顷，总产 7650 吨。2004 年，象山县农业技术推广中心针对草莓市场的激烈竞争，力争通过创造优质品牌，争得草莓市场一席之地，制定了《象山县种植草莓生产技术标准》，注册了“珍宝”商标，并首次使用包装礼品草莓。随着礼品“珍宝”商标草莓品牌的逐步打响，扩大了销售市场，草莓种植户增收显著。接着，泗洲头草莓产区也打出自己的优良产品，注册“灵山仙子”草莓商标。全县以高端产品占领并扩大草莓市场的销售，稳定了草莓种植面积。2008 年，全县草莓种植面积 666.67 公顷，产量 15000 余吨。2010 年，象山草莓分别认证为无公害农产品、有机食品和绿色食品。

象山葡萄　象山葡萄栽培历史悠久，明嘉靖《象山县志》中已有种植记载，“其蔓生者，则葡萄。种分赤白”（清乾隆《象山县志》）。长期以来，象山葡萄仅停留在房前屋后零星种植。20 世纪 70 年代引进新品种，80 年代初象山葡萄种植有了突破性发展，主产区集中在晓塘乡、石浦镇、东陈乡与定塘镇等地。近年来，象山县通过品种引进、技术推广、改良等措施，积极引导全县葡萄产业走设施化和精品化路线，由于象山葡萄果粒大、醇香甘甜，深受消费者喜爱而得到迅速发展。至 2019 年，全县种植葡萄 633.33 公顷，产量 9800 吨，产值 1.5 亿，从 2006 年开始象山已经成功举办了 14 届葡萄旅游节，有效扩大了象山葡萄的市场知名度，在杭州举行的浙江省精品水果展销会上，象山县葡萄专业合作社选送的海山明珠牌“金手指”葡萄荣获浙江省精品水果银奖，白玉湾葡萄专业合作社选送的美人指牌“巨玫瑰”葡萄、盈园葡萄专业合作社选送的海山仙子牌“醉金香”葡萄荣获优秀奖。2010 年象山葡萄被评为国家级无公害农产品基地。

象山茭白　象山茭白种植历史悠久。明嘉靖《象山县志》将茭白录入果之类。民国《象山县志》载：“茭白《尔雅疏》：茭，似芹菜，可食。中华民国时期，象山茭白一般为零星种植，以自食为主，很少进入市场销售。此后，种植面积逐年扩大。20 世纪 60 年代，林海公社梅溪大队，利用低洼水田及村庄边易遭受家禽家畜糟蹋的水田种植茭白，主要品种有双季茭白和单季茭白。1978 年，黄避岙公社龙屿大队始种植茭白，面积迅速扩大。90 年代，全县茭白种植面积稳定在 133.33 公顷左右，主要分布在黄避岙、东陈樟岙、晓塘黄埠等地。象山茭白除满足县内销售外，始销往宁波、奉化、宁海、上海、南京、江苏等地。进入 21 世纪，茭白产区进一步集中，主要分布在黄避岙、晓塘、泗洲头等乡镇。2008 年，全县种植茭白 133.33 公顷，每亩产 3000 斤，每亩的收益在 5000 元左右。为减少使用化学药剂，保护农田生态环境，近几年合作社进行了多项科技创新。2009 年，从东钱湖引进 3500 只中华鳖放入茭白田里套养，鳖吃光了田里的“害虫”福寿螺，茭白品质就能提高。象山茭白在独特的气候土壤条件下生长，以其嫩、白、细、净、味好为特点，在市场上享有较高的信誉，深受许多消费者的青睐，市场销售价格比一般产品价格要高，且好销。2010 年，象山茭白产品获得了无公害认证。种植象山茭白现已成为当地农民增收致富的重要途径。

象山甘蔗　甘蔗，古称“柘”“石蜜”，直接食用蔗汁，称“柘浆”，甘蔗是温带和热带农作物，主要产于长江以南，象山甘蔗种植历史悠久，据民国《象山县志》记载“红皮甘蔗柘浆，始见《楚辞》：甘柘，见《上林赋》：诸蔗，见《子虚赋》《南都赋》，《南方草木状》：诸蔗，甘蔗也。民国35年（1946），全县种蔗40公顷，总产量600吨，成为当时比较重要的经济农作物。新中国成立后为了提高象山甘蔗的市场竞争力，创建了多种多样的甘蔗产业化组织，有力地促进了甘蔗产业的稳步发展，种植面积不断扩大，至2019年象山甘蔗种植面积近800公顷，可产优质甘蔗6万吨，产值8000万元。象山甘蔗秆高、茎粗、汁甜、肉脆，同时也是无公害绿色农产品，颇受消费者青睐。

象山莲藕　象山莲藕是象山县特产，种植历史悠久。民国《象山县志》载：“藕，嘉靖志。案：藕莲皆少，无藕粉”，“莲子，嘉靖志。案《尔雅》荷实莲，其中的中薏，薏即莲子心。“象山莲藕”品质优良，风味独特；夏季采收的莲藕嫩白爽脆，味道甘甜清香；秋冬季节所收获的莲藕肥大丰满，味道松粉、藕香浓郁。2011年象山莲藕生产面积400公顷，年产量12000吨，产值5280万元。产品销往上海、江苏、广东等市场，颇有声誉。近年来在县政府的大力支持和引导下，莲藕种植迅速发展，面积达720公顷，年产量2.8万吨，莲藕种植已成为象山县的农业特色和主导产业，是当地农业增效、农民增收的重要渠道。

象山高塘西瓜　象山县高塘岛三面环海，属盐碱地，海岛独特的自然条件，所结瓜果要比其他地方种植的瓜更甜，象山高塘西瓜松脆可口，甜而不腻，县内外有较高知名度。2018年，高塘岛乡西瓜种植面积约80公顷，总产量2100吨左右，产值约1050万元。2019年，高塘岛乡加大农业规模化、品牌化、现代化建设，按照加快“美丽海岛建设”的新思路，利用水土肥美等资源禀赋优势，彰显特色，实现农业增效、农民增收。高塘岛乡西瓜种植面积约69.33公顷，总产量1820吨左右，产值约950万元。

象山高塘秀莲果蔬家庭农场徐光秀、金从标等农户1998年开始合作种植西瓜，并注册“雅岛”品牌，2012年，获浙江省著名商标。合作社解散后，2010年，徐光秀注册同富心商标，种植西瓜2公顷。2011年，高塘岛乡西瓜种植面积约53.33公顷，以早熟品种“早佳8424”为主，瓜瓤松脆，适应性、抗病性都很强，最高亩产达3000公斤。利用高塘岛“西瓜之乡”的品牌和资源优势，通过“西瓜”为载体，展示高塘岛地方文化特色，提升高塘岛对外形象，高塘岛乡连续举办九届西瓜节，与电子商务平台签订“互联网+农业”战略合作协议。高塘岛乡先后引进“8424”、小天使、拿比特、金比特等多个西瓜品种，以西瓜专业生产合作社为龙头，打响地方品牌，西瓜远销宁波、台州、江苏等地。高塘岛乡通过引导瓜农科学化种植、产业化经营，提高象山高塘西瓜的品质和知名度，打造高塘岛乡的农产品品牌。

象山泗洲头土豆　2019年，泗洲头镇是象山县的土豆主产区，拥有土豆种植面积250余公顷，产量达8000吨，品种以小籽洋芋为基础，其他优秀品种同时培育。出产的土豆具有淀粉含量高、口感好等特点，产品销往宁波市区、上海、杭州等地，深受消费者的喜爱。

2019年8月，象山县选取泗洲头镇塘岸村象山仁根马铃薯专业合作社为试点，按照农户“加入自愿、退出自由、服务自选”原则，创新推出“大地托管”产业模式。委托县丰润农资有限公司对试点区域的农户进行专业技术指导，由托管服务组织为农户提供统一土地流转、脱毒制种、技术管理、包装设计、价格收购等服务，促进象山泗洲头土豆生产向规模化、机械化、集约化转变。

象山是最早种植土豆的地区之一。《象山农业志》记载：民国16年（1927），象山已有土豆的记载，当时俗称洋芋艿。民国29年（1940），象山县建立农林场后，开始对土豆进行栽培技术试验。据统计，民国35年（1946），全县种植土豆21.67公顷，亩产247千克（折原粮，下同），总产量80.25吨。20世纪50年代，全县年平均种植土豆215.13公顷，年平均亩产144千克，年平均总产量440吨。20世纪80年代，农村实行家庭联产承包责任制，提高农民种植土豆积极性。1983年，全县种植土豆373.33公顷，亩产182千克，总产量1017吨。20世纪90年代，改进土豆的种植方式，推广应用地膜覆盖栽培技术，泗洲头镇马岙村成为象山县春土豆专业村。随着种植结构的调整，全县土豆生产有较大的发展。

因象山县内的砂质土壤，透气性强，排水性好，能有效缩短生长期促进成熟，是土豆生长天然的“催化剂”，出产的土豆品质优、产量高。象山县大力推进土豆产业发展，开发土豆休闲食品加工产品，依靠龙头企业、合作化组织带动，建立以象山泗洲头土豆为主的品牌和区域特色。2017年象山泗洲头土豆基地被评为国家无公害农产品基地，2018年象山泗洲头土豆被列为“甬品千创”行动的明星农产品。

象山花岙海盐　象山县为浙江省的盐业大县，象山花岙盐场作为浙江省最后一块仅存在产盐场，国家级非物质文化遗产项目传承基地，占地1200亩，具有生产传统晒制海盐5000吨每年，象山花岙海盐采用古法晒制，色白粒细、味成而鲜、回味有甘，深受沿海一带老百姓喜爱。象山花岙海盐获2019年浙江省优秀非遗旅游商品，宁波首届伴手礼推选活动十大推荐产品、特色产品。作为国家级非遗体验基地、摄影基地海盐文化的传播也深受研学、亲子游、摄影客的向往。

象山县处于我国浙江省中部、象山半岛东部的一个县。春秋时属于越国鄞地，唐神龙二年（706年），析台州宁海县与越州鄞县地盟县，县治设蓬莱山下，彭姥岭脚的彭姥村（后为丹城）。根据《唐明州象山县蓬莱观碑》记载，象山蓬莱山曾是徐福的隐迹之地，历史可谓悠久。由于象山三面环海，故深得渔盐之利，成为渔盐之乡。尤其是象山盐业，宋代建有玉泉盐场，一直延至新中国成立初期。就其源，盐业生产可上溯汉唐；就其流，盐业生产绵亘至今仍延续不断。千余年的盐业生产历史，创造了丰富的海盐文化，其中包括晒盐的技艺。象山花岙海盐文化历史悠久，分布广阔，内容丰富，具有独特的地域文化、生产文化的内涵。

2019 年大事记

1月

1 日，象山县《从严从重查处渔船安全生产违法行为"铁律十五条"》正式施行。

是日，县市场开发中心打造的石浦水产品干货市场正式营业。市场场内面积约 1700 平方米，吸纳商家 33 户。

是日，宁波广播电视大学象山学院在新校区举行揭牌仪式。宁波广播电视大学象山分校与象山县社区学院正式合并成为宁波广播电视大学象山学院。

是日，县机关财务服务中心正式成立，实施会计集中核算，人员由县机关事务局管理，业务由县财政局指导。

3 日，采购的 127 辆"长鼻子"专用校车正式上路接送全县孩子，担负起护送孩子上下学"安全卫士"的使命与职责。

4 日，天安集团通过 SA8000 体系认证，取得进军欧美国家的通行证。

5 日，象山县邮政分公司在靖南营业厅举行 2019 特种邮票首发式。《己亥年》特种邮票以"家"为核心概念，将生肖的形象特点与中国人的家国情怀巧妙结合，赋予生肖形象以"合家欢"的生动设定。

7 日，象山县自然资源和规划局正式挂牌，全局设行政科室 12 个、事业单位 16 个、派出机构 11 个。

10 日，象山县华翔集团、合力模具、浙江云朵 3 家企业入选省经济和信息化厅公布浙江省第二批上云标杆企业的名单。

11 日，象山河(东大河至新丰路)整治工程完成竣工验收。包括河道挡墙工程、清淤工程、铺装工程以及绿化景观工程，整治河道全长 2690 米，清淤方量约 2.6 万立方米，建设节点广场面积 9000 平方米，景观、绿化面积约 3 万平方米，总投资 3500 万元。

11 日，丹大线产业区至大徐段改建工程大磊头山迎来首次爆破。

是日，象山县委、县政府实施机构改革方案，实现新组建或合并部门领导班子和综合科室集中办公。

是日，宁波贝德尔电讯电机有限公司新一代自动化生产线，包括原材料切割、冲压、焊接等多道工序均使用机器人，实现"制造"向"智造"升级。

中旬，象山县完成 2018 年机关事业单位工作人员工资调整工作。全县机关工作人员工资调整 3362 人，人均增资 331 元，事业工作人员 10149 人，其中教师 4887 人，人均增资 329 元。

16 日，钰烯公司成立博士后工作站、专家工作服务站，与浙江大学合作研发"海洋腐蚀防御检测系统"项目，成功打造"钰烯腐蚀控制与远程监控技术创新团队""蓝洞电力线载波通信研发团队"等高端创业创新团队。

18 日，出台《关于构建亲清新型政商关系的实施意见》，建成"象商驿站"，打造有商会协同发展服务平台、亲清恳谈室、象商论坛、象商书屋等功能区域的亲清家园。象山县安徽商会举行成立大会。

是日，经省农业农村厅和省台办复审和实地考核，象山县宁波东势台溯果园被认定为第三批浙台农业合作示范基地。

18—20 日，在象山现代物流园区举办以"半岛味道、绿色健康、优质高效"为主题的第一届象山农业博览会。重点展示县改革开放 40 年来现代农业发展成果、象山柑橘和梭子蟹两大公用品牌及县"7+1"农业龙型产业成果。

19 日，"甬抱台温　美丽湾区"——2019 浙江沿海高速文旅主题推广活动启动仪式在宁波象山影视城举行。

20 日，"城市书房 · 绘本主题馆"正式对外开放。绘本主题馆位于丹东街道新华路 303 号，面积约为 214 平方米，馆藏国内外经典幼儿绘本 3000 余册。

29 日，宁波栎社国际机场象山航站楼正式投入使用，该航站楼设在象山客运东站，提供航班咨询、乘机手续办理、行李托运、机场巴士等一系列配套服务。

2月

1 日，中国共产党第十四届纪律检查委员会第五次全体会议举行。

月初，象山县机构改革，完成 38 个部门共 715 人的人员转隶工作。

12 日，象山针织运动小镇列入市级特色小镇第三批创建名单和培育名单。小镇总规划用地面积为 3.53 平方千米，投资总额为 28.5 亿元。

14 日，县教育局举行"四中心"(教科研中心、教育服务中心、考试中心、会计核算中心等教育局下属四个中心)揭牌启用仪式。四中心新址位于靖南东路 1008 号，南面为靖南大街，东、北面为塔山路。

20 日，全县"重大项目突破年"活动集中开工仪式在象山经济开发区宁波华翔高端金属汽配生产项目施工现场举行。集中开工共有宁波鸿创陶粒加气砌块新建项目、浙江海洋运动中心配套道路一期工程（亚帆东路、南路）、象山县针织小镇一期国际交易中心改造项目和宁波华翔高端金属汽配生产项目等20个项目，总投资78.03亿元，年度计划投资13.05亿元。

24日，第二届象山县青少年机器人大赛在象山外国语学校拉开序幕。大赛分为幼儿组和小学组两个组别，共有“水到渠成”“挑战能源之橡皮筋动力”“WEDO2.0机器人点球大赛”“虚拟机器人”“3D打印建模创意赛”“FLL工程挑战赛”“WRO减少浪费”“MAKEX蓝色星球”“WER未来农场”9个比赛项目。

3月

1日，县科协试行《宁波市科学技术普及条例》。广泛搭建平台，在公园、社区、农村、景区等地开展形式多样的“科普条例”宣传活动。

是日，县应急管理局联合经信局、市场监管等部门，分两组对石浦、鹤浦两个区域的船厂进行安全检查，重点查处非法违法船舶改装行为，落实渔业船舶基本安全条件情况，现场管理、教育培训、特种设备、外来施工队伍管理等方面，督促各船舶修造企业全面落实安全生产责任制。共检查23家船舶维修公司，查处隐患86处。

是日，松兰山景区亚帆中心配套道路工程动建。工程由象山松兰山度假区道路改造提升工程（核心区道路）、宁波松兰山亚帆东路改建工程、松兰山度假区道路改造提升工程（亚帆南路）三条路组成。

是日，浙江海洋运动中心配套道路一期工程正式开工建设。项目由松兰山度假区道路（西入口至白沙湾）改造提升工程（核心区道路）、宁波松兰山亚帆东路改建工程、松兰山度假区道路（西入口至白沙湾）改造提升工程（亚帆南路）三条路组成，起于松兰山景区北侧爵溪收费站，终于松兰山隧道连接线，全程12.825千米，造价17131万元，建设工期25个月。

7日，象山县妇联在象山半岛农业星创天地举办“不忘初心·砥砺奋进”“三八”国际妇女节109周年纪念大会。

12—14日，高质量接待日本友城代表、芬兰萨翁林纳市副市长到象山考察交流等活动。与上海国际问题研究院就外事工作开展交流合作，邀请上海国际问题研究院杨洁勉院长到象山开展调研，交流县外事工作思路。支持县旅游发展中心、县招商局、县住建局等部门做好景区旅游标牌标识改造、招商引资等工作。完成宁波市“茶花奖”评选工作，浙东白鹅研究所技术顾问及指导专家詹尼·皮埃尔被授予“茶花纪念奖”。

13日，大目湾奥特莱斯商城开工。项目由以多置业投资开发，用地19.6亩，总投资2.6亿元。

15日，象山县人民陪审员拟任人选随机抽选仪式在县司法局举行，这是县首次随机抽选人民陪审员拟任命人选。

20日，宁波锦浪新能源科技股份有限公司在深圳证券交易所创业板挂牌上市，成为县第八家上市企业。

26日，西谷路47号成为县首个既有多层住宅加装电梯试点项目。

27日，县政府与中国移动宁波分公司加快数字经济战略合作签约暨5G移动网络建设启动仪式举行。

28日，县审管办会同县重点办组织召开2019年度县重点工程项目审批对接会。县发改局、县住建局、县自然资源和规划局、县经信局、县环保局、县水利和渔业局、县消防大队等部门相关科室负责人和有关企业代表参加会议。

29日，县农机春耕备耕动员会及水稻“穴直播”技术培训及交流，在涂茨镇钱仓村开展水稻“穴直播”现场观摩及水稻产业机械展示及演示。

是日，《中共象山县委全面深化改革委员会办公室职能配置、内设机构和人员编制规定》印发，明确中共象山县委全面深化改革委员会办公室是县委全面深化改革委员会的办事机构，为县委工作机关，正科（局）级，挂象山县“最多跑一次”改革办公室牌子。

29日，县委办公室印发《中共象山县委巡察工作领导小组办公室职能配置、内设机构和人员编制规定的通知》，明确县委巡察办为县委工作机关，设在县纪委，为正科（局）级单位，配备行政编制3名，明确县委巡察办的职能配置、内设机构和人员编制规定。

30日，制定并印发部门“三定”规定，完成象山县机构改革任务。

4月

1日，大目湾城市综合广场正式动建。项目位于大目湾新城中心区天安路入口处，总用地面积约55亩，总建筑面积约6.5万平方米。

是日，降低电价标准，降低每千瓦时2.19分钱；7月1日，降低每千瓦时5.29分钱，合计降低每千瓦时7.48分钱。

是日，清华大学中国农村研究院象山调研基地正式揭牌，中共象山县委副书记、县长黄焕利，清华大学中国农村研究院副院长张红宇共同为“清华大学中国农村研究院象山调研基地”揭牌，并签署交换《共建调研基地协议书》。

是日起，象山县人力社保局正式启用“劳动人事仲裁专递”，该举措破解仲裁文书送达难题，提高仲裁文书的法律权威。

10日12时，解除长达9个月的城镇供水抗旱Ⅲ级应急响应。2017年秋冬以来，象山县持续干旱少雨，全县5座主要供水源的中型水库蓄水量持续减少，县防指在2018年6月26日8时启动城镇供水抗旱Ⅲ级应急响应。

11日，象山县集成学校更名为象山县丹城第六小学，挂象山县集成学校牌子。

12日，2022年杭州亚运会沙滩排球任务书发放在宁波市体育局会议室举行。亚运会沙滩排球比赛项目落户宁波（象山）分赛区。

19日，团县委联合县委人才办、科

技局、人社局、科协等单位共同开展象山县青年人才创业沙龙暨人才嘉年华活动启动仪式。

20 日,2019 象山山地半程马拉松暨首届宁波全民运动会迷你马拉松象山站选拔赛在涂茨镇汤岙村举行。

22 日,中国香港教科研协会与象山县教育局在丹城五小正式签订《青少年科技交流合作协议》。

24 日,71 省道盛宁线东陈至茅洋段改建工程通过交工验收。工程起于东陈乡沿海南线与金开路相交处,终点接花墙村东侧盛宁线老路,采用一级公路设计标准,设计速度采用 80 千米/小时,全线长 10.6 千米,总投资约 50237 万元。

25 日,2019 象山五一新玩法发布暨象山文旅新线路新产品研发孵化计划启动仪式在宁波城市旅游之窗举行。

是日,龙元集团承建的石浦高速公路定塘连接线(马漕线改建)工程的隧道工程贯通。该工程起点接石浦高速公路定塘互通,终点至沿海南线,路线全长 10.06 千米,其中隧道总长度为 1310 米,项目总投资约为 7.4 亿元。

是日,宁波三安制阀有限公司的 QRF32/8、QRF32/6.7、QRF32/5.3、QRF32/4.2 等型号气体灭火系统容器阀,成功获得浙江制造国际认证联盟颁发"浙江制造"认证证书。

26 日,举办 2019 象山柑橘红美人产业发展培训会,近 300 名柑橘种植户参与培训。

27 日,即日起,凡是户籍在象山的群众,其户口簿皆可在异地打印,每人根据自身需求,到全县任一行政服务中心或派出所户籍窗口都能打印户口簿。

29 日,团县委联合县文化和广电旅游体育局、县文学艺术节联合会共同开展"青春心向党 建功新时代——纪念五四运动 100 周年 喜迎新中国成立 70 华诞主题团日"活动,全县 1500 余名青年参加活动。

30 日,县委改革办牵头召开"营商环境提升年"活动推进会暨工作培训会。

5 月

8 日,世茂新天地商城外墙装饰完工。该项目由上海世茂投资开发,占地 33.87 亩,总建筑面积 29923 平方米。

10 日,象山县民宿经济促进会成立。

是日,石浦高速公路定塘连接线(马漕线改建)工程相帽岭脚隧道全线贯通。

是日,在城区移动公司大楼里,技术人员在 5G 网络环境下拨出象山县首个 5G 电话,并进行 5G 高清视频通话。

15 日,象山县的国家云制造示范基地入选 2019 年全省 100 项数字化重大项目。

18 日,京津冀象山商会第一届第二次理事大会在京召开,京津冀象山商会全体副会长及商会领导班子、象山籍在京新乡贤、象山县异地商会代表等 100 余人参加会议。

20 日,为加快制造业转型升级提供技术和服务,县委同意并发文设立机械科学研究总院南方中心。

是日,华翔集团、申菱控股、海螺水泥三家企业,在宁波市"246"万千亿级产业集群建设动员大会上捧回纳税 50 强大奖。合力模具获得国家单项冠军示范企业奖项。

22 日,中共象山县委出台《关于加强新时代人民政协党的建设工作实施意见》。

24 日,召开"2018 象山工业·科技暨开放型经济风云榜颁奖典礼",表彰 2018 年度工业纳税前五十强企业、县长质量奖、工业企业成长之星等,公布科技创新优秀企业、优秀技术创新团队、外贸明星企业、外经明星企业等榜单,表彰营商企服先进榜的上榜单位。

26 日,县纪委县监委召开派驻(出)机构改革工作会议,全面部署县纪委监委派驻机构改革工作。

28 日,县委巡察工作推进会暨全县警示教育大会召开。

30 日,团县委、县文明办、县教育局等单位联合开展的"红领巾心向党 我与祖国共成长"纪念象山县少先队建队七十周年主题教育活动在丹城五小举行。

是日,县政府召开全县"慈善一日捐"动员会议,全县 100 余个单位部门和 18 个镇乡(街道)慈善分会的负责人参加会议。

6 月

4 日,县人民政府办公室发布《象山县人民政府办公室关于印发象山县定向培养乡村小学全科教师实施意见的通知》,采取招生与公开招聘并轨的方式定向培养乡村全科教师。计划从 2019 年开始连续 4 年,委托杭州师范大学培养 120 名,学制 4 年。

5—6 日,举办以"产业兴旺,绿色健康"主题的第七届象山白鹅节,多元化展示象山白鹅特色产业及其民俗文化。

6 日,由宁波市档案局(馆)主办、县档案局(馆)协办、县石浦镇承办的"乡村振兴·档案见证"摄影图片巡回展开展仪式在石浦镇东门村举行。

8 日,集团与中城捷运城市交通有限公司共同组建的象山中城捷运智能交通有限公司注册成立。

9 日,由中央农办、农业农村部、中央组织部、中央宣传部、民政部、司法部联合举办的全国加强乡村治理体系建设工作会议在象山召开。

是日,全国加强乡村治理体系建设工作会议在象山县召开。中共中央政治局委员、中央农村工作领导小组组长胡春华出席会议并强调,要深入贯彻习近平总书记关于"三农"工作的重要论述,按照党中央、国务院决策部署,全面加强和改进乡村治理,夯实乡村振兴根基。浙江省委书记车俊致辞,中央农办主任、农业农村部部长韩长赋主持会议。与会代表分别考察象山县墩岙村、方家岙村、高泥村、溪里方村、旭拱岙村。

13 日,中化(宁波)润沃膜科技有限公司与县自然资源和规划局签订象山经济开发区城东工业园 A-2-02-1 地块和 A-2-02-2 地块两宗 90 亩土地成交确认书,该公司由中化国际(控股)股份有限公司投资。

14 日,位于兴盛路与丹阳路交叉

口东北角的门前河公园升级改造工程完工。

14—15 日，4800 余名考生参加 2019 年宁波市初中学业水平考试，全县共设 7 个考点、171 个试场。2019 年中考，社会科目考试采用全开卷笔答形式进行，允许考生携带相关教材和资料进入试场，但考生在试场内不得相互传、借教材和资料。

14—16 日，象山县旅游发展中心组织上海旅游时报、阿拉旅游杂志社、上海 BANG、甬派、大 V 寒残一叶等 12 家长三角媒体走进阿拉的海、中国海影城和 5 个新乡村开展采风活动。

17 日，举行“健康教育与促进，提升群众健康素养”为主题的“请你来协商·县长与委员面对面”协商会。县卫生健康局汇报“关于加强健康教育与促进提升群众健康素养的建议”重点提案办理情况。

18 日，象山县建材装饰商会正式成立，成为象山县第 8 个行业商会。

是日，茅洋南充茶场选送的“野茗红”红茶在 2019“浙茶杯”优质红茶评比中获得最高奖金奖。象山智门寺茶场生产的“望潮红”红茶在宁波市第四届红茶金奖评比中获得银奖。

21 日，县委同意并发文设立县应急联勤中心、象山新时代改革研究院、县退役军人服务中心（挂象山县军队离休退休干部休养所牌子）。

是日，全市统战部长工作例会在象召开，市委常委、统战部部长胡军出席会议并讲话，省委统战部副部长张润生参加会议并讲话。

是日，经中共象山县委机构编制委员会同意，象山新时代改革研究院成立，为县委改革办下属从事公益服务的财政全额补助事业单位（公益一类），核定事业编制 7 名。

27 日，庆祝中国共产党成立 98 周年，象山县委统战部组织县党外代表人士开展“同心行”活动，参观考察全县统战工作基地。

29 日，“民间民俗，多彩浙江”第十一届大塘红庙民俗文化节在象山县定塘镇中站村开幕。

是月底，象山城区 45 辆纯电动公交车投入运营。该批公交车覆盖城市公交 103 路、113 路、114 路、117 路、122 路、123 路、129 路、130 路线路。

7 月

8 日，象山县传媒中心与浙江广电集团建立战略合作关系，融媒体中心建设正式动工，10 月 8 日，中央厨房机房系统联合调试完毕，融媒体中心建设竣工。11 月 12 日正式启用。

9 日，县委书记叶剑鸣对“影视象新力”新的社会阶层人士统战工作实践基地获评国家级创新基地作出肯定批示。

11 日，宁波日星铸业有限公司二期象山县临港产业区大中庄工业园区，35 千伏铸业变电所投运。

12 日，浙江省石油股份有限公司、浙江浙石油综合能源销售有限公司与县交通集团共同出资设立的象山浙石油综合能源销售有限公司完成登记注册，经营范围主要为柴油、燃料油的零售；城镇燃气经营，汽车充电服务；油气电氢综合供能服务站、撬装式油气站和成品油零售网点的开发、建设和管理等。

15 日，象山县档案馆通过国家级数字档案馆测评，成为全国第 42 个、全省第 27 个国家级数字档案馆。

17—19 日，第 5 号台风“丹娜丝”影响，县大部分地区出现阵雨或雷雨，沿海海面阵风达到 7 ~ 9 级，陆上 6 ~ 8 级。

18—21 日，象商总会企业代表团一行赴吉林省延边州龙井市、敦化市开展对口帮扶活动，县人民政府副县长石坚定参加。

24 日，象山名特优产品展销体验中心装修工程开工。象山名特优产品展销体验中心占地面积 800 余平方米。

是日，希诺亚海洋生物科技公司研发的用于戒毒辅助的特殊膳食产品“倍愈素”发布上市，并在北京昌平华佑医院、惠州罗浮山戒毒医院和深圳市公安局强制戒毒所进行推广测试。

是日，象山县定塘镇入选农业农村部、财政部联合公布 2019 年全国农业产业强镇示范建设名单。

25 日，象山县司法局举办 2019 年法治政府建设专题培训班，县级有关部门及各镇乡（街道）分管领导、特邀行政执法监督员、各镇乡（街道）司法所负责人等共 92 人参加会议。

是日，东谷路（象山河路—丹山路）道路工程正式开工。道路工程为南北向城市主干道，北起象山河桥南侧、南至丹山路，道路全长 520 米，设计为双向四车道，沿线与丹霞东路相交。

是日，象山金石榴女律师维权分站正式成立。

26 日，县委理论学习中心组（扩大）会议暨第十一期“象山政协·崇学讲堂”举行。省政协副秘书长、办公厅主任帅燮琅作“新时代人民政协的新方位新使命”专题报告。

是日，县行政服务中心不动产登记窗口为西周镇城镇建设投资开发公司颁发首批房地产开发项目国有建设用地使用权及房屋所有权的不动产权登记凭证 435 本，以替代房地产开发项目国有建设用地使用权及房屋所有权的不动产权证书。

28 日，象山县第十三届民族和睦邻里节暨第十四届西边塘葡萄节在晓塘乡西边塘村开幕。

29 日，象山县人民政府办公室印发《象山县开发经营有限公司、象山县国有资产经营投资有限公司和象山县开发投资有限公司重组方案》，明确将象山县开发经营有限公司重组为宁波象港开发控股集团有限公司，简称象港集团。

是日，筒体直径 12 米、长 112.5 米、重 2252 吨的全球最大的整体常压塔，经 352 个轮子的液压平板车托运，由西泽码头装船启运，发往非洲尼日利亚。

是日，县工商联联合人民银行象山县支行、县经信局、县金融办举办“助力民企融资　象山在行动”政策宣讲会，县 18 个基层商会及行业商会、新创会的企业家代表、24 家金融机构负责人等 250 余人参加活动。

31 日，召开全县涉纪信访“减存遏

增”专项整治行动部署会。会议对涉纪初访“双承诺三必须”制度、信访件调查核实和村监会相关业务进行专题辅导培训。

31 日—8 月 1 日，浙江省工商联副主席林建良一行在象山围绕“稳企业防风险”开展专题调研。

8 月

7 日，沿海南线海宁路至白云路段拓宽改建工程施工图批复完成。项目位于沿海南线石浦镇海宁路至白云路段，起点位于海宁路交叉口，路线由东往西沿老路以整体式路基拓宽，全长 3.141 千米，双向六车道，设计速度 60 千米/小时。

8—11 日，第 9 号台风“利奇马”影响，全县普降大暴雨到特大暴雨，面雨量 300.5 毫米，造成全县经济损失 3.409 亿元。

12 日，印发《关于助残服务“最多跑一次”改革实施方案》，以残疾人证办理为基础，集成办理相关惠残政策等服务事项，在建立助残服务“1+X”联办机制基础上，推进助残服务“一件事”改革。

15 日，团县委联合县教育局在益园举行 2019 届象山籍大学生联盟启动仪式，参加活动有历届象山籍大学生联盟骨干成员、2019 届象山籍大学生联盟成员以及“引才使者”等 50 余人。

21 日，浙江新乐造船股份有限公司自主研发并制造的双燃料机 3 万立方米 LNG 船进入设备调试阶段，成为国内首家有能力建造此类船舶的民营船企。

27 日，2019 中日旅行商宁波象山合作交流会在象山石浦半岛酒店举行。活动由宁波市文化广电旅游局、象山县人民政府主办，宁波影视文化产业区管委会、象山县旅游发展中心、日本春秋旅行社株式会社承办。象山县旅游发展中心主任袁明全与日本春秋旅行社株式会社社长李翠玲签订《日本旅游客源市场开拓合作协议》。

28 日，由全国熔断器标准化技术委员会高压熔断器分技术委员会主办、日升集团有限公司起草的“GB/T 15166 高压交流熔断器”系列国家标准（五项）修订工作会议在象山召开。“GB/T 15166 高压交流熔断器”系列国家标准的修订将填补国家相关标准的空白，为中国高压交流熔断器的设计、生产、试验等提供的技术支撑。

是日，由浙江新乐造船股份有限公司自主研发并制造的双燃料机 3 万立方米 LNG 船进入设备调试阶段，9 月完成交付。

29 日，象山县旅游饭店行业垃圾分类工作现场推广会在象山港国际大酒店召开，会议邀请市垃圾分类管理中心宣传推广科科长范弈齐作《全员动员、全域覆盖、全面推进，让生活垃圾分类成为宁波新时尚》专题培训。

9 月

2 日，县行政服务中心公安户籍办理窗口正式入驻县退役军人服务中心，于每周一、三、五开设办理退役军人落户服务。

3 日，浙江省司法厅党委书记、厅长马柏伟赴象山县专题调研基层司法行政工作。

4 日，县召开机关内部“最多跑一次”改革部署推进会暨专题培训会，全面贯彻落实中央有关“基层减负年”的决定和省市推进机关内部“最多跑一次”改革工作部署，并对相关改革业务进行培训。

4—6 日，第 13 号台风“玲玲”影响，象山大部分地区出现阵雨或雷雨，全县面雨量 70.1 毫米。

5 日，“庆祝新中国·人民政协 70 华诞”象山县政协书画作品展在县文化活动中心开展。

是日，县委同意并发文设立象山县对口支援和区域合作中心、象山县政府采购中心、象山县政府发展研究中心。撤销正科（局）级事业单位县公共资源交易工作管理委员会办公室、县东海湾开发建设管理中心和副科（局）级事业单位县委县政府电子政务办公室。

是日，宁波能塑汽车部件有限公司向县人民教育基金会捐赠 100 万元，专门设立“阿能教育基金”，用于改善大徐镇基础教育设施，促进教育发展。

5—7 日，由浙江省文化和旅游厅主办的“诗画浙江·美好共享”2019 浙江（江苏）旅游交易会在南京国际展览中心举办。象山县旅游发展中心组织象山九大景区、象山美食代表（象山鱼丸、象山半岛味道），象山“非遗”代表（象山竹编）和象山民宿协会等参加，用影视特色表演、象山海鲜美食、“非遗”竹编技艺展示等宣传象山旅游。

6—12 日，“平安守护　欢乐渔港”戏曲展演活动在石浦城隍庙、石浦南向村、延昌宋皇宫、东门渔村及鹤浦镇鹤翔村、高塘岛乡林港村等地举行，合计展演 36 场。

6—17 日，举行第二十二届中国（宁波象山）开渔节——中国农民丰收节系列活动。

7—8 日，第七届中国（象山）海洋文化夜市在县人民广场举行。夜市以“与海洋共生 Connect to Ocean”为主题，诠释“保护海洋就是保护人类自己”的理念，规划美丽乡镇（街道）展示、生活集市、我是“非遗”人、后备厢集市、2019 科普日等 8 大主题展区。

10 日，象山县政协、县委统战部联合举行“不忘初心、牢记使命——永远跟党走”庆祝中华人民共和国和人民政协成立 70 周年主题活动。

12 日，2019 中国青年志愿者蓝色护海行动暨海洋公益日主题活动在象山海洋酒店举行。活动为“蓝色护海”志愿行动发起人林永法赠送蓝色护海纪念册，举行蓝色海湾象山青年船老大联盟石浦分会、鹤浦分会、高塘分会授牌成立仪式，为蓝色海岸、蓝色家园、蓝色课堂三支志愿服务队授旗，举行蓝色护海志愿行动传承仪式，并启动“益”起行动 15 天线上打卡活动。

是月中旬，县信访超市硬件建设竣工，建设面积 900 平方米，总投资约 230 万元。

15 日，动漫产业与文旅融合高峰论坛，来自国内外动漫和文旅行业的专家学者在象山，共同探讨东亚动漫产业国际合作,以及动漫如何促进文旅融合发展。

是日,由北京大地风景文旅集团有限公司主办,中国文联电影艺术研究中心、宁波市文化广电旅游局、象山县人民政府支持,象山县文化和广电旅游局体育局、象山县旅游发展中心、象山县石浦渔港旅游开发中心联合承办的动漫产业与文旅融合高峰论坛在宁波象山海景皇冠假日酒店举行,来自国内外动漫和文旅行业的专家学者共同探讨东亚动漫产业国际合作,以及动漫如何促进文旅融合发展。

是日,动漫产业与文旅融合高峰论坛在半边山皇冠假日酒店举办。论坛由北京大地文旅集团有限公司主办,县石浦渔港旅游开发中心作为牵头承办单位。

是日,2019 中国农民丰收节系列活动——第二十二届中国(宁波象山)开渔节祭海仪式在东门渔村门头山岛举行。

是日,动漫产业与文旅融合高峰论坛在石浦半边山皇冠假日酒店举行。

是日,2019 中国农民丰收节系列活动——第二十二届中国(宁波象山)开渔节新闻发布举行。人民网、新华社、中央广播电视台、《经济日报》、中新社等近 30 家中央、省、市和本地媒体的记者参加新闻发布会。

是日,2019 中国农民丰收节系列活动——第二十二届中国(宁波象山)开渔节妈祖巡安仪式在石浦渔港举行。9 艘渔船组成巡安船队,从东门渔村出发,按照指定的路线绕石浦港巡安。妈祖巡安活动主要寄托渔民对平安归来的希望,渔民在出海之前都要向妈祖祈福,以求丰收平安。

是日,第二十二届中国(宁波象山)开渔节——中国农民丰收节系列活动千人庆丰宴在宁波象山县石浦镇东门渔村举行。共设 138 桌宴席,邀请 1400 名群众广泛参与,品渔家美食,观渔区风俗,体现渔民丰收喜庆的场面。

是日,中国民间文艺家协会“民间文艺进校园(象山站)”志愿服务活动在丹城第五小学举行。中国、省、市文联、民协和县有关部门的领导及有关学校的师生等 400 余人参加该次活动。内容包括剪纸、农民画、鱼拓、竹编、泥塑、舞龙、马灯、提线木偶等 26 种民间文艺项目。

16 日,清廉乡村建设工作推进会在象山商会大厦召开。

是日,第二十二届中国(宁波象山)开渔节——中国农民丰收节系列活动开幕式暨开船仪式在石浦渔港举行。

是日,第十五届中国海洋论坛在石浦半岛酒店举行。主题为“创新海洋蓝色经济绿色发展模式,推进海洋经济高质量发展”。

是日,中共象山县委和宁波市农业农村局共同主办的清廉乡村建设工作推进会在东谷湖酒店召开。

18 日,第二届“宁波最美绿道”评选结果出炉,县南大河滨水绿道成功入选,是继大目湾环湾绿道、松兰山滨海绿道之后第 3 条成功获得“宁波最美绿道”称号的象山县域绿道。

19 日,象山现代物流园区公共服务中心(二期)工程完成施工招标。项目位于现代物流园区九顷片区西侧,环城西路与汇源路西南角,总用地面积为 7.836 万平方米,总建筑面积为 7404.43 平方米,包括车辆检测区、危货停车场(空车)两部分。

是日,行政服务中心公安服务区办理全县第一例“租房落户”。根据新政,在象山县城镇地区租住的本人、配偶和未成年子女凭居住证和备案的租赁合同等材料,根据“一房一户”的原则,可落户房屋所在的社区集体户,没有社保缴纳年限和居住年限要求。

20 日,“金秋送岗、乐业象山”——2019 年高校毕业生就业服务专场大型招聘会在象山县人力资源市场举行。

20—22 日,第 17 号台风“塔巴”影响,象山大部分地区出现阵雨,全县降雨量 29.3 毫米。

24 日,象山县泗洲头镇里坑村入选农业农村部公布第九批全国“一村一品”示范村镇名单。

25 日,南部商务楼获浙江省首批绿色数据中心认证。南部商务楼信息机房建筑面积 559.37 平方米,共有机柜 91 个,通过改造和升级信息机房隔热系统、新风系统等,EEUE 修正值达 1.83,单位面积电耗 963.47 千瓦时/平方米,单位机柜电耗 5922.41 千瓦时/平方米,年均节约用电量约 40%。

27 日,地处象山临港装备工业园大中庄区块的宁波灵峰工程机械耐磨件专业制造项目开工动建。项目总投资 5 亿元,用地面积约 95 亩,建筑面积约 5 万平方米。

29 日,象山县首个“在外乡贤乡情驿站 · 在外象山籍人才西安联络站”成立。

30 日,总投资 3 亿元的乐惠啤酒广场项目工作取得建设工程规划许可证。拟打造精酿啤酒智能样板工坊和消费体验中心为主体的工商旅新业态综合体,包括精酿展示工坊、酵母银行、酵酒研发及检测中心、酿酒师和品酒师培训基地,以及酒吧、餐厅、产权式酒店等诸多旅游业态功能。

30 日—10 月 2 日,第 18 台风“米娜”影响,全县普降大暴雨,面雨量 195.2 毫米,最大新桥 320.4 毫米。全县各类经济损失达 21079 万元。

10 月

1 日,浙江首列智轨电车登陆象山。该智轨电车系象山绿色交通系统松兰山项目用车,先期于国庆在象山影视城展示体验。该制式车辆为三节编组,车长 31.64 米,宽 2.65 米,高 3.34 米,最大载客量 307 人。

8 日,县委改革办牵头召开县委读书会暨宁波海洋经济发展示范区主体区建设推进会。

10 日,召开“渔港经济区建设”为主题的“请你来协商 · 书记与委员面对面”协商会。县政协办公室主任、经建委主任、社法委主任分别作“关于推进我县渔业经济提质增效的建议”“关于推进我县水产品加工转型发展的建议”“做精做优渔港文化旅游、打造国家海洋旅游示范区”课题调研成果报告。

12 日,县安全生产整治百日大会战工作会议召开。会议由县委常委、常务副县长陈兴立部署全县安全生产整治百日大会战工作。

14 日，国网浙江象山县供电有限公司举行对口帮扶西藏那曲“三区两州”电网建设出征仪式。

15 日，石浦客运中心工程获县发改局批复。工程北至沿海南线，南至风栖路，西临河道，东至栖霞路，以规划龙潭路分为东西两个地块，总用地面积 75430.7 平方米，总建筑面积 45083.23 平方米。

16 日，象山县举行第二届世界“宁波帮·帮宁波”发展大会象商投资项目签约仪式。签约项目 22 个，投资总额 35.39 亿元，涉及高端智能制造、新型环保材料和精品旅游。

18 日，宁波勤邦新材料科技有限公司出资设立的“勤邦奖教基金”在汉章小学举行捐赠仪式。基金总额 100 万元。

是日，全县企业知识产权专题培训会在海洋酒店召开，参加会议有 18 个镇乡街道的规上工业企业代表、镇乡街道联络员和品牌指导站工作人员等共计 200 余人。

是日，十四届县委第十一轮巡察（村级巡察）工作动员会议召开。根据县委统一部署，十四届县委第十一轮巡察对西周镇等 8 个镇乡（街道）所属 168 个村开展巡察。县委巡察办、各巡察组全体成员，各镇乡（街道）党委副书记以及西周镇等 8 个镇乡（街道）纪委书记、组织委员参加会议。

19 日，服务重大项目落地，中化膜项目正式开工，机械科学研究总院南方中心 11 月 14 日正式揭牌，全县共签约亿元以上项目 33 个，投资总额 373 亿元。

是日，象山县作为浙江省妇女干部教育培训现场教学基地之一，承接由商务部主办、中华女子学院承办的“2019 年埃塞俄比亚女性领导力建设研修班”和“2019 年汤加妇女经济能力建设研修班”，45 名外籍学员学习考察女性参与社会治理、创业创新、乡村振兴等方面工作的新做法、新经验。

是日，中化国际年产 22 万支反渗透膜项目开工奠基仪式在象山经济开发区城东工业园举行。年产 22 万支反渗透膜项目首阶段总投资 35 亿元，用地面积约 15.5 公顷，主要生产反渗透膜、纳滤膜、气体分离膜、纳米膜和特种分离膜等。

是日，宁波电大象山学院举行 2019 年合作项目签约仪式，与象山县公安局、象山县经信局、象山县建管局、象山县技工学校等 7 家单位正式确定人才联合培养项目。

24 日，象山县三角地至高泥公路提升改造工程通过交工验收。该工程起点位于黄避岙乡三角地村口盛宁线，全线沿海岸走向，全长 12.6 千米。

25 日，象山县 130 余家规上企业的人力资源负责人参加由象山县人力社保局举办的“全球引才网络平台”培训暨人才政策解读会。全球引才网络平台将为项目、人才和企业之间的对接沟通搭建“数据桥梁”，实现投资机构、国内企业、创业园区进入共享全球人才和全球创新创业项目的“大共享”时代。

28 日，象山县出台《象山县数字经济产业发展专项资金管理暂行办法》，明确从 2019 年起县政府每年安排 1000 万元设立数字经济产业发展专项资金，用于支持软件及信息服务业、数字经济核心产业的发展。

30 日，象山万达广场商业综合体主体部分完成封顶。项目完成投资 9 亿元，占到全年投资计划的 90%。

11 月

2 日，象山县入选农业农村部公布第二批 211 个国家农产品质量安全县（市）名单。

是日，象山名特优产品展示体验中心组织延边、丽水特色产品及象山半岛味道农特产品入驻象山名特优产品展示体验中心进行对接，邀请 3 家遂昌农产品生产单位在人民广场举行为期 5 天的“山海协作”特色产品展销。

是日，由延边州商务局、宁波市商务局、象山县人民政府主办，象山县商务局、象山县农业农村局、象山县供销联社承办的东西部协作消费暨象山特色美食展在县人民广场举办。

是日，大目湾乐惠啤酒广场动建。总投资 2 亿元，建设体验、旅游、商务为一体的新业态综合体，其中精酿展示区计划于 2020 年 10 月前后投运。

5 日，松兰山白沙湾喜来登酒店主体结构封顶暨白沙湾防洪工程贯通。

9 日，县知联会在象山柑橘博览园举行“同心”服务基地揭牌仪式。

14 日，中国机械研究院（大目湾）南方中心项目揭牌，总投资 12 亿元，占地 225 亩。

是日，第 11 届中韩先进制造技术研讨会暨机械科学研究总院南方中心揭牌仪式在象山县举行。

15 日，举行“文化强县建设”为主题的“请你来协商·局长与委员面对面协商会”。15 名政协委员围绕激发青少年阅读兴趣、“非遗”传承人培育、中小学生艺术教学、文化礼堂利用、文物保护点保护、弘扬中华优秀传统文化等方面问题，与县委宣传部、县文化和广电旅游体育局、县教育局负责人进行面对面协商交流。

16 日，第三届象山柑橘文化节开幕式暨象山柑橘红美人开摘仪式在象山影视城举行。中国农村合作经济管理学会理事长、原农业部党组成员、农业部人事劳动司司长毕美家宣布开幕。

18 日，浙江省品牌建设联合会发文批准由宁波威霖住宅设施有限公司为主起草的《中央空调通风口》成为“浙江制造”标准。

19 日，宁波市农产品质量安全信用体系建设工作推进会在象山县定塘镇召开，宁波市各区县（市）质监科（站）长，市农业农村局农业综合执法队、渔业执法队相关负责人等参会。

20 日，举办“2019 象山好稻米”专场评选和品鉴会，19 个样品参与评选。

21 日，县委同意并发文设立象山县长三角（上海）合作联络中心、象山县机关会议服务中心、象山县旅游景区服务中心、象山县文化服务中心。

22 日，锦浪、威霖 2 家企业入选省经济和信息化厅公布浙江省第三批上云标杆企业名单。

26 日，市委举行宁波论坛报告会，

中国工程院院士、浙江大学计算机科学与技术学院教授、浙江大学区块链研究中心主任、乡贤陈纯就区块链技术发展作辅导报告。

是日，中心城区东入口（经济开发区）绿化景观提升项目完成初步设计批复。该工程南起林善岙隧道，北至丹大线交叉口，全长约800米，改造总面积53280平方米，绿化改造44831平方米。

27日，全国携号转网系统正式上线运行。

是日，县委编委发文组建象山县文化市场综合行政执法队、象山县交通运输综合行政执法队、象山县海洋与渔业执法队、象山县农业综合行政执法队。

29日，宁波振鹤船业与马来西亚E. A科技合作建造的2艘9000DWT油船正式开建。

12月

4日，根据习近平总书记关于人防系统腐败问题的重要批示精神和省委的统一部署，省、市、县三级巡视巡察机构于11月底启动上下联动、步调一致开展人防领域专项巡察。

是日，中国船舶集团风电智能化装备产业园项目合作框架协议签约仪式在宁波举行，中国船舶重工集团海装风电股份有限公司，拟在象山打造风电智能化装备产业园，总投资约102亿元。

5—6日，浙江省"红美人"杂柑高品质栽培技术交流会在象山举办，浙江大学、浙江省柑橘研究所、衢州市农科院等全省60余家单位100余位专家参加会议。

5—24日，庄穆巷区块住宅征收签约率为100%，货币化率为92.8%。涉及总建筑面积为1.4769万平方米，总户数为139户。

5—24日，东后巷区块住宅征收签约率为99.49%，货币化率为88.8%。涉及总建筑面积为1.7954万平方米，总户数为197户。

7—26日，老人民医院区块住宅征收签约率为100%，货币化率为65.7%。涉及总建筑面积为2.4854万平方米，总户数324户。

9日，石浦客运中心工程PPP社会资本采购在县公共资源交易中心完成。项目位于西霞路与凤栖路交叉口西北侧，总建筑面积45763.23平方米。

11日，省四星级大徐镇综合市场正式开业。象山县市场经营开发有限公司投资1148.69万元，建设总用地面积5321.81平方米。

11—14日，半边山景区举行2019世界无人机锦标赛。

14日，杭州市象山商会换届大会暨杭州市象山商会第二届第一次会员大会在杭州召开。县委副书记、代县长包朝阳出席会议并讲话。

15日，"乡贤乡情驿站·象山籍人才杭州联络站"成立。

16日，象山县泗洲头镇墩岙村入选农业农村部公布"2019年中国美丽休闲乡村"名单。

19—20日，"嗨象山·过大年"象山旅游主题推广活动在台州和温州举行。象山县旅游发展中心与台温两地重点旅行商、自驾车俱乐部、吉利车主代表、新闻媒体等面对面交流座谈，推广介绍"嗨象山·过大年"旅游产品套餐、自驾自由行套餐等产品，并就旅游合作与参会者进行交流。

20日，以"关注安全生产"为主题的第二期《聚焦民生问政问效》电视问政节目，在象山县传媒中心演播大厅录制完成。

23日，象山县晓塘柑橘特色农业强镇入选浙江省粮食安全和推进农业现代化工作领导小组农业"两区"办公室确定2019年省级特色农业强镇创建对象名单。

是日，宁波交运建设集团有限公司以16356万元成功竞得县资规局"象海出97号"等6宗海海域使用权。

30日，石浦高速连接线工程累计完成投资21.6亿元，占计划总投资41.73亿元的51.76%。宁波舟山港石浦港区沈海高速连接线新桥—石浦段工程起点与三门湾大桥及接线工程（规划沿海高速第二段）的新桥枢纽互通（黄吉岙处）立交相接。

31日，全县共计在线运营车位2400余个，新建停车场6个，新建并投入运营充电桩15套；"象山停车"APP注册用户数达138166人次；车位周转率为2.5，车位利用率23%。

是日，天安路大修工程全线完工。天安路改造工程范围北起象山港路，南至滨海大道，全长4956米，标准红线宽40米。

县情概览

经济和社会发展

2019年,全县上下坚持以习近平新时代中国特色社会主义思想为指导,全面落实省市各项决策部署,坚定不移实施"双突破双驱动"战略,扎实开展"四个年"活动,全面做好"六稳"工作,经济运行总体平稳,城乡品质提升,社会事业持续改善,群众获得感增强。

表1　**2019年象山县国民经济和社会发展计划指标完成情况表**

指标名称	年度计划	全年实绩
地区生产总值	6.5%	5.5%
规上工业增加值	10%	3.6%
财政总收入	7.5%	7.8%
其中:一般公共预算收入	7.5%	12.8%
固定资产投资	20%	16%
其中:工业投资	25%	27.2%
建筑业总产值	7%	统计口径调整
商品销售总额	15%	12.4%
货物出口总额	确保占全国份额不下降	占全国份额万分之10.7
实际利用外资	1.2亿美元	1.2亿美元
实际利用内资	75亿元	100.4亿元
旅游接待人次	16%	16.1%
旅游经济综合收入	18%	18%
城镇居民人均可支配收入	7.5%	7.4%
农村居民人均可支配收入	7.5%以上	8.3%
居民消费价格指数	103	103.1
单位GDP能耗降低	4.6%	2.8%
单位GDP二氧化碳排放量降低	上级下达	完成有难度
主要污染物排放量削减	上级下达	完成任务
研发经费支出占GDP比重	2.55%	2.8%
城镇新增就业人数	11000个	18330个
城镇登记失业率	≤3.5%	1.8%

【工业经济转型提质】 对接宁波市“246”万千亿级产业集群发展，编制数字经济发展三年行动计划，打好新兴产业培育壮大和传统产业转型升级组合拳，实现规上工业增加值126亿元，同比增长3.6%，战略性新兴产业、高端装备制造业、高新技术产业增加值分别同比增长19.5%、10.9%和9.4%。工业技改投资快速增长，建成全县首个市级数字化车间，亿元以上项目开工数为历年之最。企业培育成效明显，新增规模以上企业87家，合力模具入列国家单项冠军示范企业，锦浪科技上市。

【服务经济态势良好】 商贸领域保持活跃，实现商品销售总额539.4亿元，同比增长12.4%。电商经济增长迅猛，网络零售总额同比增长20%，举办第十七届宁波象山海鲜美食节等活动，海鲜网销同比翻番。旅游发展势头强劲，接待游客2915万人次、旅游经济综合收入326亿元，分别同比增长16.1%、18%，带动服务业增加值同比增长6.9%。松兰山国家级旅游度假区、影视城AAAAA级旅游景区创建扎实推进，茅洋乡获评省级旅游风情小镇、省级乡村旅游产业集聚区。

【现代农业稳中增效】 实施农业“亩均超万美元”工程，加强象山柑橘、象山梭子蟹品牌打造，实现农林牧渔业增加值79.4亿元，象山柑橘入选国家农业品牌目录，获评国家农产品质量安全县、省级农业“机器换人”示范县。提升农业平台建设，建成省级特色农业强镇2个、市级多彩农业美丽田园5个、现代农业庄园4个，定塘镇入选国家农业产业强镇示范建设名单。加快渔业转型，完成水产品总产量57.3万吨，创成国家渔业健康养殖示范县，现代渔港经济区建设稳步推进。

【重大项目突破】 开展重大项目突破年活动，健全双月例会、三级协调等机制，加速项目攻坚破难，2019年全年完成固定资产投资同比增长16%，增速居宁波市前列。工业投资、民间投资分别同比增长27.2%和13.2%，投资结构优化。重点工程建设项目完成投资165.4亿元，东陈流域南堡河段治理工程、塔山教育培训中心、宁波文墨服装生产等49个项目开工建设，丹大线产业区至大徐汤家店段改建工程、宁波茸发船用发动机及机床产品生产等20个项目完工。

【重大平台协同发力】 象山经济开发区发展势头稳健，实现规上工业总产值241.5亿元，中化膜、灵峰机械等一批大项目动建。象保合作区面貌初显，基础配套陆续交付，首批实体性项目入驻。浙台经贸合作区稳步发展，打鼓峙岛政策处理基本完成，下湾门航道对外开放。影视文化产业区蓬勃发展，获评省级重点文化产业园，浙江广电象山影视基地三期开工动建。大目湾城市功能逐步完善，动建功能性项目6个，影视学院一期完工。

【对外合作拓展】 落实市稳外贸新十条，应对经贸摩擦，实现货物出口总额184.5亿美元，同比增长8.7%，占全国份额万分之10.7，欧盟、东盟等出口市场较快增长。全面融入宁波跨境电商综合试验区建设，实现跨境电商交易额3.3亿美元。紧密对接“一带一路”建设，推进建筑业转型，获国家工程质量奖8项，完成境外承包工程营业额3.4亿美元。招大引强，签约亿元以上项目40个，实际利用外资1.2亿美元，实际利用内资突破百亿元。

【城市面貌加速更新】 棚改征迁清零成效明显，青草巷特色街区基本建成，城中村改造全面启动，美丽街区一期完工，现代都市气息逐步彰显。实施打造“最清洁县”创建全国文明城市行动，列入新时代文明实践中心工作全国试点县，通过国家卫生县城复评。加强城市精细化管理，推进老旧小区环境综合整治，开展“照亮百姓回家路”行动，打造象山港路、天安路精细化管理样板路，新增公共停车位305个，荣膺省级海绵城市优秀县。

【乡村振兴阔步前行】 编制乡村振兴战略规划，完善配套制度，圆满承办全国乡村治理现场会。启动乡村振兴“十大美丽”系列创建，开展“大棚房”整治，入选全国乡村振兴示范县先行创建单位，建成省级新时代美丽乡村精品村41个、达标村123个、A级以上景区村46个，新增市级美丽乡村示范镇村7个、风景线3条。深化农村综合改革，“三权分置”改革盘活农村闲置资源，新增民宿157家，乡村旅游营业收入9.2亿元，同比增长36.2%。

【生态环境持续优化】 有序推进国家海洋督察和省级环保督察反馈问题整改，打好污染防治攻坚战，空气质量优良率95.1%，获评省级清新空气示范区。建成环象绿道50千米，打造“一村万树”示范村5个，石浦、贤庠、大徐获评省级森林城镇，列入国家森林城市创建单位。开展美丽河道创建，逐步完善治污设施，中心城区污水三期、农村污水处理工程等项目稳步推进，生活垃圾焚烧发电项目动建，垃圾分类处置基本实现城乡全覆盖。

【民生保障提档扩面】 实施“乐业象山”“百校万名”行动，城镇新增就业1.8万人、城镇登记失业率1.8%，创建省级无欠薪县。完善社保惠民体系，实施城乡居民医保慢性病门诊保障政策，本地户籍养老保险参保率94%、医疗保险参保率99%，苏沪门诊就医实现直接结算。规范低保管理，特困人员定补资金直补到户。深化居家养老政府购买服务，新建区域居家养老服务中心5家、“颐养小屋”5家，医养结合走在全市前列。

【文教卫体协同推进】 提升海洋文化强县建设，推广“书香象山”全民阅读、全民艺术普及等活动，举办中国农民丰收节暨第二十二届中国开渔节，获批国家级海洋渔文化生态保护区。加快教育现代化，丹城六小、兰园幼儿园等建成投用，产教融合、智慧教育成效明显。深化健康象山三年行动，组建3家医疗健康集团，创成国家慢性病综合防控示范区。加强体育事业发展，亚帆中心稳步建设,举办市级以上赛事10余次。

【治理水平提升】 深化"平安象山"建设,持续推进扫黑除恶专项斗争,社会矛盾纠纷调处化解中心建成运行,"大徐经验"得到宁波市委肯定推广。创新社会治理,全市首推公共管理综合保险,"村民说事"写入中央文件,获评全国社会治理创新典范县,入选全国首批乡村治理体系建设试点县。强势开展涉海涉渔领域"平安守护"行动,优化重构指挥、执法、责任体系,事故多发态势得到遏制。扎实开展安全生产整治百日大会战,做好防灾减灾、食药监管等工作,安全事故发生数、死亡人数大幅下降。

【重点改革稳步推进】 以"最多跑一次"改革为引领,持续深化重点领域和关键环节改革。开展营商环境提升年活动,推出行政执法、审批领域豁免清单,企业开办实现一日办结,省级信用县创建,列全国营商环境百强县第47位。推出优质民生服务,所有民生事项实现一证通办。深化全国殡葬综合改革试点,建成燕山陵园,移风易俗新规执行率95%以上。深化投融资体制改革,象港集团组建运行,国企整合重组纵深推进。

【创新动能加速集聚】 高新技术产业增加值、投资增速居全市前列,新增各类高层次人才287名、授权发明专利178件,列全国科技创新百强县第52位。科创平台加快搭建,中国机械科学研究总院南方中心挂牌运作,中国电子科学研究院创新分中心深入开展合作研究,象山科创中心开园。产业创新进展明显,成立中化膜研发创新中心,新添174家创新型初创企业,水产品加工行业入选市产业创新服务综合体培育项目。

【重大战略落地实施】 启动国家级宁波海洋经济发展示范区主体区建设,制定实施方案,狠抓30项重点任务,完成海洋产业增加值105亿元。融入长三角一体化建设,召开融入长三角区域一体化发展会议,成立长三角(上海)合作联络中心,实施产业转型、科技创新、文化旅游、交通设施、公共服务、体制机制六大对接计划。扎实开展大花园建设,入选省大花园典型示范培育单位,南部岛群整体纳入省十大海岛公园重点培育区域。

(县发改局)

数字象山

表2　　**2019年象山县各项事业基本数据统计表**

人口—经济—财政—物价

类　目	数　量	比2018年增长(%)	类　目	数　量	比2018年增长(%)
年末总户数	18.21万户	0.1	居民消费价格总指数	3.1	—
总人口	54.66万人	-0.36	服务价格指数	3.2	—
城镇人口	19.36万人	6.3	消费品价格指数	3	—
乡村人口	35.30万人	-3.7	食品和烟酒	4.7	—
出生人口	3843人	-9.2	食品	6.6	—
死亡人口	3682人	0.3	粮食	3.8	—
生产总值	548.59亿元	5.5(可比价)	水产品	0.7	—
第一产业增加值	77.22亿元	3.3(可比价)	烟酒	-0.2	—
第二产业增加值	237.43亿元	4.7(可比价)	衣着	2.8	—
工业增加值	166.12亿元	5.6(可比价)	居住	0.7	—
第三产业增加值	233.94亿元	6.9(可比价)	生活用品及服务	3.1	—
财政总收入	76.88亿元	7.8	交通和通信	-0.8	—
中央财政收入	30.62亿元	1.1	教育文化和娱乐	3.3	—
一般公共预算收入	46.26亿元	12.8	医疗保健	10.2	—
一般公共预算支出	77.46亿元	12.8	其他用品和服务	2.1	—

续表 2

人民生活—社会保障

类　目	数　量	比 2018 年增长(%)	类　目	数　量	比 2018 年增长(%)
居民人均可支配收入	49386 元	8.2	交通通信类支出	2272 元	51.3
城镇居民人均可支配收入	58747 元	7.4	教育文化娱乐类支出	1847 元	9.5
农村居民人均可支配收入	33435 元	8.3	居住类支出	6021 元	2.3
城镇居民人均消费性支出	33457 元	11.8	生活用品及服务类支出	943 元	45.1
食品烟酒类支出	8800 元	3.9	其他用品和服务消费支出	360 元	69.8
衣着类支出	2387 元	7	养老保险参保人数	人	—
医疗保健类支出	2584 元	94.1	医疗保险参保人数	51.7 万人	—
交通通信类支出	4656 元	32.9	工伤保险参保人数	14.2 万人	6.8
教育文化娱乐类支出	4467 元	10.1	全县低保户数	户	—
居住类支出	7803 元	-5.1	低保人员	9299 人	-18.4
农村居民生活消费类支出	21367 元	17.5	发放低保金	8838 万元	-12.3
食品烟酒类支出	6018 元	12.4	居家养老服务中心	个	—
衣着类支出	1262 元	10	床位	6449 张	8.7
医疗保健类支出	2644 元	51	每千人老人床位	49.7 张	—

农业

类　目	数　量	比 2018 年增长(%)	类　目	数　量	比 2018 年增长(%)
农林牧渔业产值	1369338 万元	3.4(可比价)	枇杷总产量	0.92 万吨	1.2
农业产值	228971 万元	2.9(可比价)	茶叶总产量	624 吨	6.1
林业产值	16530 万元	6.9(可比价)	肉类总产量	18454 吨	13.3
牧业产值	85996 万元	2.5(可比价)	生猪年末存栏	7.62 万头	-10.9
渔业产值	1004027 万元	3.5(可比价)	生猪年内出栏	14.52 万头	17.4
粮食播种面积	11053 公顷	0.2	家禽年末存栏	114.96 万羽	4
粮食总产量	7.21 万吨	-0.4	家禽年内出栏	162.54 万羽	8.7
蔬菜播种面积	7898 公顷	-(2018 年基数有调整,还没定)	水产品总产量	57.26 万吨	3.1
蔬菜总产量	19.35 万吨	-(2018 年基数有调整,还没定)	海洋捕捞产量	36.94 万吨	-5.2
水果总面积	11093 公顷	-2.7	海水养殖产量	14.01 万吨	10
水果总产量	20.85 万吨	4.1	淡水产品产量	1.43 万吨	9.8
柑橘总产量	12.52 万吨	2.5	海水养殖面积	1.11 万公顷	-3.5
杨梅总产量	1.40 万吨	-9.3	—	—	—

续表 2

工业—建筑业

类　目	数　量	比 2018 年增长(%)	类　目	数　量	比 2018 年增长(%)
企业家数(家)	567 家	—	规上工业销售产值	607.19 亿元	1.5
规上工业产值	650.88 亿元	0.7	其中:出口交货值	119.05 亿元	1
其中:新产品	244.51 亿元	1.9	工业产销率	93.30%	0.7
其中:轻工业	187.58 亿元	-4.2	规上工业营业收入	588.52 亿元	0.1
重工业	463.29 亿元	2.9	规上工业利税总额	59.28 亿元	9.7
其中:股份有限公司	59.84 亿元	-4.5	其中:利润总额	41.89 亿元	16.6
私营企业	335.46 亿元	0.7	规上工业平均从业人数	68721 人	-5.1
外商投资企业	70.83 亿元	2.4	本年新签合同额	570.56 亿元	—
港澳台投资企业	49.44 亿元	4.5	建筑业总产值	718.07 亿元	—
其中:农副食品加工业	29.57 亿元	-9.9	其中:在外省完成的产值	339.47 亿元	—
纺织服装服饰业	90.03 亿元	0.7	房屋施工面积	7858.94 万平方米	—
通用设备制造业	77.63 亿元	24.3	竣工面积	1124.67 万平方米	—
专用设备制造业	34.28 亿元	-2	有建筑资质企业	133 家	—
汽车制造业	119.64 亿元	-3.3	国家特级资质企业	5 家	—
电气机械及器材制造业	62.13 亿元	2.6	一级资质企业	23 家	—
橡胶和塑料制品业	19.57 亿元	-7.3	二级资质企业	60 家	—
非金属矿物制品业	40.29 亿元	9.8	三级及以下资质企业	45 家	—
船舶和其他运输设备制造业	29.97 亿元	-11.2	从事建筑业活动从业人员期末人数	19 万人	—
电力热力生产和供应业	57.00 亿元	-2.2	—	—	—

国内贸易—对外经济

类　目	数　量	比 2018 年增长(%)	类　目	数　量	比 2018 年增长(%)
社会消费品零售总额	232.47 亿元	9.7	农产品类	2.02 亿美元	-19.3
批发零售业	165.78 亿元	7.6	机电类	10.54 亿美元	9.1
住宿餐饮业	66.69 亿元	15.5	其中:美国	6.98 亿美元	-10.4
城镇市场零售额	136.36 亿元	11.2	欧盟	5.01 亿美元	17.5
乡村市场零售额	96.11 亿元	7.7	日本	1.8 亿美元	-10.4
进出口总额	29.29 亿美元	11.8	韩国	0.72 亿美元	-19.3
进口	2.54 亿美元	-22.2	新批外商投资项目	23 个	—
出口	26.76 亿美元	4	合同利用外资	76137 万美元	68.5
其中:针纺织类	9.99 亿美元 10.01 万美元	1.5	实际利用外资	11002 万美元	8.8

续表2

交通—通信—旅游

类　目	数　量	比2018年增长（%）	类　目	数　量	比2018年增长（%）
货物运输量	4111.38万吨	18.1	邮政业务收入	万元	—
水运货运量	3463.77万吨	20.9	电信业务量	亿元	—
货物周转量	405.7亿吨千米	12.2	固定电话用户	10.5万户	—
旅客运输量	413.2万人	5.3	宽带用户	23.8万户	—
旅客周转量	2.18亿人千米	-14.7	移动电话	77.3万户	—
民用汽车拥有量	辆	—	4G手机用户	54.9万户	—
9座以下私人汽车	万辆	—	旅游经济总收入	326亿元	18
海洋货物运输船舶	105艘	-3.7	接待游客	2915万人次	16.1
总运力	158.2万吨	3.8	—	—	—

科技—教育—文化

类　目	数　量	比2018年增长（%）	类　目	数　量	比2018年增长（%）
实现规上工业高新技术产业增加值	64.46亿元	9.4	在校生	36832人	0.9
专利申请量	2296项	—	幼儿园	83所	—
申请发明专利	项	—	在园幼儿数	18427人	-2.8
专利授权量	1249项	—	义务教育学龄人口入学率	100	—
发明专利授权量	178项	71.2	初升高比例	%	—
实现技术市场交易额	5.26亿元	111.4	财政预算内教育支出	13.01亿元	19.9
普通高中	6所	—	县图书馆总藏书量	万册	—
在校生	6724人	4.6	数字电视入户率	100%	—
中等职业学校	3所	—	卫生事业机构（含村卫生室）	309个	-7.5
在校生	4635人	7.7	床位	2406张	-2.9
初中	22所	—	卫生技术人员	4327人	14.4
在校生	15881人	0.5	执业医生（含助理）	1674人	13.7
小学	24所	—	千人拥有医生	3.06人	—

（县统计局　陈秀秀）

2019年气候

【气候特点】　2019年气温偏高，降水量和降水日数较常年偏多，日照时数较常年偏少。年内主要气象灾害有低温雨雪冰冻、连阴雨、台风、暴雨、冰雹强对流、干旱等，气象灾害影响程度较重。2019年气候季节除秋季外均比常年偏早，冬、春、夏季分别比常年早16天、13天和22天，秋季则比常年晚5天。冬季气温偏高、降水量偏多、日照时数偏少，期间出现冷空气、大风、低温雨雪、连阴雨等天气；春季气温略偏高、降水量与往年基本持平、日照时数偏少，期间出现冰雹、短时强降水、雷电、雷雨大风等灾害性天气；夏季气温与常年持平，降雨量偏多，日照接近常年，梅雨量明显偏多，高温日数明显偏少，期间出现强对流、台风等天气；秋季气温偏高、降水量偏多、日照时数略偏少，期间出现台风、强对流等天气。12月多冷空气影响，气温起伏大，并伴有降水和沿海大风过程。

【气候事件】 大雾：3月28日—4月5日象山沿海出现一次持续9天的大雾天气过程，其中3月28日—3月30日象山国家站均出现能见度不足1000米的大雾，过程最小能见度不足100米，大雾过程对沿海道路交通造成严重影响。4月8日、17日、19日、21—26日象山国家站均出现能见度不足500米的大雾，其中有6天最小能见度不足200米，对居民出行、生产生活等造成一定影响。受大雾影响，4月7日G1523甬莞高速茅洋、新桥、灵南等进口关闭，4月23日象山港全线、三门湾全线收费站进口关闭。5月大雾日数为2天，分别出现在16日和19日，但未对交通和大众出行造成显著影响。

梅雨：6月17日入梅，入梅时间与常年同期相比偏晚（常年6月13日）；7月17日出梅，比常年晚14天（常年7月3日）；梅期30天，比常年偏长10天（常年20天）。全县平均梅雨量430.3毫米，其中象山国家站419.6毫米，比常年平均梅雨量偏多92%（常年224毫米），城区424.2毫米，最大蟹钳港655.1毫米。2019年梅雨典型，出现多轮强降水过程，梅雨量分布不均，局地性短时强降水天气多发。梅雨期间恰逢当地杨梅成熟期，受多次强降水过程影响，杨梅落果严重，品质较差，比原2018年产值减少4000万元左右。

高温：2019年高温日数较常年明显偏少，象山国家站日最高气温≥35℃的高温日数仅1天，为37.4℃，出现在8月11日。

干旱：10月2日至11月20日，全县累积降水量14.3毫米，较常年同期偏少90.6%，历史排名第三少；降水日数8天，较常年偏少8天，历史排名第三少。根据浙江气候监测平台气象干旱监测显示，象山县气象干旱等级达到轻旱。

冷空气：11月17—19日受强冷空气影响，全县气温明显下降，象山国家站降温幅度为9.6℃，最低气温普遍降至6℃～8℃，其中城区7.3℃，最低岙岭下6.2℃，创2019年入秋以来新低。沿海海面普遍出现8～9级偏北大风。11月23—24日受冷空气前暖湿气流影响，全县普遍出现大雨，部分暴雨，25—26日受强冷空气影响，气温明显下降，象山国家站降温幅度为9.6℃，最低气温普遍降至8℃～10℃。沿海海面普遍出现8～9级偏北大风。

【气象灾害】 低温雨雪冰冻：受冷空气影响，12月8日象山县气温明显下降，最低气温降至2℃～4℃，平均气温从周初21℃下降到4℃左右。此次过程全县普遍以降雨为主，局部出现雨夹雪；内陆普遍出现6～7级，沿海海面8级偏北大风。12月29日受冷空气影响，象山县气温明显下降，早晨最低气温普遍在0～－1℃，局部有薄冰，山区－1℃～－2℃，有冰冻。30日夜里到31日早晨全县大部分地区出现雨夹雪或雪，局部地区有积雪，山区有2～3厘米积雪。全县持续有6～7级偏北大风。

连阴雨：2019年冬季有3次连阴雨过程，分别出现在12月2—11日、12月31日—1月12日以及2月9—27日。2019年冬季多阴雨寡照，象山站降水量328.5毫米，历史排名第4多，日照时数132.5小时，破历史同期最低纪录。由于降水偏多，造成象山多地田间湿度高，光照条件差，对粮食生产、大棚蔬果等农作物生长造成较大影响。另外，由于持续连阴雨，土壤含水量饱和度高，地质灾害风险等级长期偏高。

强对流：2019年春季有两次强对流过程，其中3月21日中午11点前后象山中北部地区出现罕见的冰雹天气，并伴有短时强降水、雷电和局地7～9级雷雨大风。全县面雨量11.1毫米，最大黄泥桥29.4毫米。4月9日受强对流云团影响，县内出现短时强降水、雷电和局地7～9级，短时10级雷雨大风，其中定塘还出现短时冰雹天气。全县面雨量13.2毫米，最大西周寒山村28.2毫米。

夏季多强对流天气，伴有短时暴雨和强雷电天气，主要过程有：

1. 6月29日至7月1日多雷阵雨天气，其中西部地区降水量普遍为40～70毫米，最大新桥71.8毫米，其他地区10～40毫米。

2. 受对流云团影响，7月12～14日象山出现一次中到大雨局部暴雨的降水过程，截至14日11时，全县面雨量33.5毫米，其中象山国家站22.1毫米，城区20.1毫米，最大高塘81.3毫米，次大林港64.6毫米。

3. 8月25日至8月30日多雷阵雨天气，其中城区65.9毫米，蟹钳港一带普遍为100～130毫米，最大麦地山129.7毫米，其他地区50～80毫米。

4. 9月2—3日受对流云团影响，全县普降大到暴雨，局部大暴雨，面雨量61.1毫米，城区36.5毫米，有5个站超100毫米，最大墙头126.1毫米。沿海地区和海面普遍出现8级雷雨大风，最大石浦气象站8级（20.3米/秒）。

台风：2019年汛期台风影响较常年偏多，7—10月共有5个台风影响，其中7月17—19日，受第5号台风“丹娜丝”影响，全县大部分地区出现阵雨或雷雨，沿海海面阵风达到7～9级，陆上6～8级。

8月8—11日，受第9号台风“利奇马”影响，全县普降大暴雨到特大暴雨，面雨量300.5毫米，排名全省第八，全市第三，有17个测站超过300毫米，4个测站超过400毫米，最大西周寒山站548.8毫米，为象山台风影响降水量历史排名第4，强降雨时间达到20小时。内陆普遍出现9～11级，沿海地区和海面10～14级大风，最大鹤浦杨柳坑站14级（45.2米/秒）。10级以上大风持续时间37小时，12级以上大风持续时间17小时，受台风“利奇马”影响，8月9日起全县各主要河网均处于高水位，18座主要水库均处于超汛限水位运行状况，山塘水库水位告警超警戒站点95个，河网预排预泄量共计4650万立方米。西周、高塘等溪坑、河道被降水损毁5000余米，2座山塘内坡塌陷，多个乡镇和街道低洼地段出现不同程度受淹，最大积水处达到0.5米。近90%农田受淹，农作物受淹面积15.2万亩，受灾农作物11万亩，其中晓塘、定塘、新桥、西周等地受淹严重。渔船受损数229艘，塘养殖受损40315亩，大棚损失面积35660平方米，滩涂损失面积24257亩。14条线路公路绿化受损较严重，10条县道塌方，近百条公交线路和市内外班次停运。故障供电线路35条次，新桥、石浦、东陈等区域故障情况较多。据初步统计，此次台风造成全县经济损失3.409亿元。

9月4—6日，受第13号台风“玲玲”影响，象山大部分地区出现阵雨或雷雨，全县面雨量70.1毫米，城区78.4毫米，有10个站超过100毫米，其中最大象山国家站120.7毫米。5—6日沿海海面阵风达到8~9级，其中小东屿达短时12级，内陆6~8级。

9月20—22日，受第17号台风“塔巴”影响，象山大部分地区出现阵雨，全县面雨量29.3毫米，其中城区63.3毫米，最大泊戈洋74.3毫米，沿海海面和地区普遍出现9~11级，陆上7~9级大风，最大蟹钳港12级(33米/秒)。

9月30日至10月2日，受第18台风“米娜”影响，全县普降大暴雨，面雨量195.2毫米，最大新桥320.4毫米。沿海海面出现10~12级，沿海地区9~11级，内陆7~9级大风，其中最大石浦国家站14级(43.7米/秒)，9级以上大风持续时间超24小时。受台风“米娜”影响，全县各类经济损失达21079万元，具体情况如下：(1)农渔业损失15142万元。农林畜牧损失2314.8万元，其中水稻损失1056.8万元；蔬菜受灾损失18.5万元；柑橘受灾损失747万元；农业大棚损失31.5万元；30家养殖场受灾、圈舍倒塌损失461万元；渔业经济损失12716万元，受灾养殖面积63783.8亩，产量损失2059.5吨，渔船损失和渔港受损112万元。(2)道路交通、港航损失1422万元，其中交通工程设施损失1202万元，包括绿化、水毁路面及塌方及檀头山客运码头售票房倒塌等，港航损失220万元。(3)水利工程损失3020万元。共有35处水利工程设施不同程度受损。高塘黄沙岙海塘等7条海塘镇压层及四脚块损毁损失1740万元；墙头西沪海闸等10座水闸损失1000万元；白沙湾等溪坑护岸损失280万元。(4)旅游设施损失1284万元。其中景区损失777万元、旅游项目损失421万元、民宿及酒店损失49万。(5)城建设施损失211万元。其中城投公司64万元、水务147万元。

(县气象局　申倩倩)

中国共产党象山县委员会

综　述

【概况】 2019年，县委常委会坚决贯彻落实中央决策部署和省市工作要求，坚持稳中求进工作总基调，坚定不移实施"双突破双驱动"战略，全年地区生产总值同比增长6%；财政总收入77亿元、同比增长8%，其中一般公共预算收入46.3亿元、同比增长12.9%；城乡居民人均可支配收入分别同比增长7.5%和8.5%。

【经济态势稳中向好】 2019年，签约亿元以上项目40个，完成实际利用外资1.2亿美元，实际利用内资首次突破百亿大关。聚焦突破产业项目，持续优化投资结构，完成固定资产投资228亿元、同比增长20%，其中产业投资、民间投资分别同比增长40%、22%。首个百亿项目中化国际膜产业基地项目开工，新建或投产亿元以上工业项目40个，完成工业投资63.5亿元、同比增长25%，总量和增速分别列全市第5和第3；亚帆中心、浙江广电影视基地三期加快建设，石浦渔港古城目的地项目前期工作进展有序，完成旅游投资40.2亿元、增长11%。重大项目的有效突破，促进经济转型提质，增强经济发展后劲。完成规上工业增加值126亿元、增长3.5%，新增规上企业70家、高新技术企业20家、上市企业1家，战略性新兴产业、高新技术产业、装备制造业增加值增速均快于规上工业。积极应对中美经贸摩擦，外贸出口实现平稳发展。旅游发展势头强劲，象山影视城国家AAAAA级旅游景区加快创建，松兰山国家级滨海旅游度假区、半边山省级旅游度假区创建完成申报，实现游客接待量2910万人次、旅游综合收入325亿元，分别同比增长16%、18%，带动服务业增加值增长6.8%。

【改革创新持续发力】 坚持把优化营商环境作为提升县域竞争力的重要手段，成功跻身全国营商环境百强县第47位。征求梳理、滚动整改15个营商环境短板问题，以"最多跑一次"改革为抓手，开展"10+N"营商环境便利化改革攻坚行动，多领域"首违免罚"清单创新推出，企业开办全流程一日办结，不动产登记全业务60分钟办结，5项政府数字化转型指标领跑全市，"省信用县"成功创建。机构改革完成，部门职责机制理顺。制定关于构建"亲清"新型政商关系实施意见，健全常态化的为企服务机制。加快省全面创新改革联系点建设，中国机械科学研究总院南方中心等一批科研院所实质性启动，新增各类高层次人才287名、授权发明专利132件，列全国科技创新百强县第52位。坚持做大做强国有企业，调整优化投融资平台总体架构，组建象港集团，启动影视集团混合所有制改革，筹建商贸集团，实施薪酬制度改革，国有企业改革持续深化。整合盘活各类资源资产，创新市场经营机制，设立或参与基金运作，国有资产资源得到保值增值。积极化解政府隐性债务，从严控制政府性投资项目，实行镇乡（街道）年度全口径债务计划，省市下达的债务化解任务如期完成。牢固树立过"紧日子"思想，从严审批外出学习考察、外出培训等活动，严控一般性支出，建设节约型机关，"三公"经费下降8%。

【城乡品质优化提升】 以攻坚征迁"清零"为突破，加快完善城市功能品质。实行县领导领衔包案，推行"大兵团作战、小分队攻坚"，棚改"清零"全面完成，征迁面积累计超过百万平方米。把棚改拆后区块有序开发作为城市有机更新的重要内容，青草巷主体工程完工，美丽街区一期试点基本完成，老旧小区改造和危旧房治理扎实推进，城中村改造全面启动。万达广场等商业综合体加快建设，现代物流园集聚效应初步显现，城市商贸功能优化。三门湾大桥及接线工程建成通车，高速石浦连接线、定塘高速连接线加快推进。扎实实施打造"最清洁县"创建全国文明城市三年行动计划，重点推进"十大攻坚破难"行动，国家卫生县城通过复评，省文明县成功创建。持续打好治水治违治土治气组合拳，"污水零直排区"创建实现镇乡（街道）全覆盖，省"无违建县"通过复评，省清新空气示范区成功获评。召开全县生活垃圾分类工作推进会，垃圾分类工作实现城乡全覆盖，全国农村生活垃圾分类和资源化利用示范县创建通过省级验收。"109项目"主体工程全面建设，实现"零聚集、零上访、零阻工"。以承办全国乡村治理现场会为契机，全面提升乡村振兴工作水平。按照省委车俊书记和市委郑栅洁书记的批示指示精神，实施"县镇干部+乡村规划师"驻村指导，高水平完成会议承办工作，"村民说事"被写入中央文件、并获副总理胡春华肯定。现场会向全国各地展示我县乡村治理的成功经验、美丽乡村的工作成效，得到各级领导和与会代表的一致好评，也极大地鼓舞全县干部群众的士气，提振信心。迅速贯彻落实全国乡村治理现场会精神，以更快推进乡村振兴，"三农"工作取得明显成效。实施农业"亩均万美元"工程，象山柑橘、象山梭子蟹品牌深化打造，国家农产品质量安全县、全国渔业健康养殖示范县成功创建。扎实推进农村人居环境整治专项行动，新增省级新时代美丽乡村精品村41个、达标村123个、A级以上景区村46个，入选省首批大花园典型示范培育单位，省美丽乡村示范县建设水平提升。深化农村宅基地"三权分置"改革，探索养殖用海"三权分置"改革，同步实施"三抢双动"工程，建成市乡村全域旅游示范区乡镇2个，新增乡村旅游项目25个、总投资超过7亿元。实施村级集体经济发展三年行动计划，集体经济总收入10万元以上的省定"消薄"目标全面完成。

【社会事业发展】 以涉海涉渔领域"平安守护"专项行动为重点，扎实推进"平安象山"建设。安全生产是人命关天的大事，任何时候都不能放松。针对渔业组织、生产、管理长期简单粗放的问题，抽调1298名县镇干部，背上背包下渔村、担起担当上渔船，强势开展涉海涉渔领域"平安守护"专项行动，加快重构指挥、执法、责任体系，事故多发态势得到有效遏制。扎实推进安全生产整治百日大会战，集中排查整治危化品、消防和"两小"企业等安全隐患，全面开展大教育大培训大演练，做好防灾减灾、食品药品监管等工作，安全事故发生数、死亡人数大幅下降。坚持和发展新时代"枫桥经验"，县级社会矛盾纠纷调处化解中心有效运行，镇乡（街道）群众诉求规范办理制度全面推行，"信访四无村"启动创建，"大徐经验""平安港区"做法得到省市高度肯定。加强社会治安综合治理，开展"智安小区"试点建设，严厉打击黄赌毒等违法犯罪行为。全面开展矛盾纠纷大排摸工作，集中化解一批信访积案，圆满完成重大安保维稳任务。以庆祝新中国成立70周年为主线，持续抓好举旗帜兴文化增福祉各项工作。精心组织开展庆祝新中国成立70周年系列活动，激发全县人民爱党爱国热情。践行社会主义核心价值观，持续打响"善行象山"品牌，举办首届象山县道德模范评选表彰活动。提升农村文化礼堂"建管用育"水平，举办新时代文明实践礼堂行活动，入选全国建设新时代文明实践中心试点县。传承和发展海洋文化，成功举办中国农民丰收节暨第二十二届中国开渔节、第十五届中国海洋论坛等活动，入选首批国家级文化生态保护区名单。坚持教育优先发展，召开全县教育大会，部署推进省教育现代化县创建工作。持续深化综合医改，健全医疗健康保障体系，县域医共体建设走在省市前列。加强就业和社会保障工作，"乐业象山"行动深入开展，省"无欠薪县"成功创建，全民参保稳步实施。全国殡葬综合改革试点集成推进，档案、慈善、残联、红十字等事业发展水平提高。

2019年度会议

【2018年度全县基层党建和人才工作述职评议会】 1月17日，2018年度全县基层党建和人才工作述职评议会召开。县委书记叶剑鸣在会上作重要讲话。市委组织部副部长马苗金到会指导。县领导孙小雄、陈兴立、陈爱武、奚海峰等出席会议。县委常委、组织部部长范焕平主持会议。各镇乡党委（街道党工委）及县委直属机关工委、县教育局党委、县卫生健康局党委、县国资局党委主要负责人述职。

【全县扫黑除恶专项斗争推进会】 1月30日，扫黑除恶专项斗争推进会召开。县委书记叶剑鸣在会上作重要讲话。县委副书记、政法委书记孙小雄作工作部署。县领导罗来兴、范焕平、奚海峰、陈善方、宣业靖及县人民检察院检察长袁学宏出席会议。县纪委、县委组织部、县公安局在会上作表态发言。

【县纪委十四届五次全会】 2月1日，县纪委十四届五次全会召开。县委书记叶剑鸣在会上作重要讲话。黄焕利、金红旗、俞骏、孙小雄和其他县委常委出席会议。县委常委、纪委书记陈善方作工作报告。

【全县领导干部暨"四个年"活动动员大会】 2月27日，县领导干部暨"四个年"活动动员大会召开。县委书记叶剑鸣在会上作重要讲话。县委副书记、县长黄焕利主持会议。县委副书记、政法委书记孙小雄宣读表彰文件。"四个年"活动牵头部门县发改局、县委改革办、县财政局、县委组织部作表态发言。县四套班子领导，县法检两长，其他现职副县级领导；全县县管领导班子成员，县委巡察组组长，县委综合指导组组长，"四好"先进集体和先进个人代表参加会议。

【全县平安建设暨政法信访工作会议】 3月1日，县平安建设暨政法信访工作会议召开。县委书记叶剑鸣在会上作重要讲话。县委副书记、政法委书记孙小雄作工作报告。县委常委、常务副县长陈兴立主持会议。县领导奚海峰、胡建萍、宣业靖、莫俶茜及县人民法院院长陈海虹出席会议。

【全县医共体建设动员大会】 3月1日，县医共体建设动员大会召开。县委书记叶剑鸣在会上作重要讲话。县委常委、常务副县长陈兴立主持会议。副县长钮晶莹作工作部署。县领导罗来兴、奚海峰、胡建萍、励茂平等出席会议。县卫生健康局、县医疗保障局、县第一人民医院医疗健康集团作表态发言。

【全县"千名干部访渔（农）家、一线蹲点三服务"活动动员大会】 3月6日，县"千名干部访渔（农）家、一线蹲点三服务"活动动员大会召开。县委书记叶剑鸣在会上作重要讲话。县委副书记、县长黄焕利主持会议。金红旗、俞骏、孙小雄等县四套班子领导出席会议。

【全县镇乡党委(街道党工委)书记"赛马会"暨"千名干部访渔(农)家、一线蹲点三服务"活动推进会】 3月22日,全县镇乡党委(街道党工委)书记"赛马会"暨"千名干部访渔(农)家、一线蹲点三服务"活动推进会召开。县委书记叶剑鸣在会上作重要讲话。县委副书记、政法委书记孙小雄主持会议。县领导范焕平、干维岳、奚海峰等出席会议。石浦镇、鹤浦镇、高塘岛乡、爵溪街道、贤庠镇、定塘镇、涂茨镇、东陈乡,石浦镇、鹤浦镇、高塘岛乡3个强基指导组,"三服务"领导小组办公室督查组分别作汇报发言。

【县委农村工作会议】 4月17日,县委农村工作会议召开。县委书记叶剑鸣在会上作重要讲话。县委副书记、县长黄焕利主持会议。金红旗、俞骏、孙小雄等县四套班子领导出席会议。茅洋乡、涂茨镇旭拱岙村、大旸农业公司、望乡旅游公司、县农业农村局在会上作交流发言。

【全县渔业领域"一打三整治"暨深化"平安守护"专项行动工作会议】 4月18日,全县渔业领域"一打三整治"暨深化"平安守护"专项行动工作会议召开。县委书记叶剑鸣在会上作重要讲话。县委副书记、政法委书记孙小雄主持会议。县委常委、县政府党组成员干维岳通报省有关部门对象山县渔业安全生产工作的约谈和检查反馈情况,并部署"一打三整治"和深化"平安守护"专项行动工作。县领导陈柳松、宣业靖、叶富兴等出席会议。

【县委全面深化改革委员会第一次全体(扩大)会议】 4月22日,县委全面深化改革委员会第一次全体(扩大)会议召开。县委书记叶剑鸣主持会议并讲话。县委全面深化改革委员会成员,有关县领导;县级各部门及各镇乡、街道主要负责人参加会议。

【全县一季度经济形势分析会暨重大项目工作例会】 4月28日,县一季度经济形势分析会暨重大项目工作例会召开。县委书记叶剑鸣在会上作重要讲话。县委副书记、县长黄焕利作工作部署。金红旗、俞骏、孙小雄等县四套班子领导出席会议。县发改局、县统计局、象山经济开发区、县经信局、县招商局、县财政局及石浦镇、西周镇作交流发言,并根据"双随机一通报"制度安排,随机抽取县旅游发展中心、丹西街道两个单位进行发言。

【全县庆祝"五一"国际劳动节暨先进表彰大会】 4月29日,县庆祝五一国际劳动节暨先进表彰大会召开。县委书记叶剑鸣在会上作重要讲话。县委副书记、政法委书记孙小雄主持会议。县人大常委会副主任、总工会主席伊珍林宣读表彰文件。县领导石坚定、莫俶茜等出席会议。李永军、徐阳、吴喜海3位先进代表作事迹报告。

【全县创建全国文明城市工作推进会暨打造"最清洁县"三年行动动员大会】 5月16日,全县创建全国文明城市工作推进会暨打造"最清洁县"三年行动动员大会召开。县委书记叶剑鸣在会上作重要讲话。县委副书记、县长黄焕利通报2018年度省文明办对象山县全国文明城市创建测评情况,部署下一步工作任务。金红旗、俞骏等县四套班子领导出席会议。

【全县"保平安、迎大庆"平安象山建设专项行动工作推进会】 5月24日,县"保平安、迎大庆"平安象山建设专项行动工作推进会召开。县委书记叶剑鸣在会上作重要讲话。县委副书记、县长黄焕利主持会议。县委副书记、政法委书记孙小雄解读《2019年度"保平安、迎大庆"平安象山建设专项行动实施方案》《"平安象山"创建工作考评办法》,并部署平安象山建设工作。陈兴立、奚海峰、范建富、陈海虹、袁学宏等出席会议。

【县委巡察工作推进会暨全县警示教育大会】 5月28日,县委巡察工作推进会暨全县警示教育大会召开。县委书记叶剑鸣在会上作重要讲话。县委副书记、县长黄焕利主持会议。金红旗、俞骏、孙小雄等县四套班子领导出席会议。县委常委、组织部部长范焕平部署县委第十轮巡察工作。涂茨镇、县水务集团、县委第二巡察组在会上作表态发言。

【全县教育大会】 6月24日,县委全县教育大会召开。县委书记叶剑鸣在会上作重要讲话。县委副书记、县长黄焕利主持会议。金红旗、俞骏、孙小雄等县四套班子领导出席会议。县教育局、西周镇、象山中学、宁波建设工程学校主要负责人和丹城中学、高塘学校优秀教师代表在会上作交流发言。

【贯彻落实全国加强乡村治理体系建设工作会议精神暨做深做实"村民说事"工作会议】 7月4日,县贯彻落实全国加强乡村治理体系建设工作会议精神暨做深做实"村民说事"工作会议召开。县委书记叶剑鸣在会上作重要讲话。县委副书记、县长黄焕利主持会议,金红旗、俞骏、孙小雄等县四套班子领导出席会议。

【全县"千名干部访渔(农)家、一线蹲点三服务"活动暨涉海涉渔领域"平安守护"专项行动推进会】 7月15日,全县"千名干部访渔(农)家、一线蹲点三服务"活动暨涉海涉渔领域"平安守护"专项行动推进会召开。县委书记叶剑鸣在会上作重要讲话。县委副书记、政法委书记孙小雄主持会议。县委常委、县政府党组成员干维岳通报前期全县渔业安全生产工作情况,并部署下阶段工作。县领导奚海峰、范建富等出席会议。

【中共象山县委十四届六次全体(扩大)会议】 7月23日,中共象山县委十四届六次全体(扩大)会议召开。县委常委会主持会议。县委书记叶剑鸣代表县委常委会作报告,并在全会结束时讲话。县委委员、候补委员,县纪委委员,县人大、县政府、县政协领导班子成员,县级各部门、各镇乡(街道)党政主要负责人,县委巡察组组长,担任过副县级以上领导职务的离退休党员老同志，部分县党代表参加会议。

【全县"作风建设"书记赛马会暨乡村治理深化提升推进会】 7月25日，全县"作风建设"书记赛马会暨乡村治理深化提升推进会召开。县委书记叶剑鸣在会上作重要讲话。金红旗、俞骏等县领导出席会议。县委副书记、政法委书记孙小雄主持会议。大徐镇、丹西街道、东陈乡、泗洲头镇、县农业农村局、县政务办作交流发言。会议随机抽取丹东街道、定塘镇、财政局、司法局作相关工作汇报。

【全县"平安护航新中国成立70周年"维稳安保动员部署会】 8月29日，全县"平安护航新中国成立70周年"维稳安保动员部署会召开。县委书记叶剑鸣在会上作重要讲话。县委副书记、县长黄焕利主持会议。县委副书记、政法委书记孙小雄部署工作。县公安局、县住建局、县水利和渔业局、丹东街道、石浦镇、涂茨镇在会上作表态发言。

【全县"不忘初心、牢记使命"主题教育工作会议】 9月12日，全县"不忘初心、牢记使命"主题教育工作会议召开。县委书记叶剑鸣在会上作重要讲话。市委第五巡回指导组副组长周永全代表巡回指导组讲话，县领导黄焕利、金红旗、俞骏、孙小雄等出席会议。

【全县生活垃圾分类工作推进会】 县生活垃圾分类工作推进会召开。县委书记叶剑鸣在会上作重要讲话。县委副书记、县长黄焕利主持会议。金红旗、俞骏、孙小雄等县四套班子领导出席会议。会议邀请市政府副秘书长、市综合行政执法局局长郑一平，为与会人员作生活垃圾分类工作专题辅导。县综合行政执法局、石浦镇、丹东街道塔山社区、涂茨镇旭拱岙村在会上作交流发言。

【县委读书会暨宁波海洋经济发展示范区主体区建设推进会】 10月8日，县委读书会暨宁波海洋经济发展示范区主体区建设推进会召开。县委书记叶剑鸣在会上作重要讲话。县委副书记、县长黄焕利作《象山海洋绿色发展模式研究》专题发言。金红旗、俞骏、孙小雄、张学军、罗来兴、陈兴立、干维岳、石坚定、钮晶莹等围绕调研课题作交流发言。县科技局、县经济开发区管委会、县自然资源和规划局作表态发言。

【全县安全生产整治百日大会战工作会议】 10月12日，全县安全生产整治百日大会战工作会议召开。县委书记叶剑鸣在会上作重要讲话。县四套班子领导，县人民法院院长、县人民检察院检察长，其他现职副县级领导干部；县级有关部门主要负责人、分管负责人；各镇乡党委（街道党工委）书记、镇乡长（街道办事处主任）、分管副书记及分管工业副镇乡长（街道办事处副主任）出席会议。

【前三季度经济形势分析会】 10月24日，全县前三季度经济形势分析会召开。县委书记叶剑鸣在会上作重要讲话。县委副书记、县长黄焕利作工作部署。金红旗、俞骏、孙小雄等县四套班子领导出席会议。有关县领导作交流发言，县经济开发区、县发改局、县经信局、县招商中心、县财政局、县统计局及丹西街道、贤庠镇、涂茨镇、黄避岙乡作交流发言，西周镇、县自然资源和规划局被随机抽查发言。

【迎接第二轮中央生态环境保护督察工作动员部署会】 11月7日，迎接第二轮中央生态环境保护督察工作动员部署会召开。县委书记叶剑鸣在会上作重要讲话。县委常委、常务副县长陈兴立主持会议。副县长石坚定部署工作。县领导奚海峰、陈柳松、周平飞、吴志辉等出席会议。市生态环境局象山分局、县水利和渔业局、县自然资源和规划局、石浦镇在会上作表态发言。

【全县"无信访积案县"创建暨平安法治建设工作推进会】 11月20日，全县"无信访积案县"创建暨平安法治建设工作推进会召开。县委书记叶剑鸣在会上作重要讲话。县级有关领导、县级有关部门主要负责人、各镇乡党委（街道党工委）书记出席会议。

【县委人大工作会议】 11月29日，县委人大工作会议召开。县委书记叶剑鸣在会上作重要讲话。县委副书记、县长黄焕利主持会议。金红旗、俞骏、孙小雄等县四套班子领导出席会议。石浦镇党委、大徐镇党委、鹤浦镇人大、定塘镇人大在会上作交流发言。

【县委政协工作会议】 12月6日，县委政协工作会议召开。县委书记叶剑鸣在会上作重要讲话。县委副书记、县长黄焕利主持会议。县政协主席俞骏传达中央和省委、市委政协工作会议精神。石浦镇党委、鹤浦镇党委、县住建局、无党派界别组、丹东街道联委会在会上作交流发言。

【全县安全生产工作会议】 12月7日，县安全生产工作会议召开。县委书记叶剑鸣在会上作重要讲话。县委常委、常务副县长陈兴立主持会议。县领导石坚定、张微燕、吴志辉出席会议。县安全生产整治领导小组办公室、县水利和渔业局围绕全县安全生产和消防安全百日集中整治工作，以及渔业安全生产开展情况和下步工作计划作简要汇报。与会各部门及18个镇乡（街道）主要负责人就相关工作作交流发言。

【全县对接融入长三角一体化发展推进会】 12月11日，全县对接融入长三角一体化发展推进会召开。县委书记叶剑鸣在会上作重要讲话。县委副书记、代县长包朝阳主持会议。金红旗、俞骏、孙小雄等县四套班子领导出席会议。县经信局、县科技局、县卫生健康局、县旅游发展中心、县长三角（上海）合作联络中心在会上作交流发言。

【中共象山县委十四届七次全体（扩大）会议】 12月27日，中共象山县委十四届七次全体(扩大)会议召开。县委常委会主持会议。县委书记叶剑鸣代表县委常委会作报告,并在全会结束时讲话。县委副书记、代县长包朝阳出席会议。县委委员、候补委员,县纪委委员,县人大、县政府、县政协领导班子成员,担任过副县级以上领导职务的离退休党员老同志,各镇乡(街道)、县级各部门党政主要负责人,县委巡查组组长以及部分县第十四次党代会代表等参加会议。

【县"千名干部访渔(农)家、一线蹲点三服务"活动出征仪式】 3月9日上午,全县"千名干部访渔(农)家,一线蹲点三服务"活动出征仪式在县体育馆举行。县委书记叶剑鸣作动员讲话。县委副书记、县长黄焕利主持出征仪式。出征仪式上,县委副书记、政法委书记孙小雄向县联合执法大队及石浦镇、鹤浦镇、高塘岛乡执法中队授旗。县委常委、石浦镇党委书记奚海峰和县派驻村工作组代表作表态发言。

【县科创中心开园仪式】 4月23日上午,县科创中心正式开园。县委书记叶剑鸣出席并宣布开园。县委副书记、县长黄焕利致辞。县领导金红旗、俞骏、范焕平、陈爱武、奚海峰,以及市科技局、西安科技大市场、中国电子科技集团电子科学研究院相关负责人出席。副县长石坚定主持开园仪式。象山科创中心集科技孵化、创业加速和公共研发于一体,建筑面积2.5万平方米,现已入驻企业、创客65家,委托宁波7号梦工厂运营管理,致力于打造国家级众创空间。开园仪式上,领导嘉宾为西安科技大市场战略合作中心进行揭牌。入驻企业代表宁波拓寻科技有限公司作交流发言。

【首届"最美退役军人"发布仪式】 8月2日下午,县首届"最美退役军人"发布仪式在县科创中心举行。14名(个)个人和团队获得象山县首届"最美退役军人"称号。县委书记叶剑鸣出席并讲话,县委副书记、县长黄焕利宣读象山县"最美退役军人"名单。92815部队副政委王光,县领导干维岳、奚海峰、柳建根、范建富,及驻象部队官兵代表、有关部门和各镇乡(街道)负责人、退役军人代表等出席发布仪式。仪式上,冯国民、叶顺武、朱中华、李武杰、吴爱文、沈蒙祥、周松崎、陈绍雷、金建华、俞雪鹏、洪福土、鲍英钱及涂茨镇中堡村民兵连、新桥镇退役军人志愿服务队荣膺象山县"最美退役军人"称号并受表彰。县领导为参加过中华人民共和国成立前重要战役的退役军人,以及宁波市"最美退役军人"陈晗献上鲜花,与受表彰人员一一握手表达敬意和感谢。

仪式结束后,县领导和受表彰退役军人合影留念。

【举办第十五届中国海洋论坛】 9月16日上午,由中国太平洋学会、宁波市人民政府主办,象山县人民政府承办的第十五届中国海洋论坛举行。中国太平洋学会常务副会长、自然资源部海洋出版社党委书记丁磊出席并宣布开幕。中国工程院院士潘德炉,中国太平洋学会副会长、中国自然资源报社总编辑赵晓涛,上海海洋大学副校长李家乐,市政府副秘书长宣柏林;县四套班子领导黄焕利、孙小雄等出席。中国太平洋学会副会长兼秘书长李正楼主持开幕式。本届论坛聚焦"创新海洋蓝色经济绿色发展模式,推进海洋经济高质量发展",分设1个主论坛和3个分论坛,分论坛分别为动漫产业与文旅融合高峰论坛、善行象山主题论坛、渔村振兴与海丝文化研究论坛。这些论坛从不同角度、多个层面深入探讨实施蓝色经济绿色发展的现实路径,为推动象山乃至全国渔区转型发展厘清思路、明确方向,为发展海洋经济、促进地方社会发展提出解决方案。开幕式上,象山县人民政府与上海海洋大学举行战略合作签约;象山县供销合作联社与浙江顺联网络科技有限公司,宁波象山星慧北斗信息科技有限公司与成都国星通信有限公司,分别就农产品销售和海上生命终端救生系统项目完成合作签约。同时,宁波市"三位一体"数字化工程建设暨象山试点宣布启动,浙江日报新闻发展有限公司授予象山县"县域新特色文化(消费)培育中心"牌匾。

【首届县道德模范颁奖典礼】 9月26日上午,第一届象山县道德模范颁奖典礼,在县文化活动中心举行。县领导叶剑鸣、金红旗、俞骏、胡建萍、钮晶莹、欧亚群、励茂平出席活动。象山县道德模范是全县道德领域授予市民的最高荣誉称号。第一届象山县道德模范评选表彰活动一经推出,在全县各地引起极大的反响。活动组委会从72名来自全县各行各业的候选人当中,遴选出象山县第一届道德模范及提名奖获得者。评选出的道德模范事迹突出感人、群众口碑好,具有很强的典型性、先进性、示范性。颁奖典礼上揭晓的5名县道德模范分别是:县公共交通有限公司党支部副书记、副总经理陈晗,贤庠镇西山下村村民康兰香,爵溪街道爵溪农村村民郑昌根,县公安局交警大队副大队长秤卫东,县抗癌康复协会会长陈绍雷。此外,获得道德模范提名奖的有:县培智学校校长吴素芬,县邮政局投发公司员工方忠飞,象山养生堂药品公司员工潘凤燕,浙江东游纪商贸有限公司员工曾延坤,泗洲头镇泗联村村民黄菊梅,上海全景医学影像诊断中心科主任、象山籍新乡贤石华铮。颁奖典礼通过事迹短片、现场访谈、话剧表演等形式,生动展现第一届象山县道德模范的感人事迹、优秀品质,引起现场人员的强烈共鸣。现场,第一届县道德模范及提名奖获得者、部分行业代表、劳动模范等共同发出善行象山倡议书。近年来,象山县高度重视公民思想道德建设,弘扬社会主义核心价值观,推进善行象山建设,道德典型层出不穷。自2013年启动"善行象山"主题实践活动以来,全县拥有象山籍全国道德模范2人,全国道德模范提名奖获得者2人,省级道德模范2人,市级道德模范4人,市级道德模范提名获得者5人,中国好人8人,浙江好人22人,宁波好人73人。连续6届开展"最美象山人"评选活动,表彰"最美象山人"64人,"最美象山人"提名28人。

【象商投资项目签约仪式】 10月16日，第二届世界“宁波帮·帮宁波”发展大会象商投资项目签约仪式举行。中国工程院院士、浙江工业大学教授郑裕国，县领导黄焕利、金红旗、俞骏、陈爱武、石坚定、励茂平，市委统战部副部长、甬商总会秘书长卢文祥参加活动。近年来，随着“工业旅游双突破、改革创新双驱动”战略的坚定实施，全县经济社会发展取得长足进步。2018年实现地区生产总值531.7亿元，财政总收入71.3亿元。全年新引进总投资亿元以上项目41个，新开工总投资亿元以上项目36个，中化国际膜产业基地、中国机械科学研究总院南方中心、国电海上风电、电科院创新分中心等一批重大项目和平台纷纷落户。随着区位条件越来越优，城市品质越来越高，象山这片投资热土越来越吸引海内外客商的目光。该次项目签约仪式共计签约项目22个，计划投资总额35.39亿元，主要涉及高端智能制造、新型环保材料和精品旅游。其中，内资项目19个，投资总额29.84亿元；外资项目3个，投资总额7800万美元。当天还举行以《有风景的地方兴起新经济》为题的讲座，围绕象山县如何对接长三角一体化发展、发挥独特山海资源优势、加快融入大都市圈等问题展开论述和讨论。

【中化国际年产22万支反渗透膜项目开工仪式】 10月19日上午，中化国际年产22万支反渗透膜项目开工仪式举行。市委常委、常务副市长陈仲朝宣布开工。中化集团化工事业部党委书记、总裁刘红生，县委书记叶剑鸣分别致辞。中化集团化工事业部党委副书记、副总裁李超，县领导俞骏、黄敏求、吴志辉等出席。副县长石坚定主持开工仪式。中化集团是国务院国资委监管的国有重要骨干企业，2019年名列世界500强企业第88位，设有能源、化工、农业、地产和金融五大事业部。中化国际作为中化集团化工业务的主平台，以打造创新型精细化工企业为战略目标，一直引领着中国化工行业的创新发展。2018年11月，中化国际膜产业生产基地和膜研发创新中心项目落户象山经济开发区，项目计划投资35亿元。该次开工的一期项目计划投资9.7亿元，用地面积123亩，建设年产720万平方米反渗透膜生产线，采用全球最快的膜片生产及卷制技术，达到年产22万支8英寸反渗透膜的生产能力。产品系列涵盖苦咸水膜、抗污染膜、超高压膜、低压膜及海淡膜等类别，满足工业超纯水、工业污水及饮用水处理等领域的需求。项目计划于2020年年底建成投产，投产后将打破外国企业在中国高端膜产品市场上的垄断格局，提高中国企业在全球反渗透膜材料领域的核心竞争力。

【县首期电视问政活动】 11月4日下午，由县“六争攻坚、三年攀高”抓落实专项行动领导小组办公室和象山县传媒中心共同举办的《聚焦民生　问政问效》首期电视问政节目录制完成。叶剑鸣、黄焕利、金红旗、俞骏、孙小雄等县四套班子领导与点评嘉宾、观察员、观众一起，全程参与节目录制。组织开展《聚焦民生　问政问效》电视问政活动是象山县推进“六争攻坚、三年攀高”行动的重要载体。首期节目围绕“城市精细化管理”这一主题，发现和曝光一批在城市管理中遇到的突出问题，倒逼相关部门及时回应、抓紧整改，推动问题解决落实。针对电视问政节目中所涉及的问题，县委、县政府督查室将跟踪督办，县级媒体也将持续跟踪报道。首期节目于11月6日19:30在象山电视台新闻综合频道播出，中国象山港网站、中国象山客户端和中国象山港微信公众号同步推送。下一步，象山县将聚焦更多领域的民生问题，继续推进电视问政工作。

【第11届中韩先进制造技术研讨会暨机械科学研究总院南方中心揭牌仪式】 11月14日，第11届中韩先进制造技术研讨会暨机械科学研究总院南方中心揭牌仪式在象山县举行。机械科学研究总院集团副总经理单忠德，韩国生产技术研究院副院长李尚穆，副市长陈炳荣，县领导叶剑鸣、黄焕利、金红旗、俞骏、石坚定及机械科学研究总院南方中心执行主任龙伟民等，出席揭牌仪式或参加相关活动。市政府副秘书长胡望荣主持。与会领导共同见证“利用3D打印技术制备SCR催化剂用于废弃减排”等5个中韩共研项目现场签约，以及中韩共建轻量化材料成形技术与模拟仿真实验室的揭牌。单忠德、李尚穆及南方中心首席信息官卫亚莉、韩国生产技术研究院首席研究员赵寅成分别作《数字化成形制造技术与机械装备》《走向智能制造》《机械智能化芯片设计赋能智能制造》《智能工厂在韩国铸造业中的应用》的主题演讲。会前，叶剑鸣还会见单忠德一行，就共同推进机械科学研究总院南方中心建设进行深入交流。机械科学研究总院成立于1956年，是中央企业中唯一从事装备制造业基础共性技术研究为主业的单位。自成立以来，始终以提升中国装备制造水平为己任，发展成为中国装备制造创新发展的中坚力量。2018年9月，机械科学研究总院与宁波市人民政府签约合作的南方中心项目落户象山，2019年5月，中机智能装备创新研究院（宁波）有限公司注册成立，标志着双方合作进入实质性运作阶段。下步，南方中心将瞄准高端装备制造领域的前沿方向，研发一批先进制造技术与装备成果，培养一批高层次创新创业人才，打造先进制造产业技术创新基地、产业孵化基地，助力区域装备制造业转型升级和新兴产业战略布局。

【县“重大项目突破年”活动集中开工仪式】 2月20日上午，全县“重大项目突破年”活动集中开工仪式举行，拉开全县“重大项目突破年”活动的序幕。县委书记叶剑鸣宣布开工。县委副书记、县长黄焕利作动员讲话。县委副书记、政法委书记孙小雄主持开工仪式。县委常委、常务副县长陈兴立介绍项目情况。该次集中开工的20个项目，包含产业项目10个、民生和基础设施项目10个，总投资78亿元，年度计划投资13亿元。分别是宁波华翔高端金属汽配生产项目、宁波鸿创陶粒加气砌块新建项目、浙江海洋运动中心配套道路一期工程、象山县针织小镇一期国际交易中心改造工程、滨海水厂二期扩建工程、东陈流域南堡河段治理工程、山水人家三期工程、丹山路(天安路至新丰路)道路工程、象山现代物流园区公共服务中心二期工程、象山申达年产300万件汽车零部件建设项目、会源路(巨鹰路至规划支路)道路工程、东谷路(象山河路至丹山路)道路工程、东方仙子田园综合体项目、宁波众辰机械设备生产项目、中化膜产业生产基地和膜研究创新中心项目、宁波文墨服装生产项目、海伦钢琴外壳生产项目、东陈红星美凯龙项目、象山民俗文化村项目、宝海路(新一路至来薰路)道路工程,涵盖产业发展、城市功能、乡村旅游、基础配套等多个领域。县经济开发区管委会和宁波华翔电子股份有限公司负责人作表态发言。18个镇乡(街道)向县委县政府报告有效投资情况。县四套班子领导,县法检两长,其他副县级领导;各镇乡(街道)和县级有关部门负责人;集中开工的项目建设单位、施工单位、监理单位有关代表参加开工仪式。

(县委办)

表3　　**2019年中共象山县委重要文件一览表**

发 文 号	发文日期	文 件 标 题
县委发〔2019〕1号	4月18日	县委印发《关于开展"温故知新、知行合一"学习实践活动的实施方案》的通知
县委发〔2019〕2号	4月30日	县委县政府关于印发《2019年度县委、县政府重点工作责任分解》的通知
县委发〔2019〕3号	2月11日	县委县政府关于表彰2018年度全县"好班子、好班长、好团队、好干部"的通报
县委发〔2019〕4号	2月19日	县委县政府县人武部关于2018年度武装工作综合考评情况的通报
县委发〔2019〕5号	4月16日	县委县政府关于表扬在2018年度乡村振兴工作中做出突出贡献的集体和个人的通报
县委发〔2019〕17号	5月17日	县委县政府关于表扬2018年度全县工业·科技暨开放型经济工作先进单位和个人的通报
县委发〔2019〕18号	5月17日	县委县政府关于2018年度全县目标管理考核先进单位的通报
县委发〔2019〕19号	5月17日	县委县政府关于2019年度县级部门目标管理考核的实施意见
县委发〔2019〕20号	5月17日	县委县政府关于2019年度镇乡(街道)目标管理考核的实施意见
县委发〔2019〕21号	5月28日	县委县政府关于庆祝中华人民共和国成立70周年系列活动通知
县委发〔2019〕22号	6月3日	县委县政府关于全面深化新时代教师队伍建设改革的实施意见
县委发〔2019〕23号	6月25日	县委关于表彰县先进基层党组织、优秀共产党员、优秀党务工作者的决定
县委发〔2019〕24号	7月10日	县委关于调整县委常委分工的通知
县委发〔2019〕25号	7月16日	县委县政府关于印发《象山县贯彻落实省环境保护督察反馈意见整改实施方案》的通知
县委发〔2019〕26号	7月30日	县委关于坚决打赢防范化解重大风险攻坚战的实施意见
县委发〔2019〕27号	7月26日	县委关于成立县委"不忘初心、牢记使命"主题教育领导小组的通知
县委发〔2019〕28号	8月29日	县委关于印发《重大事项请示报告清单》的通知
县委发〔2019〕30号	9月12日	县委关于开展"不忘初心、牢记使命"主题教育的实施意见
县委发〔2019〕31号	8月30日	县委县政府关于印发《象山县关于促进低收入农户高水平小康的实施意见》的通知
县委发〔2019〕32号	10月11日	县委县政府关于印发《全县组织开展危险化学品使用单位及小企业小加工作坊安全生产和消防安全整治百日大会战工作方案》的通知
县委发〔2019〕33号	11月1日	县委关于建立县人民政府向县人大常委会报告国有资产管理情况制度的意见
县委发〔2019〕36号	11月27日	县委关于高质量高水平推进新时代人大工作和建设的意见
县委发〔2019〕37号	12月5日	县委关于新时代加强和改进人民政协工作的实施意见
县委发〔2019〕39号	12月11日	县委县政府关于印发《象山县对接融入长三角区域一体化发展实施方案》的通知
县委发〔2019〕40号	12月25日	县委关于构建亲清政商关系的实施意见
县委发〔2019〕41号	12月31日	县委关于高水平推进县域治理现代化的决定

组织工作

【概况】 2019年以来，组织部门坚持以新时代党的建设为统领，践行新时代党的组织路线，扎实开展“不忘初心、牢记使命”主题教育，围绕县委“六争攻坚”“四个年”等活动，打好三大攻坚战，服务保障乡村治理全国现场会，全面开展基层党组织标准化规范化建设，持续深化“村民说事”基层治理体系，继续补齐高层次人才短板，在服务大局、履职尽责中体现政治属性和铁军风范，为宁波现代化滨海城区建设提供坚强的组织保证。全县领导班子和领导干部队伍：县委设11个常委，41个委员，9个候补委员。全县现职县管领导干部785名，其中女性领导干部136名，女性正局级22名；非中共党员领导干部26名；18个镇乡（街道）领导干部287名，县级部门领导干部498名。基层组织建设：下设9个派出党工委，91个基层党委，60个党组，119个党总支，1779个党支部；全县490个行政村在县委统一领导下，建立党组织575个。全县共有党员35065名，其中女党员8975名，占25.6%；35岁以下党员7280名，占20.8%；61岁以上党员11012名，占31.4%；大专以上学历党员14705名，占41.9%；全年发展新党员650名，其中大专以上文化占64%，女党员占34.2%，35岁以下占52%。人才队伍建设：2019年新增各类人才1.2万人，其中硕士及以上学历的211名，新接收高校毕业生3344人，新增高技能人才4896人。人才总量达到13.95万余人，较2018年增长10.8%，其中各类专业技术人员49315人，高级职称3241人，占6.57%；中级职称15014人，占30.4%。列入市级以上各类人才计划27人。创建市级及以上院士工作站5个、博士后工作站8个。

【开展“不忘初心、牢记使命”主题教育】 紧扣“守初心、担使命，找差距、抓落实”十二字总要求和五方面具体目标，坚持高标准严要求，组织全县18个镇乡（街道）和79个县直单位，共涉及党员市管干部29人、县管干部936人，党员34003人、基层党支部1725个参加第二批“不忘初心、牢记使命”主题教育。全县党员干部主动对标对表目标任务，扎实推进“周一夜学”“初心之旅”等制度化常态化学习教育机制，推广“百名局长谈初心”“千名支书讲党课”“党员讲给党员听”等载体，组织开展深化“三服务”“包乡走村”“一线访民情解民忧惠民生”等系列活动，创新设立“书记赛马会”“双随机一通报”等抓落实机制，推进主题教育“8+1”专项整治和市委四类重点问题集中整治，确保全程全覆盖高质量抓好主题教育各项工作，做到谋实事、出实招、做实功、求实效。主题教育期间，全县97家单位累计开展“周一夜学”等集中学习达2716次，集中学习研讨392次，1725个党支部开展集中学习11218次，组织“初心之旅”1800余次，参与党员群众超过10万人次；全县党员领导干部累计走访一线5860余次，其中走访企业1600余家，各地各单位开展领题调研2864次，破解难题1217件，办理群众诉求6.6万余件，满意率达98.2%，省、市信访积案全部化解；全县各地各单位召开对照党章党规找差距专题会议97场次，召开专题民主生活会97场次，专题组织生活会1725场次，领导班子及成员共查摆出问题6665个，各党支部及党员查摆出问题近5.4万余个，主题教育“8+1”专项整治基本完成，市委四类重点问题整治转入常态化推进。主题教育工作成果获得省委第二巡回指导组和市委第五巡回指导组肯定，县委叶剑鸣书记就开展主题教育、深化三服务工作在全省县（市、区）委书记工作交流会上作发言，会上得到省委车俊书记两次表扬肯定。“周一夜学”“包乡走村”“海上红帆”“工地送学”等相关经验做法在省、市级简报专报刊发录用16期，获光明日报、中国组织人事报、学习强国、浙江日报、宁波日报等市级以上主流媒体报道55次。

【加强干部队伍建设】 结合机构改革工作，贯彻落实新修订的《干部任用条例》以及相关党内法规、制度文件要求，开展全县领导班子政治建设和领导干部政治素质专项调研，坚持实干实绩导向，全面识准干部政治表现，为选人用人提供决策依据。着眼近期工作需求和长远战略需要，既重数量、也重质量，双管齐下推进干部队伍源头建设，培养选拔具备一定数量规模、适合象山发展需要的优秀年轻干部队伍，锻造高素质专业化的领导班子和干部队伍。聚焦县委中心大局，推动组织资源优先向攻坚一线倾斜，组织导向迅速向干部队伍传递，组织力量集中向基层一线下沉，引导干部投身省委“三服务”、市委“六争攻坚”活动和县委三大攻坚战。全年以来，开展4轮专题调研，共调整干部294人次，其中70名“六争攻坚”中表现突出的干部得到提拔重用，占提任总数的84.34%，免职推动中心工作不力等县管干部4人次。招录“985”“211”“双一流”等学校高层次人才、党政储备人才34人，提拔35周岁以下年轻干部18人。下派1500余名干部蹲点服务保障渔业安全生产专项整治、109项目、棚改四期清零等县委重点部署任务，为县域经济社会发展提供坚强的组织保障。全县首个百亿项目开工建设，固定资产投资增速居全市前列，涉海涉渔领域安全生产、“109”项目、四期棚改“清零”等一批重点难点工作得到突破，推动经济社会更加健康发展。在区县（市）范围内率先召开动员大会，37家单位完成挂牌工作及人员转隶、“三定”方案制定等工作。

【实施“作风建设深化年”活动】 牵头开展“作风建设深化年”活动，建强“实绩比拼”平台，全面推行以随机汇报、随机抽查和通报反馈为主要内容的“双随机一通报”制度和乡镇部门书记“赛马会”制度，让表现优秀的干部增光添彩。抓好干部管理“关键小事”，制定完善干部考勤制度等基础性制度文件，落实“十抓十促”具体措施，从上下班纪律、请销假制度、考核奖扣发等基本工作制度严起，从关爱帮扶、人文关怀、教育培训、轮岗锻炼、职业规划等激励手段抓起，推动党员干部实干肯干。落实“加油鼓劲”措施，用好“1+X”正向激励政策，组织开展“四好”评选表彰、先进事迹展览，建立完善干部心理健康援助、容错纠错等体系机制，营造比学赶超、争创一流、放手拼搏的良好氛围。2019年以来，组织乡镇部门书记“赛马会”3次，随机汇报307次1240人次，完成随机抽查307次，通报反馈结果251次，约谈整改36人次，“双随机一通报”工作得到市委郑栅洁书记的批示肯定；日常考勤实现指纹考勤、刷脸考勤全覆盖，定期开展干部日常管理监督工作大检查，共发现82家单位、342条次问题，检查结果以专报形式向县委主要领导进行汇报，其中，21名未经审批因私出国(境)干部被移交纪检部门处理；广泛宣传全国“人民满意的公务员”及省级担当作为好干部陈淑芳的初心故事，开展“初心耀半岛”活动，在《今日象山》专栏先后报道身边优秀党员的初心故事20余篇；成立干部心理健康援助服务中心，13名资深专家教师和专业心理辅导教师组成的专业服务团队累计服务干部800余人次；制定“最多跑一次”改革、重大项目、投融资体制改革3个容错免责清单，为先行先试、敢于创新的干部解除后顾之忧。

【**提升基层党组织组织力**】 以提升组织力为重点，突出政治功能，坚持不懈抓基层打基础，提升全县基层党建质量水平。以“书记账本”为抓手强责任体系，梳理确定县镇村三级书记抓基层党建责任清单和重点项目，层层压紧压实基层党建主体责任，牢固树立全县上下大抓基层党建的鲜明导向。以“标准规范”为牵引强战斗堡垒，全面开展基层党组织标准化规范化建设，集中出台《村干部资格审查和主职干部县级备案管理机制》《两新党建服务民营经济高质量发展“红八条”》《村党组织组织力提升行动》等一揽子制度文件，统一编制印发党的组织生活基本制度指导手册，推动基层党支部良性“自转”。以“村民说事”为平台强基层治理，完善“说、议、办、评”闭环运行机制，打造党建引领农村基层治理的“象山样板”。2019年以来，累计举办发展对象、党务干部等培训班9期，培训各类对象2600余人；累计清理受过刑事处罚村“两委”班子成员18人，取消发展对象或预备党员资格9人；职工80人以上非公有制企业单建党组织比例达94.1%，职工30人以上非公有制企业有党员比例达96.9%，涌现“海上红帆”“影视联盟党建”“霓裳先锋”等一批特色亮点做法；全县三星级以上基层党组织达93.1%，25个后进村基本完成整转，后进整转工作得到中组部的肯定；打造“村民说事”示范村、特色村133个，倒排整转“村民说事”薄弱村60个，“村民说事”写入中办、国办文件，登上新华每日电讯头版，召开全国加强乡村治理体系建设工作会议，获得与会领导的高度肯定。涂茨镇旭拱岙村的治村经验做法专报获市委郑栅洁书记、钟关华部长批示肯定，要求印发全市各地各单位学习借鉴。

【**夯实“两新”党建基础**】 以“稳企业、强服务”为主线，“五个提升”为目标，“争双强、当先锋”活动为抓手，印发《2019年县级有关部门和各镇乡(街道)两新组织党建项目清单》，在全市率先出台两新党建服务民营经济高质量发展“红八条”，确定重点项目35个，实施“两新”党组织书记轮训计划，广泛开展“克难攻坚当先锋”活动，全面推行党员示范岗、党员责任区、党员承诺践诺以及岗位技能比武、技术攻关等举措，推动“两新”党建全面进步全面过硬。2019年新建“两新”组织党组织34个，职工80人以上非公有制企业全部单建党组织，全县1万平方米以上商圈楼宇都建有党组织，涌现华翔集团“两创两亮五比”、申菱集团“党员技术攻关”、日升集团“创新明星”等一批特色品牌，浙江之鹰律师事务所党支部获评全国律师行业先进党组织；整合资源建成总面积2000平方米的象山“益园”，“红社领航·同心同行”社会组织党建品牌做深做实；推出“两新”组织“我们的主题党日”风采展示3期17个案例，610名各层级两新党组织书记实现轮训1遍以上；爵溪街道外来流动人口党建工作相关做法获得省委副书记、市委书记郑栅洁肯定，在全市基层党建和人才工作述职评议会上受到公开点赞。

【**推动高层次人才集聚**】 坚持把人才作为实现高质量发展的核心驱动力，以高质量人才引领“双突破双驱动”战略，实施“半岛英才·海纳”引才计划和出台《关于加强高层次人才引育扶持海洋生物(生命健康)产业发展的若干意见》，打造37°湾—象山科创中心等四大招才引才平台，持续优化人才服务内容，完善人才“引育用留”工作机制，营造和谐人才成长环境。2019年以来，引进国家人才4人、高端人才团队8个，3人入选市“3315”系列计划创业个人，5人入选宁波市领军和拔尖人才工程第一层次，入选人数居全市并列第二；宁波锦浪科技股份有限公司创业板上市，浮田生物、希诺亚入选国家海洋经济示范项目，其中，希诺亚还获评市科技创新2025专项；37°湾—象山科创中心签约企业或创客90家，入驻61家，开展活动50余场，机械科学研究总院南方中心正式签约，已有31名高层次人才在象山办公，其中顶尖人才1名、特优人才2名，中国电子科学院创新分中心有22位科研人员到位，启动“三无”渔船智能监管演示系统、石浦港倾斜摄影等前期研发工作，现代针织研究院有3名浙江理工大学教授、博士常驻，与象山多家针织、服装、印染龙头骨干企业建立合作关系；创新推出“人才银行”“投贷联动”、客户采购专项贷款等模式，全面实现人才办事“一站通办”“一卡通办”，人才服务中心和高层次人才服务联盟功能健全。新推出人才公寓二期300套、高端人才租赁房50套，发放高校毕业生首套房购房补贴千万余元。

(县委组织部)

宣传工作

【**概况**】 2019年，县宣传思想文化工作在县委、县政府的坚强领导下，围绕学习宣传贯彻习近平新时代中国特色社会主义思想这个首要任务，围绕庆祝新中国成立70周年这条主线，围绕中心工作和上级宣传部门工作部署，坚持一条主线贯到底、集中力量抓大事，奋力做好宣传思想文化领域各项工作，服务全县工作大局。

【习近平新时代中国特色社会主义思想学习宣传贯彻】 突出抓好理想信念教育，制定《县委理论学习中心组学习意见》《基层党委（党工委、党组）中心组学习巡听方案》。持续开展“十团百堂”特色党课进基层、“村支部书记上党课”等活动，全年宣讲1200余场次，受益群众10余万人，谢振华在宁波市“我最喜爱的习总书记的一句话”主题宣讲比赛中获一等奖。创新开展“蓬莱之声”系列活动，推广“学习强国”学习平台，推动习近平新时代中国特色社会主义思想在基层落地生根。

【庆祝新中国成立70周年宣传教育活动有声有色】 全面部署庆祝新中国成立70周年宣传教育活动和社会环境布置工作，营造庆祝国庆的浓厚氛围。举办“点赞新中国　昂扬新时代”微型党课比赛并开展巡回宣讲，推出“我和我的祖国”歌咏比赛、“点赞祖国”“你好！祖国”等系列活动，其中《我和我的祖国》万人同唱活动登上9月14日晚间的央视《新闻联播》栏目，唱响礼赞新中国、奋进新时代的昂扬旋律。

【基层理论普及阵地建设】 完成100家建设任务，举办新时代文明实践礼堂行活动，在全县宣传思想战线开展“薄弱村文化礼堂帮扶结对服务”，完成全省农村文化礼堂建设工作现场会实地考察任务，6家礼堂获评省五星级农村文化礼堂。健全“大菜单”服务制度，提供点单服务1500余场，实现“村民轻松点单、部门精准派送”，教育教化、家德家风、文化文艺进礼堂成常态。

【重大主题宣传】 “中共十九届四中全会”主题宣传全面展开，多角度解读全会精神，及时刊播转载中央媒体重要稿件、重要专题，迅速兴起学习宣传贯彻热潮。聚焦“新中国成立70周年”“不忘初心、牢记使命”主题教育、全国加强乡村治理体系建设工作会议、扫黑除恶专项斗争、“四个年”活动等重大主题宣传，形成强大宣传舆论声势，县内主要媒体刊播稿件1600余篇。媒体融合发展开局良好，启用融媒体中心，开发设计“山海象山”手机客户端，推出“品味象山”视频等融合传播精品，加快培育全媒体人才。

【宣传交流】 借助重大会议、重大活动，组织邀请中央、省、市各级新闻媒体开展集中采访，刊播稿件2000余篇。中央电视台刊播57条，其中《新闻联播》5条、《焦点访谈》1条，象山“村民说事”以1分48秒的播放时长创历史纪录；《人民日报》刊发9篇，其中头版4篇，报道数量居全省前列。抢先入驻“抖音”短视频平台，官方抖音号“印象山海”发布作品115篇，累计阅读量过300万。

【重大突发事件应对】 健全新闻发布制度，召开新闻发布会20场。推进“两微一端”新媒体建设，依托“象山发布”微信公众号平台，打造由县级民生重点部门和镇乡（街道）政务微信、微博集中入驻的全县政务发布矩阵，在加强《每周聚焦》等舆论监督品牌栏目基础上，精心打造《电视问政》栏目，为推动“六争攻坚”“四个年”等中心工作提供良好的媒体助力。

【“善行象山”品牌打造】 联合红旗文稿杂志社举办第二届善行象山论坛，打造乡风文明建设的“象山样板”。启动第一届象山县道德模范评选表彰活动，入选“中国好人”1人、“浙江好人”3人、“宁波好人”12人，谢振华当选第六届宁波市道德模范，陈晗家庭当选全国最美家庭，陈淑芳获评全国“人民满意的公务员”，相关经验信息被省委宣传部信息专报录用，推动善行由“风景”成为“风尚”。制作“善行象山”新时代文明实践地图。加强未成年人思想道德建设，组织开展“扣好人生第一粒扣子”主题教育实践活动，承办中国民间文艺家协会“民间文化进校园”（象山站）活动。

【乡风文明建设】 圆满完成全国加强乡村治理体系建设工作会议的德治工作任务，建成溪里方村德治馆、文创馆、德治公园，德治宣传片在现场考察环节播放，相关经验做法被《人民日报》头版刊发，《乡风文明建设助推浙江象山乡村振兴》在《红旗文稿》发表。打造婚丧礼俗整治升级版，推进村级自治常态运作。抓好新时代文明实践中心建设，入选全国建设新时代文明实践中心试点县。纵深推进文明示范线建设，启动“梅映丹东”等5条文明示范线。

【全国文明城市创建】 以打造“最清洁县”创建全国文明城市为目标，制定《象山县打造“最清洁县”创建全国文明城市三年行动计划（2019—2021）》，实施创建全国文明城市“十大攻坚破难行动”。常态化开展城市文明程度指数季度测评，推进“五整顿两提升”行动，深化四区六街联管、步行街环境综合整治、“两进两捡”等活动，通过国家卫生县城复评，扎实推进省文明县创建的迎检工作，做好全国加强乡村治理体系建设工作会议的环境整治提升工作，为大会召开提供良好环境保障。持续完善现代志愿服务体系，加大We志愿服务平台的推广使用，志愿服务综合基地——“益园”建成使用。

【文化惠民工作】 统筹城乡公共文化设施布局，亚帆中心项目稳步推进，杭州亚运会沙滩排球项目落户，在方家岙等6个村成立乡村文旅中心。持续推进全民艺术普及工程，举办第二十二届中国（象山）开渔节、第三届群众文化艺术节以及“文艺与新时代同行”“扫黑除恶专项斗争”文艺巡演、“一打三整治”采风巡演等文艺活动3000余场。加强与浙江音乐学院、中国美院等高校的常态合作，打响晓塘乡中岙艺术村、墙头溪里方文旅特色村等“一村一韵”基层文化品牌，象山文化艺术特色村建设经验信息在《中国艺术报》上刊登。

【文艺精品创作】 《嘱托》登上四月浙版好书榜排名第一位，节选内容在《人民日报》副刊“新时代之光”刊登；《鱼化龙》《那片红》等入选宁波市文联2019年度文艺创作重点项目；精心创造《渔歌组歌》10支音乐作品创作，曲艺《那片红》获省曲艺大赛金奖，《渔民号子》入选2019年中国原生民歌节展演。协助举办中国新乡村音乐创作夏季营，这是国内唯一聚焦新乡村音乐创作的品牌活动。

【“渔文化生态保护实验区”建设】 完善保护区工作组织体系，成立象山海洋渔文化生态保护区管理中心，县非物质文化遗产馆基本建成，相关做法经验在国家级文化生态保护实验区建设成果验收专家评审会上得到文化和旅游部“非遗”司和评审专家一致好评，进入全国首批文化生态保护区建设评选行列。承办全国“非遗”影像展，开展2019年“非遗”乡愁行系列活动，《象山渔鼓》在韩国“多彩大邱”庆典活动广受好评。

【文化产业发展】 落实“文化宁波2020”建设计划，以象山影视城等省级文创产业园区为龙头，加强“海仁竹雕”等文创产业园区建设。中国海影城三期项目（总投资12亿元）、象山影视学院（总投资7亿元）等一大批重大项目开工建设。打造工艺美术产业链，扩大船模、竹根雕等工艺美术影响力。培育壮大影视文化产业，宁波影视文化产业区荣获省重点文化产业园区称号，象山影视城入选“70年宁波70大时代地标”、被纳入浙江省影视产业“一区一带一城多点”规划。

【新闻出版与电影】 加大“扫黄打非”工作力度，基层站点规范化标准化建设覆盖率达90%以上。持续推进软件正版化，办公设备软件正版化工作实现县级部门全覆盖。开展县第十三届陈汉章读书节，配合第五届浙江书展暨2019宁波读书节。扎实推进“农村电影工程”和“周末影院”活动。完成版权登记作品209件。持续做好行政审批工作，2019年共受理办事申请26件，办结19件，现场踏勘和验收5次，完成印刷企业、出版物经营单位年检工作共115家次。

【人才队伍建设】 在宣传系统深入开展“不忘初心、牢记使命”主题教育，增强“四个意识”、坚定“四个自信”、坚决做到“两个维护”。推动全面从严治党向纵深发展，特别是坚决纠正官僚主义和形式主义等问题。完成县级宣传文化系统机构改革，成立县委网络安全和信息化委员会，理顺新闻出版和电影工作机制，高效推进“最多跑一次”改革，推动宣传文化职能体系优化协同高效。广泛开展“四力”教育实践工作，锻造过硬素质、过硬本领。

（县委宣传部　朱益波）

省级以上重要媒体对象山报道目录

【2019年1月份发稿情况】

《人民日报》　1.14　20版　《水边的百丈农家》

《人民日报》　1.17　4版　《通车》

新华每日电讯　1.16　头版　《政法机关推进“平安中国”建设述评》

《经济日报》　1.16　头版　为国家长治久安人民安居乐业不懈奋斗

央广网　1.4　中国之声《新闻和报纸摘要》　单亲母亲叶子林因病卧床　当地慈善总会和各界人士开展爱心接力

央广网　1.4　中国之声《新闻纵横》　浙江宁波人间真情暖人心

央广网　1.5　中国之声《新闻和报纸摘要》　单亲母亲叶子林因病卧床　当地慈善总会和各界人士开展爱心接力后续

央广网　1.5　中国之声《新闻纵横》　浙江宁波救助单亲母亲

新华网　1.3　宁波象山：探索外来流动党员参与基层社会治理新模式

新华网　1.16　浙江沿海高速公路象山至乐清段正式通车

经济日报新闻客户端　1.18　宁波象山首届农博会开幕

人民网　1.18　浙江宁波：市民选购年货迎春节

人民网　1.23　宁波新桥镇：打造影视星光小镇

《浙江日报》　1.6　头版　惊心动魄60小时

《浙江日报》　1.6　3版　爱心人士捐建海岛卫生院

【2019年2月发稿情况】

《光明日报》　2.1　4版　“村民说事”2.0版：念好自治、法治、德治“三治经”

人民网　2.2　宁波涂茨镇做好山海文章　留住美丽乡愁

人民网　2.13　宁波爵溪街道：针织名城旧颜换新容

中新网　2.25　浙江象山唱响“山海经”内外兼修深耕海洋经济

人民政协网　2.27　“村民说事”的“三治经”浙江象山县政协紧扣民生建言资政

《浙江日报》　2.5　3版　村民喜收“压岁钱”

【2019年3月发稿情况】

新华网　3.18　宁波象山：五百渔嫂撑起渔业“平安守护”半边天

新华网　3.1　迎亚运　位于象山的浙江海洋运动中心配套道路一期工程开工

【2019年4月发稿情况】

《经济日报》　4.16　头版　东西部产业扶贫协作的“宁波实践”

《光明日报》　4.12　7版　村民说事：构建三治融合乡村治理体系的“象山探索”

新华网　4.20　浙江象山：“互联网+”全景实时监管校园安全

新华网　4.19　象山税务：“减税降费”助力民营企业“薪火相传”

新华网客户端　4.27　海岛教师谢振华：心有光芒，必有远方

《浙江日报》　4.1　头版　象山

千名干部打起背包下渔村

《浙江日报》 4.8 5版 基层干部的一天

《浙江日报》 4.8 6版 减负，基层干部有三盼

【2019年5月发稿情况】

《人民日报》 5.2 头版 休渔

《人民日报》 5.5 头版 海上农场丰收季

《浙江日报》 5.2 3版 浙江海域全面休渔

《浙江日报》 5.26 头版头条 象山工业旅游齐头并进

《浙江日报》 5.26 4版 古村活起来 乡愁有归处

《浙江日报》 5.31 头版 象山培育柑橘新品种 一斤橘树枝 卖出5万元

【2019年6月发稿情况】

《人民日报》 6.9 头版 浙江念好乡村治理"三治经"

《人民日报》 6.9 头版 走乡村善治之路

《人民日报》 6.11 4版 胡春华强调推进乡村治理体系和治理能力现代化

新华每日电讯 6.10 4版 "浙"里农村：浓浓的善治"味道"

《光明日报》 6.9 头版 浙江：呈现新时代乡村治理范本

《经济日报》 6.11 2版 胡春华强调推进乡村治理体系和治理能力现代化

央广网 6.9 中国之声 新闻和报纸摘要 浙江各地因地制宜创新乡村治理方式

《农民日报》 6.7 2版 绘就乡村善治的壮美图景——写在全国加强乡村治理体系建设工作

《农民日报》 6.11 头版 坚定走好乡村善治之路

《农民日报》 6.15 头版 聚会拉家常，把事说出来

《法制日报》 6.9 头版 浙江践行"两山"理念打造新时代"绿富美"善治引领构建村强民富景美人和乡村新生态

《法制日报》 6.10 头版 美丽乡村山水长卷彰显法治魅力

浙江之声 6.9 浙江新闻联播头条 全国加强乡村治理体系建设工作会议在象山召开

新华网 6.8 "浙"里农村：浓浓的善治"味道"

新华网 6.8 象山"村民说事"为美丽乡村建设提供新经验

中新网 6.8 乡村治理的"象山经验"：村民说事"说"出新发展

浙江之声 6.9 浙广早新闻 乡村治理的浙江经验

人民网 6.17 宁波象山：杨梅熟了 村民乐了

新华社客户端 6.24 六年救援600多起，如今装备老化面临困境 宁波象山雄鹰救援队期待爱心援助

中新网 6.28 乡村治理的"象山经验"："村民说事"架起沟通的桥梁

央广网 6.26 象山开出浙江省首份"首违免罚"清单

央广网 6.26 女兽医扎根基层32年 获评"人民满意的公务员"

《浙江日报》 6.8 头版 扎紧制度篱笆 凝聚民心共识

《浙江日报》 6.9 头版 解读浙江乡村的治理密码

《浙江日报》 6.9 头版 敞开说村事、齐心办村事，象山基层治理凝聚百姓一条心——乡村振兴，让农民"唱"主角

《浙江日报》 6.9 3版 解读浙江乡村的治理密码

《浙江日报》 6.9 7版 文明乡风起四明

《浙江日报》 6.9 8版 乡村治理看宁波

《浙江日报》 6.9 18版 象山深化"村民说事"建成善治样本

《浙江日报》 6.11 头版头条 胡春华在全国加强乡村治理体系建设工作会议强调推进乡村治理体系和治理能力现代化

《浙江日报》 6.19 4版 废弃石屋变身精品民宿

《浙江日报》 6.21 9版 徐阳：苦追廿载，终得"美人"

【2019年7月发稿情况】

《人民日报》 7.5 10版 农村产业融合有潜力现活力

《求是》 第13期 "千万工程"造就万千美丽乡村

央广网 7.2 中国之声《央广新闻》 象山推行农村诚信指数测评工作

央广网 6.30 中国之声 《央广新闻》 中华凤头燕鸥22只幼鸟孵化

《农民日报》 7.13 3版 乡村振兴背景下的县域经济发展——象山探索

央广网 7.1 宁波市象山县对农民开展诚信指数考评 诚信指数高农民获益多

央广网 6.24 兰静：通过影像展示"非遗"生动活力

新华社客户端 7.6 追踪"神话之鸟"

《浙江日报》 7.1 头版头条 干部为事业担当 组织为干部担当——我省激励干部新时代新担当新作为综述

《浙江日报》 7.31 头版提要 象山干部冒着酷暑为渔民送服务 登船近千艘 赠衣两万件

【2019年8月发稿情况】

《人民日报》 8.13 2版 象山生产自救

《光明日报》 8.12 3版 自救，把台风造成的损失降到最低

央广网 8.9 中国之声《新闻纵横》 象山渔船回港避风

央广网 8.9 中国之声《央广新闻》 象山渔船全部回港避风

央广网 8.10 中国之声《新闻和报纸摘要》 超强台风"利奇马"今天凌晨登陆浙江温岭 各地各部门加强防范

央广网 8.10 中国之声《新闻纵横》 超强台风"利奇马"今天凌晨登陆浙江温岭 各地各部门加强防范

央广网 8.10 中国之声《全国

新闻联播》 象山水产养殖生产自救

央广网 8.10 中国之声《新闻晚高峰》 象山水产养殖户生产自救

《人民政协报》 8.12 2版 狂风暴雨中政协人的担当

人民政协网 8.11 “利奇马”的凶猛 政协人的担当——浙江省基层政协组织抗击强台风记

人民网 8.10 3.6万余名消防指战员严阵以待应对台风“利奇马”

人民网 8.8 超强台风气势汹汹 浙江象山千艘渔船紧急回港

人民网 8.9 宁波象山2788艘渔船全部回港避风

人民网 8.10 宁波象山:争分夺秒抢修受损电力设施

《经济日报》客户端 8.8 防御超强台风“利奇马”宁波象山千余渔船回港

中新网 8.9 台风“利奇马”逼近 浙江象山为避灾民众撑起“避风港”

中新网 8.12 “利奇马”肆虐致农业受灾 宁波“全民动员”守望相助

中新网 8.10 损失超10亿元 浙江宁波农林牧渔保险理赔“进行时”

中新网 8.10 “奋战”台风“利奇马”浙江逾75万民众大转移

中新网 8.10 各行各业的台风“守望者”:“闻风而动”“逆风而行”

中新网 8.10 直击“利奇马”登陆后续:浙江多地积水断电农田被淹

中新网 8.9 风里来雨里去 宁波象山公安打响防台组合拳

中新网 8.9 台风天里的“守岛人”:逆风而行汇聚最美风景

《浙江日报》 8.11 3版 多方力量驰援临海

《浙江日报》 8.11 5版 追风“十二时辰”

《浙江日报》 8.10 3版 归港避风一艘渔船也不能少

《浙江日报》 8.9 2版 渔船回港紧急避险

《浙江日报》 8.12 头版 一切为了人民群众

《浙江日报》 8.12 6版 一夜走3万步,用坏两部手机

【2019年9月发稿情况】

《人民日报》海外版 9.17 2版 千舟竞发迎开渔

新华每日电讯 9.16 5版 合力编就“安全网”,科技撑起“保护伞”让全国的校园长久安宁

《光明日报》 9.8 12版 留住海洋民俗刻不容缓

《光明日报》 9.17 10版 开渔节22年,海阔凭鱼跃——东海保护的宁波纪实

《光明日报》 9.17 10版 东海开渔

《浙江日报》 9.2 21版 象山活力迸发 潜力无限

《浙江日报》 9.5 10版 追寻内在初心 昂扬担当激情——“红分享·我的初心故事”系列活动圆满落幕

《浙江日报》 9.16 7版 千人庆丰宴

《浙江日报》 9.17 2版 开渔出海

《浙江日报》 9.19 7版 满载而归

《浙江日报》 9.20 28版 半岛渔村蝶变 现代滨海新城

《浙江日报》 9.23 8版 开渔喜迎丰收节,看象山渔民——徐冰霄:鲜蹦活跳卖海鲜

《浙江日报》 9.26 15版 象山全域创建污水零直排区

【2019年10月发稿情况】

新华每日电讯 10.11 头版 让乡村充满活力又和谐有序

《半月谈》 10.12 乡村治理新范本在哪里? 学学“象山模式”

《光明日报》 10.25 3版 宁波、青岛:向问题叫板,让群众满意

《经济日报》 10.29 7版 国产高端膜产品将打破垄断格局

《浙江日报》 10.1 6版 严阵以待防台风

《浙江日报》 10.2 11版 假日奋战一线 力保群众平安

《浙江日报》 10.5 头版头条 象山全域建设“清廉乡村”

《浙江日报》 10.8 3版 “红帆”引航 党员争先

《浙江日报》 10.10 10版 大事小情不出海 诉源治理促和谐

《浙江日报》 10.14 2版 半岛养殖户贴心人——记象山县畜牧兽医总站站长陈淑芳(担当作为好干部)

《浙江日报》 10.26 头版 群众事,群众说了算——浙江建立健全为民办实事长效机制15周年特别报道之二

【2019年11月发稿情况】

《经济日报》客户端 11.1 第十七届宁波象山海鲜美食节开幕

中新网 11.1 探寻舌尖最大公约数 第十七届宁波象山海鲜美食节开幕

《经济日报》客户端 11.16 宁波象山红美人开摘,赶紧去品尝柑橘中的“爱马仕”

中新网 11.26 浙江象山:以“情景剧”让党课“活”起来

《浙江日报》 11.10 头版 象山把“作风建设深化”作为主题教育落脚点 干部随机“抽考”激励干事创业

《浙江日报》 11.22 4版 象山自主选育众多柑橘新品种 “红美人”后“黄美人”

《浙江日报》 11.28 9版 打造医共体改革“海岛样板” 象山稳步迈进“优等生”行列

【2019年12月发稿情况】

《光明日报》 12.12 3版 宁波:立体化宣讲话身边事、说身边理

央视体育频道 体育晨报 12.13 2019世界无人机锦标赛在象山开赛

央视体育频道 12.13 无人机世锦赛三位中国选手晋级下一阶段比赛

新华社客户端 12.14 2019世界无人机锦标赛浙江象山开赛

《人民日报》客户端 12.12 2019世界无人机锦标赛宁波开赛

浙江之声 12.17 村民说事——打造基层治理的象山样本

浙江《新闻联播》 12.15 杭州亚运会倒计时1000天:各地亚运场馆

及设施建设进展

《经济日报》新闻客户端　12.9　宁波象山：减税降费不停步　留抵退税再提速

《经济日报》客户端　12.12　2019世界无人机锦标赛在宁波开幕

《浙江日报》　12.12　头版　象山做好“水文章”

《浙江日报》　12.16　头版头条　一线熔炉验真金——宁波探索创新干部考察使用机制

《浙江日报》　12.18　5版　小橘子　大产值

统战工作

【概况】　全县统一战线深入学习贯彻落实习近平新时代中国特色社会主义思想，中共十九大，中共十九届二中、三中、四中全会精神，落实中央、省、市委统战工作决策部署，突出大团结大联合主题，围绕中心、服务大局，深入推进“迎亚运、争六创”行动，实施“二建三增”工程，全面发挥助力“四个年”活动的统战作用，为加快开创宁波现代化滨海城区建设新局面贡献力量。获评2019年度全省、全市统战信息工作成绩突出单位，“三个坚持打造‘影视象新力’品牌”入选2019年度全省统战工作实践创新优秀案例，《新的社会阶层人士统战工作实践创新基地规范化常态化特色化建设研究》获评2019年度全省统战理论政策研究优秀成果一等奖。“以渔业合作交流为载体促进香港内地民间融合的探索实践”入选2019年度全市统战工作实践创新优秀案例。

【第二届世界“宁波帮·帮宁波”发展大会象商投资项目签约仪式】　10月16日下午，象山县举行第二届世界“宁波帮·帮宁波”发展大会象商投资项目签约仪式。中国工程院院士、浙江工业大学教授郑裕国，县委副书记、县长黄焕利，县人大常委会主任金红旗，县政协主席俞骏，市委统战部副部长、甬商总会秘书长卢文祥，县委常委、统战部部长陈爱武，县人民政府副县长石坚定，县政协副主席、县工商联主席励茂平等出席。应邀参加第二届世界“宁波帮·帮宁波”发展大会的象山嘉宾，象商总会顾问、名誉会长、会长、理事代表，投资项目签约嘉宾以及象山县级部门主要负责人，各镇乡（街道）党（工）委书记及相关负责同志共180余人参加。会上，象商总会顾问何万篷作《有风景的地方兴起新经济》专题讲座，县人民政府副县长石坚定推介象山投资环境，象商总会会长周晓峰发言。该次项目签约仪式共签约项目22个，投资总额35.39亿元，主要涉及高端智能制造、新型环保材料和精品旅游。

【象山（香港）投资环境推介会暨香港象山联谊会成立八周年庆典活动】　11月30日，宁波象山（香港）投资环境推介会暨香港象山联谊会成立八周年庆典活动在深圳举行。县委书记叶剑鸣出席并讲话，县委常委、统战部部长干维岳主持会议，市委统战部部务会议成员、市社会主义学院副院长黄峻出席并致辞，县政协副主席、工商联主席励茂平出席。应邀出席庆典的香港宁波同乡会、香港甬港联谊会嘉宾、兄弟县市区联谊会及在港乡亲代表、香港大埔区渔业协会代表、象山广东商会代表、香港象山联谊会会员代表，以及象山县有关部门负责人共100余人参加。县招商局负责人向与会嘉宾介绍象山经济发展和投资环境情况。香港象山联谊会第五届理事会会长李志刚代表新一届理事会作发言。大会聘请赵小蝶担任永远名誉会长，陈秀忠、周辞美担任名誉顾问。

【庆祝新中国成立70周年系列活动】　9月10日，象山县政协、县委统战部联合举行“不忘初心、牢记使命——永远跟党走”庆祝中华人民共和国和人民政协成立70周年主题活动。象山县委书记叶剑鸣出席并讲话，县政协主席俞骏主持。县四套班子领导，历届县政协主席、副主席、秘书长，在象省、市政协委员，全体县政协委员，在象各民主党派、无党派人士代表，社会各界人士代表，各镇乡（街道）统战委员，县政协机关、统战系统全体机关干部等300余人参加。9月13日，象山县千名影视城新的社会阶层人士参加万人快闪歌唱祖国，唱进央视新闻联播。9月19—20日，象山县举办“爱我中华·三教同行”爱国主义教育培训活动，县佛教协会、基督教“两会”以及天主教管理组织的50余名代表参加培训。9月25日下午，象山县举办统一战线“同心跟党走”主题系列活动——“凝聚象新力·讲好新故事”主题思享会。9月29日，象山县举行“庆祝中华人民共和国成立70周年·西安乡贤家乡行”活动。县委书记叶剑鸣会见西安乡贤，县委副书记、县长黄焕利出席座谈会并讲话，县人大常委会主任金红旗，县政协主席俞骏，县政协副主席、县工商联主席励茂平参加会议，县委常委、统战部部长陈爱武主持会议。10月30日下午，象山县开展“同心跟党走”主题系列活动之“风雨同舟七十年、建功立业新时代”初心交流会活动。11月5日，象山县开展“侨与新中国·同根海联”—“同心跟党走”座谈会暨为侨服务联盟直通卡发放仪式。

【主题教育工作】　开展“不忘初心、牢记使命”主题教育，按照县委统一部署，将学习教育、调查研究、检视问题、整改落实贯穿主题教育全过程。健全理论学习中心组各项制度，采用集中学习和自学相结合的方式，自觉深化理论武装。部班子成员带头赴基层一线开展调研，形成乡贤助推乡村治理、构建亲清政商关系等调查报告9篇。通过书面征求、召开征求党外人士意见座谈会等方式检视剖析、开门纳谏，共整改班子及成员问题24个。11月11日下午，召开“不忘初心、牢记使命”主题教育征求党外人士意见座谈会。县委常委、统战部部长干维岳主持会议并讲话，县人大常委会副主任、民盟象山县基层委员会主委胡建萍，县人民政府副县长、农工党象山县支部主委钮晶莹，县政协副主席、县工商联主席励茂平，县政协副主席、县知联会会长莫俶茜，县政协副主席、民进象山县支部主委杨盛昂出席会议并发言。

【新乡贤工作】 成立以象山县委书记为组长的新乡贤工作领导小组，出台《关于加强新时代新乡贤工作》的实施意见，促进新乡贤工作规范化、制度化。在全市率先形成各镇乡街道全覆盖的乡贤参事会，提升新乡贤工作影响力，新乡贤工作在浙江卫视《和合天下》栏目第6期专题播出，有关做法在全国乡村治理体系建设现场会上得到展示。7月7日至11日，县人大常委会主任金红旗率队赴西安、银川等地走访慰问象山籍重点乡贤、企业家，县委常委、统战部部长陈爱武，县政协副主席、工商联主席励茂平等参加活动。9月29日下午，县委统战部邀请西安交通大学教授、博士生导师、马克思主义学院政治学系主任、乡贤陆卫明为县委理论学习中心组作"'中国模式'的独特创新与未来发展"专题讲座。县委书记叶剑鸣主持会议并讲话。9月29日，象山县首个"在外乡贤乡情驿站·在外象山籍人才西安联络站"成立，县委常委、统战部部长陈爱武授牌。10月24日下午，中共中央政治局就区块链技术发展现状和趋势进行第十八次集体学习，浙江大学教授、中国工程院院士、象山乡贤陈纯作讲解。11月26日，县委副书记、县长黄焕利，县委常委、统战部部部长干维岳拜访在外乡贤、中国工程院院士陈纯。11月26日下午，市委举行宁波论坛报告会，中国工程院院士、浙江大学计算机科学与技术学院教授、浙江大学区块链研究中心主任、乡贤陈纯就区块链技术发展作辅导报告。12月8日，县委统战部注册的网上乡贤馆——"象贤馆"专属微信公众号开通。12月13日下午，县委常委、统战部部长干维岳拜访乡贤、中国工程院院士、浙江工业大学教授郑裕国。12月14日下午，县委副书记、代县长包朝阳会见乡贤、中国工程院院士、浙江大学教授陈纯。县委常委、统战部部长干维岳，县政协副主席、工商联主席励茂平参加会见。12月15日，"乡贤乡情驿站·象山籍人才杭州联络站"成立，县委常委、统战部部长干维岳授牌。12月23日至25日，县委常委、统战部部长、干维岳率队走访慰问在沪象山籍企业家，县政协副主席、工商联主席励茂平等参加。

【民主党派和无党派人士工作】 强化政治引领凝聚思想共识，推进无党派人士结构化建设，更新完善全县198名无党派人士数据库名单。民盟象山县基层委员会获得全市2019年度盟务先进集体荣誉，民进象山县支部被民进省委会评为2019年度优秀基层组织，农工党象山县支部被农工党省委会评为2019年度全省社会服务工作先进集体。1月18日上午，象山县举行统一战线"同心论坛"开讲仪式暨统战系统读书会。县委常委、统战部部长陈爱武主持会议并讲话，县人大常委会副主任、民盟象山县基层委员会主委胡建萍，县人民政府副县长、农工党象山县支部主委钮晶莹，县政协副主席、县工商联主席励茂平，县政协副主席、县知联会会长莫俶茜出席会议。3月17日，民进象山县支部召开2019年工作会议。民进浙江省委会副主委、民进宁波市委会主委吴国平，象山县委常委、统战部部长陈爱武，民进宁波市委会副主委、余姚市副市长王安静，民进象山县支部主委、象山县政协副主席杨盛昂出席会议。11月7日，副市长、民盟宁波市委会主委许亚南率队到象山县开展"走基层、访盟员、听意见"调研活动，民盟宁波市委会专职副主委郭强，县委常委、统战部部长干维岳，县人大常委会副主任、民盟象山县基层委会主委胡建萍陪同调研。12月18日下午，象山县举行象山民盟成立20周年庆祝大会。县政协主席俞骏，民盟宁波市委会专职副主委郭强，县委常委、统战部部长干维岳，县人大常委会副主任、民盟象山县基层委员会主委胡建萍，县政协副主席、知联会会长莫俶茜，县政协副主席、民进象山县支部主委杨盛昂等出席会议。

【党外知识分子工作】 5月29—31日，象山县统战干部和党外人士专业能力提升培训班在县社会主义学院举办。各镇乡（街道）统战委员、统战干事、党外干部、民主党派基层组织成员和知联会、新联会、网联会成员，以及统战系统各单位干部等60余人参加培训。6月27日上午，为庆祝中国共产党成立98周年，象山县委统战部组织县党外代表人士开展"同心行"活动，参观考察全县统战工作基地。县委常委、统战部部长陈爱武，县人民政府副县长、农工党象山县支部主委钮晶莹，县政协副主席、县工商联主席励茂平，县政协副主席、县知联会会长莫俶茜和县政协副主席、民进象山县支部主委杨盛昂等参加活动。11月9日上午，县知联会在象山柑橘博览园举行"同心"服务基地揭牌仪式，县政协副主席、知联会会长莫俶茜出席并揭牌，县知联会30余名理事参加活动。

【新的社会阶层人士统战工作】 开展"象新力"新的社会阶层人士统战工作"扩面、提质、增效"行动，建成"象新力"实践创新基地6个，其中"影视象新力"入选中央统战部2019年新的社会阶层人士统战工作实践创新基地重点项目，科创象新力、双创象新力入选市级新的社会阶层人士统战工作实践创新基地，提升统战工作辨识度。5月13日上午，中央统战部六局调研组到象山县调研影视城新的社会阶层人士统战工作。省委统战部副部长张润生，市委统战部副部长卢文祥，县委常委、统战部部长陈爱武陪同调研。6月22日，省委统战部副部长张润生在象山调研新的社会阶层人士统战工作。市委统战部副部长卢文祥，县委常委、统战部部长陈爱武陪同调研。6月26日，象山县新的社会阶层人士素质提升培训班在县社会主义学院举办。县委常委、统战部部长陈爱武出席开班仪式并讲话。县新联会、网联会、影视城新联会、科创分会、双创联盟，以及各镇乡（街道）新的社会阶层代表人士等50余人参加培训。7月9日，县委书记叶剑鸣对"影视象新力"新的社会阶层人士统战工作实践基地获评国家级创新基地作出批示肯定。

【少数民族事务管理】 夯实民族工作基础，开展民族团结进步宣传月活动，发放宣传手册300余册。深入开展少数民族扶贫帮困、创业帮扶等活动，走访慰问少数民族困难家庭100余户，发放少数民族发展专项资金4万元，发放民族教育专项助学资金1.92万元。开展全省民族乡村振兴"双百村结对行动"，募集资金10万元继续结对扶助泰顺县雅阳镇灵乾畲族村开发建设农业产业基地。3月7—8日，县委常委、统战部部长陈爱武带队赴温州市泰顺县雅阳镇灵乾畲族村考察结对帮扶项目实施情况，县政协副主席、县知联会会长莫俶茜参加。7月18日至21日，象商总会企业代表团一行赴吉林省延边州龙井市、敦化市开展对口帮扶活动，县人民政府副县长石坚定参加。7月28日上午，象山县第十三届民族和睦邻里节暨第十四届西边塘葡萄节在晓塘乡西边塘村开幕，县委常委、统战部部长陈爱武致辞并宣布开幕，县人大常委会副主任陈柳松出席活动。

【宗教工作】 推进宗教中国化进程，创建市生态寺院2处，出版《楚石梵琦研究》，开展公益慈善活动捐款捐物20余万元，定塘镇潮庙入选2019年"民间民俗·多彩浙江"优秀传统文化系列活动项目。提高宗教工作法治化水平，创建省级宗教法治宣传教育基地1处。加强宗教场所财务规范化管理，完成186处宗教场所财务上线工作任务。深化全科网格管理，实施"1+3+N"管理模式，宗教安全管理工作相关做法在《浙江民族与宗教》杂志刊发。3月13日上午，省政协副主席陈铁雄、社法委主任朱志泉一行到象山县调研，视察等慈禅寺、神庆庙。市政协副主席陈安平，县政协主席俞骏，县委常委、统战部部长陈爱武陪同调研。5月31日，象山县宗教界人士政策法规培训班在县社会主义学院举办。各镇乡（街道）统战干事、宗教团体班子成员、宗教活动场所负责人、天基两教教职人员共计220余人参加培训。6月29日上午，"民间民俗，多彩浙江"第十一届大塘红庙民俗文化节在象山县定塘镇中站村开幕。省民族宗教事务委员会副主任莫幸福出席并宣布开幕，县委常委、统战部部长陈爱武出席并致辞，市民族宗教事务局巡视员常晓波出席。7月11日，象山县委统战部联合县消防救援大队举办宗教（民间信仰）场所消防比武竞赛。全县宗教干部、设有微型消防站场所负责人及参赛人员共100余人参加。7月16日上午，象山县召开县委理论学习中心组（扩大）会议，邀请省民宗委副主任、党组成员莫幸福作"当前民族宗教领域的风险评估和防范治理"专题辅导讲座。县委书记叶剑鸣主持会议并讲话。

【非公有制经济领域统一战线工作】 学习贯彻习近平总书记在民营企业座谈会上的重要讲话精神，开展民营经济高质量发展"二十五条"等政策和新时代民营企业"四知精神"宣讲。出台《关于构建亲清新型政商关系的实施意见》，建成"象商驿站"，打造有商会协同发展服务平台、亲清恳谈室、象商论坛、象商书屋等功能区域的亲清家园。1月18日，象山县安徽商会举行成立大会。县委常委、统战部部长陈爱武出席会议并讲话，县政协副主席、工商联主席励茂平出席会议。5月18日下午，京津冀象山商会第一届第二次理事大会在京召开，京津冀象山商会全体副会长及商会领导班子、象山籍在京新乡贤、象山县异地商会代表等100余人参加会议。县人大常委会主任金红旗出席会议并讲话，县委常委、统战部部长陈爱武，县政协副主席、工商联主席励茂平出席会议。11月7日下午，象山县召开构建亲清政商关系调研座谈会，县委常委、统战部部长干维岳出席会议并讲话，县委统战部副部长、县工商联党组书记苏峰主持会议，县纪委（监委）、县委组织部、县委政法委等相关部门负责人和部分镇乡（街道）统战委员参加会议。12月14日，杭州市象山商会换届大会暨杭州市象山商会第二届第一次会员大会在杭州召开。县委副书记、代县长包朝阳出席会议并讲话，县委常委、统战部部长干维岳，县政协副主席、工商联主席励茂平出席会议，百余位杭州市象山商会的领导、顾问、会员以及在杭乡贤参加会议。12月27日，象山县举行银企圆桌对话暨县商会迎新团拜会，县委副书记、代县长包朝阳出席并致辞。县委常委、统战部部长干维岳，县人民政府副县长石坚定、张微燕，县政协副主席、县工商联主席励茂平出席活动。

【港澳台海外统一战线工作】 开展"三服务"活动，走访侨资、留创企业48家，协调解决企业融资、人才引进等11个难题。在象山科创中心创建"象山县留学人员创业基地"，全年共对接创业创新项目15个，其中线索项目3个、签约项目2个、利用资金项目2个。接待海外华商考察团、丹麦宁波商会、曹其镛访问团等12个团组170余人次到象山县交流考察。新成立芬兰海外（人才）工作联络站和在外象山籍人才江苏、西安、杭州联络站。8月22日上午，象山县召开侨联九届八次全委会，选举陈海波为县侨联九届委员会主席。县委常委、统战部部长陈爱武出席会议并讲话。9月15日下午，县委书记叶剑鸣会见香港象山联谊会常务副会长陈兴达带领的代表团一行。县委常委、统战部部长陈爱武参加会见。

【统一战线宣传调研工作】 落实县委《关于支持各民主党派和无党派人士开展调查研究工作的通知》要求，引导党外人士围绕县委、县政府中心工作，明确年度重点课题，组织开展深度调研，形成有关调研成果15个，刊发《观察与建议》5期，《关于加快推进我县政府数字化转型的对策建议》等多篇党外人士调研成果获县委主要领导批示。牵头民主党派、无党派人士围绕"最多跑一次"改革、"六争攻坚"行动等开展专项民主监督12次。5月29日，市委常委、统战部部长胡军到象山县调研。6月21日，全市统战部长工作例会在象山县召开，市委常委、统战部部长胡军出席会议并讲话，省委统战部副部长张润生参加会议并讲话。全年中央统战部《每日汇报》、杂志与网站刊发信息7篇，省、市统战工作杂志、简报、微信公众号刊载90篇，市、县领导作出相关批示肯定3条。

（县委统战部）

调研改革

【概况】 3月29日，《中共象山县委全面深化改革委员会办公室职能配置、内设机构和人员编制规定》印发，明确中共象山县委全面深化改革委员会办公室是县委全面深化改革委员会的办事机构，为县委工作机关，正科（局）级，挂象山县最多跑一次改革办公室牌子。主要职责：全面贯彻党中央和省委、市委、县委重大改革部署，统筹协调、指导推进全县改革工作，指导协调推进全县“最多跑一次”改革、行政审批制度改革，组织开展全面深化改革重大问题的政策研究，协调督促有关方面落实县委改革委决定事项、工作部署和要求。内设综合科、改革一科、改革二科、调研科，核定行政编制7名。

【组织召开县委全面深化改革委员会第一次全体（扩大）会议】 4月23日，县委改革办牵头召开县委全面深化改革委员会第一次全体（扩大）会议。县委书记叶剑鸣主持会议并讲话。他强调，各级各部门要深入学习贯彻习近平总书记关于全面深化改革的重要论述，在更高起点、更高层次上推进改革，深耕改革责任田，打造改革示范方，推动县改革工作继续走在省市乃至全国前列，为实现高质量发展提供体制机制保障。

【组织召开“营商环境提升年”推进会暨工作培训会】 4月30日，县委改革办牵头召开“营商环境提升年”活动推进会暨工作培训会。县委副书记、政法委书记孙小雄出席会议并讲话，县委常委、常务副县长陈兴立主持会议。

【象山新时代改革研究院成立】 6月21日，经中共象山县委机构编制委员会同意，象山新时代改革研究院成立，为县委改革办下属从事公益服务的财政全额补助事业单位（公益一类），核定事业编制7名。

【组织召开县委全面深化改革委员会第二次全体会议】 7月19日，县委改革办组织召开县委全面深化改革委员会第二次全体会议。县委书记叶剑鸣主持会议并讲话。他强调，各地各部门要深入贯彻落实习近平总书记关于“改革重在落实”重要指示精神，把改革作为贯穿全年、引领发展的主线，弘扬改革精神，拉高创新标杆，推进象山改革走深走实走在前列。

【组织召开全县机关内部“最多跑一次”改革部署推进会暨专题培训会】 9月4日，县召开机关内部“最多跑一次”改革部署推进会暨专题培训会，全面贯彻落实中央有关“基层减负年”的决定和省市推进机关内部“最多跑一次”改革工作部署，并对相关改革业务进行培训。县委副书记孙小雄出席会议并讲话。孙小雄要求，各地各部门要把握改革要求和目标任务，突出重点、精准发力，创建更加高效的机关内部智能办事服务体系，全面提升机关内部办事效率。县委改革办、县委编办、县大数据发展中心负责人，县级有关部门分管领导和联络员参加会议。

【组织召开县委读书会暨宁波海洋经济发展示范区主体区建设推进会】 10月8日，县委改革办牵头召开县委读书会暨宁波海洋经济发展示范区主体区建设推进会。县委书记叶剑鸣在会上强调，要学习贯彻习近平总书记关于海洋经济的重要论述，深入贯彻落实国家、省、市关于海洋经济发展示范区建设精神，践行新发展理念，扛起主体区责任，高质量推动宁波海洋经济发展示范区建设，把主体区建设成为国际一流、国内领先的海洋绿色协调发展样板区。县委副书记、县长黄焕利作《象山海洋绿色发展模式研究》专题发言。金红旗、俞骏、孙小雄、张学军、罗来兴、陈兴立、干维岳、石坚定、钮晶莹等围绕调研课题作交流发言。

（县委改革办 张立坤）

党校工作

【概况】 2019年，县委党校全面学习贯彻习近平新时代中国特色社会主义思想和中共十九大精神，紧扣县委“六争攻坚”决策部署和“四个年”活动要求，以全省党校系统创优评估为契机，围绕“党校姓党”主线，抓好主体班次、理论宣讲、教学科研和会议服务工作，整体办学实力和服务全局能力稳步提升。

【干部培训工作】 按照《2019年象山县干部培训班次计划》的总体安排，全年分别举办全县县管领导“不忘初心、牢记使命”主题教育培训班、全县“不忘初心、牢记使命”主题教育基层党组织书记专题培训班、“青春塔山”干部读书会第四学期“党建综合”专题教学、全县新的社会阶层人士素质提升培训班、海外高层次人才研修班等主体班次共24期，累计培训各级各类干部5012人次。教学内容突出“主”。充实课程内容，改革理论教学布局，加强习近平新时代中国特色社会主义思想课程体系建设。按照“一个重心、四个模块”的要求，以习近平新时代中国特色社会主义思想为重心，合理安排理论教育、党性教育、县情教育和能力教育四大模块组成的教育教学单元。2019年，干部培训主体班次课程理论教育占比76%，其中党性教育占比25%。改革课程开发形式。围绕“不忘初心、牢记使命”主题教育和新中国成立70周年的理论宣讲，通过“一人一讲”、教师集体备课等形式，新研发“习近平新时代中国特色社会主义思想”系列课程8个。教学方式把握“新”。深刻把握新时代党校工作的新要求、新特点，在巩固传统培训方式的，坚持与时俱进、改革创新，探索适合基层党校干部教育培训新模式，以新颖的教学方式和丰富的培训内容将教育与实践相结合，扩大研讨式、案例式、互动式、体验式现场教学的比重，教学方法创新课程比例达39%。在课堂实践中，推行“课堂+基地”“现场体验”等教学方法和分类培训、异地培训、模块式教学等灵活多样的教学组织形式，使现代培训方式类课程占比达20%。现场教学体现“全”。现场教学作为一种亲临一线的教育实践活动，逐渐成为党校教学改革的一个新亮点，在干部教育培训中发挥着越来越重要的作用。为深化推进现场教学基地建设，增强干部教育培训效果，教育培训现场教学基地拓展工作开展。现初步排摸出党性教育类、廉政教育类、社会治理类、县域旅游类、爱国教育类、乡土文化类、乡村振兴类、经济建设类和基层党建类等9类教学主题38个现场教学点。

表4　　**2019年县委党校干部培训汇总表**

主体班次名称	办班时间	人次
象山县2019年度女性领导干部及妇联干部综合素质提升大讲堂	1月11日	146
全县统战干部和党外人士专业能力提升培训班(社会主义学院)	5月29日至31日	62
全县两新组织党建工作会议暨两新党组织书记示范培训班	5月30日	175
宗教界人士政策法规培训班(社会主义学院)	5月31日	220
全县科技创新专题培训班	6月12日至14日	189
“青春塔山”干部读书会第四学期“党建综合”专题教学	6月13日至15日	180
象山县文艺界第二期骨干综合素质提升研修班	6月24日至28日	60
象山县新时代“文化体育+”文体干部业务素能提升专题培训班	6月24日至27日	150
全县新的社会阶层人士素质提升培训班(社会主义学院)	6月26日至27日	54
“青春塔山”干部读书会第四学期“党建综合”专题教学	8月22日至23日	180
“爱我中华·三教同行”爱国主义主题教育培训班(社会主义学院)	9月19日至20日	45
县管领导干部“不忘初心、牢记使命”主题教育专题读书班(第一期)	10月10日至12日	493
县管领导干部“不忘初心、牢记使命”主题教育专题读书班(第二期)	10月14日至16日	492
“弘扬爱国奋斗精神、建功立业新时代”海外高层次人才研修班	10月21日至23日	41
2019年全县新闻(网络)发言人培训班	10月23日	160
全县基层党组织书记“不忘初心、牢记使命”主题教育专题培训班(第一期)	10月29日	243
全县基层党组织书记“不忘初心、牢记使命”主题教育专题培训班(第二期)	10月30日	630
全县基层党组织书记“不忘初心、牢记使命”主题教育专题培训班(第三期)	10月31日	247
2019年全县老干部政治理论学习班	12月4日	160
“青春塔山”干部读书会“党建综合”专题集中教学	12月6日至7日	180
2019年全县公务员学法用法轮训班(第一期)	12月11日至12日	239
2019年全县公务员学法用法轮训班(第二期)	12月16日至17日	216
2019年全县公务员学法用法轮训班(第三期)	12月18日至19日	209
2019年全县公务员学法用法轮训班(第四期)	12月23日至24日	241
共计	24期	5012

【教科研工作】 党校科研工作坚持“三围绕”的工作思路(即围绕中央的路线、方针、政策及中央、省市县的重要会议精神；围绕县委、县政府的中心工作；围绕培训学员的需求)有针对性地开展科研工作。各专兼职教师分层次、分重点、分类别选择科研课题，科研内容紧跟形势、贴近实际，保证党校科研方向的正确性和实效性。2019年，获省级立项课题2项；《中国共产党发挥群众组织力的历史沿革与经验启示》一文获全省党校系统理论研讨会一等奖，2篇文章在市级以上刊物发表，3篇文章在《今日象山》发表。创新形式，提升教学水平。通过让青年教师“走

出去”,提升教师的教学水平。组织青年教师到杭州、北京、上海等地参加专题培训,学习名校、各级党校的先进知识和讲课方法,好的教学方法“带回来”。通过把专家“请进来”,提升教师的备课水平。邀请省、市委党校专家学者来校主体班次教学,让青年教师参与主体班次听课学习。通过让青年教师“走下去”,提升教师的讲课水平。把“走下去”作为教学工作的基本功,每年组织开展“一人一讲”、“调研月”活动,让青年教师走出校门,基层、群众,为讲课提供“第一手”资料。创新观念,推进教学、科研、资政一体化。按照“调研定题目、科研做文章、成果进课堂”的理念,增加教学中的“科研含量”,利用科研促教学,逐步推进教学、科研、资政一体化,2019年,党校配合县委县政府的中心工作,发挥党校的决策咨询作用,参与县委重点课题1项《抓住湾区机遇,提升城市能级》,象山县重点改革项目绩效评估课题《象山县宅基地“三权分置”及闲置农房等资源激活利用改革中期评估报告》1项,县社科联立项课题2项,与县委组织部、县委宣传部、县委直属机关工委等部门合作完成课题4项。

【宣讲工作】 为更好地配合县委中心工作,更好地服务全县各单位学习宣传党的全会精神,2019年,党校结合工作实际,教师围绕“不忘初心、牢记使命”主题教育、习近平新时代中国特色社会主义思想、中共十九大精神省市党代会精神、党章党建、“两学一做”学习教育、象山县情等10多个专题赴各镇乡街道和机关部门及企事业单位共宣讲205场次,受教育的党员干部群众累计达2.5万多人次,受到全县各界的一致好评。

【队伍建设工作】 突出政治引领,坚决落实“两个维护”。牢牢把握“党校姓党”这一根本原则,营造“用学术讲政治”的浓厚氛围。及时组织全体教职工学习中央、省、市党校工作会议精神及重要文件,扎实开展“两学一做”学习教育,加深对“用学术讲政治”的系统理解和把握。坚持“周一夜学”等政治理论学习制度,增强全体教职工的“四个意识”,自觉在思想上政治上行动上同以习近平同志为核心的党中央保持高度一致。重视党支部建设,校党支部坚持正确政治方向,坚持以党的政治建设为统领,牢固树立“四个意识”,坚定“四个自信”,坚决做到“两个维护”。在宁波市委组织部开展的党支部星级评定考核工作中,校党支部连续2年被评为宁波市四星级基层党组织。加强师资队伍建设,提升工作能力。根据党校实际和工作需要,2019年,有计划地引进1名硕士研究生,教职工队伍结构日趋合理。党校拥有硕士研究生6名,专兼职教师11名,初步建立起一支规模适当、素质较高的师资队伍。按照“一专多能”的目标要求,引导激励广大教师“比学习、比责任、比业务、比成果”,打造一支优质师资队伍。组织开展教师教学业务交流和教学专题创新活动,坚持“一人一讲”讲课评课活动,为党校教师尤其是青年教师提供讲课的平台。

【特色亮点工作】 2019年,党校完成四项特色重点工作,全校教职工的凝聚力和向心力增强。一是完成好“不忘初心、牢记使命”主题教育相关工作。根据县“不忘初心、牢记使命”主题教育领导小组办公室的相关要求,每周做好学习情况、发现问题、典型案例的上报;领导干部调研文章的撰写、调研材料的交流、主题党课的授课,除做好常规工作外,党校作为全县理论宣讲的主阵地,及时成立主题教育宣讲团赴各机关单位和基层一线开展宣讲,一个多月来共宣讲74场次,受众9000余人次,此次宣讲作用的发挥,得到全县各级单位的一致好评。二是完成全省党校(行院)系统办学质量创优评估考核。面对艰巨的考核任务和准备时间短内容多的台账资料,在校领导的牵头指导下,在各科室的齐心合作下,完成涉及组织领导、干部培训、教学科研、队伍建设、服务保障、特色工作等六大方面、38条细则内容的台账准备工作。从申报考核到台账资料准备再到迎评完成,全体教职工相互协作,克服困难,细致并较有成效地完成所有评估考核工作。三是象山县干部心理健康关爱中心有序运行。象山县干部心理健康关爱中心是在组织部门的倡导和推动下于2018年年底成立,集教学、研究、咨政于一体的干部心理健康关爱平台,以增强象山县干部队伍心理健康意识、优化心理素质为发展目标。2019年,心理健康关爱课程被纳入主体班次教学计划,以帮助学员放松身心、释放压力、完善自我,引导学员更好地认识自我,掌握自我身心调适的方法与技巧。在做好主体班次学员心理辅导,关爱中心还开展11场部门街道心理健康讲座,3场部门街道的心理体验,共有800余名干部在干部心理健康关爱中心进行心理培训。四是象山县乡村治理学院挂牌成立并开班,助推象山创建省部共建乡村振兴示范县,打造“千万工程”升级版,象山县委与中国人民大学农业与农村发展学院合作的象山县乡村治理学院于2019年10月成立。象山县乡村治理学院是在象山县委、县政府的指导下,由县委党校承办,旨在通过校地合作,推进象山乡村治理工作更加系统化、制度化、专业化,为全国农村发展提供更多“象山样本”。2019年,学院接待来自全国各地的17批次、620人次学员的培训考察。

(县委党校　黄朋朋)

党史研究

【概况】 2019年,县委党史研究室主要出版《象山县志(2008)》《象山年鉴(2020)》,撰写《党史》三卷,挖掘地方资料,编撰地方志书。

【开展“不忘初心,牢记使命”主题教育活动】 9—11月,第二批主题教育活动月,县委党史研究室全体党员参加县委办主题教育活动。通过“周一夜学”这个载体,学习中共十九大精神、党章党规、习近平总书记系列讲话精神。瞻仰革命烈士故居,开展“重温入党誓词”活动,开展送党课活动达10场次,受教400余人次。

【修改《象山县志》】 梳理和归纳《象山县志》终审会议专家的意见和建议，按照编章节目为单位，列出需修改内容。调整部分章节，增加历代象山人士在外的同乡会馆名单和历史简介等史实，增补大事记内容，补充彩页和正文中的照片与地图、核对数据。

【撰写党史三卷】 收集2016—2018年党史资料，约500多万字，编印《象山资政文献选编丛书》13册。6位党史办工作人员撰写象山党史三卷，纲目共4编22章75节，完成45万字，完成率90%。

【召开县史志工作大会】 7月，县志办召开基层志书编纂工作经验交流会。市委党史研究室副主任杜益民参加会议并作指导性讲话；县卫健局、规划局等18家单位负责人和修志人员作志书编纂工作汇报以及修志工作的经验介绍。

【编撰地方志书】 5月，安排人员参与《象山县规划志》和《象山县教育志》初稿的修改和完善。11月底，组织《西周镇志》评审会议，邀请张世清等8位方志专家参与评审；12月，组织开展《象山县检察院志》纲目大纲的拟定。2019年，完成初稿的有《象山县规划志》《象山县气象志》《象山县教育志》《西周镇志》《东陈乡志》《方前村志》等13部；进入实质性编撰的有《象山县地名志》《象山县法院志》《象山县检察院志》《象山县卫生志》《象山县广电志》《象山县水利志》《日杂百货商会志》等8部；正在启动的有《新桥镇志》《定塘镇志》《墙头镇志》《象山县党校志》等7部。完成出版的族谱有《象东沈家洋沈氏宗谱》和《蒲门村骆氏族谱》，党史室负责人参加上述两家宗谱的圆谱大会。

【挖掘整理乡土文献资料】 整理南田史料，编辑《南田地方文献丛书》第一辑七册。张则火出版《象山百家姓》《象山百家姓续编》《象山陈氏》。竺桂良出版《象山文献印谱》。沈学东出版《书印流风》《石坛山房全集》《可园诗集》《名人诗话》。

【召开县年鉴工作会议】 4月，召开县年鉴工作会议，对如何写好年鉴概述和纲目进行针对性辅导和专题讲座。会上，表彰撰写先进单位和个人。

【出版《象山年鉴（2019年）》】 9月，《象山年鉴（2019年）》清样稿送出版社排版。12月，正式出版。

【建立史志资料年报制度】 5月，县政府办公室要求全县各部门单位和乡镇（街道）建立史志资料年报制度，县志办设立象山永久地情资料库，收集县110余家单位史志资料电子年报，并在形式和条目内容上进行改进和优化。

【开展宣教活动】 参与鹤浦镇的马筋酒坊和张苍水铸炮所遗址的筹建，县志办负责文字史料、图片收集、文稿撰写和史实考证、场馆设计等。建设乡村文化礼堂，沈学东编写《乡村记忆》120余万字，为县50多个村文化礼堂建设提供翔实的文字和史料基础；4月，配合中央科教频道拍摄“影像方志”，后播出45分钟影像资料；与凤凰台合作拍摄殷夫革命故事，宣传象山革命烈士。6月，开展“史志话宁波”文化志愿服务活动，向企业、社区、学校送史志读物100余册，开展史志宣讲服务1000余人次。县委宣讲团成员史复明上门机关部门送党课、开展史志知识讲座10余堂。在庆祝新中国成立70周年系列活动中，参与筹建茅洋抗日纪念馆、党章学堂、贺威圣纪念馆等，开展革命传统宣传教育。7月底，奉化区新四军研究会15人到象山县开展解放一江山岛图片展览，并开展座谈交流，宣传革命事迹。

【象山县新四军研究会换届工作】 10月，县委党史研究室筹备象山县新四军研究会换届工作，负责起草《象山县新四军历史研究会第二届工作报告》《象山县新四军历史研究会第二届财务工作报告》《象山县新四军历史研究会章程修改》等有关材料，并研究出台《象山县新四军历史研究会第三届会长、副会长、秘书长、理事候选人建议名单》，供主管部门参考。换届会议计划在2020年初召开。

（县委党史研究室　沈学东）

老干部工作

【概况】 2019年，县委老干部局负责服务管理的离退休干部80人，其中离休干部50人，退休（副县级以上）干部30人。离休干部中，享受地专级1人，地专级二项待遇1人，享受县处级待遇18人，享受科级待遇30人。按参加革命时期划分，抗日战争时期入伍的4人，解放战争时期入伍的46人；按人员性质划分，属行政编制的有14人，事业编制的有11人，企业编制的有25人。在离退休干部中，党员有62人，其中，离休干部党员41人，县级退休干部党员有21人。离休干部平均年龄90.42岁，最大的96岁，最小的83岁。

【思想政治建设】 把学习宣传贯彻中共十九大精神、习近平新时代中国特色社会主义思想作为首要政治任务，通过集中宣讲、支部学习、送学上门等形式，组织广大老干部自觉用习近平新时代中国特色社会主义思想武装头脑，增强“四个意识”、坚定“四个自信”，做到“两个维护”，始终从思想上政治上行动上同以习近平同志为核心的党中央保持高度一致。全年组织面向全县离退休干部的县情通报会2次、主题党课宣讲1次和老干部理论学习班1期，并定期开展月度理论学习、季度上门送学活动。

【党组织建设】 8月，县离退休干部党建工作指导中心挂牌，为全县离退休干部支部规范化建设和银辉党建工作的深化，提供组织保障。县离退休干部党建工作指导中心以县离退休干部党员学习服务中心为阵地，在提升离退休干部党组织力、突出政治功能发挥重要作用。全年举办离退休干部党支部书记培训班6次，近500人次参加培训，提升离退休干部党支部书记的业务水平。以重点社区、支部和养老机构等为重点，推进建立老党员驿站、党建共享基地、党建品牌工作室，扩大"银辉"党建覆盖面。

【服务老干部】 围绕离休干部进入"后双高期"和县级老领导的实际和需求，坚持精准服务理念，突出亲情服务、人文关怀，在思想上关心、生活上照顾、精神上关怀，丰富和拓展服务管理工作内容，提升服务管理水平。不折不扣落实中央、省委和市委关于老干部生活待遇的各项政策，组织开展老干部上门巡诊、集中体检、专家义诊等服务。完善困难帮扶机制，拓宽老干部困难帮扶渠道，扩大帮扶覆盖面。持续关心离休干部无固定收入遗属，及时为他们提供帮扶。2019年共落实帮扶资金近10万元，帮扶92人。落实结对联系老干部制度，开展"七一"慰问、"高温送清凉"、生日祝寿以及中华人民共和国成立70周年慰问等活动。坚持推行"七必访"制度，建立老干部"一人一档"信息数据库，通过每周电话联系，在传统节日、高温季节和老同志生日、重病、家庭发生重大变故等时候，第一时间进行走访慰问，2019年累计看望500多人次。针对老干部精神慰藉和情感关怀的需求，在经常上门聊天陪伴的，推行以故事沙龙形式开展"主题聊天"活动，丰富老干部精神文化生活。

【"党建+正能量"工作】 将全县77家离退休干部党支部按照"行业相近、地域相邻"的原则划分为五个片区，推选片区组长，一方面开展片区内党建共建活动，另一方面要求片区组长关注所属片区支部党建工作动态、开展工作指导、培养党建骨干，强化各支部开展党员教育管理的能力。推行积分制管理，突出"党建+正能量"加分项目的组织引领，提升离退休干部党组织的组织力。全年建成县离退休干部党员学习服务中心、老年大学2个老党员驿站，建成象山才华剪纸艺术馆、新桥关爱老小服务站及离退休干部党建共享基地2个，建成郑老师义务红娘工作室、丹西老洪工作室、丹西街道"刘大姐"调解室等老干部品牌工作室3个，选树红色讲师11名，培育梳理党建+案例2个，建立百名银色人才档案库，其中郑老师义务红娘工作室获得省级表彰，谢才华获得省级最美银耀志愿者荣誉。

【推进"银辉"志愿服务】 以宁波"银辉"志愿者联合会象山分会为平台，依托十支志愿服务队开展建言献策、文艺宣传、道德宣讲、文明创建、帮困助学、关爱老小、网吧监督、义务红娘、法律咨询、农技指导等方面志愿服务活动。一年来共计开展银辉志愿服务660余场，参加志愿服务老同志2640余人次，累计服务群众6.1万余人次。成立"银辉初心"老干部宣讲团，进机关、进校园、进社区、进企业、进部队开展初心故事宣讲。全年开展宣讲10余次，受教育人员1000多人次，坚定广大党员干部的理想信念、激发干事创业热情。老年大学银辉文艺宣传志愿服务队加快融入大志愿服务网络体系，与慈善总会联合开展2019年度"善行乡村——走进农村文化礼堂系列行活动"，全年累计下基层开展各类文艺宣传30余场次，参加志愿服务960余人次，服务群众1.7万余人次。新桥关爱老小服务站全年结对帮扶关爱老年人及学生753人次，组织暑期假日学校、老年大学等教育培训60期3500多人次。

【推进老年大学可持续发展】 突出政治建校，强化思想政治建设和文化养老主阵地作用，把老年大学打造成红色阵地、精神乐园、幸福家园。牢牢把握庆祝新中国成立70周年这一重大节日，组织开展书画展、主题文艺晚会、征文、书画等多项活动，提升老同志的政治站位。2019年，学校开设课程37门、班级71个，注册学员2800多人。通过优化课程、选派教师、合理排课，精心办好县老年公寓教学点，在丹东街道新华社区建立"家门口老年大学"暨县老年大学教学点，为广大老同志和社会老年人搭建交流、学习的平台。

【组织中华人民共和国成立70周年活动】 以"70年华诞聚正气　银辉先锋引风尚"为主题，开展庆祝中华人民共和国成立70周年系列活动。开展"我和我的祖国"征文及诗文诵读会、畅想发展变化学习活动、增添正能量共筑中国梦书画摄影展、寻找最美共和国同龄人和最美老干部、慰问离休干部、讴歌新时代建功新时代国庆文艺会演暨表彰大会等活动，组织广大离退休干部抒发奋斗情怀、讴歌祖国，引导他们不忘革命初心，永葆政治本色。

【加强自身建设】 主动适应老干部工作的新形势新要求，打造"学习型、服务型、创新型、清廉型"老干部工作团队，加强自身建设。突出政治挂帅，高标准高质量推进"不忘初心、牢记使命"主题教育。狠抓理论学习，坚持领导班子中心组理论学习制度和"周一夜学"制度，建立每天半小时学习制度，学习习近平新时代中国特色社会主义思想，学习习近平总书记对老干部工作的重要指示精神。加强机关党建工作，健全组织生活，落实好主题党日、"三会一课"等制度，开展"孙茂芳式五小"志愿服务、"扶贫济困、敬老助弱"、微心愿认领等各项党建主题活动。履行党风廉政建设主体责任，层层签订党风廉政建设责任书，经常性开展谈心谈话，提高全局党员干部的廉政风险意识，营造风清气正的政治生态。定期开展正风肃纪专项自查工作，严格执行"双对""双排"考核制度，加强机关效能建设。选好配强工作力量，以机构改革为契机，在县老干部活动中心增挂"县离退休干部党建工作指导中心"牌子，合署办公，增加中层编制数1个，加强工作力量。

（县委老干部局　*石雯雯*）

纪检监察

【概况】 中国共产党象山县第十四届纪律检查委员于2016年12月28日由中国共产党象山县第十四次代表大会第三次全体会议选举产生，共有纪委委员21人，其中常委7人（书记1人、副书记2人）。象山县监察委员会于2017年2月组建成立，与县纪委合署办公，设有监委主任1人，副主任2人，委员3人。县纪委县监委机关共有编制50名（行政编制46名，事业编制4名），已有干部人数45人，共设置11个内设职能室。下设11个派驻机构（综合派驻7个，单独派驻4个），已有干部人数42名。18个乡镇（街道）配有纪（工）委书记、专职副书记各17名，5个乡镇还配备专职纪检干事，共有纪委委员89名。2019年，县纪委县监委在县委和上级纪委监委的坚强领导下，增强“四个意识”，坚定“四个自信”，做到“两个维护”，忠诚履行党章和宪法赋予的职责，推进清廉象山建设，纪检监察工作呈现高质量发展的良好态势。

重要会议和活动

【概况】 2019年，县纪委县监委贯彻习近平新时代中国特色社会主义思想、中共十九大，中共十九届二中、三中、四中全会精神，在县委和上级纪委监委的正确领导下，聚焦主责主业，提高政治站位，研究分析新形势下党风廉政建设和反腐败工作，履行监督执纪问责和监督调查处置职责，推进纪检监察工作高质量发展。

【中国共产党象山县第十四届纪律检查委员会第五次全体会议召开】 2019年2月1日上午，中国共产党第十四届纪律检查委员会第五次全体会议在县委党校一楼报告厅举行。会议的主要任务是学习贯彻习近平新时代中国特色社会主义思想，全面贯彻落实中共十九大和中共十九届二中、三中全会精神，按照十九届中央纪委三次全会、省纪委十四届四次全会、市纪委十三届四次全会和县委十四届五次全会部署，回顾总结2018年纪检监察工作，部署2019年任务。会议由县委副书记、县长黄焕利主持。县委书记叶剑鸣出席会议并讲话。

【派驻（出）机构改革大会召开】 5月26日上午，象山县纪委县监委召开派驻（出）机构改革工作会议，全面部署县纪委监委派驻机构改革工作。县纪委副书记、县监委副主任娄海东主持会议，县委常委、县纪委书记、县监委主任陈善方出席会议并讲话。陈善方强调，一要提高思想政治站位，深刻理解改革的核心要义。二要正确对待进退留转，迅速进入工作状态。三要主动担当作为，高效履行监督职责。四要内强素质外树形象，坚决当标杆做表率。会上，县纪委副书记、县监委副主任黄晟贤通报《象山县纪委县监委派驻（出）机构改革方案》和相关人事安排，派驻第一、第五、第七纪检监察组组长分别作表态发言。

【县委巡察工作推进会暨全县警示教育大会召开】 5月28日上午，县委巡察工作推进会暨全县警示教育大会召开。县委副书记、县长黄焕利主持会议，金红旗、俞骏、孙小雄等县四套班子领导出席会议。县委常委、组织部部长范焕平部署县委第十轮巡察工作。涂茨镇、县水务集团、县委第二巡察组在会上作表态发言。县委书记叶剑鸣在会上讲话强调，要贯彻落实中央和省市委巡视巡察工作有关会议精神，以及省市警示教育月活动部署，聚焦问题、真抓真改，提升县委巡察工作质效，以案示警、强化教育，持续推动全面从严治党向纵深发展。与会人员还观看警示教育片《以案为鉴，警钟长鸣》。

【全县纪检监察系统工作会议召开】 7月26日下午，全县纪检监察系统工作会议在象山宾馆召开，县委常委、纪委书记、监委主任陈善方出席会议并讲话。委领导班子全体成员、各镇乡（街

道)纪委(纪工委)书记、副书记,派驻纪检监察组组长、副组长,县委巡察机构副局级以上干部,委机关副局级以上干部和各室负责人参加会议。会议通报委机关联系指导乡镇、派驻(出)机构调整情况。丹东街道纪工委、石浦镇纪委、西周镇纪委、贤庠镇纪委作上半年工作交流发言。

【全县涉纪信访“减存遏增”专项整治行动部署会召开】 7月31日上午,全县涉纪信访“减存遏增”专项整治行动部署会在象山宾馆召开,县委常委、纪委书记、监委主任陈善方出席会议并讲话。各镇乡纪委(街道纪工委)书记、副书记,专项整治工作领导小组,工作专班,巡回督导组和部分乡镇党委书记参加会议。

【县监委召开第一届特约监察员聘任会议】 8月14日上午,县监委召开第一届特约监察员聘任会议,县委常委、纪委书记、监委主任陈善方为各位特约监察员颁发聘书并讲话,14名特约监察员参加聘任会。县纪委副书记、县监委副主任娄海东宣读《象山县监察委员会关于聘请王辉等15位同志为第一届特约监察员的决定》,并对县纪委县监委工作职能和机关科室设置情况作简要介绍。县中医院蒋杰峰、县检察院鲍燕舞、县委党校魏行进3位特约监察员结合自身工作实际,围绕如何担当履职,发挥特约监察员作用等方面作交流发言。

【县纪委县监委机关“不忘初心、牢记使命”主题教育动员部署会议召开】 9月12日下午,县纪委县监委机关召开“不忘初心、牢记使命”主题教育工作会议,学习贯彻习近平总书记关于主题教育一系列重要论述精神,全面落实中央和省市县委部署要求。县纪委副书记、县监委副主任娄海东主持会议并讲话。县委第五巡回指导组组长赖海平出席会议并作指导讲话。县委第五巡回指导组成员,县纪委县监委领导班子成员,县纪委县监委机关、县委巡察机构和县纪委县监委派驻纪检监察机构全体干部以及离退休老干部支部书记参加会议。

【“清廉乡村”建设工作推进会召开】 9月15、16日,全市“清廉乡村”建设工作推进会在象山召开。9月16日上午,由中共象山县委和宁波市农业农村局共同主办的清廉乡村建设工作推进会在东谷湖酒店召开。中央纪委研究室原主任、中央第八巡视组原副组长李雪勤,宁波市纪委副书记、市监委副主任杨晔,县委书记叶剑鸣,浙江省委党校权力监督研究中心主任、教授董瑛,市农业农村局党组成员、副局长卞银江,宁海县委常委、纪委书记徐震宇,县委常委、纪委书记陈善方等出席会议。会上,董瑛、卞银江分别就清廉乡村建设作主题发言,与会代表观看《三清践廉治村居》象山清廉乡村建设宣传片。会议还举行“廉行象山”启动仪式,与会领导专家共同“点亮”象山清廉文化地图。

【县纪委县监委机关“不忘初心、牢记使命”主题教育专题工作会议召开】 9月23日,县纪委县监委机关召开主题教育专题工作会议。县纪委县监委机关、县纪委县监委派驻纪检监察机构、县委巡察机构全体党员干部及退休老干部参加会议。会上,县纪委副书记、县监委副主任娄海东从目标任务、工作安排、组织保障三方面详细解读县纪委县监委机关主题教育的实施方案及整体安排。娄海东要求,全体党员干部要严格对标对表,精心组织实施,确保“规定动作”到位、“自选动作”创新创优,高质量完成各项工作任务。会议邀请县志办副主编张利民为全体党员干部上党史课、开展党章专题辅导环节、安排干部领读党章总纲原文,全体干部还观看《党章电视辅导教材》。

【县纪委县监委“不忘初心、牢记使命”主题教育领导干部调研成果交流会召开】 10月30日下午,县纪委县监委开展“不忘初心、牢记使命”主题教育领导干部调研成果交流会。县委主题教育第五巡回指导组副组长屠华萍到会指导,委领导班子成员及委机关、派驻机构部分县管领导干部参加会议,县纪委副书记、县监委副主任娄海东主持会议。委机关班子领导率先垂范,共同围绕“守初心、担使命、找差距、抓落实”主题,各自从所分管、联系的工作领域出发,通过广泛听取意见、调查难点痛点、研究化解举措、全面梳理调研结果等方式摸实情、找差距、挖症结,形成可行且操作性强的调研成果,并在此次会上作专题交流。县纪委副书记、县监委副主任娄海东对下阶段的工作安排提出要求和进行部署。

【陈善方书记上“不忘初心、牢记使命”主题教育专题党课】 11月1日,县委常委、县纪委书记、县监委主任陈善方为全体纪检监察干部上“不忘初心、牢记使命”主题教育活动专题党课。县纪委副书记、县监委副主任娄海东主持，县委主题教育第五巡回指导组出席活动。陈善方指出，初心和使命是涉及根本性、方向性的大问题。纪检干部要在党发展的光辉历程中领悟初心使命，在民族复兴的宏伟蓝图中把握初心使命，在自我革命的伟大斗争中守护初心使命，解决好我们从哪儿来、往哪儿去，是什么、干什么的认识问题。5名纪检监察干部立足各自岗位作交流发言，共同探讨纪检监察机关如何守初心、担使命，抓好工作落实。

党风廉政

【概况】 全县纪检监察组织全面履行党章和法律赋予的职责，落实全面从严治党各项要求。打通责任落实环节，层层传导压力；推进基层治理，夯实廉洁基础；深耕廉政文化建设，营造风清气正廉洁氛围。

【压紧压实主体责任】 协助县委健全主体责任落实体系，研究制定《2019年度党风廉政建设和反腐败工作组织领导和责任分工》，完善工作报告、约谈提醒、述责述廉、检查考核等8项工作机制，严格执行“三书三查两报告”制度，压紧压实政治责任。开展2018年度主体责任履行情况检查，对18个镇乡（街道）和89个县级部门2018年度落实全面从严治党主体责任情况进行实地检查。推动落实班子成员“一岗双责”和主体责任坚持“双向反馈”制度，倒逼职能监督责任落实到位。

【深化巡察工作】 创新巡察报告问题底稿、“双向反馈”等工作机制，灵活运用“巡审联动”“巡镇带村”等巡察模式，高质量开展4轮常规巡察和工程建设领域专项巡察、人防系统机动巡察。共巡察部门党组织17个、村级党组织168个，发现问题1750个，移送问题线索50条，转立案11人、问责23人。对标市委提级巡察开展自查自纠，督促职能部门建立健全制度机制82项，发挥“巡察一地，带动一片”作用。

【夯实基层廉洁基础】 践行以人民为中心的思想，实施“五位一体”清廉细胞培育工程，推动建立清廉机关、企业、医院、学校等示范点，创建完成第二批清廉示范村居，举办全市清廉乡村建设推进会。“三清践廉治村居”的经验做法获市委主要领导批示肯定，并在浙江日报头版头条刊登。强化对基层公权力的监督，试行村监会指导员制度，修订村干部廉洁履职管理办法，以精准问责倒逼农村党员干部履责、干净干事。加大漠视侵害群众利益问题整治力度，共查处发生在群众身边腐败问题29起，给予党纪政务处分24人，涉及村主要干部24人。

【开展涉纪信访专项整治】 强力开展基层涉纪信访治理，实施“减存遏增”专项整治行动，建立专班、提级办理，每周会商、强化约谈，共办结重点信访件25件，销号14件，给予党纪政务处分22人，其中开除党籍8人，签订息访承诺书7份，一批信访积案得以“清淤”。

【加强清廉文化建设】 根据清廉文化建设三年规划，提升陈汉章家训馆、仙子湾清廉文化精品示范线、才华剪纸馆品质，更新象山县警示教育基地展板内容，基本完成“一核、两带、三级多点”的清廉文化教育阵地建设。点亮清廉文化地图，开通廉行象山旅游专线，启动“象廉相依”品牌建设，挖掘渔文化、家风文化、善行文化等特色元素，打造清廉文化品牌的个性元素，彰显象山特色。将清廉文化元素融入开渔节、“五四”青年节、“六一”儿童节和国庆、元旦等文化活动，传播清廉声音，展现清廉形象，崇廉尚廉氛围形成。

执纪监督

【概况】 立足监督执纪问责和监督调查处置主责主业，围绕保障中心工作、服务发展大局，加大对党委决策落实执行情况的监督检查。深化日常监督，突出对党员干部作风建设的监督检查力度，督促干部改进作风，提升工作效能。

【突出政治监督】 自觉践行“两个维护”，服务保障“三大攻坚战”、减税降费、“最多跑一次”改革、“六争攻坚”、“四个年活动”等重大决策部署的贯彻落实，印发监督提醒通知书49份，查处违反政治纪律行为8人。牵头制定出台《象山与龙井、敦化两地纪检监察机关关于加强扶贫协作监督工作的实施意见》，加强与对口帮扶地区纪检监察机关的日常监督、专项检查以及线索移送的协作，开展对口地区选派挂职干部的任前廉政谈话,推动东西部扶贫协作和对口支援决策部署落实落地。建立健全领导干部廉政档案、任前廉政提醒交底等机制,对117名拟推荐提拔或转任重要岗位领导干部和1600人次评先评优对象进行党风廉政审核,提出否决建议23人次,全面把牢选人用人、评先评优廉洁关。

【提升作风建设成效】 持之以恒贯彻落实中央八项规定精神,开展"三问三治"专项行动,建立健全专项工作问责问效机制,严肃查处国庆维稳安保、安全生产整治、棚改清零等工作中的不作为、慢作为问题,累计处理党员干部183人,涉及县管干部15人,其中"一案双查"11人。组建正风肃纪小分队,开通微信举报平台,建立快查快办工作机制,查处违反中央八项规定精神问题22起26人。扎实推进主题教育专项整治活动,组织开展违规房产交易、违规借贷以及党员干部赌博、酒驾等问题自查自纠,摸清底数、督促整改。牵头开展"服务争效"专项行动,推动掌上办事实现率、承诺期限压缩比等服务指标走在全市前列。落实"基层减负年"要求,整治形式主义、官僚主义,查纠问题72起83人。加大典型案例通报曝光力度,公开曝光党员干部作风问题10期34人,持续释放越往后越严的强烈信号。严格按照"三个区分开来"要求,精准开展澄清工作,旗帜鲜明为11名受到诬告、错告的党员干部澄清正名。

【深化体制改革】 坚持不懈推进纪检监察体制改革,推动制度优势向治理效能转变。持续深化派驻机构改革,优化机构组织设置,全县派驻机构从16家精简到11家;推动派驻监督向县属企业延伸,增设5家县属企业纪委。建立实施派驻机构履职清单、双月例会等工作制度,完善保障措施和考评体系,"探头"作用得到更好发挥。2018年以来,派驻机构处置问题线索117件,立案查处违纪违法行为为35人,同比增长106%。深化内设机构改革,优化内部分工协作,完善问题线索处置流程,提升案件查办效率。扎实推进镇乡(街道)监察办公室规范化建设,4个监察办实现监察立案零的突破。深化巡察机构改革,增设县委巡察组,强化巡察工作力量。

审查调查

【概况】 主动健全反腐败工作机制,强化纪律监督、监察监督、派驻监督和巡察监督"四个全覆盖",形成坚强的监督闭环,提高职务违法和职务犯罪查处能力,推进制度优势向治理效能转变,奋力夺取压倒性胜利。

【反腐斗争强势推进】 坚持重遏制、强高压、长震慑,保持反腐惩恶力度不减、节奏不缓。集中查办矿产资源领域的腐败窝案,重点查处县自然资源和规划局原副局长林某信、大地保险公司象山支公司原总经理徐某勇等严重违纪违法案件。开展扫黑除恶专项斗争,查办涉黑涉恶腐败案件和"保护伞"7件14人,立案涉黑案件破伞率达到100%。严格落实办案安全工作责任制,制定监督执纪执法业务操作手册,完成走读式谈话场所建设,守牢安全办案底线。加强案件审理工作,开展党纪政务处分决定执行情况专项检查,维护纪律的严肃性权威性。

【深化"四种形态"运用】 全县各级纪检监察组织运用"四种形态"处理党员干部767人次,第一至第四种形态分别占比72.1%、16.8%、6.3%、4.8%;党纪政务立案212件,同比增长26.2%;党纪政务处分199人,移送司法机关9人。其中,立案查处县管干部11人,追回外逃对象4名。

【持续做好"森林康复工程"】 关注党员干部受处分后思想包袱重、日常工作受影响、以案示警效果有待强化等问题,本着"惩前毖后,治病救人"的态度,根据《开展"森林康复工程"的实施意见》,实施森林康复工程,通过开展"现身说纪""重拾初心""回访教育"三项行动,加强对受处分人员的帮教工作,做好审查调查的"后半篇文章"。组织开展警示教育月系列活动,举办典型案例图片展,编印作风建设应知应会手册。在纪律威慑和政策感召下,有3名党员干部主动投案。

队伍建设

【概况】 坚定不移强化"打铁必需自身硬"理念,高度重视纪检监察干部队伍建设,完善机关"三基一化"工程,提升内部工作流转效率;坚持刀刃向内加强自我监督,磨炼党性纯度、锻炼能力厚度、锤炼作风硬度。

【提升政治素养】 县纪委常委会学习贯彻习近平新时代中国特色社会主义思想和中共十九大精神,严格执行中心组理论学习和机关干部"周一夜学"制度,带动全系统提高理论思维、系统谋划、精准落实水平,带头践行"两个维护",在自觉同党中央保持高度一致上作表率。坚持抓干部队伍思想政治建设,夯实思想政治建设基础,引导广大纪检监察干部牢固树立和践行"四个意识"。

【"不忘初心、牢记使命"主题教育】 坚持高标准推进"不忘初心、牢记使命"主题教育,把机关党建、主题教育与清廉象山建设、强化正风肃纪反腐、履行监督执纪问责和监督调查处置职能等主责主业结合起来,督促各级纪检监察干部守初心、担使命、找差距、抓落实,实现在查摆、剖析、整改中提升能力、转变作风、树立形象。组建主题教育领导小组,制定六大类21项具体工作计划。常委班子带头开展调研35次,累计发现问题40余个,形成调研报告30余份,并以专题交流会形式,逐一发言交流。对照标准检视问题,班子成员检视问题46个,要求各党支部、党员也开展对标自查,各党支部累计查找问题8个,各党员累计查找问题160多条,并逐一列出"三张清单"。履行县委主题教育办督查整改组牵头职能,围绕主题教育明确的9大专项整治问题，组织开展明察暗访123次，共发现问题433条，当场提出整改措施433条，对7名违规违纪人员进行处理。

【能力建设】 抓好纪检监察干部队伍建设，持续推进能力素质提升“七个一”工程，举行纪检监察“十件大事”“十佳案卷”“金点子”评选及运用等活动，全面提升履职能力和综合素养。加大干部教育培养和使用力度，20名纪检监察干部在系统内交流或提拔使用，19名纪检监察干部受到上级纪委和县委的嘉奖表彰，2名纪检监察干部代表宁波参加全省业务大比武并获一等奖。加强内控机制建设，严格执行“五张清单一张网”制度，组建特约监察员队伍，主动接受各方面监督，严防“灯下黑”。

【加强机关党建】 落实党建工作责任制，抓实机关和派驻机构、巡察机构、临时党支部建设，组织开展“初心之旅”主题党日、政治生日等活动，确保党的领导贯穿纪检监察工作各方面、全过程。始终把机关党建工作摆在重要位置，做到党建工作与业务工作同步研究、同步部署、同步开展。严格落实“三会一课”、民主评议等工作，开展“党性体检、谈心谈话”活动，查找支部和党员存在的问题不足，开展批评与自我批评。联合县信访局、县科协等片区单位开展“两进两检”“学雷锋”等志愿服务活动10余次，参加党员累计达300余人次。2016—2018年连续3年获得“五星级”党组织称号。

（县纪委县监委　徐丽丽）

象山县人民代表大会

综 述

【概况】 2019年,在中共象山县委的正确领导下,县人大常委会以习近平新时代中国特色社会主义思想为指导,坚持以人民为中心、以代表为主体、以监督为重点,履行宪法和法律赋予的职权,守初心、担使命,强落实、促发展,为民生、保稳定,圆满完成县十八届人大三次会议确定的各项目标任务,为推进宁波现代化滨海城区建设做出积极贡献。全年依法举行常委会会议8次、主任会议21次,听取、审议专项工作报告27个,作出决议决定9个,交办审议意见11个,组织执法检查和代表视察25次,任免地方国家机关工作人员77人次,人民陪审员91人,各项工作取得新的进展和成效。

象山县人民代表大会及常委会会议

【县十八届人大第三次会议】 1月23日至25日,县十八届人民代表大会第三次会议在丹城召开。应到代表243人,出席会议代表236人,列席230人,旁听公民12人,举行全体会议4次,主席团会议3次。会议听取和审查县长黄焕利作的《象山县人民政府工作报告》、县人大常委会主任金红旗作的《象山县人民代表大会常务委员会工作报告》、县人民法院代院长陈海虹作的《象山县人民法院工作报告》、县人民检察院检察长袁学宏作的《象山县人民检察院工作报告》,并作出相应决议。《象山县2018年国民经济和社会发展计划执行情况与2019年国民经济和社会发展计划草案的报告》和《象山县2018年预算执行情况和2019年预算草案的报告》由大会秘书处书面印发全体代表,进行审议。会议以无记名投票方式选举陈海虹为象山县人民法院院长。会议决定设立社会建设委员会,法制(内务司法)委员会更名为监察和司法委员会。通过监察和司法委员会组成人员名单,许铭为主任委员,谢文潮为副主任委员,王增良、叶能章、林琼(女)、周东来、曾伟标等为委员。

【县十八届人大常委会第十七次会议】 1月11日,县第十八届人民代表大会常务委员会第十七次会议举行。常委会组成人员31人出席会议。会议听取县人民政府办公室主任张有为所作的关于政府工作报告草案形成过程和主要内容的说明,县财政局局长董连胜受县人民政府委托所作的关于县2018年预算执行情况和2019年预算草案初步方案的报告,县发改局局长史建立受县人民政府委托所作的关于县2018年国民经济和社会发展计划执行情况与2019年计划草案的报告、关于2018年县民生实事项目实施完成情况的报告和2019年县民生实事候选项目建议方案,并对上述报告进行审议,提出修改意见和建议。会议要求县政府及有关部门根据审议意见,继续修改完善,为即将召开的县十八届人大三次会议做好准备。会议听取县人大常委会办公室主任林毅所作的关于县人大常委会工作报告草案起草过程和主要内容的说明。会议经过审议,原则通过县人大常委会工作报告,要求县人大常委会办公室根据会议意见,对报告作修改完善后,提请县十八届人大三次会议审查。会议审议通过《象山县人民代表大会代表资格审查委员会关于代表变动情况和选举代表资格审查的报告》,确认选举张旭锋代表资格有效。象山县第十八届人民代表大会实有代表243名,缺额5名。会议听取县人大常委会副主任、县十八届人大三次会议筹备办公室主任黄敏求所作的关于县十八届人大三次会议筹备工作情况的报告。审议通过提请县十八届人大三次会议预备会议以及主席团第一次会议通过的有关文件和名单(审议稿),通过大会其他程序性文件,决定大会列席人员名单。会议审议通过县人大常委会有关人事免职议案,免去李慧昭的县人大常委会丹东街道工作委员会副主任职务,励海涛的县人大常委会丹西街道工作委员会副主任职务。

【县十八届人大常委会第十八次会议】 3月7日,县第十八届人民代表大会常务委员会第十八次会议举行。常委会组成人员29人出席会议。会议听取县人大常委会办公室主任林毅所作的关于《象山县人大常委会2019年工作要点(草案)》的说明。会议经过审议,原则通过县人大常委会2019年工作要点,要求县人大常委会办公室根据会议意见,对报告作修改完善后印发实施。会议传达学习市十五届人大四次会议精神。

【县十八届人大常委会第十九次会议】 4月26日,县第十八届人民代表大会常务委员会第十九次会议举行。常委会组成人员28人出席会议。会议听取和审议市生态环境局象山分局局长干焊受县人民政府委托所作的关于象山县2018年度环境状况和环境保护目标完成情况的报告，以及县人大常委会城建环保工委主任朱建新所作的县人大常委会执法检查情况的报告。会议认为，县政府及有关部门全面贯彻落实习近平生态文明思想和国家、省、市生态环境保护大会精神，围绕"双突破双驱动"战略，聚焦打好污染防治攻坚战，落实中央环保督察问题整改，环境保护工作和生态文明建设继续走在全市前列。听取和审议县教育局局长胡海峥受县人民政府委托所作的关于象山县义务段教育资源配置情况的报告。听取和审议县自然资源和规划局局长杨梓良、县交通运输局局长林曙光、县商务局局长徐展群、县文化和广电旅游体育局局长俞湛所作的关于工作评议意见研究处理情况的报告。

【县十八届人大常委会第二十次会议】 5月28日，县第十八届人民代表大会常务委员会第二十次会议举行。常委会组成人员30人出席会议。会议审议通过《象山县人民代表大会常务委员会关于设立社会建设工作委员会及法制与内务司法工作委员会更名的决定》。根据《中华人民共和国地方各级人民代表大会和地方各级人民政府组织法》有关规定和《象山县机构改革方案》精神，象山县第十八届人民代表大会常务委员会第二十次会议决定：设立象山县人民代表大会常务委员会社会建设工作委员会，并将法制与内务司法工作委员会更名为监察和司法工作委员会。会议听取史建立、施文娟、胡蓉蓉及书面审议王兆伟、叶敏、周晓峰、林社会等市人大代表履职工作情况的报告。会议审议部分县人大代表辞职事项和《县人大常委会代表资格审查委员会关于部分县人大代表辞职的审查报告》。会议决定接受许铭、林毅、胡兴旺、袁廷春、鲍贤5名同志辞去县第十八届人民代表大会代表职务，其代表资格终止。

【县十八届人大常委会第二十一次会议】 6月27日，县第十八届人民代表大会常务委员会第二十一次会议举行。常委会组成人员27人出席会议。会议听取和审议县人民法院院长陈海虹所作的关于"基本解决执行难"情况的报告。听取和审议县人民政府副县长周坚栋代表县人民政府所作的关于城乡供水和节水工作情况的报告。听取和审议县人民政府办公室副主任金良受县人民政府委托所作的关于促进民营经济高质量发展情况的报告。分别听取和审议县财政局局长董连胜受县人民政府委托所作的关于2018年象山县财政决算草案的报告、县审计局局长徐小平受县人民政府委托所作的关于2018年度象山县本级预算执行和其他财政收支的审计工作报告，审查批准2018年县本级财政决算。会议审议部分县人大代表辞职事项和《县人大常委会代表资格审查委员会关于部分县人大代表辞职的审查报告》。并作出审议意见和要求。

【县十八届人大常委会第二十二次会议】 9月2日，县第十八届人民代表大会常务委员会第二十二次会议举行。常委会组成人员27人出席会议。会议传达学习习近平总书记对地方人大及其常委会工作作出的重要指示和省委人大工作会议精神。听取和审议县发改局局长史建立受县人民政府委托所作的关于宁波海洋经济发展示范区主体区建设情况的报告，并通过《关于加快推进宁波海洋经济发展示范区主体区建设的决定》。听取和审议县委常委、县人民政府副县长陈兴立代表县人民政府所作的关于象山县营商环境建设情况的报告。分别听取和审议县发展和改革局局长史建立受县人民政府委托所作的关于2019年上半年县国民经济和社会发展计划执行情况的报告，县财政局局长董连胜受县人民政府委托所作的关于2019年上半年县财政预算执行情况的报告，审议县民政局、商务局、文化和广电旅游体育局关于2019年上半年预算执行情况的报告。听取和审议县财政局局长董连胜受县人民政府委托所作的关于2019年象山县政府债务限额和新增地方政府债券预算调整方案的报告，审议通过《关于批准2019年象山县政府债务限额和新增地方政府债券预算调整方案的决议》。会议决定批准2019年象山县政府债务限额为118亿元，2019年新增政府债务限额7亿元。会议听取县人大常委会办公室主任黄建国受主任会议委托所作的关于提请《象山县人民代表大会常务委员会讨论决定重大事项的规定（修订草案）》议案的说明。会议经过审议，表决通过《象山县人民代表大会常务委员会讨论决定重大事项的规定》。会议审议部分县人大代表辞职事项、《象山县人民代表大会常务委员会代表资格审查委员会关于部分县人大代表辞职的审查报告》《象山县人民代表大会常务委员会代表资格审查委员会关于代表变动情况和选举代表资格审查的报告》。会议决定接受王本久、石雷霆、欧忠仕3名同志辞去县第十八届人民代表大会代表职务，其代表资格终止。会议确认王祖、孔侠、朱海东、芦祖水、陈洪、金建文、胡路、黄建国、蔡东波等9名县人大代表资格有效。会议审议县人民政府、县监察委员、县人民检察院其他人事议案，并举行宪法宣誓仪式。

【县十八届人大常委会第二十三次会议】 10月23日至24日，县第十八届人民代表大会常务委员会第二十三次会议举行。常委会组成人员26人出席会议。会议听取和审议县综合行政执法局局长石雷霆受县人民政府委托所作的关于迎亚运城市精细化管理情况的报告。会议听取和审议县国有资产管理中心主任黄国敏受县人民政府委托所作的关于全县企业国有资产管理情况的报告，审议关于全县国有资产管理情况的综合报告。听取和审议县发改局局长史建立受县人民政府委托所作的关于调整2019年度部分县重点工程项目的报告，审议通过《关于批准调整2019年度部分县重点工程项目的决议》。会议要求，县政府及有关部门要落实项目建设责任，倒排工期、严格考评，确保年度目标如期实现。要加大招商引资力度，做实做优项目储备，提前谋划2020年度重点工程项目。要高度重视项目前期工作,确保项目建设实现良性循环推进、滚动发展带动的良好格局。会议听取和审议县财政局局长董连胜受县人民政府委托所作的关于2019年1—9月全县预算执行情况和预算调整(草案)的报告,审议通过《关于批准2019年县本级预算调整方案的决议》。会议听取和审议市生态环境局象山分局副局长姚照明代表局长受县人民政府委托所作的关于象山县2018年度环境状况和环境保护目标完成情况报告的审议意见研究处理的报告,县教育局副局长李国强代表局长受县人民政府委托所作的关于象山县义务段教育资源配置情况报告的审议意见研究处理的报告。会议听取和审议县人民政府办公室主任张有为受县人民政府委托所作的关于县十八届人大三次会议代表建议办理情况的报告,代表工委主任陈洪所作的关于代表建议督办情况的报告。会议审议有关人事任免的议案,决定任命张微燕为县人民政府副县长。会议还审议其他人事任免议案,举行宪法宣誓仪式。会议根据柳建根的辞职请求,审议通过《关于接受柳建根同志辞去县十八届人大常委会副主任职务的决定》。会议审议个别县人大代表辞职事项和《县人大常委会代表资格审查委员会关于个别县人大代表辞职的审查报告》。会议决定接受柳建根辞去县十八届人民代表大会代表职务,其代表资格终止。俞欢欢调离本县,其县十八届人民代表大会代表资格自行终止,其县十八届人民代表大会常务委员会组成人员的职务相应终止。至此,象山县第十八届人民代表大会实有代表238名,缺额10名。

12月11日,县人大常委会主任金红旗向副县长、代理县长包朝阳颁发任命书

【县十八届人大常委会第二十四次会议】 12月11日,县第十八届人民代表大会常务委员会第十五次会议举行。常委会组成人员28人出席会议。会议审议决定县人民政府主要负责人职务变动事项。会议决定任命包朝阳为县人民政府副县长,通过《关于接受黄焕利同志辞去象山县人民政府县长职务的决定》,决定包朝阳代理县人民政府县长,并举行宪法宣誓仪式。会议分别听取和审议县人民政府办公室副主任郑港峰受县人民政府委托所作的关于促进民营经济高质量发展情况审议意见研究处理情况的报告、县住建局局长黄秀贵受县人民政府委托所作的关于城乡供水和节水工作审议意见研究处理情况的报告、县人民法院院长陈海虹所作的关于基本解决执行难情况审议意见研究处理情况的报告,审议县人民政府关于2018年县本级预算执行和其他财政收支审计工作情况的审议意见研究处理情况的报告、2019年上半年县国民经济和社会发展计划及预算执行情况的审议意见研究处理情况的报告。会议分别听取县自然资源和规划局局长杨梓良、退役军人事务局局长张蕴、应急管理局局长檀年华、医疗保障局局长贺挺等所作的2019年度履职工作情况的报告,书面审议县政府其他组成部门局长(主任)2019年度履职工作情况报告。会议还书面审议市代表象山中心组2019年度工作情况的报告。会议审议通过《象山县人民代表大会代表资格审查委员会关于代表变动情况和选举代表资格审查的报告》,确认选举朱恩青、陈爱武、郑祥华、张威明、凌晓辉、鲍明灿等6名代表资格有效,钱旭勇、黄焕利因调离本县,其县人大代表资格自行终止。至此,象山县第十八届人民代表大会实有代表242名,缺额6名。

监督与视察

【概况】 根据省、市人大常委会统一部署,开展学前教育"两条例"、科技成果转化"一法两条例"、环境保护法、安全生产法、垃圾分类管理条例等执法检查,确保相关法律法规在全县贯彻实施。开展常委会领导带头下乡进村入企,开展临港装备产业发展、重点项目推进、新农村建设等专项监督,助推县域经济社会高质量发展。参与县委"国家级宁波海洋经济发展示范区主体区建设"一号课题调研,并列入监督落实重点。开展营商环境建设专项调研,助力民营经济高质量发展。及时修订人大讨论决定重大事项的实施意见,促进决定权行使常态化规范化。开展"扫黑除恶"和"安全生产整治百日大会战"专项督查,组织"109项目"专项视察,持续关注棚户区改造等,协助做好群众工作,确保生产生活安全、社会和谐稳定。开展《浙江省保障"最多跑一次"改革规定》专项督查,听取和审议贯彻实施情况,助推全县改革持续深化。重点开展法院基本解决执行难情况的监督,提升法院执行公信力和群众满意度。实施宪法宣誓制度,开展"12·4"国家宪法日活动,深入推进"七五"普法教育,形成全社会良好法治环境。完善规范性文件备案审查机制,对县政府报备的13件规范性文件进行审查。重视人大信访工作,督办涉法涉诉信访件16件。积极配合省市人大做好台胞投资、住宅小区物业管理、非机动车管理等法规的立法调研及草案征求意见工作。持续开展任命干部年度履职报告,机构改革新组建的县自然资源和规划局、退役军人事务局、应急管理局、医疗保障局等4个部门的局长,在常委会会议上进行述职,县政府其他组成部门局长(主任)进行书面述职,增强政府部门的法治意识和人大意识。

【经济运行效能】 加强国民经济和社会发展计划执行情况监督,跟踪督查近三年来亿元以上招商项目落地情况,专项视察经济开发区、亚帆基地等重要平台和重点工程,助推重大项目建设。听取和审议预算执行、财政决算及"同级审"等报告,列出问题清单,督促县政府研究解决,主任会议专题听取整改落实情况汇报。突出对政府全口径预决算情况审查,延伸审查县民政局、商务局、文化和广电旅游体育局3个部门预算执行情况。强化财政资金使用绩效,开展"中国制造2025"政策补助资金、影视产业奖励资金等专项资金绩效评估,提高财政监督的针对性和有效性。持续关注政府债务情况,督促规范管理,防范债务风险。开展预算联网监督试点工作,全市现场会在象山县召开,工作经验得到推广。连续8年开展国有资产专项监督,落实县委关于国有资产管理的工作意见,专题听取和审议县级国有企业管理情况的报告,围绕市场化转型步伐不快、监管体制机制不够完善、部分企业存在经营风险等问题提出审议意见,促进国有资产管理规范化、制度化。

【民生事业改善】 针对代表反映强烈的城乡供水管网渗漏严重、自来水利用率低等问题,常委会开展集中调研,听取代表意见建议,并列为专项审议议题,提出理顺工作体制、重视管网检修、提高自来水利用率等审议意见,督促政府加强管网建设改造和巡查检漏,大目湾、石浦等重点区域管网漏损率大幅下降。围绕扮靓城市迎亚运,专题听取和审议城市精细化管理工作的报告,提出强化基础设施建设和养护、建立常态化管理机制、解决城市"顽疾"等审议意见,促进政府提升城市管理效能。听取和审议关于义务段教育资源配置情况的报告,提出优化教育布局、发展民办教育、保障规模较小学校公用经费、提高一线教师待遇等意见建议,县政府高度重视,及时完善相关教育政策。针对象山县外转病人较多现象,专题听取县级医院重点学科建设情况的报告,提出重点打造特色骨干学科等意见,提升危急重病救治能力和整体医疗水平。重视居家养老服务体系建设,推动出台居家养老购买服务办法,全面落实宁波市居家养老服务条例。关注农业品牌整合、民宿经济发展等涉农事项,推动实施乡村振兴三年行动计划。

【生态环境建设】 紧盯环境领域相关问题,以中央环保督查和国家海洋督查反馈的问题为切入点,细化形成6大类35项检查清单,通过现场视察、听取汇报、提出询问、召开座谈会等形式,深入开展环境保护执法检查。配合省市人大联动开展海洋污染防治和水污染防治执法检查,促进法律法规有效实施,助力打赢碧水蓝天保卫战。以实施《宁波市生活垃圾分类管理条例》为契机,县乡两级人大代表联动开展生活垃圾分类情况执法检查,全力助推全县生活垃圾分类工作。听取和审议2018年度全县生态环境状况和环境保护目标完成情况的报告,提出理顺体制机制、强化环保基础设施建设等5条审议意见。指导乡镇人大全面落实年度环境状况报告制度,形成县乡两级政府严格履行生态保护责任的工作机制。

【跟踪监督实效】 坚持效果导向,实行重点议题和工作评议跨年度跟踪问效,形成监督闭环。开展监督工作"回头看",重点跟踪督查2018年度审议意见落实情况,听取规上工业企业培育、人才引育、农产品源头质量安全、棚户区改造、历史文化名村保护等审议意见落实情况报告,提高监督成效。创新完善工作评议制度,形成程序规范的象山特色。对2018年评议的县国土资源局、交通运输局、商务局、文广新局(体育局)等四个部门,开展整改落实情况跟踪督查,并关注机构改革后相关部门职能调整到位情况,促进提升工作效能和服务水平。注重提高审议意见落实时效,听取当年度关于促进民营经济高质量发展、城乡供水和节水等审议意见

12月3日,市委常委、秘书长施惠芳走进代表网络联络站

研究处理情况报告,要求及时整改存在问题。

代表工作

【创新代表督事制度】 完善县级人大代表网络联络站建设,县委、县政府主要领导以代表身份参与代表网络联络站活动,常委会主任、副主任轮流领衔进站开展督事活动7期,督办落实建筑施工扰民、蓬莱菜场周边环境整治、经济开发区工业垃圾(污水)处置、健身器材管理等民生事项11项,取得较好的成效。指导乡镇街道人大与"一中心四平台"对接,完善"三站一体"代表联络站建设,建立一事一小组、一月一活动、一季一跟踪、一年一评议"四个一"活动制度,形成"问、议、督、评"督事闭环机制,主动关注民生热点焦点难点,及时化解各类矛盾,有效减少基层初信初访,为维护社会稳定和助推基层治理发挥独特作用。全县共建成"三站一体"代表联络站89家,代表活动平台和履职内容拓展,代表作用发挥,基层人大工作质量和效能提升。象山县代表督事制度得到市委、市人大常委会肯定,写入《中共宁波市委关于高水平推进市域治理现代化的决定》,荣获2019年宁波市改革创新最佳实践案例和全市人大工作年度创新奖。10月市人大常委会在象山县召开现场会,大徐镇代表督事制度和石浦镇代表联络站建设经验全市推广。

【丰富代表履职形式】 开展代表履职培训,采取专题讲座、观看视频、学习交流、"以会代训"等方式,有针对性地满足代表履职专业需求。全面开展"代表活动月"活动,县乡两级人大代表联系走访群众1608人次,开展专题监督21次,集中视察检查18次,民生实事项目跟踪监督18次,代表"走进部门"28个,提出危房解危等一批建议意见,推动群众和企业普遍关心的热点难点问题有效解决。落实代表列席县人大常委会会议等工作制度,101名代表自主报名参加县人大常委会会议、视察、调研、执法检查等活动。保障代表知政知情权,召开"一府两院"重要情况通报会和征求意见会,及时回应代表提出的意见建议。组织部分代表参加"电视问政"、价格听证、旁听行政案件庭审等活动,拓展代表参与"一府两院"监督工作途径和方式。服务保障省市代表活动,协助调研提出撤县设区、高铁过境象山等重点建议。适时做好县人大代表出缺补选工作,依法补选代表20名。

【加强代表建议督办】 建立代表建议办理台账,全程跟踪落实建议办理情况。县十八届人大三次会议期间共收到代表建议165件,及时进行交办,承办部门加强与代表面商沟通,代表所提建议解决或基本解决的占50.3%,代表对办理工作满意率为91.5%,对办理结果满意率为78.1%。加强重点建议办理工作,常委会领导领衔督办,县政府领导牵头落实,源头整治"三小车"等6件重点督办件,农村五保户养老管理等8件重点关注件,污水管线有效运行等3件跨年度督办件,均得到较好落实。加强对代表建议不满意件督办,关注再次办理情况,增强协商办理效果。开展代表建议办理"回头看",对一批部分解决的建议件再次跟踪督办,有效提高代表建议的解决率。此外,闭会期间代表提出的4件建议已全部办结。

人事任免

【人事任免】 2019年,县人大常委会依法做好人事任免工作,全年共任免国家工作人员77人次,人民陪审员91人。其中,决定任命政府组成人员10人,决定免去政府组成人员9人;任命监察委员会组成人员3人,免去监察委员会组成人员2人;任命县人大常委会办公室和各工作委员会负责人12人,免去县人大常委会办公室和各工作委员会负责人7人;任命县人民法院庭长、副庭长、审判委员会委员、审判员18人,免去县人民法院庭长、副庭长、审判委员会委员、审判员职务6人;免去县人民检察院副检察长、检察委员会委员、检察员10人。

表5　**2019年县人大常委会人事任免一览表**

时　间	会　　议	姓　名	任免、决定或辞去职务
1月11日	县十八届人大常委会第十七次会议	李慧昭	免去其县人大常委会丹东街道工作委员会副主任职务
1月11日	县十八届人大常委会第十七次会议	励海涛	免去其县人大常委会丹东街道工作委员会副主任职务
3月7日	县十八届人大常委会第十八次会议	杨梓良	决定任命为县自然资源和规划局局长
4月26日	县十八届人大常委会第十九次会议	方　炜	决定免去其县人民政府副县长职务(挂职)
4月26日	县十八届人大常委会第十九次会议	陈　瑛	任命为县人民法院审判委员会委员、民事审判三庭庭长
4月26日	县十八届人大常委会第十九次会议	杜识奇	任命为县人民法院立案庭(诉讼服务中心)庭长
4月26日	县十八届人大常委会第十九次会议	王　林	任命为县人民法院民事审判一庭(综合审判庭)庭长
4月26日	县十八届人大常委会第十九次会议	韩晓红	任命为县人民法院民事审判二庭庭长

续表5

时 间	会 议	姓 名	任免、决定或辞去职务
4月26日	县十八届人大常委会第十九次会议	翁 羽	任命为县人民法院石浦人民法庭副庭长
4月26日	县十八届人大常委会第十九次会议	李增光	任命为县人民法院大徐人民法庭副庭长
4月26日	县十八届人大常委会第十九次会议	戴金元	任命为县人民法院西周人民法庭副庭长
4月26日	县十八届人大常委会第十九次会议	陶振明	任命为县人民法院定山人民法庭副庭长
4月26日	县十八届人大常委会第十九次会议	张伟波	任命为县人民法院定山人民法庭副庭长
4月26日	县十八届人大常委会第十九次会议	王云奖	任命为县人民法院立案庭（诉讼服务中心）副庭长
4月26日	县十八届人大常委会第十九次会议	姜海波	任命为县人民法院民事审判一庭（综合审判庭）副庭长
4月26日	县十八届人大常委会第十九次会议	林 鹰	任命为县人民法院民事审判一庭（综合审判庭）副庭长
4月26日	县十八届人大常委会第十九次会议	张海科	任命为县人民法院民事审判一庭（综合审判庭）副庭长
4月26日	县十八届人大常委会第十九次会议	蒋晓瑜	任命为县人民法院民事审判二庭副庭长
4月26日	县十八届人大常委会第十九次会议	张文芝	任命为县人民法院民事审判二庭副庭长
4月26日	县十八届人大常委会第十九次会议	励芝燕	任命为县人民法院民事审判三庭副庭长
4月26日	县十八届人大常委会第十九次会议	陈 波	任命为县人民法院民事审判三庭副庭长
4月26日	县十八届人大常委会第十九次会议	黄仙方	免去其县人民法院审判委员会委员、民事审判第二庭庭长、审判员职务
4月26日	县十八届人大常委会第十九次会议	陈 瑛	免去其县人民法院定山人民法庭副庭长职务
4月26日	县十八届人大常委会第十九次会议	蒋晓瑜	免去其县人民法院行政审判庭副庭长职务
4月26日	县十八届人大常委会第十九次会议	杨 勇	免去其县人民法院审判员职务
4月26日	县十八届人大常委会第十九次会议	张莉萍	免去其县人民法院审判员职务
4月26日	县十八届人大常委会第十九次会议	黄秀芬	免去其县人民法院审判员职务
4月26日	县十八届人大常委会第十九次会议	邵忠良	免去其县人民检察院检察员职务
4月26日	县十八届人大常委会第十九次会议	薛璐璐	免去其县人民检察院检察员职务
5月28日	县十八届人大常委会第二十次会议	普布次旦	决定任命为县人民政府副县长（挂职）
5月28日	县十八届人大常委会第二十次会议	范建富	决定任命为县人民政府副县长、县公安局局长
5月28日	县十八届人大常委会第二十次会议	干文熙	决定任命为县民政局局长
5月28日	县十八届人大常委会第二十次会议	徐颖峰	决定任命为县商务局局长
5月28日	县十八届人大常委会第二十次会议	宣业靖	决定免去其县人民政府副县长、县公安局局长职务
5月28日	县十八届人大常委会第二十次会议	芦祖水	决定免去其县民政局局长职务
5月28日	县十八届人大常委会第二十次会议	徐展群	决定免去其县商务局局长职务
5月28日	县十八届人大常委会第二十次会议	黄建国	任命为县人大常委会办公室主任
5月28日	县十八届人大常委会第二十次会议	朱海东	任命为县人大常委会监察和司法工作委员会主任
5月28日	县十八届人大常委会第二十次会议	蔡东波	任命为县人大常委会财政经济工作委员会主任
5月28日	县十八届人大常委会第二十次会议	金建文	任命为县人大常委会农业和农村工作委员会主任
5月28日	县十八届人大常委会第二十次会议	芦祖水	任命为县人大常委会社会建设工作委员会主任
5月28日	县十八届人大常委会第二十次会议	陈 洪	任命为县人大常委会代表工作委员会主任

续表5

时　间	会　　议	姓　名	任免、决定或辞去职务
5月28日	县十八届人大常委会第二十次会议	李芝成	任命为县人大常委会监察和司法工作委员会副主任
5月28日	县十八届人大常委会第二十次会议	张茂昌	任命为县人大常委会农业和农村工作委员会副主任
5月28日	县十八届人大常委会第二十次会议	何将常	任命为县人大常委会社会建设工作委员会副主任
5月28日	县十八届人大常委会第二十次会议	潘素萍	任命为县监察委员会委员
5月28日	县十八届人大常委会第二十次会议	林　毅	免去其县人大常委会办公室主任职务
5月28日	县十八届人大常委会第二十次会议	袁廷春	免去其县人大常委会财政经济工作委员会主任职务
5月28日	县十八届人大常委会第二十次会议	胡兴旺	免去其县人大常委会农业和农村工作委员会主任职务
5月28日	县十八届人大常委会第二十次会议	鲍　贤	免去其县人大常委会代表工作委员会主任职务
5月28日	县十八届人大常委会第二十次会议	陈　洪	免去其县人大常委会代表工作委员会副主任职务
5月28日	县十八届人大常委会第二十次会议	谢　敏	免去其县监察委员会委员职务
6月27日	县十八届人大常委会第二十一次会议	张丛书	任命为县人民法院审判员
6月27日	县十八届人大常委会第二十一次会议	赖华盛	任命为人民陪审员
6月27日	县十八届人大常委会第二十一次会议	俞民辉	任命为人民陪审员
6月27日	县十八届人大常委会第二十一次会议	张银亚	任命为人民陪审员
6月27日	县十八届人大常委会第二十一次会议	史久培	任命为人民陪审员
6月27日	县十八届人大常委会第二十一次会议	练　玲	任命为人民陪审员
6月27日	县十八届人大常委会第二十一次会议	张静律	任命为人民陪审员
6月27日	县十八届人大常委会第二十一次会议	周惠玲	任命为人民陪审员
6月27日	县十八届人大常委会第二十一次会议	沈　前	任命为人民陪审员
6月27日	县十八届人大常委会第二十一次会议	姚海波	任命为人民陪审员
6月27日	县十八届人大常委会第二十一次会议	吴启超	任命为人民陪审员
6月27日	县十八届人大常委会第二十一次会议	罗耀耀	任命为人民陪审员
6月27日	县十八届人大常委会第二十一次会议	吴有良	任命为人民陪审员
6月27日	县十八届人大常委会第二十一次会议	戴再红	任命为人民陪审员
6月27日	县十八届人大常委会第二十一次会议	王　松	任命为人民陪审员
6月27日	县十八届人大常委会第二十一次会议	赖再堂	任命为人民陪审员
6月27日	县十八届人大常委会第二十一次会议	潘　晓	任命为人民陪审员
6月27日	县十八届人大常委会第二十一次会议	石忠校	任命为人民陪审员
6月27日	县十八届人大常委会第二十一次会议	方　璐	任命为人民陪审员
6月27日	县十八届人大常委会第二十一次会议	徐亚春	任命为人民陪审员
6月27日	县十八届人大常委会第二十一次会议	石金全	任命为人民陪审员
6月27日	县十八届人大常委会第二十一次会议	鲍锦秀	任命为人民陪审员
6月27日	县十八届人大常委会第二十一次会议	石英明	任命为人民陪审员
6月27日	县十八届人大常委会第二十一次会议	章璐璐	任命为人民陪审员
6月27日	县十八届人大常委会第二十一次会议	张陈吉	任命为人民陪审员

续表5

时　间	会　议	姓　名	任免、决定或辞去职务
6月27日	县十八届人大常委会第二十一次会议	章国威	任命为人民陪审员
6月27日	县十八届人大常委会第二十一次会议	邵平飞	任命为人民陪审员
6月27日	县十八届人大常委会第二十一次会议	王苏明	任命为人民陪审员
6月27日	县十八届人大常委会第二十一次会议	董　庆	任命为人民陪审员
6月27日	县十八届人大常委会第二十一次会议	张才玉	任命为人民陪审员
6月27日	县十八届人大常委会第二十一次会议	俞爽爽	任命为人民陪审员
6月27日	县十八届人大常委会第二十一次会议	黄全吉	任命为人民陪审员
6月27日	县十八届人大常委会第二十一次会议	王美华	任命为人民陪审员
6月27日	县十八届人大常委会第二十一次会议	练志敏	任命为人民陪审员
6月27日	县十八届人大常委会第二十一次会议	胡月凤	任命为人民陪审员
6月27日	县十八届人大常委会第二十一次会议	易双鸽	任命为人民陪审员
6月27日	县十八届人大常委会第二十一次会议	陈俊晔	任命为人民陪审员
6月27日	县十八届人大常委会第二十一次会议	傅湞湞	任命为人民陪审员
6月27日	县十八届人大常委会第二十一次会议	赵　宏	任命为人民陪审员
6月27日	县十八届人大常委会第二十一次会议	朱　慧	任命为人民陪审员
6月27日	县十八届人大常委会第二十一次会议	邬迎光	任命为人民陪审员
6月27日	县十八届人大常委会第二十一次会议	陈雪芹	任命为人民陪审员
6月27日	县十八届人大常委会第二十一次会议	叶丽丽	任命为人民陪审员
6月27日	县十八届人大常委会第二十一次会议	石笙权	任命为人民陪审员
6月27日	县十八届人大常委会第二十一次会议	叶庆文	任命为人民陪审员
6月27日	县十八届人大常委会第二十一次会议	朱爱萍	任命为人民陪审员
6月27日	县十八届人大常委会第二十一次会议	王世兴	任命为人民陪审员
6月27日	县十八届人大常委会第二十一次会议	欧树根	任命为人民陪审员
6月27日	县十八届人大常委会第二十一次会议	张肖峰	任命为人民陪审员
6月27日	县十八届人大常委会第二十一次会议	徐志峰	任命为人民陪审员
6月27日	县十八届人大常委会第二十一次会议	范石弥	任命为人民陪审员
6月27日	县十八届人大常委会第二十一次会议	苏金其	任命为人民陪审员
6月27日	县十八届人大常委会第二十一次会议	谢世良	任命为人民陪审员
6月27日	县十八届人大常委会第二十一次会议	张勇琪	任命为人民陪审员
6月27日	县十八届人大常委会第二十一次会议	张紫亚	任命为人民陪审员
6月27日	县十八届人大常委会第二十一次会议	王爱芬	任命为人民陪审员
6月27日	县十八届人大常委会第二十一次会议	奚澄澄	任命为人民陪审员
6月27日	县十八届人大常委会第二十一次会议	董道生	任命为人民陪审员
6月27日	县十八届人大常委会第二十一次会议	朱志宇	任命为人民陪审员
6月27日	县十八届人大常委会第二十一次会议	叶文娟	任命为人民陪审员

续表5

时　间	会　议	姓　名	任免、决定或辞去职务
6月27日	县十八届人大常委会第二十一次会议	骆惠琴	任命为人民陪审员
6月27日	县十八届人大常委会第二十一次会议	邵根德	任命为人民陪审员
6月27日	县十八届人大常委会第二十一次会议	叶西辉	任命为人民陪审员
6月27日	县十八届人大常委会第二十一次会议	金海俊	任命为人民陪审员
6月27日	县十八届人大常委会第二十一次会议	吴惠明	任命为人民陪审员
6月27日	县十八届人大常委会第二十一次会议	顾海萍	任命为人民陪审员
6月27日	县十八届人大常委会第二十一次会议	莫夏芬	任命为人民陪审员
6月27日	县十八届人大常委会第二十一次会议	王志杰	任命为人民陪审员
6月27日	县十八届人大常委会第二十一次会议	吴光钿	任命为人民陪审员
6月27日	县十八届人大常委会第二十一次会议	谢贤华	任命为人民陪审员
6月27日	县十八届人大常委会第二十一次会议	张伟兴	任命为人民陪审员
6月27日	县十八届人大常委会第二十一次会议	叶国伦	任命为人民陪审员
6月27日	县十八届人大常委会第二十一次会议	蒋梦涵	任命为人民陪审员
6月27日	县十八届人大常委会第二十一次会议	陈晓海	任命为人民陪审员
6月27日	县十八届人大常委会第二十一次会议	袁　斌	任命为人民陪审员
6月27日	县十八届人大常委会第二十一次会议	陈预备	任命为人民陪审员
6月27日	县十八届人大常委会第二十一次会议	尹华君	任命为人民陪审员
6月27日	县十八届人大常委会第二十一次会议	陈　琼	任命为人民陪审员
6月27日	县十八届人大常委会第二十一次会议	陈双春	任命为人民陪审员
6月27日	县十八届人大常委会第二十一次会议	陈定邦	任命为人民陪审员
6月27日	县十八届人大常委会第二十一次会议	张素娟	任命为人民陪审员
6月27日	县十八届人大常委会第二十一次会议	沈敏娣	任命为人民陪审员
6月27日	县十八届人大常委会第二十一次会议	周陈勇	任命为人民陪审员
6月27日	县十八届人大常委会第二十一次会议	夏　立	任命为人民陪审员
6月27日	县十八届人大常委会第二十一次会议	夏科承	任命为人民陪审员
6月27日	县十八届人大常委会第二十一次会议	赖晓飞	任命为人民陪审员
6月27日	县十八届人大常委会第二十一次会议	孙　贝	任命为人民陪审员
6月27日	县十八届人大常委会第二十一次会议	肖宏杰	任命为人民陪审员
6月27日	县十八届人大常委会第二十一次会议	朱佩章	任命为人民陪审员
6月27日	县十八届人大常委会第二十一次会议	郑松林	任命为人民陪审员
6月27日	县十八届人大常委会第二十一次会议	钱勇臻	任命为人民陪审员
6月27日	县十八届人大常委会第二十一次会议	王　华	任命为人民陪审员
9月2日	县十八届人大常委会第二十二次会议	陈淑萍	决定任命为县文化和广电旅游体育局局长
9月2日	县十八届人大常委会第二十二次会议	林法星	决定任命为县卫生健康局局长
9月2日	县十八届人大常委会第二十二次会议	石雷霆	决定任命为县综合行政执法局局长

续表5

时　间	会　　议	姓　名	任免、决定或辞去职务
9月2日	县十八届人大常委会第二十二次会议	王化义	决定免去其县人民政府副县长职务(挂职)
9月2日	县十八届人大常委会第二十二次会议	聂晓东	决定免去其县人民政府副县长职务(挂职)
9月2日	县十八届人大常委会第二十二次会议	陈淑萍	决定免去其县卫生健康局局长职务
9月2日	县十八届人大常委会第二十二次会议	林法星	决定免去其县综合行政执法局局长职务
9月2日	县十八届人大常委会第二十二次会议	俞　湛	决定免去其县文化和广电旅游体育局局长职务
9月2日	县十八届人大常委会第二十二次会议	夏肖成	任命为县监察委员会委员
9月2日	县十八届人大常委会第二十二次会议	姜君杰	任命为县监察委员会委员
9月2日	县十八届人大常委会第二十二次会议	陈旭阳	免去其县监察委员会委员职务
9月2日	县十八届人大常委会第二十二次会议	朱丹海	免去其县人民检察院副检察长、检察委员会委员、检察员职务
9月2日	县十八届人大常委会第二十二次会议	刘荣华	免去其县人民检察院检察员职务
10月23日	县十八届人大常委会第二十三次会议	张微燕	决定任命为县人民政府副县长
10月23日	县十八届人大常委会第二十三次会议	朱钧铭	任命为县人大常委会代表工作委员会副主任
10月23日	县十八届人大常委会第二十三次会议	徐成前	任命为县人大常委会丹东街道工作委员会副主任
10月23日	县十八届人大常委会第二十三次会议	俞　杰	任命为县人大常委会丹西街道工作委员会副主任
10月23日	县十八届人大常委会第二十三次会议	关文来	免去其县人民检察院检察委员会委员、检察员职务
10月23日	县十八届人大常委会第二十三次会议	白赣涛	免去其县人民检察院检察委员会委员、检察员职务
10月23日	县十八届人大常委会第二十三次会议	伊勤成	免去其县人民检察院检察员职务
10月23日	县十八届人大常委会第二十三次会议	潘继跃	免去其县人民检察院检察员职务
10月23日	县十八届人大常委会第二十三次会议	钱东东	免去其县人民检察院检察员职务
10月23日	县十八届人大常委会第二十三次会议	钱愉璐	免去其县人民检察院检察员职务
12月11日	县十八届人大常委会第二十四次会议	包朝阳	决定任命为象山县人民政府副县长

自身建设

【开展主题教育】 按照县委部署要求，扎实开展“不忘初心、牢记使命”主题教育，把学习教育、调查研究、检视问题、整改落实贯穿主题教育全过程，重温入党誓词、重忆入党经历、重问入党初心，提振干部精气神。积极回应群众关切，组织学习研讨12场次，收集意见建议91条，对标检视问题15个，推动落实整改举措15项，深入基层破难题32项。通过主题教育，政治站位提高，增强“四个意识”、坚定“四个自信”、做到“两个维护”；履职尽责自觉，形成敢于担责、勇于作为的良好氛围；宗旨观念强化，彰显为民务实清廉的政治本色，确保人大工作沿着正确的方向前进。

【加强政治建设】 提高对加强政治建设的认识，确保旗帜鲜明讲政治贯穿于人大工作全过程、各环节、各方面。

9月12日，县人大常委会及机关“不忘初心、牢记使命”主题教育活动动员会

加强理论武装，把学习习近平新时代中国特色社会主义思想，作为常委会党组第一要务，领导干部带头学理论讲党课。坚持制度自信，坚定不移做人民代表大会制度的维护者、实践者、推动者。加强作风建设，以改革创新精神和积极进取姿态，主动深入调查研究，广泛征求意见建议，创造性开展工作，打造人大工作特色。加强组织建设，落实民主集中制，规范党内政治生活，开好常委会和机关两个党组民主生活会，开展批评和自我批评，落实常态化谈心谈话、民主评议党员、请示报告等制度。落实常委会党组党风廉政建设责任，严格执行中央八项规定和省市县委有关规定，强化从严治党。

11月22日，全县人大系统干部参加"习近平总书记全面依法治国新理念新思想新战略"专题讲座视频会议

【提升履职能力】 健全常委会会议、主任会议制度，落实重点发言人制度，相对固定会议召开时间，提高会议效率。完善工作机构，及时设立社会建设工作委员会，加强社会管理工作监督。发挥监察和司法委员会、财政经济委员会作用，提高专委会工作实效。深入推进学习型机关建设，制定政治理论和法律学习计划，开展"周一夜学"，落实会前学法制度。成立全县人大干部学习会，定期组织人大系统青年干部集中学习，增强干部的理论素养。适应数字化建设要求，建成掌上办公平台，推进人大信息化建设。完成《象山县人大志（续）》编写工作，在《今日象山》开设"代表督事"专栏，《象山人大简讯》直寄每位代表，"代表机关"建设的实践在全国性杂志《人大研究》发表，提高全县人大工作的影响力。

【推进乡镇街道人大工作】 落实县人大常委会领导联系乡镇街道人大工作制度，加强工作指导，帮助乡镇街道人大解决依法履职中遇到的困难和问题。深化县乡人大联动监督机制，发挥基层人大履职积极性，形成合力共为的人大工作格局。完善乡镇街道人大工作例会制度，围绕建设"三站一体"代表联络站、完善代表督事制度、跟踪监督县乡两级民生实事票决项目和代表作用发挥等主题深入交流互动，提升乡镇街道人大整体工作水平。

（县人大办　励石开）

监督与视察

【概况】 2015年11月，象山县委按照省委、市委的要求成立县委巡查工作领导小组，下设办公室作为日常办公机构，委托县纪委管理，组建3个县委巡查组，对县级部门和乡镇全面开展巡查。此时的巡查办和巡查组均为临时机构（2017年巡查更名为巡察）。2017年9月，象山县机构编制委员会正式批复同意成立县委巡察工作领导小组办公室［设主任1名，按正（科）局级配备，由县纪委领导兼任。副主任和工作人员为专职］，设在县纪委。设立3个县委巡察组［人员通过选调、转岗、抽调、挂职等方式组建。组长按正（科）局级配备，副组长、巡察专员按副（科）局级配备］。2019年3月，在全县机构改革中，县委巡察办调整为县委工作机关，为正（科）局级单位，仍然设在县纪委。配备3个行政编制，设主任1名（巡察办主任编制保留在县纪委，由纪委常委兼任），副主任1名；内设综合指导科，配备中层职数1名，为正科（股）级。2019年4月，增设县委第四巡察组。

县委巡察机构贯彻落实中央和省市县委关于巡视巡察工作的部署要求，坚持深化政治巡察，注重探索创新，完善制度机制，提高监督质效，巡察工作取得的成效。全年共开展4轮17家县级单位、168个村级党组织常规巡察，以及省市县三级联动人防系统机动巡察和工程建设领域专项巡察。累计发现各类问题1739个，移送问题线索59个，纪检监察机关转立案11人、问责23人，督促相关单位建立完善制度82项。象山县巡察工作的经验做法入编浙江省委巡视办编印的《市县巡察工作经验材料汇编》（全市仅2家单位），予以宣传推广。

【政治巡察】 按照中央巡视工作"六个围绕、一个加强"要求，制定70条检查项目清单，重点突出对中央"三大攻坚战"、扫黑除恶专项斗争和市委"六争攻坚"行动、县委"四个年"活动等重大决策部署落实情况的巡察监督，推动政治巡察落实落细。坚持把巡察与净化政治生态相结合，每巡察一个单位，就对一个单位的领导班子战斗力、干部队伍精气神等情况进行分析研判，为县委动态解决班子队伍建设存在问题提供参考。2019年由县级分管领导根据巡察反馈意见，对10个部门一把手进行约谈。坚持围绕上级决策部署和县委重点工作开展巡察监督，先后组织开展工程建设领域专项巡察和省市县三级联动人防系统机动巡察，发现并移送一批问题线索。尤其是工程建设领域专项巡察共发现各类问题33个，移送相关职能部门处理问题线索17条，推进清廉工程建设，营造良好的发展环境。

【巡审联动】 根据中共浙江省委巡视工作领导小组办公室、浙江省审计厅《关于规范巡视和审计工作协调机制的意见》精神，在2018年开展“巡审联动”试点工作的基础上进行深化，制定出台《关于建立巡审联动工作机制的实施意见》。根据被巡察党组织特点和实际，按照“资源共享、信息互通、协作联动、深度融合”的原则，采取巡审同步、联合编组、先审后巡等方式开展联动巡察，做到动员、反馈、同步完成。2019年，对县城投集团采取“巡审联动”监督检查，发现问题线索数量比其他常规巡察增加一倍以上。

【启动村（居）全覆盖巡察】 根据习近平总书记关于“要坚持党组织建到哪里，巡视巡察就跟进到哪里”的指示精神，以及中央、省委、市委推进村级巡察全覆盖的部署要求。2019年9月，象山县出台《关于开展村级党组织巡察全覆盖工作的实施意见》，制订《象山县村居延伸巡察三年行动计划（2019—2021）》，明确在2019—2021年期间，用三年时间对全县剩余的474个村（居）开展巡察［2017—2018年，在对镇乡（街道）巡察的过程中采取“1+8+x”的巡察模式，对65个村进行巡察］，确保在一届任期内实现巡察全覆盖。2019年，10月下旬至12月下旬，组织开展县委第十一轮巡察，由县委四个巡察组采取分区划片的模式对8个镇乡168个村（居）进行巡察，共发现各类问题1277个，移送相关部门处置的问题线索14个。

【工程领域专项巡察】 根据县委统一部署，2019年6月中旬至2019年9月，县委第四巡察组对该县工程建设领域开展专项巡察。巡察采取“面上自查+重点巡察”模式。18个镇乡（街道）和县级部门对2016年以来的工程项目建设情况开展自查自纠（共涉及工程项目1730个）。县委第四巡察组对县教育局、县卫健局、县经济开发区管委会、县大目湾开发管委会、县城投集团、高塘岛乡等6家单位41个工程项目进行专项巡察。在巡察过程中，还抽查其他单位的个别工程项目。共发现各类问题33个，拟移送县纪检监察机关调处的问题线索7条。

【配合开展全省人防系统上下联动巡察】 根据习近平总书记关于人防系统腐败问题的重要批示精神和省委的统一部署，省、市、县三级巡视巡察机构于11月底启动上下联动、步调一致开展人防领域专项巡察。2019年12月4日，县委启动对县人防系统开展专项巡察，由县委第二巡察组具体实施。在为期近一个月的巡察过程中，县委第二巡察组重点围绕县人防办履行主体责任情况，派驻机构履行监督责任情况，人防系统存在的违纪违法突出问题以及其他违纪违法问题等4个方面进行重点检查。共发现面上问题11个，向县纪委县监委提出2条意见建议。

【开展国有企业集中巡察】 十四届县委第九轮、第十轮对县旅游发展中心、县旅游集团、县交通集团、县城投集团、县工投集团、县水务集团等国有企业开展集中巡察。县委副书记、县长黄焕利就有关国有企业巡察情况作专门批示。县政府分管领导及时落实县国资管理中心、县发改局、县财政局、县人社局等部门，就巡察报告中重点提到的国企人员招录、资金资产管理、工程项目建设等问题提出专门整改意见。县国资管理中心及时出台5个制度性文件，加强对国有企业对监督管理。

【落实巡察反馈意见整改工作】 深化巡察意见双反馈制度，在向被巡察单位反馈的，也向分管县领导反馈，提级“交账”、传导压力。在对县城投集团、交投集团、旅投集团进行巡察反馈后，由县政府主要领导牵头，对国企落实巡察整改工作进行专题研究，并要求全县国企对照检查、未巡先改。建立整改台账，加大督办力度，对5~9轮巡察的19家单位党组织印发限期整改通知书，对大目湾管委会等整改不到位的单位进行回访督查，传递巡察不是“一巡了之”、整改不力随时跟踪督办的强烈信号。一年来，巡察反馈358个问题，整改321个，完成率89.66%，完善制度82项，挽回经济损失2601.51万元。

【巡察工作规范化建设】 制定实施《巡察报告问题底稿管理办法》。对巡察发现的问题以“一问题一底稿”予以留档备查，确保发现问题全程留痕、责任可以追溯。规范问题移送，实行问题线索集中交办制度，在每轮巡察结束后，由县委巡察办牵头，召集相关职能部门，就发现问题进行集中交办、分类处置。提高移送问题处置率，2019年度移送问题处置率达92.5%。出台《中共象山县委巡察组工作规则》和《中共象山县委巡察办工作规则》，严肃对全体巡察干部工作纪律有关要求，确保自觉接受监督，树立和维护巡察干部良好形象。要求所有参与巡察干部签订保密承诺书，严格落实保密责任。

【加强队伍建设】 一是健全机构建设。在2019年上半年的机构改革中，县委巡察办调整为县委工作机关，下设综合指导科，配备3个行政编制。增设一个县委巡察组。改选巡察机构党支部，将巡察组组长、副组长、联络员以及抽调1年以上人员的党组织关系统一转入巡察机构党支部，巡察干部的凝聚力和归属感增强。二是强化人员保障。出台《象山县委巡察人才库管理暂行办法》，在全县各镇乡（街道）、各部门选取政治素质高，纪检监察、组织人事、宣传思想、财务审计、政法信访、项目建设、“三农”管理等相关业务领域的专业人才，入编到巡察人才库，实施动态管理。共吸收140名干部到巡察人才库系统，充实县委巡察工作力量。三是注重学习培训。开展“不忘初心、牢记使命”主题教育活动，坚持周一夜学与平时自学相结合,组织全体巡察干部深入学习习近平总书记关于巡视巡察工作一系列重要论述和中共十九大精神。主题教育期间撰写调研文章13篇,为推进县巡察工作提出51条意见建议。结合村级巡察工作,组织开展全县巡察干部业务培训会,提升巡察干部政治素养和业务能力。

2019年度县委巡察工作重要会议和活动

【十四届县委第七轮巡察情况反馈会议】 根据县委统一部署,2019年1月中旬,县委第一、第二、第三巡察组分别对县经济开发区管委会、县大目湾开发管委会(松兰山管委会)、宁波影视文化产业区管委会3家单位党组织巡察情况进行反馈。县委巡察工作领导小组有关领导传达叶剑鸣书记在"五人小组"会议上的讲话精神,并对被巡察单位落实巡察整改工作提出具体要求,县委各巡察组长向被巡察单位反馈巡察意见,各被巡察单位主要负责人在会上作表态发言,县委巡察组及巡察办有关同志出席会议。

【县委发文明确县委巡察办为县委工作机关】 2019年3月29日,县委办公室印发《关于〈中共象山县委巡察工作领导小组办公室职能配置、内设机构和人员编制规定〉的通知》,明确县委巡察办为县委工作机关,设在县纪委,为正科(局)级单位,配备行政编制3名,明确县委巡察办的职能配置、内设机构和人员编制规定。

【县委第四巡察组成立】 2019年4月,县委机构编制委员会批复同意增设县委第四巡察组。至此,县委共设立4个巡察组。

【十四届县委第九轮巡察进点动员会议】 根据县委统一部署,2019年3月底至4月初,县委第一、第二、第三巡察组分别到县旅游发展中心、县旅游集团、县交通集团、县高速公路指挥部、县城投集团5家单位陆续召开进点动员会,正式开展进驻巡察。

【县委巡察工作推进会暨全县警示教育大会】 2019年5月28日上午,县委巡察工作推进会暨全县警示教育大会县委党校第一报告厅举行。会议的主要任务是学习贯彻习近平新时代中国特色社会主义思想,贯彻落实中央、省委、市委关于加强巡视巡察工作,以及省委、市委开展警示教育月活动的部署要求,全面部署新一轮巡察工作和警示教育活动,优化政治生态,推进清廉象山建设,以取得全面从严治党更大成果。县四套班子领导,县人民法院院长、县人民检察院检察长,其他现职副县级领导;县委巡察工作领导小组成员;镇乡(街道)党政主要负责人,县级各部门党政主要负责人;县委巡察组组长,镇乡纪委(街道纪工委)书记,各派驻纪检监察机构负责人;县纪委县监委机关、县委组织部有关科室负责人,县委巡察机构全体工作人员参加会议。县委书记叶剑鸣出席会议,并作重要讲话,对县委巡察工作提出两方面意见:一是正视成绩、剖析问题,增强做好县委巡察工作的责任感和紧迫感;二是聚焦问题、真抓真改,全面提升县委巡察工作的质效。

【十四届县委第八轮巡察情况反馈会议】 根据县委统一部署,2019年4月中旬,县委第一、第二、第三巡察组分别对县残联、县工商联、县民政局(老龄办)、县编委办、县人力社保局5家单位党组织巡察情况进行反馈。县委巡察工作领导小组有关领导传达叶剑鸣书记在"五人小组"会议上的讲话精神,并对被巡察单位落实巡察整改工作提出具体要求,县委各巡察组长向被巡察单位反馈巡察意见,各被巡察单位主要负责人在会上作表态发言,县委巡察组及巡察办有关同志出席会议。

【十四届县委第十轮巡察进点动员会议】 根据县委统一部署,2019年6月17—21日,县委第一、第二、第三巡察组分别到县水务集团、县工投集团、县发改局、县统计局、县财政局、县金融办6家单位陆续召开进点动员会,正式开展进驻巡察。县委第四巡察组启动工程建设领域专项巡察,对政府性资金投入较多、涉及面较广的县教育局、县卫健局、县经济开发区管委会、县大目湾开发管委会、县城投集团、高塘岛乡6家单位进行重点巡察。

【十四届县委第九轮巡察情况反馈会议】 根据县委统一部署,2019年8月下旬至9月中旬,县委第一、第二、第三巡察组分别对县旅游发展中心、县旅游集团、县交通集团、县高速公路指挥部、县城投集团等5家单位党组织巡察情况进行反馈。县委巡察工作领导小组有关领导传达叶剑鸣书记在"五人小组"会议上的讲话精神,并对被巡察单位落实巡察整改工作提出具体要求,县委各巡察组长向被巡察单位反馈巡察意见,各被巡察单位主要负责人在会上作表态发言,县委巡察组及巡察办有关同志出席会议。

【十四届县委第十一轮巡察(村级巡察)工作动员会议】 2019年10月18日上午,十四届县委第十一轮巡察(村级巡察)工作动员会议在南部新城3号楼13楼会议室召开。根据县委统一部署,十四届县委第十一轮巡察对西周镇等8个镇乡(街道)所属168个村开展巡察。县委巡察办、各巡察组全体成员,各镇乡(街道)党委副书记以及西周镇等8个镇乡(街道)纪委书记、组织委员参加会议。会议由县委巡察办主任林峰主持,县委常委、县纪委书记、县监委主任陈善方出席会议并讲话。陈善方对本轮巡察工作提出三点意见:一是提高政治站位,深刻理解村级巡察的重要意义。二是坚定政治方向,准确把握村级巡察工作的重点。三是强化政治担当,共同完成县委交给的巡察任务。动员会议结束后,马上组织开展为期1天的村级巡察业务培训会,提高巡察干部业务水平。县委四个巡察组于10月下旬分别到西周镇、定塘镇、墙头镇、涂茨镇、大徐镇、晓塘乡、黄避岙乡、高塘岛乡8个镇乡召开进点动员会议，正式启动对168个村级党组织巡察工作。

【宁波市委巡察办副主任鲍亦君一行到象山调研】 2019年11月21日上午，宁波市委巡察办副主任鲍亦君带队调研象山县委巡察工作。会上，县委巡察办主任林峰介绍象山近几年的巡察工作，并对2020年的工作思路进行汇报。鲍亦君对象山党委巡察工作取得的成绩进行肯定。

【十四届县委第十轮巡察情况反馈会议】 根据县委统一部署，2019年12月初，县委第一、第二、第三巡察组分别对县水务集团、县工投集团、县发改局、县统计局、县财政局、县金融办等6家单位党组织巡察情况进行反馈。县委巡察工作领导小组有关领导传达叶剑鸣书记在“五人小组”会议上的讲话精神，并对被巡察单位落实巡察整改工作提出具体要求，县委各巡察组长向被巡察单位反馈巡察意见，各被巡察单位主要负责人在会上作表态发言，县委巡察组及巡察办有关同志出席会议。

【十四届县委第十二轮巡察进点动员会议】 根据县委统一部署，2019年12月上旬，县委第一、第二、第三、第四巡察组分别到县房屋征收办、县住房公积金中心、县住建局、县经信局、县招商发展中心、县国资管理中心等6家单位陆续召开进点动员会，正式开展进驻巡察。根据省市县三级联动巡察要求，县委巡察工作领导小组安排县委第二巡察组对县人防系统开展专项巡察。

（县委巡察办　梅锐洋　姜琪妍）

象山县人民政府

综　述

【概况】　2019年是新中国成立70周年。一年来,面对国内外风险挑战明显上升的复杂局面,县政府坚持以习近平新时代中国特色社会主义思想为指导,贯彻省委"'八八战略'再深化、改革开放再出发"、市委"六争攻坚、三年攀高"决策部署,在县委的正确领导下,在县人大、县政协的监督支持下,团结依靠广大干部群众,坚定不移实施"双突破双驱动"战略,突出稳企业、增动能、保平安,以"三服务"的非常之功做好"六稳"工作,全县经济社会发展取得新的成绩。完成地区生产总值548.6亿元、同比增长5.5%,财政总收入76.9亿元、同比增长7.8%,城乡居民人均可支配收入分别同比增长7.4%、8.3%。承办全国乡村治理现场会,"村民说事"写入中央文件。

【经济运行总体平稳】　注重审时度势、综合施策,稳定企业发展,加快打造产业集群,扎实推动经济高质量发展。工业强县推进。完成规上工业增加值126亿元、同比增长3.6%,战略性新兴产业、高端装备制造业增加值分别同比增长19.5%、10.9%。开展精准服务企业活动,减免税费18.5亿元,帮助转贷8亿元。实施金融支持制造业发展20条措施,普惠小微贷款同比增长23.1%,企业贷款平均利率下降0.11个百分点。落实市稳外贸新10条,应对经贸摩擦,完成出口184.5亿元。加强企业培育,新增规模以上企业70家、亿元企业5家、市单项冠军企业2家,华翔电子入选省雄鹰行动培育企业,锦浪科技上市。推动企业智能化改造,实施"机器换人"项目20个,合力模具建成全县首个市级数字化车间。加快重点平台开发建设,经济开发区动建项目23个、引进落户企业28家,象保合作区生产力中心竣工投用,浙台(象山石浦)经贸合作区下湾门航道对外开放。引导建筑企业做强做优,获国家工程质量奖7项,龙元集团承接PPP项目投资额居全国民营企业第三,宏润集团研发出国内首台盾构机换刀机器人。全域旅游提档升级。创建国家全域旅游示范区,接待游客人次、旅游综合收入分别同比增长16.1%、18%。松兰山国家级旅游度假区建设扎实推进,影视城AAAAA级旅游景区创建稳步开展、获评省重点文化产业园。新增省3A级以上景区镇5个、A级以上景区村46个、精品民宿20家,茅洋乡获评省旅游风情小镇、省乡村旅游产业集聚区,黄避岙乡被评为市乡村全域旅游示范区,晓塘乡海之湾户外运动基地投入运营。全域旅游营销联盟组建运行,联合举办推广活动12次,"嗨象山"品牌打响。服务业提质增量。完成服务业增加值233.9亿元、同比增长6.9%。提升商贸品质,完成商品销售总额539.4亿元、同比增长12.4%,网络零售总额16.3亿元、同比增长20%。创成省放心农贸市场5家,新增放心消费示范单位271家。举办第十七届宁波象山海鲜美食节,"四季十六碗"得到推广。有序发展金融业,引进金融机构2家,推行公共管理综合保险,存贷款余额分别同比增长14.6%、8.4%。农渔业稳步发展。实施农业"亩均超万美元"工程,完成农业增加值79.4亿元、同比增长3.4%。建成省特色农业强镇2个、市多彩农业美丽田园5个、市种质资源场8个,定塘镇列入国家农业产业强镇示范建设名单,泗洲头镇里坑村被评为全国"一村一品"示范村。强化品牌、科技带动,举办农业博览会,象山柑橘入选国家农业品牌目录,枫康项目通过国家农业标准化示范区验收,获评国家农产品质量安全县、省农业"机器换人"示范县。建设现代渔港经济区,创成国家渔业健康养殖示范县。

【发展后劲持续增强】　聚焦开放融合、改革创新,加快发展质量、效率、动力变革,为区域发展注入新活力。重大战略对接。召开融入长三角区域一体化发展会议,成立长三角(上海)合作联络中心,拓展合作空间。落实省"四大建设",参与南湾新区发展规划编制,深化撤县设区研究,加强城际铁路、沿海高铁对接谋划,入选省大花园典型示范培育单位。全面启动国家级宁波海洋经济发展示范区主体区建设,抓牢30项重点任务,完成海洋产业增加值100亿元。试行养殖用海"三权分置",出让海域使用权51宗。项目建设成效明显。开展重大项目突破年活动,完成固定资产投资220.2亿元、同比增长16%,高新技术产业投资、民间投资分别同比增长22.6%、13.2%。签约亿元以上项目40个、10亿元以上项目10个,实际利用外资1.2亿美元,利用内资突破百亿元。首个百亿项目中化膜产业生产基地开工,新建或投产亿元以上工业项目40个,完成工业投资64.6亿元、同比增长27.2%。象山影视学院一期建成,浙江广电象山影视基地三期开工,亚帆中心主楼结顶,沙滩排球场馆动建。高速定塘连接线基本建成,石浦高速完成总工程量50%,石浦客运中心完成PPP招标。重点改革加快推进。开展营商环境提升年活动,以“最多跑一次”改革为牵引,集中整治15个短板问题,列全国营商环境百强县第47位。所有民生事项开通网上办理、实现一证通办,99%政务服务事项掌上办理,650个事项全县通办,216项证明事项取消。企业开办实现一日办结,一般企业投资项目审批“最多90天”,新批工业用地全部“标准地”出让,295个企业首违免罚事项公布实行。开展增收节支推进年活动,深化投融资体制改革,国企整合重组加速推进,象港集团组建运行,全民所有制企业公司制改制基本完成,国企总资产同比增长18.6%。从严压缩公务支出,一般性支出同比压减8.2%。深化“亩均论英雄”改革,工业企业综合评价实现全覆盖,亩均税收同比增长17.3%。创新能力增强。全社会研发费用增长27%,新增高新技术企业22家、总量突破100家,列全国科技创新百强县第52位。机械科学研究总院南方中心挂牌运作并举办中韩先进制造技术研讨会,中国电子科学研究院创新分中心开展合作研究,中化膜研发创新中心成立,科创中心入驻企业69家。深化质量强县建设和知识产权培育,新认定“浙江制造”标准4项、“品字标”企业3家,新增注册商标1350件、授权发明专利178件。加强高层次人才引育,新增各类高层次人才287名。

【美丽象山形象显现】 突出规划引领、功能完善,开展国土空间规划编制,统筹城乡发展和环境治理,城乡面貌持续改善。美丽县城建设扎实推进。实施“迎接亚运、城市双修”行动,环城西路、塔山遗址公园加快建设,天安路完成改造,美丽街区一期完工,评为省海绵城市优秀县。棚改征迁清零成效明显,一至三期所有房屋拆除,四期房屋拆除完成80%,五期全部签约,征迁面积累计超过百万平方米。拆后区块加快开发,青草巷特色街区基本建成,老城区开发一期5个区块完成土地出让。10个城中村改造全面启动,老旧小区改造完成8万平方米。实施打造“最清洁县”创建全国文明城市行动,列入新时代文明实践中心工作全国试点县,通过国家卫生县城复评,创成省文明县。改善群众出行条件,新增公共停车位305个,“照亮百姓回家路”行动更换路灯4436盏。加快建设大目湾新城,动建功能性项目6个,完成投资23.1亿元。美丽镇村建设持续深化。健全小城镇环境整治长效机制,石浦老城区改造二期房屋腾空91%,西周、鹤浦创成国家卫生镇,南部海岛整体纳入省十大海岛公园重点培育。深化美丽乡村“千万工程”,成为全国乡村振兴示范县先行创建单位,建成省新时代美丽乡村精品村41个、市级以上美丽宜居示范村12个、市美丽乡村示范镇村7个、风景线3条,泗洲头镇墩岙村获评中国美丽休闲乡村。推动美丽乡村向富丽乡村转变,农村宅基地“三权分置”改革激活闲置资源,引进乡村产业项目25个,各类农村产权交易达到1.3亿元。推进城乡基础设施建设,丹大线公路改建工程、110千伏新桥变建成投用,农村供水“一户一表”改造完成2.2万户,5G网络实现中心城区全覆盖。美丽环境建设。打好污染防治攻坚战,整改国家海洋督察反馈问题12个、省级环保督察反馈问题11个,获评全国节水型社会建设达标县、省清新空气示范区。建成市美丽河道2条、“污水零直排区”4个,改造农村污水处理终端122个。完成“三改”69.1万平方米、拆违53.9万平方米,土地综合整治1.4万亩、修复海岸线9.1千米,“大棚房”整治工作走在全市前列,通过省“无违建县”复评。建成环象绿道50千米,提质优化森林5729亩,创成省森林城镇3个、“一村万树”示范村5个,列入国家森林城市创建单位。生活垃圾焚烧发电项目启动、主体工程全面建设,五大分类收运体系初步建立,分类处置基本实现城乡全覆盖。

【公共服务改善】 围绕均衡普惠、提质增效,尽力加大民生投入,民生支出占财政总支出75.8%,民生实事项目完成。社会保障提标扩面。城镇登记失业率1.8%,创成省“无欠薪县”。12种常见慢性病纳入城乡居民医保,与上海、江苏实现门诊就医直接结算。新建区域居家养老服务中心5家,居家养老政府购买服务全面实施。建成燕山陵园,殡葬事项实现全程网上办理,殡葬改革入选全国试点优秀案例。新增公共租赁房保障家庭1560户,改造城乡危旧房18万平方米。健全救助主动发现机制,发放社会救助金1.1亿元、慈善救助金4737万元。精准扶持低收入群体,低收入农户收入同比增长12.1%,东西部扶贫、山海协作任务落实。建立退役军人三级服务保障体系,完成年度征兵任务,蝉联省双拥模范县“八连冠”。社会事业协调发展。弘扬社会主义核心价值观,评选表彰首届象山道德模范、首届最美退役军人,“善行象山”品牌得到巩固。深化海洋文化强县建设,获批国家级海洋渔文化生态保护区,中国农民丰收节暨第二十二届中国开渔节举办。推动全民体育健身,承办世界无人机锦标赛等省级以上赛事7个。加强教育改革创新,委托定向培养乡村小学全科教师30个,“活动进校园”治理成效明显,实验小学实行集团化办学,丹城六小建成投用,改扩建乡村学校、幼儿园6所。开展居民健康素养提升行动,国家慢性病综合防控示范区创建,医共体建设、医养结合工作走在省市前列,县中医院迁建工程主体完工。创成国家级数字档案馆。完成第四次全国经济普查。平安建设创新推进。探索基层治理模式,“大徐经验”得到市委肯定推广,社会组织工作在全省作经验交流,评为全国社会治理创新典范县。完善群众诉求办理体系,社会矛盾纠纷调处化解中心建成运行,集中化解信访积案45件。建设法治象山、信用象山,获评全国“七五”普法中期先进县、省信用县,涂茨镇旭拱岙村等19个村评为省善治村。开展扫黑除恶专项斗争,严厉打击电信网络诈骗、毒品犯罪等违法行为,社会面防控警情同比下降23%。把牢意识形态主导权,县融媒体中心建成启用,热点舆情妥善处置。集中力量开展涉海涉渔领域“平安守护”行动，优化重构指挥、执法、责任体系，事故多发态势得到遏制。开展安全生产整治百日大会战等行动，集中治理消防、交通等领域和危化品使用单位、“两小”企业安全隐患，安全事故、死亡人数分别同比下降24%、30%。推行食品安全红黑榜制度，新建阳光厨房200家、农村家宴“放心厨房”25家。健全大应急体系，强化应急救援演练，防御“利奇马”超强台风等自然灾害。

【政府建设加强】 紧扣实干担当、勤勉履职，深化政府“两强三提高”行动，开展作风建设深化年活动，政府服务水平提升。“不忘初心、牢记使命”主题教育扎实开展。牢牢把握总体要求，引导党员干部通读精读规定书目，开展专题研讨，狠抓问题检视整改，增强“四个意识”，坚定“四个自信”，做到“两个维护”。推进“一线蹲点三服务”活动，为群众解决各类问题274个。落实减轻基层负担30条措施，实施精准抓落实10项制度，三类精简文件数量、督查考核事项分别同比下降40.9%、73.5%。依法行政推进。执行重大事项向人大报告、与政协协商制度，办理人大代表建议165件、政协委员提案162件。修订政府工作规则，完善重大行政决策程序，开展“两规范两提高”活动，行政行为更加规范。预防化解行政争议，优化行政复议程序，案件平均审理期限缩短27.5%。完成政府机构改革，政府数字化转型扎实推进，机关内部“最多跑一次”实现率达到80%。廉政建设持续强化。落实清廉象山建设任务，履行全面从严治党主体责任，支持纪检监察机关监督执纪，始终保持反腐败高压态势。深化作风建设“三问三治”，坚决防止“四风”问题反弹回潮，问责干部188人。全面推行自然资源资产审计，健全国企国资监管机制，强化工程建设、政府采购等重点领域监管，廉政风险防控体系完善。试行乡财县管模式，财政预算绩效管理得到加强。深化清廉乡村建设，农村“三资”管理、信访秩序规范。

重要政事

【县政府第二十四次常务会议】 2019年1月21日下午，县长黄焕利主持召开县政府第二十四次常务会议，陈兴立、干维岳、周坚栋、石坚定、宣业靖、张有为等参加会议，县人大常委会副主任伊珍林应邀出席会议。会议听取并原则同意县委改革办提交的《投融资平台架构调整建议方案(送审稿)》。听取并原则同意县农业农村局提交的《“象山柑橘”地理标志证明商标和区域公用品牌使用管理办法(送审稿)》。听取并原则同意县农业农村局提交的《象山县畜禽养殖污染防治管理办法(送审稿)》。听取县农业农村局关于“大棚房”问题专项清理整治行动的汇报。听取并原则同意县自然资源和规划局提交的《象山县国有划拨土地使用权补办出让的若干意见(送审稿)》。听取并原则同意县自然资源和规划局提交的《象山县规划设计院改制实施方案(送审稿)》。听取并原则同意县招商局提交的《关于全面加强招商引资工作的若干意见(送审稿)》。听取县应急管理局关于全县安全生产工作情况的汇报。听取并原则同意县退役军人事务局关于退役军人就业帮扶有关事项的汇报，要求严格执行中央、省市有关文件要求，做好退役军人就业帮扶工作。会议还听取并原则同意县金融办提交的关于公共管理综合保险试点工作方案的汇报，同意采用单一来源采购方式实施。传达学习十九届中央纪委三次全会、省纪委十四届四次全会和市纪委十三届三次全会精神，要求各地各部门学习领会，抓好贯彻落实。会议还审议通过《县政府党组民主生活会方案(送审稿)》。

【县政府第二十五次常务会议】 2019年2月27日下午，县长黄焕利主持召开县政府第二十五次常务会议，陈兴立、干维岳、王化义、聂晓东、周坚栋、石坚定、宣业靖、钮晶莹、穆锦斌、方炜、张有为等参加会议，县人大常委会副主任陈柳松、县政协副主席莫俶茜应邀出席会议。会议听取并原则同意县金融办提交的《关于金融支持制造业发展的若干意见(送审稿)》。会议认为，该实施意见，是贯彻中央、省市经济工作会议和金融工作会议精神的重要举措，有利于加快促进产业转型升级和新旧动能转换，深化工业强县建设。会议要求，县金融管理部门要建立健全政银保企合作机制，合力推动金融支持制造业发展；要落实省市和县委县政府服务企业要求，优化融资担保转贷体系，强化信贷产品创新，提高金融服务水平。会议要求根据讨论意见作修改完善后印发实施。听取并原则同意县科技局提出的关于中国机械研究总院南方中心有关情况的汇报。听取并原则同意县住建局提交的关于加快推进中心城区四期棚改征迁清零工作的情况汇报。听取并原则同意县府办提交的《2019年政府工作报告目标任务责任分解(送审稿)》。听取并原则同意县工投集团提出的关于收购工业企业的汇报；听取并原则同意县建管局提出的关于建筑企业帮扶的汇报。

听取生活垃圾焚烧发电项目、扫黑除恶专项斗争开展情况的汇报。会议还审议通过县政府领导班子成员工作分工调整事项。

【县政府第二十六次常务会议】 2019年4月28日上午，县长黄焕利主持召开县政府第二十六次常务会议，陈兴立、周坚栋、石坚定、宣业靖、穆锦斌、张有为等参加会议，县人大常委会副主任胡建萍、县政协副主席欧亚群应邀出席会议。会议听取并原则同意县国资局提交的《关于宁波影视文化产业发展有限公司重组改制实施方案(送审稿)》。听取并原则同意县综合行政执法局提交的《关于加强小城镇环境综合整治长效管理的实施意见(送审稿)》。听取并原则同意县住建局提交的《象山县市政道路及设施管理办法(送审稿)》。听取并原则同意县住建局提交的《关于开展新一轮城中村改造的实施意见(送审稿)》。听取并原则同意县房屋征收办提交的《象山县征收集体所有土地房屋拆迁补偿实施办法（送审稿）》。听取并原则同意县总工会提出的关于县工人文化宫拆迁置换方案有关情况的汇报。会议听取并原则同意县经信局提出的关于授予宁波锦浪新能源科技股份有限公司董事长“经济发展功臣”荣誉称号并兑现奖励政策的汇报。会议听取并原则同意县府办提出的关于2019年度县政府重大行政决策目标的书面汇报。会议还组织学习担保法。

【县政府第二十七次常务会议】 2019年6月13日上午，黄焕利县长主持召开县政府第二十七次常务会议，陈兴立、干维岳、周坚栋、石坚定、钮晶莹、穆锦斌、范建富、张有为等参加会议，县人大常委会副主任胡建萍、县政协副主席杨盛昂应邀出席会议。会议听取并原则同意县自然资源和规划局提交的《象山县国土空间规划编制工作方案（送审稿）》。听取并原则同意县财政局提交的《关于盘活利用资产资源的工作方案（送审稿）》。听取并原则同意象山经济开发区管委会提出的关于推进膜产业生产基地和膜研发创新中心项目会谈备忘录的汇报。听取并原则同意县工投集团提出的关于与国投创新、宁波工投合作共建先进制造（宁波）产业投资基金的汇报。听取并原则同意县教育局提交的《关于定向培养乡村小学全科教师的实施意见（送审稿）》。听取并原则同意县扶贫办提交的关于对口帮扶协作工作的汇报。听取并原则同意县人力社保局提出的关于县挂靠人员养老保障有关情况的汇报。听取县委政法委关于中央扫黑除恶督导组下沉省督导发现问题整改工作情况的汇报。听取并原则同意关于旅游产业扶持政策实施细则有关情况的书面汇报。会议还组织学习《宁波市河道管理条例》，由县水利和渔业局讲解。

【县政府第二十八次常务会议】 2019年7月18日上午，黄焕利县长主持召开县政府第二十八次常务会议，陈兴立、干维岳、周坚栋、范建富、张有为等参加会议，县人大常委会副主任陈柳松、县政协副主席励茂平、县人武部政委邬火龙应邀出席会议。会议听取并原则同意县自然资源和规划局提交的《关于调整工业用地出让指导价格的意见（送审稿）》。听取并原则同意县自然资源和规划局提交的《象山县违建别墅清查整治专项行动实施方案（送审稿）》。听取并原则同意县自然资源和规划局提出的关于围填海历史遗留问题有关情况的汇报。听取并原则同意县水利和渔业局提交的《宁波市象山渔港经济区建设规划（2018—2025）（送审稿）》。听取并原则同意县应急管理局提交的《象山县防汛防台应急预案》《象山县抗旱应急预案（送审稿）》。听取并原则同意县发展和改革局提交的《2019年象山县海山协作工作要点（送审稿）》。听取并原则同意县发展和改革局提出的关于综合功能服务站建设有关情况的汇报。听取并原则同意县石浦渔港旅游开发中心提出的关于与乌镇方合作打造石浦渔港古城旅游目的地有关情况的汇报。听取并原则同意县国有资产管理中心提出的关于提高国有资本收益收取比例情况的汇报。

【县政府第二十九次常务会议】 2019年8月13日晚上，黄焕利县长主持召开县政府第二十九次常务会议，干维岳，石坚定、钮晶莹、穆锦斌、张有为参加会议。

会议传达学习省委常委会关于研究防台救灾工作的重要指示精神。会议指出，9号超强台风“利奇马”风力强、雨量大、影响范围广，全县12级以上大风持续17个小时，面雨量逾300毫米，西周寒山站达到548.8毫米，直接经济损失约4.9亿元。面对巨大的挑战，全县上下高度重视、压实责任、科学指挥，应急响应及时，预泄预排到位，人员转移迅速，完成防台各项任务。会议强调，要贯彻落实省委常委会以及省市抢险救灾和灾后重建视频会议精神，弘扬浙江精神，抓好防范次生灾害、做好卫生防疫、恢复群众正常生活和帮助企业尽快恢复生产等重点工作，不等不靠重建美好家园，夺取抗灾救灾工作全面胜利。会议要求，全县上下要总结此次防台防汛工作的好经验、好做法，在预排预泄、信息畅通、应急建设等方面找差距、补短板，做好灾后恢复工作。要继续抓好渔业安全生产，落实安全主体责任，守牢海上安全底线。要有序抓好生产秩序恢复，重点加强农资供应保障，做好受灾理赔。要加快基础设施抢修，尽快恢复毁坏供电设施，抓紧清理损坏路段和行道树。要强化正面舆论引导，宣传防台救灾先进事迹，增强干部群众灾后恢复生产生活的信心。

【县政府第三十次常务会议】 2019年8月26日下午，黄焕利县长主持召开县政府第三十次常务会议，陈兴立、干维岳、周坚栋、钮晶莹、张有为等参加会议，县人大常委会副主任陈柳松、县政协副主席欧亚群应邀出席会议。会议审议并原则同意县发改局提交的《象山县“十四五”规划编制工作方案（送审稿）》。审议并原则同意县发改局提交的《2019年国有（政府）投资项目年中调整计划（送审稿）》。审议并原则同意县国资管理中心提交的《县政府直属企业经营业绩分类考核与职工薪酬激励试行办法（送审稿）》。听取并原则同意县政务办提出的关于优化县国有产权交易体制的汇报。审议并原则同意县政务办提交的《象山县招标投标管理办法（送审稿）》。审议并原则同意县自然资源和规划局提交的《中心城区城中村改造专项规划（送审稿）》。审议并原则同意县自然资源和规划局提交的《象山县农村宅基地建房管理办法（送审稿）》。审议并原则同意县自然资源和规划局提交的《象山县农村宅基地及住房确权登记发证实施细则（送审稿）》。审议并原则同意《象山县行政机关负责人出庭应诉工作规定（送审稿）》《象山县人民政府工作规则（送审稿）》《象山县人民政府重大决策出台前向县人大报告制度（送审稿）》，要求根据讨论意见作修改完善后印发实施。听取县2019年上半年债务化解工作、机械科学研究总院南方中心项目等有关情况的汇报。会议还组织学习《宁波市生活垃圾分类管理条例》，由县综合行政执法局讲解。

【县政府第三十一次常务会议】 2019年9月29日下午，县长黄焕利主持召开县政府第三十一次常务会议，陈兴立、干维岳、周坚栋、石坚定、钮晶莹、普布次旦、范建富、张有为等参加会议，县人大常委会副主任应伟刚、县政协副主席周平飞应邀出席会议。会议听取县应急管理局关于安全生产工作有关情况的汇报，审议并原则同意《象山县安全生产委员会组织结构设置及工作规则》《关于贯彻落实宁波市推进城市安全发展的实施意见（送审稿）》。审议并原则同意县商贸集团筹备组提交的《象山县商贸集团有限公司组建方案（送审稿）》。审议并原则同意县综合行政执法局提交的《关于贯彻〈宁波市生活垃圾分类管理条例〉加强象山县生活垃圾分类管理的实施意见（送审稿）》。审议并原则同意县农业农村局提交的《象山红美人柑橘产业高质量高水平发展扶持办法（送审稿）》。听取并原则同意2019年县重点工程建设项目调整情况、县政府和县府办行政规范性文件清理结果的工作汇报。

【县政府第三十二次常务会议】 2019年10月16日上午，县长黄焕利主持召开县政府第三十二次常务会议，陈兴立、干维岳、石坚定、钮晶莹、穆锦斌、普布次旦、范建富、张有为等参加会议，县人大常委会副主任胡建萍、县政协副主席叶富兴应邀出席会议。会议听取并原则同意县发改局关于风电装备产业有关情况的汇报。审议并原则同意县自然资源和规划局提交的《象山县国家森林城市总体规划（2018—2035）（送审稿）》。听取县农业农村局、县商务局关于生猪稳产保供工作有关情况的汇报。审议并原则同意县民政局提交的《象山县居家养老政府购买服务实施办法（送审稿）》。审议并原则同意县经信局提交的《关于调整城镇土地使用税适用税额的通知（送审稿）》《关于施行城镇土地使用税分档差别化奖励政策的通知（送审稿）》。组织学习《生产安全事故应急条例》，由县应急管理局讲解。

【县政府第三十三次常务会议】 2019年10月28日上午，县长黄焕利主持召开县政府第三十三次常务会议，陈兴立、石坚定、钮晶莹、穆锦斌、普布次旦、范建富、张微燕、吴志辉、张有为等参加会议，县人大常委会副主任胡建萍、县政协副主席莫俶茜应邀出席会议。会议听取关于迎接第二轮中央生态环境保护督察有关情况汇报。审议并原则同意关于保障重点旅游项目落地的有关事宜。审议并原则同意关于出资参股宁波市融资担保有限公司有关事宜。学习传达省市扫黑除恶专项斗争推进会精神，听取县扫黑除恶专项斗争情况汇报。审议并原则同意《老城区开发投资战略合作协议（送审稿）》。审议通过《县政府领导工作分工方案（送审稿）》《象山县人民政府及其各部门任命的国家工作人员宪法宣誓实施办法》。组织学习《象山县生态“坡地村镇”建设政策》，由县自然资源和规划局讲解。

【县政府第三十四次常务会议】 2019年12月18日下午，代县长包朝阳主持召开县政府第三十四次常务会议，陈兴立、周坚栋、石坚定、穆锦斌、范建富、张微燕、张有为等参加会议，县人大常委会副主任应伟刚、县政协副主席欧亚群、县人武部部长凌晓辉应邀出席会议。审议并原则同意《象山县生态环境保护工作职责规定（送审稿）》。听取2019年国民经济和社会发展计划指标2018年完成情况，审议并原则同意2020年经济社会发展主要指标安排。审议并原则同意2020年全县国有（政府）投资项目计划安排。审议并原则同意2020年全县重点工程项目安排。审议并原则同意2020年全县民生实事候选项目。审议并原则同意2020年《政府工作报告（送审稿）》。组织学习“个人所得税”政策解析，由县税务局讲解。

办公室工作

【概况】 县政府办公室是协助县政府领导处理日常工作的综合性办事机构，参与政务、事务管理，发挥参谋和助手作用，为领导服务，为机关服务，为基层服务。根据《象山县机构改革方案》，机构改革后内设秘书科、综合一科、综合二科、政务信息科、接待科（挂县委县政府接待办公室牌子）、工业科技科、社会事业科、建设交通科、农业农村科、商贸金融科、口岸海防打私科，象山县政府发展研究中心为下属事业单位。县委外事工作委员会办公室设在县府办（县外办），设置县委外办协调科，负责处理县委外办的日常事务，指导涉党际、民间组织和社会组织对外交往。

【强化研究谋划】 围绕政府中心工作，勤勉履职，务实苦干，提高调研、政务信息的综合处理水平，为县政府决策提供有价值的参谋意见。一是加强调查研究。推行全办调研制度，结合“三服务”活动，加强宁波国家海洋经济发展示范区主体区建设、沿海高铁等事关象山发展的重大课题调查研究，完成主动承接宁波主城区功能研究、智能制造发展等调研课题，为领导决策提供可靠依据。注重借智借力，开展与宁波大学、上海海洋大学、上海前滩研究院等智库机构的交流合作，加快海洋经济调研课题成果转化。二是落实全办报信息制度，发挥各线各科室自身优势，夯实年度考核任务，倒逼全员参与信息编写报送，为领导施政提供第一手资料。2019年以来共编发政务信息198期，被市级以上录用信息230篇，其中获市级以上领导批示17篇。做好各类文稿撰写，完成各种材料150余篇，一批文稿获得领导肯定。三是发挥辅政作用。树立“身在兵位、胸为帅谋”意识，从全局高度去谋划思考问题，为政府决策提供依据。协助谋划国企市场化转型，有序推动各项改革工作并取得一定成效，探究寻求投融资改革的路径，形成国有平台“1+9+X”的组织架构体系，AA以上国有企业达到6家。协助推进三大医共体集团建设，服务范围覆盖全县，实现能力有提升、群众得实惠、改革见成效，海岛医共体建设在全省医共体推进会议上作为唯一非试点县做经验交流。

【强化执行力度】 坚持高质量、严要求、创一流的标准，围绕全县大局，实施点对点跟进、实打实破难，确保抓一项成一项、干一件成一件。一是促发展。落实县级领导领衔重大项目制度，开展重大项目突破年活动，争抢大项目、好项目。服务重大项目落地，中化膜项目10月19日正式开工，机械科学研究总院南方中心11月14日正式揭牌，全县共签约亿元以上项目33个，投资总额373亿元。优化资源要素市场化配置，开展农村集体经营性建设用地入市，落实养殖用海确权、浅海滩涂有偿使用，推进"三权分置"改革。其中农村宅基地"三权分置"改革被中央主流媒体报道、获农业农村部肯定。继续深化"最多跑一次"改革，实现100%民生事项"一证通办"，首批取消64项证明，很多做法走在全市的前列。二是抓攻坚。全面完成棚改四期1516户征迁清零，累计实施棚改面积64万平方米。推进生活垃圾焚烧发电项目，项目主体动工建设，社会舆情平稳可控。抓好中央和省环保督察反馈问题、大棚房和违建别墅整治，牵头协调解决难点问题，实地督导落实整改举措，研究建立长效机制，创成国家生态文明建设示范区。三是防风险。完成"平安护航新中国成立70周年"维稳安保工作，扎实推进中央扫黑除恶专项斗争，深化涉海涉渔"平安守护"专项行动，开展安全生产整治百日大会战，全县社会大局和谐稳定。四是推改革。深化走乡入村"三服务"及为企服务"四必到"活动，提振基层群众满意度、优化全县营商环境。做好"最多跑一次"改革省级评估，参与研究政府数字化转型三年行动计划，主动对标省市任务要求，盯紧改革进度和实效，7项核心指标中有6项领跑全市。

【强化服务意识】 坚持"全方位、无缝隙、零差错"的高标准，一丝不苟做好服务工作，为县政府高效运行提供保障。一是建立规范高效的服务机制。按照《县政府工作规则》《县政府常务（专题）会议内部操作规定》，调整完善各项管理制度，规范会议材料，严格把关文件，实行"三核三审"，提高办文办会质量。推进"互联网+政务服务"，推广"浙政钉"、移动办公系统等应用，实现掌上智慧办公，提高办事效率。二是带头整治形式主义官僚主义。大幅削减"文山会海"，推行"多会合一"，严格控制全县性会议，实行条线公文配额制，推动文风会风持续好转。县政府及政府部门精简三类发文211件，同比减少46.7%，全县性会议91个，同比减少34.5%。少发文、发短文、少开会、开短会成效显著。三是群策群力讲协作。采取"听、汇、析"三步走模式，每月听各线汇报掌进度、每月走访基层体民情、每月座谈交流找难题，听问题、汇总问题、分析问题，发挥办公室沟通上下、协调左右、联络各方的枢纽作用，保障政府工作高效运转，做好领导的工作助手。注重加强与县委办、人大办、政协办的沟通交流与工作联络，主动协调、帮助各部门解决工作中遇到的实际困难和问题，使各方面相互衔接形成合力。加强对各类专项行动、大型会议的要素供给，做到行动有成效、会议有好评、活动有特色，如完成全国加强乡村治理体系建设工作会议、第二十二届中国开渔节等大型活动的服务保障工作。

【涉外工作】 以习近平新时代中国特色社会主义外交思想为指导，落实市委"六争攻坚、三年攀高"行动、县委"四个年"活动部署，围绕全县中心大局，推进工作创新转型，服务国家总体外交和全县经济社会发展。突出党管外事，强化县委对外事工作的决策和领导，成立外事工作委员会，出台《关于加强党政人员因公出国（境）管理工作的通知》。严格执行中央、省、市有关因公出国（境）管理工作的文件精神，建立年度预算前置审批制度及计划外人员预先审批制度，控制计划外出访。提升涉外应对处置，加强涉外安全知识教育工作，全年未发生造成不良影响的涉外突发事件。2019年度全县因公出国55人次、出境3批次4人次，2019年度县管领导出国（境）计划由原先70人缩减为60人，全年因公出国出境批次人次较2018年同期明显减少。重点推进与日本友城交流，6月底干维岳常委率团赴日本宇和岛市拜访当地政府、协会和企业，签订2019年柑橘研修生协议，得到当地新闻媒体广泛宣传报道。建立教师、医生等人员计划上报制度，规范教师、医生等企事业单位人员的出访管理。全年教师、医生出访14人次，控制在计划人次内。高质量接待日本友城代表、芬兰萨翁林纳市副市长到象山县考察交流等活动。与上海国际问题研究院就外事工作开展交流合作，3月12日至14日，邀请上海国际问题研究院杨洁勉院长到象山县开展调研，交流县外事工作思路。支持县旅游发展中心、县招商局、县住建局等部门做好景区旅游标牌标识改造、招商引资等工作。完成宁波市"茶花奖"评选工作，浙东白鹅研究所技术顾问及指导专家詹尼·皮埃尔先生被授予"茶花纪念奖"。

表6　　2019年县政府重要文件一览表

序号	文　号	文　件　名
1	象政发〔2019〕2号	象山县人民政府关于公布2018年度象山县县长质量奖获奖单位的通报

续表6

序号	文　号	文　件　名
2	象政发〔2019〕3号	象山县人民政府关于同意爵溪街道ZX42-01-02等四幅地块国有建设用地使用权出让方案的批复
3	象政发〔2019〕4号	象山县人民政府关于同意收储象山县粮食收储有限公司国有建设用地使用权的批复
4	象政发〔2019〕5号	象山县人民政府关于同意收回象山县公安局墙头镇派出所业务技术用房国有建设用地使用权的批复
5	象政发〔2019〕6号	象山县人民政府关于同意大目湾新城ZX23-02-41-1地块国有建设用地使用权出让方案的批复
6	象政发〔2019〕7号	象山县人民政府关于同意大徐镇汤鲁线东侧地块国有建设用地使用权出让方案的批复
7	象政发〔2019〕8号	象山县人民政府关于同意象山县新桥镇东溪养老院地块控制性详细规划等三个控制性详细规划的批复
8	象政发〔2019〕9号	象山县人民政府关于印发象山县人民政府森林禁火令的通知
9	象政发〔2019〕10号	象山县人民政府关于同意象山经济开发区城东工业园B-1-06b-1等两幅地块国有建设用地使用权出让方案的批复
10	象政发〔2019〕11号	象山县人民政府关于同意收购象山县贤庠镇人民政府(原贤庠中学)国有建设用地使用权的批复
11	象政发〔2019〕12号	象山县人民政府关于象山华民塑料制品有限公司“12·17”一般高处坠落事故调查报告的批复
12	象政发〔2019〕13号	象山县人民政府关于浙江博海船业有限公司“11·11”一般高处坠落事故调查报告的批复
13	象政发〔2019〕14号	象山县人民政府关于歌山建设集团有限公司“10·4”一般物体打击事故调查报告的批复
14	象政发〔2019〕15号	象山县人民政府关于同意西周镇XZ04-01-47(02)地块和黄避岙乡大林村工业地块一(3)二幅地块国有建设用地使用权出让方案的批复
15	象政发〔2019〕16号	象山县人民政府关于同意西周镇下半山工业地块五等三幅地块国有建设用地使用权出让方案的批复
16	象政发〔2019〕17号	象山县人民政府关于表扬2018年度象山建筑业发展工作中做出贡献的集体和个人的通知
17	象政发〔2019〕18号	象山县人民政府关于表彰二〇一八年度战备训练先进单位和个人的通报
18	象政发〔2019〕19号	象山县人民政府关于同意象山经济开发区临港装备工业园二幅地块国有建设用地使用权出让方案的批复
19	象政发〔2019〕20号	象山县人民政府关于同意石浦高速公路定塘连接线(马漕线改建)工程项目征收集体所有土地房屋拆迁补偿实施方案的批复
20	象政发〔2019〕21号	象山县人民政府关于禁止燃放“孔明灯”的通告
21	象政发〔2019〕22号	象山县人民政府关于同意宁波舟山港石浦港区沈海高速连接线新桥至石浦段征收集体所有土地房屋拆迁实施方案的批复
22	象政发〔2019〕23号	象山县人民政府关于同意象山县规划设计院改制实施方案的批复
23	象政发〔2019〕24号	象山县人民政府关于同意西周镇下半山工业地块八等三幅地块弹性出让国有建设用地使用权出让方案的批复
24	象政发〔2019〕25号	象山县人民政府关于同意象山县石浦镇昌国盐场工业4-10地块和西周琴诗岙村工业地块国有建设用地使用权出让方案的批复

续表6

序号	文　号	文　件　名
25	象政发〔2019〕26 号	象山县人民政府关于三门湾大桥及接线工程（宁波段）新桥崇站门大桥船舶通航的公告
26	象政发〔2019〕27 号	象山县人民政府关于全面加强招商引资工作的若干意见
27	象政发〔2019〕28 号	象山县人民政府关于同意新桥镇旅游发展总体规划及部分旅游节点修建性详细规划的批复
28	象政发〔2019〕29 号	象山县人民政府关于同意象山县茅洋乡全域旅游发展规划的批复
29	象政发〔2019〕30 号	象山县人民政府关于同意在渔山列岛（牛粪礁）海域开展人工鱼礁建设的批复
30	象政发〔2019〕31 号	象山县人民政府关于下达象山县 2019 年国民经济和社会发展计划指标的通知
31	象政发〔2019〕32 号	象山县人民政府关于同意启动修编大目湾新城核心区、度假区控制性详细规划的批复
32	象政发〔2019〕33 号	象山县人民政府关于征收土地方案的公告
33	象政发〔2019〕34 号	象山县人民政府关于印发象山县人民政府森林禁火令的通知
34	象政发〔2019〕35 号	象山县人民政府关于同意收购宁波俊柯塑业有限公司国有建设用地使用权的批复
35	象政发〔2019〕36 号	象山县人民政府关于同意象山县新桥镇崇站村等 8 个土地整治项目立项的批复
36	象政发〔2019〕37 号	象山县人民政府关于同意大徐镇林善岙村等 6 个土地整治项目验收意见的批复
37	象政发〔2019〕38 号	象山县人民政府关于同意象山县城东工业园区控规 B-1-11 地块局部调整、贤庠镇盛宁线西侧地段 XX11 控规（修编）XX11-02-02、07 地块局部调整、贤庠镇区 XX06 控规局部地块调整的批复
38	象政发〔2019〕39 号	象山县人民政府关于同意象山石浦水产品加工园区配套区 3-8 工业地块国有建设用地使用权出让方案的批复
39	象政发〔2019〕40 号	象山县人民政府关于同意启动象山县南部新城（ZX12 地段）控规修编、象山县墙头镇镇区（QT01）控规 QT01—01—33、34 等地块局部调整的批复
40	象政发〔2019〕41 号	象山县人民政府关于同意启动象山县大徐镇总体规划局部调整的批复
41	象政发〔2019〕42 号	象山县人民政府关于严厉打击非洲猪瘟疫情防控违法行为的通告
42	象政发〔2019〕43 号	象山县人民政府关于同意收购宁波宝象实业有限公司国有建设用地使用权的批复
43	象政发〔2019〕44 号	象山县人民政府关于同意实施象山县林地保护利用规划（2010—2020 年）高塘岛乡花岙岛村区块局部调整方案的批复
44	象政发〔2019〕45 号	象山县人民政府关于同意实施象山县林地保护利用规划（2010—2020 年）西周镇牌头村区块局部调整方案的批复
45	象政发〔2019〕46 号	象山县人民政府关于同意实施象山县林地保护利用规划（2010—2020 年）晓塘乡青山头村区块局部调整方案的批复
46	象政发〔2019〕47 号	象山县人民政府关于国网象山县供电公司丹西街道狮山路 28 号等 6 处地块项目房屋征收决定的公告
47	象政发〔2019〕48 号	象山县人民政府关于同意象山县滨海大道以南、巨鹰路以西等两幅地块国有建设用地使用权出让方案的批复
48	象政发〔2019〕49 号	象山县人民政府关于同意象山石浦水产品加工园区配套区 2-1-3 工业地块国有建设用地使用权出让方案的批复
49	象政发〔2019〕50 号	象山县人民政府关于征收土地方案的公告
50	象政发〔2019〕51 号	象山县人民政府关于同意征收土地补偿安置方案的批复

续表6

序号	文　号	文　件　名
51	象政发〔2019〕52号	象山县人民政府关于2019年象山县禁渔休渔的通知
52	象政发〔2019〕53号	象山县人民政府关于同意象山经济开发区城东工业园C-1-02a-1等两幅地块国有建设用地使用权出让方案的批复
53	象政发〔2019〕54号	象山县人民政府关于同意象山经济开发区城东工业园C-1-13-1地块国有建设用地使用权出让方案的批复
54	象政发〔2019〕55号	2019年度象山县民兵组织整顿工作指示
55	象政发〔2019〕56号	象山县人民政府　象山县人民武装部关于印发《基层武装部“评星挂牌”考评实施办法》的通知
56	象政发〔2019〕57号	象山县人民政府关于同意“1·10”浙象渔50093船船员落水失踪事故调查报告的批复
57	象政发〔2019〕58号	象山县人民政府关于同意象山县泗洲头镇总体规划修编(2016—2035)的批复
58	象政发〔2019〕59号	象山县人民政府关于同意象山县海景皇冠假日酒店东侧地块(SPLX37)控制性详细规划等四个详细规划的批复
59	象政发〔2019〕60号	象山县人民政府关于同意西周镇丙寅塘工业地块三—(1)地块国有建设用地使用权出让方案的批复
60	象政发〔2019〕61号	象山县人民政府关于同意贤庠镇西泽塘工业出让地块七、八、九等三幅地块国有建设用地使用权出让方案的批复
61	象政发〔2019〕62号	象山县人民政府关于同意象山县全域土地综合整治和生态修复工程(一期)实施方案的批复
62	象政发〔2019〕63号	象山县人民政府关于同意征收土地补偿安置方案的批复
63	象政发〔2019〕64号	象山县人民政府关于同意县应急管理局2019年度安全生产监督检查工作计划的批复
64	象政发〔2019〕65号	象山县人民政府关于同意实施象山县林地保护利用规划(2010—2020年)西周镇莲花村区块局部调整方案的批复
65	象政发〔2019〕66号	象山县人民政府关于同意实施象山县林地保护利用规划(2010—2020年)新桥镇五兴村区块局部调整方案的批复
66	象政发〔2019〕67号	象山县人民政府关于同意象山县城西路原罐头厂地块国有建设用地使用权出让方案调整的批复
67	象政发〔2019〕68号	象山县人民政府关于同意大徐镇杉木洋村工业1号地块国有建设用地使用权出让方案的批复
68	象政发〔2019〕69号	象山县人民政府关于石浦镇渔港南路改造项目房屋征收决定的公告
69	象政发〔2019〕70号	象山县人民政府关于印发象山县旅游产业扶持政策实施细则的通知
70	象政发〔2019〕71号	象山县人民政府关于印发象山县大花园典型示范建设实施方案的通知
71	象政发〔2019〕72号	象山县人民政府关于同意实施象山县林地保护利用规划(2010—2020年)泗洲头镇泗洲头村区块局部调整方案的批复
72	象政发〔2019〕73号	象山县人民政府关于同意象山经济开发区城东工业园A-2-02-1地块等四幅地块国有建设用地使用权出让方案的批复
73	象政发〔2019〕74号	象山县人民政府关于象山县丹阳路和兴盛路交叉口西北角地块一、地块二“3·31”一般起重伤害事故调查报告的批复

续表6

序号	文　号	文　件　名
74	象政发〔2019〕75号	象山县人民政府关于同意城西路与丹峰路交叉口东北角等三幅地块国有建设用地使用权出让方案的批复
75	象政发〔2019〕76号	象山县人民政府关于同意石浦镇楼家山与牛角邱地块控制图则等四个详细规划的批复
76	象政发〔2019〕77号	象山县人民政府关于同意收回象山产业区投资建设有限公司国有建设用地使用权的批复
77	象政发〔2019〕78号	象山县人民政府关于同意茅洋乡银洋村LG工业地块1等三幅地块国有建设用地使用权出让方案的批复
78	象政发〔2019〕79号	象山县人民政府关于同意贤庠镇西泽塘工业地块二三-1等五幅地块国有建设用地使用权出让方案的批复
79	象政发〔2019〕80号	象山县人民政府关于同意收购象山经济开发区科技园区建设开发有限公司国有建设用地使用权的批复
80	象政发〔2019〕81号	象山县人民政府关于同意象山县2019年度国有建设用地供应计划的批复
81	象政发〔2019〕82号	象山县人民政府关于印发《三门湾区域统筹发展规划》象山县实施方案的通知
82	象政发〔2019〕83号	象山县人民政府关于同意《象山县南部新（ZX12地段）控制性详细规划（修编）》《象山县牛昌咀—箩箕湾—下沙湾区块（ZX30地段）控制性详细规划（修编）》《象山县泗洲头镇镇区（SZ01）控制性详细规划（修编）》《象山县鹤浦镇南田海事海巡基地（HPLX26）地块控制性详细规划》《高塘岛乡零星地块（GTLX25）控制性详细规划（2018—2020）》的批复
83	象政发〔2019〕84号	象山县人民政府关于同意合并东街社区与公园社区的批复
84	象政发〔2019〕85号	象山县人民政府关于同意收购瑞基科技发展有限公司国有建设用地使用权的批复
85	象政发〔2019〕86号	象山县人民政府关于同意收购象山县西周镇城镇建设投资开发公司两宗国有建设用地使用权的批复
86	象政发〔2019〕87号	象山县人民政府关于同意檀头山东侧象海出73号宗海海域使用权出让方案的批复
87	象政发〔2019〕88号	象山县人民政府关于同意半招列岛海域象海出74号宗海海域使用权出让方案的批复
88	象政发〔2019〕89号	象山县人民政府关于同意半招列岛海域象海出75号宗海海域使用权出让方案的批复
89	象政发〔2019〕90号	象山县人民政府关于同意对面山岛东侧象海出76号宗海海域使用权出让方案的批复
90	象政发〔2019〕91号	象山县人民政府关于同意檀头山西侧象海出77号宗海海域使用权出让方案的批复
91	象政发〔2019〕92号	象山县人民政府关于同意檀头山西侧象海出78号宗海海域使用权出让方案的批复
92	象政发〔2019〕93号	象山县人民政府关于同意半边山西侧象海出79号宗海海域使用权出让方案的批复
93	象政发〔2019〕94号	象山县人民政府关于同意半边山西侧象海出80号宗海海域使用权出让方案的批复
94	象政发〔2019〕95号	象山县人民政府关于同意解除宁波泛华环保科技有限公司国有建设用地使用权出让合同的批复
95	象政发〔2019〕96号	象山县人民政府关于同意解除宁波恒劲联合工程装备发展有限公司国有建设用地使用权出让合同的批复
96	象政发〔2019〕97号	象山县人民政府关于同意象山县贤庠镇盐厂村等5个土地整治项目立项的批复
97	象政发〔2019〕98号	象山县人民政府关于同意塔山路南侧、靖南路北侧地块国有建设用地使用权出让方案的批复
98	象政发〔2019〕99号	象山县人民政府关于象山捷吉石材厂“4·19”一般机械伤害事故调查报告的批复
99	象政发〔2019〕100号	象山县人民政府关于“瑞康36”船“3·12”一般高处坠落事故调查报告的批复

续表6

序号	文　号	文　件　名
100	象政发〔2019〕101号	象山县人民政府关于同意收回浙江象山经济开发区城南开发建设有限公司两宗国有建设用地使用权的批复
101	象政发〔2019〕102号	象山县人民政府关于同意泗洲头镇泗洲头村工业地块三和茅洋乡乌石岭村ZH工业地块二等二幅地块国有建设用地使用权出让方案的批复
102	象政发〔2019〕103号	象山县人民政府关于同意更正童灵赛名下象集用〔2013〕字第00292号集体土地使用证的批复
103	象政发〔2019〕104号	象山县人民政府关于同意撤销俞凤爱名下象集用〔2006〕字第05324号集体土地建设用地使用证的批复
104	象政发〔2019〕105号	象山县人民政府关于同意象山县畜牧兽医总站为象山白鹅农产品地理标志申请人的批复
105	象政发〔2019〕106号	象山县人民政府关于同意贤庠镇西泽塘工业地块十三国有建设用地使用权出让方案的批复
106	象政发〔2019〕107号	象山县人民政府关于同意象山县丹东街道原华翔4S店及东侧地块国有建设用地使用权出让方案的批复
107	象政发〔2019〕108号	象山县人民政府关于同意晓塘乡美礁碶村三眼碶工业地块二和象山石浦水产品加工园区配套区8-1工业地块二幅地块国有建设用地使用权出让方案的批复
108	象政发〔2019〕109号	象山县人民政府关于同意《象山县大目湾新城核心区块控制性详细规划(修编)》《象山县大目湾新城度假区控制性详细规划(修编)》《象山临港装备工业园老虎口片(LG-01单元)控制性详细规划局部调整报告》《象山县晓塘乡西边塘村新农村建设项目XTLX-(25-32)地块控制性详细规划》的批复
109	象政发〔2019〕110号	象山县人民政府关于同意划定岩头陈水库等46个水利工程管理范围和保护范围的批复
110	象政发〔2019〕111号	象山县人民政府关于同意象山县石浦镇昌国盐场工业G-3地块国有建设用地使用权出让方案的批复
111	象政发〔2019〕112号	象山县人民政府关于同意象山县大徐镇旅游发展总体规划的批复
112	象政发〔2019〕113号	象山县人民政府关于授权县应急管理局组织实施一般生产安全事故调查的批复
113	象政发〔2019〕114号	象山县人民政府关于同意《象山县大徐镇总体规划(2013—2025)局部调整方案》《象山基督教雅林溪圣恩堂地块控制性详细规划》《象山县大徐镇盛宁线南侧、铁丈岙村西南侧地块控制性详细规划》《象山县丹东街道赤坎水库东侧地段(ZX40)控制性详细规划ZX40-01-07地块局部调整报告》《象山县　城东工业园区控制性详细规划B-2-06、B-2-13、C-1-08、C-1-11、A-1-11地块调整报告》的批复
114	象政发〔2019〕115号	象山县人民政府关于同意收购象山经济开发区科技园区建设开发有限公司国有建设用地使用权的批复
115	象政发〔2019〕116号	象山县人民政府关于同意大徐镇雅林溪村工业1号地块等三幅地块国有建设用地使用权出让方案的批复
116	象政发〔2019〕117号	象山县人民政府关于同意大目湾新城ZX26-01-23地块国有建设用地使用权出让方案的批复
117	象政发〔2019〕118号	象山县人民政府关于同意丹阳路与新一路交叉口东南角地块地下空间国有建设用地使用权出让方案的批复
118	象政发〔2019〕119号	象山县人民政府关于同意实施象山县林地保护利用规划(2010—2020年)大徐镇夏雨岙村区块、丹东街道新围垦片区块、大徐镇虎啸铺村区块局部调整方案的批复

续表6

序号	文　号	文　件　名
119	象政发〔2019〕120 号	象山县人民政府关于同意东陈乡沙岗集镇 ZX20-01-01 地块国有建设用地使用权出让方案的批复
120	象政发〔2019〕121 号	象山县人民政府关于同意晓塘乡美礁碶工业集聚区 A-5-1-B 地块国有建设用地使用权出让方案的批复
121	象政发〔2019〕122 号	象山县人民政府关于同意象海出 81 号—83 号、89 号—92 号宗海海域使用权出让方案的批复
122	象政发〔2019〕123 号	象山县人民政府关于印发象山县防汛防台应急预案、象山县抗旱应急预案的通知
123	象政发〔2019〕124 号	象山县人民政府关于同意收购象山经济开发区科技园区建设开发有限公司国有建设用地使用权的批复
124	象政发〔2019〕125 号	象山县人民政府关于同意象山县石浦镇综合交通专项规划的批复
125	象政发〔2019〕126 号	象山县人民政府关于印发象山县征收集体所有土地房屋拆迁补偿实施办法的通知
126	象政发〔2019〕127 号	象山县人民政府关于同意废止县级自然保护区有关批复文件的批复
127	象政发〔2019〕128 号	象山县人民政府关于同意实施象山县林地保护利用规划（2010—2020 年）西周镇西周片、东岙村区块局部调整方案的批复
128	象政发〔2019〕129 号	象山县人民政府关于同意象山经济开发区城东工业园 A-2-02-3 地块等四幅地块国有建设用地使用权出让方案的批复
129	象政发〔2019〕130 号	象山县人民政府关于同意收购象山县大目湾新城投资开发有限公司和宁波交运集团有限公司国有建设用地使用权的批复
130	象政发〔2019〕131 号	象山县人民政府关于同意收购象山打鼓峙建设开发有限公司三宗国有建设用地使用权的批复
131	象政发〔2019〕132 号	象山县人民政府关于同意石浦镇经五路与纬二路交叉口东南角地块二等二幅地块国有建设用地使用权出让方案的批复
132	象政发〔2019〕133 号	象山县人民政府关于同意大徐镇虎啸铺松篁工业 2 号地块和定塘镇中垅工业地块二-1 国有建设用地使用权出让方案的批复
133	象政发〔2019〕134 号	象山县人民政府关于宁波金艮新建设项目“6·18”一般起重伤害事故调查报告的批复
134	象政发〔2019〕135 号	象山县人民政府关于东门岛生态旅游景观修复—生态绿道及滨海栈道工程“6·12”一般车辆伤害事故调查报告的批复
135	象政发〔2019〕136 号	象山县人民政府关于同意石浦镇皇城沙滩区块控制性详细规划（修编）的批复
136	象政发〔2019〕137 号	象山县人民政府关于印发象山县人民政府重大决策出台前向县人大报告制度的通知
137	象政发〔2019〕138 号	象山县人民政府关于印发象山县人民政府工作规则的通知
138	象政发〔2019〕139 号	象山县人民政府关于印发象山县人民政府重大行政决策程序规定的通知
139	象政发〔2019〕140 号	象山县人民政府关于同意象海出 84 号—88 号宗海海域使用权出让方案的批复
140	象政发〔2019〕141 号	象山县人民政府关于同意调整瑶琳、丹桂社区行政区划的批复
141	象政发〔2019〕142 号	象山县人民政府关于同意高塘岛乡仰天塘工业待出让地块二（GTLX-29）控制性详细规划调整报告等三个详细规划的批复
142	象政发〔2019〕143 号	象山县人民政府关于印发象山县招标投标管理办法的通知
143	象政发〔2019〕144 号	象山县人民政府关于同意象山县环石浦港区域旅游总体规划的批复

续表6

序号	文　　号	文　　件　　名
144	象政发〔2019〕145 号	象山县人民政府关于同意注销朱满春名下象集用第 09(10)3090 号土地使用权证的批复
145	象政发〔2019〕146 号	象山县人民政府关于同意黄避岙乡白屿村门前塘地块控制性详细规划的批复
146	象政发〔2019〕147 号	象山县人民政府关于印发象山县征收集体所有土地房屋拆迁补偿实施细则的通知
147	象政发〔2019〕148 号	象山县人民政府关于同意收购象山县石浦建设投资开发有限公司国有建设用地使用权的批复
148	象政发〔2019〕149 号	象山县人民政府关于同意象海出 93 号—95 号宗海海域使用权出让方案的批复
149	象政发〔2019〕150 号	象山县人民政府关于同意象山经济开发区滨海工业园 E-3 地块等四幅地块国有建设用地使用权出让方案的批复
150	象政发〔2019〕151 号	象山县人民政府关于印发象山县农村宅基地建房管理办法的通知
151	象政发〔2019〕152 号	象山县人民政府关于同意茅洋民俗文化村地块国有建设用地使用权出让方案的批复
152	象政发〔2019〕153 号	象山县人民政府关于同意象山经济开发区滨海工业园 F-1-1 地块等五幅地块国有建设用地使用权出让方案的批复
153	象政发〔2019〕154 号	象山县人民政府关于同意收储象山县旅游集团有限公司宗海使用权的批复
154	象政发〔2019〕155 号	象山县人民政府关于同意丹西街道敬老院地块、鹤浦镇大沙村两地块控制性详细规划和东陈区块 ZX19、墙头镇救生烟火信号工业集聚点地块控制性详细规划局部调整的批复
155	象政发〔2019〕156 号	象山县人民政府关于同意象山县国家森林城市建设总体规划(2018—2035)的批复
156	象政发〔2019〕157 号	象山县人民政府关于同意天安路与丹山路交叉口西南角地块等三幅国有建设用地使用权出让方案的批复
157	象政发〔2019〕158 号	象山县人民政府关于同意宁波象保合作区旦门盐场片区(XB01-02 单元)区域水土保持方案报告书(报批稿)的批复
158	象政发〔2019〕159 号	象山县人民政府关于同意宝海路与新一路交叉口南侧地块等两幅地块国有建设用地使用权出让方案的批复
159	象政发〔2019〕160 号	象山县人民政府关于同意实施象山县林地保护利用规划(2010—2020 年)西周镇西周片、土桥片区块局部调整方案的批复
160	象政发〔2019〕161 号	象山县人民政府关于象山县庄穆巷以东区块改造项目房屋征收决定的公告
161	象政发〔2019〕162 号	象山县人民政府关于象山县老人民医院区块改造项目房屋征收决定的公告
162	象政发〔2019〕163 号	象山县人民政府关于象山县东后巷区块改造项目房屋征收决定的公告
163	象政发〔2019〕164 号	象山县人民政府关于同意石浦客运中心工程 PPP 项目实施方案的批复
164	象政发〔2019〕165 号	象山县人民政府关于同意象海出 96 号宗海海域使用权出让方案的批复
165	象政发〔2019〕166 号	象山县人民政府关于同意象海出 99 号宗海海域使用权出让方案的批复
166	象政发〔2019〕167 号	象山县人民政府关于同意象海出 102 号宗海海域使用权出让方案的批复
167	象政发〔2019〕168 号	象山县人民政府关于同意象海出 107 号宗海海域使用权出让方案的批复
168	象政发〔2019〕169 号	象山县人民政府关于同意象海出 110 号宗海海域使用权出让方案的批复
169	象政发〔2019〕170 号	象山县人民政府关于同意象海出 110 号宗海海域使用权出让方案的批复
170	象政发〔2019〕171 号	象山县人民政府关于同意象海出 97 号宗海海域使用权出让方案的批复
171	象政发〔2019〕172 号	象山县人民政府关于同意象海出 100 号宗海海域使用权出让方案的批复

续表6

序号	文　号	文　件　名
172	象政发〔2019〕173号	象山县人民政府关于同意象海出103号宗海海域使用权出让方案的批复
173	象政发〔2019〕174号	象山县人民政府关于同意象海出106号宗海海域使用权出让方案的批复
174	象政发〔2019〕175号	象山县人民政府关于同意象海出109号宗海海域使用权出让方案的批复
175	象政发〔2019〕176号	象山县人民政府关于同意象海出112号宗海海域使用权出让方案的批复
176	象政发〔2019〕177号	象山县人民政府关于印发象山县行政机关负责人出庭应诉工作规定的通知
177	象政发〔2019〕178号	象山县人民政府关于同意象海出98号宗海海域使用权出让方案的批复
178	象政发〔2019〕179号	象山县人民政府关于同意象海出101号宗海海域使用权出让方案的批复
179	象政发〔2019〕180号	象山县人民政府关于同意象海出104号宗海海域使用权出让方案的批复
180	象政发〔2019〕181号	象山县人民政府关于同意象海出105号宗海海域使用权出让方案的批复
181	象政发〔2019〕182号	象山县人民政府关于同意象海出108号宗海海域使用权出让方案的批复
182	象政发〔2019〕183号	象山县人民政府关于同意象海出111号宗海海域使用权出让方案的批复
183	象政发〔2019〕184号	象山县人民政府关于同意收购象山丹南农机服务站国有建设用地使用权的批复
184	象政发〔2019〕185号	象山县人民政府关于同意丹西街道会源路北侧、迎恩路西侧二幅地块国有建设用地使用权出让方案的批复
185	象政发〔2019〕186号	象山县人民政府关于同意收储浙江博海船业有限公司等三家宗海使用权的批复
186	象政发〔2019〕187号	象山县人民政府关于同意象山县西周镇全域旅游总体规划批复
187	象政发〔2019〕188号	象山县人民政府关于象山产业区城东工业园宏图路与宝屿路交叉口东北角地块工程项目“9·14”一般起重伤害事故调查报告的批复
188	象政发〔2019〕189号	象山县人民政府关于宁波顾恒纺织有限公司“10·23”一般起重伤害事故调查报告的批复
189	象政发〔2019〕190号	象山县人民政府关于同意注销陈江红名下象集用第10(09)8796号土地使用权证的批复
190	象政发〔2019〕191号	象山县人民政府关于同意重新出具象山县晓塘乡路廊塘“旱地改水田”耕地质量提升等3个项目验收的批复
191	象政发〔2019〕192号	象山县人民政府关于同意征收土地方案进行公告的批复
192	象政发〔2019〕193号	象山县人民政府关于同意实施象山县林地保护利用规划(2010—2020年)涂茨大坦村等局部调整方案的批复
193	象政发〔2019〕194号	象山县人民政府关于同意浙台经贸合作区打鼓峙区块和黄湾塘长大涂区块区域水土保持方案报告书(报批稿)的批复
194	象政发〔2019〕195号	象山县人民政府关于同意收回象山县丹东街道办事处和收购象山经济开发区科技园区建设开发有限公司国有建设用地使用权的批复
195	象政发〔2019〕196号	象山县人民政府关于同意《象山县松兰山度假区内部道路改造提升工程征收集体所有土地房屋拆迁补偿实施方案》的批复
196	象政发〔2019〕197号	象山县人民政府关于浙江金川船业有限公司“8·7”一般物体打击事故调查报告的批复
197	象政发〔2019〕198号	象山县人民政府关于同意象山经济开发区城东工业园C-1-08-1地块等三幅国有建设用地使用权出让方案的批复
198	象政发〔2019〕199号	象山县人民政府关于同意象山县贤庠镇中溪村坟山下等12个土地整治项目立项的批复

续表6

序号	文　　号	文　件　名
199	象政发〔2019〕200号	象山县人民政府关于同意收回象山县城市建设投资集团有限公司和宁波交运建设集团有限公司国有建设用地使用权的批复
200	象政发〔2019〕201号	象山县人民政府关于同意象山县4座中型水库饮用水水源地安全保障达标建设实施方案的批复
201	象政发〔2019〕202号	象山县人民政府关于同意象山县城东工业园等四个区域水土保持方案报告书(报批稿)的批复
202	象政发〔2019〕203号	象山县人民政府关于同意《象山县石浦镇东门岛片区(SP04)控制性详细规划SP04-01-04h等地块局部调整报告》等四个规划的批复
203	象政发〔2019〕204号	象山县人民政府关于同意大目湾新城ZX23-01-01地块等十幅国有建设用地使用权出让方案的批复
204	象政发〔2019〕205号	象山县人民政府关于同意象山县农村生活污水治理专项规划(2020—2035)的批复
205	象政发〔2019〕206号	象山县人民政府关于同意浙江象山经济开发区大港口—大中庄临港产业园防洪影响评估报告的批复
206	象政发〔2019〕207号	象山县人民政府关于同意浙台经贸合作区打鼓峙及黄湾塘区块区域防洪影响评价报告的批复
207	象政发〔2019〕208号	象山县人民政府关于同意建设路与新华路交叉口西北角地块等四幅地块国有建设用地使用权出让方案的批复
208	象政发〔2019〕209号	象山县人民政府关于同意黄避岙乡龙屿村爬坑等15个土地整治项目验收意见的批复
209	象政发〔2019〕210号	象山县人民政府关于同意象山县2019年丹东街道庄穆境村等12个建设用地复垦项目立项的批复
210	象政发〔2019〕211号	象山县人民政府关于调整城镇土地使用税适用税额的通知
211	象政发〔2019〕212号	象山县人民政府关于公布2019年度象山县县长质量奖获奖单位结果的通知
212	象政发〔2019〕213号	象山县人民政府关于同意征收土地方案进行公告的批复
213	象政发〔2019〕214号	象山县人民政府关于同意象山县2019年西周镇蚶岙村等5个建设用地复垦项目立项的批复

(象山县人民政府　郑汉)

机构编制

【概况】　2019年,象山县委编办贯彻习近平总书记关于机构编制工作的重要论述,管好用好机构编制这一重要执政资源,根据党中央和省市县关于机构编制工作部署要求,完成党政机构改革,突破重点领域改革,稳步推进事业单位改革,优化机构编制资源配置,加快推进机构职能体系现代化,各项工作迈上新台阶。

【稳步推进改革】　1. 完成镇乡(街道)机构改革。一是提前谋划。将镇乡(街道)机构改革与县级党政机构改革同步推进,2月在所有镇乡(街道)增设党建工作办公室,党政办公室更名为党政综合办公室,加挂人大办公室牌子。二是加强统筹。按照上级改革要求和县委常委会决定,各镇乡(街道)设置"6+X"必设机构,即统一设置党政综合办公室、党建工作办公室、发展服务办公室、社会治安综合治理办公室(挂综合信息指挥室牌子)、社会事务服务管理办公室、财政管理办公室;X为各镇乡(街道)根据需要和产业特色,自行设置的机构。三是突出特色。根据象山特点,统一减少"综合信息指挥室"和"旅游发展办公室",根据职责履行情况调整优化部分机构,如为加强渔业安全生产工作,向市委编办争取,石浦、鹤浦、高塘岛增设渔业办公室。2. 推进行政执法改革。完成市场监管、生态环境、文化市场、交通运输和农业等五大领域综合行政执法改革工作。通过改革,执法职责整合,机构设置得到优化,执法力量和执法效能提高。向上级部门争取,对海洋与渔业领域的执法改革采用"局队合一"体制,增强海洋执法力量,实现一支队伍管海洋,维护渔业生产安全。3. 深化"最多跑一次"改革。加快推进机关内部"最多跑一次"改革,梳理公布机关内部跑一次事项283项,其中"最多跑一次"实现率95%,办事申请材料压减率30.2%,办事时限压减率46.7%。开展生命周期"一事联办"攻坚行动和政务事项梳理,打造服务型政府。推进全县国企、编外指标审批事项"最多跑一次",国企用工指标网上审批进人系统开发阶段。梳理编外用工指标审批事项流程,与宁波市机构编制实名制系统工程师对接网上审批事宜。4. 统筹推进事业单位改革。消化4家超额正副科(局)级事业单位,调整优化已有单位设置,重新制定印发部分单位"三定"规定。剥离48家事业单位的行政职能,回归行政机关。根据党政机构改革部门调整情况,规范部门下属事业单位名称,重新核定编制数,完成涉改事业单位人员转隶工作。完成象山宾馆、象山剧院等4家生产经营类事业单位改革,采取撤销建制方式,实现平稳过渡。统筹谋划,稳步推进事业单位清理规范整合工作。

【日常机构编制管理】 加强机构编制制度建设,拟订《中共象山县委机构编制委员会工作规则》和《中共象山县机构编制委员会办公室工作细则》。加强编制保障力度,2019年考试录用公务员50名、招聘教师用编165名、招聘医务人员用编100名、招聘其他事业人员用编53名、县委组织部招聘党政储备人才用编29名。按照省委编办统一部署,做好公安边防部队改革工作,增加县公安局政法专项编制91名。根据机构改革要求,完成人大机构调整,设立县人大常委会社会建设工作委员会,县人大常委会法制与内务司法工作委员会更名为县人大常委会监察和司法工作委员会。完善国家级海洋渔文化生态保护实验区工作机构,设立象山海洋渔文化生态保护区管理中心。做好用编用职审批工作,同意28个部门用编52名,5个部门用职22名。完善编外用工管理,压缩编外用工总量,减少用工指标215名。协助做好全县工作人员政治审查工作。

【优化机构编制实名制系统】 优化机构编制实名制系统管理,将系统数据与社保系统挂钩,实行机关事业人员办理社保手续时必须提供实名制系统的出入编登记表,使数据更加及时准确。实现用编、用职全流程网上无纸化办理和机构编制请示事项"零跑腿"。将全县机关事业单位编外用工纳入宁波市机构编制实名制系统,初步实现实时动态管理。构建以全县机关事业单位机构编制和人员信息为基础的实名制系统数据库,加强数据更新和维护,实现数据共享,完善各单位人员年龄结构、教育情况、近期退休等数据统计分析功能,为机构编制管理提供科学依据。

【事业单位登记管理】 开展上门办理"一次结",全面梳理精减事业单位法人登记办事流程和所需资料,开展登记材料"容缺受理",实现"上门业务办理业务用时不超20分钟,一次性通过率不低95%"。组织对门户网站的办事指南、下载中心等业务模块进行重新归类、更新,对网上业务受理系统功能进行自检,调整不合理模块,优化业务受理环节,实现网上业务办理"当日清"。完成事业单位法人培训。配合做好全市事业单位法人公示信息"双随机一公开"工作。完成2018年度234家事业单位法人年度报告公示工作,变更登记71家。根据机构改革情况,在登记管理系统中调整涉改部门名称及事业单位隶属关系,共办理部门初领证书11家,证书换领2家,证书撤销10家;事业单位换领证书53家。

【机关思想政治建设】 将坚定的理想信念和政治素质作为做好一切工作的本质要求,增强"四个意识",做到"两个维护"。开展"不忘初心、牢记使命"主题教育,开展领导班子专题党课,召开调研成果交流会,开展"三对标三自查"活动,召开对照党章党规找差距专题会、专题民主生活会和组织生活会,组织学习收看党员教育电视教材,全体党员干部的政治建设和思想境界得到全面提升。常态化开展"两学一做",理论学习日益系统全面。坚定马克思主义立场,践行全心全意为人民服务的根本宗旨,开展"三服务"和"四个年"活动。坚持党要管党、从严治党,落实领导班子成员"一岗双责"和"三书两报告"要求。

【调整镇乡(街道)内设机构】 根据省委办公厅省政府办公厅《关于深化街道体制改革完善城市基层治理体系的意见》《关于深化经济发达镇管理体制改革加快服务型乡镇政府建设的实施意见》和市委办公厅市政府办公厅《关于深化镇乡(街道)体制改革完善基层治理体系的实施意见》文件精神,2019年2月18日,县委编委发文(象编〔2019〕1号):1. 设置党建工作办公室。为加强党建工作,在各镇乡(街道)统一设立党建工作办公室,主要承担基层党的政治建设、组织建设、宣传工作、统战工作、党风廉政建设和反腐败工作、党建带群团建设等职责。党建工作办公室一般设主任、副主任各1名,主任兼镇乡(街道)机关党委副书记,所需职数在镇乡(街道)核定的中层职数内调剂解决。2. 党政办公室更名为党政综合办公室,加挂人大办公室牌子。根据省市加强人大工作和建设的相关文件精神,各镇乡(街道)内设机构党政综合办公室加挂人大办公室牌子,并明确专职人员负责相关工作。

【增设县委第四巡察组】 根据省委编办《关于市县党委巡察工作机构设置有关事宜的通知》和市委编办明确县(市、区)党委巡察机构的设置口径,以及《关于要求增设县委巡察组的请示》,2019年4月18日,县委编委发文(象编〔2019〕2号),同意增设县委第四巡察组,相关人员按有关规定配备。

【调整县石浦渔港旅游开发管理委员会事业编制】 2019年4月18日,县委编委发文(象编〔2019〕3号),核减县石浦渔港旅游开发管理委员会财政差额补助事业编制5名。调整后,县石浦渔港旅游开发管理委员会共计财政全额补助事业编制6名,财政差额补助事业编制3名。

【县人大机构改革中调整机构设置】 根据市委机构编制委员会办公室《关于象山县人大机构改革中调整机构设置的批复》,2019年4月18日,县委编委发文(象编〔2019〕4号),同意设立县人大常委会社会建设工作委员会,与县人大社会建设委员会合署办公,机构规格为正科(局)级,所需人员编制内部调剂解决;县人大常委会法制与内务司法工作委员会更名为县人大常委会监察和司法工作委员会,与县人大监察和司法委员会合署办公。

【设立象山海洋渔文化生态保护区管理中心】 为完善国家级海洋渔文化生态保护实验区工作机构,保障海洋渔文化(象山)生态保护实验区建设工作正常开展,根据《关于要求成立象山海洋渔文化生态保护区管理中心的请示》,2019年4月18日,县委编委发文(象编〔2019〕5号),同意设立象山海洋渔文化生态保护区管理中心,为县文化和广电旅游体育局下属从事公益服务的财政全额补助事业单位(公益一类),正科(股)级,核定事业编制7名。主要职责:拟订文化生态保护实验区和非物质文化遗产保护相关政策和规划,组织协调全县非物质文化遗产保护工作。指导有关部门和镇乡(街道)开展综合性传习中心、中国海洋渔文化展示馆、核心区、特殊保护区、一般保护区建设。承担完善保护区内文化遗产和传承人名录体系建设工作,开展项目和传承人保护、海洋渔文化进校园、传统工艺振兴、文旅结合及各类宣传展示活动等工作。负责采集整理相关文献、影像、音频资料,出版保护成果,建立象山海洋渔文化数据库,开发数字周边产品等工作。

【设立机械科学研究总院南方中心】 为加快制造业转型升级提供技术研发、技术服务、产业孵化、人才引育等综合性支撑,根据2019年5月16日县委常委会议精神,2019年5月20日,县委编委发文(象编〔2019〕6号),设立机械科学研究总院南方中心,所需人员调剂解决。主要职责:负责机械工程应用科学技术研究与试验发展;承担技术开发、技术咨询、技术服务、技术转让、技术推广及企业管理咨询等工作。

【设立象山县应急联勤中心】 根据《关于要求成立象山县应急联勤中心的请示》,2019年6月21日,县委编委发文(象编〔2019〕7号),同意设立县应急联勤中心,为县应急管理局下属从事公益服务的财政全额补助事业单位(公益一类),核定事业编制12名。主要职责:负责重要信息的收集、分析、上报、汇总和研判等工作;承担全县社会应急联动日常工作,负责收集各部门、镇乡(街道)及各园区管委会的应急预案并实施相关管理;协助承担应急预案演练的组织实施和指导监督工作;拟订事故灾难和自然灾害分级应对制度,按规定程序发布预警和灾害信息,参与应急救援工作等。

【设立象山新时代改革研究院】 根据《关于要求设立象山新时代改革研究院的请示》,2019年6月21日,县委编委发文(象编〔2019〕8号),同意设立象山新时代改革研究院,为县委改革办下属从事公益服务的财政全额补助事业单位(公益一类),核定事业编制7名。主要职责:组织开展新时代全面深化改革重大问题的政策研究,组织收集、整理和报送最新、最前沿的改革理论信息和国内外先进创新经验,为县委、县政府提供决策参考;统筹协调有关方面进行研究和咨询,提出改革方案和措施,负责联系有关研究机构和专家学者就改革重要问题进行研究和咨询;协调拟订全县改革中长期规划、重大政策和重大方案,开展政策方案论证,协调和督促改革政策方案落实。

【设立象山县退役军人服务中心】 根据《关于象山县退役军人事务局涉及下属事业单位编制、职责等事项的请示》,2019年6月21日,县委编委发文(象编〔2019〕9号),同意设立县退役军人服务中心,挂象山县军队离休退休干部休养所牌子,为县退役军人事务局下属从事公益服务的财政全额补助事业单位(公益一类),核定事业编制5名。主要职责:协助做好退役军人行政关系、组织关系、供给关系转接和档案移交,推动将退役军人流动党员纳入党的基层组织,配合做好退役军人思想政治、教育管理、心理疏导工作;协助做好退役军人及其他优抚对象来信来访、接待办理、帮扶援助、信息采集、情况反映等工作;协助做好退役军人重点优抚对象服务等事务性工作;协助做好退役军人立功报喜、悬挂光荣牌和“八一”、春节等节日以及重大变故走访慰问等具体事务;负责提供就业创业服务和政策咨询,协助开展职业教育和技能培训,承办自主就业退役军人招聘会、推介会、就业论坛等,搭建政策咨询、帮扶援助、沟通联系、学习交流等活动场所;指导镇乡(街道)、村(社区)退役军人服务站开展工作;贯彻执行国家关于军休干部的法律法规和政策;完善军休干部服务保障和教育管理机制;落实军休干部政治待遇和生活待遇;承担无军籍职工服务管理工作等。

【核定县域医疗卫生服务共同体事业编制】 为规范医共体人事管理,理顺人员编制关系,促进医共体健康有序发展,根据《象山县推进县域医疗卫生服务共同体建设工作方案》文件精神,以及《关于要求核定县域医疗卫生服务共同体事业编制的请示》,2019年9月5日,县委编委发文(象编〔2019〕10号),对3家医共体事业编制进行重新核定。

表7 县域医疗卫生服务共同体编制核定一览表

单位：人

序号	医共体名称	成员单位	核定事业编制	备案制员额数	医共体核定事业编制数
1	象山县第一人民医院医疗健康集团	县第一人民医院	1056	—	1474
2		县老年医院	10	—	
3		丹城（丹东、丹西街道）社区卫生服务中心	156	—	
4		贤庠镇中心卫生院	61	—	
5		定塘镇中心卫生院	60	—	
6		涂茨镇卫生院	34	—	
7		大徐镇卫生院	34	—	
8		新桥镇卫生院	40	—	
9		黄避岙乡卫生院	23	—	
1	象山县红十字台胞医院医疗健康集团	县红十字台胞医院	315	—	609
2		石浦镇中心卫生院	166	—	
3		鹤浦镇中心卫生院	64	—	
4		晓塘乡卫生院	29	—	
5		高塘岛乡卫生院	35	—	
1	象山县中医医院医疗健康集团	县中医医院	260	60	613+205
2		县第三人民医院	111	145	
3		爵溪街道社区卫生服务中心	37	—	
4		西周镇中心卫生院	86	—	
5		墙头镇卫生院	33	—	
6		泗洲头镇卫生院	28	—	
7		东陈乡卫生院	35	—	
8		茅洋乡卫生院	23	—	
—	—	合计	2696	205	2696+205

【调整县供销合作社联合社领导体制】 根据《要求重新明确县供销合作社联合社领导职数的请示》，经2019年8月30日县委编委会议研究，2019年9月5日，县委编委发文（象编〔2019〕11号），对县供销合作社联合社的现行领导体制进行调整，设立理事会、监事会。调整后，县供销合作社联合社设理事会主任1名，理事会副主任1名，监事会主任1名（副科局级）。

【县水利和渔业局有关机构编制事项】 根据《关于要求增加中层职数的请示》，经2019年8月30日县委编委会议研究，2019年9月5日，县委编委发文（象编〔2019〕12号）：1. 同意县海洋与渔业行政执法大队增加1名教导员（正科股级）；2. 同意增设县海洋与渔业行政执法大队石浦、高塘中队，各配备中队长1名（副科股级）。调整后，县海洋与渔业行政执法大队下设象山港中队、鹤浦、石浦、高塘4个中队。设大队长1名，教导员1名，副大队长1名，中队长4名。

【重新明确县妇幼保健院机构编制等事项】 根据《关于要求重新明确象山县妇幼保健院机构编制等事项的请示》，2019年9月5日，县委编委发文（象编〔2019〕13号），同意将县计划生育宣传技术指导站和县妇幼保健院整合设置，重新组建县妇幼保健院，挂县妇幼保健计划生育服务中心牌子，为县卫生健康局下属从事公益服务的财政全额补助事业单位（公益一类），正科(股)级,核定事业编制62名。设院长1名,副院长3名。主要职责:负责全县重大妇幼卫生公共项目组织实施;负责妇女保健、儿童保健、婚姻保健、围产保健、生殖健康保健等工作;负责全县妇幼保健公共卫生和社区妇幼卫生业务指导工作;负责计划生育宣传教育、技术服务、优生指导、药具管理、信息咨询、随访服务、生殖保健、人员培训等计划生育公共服务。

【重新确定县域医疗卫生服务共同体领导职数】 根据《象山县推进县域医疗卫生服务共同体建设工作方案》文件精神,以及《关于要求确定县域医疗卫生服务共同体领导职数的请示》,2019年9月5日,县委编委发文(象编〔2019〕14号),三家医共体牵头单位各核增1名领导职数,分管公共卫生工作,各成员单位领导职数保持不变。

表8　　县域医疗卫生服务共同体领导职数设置一览表

单位:人

序号	医共体名称	成员单位	原配置标准	新配置标准
1	象山县第一人民医院医疗健康集团	县第一人民医院	5	6
2		县老年医院	3	3
3		丹城(丹东、丹西街道)社区卫生服务中心	4	4
4		贤庠镇中心卫生院	3	3
5		定塘镇中心卫生院	3	3
6		涂茨镇卫生院	3	3
7		大徐镇卫生院	3	3
8		新桥镇卫生院	3	3
9		黄避岙乡卫生院	3	3
1	象山县红十字台胞医院医疗健康集团	县红十字台胞医院	4	5
2		石浦镇中心卫生院	4	4
3		鹤浦镇中心卫生院	3	3
4		晓塘乡卫生院	3	3
5		高塘岛乡卫生院	3	3
1	象山县中医医院医疗健康集团	县中医医院	4	5
2		县第三人民医院	4	4
3		爵溪街道社区卫生服务中心	3	3
4		西周镇中心卫生院	3	3
5		墙头镇卫生院	3	3
6		泗洲头镇卫生院	3	3
7		东陈乡卫生院	3	3
8		茅洋乡卫生院	3	3

【设立象山县对口支援和区域合作中心】 根据《关于要求设立象山县对口支援和区域合作中心的请示》,2019年9月5日,县委编委发文(象编〔2019〕15号),同意设立象山县对口支援和区域合作中心,为县发改局下属从事公益服务的财政全额补助事业单位(公益一类),核定事业编制4名。主要职责:负责研究提出区域协调发展的战略、规划和政策建议,牵头组织协调全县区域发展的重大问题、重大平台、重大项目等事宜。承担区域内城市之间交流合作,负责落实合作政策、协调推进具体项目、日常协调联络工作。负责全县对口支援新疆维吾尔自治区相关县的有关工作。

【设立象山县投资项目审批代办服务中心】 根据《关于要求增设县投资项目审批代办服务中心的请示》,2019年9月5日,县委编委发文(象编〔2019〕

17号),同意设立象山县投资项目审批代办服务中心,为县政务办下属从事公益服务的财政全额补助事业单位(公益一类),核定事业编制6名。主要职责:负责指导、协调和管理全县投资项目审批代办服务工作。负责受理和承办全县重大投资项目审批代办业务。负责对全县代办员的业务指导、培训、管理。负责对工程建设项目审批咨询、指导、协调。负责对"网上中介超市"系统平台的推广、应用工作。

【设立象山县政府采购中心】 根据《关于要求增设县政府采购中心的请示》,2019年9月5日,县委编委发文(象编〔2019〕18号),同意设立象山县政府采购中心,为县政务办下属从事公益服务的财政全额补助事业单位(公益一类),核定事业编制9名。主要职责:组织实施纳入集中采购目录的采购业务。接受其他单位委托,代其采购或组织招投标事务。负责收集、统计和发布政府采购实施活动相关信息。制定集中采购操作规程,负责采购验收工作。负责采购单位经办人员业务培训。

【撤销县部分局级事业机构】 根据《关于象山县局级机构总量控制工作有关事项的通知》文件批复精神,2019年9月5日,县委编委发文(象编〔2019〕19号),撤销正科(局)级事业单位县公共资源交易工作管理委员会办公室、县东海湾开发建设管理中心和副科(局)级事业单位县委县政府电子政务办公室。

【设立象山县政府发展研究中心】 根据《关于设立象山县政府发展研究中心的请示》,2019年9月5日,县委编委发文(象编〔2019〕20号),同意设立象山县政府发展研究中心,为县政府办公室下属从事公益服务事业单位(公益一类),核定财政全额补助事业编制15名。主要职责:1. 承担县委、县政府提出的相关重大决策和重要课题的研究任务,组织专家咨询论证;围绕经济社会发展和改革开放中的全局性、综合性、战略性问题开展跟踪研究和超前研究,为县委、县政府提供政策建议和咨询意见,为制定中长期发展规划和区域发展政策提出建议。2. 负责对本县有关重大决策方案、决策实施情况及决策绩效的分析评估,及时对决策执行情况进行跟踪研究和反馈。3. 研究经济社会发展动态,分析宏观发展形势,对城市建设、产业发展、港口建设、"三农"工作、体制改革、对外开放、科技教育、人才开发、文化建设、社会发展等领域进行调查研究,提出战略思路、对策建议和政策意见。4. 承担全县政府系统决策咨询研究工作的组织、协调和指导,组织和协调全县经济社会发展重点课题和县政府重大决策咨询课题研究。5. 承担或参与县政府有关重要文件、报告的起草工作。承担县政府领导同志交办的文件文稿起草工作。6. 组织开展政府决策咨询和经济社会发展研究方面的对外合作交流与咨询服务。7. 承办县委、县政府交办的其他事项。

【设立象山县长三角(上海)合作联络中心】 为主动对接长三角一体化国家重大战略,抢抓发展机遇,加强政策研究,吸引资金、人才和科技向县汇集,根据2019年9月12日县委常委会议精神,2019年11月21日,县委编委发文(象编〔2019〕22号),设立象山县长三角(上海)合作联络中心,为县政府直属从事公益服务的财政全额补助事业单位(公益一类),核定事业编制10名。县长三角(上海)合作联络中心贯彻落实县委关于长三角合作工作的方针政策和决策部署,在履行职责过程中坚持和加强党对长三角合作工作的集中统一领导。主要职责是:1. 协同县发改局对接长三角一体化发展工作。贯彻落实国家、省、市推进长三角一体化发展战略。参与制定对接长三角一体化发展的规划、计划和政策措施。受县发改局委托协调推进长三角一体化经济合作具体方案的实施。负责开展区域合作重大课题研究和信息调研工作。2. 协同县招商中心负责长三角(上海)的招商引资工作。负责制定招商目标、规划,建立招商项目库。负责开展招商宣传推介工作。统筹招商资源,建立重点项目对接跟踪机制。协助做好上海会展工作。3. 协同县科技局、县委人才办等相关部门开展长三角(上海)科技合作和人才引进工作。负责科研基地的建设和管理。负责与上海高校及科研院所的联络,开展校企合作、院企合作。做好在沪象山籍人才的联络工作。4. 做好象山驻沪企业的联系服务工作。联系象山上海经促会,协调推动象山与上海在各领域的交流合作。5. 协助县国有公司在上海开展产业投资合作。6. 完成上级交办的其他任务。

【设立象山县机关会议服务中心】 根据《关于要求设立象山县机关会议服务中心的请示》,2019年11月21日,县委编委发文(象编〔2019〕23号),同意设立象山县机关会议服务中心,为县机关事务管理局下属从事公益服务的自收自支事业单位(公益二类),核定事业编制10名。县机关会议服务中心贯彻落实县委关于机关事务工作的方针政策和决策部署,在履行职责过程中坚持和加强党对机关事务工作的集中统一领导。主要职责是:负责机关单位共享会议室的集中统一管理和统一调度使用工作;负责会议场馆设备设施的日常维护和使用管理;负责会议活动节能节支工作,做好会议活动的成本控制工作;参与会议环境布置和会议接待服务工作;参与县级机关重要会议、重大活动的后勤保障服务工作;完成上级部门交办的其他事项。

【设立象山县旅游景区服务中心】 根据《关于要求设立象山县旅游景区服务中心的请示》,2019年11月21日,县委编委发文(象编〔2019〕24号),同意设立象山县旅游景区服务中心,为县旅游发展中心下属从事公益服务的自收自支事业单位(公益二类),核定事业编制20名。县旅游景区服务中心贯彻落实县委关于旅游工作的方针政策和决策部署,在履行职责过程中坚持和加强党对旅游工作的集中统一领导。主要职责是:负责全县景区的行业服务;负责全县景区旅游的咨询、引导服务;负责景区培训服务等工作;完成上级部门交办的其他事项。

【设立象山县文化服务中心】 根据《关于要求设立象山县文化服务中心的请示》,2019年11月21日,县委编委发文(象编〔2019〕25号),同意设立象山县文化服务中心,为县文广旅游体育局下属从事公益服务的自收自支事业单位(公益二类),核定事业编制9名。县文化服务中心贯彻落实县委关于文化工作的方针政策和决策部署,在履行职责过程中坚持和加强党对文化工作的集中统一领导。主要职责是:协助做好文化宣传、文艺活动的组织实施;协助开展文化惠民项目;完成上级部门交办的其他事项。

【印发《中共象山县委机构编制委员会工作规则》及《中共象山县委机构编制委员会办公室工作细则》】 2019年11月25日,县委编委发文(象编〔2019〕26号),印发《中共象山县委机构编制委员会工作规则》及《中共象山县委机构编制委员会办公室工作细则》。

【象山县文化市场综合行政执法队机构设置等事项】 根据宁波市委办公厅、市政府办公厅印发的《关于深化文化市场综合行政执法改革的实施方案》和市委编办《关于同意象山县市场监督管理局、象山县文化和广电旅游体育局、象山县交通运输局、象山县农业农村局、象山县水利和渔业局增挂牌子的批复》精神,以及《关于报送象山县文化市场综合行政执法队机构设置(草案)的函》,2019年11月27日,县委编委发文(象编〔2019〕27号):组建象山县文化市场综合行政执法队,在县文化和广电旅游体育局挂牌;县文化市场综合行政执法队以县文化和广电旅游体育局名义统一行使行政处罚权以及与之相关的行政检查、行政强制权。

【象山县交通运输综合行政执法队机构设置等事项】 根据宁波市委办公厅、市政府办公厅印发的《关于深化交通运输综合行政执法改革的实施方案》和市委编办《关于同意象山县市场监督管理局、象山县文化和广电旅游体育局、象山县交通运输局、象山县农业农村局、象山县水利和渔业局增挂牌子的批复》精神,以及《关于报送象山县交通运输综合行政执法队机构编制方案的函》,2019年11月27日,县委编委发文(象编〔2019〕28号):组建象山县交通运输综合行政执法队,在县交通运输局挂牌。县交通运输综合行政执法队以县交通运输局名义统一行使行政处罚权以及与之相关的行政检查、行政强制权。

【象山县海洋与渔业执法队机构设置等事项】 根据宁波市委办公厅、市政府办公厅印发的《关于深化农业综合行政执法改革的实施方案》和市委编办《关于同意象山县市场监督管理局、象山县文化和广电旅游体育局、象山县交通运输局、象山县农业农村局、象山县水利和渔业局增挂牌子的批复》精神,以及《关于报送象山县海洋与渔业执法队机构设置(草案)的函》,2019年11月27日,县委编委发文(象编〔2019〕29号):组建象山县海洋与渔业执法队,在县水利和渔业局挂牌。县海洋与渔业执法队以县水利和渔业局名义统一行使行政处罚权以及与之相关的行政检查、行政强制权。

【象山县农业综合行政执法队机构设置等事项】 根据宁波市委办公厅、市政府办公厅印发的《关于深化农业综合行政执法改革的实施方案》和市委编办《关于同意象山县市场监督管理局、象山县文化和广电旅游体育局、象山县交通运输局、象山县农业农村局、象山县水利和渔业局增挂牌子的批复》精神,以及《关于报送象山县农业综合行政执法队机构设置(草案)的函》,2019年11月27日,县委编委发文(象编〔2019〕30号):组建象山县农业综合行政执法队,在县农业农村局挂牌。县农业综合行政执法队以县农业农村局名义统一行使行政处罚权以及与之相关的行政检查、行政强制权。

【象山县市场监管综合行政执法队机构设置等事项】 根据宁波市委办公厅、市政府办公厅印发的《关于深化市场监管综合行政执法改革的实施方案》和市委编办《关于同意象山县市场监督管理局、象山县文化和广电旅游体育局、象山县交通运输局、象山县农业农村局、象山县水利和渔业局增挂牌子的批复》精神,以及《关于报送象山县市场监管综合行政执法队机构设置(草案)的函》,2019年11月27日,县委编委发文(象编〔2019〕31号):组建象山县市场监管综合行政执法队,在县市场监督管理局挂牌。县市场监管综合行政执法队以县市场监督管理局名义统一行使行政处罚权以及与之相关的行政检查、行政强制权。

【同意核定县政协农业和农村委员会领导职数】 根据《关于要求核定县政协农业和农村委员会领导职数的请示》,2019年11月27日,县委编委发文(象编〔2019〕32号),同意核定县政协农业和农村委员会主任、副主任各1名。

【增加县公安局政法专项编制】 根据省委编办《关于公安边防部队改革增加宁波市及部分市县政法专项编制的通知》精神,2019年3月14日,县委编办发文(象编办〔2019〕8号),增加县公安局政法专项编制91名,主要用于边防部队划转地方公安机关后接收人员的安置,以及承接相关职责所需的人员力量配备。调整后,县公安局政法专项编制694名。

【同意县集成学校更名】 根据《关于要求象山县集成学校更名的请示》,2019年4月11日,县委编办发文(象编办〔2019〕12号),同意象山县集成学校更名为象山县丹城第六小学,挂象山县集成学校牌子。

【调整县部分局级事业机构】 根据《关于同意调整象山县部分局级事业机构的批复》文件批复精神,2019年6月24日,县委编办发文(象编办

〔2019〕25号），县部分局级事业机构调整。1. 象山县档案馆、象山县旅游发展中心、象山县传媒中心、象山县大数据发展中心机构规格为正科（局）级。2. 象山县农业机械化管理站（局）更为名象山县农业机械化管理站，机构规格为副科（局）级。3. 象山县机关事业单位考核办公室更名为象山县机关事业单位考核中心，机构规格相当于副科（局）级。4. 象山县智慧城管中心机构规格相当于副科（局）级。

【同意划转县城南学校部分事业编制】 根据《关于要求划转城南学校部分编制的请示》，2019年9月10日，县委编办发文（象编办〔2019〕30号），同意划转县城南学校10名事业编制至县丹城第六小学。划转后，县城南学校核定财政全额补助事业编制88名，县丹城第六小学核定财政全额补助事业编制10名。

【调整定塘镇所属事业单位编制】 根据县委县政府关于印发《全县组织开展危险化学品使用单位及小企业小加工作坊安全生产和消防安全整治百日大会战工作方案》通知精神，要求配足配强镇乡（街道）安全生产、消防安全监管力量。2019年10月24日，县委编办发文（象编办〔2019〕33号），从定塘镇公共事务综合服务中心调整1名事业编制至镇应急管理所。调整后，定塘镇公共事务综合服务中心财政差额补助事业编制35名，应急管理所财政差额补助事业编制3名。

【县部分局级事业机构名称调整】 根据《关于同意象山县局级事业机构整合消化方案的批复》文件批复精神，2019年12月18日，县委编办发文（象编办〔2019〕36号），县部分局级事业机构名称调整。1. 正科（局）级事业单位名称调整：象山县房屋征收办公室更名为象山县房屋征收中心；象山县招商局更名为象山县招商发展中心；象山县国有资产管理局（挂象山县国有资产监督管理委员会办公室牌子）更名为象山县国有资产管理中心，撤销所挂牌子；象山县人民政府金融工作办公室更名为象山县人民政府金融工作管理中心；象山县中国水产城管理委员会更名为象山县中国水产城发展管理中心；象山县大目湾开发管理委员会更名为象山县大目湾开发建设管理中心；象山县石浦渔港旅游开发管理委员会更名为象山县石浦渔港旅游开发中心。2. 副科（局）级事业单位名称调整：象山县人民政府新闻办公室更名为象山县新闻协调中心；象山县港航管理局更名为象山县港航管理中心；象山县建筑业管理局更名为象山县建筑业管理中心。

信访工作

【概况】 2019年，来县信访总量95676件，与2018年同比下降3.47%。具有以下三个特征：一是信（群众来信）、访（来访人员）、网（网上来信）呈上升趋势。全年共登记普通群众来信552件，同比上升16.70%。接待来访群众1163批3682人次，同比上升23.86%和7.00%。收到网上来信2865件，同比上升84.87%。二是来电呈下降趋势。全年共受理群众来电91096件，同比下降5.26%。三是越级访呈上升趋势。全年出县越级登记上访共174批238人次，与2018年同期相比批数、人次分别上升4.19%、下降8.11%。其中，进京访45批47人次，同比批数持平、人次下降21.7%。2019年，完成各级两会、亚洲文明对话、全国乡村治理现场会、中华人民共和国成立70周年大庆、世界互联网大会、中共十九届四中全会等重大活动的维稳安保任务。

【制定领导包案督办稳控化解方案】 1月9日印发《关于报送2019年县级信访积案备选件的通知》，通过“走下去，请上来”的方式，对初步排摸的积案逐一听取汇报详细了解，确定69件积案，其中化解类35件、稳控类34件，由27名县级领导包案稳控化解，2月1日印发《关于开展2019年度象山县重点疑难信访诉求领导包案督办稳控化解工作的通知》。

【探索信访代办制度】 坚决贯彻落实省委书记车俊关于信访“最多跑一次”指示精神，2月率先在大徐镇探索信访代办制，之后逐步铺开。县“信访超市”设立代办中心、镇乡（街道）设代办站、村（社区）设代办点，由镇村干部、网格长、人民调解员、“老娘舅”、公益律师等组成代办员队伍，以民生类信访事项为主，全程代办、全域代跑、全事代处。信访代办员发挥好信息员、引导员、办事员、督导员、调解员等“五大员”作用，变“被动化解矛盾”为“主动解决问题”。2019年全县代办信访事项467件，解决445件。试点的大徐镇信访量同比下降26%，重要节点和重点领域连续多年实现“零信访”，相关做法得到郑栅洁书记批示肯定，要求全市推广“大徐经验”。

【签订信访工作责任书】 3月1日，县委、县政府召开全县平安建设暨政法信访工作会议。县四套班子有关领导；县委政法委、政法各部门和县信访局县管领导干部；县级各部门主要负责人；各镇乡党委（街道党工委）书记，政法信访分管领导，专职信访干部；2018年度受表彰的先进集体和先进个人代表参加会议。会上，县委书记、县长与18个镇乡（街道）和20个县级重点部门党政正职签订《2019年度信访工作目标管理责任书》。会后，镇乡（街道）也与村（社区）、重点部门与下属单位签订信访工作责任书，实行一级抓一级、层层抓落实。

【明确信访工作任务清单】 3月11日，根据《象山县信访工作责任制实施细则》《关于加强信访工作的意见》等指导文件，完善修订《象山县处置越级上访工作预案》《领导干部接待群众来访办法》机制，明确各级工作责任。根据各地各部门特点，合理确定需解决的信访“共性任务”和“个性任务”清单，从严从细落实信访源头责任、事项办理责任、属地稳控责任，发挥信访局（信访联席办）“三项建议权”作用，加大专业分析指导和责任倒查追究力度。

【优化分线约访制度】 根据来访群众反映的诉求，进行初步会商后进行类别归纳，再根据县级领导分管的范围进行匹配，匹配后方可进行约访。约访后即可通知上访人，按照预定时间来访。2019年的优化县级领导"定期分线约访接访"制度，收到良好的社会效果。2019年县级领导到位值守接访136人次，接待来访群众99批483人次。县级领导接访的12批初访案件，全部办结息访；77批重复访中，案件的办理率达100%，息访率达80%以上。

【强化信访责任意识】 1月16日、4月18日、7月9日县委常委会先后3次专题研究信访工作或重点领域信访问题。5月27日县委叶剑鸣书记对信访多发问题房地产行业领域进行专题研究，并约谈信访问题较为突出的3个镇乡（街道）（约谈泗洲头镇、丹东街道、石浦镇主要领导），带动县四套班子领导和各地各部门齐心协力履行信访责任、抓好信访工作。

【开办信访超市】 多次组织相关单位赴镇海、奉化等地学习考察，并组织相关部门协调落实信访超市项目建设、资金保障、人员编制等问题。9月中旬，县信访超市硬件建设竣工，建设面积900平方米，总投资约230万元，于9月底实体运行。截至12月31日，信访超市共接待群众1197批2166人次，其中法律咨询450批、当场面复群众诉求300批、受理司法鉴定、法律援助、司法确认等135批、当场协调处理58批、按信访流程办理117批，分类处置成效显著，欠薪调解、涉法涉诉处置均及时到位。

【严格落实初访流程】 按照《关于严格落实初信初访事项工作责任的实施办法》，明确事权单位和属地镇乡初信初访化解责任，明确到县级信访局初次上访的人员，由责任单位主要领导第一时间接访处理。对有答复意见的初次信访件进行回访并征求信访人的满意度评价。2019年，初次信访事项回访率100%，信访部门满意率98.68%，责任单位满意率97.26%，回访核实率99.22%。对不满意评价件分门别类梳理分析，提出整改意见和处置建议，提高初信初访办理水平。

【指导责任单位做好积案化解工作】 主动对接各责任单位，指导各责任单位做好积案化解方案制定、化解等工作，向27名县领导共发送《提示单》80份，向市信访局、县委办、县府办等单位上报信访事项化解等书面材料22份，网上汇报、办理积案件35件，赴18个镇乡街道、县重点部门实地督查10次，电话、网上督查102次，编辑积案化解专刊6期，指导各责任单位方案制定、办结报告撰写49份，规范性档案建立29份。截至12月31日，35件化解类积案化解29件，化解率为82.86%，稳控类息访5人次，市级积案11件全部化解，化解率100%。

【"一中心四平台"全科网格高效运转】 2019年，全县824名网格长累计出勤281160余次，累计走访558903次，巡查29431077次，事件报送176429件，月事件报送数14702件，日均报送事件483件，日均报送数同比增长61%。全县网格在线率从1月的98.1%上升到12月的100%。全年共流转交办县级部门E宁波系统四级事件767件，及时办理767件，按期办理率100%，网格关闭率100%。乡镇（街道）指挥室四平台共流转办理三级事件38140件，按期办理率和关闭率均达100%。

【网格助力"全国加强乡村治理体系建设工作会议"】 为迎接全国加强乡村治理体系建设工作会议，泗洲头镇墩岙村，墙头镇方家岙村、溪里方村，涂茨镇旭拱岙村，黄避岙乡高泥村的网格长们行动起来。按照"人性化、零距离"的便民服务要求，实施网格"日志式"巡查机制，每日记录网格长行动轨迹和事件处置情况，为居民们排忧解难，提供服务。参加农村矛盾纠纷排查调处化解，全流程记录"村民说事"环节，强化村规民约建设，美化村庄环境、维护农村稳定，推进农村移风易俗，上报各类事件300余件。制作发放"一中心四平台全科网格"基层社会治理体系宣传折页5000余份，为现场会的召开提供"网格化管理、组团式服务"。

【网格信息管理工作扎实推进】 县社会治理综合指挥中心扎实做好网格事件信息和社情民意的分析研判工作，对涉及民生经济、安全管理、市政交通的信息都编发成专报，如"居民区电动车充电管理亟待规范""城区停车亟待科学管理"等，全年共编辑专报34期，对涉及金融诈骗、传销、存在重大安全隐患的信息第一时间编发上报，"不合理的市政设施还有多少""厂房改建出租房行为亟待规范""奢华包装下的阴谋"得到县主要领导的批示。2019年奖励各类网格信息5000余条，发放奖励资金30万元。

【日常督导规范网格运行】 加强与各镇乡街道综合指挥室的日常工作沟通基础上，制定抓日常、抓细节、抓进度、抓规范的系列督导措施。通过公布日网格在线提醒、周网格日常运行提醒书、周网格长应知应会抽查表、网格专题工作专项督查书、月度网格运行数据分析报告多种形式相结合，及时发现掌握近期网格运行情况、事件报送及苗头分析、网格长业务能力等，倒逼镇乡街道、针对存在问题改进工作，确保各类工作数据着眼于面，落实在点和线。全年共发布提醒书43期，月度网格运行数据分析报告9期，网格专题工作专项督查书25期。回复县领导批示件2件，答复县人大代表提案进行1件。

【加强实操训练提升网格长能力】 为提高网格长实战化工作水平，打造一人多岗、一专多能的复合型网格队伍，3月出台《2019年全县各镇乡（街道）网格拉练计划》，每个月确定一个拉练工作主题，要求各镇乡街道具体进行部署，按照构建网上网下整体作战体系要求，通过阶段性、系统性的拉练形式，使广大网格长建树主动服务意识、明晰工作职责、熟悉工作方法。每月月底要求各镇街道将本月网格拉练工作开展情况进行总结上报。拉练内容包括重点人员专项走访、节前安全检查、基础数据排查、水污染整治排查行动、食药安全卫生排查行动、半年度网格长工作经验交流会等主题的实战拉练。事件上报率达到100%，专项响应率达到99.39%，网格参与率达到98.79%，整体参与此项活动的效果和辐射面均有显著提升。

【部署E宁波系统入驻钉钉工作】 为全面推进进钉钉工作，9月开始按照市里统一部署，制定并及时上报网格进驻钉钉的推进计划。及时发布业务操作培训内容，要求各镇乡街道对网格长进行业务再培训，制作《E宁波系统入驻钉钉阶段性工作开展情况统计表》，及时了解各镇乡开展此项工作的各环节进展情况、存在的问题及工作建议，和市中心做好有关沟通联络工作。选取黄避岙乡龙屿村部分网格作为试验点，先期进行操作，发现问题积累经验，确保各项基础工作稳步进行。县网格长全部完成钉钉注册，各镇乡均进行系统关联，指导好网格长进行新系统进行工作。

【发布网格长典型事件】 通过多媒体手段发现和挖掘一批基层网格工作中的先进人物、典型事迹和创新性做法，为构建和完善基层现代化社会治理体系做贡献。做好"一个网格员的自述"小册子刊印资料撰写、图片搜集、印刷稿件编印等工作。撷取网格长点滴事迹汇编成册，以小见大，生动展现网格长担当作为的精神风貌。做好网格长工作事迹的搜集编写，先后在《今日象山》刊发网格长工作事迹材料28篇，开通"象山网格"公众号，编发31期网格美文，提高网格管理工作的知晓度、影响力。

【统筹管理话务接听】 每月开展2次常规业务学习会，采用业务考试、"一对一"业务辅导、邀请职能部门讲座等形式进行，从信访知识、政策法规文件、各部门职责等入手，统筹规划业务培训内容。2019年以来，开展18次业务培训学习会和9次业务考试。精心组织各类业务大比拼，鼓励话务员参加省市县业务比赛，营造"比、学、赶、帮、超"的良好氛围。在提升话务员自身素质之外，精准落实"12345"效能指数通报制度，督促责任单位提升办理质量。

（县信访局　陈淑波）

涉台事务

【概况】 2019年以来，县台办贯彻中央对台工作方针，按照省、市台办的工作部署，围绕县委的工作大局，发挥象山县对台工作的资源和优势，持续推动象台两地交流交往，注重实际效果，突出工作重点，拓宽交流渠道，统筹各方力量，全力推进象山对台工作。

【打造对台农业合作品牌】 1月18日，经省农业农村厅和省台办复审和实地考核，象山县宁波东势台溯果园被认定为第三批浙台农业合作示范基地。

【加强对台招商引资】 营造对台招商引资的良好氛围。吸引北京富基文化科技有限公司董事长刘凯齐一行到象山县考察种虾种苗供应基地项目，浙江华袖资产管理有限公司考察台湾度假村项目，宁波台湾同胞投资企业协会考察半边山区块旅游发展项目，让更多的台商了解象山的发展变化和产业特色。

【稳步推进对台小额贸易】 优化通关服务，提前与船舶代理企业、海关、边检等多方主动沟通协调，提供政策指导建议，引导企业采用提前申报、汇总征税等便捷通关措施，缩短监管场所通关作业时间，助推对台小额贸易货物通关。对台小额贸易进出口39个航次，吞吐量4752.8吨，贸易额1680.5万美元。

【深化与台湾基层交流】 开展经常性交流互动，增进感情。相继接待南投县议员、民代表、里长、鹿谷乡农会、竹山镇茶业协会等7批团组183人次。重点开展乡村文化振兴、精品民宿开发、"村民说事"基层管理模式、建筑业发展等，增进象台两地的了解和认同，拉近象台两地民众距离。

【举办妈祖如意信俗交流活动】 扩大象台如意信俗文化的交流范围。作为两岸重点交流活动，年内的象台妈祖如意信俗交流活动除来自台湾台东县小石浦村的代表，还邀请台湾南投县竹山镇的基层代表团和宁波大学的台湾学生代表团共同参加渔民祭海、开船仪式、渔村千人宴等民俗活动，富有地方特色象山渔文化深深地打动台湾来宾。

【做好赴台团组的交流工作】 围绕交流任务，谋划象山县赴台团组的组织、联络和申报工作，精心选派赴台人员。相继组织浙台（象山石浦）经贸合作区张学军副主任带队赴台开展大健康产业考察交流、石坚定副县长赴台经贸考察交流。8月，县委书记叶剑鸣书记带队走访台湾南投县竹山镇和台东县富冈新村，开展深入的基层交流工作。

【完成象山县两岸婚姻家庭和省籍台胞的普查工作】 根据上级台办部署，积极争取县委统战部牵头，协调有关部门和乡镇街道，对涉及全县18个乡镇街道123户两岸婚姻家庭及定居大陆婚生子女信息情况进行全面的摸底排查。完善县对台工作资料库，为下一步发现、培养、推荐优秀人才，分类做好两岸婚姻家庭政策咨询、子女就学与就业、扶贫帮困等各项服务工作提供依据。

【接待台中市副市长令狐荣达一行】 3月23日，台中市副市长令狐荣达带领台中市秘书长黄崇典、经济发展局局长高禩翔、观光旅游局局长林筱淇、农业局局长蔡精强、参事周进忠等一行到象山县参访，实地考察象山影视城和宁波东势农业发展有限公司，并与宁波市农业农村局、经信局、文广旅游局等部门就两岸现代农业、观光旅游业、先进制造业的发展进行座谈交流。市台办主任许义平和台中市在甬台资企业代表陪同考察。

【开展与其他地区台办的交流】 1月29日,南通市台办一行到象山县考察"海峡两岸渔业合作交流基地"的软硬件建设、配套设施等情况,实地走访了解渔业基地口岸开放海事管理、边防检查、保税仓库设立等。5月17日,慈溪市台联会一行21人到象山县交流基层对台工作和台联会建设情况。

【广泛服务台属台胞台资企业】 一是做好春节前的走访慰问工作,为全县28名重点台属台胞、12家台资台属企业送上价值3.44万元的慰问物品。二是开展化解开展涉台排查工作和"宁波惠台80条"落地情况调查,逐个走访台资企业和在象台胞,为其解决实际问题,了解第一手信息及时反馈给上级台办。三是做好寒假期间陆生回访工作。全县共有8名赴台就读陆生,寒假期间基本回象山,通过举办座谈会、电话和网络交流,了解他们对台湾的感受,在台学习和生活情况,介绍两岸局势,继续提醒应注意的问题,学生如何保护自己等。

(县台办 郑杰)

党建工作

【概况】 根据《象山县机构改革方案》,中国共产党象山县直属机关工作委员会更名为中共象山县委直属机关工作委员会(以下简称县直机关工委),作为县委工作机关,统一领导县直机关各部门党的工作。2019年以来,县直机关工委全面贯彻落实中共十九大和中共十九届二中、三中、四中全会精神,以习近平新时代中国特色社会主义思想为指导,按照新时代党的建设总要求,牢牢把握"围绕中心、建设队伍、服务群众"三大核心任务,推动机关党建工作走在前、作表率。

【党员教育管理工作】 结合"不忘初心、牢记使命"主题教育,以党组(党委)理论学习中心组为龙头、党支部政治学习为基础,通过周一夜学、专题培训、党课宣讲、辅导报告等形式,持续推动机关党员干部学深悟透习近平新时代中国特色社会主义思想,增强践行"两个维护"政治定力。5月27日,举办县级机关入党分子培训班,共有410名入党分子受训并结业,提高新发展党员质量,充实入党分子队伍储备力量。7月11—12日,有针对性地组织机关党务干部尤其是专职副书记开展专业能力提升培训,重点安排党支部条例解读和发展党员工作实务进行授课,兼顾理论性和实操性。7月31日至8月2日,组织政工负责人赴遂昌县浙西南革命教育基地开展"传承革命精神、汲取初心力量"专题培训,增强政工干部做好政治工作的使命感和责任感,坚定对党的理想信念,将所学所得转化为推进机关党建工作的举措。

【开展庆祝新中国成立70周年系列活动】 开设"机关讲坛",组织开展"砥砺初心强使命,担当报国我先行"主题党日活动。5月下旬,与县纪委县监委、县委组织部、县委宣传部联合举办以"礼赞新中国,奋斗新时代"为主题的微型党课比赛,组建一支由20名获奖选手组成的宣讲队伍,围绕70年来党和人民的奋斗实践、历史性变革和成就进行宣讲,巩固壮大主流思想舆论阵地。

【持续推进党支部标准化规范化建设】 完善机构改革后党组织设置,加强分类指导,调整完善区域联动党建模式,指导11家涉改单位完成党组织设置调整,其中升格机关党总支2家,同步完成1000余名党员组织关系转接,确保主题教育覆盖无盲点、党员零遗漏。规范基层党组织换届选举程序,共发出36份换届提醒函,督促74家机关基层党组织抓好换届选举、书记任命、增补委员等工作,配齐配强党务工作力量,确保支部工作有序开展。规范党员发展流程,严格执行发展前集中教育、发展中预审、公示、政审,发展后教育、宣誓等程序,确保党员发展质量,2019年共计发展党员22名。

【推动各级党组织主体责任落细落实】 坚持"书记抓、抓书记",牵住责任制这个"牛鼻子",全面落实机关党建责任制,制定细化《县直部门党建工作责任清单》,条目式明确第一责任人、直接责任人和具体责任人的任务清单、责任清单,重点抓好"一把手"主体责任的监督检查,压实"一把手"抓班子带队伍的责任担当。严肃党内政治生活,突出抓好党员领导干部参加双重组织生活、参加支部活动情况的监督检查。10月下旬至11月,县直机关工委组成4个检查组,采取听取汇报、查阅资料、实地走访等方式对76家县级部门机关党建工作开展情况进行专项督查,并对检查情况进行通报,强化"一把手"履职意识。

【健全完善机关党建综合考评体系】 完善机关党组织书记"联述联评联考"制度,加大检查考核力度,通过开展基层党组织星级评定、示范点创建、机关党建创新活动评选、"一片区一特色"创意主题党日评选、一把手"精品党课"评选等活动,以组织力建设为核心、以晋位升级为动力,坚持示范引领、创先争优,通过创建党建示范点辐射带动业务工作的推进。注重结果运用,将星级评定结果与机关党建工作考核直接挂钩,发挥党建和业务同步考核的"指挥棒"作用,激励每一个基层党组织在原有的基础上组织建设有进步、服务功能有提升。经综合评定,6家党组织被评为2019年度机关党建工作示范点,18家党组织被评为"五星级"机关党组织,26家党组织被评为"四星级"机关党组织,31家党组织被评为"三星级"机关党组织,1家党组织被评为"二星级"机关党组织。共评选出8个优秀机关党建创新活动案例,十佳"一把手"精品党课,8个优秀创意主题党日案例。

【拓展党员志愿服务】 围绕中心大局,深化拓展党员志愿服务,推进基层服务型党组织建设，以机关党组织与农村（社区）党组织结对共建为纽带，契合社会需求，创新志愿服务内容和形式，提升志愿服务实效。在农村，发挥党员志愿者在实施乡村振兴战略中的引领作用，组团开展“美丽乡村、爱心公益、惠民助创”为主要内容的“和美乡村行”志愿服务活动。机关党组织为结对联系村在经济产业发展、基础设施建设、便民为民服务方面提供公益项目帮扶；扶助弱势群体，为结对联系的“五小”服务对象提供扶贫、助医、助学、助残等爱心服务，走访慰问困难群众300余人次，争取落实帮扶项目资金200多万元。在社区，围绕合力营造创建全国文明城市良好氛围，抓好结对共建“十个一”任务清单对标落实，开展以“两进两捡、认领微心愿”活动；“七一”期间，开展以“践行初心担使命、真情帮扶暖人心”为主题的党员爱心圆梦行动，广大机关党员认领30个社区464个微心愿，上门送达慰问物品14.25万元。

【开展机关党建调研工作】 以全面提高机关党的建设质量为主线，开展机关党建工作专题调研，针对调研结果形成《质量管理视角下落实机关党建主体责任的探究》的调研文章，分别荣获全市机关党建重点课题优秀调研成果二等奖、全省机关党建课题研究成果三等奖。

【党员志愿服务团助力发展】 以优化区域营商环境为切入点，组团开展“服务企业·助力发展”志愿服务行动，选派“党员志愿服务团”小分队小组下沉企业一线走访，通过政策咨询、业务指导、建言献策、跟踪帮助等途径，为企业发展、项目推进提供专业精准服务。一年来，顾问小组走访企业、项目业主20余次，收集汇总问题10个，解决8个，正在解决2个。

【倾力打造清廉机关示范点】 制定出台《关于推进清廉机关示范点建设的实施方案》及创建标准，将作风教育和廉政文化建设结合起来，建设忠诚干净担当的高素质干部队伍。经前期调研排摸，确定县人民法院和象山经济开发区管委会为创建单位，开展重点指导和一对一帮扶，确保两家单位高质量完成创建任务，为县清廉机关建设提供可供复制的样板经验。

【抓好机关作风民主评议工作】 继续深入开展以“优化营商环境、打造机关铁军”为主题的机关作风民主评议活动，围绕省委“三服务”活动，聚焦重点科室和基层站所、服务窗口，开展专项评议活动，评选一批群众满意单位与不满意单位，发挥营商环境社会观察员队伍作用，畅通群众反映意见渠道，推动机关转作风、提效能、强执行，打造稳定、公平、透明、可预期的营商环境。2019年，机关作风民主评议共回收问卷5502份，群众文字意见44条。其中随机评议467份，专项评议598份，集中评议2265份，群众“最满意单位”和“最不满意单位”评议2172份。通过社会各界测评和综合评定，共评选出10家群众“最满意单位”和3家群众“最不满意单位”。

【用好用实手机评议二维码手段】 围绕全县机构改革工作，同步更新涉改单位基层站所和服务窗口的二维码标识，确保群众反映意见渠道畅通，紧盯群众反映的不满意评价，督促相关单位抓好具体问题的整改落实，定期对测评结果进行整体通报。2019年以来，共收到群众评议意见1280条，其中满意1204条、较满意14条、基本满意13条、不满意49条，文字意见102条，印发手机评议通报1期。

【持续保持正风肃纪高压态势】 持续加大作风检查的力度和密度，坚持把正风肃纪贯穿主题教育始终，开展每月2次的明察暗访行动，发现并整治一批在主题教育中群众反映强烈的党员干部作风问题。紧盯重要时间节点，重点查处各种形式的“四风”反弹回潮、隐形变异新动向新表现，着重整治形式主义和官僚主义，驰而不息转作风、提效能。全年共组织开展检查活动4次，涉及167家单位，印发通报4期，对10名工作人员违反纪律情况进行实名通报。

（县直机关工委）

政协象山县委员会

综 述

2019年,是政协十届象山县委员会的第三年。本届政协共有委员241人,设中共、无党派、共青团、总工会、妇联、工商联等17个界别组。县政协机关内设“一办五委”,即办公室、提案委员会、经济科技和城建资源环境委员会、教文卫体和文史资料委员会、社会法制和港澳台侨委员会、委员工作委员会。在乡镇街道设丹东、丹西、爵溪和石浦、西周等18个联络工作委员会。象山县有省政协委员1人,市政协委员12人。县政协常委会在中共象山县委的坚强领导下,坚持以习近平新时代中国特色社会主义思想为指导,贯彻中共十九大和中共十九届二中、三中全会精神,坚持团结和民主两大主题,发挥协商民主重要渠道和专门协商机构作用,聚焦中心工作协商议政,立足民生需求建言资政,助推改革发展汇聚合力,为加快建设宁波现代化滨海城区做出贡献。

县委政协工作会议 全体会议 常委会议 主席会议

【县委政协工作会议】 12月6日上午,县委召开政协工作会议。县委书记叶剑鸣出席会议并讲话。他指出,习近平总书记在中央政协工作会议暨庆祝人民政协成立70周年大会上的重要讲话,深刻阐明新时代人民政协工作的使命任务、总体要求和重点,为做好新时代人民政协工作指明前进方向、提供根本遵循。认识人民政协成立的初心所在,始终不渝坚持中国共产党的领导;深刻认识人民政协的历史成就,永葆人民政协这一新型政治制度的坚定信心;深刻认识新时代人民政协肩负的重大任务,持续巩固和发展最广泛的爱国统一战线,开创人民政协事业发展新局面。他强调,要发挥专门协商机构作用,在提升协商议政质量上谋求新作为。聚焦中心工作,丰富协商平台,完善工作机制,在“专”出特色、“专”出质量、“专”出水平上下功夫。要加强思想政治引领、广泛凝聚共识,在坚持双向发力上取得新成效。牢记统战属性、压实统战职责,在学习教育中凝聚共识,在求同存异中展现活力,在团结联谊中汇聚力量。要强化责任担当,在加强自身建设上展现新形象。政协党组要发挥好核心作用,政协委员要发挥好示范带头作用,政协机关要发挥好服务作用,提升履职尽责的能力和水平。他强调,人民政协工作是党的工作的重要组成部分。要全面加强党对政协工作的领导,把政协工作纳入党委工作全局,加强政协系统党的建设,主动抓好政协机关建设,形成政协工作的强大合力,为新时代县政协事业发展营造良好环境。县委副书记、县长黄焕利主持会议。县政协党组书记、主席俞骏传达中央和省市委政协工作会议精神。县委常委,县人大常委会主任,县政府副县长、副县级领导,县人民法院院长,县人民检察院检察长;县政协常委会组成人员;县级各部门主要负责人;各镇乡党委(街道党工委)书记;县政协界别组组长、副组长,镇乡(街道)联委会主任、联络员;在象省市政协委员、部分界别委员和县政协机关全体干部等参加会议。石浦镇党委、鹤浦镇党委、县住建局、无党派界别、丹东街道联委会等五家单位在会上作交流发言。

【县政协十届三次会议】 中国人民政治协商会议第十届象山县委员会第三次会议，于2019年1月22日至25日在黄金海岸大酒店召开。出席委员239人，列席128人。在象山的省、市政协委员，县政协历届秘书长以上老领导、县级机关有关部门负责人和县政协各镇乡（街道）联络工作委员会专职副主任（联络员）等列席会议。第一次全体会议分别听取十届县政协主席俞骏和副主席欧亚群所作的常委会工作报告和提案工作报告。第二次全体会议上，11位政协委员代表各自的界别组、联委会，围绕接轨长三角构建现代化大交通格局、加快推进中心城区建设、提升发展水产品加工业、丰富休渔期渔产品供给等议题作参政议政专题发言。县委副书记、县长黄焕利肯定委员们的发言，要求有关部门研究解决。第三次全体会议进行大会选举，通过选举办法和总监票人名单。选举杨盛昂为政协第十届象山县委员会副主席。第四次全体会议听取县委书记叶剑鸣代表中共象山县委所作的讲话，通报大会期间提案收集和初审情况，通过县政协十届三次会议决议。在该次大会期间，委员们还分组审议政协常委会工作报告和提案工作报告，列席县十八届人大三次会议，听取和协商讨论《政府工作报告》、人民法院工作报告、检察院工作报告及其他有关报告。

【县政协十届十次常委会议】 1月11日召开，县政协主席俞骏主持会议。协商讨论县政府工作报告、县人民法院工作报告、县人民检察院工作报告、2019年县经济社会发展计划与重点项目和财政预算安排。听取县政协十届三次会议筹备工作报告。审议通过县政协专委会设置调整和人事任免事项。县人民政府副县长钮晶莹、县人民法院代院长陈海虹、县人民检察院检察长袁学宏应邀出席会议。

【县政协十届十一次常委会议】 8月26日召开，县政协俞骏主席主持会议。县委副书记、县长黄焕利通报全县上半年经济社会发展情况和下半年政府工作，县政府办公室主任作关于县政协十届三次会议以来委员提案办理情况的报告。周华琴、吕宏伟、张承志、周礼胜等常委就加强社区物业管理、加快人才引进、创新人才政策、提高服务企业能力、提高提案办理质量等方面做议政发言。会议还通报县政协上半年工作情况和下半年工作安排，审议通过县政协相关规章制度和有关人事任免事项。

【县政协十届十二次常委会议】 10月10日召开，就“渔港经济区建设”常委会重点调研课题开展“请你来协商·书记与委员面对面”协商，县委书记叶剑鸣出席会议并讲话。县政协主席俞骏主持会议。县政协办公室、经建委、社法委分别作《关于推进我县渔业经济提质增效的建议》《关于推进我县水产品加工转型发展的建议》《做精做优渔港文化旅游、打造国家海洋旅游示范区》课题调研成果报告。江财国、吕彤、林永奎等委员就发展远洋渔业、深海养殖、海洋生物医药产业、渔港文化旅游、民宿经济及减船转产等方面作交流发言。

【县政协十届十三次常委会议】 11月15日召开，举行“文化强县建设”为主题的“请你来协商·局长与委员面对面协商会”，县政协副主席欧亚群主持会议。胡玲英、田领土、史静波等15名政协委员围绕激发青少年阅读兴趣、“非遗”传承人培育、中小学生艺术教学、文化礼堂利用、文物保护点保护、弘扬中华优秀传统文化等方面问题，与县委宣传部、县文化和广电旅游体育局、县教育局负责人进行面对面协商交流。

【县十届政协主席会议】 2019年，十届县政协共举行主席会议16次。汇总如下：

2019年1月22日，县政协十届三次会议召开

表 9　　**2019 年度十届县政协主席会议情况一览表**

时　间	会　　次	会议主要情况
1 月 10 日	第 26 次主席会议	县政协主席俞骏主持会议，审议通过县政协专委会设置调整和有关人事任免事项，讨论通过县政协十届三次会议参政议政材料、讨论组安排等有关事宜
2 月 22 日	第 27 次主席会议	县政协主席俞骏主持会议，研究部署 2019 年度政协工作，讨论通过政协 2019 年工作要点及工作行事历、工作责任分解，启动相关课题调研
3 月 21 日	第 28 次主席会议	县政协主席俞骏主持会议，审议县政协十届三次会议提案相关情况，确定 8 件提案为重点提案，明确重点提案督办分工，确定县政协十届二次会议提案优秀承办件
4 月 30 日	第 29 次主席会议	就县职业教育发展进行专项议政。县政协主席俞骏讲话，副主席励茂平主持会议。县教育局主要负责人作县职业教育发展情况汇报，县政协教科文卫学习委课题组作专项建言。徐贤国、张婉洁、刘永跃、盛东坡、何照兴、宋厘国等与会政协委员围绕职业教育发展，提出统筹谋划职业技术学校、强化师资队伍建设、整合资源开展专业培训、提升学生创业创新能力等建议。副县长钮晶莹出席会议并讲话
7 月 2 日	第 30 次主席会议	就县海洋旅游产品开发进行专项议政。县政协主席俞骏讲话，副主席周平飞主持会议。县旅游发展中心主要负责人作县海洋旅游发展情况汇报，县政协经建委课题组作专项建言。许国庆、项伟方等与会政协委员围绕海洋旅游发展，提出开发海洋旅游产品、合理谋划利用赛后亚帆基地、加快发展县休闲海钓产业、加快美丽渔村建设、丰富海洋旅游文创产品等建议。县委常委、常务副县长陈兴立出席会议并讲话
7 月 17 日	第 31 次主席会议	就县科创中心运营情况开展知情性视察。县政协副主席欧亚群、叶富兴、励茂平、杨盛昂，秘书长翁英豪，县政协各委办主任和部分委员参加活动。实地视察科创中心文化长廊、一站式服务大厅、中国电科电子科学研究院创新分中心等，听取相关负责人情况介绍，深入了解科创中心运营进展情况
8 月 9 日	第 32 次主席会议	县政协主席俞骏主持会议，审议通过县政协有关人事任免事项，讨论通过《政协象山县委员会全体会议工作规则》等相关规章制度
9 月 27 日	第 33 次主席会议	县政协主席俞骏主持会议，审议通过《2019 年县政协提案办理工作民主评议情况报告》，研究讨论关于提高提案办理实效性意见
10 月 11 日	第 34 次主席会议	就县输变电装备产业转型升级进行专项议政。县政协主席俞骏讲话，县政协副主席周平飞主持会议。县经信局主要负责人作县输变电装备产业发展情况汇报，县政协经建委课题组作专项建言。邓爱月、朱光明等与会委员围绕输变电装备产业转型升级议题，提出要加强产业提升规划引导、提高产品研发创新能力、提升产业链整体水平、强化服务创新和要素保障等建议。副县长石坚定应邀出席会议并讲话
10 月 29 日	第 35 次主席会议	就县政协十届三次会议重点提案办理落实情况进行专项议政。县政协主席俞骏主持会议。县政府办公室作关于提升群众健康素养、农村文化礼堂利用、培养县旅游人才、丰富休渔期渔产品供给、改造提升垃圾中转站、工业废弃物处置、完善东陈汽车城配套服务、规范进校园活动等 8 件重点提案办理落实情况的汇报。县政协副主席和相关委办主任，张西平、朱爱春、张承志等与会政协委员提出加快健康服务中心建设、探索全县垃圾中转站一体化管理模式、整合优化"进校园"事项、完善东陈汽车城功能定位等建议，促进重点提案建议落实。县委常委、常务副县长陈兴立应邀出席会议并讲话

续表9

时　间	会　　次	会议主要情况
11月14日	第36次主席会议	审议“城乡生活垃圾分类处理”、深化“最多跑一次”改革和“支持民营企业政策落实”专项民主监督建议书。县政协主席俞骏主持会议。听取三个专项民主监督组关于“城乡生活垃圾分类处理”、深化“最多跑一次”改革和“支持民营企业政策落实”专项民主监督建议书的汇报。与会人员围绕专项民主监督建议书内容提出要强化生活垃圾源头精准分类、抓好支持民营企业政策落实、整合审批流程、优化服务效能等建议。会议通过专项民主监督建议书
11月21日	第37次主席会议	对县重大项目推进情况开展知情性视察。县政协主席俞骏，副主席欧亚群、周平飞、励茂平、莫俶茜，秘书长翁英豪，县政协各委办主任和部分委员参加活动。实地考察象山万达广场、县中医院迁建工程项目、象山影视学院、中国·浙江海洋运动中心（亚帆中心）等项目，听取项目有关负责人情况介绍。副县长钮晶莹应邀出席视察活动
12月31日	第38次主席会议	县政协主席俞骏主持会议，讨论召开县政协十届四次会议的决定，讨论政协常委会工作报告和提案工作情况的报告，讨论县政协十届四次会议议程、日程、各次会议主持人、报告人等有关事项，审议有关人事任免事项，讨论确定2019年度政协工作各项先进
3月13日	专题协商县109项目	县政协主席俞骏主持会议并讲话。县综合行政执法局主要负责人作有关情况汇报，住建部环境卫生技术研究中心专家委员会相关人员介绍生活垃圾焚烧处置的工艺技术和科普知识。与会人员提出要依法合规推进、全方位全过程接受监督，主动满足群众合理诉求、畅通民意沟通渠道等建议。副县长周坚栋出席会议
10月31日	专项视察安全生产工作	县政协主席俞骏主持会议并讲话。实地视察象山怡斌塑胶公司、象山普惠化学有限公司、象山飞达金属公司，安全生产整治百日大会战领导小组办公室、丹西街道主要负责人作全县安全生产（消防）大排查大整治工作推进情况汇报，与会人员提出要狠抓整改重点、坚持齐抓共管、强化工作联动、加大宣传力度等建议
12月23日	专题协商商业网点规划布局及专业市场选址	县政协主席俞骏主持会议并讲话。县商务局主要负责人作县商业网点布局规划和专业市场选址情况汇报。与会人员围绕合理布局商业网点、遵循城市发展规律、注重商业与文化的融合、避免重复布局建设等方面提出建议

“请你来协商”活动

【县委书记与委员面对面协商会】 10月10日，召开“渔港经济区建设”为主题的“请你来协商·书记与委员面对面”协商会，县委书记叶剑鸣出席会议并讲话，县政协主席俞骏主持会议。县政协办公室主任胡金文、经建委主任赖伟杰、社法委主任陈明吉分别作“关于推进我县渔业经济提质增效的建议”“关于推进我县水产品加工转型发展的建议”“做精做优渔港文化旅游、打造国家海洋旅游示范区”课题调研成果报告。江财国、吕彤、林永奎等委员就发展远洋渔业、深海养殖、海洋生物医药产业、渔港文化旅游、民宿经济、减船转产等方面作交流发言。

【县长与委员面对面协商会】 6月17日，举行“健康教育与促进，提升群众健康素养”为主题的“请你来协商·县长与委员面对面”协商会，县委副书

记、县长黄焕利应邀出席会议并讲话，县政协主席俞骏主持会议，副县长钮晶莹应邀出席会议。县卫生健康局汇报“关于加强健康教育与促进提升群众健康素养的建议”重点提案办理情况。张西平、范旭东、盛东坡等委员，围绕加强健康服务中心规划设计、加强慢阻肺等慢性病筛查和早诊早治、重视乡村医疗人才培养、研究制定行业标准、加强医院健康教育与健康促进工作等方面建言。

【局长与委员面对面协商会】 11月15日，举行“文化强县”建设为主题的“请你来协商·局长与委员面对面”协商会，县政协主席俞骏讲话，副主席欧亚群主持会议。胡玲英、田领土等政协委员围绕激发青少年阅读兴趣、“非遗”传承人培育、中小学生艺术教学、文化礼堂利用、文物安全保护、弘扬中华优秀传统文化等问题，与县委宣传部、县文化和广电旅游体育局、教育局负责人进行面对面的协商交流。

【请你来协商·第三十一次协商恳谈会】 1月8日召开，专题就黄金海岸大酒店改造提升开展协商恳谈。县政协主席俞骏主持会议并讲话，县政协办公室组织协商。赖磅茫、张建军等委员，县自然资源和规划局筹备组、县大目湾开发管委会（松兰山管委会）、县商务局、县旅游发展中心等单位负责人参加会议，就明确目标定位、补齐象山酒店功能缺位、注重改造与周边环境相协调、正确处理好投入与产出的关系、提高招商引资的质量和效益等方面达成协商意见。县委常委、县政府常务副县长陈兴立应邀出席会议。

【请你来协商·第三十二次协商恳谈会】 3月25日召开，专题就农村生活污水处理设施运维管理开展协商恳谈。县政协副主席周平飞主持会议，县政协经建委组织协商。张立宏、姚辉等委员，县住建局、县财政局、县水务集团以及农村生活污水处理第三方专业服务机构等单位负责人参加会议，就抓好工作统筹、推进污水治理项目建设和设施运维标准化创建、致力构建长效管理机制、解决资金保障问题等方面达成协商意见。

【请你来协商·第三十三次协商恳谈会】 3月29日召开，专题就加强野生动物保护开展协商恳谈。县政协副主席欧亚群主持会议，县政协提案委组织协商。陆海滨、范旭东、黄红侠等委员，县野生动物保护协会代表，县自然资源和规划局、县市场监管局、县公安局、县传媒中心等部门负责人参加会议，就加大执法监管力度、完善保护措施、加强宣传教育等方面达成协商意见。

【请你来协商·第三十四次协商恳谈会】 4月25日召开，专题就围绕县扫黑除恶专项斗争开展情况开展协商恳谈。县政协主席俞骏主持会议并讲话，县政协办公室、社法委组织协商。县政协常委会组成人员，部分县政协委员，县委政法委、县公安局、县人民法院、县人民检察院、县司法局、县委组织部、县监委县纪委机关等部门负责人参加会议。县委副书记、政法委书记孙小雄作关于县扫黑除恶专项斗争开展情况的通报，副县长、公安局局长宣业靖作关于县公安局开展扫黑除恶专项斗争情况的介绍。吕彤、宋厘国等委员就加强宣传发动、强化工作联动、加大打击力度、深化基层治理、构建长效机制等方面进行协商交流。

【请你来协商·第三十五次协商恳谈会】 4月30日召开，专题就公共场所无障碍设施建设管理开展协商恳谈。县政协副主席莫俶茜主持会议，县政协社法委组织协商。孙嘉国、王益敏等委员，县住建局、县综合行政执法局、县自然资源和规划局、县残联、县传媒中心、县城投集团等单位负责人参加会议，就加强规划布局、加快实施建设改造、推进公共出行无障碍、强化日常维护管理、深化宣传引导等方面达成协商意见。

【请你来协商·第三十六次协商恳谈会】 5月10日，专题就调整县部分客运班车和公交班次进行协商恳谈。县政协副主席周平飞主持会议，县政协经建委组织协商。张西平、夏永远、金从标等委员，县交通运输局、宁波甬象客运有限公司、县城乡公共交通有限公司等相关负责人参加会议，就调整西周至宁波南客运班车时间、优化丹城至高塘公交线路、加大宣传力度等方面达成协商意见。

【请你来协商·第三十七次协商恳谈会】 5月24日，专题就规范县防空地下室维护管理开展协商恳谈。县政协副主席周平飞主持会议，县政协经建委组织协商。赖磅茫、汪海月、郑玲玲等委员，县住建局、县综合行政执法局、县自然资源和规划局等相关负责人参加会议，就开展全面排摸、依法查处违法违规行为、严格落实防空地下室维护管理主体责任、建立常态化监管工作机制等方面达成协商意见。

【请你来协商·第三十八次协商恳谈会】 6月3日，专题就规范象山水果批发市场周边管理开展协商恳谈。县政协副主席欧亚群主持会议，县政协办公室组织协商。劳仲杰、张建国等委员，县自然资源和规划局、县商务局、县综合行政执法局、县交警大队等单位负责人参加会议，就加强部门联动、加强环境整治、加强交通管理、加快市场搬迁等方面达成协商意见。

【请你来协商·第三十九次协商恳谈会】 6月27日，专题就加强县抗倭历史遗存保护工作开展协商恳谈。县政协副主席励茂平主持会议，县政协教科文卫学习委组织协商。陈成健、卢圣贵等委员，县文化和广电旅游体育局、县教育局、县自然资源和规划局、县财政局等单位负责人参加会议，就加强抗倭遗存的调查与研究、加强抗倭遗存的修缮与保护、加强抗倭遗存的活化与利用等方面达成协商意见。

【请你来协商·第四十次协商恳谈会】 6月28日，专题就加强影视道具垃圾处理开展协商恳谈。县政协副主席周平飞主持会议，县政协委员工作委组织协商。吴兴定、邵震洋、田领土等委员，宁波影视文化产业区管委会、象山经济开发区管委会、市生态环境局象山分局、县综合行政执法局等单位负责人参加会议。就强化部门联动监管、压实环保主体责任、完善垃圾处置方式、加大监管力度等方面达成协商意见。

【请你来协商·第四十一次协商恳谈会】 7月16日，专题就中心城区主要道路路口遮阳棚建设开展协商恳谈。县政协副主席欧亚群主持会议，县政协办公室组织协商。陆海滨、陈海丹、盛东坡等委员，县政府办、县住建局、县创建办、县交警大队等单位负责人参加会议。就加强可行性研究、优化建设运营模式、严把建设质量、加强后期维护管理等方面达成协商意见。

【请你来协商·第四十二次协商恳谈会】 7月17日，专题就殡葬事项网上智慧办理开展协商交流。县政协副主席莫僾茜主持会议，县政协社法委组织协商。陈孝林、郑桑、陈道欢等委员，县委改革办、县民政局、县政务办、县公安局、县卫生健康局、县人力社保局等单位负责人参加会议，就注重宣传引导、优化事项办理、加强部门联动、注重制度规范、提升系统平台等方面达成协商意见。

【请你来协商·第四十三次协商恳谈会】 7月26日，专题就社区管理信息共享开展协商恳谈。县政协副主席周平飞主持会议，县政协经建委组织协商。杨志国、汪海月、郑玲玲等委员，县公安局、县自然资源和规划局、县政务办、县大数据发展中心等单位负责人参加会议。就加强信息互通、探索信息共享机制、建立信息使用制度、加快数据共享平台建设等方面达成协商意见。

【请你来协商·第四十四次协商恳谈会】 8月14日，专题就儿童青少年近视防控开展协商恳谈。县政协副主席欧亚群主持会议，县政协提案委组织协商。鲍斐丹、陆海滨、陈春静等委员，县关工委志愿者、眼科医生等代表，县教育局、县卫生健康局、县文化和广电旅游体育局、县妇联、县传媒中心等单位负责人参加会议。就建立近视综合防控工作机制、发挥家长学校等阵地作用、加强舆论宣传等方面达成协商意见。

【请你来协商·第四十五次协商恳谈会】 8月22日，专题就加强游泳场所水质卫生管理开展协商恳谈。县政协副主席励茂平主持会议，县政协教科文卫学习委组织会议。周虹、董立伟、陈孝林等委员，县文广旅游体育局、县卫健局等单位负责人参加会议。就加强卫生监管、加强抽查管理、加强宣传引导等方面达成协商意见。

【请你来协商·第四十六次协商恳谈会】 9月25日，专题就加快解决欢乐家园居民买菜难开展协商恳谈。县政协副主席莫僾茜主持会议，县政协社法委组织会议。陶英娣、张建国、郑玲玲等委员，县商务局、县市场监督管理局、县综合行政执法局、县城投集团、县交警大队、丹东街道等单位负责人参加会议。就尽快完善基础设施配套、加强运营环境整治管理、尽早启动菜场项目等方面达成协商意见。

【请你来协商·第四十七次协商恳谈会】 10月24日，专题就加强禁毒宣传教育工作开展协商恳谈。县政协副主席莫僾茜主持会议，县政协社法委组织协商。王潇、戴天刚、陈瑛等委员，县委政法委、县公安局、县财政局、县传媒中心、丹东街道、丹西街道、爵溪街道、石浦镇等单位负责人参加会议。就建立工作机制和保障机制、加强禁毒经费保障、加强队伍建设、创新宣教工作方式方法等方面达成协商意见。

【请你来协商·第四十八次协商恳谈会】 11月1日，专题就机动车辆检验延时服务开展协商恳谈。县政协副主席周平飞主持会议，县政协经建委组织协商。周宏伟、陈孝林、王银亚等委员，县委编办、县交通运输局、县财政局、县国资管理中心、县交通集团、县交警大队及车辆综合性能检测站等单位负责人参加会议。就推出检验工作便利措施、提升检验工作运营效率、提高检验工作、加强检验工作政策保障等方面达成协商意见。

【请你来协商·第四十九次协商恳谈会】 11月15日，专题就加强小区物业管理开展协商恳谈。县政协副主席莫僾茜主持会议，县政协社法委组织协商。童立琴、汪海月、郑玲玲等委员，县住建局、县自然资源和规划局、县综合行政执法局、县公安局、丹东街道、丹西街道、石浦镇等单位负责人参加会议。就建立健全物业管理信用体系、构建共建共管共享长效机制、改善老旧小区居住环境等方面达成协商意见。

【请你来协商·第五十次协商恳谈会】 12月12日，专题就开通石浦汽车东站至县客运东站交通线路开展协商恳谈。县政协主席俞骏参加会议并讲话，副主席周平飞主持会议，县政协经建委组织协商。王亚玲、吕彤等委员，县交通运输局、县财政局、县交通集团、县交警大队、县道路运输管理所、县城乡公共交通有限公司等单位负责人参加会议。就科学确定线路走向和站点设置、合理安排运力班次、保障新线开通等方面达成协商意见。

"象山政协·崇学讲堂"

【第九期崇学讲堂】 3月21日举行，县政协主席俞骏，副主席欧亚群、励茂平、莫俶茜，秘书长翁英豪参加，副主席周平飞主持讲座。县政协主席俞骏介绍全国两会基本情况，传达学习习近平总书记在全国两会期间系列重要讲话精神、中央有关领导参加浙江代表团讨论时的讲话精神和两会期间各项报告的主要内容，并传达学习全市"温故知新、知行合一"学习实践活动动员会暨"六争攻坚、三年攀高"推进会精神。县委编办主任李达飞通报县机构改革有关情况。在象省市政协委员、十届县政协委员、县政协机关干部，各镇（乡）街道联委会副主任（联络员）等参加讲座。

【第十期崇学讲堂】 6月24日举行，县政协副主席欧亚群以"弘扬传统文化，坚定文化自信"为主题作专题报告。县政协主席俞骏，副主席叶富兴、励茂平、莫俶茜，秘书长翁英豪到会聆听，副主席周平飞主持讲座。欧亚群从为什么要弘扬优秀传统文化、什么是中华传统文化、如何践行传统文化等三方面，深入浅出地阐释优秀传统文化的精神内涵和重要意义。十届县政协委员，县政协机关干部参加讲座。

【第十一期崇学讲堂】 7月26日，县委理论学习中心组（扩大）会议暨第十一期"象山政协·崇学讲堂"举行。邀请省政协副秘书长、办公厅主任帅夔琅作"新时代人民政协的新方位新使命"专题报告。县委书记叶剑鸣主持。帅夔琅围绕新时代如何推进人民政协制度更加成熟更加定型、如何发挥好专门协商机构的作用，以旁征博引、引经据典、深入浅出的方式，解读新时代人民政协工作。县委理论中心组全体成员，县级各部门主要负责人，各镇乡党委（街道党工委）书记、党群副书记，部分县政协常委、委员，县政协机关干部等参加讲座。

【第十二期崇学讲堂】 10月31日举行，邀请全国"人民满意的公务员"、省政协委员、县畜牧兽医总站站长陈淑芳以"人民满意，我乐意"为主题作专题报告。县政协主席俞骏，副主席周平飞、励茂平、莫俶茜、杨盛昂，秘书长翁英豪到会聆听，县政协副主席欧亚群主持讲座。陈淑芳结合自身工作和生活实际，讲述服务农村、助农致富、奉献社会的感人事迹。俞骏主席传达中央及省委政协工作会议精神，要求与会人员深入学习领会中央及省委政协工作会议精神，学习陈淑芳先进事迹，统一思想、凝聚共识，找准自身定位，尽心履职尽责，为建设宁波现代化滨海城区贡献智慧和力量。在象山的省市政协委员、县政协委员、县政协机关干部、镇乡（街道）联委会副主任（联络员）参加讲座。

庆祝新中国和人民政协成立70周年系列活动

【"不忘初心　牢记使命——永远跟党走"庆祝新中国和人民政协成立70周年主题活动】 9月10日，县政协办公室与县委统战部联合举办"不忘初心　牢记使命——永远跟党走"庆祝新中国和人民政协成立70周年主题活动。县委书记叶剑鸣出席并致辞，县政协主席俞骏主持会议。县四套班子领导，县政协老领导出席活动。在象省、市政协委员、县政协委员、县各民主党派基层组织和社会各界人士等300余人参加。活动分成"一片丹心""毕力同心""不忘初心"3个篇章，政协委员及社会各界人士以唱歌、朗诵、舞蹈等文艺形式，唱响礼赞新中国、奋斗新时代的昂扬旋律，激发社会各界人士的爱国热情和奋斗精神。

【纪念人民政协成立70周年图文展】 9月10日，"不忘初心担使命　砥砺奋进谱新篇"象山县政协纪念人民政协成立70周年图文展开展。展览共分组织沿革、履职印记、委员提案、社情民意、文史工作、团结联谊、创新工作等6

方面内容，展现象山县政协自成立以来的重要历史、重点工作和部分履职成果，通过图文并茂的方式，回顾县政协所走过的光辉历程，展示县政协取得的工作成效。

【县政协之友联谊会学习畅谈会】 开展以庆祝新中国和人民政协成立70周年等为主题的学习畅谈活动，深入学习习近平新时代中国特色社会主义思想以及国内外重大形势等，畅谈新中国成立70年来发展成就及人民政协光辉历史，为象山经济社会发展献计出力。累计组织学习畅谈活动12次，参加190余人次。开展各类考察调研活动10余次，编发《联谊通讯》6期，会员撰稿28篇。

【象山县政协书画作品展】 9月5日，“庆祝新中国·人民政协70华诞”象山县政协书画作品展开展，书画院60余位书画家专题为新中国和人民政协70华诞创作70件作品，反映70年来中华大地发生的沧海巨变和人民政协为社会发展做出的贡献，描绘象山发展取得的重大成就。联合青年画院举办纪念汤式散曲书法作品展，省书法家协会5位副主席及宁波10位名家创作参展。组织参加市政协举办的“庆祝新中国·人民政协70华诞”宁波市政协系统书画作品巡回展和“海定波宁——庆祝新中国·人民政协70华诞中国当代书画名家暨宁波书画院画师绘意宁波”邀请展，县10位书画家创作的14件书画作品参展。

【缨溪诗社诗词品读会】 5月11日，县政协缨溪诗社与晓塘乡联合举办庆祝新中国和人民政协成立70周年毛泽东诗词品读会，通过吟唱、朗诵、评弹、歌曲等形式，重温《沁园春·雪》《七律·长征》等10余首毛泽东经典诗词。30余名诗社会员为庆祝新中国和人民政协成立70周年创作诗词近百首，在《今日象山》副刊发表。编辑出版《中国诗瞭望2019》，加强诗词创作交流。

9月5日，“庆祝新中国·人民政协70华诞”象山县政协书画作品展在县文化活动中心开展

协商议政　民主监督 提案工作

【协商议政】 十届三次会议期间，委员们围绕“双突破双驱动”战略实施，聚焦“四个年”活动和经济社会发展的重大问题，协商议政，提出加快宁波国家海洋经济发展示范区主体建设、加快建设对外大交通、推动文体设施提档升级等意见建议82条，形成全会协商纪要报送县委、县政府，促进协商成果转化落实。各界别组、联委会深入调研，形成加快推进中心城区建设、发展职业教育助推县域经济发展、破解民营企业融资难融资贵问题等20个大会参政议政材料，提出建设性意见建议。县委县政府领导到会听取委员发言，采纳落实。

【“城乡生活垃圾分类处理”专项集体民主监督】 根据省、市政协的统一部署，4月以来，县政协组织开展“城乡生活垃圾分类处理”专项集体民主监督活动。主席会议结合县实际，确定城区生活垃圾源头分类作为监督重点，由县政协提案委牵头，17个界别组参与，成立丹东、丹西、爵溪街道和石浦镇4个民主监督组，结对联系城区各居民小区开展监督。其他镇乡联委会继续对农村生活垃圾分类进行视察调研。县政协领导带队深入县垃圾分类办、环卫处、菜市场、垃圾中转站及有关小区等，调研了解垃圾分类工作现状及存在问题，并赴上海市杨浦区新江湾城街道学习考察，为推进城区生活垃圾源头分类多方谋划、建言。据统计，各民主监督组共开展监督活动20余次，提出建议50余条，形成《专项民主监督专刊》3期，向县委、县政府报送民主监督建议书1份，监督组提出的推动“撤桶并点”“定点定时投放”，加强城区菜市场厨余垃圾处理，创新别墅区垃圾源头分类等建议，得到相关部门采纳落实。

【深化“最多跑一次”改革专项集体民主监督】 自4月以来，根据国务院“放管服”和省、市“最多跑一次”改革工作部署，按照民主监督“跑一次是底线、一次不用跑是常态、跑多次是例外”的总体要求和“七个一”的工作要求，在主席会议统筹安排下，由县政协社法委牵头，会同县委改革办、县委编办、县政务办和县大数据发展中心、县司法局组成的“最多跑一次”改革专班，通过实地调研、明察暗访、与有关部门开展协商交流等方式，对县深化“最多跑一次”改革工作进行专项民主监督。共组织开展监督活动20余次，提出建议40余条,形成《专项民主监督专刊》1期,向县委、县政府报送民主监督建议书1份。加快实施深化“最多跑一次”改革,推进服务增效,完成全县40个行政审批部门2113个事项的梳理工作,所有事项目录、办事指南和流程图一律导入“浙政钉”向社会公布,相关事项怎么办、去哪里办等内容,机关内部办事事项申请材料平均压减率30.2%,办理时限平均压减率46.7%,270个事项实现“跑一次”,基本建立可行的制度标准体系,实现群众和企业到政府办事事项“最多跑一次”100%全覆盖,改革满意度提升,取得阶段性成效。

【支持民营企业政策落实情况专项集体民主监督】 4月以来,县政协组建专项民主监督组,由县政协经建委牵头,按照《支持民营企业政策落实情况专项民主监督实施方案》,重点围绕《浙江省人民政府办公厅关于减轻企业负担增强企业竞争力的若干意见》《宁波市人民政府办公厅关于推进降本减负促进实体经济稳增长的若干意见》两个政策文件在县的贯彻落实情况,按照“七个一”专项民主监督活动要求,通过向企业界政协委员征集意见、组织委员与政府部门开展双向交流、实地走访调研企业等形式,深入开展民主监督活动。共组织开展委员和部门双向交流会3次、专题调研6次,向政府部门反映意见建议40余条,参加民主监督活动的委员达到60余人次。

【渔业安全管理专项视察】 8月23日,县政协社法委组织委员开展渔业安全管理专项视察,县政协副主席莫俶茜参加视察活动。委员们先后来到汇舟渔业公司、石浦镇渔业安全指挥中心等地实地察看渔业安全管理情况,提出深化渔业安全宣传教育、加强安全巡查检查、坚持科技强安、强化人员培训等意见建议。

【物流园区建设运营情况工作视察】 10月12日,县政协经建委组织委员赴象山物流园区开展园区建设运营情况专项视察,县政协副主席周平飞参加活动。委员们实地视察园区内公共服务中心大楼、公共停车区、产业仓储区、城乡配送区及零担作业区,听取园区管委会、宁波运派供应链管理有限公司等负责人相关情况介绍,提出制订企业入园准入制度、完善信息服务中心、推进园区及作业区自动化装备建设、引进龙头企业和专业人才等建议。

【提案工作】 县政协十届三次会议以来,共收到以提案形式提出的意见建议174件。经审查,立案162件,立案率93.1%。其中委员个人和联名提案102件,集体提案60件。提升群众健康素养、加强农村文化礼堂利用、培养县旅游人才、丰富休渔期渔产品供给、改造提升垃圾中转站、加强工业废弃物处置、完善东陈汽车城配套服务、规范进校园活动等8件重点提案,由县委、县政府领导牵头办理,县政协主席、副主席分工督办,并组织主席会议专项议政,推动有关问题逐步解决。35件重要提案由部门与专委会、各界别组、联委会开展协商,取得良好成效。筛选12件民生类提案,由主席、副主席牵头,组织委员与有关部门召开协商恳谈会,殡葬事网上智慧办理等一批群众关注的民生问题得到解决。对县住建局、县交通运输局提案办理工作进行民主评议,向被评议单位反馈评议意见,提高提案办理实效。会同县委、县政府督查室,对A、B类提案答复承诺事项的落实情况开展“回头看”,推动提案答复承诺事项落实。一年来,所提问题解决或基本解决的28件(A类),占17.3%;部分解决或列入计划逐步解决的121件(B类),占74.7%;因条件能力所限近期尚不能解决的(C类)13件,占8%。根据委员反馈统计,对提案办理结果满意和基本满意率100%。

专项工作

【党的建设工作】 贯彻落实新时代党的建设总要求,全面加强政协党的政治、思想、组织、作风、纪律建设,发挥政协党组在政协工作中的领导核心作用、基层党组织的战斗堡垒作用、政协组织中共产党员的先锋模范作用。5月22日,中共象山县委出台《关于加强新时代人民政协党的建设工作实施意见》。6月24日,县政协召开党建工作会议,学习贯彻全国和省市政协系统有关党的建设工作会议精神,部署县政协党的建设工作。完善政协系统党组织设置,组建5个专委会党支部,按照界别组对口联系原则,将党员委员编入相关专委会党支部,探索实行党员委员组织关系一方隶属、参加双重组织生活的形式,实现党的组织对党员委员全覆盖,党的工作对政协委员全覆盖。

【“新时代人民政协的新样子”专题讨论活动】 6月24日,召开“新时代人民政协的新样子”专题讨论活动动员部署会,部署县政协“新时代人民政协的新样子”专题讨论活动。重点围绕“五个如何”开展专题讨论,即“如何把新时代人民政协的政治责任担当起来”“如何把新时代人民政协的价值作用发挥出来”“如何把新时代人民政协的履职能力提升起来”“如何把新时代人民政协的为民情怀体现出来”“如何把新时代人民政协的精神风貌焕发出来”。组织“六个一”活动,即开展一次“政协人新时代新风貌”笔谈、组织一次“新样子-金点子”征集活动、开展一次“我和我们的政协”主题活动、组织一次“学习新思想、树立新样子”专题研讨、集中查找一次“新时代政协新样子”存在问题、召开一次以“新时代人民政协的新样子”为重要内容的读书会暨交流会。

【“不忘初心、牢记使命”主题教育】 县政协严格按照中央和省、市、县委统一部署,贯彻“守初心、担使命,找差距、抓落实”的总要求,突出抓好“学习教育、调查研究、检视问题、整改落实”四个环节,周密部署、统筹推进,主题教育起步迅速、推进有序、氛围浓厚、特色突出,取得良好成效。

【委员工作室】 立足“让政协走近群

众、让群众走进政协”，发挥政协人才荟萃、智力密集优势，成立“半岛·农技”“阳明心坊”2个市政协委员工作室，张西平、张明珠、戴天刚、汪海月、陈春静、盛红娣、徐亚青等7个以委员个人名义命名的县政协委员工作室和18个镇乡（街道）联委会委员工作室。委员工作室发挥自身专业特长优势，组织开展法律咨询、心理健康辅导、文化惠民、助残帮困等服务活动152次，发挥“政策法规宣传员、社情民意收集员、联系群众服务员、团结联谊联络员”作用。

【应用型智库】 1月21日，在县政协十届三次会议预备会议上举行首批县政协应用型智库成员聘任仪式，为方见、吕伟宏、宋祖益等23名专家委员颁发证书，随后召开县政协应用型智库成员会议。县政协应用型智库共设经济、农业农村、城乡建设规划、文化旅游教育卫生、社会与法律等5个专业组，为履行政治协商、民主监督、参政议政职能提出专业见解、提供智力支持、发挥智囊作用。智库委员全年参加渔港经济区建设、海洋旅游产品开发等课题调研45人次，提出专业性意见建议。

【一线“走亲连心”活动】 县政协主席会议成员带队，分六个小组，深入开展一线“走亲连心”活动，通过上门走访委员，见面交心谈心，了解相关情况，收集社情民意，及时帮助解决实际困难。累计走访180余名政协委员，密切与委员的联系，沟通思想，增强委员做好本职工作和履行委员职责的责任感和使命感。

界别与联委会工作

【政协委员“走基层、办实事”服务活动】 7月，启动政协委员“走基层、办实事”服务活动。累计开展送健康、送文化、送安全法规等活动30余次，服务群众3600余人次，发放各类宣传资料2500余份。县政协医药卫生界别组、戴天刚委员工作室走进大徐镇假日学校组织开展心理辅导活动。县政协农业界别组先后赴西周镇、大徐镇等，举办讲座、开展技术指导，帮助农民解决实际困难和问题。县政协妇联界别组参加“巧手厨娘·香溢半岛”巾帼电商点心SHOW，集中展示象山农家美食。县政协总工会界别组、张西平委员工作室分别走进企业开展讲座，提高企业职工对相关法律法规的理解和认识。陈春静委员工作室联合向日葵助残志愿服务队开展“百名残疾儿童上门走访”活动，对县特困儿童家庭进行家庭环境改造。其他界别组、镇乡（街道）联委会也相继开展法律咨询服务、乡村治理法治宣传、农技专题讲座、采风创作交流等活动。

【界别活动】 界别组立足自身优势，创新活动形式，发挥界别特色作用。围绕公益法律服务进企业、海上作业船只救生衣配备情况调研、涉海涉渔领域“平安守护”行动等主题开展专题调研和视察活动100余次，开展社会服务活动30次，反映社情民意信息74篇。

【联委会活动】 联委会聚焦当地经济社会发展，以联片活动为重点，组织丰富多彩的履职活动，服务发展、服务民生、服务基层。共组织开展民宿经济、美丽乡村建设、渔业安全等主题活动141次，开展联片活动10次，开展爱心救助等公益活动37次，反映社情民意112篇。

期刊　文史　宣传

【《参政议政》《社情民意》《民主监督专刊》《协商恳谈会纪要》】 全年共编发《参政议政》期刊4期，《县政协十届三次会议协商纪要》《关于缓解影视城景区周边交通拥堵的建议》《关于加强家庭医生签约服务的建议》得到县委、县政府领导批示，其中县委书记批示2期。共编发《社情民意》期刊17期，《关于尽快开通旭日路的建议》《关于加强中心城区废品回收站点整治提升的建议》《关于增加城区至滨海工业园公交车班次的建议》《关于加强高速路况信息提醒的建议》等4期得到县委、县政府领导批示。共编发《民主监督专刊》8期，《关于强化生活垃圾源头分类督导工作的建议》《关于我县住宅小区生活垃圾分类逐步实行“定时定点”投放的建议》《关于落实减税降费政策的建议》《“园林垃圾”处理应尽快出台解决方案》《生活垃圾分类处理专项民主监督建议书》《深化“最多跑一次”改革专项民主监督建议书》等6期得到县委、县政府领导批示，其中县委书记批示4期。

【《象山政协》】 《象山政协》刊物以“立足政协、面向社会、服务经济、宣传象山、交流工作”为宗旨，成为反映象山政协的一个窗口。2019年，《象山政协》共刊发6期，每期发行300余册，得到委员和读者的好评。

【“委员视角”“政协视线”】 全年共刊发《委员视角》11期，播放《政协视线》11期，反映的不少问题及建议得到政府相关部门重视。

【宣传工作】 加强政协宣传工作，及时反映政协及政协委员的工作动态，展示在政治协商、民主监督、参政议政的特色和亮点工作。在人民政协网、省政协联谊报、“同心苑”微信公众号报道35篇，政协工作影响力提升。

【文史工作】 贯彻“存史、资政、团结、育人”方针，开展《楚石梵琦研究》的征集、编辑、出版等工作。组织参加虚堂智愚禅师生平德业研讨会，把宗教教义同中华文化相融合，提升象山历史悠久代有名流的文化大县形象。完成收集和纂写中国十大感动海洋人物之一、第五届“母亲河奖获得者”、象山县石浦渔村村主任、船老大林永法材料，完成省政协文史委的三亲史料征集任务。《我为大海鼓与呼》一文，刊于《浙江文史资料》2019年第2期。

民 主 党 派

民主同盟象山支部

【概况】 2019年,民盟象山县基层委员会共有盟员71人,2019年新入盟的有周奕、俞海波、夏源源、胡洁等4位盟员。硕士以上学历13人,其中博士学位2人;1人入选省151培育人才工程第二层次,2人入选市拔尖和领军人才培养工程第一层次;高级职称以上36人,其中正高职称9人;全国榜样人物1人,全国劳模1人,省市级劳模3人,各级人大代表和政协委员21人次,拥有省市级个人工作室3个。

【庆祝活动】 2019年是新中国成立70周年,人民政协成立70周年。民盟象山县基层委员会编排情景剧《陈淑芳的美丽故事》,将"全国道德模范""全国人民最满意的公务员"陈淑芳在畜牧兽医岗位上默默奉献30多年的心路历程搬上舞台,参加宁波民盟"讲好民盟故事"的专场演出,同时也被选送参加民盟浙江省委会庆祝两个70周年"见证·初心"故事汇,用艺术形式演绎陈淑芳的"初心"故事。参加9月10日县政协组织的"不忘初心 牢记使命——永远跟党走"庆祝活动,共有16位盟员参加演出和纪念活动。

【象山民盟成立20周年纪念活动】 12月18日,象山民盟举行成立20周年纪念活动暨基层委员会一届五次会议。从10月开始,成立由胡建萍、徐辉、史丹丹为总策划,王森栋、钱豪负责的VCR组,由林娅、王李渊、申倩倩、周超组成的《象盟集萃》编辑组,由黄恩荣、朱红曙负责的节目会演组,总文稿聘请赖赛飞为顾问,周翎蓁、吴海贤等撰写

【主题教育活动】 10月中旬,接待盟市委组织的新盟员培训班的主题教育活动,体验红军长征的艰辛岁月,参观象山县初心教育基地"贺威圣故居"。10月30日,组织10位盟员参加县委统战部开展的"风雨同舟70年,建功立业新时代"初心交流会,王森栋代表民盟分享民盟成立78年来和共产党风雨同舟、休戚与共的历史。林娅分享在教育中的初心故事。盟员陈淑芳,先后赴省妇联、省市统战系统、各级农业农村部门开展主题教育宣讲18场次。11月7日,许亚南主委到象山开展"走基层、访盟员、听意见"主题教育活动,听取象山民盟开展主题教育的情况,22位盟员参加。

【参政议政】 向民盟市委会提交《关于垃圾分类实施背景下规范使用厨余垃圾粉碎机的建议》等16篇社情民意,在宁波市民盟各基层组织的每月排序中,总量和质量位居前列。

盟员申倩倩结合自身岗位实际,撰写的《关于优化海浪预报服务的建议》为县委统战部刊物《观察与建议》录用,并得到分管县长的批示,为渔业安全生产献计献策。

【课题调研】 每年都承担民盟市委会的招标课题,年内由史丹丹执笔的《关于加强职业教育服务地方经济发展的建议》调研报告,被盟市委采纳并上报宁波市委政研室,并得到郑栅洁书记的批示。林娅执笔的《关于抢抓亚运新机遇,全力打造浙江海洋运动核心区的建议》与陈淑芳执笔的《农旅融合产业升级,助力乡村振兴的对策建议》一并上交到盟市委。根据县委统一安排,民盟象山县基层委员会承担乡村人才振兴研究的课题,由王李渊执笔,撰写《关于加强我县乡村人才建设的建议》课题报告。

【同心基地品牌】 以泗洲头镇"畜牧·同心基地"与宁波建工学校"润禾·同心基地"建设为载体,围绕助农服务工作,竹根雕人才培育,打好特色服务品牌。9月,泗洲头镇"畜牧·同心基地"被市委统战部选为开展"不忘初心、牢记使命"主题教育活动一个教育点,一行32人实地踏看民盟林和民盟大道,陈淑芳介绍象山民盟与畜牧基地从14年开始的故事。10月,民盟宁波市委会和民盟黔西南州委会先后组织人员到同心基地开展"寻初心"实地走访。

【社会服务渠道】 发挥盟员人才优势,开展社会服务。3月12日,组织盟员在贤庠镇青莱村开展植树活动。文卫支部开展送春联活动,教育支部开展送教活动,有些盟员参加送医下乡、"非遗"传承和法律咨询等服务活动。盟员张荣国和朱红曙利用自身特长,分别组建太极拳健身小组与声乐爱好小组,利用业余时间开展培训。

【岗位建功】 广大盟员立足本职,奋发进取,以出色的工作业绩,树立民盟组织的良好社会形象。陈淑芳获评浙江省担当作为好干部,全国"人民满意

的公务员”。林娅荣获浙江省三八红旗手称号，赖赛飞的散文集《被浪花终日亲吻》获2017—2018宁波文艺奖，史丹丹分别获得2018年度民盟浙江省委会和宁波市委会社情民意信息工作先进个人，王森栋获2018年县乡村振兴先进个人。还有许多盟员在自己的工作岗位上求真务实、作为，取得优异的成绩，为助推经济社会发展做出贡献。

（民盟象山支部　朱夕映）

中国民主促进会象山支部委员会

【概况】 民进象山县支部成立于2013年4月11日。2019年新发展会员1人，共有会员20人，平均年龄44岁，其中市、县政协委员和人大代表共8人。支部成立以来连续6年获评宁波市优秀基层组织荣誉，2019年获评省优秀基层组织荣誉。现任主委杨盛昂，副主委宋厘国、吴永建、洪佩平，委员陈再宏、陈红飞、虞亚凤。

【建言献策】 全年提交提案建议7篇，其中《关于发展职业教育助推县域经济发展的建议》被列为重点提案并获评“参政议政优秀文章”。市委会调研课题《发展宁波海洋旅游的建议》获中共浙江省委副书记、市委书记郑栅洁批示肯定。吴永建执笔的《民进基层组织建设的难点与对策》获民进省委会理论征文三等奖。

【“不忘合作初心，继续携手前进”主题教育活动】 7月11日至13日，县政协副主席、民进象山县支部主委杨盛昂率全体会员赴江西于都、井冈山开展“不忘合作初心”主题教育活动，瞻仰革命圣地，追溯红色记忆，集体接受中共党史和革命传统教育。民进宁波市委会副主委王安静、市委会秘书长梅旭东、县委统战部常务副部长石初光等参加。

10月30日，杨盛昂等出席统战部“风雨同舟七十年，建功立业新时代”初心交流会。

11月11日，杨盛昂参加统战部“不忘合作初心，继续携手前进”主题教育座谈会。

12月9日，全体会员在会员朱文荣所在企业安澜别院召开“我向民进话初心”主题教育活动，会员黄明做关于区块链技术的专题报告。

【参加中华人民共和国和人民政协成立70周年主题活动】 象山县举行庆祝中华人民共和国和人民政协成立70周年主题活动，县委书记叶剑鸣出席大会并讲话，县委常委、统战部部长干维岳主持会议。杨盛昂等参加。

【开展共读哲学原典第二季活动】 发起组织开展共读哲学原典——《尼罗马可伦理学》第二季活动，采取线上线下相结合方式，广大哲学爱好者以及大学专家一起共读共享。

【省内外兄弟支部到象山县调研交流】 3月26日，延安市甘泉县学前教育访问团到会员欧赛萍所在单位海韵幼儿园交流研讨。

4月12日，民进杭州市临安区委会到象山县调研，在会员洪佩平所在企业象山影视城召开座谈会。

11月11-12日，民进余姚市基层委员会综合支部到象山县调研交流，先后到会员朱文荣所在企业旭文海藻有限公司、会员虞亚凤所在乡镇旭拱岙村实地调研。县委常委、统战部部长干维岳参加相关活动。

【多名会员获市委会表彰】 1月8日，民进宁波市第七届委员会第四次全体（扩大）会议在华侨豪生大酒店举行。大会表彰宁波民进2018年度各类先进，会员朱文荣、欧赛萍获岗位优秀人物，宋厘国、陈再宏、黄明、潘琼获会务工作先进个人。

（中国民主促进会象山支部委员会　宋厘国）

农工党象山支部委员会

【概况】 2019年，农工党象山支部共有党员17名，主体界别医药卫生界占35.3%，本科以上学历17人、正高职称1人、副高职称7人。担任县政协委员5人，其中担任县政协常委2人、兼任宁波市政协农工党界别组委员1人。当选农工党浙江省第十二届委员会代表1人。支部被农工党省委会评为2019年度全省社会服务工作先进集体。王晓当选象山名医。励成被政协象山县委员会评为2019年度优秀信息员。

【组织建设】 支部通过学习加强党员政治素养，提升党员为民服务能力。组织党员开展“不忘合作初心、继续携手前进”主题教育。发动党员重点通读《习近平新时代中国特色社会主义思想纲要》《习近平关于“不忘初心、牢记使命”论述摘编》《中国农工民主党的历史道路》和市委会组织的“前进讲堂”、县政协组织的“崇学讲堂”，选送孙丽姹、励成、赵康康等3名党员参加中共市县委两级统战部组织专题培训班。组织“初心之旅”，10月，组织党员赴武汉参观武昌农民运动讲习所、中共五大会议旧址纪念馆等革命旧址，重温党史，践行初心、履行使命。稳步发展高素质党员，新发展党员1名。

【参政议政】 一是支部组织调研，6月，召开参政议政座谈会，组织信息工作专题会议，分析参政议政和信息工作的问题，研究对策，加强交流。二是党员分组调研志愿服务、教育救助、滥用抗生素等工作，其中《对我县志愿服务现状的几点建议》在县委统战部《观察与建议》上发表；三是组织政协委员参加专题调研，并将调研转化成参政议政成果，撰写《关于改造提升垃圾中转站的建议》的提案被政协象山县委员会评为2019年度优秀提案；全体委员关注社会热点，提交社情民意和动态信息16篇，录用11篇。

【服务社会】 3月，围绕“千名干部访渔（农）家，一线蹲点三服务”活动，发挥特色优势，联合东陈乡总工会，在松岙村开展“平安护航”渔民渔嫂应急救援培训，受益群众40余名。4月，组织县中医医院医疗健康集团的专家赴茅洋乡小白岩村举行义诊活动，并为现场居民普及“心肺复苏”等急救知识。5月，农工党宁波市委会“关爱阳光家园”活动走进象山暨象山县残疾人辅助性就业签约仪式在涌金广场举行，支部3名党员参与。全体党员参与心理健康委员工作室工作，推动心理健康活动进学校、进社区和进机关，工作室共开展心理健康讲座15次，户外心理活动3次，关爱特殊儿童和失智老人各1次，10月，会同县卫生健康局和心理卫生协会组织开展“心理健康、和谐社会，我行动”心理健康宣传月活动。

（农工党象山支部）

社会团体

象山县总工会

【概况】 县总工会在县委和上级工会的正确领导下,坚持以习近平新时代中国特色社会主义思想为指导,全面贯彻中央、省委、市委、县委的决策部署,紧跟时代发展、紧扣中心任务、紧贴职工需求,在承担政治责任、服务中心工作、履行维权服务职责、加强工会自身建设上作为、敢于担当、勇于创新,各项重点工作取得成效,获评为浙江省和谐企业创建优秀组织单位,荣获全市工会重点工作特等奖,创新工作一等奖,继续位列全市工会第一梯队。2019年,获评浙江省劳动模范3人、浙江省模范集体1家,宁波市劳动模范8人、宁波市模范集体4家;浙江省工人先锋号1家、宁波市工人先锋号5家、象山县工人先锋号19家;"港城工匠"2人、"半岛工匠"15人、宁波市首席工人5人、象山县职工技术操作能手25人。

【高标准推进"不忘初心、牢记使命"主题教育】 不折不扣落实规定动作,班子集中学习研讨5次,形成调研成果7个,班子及个人查摆问题22个。贯彻省总工会"当一周工人、体工会初心"活动,实施《县总工会联系部门、镇乡(街道)工作制度》,领导班子带队基层开展"三服务",指导镇乡(街道)总工会"一镇一品"创建。落实党风廉政主体责任,开展"七个一"警示教育月系列活动,机关党风廉政建设得到加强。

【推进基层工会建设】 整片推进、整区联动、整县提升的格局基本形成,该项工作在《浙江工人日报》专版报道,获全市工会创新工作一等奖、县组织工作特色项目三等奖。开展乡村产业工会组建专项行动,推进农家乐、民宿、农村电子商务涉农组织和行业的工会组建,创建渔船上的工会、舌尖上的工会、车轮上的工会、新象山人工会等特色工会。2019年全县新建工会57家,其中单建工会45家、联合工会12家,新增涵盖单位194个,发展会员4239人。工会会员实名制向全县铺开,基层工会授权完成1416家,会员采集人数达160721人次,APP会员认证达32870人次。

【服务"重大项目突破"】 以助力重点工程项目优质高效建设、提升产业工人技能素质为重点,开展"抢抓亚运前机遇、打造象山新形象"劳动技能竞赛活动,全县各级工会举办数控车工、汽车维修等技能大赛102场。抓好企业职工素质技能提升,依托17家职工培训基地培训职工3万余人次。

【参与"营商环境提升"】 开展"五个一线"三服务活动,通过开展职工技能培训、下岗职工再就业、一线职工健康体检疗养、文化惠企等工作,服务民营企业1160家次,服务民营企业职工数11.23万人次。暂缓收取工会建会筹备金,为企业减负300余万元。响应县委"千名干部访渔(农)家,一线蹲点三服务"活动,渔业安全生产文艺服务走进石浦镇、鹤浦镇、高塘岛乡等3个镇乡的6个渔村。组织劳模工匠技术服务队走进企业开展技术指导,帮助企业破解技术难题。

【弘扬劳模工匠精神】 开展劳模工匠精神"三进"宣讲,组织县8名劳模讲述自己的"初心故事";在《今日象山》开辟《劳模风采》专栏,联合象山人民广播电台推出《致红旗,向未来》系列访谈节目,携手县传媒中心制作《开放》栏目,宣传劳模、工匠先进事迹。"五一"前夕,县委召开庆祝"五一"国际劳动节暨先进表彰大会。

【构建和谐劳动关系】 象山县总工会被评为浙江省和谐企业创建优秀组织单位,宁波乐惠国际工程装备股份有限公司被评为浙江省企业社会责任标杆企业。举办2017—2018年度"企业关爱职工、职工热爱企业"优秀企业家和优秀职工评选活动,共评选出10名优秀企业家和20名优秀职工。创建集体协商精细化示范点,举办全县集体协商指导员培训会,提高集体协商工作的能力和水平。全县工资集体协商覆盖率达95%以上。

【筑牢安全生产防线】 开展"平安迎大庆"全县职工"查事故隐患、保安全生产"集中行动,发动全县工会组织广泛开展查找身边事故隐患活动,覆盖企业数988家,参加活动职工人数24611名。举办安全生产合理化建议"金点子"征集活动,收到合理化建议52条。参加"安全生产月"活动,通过宣传展板、资料发放等多种宣传形式,提高职工安全生产意识。联合县公安局举行"平安回家路"万名职工安康行活动,发放《倡议书》、赠送反光条2万余份,安全头盔1000顶,保障职工出行安全。做好防暑降温和高温期间劳动保护工作,慰问企业591家,职工总数5.66万名，慰问金额115万元。

【**做实工会法律服务**】 创建劳动关系调处工作室6家，其中丹东街道“老周工作室”被评为市级工会劳动关系调处工作室。制定《工会劳动关系调处工作室资金管理办法》，保障工作室规范有序运行。共调解案件216件，涉及金额610万元。开展“遵法守法·携手筑梦”公益法律服务和心理健康服务行动，开展讲座32场，将法律和心理知识送到职工身边。

【**民生事实项目**】 送温暖、困难帮扶604人次，发放慰问金54.67万元；组织1260名优秀一线职工开展免费健康体检、疗休养活动，支付费用83.7万元。组织职工参加医疗互助保障67485人次，总参保金为185.9万元，为292名职工报销理赔100.2万元。扎实做好就业服务工作，举办新春招聘会，提供1300个岗位。持续深化普惠服务工作，发放“蓝领通”小额贷款累计3.7亿元。在甬工惠、象山惠微信平台开展垃圾分类知识“答题赢话费”、“五一”服务卡邀您一元看电影等活动25期。

【**职工文体赛事活动**】 举办“中国梦·劳动美”首届全县职工摄影展，展示职工风采，助力六争攻坚；举办2019中化国际杯象山新桥生态马拉松比赛等各类体育赛事8场次；开展“致敬红色经典”观影活动100场，举办“半岛初心·匠心同行”慰问演出11场次，职工健步走活动6场次。开展羽毛球培训、面点烘焙、茶艺培训、插花培训、育婴体验等公益乐学30期。

【**象山县总工会第十五届二次全委会**】 3月7日，县总工会召开十五届二次全委（扩大）会议。会议强调，全县各级工会要学习贯彻习近平新时代中国特色社会主义思想和中共十九大精神，按照中国工会十七大、省工会十五大、县委十四届五次全会制定的各项任务，以“五个工会”建设为目标，持续解放思想，深化改革突破，夯实基层

基础，全面加强党的建设，推进“五大工程”，增强工会组织行动力、推动力、协同力、关怀力、创新力，为开创宁波现代化滨海城区新局面做出新贡献。县人大常委会副主任、县总工会主席伊珍林出席会议并讲话；县总工会党组书记、常务副主席翁华清作工作报告。

【**象山县总工会第十五届三次全委会**】 8月16日，县总工会召开十五届三次全委（扩大）会议，总结上半年工作成绩，部署下半年工作任务，县人大常委会副主任、县总工会主席伊珍林作题为《履职尽责强服务，凝心聚力促发展，以优异成绩向新中国成立70周年献礼》的工作报告。

（县总工会　余乾龙）

共青团象山县委员会 象山县青年联合会

【**概况**】 2019年，共青团象山县委以党的政治建设为统领，紧扣党政中心，围绕县委县政府决策部署，聚焦群团改革，履行团的基本职责，全面从严治团，以“服务企业服务青年服务基层”为具体抓手，发动青年投身“六争攻坚、三年攀高”行动，团结带领广大青年为加快建设宁波现代化滨海城区而奋斗。

【学习青春榜样】 注重典型引领，组织“向上向善好青年”“新时代好少年”“青年岗位能手”等评选推荐工作，以榜样的力量教育、引导、激励全县广大青年创造青春业绩。其中，象山殷夫中学的周煜哲被评为2019年“浙江省向上向善好青年”，赖可方昕、欧杨梦蝶被评选为2019年宁波市“新时代好少年”，黄振贤获评2019年度宁波市级青年岗位能手。

【思想引领工作】 围绕学习贯彻习近平新时代中国特色社会主义思想、中共十九大精神和团的十八大精神，通过分享会、座谈会、读书会等形式2019年开展学习活动220余场。深化“青年大学习”专项行动，组织动员全县团员青年线上参加中央、省级、市级青年大学习活动达5万余人次。开展庆祝新中国成立70周年、纪念五四运动100周年等活动，线上线下结合开展“青春心向党·建功新时代”主题团日活动。围绕“不忘初心、牢记使命”主题教育活动，以“守初心、担使命、跟党走”党团知识竞赛、全县团队干部专业能力提升培训班等载体，深化青少年党团史和国情政策教育。其中，县级五四主题团日活动上的原创微话剧《五四精神永不朽》被“学习强国”录用发布，组织全县中小学生观看，线上点击量近4万次。

【助力乡村振兴】 根据《关于实施“两进两回”行动的意见》文件精神，实施乡村振兴青年发展计划。2019年，象山青创农场·半岛农业星创天地创评省市级示范性青创农场，完善市级大学生农业创业实践基地建设，成立青农创联盟组织，开设农业创业创新人才培训班，为农创青年提供“项目孵化、政策对接、队伍培训、创业交流”四大服务。2019年引进青农创企业9家，全县各青创阵地占地面积5400余亩，辐射带动农村青年就业120余人，产品年销售额达7000余万元。联合县信用联社推出“青创贷”和“青年创业小额贷款”等金融产品，累计贷款超3.2亿元，覆盖创业青年1800余户。

【助力渔业安全】 持续开展蓝色护海行动，在2019年涉海涉渔领域“平安守护”专项行动中，组织雄鹰、海心等专业志愿者50余名组建“平安守护”志愿宣讲团，不定期进村入户、下海登船就渔业安全生产知识进行授课宣讲。在檀兴渔村、青山头村、青莱村、中国水产城码头等地开展专题宣讲10余场，发放宣传资料2000余份，惠及渔民渔嫂1000余人。8月，启动蓝色海岸、蓝色家园和蓝色课堂三大行动，组织青年志愿者赴韭山列岛举行“中华神鸟·同心守护”行动，开展中华凤头燕鸥保护、净岛及海上垃圾分类等活动。成立“蓝色护海·守护海岸线生态文明”志愿服务队，开展蓝色海岸骑行宣传、公益净滩等活动10余场。9月，在2019年中国青年志愿者蓝色护海行动暨海洋公益日主题活动上成立蓝色海湾象山青年船老大联盟、发起“益”起行动15天——海洋公益日全面公益文明行动打卡等活动。

【助力志愿服务】 联合县文明办、民政局，推进一体化改革。规范运作全市首家志愿服务联合会，实现组织一体化；全面推广We志愿平台象山子网站，实现平台一体化；完成县志愿服务指导中心搬迁开园，实现阵地一体化；推进县志愿者学院建设，实现培训一体化；统一志愿服务品牌，实现形象一体化。2019年开展各类志愿服务活动2000余次，累计培训志愿者1500余人次，服务时长超10万小时。

【助力人才回归】 成立第四届象山籍大学生联盟，发布象山籍大学生联盟会员卡，建成象山青年人才驿站，开展岗位实习等活动，覆盖象山籍大学生6000余名。指导大学生联盟志愿服务队围绕青春扶贫、爱心帮教、文明出行、圆梦助学等主题开展志愿服务活动，为贫困青少年筹得爱心礼物7500余份。7月，联合县文明办组建“青年人才回归·助力乡村振兴”暑期社会实践营，宁波大学、宁波财经学院等高校的9支大学生暑期社会实践队，深入象山9条文明新农村示范线，开展乡村公共空间改造、乡旅规划、垃圾分类等项目。10月，开展“万名大学生走进宁波骄傲活动—象山站”活动，促进校内外信息和资源交流的对接和服务，引导和鼓励大学生返乡创业就业。

【青少年权益维护】 深化“青少年万人圆梦行动”、天使儿童之家、“小海鸥计划”关爱海岛学子、青年志愿者助残“阳光行动”等项目，累计募集资金40.7万元，帮扶困境、留守儿童1200余人次，帮助184名困难青少年实现微心愿。整合多方力量推动青少年事务社工队伍建设，联合县检察院、县塔山志愿者签订象山县涉罪未成年人社会观护“甬爱”项目协议，推行涉罪未成年人社会观护“职能部门+社工+志愿者”的全新工作模式。联合慈善总会等部门举办“圆梦助学·励志感恩”大学生助学主题活动，依托各类公益助学金，为381名困难大学生提供就学、见习、就业等多方面服务，帮扶资金达148.7万元。扎实推进共青团助力东西部扶贫对口支援和山海协作工作，工作开展以来的“天使儿童之家”、孤儿帮扶、圆梦助学等项目相继落实落地。继续开展“象爱延伸·携手同行”主题活动，开展“手拉手，共庆祖国70周年华诞”活动，发动全县少先队员205个少先队中队向延边地区捐赠200余个爱心礼包，共计价值1.5万余元。

【第二届象山县青少年机器人大赛】 2月24日，第二届象山县青少年机器人大赛在象山外国语学校拉开序幕。该次大赛分为幼儿组和小学组两个组别，共有“水到渠成”“挑战能源之橡皮筋动力”“WEDO2.0机器人点球大赛”“虚拟机器人”“3D打印建模创意赛”及“FLL工程挑战赛”“WRO减少浪费”“MAKEX蓝色星球”“WER未来农场”等9个比赛项目。吸引来自全县18所学校近400名选手参与比赛。

【“我们在一起”关爱农村留守儿童爱心义卖活动】 3月3日，“我们在一起”象山县志愿者关爱农村留守儿童爱心义卖暨学雷锋志愿服务集市活动在丹城公园门口举行。现场多家爱心单位、企业和社会公益组织开设30余个摊位，同步开展爱心义卖、志愿服务和政策宣传等活动。此次活动通过线上线下募集资金，为本地留守儿童送去关爱暖心包。

【“情定胡陈”青年联谊活动暨环三门湾青年发展联盟启动仪式】 3月30日，由团宁波市委、团台州市委联合主办的“情定胡陈”青年联谊活动暨环三门湾青年发展联盟启动仪式在宁海举行。宁海、象山和三门三方就整合优势资源，增进三地青年交流，建立协调工作机制等方面达成协议，签署《环三门湾青年发展联盟合作框架协议书》。象山组织40余名单身青年参加此次活动。

【青年人才创业沙龙】 为实施人才强县战略，优化发展环境，全面提升人才服务水平，组织服务好人才服务月活动，4月19日，团县委联合县委人才办、科技局、人社局、科协等单位共同开展象山县青年人才创业沙龙暨人才嘉年华活动启动仪式。与会人员参观37°湾—象山科创中心，现场还进行青年人才嘉年华浮雕揭幕、青年人才驿站揭牌、发布“青年人才 · 心象事成”倡议等活动，启动仪式后还进行青年人才创业沙龙，优秀青年创业代表分享创业经验。

【“五四”青年篮球赛】 4月25日晚，“人保”杯县第二届“五四”青年篮球赛在县体育馆落下帷幕。决赛场上，选手们奋勇争先、昂扬向上，一个个高跳抢球、绝妙传球、精准投球赢得观众阵阵喝彩。经过1个多小时的激烈角逐，公信建联队最终夺得冠军。此次青年篮球赛历时2周，由团县委、县文化和广电旅游体育局、县青年联合会共同主办，吸引来自县内各地的11支球队、150余名选手参赛。比赛凝聚广大团员青年团结奋进、勇于拼搏的精神，营造出健康的“五四”活动声势。

【五四系列主题活动】 为庆祝中华人民共和国成立70周年，纪念五四运动100周年，弘扬“爱国、进步、民主、科学”的五四精神，团县委和各级团组织精心筹划，纷纷开展形式多样的五四运动纪念活动。团县委通过微信平台发起“我与团旗团徽团员证合个影”主题摄影大赛。4月27日，团县委联合县委宣传部、丹东街道、县慈善总会等单位，共同开展青春嘉年华暨商圈青年联盟成立仪式。4月29日，团县委联合县文化和广电旅游体育局、县文学艺术节联合会共同开展“青春心向党　建功新时代”纪念五四运动100周年　喜迎新中国成立70华诞主题团日活动，全县1500余名青年参加活动。4月30日上午，团县委组织全县各级团组织青年干部、各行各业青年代表和少先队员，通过电视、广播、互联网等形式，收听收看纪念五四运动100周年大会，聆听习近平总书记在大会上的重要讲话。

【建队70周年主题教育活动】 为引导广大少先队员继承和弘扬少先队的光荣传统，增强少先队员的光荣感和自豪感，5月30日，由团县委、县文明办、县教育局等单位联合开展的“红领巾心向党　我与祖国共成长”纪念象山县少先队建队70周年主题教育活动在丹城五小举行，现场开展县学校少工委成立仪式现场观摩会、2019年“新时代好少年”颁奖仪式、示范性全童入队仪式等，全县各校少先队工作分管副校长、少先队大队辅导员、少先队员代表等500余人参加活动。

【团中央到象山调研新兴青年群体工作】 7月26日，团中央社会联络部联络培训处负责人带队到象山调研新兴青年群体工作。调研组先后前往星光影视小镇党群服务中心、象漂青年之家、海影城小镇青年之家等地，详细了解星光影视小镇团建工作、影视城影视产业现状及规划，和在场的象漂演艺人员沟通交流，询问生活、工作情况及生活诉求。并与象山影视行业新兴青年群体代表面对面交流座谈，了解青年群体的现状、存在问题和个人规划，听取他们对共青团工作的意见和建议。

【穿越时空，七夕夜遇海影城】 8月3日下午，浙江省亲青恋活动基地、宁波市最美相亲基地、象山e恋三大交友IP共聚浙江广电影视基地中国海影城，开展一场以“穿越时空，七夕夜遇海影城”为主题的百人特色交友联谊会，牵手10对情侣，晚会还邀请浙江广电6频道“相亲才会赢”节目主持人史帅亲临现场主持，并邀请浙江广电6频道“相亲特派员”进行专题报道。

【2019届象山籍大学生联盟成立仪式】 为深入学习贯彻习近平总书记关于青年成长成才的一系列重要论述和上级会议精神，凝聚象山籍大学生青年群体，提升象山籍大学生综合素质，服务大学生发展，推进象山青年人才储备计划。8月15日下午，团县委联合县教育局在益园举行2019届象山籍大学生联盟启动仪式，参加活动有历届象山籍大学生联盟骨干成员、2019届象山籍大学生联盟成员以及“引才使者”等50余人。象山籍大学生联盟自成立以来逐步成为搭建家乡联系在外学子的桥梁，强化象山籍在外青年的联系和交流，鼓励象山籍大学生为象山发展出谋划策。

【“三服务进重点工程　青春助力项目争速”活动】 为更好地践行“不忘初心、牢记使命”主题教育活动，推进县重点工程项目建设，按照市、县“六争攻坚、三年攀高”专项行动总体部署，团县委联合县发改局、总工会开展“三服务进重点工程　青春助力项目争速”系列活动。9月27日，团县委和县发改局等单位走进宁波日星铸业精加工项目、沈海高速连接线新桥至石浦段、象山影视学院等3处在建重点工程开展“送温暖 · 送安全”国庆慰问活动。结合主题教育要求，对项目工程中青年需求进行调研，关心一线工人的工作情况与需求。

【万名大学生走进宁波骄傲活动 · 象山站】 10月15日，由共青团宁波市委主办、共青团象山县委、县人社局承办的“万名大学生走进宁波骄傲”第四站活动走进象山县，来自浙江大学宁波理工学院、浙江医药高等专科学校等高校的百名大学生走出校园，感受象山建设发展，深入了解宁波之美。该次活动通过实地参观、聆听介绍和亲身体验，让大学生们与企业进行零距离的深度接触。象山团县委、县人社局将持续推进青年人才回归工作，丰富“家燕归巢”活动载体，打响“蓬莱雁归”品牌项目，促进校内外信息和资源交流的对接和服务，营造良好的人才生态环境，引导和鼓励大学生返乡创业就业，助力象山更好更快地发展。

【全县团队干部专业能力提升培训班】 为深入学习贯彻落实中共十九大和习近平总书记系列重要讲话精神，结合“不忘初心、牢记使命”主题教育，增强学习效果，提高全县团队干部党性修养和能力素质，10月25日，县委组织部、团县委联合举办全县团队干部专业能力提升培训班。团县委机关全体工作人员，十九届团县委委员、候补委员，各镇乡（街道）团（工）委负责人、县直属单位团委负责人、少先队大队辅导员、青少年宫全体干部职工等200余人参加培训。

【青春助力湾区生态保护】 10月28日下午，由共青团台州市委、共青团宁波市委共同主办，共青团浙江省委指导，共青团三门县委、共青团宁海县委、共青团象山县委、三门县农业农村局、三门县浦坝港人民政府联合承办的青春助力湾区生态保护——三门湾“青春携手　共护蔚蓝”海洋净滩行动启动仪式在三门草头木勺沙滩举行。共青团浙江省委基层工作部副部长汤琛琛，共青团台州市委副书记李益枫，共青团宁波市委副书记李锋，三门县人民政府副县长赵瑛等领导出席该次活动，三门、宁海、象山三地团县委组织青年志愿者、学生代表等公益力量300余人参加该次活动。

【“守初心、担使命、跟党走”党团知识竞赛】 为深入学习贯彻习近平新时代中国特色社会主义思想、习近平总书记对浙江工作重要指示精神和团十八大精神，高标准、高质量开展好“不忘初心、牢记使命”主题教育，营造学党团史、知党团情、赛党团务的浓厚氛围，经过初赛的选拔，县人民法院等8支代表队晋级决赛。10月30日下午象山县“守初心、担使命、跟党走”党团知识竞赛决赛在海洋酒店举行。

【团宁波市委青发部部长何翔一行调研象山青创农场工作】 为贯彻落实上级关于乡村振兴和《关于实施“两进两回”行动的意见》部署，共青团象山县委依托“青创农场”建设，发挥共青团在助力乡村振兴的生力军作用。11月22日，团宁波市委青发部部长何翔一行到象山调研宁波市级示范性青创农场创建的相关工作。

【共青团与人大代表、政协委员面对面，一起关注青年农创客培育】 为深入学习贯彻习近平总书记关于青年工作的重要思想，做好县协商代言工作，通过人大、政协等制度化渠道反映青年普遍性发展性权益，象山团县委组织开展2019年象山县“共青团与人大代表、政协委员面对面”——加强青年农创客培育，助力乡村振兴战略活动，邀请人大代表、政协委员、相关部门代表以及农创客代表，一起来提出问题，解决问题，更好的助力县乡村振兴战略实施和美丽乡村建设。座谈会在象山县青创农创（星创天地）举办。

（共青团象山县委员会）

象山县妇女联合会

【概况】 2019年，象山县妇联在县委、县政府的正确领导和市妇联的精心指导下，在社会各界的支持配合下，紧扣县委“四个年”“六争攻坚三服务”“最多跑一次”改革等中心工作部署要求，找准工作切入点、结合点，团结带领全县各级各类妇女组织始终围绕政治引领这一主线，构建家庭建设、创业创新两大平台，突出妇女发展、妇女维权、妇联改革三个重点，完成各项工作任务，推进县妇女事业迈上新台阶。

【妇女创业创新】 联合象山县农村信用合作联社发放妇女创业贷款余额累计2.4亿元，受惠创业妇女1300人，为50名农村创业妇女发放小额贷款贴息15万元。开展3期“乡村振兴·巾帼行动”乡村厨娘技能培训班，完成130人次的培训任务；联合象山县农业农村局在宁波城市职业学院举办2019年民宿（农家乐）经营与管理培训班，全县42名民宿女主人及女管家参加培训。开展寻找2019年象山最美民宿女主人活动，评选出王慧芝等10位县级“最美民宿女主人”、刘冬洁等5位“人气奖民宿女主人”，展示女性在乡村旅游、民宿发展方面的创业风采；开展第十六期“好阿姨”育婴师培训，63名妇女取得上岗证，各镇乡（街道）妇联举办育婴员培训班9班次，培训妇女480人；承接宁波市家庭文化节闭幕式巾帼创业集市日活动，展示20个创业项目，推广和宣传“吉象芳华”女性创业产品。围绕“一村一品、一镇一业”发展格局，扶持女性特色手工业、乡村农家乐、农家民宿等产业，徐嫦月、裘亚素两名女能手被评为省百名“女红巧手”；叶红、赖志丹、应芝3位女主人被评为省最美巾帼民宿女主人；沙塘静湾、饮海三湾、文麓雅苑、海米木木等4家民宿被评为省最美巾帼民宿；开展乡村振兴巾帼创业示范基地评比表彰活动，命名表彰各类巾帼创业示范基地20个；持续深化象山妇女来料加工家门口就业工作，完成各类奖励发放45.5万余元。

【打造“吉象芳华”品牌】 推进县农村妇女参与电子商务行动，举办象山县“巧手厨娘·香溢半岛”巾帼电商点心SHOW活动，设计妇女创业创新产品商标LOGO，完成“吉象芳华”创业产品商标注册，启动妇女创业品牌线上销售。在象山县科创中心打造完成“吉象芳华”巾帼创客中心，在象山县农业星创天地入驻“吉象芳华”巾帼农创客。

【妇联组织建设】 出台《关于在全县村（社区）建立“姐妹驿站”微妇联工作

的实施意见》,开展微妇联“姐妹驿站”建设,以“吉象芳华”LOGO 为主体形象,统一标识,开展 54 个微妇联“姐妹驿站”示范点建设,打造成“零距离”“全天候”联系基层妇女家庭的枢纽节点。开展两新领域区域妇联共建,整合区域、行业力量,打造星光小镇妇联。星光小镇妇联在全省两新组织培训大会上作交流发言,被评为 2019 年浙江省示范新领域先进组织。探索聚拢和引领妇女社会组织发展,通过组织人员参加业务培训、接受项目指导评估、抱团合作开展活动等方式,新培育和扶持女性社会组织 8 家,开展庭院设计、亲子绘本阅读等各类公益活动 100 余场次。

【美丽家庭建设】 以“美丽庭院”示范村创建为平台,打造“一村一线”最美庭院示范线,完成全县 50 个“美丽庭院”示范村创建,新增美丽庭院示范户 2000 家、10 户精品庭院。寻找“最美家庭”等特色家庭,共选树市级以上最美家庭 8 户、文明家庭 10 户、绿色家庭 10 户、最美庭院 14 户,县级最美家庭 70 户、绿色家庭 73 户、最美庭院 150 户。承办宁波市家庭文化节暨和睦邻里节闭幕式以及宁波市家风家训骨干力量培训班,开展寻找“传家宝”活动,建成“家庭联盟说家风、红白理事会、乡贤参事会、道德评议会”“四会说四风”示范村 36 个,开展活动 50 场次,提升新乡村道德建设,使德治融入“村民说事”全过程。组织全县各级妇联开展“我爱我家·垃圾分类”巾帼志愿服务进家庭、“美丽象山”巾帼志愿服务等宣传,组建垃圾分类巾帼志愿者监督队伍 510 支,通过入户宣传、悬挂横幅、互动游戏等方式从源头减少生活垃圾,新增 50 户县级“垃圾分类示范家庭”,8 户市级“垃圾分类达人”家庭。

【新媒体宣传】 做好妇联系统网络新媒体矩阵建设,创新抖音小视频趣味宣传方式,策划开展“一分钟玩转网红美食店”“一分钟玩转网红庭院”“一分钟玩转网红乡村”“家庭微课堂”“巾帼在行动”等系列主题宣传 80 余期;开展“巾帼心向党·礼赞新中国”70 周年系列主题宣传活动 100 余期。

【妇女维权工作】 成立象山县“金石榴”女律师维权服务站,“一对一”结对各镇乡街道妇联,提供即时法律咨询、普法宣传和婚姻家庭纠纷调解工作。各级妇联上下联动,共开展法律知识咨询服务活动 60 场次,接待妇女群众法律知识咨询 3000 人次,分发宣传资料 1 万份,接待来访来电 60 起,帮助联系法律援助 3 人。

【平安家庭创建】 制订《“访渔(农)家、建队伍、送服务”活动实施方案》,妇联主席蒋凌燕负责联系渔业一类乡镇重点渔村,副主席韩晓群和中层干部叶丹月驻涂茨镇长沙村开展一线蹲点送服务活动。成立 14 支渔嫂志愿者队伍,组织渔嫂上船入户宣传渔业安全生产知识,召开县镇两级妇联渔嫂座谈会 100 场次,收集建议 34 条,指导 5000 多户渔民家庭签订《象山县渔船船东船长安全生产责任清单》,印发 2000 张渔嫂金句宣传名片,发放渔业安全宣传用品 1 万份,发放“渔船铁律十五条”等安全生产知识资料 1.5 万册。组织一类、二类渔业乡镇开展 2 场以渔业安全生产为主要内容的“平安知识”竞赛活动,200 名渔嫂代表参加。依托“象山女性”等平台,开展平安建设知识竞赛、平安家庭宣传月等活动 80 场次,涉及人员 4.3 万人次,巩固平安家庭创建成效,落实平安三率进家庭工作。

【妇女儿童关爱行动】 开展全县离任 30 年以上老妇女主任关爱行动,为石浦镇、定塘镇、鹤浦镇、新桥镇、晓塘乡、高塘岛乡等 6 个镇乡(街道)的 63 名老妇女主任送去慰问金 4 万元;协助市妇联开展宁波市对口支援协作挂职干部人才家庭关爱项目,为象山 14 户挂职干部家庭实施关爱。“六一”期间,县妇儿工委办组织开展慰问活动,各镇乡(街道)妇联也纷纷组织开展丰富多彩的庆“六一”活动。牵头指导联合国儿童基金会学龄前儿童溺水干预项目实施,完成新桥镇和晓塘乡 1200 名学龄前儿童入户调查和家庭及周围危险水体的排摸工作,进入现场干预阶段。通过承接浙江省妇儿基金会“圆梦助学”项目,为全县 30 名困境儿童争取助学资金 4 万元。完成 1.6 万名城乡妇女“两癌”免费检查任务,组织发动“康乃馨”募捐活动,为 11 位贫病妇女争取省市救助资金达 11 万元。1.8 万名妇女参保“安康保险”,共有 36 人获赔付共计 173 万元。开展“心向阳·养兰心”心理健康服务关爱行动,加强对外来妇女的心理辅导关爱服务,推动社会心理健康服务体系建设。

【结对扶贫】 开展结对帮扶工作,在全县妇联系统开展 2019 年“千里情缘一线牵,姐妹携手共向前”象山 & 延边帮扶结对物资募捐活动 50 场次,发送延边州龙井市和敦化市涉及秋冬装、学习用品、书籍等物资 41 万元以及“两癌”妇女帮扶资金 4 万元,提前完成结对帮扶任务。完成与遂昌妇联的结对任务,赠送 3 万元物资以及 2 万元两癌妇女慰问金。象山县妇联对接新疆阿克苏地区库车县,将 500 册绘本、200 件 T 恤寄送至当地第十幼儿园,并建设“吉象书架”。

【女性素养提升】 实施县女性(母亲)素养提升工程,提升广大妇女群众教子育子、家庭经营、创业就业的水平和能力,为基层妇女组织提供“女性(母亲)素养提升工程”点单式公益培训 31 场次,开设 50 个家庭课堂,累计活动 297 场次,参与培训人数 3.8 万人次。

【家庭教育工作成效突出】 石浦小学、丹城五小、春晖幼儿园等 3 所学校入选全国家校共育数字化试点学校,县家教所、石浦小学申报全国家庭教育创新实践基地。全年开展家庭教育培训 100 多场次,受惠家长 2 万余人次。

【亲子阅读推广活动】 开展“书香半岛”大型亲子阅读推广——百日打卡争做象山县“阅读小达人”活动。9 月 28 日,在丹城第五小学举办 2019 年象山县“阅读小达人”颁奖暨寻找千名“好爸爸”启动仪式，全县200户家庭参加活动，县妇联、县文明办、县教育局、县文广新局等单位领导出席活动，为获得2019象山县“阅读小达人”荣誉称号的家庭颁奖。组织骨干志愿者力量培训，组织建立“吉象妈妈阅读团”，辅助阅读团建立千人微信群，指导全县亲子阅读推广工作，实现线上每周分享绘本阅读，线下每月开展亲子阅读公益课2次。开展“优雅女性学堂”——“悦读”沙龙12场次，亲子阅读听书沙龙7场次；联合象山县文明办、象山县教育局、象山县文广新局开展象山县第十五届未成年人读书节启动仪式暨“童心向党”绘本剧展演活动。完成11家县级、3家市级亲子阅读体验基地创建工作。

【购买社会组织服务】 象山县妇儿活动中心以枢纽型女性社会组织建设为目标，完成省市县“乡村学生关爱”等政府购买服务项目7个，共获项目资金40万元。承接宁波市妇联购买“老妇女主任关爱”服务项目，对全县共计632名工作十年以上的离任老妇女主任进行关爱。

【“象山e恋”交友活动】 举办“相约春天情定半岛”象山县人才鹊桥会；七夕期间，开展“穿越时空　七夕夜遇海影城”单身青年交友活动。通过升级传统相亲模式，提高互动比例，设计新潮游戏，开展有影响力的大型线上线下互动活动，让相亲不再尴尬单调，更好地服务单身青年，吸引更多的年轻人士参加活动，扩大“象山e恋”品牌知名度，打造群众真正需要又信得过的相亲品牌。

【“三八”妇女节活动】 3月7日，象山县妇联在象山半岛农业星创天地举办“不忘初心·砥砺奋进”三八国际妇女节109周年纪念大会，象山县人民政府副县长钮晶莹出席会议并讲话。会议对2018年度10家县巾帼创业创新示范基地、10户县“最美家庭”、10位县最美民宿女主人、10个县“最美庭院”、首批18家县家庭课堂及11家县级亲子阅读体验基地进行表彰授牌。现场还开展“巧手厨娘·香溢半岛”巾帼电商点心SHOW活动，40个点心摊位展示厨娘们技艺

【承办宁波市家庭家风家训骨干力量培训班】 8月19—21日，宁波市妇联、文明办在象山县委党校联合举办宁波市家庭家风家训骨干力量培训班，这是象山县乡村治理学院专题培训的第一课。宁波市妇联、文明办及全市各县（市、区）60名家庭家风家训骨干参加此次培训，通过现场教学、专家讲座、经验交流、领导讲话等形式进行集中培训。

【承办国际研修班】 10月19日，象山县作为浙江省妇女干部教育培训现场教学基地之一，承接由商务部主办、中华女子学院承办的“2019年埃塞俄比亚女性领导力建设研修班”和“2019年汤加妇女经济能力建设研修班”，45名外籍学员学习考察女性参与社会治理、创业创新、乡村振兴等方面工作的新做法、新经验。作为援外项目，这两个研修班是中国政府在2015年全球妇女峰会上提出的“邀请三万名发展中国家妇女来华培训”的履诺之举。宁波市妇联组联部部长谭再琼，象山县妇联主席蒋凌燕、副主席周华琴陪同考察。

【承办宁波市第六届家庭文化节暨和睦邻里节】 9月21日，由宁波市妇联、市文明办主办，象山县妇联承办的“家家幸福安康”宁波市第六届家庭文化节暨和睦邻里节在象山县文化活动中心举办，宁波市委宣传部副部长、文明办主任任学军，宁波市妇联党组书记、主席顾卫卫，象山县委常委、宣传部部长罗来兴出席活动，全市共有各界群众代表500人参加活动。

【女性领导干部综合素质大讲堂】 1月11日下午，在县委党校一楼报告厅，县委组织部、县妇联、县委党校联合举办象山县女性领导干部及妇联系统干部综合素质提升大讲堂。邀请宁波文化百科大讲堂专家徐卫东教授作《国学经典与人文素养》专题讲座。全县200名女性领导干部和妇联系统干部聆听讲座。

【千名“好爸爸”寻找活动】 10月，通过准爸爸成长记、《我的好爸爸》绘画活动、“好爸爸”变形记三个环节预热活动，启动全县千名“好爸爸”寻找活动，评选县级“好爸爸”100名，乡镇级“好爸爸”千名。

【金石榴女律师维权象山分站正式成立】 7月25日，象山金石榴女律师维权分站正式成立。象山县妇联主席蒋凌燕、象山县司法局副局长徐邦春出席成立仪式。该维权分站吸收来自之鹰、信大等律师事务所的全县所有女律师志愿者共18名，在象山县妇联成立维权分站。这是全县成立的首个公益性女律师维权站，主要提供专业性法律咨询等服务，共促全县妇女儿童事业发展。维权站成立后，女律师们在工作日期间通过妇女维权热线或现场交流，为妇女儿童提供即时法律咨询服务，配合县妇联做好公益讲座、现场咨询等普法宣传活动和婚姻家庭纠纷调解工作。为基层妇联和妇女群众提供法律专业服务。

【各类荣誉】 2019年，陈晗家庭获评“全国最美家庭”，西周税务所获评“全国巾帼文明岗”，林娅获评浙江省“三八红旗手”，赖海燕获评浙江省“巾帼建功标兵”。象山县妇联获评2019年度县级部门组织工作目标管理考核先进单位（三等奖）、2019年度宣传思想文化工作创新项目（“吉象芳华”宣传品牌打造）、宁波市最佳妇女组织、宁波市妇联系统目标管理考核特等奖、2019年度《中国妇女》宣传推广贡献奖、2019年度全国妇女舆论阵地建设先进单位。象山县妇联机关党支部获评宁波市“四星级基层党组织”。

（县妇联　陈凤霞）

县科学技术协会

【概况】 象山县科学技术协会(以下简称象山县科协)是县级学会、县属企事业单位科协组成的科技工作者的群众组织,是县委领导下的人民团体,是党和政府联系科技工作者的桥梁和纽带,是推动象山县科技事业发展的重要力量和科技工作者之家。

【加强学会管理】 注重学会管理,2019年指导成立3家县级学(协)会,分别为县室内设计师协会、县对虾产业协会、县稻米产业协会。指导县级学(协)会参加县民政局组织开展的“社创蓝海”公益项目大赛,县果蔬专业技术协会的公益服务项目——“绿土地,青山河”废弃农药品回收,获得优秀奖。

【举办首届中国白鹅产业技术高峰论坛】 第七届象山白鹅节期间,中国畜牧兽医学会宁波(象山)服务站邀请中国农业大学教授张大丙、扬州大学教授王志跃、上海市农业科学院研究员何大乾等专家,围绕“浙东白鹅产业技术创新升级,可持续健康发展”主题,为全县水禽专家、学者、科技工作者以及产业从业者、象山县畜牧兽医学会会员等200人开展培训。

【召开全县坛紫菜产业交流会】 中国水产学会宁波(象山)服务站邀请国家藻类产业体系宁波综合试验站站长、宁波大学教授骆其君,为全县紫菜养殖、育苗、加工等企业进行技术交流,突破产业发展瓶颈。

【应对恶劣天气】 2019年年初,连续阴雨天气使全县1万多亩西甜瓜受灾,县科协牵头县果蔬专业技术协会,及时研究应对措施,并投入科普经费4万元,对挖深沟加强排水、安装补光灯促进光照等措施进行推广。因为应对措施及时得当,西甜瓜未受到恶劣天气影响,且价格高于往年。

【做好中国科协科技工作者调查站点工作】 加强与科技工作者的交流沟通,及时反映和帮助解决科技工作者遇到的问题和困难,开展科技工作者健康状况和相关情况等内容的调查。《加强人才、引进使用和安置》《科技人才存在的问题及其建议》《关于重视人才工作的建议》《象山人才现状及建议》4篇调研信息,被中国科协科技工作者调查站点录用。

【成立“象山县科技人才燕鸥社”】 为更好地服务青年科技工作者,2019年5月,在科技人才联合会的基础上,成立“象山县科技人才燕鸥社”(燕鸥社取名中华凤头燕鸥,以35岁以下、硕士研究生学历人才联合会会员组成)。燕鸥社成员57人,其中外地科技人才33人;博士1人,硕士56人。更大程度激发科技工作者创业创新热情。

【举办“全国科技工作日”活动】 “全国科技工作日”期间,组织40多名科技工作者到墙头镇方家岙村开展惠民服务活动。活动内容包括卫生系统专家为村民义诊、送医送药活动,书画专家现场泼墨展示捐赠活动,摄影专家用相机镜头记录村容村貌美丽瞬间活动,有奖科普知识竞猜,分发科普宣传资料等。

【举行“智力七巧板”比赛】 4月26日,由象山县教育局、象山县科协、象山团县委、象山县关心下一代工作委员会联合举办,象山县青少年科技活动中心承办的全县小学生智力七巧板比赛在象山县实验小学举行。比赛分个人赛和团体赛。个人赛有470名小学生参加,分低段、中段、高段分组比赛。团体赛采用现场出题,现场作画,现场评出结果;团体赛小学组的主题“当雷雨来临时”,幼儿组的主题“垃圾分类我先行”,有79支队伍(小学组46支、幼儿组33支)共362名小朋友参加。

【举办象山县中小学生三模赛】 5月9—10日,象山县在实验小学、实验初中、滨海学校举办全县中小学生三模赛。44所学校,51支队伍,550余名中小学生参加,分设手掷滑翔机、初级橡筋、纸飞机、“水火箭”等12个项目。

【组织参加青少年科技创新大赛】 组织中小学生参加象山县、宁波市、浙江省及全国青少年科技创新大赛,象山县选手取得成绩,获得宁波市级以上奖次达96人次,省级31项,市一等奖以上47项。

表10　　2019年省创新大赛象山获奖名单一览表

单位:件

(小学科幻画)

序号	作品名称	选　手	辅导老师	学　校　名　称	奖　项
1	不失乐趣的太空生活	邵心蕾	丁　琳	延昌小学	省二等奖
2	嗨！时间	贾帆祺	梁颖颖	延昌小学	省三等奖

续表 10

（创新发明）

序号	作品名称	选　手	辅导老师	学校名称	奖　项
1	高度伸缩衣架	屠浩然	韩莹莹　谢建国 陈　英	番头小学	省三等奖

（创新论文）

序号	作品名称	选　手	辅导老师	学校名称	奖　项
1	烂苹果妙养蚯蚓的探究	韩　涵	李国雷	丹城第四小学	省三等奖
2	孕育渔船智能垃圾桶的实践与探索	沈小喻	贺淑虹	丹城第三小学	省二等奖
3	羊粪发酵种植覆盆子的实践探索	吴邦仪	蔡恩辉　石爱丽	实验小学	省三等奖

（实践活动）

序号	作品名称	选　手	辅导老师	学校名称	奖　项
1	让校园垃圾重获生命	炫彩活动小组	陈旭敏	汉章小学	省三等奖
2	民国建筑,你好	民国建筑调研组	陈东君	新桥学校	省二等奖

序号	项　目	市级		省级		全　国
		总得奖数	市一等奖	总得奖数	省一等奖	
1	纸折飞机大奖	—	—	—	—	—
2	宋庆龄少年儿童发明奖	—	—	22	5	—
3	青少年科学调查体验活动	—	—	—	—	—
4	DI 青少年创新思维	3	—	—	—	—
5	头脑 OM 校间挑战赛	11	1	—	—	—
6	七巧板	5	1	—	—	—
7	风　筝	—	—	—	—	—
8	青少年电脑机器人竞赛	—	—	1	1	—
9	创新大赛——创新论文	11	3	3	—	—
10	创新大赛——创新发明	7	1	1	—	—
11	创新大赛——实践活动	5	2	2	—	—

续表10

序号	项　　目	市　级		省　级		全　国
		总得奖数	市一等奖	总得奖数	省一等奖	
12	创新大赛——科幻画	13	3	2	—	—
13	“一带一路”教育实践系列活动	17	1	—	—	—
14	—	—	—	—	—	—
15	小　计	72	12	31	6	—

（县科学技术协会　陈燕敏）

县工商联

【概况】 象山县工商业联合会是中华全国工商业联合会的地方组织，简称象山县工商联，又称象山县商会，成立于1953年。2019年，拥有2370家（个）会员，辖18个镇乡街道商会、8个行业商会、4个县外异地商会、1个县内异地商会。

【县工商联十届四次执委（扩大）会议召开】 8月22日下午，县工商联（商会）十届四次执委会会议召开，县委常委、统战部部长陈爱武，县政协副主席、工商联主席励茂平出席会议并讲话，全体执委会成员和各基层商会会长、秘书长及受表彰的先进代表共150余人参加会议。会议通报常委会会议选举结果——增补常委4名、替补副主席1名。会上，励茂平主席代表常委会作工作报告，对2018年以来的工作全面总结，并对2019年下阶段的重点工作进行安排部署。会议表彰2018年度基层商会工作先进集体、优秀秘书长和先进个人。会前召开十届二次主席会长会议、十届二次常委会会议。

【象山县安徽商会成立】 1月18日，象山县安徽商会举行成立大会。象山县委常委、统战部部长陈爱武，县政协副主席、工商联主席励茂平受邀出席大会并讲话，县工商联副主席黄畅畅参加会议并致辞祝贺。会议审议通过《象山县安徽商会章程》等，选举产生第一届理事会会长、执行会长、副会长、秘书长、监事会监事长，象山海悦酒店管理有限公司执行董事周可刚当选为第一届理事会会长。商会共吸纳会员83家，经营范围涉及商贸旅游、金融服务、工程建设、建筑安装、新型材料、电子产品、针织服饰、法律服务等诸多领域，形成一股重要的徽商力量，在象山县的社会经济建设中发挥不可忽视的作用。

【象山县建材装饰商会成立】 6月18日，象山县建材装饰商会正式成立，成为象山县第8个行业商会。县工商联、县民政局等相关领导出席会议并讲话。成立大会上，吸纳首批会员54家，选举产生象山县建材装饰商会第一届理事会、监事会。郭继旭当选为县建材装饰商会第一届会长。

2019 年 1 月 18 日，县政协副主席励茂平（右一）在象山县安徽商会成立大会上授牌（尹建成　摄）

2019 年 6 月 18 日，县政协副主席励茂平（右一）在象山县建材装饰商会成立大会上授牌（尹建成　摄）

表 11　　**2019 年象山县基层商会基本情况一览表**

单位：人

序号	名　　称	成立时间	会员数	会　长	秘书长
1	丹东商会	2009.07	80	洪松茂	周婉如
2	丹西商会	2009.07	76	胡全福	白少艳
3	爵溪商会	1999.09	97	陈　照	林将伟

续表11

序号	名　称	成立时间	会员数	会　长	秘书长
4	石浦商会	1989.12	86	卢国平	金国林
5	西周商会	1997.12	97	周晓峰	林旭勇
6	南田商会	2007.12	53	李红蓥	钱大海
7	贤庠商会	2007.09	67	沈永平	周晖闳
8	墙头商会	1998.06	50	朱旌铭	陈海军
9	泗洲头商会	2008.07	42	励小伟	胡普升
10	定塘商会	2009.07	55	吴永叶	杜忠敏
11	涂茨商会	2007.11	36	孙全福	陈兴东
12	大徐商会	1997.12	62	柴常国	杨　夏
13	新桥商会	2008.11	35	徐根兴	魏成国
14	东陈商会	2005.12	83	杨昌茂	屠华江
15	晓塘商会	2008.08	41	冯宗平	李　彪
16	黄避岙商会	2009.07	34	许宝国	俞　勇
17	茅洋商会	2008.12	39	石维坚	葛海华
18	高塘岛商会	2009.07	25	戴福青	鲍建祥
19	日杂百货商会	2004.12	368	余云兴	陈亚琴
20	医药行业商会	2008.09	52	盛旭表	黄昭勇
21	家居商会	2009.06	105	周渭明	连才友
22	广告商会	2010.07	55	励和军	王　岩
23	广东商会	2010.10	80	胡英锡	郑　琴
24	数码商会	2011.11	61	董　腾	张银亚
25	医疗器械商会	2012.11	37	陈云勤	顾荣辉
26	杭州商会	2014.10	74	蒋善会	郑钧芳
27	输配电行业商会	2015.06	42	蒋善文	濮国锋
28	江苏商会	2016.06	68	陈海昌	林厚存
29	京津冀商会	2018.05	54	郎旺凯	宋　玲
30	安徽商会	2019.01	84	周可刚	徐永宽
31	建材装饰商会	2019.02	62	郭继旭	叶凯敏

【引导企业家主动参政议政】 运用县“两会”平台，发动企业家提建议和提案，并立足上级工商联要求，配合做好上规模民营企业调研等各类专项调研。完善领导联系民营企业和民营经济人士机制，为企业家提供更多的反映渠道，针对中美贸易摩擦的问题日趋严重，组织相关人员开展企业走访，专题召开会议，邀请县委常委、统战部部长出席，会后形成分析材料为党委政府决策做参谋。

【开展“不忘初心，牢记使命”主题教育】 县工商联自9月12日召开主题教育动员部署会以来，全面对标中央和省、市、县委部署要求，紧盯重要时间节点和重点工作任务，迅速反应，及早部署，精心制定方案，落实专门人员，分别做机关和商会党委下属支部的指导和督促工作，不定期发放工作提示单，做到高站位谋划部署、高质量学思践悟、高要求检视问题、高标准整改落实，确保主题教育各项工作落细落实。

县工商联秘书长叶晶（左一）作工作部署（尹建成　摄）

【基层商会信息和社情民意工作会议召开】 4月12日，县工商联召开基层商会信息和社情民意工作会议。来自各镇乡、街道商会和直属行业商会近30名信息员参加会议。会议特邀市工商联研究室主任陈晓东、市工商联分管信息的朱健老师分别作社情民意和信息业务辅导。秘书长叶晶具体部署信息和社情民意的报送方向，要求各基层商会结合各自实际，挖掘信息源，及时上报，把2019年商会信息工作落到实处。会前，还邀请杭州商商软件公司韩佳伟专题讲解智慧工商联服务平台系统操作及信息上报途径等。

【“助力民企融资”政策宣讲会】 7月29日下午，县工商联联合人民银行象山县支行、县经信局、县金融办举办“助力民企融资　象山在行动”政策宣讲会，来自全县18个基层商会及行业商会、新创会的企业家代表、24家金融机构负责人等250余人参加活动。会上，县政协副主席、工商联主席励茂平通报半年来“百名行长进民企”大走访活动开展情况及下阶段工作部署。石坚定副县长肯定“百名行长进民企”大走访活动，强调今后要根据变化加快创新，推出更多的“象山实践”。县级有关部门要继续加大政策扶持力度、加强联动、搭建形式多样的融资平台、完善信贷担保体系建设，支持更多企业获得融资。金融机构要发挥“主力军”作用，创新金融产品、降低获得成本、优化信贷结构，拿出真金换实效，助推全县民营、小微企业发展壮大，实现高质量发展。与会的企业家代表还听取小微企业信贷政策、宁波市普惠金融信用信息平台应用等政策宣讲及产品介绍，并与各参会银行进行现场融资洽谈。

副县长石坚定（左四）参加会议并作重要讲话（尹建成　摄）

【组织民营企业赴遂昌开展山海协作考察交流】 8月15—16日，县政协副主席、县工商联主席励茂平率企业家一行10人到遂昌开展深化山海协作交流考察活动。遂昌县政协副主席马翔华、遂昌县工商联党组书记程利贤等人陪同考察。考察组一行先来到石练镇健康产业园，分别走访香满城酒业、远洋农业和绿荷食品等3家企业。听取相关介绍，详细了解园区建设、企业发展、产业发展、农业科技研发等情况。石练镇作为省级中心镇，一、二、三产业都有比的发展基础,在第一产业上,茶叶、中药材都是当地特色,在工业上,石练镇是遂昌县唯一有生态工业的乡镇,主要涵盖食品、木制品、药品等产业。石练镇党委书记就遂昌县情、产业发展、全域旅游等方面特色和优势向与会人员做简要介绍。主席励茂平在座谈讲话中对比象山与遂昌在县情、地域、经济发展、产业发展方面的差异,指出,两地有着开展合作与交流的基础,希望能加强交流,拓展合作领域,实现深度融合,谋求互利共赢。希望两地能共同探索山海协作的新机制,共同探索民营企业参与山海协作的新思路、新模式。

【开展象山县“百名行长进民企”大走访活动督查工作】 年初以来,与县人民银行、县经信局开展“对百名行长进民企进商会”活动督查工作,发文组成活动督查小组,先后走入工行等6家银行和丹东、丹西等家商会,召集近50家企业座谈会,面对面沟通交流有关金融方面的困难,并专题举办“助力民企融资　象山在行动”政策宣讲会,组织开展“万家民企评银行”活动。各金融机构共走访企业数1624家,其中大中型企业236家、小微企业1301家、个体工商户87家,共解决融资30.83亿元。

【省工商联一行到象山开展专题调研】 7月31日至8月1日,浙江省工商联副主席林建良一行到象山围绕“稳企业防风险”开展专题调研。宁波市工商联党组成员、秘书长叶明全,研究室

县政协副主席、县工商联主席励茂平(右二)在座谈会上讲话

主任陈晓东,象山县政协副主席、县工商联主席励茂平,县委统战部副部长、县工商联党组书记苏峰陪同调研。调研组通过实地走访、听取汇报、与企业家座谈交流等方式,详细了解县民营企业的运行情况,并就企业存在的困难和问题提出针对性的意见建议。

【创新商会党建工作】 探索创建“党建+商会”模式,以党建引领“两新”组织融入大局、服务大局,推动基层商会、行业商会党组织与社区(村)结对共建、党员与贫困户结对帮扶,2019年开展共建活动8次。县商会党委获评四星、下属3个党支部中2个支部获评四星、1个获评三星。在开展第二批“不忘初心　牢记使命”主题教育活动期间,安排做党组和机关支部的相关规定动作外,还注重引导商会党委各支部结合工作实际开展先进典型教育、警示教育等,运用微信群、学习强国等新媒体组织网络学习,带领赴相关红色教育基地开启“初心之旅”,并创新开展“共产党员经营户”授牌仪式。

【县工商联副主席企业——锦浪科技登陆A股】 3月19日上午,宁波锦浪新能源科技股份有限公司上市挂牌仪式在深圳证券交易所举行,股票简称“锦浪科技”,股票代码“300763”,保荐机构和主承销商为海通证券股份有限公司。该次发行股票数量2000万股,发行价格26.64元/股,新股募集资金总额53280.00万元。锦浪科技首次公开发行股票2000万股,发行价格26.64元/股,首日开盘价格31.97元,一字涨停价位38.36元,涨幅达44%。募集资金约为5.3亿元,募投项目为年产12万台分布式组串并网逆变器新建项目。2018年度,锦浪科技实现营业收入8.31亿元,净利润11806.41万元。

【象山银企圆桌对话暨县商会迎新团拜会举行】 12月27日,象山银企圆

浙江省工商联副主席林建良(右三)在座谈会上听取相关情况(尹建成　摄)

桌对话暨县商会迎新团拜会举行。县商会名誉会长、县工商联副主席、县商会副会长，各基层商会会长、外来在象山投资创业者代表、金融机构代表欢聚一堂，畅叙情谊，共话发展。县委副书记、代县长包朝阳出席并作重要讲话。县委常委、统战部部长干维岳，县政府副县长石坚定、张微燕，县政协副主席、工商联主席励茂平等出席活动。

（象山县工商联　夏喜燕）

12月27日，县委副书记、代县长包朝阳在银企圆桌对话暨县商会迎新团拜会作重要讲话（尹建成　摄）

象山县残疾人联合会

【概况】　县残联贯彻中共十九大、省、市残疾人工作会议和县委十四届五次全会精神，聚焦残疾人民生保障、就业教育、康复服务、文化体育，按照“补短板、强弱项、增优势”的总体思路，加快推进残疾人全面小康进程。

【助推“最多跑一次”改革】　为让残疾人共享“最多跑一次”改革成果，8月印发《关于助残服务“最多跑一次”改革实施方案》，以残疾人证办理为基础，集成办理相关惠残政策等服务事项，在建立助残服务“1+X”联办机制基础上，推进助残服务“一件事”改革。为能让全县残疾人享受到更加方便快捷的助残服务，开发“智慧助残平台”，2019年11月底，在泗洲头镇开展“群众事智慧办　代办员零跑腿”试点，全方位提升县残疾人共享“最多跑一次”改革成果的获得感，为智慧城市建设奉献力量。象山县残联正延伸“助残服务一件事”平台建设，拓宽残疾人两项补贴、教就、康复等线上服务渠道。得到市残联理事长朱学峰的高度肯定，并建议打造成县市区惠残一事联办样板。

【民生保障】　精准实施“四项补贴”政策和重度残疾人单独施保“一个不少、应保尽保”，困难残疾人生活补贴当年累计享受人数8313人，重度残疾人护理补贴当年累计享受人数9581人，累计发放两项补贴资金5245.83万元。全面推动残疾人参加城乡居民基本养老保险、基本医疗保险个人缴费部分补贴政策，提高残疾人社会保险服务水平。全面推动残疾人参加城乡居民基本养老保险、基本医疗保险个人缴费部分补贴政策，提高残疾人社会保险服务水平。继续落实农村困难残疾人危房改造动态清零机制，建立危房改造即时救助工作机制，确保残疾人享有安全的基本住房。募集爱心基金8.5万元完成10户困难残疾人家庭“净居亮居”改造，改善困难残疾人住房室内环境。为全县16842名持证残疾人免费购买意外伤害保险。做好残疾学生和困难残疾人家庭子女助学工作，推动并扩大特殊教育向学前和高中“两头”延伸规模，全年共为59名残疾人学生（儿童）和困难生活残疾人子女学费补助17.85万元，为22名残疾人大学生提供学费和住宿费补助28.5万元。完善残疾人基本服务状况和需求信息数据动态更新工作长效机制，确保更新数据真实，为实现残疾人精准化扶贫和精准化服务提供可靠的基础资料。扎实开展第三代智能化残疾人证换发工作，全面完成残疾人信息采集和残疾人证核查工作。发挥市智慧残联大数据平台作用，补齐短板，强化弱项，提升工作水平。

【康复服务】　以“人人享有康复服务”为目标，扎实开展精准康复服务。狠抓儿童抢救性康复制度的落实，为13名听力障碍者、7名脑瘫儿童、20名孤独症患者、14名弱智儿童提供转介服务，人工耳蜗升级1名，发放困难家庭康复生活补贴4人，为93名残疾儿童少年提供康复训练资金补助143.9万元。力推“三助”活动服务精准。为81名听力障碍者免费验配助听器，为5名盲人免费适配智能眼镜，为13名肢残者安装假肢，残疾人辅具适配服务362人次。强化精神残疾人门诊免费服药补贴制度的实施，为1911名精神患者发放门诊服药卡，为80名住院精神病人发放住院补贴。做好残疾人家庭医生签约工作，家庭医生契约重点残疾人3524人，残疾人签约总数为9025人。为开展“学听跟、走转改　三服务”活动，实现“人人享有高质量康复服务”目标。县残联下属康复医院聚力改革创新转型发展成效明显，经验交流文章在宁波市残联工作参阅件上专刊发表并在全市残联系统进行交流发言，省残联副理事长高翔在《浙江残疾人工作》专报2019年第7期进行专题批示推广。推进县、乡镇（街道）、村三级康复服务体系建设，建成新华社区康复指导中心，全面推进康复体育进家庭工作，为加快推进健康象山建设，全面建成小康社会提供保障。

【就业能力】 会同县人社局、县民政局共同举办第十一届残疾人就业洽谈会，组织就业年龄段、有就业能力和需求的残疾人参加洽谈，为残疾人与用人单位搭建就业服务平台，帮助残疾人实现再就业。此次残疾人就业洽谈会提供就业岗位120个，100余名残疾人参加洽谈，56名残疾人与企业达成就业意向。稳定发展按比例就业，全县新增按比例就业46人。坚持需求导向，根据残疾人特点拟定培训计划、设置培训课程，开展订单式、定向式、定岗式技能技术培训，提高残疾人自身素质和就业竞争力。会同人社、农林等职能部门举办糕点制作、烹饪、手工编织、盘扣、线上电商等职业技能培训7期，举办食用菌养殖、果蔬栽培等实用技术就业培训4期，累计培训残疾人600余人次，帮助残疾人增强技能的树立正确的就业择业观。县培智学校与象山宏强电器制造有限公司签订"校企合作"协议，为8名残疾学生解决就业难题。探索以民办公助、政府补贴等形式创建3家工疗车间，共吸纳安置96名法定就业年龄段中轻度精神、智力残疾人在工疗车间实现集中就业，在全国首创成立"残疾人之家"家友会1个，为精神、智力残疾人实现自我价值搭建平台，增强残疾人的获得感与价值感，为维护社会稳定，保障"平安象山"建设做出贡献。探索残疾人之家属地管理和扶持机制，拓展机关、企业与残疾人之家的"机构+"结对体系，规范内部管理，为320名残疾人提供辅助性就业。采取"公司+农户"运作模式，加大残疾人就业扶贫基地建设力度，打造"辐射型"基地，创建和扶持省、市、县残疾人扶贫基地4家，安排26名残疾人就业，辐射户数达50余家。健全残疾人电商孵化基地运行机制，完善从事电商残疾人的技能培训、动态管理，截至，共吸收40名残疾人从事电商创业，帮助残疾人电商创收210万余元。

【社会助残氛围日益浓厚】 综合运用教育、宣传、活动等多种手段，制订全年宣传计划，利用各类公共信息平台，加大残疾人事业宣传力度。协助做好助残服务"最多跑一次"的相关工作，拍摄好"一事联办"的宣传微视频；在象山电视台、《今日象山》、象山发布以及象山残联网站等平台专题报道残疾人自强不息的典范、扶残助残的先进事迹。开展"残疾人文化艺术周"活动，持续推进文化助残"五个一"工程和特殊文艺"六进"活动；制订印发《象山县康复体育进家庭实施方案》，排摸确定800名重度残疾人实施对象，精准发放13种康复体育器材1353件，并进行器材使用培训；做好康复体育进家庭的后期评估工作，帮助重度残疾人走出家门，感受美好生活。规范志愿者注册和服务管理，对全县18个镇乡（街道）向日葵助残志愿服务队开展志愿服务专业培训，促进志愿助残服务专业化、常态化和制度化。向日葵助残志愿服务队开展"天使儿童送教助学活动"，针对居家残疾儿童，开展一周一次上门送教，针对特困残疾儿童，开展一月一次走访慰问活动；盲人节组织盲人开展登灵岩山活动；组织宁波和信工疗车间的智障、精神残疾人到电影院观影，体验公益活动；助残日期间，举行农工党宁波市委会"关爱阳光家园"活动走进象山暨象山县残疾人辅助性就业仪式，活动现场还举行义诊、康复服务、残疾预防宣传、助残咨询、盲人智能听书机免费借阅等志愿助残服务活动。

【残疾人权益保障】 一是象山政协委员工作室正式挂牌入驻县残联机关，以"搭建爱心舞台，共创温情世界"为主题，重点开展残疾人励志、教育、文化等助残项目调研和残疾人政策咨询、维权等服务活动。二是健全无障碍环境建设工作机制，开展无障碍环境建设知识宣传，加强公共无障碍设备设施的建设、使用、管理和维护。继续实施无障碍设施改造进家庭活动，全面排摸残疾人家庭无障碍改造需求；推进公共文化免费向残疾人开放，在丹东、鹤浦两家城市书房完成无障碍阅读建设的基础上，在石浦新办1家无障碍阅读书吧，推动公共图书馆为残疾人提供阅读服务的工作。三是贯彻落实国家和省市在残疾人事业发展和残疾权益保障方面制定的法律法规，做好残疾人机动轮椅车燃油补贴发放工作。全面开展残疾人法律救助工作，推进法律救助服务全覆盖，建成规范化残疾人法律工作站1个（市级试点），依法维护残疾人的合法权益。做好残疾人信访工作，排查并化解各种隐患，确保信访形势稳定。

【基层基础夯实】 实施县残联"不忘初心，牢记使命"主题教育，重点抓好党支部在学习教育、调查研究、检视问题、整改落实四项重点措施，确保主题教育取得实实在在的成效。建立健全"双随机一通报"和周一夜学制度，每月组织一次全体干部职工集中学习。严肃党内政治生活，全面落实"三会一课"、支部主题党日、民主生活会等组织生活制度。编制完成象山县残疾人事业高质量发展2019年重点工作作战图，以"挂图作战、进度倒逼"的方式推进2019年的重点工作；抓好"双对双排"工作，建立内部考核机制，加强残联机关队伍建设。继续抓好县、镇乡（街道）、村（社区）三级残疾人工作者队伍的"强基提质"工程，完善教育培训计划，精心组织综合知识讲座、职业道德培训和岗位练兵竞赛，提高基层队伍的工作能力和服务水平。健全镇乡（街道）残联、残工委例会工作机制和动态督查机制，以推进镇乡（街道）工作平衡开展、残工委成员工作职责落实。坚持履行全面从严治党"两个责任"。把全面从严治党两个责任扛起来，全面提升党建和党风廉政建设工作水平。全面落实"一岗双责"，突出加强政治建设，坚持民主集中制。落实中央八项规定及实施细则精神，确定重点风险防范点，落实防控措施，开展残疾人扶贫领域腐败和作风问题专项治理；加强廉政警示教育，筑牢党员干部拒腐防变的思想防线；运用好监督执纪"四种形态"，利用"互联网+"监督，开展经常性、全方位的监督检查，确保工作规范推进、资金阳光透明。

（县残联　章瑞燕）

法 治

综 述

【概况】 2019年是新中国成立70周年，也是政法信访工作经受重大考验、取得重大胜利、做出重大贡献的一年。面对大事喜事多、敏感节点多带来的繁重艰巨任务，全县政法信访系统干部在县委县政府的坚强领导下，以服务发展为主题，以稳定大局为前提，以平安建设为抓手，履职尽责、作为，深入推进平安象山、法治象山建设，扎实推动政法信访工作创新发展。2019年，全县刑事立案2740起，同比有所下降，其中盗窃立案1506起，同比下降13.3%，两抢案件发生3起，同比2018年下降57.1%；来县信访总量86659件，同比下降1.35%，集体访24批210人次，同比分别下降72.41%、69.96%。发生各类安全生产事故14起，同比下降24%；火灾发生数116起，零伤亡，同比下降37.9%。受理各类审判执行案件18808件，同比下降1.49%，办结19111件，同比下降1.38%。全年各级调解组织共受理调解各类矛盾纠纷4476起，调解4462起，率达99.62%。在2019年度省平安考核中，6项过程性指标位列宁波市第一，通过平安县考核，连续14年获平安县称号，全省排名大幅度提升，并被列为2020年度宁波市市域社会治理现代化试点县。

【服务经济发展大局】 坚持"法治是最好的营商环境"理念，及早谋划，向483家企业发放《征求意见表》，制定出台政法系统依法保障和服务企业健康发展具体工作措施，印发《企业法律风险防范十问十答》，召开政法系统营商环境提升新闻发布会，加大营商环境典型案例宣传力度。强化产权司法保护，全县共审结涉企民商纠纷案件4079件，为286家胜诉企业执行到位款项5.32亿元。完善市场主体救治和退出机制，审结破产案件29件，累计盘活企业存量资产1.56亿元。统一执法司法标准，办理违法发放贷、非法经营、保险诈骗等涉企业犯罪案件36件。批准逮捕非法经营、合同诈骗、挪用资金等犯罪嫌疑人9人，起诉18人。运用司法手段保护民营企业，慎用强制措施，坚决防止以刑事手段插手经济纠纷，对企业家及经营骨干，在法律政策许可范围内依法从宽，变更强制措施5人，不起诉3人，减少司法办案对企业生产经营造成的不利影响。创新推行"首违免罚"制度，探索实行包容审慎监管，共对1600余家企业实行"首违免罚"，提升企业满意度。持续巩固强化建设环境整治，共破获建设工程领域案件9起，刑事拘留12人，行政拘留1人。

【维护社会安全稳定】 推进"保平安、迎大庆"专项行动，牵头开展"平安护航新中国成立70周年"大会战，圆满完成各类重大活动维稳安保任务。扎实开展社会安全稳定工作，细化"防风险、保稳定"各项工作措施，开展重点涉稳矛盾纠纷排查化解和跟踪督办，排摸掌握和督促化解各类矛盾纠纷246件，化解44件挂牌督办件。加大涉法涉诉案件协调处置和督查督办力度，妥善化解各类涉法涉诉案事件38件。整治民间借贷乱象，多部门联合出台《关于办理职业放贷案件的若干意见（试行）》，建立"职业放贷"协同整治机制，公布4期职业放贷人名录，召开专题新闻发布会，全年民间借贷收案3422件，同比下降19.35%。持续优化县级信访生态，以信访"最多跑一次"改革为抓手，整合力量资源，组建县社会矛盾纠纷调处化解中心，实现矛盾纠纷一站式接收、一揽子调处、全链条解决，带动形成县域矛盾纠纷多元化解和社会治理新格局，确保实现矛盾纠纷"只进一扇门、最多跑一地"。9月，县社会矛盾纠纷调处化解中心（信访超市）正式启动，至年底共接待群众1197批2166人次，开展分类流转，提升处置实效。部署开展信访"四无村"创建，探索实施信访代办制度。2019年2月率先在大徐镇探索信访代办制，变"被动化解矛盾"为"主动解决问题"，全县共代办信访事项467件，解决445件。维护正常信访秩序，出台《关于依法打击信访违法行为的通告》，依法处理信访中存在的违法行为为12人次，形成震慑。

【深化平安象山建设】 以平安建设"争先进位"为目标，以平安综治考核为牵引，推进平安建设体系"四梁八柱"构建。实体化运作县平安（反恐）专班，推动责任、督查、预警三大机制运行。开展多轮次、全覆盖式平安暗访和反恐检查，共检查单位（场所）587家，发现问题隐患685处，发放"平安三率"调查问卷1446份，发送提示单18份、督办单119份，回访隐患单位121家。针对薄弱环节，调研、研究对策，提请推进高层建筑和劳动密集型企业等消防安全隐患排查整治。开展"除隐患、压事故、保大庆"交通治理攻坚战，狠抓重点纠违、上路管事、基础管控等工作，效果明显，截至12月底，全县交通事故全口径死亡人数 49 人，同比下降 14.04%。统筹抓好平安港区体系布局，助力涉海涉渔领域“平安守护”行动，发挥专群结合、群防群治机制作用，开展涉海涉渔矛盾纠纷、安全隐患排查，主动对接协调涉海涉渔案件，联合发布《关于严厉打击禁渔期违法捕捞行为的通告》，对涉海涉渔违法犯罪人员予以刑事拘留，以案说法，形成震慑。开展平安建设集中宣传行动，推进“平安三率”扩面提质增效工作，多形式、多渠道加强平安建设成果宣传，形成浓厚氛围。全县平安建设群众安全感、满意率明显提升，市里多次三率模拟测评，均名列前茅。2019 年度省平安考核，安全感测评指标实现历年来首次“零扣分”。

【强化社会治安防控】 深入推进扫黑除恶攻坚年活动，坚持“严打方针”，做到打扫建同步、黑恶乱同抓，净化社会治安和投资建设环境。4 月，出色完成迎接中央扫黑督导组下沉督导任务。自扫黑除恶专项斗争开展以来至 2019 年年底，共侦办涉黑涉恶团伙 31 个，其中涉黑团伙 3 个，涉恶犯罪集团 6 个，恶势力团伙 22 个，查处“保护伞”14 人，破获涉黑涉恶刑事案件 680 余起，采取刑事强制措施 836 人。先后公开宣判多起涉黑涉恶案件，打击力度和社会反响较大。强化社会治安面防控，坚持以“平安大巡逻”为抓手，发挥机关干部、网格长、平安志愿者、群众等力量作用，专群结合、群防群治，加大社会面隐患问题的排查化解，“日走访、夜巡逻”，全年累计开展治安巡逻 2 万余人次，发现整改安全隐患 1397 处，排查矛盾纠纷 861 件、及时化解 835 件。当前县社会治安形势良好，截至 12 月底，全县刑事立案 2880 起，同比下降 2.4%，其中盗窃立案 1602 起，同比下降 14.1%。

【创新社会基层治理】 总结推广“大徐经验”，建立信息多元收集、问题分级研判、处置全程监管、信访治本堵源机制，构建问题主动找、研判重视管、处置全程督、信访源头治的工作闭环，形成管人、管事、管用的制度体系。以高效回应办理民生诉求为抓手，健全县镇村三级社会治理体系建设，强化县镇两级社会治理综合指挥能力，发挥其统筹协调、分析研判、定期会商、督查交办、综合指挥效能。持续优化“一中心四平台”全科网格，加强网格队伍建设，规范网格运行，严格事件准入个事件办理，加强对县级部门派出机构统筹管理，发挥镇乡（街道）指挥协调作用。全年全县网格上线率、活跃度均达 100%，累计走访 55.89 万人次，上报事件 176429 起，事件关闭率 100%。发挥人民调解、行政调解、司法调解多元化解作用，深入开展镇乡（街道）矛盾问题处置化解试点工作，发挥村（社）和组织调解功能，确保“小事不出村、大事不出镇、矛盾不上交”。坚持“党建引领”的“三治融合”治理体系，深化“说、议、办、评”的具体实践，推动“村民说事”制度提档升级，共治共建共享的乡村治理格局初步形成。

【优化政法队伍素质形象】 高质量组织开展“不忘初心、牢记使命”主题教育，坚持把思想政治建设摆在首位，打造政法干警读书会学习品牌，以政治建警铸造绝对忠诚灵魂。健全教、学、练、战一体化培训机制，广泛开展岗位练兵、技能比赛、实务案例研讨分析、挂职锻炼等实践活动，提升业务建设能力。强化先进典型引领，打造丰富政法文化载体，持续做好“身边的榜样力量——政法好故事”先进典型的宣传报道，举办书画摄影、微型党课、各类文体活动，增强政法干警的凝聚力、战斗力。强化“三服务”活动，持续深化“政法铁军下基层、村民说事促稳定”工作，选派政法干警 573 名，通过“警民说事”“法官说法”“检察官说案”“律师 e 说事”“我当一天网格长”及基层调解品牌工作室等具体活动载体，深入前沿阵地，开展矛盾调处、暗访检查、排查隐患、法律服务等工作。2019 年来，全县累计走访各类重点人员 325 名，巡查重点场所 2675 家，排查处置各类安全隐患 726 处，解答宣讲各类法律法规 134 场次，排查各类矛盾纠纷 747 起，化解 686 起，解决实际问题 224 件。

（县委政法委　蔡芝芝　魏宇了）

公　安

【概况】 2019 年，象山县公安局设有办公室、情指联勤中心、政治处、行政许可科、出入境管理科、信息通讯科、警务保障室、审计室 8 个综合管理机构，国内安全保卫大队（反恐）、网络警察大队、禁毒大队、行动侦察大队、法制大队、警务督察大队、治安大队、刑事侦查大队、经济犯罪侦查大队、巡特警大队、交通警察大队 11 个执法勤务机构，看守所、拘留所、丹东、丹西、石浦、西周、墙头、大徐、泗洲头、定山、新桥、鹤浦、东陈、爵溪、石浦港区、西泽、高塘岛等监管、派出机构。全局共有 664 人，其中民警 635 人、职工 29 人，文化程度分别为硕士 8 人、本科 534 人、大专 96 人、高中及以下 26 人。民警数占全县常住人口数的 0.94‰。

2019 年，象山县公安局在县委、县政府和市公安局的坚强领导下，围绕中华人民共和国成立 70 周年大庆安保维稳主线，忠诚履职、砥砺奋进、拼搏奉献，在全年工作中经受系列重大考验，用辛勤汗水谱写象山公安工作高质量发展的新时代篇章，为全县加快建设宁波现代化滨海城区做出公安贡献。是年，该局共接报有效警情 9.9 万余起，与上年相比下降 0.1%，刑事立案 2617 起，与上年相比上升 3.1%，其中盗窃案件立案 1069 起，与上年相比下降 8.2%；命案发 2 起、破 2 起，破案率 100%；破获刑事案件 1160 起，采取刑事强制措施 2144 人，查处治安案件 2420 起，行政处罚 3865 人。年内，该局综合实绩评估居全市第一，荣获全市公安机关主要业务指标月度排行工作年度总榜领跑者大奖，连续四年获评全市优秀公安局。1 人立个人一等功，1 人获评全市“六争攻坚”好干部，1 人获评市劳模，1 个集体、1 名个人立二等功，5 个集体、37 名个人立三等功，8 个集体、103 名个人获嘉奖。

【重大安保活动】 2019年，象山县公安局圆满完成中华人民共和国成立70周年大庆、全国加强乡村治理体系建设工作现场会等重大安保活动19批次。稳妥处置"房闹"、非正常死亡、欠薪等突发性群体事件66起，全年未发生影响社会稳定的重大群体性事件。"保大庆、迎平安"平安宁波建设专项行动绩效位居全市第二。

【加强隐蔽战线斗争】 2019年，象山县公安局把维护国家安全和政权安全置于首位，坚持主动进攻、先发制敌。对邪教违法犯罪零容忍，破获邪教案件5起，刑事拘留8人，行政拘留10人，取缔整治1处邪教非法聚会点、15处各类教会私设聚会点，有力打压邪教聚集滋事的嚣张气焰。坚决维护意识形态领域安全，共查处涉政谣言案事件15起16人次，全年未发生有重大影响的涉政谣言案事件。

【反恐安全设防】 2019年，象山县公安局以"防回流、防渗透、防反弹"为重点，推动县反恐办实体化运作，组织开展严打暴恐、涉恐隐患排查整治、新疆维吾尔族人员流动摊贩整治等专项行动，对涉恐关注群体落实精细化管控，触网人员核查率、管控率保持100%。狠抓反恐重点单位常态督查，开出43张反恐罚单，处罚数全市领先，有效压实重点行业、领域主体责任。加强与新疆阿拉尔城区公安局友好合作，健全跨区域交流协作机制，提升反恐工作能力水平。

【保障"109项目"】 2019年，象山县公安局将护航"109项目"作为重大政治责任和中心工作任务，高起点谋划部署，成立维稳工作指挥部，排摸梳理126名重点人员，定人定岗定责，确保"不漏管、不失控"。按时启动重大舆情管控等级响应，成立舆情处置专班。

【渔业安全整治】 2019年，象山县公安局规范渔业安全生产秩序，主动会同县委政法委以及县水利和渔业等部门，联合发布《关于严厉打击禁渔期违法捕捞行为的通告》，对各类涉海涉渔涉船违法违规高压严打，杜绝较大及以上渔业安全事故发生。全年共查处非法捕捞、无证驾驶机动船舶、拒不执行紧急状态下的决定命令等涉渔案件56起，刑事处罚77人、治安处罚33人，实现休渔期间渔业安全生产事故"零发生"。

【维护经济秩序】 2019年，象山县公安局坚持围绕中心、服务大局，对恶意逃废债、传销行、涉众型经济犯罪等坚持从重从快、严厉打击，共依法刑事拘留76人。开展"警企服务中心"建设，在西周派出所设立警企服务站点，落实落细服务企业措施，保障企业合法权益不受侵害。

【攻坚大要案件】 2019年，象山县公安局依法从重从快打击严重刑事犯罪，全力维护社会治安和谐安定。坚定"命案必破"理念，全年命案发2起、破2起，连续8年实现命案全破，并破获一起28年前命案积案。快侦快破放火、爆炸、劫持、绑架、强奸等"五类"重大刑事案件12起，破案率达100%。

【扫黑除恶】 2019年，象山县公安局以雷霆之势推进"扫黑除恶攻坚年"，聚焦重点领域、重点行业、重点地区、重点人群，全力推进全县扫黑除恶专项斗争向纵深发展。全年共侦办涉黑团伙2个、涉恶犯罪集团4个、恶势力团伙8个，采取刑事强制措施312人，扫黑除恶专项评估成绩居全市第二。

【打击侵财犯罪】 2019年，象山县公安局对群众反映强烈的侵财型案件保持高压严打态势，提前谋划、深入开展"铁拳保平安""反诈二号""云剑行动"等侵财型专项行动，共破获刑事盗窃案件391起、诈骗案件120起，刑事强制405人，打击侵财工作全市第一。回应民生热点，将防范打击电信诈骗等新型案件作为重中之重，共破获本地电诈案件65起，破案率15.3%，同比上升3%，破案率位居全市前列，采取刑事强制措施181人，同比上升21%，打击治理电信网络新型犯罪工作绩效全市第一，反电诈工作经验全市推广。

【扫黄禁赌】 2019年，象山县公安局精准治理涉黄涉赌社会丑陋现象，有效肃清社会风气，共破获涉赌案件186起，刑事拘留196人，行政处罚494人；破获涉黄案件96起，刑事拘留47人，行政处罚182人，市级挂牌的2个黄赌治安乱点摘牌，黄赌警情同比下降17.4%。

【禁毒斗争】 2019年，象山县公安局围绕创建省级"禁毒示范县"，有序推进禁毒社会化工作，刚性落实"逢嫌必检"，推广毛发检测技术。出台《病残吸毒人员收治工作意见》，全市率先实现全员收戒收治，毒品突出问题和重点地区整治工作绩效全市第一。加强专案侦办，抓获涉毒犯罪嫌疑人113人、吸毒人员474人，强戒159人，破获1起公安部毒品目标案件和1起省毒品目标案件，其中部目标案件得到公安部、省厅领导批示肯定，打击毒品违法犯罪工作绩效全市第一。

【创建"枫桥式公安派出所"】 2019年，象山县公安局狠抓基层基础和治安防控建设，提升社会治理社会化、法治化、智能化、专业化水平，丹西派出所、石浦港区派出所被命名为全市首批"枫桥式公安派出所"。深化"警调衔接"机制，落实司法确认等措施，受理矛盾纠纷917起，调解876起，调解率达95.5%，有效防止"民转刑"案事件发生。以宣传防范开路，突出重点隐患治理和救援能力建设，全年未发生因游泳、嬉水溺亡事故，预防溺水事故工作全市第一。完善快速反应控制圈，派出所常态开展"巡处一体化"工作，尽量下沉机关值班警力至街面，平安志愿者、护村"义警"等群防队伍开展叠加式巡逻，最大限度提高见警率、盘查率、管事率，共接有效警情9.9万余起，与2018年基本持平，发"两抢"案件3起，同比下降57.1%。搭建覆盖全县的人大代表、政协委员驻警联络站，主动征求建议、畅通诉求渠道,人民安全感、满意度提高。

【交通安全整治】 2019年,象山县公安局打响“除隐患、压事故、保大庆”交通治理攻坚战,狠抓重点纠违、上路管事、基础管控等工作,提高交通事故预防、城区疏堵保畅能力。抽调派出所、巡特警等50名警力全脱产参与城区交通专项整治,重点打击驾乘“三小车”未戴安全头盔、“工程车”超载超限超速等6大类17小类“两类车”突出违法行为,累计纠违13.2万余起,纠违量同比上升486%,其中查处驾乘电动自行车未佩戴安全头盔6.25万起,工程车超载超速1144起,全县“三小车”亡人事故数同比下降16.67%,工程车亡人事故“零发生”。全县全年交通事故实际死亡人数63人,同比下降17.1%,交通安全综合治理工作居全市首位。

【清理行业场所隐患】 2019年,象山县公安局借势借力电视问政,发动社区民警、网格员、社区干部等力量,动态排查全县群租房1147户,排查率达71.1%,劝退、整改隐患群租房115户,查处房东未按规定整改安全隐患案件4起,行政拘留4人。深刻汲取宁海“9·29”火灾事故教训,排查危化品使用单位111家,“两小”企业1695家,依法顶格处罚3家危化品使用单位。针对娱乐场所警情高发实际,制定出台《娱乐场所刚性管理措施》《涉刀案件刚性查处规定》,对涉娱乐场所违法犯罪一律依法严惩,共对45家娱乐场所作出警告并限期整改,其中停业整顿5家,娱乐场所警情同比下降51.8%。

【信息化建设】 2019年,象山县公安局全面实施科技强警工程,以“雪亮工程”建设为核心,新建、改建高清视频316个,至年底全县共有视频监控1.6万余路,全县重点公共区域、重点行业领域的视频监控覆盖率达到100%。建设“智安小区”145个、智能警务亭8个,借助“智安小区”平台搭建社区数据汇聚中心,获取全县152个小区的社区类数据。通过政府出资、“警企合作”,购买汇聚新兴行业、高科技企业的互联网类数据1.5亿万条,加速构建智能警务新生态,推动社会治安立体防控体系纵深建设,致力打造最具安全感半岛城市。

【深化“最多跑一次”改革】 2019年,象山县公安局坚持简政放权、放管结合、优化服务,326项涉及公安的群众和企业到政府办事事项百分百实现“最多跑一次”,全部服务事项实现“一次办结”,全部民生事项实现“一证通办”,基层派出所“1+X”窗口延伸实现全覆盖,网上办事实现全覆盖,服务环境持续优化,群众获得感显著提升。同时,提升基层民警获得感,梳理“内跑”事项63条,推动基层办事最简化。2019年,象山县公安局深化信访“最多访一次”改革市级试点工作,牢固树立信访“零次跑”“最多跑一次”和“最后跑一次”理念,完善规范信访流程,全链条加强信访工作,推动有理访清零、无理访终结。全年共接信访183件,同比下降17.9%,其中初信初访105件,办结率95.2%;接网信922件,办结率达96.3%,群众满意度达95%;化解省市交办信访积案13件,化解率达100%,实现“无积案公安局”创建目标。整顿规范信访秩序,由公安发起,与县委政法委、检察院、法院、司法局、信访局等部门,联合发布《关于依法打击信访违法行为的通告》,共刑事拘留非访对象10人次,行政拘留16人次。“最多访一次”改革经验获市委常委、公安局局长黎伟挺,县委书记叶剑鸣等领导批示肯定,全市公安机关保大庆信访工作现场会在象山召开,信访工作绩效位居全市第二。

【政治建警】 2019年,象山县公安局始终把理想信念教育摆在首位,围绕学习中共十九届四中全会精神和习近平总书记在全国公安工作会议上重要讲话精神,积极有效开展“不忘初心、牢记使命”“践行新使命、忠诚保大庆”等主题教育活动,提高思想政治工作的时代性和感召力,队伍正规化考核全市第三。

【从严治警】 2019年,象山县公安局深入正风肃纪,结合警示教育“七个一活动”,整治队伍突出问题。用好用活监督执纪“第一种形态”,谈话提醒7人、批评教育4人、通报批评5人、诫勉问责1人、诫勉谈话5人。实行“一案双查”,既追究当事人责任,也倒查追究相关领导责任,把追责问责作为刚性落实“两个责任”的重要保障,共警告处分4人、严重警告处分1人并行政撤职,在全局营造“清廉公安”建设氛围。

【从优待警】 2019年,象山县公安局坚持警力倾斜基层,基层派出所警力占比同比提高3%,达45%以上。旗帜鲜明保护民警执法权益,毫不手软严惩侵权违法犯罪,查处侵害民警正当执法权益案件50起,刑事拘留10人,行政拘留41人。用好爱警基金,慰问民警、辅警139人次,发放慰问金43万元。出台系列爱警惠警暖警举措,落实“警娃”暑托班、健康服务站点以及子女中、高考民警休假陪考等制度,基层民警幸福感持续提升。实行辅警“保编减员增薪”,提升辅警待遇保障水平。县局基层公安干警严管厚爱工作绩效全市第一。

【法治强警】 2019年,象山县公安局持续深化执法规范化建设,有序推进政法一体化办案系统单轨制市级试点工作,实体化运作受立案中心,完成指定居所监视居住场所建设工作。强化执法主体力量建设,26名民警通过高级执法资格考试,13名民警通过国家法律职业资格考试,8名民警获得公职律师资格,执法质量和执法公信力提升。县局执法质量考核全市第一,代表宁波参评全国执法示范单位,连续第8年获评全省执法质量优秀示范单位。

(县公安局　郏方真)

检　察

【概况】 2019年,县人民检察院共有在编干警75人(政法编制70人,事业编制5人），司法雇员11人。员额检察官29名，新入额4名，退额1人。本科以上学历65人，占75.6%，硕士研究生学历11人，占12.8%，博士研究生1名。

县人民检察院坚持以习近平新时代中国特色社会主义思想为指导，在县委和上级检察院的领导下，在县人大及其常委会的监督下，在县政府、县政协及社会各界的支持下，讲政治、顾大局、谋发展、重自强，服务保障中心工作，推进“四大检察”全面协调发展，加强队伍管理建设，为奋力开创宁波现代化滨海城区建设新局面提供检察保障。全年共受理提请批准逮捕案件583件832人，受理移送审查起诉案件830件1230人。经审查，批准逮捕425件、540人，同比下降16.3%和22.4%，提起公诉653件、939人，同比下降10.1%和9.5%。2019年，共获得集体和个人县级以上荣誉57项，其中国家级荣誉1项、省级荣誉4项、市级荣誉29项。

10月22日，县人民检察院党组书记、检察长袁学宏出庭办理张某某等5人涉组织、领导、参加黑社会性质组织案（方芳 摄）

【打击各类刑事犯罪】 履行批捕、起诉职能，维护社会治安稳定。保障群众生命安全，惩治严重暴力犯罪，批准逮捕放火、爆炸、故意杀人、抢劫等犯罪嫌疑人15人，起诉18人。保护群众财产权益，打击涉众涉网犯罪，批准逮捕电信诈骗、“套路贷”、侵犯公民个人信息等犯罪嫌疑人30人，起诉42人，其中办理一起犯罪嫌疑人19人，被害群众1000余人的“套路贷”案件。围绕民生热点，呼应群众关切，批准逮捕食品药品安全、破坏环境资源保护等犯罪嫌疑人23人，起诉41人。主动融入反腐败工作大局，强化与县监察委协作配合，完善移送审查案件办理机制，起诉职务犯罪嫌疑人9人。快速打击多发犯罪，实行类案专业化办理，缩短案件办理周期，提高打击效率，形成震慑。

【严惩黑恶势力】 坚持把扫黑除恶专项斗争作为一项重大政治任务，按照中央扫黑除恶督导要求，从重从快打击涉黑涉恶犯罪，批准逮捕犯罪嫌疑人65人，起诉51人。建立“案中查、访中查、靠前查、联动查”四查机制，发现并移送黑恶势力及“保护伞”线索28条。完善联席会议和集体会商等制度，提前介入重点案件，检察长牵头成立专案组，妥善办理“3·19”专案、“非法拖车”等涉黑涉恶案件。同步推进“破网打伞”“打财断血”，依法起诉利用职务便利包庇、纵容黑恶势力犯罪嫌疑人2人，开展涉黑涉恶罪犯财产刑执行专项监督7件。助推根源治理，针对执法机关管理中存在的漏洞，发出检察建议3份，督促职能部门堵漏建制。

3月12日，县人民检察院党组书记、检察长袁学宏至茅洋乡文山村调研涉海涉渔工作开展情况（徐晶晶 摄）

【渔业安全生产】 响应“千名干部访渔（农）家、一线蹲点三服务”号召，选派3名检察人员靠前指导，规范渔业生产和行政执法。深化政法铁军下基层活动，组织47名检察人员上海岛、进渔村300余次，开展专项普法20余次。打击涉海涉渔犯罪，批准逮捕非法捕捞、海上重大责任事故等犯罪嫌疑人22人，起诉43人。

【县域经济发展】 服务县委“重大项目突破年”工作，批准逮捕危害企业经营的强迫交易、敲诈勒索等犯罪嫌疑人

15人，起诉22人。防控金融风险，妥善办理破坏金融管理秩序、危害税收征管等重大案件，批准逮捕贷款诈骗、虚开增值税专用发票等犯罪嫌疑人20人，起诉32人，其中办理的一家金融机构违法发放贷款系列案件，涉案金额达1.1亿元。优化营商环境，批准逮捕非法经营、合同诈骗、挪用资金等犯罪嫌疑人9人，起诉18人。运用司法手段保护民营企业，坚决防止以刑事手段插手经济纠纷，对企业负责人及经营骨干，在法律政策许可范围内依法从宽，变更强制措施5人，不起诉3人。加强社区矫正与非公有制经济保护对接，联合县司法局出台会议纪要，优化社区服刑企业负责人请假制度。强化与县工商联协作，开展服务企业行动，分批走访19家企业，为企业生产经营提供检察服务。

【乡村治理体系建设】 落实全国加强乡村治理体系建设现场会精神，参与平安乡村建设，打击发生在农村或针对农村弱势群体的盗拐骗、黄赌毒等犯罪，批准逮捕犯罪嫌疑人49人，起诉62人。扎实开展"三服务"活动，加大走乡入村力度，排查矛盾风险隐患，深度参与村民说事，开展释法说理17次，提供法律咨询100余人次，把检察工作触角延伸到镇、联动到村、连接到户。

【参与社会治理】 加强平安护航新中国成立70周年维稳安保工作，坚持日报告和零报告制度，确保涉检环节不出问题。关注敏感案件和重点人员稳控，办理维稳案件2件2人。构建全员信访联动处置机制，落实"群众来信件件有回复"，开展检察长接访10次，妥善处置各类来信来访517件746人。重视"公益损害与诉讼违法"举报中心工作，接收违法线索150条，按程序登记分流。

【脱贫攻坚战】 投入精准脱贫攻坚战，与县扶贫办联合出台《加强国家司法救助对接脱贫攻坚工作实施办法》，建立信息移送和反馈机制，梳理全县贫困户、低边户及特困户在册名单和相关信息1.6万余条。结合检察办案，共发出扶贫帮困建议书5份，为7名因案致贫、因案致困的受害群众发放救助金8.5万元，协调减免医疗救治费用，协助纳入低保救助范围，争取产业扶持，相关工作获市人民检察院检察长戎雪海批示肯定。

【未成年人保护】 统一集中办理刑事、民事、行政检察业务，封存36份未成年人犯罪档案，帮教31名涉罪未成年人。借助专业力量，对6名未成年被害人开展心理测评和疏导，帮助恢复心理健康。落实"一号检察建议"精神，进校开展法治宣讲18场次，受教育人数6300余人，相关工作获县委书记叶剑鸣批示肯定。

【推进少捕慎诉】 对情节轻微、社会危险性较小的犯罪嫌疑人，不批准逮捕284人，不起诉147人，不捕率同比上升70%。落实宽缓刑事政策，促成刑事和解18件，减少社会对立面。探索相对不起诉案件社会评价考核制度，安排犯罪嫌疑人参加公益劳动，发挥刑罚的教育和防范功能。加强捕后羁押必要性审查工作，邀请"老娘舅"参与公开审查、调解工作8次，建议变更强制措施35人。

【落实认罪认罚从宽制度】 贯彻落实修改后刑事诉讼法关于认罪认罚从宽制度的相关规定，组建工作专班，健全制度机制，出台《象山县人民检察院关于全面落实认罪认罚从宽制度工作方案》。完善协作配合，加强与县公安局、法院、司法局的工作衔接，推动建立健全配套制度。落实值班律师保障机制，实现认罪认罚案件法律帮助全覆盖，共办理认罪认罚案件314件。

【做优刑事检察监督】 推行侦查活动全域监督机制，深化检察官办公室工作，监督立案和撤案10人，追捕追诉犯罪嫌疑人13人，追诉漏罪10项，其中2名犯罪嫌疑人被判处十年以上有期徒刑。强化刑事审判监督，维护刑事判决权威，建立诉判不一案件同步审查机制，提起刑事抗诉案件2件。加大刑事执行监督力度，开展入所谈话1280人次，重大案件侦查终结前讯问合法性核查83人次。开展社区矫正联合大检查，监督社区矫正人员特赦工作，审查减刑、假释、暂予监外执行等41人次，监督判实未执行和社区矫正人员违规收监12人。坚决纠正诉讼违法行为，监督强制措施依法适用，发出纠正违法通知书10份，检察建议7件，办理羁押必要性审查案件52件。

【民事行政检察】 紧贴社会监督需求，主动出击拓展案源渠道，走访职能部门，邀请社会各界人士共话监督，共收到监督线索36条，立案办理监督案件26件。继续关注虚假诉讼，运用民事裁判文书智慧应用系统，大数据分析高关联人员，排查民间借贷、劳动争议、侵害民营经济等虚假诉讼高发领域，维护当事人合法权益。监督民事判决执行工作，督促纠正执行行为，集中力量办结涉宁波、舟山等地法院和多名被执行人的监督案件，标的额达1500余万元。开展行政非诉执行监督专项行动，重点审查"裁执分离"型执行案件，督促行政机关履职，办理监督案件7件，1件获评全省优秀案件。

【公益诉讼检察】 建立公益诉讼线索网格化收集机制，依托平安综治、"两法衔接"、甬检掌上公益等平台，拓展办案领域，共办理案件57件，办案数量同比上升67.6%。贯彻英雄烈士保护法，对英烈纪念设施保护不力等情形，发出检察建议，维护英烈尊严。聚焦服刑人员养老金违规发放问题，会同相关部门联合清查，及时停发22名服刑人员基本养老金，追回国有财产损失。保障群众舌尖上的安全，督促相关部门整治县域内18家网络外卖餐饮商家，共同推进阳光厨房建设。探索"等外"领域检察监督，结合安全生产要求，排查未申领许可证件提供住宿餐饮服务等问题，保障公共卫生安全。

【接受代表委员监督】 向人大及其常委会报告工作，专题汇报"依法履职、公正司法”情况，坚决落实人大对检察工作的决议、审议意见。坚持重点工作、重大事项、重大人事任免向人大报告制度，报送文件材料221份，提请任免检察员13名。办理人大常委会交办的群众信访案件，采取措施，落实人大代表建议。加强与代表沟通联系，主动走访代表，邀请参加专题检察开放日4次，视察办案工作区，听取检察办案流程介绍，为代表履职提供方便。自觉接受政协民主监督，及时通报工作，邀请政协委员、人民监督员和律师等开展案件审查，实现办案公开。

【深化检务公开】 加强检察新闻产品供给，主动邀请媒体专题报道检察工作4次，参与营商环境、扫黑除恶等新闻发布会2次，推动“两微一端”新媒体平台运用，讲好新时代检察故事，被国家级媒体头版报道2篇。完善实体、热线、网络三大检察服务平台，提供信访举报、案件查询一站式服务，接待律师申请阅卷195次，提供电子卷宗光盘78张，接受群众电话咨询3600余次，刑事犯罪记录查询1000余人次。实时公开程序性信息，及时公开生效法律文书，发布程序性信息1426件，法律文书692份。

【规范检察办案】 重视防范新办案模式下可能出现的风险，降低检察官独立办案、独立决策可能带来的隐患，完善检委会、检察官联席会议、诉前会议等制度，强化案件质量管控，办理检委会议案15件，开展检察官联席会议10次。健全以证据为核心的刑事指控体系，坚持书面审查与调查复核相结合，严格排除非法证据。以案件质量评查和流程监控为抓手，扩大案件评查范围，加强业务数据分析，召开专题座谈会，纠正办案不规范问题。

【推进智慧检务建设】 加强大数据、智能化在检察工作中的运用，新建检委会智能化平台，实现会议召开无纸化、信息化。完善政法一体化办案系统应用，扩大公检法协同化办理刑事案件的覆盖面。执行公务用车管理规定，利用“浙江政法执法执勤用车管理系统”，做好车辆日常管理，促进信息技术与检察工作深度融合。

9月27日，县人民检察院组织党员干部赴县涂茨镇旭拱岙村开放式组织生活基地，开展“初心之旅”主题党日活动（方芳 摄）

【开展“不忘初心、牢记使命”主题教育】 持续学习习近平新时代中国特色社会主义思想，牢固树立“四个意识”，坚定“四个自信”，做到“两个维护”。发挥“头雁”效应，院领导带头开展学习活动10次，检视问题10项。重视读原著、悟原理，以党支部为主要阵地，组织集中自学、党员领读、提问抽背5次，深刻领会《中国共产党章程》《习近平关于“不忘初心、牢记使命”论述摘编》《习近平新时代中国特色社会主义思想学习纲要》等内涵要义，借助“周一夜学”平台，开展专题研讨、辅导讲座等学习活动9次，补足理论短板。晾晒“学习强国”APP排名和成效，参与度和人均学习积分长期在县内保持较高水平。

【深化内设机构改革】 根据浙江省机构编制委员会办公室、浙江省人民检察院联合印发的《深化市县两级人民检察院内设机构改革的指导意见》的要求，2019年8月完成内设机构改革工作。监督执纪科及石浦检察室不列入改革范围，共设置职能部门9个，主要作以下调整：办公室、行政装备科、司法警察大队整合组建为办公室（挂司法警察大队牌子），公诉科、侦查监督科整合组建为第一检察部、第二检察部，监所检察科改为第三检察部，民事行政检察科拆分组建为第四检察部、第五检察部，未成年人检察办公室改为第六检察部，控告申诉检察科、案件管理办公室、检察技术科整合组建为第七检察部（挂公益损害与诉讼违法举报中心牌子），政治处改为政治部。

【推行“捕诉一体”办案机制】 重新组建专业化刑事办案架构，由同一个检察官或办案组，统一履行审查逮捕、审查起诉、补充侦查、出庭支持公诉、刑事诉讼监督等职能。试行“轮案组+办案单元”工作模式，按类别整合繁案简案，提升办案效率，释放改革功效。

【突出能力建设】 以实战、实用、实效为目标，组建专业研究小组，加强业务培训，选取实务案例分析研讨，提高全员办案水平。树立“人人皆可成才、人人各尽其才”的理念，鼓励检察队伍争先创优，全院干警在各类业务竞赛、办案评比中表现优异，共获得荣誉表彰32人次，获评省、市精品优秀案件19件。打造象检文化品牌，开展“青”字号系列活动，举办读书会、法律沙龙等，丰富检察文化建设载体和形式，获评

"全省书香机关"荣誉称号。

【检察调研】 推动建立"研以致用"为导向的调研效果提升机制,组织信息座谈会、专家讲座等活动5次,注重业务实践整理、提炼与反思,加强总结分析能力,营造浓厚调研氛围。抓住关键少数,做到以上率下,县管领导干部带头调研8次,破解法律监督难点,服务司法办案实际。发挥青年干警生力军作用,全年共撰写调研文章100余篇,参加各类征文调研文章36篇,其中市级以上刊物发表23篇,入选市级以上论文集7篇,获市级以上奖项8篇,1篇获全省检察理论年会论文一等奖。

【改革创新】 继续充实办案力量,人员配置向业务部门倾斜,确保办案人员占全院干警总人数的85%以上。完善领导直接办案评价指标,强化责任追究、错案倒查,基本形成权责明晰、制约的检察办案体系。落实检察职业保障,完成公务员职级套转7名,补充登记22人,法警职务序列套改7人。加强检察创新探索,培育孵化创新项目6个,深化"检察官以案释法"等优秀创新成果,打造工作特色亮点。

【党风廉政建设】 筑牢意识形态工作防线,引导干警把好关口、守好阵地,坚决维护好司法领域意识形态安全。压实压紧主体责任,督促"三重一大"事项报备,落实过问或干预、插手检察办案报告制度,营造良好政治生态。创新廉政教育载体,监管"八小时外"行为,确保全面从严治党不放松,正风肃纪不停步。以"作风建设深化年"为契机,依托"双随机一通报"制度,整顿工作作风,坚决打好党风廉政建设持久战。

(县人民检察院　方芳)

法院

【概况】 2019年,象山法院坚持以习近平新时代中国特色社会主义思想为指导,开展"三个建设年"活动,忠实履行宪法法律赋予的职责,各项工作取得新进展。全年共受理各类案件18808件,同比下降1.49%,办结19111件,同比下降1.38%,一线法官人均结案379.56件,比全省平均数高12.97%。

【扫黑除恶专项斗争】 受理并审结涉黑恶案件12件51人,对51名被告人判处罚金累计556.9万元,排查黑恶线索30条、"保护伞"线索2条。审结刑事案件653件958人,同比分别下降11.16%和6.35%。

【化解民商纠纷】 审结民商事案件9392件,同比下降3.83%。以示范判决(调解)方式带动纠纷批量化解,妥善处置涉十里澜山、博浪海港城等系列案,促进房地产市场健康发展。

【依法行政】 审结行政案件92件,同比上升39.39%。判决行政机关败诉案件10件,其中审结的某乡政府不履行拆除违章建筑法定职责一案,入选2018年度宁波基层法治建设十大典型案例。行政机关负责人出庭应诉率91.67%,位居全市第一。

【融入中心工作】 参与风险评估、矛盾化解等各类协调会100余次。审结非法捕捞水产品犯罪案件21件40人,审结破坏生态环境犯罪案件23件,联合环保执法部门开展涉环保案件专项执行行动,助力绘就美丽象山新画卷。

【优化营商环境】 开展"营商环境提升年"行动,审结各类涉股权、公司治理等案件271件,促成139起被执行人为民营企业的案件达成执行和解。审结破产案件29件,累计盘活企业存量资产1.56亿元,释放土地312.23亩、厂房8.8万平方米。为100余家企业开展法律风险防范专题讲座,并编发审判白皮书及《企业法律风险防范十问十答》。

【执行攻坚】 执结各类案件8338件,同比上升3.77%,执行到位金额8.42亿元,有财产可供执行案件法定期限内实际执结率99.06%,位居全市第二。持续强化查人找物,查封房产1308处、车辆1162辆。落实"史上最强"强制执行措施,纳入失信被执行人名单8163人次,限制出境、限制高消费9167人次,司法拘留、罚款2675人,判处拒不执行判决、裁定罪3人。开展专项执行行动8次,集中腾退房屋14处。利用"象山停车"收费系统查控被执行人车辆,扣押车辆35辆,拘传被执行人8人。

【释放智能红利】 全面推进司法领域"最多跑一次"改革,当场立案率93.4%,完成网上立案、跨域立案、延伸立案8573件。使用移动微法院同期结案16098件,引入率89.1%。

【升级惠民工程】 开展涉民生案件专项执行活动,执行到位工资款1007.9万元,判决拒不支付劳动报酬犯罪5件5人。向淘宝网上传各类拍品422件,成交总额5.25亿元,为当事人节省佣金1453.5万元。探索建立司法网拍房产按揭贷款机制,18名竞买人累计贷款3044.8万元。

【司法改革落地见效】 完成内设机构改革,原有20个内设机构精简为12个。破解人才流失难题,在上级法院、县委支持下,通过选调、招录公务员引进人才13名,招录第二批司法雇员25人。大目湾人民法庭揭牌运行,法庭布局得到优化。

【司法质量持续优化】 出台《关于规范院庭长审判监督管理职责的若干规定》,开展司法质量监督大检查活动,对1件重大瑕疵案件承办人作出处理。建立科学合理的业绩考核体系和审判质量动态监测机制,严格审限监控,超12个月以上未结案4件,同比减少9件,无一件超18个月未结案。

【司法秩序更加规范】 整治民间借贷乱象,出台实施意见,建立协同整治机制,公布4期职业放贷人名录,全年民间借贷收案3422件,同比下降19.35%。开展打击虚假诉讼专项行动,查处虚假诉讼案件12件14人,罚款6件7人,罚款总额7.1万元,移送公安机关3件3人,以虚假诉讼罪追究刑事责任3件4人,并编发虚假诉讼甄别工作指导手册及典型案例。

【筑牢思想根基】 坚持党对法院工作的绝对领导,学习习近平新时代中国特色社会主义思想,旗帜鲜明强化意识形态工作,增强“四个意识”,坚定“四个自信”,做到“两个维护”。开展“不忘初心、牢记使命”主题教育,将学习教育、调查研究、检视问题、整改落实贯穿始终,层层推进主题教育落实落细。坚持党建创新永远在路上,打造一支部一品牌,开展“法苑讲堂”“新青年谈新思想”“诗书经典,平语近人”诗词竞赛等活动,提升青年干警的理论自信和实干精神。院机关党委荣获市级“五星级基层党组织”、县级“先进基层党组织”“服务型机关党组织示范点”等荣誉称号。

【提升工作作风】 创建全县清廉机关示范点,精心打造清廉文化走廊,精准描绘廉政风险“图谱”,推动形成风清气正的政治生态。支持派驻纪检监察组和司法监督岗位履行职责,促进监督工作健康有序。严格落实全面从严治党主体责任,用好司法巡查与司法问责两大利剑,推进教育引导、十查十看、开门纳谏“三位一体”的作风建设工程,打造过硬的领导作风、扎实的工作作风和严格的纪律作风。以经济责任审计为契机,全面整顿、规范案款管理工作,做到边审边改。深化法律职业共同体建设,同步推进法官律师线上评议+线下恳谈,促进相互监督、良性互动。

【接受各界监督】 始终把接受监督作为司法公正的重要保障,贯彻落实县人大及其常委会的各项决议、决定,办理代表建议22件、交办件11件,报送重要文件、特定案件55件。接受人大对执行工作的专项审议,逐一对照意见抓好整改落实。自觉接受政协民主监督,主动向政协委员通报工作,听取意见建议。强化与代表委员的沟通联系,开展上门走访30余次,发送《人大、政协联络专刊》12期。支持、配合检察机关依法履行法律监督职责,邀请检察长列席审委会2次,共同维护司法公正。广泛接受社会监督,邀请媒体现场报道审判执行24次,开展公众开放日活动5次,以公开促公正,以公正立公信。联合县司法局完成人民陪审员选任工作,增补选陪审员91名,召开人民陪审员工作暨人民陪审员协会大会,发挥人民陪审员参与司法、监督司法的重要作用。

(县人民法院 芦蔚)

司法行政

【概况】 2019年,象山县司法局职能重组,全面深化改革,以新站位新格局新视野,承担起法治政府法治社会统筹发展的职责,发挥县乡法治政府建设、矛盾纠纷化解、公共法律服务、法治宣传教育、社区矫正管控五大职能作用,为全县建设宁波现代化滨海城区提供更大的法治保障。全县各级调解组织共调解各类矛盾纠纷4462起,率达99.62%,涉及金额18185.2万元。公共法律服务中心接待群众来电来访咨询5068人次,其中接待涉法涉诉信访1428件,办理法律援助案件1444件,涉及金额1109.59余万元。全年无社区服刑人员严重刑事犯罪案件及影响社会稳定事件发生,维护社会和谐稳定。各项工作取得显著成绩:镇村法律顾问一体化、首违免罚等全省创新性的经验做法在全国级媒体《法制日报》刊发;乡村法治“五个一”工程入围《法治影响中国典范案例汇编》;获评全国“七五”普法中期先进县及浙江省“七五”普法中期成绩突出县;石浦司法所获评省级“文明规范公正”司法所;浙江之鹰律师事务所获评全国律师行业先进党组织。

【县司法局主要领导履新见面会】 1月7日,象山县司法局召开主要领导履新见面会。县委组织部部长范焕平和县委组织部部务会议成员、县委两新工委专职副书记陈勇出席该次会议,县司法局党组全体成员、副局级以上干部及各科室负责人参加会议。会上,县委组织部部务会议成员、县委两新工委专职副书记陈勇宣布县委关于县司法局领导班子调整的决定,县司法局新任局长李文宏、新任副局长谢敏分别作表态发言。县委组织部部长范焕平指出,要统一思想,深刻领会县委干部调整意图,从讲政治的高度出发,做好机构改革、平稳过渡和整合优化;是要集中精力,加强领导班子与队伍建设;要履职尽责,齐心协力推进各项工作,下一步县司法局工作任务大,责任重,要力争在最短时间内达到协调、高效运转的状态。

【县司法局社区矫正指挥中心项目通过验收】 2月28日,市司法局社区矫正局局长赵小明、信息处处长陈友文等专家组到象山,对社区矫正指挥中心远程会议系统及远程视频督察系统采购(安装)进行项目验收。专家组听取项目采购、建设、监理和运行情况报告,并在指挥中心进行现场查验,经讨论评审,对县司法局社区矫正指挥中心项目建设给予高度评价,一致同意通过初步验收,这标志着社区矫正指挥中心建设任务完成。社区矫正指挥中心远程会议系统及远程视频督察系统项目是根据中央、国务院关于社区矫正工作的决策部署和《“十三五”全国司法行政信息化发展规划》要求,实现社区矫正工作立体化防控、扁平化管理、可视化指挥、标准化处置,实现“视频资源全局化、调取使用便捷化、督察管理可视化”,为社区矫正工作现代化提供支撑。

【县人民陪审员拟任人选随机抽选仪式】 3月15日,象山县人民陪审员拟任人选随机抽选仪式在县司法局举行,这也是该县首次随机抽选人民陪审员拟任命人选。抽选仪式现场,县司法局邀请县人大、县政协、驻县司法局纪检监察组、县人民法院、县公安局相关负责人进行现场监督,公证处进行现场公证,最终从202名候选人中现场随机抽选73名作为人民陪审员拟任人选,从

26 名个人申请和组织推荐候选人中抽选 18 名作为人民陪审员拟任人选。该 91 名拟任命人选进行社会公示无异议后，将由县人民法院提请县人大常委会任命，再向社会公告，并举行任职宣誓，根据县人民法院的工作需要参加审判活动。

【对涉企轻微违法行为实行“首违免罚”】 3 月 26 日，象山县司法局围绕“营商环境提升年”活动，制定《关于对涉企轻微违法行为实行“首违免罚”的意见》。在整改“多头执法、过度监管”短板问题过程中，县司法局创新举措，于 6 月 3 日制定《象山县企业轻微违法行为“首违免罚”清单（第一批）》，该清单列举 114 种企业首次轻微违法违规经营行为，涵盖市场监管、税收征管、户外广告、交通运输管理等多个执法领域，为全市首份多领域企业“首违免罚”清单。于 12 月 8 日推出《“首违免罚”清单（第二批）》清单，为象山县各类企业特别是中小企业、创新型企业发展提供更加宽容的营商环境。

【全县人民调解工作暨人民调解协会会员代表大会】 5 月 21 日，全县人民调解工作暨人民调解协会会员代表大会召开。县人民政府副县长穆锦斌，县司法局党组书记、局长李文宏，县司法局党组成员、副局长、县人民调解协会会长徐邦春，县人民法院副院长尤先夫，县人民调解协会副会长徐友国出席会议。各镇乡（街道）人民调解委员会主任，各行业性专业人民调解委员会主任，人民调解协会理事会成员、部分会员代表以及司法所所长（负责人）等 100 余人参加此次会议。李文宏通报 2018 年度全县人民调解一线涌现的先进调委会和调解员，并对县一、二级人民调解员进行表彰，颁发等级证书。槐珺、秤卫东等人民调解先进典型代表分别作交流发言。徐邦春作 2018 年全县人民调解工作报告，提出 2019 年工作思路。全县人民调解工作围绕县委、县政府工作大局，完善人民调解组织，优化调解员队伍结构，健全调解工作机制，提升预防化解纠纷能力水平，发挥人民调解“第一道防线”作用。

象山县委全面依法治县委员会召开第一次全体（扩大）会议（叶龙健　摄）

【县委全面依法治县委员会第一次全体（扩大）会议】 5 月 24 日，象山县委全面依法治县委员会召开第一次全体（扩大）会议，学习贯彻习近平总书记全面依法治国新理念新思想新战略，贯彻落实中央、省委法治建设有关会议精神，研究部署下阶段法治象山建设工作。县委书记、县委全面依法治县委员会主任叶剑鸣主持会议并讲话。黄焕利、孙小雄、罗来兴、陈兴立、范焕平、奚海峰、柳建根、穆锦斌、范建富等县领导出席会议。会议指出，要围绕中心、服务大局，把法治建设与深化改革、推动发展、维护稳定更好地结合起来，要狠抓关键、突出重点，坚持改革方向和问题导向，加快建设法治政府，全面深化司法体制改革，全县上下齐心齐抓共管，推动新时代法治象山建设再上新台阶。

【全县法律服务管理工作会议】 6 月 29 日，象山县司法局召开全县法律服务管理工作会议。县司法局党组书记、局长李文宏，县司法局党组成员、副局长徐邦春、张健、沈海成、谢敏出席会议，全县律师、实习律师，基层法律服务工作者，公证员、助理公证员等 100 余人参加会议。会议强调，2019 年县法律服务管理工作要以习近平新时代中国特色社会主义思想为指导，贯彻落实习近平总书记关于全面依法治国新理念新思想新战略，增强“四个意识”，坚定“四个自信”，做到“两个维护”，毫不动摇地坚持党对法律服务工作的领导。参与公益活动，坚持以人民为中心，村企一线说法解疑，自觉践行公平正义，营造良好的法治氛围。要深化体制机制改革，保障法律服务工作者执业权利，规范执业行为，提高全县法律服务管理工作的能力和水平。

【“浙里”话宪法网络直播活动】 7 月 16 日，由省司法厅、省普法办联合浙江法制报开展的“浙里”话宪法第二场网络直播活动暨“浙里”光影颂宪法摄影采风活动当日在高泥村举行。活动以宪法宣传为主题，结合村民说事、乡村振兴等重点工作，创新形式，开展法治宣传教育主题实践活动，看到象山县宪法宣传的丰硕成果。“浙江普法”“宁波普法”“象山司法”“中国象山港网站”“象山黄避岙”微信公众号以及“浙江新闻”APP 进行同步直播。该次直播活动共收获 76 万点击量。

【2019 年度法治政府建设专题培训班】 7 月 25 日，象山县司法局举办 2019 年

法治政府建设专题培训班，县级有关部门及各镇乡（街道）分管领导、特邀行政执法监督员、各镇乡（街道）司法所负责人等共92人参加会议。培训以专家辅导、研讨交流等形式，以提升领导干部协调推进法治政府建设工作能力为重点，特别邀请浙江省高级人民法院行政审判庭法官马国贤，浙江海泰律师事务所主任邬辉林进行授课。该次培训是县司法局适应当前机构改革时期法治政府建设面临的新形势、新任务、新要求，精心组织开展的一次重要培训，是象山县推进法治政府建设的重要举措。7月26日，县司法局还组织开展2019年省行政执法证申领人员综合法律知识培训，共有71名新申领行政执法证人员参加培训。

省司法厅党委书记、厅长马柏伟赴象山专题调研基层司法行政工作（俞姗姗　摄）

【省司法厅党委书记、厅长马柏伟到象山专题调研基层司法行政工作】 9月3日，浙江省司法厅党委书记、厅长马柏伟到象山县专题调研基层司法行政工作，实地走访东陈司法所、公共法律服务中心和社区矫正指挥中心，听取司法行政工作情况汇报，看望慰问基层司法行政干部。马柏伟指出，近年来，象山县党委、政府高度重视司法行政工作，在机构设置、政策保障等方面给予支持，极大促进司法行政工作的发展。象山县司法局围绕中心作保障，发挥职能，工作扎实有亮点。他强调要加强基层法治建设，找准司法行政职能定位，规范司法所、人民调解委员会建设，融合社会管理力量，提高法律服务保障能力；要转变工作作风，转变服务理念，提高公共法律服务效率，让群众少跑腿、好办事；要严格管控社区服刑人员，按照上级工作部署，做好各项安全稳定工作，营造良好的社会环境。

【县司法局“不忘初心、牢记使命”主题教育动员部署会】 9月12日，召开县司法局“不忘初心、牢记使命”主题教育动员部署会，局党组书记、局长李文宏对司法行政系统主题教育工作做全面部署，县委主题教育第七巡回指导组副组长陈慧香出席会议。全局上下坚持系统思维，把学习教育、调查研究、检视问题、整改落实贯穿主题教育全过程，开展“坚定信仰、信念、信心”专题学习教育，深化“司法公开课”领导带头讲、邀请专家讲、鼓励全员讲，开展“学习巩固大比武”活动；推进先进典型教育，开展新时代司法为民好榜样选树活动；开展优秀党员、优秀公务员风采展示；深化落实“周一夜学”“双随机一通报”制度，创新形式增强活动吸引力和感染力。将主题教育活动和“大学习大调研大抓落实”和“三服务”活动结合起来，与县司法局“四个年”和“两转变两提升”活动结合起来，取得主题教育最好成效。

【2019年度象山县行政执法案卷集中互评活动】 10月11日，象山县司法局组织开展2019年度象山县行政执法案卷集中互评活动。县公安局、司法局、人力社保局、自然资源和规划局、交通运输局、农业农村局、市场监管局、综合行政执法局、市生态环境局象山分局9个行政执法部门法治机构负责人组成评审组，县政府法律顾问及县人大监察司法工委、县人民法院、县政府特邀行政执法监督员组成专家组，对前期随机抽取的90个行政执法案卷进行集中评查，规范行政执法行为，规范全县行政执法案卷制作，推进依法行政。

【建成全县首家省级“文明规范公正”司法所】 10月25日，象山县司法局石浦司法所荣获2019年度省级“文明规范公正”司法所。一直以来，县司法局认识把握司法所建设的新目标、新要求，分类指导，统筹推进，创新工作理念、体制机制，方式方法，推进司法所工作提档升级。象山县18家司法所全部为星级规范化司法所，其中五星级司法所2家、四星级司法所5家、三星级司法所11家；市级“文明规范公正司法所”3家，省级“文明规范公正”司法所1家，另有3家司法所申报创建市级“文明规范公正司法所”。

【象山“律之行”法治宣讲团】 12月4日，象山“律之行”法治宣讲团成立仪式暨领导干部学法用法培训会在象山宾馆举行。会上，县委常委、宣传部部长罗来兴，副县长穆锦斌为“律之行”法治宣讲团、之鹰普法工作室进行授牌。浙江海泰律师事务所主任邬辉林、浙江之鹰律师事务所主任张西平分别表态发言。罗来兴强调，要发挥“律之行”法治宣讲团作用，牢牢把握社会普法力量的专业性、公益性和志愿性，把专业知识通俗易懂地传播给社会大众；打造普法精品，掌握社会需求，创新传播形式，开展各类法治宣传活动。

【象山县“七五”普法获国字号荣誉】 12月2日，全国普法办印发《关于通报表扬“七五”普法中期先进集体和先进个人的决定》，象山县被评为法治宣传教育先进县（市、区）。“七五”普法以来，县普法办坚持普法责任制，全面落实46个县级重点部门、18个镇乡街道重点单位责任清单。全县创建完成民主法治（示范）村全国级1个、省级19个、市级59个，共建6个品牌化社会普法工作室，建立5支普法志愿者队伍，建成特色法治文化场馆4家，宪法公园2个，打造社会化参与、项目化运作、品牌化管理的法治宣传工作平台。组织“宪法进万家”、宪法“十进”活动，全年组织开展各类法治宣传教育主题活动450余场，举办法治讲座230余场次，组织普法讲师团开展讲座130余场次，发放各类法治宣传资料8万余份，形成浓厚的法治宣传氛围。发挥“两台三网一报”主渠道作用，做好《说法时间》《阳光热线》《警视传真》《交通伴你行》普法类栏目和《今日象山》法治专版。

【象山县获评“2019社会治理创新典范县”】 12月28日，第五届加强和创新社会治理成果交流会在北京落下帷幕，大会发布“2019社会治理创新典范城市”名单，象山县以推进乡村法治“五个一”工程助推乡村振兴的改革创新，获评“2019社会治理创新典范县”。2019年，象山县坚持发展新时代“枫桥经验”，按照实施乡村振兴战略的总体部署，创新基层社会治理，以体系完备、治理为要求，推进乡村法治建设“五个一”工程（村民说事一平台、公共法律服务一顾问、法治引领一示范、小微权力一清单、平安防控一网络），制定出台《推进乡村法治“五个一”工程实施意见》《关于加强和改进乡村治理的指导意见》《关于在全县实施“法治带头人”“尊法学法守法用法示范户”培养工程的意见》等文件，在民主法治村创建和公共法律服务体系建设上下大功夫，将法治思维实现基层的延伸。

（象山县司法局　钱康娜）

参加第五届加强和创新社会治理成果交流会（叶龙健　摄）

军事

武装工作

【概况】 着眼喜迎中华人民共和国成立70周年大庆活动，开展习近平新时代中国特色社会主义思想和强军思想、新中国70年辉煌成就、当前关系国家安全的实事新闻等内容宣讲宣传活动，在城区主要广场、主要道路分别设置4块国防教育日宣传主题广告牌；统计2018年度象山籍官兵立功受奖情况，协调全县新闻媒体制作“八一光荣榜”，利用电视、报纸和新闻公众号等媒体开展宣传，提升军人荣誉感；突出青少年学生国防教育，人武部政委邬火龙亲赴象山三中进行国防教育授课，抽选人武部机关3名文职干部赴塔山幼儿园进行爱国主义教育系列活动；结合县四套班子成员“军事日”活动，邀请陆军勤务学院教授为地方党政领导讲述周恩来初心故事，反响热烈。

【民兵训练】 2019年，象山县人武部以新《民兵军事训练与考核大纲》和《民兵军事训练指导法》为依据，贯彻省军区党委扩大会议精神，提高民兵分队应急反应作战技术水平，突出解决“人员难抽调，训练难开展，质量难保证”，注重在训练“四落实”上下功夫，完成“实战”的训练任务。

【军事训练】 2019年，先后完成首长机关训练、民兵骨干训练、应急分队民兵训练、专业分队民兵训练等多批次训练任务。5月27日至31日，承训全省情报专业跨区联训，来自宁波、舟山、台州、温州相关专业民兵参加此次集训，训练组织和成果受到省军区高度肯定。

【潜力调查】 根据现实军事斗争准备需要，立足担负的动员保障任务，扎实推进国防动员各项准备，国防动员平战转换、快速动员、保障和综合防护能力显著提升。4—5月，组织县国动委下属9个专业办公室及成员单位开展国防动员潜力调查工作，完成“经济动员”“人民防空”“交通战备”等8大类上万条国防动员潜力数据调查、录入、上报工作。

【保障海训部队】 先后接待部队勘察人员7次，召开军地协调会3次。年内，共保障驻训部队数千人，保障部队扫海清岛、住宿饮食、机动转运、码头靠泊、后勤补给等需求。协调推进“五岛四滩”建设工程。

【民兵参建工作】 组织民兵投身“平安象山”建设，在抗台救灾、治安巡逻、搜救杭州淳安失踪小女孩、新冠肺炎疫情防控等任务中发挥重要作用，2019年全年在各项任务中共出动民兵1000余人次。

【征兵工作】 县2019年夏秋季征兵工作，在市征兵办和县委、县政府的坚强领导下，坚决执行上级征兵命令，以确保新兵质量为核心，军地双方精心组织、团结协作，强化组织领导，宣传发动，推进改革，在各级各部门共同下，完成新兵征集任务，其中大学生比例达85.54%。县人武部携鹤浦镇武装部赴杭州江干区人武部、教育局等部门协调落实1名新兵事业编制保留工作。

（县人武部）

农业·农村

综 述

2019年,象山县秉承"绿水青山就是金山银山"理念,坚持以人民为中心的发展思想,落实农业农村优先发展方针,实现乡村产业兴旺、村居绿色优雅、治理规范。全年实现农业总产值136.93亿元、全省排名第二,比上年增长3.4%,农村居民人均可支配收入33435元,比上年增长8.3%,荣获全国首批村庄清洁行动先进县、国家农产品质量安全县、国家级健康养殖示范县、国家级节水型社会达标县、省乡村振兴战略实绩考核优秀、全省农业水价综合改革工作绩效评价优秀县、全省水库移民考核优秀县、省农业机器换人示范县等称号。入选全国首批乡村治理体系建设试点示范县、全国建设新时代文明实践中心试点县、首批部省共建乡村振兴示范县创建名单。6月,全国加强乡村治理体系建设工作会议在象山召开,象山乡村振兴工作得到中央省市及各地领导的一致好评,尤其"村民说事"工作受到胡春华副总理的肯定。

农业产值全省第二。拥有耕地43万亩、林地110万亩、水产养殖19.05万亩、海洋捕捞渔船2552艘,全年实现农林牧渔业总产值136.93亿元,列全省第二。建成省级特色农业强镇2个、市级多彩美丽田园5个、现代农业庄园4个,实施农业"亩均超万美元"工程,以"红美人"柑橘为代表特色农产品效益提高,"红美人"柑橘成为农业增效、农民增收的"黄金果""致富果",象山柑橘入选国家农业品牌目录,"象山柑橘"区域公用品牌价值达21.14亿元。现代渔业加快升级,金枪鱼捕捞等远洋渔业项目实现突破,全国渔业健康养殖示范县创建,省渔业转型发展先行示范区创建加快推进。乡村新业态亮点纷呈,枫康养生园、象山柑橘博览园采摘体验基地完成市级初检,"里海荷塘"农渔综合体等重大项目加快推进。全县新增A级景区村46个,全年接待乡村旅游游客610.2万人次、营业收入6.01亿元,同比分别增长12.01%和15.3%,民宿经济收入达到2.74亿元。

美丽乡村提档升级。实施"多村联创、多线联建"工程,开展乡村振兴"十大"美丽系列创建活动,建成国家森林乡村7个、省新时代美丽乡村精品村41个、达标村123个,新增市美丽乡村示范乡镇1个、示范村6个、精品风景线3条,泗洲头镇墩岙村获评2019年中国美丽休闲乡村,象山县斑斓黄金海岸休闲农业和乡村全域旅游精品线入选全省首批休闲农业和乡村旅游精品线路。推动农村"三大"革命行动,改造农村公厕180座,新建旅游厕所38座,完成村庄处理设施标准化运维试点64个,创建省市级高标准垃圾分类示范村9个、示范乡镇6个,全县农村生活垃圾分类村、污水一体化运维覆盖率均达到100%,获评全国首批村庄清洁行动先进县。承办全国加强乡村治理体系建设工作会议,做深做亮"村民说事",创新实施"大徐经验",打造"村民说事"示范村133个,入选全国首批乡村治理体系建设试点县。

农民生活持续改善。完善政策扶持、就业培训、创业服务等工作机制,通过培育发展新兴产业,引导农民创业就业,经济合作社股份分红,推进社保扩面提标等综合举措,拓展农民财产性收入渠道。2019年,农村居民人均可支配收入33435元,比上年增长8.3%。加大低收入农户金融扶贫力度,深入开展产业扶贫、金融扶贫、结对帮扶等精准扶持行动,提升低收入农户自我发展能力,全县低收入农户人均可支配收入13825元,比上年增长12.1%。实施集体经济"消薄"三年计划,完善更新消薄项目库,重点发展多村联创、整镇打包项目,推行实施镇村联建统营模式,全县村级集体总收入6.43亿元,经营性收入3.09亿元。开展"明家训,传家风"活动,促进社会主义核心价值观"六进",全县农村立家训4万多户,亮家训2.5万多户。持续推进文化产品进农村活动,基本实现农村智能书吧全覆盖,新建农村文化礼堂99个,农村"种文化"活动广泛开展。

(县农业农村局　赵鑫　李婷)

种植业

【概况】 2019年,象山县围绕"粮食增产、农民增收、农业增效"目标,以农业供给侧结构性改革为主线,坚持创新驱动,深化为农服务,加快推进种植业结构优化调整,提升农业综合生产能力,确保"米袋子"和"菜篮子"安全。2019年,受市场供需矛盾和台风等自然灾害影响,全年农作物播种面积2.17万公顷,总产量32.2万吨,实现产值6.98亿元。

【发放各类粮食补贴1556.88万元】 2019年,象山县继续实施各项扶粮惠农政策,确保农业"三项补贴"落实到位,全年共发放各项粮食补贴1556.88

万元,其中耕地地力保护补贴面积9380公顷,发放补贴资金1085.88万元;规模种粮大户370户,发放种植补贴448.82万元;规模种粮大户投售早稻138.63万千克,发放收购补贴22.18万元。

【政策性农业保险扩面提标增品】 2019年,该县政策性农业保险稳步实现"扩面、提标、增品",柑橘等优势特色农产品投保范围扩大,创新推出枇杷、茶叶、杨梅等农业险种气象指数保险,发挥政策性农业保险对农业持续稳定发展的促进作用。全年开设政策性农业保险品种27个,总投保户数7171单(户),收取各类保费2759.53万元,实现保额10.05亿元。做好灾害气候造成农业受灾的查勘、定损和理赔工作,全县3655户受灾农户共收到政策性农业保险赔付3663.43万元,赔付率132.76%。

【粮食减产减收】 受近年来国家粮食补助政策和订单收购价格的"双下调",以及2019年"利奇马"等台风天气的影响,粮食种植面积持续调减,产量和品质有所下降。2019年全县粮食作物播种面积1.14万公顷,总产量7.59万吨,实现产值2.44亿元,其中春粮全县播种面积0.28万公顷,总产量8934吨。全县水稻播种面积0.73万公顷,总产量6.0万吨,其中早稻面积433.33公顷,总产量2990吨;晚稻面积6833.33公顷,总产量5.7万吨。

【经济作物生产稳定】 2019年,全县经济作物播种面积1.03万公顷,产量24.61万吨,实现产值4.54亿元。其中蔬菜播种面积0.72万公顷,产量18.58万吨,实现产值2.50亿元。瓜果播种面积0.14万公顷,产量5.7万吨,产值1.25亿元。

【强化粮食生产用种保障】 加强粮食种子主渠道建设,做好种子质量检测、调运、储备、供应工作,全年落实农作物救灾储备种子3.5万千克。做好粮食主导品种种子的余缺调剂与有序供应,全年供应水稻种子8.07万千克,其中早稻种子2.75万千克、超级稻种子5.04万千克、常规晚稻种子0.28万千克,基本满足全县用种需求。完成小麦、早稻种子调运工作,调运小麦种子3.5万千克、大麦种子500千克,早稻种子4.5万千克。全年完成种子质量检验20批次,平均发芽率在85%以上。

【落实水稻制种田200公顷】 2019年,象山县在丹东街道、贤庠镇、新桥镇等地落实杂交水稻制种基地200公顷,平均亩产量100千克,亩产值2480元,总产值744万元。

【稻米产业协会成立】 8月20日,象山县稻米产业协会成立,经第一次会员代表大会和第一届理事会讨论决定,任命王财安为第一届理事长,忙志刚、张欢为副理事长。象山县稻米产业协会是一个依法设立的社会团体法人组织,依照其登记的章程进行活动,独立承担民事责任。稻米产业协会的成立可整合稻米产业技术创新资源,理顺稻米产业链各节点关系,建立以行业自律、企业为主体、市场为导向、产学研结合的稻米产业支撑体系,共同推进象山县稻米产业发展。

【草地贪夜蛾防控】 草地贪夜蛾俗称秋黏虫,是一种被联合国粮农组织列为全球预警的重大农业害虫,被称为"粮食杀手",最常危害玉米、水稻等禾本科植物,具有迁飞扩散快、繁殖能力强、暴食危害重和防控难度大的特点。5月29日,象山县首次在东陈乡大塔村发现草地贪夜蛾成虫,6月14日在大徐镇骑龙塘村发现草地贪夜蛾幼虫。该县立足保障粮食生产安全,迅速成立草地贪夜蛾监测防控工作小组,全面组织开展监测预警,坚决做到"早发现、早预警、早处置"。全年出动植保技术人员226人次,普查作物833.33公顷,建立系统监测点1个,落实安装性诱监测装置6套,全县发生面积12.63公顷。落实宣传措施,形成群查群防群治的联防联控合力,共发布科普微信、防控短信6200余条,发放宣传挂图等资料1050份,新闻媒体报道2次。

【农业面源污染防治】 2019年,象山县继续开展有机肥、有机无机复混肥推广应用,推进农业面源污染整治和废弃物综合利用。全年补贴推广商品有机肥6083吨、应用配方肥1579吨,完成测土配方施肥技术实施面积2.27万公顷,主要农作物测土配方肥施肥覆盖率96%。继续实施肥药减量工程,实现化肥减量132吨、农药减量11.5吨;建成生态拦截沟渠1条。

【高标准农田建设】 2019年,象山县继续推进高标准农田建设,加快补齐农田基础设施短板,提高农业综合生产能力,确定定塘镇、新桥镇和高塘岛乡作为2019年新建项目乡镇,项目区面积642.02公顷,其中定塘镇161.30公顷、新桥镇180.72公顷、高塘岛乡300公顷,总投资概算1813.98万元。

【助农增收科技下乡活动】 3月19日,2019年象山县助农增收科技下乡活动在西周镇农贸市场举办。该次活动以"助农增收、科技下乡"主题,通过开展街头咨询、技术资料发放、宣传图版展示、赠送农资等多种方式,向农民群众宣传农业法律法规、农产品质量安全法规及政策,推介农业优新品种、新技术、新模式等。还举办水稻高产栽培技术培训班,重点对作物病虫害防治、粮食生产政策及种子供应情况进行介绍。此次活动共向群众免费发放各类宣传资料1000余份,赠送果蔬种子200余份,受益群众300余人。

【敦化马铃薯落户象山】 10月10日,吉林省延边朝鲜族自治州敦化市"土岩2号""土岩3号"马铃薯种薯运达象山,送达的还有象山县委托敦化市开展北繁适应性栽培的本地马铃薯脱毒种薯,共1万千克。12月初,这批马铃薯种薯陆续在象山种植。

【技术研究与应用推广】 2019年,象山县通过自主创新、合作和引进等方式,强化农业科技驱动力,促成成果转化应用。全年参与国家重点科研项目1项，实施市级科技项目1项、县级重大专项1项、县农业“五新”项目5项，开展水稻草害试验1个、西甜瓜新品种引进试验1个，建立水稻新品种展示基地2个，甜瓜新品种展示基地1个。加大良种引进推广力度，引进水稻、果蔬等新品种48个，推广“水稻+”高效生产模式等主推技术7项、主导品种51个。加强农业实用技术培训，开设各类农业生产培训班7次、受训350人次。开展粮食绿色高产高效示范创建活动，建立市级粮食示范方9个，其中水稻示范方8个、油菜示范方1个，水稻示范方最高亩产800千克，高于全县平均水平43.9%；新建百亩稻渔共生示范基地1个、面积15.67公顷。

【省级“五园”示范基地】 2019年，象山秋红果蔬专业合作社和浙江枫康集团有限公司的种植基地入选省级种植业“五园”示范基地，其中象山秋红果蔬专业合作社的种植基地入选放心菜园，浙江枫康集团有限公司的种植基地入选道地药园。

【举办“2019象山好稻米”专场评选和品鉴会】 11月20日，“2019象山好稻米”专场评选和品鉴会举办，此次共有19个样品参与评选，均为该县推广的优质品种。活动邀请到中国水稻研究所研究员沈希宏，浙江省农科院副所长、研究员王建军等稻米领域知名专家参与评审，专家评委根据大米的气味、色泽和完整性等外观形象及熟米的气味、适口性和滋味等内在品质进行综合评价，评选出金奖、银奖、铜奖各1个；市民代表和客商代表评选出最好吃稻米1个。

【优质农产品获奖】 2019年，象山丹港家庭农场选送的“象山半岛味道”牌“8424”中型西瓜荣获“2019届浙江精品西瓜”金奖，全省共有69个西瓜产品参评，其中47个中型西瓜、22个小型西瓜；宁波石浦财安家庭农场有限公司选送的“甬优15”稻米获评2019年度“甬优杯”宁波十大好稻米，全市共有41家生产主体、52个稻米样品参加评比；象山七嬉家庭农场宣传的“梦晶”草莓荣获全国草莓精品擂台赛银奖，全国共有1200多个草莓样品参评。

【推广绿色防控技术】 2019年，象山县按照水稻重大病虫综合防治技术、蔬菜病虫无害化治理等技术规范，指导基地、农户开展水稻、果蔬病虫绿色防控。制定《象山县水稻、十字花科蔬菜病虫害绿色防控技术方案》，实施农作物病虫害绿色防控和统防统治示范推广补助政策，全面推行新方式、新药剂、新技术和新药械的“四新”模式，建立省级水稻病虫害绿色防控示范区1个，开展水稻田翻耕灭茬、灌水杀蛹2266.67公顷，田埂种植百日草等显花植物48公顷，设置性诱剂诱捕器4900余套，实施农作物绿色防控8400公顷次，农作物病虫统防统治6866.67公顷。

【农作物疫情疫病监测防控】 加强植物疫情疫病监测，设立红火蚁等疫情监测点6个，普查作物面积3933.34公顷次；加强柑橘木虱和甘薯茎腐病的监测普查，设立疫情监测点5个，普查作物面积7466.67公顷次；完成稻水象甲等水稻检疫性病虫害的监测普查；开展柑橘黄龙病普查防控工作，普查面积6666.67公顷次，未发生重大农作物疫情。强化植物检疫监管，累计出动检疫员187人次，产地检疫柑橘种苗977万株、接穗5.47万千克，PCR检测样品2544份，产地检疫水稻种子2620亩，签发产地检疫合格证46份；调运检疫橘苗77.6万株、接穗1.9万千克，签发植物检疫证书175份。全年印发病虫情报15期，发布病虫预警信息2300余份，现场病虫害诊断指导70余次，全年病虫害短期预报准确率达95%以上。

【灭鼠覆盖率93%以上】 做好农村灭鼠工作，制定《关于做好2019年全县统一灭鼠工作的意见》及技术方案，印发灭鼠技术资料3500份，投溴敌隆商品毒饵及大米毒饵35.3吨，完成农田灭鼠24.1万亩、室内灭鼠13.2万户，灭鼠覆盖率均达93%以上，丹东街道、丹西街道、西周镇、墙头镇、鹤浦镇、茅洋乡、东陈乡7个乡镇委托社会专业服务公司开展灭鼠服务，灭鼠期间无人畜中毒事故报告。

（县农业农村局　赵鑫　李婷）

林特业

【概况】 2019年，象山县践行高质量发展理念，以“产业提质、农业增效、农民增收”为目标，发展优质、高效、精品、生态、安全林特业，经济效益和社会效益凸显。全年林特产业实现总产值9.11亿元，其中水果产值8.48亿元、茶叶产值0.63亿元。

【水果产业增效显著】 2019年，象山县继续深化品种结构调整和品牌推广，水果产业保持平稳快速增长态势，全县新发展水果675.5公顷，总面积1.4万公顷，水果总产量14.9万吨，实现总产值8.48亿元。

【柑橘产业提升】 2019年，象山县继续实施柑橘供给侧结构性改革，推广柑橘优新良种640.3公顷，缩减中晚熟温州蜜柑种植面积至43.7%，形成以“红美人”“春香”“甘平”等优质杂柑为特色的精品柑橘生产体系。全年柑橘栽培面积7714.4公顷，产量11.5万吨，实现产值5.5亿元，其中红美人栽培面积1469.9公顷，产量8986吨，实现一产产值3.2亿元，增效显著。

【枇杷产值1.56亿元创新高】 2019年，象山县枇杷种植面积1440公顷，产量8390吨。通过农旅融合、产地直销、农超对接、专营店设立等多元销售模式，全年实现产值1.56亿元，创历史新高。

【杨梅、葡萄减产减收】 2019年，象山县杨梅种植面积3055.1公顷，葡萄种植面积490.9公顷，受暴雨、台风等不利天气影响，全年杨梅产量1.09万吨，产值5048万元；葡萄产量6557吨，销量4500吨，产值3731万元。

【茶叶大幅增产】 2019年，全县茶园总面积稳定在1000公顷，投产面积稳定在533.3公顷。茶叶生产气候适宜，全年茶叶总产量226吨，实现总产值6324万元。其中，名优茶产量64吨，产值3776万元；红茶2吨，产值200万元；珠茶60吨，产值48万元；出口红碎茶、茶饼100吨，产值2300万元。

【柑橘种苗工程建设】 2019年，象山县强化柑橘品质资源保护与创新，启动象山县柑橘研究所建设，完善柑橘种质资源圃2处、2000平方米，保存柑橘品种资源200个；新建引种筛选圃3处、4000平方米，引进柑橘新株系10个，保存观察国外新引进柑橘品种50余个，筛选出有推广前景的明日见、媛红椪柑等优良品种5个；新建柑橘杂交育种圃2000平方米，新获得杂交后代种子1000余粒，高接杂交后代单株200余株，筛选出综合性状表现优良的杂交优株25个；完善无病毒采穗圃1万平方米；启动建设晓塘乡标准化柑橘育苗基地27公顷，引进规模种苗企业2家。通过建设提升，"红美人"柑橘获得浙江省林木品种审定，象山县柑橘种质资源库被认定为市种质资源库（场），象山县美礁乌紫杨梅专业合作社、象山县农丰果园2家基地被认定为2019年度象山县柑橘杂交育种研发圃。

【科研攻关】 2019年，象山县通过自主创新、科研合作等方式，稳步推进林特科研攻关。继续主持实施县重大农业专项《"红美人"等特色杂柑精致高效栽培技术集成与示范》，探索红美人、晴姬设施加温促早栽培、浅加温栽培，将红美人、晴姬促早到7—9月上市。主持实施市科技项目《茶园"趋性"主导绿色防控技术研究和示范》，探索开展光、色、性等"趋性"诱集和生物（矿物）农药的田间使用技术研究，落实茅洋南充茶场等绿色防治示范茶园6个、面积72公顷。立项实施"迟熟、高糖、易栽柑橘新品种黄美人区域试验"等林特业"五新"项目5个。与中国柑橘研究所、华中农业大学、浙江大学等高等科研院所保持良好合作关系，合作开展不同柑橘砧木品种抗逆性表现区域试验、无病毒苗木繁育与采穗圃建设、红美人等杂柑营养成分测定与分析等。与浙江省农技推广中心、浙江省农科院联合实施2018年度省农业重大技术协同推广计划项目《红美人高品质栽培技术研究与集成推广》，与省柑橘研究所、省农技推广中心合作申报2020年度省农业重大技术协同推广项目《温州蜜柑品种筛选与栽培技术提升的研究》，与市农业科学研究院联合申报市农业技术推广项目《宁波特色柑橘高品质贮藏保质减损技术集成与示范》。

【林特人才队伍建设】 2019年，象山县结对省"151"人才2个，组建柑橘产业技术创新与推广服务团队。组织林技人员参加省农业技术骨干人才培训班、省基层农技推广人员知识更新茶叶培训班、省枇杷设施栽培技术交流会、省首届"红美人"产业发展大会、省"红美人"杂柑高品质栽培技术交流会，提升专业理论知识。实施赴日本研修生制度，选派4名技术人员赴日本研修柑橘最新管理技术，累计培育赴日研修柑橘人才300余名。组织农户参加市农旅融合发展赴台培训班、市果树技术培训、市茶产业转型升级高级研修班、市红茶技术培训等，累计培育省乡土专家1名、市乡土专家5名。

【柑橘标准化栽培技术推广】 2019年，象山县强化柑橘标准化栽培技术推广，建成象山青果柑橘精致示范园、甬红柑橘林特休闲体验园、象山柑橘博览园等标准化栽培园3个，自主研发的红美人柑橘设施栽培技术被农业农村部乡村产业发展司评选为农村创新创业百项重点推介实用技术。

【浙江省"红美人"杂柑高品质栽培技术交流会在象山举办】 2019年12月5—6日，浙江省"红美人"杂柑高品质栽培技术交流会在象山举办，浙江大学、浙江省柑橘研究所、衢州市农科院等全省60余家单位100余名专家参加会议。会议考察象山甬红果蔬有限公司"红美人"栽培技术和宁波乐味果业"红美人"选果中心分类筛选。浙江省柑橘研究所研究员徐建国、象山县林业特产技术推广中心主任徐阳、浙江大学果实品质生物学研究团队分别就"红美人"高品质栽培技术、"红美人"设施栽培技术、"红美人"贮运技术进行汇报交流。

【"红美人"产业发展培训会】 4月26日，该县举办2019象山柑橘"红美人"产业发展培训会，全县近300名柑橘种植户参与培训。培训会邀请到浙江柑橘研究所副所长、国家柑橘产业技术体系岗位科学家、研究员徐建国就"红美人"柑橘栽培技术为广大种植户进行细致的讲解，使大家对国内各类柑橘的分布和生产现状，"红美人"柑橘在浙江地区的种植情况，以及种植过程中的各方面注意事项有全面了解。杭州叶氏贸易有限公司常务副总王一强，上海益凯龙网络科技有限公司总经理、高端水果社群创始人方凯哲和常州市杰记水果销售有限公司采购总监陈军分别就"红美人"柑橘的品牌创新、采购标准、营销渠道分析跟与会人员进行交流，并回答提问，使广大种植户对移动互联网时代的水果销售有更新更全面的认识。

【茶叶低温气象指数保险】 2019年，象山人保财险推出低温气象指数保险，按就近气象观测站实测日最低气温达到0.5℃（含）以下视为保险事故发生。全县首次低温保险投保5户，面积17.23公顷，保费51680元，其中政府贴补50%。

【"野茗红"红茶获2019年"浙茶杯"金奖】 2019年6月18日，该县茅洋南充茶场选送的"野茗红"红茶在2019"浙茶杯"优质红茶评比中获得最高奖金奖。象山智门寺茶场生产的"望潮红"红茶在宁波市第四届红茶金奖评比中获得银奖。

【"象山半岛仙茗"商标注册】 2019年6月27日，象山县"象山半岛仙茗"

绿茶商标核准注册；“望潮红”红茶商标申报注册。完成2只商标的LOGO图案设计和品牌口号设计，“象山半岛仙茗”品牌口号为“凌波一叶，山海同韵”，“望潮红”品牌口号为“一种思念的茶”。

【首次引进应用茶叶全自动小包装生产线】 2019年，针对象山县传统茶叶包装式样单一、分量大、设计陈旧的问题，首次引进应用茶叶全自动小包装生产线，实现自动称重、送袋、装茶、封口等一体化全自动操作，包装速度快、计量精确、操作简单。完成与茶叶小包装相匹配的半岛仙茗绿茶和望潮红红茶两套伴手礼盒的设计和印制。

【“象山半岛仙茗”茶叶公用品牌】 2019年，象山县整合散小茶叶品牌，创建“象山半岛仙茗”茶叶公用品牌，提升象山茶叶品牌知名度。编制完成《半岛仙茗生产技术规程象山县地方标准》，组建象山半岛仙茗茶叶专业合作社，统一改装10家象山半岛仙茗加盟店和2家生产基地门面，加强半岛仙茗加工工艺培训，完成“象山半岛仙茗”专用包装订制及质量监管等工作，全年印制“象山半岛仙茗”专用包装15290套，占全县包装总量的67%。

（县农业农村局　赵鑫　李婷）

渔 业

渔业经济

【概况】 象山是渔业大县，全县渔业乡（镇）占10个，渔业人口近5.4万人，渔业捕捞人口1.3万人，拥有各类渔业船舶3252艘，其中捕捞渔船2784艘，总吨位约34.8万吨，总功率约49.8万千瓦。2019年全县水产品总产量57.3万吨，总产量同比增长3.1%，总产值100.5亿元，象山渔业总量在宁波全大市占比达到58%。其中国内海洋捕捞产量36.9万吨，同比减少5.2%，海水养殖产量14万吨，同比增加10%，淡水养殖产量1.4万吨，同比增加10%。远洋捕捞产量累计4.98万吨，其中过洋产量3.77万吨，大洋远洋产量1.12万吨。

【创建国家级渔业健康养殖示范县】 聚力聚焦现代渔业绿色发展总目标，推动渔业养殖规模化、标准化、品牌化发展，全县建成标准化健康养殖示范区2.5万亩，养殖尾水治理示范点16个；水产品抽检合格率达100%，渔业机械化普及率达75.6%，规模化程度达62.96%；“象山梭子蟹”“象山紫菜”“象山大黄鱼”和“南田泥螺”4个地理标志证明商标品牌价值达24.7亿元。8月下旬，通过农业农村部专家组考核验收，成为全省第二、宁波市首个国家级渔业健康养殖示范县。

【上榜第二批国家农产品质量安全县】 11月1日至3日，由农业农村部主办的第二届国家农产品质量安全县与农产品经销企业产销对接活动在江苏徐州举行，现场公布第二批国家农产品质量安全县（市）名单，并进行现场授牌，县领导穆锦斌参加授牌仪式。

【推进渔港项目建设】 2019年完成年度投资11643万元，县渔业船舶防台避风锚地改扩建项目投入试运行，石浦国家中心渔港改扩建项目、石浦东门二级渔港提升改造（一期）项目完工。鹤浦一级渔港升级改造项目、金高椅二级渔港升级改造项目、林门二级渔港升级改造项目开工建设。

【优化渔业产业服务】 实施全国基层渔技推广补助项目，举办水产养殖绿色发展等渔民培训3期、154人次。抓好重大科技项目实施工作。实施2019年象山县重大专项《小黄鱼规模化繁育及示范推广》，繁育小黄鱼苗种100余万尾。实施农业政策性保险，扩大梭子蟹、紫菜气象指数保险范围和面积，2019年共实施政策性保险29314.3亩（另大黄鱼气象指数险216500立方米），总计保险金额1264.77万元，保险费1011.82万元，理赔各类暴风、暴雨、高温、台风等损失1988万元。

【稳步推进远洋渔业】 推进“甬利”号南极磷虾极地远洋渔业项目建设，进入设计阶段；收购舟山市海宏远洋渔业有限公司金枪鱼延绳钓项目，金枪鱼项目取得零的突破；2艘专业鱿钓船赴西南大西洋公海进行鱿鱼钓作业，共投入9艘生产船从事远洋渔业项目。

（县水利和渔业局　张芳芳）

渔业安全生产

【概况】 2019年以来，按照省委、市委“三服务”活动的部署要求，痛定思痛、痛下决心，扎实开展“千名干部访渔家、一线蹲点三服务”活动，强势推进涉海涉渔领域“平安守护”专项行动，猛药去疴、重典治乱，集中整治一批安全隐患，破解一批难点问题，健全完善一批体制机制，事故多发态势得到遏制。2019年全县渔业安全事故起数、死亡（失踪）人数、沉船数较前年实现“三下降”，分别为66.6%、61.5%、66.6%。

【安全基础得到夯实】 全县共有在册渔船2788艘、挂靠渔船356艘。结合“三服务”活动，征求渔民意见，梳理形成4大类27个近期重点落实事项和7大类22个近期研究突破事项，81%事项得到落实。服务渔民，做好船员培训考证工作，对职务船员培训实施绿色通道，普通船员培训费用从500元/人降至80元/人，累计培训职务船员5835人、普通船员16803人。落实“湾（滩）长制”、推广“港长制”，严格“定人联船”等制度。推进渔船公司化管理，组建渔业管理公司19家，纳管渔船2361艘。落实静态编组607组，加强海上动态编组和落单渔船提醒，确保编组渔船距离不超过5海里，做到“单船不航行、海上有照应”。完善智慧渔港基础设施建设，投入3000万元建成渔船进出港雷达识别、进出港报告、渔船动态管理等三大系统，解决船适航、人适任和对出海渔船动态干预问题。累计监控进出港5万余艘次,执行进出港报告3万余艘次,查扣违规渔船61艘。受到全国人大常委会副委员长曹建明,省委副书记、市委书记郑栅洁等领导的高度肯定。

【安全隐患得到消除】 攻坚四方面重点隐患,以重点问题突破带动面上工作整体提升。紧盯救生衣穿着不到位问题。赠发救生衣2.5万余件,落实600万元专项资金,实现船载视频监控安装全覆盖。严格救生衣穿着执法,累计开展抽查3600余次,对5起未穿救生衣行为予以记分处罚。紧盯"三无"渔船清缴问题。重拳打击"三无"船舶,累计开展执法检查2569次、"清港"行动219次,检查船舶修造企业102家次,查扣"三无"船舶32艘、玻璃钢快艇26艘、违规养殖船筏72艘,拆解"三无"船舶45艘。紧盯船舶适航问题,加大船检和执法力度。发现救生筏安装不规范、消防设施配备不齐全等隐患渔船1147艘,全部整改到位。完成AIS更新2690艘、"海上通""迪泰"等海上通信设备安装1742艘,北斗升级2084艘。紧盯渔船事故应急救援问题。整合渔政、海事等力量成立联合救援队,支持社会组织注册成立"风顺海上应急救助站",发挥带头船老大作用组建应急救援船队,形成以政府为主导、社会力量为主体、应急救援船队为补充的海上应急救援体系。健全救援激励机制,制定专门奖励补助办法,累计开展应急救援39次,救助遇险船员51人,发放奖励补助资金超过150万元。

【治理能力得到提升】 重组县镇两级渔业安全指挥中心,整合县镇两级执法、监管、信息中心等力量,确保指挥体系迅速反应、快速处置。落实工作人员52名,实行干部带班24小时值班,严格执行"一点验两报告六提醒"制度,累计点验渔船6万余艘次,提醒渔船36万余艘次,化解渔船安全风险。推动执法力量下沉,明确3个重点渔业乡镇的分管领导兼任局班子成员,在3个重点渔业乡镇成立执法中队,落实执法人员33名,受当地乡镇党委统一指挥。整合海事、港航、公检法等力量,组建联合执法大队,严格实施24小时海上、港口执勤检查制度,共查处违规渔船83艘,查获渔船违法违规案件436起,行政拘留24人,刑事拘留88人。从严从重处罚,累计记分处理85人,56名船东列入"失信"名单、涉及贷款3600余万元,向社会发布执法通报11期。

【"一打三整治"专项行动】 结合全县涉海涉渔领域"平安守护"专项行动重点工作任务,紧扣伏休工作重点,加强统筹协调。深化部门联动、乡镇协同,强化联合执法,抽调300余名精干力量,成立海上打击、市场监管、交通设卡3个联合执法小组和由水利渔业、市场、公安等主要牵头单位组成的综合执法督查组。重拳打击各类违法违规行为,开展执法检查3045次、出动执法人员16109人次,检查市场经营户、饭店、水产品加工企业等2.8万余家次,查获违禁渔获物13万千克,查处违法违规案件127起,移交公安、海警部门35起135人(78人被采取刑事强制措施);清理地笼网11598顶、串网1176米。公检法、水利和渔业局等部门协调推进刑司衔接工作机制,出台《涉渔"三无"船舶举报奖励通告》《关于严厉打击禁渔期违法捕捞行为的通告》,维护广大渔民群众的合法权益和渔场秩序。

(县水利和渔业局　张芳芳)

渔业管理

【概况】 象山县应急管理局开展"清'三无',保平安""渔业领域大整治大提升""平安守护""一线蹲点三服务""五严一实"及海上安全"铁拳"行动,共排查在册渔船2788艘、挂靠渔船356艘。安装救生衣穿着视频监控设备1959艘。开展海上作业救生衣穿着执法检查1680次,免费发放救生衣2.5万件。

【县渔业安全生产领域"铁律十五条"实施】 1月1日,象山县《从严从重查处渔船安全生产违法行为"铁律十五条"》正式施行。县水利和渔业局联合公安部门到各渔港码头排查安全隐患,开展"五严一实"渔船安全整治铁拳行动,预防和减少渔业安全生产事故的发生,确保渔民群众生命财产安全。渔船即将出海,县渔政、公安部门对进出石浦港的渔业船舶进行安全生产检查。执法人员到各渔港码头,了解渔民的生产情况,检查渔船的持证状况、救生衣、救生筏、灭火器等安全设备的配备和安装状况,重点询问AIS避碰、北斗导航等设备的规范使用情况。检查共出动执法人员30人,共登临检查渔船6艘次。检查中发现大部分渔船均落实"铁律十五条"相关要求,但仍有部分渔船船员未穿戴救生衣。执法人员还细致地开展安全警示教育,消除渔船安全事故隐患,强化船东船长的主体责任意识,更提高渔民依法生产、安全生产的自觉性和安全防范意识。

【风雨无阻将驻村工作做实做到位】 3月11日下午,县应急管理局召开"千名干部访渔(农)家、一线蹲点三服务"动员大会。党组书记、局长檀年华作动员讲话,党组成员、副局长董瑶主持动员会。会上,檀年华传达《中共象山县委办公室关于深入开展"千名干部访渔(农)家、一线蹲点三服务"活动工作方案》,对应急管理局涉渔涉海领域"平安守护"专项行动月度工作进行部署,明确驻村干部的工作职责并对驻村工作组纪律进行强调。檀年华就这次活动强调三方面内容:一是提高思想认识,提升活动质效;二是要提高政治站位,增强责任感、紧迫感和使命感;三是要注意自身安全,确保形成工作合力。县应急管理局驻铜瓦门村工作组通过召开班子会议,党员大会,村民代表会议,船东船长和渔嫂座谈会,渔民投入到这次活动中,工作组采取蹲在码头拉家常,入户走访解决难题,踏上渔船讲安全,做到确保不漏一船,不差一人。排摸在籍渔船43艘,签订安全责任书43份,编成11组,排摸挂靠渔船9艘,入户走访210家,各项目标完成率都在100%以上。搜集各种意见建议18条,得到有关部门的答复和解决。

【市应急管理局到象山调研渔业安全生产工作】 3月14日，市应急管理局党委书记、局长陈强一行到象山专题督导调研渔业生产安全工作，县长黄焕利参加调研，常务副县长陈兴立、石浦镇党委书记奚海峰、县应急管理局局长檀年华等领导陪同调研检查。调研组一行到石浦渔业村、顺渔渔业公司、渔业码头执法现场，了解村级、渔业公司对渔船渔民的管理情况，并登上渔业船舶，向渔民了解渔船安全管理和生产作业情况。听取石浦镇渔业生产安全情况汇报，讨论研究渔业船舶安全管理问题。陈强指出，象山县、乡两级党委政府出台系列制度规定，组织开展"五严一实"铁拳行动、"千名干部访渔（农）家，一线蹲点三服务"活动，取得成效。陈强要求，一要持续动态排摸，特别是"三无"船、套牌船，要坚决严厉打击。二要严格执法监管，特别要严厉查处船证不符、船员职务证书不齐、安全设备设施不全等违规出海行为。三要创新监管方法，特别要创新开拓培训渠道，研究解决船员职务证书短缺问题。四是建议成立工作专班，落实党委政府决策部署，调度日常工作开展，谋划渔业产业升级发展规划。陈强看望象山县应急管理局新组建班子全体成员，听取工作汇报，提出站位要高、格局要、担当要足等工作要求。

【开展涉渔领域工矿商贸企业执法检查"平安守护"专项行动】 3月1日县应急管理局联合经信局、市场监管等部门，分两组对石浦、鹤浦两个区域的船厂进行安全检查，重点查处非法违法船舶改装行为，落实渔业船舶基本安全条件情况，现场管理、教育培训、特种设备、外来施工队伍管理等方面，督促各船舶修造企业全面落实安全生产责任制。共检查23家船舶维修公司，查处隐患86处。结合2019年度"铸安一号"专项行动，加大对涉海涉渔工矿商贸企业安全生产违法行为打击处理力度，立案9起，行政处罚7万元。

3月14日，市应急管理局党委书记、局长陈强（前排左3）考察渔业码头（钟志北　摄）

【探索海上应急救援力量"一二三"组建模式】 根据专项行动部署，县应急管理局、象山海事处走访象山红十字户外应急救援队、象山蓝豚水上应急救援队、象山雄鹰应急救援队、象山野狼应急救援队、孙茂芳公益救援中心等9家社会应急救援队伍，到象山海事处、县水利和渔业局、县港航局等相关单位研究探讨。在掌握底数的基础上，于3月22日召开县社会应急救援队伍座谈会和海上应急救援力量组建整合座谈会，研究探索成立一个机构（海上搜救中心领导小组）、建立两套机制（海上安全事故预防工作联席会议制度、奖励和补偿机制）、组建三支梯队的海上应急救援框架。

【象山县涉海涉渔领域"平安守护"行动】 3月，县应急管理局联合经信局，市场监管等部门开展涉渔领域工矿商贸企业安全大检查。严厉打击"三无"船、套牌船，严厉查处非法违法船舶改装、船证不符、船员职务证书不齐、安全设备设施不全等违规出海行为，督促企业严格执行渔业船舶基本安全条件，严格落实现场管理、教育培训、特种设备、外来施工队伍管理等制度，履行渔业船舶安全生产责任制。检查船厂49家次，查处隐患275处。3月25日上午，象山县召开安委会扩大会议。县委副书记、县长黄焕利在会议上指出：象山县通过涉海涉渔领域"平安守护"行动蹲点调研发现不少问题，各级各部门要深刻汲取教训，时刻保持如履薄冰、如临深渊的危机感，做到警钟长鸣、有备无患。黄焕利强调，各地各部门要层层传导压力，从严压实各级党政领导的责任、部门和属地的监管责任、企业和个人的主体责任，确保安全生产责任到人、落实到岗。要狠抓排查整改，围绕坚决防范和遏制重大及以上安全事故发生的目标，突出重点领域、重点行业、关键环节，做到隐患排查不留死角、执法监管动真动硬、安全基础打牢夯实。要提升治理水平，以机构改革为抓手，加快构筑大安全格局，创新构建大应急模式，提升大减灾能力，将安全生产贯穿经济社会发展全过程。

（县应急管理局　程舟群）

水产交易

【概况】 2019年，全年水产品交易量达55万吨，交易额突破70亿元，直属国有企业经营业务收入2200万元，浙江省四星级文明市场延续认定。

【增强“三服务”能力】 持续地开展服务企业、服务群众、服务基层活动，把“三服务”精准高效地落到企业、群众、基层急需处。一是针对县水产行业普遍面临经营状况不佳和融资难问题，通过直属国有企业，出资设立应急转贷资金和商票贴现担保两项举措，帮扶水产企业解决融资难问题。2019年全年累计使用应急转贷资金和商票贴现资金4859万元，服务企业24家次。二是为解决县群众性海洋捕捞渔业存在的生产单体规模小而散、组织化程度低和安全管控能力弱等诸多问题，经县政府批准同意，管委会直属国有企业出资1000万元参股设立宁波汇舟海洋渔业发展有限公司，推动渔业产业化、品牌化发展，促进渔业经济提质增效。

【增收节收】 坚持目标导向，把国有企业提质增效作为重要抓手，以及做好增收节支文章。一是优化承包体制。根据县政府指示精神，启动实施新一轮市场承包工作。采取公开竞标的形式，对码头管理、进出口收费、市场营运等重要创收单位，承包款收入与2018年相比增加287万余元。二是开展国有资产清产核资。组建资产清查工作小组，对水产城资产进行全面清查核实、登记造册，做到家底清、情况明，为全面管理好国有资产奠定基础。三是规范国资管理。成立物资采购和小型工程招投标领导小组，全面加强资产采购、使用和管理工作。

【扫黑除恶专项斗争】 一是强化宣传发动。增设围挡和墙面等大型广告牌11个，横条式电子显示屏3个，制作印发扫黑除恶应知应会宣传小册子2000余份，做到边发宣传册边宣讲，面对面做群众的思想工作。二是严密巡防排查。组建16个巡防排查小组，市场交易一线，进行大范围、全覆盖的平安巡防、矛盾问题排查和重点人群个别谈话调查等，全年开展平安巡防270余次，参与人数1350余人次，个别谈话对象221人次，召开渔民、经营户等各类服务对象的座谈会8次。4月上旬，迎接中央扫黑除恶督导组实地督导检查。

（县水产城发展管理中心　鲍斌儒）

畜牧业

【概况】 2019年，象山县聚焦实施乡村振兴战略和打赢脱贫攻坚战的新任务、新要求，加快转变畜牧业发展方式，稳步提升畜牧业生产能力，打好非洲猪瘟防控攻坚战，推进畜禽养殖废弃物资源化利用，严格规范病死畜禽无害化处理，持续提升畜牧业可持续发展能力。2019年，该县畜牧业生产稳中带长，全县肉类总产量2.02万吨，禽蛋总产量0.97万吨，实现畜牧业产值8.6亿元。

【生猪养殖效益明显】 2019年，全年生猪饲养量22.3万头（其中存栏7.66万头），出栏14.65万头，母猪存栏0.65万头。受非洲猪瘟疫情影响，生猪价格波动较大，最高收购价格44元/千克，最低收购价格12.4元/千克，全年平均价格稳定在23元/千克左右，每头生猪盈利在1400元以上。

【家禽饲养量增长平稳】 2019年，全县家禽饲养量涨势平稳，达到299.56万羽，其中存栏121.05万羽，出栏178.5万羽。蛋禽存栏59.88万羽，其中蛋鸡存栏40.72万羽，与2018年同期持平；蛋鸭存栏19.16万羽。肉鸡存栏21.3万羽，出栏80.06万羽，肉鸭出栏29.84万羽。

【浙东白鹅产业实现产值3.69亿元】 2019年，全县白鹅饲养量102.14万羽，其中存栏33.54万羽、出栏68.6万羽。种鹅存栏30万羽，生产销售苗鹅600万羽。2019年浙东白鹅种苗价格市场行情，效益较高，全县新建5家种鹅场，浙东白鹅全产业链实现产值3.69亿元。

【食草动物养殖】 2019年，全县牛饲养量1385头，山羊饲养量3.53万头。蜜蜂产业保持平稳，全县外出养蜂98户，年底存栏蜜蜂1.17万箱。

【象山白鹅产业精准扶贫】 象山县依托农业龙头企业象山文杰大白鹅养殖有限公司的投入资金及产供销链条服务，帮助低收入农户成立白鹅产业扶贫基地，并全程跟踪指导，实现农民增收和白鹅种苗产业发展双增效。截至2019年底，该县累计建成象山牧哥鹅业有限公司、象山至善鹅业有限公司等23个白鹅扶贫基地，带动42户低收入农户养鹅增收致富，每户年纯收入达20万元。开展山海协作，在仙居、嵊州等地在发展象山白鹅产业，建成4个存栏万羽的白鹅扶贫基地，带动周边约200户低收入农户增收致富。

【白鹅产业吉林延边扶贫】 2019年，大白鹅养殖项目被正式列入象山—龙井东西部扶贫协作援建项目。自2018年8月龙井试养500羽浙东白鹅后，2019年该县又陆续向吉林延边州发送3000多羽浙东白鹅，经过试养发现，浙东白鹅完全适应当地气候且种蛋受精率在90%以上，养鹅户收益可观，该县帮扶龙井建设的3万羽种鹅场2020年投产使用。建成后，2018年年新增产值1200万元，年新增利润500万元，辐射带动周边农户120户增收致富。

【举办第七届象山白鹅节】 6月5—6日，象山县举办第七届象山白鹅节。本届象山白鹅节围绕“产业兴旺，绿色健康”主题，以多元化形式展示象山白鹅特色产业及其民俗文化，促进白鹅产业转型升级和创新发展。白鹅节共设有首届中国白鹅产业技术高峰论坛、白鹅文化体验活动、全鹅宴等活动环节。其中高峰论坛邀请国内鹅业领域的知名专家围绕白鹅产业种源、营养与饲料、疫病防控、养殖环境控制等方面的最新研究成果和技术做精彩的大会报告和交流。

【生猪稳产保供工作】 2019年，象山县挖掘生猪产业潜在产能，在做好养殖废弃物资源化利用确保不污染环境的前提下，鼓励养殖场释放潜在产能，采用臭氧消毒装置提高仔猪存活率、减少生猪发病率。高标准谋划新场建设，牵头启动高标准谋划猪场建设，组建工作专班攻坚突破政策处理，调整落实项目用地252亩。

引进动建总投资2.5亿元、年出栏商品猪10万头的象山华统现代化生猪养殖项目，该项目占地面积252亩，采用新技术、新工艺、新设备，实行"多层立体生产养殖"，以高起点、高标准规划建设"标准化、绿色化、规模化、循环化、数字化、基地化"的生态猪场。

【畜禽养殖污染治理】 2019年，该县规范化推进畜禽废弃物资源化利用工作，制定出台《象山县畜禽养殖污染防治管理办法》，提高畜禽养殖场业主环境保护主体责任意识，提升内部管理能力，全年组织全县畜禽养殖污染防治管理培训5次，开展入场入户技术指导工作250余次，开展网格化巡查2000余人次，发现整治问题隐患65处，严防养殖污染事件发生。开展全县畜禽养殖污染防治隐患排查整治专项行动，重点对12个镇(乡)街道的31家养殖场户污染隐患情况进行督查通报，督促镇(乡)街道根据指导意见落实整改，逐步规范畜禽养殖污染防治工作。强化养殖废弃物资源化利用，新建完成农牧对接绿色循环体3个，完成沼液配送消纳5万余吨，全县畜禽粪污资源化利用率达98%以上。

【大塘港流域水环境治理】 2019年，该县农业农村部门高度重视大塘港水质提升治理工作，全面梳理排查大塘港流域农业面源污染情况，研究制定综合防治措施，抓好农业面源污染治理工作。建设生态拦截沟渠，在大塘港流域农田排水沟渠内摆放生物浮岛、种植水生植物，拦截净化农田排水中所含的氮磷污染物质，降低农田氨氮等污染物的直接排放，完成石浦镇金石引河、新桥镇双乔村、晓塘乡新厂村等8条生态拦截沟渠建设。实施肥药减量行动，推广绿色病虫害防控技术，全面应用高效、低毒、低残留农药，加快推广农牧结合、稻鱼共生等生态种养模式。石浦镇、定塘镇、新桥镇、晓塘乡4个大塘港区域累计推广商品有机肥7855吨，完成测土配方施肥技术83150亩次，不合理化肥施用减量55.9吨、农药减量3.88吨，建立稻鸭(渔)绿色综合示范区2个220亩。深化养殖污染防治，开展大塘港流域畜禽养殖污染整治行动，督促指导乡镇做好存在污染隐患的养殖场拆除关停工作，强化业主养殖污染防治主体责任意识，指导养殖户做好畜禽废弃物资源化利用，发现并治理污染问题隐患8处，拆除关停畜禽养殖场10家，减少畜禽存栏2900余头(羽)。

【创建省级美丽生态牧场5家】 2019年，按照在"十三五"期间完成22家美丽生态牧场的要求，通过环境整治、设施提升和管理规范，打造"绿化美化、布局合理、技术先进、安全高效、资源利用"的美丽牧场，创建完成象山灵达珍禽养殖有限公司、象山至善鹅业有限公司、象山高塘建东家庭农场、象山尚会家庭农场有限公司、象山至诚鹅业有限公司等5家省级美丽牧场。截至2019年12月底，该县累计创建省级美丽生态牧场27家。

【重大动物疫病防控】 2019年，共免疫家禽高致病性禽流感228.05万羽次，使用疫苗201.95万毫升；生猪口蹄疫45.81万头次，使用疫苗54.63万毫升，牛口蹄疫0.25万头次，羊5.29万头次，使用疫苗6.89万毫升；猪瘟45.16万头次，使用疫苗60.83万头份；猪高致病性蓝耳病31.25万头次，使用疫苗37.56万头份；小反刍兽疫1.84万头次，使用疫苗2.29万毫升，确保无重大动物疫情发生。生猪检疫14.65万头，检疫率达到100%，生猪定点屠宰检疫4.21万头，检出无害化处理病害猪126头，废弃物资源化利用处理58.2吨，定点屠宰检疫率100%，无害化处理达100%。

【动物疫病监测】 2019年，按照省、市重大动物疫病检测要求，该县共采集112个养殖场户合计2570份样品，检测重大动物疫病7516份数，其中禽流感流感H5N1－Re8检测合格率为97.0%；H5N1－Re11检测合格率为97.3%；禽流感H5N1－Re12检测合格率为93.7%；禽流感H7N9检测合格率为98.4%；新城疫检测合格率为94.1%；猪瘟检测合格率70.5%；猪O型口蹄疫检测合格率为75.2%；高致病性蓝耳病检测合格率为88.1%；猪A型口蹄疫检测合格率为78.9%；羊O型口蹄疫检测合格率为72.1%；小反刍兽合格率为77.9%；布病检测全部为阴性；咽肛拭子及环境样本检测850份数，未检出禽流感病毒阳性。

【畜产品安全监管】 2019年，象山县严格落实病死动物无害化处理机制，全县21个规模养殖场、3个乡镇集中收集点以及1个屠宰场建立病死动物冷冻收集房，全年收集无害化处理病死猪4.86万头、家禽0.78万羽。做好规模生猪养殖场准出制度落实，并配备质检员开展"瘦肉精"自检工作。全年开展"瘦肉精"专项检测4次，检测尿液样品840份，未检出阳性。配合上级部门对屠宰场、养殖场、农贸市场、超市等开展畜产品质量安全抽检，共抽检禽蛋、禽肉、猪肉、猪肝等畜禽产品120批次，抽检合格率98.33%。加强屠宰环节监管，严厉打击私屠滥宰行为，屠宰企业培训上岗5名肉品品质检验员，加强病害猪及其产品的无害化处理和监管。联合市场监管局对动物及动物产品交易市场进行监督检查，重点摸底检查已有冷鲜禽经营的农贸市场18个，经营摊位(批发、零售)79户，活禽销售摊位23户，商超单位8家，依法依规打击无检疫证明、无标识等违法经营行为，把牢产品"入市关"。

【非洲猪瘟防控】 2019年，象山县按照"外堵、内清、严防"要求，落实各项综合防控措施，实现非洲猪瘟的群防群治。实施省市"百场示范、千场提升"工程，开展养殖防控设施改造，推进传统养殖场改造提升，提高养殖场生物安全水平，全面完成18家规模示范提升场创建任务。落实非洲猪瘟自检制度，向全县生猪养殖场发放非洲猪瘟快速检测试剂条800条，屠宰环节中严格执行非洲猪瘟 PCR 检测工作,对每批次屠宰生猪进行非洲猪瘟检测,全年累计检测 782 批次。严格执行省外生猪及产品“点对点”调运制度,对调运主体进行备案审查 7 家,对阳性情况采取追溯和禁调措施。开展生猪运输车辆备案管理工作,共计备案车辆 23 辆,对生猪运输车辆不定期采集 3 批次 15 个样品送检,未检出阳性。开展生猪运输车辆区域性集中洗消工作,设立生猪运输车辆乡镇集中洗消点 13 个,累计消毒 2628 车次。

【动物卫生监督执法】 2019 年,象山县加强畜产品质量安全监管行政执法力度,保障动物防疫和畜产品的安全,全年办理案件 10 件,结案 9 件,其中 2 件为从省外调入动物或动物产品未向调入地动物卫生监督机构申报备案案,5 件为应当检疫而未经检疫动物及动物产品案、1 件跨县调运动物用于饲养未报备案,1 件为出售染疫动物案,共处罚金 0.82 万元。

【“三沼”安全生产管理】 2019 年,象山县继续加大“三沼”安全生产的巡查和宣传教育,及时排除安全隐患,组织安全生产培训并发放签订沼气安全生产责任告知书、承诺书 106 份,消防安全告知书 52 份。全年委托宁波龙兴生态农业科技开发有限公司对 52 家 204 座农村沼气安全生产开展定期巡查 4 次,督促 4 家养殖场业主及时进行沼气池出料,更换警示牌标志 22 处,加固氧化塘护栏 19 处,检查维修 7 个储气罐、沼气灶具配套件 23 个、沼气输送管道 24 条。加强沼液资源化利用过程中沼液收集、运输、施用等配送消纳去向环节的监管,防止乱倾倒等污染环境事件发生,全年共开展监督检查 24 次。

【完成 4 家沼液综合利用示范项目建设】 2019 年,象山县加强沼液综合利用,根据《宁波市农村沼气专项补助资金管理办法》要求,完成象山亿禾农业科技有限公司沼液综合应用示范项目、象山茅洋花旦家庭农场沼液综合利用示范项目、中溪村梨园沼液综合利用示范项目、象山新桥影城阳光家庭农场沼液综合利用示范项目 4 个沼液综合利用示范项目建设工作。

(县农业农村局　赵鑫　李婷)

农业产业化

【概况】 2019 年,象山县深入实施乡村振兴战略,围绕“实现农业现代化”目标,以农业供给侧结构性改革为主线,以公用品牌建设为抓手,以农业科技创新为驱动,围绕一、二、三产业融合发展,聚焦主导特色产业,加快全产业链建设,推动精致农业高质量发展,全面提升现代农业发展水平,推动农业产业兴旺和现代农业高质量高水平发展。

【健全现代农业产业政策支撑体系】 2019 年,象山县围绕乡村振兴三年行动计划,加强农业政策体系建设,推进人财物等资源流向农业领域,增强对农业发展的支撑。先后制定出台《象山红美人柑橘产业高质量、高水平发展扶持办法》《象山县 2019 年度农产品品牌化建设扶持办法》《“象山柑橘”地理标志证明商标和区域公用品牌使用管理办法》《象山县绿色都市农业示范区建设资金管理办法》《关于建设全国一流柑橘强县的意见》等政策。

【深化农业园区平台建设】 2019 年,象山县扎实推进省“一区一镇”和市“都市农业示范区”建设。创成定塘柑橘特色农业强镇和新桥枇杷南美白对虾特色农业强镇,定塘镇和晓塘乡分别入选国家级、省级柑橘特色农业强镇创建名单。完成大塘港省级现代农业园区和贤庠石斛桂花特色农业强镇建设任务,累计投资分别达 5.39 亿元和 5100 万元。建成市级多彩农业美丽田园示范基地 5 个,分别是新桥对对红枇杷体验美丽田园示范基地、鹤浦高坎头大地艺术美丽田园示范基地、东陈春在江南水果休闲美丽田园示范基地、鹤浦樊岙枇杷体验美丽田园示范基地、涂茨珠山水果休闲养生美丽田园示范基地,市级现代农业庄园 4 个,分别是百汇桂花现代农业庄园、清波鹅业现代农业庄园、甬红柑橘现代农业庄园、海韵花柑橘现代农业庄园。

【举办第一届象山农业博览会】 1 月 18 日—20 日,该县在象山现代物流园区举办第一届象山农业博览会。本届农博会以“半岛味道、绿色健康、优质高效”为主题,重点展示县改革开放 40 年来现代农业发展成果、象山柑橘和梭子蟹两大公用品牌及县“7+1”农业龙型产业成果。农博会展销产品有象山县 18 个镇乡(街道)特色农产品,全省知名百强品牌企业农产品,宁波优质农产品,敦化、龙井、遂昌等对口扶贫协作地区特色农产品,以及农家特色小吃等,参展企业达 120 多家。会展实现销售额 560 万元,意向协议总额 1.5 亿元,参展人数达 10 万人次。

【举办第三届象山柑橘文化节】 11 月 16 日,第三届象山柑橘文化节开幕式暨象山柑橘红美人开摘仪式在象山影视城举行。中国农村合作经济管理学会理事长,原农业部党组成员、农业部人事劳动司司长毕美家宣布开幕。农业农村部管理干部学院副院长朱守银,浙江省农业农村厅副巡视员徐建华,象山县委副书记、政法委书记孙小雄,象山县人民政府副县长吴志辉,象山县农办主任、县农业农村局局长章志鸿等出席活动。本届柑橘文化节以“创新农事节庆,助力品牌提升,打造品效合一的新型农事节庆活动”为主题,传播象山柑橘“橘生山海间,味道自然甜”的品牌理念,采取“一主六辅,多点联动”的组合方式,在定塘镇、晓塘乡、高塘岛乡等 6 个分会场开展系列惠民活动,推介象山柑橘品牌及红美人产品,推动农文旅深度融合,提高节会的参与性和覆盖面。

【2019 浙江农业之最“红美人”柑橘擂台赛】 12 月 21 日,2019 浙江农业之最“红美人”柑橘擂台赛在象山举办。此次“红美人”擂台赛由浙江农业之最委员会办公室首次举办,旨在扩大“红美人”柑橘的知名度、美誉度,推

进全省柑橘产业高质量发展，助推农民增收致富、助力乡村振兴战略稳步实施。比赛设“综合品质”和“可溶性固形物含量”两个奖项。来自全省各地的23份样品参加评比，经过一轮轮守擂、攻擂，最终两个奖项各产生1个一等奖、2个二等奖，3个三等奖。该县宁波乐味果业有限公司选送的“红美人”柑橘最终以16.2%的优势指标登上“可溶性固形物含量项目”擂主宝座，并以外观内质综合最高分获得“综合品质项目”冠军。

2019浙江农业之最“红美人”柑橘擂台赛在象山举办

【象山乡村产业项目在上海招商推介】 2019年，象山县深入挖掘乡村产业招商项目，筛选出农旅休闲、田园综合体、精品民宿和文化创意4大类16个乡村产业项目，并编印《象山乡村产业招商指南》。12月13日，在上海举办的宁波市乡村产业招商推介会上，象山县人民政府副县长吴志辉介绍象山投资环境和农业产业发展情况，并推介象山乡村产业项目。会上，高塘岛乡人民政府与浙江农科粮油股份有限公司的七彩油菜花田园综合体项目、浙台经贸合作区管委会与诺帝克水产（宁波）有限公司的年产4000吨陆基三文鱼工厂化养殖项目达成合作并签约，两个项目计划投资7.1亿元。

【定塘镇入选全国农业产业强镇创建名单】 7月24日，农业农村部、财政部联合公布2019年全国农业产业强镇示范建设名单，浙江省共有7地上榜，象山县定塘镇名列其中，是宁波市唯一入选的乡镇。定塘镇是象山柑橘主产区之一，该镇坚持把发展柑橘特色产业作为农民创业增收的主渠道，建立种苗育苗、有机肥研发、柑橘销售、组织服务、回收处置等一整条闭环式柑橘绿色全产业链，推广“田园定塘”区域农业公用品牌，全镇共栽种柑橘2.1万亩，2018年实现柑橘产值1.43亿元。

【晓塘乡入选2019年特色农业强镇创建名单】 12月23日，浙江省粮食安全和推进农业现代化工作领导小组农业“两区”办公室确定2019年省级特色农业强镇创建对象名单，象山县晓塘柑橘特色农业强镇入选。晓塘乡依托“港、田、岛、渔、景”优势资源，以农业产业转型升级为核心，通过“内提外引”打造“七彩果乡”，发展柑橘、火龙果、猕猴桃、青柠檬等特色农业产业，促进一、二、三产深度融合，实现农业增效、农民增收。下步，该乡将围绕“主导产业强、基础设施全、生态环境美、科技应用广、农耕文化深、农旅融合紧、公共服务全”的建设目标，投入5850万元重点打造集科研、健康、智慧、休闲于一体的柑橘产业，形成“一心二带三园”农业产业格局，实现“三生”有机融合和“三农”统筹发展。

【里坑村入选全国“一村一品”示范村】 9月24日，农业农村部公布第九批全国“一村一品”示范村镇名单，全省共有12个村镇入选，象山县泗洲头镇里坑村榜上有名。里坑村是象山县甜瓜特色村，全村近80%的土地种植甜瓜，拥有东方蜜1号、甬甜5号、雪梨、翠玉、玉姑等10余个优良品种，实行一年春秋两季种植，年种植面积1000亩，占象山县甜瓜总面积的30%以上，年产量1500吨，主要销售到宁波、杭州等地，市场基本供不应求，年销售产值900万元，利润500万元。

【“象山半岛味道”公用品牌助推农产品销售】 2019年，象山县深入实施农业品牌强企战略，提升“象山半岛味道”公用品牌建设，扩大品牌知名度，线上线下联动推进县域名特优新农产品销售。持续优化“象山半岛味道”网上微商城，建成“象山半岛味道”农产品体验中心品牌店15家，上架“三品一标”、名牌名标等象山特色农产品210余种，合作企业达45家，实现销售总额1800余万元。

【柑橘全产业链产值达18.5亿元】 2019年，象山县深入打造柑橘全产业链、提升价值链，制定出台《象山红美人柑橘产业高质量、高水平发展扶持办法》《关于建设全国一流柑橘强县的意见》。围绕打造“一区两带四平台”（大塘港精品柑橘产业集聚区，南田岛加工柑橘产业带和环象山港精品柑橘风景带，象山柑橘研究所、象山柑橘种苗产业园、中国象山柑橘学院、中国象山红美人柑橘交易中心），协同推进种苗工程、标准生产体系、科技创新、加工营销、品牌建设，申报“象山红美人”国家地理标志证明商标，央视《生财有道》栏目专题介绍象山“红美人”柑橘产业，擦亮象山柑橘“金名片”。全县柑橘面积11.6万亩，其中“红美人”2.2万亩、亩均效益超万美元，柑橘全产业链产值达18.5亿元。

【"象山柑橘"区域公用品牌价值达21.14亿元】 11月22日，第五届中国果业品牌大会发布"2019中国果品区域公用品牌"价值评估结果，"象山柑橘"区域公用品牌以21.14亿元的品牌价值在125个果品中位列37，领先慈溪葡萄(15.17亿元)、奉化水蜜桃(12.99亿元)、余姚杨梅(12.10亿元)等宁波市其他果品。

"象山柑橘"区域公用品牌价值达21.14亿元

【实施农业"五新"项目17个】 完善农业"五新"项目管理办法，围绕农业新品种、新技术、新模式、新装备、新工艺创新研究与示范推广，加快推进农业科技成果转化应用。2019年实施"迟熟、高糖、易栽柑橘新品种黄美人区域试验"等农业"五新"项目17个，补助资金100万元。

【3家企业晋级市级农业龙头企业】 2019年，宁波康德食品有限公司、象山兴海水产有限公司、宁波甬港水产种苗科技有限公司3家企业晋级为市级农业龙头企业，截至2019年年底，该县拥有县级以上农业龙头企业58家，其中国家级2家、省级4家、市级28家、县级24家。

【获评国家农产品质量安全县】 11月2日，农业农村部公布第二批211个国家农产品质量安全县(市)名单，全省共有11地上榜，象山县名列其中，为宁波市唯一获评的县。自2017年以来，该县在巩固省农产品质量安全放心县成果的基础上，按照"高产、优质、高效、生态、安全"的理念，坚持"产管"两手抓、两手硬，严格落实乡镇属地管理责任，建立健全农产品质量安全监管体系，全面提升农产品质量安全水平和基层监管能力，全县农产品质量安全得到明显提升，先后荣获省首批农产品质量安全放心县、省农产品质量安全可追溯体系县称号。全县农业标准化生产程度达65%，"三品一标"认证面积36万亩，占主要农产品面积的60%以上，近3年农产品质量安全抽检合格率均保持98.5%以上。

【"三品一标"农产品】 2019年，象山县推动以"三品一标"为代表的绿色优质农产品健康发展，严把无公害农产品、绿色食品准入门槛，全年新增无公害农产品生产主体12家，面积108.47公顷；新增绿色食品生产主体4家，面积77.87公顷。截至2019年年底，全县共有"三品一标"主体175家，无公害产品197个，绿色食品43个，有机产品2个，"三品一标"农产品面积1.94万公顷，绿色优质农产品占比率达64.1%。

【"信用农安"工作】 2019年，信息采集主体覆盖面扩大，信用评价方法更加科学，联合激励惩戒机制日益完善，"信用农安"工作成效明显。全年共有523家规模农产品生产主体列入信用信息采集范围，其中71家列入农安信用激励名单，7家受失信惩戒；29家生产主体在金融机构有信贷业务，根据奖惩处罚措施，对14家主体执行利率优惠措施，涉及信贷金额2268万元，利率较原水平降低10%~15%，对7家主体执行提高贷款额度措施，涉及贷款金额295万元。

【全市农安信用体系建设工作推进会在象山召开】 11月19日，全市农产品质量安全信用体系建设工作推进会在象山县定塘镇召开，宁波市各区县(市)质监科(站)长，市农业农村局农业综合执法队、渔业执法队相关负责人等参会，市农业农村局总农艺师陆开宏出席会议并讲话，市农业农村局质监处处长宋兆祥主持会议。象山县定塘镇镇长邵震洋介绍定塘镇农业农村基本情况和质量安全监管工作，象山县农业农村局党组副书记、副局长顾产安介绍象山县作为全国5个农产品质量安全信用体系建设试点县之一在近几年的经验做法；中兴惠农公司总经理孟震对宁波市农产品质量安全信用平台做应用说明。

【农安宣传培训】 2019年，该县结合农业科技下乡、食品安全宣传周及特色农产品节等活动，开展农产品质量安全宣传活动，普及农产品质量安全知识，教育和引导社会各界提高农产品安全生产、安全消费意识。畅通"12316"农产品安全举报投诉渠道，引导社会各界共治共管农产品质量安全。全年开展农产品质量安全宣传活动10次，农产品质量安全培训班5期，印发各类宣传资料5万余份。

【"利奇马"台风造成农业直接经济损失32617万元】 2019年第9号超强台风"利奇马"于8月10日1时45分在浙江省温岭市城南镇登陆，该次台风来势猛、危害大，风强、浪高、雨更大。受其影响，象山有明显降水和大风过程，全县过程面雨量300.5毫米，西周寒山站最大雨量549毫米，过程风力内陆9~11级，沿海12~15级，是新中国成立以来登陆浙江的第三强台风。经统计汇总，"利奇马"台风给县农业(农林牧)造成直接经济损失32617万元。全县90%的农田受淹，农作物受灾面积17.77万亩，农作物成灾面积2.39万亩，绝收面积0.54万亩；林业受灾面积1.45万亩，成灾面积0.46万亩；养殖场受灾242个、圈舍倒塌19870平方米，畜禽受淹41.96万头(羽)、死亡55960头(羽)，饲草饲料受淹1113吨；大棚等农业设施损坏7225亩，农田损毁1080亩，受损机具62台，机库受损3100平方米。

【大学生农业创业基地数达75个】 继续实施大学生创业就业政策扶持，出台《关于做好2019年农业生产领域大学生就业创业扶持申报的通知》，全年共补助创业大学生10个、引进人才的农业经营主体9家，发放补助46万元。截至2019年年底，全县共有大学生创业基地75个、面积264.53公顷。

【“大棚房”问题专项清理整治】 2019年，象山县贯彻落实习近平总书记重要批示精神，以及中央、省、市关于“大棚房”问题专项清理整治的相关会议精神及要求，将“大棚房”问题专项清理整治作为一项重大政治任务来抓，全面动员，全域推进、整治。全县累计出动排查人员5200余人次，排查各类农业设施6510个、涉及耕地面积766.67公顷，排查出“大棚房”点位42个、问题55个，涉及耕地面积4.024公顷。全市率先实现“大棚房”问题清零并通过国家、省市验收，其中全部拆除20个、面积1.11公顷，部分拆除34个、面积2.674公顷，完善手续1个、面积0.24公顷。研究出台新（扩）建设施农用地分类管控规定，完善设施用地审批程序，规范设施农业用地行为，完成设施农用地审核备案9个，占地面积3.12公顷。

【评选出首届农业乡土专家10人】 2019年，该县制定出台《象山县农业乡土专家评选暂行管理办法》，开展首届农业乡土专家评选，从直接从事农业（渔业）生产经营，应用技能突出、示范带动显著、群众认可度高，为农业经济发展和农民增收致富做出较大贡献的新型职业农民中，评选出顾品、李根土、张选石、肖明朗、项秋国、胡永达、陈文杰、徐万土、尹根卫、欧尚武等10位农业乡土专家，发挥他们在科技兴农方面的示范引领作用和技术扩散效应，助推乡村产业振兴。

【开展农民初级职称评定】 2019年，象山县制定出台《象山县农民初级职称评定暂行办法》。该办法打破文凭、身份等制约，坚持“重能力、重业绩、重效益、重贡献”的原则，以工作实绩、技术水平、解决实际问题的能力以及经济社会效益为主要评价依据，在农业生产第一线从事种植、养殖、农业机械、农村能源等或直接服务于农业生产的农业专业技术工作人员，均可申请评定初级职称。对不具备相应学历的科技示范户，种植、养殖、农业机械、农村能源等方面带头人，均可破格申报。2019年，该县共有31位农民获得农业系列初级职称。

【实施全国基层农技推广体系改革与建设项目】 2019年，象山县继续实施基层农技推广体系改革与建设补助项目，围绕农业主导品种，制定并推介发布2019年农业主导品种76个和主推技术15个，建立象山县英姿果蔬专业合作社、象山红达莲藕专业合作社、象山亿禾农业科技有限公司等3个科技示范基地，实现主导品种和主推技术入户率与到位率96%以上。遴选出80名骨干农技人员，240户科技示范户，组织开展继续教育培训17期，参训人员204人次。通过项目实施，基本建成职能明确、机构完善、队伍精干，保障、运转高效，服务到位、支撑，农民满意的基层农技推广体系，建立竞争上岗制度、农技推广责任制度、绩效考核制度、知识更新制度等基层农技人员管理机制，形成“一个主导产业、一个技术团队、一个产业项目、一批示范基地”的农技推广网络体系。

【培育新型农业经营主体带头人334名】 2019年，象山县继续按照全国新型职业农民试点县建设要求，开展高素质农民培训学员遴选，全年累计开设柑橘、水产养殖、乡村旅游与休闲农业、水果、茶叶5个专业6个班级，培训新型农业经营主体带头人334人，其中1人获评浙江省农民教育培训“十佳学员”，培育现代青年农场主20人。

【开展农民培训12903人次】 2019年，象山县聚焦乡村振兴和现代农业发展人才需求，培养有文化、懂技术、善经营、会管理的高素质农民队伍，全年完成农民培训12903人次，其中农业职业技术人才培训298人，乡村创业创新人才培训349人，农村后备劳动力学历教育245人，双证制教育1492人，乡村管理服务人才培训1348人，农民转移就业技能培训398人，农业实用技术培训5373人，务工农民岗位技能培训3400人，新增农村实用人才325人。

【创建农业绿色发展示范区6个】 2019年，象山县践行“绿水青山就是金山银山”理念，加快发展现代生态循环农业，提升农业绿色发展水平，全年创建农业绿色发展示范区6个，其中省级农业绿色发展示范区1个，即环大塘港农业绿色发展示范区；市级农业绿色发展示范区5个，分别是南田岛农业绿色发展示范区、西片区农业绿色发展示范区、泗洲头农业绿色发展示范区、黄避岙农业绿色发展示范区、东陈农业绿色发展示范区。

（县农业农村局　赵鑫　李婷）

农经管理

【概况】 2019年，象山县贯彻中央一号文件和农村工作会议精神，围绕中央、省、市和县重点工作决策部署，在改革中求突破、在管理内求创新、在服务上求提升，深化农村集体产权制度改革，持续发展壮大村级集体经济，提升“三资”规范化管理水平，加大新型农业经营主体培育力度，加快构建现代农业产业体系、生产体系、经营体系，农村发展活力日益增强。2019年，全县村级经济组织实现收入6.14亿元，同比增长8.8%。

【深化农村集体产权制度改革】 2019年，象山县出台《象山县深化农村集体产权制度改革工作推进方案》，明确职能落实责任，有序推进各项工作。开展宅基地确权登记颁证，累计发放“三权分置”不动产证105本，盘活和利用宅基地1.98万平方米、闲置农房2万余平方米，基本完成农村土地确权“回头看”工作，累计发放权证80323本；推进农村承包地确权登记颁证数据库建设，完成农户类档案归档73988册；

完成全县农村集体经济组织登记赋码工作,全面完成农村集体资产清查核实,经核定象山县农村集体资产总额59.48亿元。

【发展壮大村级集体经济】 2019年,象山县深入开展村级集体经济发展三年行动计划,引导村集体经济联合发展、多元发展,盘活用好集体资产资源,重点发展多村联创、整镇打包项目,推行实施镇村联建统营模式,扶持村集体经济发展项目32个。全年村集体经济总收入6.14亿元,其中经营性收入2.86亿元,全县所有行政村集体总收入均超30万元且经营性收入达到10万元以上。

【提升"三资"规范化管理水平】 2019年,象山县加强农村"三资"日常管理,建立以"常规检查+三资互查+专项巡查+复评联查"为主线的分层监管模式,提升管理水平。研究制订《关于加强村级债务监管工作的通知》,对村级债务进行监管。创新村级集体资金网银审批系统,在丹东街道上进村试点成为全市首创。实施"百村审计"及村干部离任经济审计,完成审计村176个,涉及金额47.26亿元,完成财务清理检查村40个,下达整改措施183条。

【全市清廉乡村建设工作推进会在象山召开】 9月16日上午,宁波市清廉乡村建设工作推进会在象山召开。中纪委研究室原主任、中央第八巡视组原副组长李雪勤,宁波市纪委副书记、市监委副主任杨晔,象山县委书记叶剑鸣,浙江省委党校权力监督研究中心主任、教授董瑛,宁波市农业农村局副局长卞银江,宁海县委常委、纪委书记徐震宇,象山县委常委、纪委书记陈善方等出席会议。会上,陈善方、董瑛分别作题为《三清践廉、系统治理——积微成著推进象山清廉乡村建设》《打造清廉乡村的象山样本》的发言,与会代表观看《三清践廉治村居》象山清廉乡村建设宣传片,举行"廉行象山"启动仪式,与会领导专家共同"点亮"象山清廉文化地图。

【象山县农业农村局入选全国农业农村系统先进集体】 12月19日,农业农村部印发通知表彰200个全国农业农村系统先进集体,浙江省共有6家单位上榜,象山县农业农村局名列其中,是宁波市唯一入选单位。象山是全国知名农业大县,农业总产值稳居浙江前列。该县农业农村局贯彻落实新发展理念,深入实施农业农村改革,健全完善基层治理体系,推动新时代"三农"工作高质量发展。选育推广精品柑橘"红美人",优质果品均价高达60元/千克,成为全省产业兴旺典型案例和农民增收致富果;"村民说事"写入中央一号文件、成为基层治理全国样板,全国加强乡村治理体系建设工作会议在象山召开;涌现出全国人民满意的公务员陈淑芳、浙江省劳动模范徐阳等一批先进典型,以强化人才支撑助力乡村振兴。

【新型农业经营主体培育】 2019年,象山县继续指导做好省、市和县三级农业经营主体示范性培育工作,全年新增省级示范性家庭农场3家,分别是省级示范性家庭农场,象山西周明朗农场和象山永得家庭农场有限公司;市级示范性家庭农场5家,分别是象山鹤浦为农家庭农场、象山南江鱼种场、象山蔡星福种鹅场、象山浩杰家庭农场有限公司和象山西周阿通家庭农场;县级示范性家庭农场9家,分别是象山县建明家庭农场有限公司、象山甬味家庭农场、象山定塘精创家庭农场、象山东海育苗厂、象山西周水灵家庭农场、象山西周腾翔家庭农场、宁波同顺家庭农场有限公司、象山西周奇峰家庭农场、象山润之美家庭农场有限公司;市级农民专业合作社2家,分别是象山定塘农乡果蔬专业合作社、象山县定塘绿信果蔬专业合作社;市级社会化服务组织5家,分别是象山鹤浦绿农农机专业合作社、象山县南田岛农机服务专业合作社、象山天禾农机服务专业合作社、象山上张塘农机专业合作社、象山县丰盈农机专业合作社。

【推进土地流转】 2019年,全县新增土地流转面积128.8公顷,流转总面积12993.2公顷,流转率76.91%,其中规模经营面积达11160公顷,规模经营率达85.89%,全县32个村1333.33公顷土地实现整村流转。

【农民负担监督管理】 2019年,象山县出台《2019年象山县农民负担监督

象山县农业农村局获评全国农业农村系统先进集体

管理工作要点》，从健全工作机制、加强源头监管、治理突出问题、加强监督检查等方面强化管理，做好农民负担监督管理工作。加强动态监管，完成“21216”农民负担动态监测，抽查丹西街道、贤庠镇、鹤浦镇、东陈乡、晓塘乡5个镇乡（街道）的10个村、100户家庭样本。据统计，100户的家庭纯收入534.15万元，其中家庭经营收入159.18万元，其中农业收入46.57万元，人均收入达15438元。

【推进“扫黑除恶”专项行动】 2019年，象山县农业农村部门加大工作力度，推进农业农村领域“扫黑除恶”向纵深发展。结合“不忘初心、牢记使命”主题教育广泛开展农业农村领域“扫黑除恶”宣传教育，协同该县市场监管、商务、公安等部门联合印发《象山县生猪和白肉行业扫黑除恶专项整治行动实施方案》，牵头开展生猪和白肉行业扫黑除恶专项整治行动，突出重点领域整治，并做好中央督导组中期督导及督导“回头看”迎检工作。2019年，发放各类宣传资料500余份，张贴线索举报奖励等250余张，悬挂宣传横幅标语136幅，通过农民信箱平台向全县2.5万余名注册用户发布宣传短信18条；累计排摸上报涉农领域扫黑线索6条，核实农业农村领域线索14条。

【超额完成农资废弃包装物回收处置年度工作任务】 2019年，象山县以“打造整洁田园，创建美丽农业”为目标，以垃圾分类为契机，坚持日常保洁与集中整治两手抓，完成2019—2021年度农资废弃包装物回收处置招投标，有序推进农资废弃包装物回收处置工作。全年回收处置农资废弃包装物85.51吨，回收率130.6%，无害化处置率162%，完成省市下达年度目标任务的163%。

【农业投入品监管】 2019年，象山县围绕农资打假治劣主线，抓好农业投入品和农产品质量安全行政监督执法，对重点区域、重点市场、主要农产品巡查监管实现全覆盖。全年开展“绿剑”系列执法行动、农资打假护农保春耕联合执法行动等专项行动6次，出动执法人员398人次，检查各类农业投入品生产经营主体、农产品生产企业262家，抽检各类农业投入品99批次，抽检农产品32批次。强化“检打联动”，立案农业投入品案件9起，涉案金额8855元，办结10起，罚没款4.2万元。

【全面推进农药实名制购买工作】 2019年，象山县在农药经营规范提升的基础上，深入开展农药购买实名制工作，构建规范化、信息化、可追溯的农药经营管理体系，提高农药依法监管和科学管理的水平，推动绿色农业发展、乡村振兴战略实施。全年召开动员及培训会4次，受众225人，发放告知书800余份，警示牌100余份，签订承诺书94份，印发限期整改通知书6份。全县94家农药经营单位全部实行农药销售的电子化管理，实现农药经营信息化管理率100%，农药网上登记数达1940个，网上登记率达100%。

【持续深化“最多跑一次”改革】 2019年，象山县农业农村部门持续推进“最多跑一次”改革向纵深发展，梳理农业农村领域“最多跑一次”事项60项，机关内部“最多跑一次”事项4项，直接取消各类证明材料3批次14份。60个“最多跑一次”事项100%实现网上办，100%实现掌上办，跑一次比例达到100%，跑零次比例达到100%，承诺时间在法定期限基础上压缩100%，即办件比例提高到100%，材料电子化比率达到100%，电子证照实现率达到100%，网上办结率达到97.4%，政府数字化转型各项指标位列全市农业农村部门第一位。

【农业法治宣传教育】 2019年，象山县农业部门落实“谁执法谁普法”责任制，结合“三农”工作特点，扎实推进农业法治宣传教育，提升农业干部依法行政能力，为全县农业现代化建设提供法治保障。利用电视报纸、微信微博、户外广告等媒介，深入开展“进村入户走企”、送法下乡等活动，广泛宣传农业法及农产品质量安全、农业投入品管理、农业生态环境保护、农民权益维护等相关法律法规，全年举办法治宣传活动15场次、培训班7期，发放各类普法资料3.4万份，接受政策咨询200余人次。推进学法用法工作制度化、常态化，党组中心组每年学法4次以上、中层干部每月集中学法，各执法单位通过执法研讨、专题讲座、案例分析等形式结合工作业务开展学法用法活动。

【依法做好法治政府建设】 全面推行行政执法公示制度、执法全过程记录制度、重大执法决定法制审核制度，2019年立案查处农业各类违法案件16起，共处罚没款5万元。开展农产品质量安全、农药、肥料、饲料、兽药和农作物种子监督检查，其中“双随机一公开”抽查73户、即时抽查740户。根据机构改革要求，公布局本级行政权力事项目录清单174项。实行“首违免罚”制度，公布两批26项“首违免罚清单”。

【农业行政审批服务群众满意率100%】 2019年，象山县农业农村部门共受理各类行政许可事项3764件，其中即办件3740件、承诺件24件，办结3764件，按期办结率和准确率均为100%，群众测评满意度100%。

【农业生产事故调处14起】 坚持以事实为依据，以稳定和谐为目的，以维护农民利益为根本，妥善调处农业生产事故。2019年，共受理农业生产事故投诉15起，鉴定非药害事故1起，完成调处14起，涉及农户52户，农民获得补（赔）偿139.5万元。

【国有企业公司制改制】 2019年10月起，该县全面推进全民所有制企业吸收合并及改制工作。截至2019年年底，象山县林业特产服务中心改制为象山县林业特产服务中心公司，象山县林场改制为象山县林场有限公司，象山县种子公司在吸收合并象山县禾丰公司、象山县农技服务部基础上，改制为象山县种子有限公司，3家新成立的国有独资公司分别组建董事会和监事会。象山县良种繁育场和石浦柑橘场合并方案通过批准。

（县农业农村局　赵鑫　李婷）

农业机械

【概况】　2019年，为贯彻落实《国务院关于加快推进农业机械化和农机装备产业转型升级的指导意见》和国务院召开的全国春季农业生产暨农业机械化转型升级工作会议精神，县农机站把思想和行动统一到党中央、国务院的决策部署上来，提高认识，增强责任感、紧迫感，把推进农业机械化向全程全面高质高效转型升级列入重要议事日程，加快推进农业机械化由耕、种、收环节向植保、烘干、秸秆处理全过程发展，由种植业向畜牧业、渔业、设施农业、农产品初加工业延伸，为实现农业农村现代化提供支撑。

【农业“机器换人”示范创建工作】　根据上级文件精神，开展省级农业“机器换人”示范县创建工作，结合县农机化工作实际，县政府制定并印发《象山县创建省级农业“机器换人”示范县实施方案的通知》，建立政府牵头、多方协调、通力合作的工作机制，将“机器换人”示范县创建列入2019年度重大改革创新项目并写入政府工作报告，确定县机械化生产程度较高的水稻、红美人柑橘、紫菜三大农业产业作为主导产业纳入创建考核范围，明确以智慧农机装备示范基地、省级示范社、新型农机应用等为重点工作目标，通过发展先进适用农机装备、加大特色农机引进力度、加快推进特色农业全程机械化、实施“智慧农机”和“农机物联网+”应用示范、创新农机培训模式、健全“平安农机”长效机制等途径，全面推进县农业领域“机器换人”。通过完善责任体系、健全农机公共服务机构、细化创建步骤、强化政策扶持、加大示范推广、强化安全保障、营造创建氛围等各项工作措施，实现全县水稻生产机耕率达到100%，机械栽植率达到62%，机收率达到100%，机械化烘干率达到97.9%，水稻生产综合机械化率达到88.6%；红美人柑橘方面，高效植保作业面积15046亩，高效植保机械化率达100%，节水灌溉面积12150亩，机械化率达80.75%，设施大棚面积10900亩避雨设施机械化率达72.4%；紫菜方面，机械收割面积27.18万亩，收割机械化率达81.84%；清洗紫菜吨数7538吨，清洗机械化率达84.99%；烘干紫菜吨数7538吨，烘干机械化率达84.99%，通过创建验收。鹤浦镇创建“机器换人”示范乡镇，象山甬红农业发展有限公司等3家企业创建“机器换人”示范基地。

【推动“最多跑一次”改革提质增效】　根据“最多跑一次”改革有关要求，梳理精简办事群众需提供的各类证明材料，证明材料只保留《身体条件证明》《外地户籍购机者提供申请地从事农业生产的证明》《报废拖拉机回收证明》3项。按新“三定”规定要求，对照省级部门，对浙江政务服务网行政权力和公共服务事项管理系统省市县三级统一目录中的所有事项（包括权力事项和公共服务事项）和其他公共服务事项进行重新梳理。完成浙江政务服务网象山平台组织机构名称调整、人员调整。完成权力事项、公共服务事项的比对、调整等工作。完成宁波市权力运行系统、宁波市行政处罚系统、宁波市统一受理平台、电子签章、浙江省政务地理信息资源采集共享平台和浙江政务服务网象山节点本部门窗口页面调整等工作。参与县行政服务中心的微信在线审批工作，把农机12个许可事项和备案事项列入微信审批或预审批目录。完成行政许可、行政处罚、行政强制、行政确认、年检、备案及调解等26个主要事项梳理、分类和上报。根据上级业务部门及县政务办和大数据中心要求，修正和完善最多跑一次改革各项要素信息设置。除“网上办、掌上办、零跑次”受省里直接管控外，“最多跑一次、承诺时间压缩比，即办件”等指标均按要求实现100%，网上办结件率达到72.7%。开展服务做“加法”活动，让群众不仅“最多跑一次”，而且能够“满意跑一次”，部分业务实现“一次不用跑”。

【水稻“穴直播”应用推广】　县机械化插秧比较普遍，但在育秧过程中人工使用量仍然很大，取土较为不易，成本也较高。而水稻穴直播是一种不用育秧、移栽，直接将种子播于大田的栽培方式，具有量穴准确、直播均匀、省工省力、节约成本等优点。经前期对比试验，具有一定的推广价值。3月29日上午召开农机春耕备耕动员会及水稻“穴直播”技术培训及交流，下午在涂茨镇钱仓村开展水稻“穴直播”现场观摩及水稻产业机械展示及演示。全县近8000余亩水稻进行穴直播，经历过“米娜”“利奇马”等台风的考验，未出现大面积倒伏或病虫害严重等现象，亩产与机插比较接近，具备大规模推广应用价值。

【农机维修网点规范管理】　2019年，在2018年试点的基础上推广农机维修网点规范化建设，利用政策扶持打造一批规范化标准化维修网点，做到悬挂统一制式牌匾，外围墙壁粉刷相同颜色等，建立八项制度管理。2019年选择西周、贤庠、石浦地区的4家维修网点进行规范化建设扶持，做到县4个片区农机维修保障。通过实行区域性服务，补齐农机维修服务这个短板，提升农机维修服务在推进农业机械化进程中的作用，为农业生产保驾护航。

【农机安全生产工作】　自创建全国“平安农机”示范县以来，巩固创建成果，贯彻落实各级关于安全生产的各项要求部署，层层落实农机安全生产责任制，推进安全生产政策落实，狠抓事故预防与应急处置，农机安全生产形势稳定向好。开展农机安全应急培训与应急演练，加强农机事故勘查与应急救援工作，提高应急处置能力。“5·12”温岭农用车事故发生后，按照全覆盖、零容忍、严执法、重实效的总要求，严厉打击无牌行驶、无证驾驶、未检验作业、违规发放牌证、瞒报谎报漏报事故等违反农机安全法规行为。截至年底，通过路上巡查，查扣5台注销的上道路拖拉机并实施报废解体。以变型拖拉机提前淘汰退出为工作重点，先期印发关于停止过户、变更登记、报废延期等相关文件，6月底前掌握本辖区变型拖拉机底数。

【科学推进新型农机具推广应用】 为提升县农机化发展水平，谋划产业布局，优化发展方式，推动高、精、尖农业机械和设施装备的引进，创新思路，探索，筹划开展首台（套）先进农业机械和设施装备适应性试验应用试点工作，新型农机具补贴目录新增多功能施肥机、田间管理机2项。2019年，共进行首台套专项补贴24.05万元。确定宁波盛腾农业发展有限公司作为宁波市农机科技推广项目实施单位，完成补贴资金发放20万元。

（县农机站　李尧）

农资服务

【持续深化“三位一体”农合联改革】 2019年，县供销联社组织制定县对乡镇农合联考核目标工作任务，向县政府申请到位农民合作基金第二批政府引导资金1000万元，发展产业农合联累计达6家，并向省农合联申报认定第一批产业农合联，发放2019年供销社为农服务资金170余万元（包括现代农业服务中心项目建设、农产品推介会、农作物病虫害统防统治、春耕及双夏农资优质服务月活动等经费补贴）。推动新建西周、墙头、东陈、大徐、石浦、泗洲头6家农合联现代农业服务中心，累计服务中心达17家。完成服务中心全覆盖。新建稻米产业农合联和东航海洋捕捞产业农合联。对照市农合联执委会考评标准推进县现代农业服务中心规范化运行工作，实现运行示范服务中心占总数50%以上。

【推进农村普惠金融工作】 2019年，县供销联社会同县信用联社开展合作社会员星级评定和信贷授信工作，年内为农合联会员发放贷款余额达2.15亿元；与中国银行象山支行签订普惠金融业务合作协议，其中对种粮大户按人行基准利率放贷，年担保费收取1%、“红美人”柑橘种植大户按人行基准利率上浮5%放贷，年担保费收取1.5%，发放贷款415万元；为促进县“红美人”柑橘产业发展，经与县人民银行协调，及时争取到“红美人”柑橘专项支农再贷款，贷款额度达1000万元，并委托县信用联社按星级评定给予低门槛、低利息、快速放贷。

【举办系列农产品网络营销活动】 2019年，县供销联社牵头举办6场针对县不同特色农产品的主题网络营销活动。一是于5月举办白枇杷节主题营销活动，实现网络销售7万余单，活动带动鹤浦镇实现当地客房成交600单，同比增长30%；当地接待游客约2000人次，同比增长约25%。二是于6月举办杨梅节主题营销活动，重点打造安海王子“泗洲灵梅”高端杨梅品牌，以泗洲头杨梅、甜瓜、土豆为媒，带动当地民宿和乡村旅游。三是于9月16日开渔节当天，举行一场别开生面的象山海鲜寻味之旅，在知名美食主播带领下，面向全国消费者开展网络直播销售，在天猫及微店两个渠道成交额220余万元，2小时的直播活动获得50万观看量，进店流量8万，实际成交6000单，转化率高达15%，总成交额达60万元，推动象山海鲜在全国范围的品牌影响力更上一层楼。四是于11月举办“我与主播共品鲜”活动。11月1日在石浦海峡广场，邀请网络美食主播现场直播“寻找妈妈的味道”石浦特色菜、特色小吃制作过程并品尝体验；11月2日县人民广场，结合东西部协作消费暨象山特色美食展，邀请网络主播进行直播并销售，带动区域协作消费和象山特色点心产业。五是于11月18日举办象山名特优产品展示体验中心开馆仪式暨“红美人”柑橘上市销售发布会。六是于12月举办象山海鲜网络年货节，与天猫、微店等电商平台联合打造象山海岛网络年货（伴手礼）节，推广象山年货大礼包、象山特色山海伴手礼以及延边、丽水等特色农产品礼包，提高其线上品牌知名度，促进三地特色农产品销量。

【开展消费扶贫和“山海协作”特色产品销售】 2019年，县供销联社牵头举办东西部帮扶、山海协作产品对接会。11月2日，在象山名特优产品展示体验中心组织延边、丽水特色产品及象山半岛味道农特产品入驻象山名特优产品展示体验中心进行对接。邀请三家遂昌农产品生产单位在人民广场举行为期5天的“山海协作”特色产品展销；12月，借与天猫、微店等电商平台联合打造象山海岛网络年货节中推广山海协作特色农产品；组织“山海协作”特色产品入驻象山名特优产品展示体验中心和海峡广场销售点，进行长年展示展销，提高其线上品牌知名度，促进农产品销量。

【全国首个“三位一体”数字化工程试点项目落地象山】 2019年，县供销联社利用象山海鲜及“红美人”柑橘两大核心产品，促成阿里巴巴集团乡村事业部全国首个“三位一体”数字化工程试点项目落地象山。配合阿里巴巴集团针对象山海鲜及“红美人”柑橘追溯体系的基地及企业调研，于9月项目启动，并进行象山海鲜品牌宣传，海鲜公共仓储项目流程试点。

【发展农村电商产业】 2019年，县供销联社先后在鹤浦镇鹤进村、定塘镇盛平山村和泗洲头镇墩岙村开展电商扶助建设，帮助推进公共仓，物流、包装、农产品标准输出建设，结合该村实况和要求，规划电商村发展方向。组织电商人才培训203人次，分别在定塘、晓塘、鹤浦等乡镇，培训主题涵盖短视频拍摄、直播营销、新媒体工具实践等，受到学员热烈欢迎。分别推出“泗洲灵梅”“南田春”、泗洲头土豆的包装设计方案。更新“海洋谷”农渔产品系列包装。

【扎实开展农资供应服务】 2019年，春耕期间县供销联社下属丰润农资公司筹措600余万元资金，共组织化肥

2000余吨、农药100余吨。开展“春耕农资送肥下乡”“情系‘三农’农资下乡”农资展销优惠等活动，引导农民建立科学的农资消费观念，提高科学种植意识。推广测土配方肥1200吨，增加亩产50千克左右，投肥成本每亩降低30元左右。组织举办“备春耕”种粮大户技术、“红美人”柑橘种植技术等各类培训班，累计培训620余人次。落实专业化统防统治服务面积1.95万亩，并作专业化统防统治补助申请与田亩公示。从种植户、各乡镇集中回收点、全县各农资网点出车70余次，回收处置废弃农药包80吨。利奇马台风灾后灾情调查，免费发放救灾尿素50吨，帮助农民恢复农业生产。

【探索推行“大地托管”为农服务新模式】 针对马铃薯种植农户规模小、生产成本高、单位亩产量和销售价格低等问题，2019年8月以来，县供销联社联同泗洲头镇政府与农户对接，探索推行“大地托管”为农服务新模式，破解出产的优质马铃薯受限于规模和成本，未能形成区域知名品牌的难题。在农户“加入自愿、退出自由、服务自选”原则下，由托管服务组织为农户提供“六统一”服务模式，即产前、产中、产后全程“保姆式”服务，促进马铃薯生产向规模化、机械化、集约化方向转变。泗洲头镇的马铃薯具有颗粒小、淀粉含量高、口感好、营养丰富等特点，项目选取该镇塘岸村马铃薯生产基地作为试点，总面积达150亩，涉及农户56户，托管后按500元/亩补助给农户，其中一期110亩露天种植马铃薯于9月统一播种，12月产出，经统计，每亩产出约2500千克，较之前分散种植的1000千克产量增加125%，通过打造区域统一品牌和引入电商平台等营销手段实施推广，促进马铃薯种植产业发展和农民增收。

【引进宁波“搭把手”再生资源回收项目】 2019年4月起，按照市七大专项行动和“垃圾分类+资源回收”两网融合要求，牵头推进宁波市“搭把手”回收体系项目建设和运营监管。5月，由县供销联社、县商务局负责与宁波供销再生资源科技有限公司合资成立宁波供销（象山）再生资源科技有限公司，注册资本1000万元。公司成立后逐步推进项目落地，建前端回智能收箱58台，其中丹城及爵溪街道50台，石浦镇8台，设立后颇受广大群众欢迎，每天收集纸张、织物、玻璃等可回收垃圾达1吨左右，饮料瓶700余个，为县垃圾分类事业提供的解决方案。

【完善供销联社体系建设】 根据省、市供销系统制度安排，经县委县政府审批同意，2019年12月4日下午，象山县供销联社召开第五次社员代表大会。宁波市供销社党委委员、监事会主任钟毅君、象山县政府领导吴志辉出席开幕大会并分别讲话。来自全县供销系统和农业专业合作社56名代表参加该次大会，欢聚一堂，共商供销事业发展大计，各乡镇农业工作负责人以及供销系统的部分老同志作为嘉宾列席会议。会议选举产生县供销联社第五届理事会、监事会成员，以及理事会常务理事，理事会主任、副主任，监事会主任等，审议通过《象山县供销合作社联合社章程》。

（县供销联社　曹逊）

新农村建设

【概况】 2019年，象山县以打造“面向世界、国内一流”美丽象山为目标，以部省共建乡村振兴示范县、全国农村垃圾分类及资源化利用示范县创建和全国加强乡村治理体系建设工作会议承办为主线，推动乡村振兴三年行动计划，全县农业农村领域实现新发展，实现农村环境持续美化、活力持续释放、治理持续改善，农民收入持续增长、保障持续加强、素质持续提高。尤其是“村民说事”、农村宅基地“三权分置”改革等多项工作得到农业农村部肯定，荣获国家农产品质量安全县、省乡村振兴战略实绩考核优胜县等荣誉，全国加强乡村治理体系建设工作会议在象山召开，列入全国首批乡村治理体系建设试点示范县。

【县委农村工作会议召开】 4月17日上午，象山县委农村工作会议召开，回顾总结2018年“三农”工作，部署2019年主要任务。象山县委书记叶剑鸣强调，要加快推进农业由增产向提质转变，推动农业供给结构性改革；要持续深化“千万工程”，在人居环境、示范精品、美丽经济上再提升，高水平打造美丽乡村升级版；要想方设法推动强村富民，坚决打赢低收入农户增收攻坚战，因地制宜加快集体经济发展，加快完善农村基础设施和公共服务；要坚定不移深化农业农村重点领域改革，着重深化农村产权制度改革、农业农村投融资改革、涉海涉渔领域改革，盘活用好农村各类资源要素；要示范打造“村民说事”2.0版，探索构建“三治融合”乡村治理体系，建设富裕、文明、宜居的美丽乡村。

【全国加强乡村治理体系建设工作会议在象山召开】 6月9日，全国加强乡村治理体系建设工作会议在象山县召开。中共中央政治局委员、中央农村工作领导小组组长胡春华出席会议并讲话。胡春华强调，要深入贯彻习近平总书记关于“三农”工作的重要论述，按照党中央、国务院决策部署，全面加强和改进乡村治理，夯实乡村振兴根基。浙江省委书记车俊致辞，中央农办主任、农业农村部部长韩长赋主持会议。浙江省委副书记、宁波市委书记郑栅洁，河北、吉林、湖北、广西、四川等省区领导和安吉余村负责人作典型发言。中央和国家有关部委领导，浙江省委常委、省委秘书长陈金彪，浙江省副省长彭佳学，全国各省（区、市）和新疆生产建设兵团有关负责同志出席会议。会前，与会代表分别考察象山县墩岙村、方家岙村、高泥村、溪里方村、旭拱岙村。

【乡村振兴工作领导小组会议】 7月22日上午，象山县召开乡村振兴工作领导小组会议，象山县委副书记、县乡村振兴工作领导小组副组长孙小雄出席会议并讲话，象山县委常委、县政府党组成员干维岳主持会议，全县乡村振兴工作领导小组成员单位有关负责人与会。会议通报2019年上半年县乡村振兴工作推进情况，并就乡村振兴战略推进制度及有关考核细则和实施方案等事项作说明。孙小雄强调，要践行“绿水青山就是金山银山”理念，做好腾笼换鸟、筑巢引凤、凤凰涅槃“三个鸟”的乡村文章，统筹推进产业提质、乡村提档、增收提速、改革提效、治理提升“五大行动”。巩固乡村振兴成果需要发展与治理相结合，象山“村民说事”成为国家标准、全国样板，要持续做深做实“村民说事”工作，抓好融合下沉，加快实现广大农村自治、法治、德治“三治融合”；发现挖掘更多好经验好做法，抓好提炼上升，推进实现乡村治理体系和能力现代化。

全国加强乡村治理体系建设工作会议在象山召开(周科　摄)

【清华大学在象山设立全市首个农村调研基地】 4月1日，清华大学中国农村研究院象山调研基地正式揭牌，象山县委副书记、县长黄焕利，清华大学中国农村研究院副院长张红宇共同为“清华大学中国农村研究院象山调研基地”揭牌，并签署交换《共建调研基地协议书》。清华大学中国农村研究院是服务国家“三农”决策的顶级智库，培养涉农科学高素质人才的重要基地，研究中国农村改革理论的一流平台。清华大学中国农村研究院象山调研基地主要以收集、分析、运用和提供基层微观数据为基础，依托长期跟踪调研和课题研究，深入探索“三农”领域全局性、战略性、前瞻性问题，通过交流合作、优势互补、成果共享，更好地为象山“三农”决策服务，共同推动该县“三农”工作再上台阶，为全国提供更多“象山样本”。

【市长裘东耀到象山调研乡村振兴工作】 4月1日下午，宁波市委副书记、市长裘东耀到象山调研乡村振兴工作。裘东耀一行先后来到墙头镇溪里方村、方家岙村，石浦镇沙塘湾村和晓塘乡晓塘村，分别对乡村文化旅游、“村民说事”基层治理、乡村民宿经济、柑橘产业发展等工作进行实地调研。裘东耀强调，要深入学习贯彻习近平总书记关于乡村振兴的重要论述和给余姚市梁弄镇横坎头村全体党员的重要回信精神，坚持一二三产融合、生产生活生态融合和自治法治德治结合，齐心协力加快建设富裕文明宜居的美丽乡村，推动乡村振兴工作走在全省全国前列。宁波市副市长卞吉安、市政府秘书长张良才等随同调研。象山县委书记叶剑鸣，象山县委副书记、县长黄焕利，象山县委常委、石浦镇党委书记奚海峰等陪同调研。

【浙江省农业农村厅厅长林健东到象山调研】 3月6日上午，浙江省农办主任、省农业农村厅厅长林健东一行到象山县专题调研“三治结合”乡村治理工作。林健东一行先后到墙头镇溪里方村、方家岙村和西周镇夏叶村、土下村，分别对宅基地“三权分置”改革、推进景区化建设发展乡村旅游、“村民说事”等工作进行实地调研。林健东指出，创新乡村治理，走自治、法治、德治“三治融合”的善治之路是实现乡村振兴的必由之路。林健东对象山“三治结合”工作取得的成绩给予高度肯定，希望总结提炼、深化提升自治、法治、德治等方面的相关做法，为浙江乃至全国加快实现农业农村现代化和乡村振兴提供象山经验、象山智慧。

【象山县入选首批部省共建乡村振兴示范省先行创建单位】 4月19日，省农业农村厅公布第一批部省共建乡村振兴示范省先行创建单位，全省共有6个市31个县(市、区)上榜，象山县名列其中。近年来，该县深入实施乡村振兴战略，全面推进农业农村现代化，打造美丽乡村升级版，“村民说事”、农村宅基地“三权分置”改革等多项工作得到农业农村部肯定，获评省乡村振兴优胜单位。2018年，全县农民人均可支配收入达到30882元、同比增长8.8%，高于全市平均增速。下一步，象山县将围绕部省共建合作框架内容，结合象山农业农村发展实际，探索具有象山特色的乡村振兴科学实践之路，高水平打造全省乃至全国东部滨海地区县域乡村振兴先行区示范样本。

【象山“村民说事”入选全国首批乡村治理典型案例】 6月5日，农业农村部召开新闻发布会公布20个首批全国乡村治理典型案例，象山县“村民说事”入选。“村民说事”源于基层探索首创，最早于2009年发端于西周镇，2010年开展全面推广，历经十年探索实践、深化提升，形成“以党组织为核心引领,以'共商共信、共建共享'为原则遵循,贯'说、议、办、评'四大环节于始终,集民意疏导、科学决策、合力干事和效果评估为一体"的现代农村基层治理制度体系,成为自治、法治、德治结合的乡村治理样本,相关经验做法被写入中央一号文件。

【象山县成立乡村治理学院和乡村治理研究院】　10月15日上午,象山乡村治理学院、象山乡村治理研究院正式揭牌成立。象山乡村治理学院、象山乡村治理研究院,由象山县与中国人民大学农业与农村发展学院合作设立,其目的是通过校地合作,借助中国人民大学的专业优势,推进乡村治理工作更加系统化、制度化、专业化。象山乡村治理学院、象山乡村治理研究院揭牌成立,为全国各地更好学习推广"象山经验"搭建交流平台,为总结梳理乡村治理经验规律提供研究平台,为探索完善乡村治理体系创造实践平台,为全国农村发展提供"象山样本"。10月15—18日,山西省加强和改进乡村治理专题培训班在象山开班,130名山西省农业农村领域的干部成为象山乡村治理学院首批学员。

【泗洲头镇墩岙村入选中国最美休闲乡村】　12月16日,农业农村部公布"2019年中国美丽休闲乡村"名单,象山县泗洲头镇墩岙村入选。墩岙村地处泗洲头镇南部,与宁海县长街镇相邻,村庄山清水秀、环境优美,主要产业为杨梅、柑橘种植和水产养殖。该村先后荣获浙江省住房建设示范村、浙江省民主法治建设示范村、浙江省卫生村、宁波市小康示范村、宁波市文明村、省AAA级景区村和市农家乐集聚村等荣誉称号。近年来,该村紧抓高速通车、乡村振兴战略全面实施的机遇,建立乡贤工作室、落实乡贤"能人回归"工程,开发建设中高端精品民宿,首期共开发18幢民宿。激活周边闲置资源,改造建成集灌溉、观光、垂钓、水上娱乐于一体的综合性水上公园。依托千亩产业基地,推出应季果蔬采摘体验,推动农旅文融合发展,丰富休闲旅游业态。

【东西部帮扶协作】　2019年,象山县深入贯彻和落实中央、省、市关于东西部扶贫协作决策和部署,全面推进与吉林省延边州龙井市、敦化市的对口帮扶协作工作,巩固2018年协作成果,持续发力产业、经贸、民生、社会事业等领域合作,为两市脱贫攻坚、奔赴小康注入象山动力。全年落实财政资金5850万元,筹集社会帮扶资金、物资1056万元,落地帮扶项目14个,选派干部、专技人才68人,输出象山大白鹅养殖技术、象山"红美人"柑橘种植技术、"甬甜5号"甜瓜种植技术、"泗洲头马铃薯"种植技术等农业技术,全面推广"三零劳务协作制度",帮扶就业616人;新增注册企业8家,完成企业投资2.4173亿元,带动两市近4000贫困人口增收脱贫,超额完成市下达的工作任务,其中劳务协作、消费扶贫、产业帮扶等多项工作走在全市前列,相关经验做法作为市典型推广。

【美丽乡村示范创建】　2019年,象山县实行"多村联建、多线联创"工程,统筹生态保护、文化传承、乡村旅游、党建自治、产业发展等村、线建设,发挥涉农资金整合项目叠加效应,建立专家组指导示范镇村、乡镇"第一书记"派驻示范村等制度,全年完成创建省美丽乡村示范乡镇2个,省美丽乡村特色精品村4个,市级美丽乡村示范镇乡1个,市级美丽乡村示范村6个,市级村庄整治提升村10个,县级美丽乡村特色村15个,启动打造AAA级景区村13个、AA级景区村8个、A级景区村29个。推进建房建村建景统筹结合,串珠成链扎实推进风景线建设,完成鹤浦镇"海韵南田"、贤庠镇"花开贤庠"、墙头镇"印象西沪"3条风景线沿线重要节点驿站、沿线绿化提升、旅游公厕升级、交通路网提升等工程,通过市级验收。启动丹东街道"梅映丹东"、泗洲头镇"灵岩乡韵"2条风景线打造。

【农村"垃圾分类"工作】　2019年,象山县以泗洲头镇、晓塘乡创建市级垃圾分类示范乡镇为抓手,全面探索实践第二代阳光房工艺、村级宣传教学点建设等农村垃圾分类新做法,逐步建立有制度、有标准、有队伍、有经费、有监督的"五有"垃圾分类工作体系,形成农村垃圾分类新经验。全年新建成垃圾分类村133个,累计建成垃圾分类覆盖村490个,全县行政村实现生活垃圾"三化"处理全覆盖。完成定塘镇、黄避岙乡、泗洲头镇、鹤浦镇、西周镇、晓塘乡、大徐镇、贤庠镇、茅洋乡、东陈乡、新桥镇等11个镇乡项目建设。开展新装备新技术引进推广,在西周镇土下村试验建设餐厨垃圾高效生物处理机项目,厨余垃圾减量率95%以上,将形成太阳能阳光房为主体,机械成肥、沼气成肥等多种模式互补的终端处置体系。

【农村环境整治提升】　2019年,该县以打造"全国最清洁县"为目标,广泛动员、全域推进,强力推进"千万工程"升级版,深入开展村庄清洁行动,农村人居环境显著提升,群众幸福感、获得感增强。全年投入村庄清洁行动、环境整治等各类资金3.2亿元,带动村民及社会资本直接参与乡村建设超10亿元。春夏秋冬4次向490个村通报问题照片24361张并集中整改,55个环境卫生薄弱村全部清零。完成河道清淤15万立方,农村污水处理标准化试点64个,一体化运维覆盖率100%。实施农业废弃物清理,回收农资废弃包装物85.5吨,病死禽畜无害化资源化利用48.6吨。推进农村卫生移风易俗,加大破旧房整治、农村改厕等工作力度,完成拆违52.4万平方米,新建农村公厕和旅游公厕218座、卫生户厕普及率100%。

【农村闲置资源激活利用创新】　2019年,象山县优化产权制度和要素市场配置,盘活用好农村各类资源要素,激发乡村发展活力。完善闲置宅基地(农房)激活流程、多方共赢权益保障风险机制、项目化交易管理办法等制度,组建农村改革(宅改)工作专班,启动农村闲置资源等调查工作,总结提炼深化农村宅基地制度改革象山经验,获农业农村部副部长韩俊批示肯定。深化农村土地、林地、海洋等产权制度改革,其中探索养殖用海“三权分置”改革，获省委副书记、市委书记郑栅洁批示肯定。推进农村产权交易，搭建“微拍”平台，创新“VR全景看标”模式，拓展影视棚、冷库、码头等新品种交易，完成交易249宗、实现交易额1.47亿元。

盘活利用闲置资源新引进乡村产业项目28个，投资4.6亿元。截至2019年年底，全县累计颁发宅基地“三权分置”证106本，盘活利用宅基地19803平方米、闲置农房20095平方米。

（县农业农村局　赵鑫　李婷）

水利水务

水利工作

【概况】 2019年,象山县水利和渔业局在县委县政府的坚强领导下,准确把握机构改革工作要求,完成机构平稳过渡,适应治水主要矛盾的新变化,以现代化水利建设为主线,以“水利工程补短板、水利行业强监管”为重点,扎实推进各项水利事业全面发展,创建水利部第二批节水型社会建设达标县(区),荣获全省农业水价综合改革工作绩效评价优秀县等荣誉。

【水利工程建设稳步推进】 2019年完成年度投资16382万元,超额完成1.5亿计划投资。重点工程完成年度投资7389万元,下沈海塘维修加固工程万青塘闸基本完成,东陈流域南堡河段治理工程完成工程量的20%,泗洲头流域治理工程主溪坑基本完工;面上工程完成年度投资8993万元,黄湾海塘维修加固工程三期Ⅰ标完工,5.5千米定塘中楼河流域整治工程完成治理,47处面上水利工程完工。

【水利工程管理落实到位】 继续推进标准化创建工作,完成各类水利工程创标57项(山塘10座、小型水库26座、海塘10条、堤防6条、农村供水4座、闸门1座),完成全年创标任务。对2018年创标的72项(省级2项、市级18项、县级52项)项目验收问题进行梳理,对工程整体面貌、台账资料及人员经费等方面查漏,督促各乡镇(街道)和部门限期做好整改工作。全面排摸山塘水库隐患,成立专项调查小组对全县62座水库按照水库标准化和安全度汛要求进行全面排查,出台《象山县2019年水库和重要屋顶山塘安全度汛专项行动方案》明确相关整改措施。

【水资源管理规范有序】 加强节水型社会建设,配合做好县域节水型社会达标建设复核工作,开展水法宣传相关工作,规范取用水管理,颁发取水许可证31家,其中28家34个取水点全部安装取水监控系统,共收缴水资源费1310.9万元。强化水土保持工作,开展水土保持方案落实情况监督检查30余次,检查项目建设单位30余家,印发监督检查意见3份。出动水政巡查310余人次,协调处理各类水事案件22起,其中投诉举报案件16起,印发《责令改正通知书》5份,完成4条“无违建河道”创建工作任务,完成率为100%。开展大塘港区域水质提升工程,完成淡水养殖塘2487亩退养任务。

【水利安全生产扎实开展】 成立水旱灾害防御工作领导小组,完善防汛应急预案,全面开展汛前大检查,对部分海塘与闸门老化沉降严重,少数山塘出现渗漏等60处隐患限期整改。开展水库安全度汛专项行动,严格落实乡镇水库“三个人三方案”。2019年汛期,共预泄预排水库水量5682万立方,针对平石饮山塘、黄湾海塘等险情,及时组织水利技术专家赶赴现场,采取临时应急措施确保人民群众生命财产安全。开展实地质量与安全检查,累计开展101次,下达质量与安全检查意见书21份,开展原材料和中间材料产品质量检测1965批次、“四不二直”检查25次和质量“飞检”19批次,对不符合规定的督促复检和整改返工。有序开展施工企业信用考评,累计开展信用考评40次。

【水利领域改革有序推进】 深化最多跑一次改革,提升政务服务能力,74项水行政许可审批均按期办结,行政审批工作满意度100%,水利项目线上审批办件率达到100%。农业水价综合改革在2018年试点工作基础上全面推开,完成改革面积24.9万亩。继续推进水利工程管理服务外包,在新桥、茅洋试点基础上,新增鹤浦、黄避岙、贤庠、涂茨、墙头等5个乡镇,共开展巡查6200余人次,巡查海塘156千米、山塘水库631处,清理河道786千米。

(县水利和渔业局　张芳芳)

防汛抗旱

【概况】 县应急管理局设下列内设机构:办公室、政策法规科(挂行政审批科牌子)、安全生产基础科(挂危险化学品安全监管科牌子)、防灾减灾科、防火和救援科、综合协调科六个科室。做好防灾减灾工作。县防指对全县125处防汛工程开展拉网式大检查,对35处安全隐患进行整改及落实度汛措施。圆满完成对“利奇马”等台风的防御工作,启动或解除应急响应18次、发出防汛指令21次、下达防洪调度令7次,未发生人员伤亡事件。提升应急救援能力。调研走访9家社会应急救援队伍,推进西周镇乡镇级综合应急救援专职队伍试点工作。完成《象山县突发公共事件总体预案》,确定专项预案49个。组织全县2019年综合应急演练,设置5个演练科目,投入参演设施设备100余台(套),涉演单位23个。组织其他消防安全演练、防溺水演练等200余场。组织“5·12”防灾减灾日、“安全生产月”宣传活动,组织全员培训6万余人。

【开展防汛防台检查暨隐患大排查工作】 为配合“平安守护”专项行动,结合象山县实情,县防指及早部署2019年防汛准备工作,2月18日至4月10日根据《关于开展2019年防汛防台暨隐患大排查工作通知》要求,在乡镇自查的基础上、县防指在3月中旬,派出由县水利和渔业、国土、住建、交通等部门组成的5个检查组,对全县18个镇乡(街道)和6个中型水库、3个工业园区进行汛前复查,重点检查危化品生产存储点、应急避灾场所和防汛抢险救灾物资队伍,镇乡(街道)、村(社区)的防汛防台组织及责任落实等情况,确保汛期“不死人,少伤人,少损失”。复查村级防汛体系36个、水利工程397处、交通工程27处、地质灾害点15处、城乡防洪工程16处;查出各类隐患35处、整改完成17处。

【省、市防汛防旱指挥部督查组到象山督查】 3月26日,省、市防汛防旱指挥部督查组一行10人,分别由省农业农村厅副巡视员吴金良和市应急管理局副局长许武松带队,对象山县防汛组织机构和责任落实情况及防汛防台准备、基层防汛体系和各地防汛防台重点进行督查。督查组对“千名干部访渔(农)家,一线蹲点三服务”活动给予高度认可,对象山汛前准备总体情况表示肯定,实地检查的镇、村基层防汛体系基本健全,防汛物资储备基本齐全,水利工程安全度汛措施到位,地质灾害点警示明确且有抢险修复计划。吴金良指出:要夯实基层防汛防台体系,压实防汛防台责任,做好隐患排查整改,确保以最优状态入汛、安全度汛。

【解除长达9个月的城镇供水抗旱Ⅲ级应急响应】 自2017年秋冬以来,象山县持续干旱少雨,全县5座主要供水源的中型水库蓄水量持续减少,蓄水一度降至1200万立方米,城乡供水形势严峻,县防指在2018年6月26日8时启动城镇供水抗旱Ⅲ级应急响应。各地各部门精心组织,采取局部限制供水、启用备用水源、向白溪水库引水等措施,保证城乡供水安全。2019年,象山县降雨量达430毫米,比常年同期多四成,水库回蓄明显。旱情得到明显缓解。县防指从2019年4月10日12时起解除长达9个月的城镇供水抗旱Ⅲ级应急响应。

【县委书记叶剑鸣到应急管理局调研】 4月15日,县委书记叶剑鸣率相关部门负责人到县应急管理局走访调研。叶剑鸣对县应急管理局组建以来取得的成绩给予肯定。叶剑鸣指出:要牢固树立“以人民为中心”的发展思想,增强做好应急管理工作的责任感、使命感;要把应急职能突显出来,完善各类应急预案,加强应急演练,确保关键时刻能够拉得出、打得赢;要紧盯薄弱环节和重点领域,细化各类监督措施,做好安全防范工作;要突出重点,抓突破,严格执法,排查整治安全隐患,推动应急管理执法工作上台阶。叶剑鸣强调,干部队伍素质是决定一个单位发展的重要因素。要求局“一把手”本着严管就是厚爱的原则,管好班子、带好队伍,以上率下、以身作则,层层传导压力,逐级落实责任,确保各项工作落到实处、取得实效。要以政治生活规范化促进党内制度落实,以党内监督常态化加强作风建设,以谈心谈话经常化关心关爱干部,全面推进干部队伍整体建强、整体过硬。

【县委常委、常务副县长陈兴立召集防汛紧急工作会议】 县防指自7月1日以来连续3次召开防汛紧急工作会议。县气象部门、县水利和渔业、县住建局、县交通运输局、县应急管理局等部门对当前汛期形势进行分析研判,并对梅雨后期强降雨防范工作进行布置落实,把握防汛工作主动权。县防指总指挥陈兴立常务副县长指出,加大水利工程、地质灾害隐患点的巡查,提前转移低洼地区、地质灾害影响区群众,及时报送灾情,强化24小时值班值守,把防汛各项措施落实落细。各成员单位要各司其职,确保平安度汛。

【县长指导防汛工作】 7月9日,县委副书记、县长黄焕利在县防指指挥中心听取防汛工作汇报时强调,2019年梅雨期雨量多、时间长,各地各部门务必要高度警惕,发扬连续作战的精神,做好防汛各项工作。县防汛防台抗旱副指挥、县应急管理局局长檀年华主持会议并安排下一阶段防汛重点工作。在听取相关部门防汛工作情况汇报后,黄焕利指出,2019年梅雨期出现多次降水集中期,7月2日和3日,遭遇短时强降雨的袭击,9日晚以及13日左右、17日左右还有明显降雨过程,防汛工作形势比较严峻。各地各部门务必要重视梅雨期防汛工作,克服麻痹思想,对各项防御工作要再检查再落实,确保人民群众生命财产安全。黄焕利要求,一是要把握气象动态信息,做到心中有底。特别是短历时强降雨,气象要及时预报,防指要周密部署,各部门要各司其职,确保处置迅速。二是要重点做好地质灾害等次生灾害防御。要巡视检查,转移地质灾害影响区群众,发已有公路边坡塌方,要组织力量抢通;水利工程要科学调度,要在拦洪蓄水和预泄预排之间寻找平衡点,减轻下游防洪压力;西部山区还要严防暴雨引发山洪。三是各防指成员单位要加强值班值守。应急响应期间,各防指成员单位要坚持24小时防汛值班和领导带班制度,执行每天两次的信息报送制度,各级领导干部要靠前指挥,确保防汛指挥决策运转高效、灾情险情及时处置。

【省委副书记、市委书记郑栅洁到象山检查指导防台工作】 8月9日,省委副书记、市委书记郑栅洁到象山县检查指导防御第9号台风“利奇马”工作。郑栅洁实地检查新桥镇崇站港避风锚地、东陈乡旦门海塘以及墙头镇方家岙村,了解船只避风、船员守值、潮水涨落时间、水库泄洪等情况后,郑栅洁要求加强对台风趋势的分析会商,做好应对最大风力冲击的准备,视情及时动员值守船员上岸避险,落实24小时海塘巡查监测防护措施,做好预泄预排工作,进行科学指挥、科学调度,以最实的措施争取最好的结果。郑栅洁强调,超强台风登陆在即,各级各部门要全面进入实战状态,确保实现“不死人、少伤人、少损失”的目标。

【县领导坐镇指挥防台工作】 8月9日,象山县委书记叶剑鸣、县长黄焕利在县防指指挥中心就防御台风“利奇马”部署工作。受2019年9号台风影响,全县防台形势严峻,省、市、县相继召开防台工作会议,严正以待。叶剑鸣强调,贯彻落实省、市防台工作会议要求,树立“防大汛、抢大险、救大灾”的思想,守住“不死人、少伤人、少损失”的目标,做到责任落实,确保万无一失,由县四套班子领导带头进驻联系镇乡(街道),所有人员到岗就位,开展转移危险区域人员、通知船只避风保安、抓好海塘水库安全管理、落实重点区域防范等工作,共转移人员45059人,回港避风渔船2788艘,主要水库预泄2798万方,河网预排1418万立方,拆除广告牌22个,加固行道树505棵,拆除围堰4处,开挖渠道1400米,抢收各类农作物755吨、转移牲畜1320头、家禽4.5万羽。

【象山县迅速开展台风过后重建工作】 8月10日,县领导到全县各地检查灾情,慰问受灾群众和基层干部,指导生产自救工作。各镇乡(街道)和部门领导在一线组织指挥,各部门根据工作实际和行业特点,发挥专业优势,组织机关干部投入救灾工作中。水利、住建、交通、供电部门共派出14个工作组,出动车辆2100余辆次,人员2000余人次,开展排涝,水利工程抢修加固,重点区域集中清淤,主要河道垃圾清运,倒伏树木清理,故障线路巡视及抢修等工作。农业农村部门派出技术干部305人次,走访指导各类农业生产主体620余家,完修复圈舍、房屋8810平方,冷库收集死亡畜禽25500只、无害化处理12600只,发放消毒药物20吨、生石灰60吨,完成栏舍及周边环境清洗、消毒面积192万平方米,修复大棚8亩。县卫生健康局出动卫生应急救援队伍23支共167人,救治病员39人次,消耗漂白粉128千克,泡腾片50瓶,卫生应急救援队伍48支350人次。各乡镇卫生院对避险安置点派出25支队伍95人开展巡回医疗,诊疗60余人次。县卫生监督所每日对全县13家供水单位进行饮用水水质情况进行检测。防台应急响应解除前,象山县按照“应急响应不结束,渔船不出海”的指示,从严抓好避风渔船的管控。响应解除后,按照“一点验两报告六提醒”的要求,有序组织渔业船舶出海作业。

【县应急管理局开展“利奇马”台风防御工作】 2019年第9号台风“利奇马”于8月10日在温岭市城南镇登陆,登陆时最大风力为16级。9日,台风预警连升三级,防台应急响应连升两级。该局超前谋划,提前部署,制定防汛防台风应急预案,确保迅速有序地开展防汛防台应急处置。为更好地组织、协调防御防台工作,处置各类汛情,应急管理局成立防汛防台应急工作组,下设综合调度组、预警发布与灾情统计组、抢险救援组等5个工作小组。局长负责全局组织指挥,其他局领导负责各工作小组的组织指挥,全体班子成员带队深入一线开展监督检查,重点对危险化学品企业、工矿商贸企业等加强巡查,防止各类灾害事故的发生。要求各企业负责人做好相关物资准备与防范工作,采取停工停产等措施,坚决避免人员伤亡,最大程度减少财产损失。落实好各类抢险物资及装备,开放375个避灾点,三个应急小组随时待命,做到统一指挥、快速出动、高效救援,在应急情况下能在最短的时间内投入抢险,避免人员伤亡事故的出现。县防指办发扬连续作战精神,取消周末,所有人员到岗到位,24小时值班值守,督查、指挥、协调全县防台工作,以赴打赢此次防台攻坚战。

【象山县多支社会应急救援队伍奋战抗台一线】 第9号超强台风“利奇马”强度大,雨量大,持续时间长,为应对台风“利奇马”带来的影响,雄鹰、蓝豚、蓝羚、石浦港、户外、孙茂芳、野狼、蓝天、海心9支社会应急救援队伍奋力投入防台抗台中。8号起台风在象山带来严重影响,各支救援队伍共300余名队员深入社区、农村等地,开展不间断转移群众、疏通下水道、路面清障、地下车库抢险、加固海塘等工作,多支救援队伍通宵作战,守护平安。受“利奇马”影响,浙江临海洪水围城,内涝严重。消息一出,9支应急队伍连夜带上装备驰援临海。此次救援涉及人员约110人,救援车辆16辆,救援船艇14艘,另有救生衣、救援背包等应急救援必备装备。截至11日早上11时,经过连续奋战,共救出1270人。

【防御2019年第18号台风“米娜”】 9月29日,县长黄焕利赴县防指指挥中心,召集县气象局、水利和渔业局、自然资源和规划局、住建局、公安局、农业农村局、港航局、旅发中心、海事处等防指成员单位进行防台会商,县防指指挥、常务副县长陈兴立主持会议。各部门针对台风“米娜”实况提出相关防台策略,陈兴立常务副县长对防台工作做具体部署。黄焕利要求各地各部门统一思想、高度重视,切不可麻痹大意,时刻关注台风走势,加强会商研判。要求各地各部门务必加强动态管理、加强值班值守、信息及时上报。各地各部门根据会商结果,明确目标,突出重点,抓紧做好相关防台工作。9月29日16时,县防指指挥、常务副县长陈兴立主持召开全县防台工作会议,全县四套班子领导及各部门、各镇乡(街道)主要领导参加会议,县委书记叶剑鸣出席会议并讲话。陈兴立做防台工作具体部署:加强监测预警,做到预警到乡,预案到村,责任到人。落实涉渔涉海安全防范,突出海上船只安全管理,落实海塘内外养殖作业人员转移工作,加强海上作业安全管控。落实旅游设施人员管理,关闭涉海涉水旅游景点,做好游客引导提醒工作。落实基础设施安全管理,重视水库、山塘安全管理,抓好海塘安全管理,做好应急避灾点启用准备;落实值班值守、信息报送和宣传引导,严肃值班纪律，严格岗位责任，严禁擅离职守。9月30日9时，陈兴立召集全体防指成员单位主要领导参加防台会商会议，叶剑鸣、黄焕利参加会议，听取相关部门防台工作汇报。黄焕利要求各地各部门务必在县防指的统一指挥下，继续加强会商研判，落实重点领域的防台工作。叶剑鸣强调一要细而又细、严而又严地狠抓各项工作落实，二要围绕“不死人、少伤人、少损失”的目标，做好防台各项工作。陈兴立要求各地各部门根据县防指部署，落实叶剑鸣、黄焕利提出的防台工作要求，推进各项防台工作。这次台风全县共转移人员37183人，其中海上作业和养殖人员15549人，小流域山洪危险区人员561人，地质灾害威胁区人员50人，海塘危险区人员2578人，游客18445人。依据县防指要求各地各部门执行防台预案，继续严阵以待，杜绝麻痹大意，扎实推进重点领域的防台管控工作。台风警报解除前，船只不得私自出海，涉水人员不得回流，涉水景区不得开放，涉水航线不得开启。相关部门管控到位，走好“最后一千米”，夺取防台风工作胜利。

（县应急管理局　程舟群）

供　水

【概况】　2019年，县降雨总体丰沛，承担原水供应的中、小型6座水库基本处于满蓄状态。集团下属3家自来水公司总供水量7696万立方米，日均供水量21万吨，与2018年基本持平。

【严格水资源调度管理】　建立以周为单位的原水调度计划和以日为单位的供水调度计划，重点做好汛期水资源调度和防台防汛工作，将水库的防洪功能和拦蓄功能发挥到最大限度。水源保护地建设力度加大，完成大塘港水质提升应急工程和大塘港流域综合规划、水环境整治初步方案，库区养殖治理、周边乡镇污水治理等相关措施得到落实；启动4座中型水库饮用水源地安全保障达标建设评估，加大饮用水源水库监控摄像头、防护网、警示牌等管理设施投入，水库库面及库区专业化环卫保洁、日常巡查机制得到全面落实。

【优化制供水布局设置】　优化“两区五片”的县域制供水格局，加快实施西周水厂、茅洋水厂、贤庠水厂、新桥水厂、东陈水厂设备设施改造，确保水质稳定达标；开展贤庠水厂、鹤浦（樊岙）水厂改建工程研究论证；完成城区至新桥、影视城DN300管道、石浦至鹤浦DN400管道、大徐海口至黄避岙双回路管网铺设，联网供水范围扩大。建立“统一受理、工单办理、集中回复”的集团客服系统和覆盖全县18个镇乡街道的营业服务网点，开展营收服务和投诉咨询的标准化、规范化办理，用户故障报修、水量查询、水费缴纳的便利化程度提高。推进供水报装服务流程“最多跑一次”改革，报装环节从6个压缩至3个（申请、查勘、开通），报装材料从4份压缩至1份（居民身份证或企业营业执照），用户从“至少跑两次”转变为“最多跑一次”（签订协议、缴费），主要指标全市位列第一。

【狠抓供用水增收节支】　加快推进供水基础设施改造。2019年，完成中心城区靖南路、新丰路、蓬莱路和石浦镇区火炉头路、南港路、凤栖路等区块老旧管网改造13.2千米。采用系统化控漏手段，完成中心城区15个三级分区计量系统和15个乡镇186个二级分区计量系统，累计开展管网巡查3242千米，完成查漏修漏305处，中心城区产销差率从1月的32.1%降至21.6%，石浦镇区产销差率从45.8%降至32.7%。其中，成效较为明显的大目湾区块从1月的55.2%降至18.7%，滨海工业园从27.9%降至8.8%，象山河路以南区块从45.6%降至10%。加快推进供用水合同签订，共签订合同34561户，查处违规用水行为16起，水费收缴率达到97%以上，拖欠收费、拒交水费的现象得到遏止。

（县水务集团有限公司　郑怡）

污　水

【概况】　2019年，集团下属5个污水厂全年污水处理量为3250.29万吨。

【部署管网抢修截污纳管】　全年管线巡查584千米，完成污水管网清淤疏通21千米，CCTV检测8千米，完成污水井修复共计165处，安全网安装248顶，铭牌安装146个，乙供窨井井盖更换27个，处理各类投诉132起；完成中心城区中水管保养工作，中心城区排水设施日常杂物清捞及1—8#泵站垃圾处置考核工作，建设项目雨污分流验收12次，调查河道污染源52处；厂区及泵站生产设备巡查2018年36次，河道闸门8次；各类维护保养共计156次，设备故障维修共计38次。

【推进零直排建设】　配合有关乡镇实施12个农村污水处理工程建设，中心城区、西周污水处理厂提标改造和城东污水处理厂转性改造完成初步设计评审，6个乡镇污水站“空转”问题初步整改，出水水质实现达标排放。督促浙江环保集团象山有限公司、富春紫光公司落实专业化运营管理措施，做好5个污水处理厂、6个污水处理站、605个农村污水处理终端的日常运维工作，加大污水治理设施基础信息库建设，扩大信息化平台应用范围，提高运维效率，拓展镇村污水管网维护业务，打造污水处理专业化运维“象山模式”。根据县域经济发展需要，加快推进新丰路、来薰路污水扩容工程、大中庄临港产业园至城东污水处理厂污水输送工程等前期工作。

（县水务集团有限公司　郑怡）

水务重点工程

【概况】　2019年，县水务集团工程建设项目总投资4.7亿元，完成投资4.97亿元，完成年度计划的105%。

【重点水利设施工程】 完成溪口水库维修加固主体工程和附属工程，通过蓄水安全鉴定和验收；隔溪张水库维修加固工程初设方案通过市水利局审核；平潭水库完成大坝安全鉴定，进入维修加固前期设计；上张水库、仓岙水库大坝安全观测系统、大塘港胜利闸、台宁闸、强大湾闸维修疏浚工程按计划有序推进。

【重点供水设施工程】 滨海水厂二期扩建土建工程全面完工，进入设备安装阶段，该工程概算总投资为18034万元，计划2020年12月完工。工程建成后，滨海水厂由原日供水10万吨提升至日供水20万吨，彻底解决用水高峰期超负荷运行的状况，通过加装臭氧活动性碳滤池，同步解决已有常规处理工艺无法应对原水泥腥味、铁锰超标等突发情况，大幅度提升出厂水质标准；完成农村"一户一表"工程20970户，完成年度计划投资的135.89%。

【重点排水设施工程】 中心城区旧城区雨污分流改造工程完成管道铺设46千米，累计投资6325万元，完成年度计划的131.77%；完成中央、省环保督察的问题终端改造项目53处，共涉及终端整改70个，累计投资约5300万元；6个乡镇污水站"空转"问题整改完成，提前启动2020年大塘港区域终端提改造项目20处。

（县水务集团有限公司　郑怡）

水务产业化

【概况】 集团运营12家制水厂，日供水能力35.5万吨，（定塘、高塘等水站停用，还运营17个水站，西周14个、石浦2个、东陈1个），其中5家万吨级以上制水厂（滨海水厂、靖南水厂、石浦水厂、西周水厂、鹤浦水厂，制水能力为30.7万吨/日）；有5家镇级以上污水处理厂，处理能力为19.5万吨/日。

【完善人财物管控措施】 加快人事和薪酬制度改革，科学建立体现公平性和激励性的绩效薪酬体系，尝试劳务外包、服务外包等用工模式，逐步降低用工成本和风险，完成第二批146人劳务外包招标工作。开展闲置资产调查摸底和确权登记工作，3座中型水库（上张、隔溪张、平潭）资产转移完成注入，14家乡镇水厂清产核资工作稳步推进，为壮大资产规模、拓展融资渠道奠定基础。引进信息化管理手段，实现工程项目、资产登记、仓库管理的无纸化审批和全流程管理。加强对设计监理、工程招标、材料采购等环节的集约化管理，加大对工程拆分包、预选承包商（供应商）的监管力度，防范制度性风险。

（县水务集团有限公司　郑怡）

工业

综述

【概况】 2019年来,县工业经济在县委、县政府的高度重视下,牢牢把握稳中求进总基调,贯彻落实市委“六争攻坚、三年攀高”和县委“双突破双驱动”战略要求,对接市“246”万千亿级产业集群培育发展,做好稳企业、调结构、增动能、防风险、强改革等工作,实现工业经济运行稳中有进。

1—12月,全县累计实现规上工业总产值650.9亿元、同比增长0.7%,规上工业增加值126.0亿元、同比增长3.6%,规下工业增加值28.2亿元,同比增长8.3%。全县500万元以上工业项目完成投资64.6亿元,同比增长27.2%,增幅全市第三,其中完成技改投资31.7亿元,同比增长30.7%,增幅全市第二。全县战略性新兴产业、高新技术产业、高端装备产业分别实现增加值26.8亿元、64.5亿元、54.1亿元,分别同比增长19.5%、9.4%、10.9%。全年新增“小升规”企业87家,全县规模企业达到575家。

政策梳理谋划强力推进。对接市“246”万千亿级产业集群发展,起草推进对接市建设“246”万千亿级产业集群实施方案,初步确定以临港重型装备为核心的高端装备产业集群,以汽车配件和铸造模具为引领的汽模配产业集群,以特种膜为主导的新材料产业集群发展。牵头汇总人才、金融、科技、招商、社保等各部门政策文件,编制发放《象山县工业经济政策精编版》2000余册。加强政策宣传,通过企服中心微信公众号APP和广播电视、新闻报纸、咨询热线等平台,召开政策培训、乡镇工业会议14场,落实政策受惠知晓人次2000余人。

项目建设稳步强力推进。建立县级领导联系亿元以上工业项目制度,确定日星铸业等68个亿元以上项目为重点跟踪工业项目。落实专人对工业项目进行跟踪分析,按月、按季编制统计表汇总表,按季深入乡镇及项目进行督促推进,全年新建及投产亿元以上工业项目40个。重大制造业项目取得突破,中化膜首期计划投资35亿元,日星大中庄区块扩建、昌晖新能源汽车零部件、波威重工等项目计划投资均在10亿元以上。规范完善工业集聚区,制定全县工业集聚区规划。加快旧厂区改造,结合“退城进园”和“腾笼换鸟”行动,1—12月,完成戴维商业广场新建等25个项目,总计改造面积20.7万平方米,完成市、县年度目标任务的207%。

智能制造扎实推进。加大对本地智能制造工程服务公司的培育,引进航天云网云制造科技(浙江)有限公司、中机智能装备创新研究院。推动规上企业技术改造全覆盖和有智能化改造需求诊断全覆盖,148家规上企业完成技术改造,形成智能化诊断报告50份。188项新产品列入市新产品试产计划,易锻精密机械入围市智能制造装备产业技改项目名单,国悦生物、久源润滑等企业入列首台套产品,日星铸业、锦浪新能源、钰稀腐蚀控股3家企业产品入列省制造精品。

主体培育计划逐步推进。开展行业龙头骨干企业、创新型高成长企业、单项冠军、小微企业三年成长计划培育,华翔电子入选省“雄鹰行动”培育企业,合力模具等8家企业通过市县两级行业骨干考核,博力汽车等14家企业通过县创新型高成长考核,威霖住宅和胜维德赫入选市单项冠军示范企业,天安智能和锦浪新能源入选市单项冠军培育企业,博禄德电子、威霖住宅、日升集团、日星铸业和锦浪新能源等5家企业入选省隐形冠军培育企业,市级以上单项(隐形)冠军(培育)企业达到17家,锦浪新能源上市。加强政策兑现,及时联合县财政开展工业政策奖励补兑审核,共计兑现2017年度企业梯队培育资金2170.24万元,惠及企业150家。

绿色制造提质增效推进。推动重点企业开展绿色化项目改造,实施印染行业小浴比染色机更新20余个县级重点节能节水改造项目。大唐电厂、巨鹰杰衣、元华印染3家企业创建市节水型企业,引导甬南、能通、海达、巨鹰杰衣谷4家企业持续开展清洁生产审核工作。加快落后产能淘汰,完成共青铸造等5家企业铝壳中频炉整改。继续推进工业企业雨污分流改造,推进低散乱企业整治工作,共完成低散乱整治企业161家,超额完成市定目标。继续开展全县小印花企业区域污染整治工作,将全县106家小印花企业通过“关停一批,整合入园一批、规范提升一批”原则方式,整合保留38家企业入两个园区集聚发展。

改革工作稳步有序推进。深化“亩均论英雄”改革。扩大企业综合评价的范围,实现工业企业全覆盖,并将服务业企业和高新技术企业、产业园区纳入评价。由县政府发布《象山县人民政府关于调整城镇土地使用税额的通知》,起草制定《象山县人民政府关于施行城镇土地使用税分类分档差别化奖励政策的通知》。完成510家规上企业的分类评价，参评企业393家，2018年规上企业亩均税收为17.34万元/亩（新口径），亩均工业增加值为77.11万元/亩，同比分别增长46.47%和29.52%。规下参评企业667家，规下企业亩均税收为3.01万元/亩。

企业服务精准深化推进。完善工业强县工作例会制度，部署年度重点工作、推进项目落地、建设进程，解决涉企共性和个性问题，全年召开企业家座谈会、项目推进等10次会议。调整和优化企服责任人“一对一”企服名单，共有联系规上企业405家，联系领导208个，责任人221名。开展服务企业、服务群众、服务基层“三服务”活动，制定并由县委办《关于开展“四必访”企业服务工作的通知》，强化涉企服务，累计企服次数为1018次，解决困难和问题401个。加强服务平台整合，通过自愿申请、市场化运作等方式，县企业家俱乐部、县汽模配联盟、县中小企业服务中心、墙体协会入驻县创业创新大厦。

【全县多部门“护航”外贸企业】 5月9日，税务、经信、公安、检察等部门组织召开宣传辅导会，为县内针织企业和外贸企业送上新政解读及企业税收风险防控等课程。各部门结合各自业务，通过图文和实例结合的方式，分别作减税降费政策辅导、打骗打虚案例分析及政策解释、经济案件通报及扫黑除恶政策宣传、涉税政策法律辅导。全县200余家针织企业和30余家外贸企业参加培训，对职能部门精准推送的“涉税预警防控套餐”表示欢迎，称此举对规范企业合法经营有指导作用。自2018年以来，有关部门协作，查办一批针织行业及出口企业虚开增值税专用发票和骗取出口退税的案件，严惩一批恶意骗税违法犯罪分子，共捣毁犯罪团伙2个，查处涉案本地针织企业30余家，移送司法机关涉案人员26人，对行业违法犯罪行为起到震慑作用。

【全县倾力打造高质量发展企业“雁阵”】 5月20日，华翔集团、申菱控股、海螺水泥3家企业，在宁波市“246”万千亿级产业集群建设动员大会上捧回纳税50强大奖。合力模具获得国家单项冠军示范企业奖项。“雁阵”搏云天，振翅向远方。统计显示，1—4月，全县实现规上产值196.5亿元，同比增长9.2%。161家三型企业实现产值144.8亿元，同比增长13.6%，占全县规上产值的73.7%，其中日星铸业、波威重工等企业实现三位数增长，海螺水泥、锦浪新能源、创裕制衣、易锻机械等企业增速较快。12家单项（隐形）冠军企业实现产值29.1亿元，同比增长17.2%，以2.2%的企业数量占比，创造全县14.8%的规上产值。94家新增规模企业累计实现产值9.7亿元，同比增长40.4%，拉动全县规上产值1.6个百分点。

【4家企业受市委市政府表彰】 5月10日，市推进“246”万千亿级产业集群建设动员大会在市保利大剧院召开。4家企业受市委市政府表彰。其中，华翔集团、申菱控股、海螺水泥荣登市制造业“纳税50强”，分列第17名、第33名，第44名；合力模具作为国家级制造业单项冠军示范企业接受表彰。这4家企业是县优势骨干企业，经过多年发展，综合实力得到明显增强，为县工业经济平稳发展发挥龙头示范作用。

【2018象山工业·科技暨开放型经济风云榜颁奖典礼举行】 2019年5月24日下午，2018象山工业·科技暨开放型经济风云榜颁奖典礼举行，叶剑鸣、黄焕利、金红旗、俞骏、孙小雄等县四套班子领导出席会议。颁奖典礼表彰2018年度工业纳税前五十强企业、县长质量奖、工业企业成长之星等，颁奖典礼上还公布科技创新优秀企业、优秀技术创新团队、外贸明星企业、外经明星企业等榜单，表彰营商企服先进榜的上榜单位。

（县经信局　练黎）

针织服装业

【概况】 针织服装业是县重要的传统优势产业，始创于20世纪70年代末，发展于80、90年代，转型于21世纪初，是县第一个突破百亿产值的产业，先后荣获“中国针织名城”“国家外贸转型升级专业型示范基地”“国家纺织人才培训基地”等称号。2019年，182家规上针织企业累计实现工业总产值105.55亿元，同比增长0.24%，其中累计实现新产品产值27.56亿元，同比下降6.74%；利税总额4.94亿元，同比下降1.74%，利润总额1.54亿元，同比下降4.94%。

【外贸出口保持趋好】 在中美贸易战和国际贸易规则发生变化的影响下，2019年度全县183家规上针织企业累计实现外贸出口额54.68亿元，同比增长11.32%；自营出口额9.99亿美元，同比增长1.52%。其中出口亚洲3.67亿美元，同比增长13.98%；北美洲3.08亿美元，同比下降9.26%，其中出口美国2.94亿美元，同比下降9.94%；欧洲2.10亿美元，同比增长6.05%；欧盟1.92亿美元，同比增长4.52%；东盟1.54亿美元，同比增长28.92%；大洋洲0.47亿美元，同比下降2.67%；非洲0.37亿美元，同比下降9.95%；拉丁美洲0.31亿元，同比下降14.43%。

【爵溪印花业打造绿色升级新引擎】 1月4日，爵溪街道11家小印花企业陆陆续续搬入爵溪小印花集聚园，这是该街道集约发展辖区印花产业的一个新动向。截至年底，31家关停，11家搬入爵溪小印花集聚园，6家搬入开发区小印花集聚园。爵溪小印花集聚园成为一个招商引资的新平台，强化招商项目管理，加大奖励扶持，引导企业增强自主研发能力，促进企业转型升级。

【“象山针织运动小镇”列入市级特色小镇培育名单】 2月12日，市级特色小镇第三批创建名单和培育名单公布，共有6个小镇上榜。“象山针织运动小镇”列入此次特色小镇培育名单。据介绍，该小镇总规划用地面积为3.53平方千米，创建期3年，投资总额为28.5亿元。小镇建成后，2018年实现年工业总产值 80 亿元以上，年工业增加值 15 亿元以上，带动研发、设计等相关产业总产值 8 亿元以上；小镇自主品牌企业达到 15 家以上，服装创意产业集聚 150 家以上，集聚各类就业人员 8000 人以上；年接待游客达到 30 万人次，实现旅游总收入 5000 万元以上。象山县针织小镇一期国际交易中心改造、针织创意大厦建设、亚帆运动中心、东海铭城度假区、喜来登大酒店等 17 项小镇投资项目立项或动建。

【县经信局召开针织云平台调研座谈会】 4 月 12 日，县经信局召开象山针织云平台调研座谈会，会议邀请航天云网、象山针织研究院、象山针织协会、恒大印染、巨鹰集团、兄弟服饰、海润制衣、森语国际、浩宇针织等相关负责人，共同探讨县打造针织云平台，促进针织产业发展。座谈中，航天云网市场总监徐朝辉介绍针织云平台的八大模块，分别是大数据指数、能力协同、绿色生产、在线检测、人才培训、管理信息化、云采集、金融服务等内容。企业家们就平台模块纷纷发表意见和建议，巨鹰集团总经理俞能伟建议人才培训线上和线下双向发展；森语国际总经理张挺建议云采集加入二手市场，以团购的名义，使企业得到优惠。最后，会议建议航天云网做好平台的规划和建设，尤其是在后期的运营中，配合企业做好维护工作；各企业也要做好前期准备工作，布料、纽扣等材料海量数据采集，选取 50 家规模以上企业入驻针织云平台。

【多部门“护航”外贸企业】 5 月 9 日，税务、经信、公安、检察等部门组织召开宣传辅导会，为县内针织企业和外贸企业送上新政解读及企业税收风险防控等课程。辅导会上，各部门结合各自业务，通过图文和实例结合的方式，分别作减税降费政策辅导、打骗打虚案例分析及政策解释、经济案件通报及扫黑除恶政策宣传、涉税政策法律辅导。全县 200 余家针织企业和 30 余家外贸企业参加培训，对职能部门精准推送的“涉税预警防控套餐”表示欢迎，称此举对规范企业合法经营有指导作用。自 2018 年以来，有关部门协作，查办一批针织行业及出口企业虚开增值税专用发票和骗取出口退税的案件，严惩一批恶意骗税违法犯罪分子，共捣毁犯罪团伙 2 个，查处涉案本地针织企业 30 余家，移送司法机关涉案人员 26 人，对行业违法犯罪行为起到震慑作用。

【针织企业和外贸企业税收政策宣传辅导会召开】 5 月 9 日，针织企业和外贸企业税收政策宣传辅导会在县委党校报告厅召开，全县 200 家规模针织制造业企业和 30 家外贸企业负责人及代表参会。会议就最新出台的税收政策、社保交费政策，以及具体涉税案件及执行情况等内容作通报和宣讲，县经信局从产业重要性和政策制定等介绍针织产业历史、现状及未来趋势，鼓励企业家要学好用好政策和法规，办好企业。

【天拓纺织与投资商洽谈】 5 月 15 日，天拓纺织注册后购买北塘工业区 10 亩土地，闲置数年未动工。爵溪街道通过招商引入宁波赢品新材料项目后，协助投资商与天拓纺织沟通洽谈，与有关部门对接协调，最终转让土地，立项落户，总投资 3000 万元，9 月竣工投产。

【大徐镇：永超印花争创省星级印花园】 8 月 14 日，宁波永超印花有限公司是县最大的印花集聚平台，项目总投资 1.2 亿元，建设厂房 58400 平方米，总用地面积 35.14 亩，主要经营服装印花、废水废气处理等，企业自 2017 年 6 月开始建设，2018 年 10 月完成竣工验收，是集多功能一体的综合功能园区。永超印花园的运行全面解决县印花行业“低小散”局面，将原来分布在多个乡镇的印花企业全部搬迁到印花园内集中管理，对印花废气废水进行专业处理，既解决针织服装产业配套，又使全县印花行业工艺设备、清洁生产、污染防治水平全面提升，还象山人民青山绿水。26 家企业入驻印花园半年有余，印花园严格按照工艺流程处理企业废气废水，在印花园各级环保设备和专业管理人员的保障下，企业全部正常运行，至今未发生一起环保事故。现园区参加浙江省小微企业园星级评定，争创省星级印花园。

【宁波莱龙宝马黑炭衬布项目正式投产】 9 月 1 日，位于城东工业园区的牦牛控股集团公司的宁波莱龙宝马黑炭衬布项目，经过各种设备调试正式投产。牦牛控股集团公司由莱龙宝马针织面料和宜阳宾霸里布两家子项目组成，于 2018 年 4 月作为县重点投资项目正式开工动建，总投资约 1.8 亿元，用地面积约 88 亩，总建筑面积 4.7 万平方米，经过一年多的时间，完成厂区标准化建设，通过验收。莱龙宝马针织面料有限公司通过设备调试，正式投产；宜阳宾霸里布年底正式投产。莱龙宝马黑炭衬布项目，年产 600 万米高档黑炭衬及碳纤维材料涂层加工，宾霸功能里布 700 万米及涤宾霸功能里布 500 万米，两家子公司的投资年产值达 34700 万元，年税收达 2580 万元，为丹西经济又注入新的力量。

【象山针织小镇项目正式启动】 9 月 14 日，由县商务局主办的新媒体、新零售、互联网+针织产业融合峰会暨象山针织小镇启动仪式举行，旨在借助中国（宁波象山）开渔节聚焦热度，让更多企业了解象山针织小镇项目，促进互联网+针织产业深度融合。副县长石坚定出席活动。该次活动邀请淘宝、蘑菇街、抖音、快手等平台网红进行直播，销售本地产品。当日，线上观看人数达 185 万，总成交额达 813 万元。通过资深导师解读、优秀案例分享等形式，为象山针织行业的转型升级指明方向，诠释互联网+针织产业深度融合的必要性，从而激发针织产业新活力，催生象山针织产业发展新动能。活动中，爵溪街道办事处与好货源（宁波）针织小镇运营管理有限公司正式签订协议。这标志着象山针织小镇正式起航，也预示着县吹响针织产业依托电商板块进军全国的号角，拉开象山针织产业依托互联网、步入新媒体、新零售、新时尚产业发展的新篇章。此次活动的举办，是县商务局推动商业模式创新,将互联网时代下的新模式和新方法融入传统行业,采用“互联网+”模式助力传统产业转型升级的一大重要举措。接下来,县商务局将加度推进“互联网+针织”,加速推动针织小镇企业成长。

【村民家门口的“香饽饽”中纺海润制衣】 9月25日,中纺海润制衣公司从2014年成立至今,解决当地近200名农村闲散妇女和剩余劳动力的就业问题。在村民眼中,这就是家门口的“香饽饽”。近年来,公司也在抓管理、提质量、聚人心上狠下功夫,车间里的机器无论是技术还是数量都有质的飞跃,产品远销欧美市场,产值也是逐年上涨。

【爵溪街道“时尚针织小镇建设”委托运营管理会召开】 10月16日,县政府专题会议就时尚针织小镇委托运营管理有关事宜进行商议,县国资管理中心、县财政局、县审计局、县司法局、县工投集团、爵溪街道等单位负责人参加会议。会议听取爵溪街道有关情况汇报,会议认为时尚针织小镇项目以爵溪针织品市场为基础,建设国际交易中心,致力于打造时尚针织产业创新转型示范基地和工业4.0智能制造示范基地应用平台,对加快县针织产业转型升级有重要作用。会议决定由爵溪街道办事处与好货源(宁波)针织小镇运营管理有限公司签订时尚针织小镇合作协议,并明确各相关单位的运作职能及奖励政策。

【县参展第二十三届宁波国际服装节】 10月24—27日,为期4天的第二十三届宁波国际服装节落幕,在本届服装节上,县展区呈现三大特点,一是布展格调上服从整体统一布局,16家企业构成43个展位,400平方米面积规模的象山——中国针织名城,展示针织男装、女装、童装、袜子、T恤、运动衫、绒衫、内衣等九大系列,形成一片时尚小天地。二是在展示“巨鹰”“甬南”等大企业品牌形象的,也展示贴牌的各世界品牌针织服装服饰,引导小企业与外商零距离接触。三是全心全意为企业和客商服务,不仅全部列支摊位费,对整体特装布展进行广告公司竞标,并为参加企业提供免费个性化设计布展,还提供模特、衣架、绿色盆景、展示台等服务,使企业带着参展样品就可以直接布局。此次宁波服装节参展的企业均拿到实实在在的订单,各大展区、各个集群、各家展商的参展成果可谓遍地开花。巨鹰、甬南、毛毛雨等大小16家企业参展。

【兄弟服饰:党建促提效聚人心】 11月3日,宁波兄弟服饰有限公司第三车间里,为使1万套卡通家居服出货,企业服务小分队自发来“救援”,搬运、检验,井然有序。服务小分队由公司13名党员和5名入党积极分子组成,但凡车间或同事有需求,他们都会主动顶上。兄弟服饰是县针织服装行业的龙头企业之一,围绕转型升级、科技创新,攻坚克难,形成一站化、全链式的生产管理模式,拓展国内外市场,并与迪士尼、彪马等十几个国际服装品牌合作,2018年实现产值5亿余元。近年来,兄弟服饰多次获评市和谐型企业创建先进单位、市关爱“小候鸟”工作示范单位、县双强党组织等荣誉。

【兄弟服饰:匠心雕琢帆船服　助健儿劈波斩浪】 11月11日,在宁波兄弟服饰有限公司样衣车间里,工作人员正将一件帆船服给塑料人模试穿、检测。这批三四十件帆船服将“扬帆南下”,送往在海南集训的浙江省帆船队,成为运动员们训练的“战袍”。自2019年8月“受命”以来,兄弟服饰选派精英骨干,赶赴省队,对服装选料、款式、尺寸等进行调研,精心设计出首批10件帆船服给运动员试穿,根据建议再测试面料、修改版型,反复三次,最终确定成品。在兄弟服饰的墙上,“技术推动进步,研发成就未来”十二字分外醒目。该帆船服采用消光拉架面料、四针六线拼缝,不仅耐磨、透气、回弹性强,还可吸湿排汗,并进行抗紫外线处理,能减少阳光的灼伤。

(县经信局　练黎)

新能源

【概况】 象山县新能源行业主要由风电、输变电、光伏等行业组成,发展以日星铸业为风电代表,以天安智能为输变电代表,以锦浪新能源为光伏代表的新能源研发型企业,加大太阳能、风能、海洋能、生物质能等新能源的开发利用,加快节能环保型新能源产业发展,推进压力容器、控制棒驱动机构等设备研发生产。2019年,全县37家新能源规模企业实现产值49.04亿元,同比增长4.22%;其中累计实现新产品产值31.94亿元,同比增长8.67%;利税总额1.80亿元,同比增长13.85%,利润总额0.22亿元,同比增长60.98%。

【天安智能借力沪甬合作提升技术实力】 宁波天安智能电网科技股份有限公司与上海电气输配电试验中心有限公司自产品检测试验合作以来,双方一直保持紧密合作与联系。近三年来,天安智能委托上海输配电试验中心进行多个产品型式试验,分别有:LWZ1-12/T 630—20户外高压交流SF6断路器、VTZ1-40.5/T1250-31.5户内高压交流组合式真空断路器、XGN66A-12(Z)/T1250-31.5箱型固定式交流金属封闭开关设备、XGTZ7-12(Z)/T1250-31.5智能环保气体绝缘金属封闭开关设备、XGZ16-40.5Z/T1250-31.5箱型固定式交流金属封闭开关设备等设备,累计合作金额162.71万元,均通过型式试验项目并取得相应设备型式试验的检验报告。作为检验企业产品符合行业标准要求的权威证明,型式试验报告的取得对于天安智能产品研究开发、生产、销售具有重要作用,增强天安智能的技术实力和提升市场竞争力。

【天安取得进军欧美国家的通行证】 经为期4天紧张、严格的第一阶段审核和第二阶段审核,1月4日,ESTS专家组3人一致通过天安集团SA8000体系认证。至此,公司取得进军欧美国家的通行证。SA8000，即“社会责任标准”，是Social Accountability 8000的英文简称，是全球首个道德规范国际标准，其宗旨是确保供应商所供应的产品，皆符合社会责任标准的要求。SA8000标准适用于世界各地，任何行业，不同规模的公司，其依据与ISO 9000质量管理体系及ISO 14000环境管理体系一样，皆为一套可被第三方认证机构审核之国际标准。在审核过程中，专家组对天安所做的工作持高度肯定，针对发现的一些问题，也提出一些改进建议，公司将分析，采取的纠正措施予以跟踪落实。天安作为国家大型企业、国家级创新型试点企业、管理示范企业、行业文明单位、浙江省行业龙头骨干企业，在注重自身发展的，在员工权益保障、社会责任担当等方面，也是走在同行的前列。此次通过SA8000社会责任体系国际认证，是天安“以人为本”发展理念的一次很好体现，标志着天安在企业管理和社会责任承担方面正逐步与国际接轨，这也为天安电气产品进入欧美等发达国家和地区奠定很好的基础。

【锦浪科技在深交所创业板挂牌上市】 3月20日，宁波锦浪新能源科技股份有限公司在深圳证券交易所创业板挂牌上市，成为县第八家上市企业。县领导叶剑鸣、金红旗、俞骏、范焕平、石坚定等出席上市仪式。上市仪式上，县委书记叶剑鸣代表县四套班子对锦浪科技上市表示祝贺。他说，县扎实实施“双突破、双驱动”战略，把企业上市作为推进经济转型升级的重要举措和关键一招，开展“凤凰行动”计划，两年来新增A股上市企业3家，累计拥有境内外上市企业8家，数量和规模居宁波各县（市、区）前列。锦浪科技在优秀人才王一鸣的带领下，从无到有、从小到大、从弱到强，逐渐成长为全国乃至全世界新能源细分领域的“单打冠军”。此次登陆创业板，不仅是锦浪科技的一个新起点，更是象山人才工作的一座里程碑，是县“吸引一位人才，落户一家企业，带动一个产业”的生动缩影。希望锦浪科技以上市为契机，不忘初心，砥砺前行，依托资本和人才优势，持续提升核心竞争力和盈利能力，以更加优异的业绩回报社会和广大投资者。下一步，将结合本土产业实际，纵深推进“凤凰行动”计划，全面加大拟上市重点企业帮扶力度，加强优质企业挖掘培育，指导企业规范发展，壮大上市后备企业梯队培育，助力县域内更多企业对接多层次资本市场。

【启鑫新能源：土地置换加速产能释放】 5月14日，浙江启鑫新能源科技股份有限公司新投用的4号组建生产车间里，工人们正忙碌地操作着。与此，占地3500平方米的5号组建生产车间也正在加紧建设中。车间地面部分全部完成，6月底前即可投入使用。近两年，随着国家对光伏产业扶持力度的加大，启鑫新能源公司发挥自身优势，累计约投入5000万元对生产线进行自动化、智能化改造。年初以来，在镇发展服务办帮助协调下，通过土地置换，改建厂房、更新设备，新增4号、5号两个组建生产车间，一方面提升生产能力，加速产能释放，另一方面提高产品附加值，增强产品竞争力，实现产能效益双提升。2019年1—4月，该公司产能达到300多兆瓦，全年能达到800兆瓦，产能相当于2018年的两倍，销售额有望达到20亿元。

【天安低压成套事业部奋战60天】 7月17日，因多个大项目用户催货，天安低压成套事业部的生产进入白热化状态。自5月开始，内蒙古灵圣、内蒙古鄂尔多斯、宁夏宝丰、北京地铁7号线施园站、北京地铁八通南延项目，总计800多台产品用户催货，对低压成套事业部产能是一个不小的考验。事业部领导会同集团公司相关部门领导集体协商，并与用户逐个沟通落实交货期限。在产能有限的情况下，通过统一协调，排队落实，各个击破的方式，有条不紊地开展各项工作。生产一线员工每周一、三、五及周末加班，检测人员则根据项目进度需要连续不间断加班，这样的加班强度延续到7月末。6月，天安车间一线生产员工累计加班超过2300小时，其中3名检测人员在科长的带领下，每人加班时长都在100小时以上。在各部门员工的共同下，低压成套事业部6月产值1910万元，实现近两年来的最高月产值。

【天安研制大型预制舱】 8月7日上午，由天安集团自主研发制造的大型预制舱在箱变总装车间逐台吊装上车，即将发往秦淮数据中心项目所在地。2019年4月，天安集团接到秦淮数据中心发来的35千伏和110千伏多个预制舱订单。该订单容量大、集成度高、结构要求特殊，且交货期紧。为此，公司技术中心牵头组织各相关部门技术人员联合攻关，在短期内解决各项关键技术瓶颈问题，尤其是在多个单元接口技术方面进行技术创新。经过用户现场考察，产品得到高度认可。截至8月6日，产品全部完成制造、预装、工厂联调和出厂检测。

【天安智造升级】 8月15日，在天安集团钣金厂，一台高效运转的设备正在无声地吐出一张张端面圆整光滑的充气柜铜排。这是天安在象山率先引进和应用的数控铜排铣角机。据介绍，天安集团重视依靠企业技术进步和设备的更新换代来提升产品档次，推动企业智造升级。7月底，钣金厂引进一台专业加工充气柜铜排端面的数控铜排铣角机。该机器是专门为电器行业铜排加工而设计的，操作方便快捷效率高，加工出来的铜排表面质量好，而且消除质量隐患。该机器应用到国网等一些端面要求较高的产品铜排加工中。

【锦浪科技“牵手”湖南工学院】 8月26日，湖南工学院数理科学与能源工程学院，与宁波锦浪科技新能源有限公司就共建“材料物理专业”实习基地达成合作协议。当天，福达包装、百易东和、金瑞科技等东陈乡辖区的8家企业参加签约仪式。此次与湖南工学院的合作由象山县人力资源和社会保障局“牵线”。该学院设有40个本科专业、14个研究所，以“校企合作、产教融合”为重点，与大亚湾核电站、三一重工、中联重科、南方水泥等多个企业合作共建实践实训基地，是全国实施“卓越工程师教育培养计划”最年轻的本科院校。锦浪科技是一家专业从事光伏发电核心设备的高新技术企业，拥有多项国内外授权专利和首创技术，产品远销80多个国家和地区，并在深圳证券交易所挂牌上市。此次合作，锦浪科技将秉持“人才为先、科技为本”的发展理念，为湖南工学院学生提供更广泛的实习机会，满足人力资源及技术提升需求。湖南工学院通过探索产教融合教育培养模式，将持续推进科技成果转化，提升技能型人才培养质量。

【日升集团参与国家标准起草和修订】 8月28日，由全国熔断器标准化技术委员会高压熔断器分技术委员会主办、日升集团有限公司起草的“GB/T 15166高压交流熔断器”系列国家标准（五项）修订工作会议在象山召开。来自西安交大、辽宁高压电器产品质量检测公司、上海电气输配电试验中心、中国电力科学研究院、库柏（上海）公司等50多名国内外专家代表参加会议。县委常委、组织部部长范焕平出席会议。会后，该标准将形成正式文本上报国家标委会。该次“GB/T 15166高压交流熔断器”系列国家标准的修订将填补国家相关标准的空白，为中国高压交流熔断器的设计、生产、试验等提供的技术支撑，对整个输配电设备行业的可持续、健康发展具有重要意义。县相关部门负责人表示，今后象山县将加快以关键技术标准、重要产品标准、基础标准、性能检测方法标准为切入点，推进标准研制和自主创新，推动标准化与科技创新、产业升级协同发展，提高产业核心竞争力，打造发展新引擎。

【天安为秦淮数据中心研制预制舱】 9月10日，由天安集团自主研发制造的大型预制舱在箱变总装车间逐台吊装上车，即将发往秦淮数据中心项目所在地。2019年4月，天安集团接到秦淮数据中心35千伏和110千伏多个预制舱订单。该项目容量大，集成度高，结构要求特殊，且交货期紧。为此，公司技术中心牵头组织各相关部门技术人员联合攻关，在短期内解决各项关键技术瓶颈问题，尤其是在多个单元接口技术方面进行技术创新。经过用户现场考察，产品得到高度认可。近日，产品全部完成制造、预装、工厂联调和出厂检测。在中国建设大数据、物联网和智慧城市的大背景下，数据中心将是中国未来5~10年又一项投资热点。天安抓住这一难得的发展机遇，突破多项关键技术和难题，研制出新一代制舱。可以预见，该产品将成为天安又一个新的经济增长点。

【启鑫新能源精心营造拴心留人“软环境”】 10月10日，浙江启鑫新能源科技股份有限公司引入精细化、人性化管理制度，不遗余力精心营造拴心留人“软环境”。为确保职工宿舍区域整洁、舒适、美观，公司工会专门出台《职工宿舍卫生管理条例》，每天各宿舍的值日人员至少要清扫一次。严格制定《宿舍楼疏散安全预案》《住宿临时性管理条例》，并定期组织宿舍职工开展消防安全等演习活动，了解相关器具使用方法以及学习应急救护技能。近年来，启鑫公司还先后投入150万元，安装宿舍空调、铺设环氧地坪、更换不锈钢纱窗等，对职工宿舍区域进行硬件大改造。公司工会负责人表示，2019年将申报参评市级“五好职工宿舍”，致力于打造和谐、整洁、安全的职工宿舍，营造良好的生活环境，服务企业更好地招人、用人、留人。

【天安智能：为军运会保供电】 10月18日，第七届世界军人运动会在武汉开幕。盛事的背后，离不开“幕后英雄”——宁波天安智能电网科技股份公司保障安全可靠用电。从合同签订到约定交货，军运会项目要求的生产时间比常规项目缩短1/3。天安智能创新提出“1台可编程控制器+4台低压框架断路器”新模式，使得设备数量更少、控制逻辑更简洁、供电可靠性更高。优化所有预装式智能变电站的一次方案，为后期的制造、试验、运行、维护提供极大便利。配置三路来自不同变电站的10千伏电源，还配备12组等容量发电机组和若干组大容量不间断电源，实现几种电源间的快速无缝切换，确保开幕式期间用电绝对安全、可靠。天安智能的销售网点遍布全国31个省、市、自治区，个别产品在细分领域市场占有率领先，成为国家电网、南方电网及地方电力公司的优质供应商，系国家高新技术企业、宁波市创新型高成长企业，并申报宁波市隐形冠军培育企业。

【天安取得容量最大风电产品型式试验报告】 10月23日，由天安集团制造的S11-3400/37-0.69风力发电变压器，在国家电器产品质量监督检验中心——苏州电器科学研究院，一次性通过并取得型式试验报告，这也是天安集团变压器容量最大的风电产品型式试验报告。2019年7月31日，天安集团承接大唐集团1.65亿元变压器大单。8月24日，样机检测及厂内试验完成。在宁海做温升试验的试验人员顶着酷暑煎熬，通宵对产品温升试验进行跟踪、检测、比对。在整个生产及试验流程中，相关部门配合，技术中心及时与苏州电器科学研究院就试验事宜进行联系及沟通，天安专门抽调安排具备相关经验的人员前往苏州电器科学研究院配合试验工作，助力如期取得型式试验报告。

【启鑫新能源光伏帮扶丽水遂昌】 11月12日，浙江启鑫新能源科技股份有限公司相关负责人带着价值18万元的光伏项目往浙江省丽水市遂昌县新路湾镇，帮助该镇小马埠村免费安装屋顶分布式光伏电站，为该村“消薄”提供“造血”扶持。浙江启鑫新能源科技股份份有限公司是象山县一家大型龙头企业。公司成立于2005年，是一家集光伏产品研发制造，光伏电站投资、建设、运维一体的集团化上市企业。该电站会在2019年年底之前安装调试完毕，一年可为该村集体增收近2万元。小马埠村村集体经济薄弱，经营性收入主要来源于老小学场地租金和老电站出租，每年收入共3万元左右，光伏电站建成创收后，该村村集体经济收入将直接突破5万元。2018年，县与遂昌建立对口协作关系，两地加强区域合作，推动资源优势互补，山海协作成果显著。象山为遂昌送去山海协作援建项目7个，援建资金达百余万元，合力打造乡村振兴示范点，选派多名优秀干部到遂昌挂职交流。此外，两地还在科教文卫旅游等社会事业领域开展形式多样的交流合作、结对帮扶活动，助推遂昌县高质量绿色发展。

【中国船舶集团风电智能化装备产业园项目落户】 12月4日，中国船舶集团风电智能化装备产业园项目合作框架协议签约仪式在宁波举行，标志着这一投资逾百亿元的大项目正式落户象山。原浙江省政协副主席张蔚文、副市长李关定、中国船舶集团有限公司副总经理钱建平、中国船舶重工集团海装风电股份有限公司董事长王满昌；县领导叶剑鸣、黄焕利、石坚定等出席签约活动。根据协议，中国船舶重工集团海装风电股份有限公司，拟在象山打造风电智能化装备产业园，总投资约102亿元，满产前提下每年可生产120万千瓦风电机组，实现年产值约167亿元。

【凯勒电气管件销售逆势上扬】 12月10日，宁波凯勒电气有限公司各个车间一片忙碌，员工们加紧生产美国客商等万余件套电气管件。与国内平常电线嵌墙套放PP管件不同，凯勒公司采用国际高标准RSC、IMC、EMT等金属管件和管接头，具有极强的抗震、抗爆、防火、防水等安全特效功能，因而产品质量要求特别高。凯勒公司组建科技攻关团队，规范材料采购、机械加工、管件组装等一整套程序，添置冲压、压铸、注塑、机加工等几十台先进设备，道道工序严格把关，产品陆续通过ISO 9001，美国、加拿大UL/CUL等国际质量体系认证，迅速打进北美高端市场。到11月底，凯勒公司完成销售产值6000万元，同比增值近30%，全年产值近7000万元。

【天安技术人员出席北京地铁项目设计联络会】 12月16日，天安集团于年初中标的2000多万元的北京地铁项目第一次设计联络会在北京召开，公司作为供货单位派出相关人员出席联络会，销售经理王文杰出席会议。此次联络会经沟通讨论，确定柜体结构尺寸图、安装大样图、控制面板示意图、二次回路设计图、电气接线图等项目的初步设计方案，并将该次会议遗留的待确定问题做记录。此项目具备排产条件，相关部门可以做好相应的生产准备，确保后期项目交付。为服务好地铁项目，公司在北京设常驻售后人员，节假日还配合值勤给予保障。至年底，天安8次为北京地铁提供产品，前7次供货都很及时，投运质量也非常好，未出过影响运营的质量问题。

（县经信局　练黎）

电力工业

【概况】 象山电网全社会最高负荷50.48万千瓦（出现在8月27日），同比上升3.42%。全社会用电量累计26.39亿千瓦时，同比上升2.99%，其中工业用电量累计15.24亿千瓦时，占比57.76%，同比上升3.98%；城乡居民生活用电量5.56亿千瓦时，占比21.08%，同比上升2.01%。第一产业用电量0.34亿千瓦时，占比1.31%，同比下降0.84%；第二产业用电量15.83亿千瓦时，占比60%，同比上升4.4%；第三产业用电量4.65亿千瓦时，占比17.61%，同比下降0.17%。国网浙江象山县供电有限公司主营业务收入14.7亿元，实现利润712.8万元。资产总额10.25亿元，资产负债率58.04%。全员劳动生产率95.57万元/人·年。公司荣获"浙江省模范集体"、"浙江省AA级'守合同重信用'企业""全国'安康杯'竞赛安全文化宣传工作先进示范单位""宁波市防台救灾先进集体"等荣誉称号。

【电网建设成绩显著】 深化政企联动，推动县政府连续13年召开电力工作大会。投运宁波市首座单层钢结构110千伏变电站新桥变，提前1年完成全部"十三五"规划项目。围绕电网建设"三年行动"战略合作协议，提前1个月完成6个乡村的线路整治，助力全国乡村治理现场会的召开。以客户为中心，较计划提前60天完成35千伏铸业变工程，展现象电担当、象电速度。完成主网投资0.75亿元，完成配网投资1.99亿元，完工配网项目62个，新增及改造10千伏线路337.5千米，城乡电网供电可靠性提升。完成溪里方、旭拱岙等精品台区改造，助力"美丽乡村"建设。组建大数据工坊探索创新项目32项。加速推进檀头山岛可靠供电支撑技术集成应用、亚帆智慧能源、海缆卫士等泛在项目，探索海岛运维、综合能源等重点领域的泛在应用。滚动修编配电网提升规划，完成项目储备42个，投资总规模3亿元。开展"十四五"电力设施布局规划编制，将规划成果纳入国土空间规划，践行多规融合理念。持续推进110千伏滨瑶扩、海上风电1号送出工程、县109项目并网工程、亚帆智慧能源项目工作。

【营销服务】 坚持以客户为中心，促成县政府出台《象山县关于优化电力接入营商环境的实施意见》。落实"三降一提升"要求，实行优化营商环境20项举措。试行供电方案现场答复，取消低压用户供电方案审批，推进业扩"提质增速"，业扩容量结存率较年初下降20%，业扩回访满意率100%。落实一般工商业调价、大用户直接交易等政策，降低企业用电成本4744万元。实现故障停电精准通知到户全覆盖，处于全市领先水平。全面深化"互联网+"供电服务，电子渠道用户数累计11.9万户，高、低压线上办电率分别达到97.02%、97.51%。开拓综合能源服务，完成配电工程建设及代运维、能源托管、电能质量检测等项目66个。加速智能充电服务网络布局，参与小区电动汽车充电桩建设，灵南高速服务区充电站建设。主动服务新能源并网，新增光伏用户177户，并网容量1.73万千瓦。

【宁波市首座单层钢结构110千伏变电站新桥变投运】 10月31日，运行110

千伏新桥变电站，是宁波市投运的首座单层现钢结构110千伏变电站。总容量50兆伏安，110千伏主变2台，110千伏进线2回，10千伏出线24回。110千伏新桥变位于象山县新桥镇东狮村，主要为新桥镇及象保区供电。新桥镇地处象山半岛中部，发展水产、果蔬为主导特色农业及针织、机械、轻工、食品、药品等行业。随着区内沿海南线复线高速建成，推动当地影视旅游、餐饮住宿等行业快速发展。110千伏新桥变电站将为区域负荷跳跃式增长提供可靠电力保障有着重要意义。

【110千伏西周变完成“升级”】 1月20日，110千伏西周变完成技改和C检，投入运行，重新“上岗”保障象山西周片区电网安全稳定运行和供电可靠性。西周镇是以大企业、大集团为龙头的工业强镇，是负荷增长的热点区域。西周变的技改投运，解决老旧配变安全隐患，全面提升西周地区的供电能力与供电可靠性，确保电网安全度冬，为当地经济社会发展提供强劲的电能保障。

【35千伏铸业变电站投运】 7月11日，宁波日星铸业有限公司二期象山县临港产业区大中庄工业园区，35千伏铸业变电所投运。日星铸业主要以风力发电机系列为主，现年生产能力达到7.5万吨，计划实施新日星年产18万吨海上能源、海洋工程等海洋装备部件铸造项目，该项目于2017年4月25日被浙江省发展和改革委员会列入2017年度省重点建设项目名单。35千伏铸业变最大供电负荷为2.42万千瓦，将保障新日星投入生产。

【象山电网大检修】 12月15日，象山电网迎来综合大检修，为迎峰度冬奠定坚实基础。220千伏象北变承担象山丹城、爵溪、东陈区域的供电，输电量占全县用电量40%。站内设备经长时间运行老化严重，对安全可靠供电造成影响，对110千伏松兰变进行综合检修，实现一停多修。松兰变电站总容量达10万千伏安，提供东陈、工业园区等区域供电。这次电网大检修工作将提高设备健康运行水平，极大增加象山电网可靠性和稳定性，为地方经济发展提供更坚强电力保障。

【奋战“利奇马”台风】 8月9日，公司按照“防、避、抢”原则，备战台风“利奇马”，安排线路特巡，重点关注电杆基础、线路通道清障与设备隐患排查，加强对象山港、石浦港、大目湾等沿海线路，补足受风线路的临时拉线及防风拉线。通过电话及短信方式通知重要客户、敏感客户、养殖户做好防设备防台应急工作。做好丹城、石浦等20余处小区地下配电设施指导检查。全面启动24小时应急值班，组建抢修队伍14支，配备应急发电车1辆，应急照明车1辆，应急发电机及照明设备33个，排水泵、潜水泵18台，储备沙袋1500余个。配备电杆、配变、柱上开关、铁附件等各种抢修物资。公司领导班子、各基层单位负责人坚守在防汛抗台值班一线，以赴防御台风“利奇马”，确保电网安全稳定运行。

【“米娜”级损电网恢复供电】 10月2日，经公司17支抗台抢修队伍连续奋战，象山电网因台风“米娜”受损的公变故障全部排除，居民用电全面恢复电，累计出动抢修人员837人次，抢修车辆204辆次，应急发电机及照明设备33个，公司完成重要输电线路、水闸等防汛要害部位供电线路抢修，重点检查沿海、河道、库区线路和水文站、排涝站等重要用户的供配电设施，以最快速度完成抗台抢修工作。

【公司获“浙江省模范集体”称号】 4月30日，省人民大会堂举行浙江省“五一”表彰大会，公司被授予“浙江省模范集体”，还获得“浙江省模范职工之家”的荣誉称号。国网浙江象山县供电有限公司成立于1984年（前身象山县供电局），承担象山18个镇乡（街道）的供电任务。从孤网运转到如今电网架构日臻坚固——基本形成以220千伏为骨干，110千伏为支撑，35千伏相配套的配置优化、安全可靠的现代化地区电网。象山全社会供电量从1978年的3941.28万千瓦时提升至2019年的26.39亿千瓦时。公司作为担负象山县27.6万电力客户供电服务的供电企业，将始终坚持“匠心筑梦、众行致远”的劳模精神，在改革创新中实现新突破，在效率效益上实现新提升，奋力建设“一流能源互联网企业”，为地区发展做出新的更大贡献。

【公司荣获“安康杯”竞赛先进单位“六连冠”】 12月10日，公司再次被评为2019年度全国“安康杯”竞赛安全文化宣传工作先进示范单位，这是公司连续第6年获得这一荣誉。公司遵循“安全第一、预防为主、综合治理”12字方针，坚持以人为本安全发展和谐发展，细化安全生产责任制，开展安全生产宣传教育、应急演练、安全隐患“随手拍”、学一本安全生产知识书、安全生产体会大家谈等安康杯特色活动，提高全公司职工安全意识和素质，增强安全知识，掌握安全健康技能，为确保公司安全生产工作取得成效发挥作用。

【公司荣获浙江省AA级“守合同重信用”企业】 11月13日，公司荣获浙江省AA级“守合同重信用”企业。该荣誉是公司推进依法从严治企、全面履行企业社会责任的重要成果，是国家工商行政管理部门对公司重视依法经营、诚实守信行为的肯定。公司牢固树立“人民电业为人民”服务理念，加大电网改造力度，加强合同管理，推广应用经法业务系统，规范使用国家电网公司统一合同文本。公司致力打造企业诚信品牌，注重社会责任，和谐企业建设为根本，树立责任央企形象，继续推进企业信用体系建设再上新台阶。

【李永军荣获“宁波市劳动模范”称号】 4月30日，公司鹤浦供电服务站站长李永军荣获“2016—2018年度宁波市劳动模范”称号。李永军自2001年从事农村电力工作以来，践行一名基层电力工作者对160平方千米海岛、5万余名电力客户的责任与担当，在平凡岗位上做出不平凡的业绩。他的志愿服务事迹在央视新闻频道播出，在《宁波日报》头版、《现代金报》整版刊发。以他为故事原型的微电影《星星点灯》获得2018年度英大传媒优秀电视作品一等奖。先后被授予"浙江省电力公司创建群众满意基层站所先进个人""最美象山人""宁波好人""宁波市技术能手""2017年度浙江省电力公司优秀共产党员""宁波市首席工人""宁波市劳动模范"等荣誉称号。

【公司荣获2018年度全县工业纳税50强金奖】 5月24日，公司在2018年度全县·科技暨开放型经济工作先进表彰大会上喜获2018年度工业纳税50强金奖，体现公司在全县经济发展中所承担的社会担当，树立责任央企的良好形象。

【2019年全县电力工作会议】 6月14日，象山县政府召开2019年全县电力工作会议。会议回顾2018年全县电网规划、建设工作，研究部署2019年电网建设各项目标任务。象山县委常委、常务副县长陈兴立在讲话中高度评价2018年象山县电网建设取得的显著成就，指出在过去一年，在县委县政府的正确领导下，各部门、各乡镇街道与象山供电公司紧密合作、攻坚克难，全面完成电网建设目标，电网投资规模创新高，支撑全县经济社会的发展，并对全县2020年电网建设提出目标任务。

【完成全国乡村治理现场会保供电工作】 6月9日，中央农办、农业农村部、中央组织部、中央宣传部、民政部、司法部举办的全国加强乡村治理体系建设工作会议在象山举行。公司提前制定保供电方案，布置落实110千伏城北变、110千伏象城线、宏润开关站、城丰线10号杆等保供电值守现场。会议期间公司出动保供电人员183名，对1个保电会场、5座变电站、16条保电线路、5个保电村庄进行现场值守，随时处理应急故障，安排移动式发电机进行现场保电，保障现场会主会场象山港国际大酒店，现场会现场参观点墙头镇溪里方村、方家岙村，泗洲头镇墩岙村、黄避岙乡高泥村、涂茨镇旭拱岙村5个村庄安全用电。

【开渔节保供电工作】 9月16日，为确保第二十二届中国开渔节活动顺利进行，公司成立专项保供电小组。根据公司保供电预案，石浦供电所完成7条10千伏保电重点线路的全面检查和测温工作，对各开关站电气设备进行全面排摸，做好检修、试验、消缺工作，避免电力设备隐患引发停电事故。对重点保供电地点石浦渔港观景平台、石浦东门渔村、石浦半岛酒店、半边山皇冠假日酒店和半边山工人疗养院开展全面巡视和检查，并落实保供电值班工作。确保第二十二届中国开渔节的各项活动第十五届中国海洋论坛开幕式、签约仪式及第二十二届中国（象山）开渔节开船仪式顺行。

【公司联合政府部门召开新闻发布会优化提升营商环境】 4月18日，公司联合象山县税务局、人行象山县支行，召开营商环境提升年新闻发布会。《今日象山》、象山电视台、象山发布等媒体记者就提升营商环境的具体措施以及在降电费方面如何为企业降低生产成本等问题进行踊跃提问。公司以市场为导向优化营商环境，通过下放权限、简化流程、优化模式等20项措施，让用户在用电办理过程中体验降办电环节、降办电时限、降办电成本、提升供电可靠的"三降一提升"。利用"互联网+"，推广应用智能化设备，构建一张坚强智能电网。

【公司与县水务集团签订综合能源服务战略合作框架协议】 6月13日，公司与县水务集团有限公司举行综合能源服务战略合作框架协议签约仪式。公司执行董事、党委书记陈益和县水务集团有限公司董事长、总经理、党委书记樊承年围绕综合能源服务方面展开会谈。双方现场签订《综合能源服务战略合作框架协议》，建立长期稳定的战略合作关系，共同助推地方经济建设和发展，为推进象山县生态绿色能源发展提供强的支撑。

【公司与象山经济开发区签订综合能源服务战略合作框架协议】 7月5日，公司与浙江象山经济开发区管理委员会举行综合能源服务战略合作框架协议签约仪式。公司执行董事、党委书记陈益和浙江象山经济开发区管理委员会党工委书记吴志辉围绕综合能源服务方面展开会谈。双方秉承"市场导向、合作共赢、共促发展"的原则，在保障企业用电，推动企业能源综合利用、能源基础服务、提升企业能效水平、能源金融服务等领域开展多层次的广泛合作。

【单人到公司调研慰问】 10月9日，省公司董事、党委副书记、副总经理（正局级）单人带领调研组一行到象东供电所，调研指导第二批"不忘初心、牢记使命"主题教育和供电所党建工作。单人一行详细了解象东供电党支部"党建+++"工作方法（党建+绩效激励，主题党日+攻坚战，党员"两优三零"责任区），强调要发挥好党建引领作用、党支部战斗堡垒作用、党员先锋模范作用。

【徐嘉龙到公司调研指导】 10月16日，宁波公司总经理、党委副书记徐嘉龙到公司调研指导。徐嘉龙一行到公司电力调度控制分中心、供电服务指挥分中心和象东供电所，听取象山电网运行情况、电能替代、台区线损治理及干部队伍建设等相关工作汇报，徐嘉龙高度认可"小单位也有大担当、大作为、大干劲"的文化理念，提出要转变观念，适应电力体制改革，优化营商环境的新形势；要打通数据壁垒，让数据"跑"代替人来跑，真正实现"最多跑一次"目标要求；扎实推进"不忘初心、牢记使命"主题教育，发挥基层党组织政治引领作用。

【公司举行对口帮扶西藏那曲电网建设出征动员会】 10月14日，公司举行对口帮扶西藏那曲"三区两州"电网建设出征仪式。公司执行董事陈益作动员讲话，公司领导陈东海、彭家从、张波、5名援藏人员及各相关部门负责人参加仪式。陈益代表公司向郑立、王云葛、丁托、张鑫扬、张昊天5位援藏同志表示敬意,对口帮扶西藏那曲是一项光荣而神圣的政治任务,感谢援藏同志们的大局观、责任感和奉献意识。以高标准、高质量、高要求配合完成西藏那曲比如供电公司"三区两州"深度贫困地区电网建设项目,交出象山电网人"满意答卷"。

(国网浙江象山县供电有限公司　周铮峥)

汽车零配件工业

【概况】　汽模配行业是县重要的传统优势产业,象山县素有"中国铸造模具之乡"称号,拥有华翔集团等100余家专业生产企业,2018年9月,全县汽模配产业联盟成立,拥有70余家汽配、模具、铸造产业会员。2019年全县汽模配规模企业拥有83家,全年完成产值141.84亿元,同比下降2.93%,其中累计实现新产品产值67.71亿元,同比增长12.72%;利税总额23.48亿元,同比增长21.96%,利润总额19.61亿元,同比增长29.57%。

【华众塑料、华翔特雷姆入列市第二批单项冠军培育企业】　1月8日,宁波市公布第二批制造业单项冠军培育企业名单,华众塑料、华翔特雷姆2家企业入列。华众塑料多年来专注精密模具、汽车内外饰件制造,其细分领域产品汽车中型金属嵌件前端模块在国际市场占有率超过14%,排名第二,国内市场占有率超过40%,连续3年排名首位。华翔特雷姆专业研发生产中高档汽车模内饰件、真木饰件等汽车零部件,是国家高新技术企业,产品汽车真木饰件国内市场占有率超过50%,连续三年排名首位。接下来,全大市入围的单项冠军培育企业将择优参评示范企业。除上述两家培育企业,博禄德电子、乐惠国际参与角逐。对市级认定的单项冠军示范企业,市、县财政将分别给予200万元、20万元的奖励。据悉,培育制造业单项冠军企业是宁波市推进"中国制造2025"试点示范城市建设的重要举措,旨在培育一批制造业企业成长为细分产品领域单项冠军,引领更多的企业走"专特优精"发展道路。"单项冠军培育企业"要求企业长期专注于制造业特定细分产品市场,单项产品市场占有率位居国内行业前10位,符合国家产业发展政策,产品技术与生产工艺先进,单项产品销售规模较大。

【同家模具赶抢大单】　2月10日,丹东街道同家模具制造公司数控中心灯火明亮,各台机床启动,设备荧屏上闪烁跳动着彩色数据。车间中央一块料台上,车间主任徐方达等围在一只半成品模具件边,比画交流着精密加工技术。徐方达介绍,公司新接大单子,工友编排日夜轮班,农历十二月二十八放假,正月初六提前开工。公司总经理蔡波介绍,新年伊始,国内国外订单增多,1月完成产值1500万元,创单月新高;到5月底,还要陆续交付25套模具,货值5000余万元。企业产品畅销国内外20多家汽车生产大户。2018年,实现销售产值1.5亿元,比上年增长20%。

【参加第十五届中国模具之都博览会】　5月16日至19日,为展示中国铸造模具之乡象山模具行业的风采和成果,扩大县模具企业的知名度和影响力,提高企业产品市场占有率,合力模具、同家模具、机械等12家模具企业参加第十五届中国模具之都博览会。此次展会小微企业也参与,并集体亮相象山铸造模具之乡展区,受到市领导莅临指导,有许多专业客商与企业进行洽谈。

【广优机械:改进工艺赢效率】　6月10日,走进位于定塘镇的宁波广优机械有限公司,车间内各条生产线"马力"全开。眼前在流水线上生产的电梯配件,经过研究和优化,由原来的5个生产工艺缩减为3个生产工艺。别看仅仅只是缩减2个生产工艺,原先3个工人日均仅能生产产品5000个左右,现在只需1个工人日均就能生产产品1万个左右。宁波广优机械有限公司主要生产住宅设施、汽车配件、电梯配件等产品,是一家集机械加工及装配为一体的机械制造企业。近年来,公司通过引进新设备、组织技术骨干、"机器换人"、管理创新等方式,改进模具生产工艺、推进加工工艺流程标准化。公司近三分之一的产品经过工艺整合,不仅为公司节能降耗、节约成本,而且提高公司的生产效率、产品质量、生产过程稳定性。公司实现产值从2016年的700万元,2017年的1200万元再到2018年的2000万元实现发展三连跳,接下来公司将稳固发展成果,继续改进工艺,提升公司管理。

【能塑公司设立百万教育基金】　9月5日下午,在教师节来临之际,"阿能教育基金"捐赠仪式在大徐镇殷夫中学举行。该镇引进的企业宁波能塑汽车部件有限公司,向县人民教育基金会捐赠100万元,专门设立"阿能教育基金",用于改善大徐镇基础教育设施,促进教育发展。能塑公司是宁波阿能集团投建的全资子公司,成立于2016年8月,通过大徐镇"零土地招商"司法拍卖获得房产落户城东工业园,总占地44406平方米,专业从事汽车行业燃油、蒸汽、冷却和润滑系统的连接快插接头、单向阀、机油集滤器总成、机油尺、管夹等塑料制品的设计研发、生产制造,总投资1.2亿元,设计产能1.63亿件。"我们2017年5月开始投产,当年就上规;2018年销售额达到1亿元,纳税380万元;2019年能实现产值2亿元,纳税600万元。"

【合力数字化车间通过市级验收】　9月9日,"年产150万件制动系列零部件数字化车间"整个流程一气呵成,基本无人工操作,真正实现自动化、智能化,经过市级技术专家小组现场打分、审核验收,成为县首个市级数字化车间项目。为尽快形成数字化车间协同集成平台,该公司全面打通以"产品生命周期管理"为主线、"生产过程执行系统"为核心、"企业资源计划"为支撑的三大软件系统,装配智能仓库、智能小车等,把实物流与信息流合二为一。据测算,该数字化车间实现量产后,可以新增年销售收入8000万元，年创利税1000万元，年节约人工成本200万元，提高生产效率45%，降低车间能耗31%，员工配置减少85%。

【宁波宁杭："机器换人"后效益提升】 9月8日，在宁波宁杭机械有限公司的生产车间，原本靠人工操作的铆压流水线，经过"机器换人"后，整条流水线每天可产出1.5万个零部件，效益提升20%。宁波宁杭机械有限公司成立于2012年，是一家主要生产电梯配件的机械制造企业，初创时期的年产值不足300万元。2015年，公司落户定塘镇小微工业园后，围绕提质升规，倾力实施"机器换人"改造，整改提升低效能设备，补齐装备短板，运用6s现场管理手段提升管理质量，2018年产值首破2000万元，实现"小升规"。2019年1—8月，公司完成产值1300万元，全年产值比2018年增长20%左右。

【均富机电：完成投资2000万元】 9月28日，位于石浦科技园区宁波均富机电有限公司，用地面积16亩，总投资约4500万元，主营机械配件制造。项目自2019年3月完成土地招拍挂以来，结合具体情况定制审批方案，紧盯时间节点加快施工建设，厂房框架建设完成，实际完成投资近2000万元，2018年年底前完成主体厂房建设。

【松亚汽配："小总部"擘画"大产业"】 10月10日，在西周镇象西工业园区的宁波松亚汽车模塑有限公司车间里，试模加工生产却一片繁忙。相比园区其他汽配企业，松亚汽配规模不算大，2019年1—8月，公司产值达5000万元，2018年全年产值将突破亿元。近20年来，松亚的规模和产能扩大。2018年，该公司年产值达1.05亿元。为此，以松亚汽配为代表的西周企业各显其能，在主厂区"螺蛳壳里做道场"的，"走出去"，到全国乃至世界其他国家和地区设立分公司、厂区及办事处，"小总部"擘画"大产业"，促进内外联动发展。

【象山旅游牵手吉利汽车开展跨界合作】 11月12日下午，喜迎亚运·"吉象"如意——2020吉利车主免费游象山发布会在杭州举办。象山是2022年杭州亚运会举办地之一，吉利集团则是2022年杭州亚运会战略合作伙伴之一，此次活动是象山旅游和吉利汽车跨界合作的开端。发布会上，县旅游发展中心与浙江吉利控股集团汽车销售公司签署战略合作协议，确立战略合作伙伴关系，并将在亚运主题合作、共同促进品牌发展、事件旅游营销、共享优先合作待遇等方面开展合作。据悉，随着旅游消费升级，自驾游因其行程灵活、自主性强等特点，日益受到人们青睐，被视为旅游业的一大风口。作为国内汽车行业十强，吉利汽车有着800余万客户群体。2019年1至10月，吉利汽车累计销售108万余辆，有望连续3年夺得中国汽车品牌销量冠军。

【华翔电子入选浙江"雄鹰行动"首批培育企业】 12月10日，浙江省工业转型升级领导小组公布首批68家"雄鹰行动"培育企业名单，宁波14家企业入围，华翔电子榜上有名。对于入围"雄鹰行动"培育名单的企业，浙江省将通过"一企一策"方式，依法依规在资金补助、项目用地、税收优惠、环境容量、能耗指标、人才引进等方面给予支持；对并购重组涉及的资产评估增值、债务重组收益、不动产登记等，按照国家和省有关规定给予税费优惠。支持将企业投资达到一定规模的产业项目，纳入省重大产业示范项目、省重大产业龙头项目、省特别重大产业项目。

（县经信局　练黎）

新材料

【概况】 依托宁波市新材料科技城象山延伸区优势，围绕"海洋+"产业结构体系，县新材料产业总体来说起步较晚，主要有激智新材料、勤邦新材料、浙江钰稀等一批新引进企业，及志华化学、南塑合成等一批原有企业。2019年，县被列为市战略性新兴产业的10个重点项目，包括中化膜产业生产基地和膜研发创新中心项目等4个新材料产业项目，42家规模企业实现产值42.21亿元，同比下降0.19%，其中累计实现新产品产值20.31亿元，同比增长7.10%；利税总额2.35亿元，同比下降9.69%；利润总额1.72亿元，同比下降4.39%。

【中防检测实力专注于腐蚀控制领域检测】 4月20日，中防检测公司的检测能力和设备涵盖牺牲阳极检测的所有内容及项目，提交申请并通过的项目达5项，并在逐年申请扩项，力争成为国内权威的腐蚀控制领域检测分析和技术指导。一是以专业人员把控检测质量。实验室拥有分析技术人员11人，高级分析技师3名，中级工程师3名，高级工程师1名。检测人员会使用合适的方法和程序进行检测，包括被检测物品的制样、处理、运输、存储和准备，熟练测量不确定度的评定和分析检测数据的统计技术。二是以先进设备提升检测效率。实验室引进德国进口成分分析仪器和美国进口先进X荧光分析仪各一台，具有分析精度高、分析范围广的优势。配备数台国产高端分析测试仪，所有设备均有专人操作，提升检测工作的精准度。三是以清晰报告满足客户需求。实验室制订《检测报告管理程序》，各检测室按照有关标准规范和程序要求，在检测报告中准确、清晰、明确和客观地表达检测结果。报告还遵循"因客制宜"的原则，根据客户事先提出的检测要求，以详细的数据向客户阐释检测结果。

【浙江钰烯以人才为本抓好防腐领域科技创新】 7月17日，浙江钰烯腐蚀控制股份有限公司举行博士后工作站褚佳博士后开题审核会。来自浙江大学、西安博源公司、市人社局、县经信局等单位的8位专家组成评审组，对褚博士的开题报告进行现场评审，出席该审核会的还有来自市县镇各级领导。浙江钰烯腐蚀控制股份有限公司坐落于象山县新桥镇东溪工业园区，于2003年投资建厂，经过16年的发展,公司成为防腐领域内的县实力型企业。公司于2017年年底成立博士后工作站,但是面临地理位置末端劣势,高层次人才难引难留。随后,钰烯公司强化企校合作模式,利用高校的师资力量,联合培养科研人才。此次褚佳博士后以"基于碳材料改性的DSA阳极表面涂层工艺研究"为研究课题,由浙江大学张昭教授和浙江钰烯公司刘严强博士担任联合导师。此课题旨在研究石墨烯功能化处理后与中间层和贵金属图层复合的影响因素,进而对石墨烯在复合体系界面间的电子传导行为及其对阳极性能的作用机理形成系统认识。

【"勤邦新材料"在象山设立百万元教育基金】 10月18日,"勤邦奖教基金"在汉章小学举行捐赠仪式。"勤邦奖教基金"由宁波勤邦新材料科技有限公司出资设立,用于支持汉章小学教育事业发展。该基金总额100万元,分十年实施,每年10万元,定向用于奖励学校师德高尚、工作勤奋、成绩显著的优秀教职员工。谈起捐赠"勤邦奖教基金"一事,公司负责人刘勤学表示,近年来,公司规模逐年发展壮大,作为一名新象山人,希望通过捐赠助学的实际行动,担起企业的社会责任,在全县范围内形成捐赠助学的热潮,为象山教育事业发展贡献力量。县教育局负责人表示,设立"勤邦奖教基金"是企业尊师重教的慈善之举,体现社会各界人士对教育事业的重视和关心,也为象山教育事业的发展注入新的动力。

【中化国际年产22万支反渗透膜项目正式开工】 10月19日,中化国际年产22万支反渗透膜项目开工仪式举行。市委常委、常务副市长陈仲朝宣布开工。中化集团化工事业部党委书记、总裁刘红生,县委书记叶剑鸣分别致辞。中化集团化工事业部党委副书记、副总裁李超,县领导俞骏、黄敏求、吴志辉等出席。副县长石坚定主持开工仪式。叶剑鸣在致辞中说,此次开工的中化国际年产22万支反渗透膜项目,是县引进的最为重要的工业项目之一,必将成为县跻身省工业强县第一梯队的"动力源",助推县高质量发展的"强引擎"。以"不忘初心、牢记使命"主题教育和"三服务"活动为抓手,把企业家的事当做自己的事,用心用情当好"店小二",以一流的服务效率、一流的营商环境、一流的项目配套,确保项目"零障碍"推进。希望中化国际加快项目建设,争取早竣工、早投产、早达效,深化双方合作,带动更多产业链上下游企业到象山投资发展,携手开创合作共赢的良好局面。刘红生说,高性能膜材料作为战略性新材料被列入国家"十三五"规划专项工程,反渗透膜作为特种分离膜,具有投资成本低、能耗低、分离效率高、技术先进、应用广泛等优点。此次开工的反渗透膜项目是中化国际向新材料领域战略推进的重要里程碑,项目实施单位要有序推进项目建设,强化安全生产意识,确保工程保质保量如期建成,继续为推动中国化工产业的科技创新和转型发展作出示范、走在前列。

【浙江钰烯荣获中国工业防腐蚀技术协会科学技术奖】 10月26日,浙江钰烯腐蚀控制股份有限公司"新型智能恒电位仪开发"项目,荣获中国工业防腐蚀技术协会科学技术奖二等奖。"中国防腐蚀技术协会科学技术奖"由中国防腐蚀技术协会设立,其评审委员会聘请全国防腐蚀领域的专家、教授、工程技术人员,依照相关规定对申报中国防腐蚀技术协会科学技术奖的科技成果,进行科技奖励的评审工作。浙江钰烯腐蚀控制股份有限公司坐落于象山县新桥镇东溪工业园区,于2003年投资建厂,经过16年的发展,公司成为防腐领域内的实力型企业。依托长期专业从事阴极保护工程设计、施工与维护的经验与技术优势,结合现代电力电子信息技术,浙江钰烯自主开发全系列阴极保护电源产品。浙江钰烯智能恒电位仪系列覆盖二极管全桥整流、可控硅以及高频开关电源功率部件,并基于现代嵌入式计算机系统开发。产品具有智能化程度高、可靠性高、操作简便、防护系统完善、寿命长的优点。阴极保护电源产品系列还可根据客户需求深度定制开发,满足客户需求。面向国外市场的阴极保护整流器、恒电位产品可满足北美、中东、欧洲相关国家和公司组织的技术标准要求,并通过相关组织的产品认证检测,满足国外客户高品质、高可靠性的要求。科技改变生活,创造成就未来。钰烯一贯奉行"以科学管理和技术进步创一流品牌,为顾客和社会提供满意的产品和服务"的方针,竭诚为客户提供优质服务。

(县经信局 练黎)

新装备

【概况】 以海洋装备、船舶制造为重点的高端装备初具规模,下步将以临港装备工业园为主平台,象保合作区为补充。处于象山港口区域的临港装备工业园,吸引中石化宁波天翼、铭汇制造等一批重大项目落户投产,初步形成以日星铸业、易锻机械、乐惠生物过程装备、杭钢富春、新乐造船等企业为代表的新能源、智能化、食品机械、先进加工、高端船舶、炼化设备等各类装备制造基地。2019年,全县115家规模企业实现产值178.22亿元,同比增长7.31%;其中累计实现新产品产值99.07亿元,同比增长13.45%;利税总额12.08亿元,同比增长0.70%,利润总额8.30亿元,同比增长3.90%。

【石浦"智慧工厂"加速升级】 1月11日,宁波贝德尔电讯电机有限公司新一代自动化生产线,包括原材料切割、冲压、焊接等多道工序均使用机器人,实现"制造"向"智造"的升级。智能制造提升企业竞争力。短短几年时间就由一家小微企业成长为国家高新技术企业的贝德尔公司最近喜事连连:美国、日本两家跨国公司接连上门签下合作大单;公司入列"2018年浙江省创新型示范中小企业",全县仅有两家。

【百斯特:加大科研投入加快转型升级】 1月18日,为顺应市场需求,百斯特着眼于产品种类的多样化，推出汽车线束管、建筑穿线管、医疗管等塑料波纹管生产线，产品制管直径涵盖4毫米至160毫米，广泛应用于汽车、建筑、医疗、家电等多个领域，并远销德国、日本、俄罗斯、越南、印度等多个国外市场。百斯特拥有专利30余项。

【易锻精机：深耕智能制造　加速发展步伐】 1月31日，浙江省经济和信息化厅公布"宁波市2018年度浙江省装备制造业重点领域首台（套）产品"名单，浙江易锻精密机械有限公司生产的"S2-1250型数控智能闭式双点压力机"名列其中。相较于以往同类产品，这款压力机采用双移动工作台，不但冲压、换模速度更快，工作效率提高4至8倍，而且产品质量更加稳定、操作更加安全，精度符合国际通用的JIS一级标准，还可通过物联网技术进行远程操控和调试，科技含量在国内首屈一指。除与一汽、二汽、格力、海尔等知名企业建立长期合作关系外，该公司的产品还远销美国、土耳其、俄罗斯等几十个国家和地区。最近几年，公司产值以每年30%以上的比例增长，其中2018年产值超3亿元。

【浙江继望锻造：新增流水线】 3月18日，浙江继望锻造科技有限公司的生产车间各条生产线开足马力，进入满负荷的生产状态，所有职工和技术人员全部到岗到位，加紧赶制产品。公司2019年订单较为饱满，生产经营情况向好发展，获得发明专利1项，正在申请发明专利5项，力争掌握锻造斗齿的核心技术、热处理技术、成型模具以及全自动生产线的关键性专机技术。2019年，浙江继望计划投资4000万元，新增1条大中型的全自动流水线。1—2月，实现产值851万元。

【三安制阀喜获"品"字标"浙江制造"认证】 4月25日，宁波三安制阀有限公司的QRF32/8、QRF32/6.7、QRF32/5.3、QRF32/4.2等型号气体灭火系统容器阀，获得浙江制造国际认证联盟颁发"浙江制造"认证证书，这标志着三安制阀在科技创新、产品品质、企业管理等多方面获得权威机构的一致高度肯定。近年来，公司无论是产业规模、产值、产品品质、设备制造能力、产品开发能力等都名列前茅。公司一直用高标准践行着三安的品牌之路，通过新产品研发、专利申请、参与国家标准制定等途径构建行业技术壁垒，发挥自身的优势，获各类专利90余项，在业界享有较高的知名度。

【威霖产品列入2019年首批"浙江制造"项目】 5月24日，浙江制造品牌建设联合会发布2019年第一批"浙江制造"标准制定计划，威霖住宅设施有限公司的产品"空调通风口"名列其中，这是象山县首个被立项的"浙江制造"标准项目。威霖公司专注于中高档住宅设施产品的研发、生产与销售，主要产品涉及中央空调出风口、新风空净系列产品等。企业重视创新，先后导入丰田JIT先进生产管理模式，卓越绩效模式，国内外专利200余项。此次申报的空调通风口产品是中央空调系统中用于送风和回风的末端设备，企业邀请包括中国建研院、同济大学、台州学院等多家机构的评审专家进行评审。截至，发布"浙江制造"标准5个，认证产品4个，立项4个。

【新乐造船：顶烈日战酷暑】 7月25日，浙江新乐造船股份有限公司工人们顶着烈日在船坞里新建一艘双向不锈钢化学品船。炎炎烈日下，船舶平台上的钢板泛着白光，打上一颗鸡蛋立刻就会烤熟。比这条件更艰苦的是舱内作业，在酷似蒸笼的环境里，工人们挥汗如雨地在岗位上坚守。该公司签有新船建造订单20余艘，产值约20亿元。为应对酷暑、赶抢进度，该企业及时调整工作班次，避开高温时段施工，缩短连续作业时间。

【波威重工：桥梁钢构抢占九成宁波市场】 7月26日，两个各长21米、宽2米多、高3米、重达80余吨的巨大钢构部件，被拥有48个轮子的模块车缓缓地运到发货广场，随后运往宁波机场路南延工地，用于高架桥建设。波威重工上马第二期项目建设，该项目主要为桥梁下料和钢板单元部件的切割和加工，建成后将改变原来由宁波总部初加工再转运至象山装配的状况，使企业生产降本增效。届时，整个厂区总用地达到400亩，将形成一条完整的桥梁钢构生产线。在二期项目工地上，一座长228米、宽62米巨型厂房正在紧张建设。这是省内最大的钢构件生产车间，可生产包括双向八车道桥梁构件在内的所有类型桥梁整体钢构件。二期项目引入焊接机器人、自动化组装线、预处理线等设备，计划于9月底投产。投产后，原先的大型钢构件生产全部从室外转入室内，并提高智能化加工水平。波威重工大型钢结构项目总投资为10.1亿元，为宁波市唯一入选的省重大产业预选项目。截至年底，累计投资超过2亿元。

【象山整体制造全球最大"常压塔"】 7月29日，一台筒体直径12米、长112.5米、重2252吨的常压塔，经352个轮子的液压平板车托运，由西泽码头装船启运，发往非洲尼日利亚。这个"巨无霸"是全球最大的整体制造常压塔，由位于经济开发区的中石化炼化宁波公司象山工厂制造，创下整体制造直径最大、长度最长、单台设备最重三项世界纪录。常压塔是炼油厂的"心脏"。此次发运的常压塔制造工期逾一年，将用于尼日利亚丹格特炼油厂项目，其单条生产能力在当前可居世界第一。中石化炼化宁波公司共承担丹格特炼油厂9台塔器的制造任务，加工总重量达7960吨，其中4台单重超过1千吨，均安排在象山工厂生产。多年来，公司为国内外客户提供数十台千吨级压力容器，其产品出口至俄罗斯、文莱、哈萨克斯坦等"一带一路"沿线国家，多项产品保持着亚洲及全球纪录。为应对长距离海上运输面临的高湿度、高盐度等腐蚀问题，对常压塔外部实施密封，并采用惰性气体对塔内残留空气进行置换、在内部打造无氧空间。

【"巨无霸"钢结构厂房成型】 8月14

日，浙江波威重工厂区内一座长228米、宽62米、高20米的巨型厂房基本成型。烈日下，工人们正在拼装厂房钢构件。公司于2019年6月实施二期项目，其中，这座相当于2个标准足球场面积的“巨无霸”厂房，将成为省内最大的钢构件生产车间，可生产国内所有类型的桥梁整体钢构体，包括双向八车道的桥梁构件。该厂房将于10月建成，届时装配焊接机器人、自动化组装线、预处理线等智能化设备，提高生产效率。2019年公司总产值达4亿元。

【新乐造船：突破技术壁垒　提升核心竞争力】　8月28日，由浙江新乐造船股份有限公司自主研发并制造的双燃料机3万立方米LNG船进入设备调试阶段，2019年9月完成交付。为突破技术壁垒，公司在罐体设计、制造工艺、安全监测、精度计量以及焊接技术等方面进行深入研究和大胆创新。该LNG船上的运储罐属于C形独立式球形储罐，由1台4500立方米单体罐、3台8500立方米双体罐、1台甲板罐组成。为满足制作施工要求，公司特建1.8万平方米槽罐车间，配备一台700吨级龙门吊及相关设备仪器。在建造材料上，选择具有高纯净度、高强度、低温韧性优异等特点的9镍钢，这在国内属首用。企业构建以化学品船及其他高技术船舶为主的、具有自身特色的产品结构，其中，公司研发建造的19800吨双相不锈钢化学品船为全省首制，双燃料机3万立方米LNG船更是打破国外技术垄断。

【申菱机电打造工业4.0标杆工厂】　9月3日，宁波申菱机电科技有限公司的生产车间里一派繁忙，国内电梯部件行业首条萨瓦尼尼钣金柔性生产线正在这里快速运转。在电梯市场竞争日趋白热化的当下，智能化的生产条件和管理体系让企业有足够的底气参与国内外竞争。截至7月底，该公司实现产值11亿元，销售10亿元，工业增加值近2亿元，与2018年同期相比均呈两位数增长。沉甸甸的数据，在当前国内外经济相对低迷的形势下尤显来之不易。申菱的印度工厂运行良好，成为印度通力电梯公司的一级供应商。2019年宁波申菱将实现与全球八大一线品牌全面合作的目标。

【金博童车：自主创新小童车闯出大市场】　9月10日，宁波金博婴童用品有限公司的车间内，工人们在流水线上赶制玩偶车。该款玩偶车每年的订单量稳定在20万美元，主要销往欧洲市场。2018年下半年至今，这款童车在奥地利、德国、保加利亚、英国等欧洲市场大受好评，销售额达到700万元。除这款高景观婴儿推车，便携式婴儿推车是该公司2019年的研发重点。该款婴儿推车总重约4千克，单手轻轻按压机关，婴儿推车立刻可折叠成书包大小。研发该款便携式推车，光是模具开发就投入约50万元，9月将赴德国参加专业会展，2020年1月投入生产。截至8月初，金博童车各类型订单销售情况达到1600万元，与2018年全年持平，2019年销量将再创新高。

【乐惠国际构建精酿啤酒全产业链】　总投资3亿元的乐惠啤酒广场项目工作获重大进展：项目于9月30日取得建设工程规划许可证，力争开工动建，一期工程将于2020年完工。乐惠啤酒广场项目位于大目湾新城丽湾南路南、亲水湾北，为县A股上市企业宁波乐惠国际工程装备股份有限公司投资建设，拟打造精酿啤酒智能样板工坊和消费体验中心为主体的工商旅新业态综合体，包括精酿展示工坊、酵母银行、酵酒研发及检测中心、酿酒师和品酒师培训基地，以及酒吧、餐厅、产权式酒店等诸多旅游业态功能。乐惠国际是全球少数具备啤酒整厂交钥匙能力的供应商之一，主要产品为啤酒酿造设备及无菌灌装设备，技术水平达到或接近欧洲水平，成为喜力、百威等世界著名客户的合格供应商。截至2018年6月，公司拥有97项发明专利和实用新型，主持并参与制定包括《液体食品包装设备验收规范》（GB/T 19063—2009）、《错流过滤机》（QB/T4024—2010）等多个国家及行业标准。

【灵峰工程：机械耐磨件专业制造项目开工建设】　9月27日，地处象山临港装备工业园大中庄区块的宁波灵峰工程机械耐磨件专业制造项目开工动建。该项目由灵峰矿山机械（象山）有限公司出资建设，项目总投资5亿元，用地面积约95亩，建筑面积约5万平方米。依托母公司宁波灵峰投资有限公司强大的经济与技术援助，开发的矿山系列产品获得卡特、日立、小松、力拓等世界知名企业的认可。2016年与世界500强企业澳大利亚力拓公司签订长期战略合作伙伴关系，全面进军世界大型矿山市场。灵峰矿山机械（象山）有限公司采用先进熔模铸造生产工艺，年产3万吨矿山机械和工程机械零部件，该项目新增容量6400千伏安，年能耗6000吨标煤。2018年完成部分主体施工，项目达产后2018年可实现年产值5亿元、年税收5000万元。

【浙江易锻获“浙江制造”认证证书】　11月6日，浙江易锻精密机械有限公司高刚性精密开式多工位压力机产品荣获《浙江制造认证证书》。至此，该公司的产品贴上“浙江制造”标签，成为浙江“品字标”中一颗新星。浙江易锻精密机械有限公司自主研发的高刚性精密开式多工位压力机，采用自动化的工艺和设备，并结合公司自主研发的多项专利技术，在结构、技术、选材、操作控制、智能化等方面都有重大创新。未来，该公司将以“浙江制造”品字标认证为契机，以科研创新为灵魂，以产品质量为根本，全面实施技术标准战略，组建技术标准研制工作小组，参与国家、行业技术标准起草工作，发力品牌建设，领跑浙江制造。

【威霖《中央空调通风口》成为“浙江制造”标准】　11月18日，浙江省品牌建设联合会发文批准由宁波威霖住宅设施有限公司为主起草的《中央空调通风口》成为“浙江制造”标准。这是2019年首个被批准发布的“浙江制造”标准。威霖公司专注于中高档住宅设施产品的研发、生产与销售，主要产品涉及中央空调出风口、新风空净系列产品等。该标准主要依据 JG/T14—2010《通风空调风口》，参考 JG/T20《空气分布器性能试验方法》和美国风栅性能测试、空气分布器及空气分布器组合等相关标准，结合国外同类标杆企业先进产品的技术指标。在此基础上，增加客户使用体验、产品可靠性和耐久性能等具体要求，使产品在风量、射程、括散半径等通风性能与使用舒适性、可靠性上处于行业领先地位。制订“浙江制造”标准7个，获得“浙江制造”认证证书5张，培育“浙江制造”重点企业30余家。

【宁波民营航企投资建造最大吨位油船下水】 11月24日，宁波绪扬海运有限公司油船“绪扬19”在鹤浦下水。该船由浙江东红船业有限公司建造，总吨位为3.3万吨，是由宁波民营航运企业投资建造的最大吨位油船，是县建成下水的最大吨位油船。“绪扬19”船身总长约175.00米，型宽29.00米，型深14.50米，设计吃水10.4米。设计满足近海航区航行、B级冰区加强要求，具有单层连续甲板和首、尾楼，单螺旋桨柴油机驱动的双底、双壳油船，主要运输闪点60℃以下的液货油，也可运输闪点60℃以上的液货油。“‘绪扬19’刷新象山地区油船建造最大吨位的历史记录。”东红船业总经理李红宗介绍，该船于2018年12月12日安放龙骨开工建造，2019年12月底交付于宁波绪扬海运公司。

【宁波久源：引领润滑设备制造加速跑】 11月27日，宁波市经济和信息化局公布“2019年度宁波市装备制造业重点领域首台（套）产品”名单，宁波久源润滑设备制造有限公司的“YDX系列胶印机橡皮布自动清洗装置”名列其中。YDX系列胶印机橡皮布自动清洗装置主要应用于胶印机橡皮布自动清洗。当印刷机（或纸板）质量较差时，纸毛和纸粉脱落严重，印刷时易产生堆粉现象，印刷品需要换版，此时就需要该装置清洗橡皮布滚筒。它采用无纺布清洗，由计算机控制全部工作程序，按动按钮即可自动清洗，每清洗一次只需60秒。现在仅需1名管理人员即可操作，机器利用率高达90%以上，降低人力成本，提高企业生产效率。鉴于用户使用反馈、自主市场调研等因素，YDX系列胶印机橡皮布自动清洗装置未实现规模生产，2020年项目完全达产后，将年产150套，新增产值1100余万元，利税近300万元。

【伟辉磁业：过硬技术支撑企业发展】 11月29日，宁波伟辉磁业有限公司是一家集科研开发生产制造、技术改造、销售及售后服务为一体的现代化工业性企业。企业以浙江大学为技术支撑，专业生产PMSC-系列超强吸盘、PTM-系列电永磁吸盘、PMC-磁性分理器等产品，产品质量居国内领先水平并达到国际同类产品水平。该公司始终以技术创新为导向，与国内多所著名高校展开技术合作和人才培养，截至申请一种电控永磁吸盘快速换模结构等6项科技专利，依靠过硬的技术、优良的产品质量2018年实现销售总额1000万元同比增长15.2%。

【宁波振鹤船业2艘9000DWT油船正式开建】 11月29日，宁波振鹤船业与马来西亚E.A科技合作建造的2艘9000DWT油船正式开建。振鹤船业于2019年10月接获E.A科技“2+1”艘油船，该船采用多种新技术新工艺，全船3D模拟等新技术建造，以减少施工过程中的材料损耗并提高整体施工效率及进度，满足2020年即将强制实施的限硫要求，压载舱涂装满足PSPC要求，货舱采用特涂工艺，压载系统配备压载水处理装置，满足最新生效的所有国际公约。该船将在2020年12月开始建成下水，用于马来西亚送载精炼油产品。

【宁波博大船业承接印尼订单】 12月9日，印尼船东与宁波博大船业签下一笔558TEU集装箱船订单。该船型是博大船业根据印尼航道专门设计的浅吃水集装箱船，从最初的1型船到最近完工交付的15型船，累计交付38艘。该系列集装箱船经过的技术优化及升级，在船舶营运过程中各项性能指标均保持行业领先。宁波博大船业的最新船型（16型船）将在上述优秀母型船的基础上，优化设计，具有安全、节能、环保等显著特点，深受国内外船东关注。

【“浙象农渡101”船下水】 12月23日，由县汽车轮渡有限公司农村渡运公交分公司投资建造的“浙象农渡101”船，在浙江东红船业有限公司下水。下水后将进行各项舾装和设备调试工作，2020年元旦前后投入渡运。2019年，农村渡运公交分公司依托“四好农村路”专项行动，把2艘农渡船列入本年度更新项目之中，该2艘船均存在乘客定额小、易造成超载和船龄大且接近报废期等状况。通过有计划淘汰老旧渡船，逐步新建新型农渡船，为环石浦港区域海岛群众出行提供便利，保障水上交通安全有序。同批同型“姐妹船”——“浙象农渡102”船即将下水舾装调试。

【风电“重器”匠心造】 12月26日，宁波日星铸业有限公司生产车间，员工正在打磨用于风力发电的轮毂部件。年关临近，作为国内生产大型风电关键零部件的高新技术企业，日星铸业开足马力，实行满负荷生产。2019年企业固定资产投资高达5亿元，其中研发费用6800万元。

（县经信局　练黎）

水产、食品工业

【概况】 县海洋生物产业从20世纪80年代起形成的水产品加工行业逐步转型升级演变而来，现成为县三大重点突破的战略性新兴产业。县海洋生物产业主要存在三种发展模式，以超星生物、飞润生物为代表的传统水产品加工企业，以希诺亚、浮田生物为代表的高科技生物工程企业，以戴维医疗为代表的生命健康企业。2019年，全县共有2000万以上规模企业38家。1—12月全县海洋生物（生命健康）累计完成规上总产值35.98亿元，同比下降0.64%，其中累计实现新产品产值6.00亿元，同比增长4.62%；利税总额1.54亿元，同比下降28.81%，利润总额0.80亿元，同比下降41.91%。

【黄避岙海洋生物研学小镇引领产业转型升级】 1月8日，集海洋养殖、生物医药研发为一体的黄避岙海洋生物研学小镇建设项目稳步推进，为加快当地产业转型升级注入强劲动能。宁波象山港湾苗种有限公司、浙江省象山旭文海藻开发有限公司、宁波里海集团等企业以及周边配套服务类项目日渐发展壮大，辐射带动周边旅游、有机农业、保健品生产等产业发展。此后，该乡将围绕产业定位“特而强”、小镇功能“聚而合”、建设形态“精而美”、制度供给“活而新”要求，高标准建设、高效能管理、高强度推进海洋生物研学小镇创建工作。争取到2020年，实现小镇年接待游客10万人次，旅游收入约1800万元，提供就业岗位300个以上。

【戴维钻石商业广场投运】 4月24日，石浦镇戴维钻石商业广场工程建设进入扫尾阶段，室内精装修工程正全面开展，年底投入试运营。作为市、县重点工程的戴维钻石商业广场，坐落在石浦镇大庆路与兴港路交叉口西北角，总投资约3.5亿元，总建筑面积约5.1万平方米，从2017年5月开工。其中，1号楼裙楼及2号楼三至五层为商业部分，正对外招租。该商业广场计划引进精品酒店、特色餐饮、娱乐健身、大型超市、精品百货等业态，将打造成为石浦地区一个集购物、休闲、娱乐为一体的一站式商业广场。

【全国首例人工培育拟目乌贼获得】 6月2日，在象山来发水产育苗场，在全体工作人员的见证下，万余只新品种拟目乌贼培育。这是全国首例人工培育的拟目乌贼。在育苗车间20多平方米的水泥池内，第一代拟目乌贼幼体静静地躺在池底，工作人员正忙着给它“搬家”。据悉，拟目乌贼的育苗期在每年4—6月，经过3~4个月养殖，10月份基本可以上市。有两千余尾幼苗销往福建、浙江苍南等地，剩下的将全部用来二代育苗，确保2020年拟目乌贼的培育产量。

【“希诺亚”填补国内戒毒辅助产品空白】 7月24日，由希诺亚海洋生物科技公司研发的用于戒毒辅助的特殊膳食产品“倍愈素”发布上市，并在北京昌平华佑医院、惠州罗浮山戒毒医院和深圳市公安局强制戒毒所进行推广测试。这款具备辅助神经细胞修复、调解免疫力、减少戒毒并发症、降低复吸率的戒毒辅助产品，得到国家滥用药物防治协会认证。近年来，希诺亚公司先后通过ISO 9001、ISO 22000、HACCP等国内外质量体系认证，得到强生、诺华以及雅培等国际知名医药企业认可。公司研发生产的食品酶制剂、果蔬酵素、速溶果蔬粉等产品在膳食、药品、保健品、化妆品、饲料等领域得到广泛应用。

【爵溪街道：全面开展渔船“体检”】 8月连日来，爵溪街道组织执法人员，对爵溪渔港、公屿码头停泊的渔船再次进行登船检查。全面完成36艘开捕鱼船的登船检查，发现并整改安全隐患5处。以8月1日开捕期渔业安全生产工作为重点，爵溪街道再次落实责任，抓实抓细，全面开展渔业安全生产的各项工作。宣传开捕公告、铁律十五条、渔业安全生产“六不准”等内容，累计完成发放宣传资料1500余份，横幅100余条，短信发送5万余条。累计召开10次开捕前培训会，再次对10组编组进行优化，落实进出港报备工作，完成12米以上渔船的进出港微信小软件安装，以及12米以下渔船AIS手持避碰系统的发放。实行全天候监管，确保无一渔船“带病”出海。联村干部落实日常的定人联船工作，了解掌控渔船信息动态，以大沙、大岙、虾埠门3个滩涂为中心按照1周1次的巡查频率落实“滩长制”，完善爵溪渔港为重点的“港长制”。落实街道干部每人联系一艘玻璃钢艇，每周四上报动态汇总，对15艘纳管船筏进行安全教育，要求不得超范围作业。继续严查“三无”船舶，累计巡查约300余人次，开展清港行动12次，清除地笼网具300余顶，查扣“三无”船舶10艘，拘留因偷捕人员4人，查获非法渔获7.26千克。

【高塘岛乡：杜绝开捕鱼船“带病”出海】 进入7月，高塘岛乡深化涉海涉渔领域“平安守护”专项行动，严格对照任务清单及计划安排，加快推进8月1日开捕前各项措施落细落实，以赴走好伏季休渔“最后一公里、一小时”。高塘岛乡实际渔船数为332艘，8月1日可开捕鱼船263艘。截至7月31日，全乡328艘作业渔船配齐职务船员322艘，其中8月1日开捕鱼船全部配齐职务船员；822名报名培训的职务船员全部结业；34艘老旧渔船全部完成上排整改；162艘24米以上远海作业渔船全部安装海上通或卫星电话；136艘需安装监控视频的可开捕鱼船全部完成安装；259艘可开捕鱼船AIS避碰系统全面完成升级。高塘岛乡还规范辖区渔船伏休秩序，制定出台《高塘岛乡渔船安全检查方案》，深入渔村码头开展登船检查工作，杜绝开捕鱼船“带病”出海。截至昨天，累计检查8月1日可开捕鱼船250艘，检查发现职务证书未到位、未备案、救生设备破损及遗漏等问题49例，全部完成整改，督促船东在培训证书到位后第一时间向乡执法中队进行备案。此外，东航渔业管理服务公司完善渔船公司化管理，累计完成303艘渔船挂靠，纳管率达91%，剩余29艘挂靠在石浦、鹤浦正在过渡回迁；优化渔船编组，落实定人联船责任人7名，每人40~60艘次进行定人联络；启动进出港报告微信小程序安装使用培训，培训8月1日开捕鱼船船老大112人，小程序上线率达83%。

【海洋生命健康创新创业大赛总决赛举行】 8月22日，举行中国(象山)海洋生命健康创新创业大赛总决赛暨象山生命健康产业项目对接会，9个海洋生命健康项目进行现场角逐。据介绍，该大赛自2018年10月启动以来，吸引来自全球的200余个项目参加，最后9

个项目进入决赛涵盖海洋生物、新药研发、医疗器械、医用材料、医疗人工智能以及医疗大数据等领域。经过激烈现场比拼，结合参赛选手路演表现，专家综合评分，最终人工智能皮肤疾病检测项目获得决赛一等奖，人工智能轮椅、医疗脑电解决方案等2个项目获二等奖，抗血栓仿生聚合物涂层、基于多组学数据的智能预防医学服务、海洋功能性清肺冲剂产品研发及推广等3个项目获三等奖。大赛期间，各镇乡（街道）分别与各项目团队进行项目对接。

【和信制药重人才强技改打造浙江精品】 11月12日，宁波和信制药设备有限公司正在实施一批"浙江精品"项目，助推企业向"高精尖"方向发展。公司有中、高级技术人员20余名，每年配套科研投入经费，与浙大能源研究所、宁波理工学院、宁波工程学院等科研院校开展长期科研合作。在生产中实施质量管理体系、环境管理体系、职业健康安全管理体系监管，产品质量达到行业标准和要求，其中，"LD3000-6多效蒸馏水机"通过市级评审，鉴定委员会认为，该设备采用多项创新技术，降低能源消耗，提高蒸馏水的品质，减少微生物污染的风险，填补国内多项技术空白，其综合技术性能处于国内同类产品的领先水平。

【和信制药：人才强企推动发展升级】 12月27日，宁波和信制药设备有限公司坚持人才强企政策，以公司技术骨干冯礼伟带头成立"冯礼伟技能大师工作室"，对新职员进行"传、帮、带"训练。公司21名焊工经过技艺传授、培训后，全部通过鉴定并取得焊工高级工技能证书。工作室团队编制压力容器制造预焊接工艺规程60多项，全部应用在生产实践中。其中，自制"方管抛光拉丝机"1台应用在一线生产，比传统手工抛光效率高出3至5倍，提高抛光品质，每年可为企业节省人力成本约15万元至20万元。和信制药生产的产品销往全国10多个省、市，与康恩贝、莎普爱思、万通药业等多家名企建立战略合作关系。随着国家"一带一路"倡议的实施，和信制药还赢得国外市场的青睐，产品陆续销往欧洲、东南亚、非洲等地。2019年，和信制药销售产值近1亿元，同比增长约24%，其中外销产值近2000万元。

（县经信局　练黎）

工业投资

【概况】 2019年，在县委、县政府的正确领导下，县工投集团结合"不忘初心、牢记使命"主题教育活动，立足产业基础与资源优势，坚持新发展理念和市场化改革导向，扛起服务工业强县的责任担当，抢抓机遇，主动作为，完成全年工作目标任务，为集团转型发展、持续发展、赶超发展、跨越发展奠定坚实基础。2019年集团资产总额42亿元，净资产9亿元，全年实现营业收入1.26亿元，上缴税金445万元。

【基金投资】 集团产业基金发挥杠杆性和引导性功能，促进企业转型升级，设立创投母基金和弘日天使基金，投资浙江继望、飞润生物、汉普塑业、弘安智能、蓝洞科技、蔚莱物联、科普特、金钇光电8家企业，投放资金7700万元，撬动社会资本跟进投资1050元。一是实现招引项目落地。浙江科普特作为象山天使投资基金首个资本招商项目，开拓国内主机厂客户并加大与宁波华翔的合作，2019年实现营业收入5598万元，净利润285万元，比投资前增长63%。二是助力产业转型升级。浙江继望完成第三代原材料的研发和自动化设备投入及自动化改造，正在建设全自动锻造斗齿生产线。2019年实现营业收入4226万元，净利润216万元，比投资前分别增长174%、616%。与敦化市政府、华翔等社会资本合作，共同出资1亿元设立敦化市弘玺东西部产业合作基金，争取在精准扶贫、产业合作等方面实现互惠共赢。三是释放基金投资效益。天使基金投资的6家企业在宁波股权交易中心挂牌，其中弘安智能、浙江继望挂牌后转至成长板。浙江继望、蔚莱物联入选"2019宁波最具投资价值企业60强"。飞润生物获得创投母基金投资后业绩稳步增长，营业收入较投资前增长43%。

【资产收购】 一是加快推进企业闲置资产盘活，加强与宁波资管合作，依法依规收购县内企业和优质低价资产，2019年集团通过司法公开拍卖、协议转让等方式收购海腾新材料、海硕生物二期在建工程、壹美家具债权、南方水产、鑫泰债权等资产合计3.5亿元，工业用地亩均产值、税收等投入产出水平相应提高。二是把闲置资产作为招商引资的载体，加大宣传推介力度，招引县内外企业采取收购、租赁闲置资产形式新建工业投资项目。上海交大车用轻合金生产项目（总投资5亿元）、文墨女装生产基地（总投资约4亿元）相继落户集团收购的宁丰机电资产、宝信化纤资产，缩短项目落地时间。三是与招商服务平台公司合作，制定招商政策，引导各类规模化、优质企业入驻。2019年科创大厦引进注册企业672家，完成招商企业实缴税金达1370万元。四是强化资金保障助推集团各项工作推进。加强与金融机构合作，争取信贷资金，2019年融资14亿元。拓展融资渠道，发行4亿元定向私募债，产品发行状况良好。此外，坏账清收有序推进。法院共诉讼立案68件，涉诉标的额2.09亿元。生效申请执行案件27件，计标的额7510万元，追回执行款1648万元。

【担保转贷】 一是发挥担保功能，支持实体经济发展，2019年在保企业共计115家135笔，期末担保责任余额2.97亿元。二是降低转贷费率，减少企业融资成本，2019年共发生应急转贷125笔，转贷金额7.83亿元，其中从5月开始，对制造业企业通过应急转贷资金转贷的，给予在原有转贷利率下浮20%的优惠，费率优惠金额达14.18万元。三是开展供应链金融服务。对产品有市场、有技术含量且外部订单充足、资信状况良好的企业开展代购原材料等贸易融资服务，为10家企业授信贸易融资敞口6050万元，为中小微企业提供高效便捷的融资渠道。

【新爵纺织二期气流纺开机】 2019年9月9日11时18分,新疆阿克苏新爵纺织有限责任公司二期气流纺开机仪式举行。象山县委副书记、县长黄焕利,阿克苏地委委员、行署常务副专员梁峰源等领导亲自莅临现场祝贺。新爵纺织成立于2016年,是由县工投集团与华翔集团、巨鹰杰衣针纺织通过优化资产重组而设立的非公有制中型棉纺织企业。新爵纺织利用国家对新疆发展纺织服装产业的战略优势、浙江省对口援助阿克苏地区的政策优势以及阿克苏丰富的棉花资源优势,发展棉产业和纺织服装产业,投资建设30720头(约30万锭)气流纺生产线项目。该项目第一期15360头气流纺生产线于2018年3月建成投产,投产后公司总资产达到5.4亿元,环锭纺、气流纺生产总规模22.5万锭,有3个棉花收购加工厂,可生产10支至60支棉纱,年产量1.2万吨以上。第二期15360头气流纺生产线于2019年12月建成投产,2019年公司销售收入2.7亿元。

(县工业投资集团有限公司 徐杭燕)

象山经济开发区

【概况】 2019年,象山经济开发区坚持以中共十九大精神为指导,坚定不移实施县委"双驱动双突破"战略,结合园区实际贯彻落实"四个年"活动部署,破解发展难题,发挥工业强县主力军作用,园区发展水平稳步提升。全年共落户项目28个,亿元以上投资项目14个。全年238家规上企业实现规上工业产值248亿元,占全县规上工业产值38.2%,同比增长6.87%;规上工业增加值46亿元,占全县规上工业增加值36.5%,同比增长11.2%;实现工业投资33.2亿元,占全县工业投资的51.4%。

【20个重大项目集中开工仪式举行】 2月20日,全县"重大项目突破年"活动集中开工仪式在象山经济开发区宁波华翔高端金属汽配生产项目施工现场举行。集中开工共有20个项目,总投资78.03亿元,年度计划投资13.05亿元。项目分别为宁波鸿创陶粒加气砌块新建项目、浙江海洋运动中心配套道路一期工程(亚帆东路、南路)、象山县针织小镇一期国际交易中心改造项目、宁波华翔高端金属汽配生产项目、恒源无人物流车项目、滨海水厂二期扩建工程、东陈流域南堡河段治理工程、山水人家三期工程、丹山路(新丰路至天安路)、象山现代物流园公共服务中心二期工程、象山申达年产300万件汽车零配件扩建项目、会源路(巨鹰路至规划支路)、东谷路(象山河路至丹山路)、东方仙子田园综合体项目、宁波众辰机械设备生产项目、宁波文墨服装生产项目(GXG项目)、海伦钢琴外壳生产项目、东陈红星美凯龙项目、茅洋民俗文化村、宝海路(来薰路至新一路)。

【中化国际年产22万支反渗透膜项目开工建设】 10月19日上午,中化国际年产22万支反渗透膜项目开工奠基仪式在象山经济开发区城东工业园举行。年产22万支反渗透膜项目首阶段总投资35亿元,用地面积约15.5公顷,主要生产反渗透膜、纳滤膜、气体分离膜、纳米膜和特种分离膜等。项目分两期实施:一期反渗透膜生产及生产配套项目总投资约10亿元,用地面积约8.3公顷,2018年达产后可实现22万支/年反渗透膜的量产,年销售约10亿元,年税收约1.2亿元。二期纳滤膜和气体分离膜及科研项目总投资约25亿元,用地面积约7.2公顷,达产后可实现年销售约25亿元。

【重点工程项目】 全年18个实施类重点项目累计完成投资20.8亿元。其中,象山赛帆创业园完成主体工程,正在附属工程建设;宁波日星铸业大中庄区块扩建项目完成铸造基地建设,机加工基地钢结构施工中;波威重工大型机械加工制造项目完成一期主体工程及设备安装,完成二期基础施工;象山置信智造谷项目完成10幢厂房建设,正进行附属工程建设;莱龙宝马针织面料生产项目建成投产;浙江瑞博宝珞杰催化剂再生联合装置项目建成投产;海伦堡地产项目完成22幢主体结顶;浙江新篁竹叶标准提取物生物工程项目一期厂房基础施工完成45%;中化膜产业基地和膜研发创新中心项目完成一期桩基工程;宁波灵峰工程机械耐磨件专业制造项目一号厂房完成主体工程,二、四号厂房完成基础工程;宁波文墨服装生产项目(GXG项目)完成桩基施工;宁波华翔高端金属汽配生产项目完成桩基施工60%;金瑞科技金属包装桶生产项目完成厂房主体施工;宁波市浙东表面处理工业城标准厂房及配套设施项目1—4号厂房完成基础施工,5—6号厂房完成主体工程30%;乐惠大型啤酒生产设备生产车间扩建项目完成一期厂房钢结构,完成仓库主体工程;大中庄通用码头工程完成堆场、PHC管桩、办公大楼、码头桩基、码头面板预制。

【锦浪科技在创业板上市】 3月19日上午,宁波锦浪新能源科技股份有限公司在深交所敲钟上市。锦浪科技公司位于滨海工业园区,该企业立足新能源行业,专注于分布式光伏发电领域,主要产品为组串式逆变器,系太阳能光伏发电系统不可缺少的核心设备。

【建筑新型保温材料生产项目签约】 4月8日,由宁波甬坚建材有限公司投资的建筑新型保温材料生产项目签约。该项目位于临港装备工业园DG-03-35-1地块,用地面积13333.62平方米,约1.33公顷。项目总投资1亿元,注册资金3500万元。项目达产后年产值1亿元以上,年税收1000万元以上。

【金属包装桶生产项目签约】 5月6日,由宁波金瑞包装科技有限公司投资的年产200万只210L及以上钢桶项目签约。该项目位于滨海工业园金通路与海荣路西南角地块,用地面积16925.92平方米,约1.69公顷。项目总投资1.7亿元,项目达产后2018年可实现年产值2亿元以上,年税收2000万元以上。

【新乐造船自主建造 LNG 船】 8月21日上午，由浙江新乐造船股份有限公司自主研发并制造的双燃料机3万立方米LNG船进入设备调试阶段，成为国内首家有能力建造此类船舶的民营船企。船体的核心部件“双C球罐”更是打破国外技术垄断。

【整套集挂车卡盘智能制造项目签约】 8月25日，由宁波睿新机械有限公司投资的整套集挂车卡盘智能制造项目签约。该项目位于城南高新创业园19-01-56-1地块，用地面积26602.0平方米，约2.66公顷。项目总投资1700万美元，项目三年内可实现年产值5亿元以上，年税收3000万元以上。

【高档绣花珠片生产线项目签约】 9月2日，由浙江申越新材料有限公司投资的高档绣花珠片生产线项目签约。该项目位于滨海工业园E-7-1地块，用地面积26666.84平方米，约2.67公顷。项目总投资1.5亿元，项目达产后可实现年产值2.6亿元以上，年税收1000万元以上。

【分布式组串并网逆变器新建项目和研发中心建设项目签约】 9月19日，由宁波锦浪新能源科技股份有限公司投资的分布式组串并网逆变器新建项目和研发中心建设项目签约。该项目位于滨海工业园F-1-2号地块、F-1-3号地块，总用地面积98114.7平方米，约9.8公顷。项目总投资4亿元，项目达产后可实现年产值5.5亿元以上，年税收1740万元以上。

【风电模具制造项目签约】 10月8日，由浙江荣辉模具制造有限公司投资的风电模具制造项目签约。该项目位于临港装备工业园区块，用地面积18946.57平方米，约1.89公顷。项目总投资1亿元，项目达产后可实现年产值1.15亿元以上，年税收1000万元以上。

【医药生产体系研制项目签约】 10月30日，由浙江微龙科技有限公司投资的医药生产体系研制项目签约。该项目位于城东工业园C-1-08-1地块，用地面积7185.99平方米，约0.72公顷。项目总投资1亿元，注册资金3500万元。项目达产后年销售1亿元以上，年税收1000万元以上。

【风机整机关键零部件生产项目签约】 11月8日，由宁波日星铸业有限公司投资的风机整机关键零部件生产项目签约。该项目位于临港装备工业园DG01-04-07地块，用地面积125824.8平方米，约12.58公顷。项目总投资10亿元，项目达产后可实现年产值20亿元以上，年税收2亿元以上。

【汽车五层复合燃油管路挤出生产线项目签约】 12月20日，由浙江金韵昌机械制造有限公司投资的汽车五层复合燃油管路挤出生产线项目签约。该项目落户于城南高新创业园19-01-12-1-1号地块、19-01-12-1-2号地块、19-01-12-1-3号地块，总用地面积13762.45平方米，约1.38公顷。项目总投资1亿元，项目达产后可实现年产值3亿元以上，年税收3000万元以上。

【推进宁波海洋经济发展示范区启动区建设】 突出规划龙头引导，完成园区总体规划、各区块控制性详细规划及产业发展规划编织，明确各区块的产业布局、功能定位等内容，为推进启动区科学、合理、有序开发奠定基础。基础配套建设加快推进，启动区累计投入35亿元，完成基础配套面积15平方千米。其中，临港装备工业园以环象山港公路为主轴，“区域成环、片区成网”的路网框架加速拉开，供水、电力等综合管网同步跟进，河道、避风港等设施加快建设，西泽5000吨级重装码头投入使用，大中庄5000吨级通用码头开工建设。城东工业园基础配套达到“九通一平”，按城市标准实施绿化、美化、亮化、净化工程，基础生活功能设施配套齐全。依托港口岸线资源优势，集聚日星铸业、新乐造船等一批重点企业，以临港装备、新能源装备、海洋生物、海洋新材料等为主的海洋产业发展迅速，成为推动县海洋经济发展新动力。随着中化膜产业基地、乐惠工程装备、灵峰机械等入驻项目的陆续建设投产，区域海洋产业集聚效益将显著提升。日星铸业、新乐造船、希诺亚海洋生物等6家企业与国内外如清华大学、华中科技大学等18家大学及科研院所建立合作关系，初步形成以科研院所、重点实验室和企业研发中心为主体的海洋科技创新体系，海洋创新能力提高。区域内共有海洋产业研发人员235人，有高新技术企业8家，建有省级高新技术企业研究开发中心1个、市级工程技术中心6个。依托海洋科技人才创业园平台，引进高层次人才及项目，累计落地人才项目23个。

【推行“环保管家”打造绿色园区】 4月，象山经济开发区引进宁波市环科院担任园区第三方“环保管家”，由2名环保工程师常驻开发区管委会，协助开发区环保科开展相关环保服务。其主要功能为：一是每季度一次开展企业环保普法、业务知识培训学习，提高企业管理人员的环保意识，帮助企业形成环保管理制度。二是开展企业环保网格化、常态化排查，帮助企业发现环保方面存在的问题和不足，并提出整改指导意见。三是应对环境信访、投诉、举报及突发环境事件，开展环境风险源排查，定制企业整改方案，提升污染治理成效。四是根据园区企业实际需求，为企业提供常规性环保技术咨询服务。8月22日，“环保管家”会同开发区在城东工业园开展突发环境事件应急演练，并邀请部分企业共计50余人参加演练。

【构建“一链式”服务体系提升区域营商环境】 按照县行政服务中心标准打造服务窗口，根据园区服务现状探索深化改革，通过构建项目全生命周期流程图、落实“项目管家”和代办员制度等方式，创新建立全程接力的“一链式”服务体系。累计为企代办施工许可证15件；完成骏嘉、旭力液压土地分割，为全县首例，为盘活闲置建设用地，提高土地利用率提供新途径；帮助金瑞机械办理全县首例工业项目桩基施工许可证，提升项目动建速度等。组织区内有融资需求的22家企业参与“银政企”对接会，解决资金需求3000余万元；组织税务知识专题培训会、人力社保政策讲解会，就企业关心的问题进行解答；组织日星铸业、锦浪、合力模具等企业参加江西理工大学校企合作暨人才招聘会，满足企业用工需求。系列活动的开展拉近园区与企业的距离，获得企业评价。

【机关党组织规范化建设】　贯彻执行《准则》《条例》，规范党内政治生活。年初结合工作实际，制定党支部年度组织生活计划、党员固定活动日计划、“三会一课”计划，落实党内组织生活纪实制度，如实记载活动开展情况。严格执行发展党员工作计划，把好“进口关”，共发展正式党员、预备党员各1名，确定发展对象1名、入党积极分子2名。开展“亮岗竞绩”活动，设立“党员示范岗”，要求机关党员干部工作日期间佩戴党徽，亮身份、亮岗位、亮承诺。12月，开发区作为全县首批2个清廉机关示范点之一通过验收，班子成员履行一岗双责，加强对分管人员的日常教育管理，以谈心谈话、提醒谈话等手段，及时了解干部职工思想、生活状态，早发现、早教育、早查处，共进行廉政谈话80余次。

【各级领导到象山经济开发区调研】　7月12日，县委书记叶剑鸣再次企业项目一线开展“三服务”调研，副县长石坚定、开发区党工委书记吴志辉参加调研。10月22日，县委书记叶剑鸣带领相关部门督查开发区辖区内企业安全状况，开发区党工委书记吴志辉、党工委副书记、主任忙尧峰、副主任徐月燕陪同调研。11月19日，延边州委副书记、州长金寿浩率领吉林省延边朝鲜族自治州代表团到象山考察，县领导黄焕利、石坚定陪同调研，开发区党工委副书记、主任忙尧峰等一行人参加考察。12月19日，县委副书记、代县长包朝阳赴象山经济开发区管委会调研园区建设发展情况，副县长石坚定、县府办等相关部门主要负责人、开发区全体班子成员参会。

（象山经济开发区管委会　王士风）

宁波象保合作区

【概况】　2013年12月，宁波市委、市政府批准设立宁波象保合作区，按产城融合理念，规划建设滨海科技新城。2016年3月，浙江省政府与中国航天科工集团签订战略合作协议，决定在宁波象保合作区基础上建设宁波航天智慧科技城。2017年9月，宁波市政府与航天科工集团确定共建宁波国家级云制造示范基地。2019年年初，航天科工集团和浙江省政府初步商定在航天智慧科技城论证建设航天发射场。

2019年共引进各类企业140家，累计在册企业达到922家，总投资50亿元的14个项目近期集中签约和开工；基础设施建设继续提速，全年完成固定资产投资8.5亿元，累计已投入50多亿元，生产力中心验收交付，主要道路投入使用，已建在建的各类厂房、办公楼、公寓楼近100万平方米，园区形象初具规模，为下步承接重大项目提供充足保障；全年完成财政总收入6.8亿元，同比增长11%，其中税收收入3.4亿元，同比增长1.2%，园区自身的财政实力增强。

【重大项目】　经过两年多的、联合航天科工完成航天发射场技术论证并上报国家部委，国家有关部门到象保开展第一轮调研，市政府经主要领导批示成立工作专班，并列入宁波市空天信息产业等各项规划；发射场项目为象保区发展航天产业提供切入点和支撑点，也为园区未来发展指明方向。另外，市政府与航天科工合作共建的云制造示范基地开局，航天云网和航天科创完成运营团队组建，逐步拓展本地市场，成为该市重点培育的工业互联网平台。

【实体招商】　2019年的项目线索越来越多，招商形势越来越好。联合航天科工集团积极推进航天航空、智能装备、新一代信息技术、物联网终端设备等先进制造业项目。另外还与多家商业航天单位达成合作意向。9月组织召开招商大会，央地联合、区县联动的大招商格局基本形成，12月在北京召开商业航天专场推介，成立商业航天创新企业联谊会，行业影响越来越大。

【园区建设】　年中部署开展“百日攻坚”专项行动，54项任务基本完成。年初高速公路连接线正式通车；6条主干路建成投用；邻里中心、生产力中心厂房投入使用；双床中心等项目主体结顶；商业中心启动运作；硬件环境大大改善，园区形象欣欣向荣。

【基础设施建设】　2019年累计完成固定资产投资50亿元。首期5.2平方千米土地征迁交付，启动区3.6平方千米场平工程完成；总投资11.1亿元的市政设施项目同步建设，主要路网设施年内建成；总投资9.7亿元的高速公路连接线于2018年1月开通。日处理污水10万吨的再生水厂一期工程已建成投用；生产力中心、双创中心、航天产业配套社区正在建设；屋顶太阳能分布式电站总投资13.5亿元，与建筑同步建设，将满足园区20%的用电需求；滨河湿地、地下管廊分步建设，建设绿色、节能、环保、生态示范区。

（宁波象保合作区管委会）

重点工程建设项目

【概况】　2019年，象山县扎实开展“重大项目突破年”活动，着眼平台、招商、要素、服务统筹，推进项目争速大比拼，促进重大项目数量、速度、效益突破。圆满完成省、市重点工程年度建设任务（省市县长项目落地率50%，省重点、市重点、省市集中开工项目完成年计划130%以上，12个市重大前期项目开工转化率33%），并获宁波市重点工程前期综合类优秀单位。152个实施类重点工程完成投资165.36亿元，占年计划104.83%，其中60个新开工项目49个实现开工建设；92个续建项目（20

个项目完工）完成投资136.02亿元，占年计划117.77%。45个县重大前期项目完成或超额完成节点目标。

【明责任聚合力】 实施"全覆盖、全过程、常态化"项目管理模式，分层明晰攻坚责任。研究制定《关于开展"重大项目突破年"活动的实施方案》，明确30项任务清单，制定月度计划，建立责任和考核体系，每月对账落实。健全县级领导、后备干部、政法干警联系重点工程制度，实行挂帅督战、挂图作战、挂牌销号，确保重点项目扎实推进。细化分解重大项目计划目标，逐一明确开工前所涉审批节点和其他前期工作任务的完成时限、责任单位、责任人，及开工后项目的月度投资和形象进度计划等。

【优服务强保障】 推行项目决策咨询联审机制，可实施项目纳入投资项目网上储备管理平台，按跟踪库、前期库、预备库、建设库分类并实行清单化管理。对569个国有（政府）投资项目进行决策咨询论证，核减项目168个。建立健全土地、林地、海域等要素资源供给保障机制，宁波建设工程学校智慧建筑实训中心、海防执勤码头等4个项目争取到中央预算内资金2192万元。完成11个批次320多个用地项目的农转用报批，争取市级统筹指标532亩和省厅奖励新增建设用地指标39.2亩。加强存量土地处置，处理闲置土地27宗1471亩，消化批而未供土地4449亩。深化投融资改革，组建三大母公司，注重项目商业化包装，归集应急资金25亿元，保障项目资金供给。深入开展建设环境整治专项行动，排摸建设领域、渣土工程领域黑恶线索11条，破获建设工程领域案件9起，刑事拘留12人、行政拘留1人。审批服务提质增效，推行设计方案联合审查、告知承诺制、容缺受理等机制，紧扣节点抓落实，2019年实施承诺审批项目252个，出让"标准地"50宗1401亩，完成39项"最多90天"项目的施工许可办理。注重项目过程管理，实行招标"评定分离"、中介机构"三色令"管理，完善重点工程保廉体系，开展全县在建重点工程安全检查和重点工程"争先创优"立功竞赛活动，促进项目争速。

【强监管求实效】 运足运活三级协调机制，实行重点工程问题月报制和不定期调研机制，问题项目通过重点工程推进工作例会、县长推进会、现场走访、召开协调会等形式对账抓落实，解决各类矛盾问题近百个。制定专项整治方案，破解地方建材贵、石料供应不平衡、亩产效益低等短板问题。实行县四套班子督查、两办督查、督导组督查、重点办督查的四级督查机制，严格执行"三色令"督办和问责制。2019年全年召开各类督查会50余次，实地督查200多项次，开展人大、政协重点工程督查活动3次，刊发督查专报30余期，发放督办提醒单30张。制定《象山县重点指标、重大项目"金牛奖""蜗牛榜"评选暂行办法》，实行"亮工期、作承诺、促提速"项目季度通报制，对干部作风问题依托《"三问三治"曝光台》栏目及时曝光。

（县发改局）

金融·保险

综　述

【概况】　截至2019年年末，全县共有银行业金融机构26家，网点164个，银行从业者2433名。全县本外币各项存款余额662.34亿元，比年初增加84.61亿元，同比多增45.49亿元；余额同比增长14.64%，较2018年同期上升7.38个百分点。其中，人民币存款余额655.14亿元，比年初增加84.00亿元，同比多增42.75亿元；余额同比增长14.71%，较2018年同期上升6.93个百分点。横向比较看，存款增速排名宁波各县(市)第2位，比全市平均高5.31个百分点。住户存款余额333.57亿元，比年初增加48.93亿元，同比多增25.67亿元，占各项存款增量的58.24%，其中住户定期及其他存款比年初增加36.57亿元，同比多增23.48亿元，余额同比增长29.31%；非金融企业存款余额223.28亿元，比年初增加14.92亿元，同比少增18.24亿元，其中企业活期存款比年初增加8.39亿元，同比多增6.73亿元，企业定期及其他存款比年初增加6.52亿元，同比少增24.97亿元；财政性存款余额14.93亿元，比年初增加7.93亿元，同比多增8.93亿元，宁波市财政性往来款7亿元，机关团体存款余额79.70亿元，比年初增加8.91亿元，同比多增19.82亿元；非银行业金融机构存款比年初增加3.14亿元，同比多增6.44亿元。

全县本外币各项贷款余额863.11亿元，比年初增加66.89亿元，同比少增5.60亿元；余额同比增长8.40%，较2018年同期下降1.62个百分点。其中，人民币贷款余额862.05亿元，比年初新增67.94亿元，同比少增5.11亿元；余额同比增长8.56%，较2018年同期下降1.57个百分点。与宁波6个县市区横向比较，象山县贷款增速排在第5位，低于全市平均水平2.28个百分点。住户贷款余额388.81亿元，比年初增加26.00亿元，其中中长期贷款余额254.77亿元，比年初增加23.83亿元，主要为个人住房贷款比年初增加18.54亿元。非金融企业及机关团体贷款余额473.23亿元，比年初增加41.93亿元，余额同比增长9.72%，较2018年同期下降2.05个百分点。其中，中长期贷款比年初增加26.49亿元，同比多增11.76亿元，余额同比增长17.26%，较2018年同期上升6.81个百分点；票据融资比年初增加6.44亿元，余额同比增长48.03%。

【监管服务】　2019年是新中国成立70周年，也是全面建成小康社会的关键之年，中国人民银行象山县支行以习近平新时代中国特色社会主义思想为指导，全面贯彻落实全省人行“双基”建设和宁波市中支“党建引领履职深化年”工作要求，贯彻执行稳健货币政策，守住风险底线，推动金融改革，优化金融服务，提升营商环境，扎实开展“作风建设深化年”“内控管理巩固年”活动，坚持党建引领，强化合规履职能力，助推辖内经济金融持续健康发展。

贯彻稳健货币政策，落实金融支持实体。一是加强窗口指导，保持货币信贷平稳适度增长。通过积极走访辖内金融机构、召开专题会议等方式，有效传达人民银行总行实施稳健货币政策的意图，督促辖内各金融机构把握好信贷投放力度、节奏和投向。二是贯彻落实各项信贷政策，推动经济加快转型发展。落实深化民营、小微企业金融服务的文件和会议精神，用好用足支农再贷款和再贴现等“真金白银”政策，修订印发《金融机构综合评价办法》《提升营商环境的指导意见》等文件，将民营、小微、制造业金融服务工作纳入金融机构评价体系。与县工商联等部门开展“百名行长进民企”等活动，组织金融机构主动对接企业融资需求。共走访企业数4146家，其中大中型企业349家，小微企业3478家，个体工商户319家，共解决融资41亿元。召开“助力民企融资　象山在行动”宣讲会，与小微企业园区进行项目签约。普惠金融平台完成率达178%；全辖金融机构向5家小微园区提供融资8.61亿元。三是履行金融稳定职能，维护良好金融生态。落实存款保险评级和宏观审慎评估体系工作。保持房地产信贷平稳审慎发展，联合有关部门多次组织召开商品房预售资金监管工作会议，传达和解读省、市预售资金相关办法、细则，抽查6家房产企业和7家监管银行，就发现的问题提出整改措施，共有19家监管银行对25个楼盘进行账户报备。四是巩固省级信用县创建成果，实现金融服务共享。3月，象山县获评第一批“省级信用县”，支行以此为契机，继续优化信用体系建设，提升金融服务水平。一是完善农户信息共享工程。持续创建以“央行主导、政银联动、全员参与、县域共享”模式的农村信用体系共享工程。荣获市级信用乡镇12个、信用村187个；荣获省级信用乡镇2个、信用村5个。二是首创渔业安全生产金融联合奖惩制度。指导金融机构根据诚信记分制度，对船东船长给予信贷额度和贷款利率上的奖惩。56名违法违规渔民被列入惩戒名单，惩戒信息录入宁波市普惠金融平台，7家金融机构对34人采取上浮贷款利率、降低授信额度等惩戒措施，共涉及贷款1350万元。相关信息获得宁波市刘长春副市长等批示，获宁波中支、县委录用。三是丰富金融支农产品创新。印发“三权分置”、金融服务乡村振兴指导意见，办理全省首笔“三权分置”贷款业务，宅基地使用权、农房抵押贷款、小额保证保险贷款等业务贷款余额达8亿元，惠及6000户农户。

打造良好支付环境，提高群众满意度。全面推广移动支付便民工程建设。印发《移动支付便民工程建设实施方案》，明确移动支付推广目标和工作举措。一是召开金融机构支付结算会议，印发2019年移动支付工作要点和考核指标，引导各金融机构全面推广移动支付工程，邀请宁波银联公司开展移动支付知识培训。二是打造新桥镇、茅洋乡和日杂商会金融支持乡村振兴移动支付示范基地，推动中行、信用社和乡政府、商会签署合作协议，凝聚银政企共建合力。赴县旅游发展中心、县人民医院等地调研，推进民宿、医院缴费领域移动支付应用。三是持续深化移动支付在公交、菜场、医疗等重点民生领域的应用工作，城乡公交上线移动支付功能，新增2家菜场受理银联二维码或手机闪付。全县云闪付新增用户42631户、完成考核目标71.05%，移动支付交易活跃账户数5060户、本年累计笔数221299笔。开展助农服务点评级，实现规范化管理。一是按照市级助农服务点分类评级标准，对辖内服务点硬件设施情况进行更新维护，并组织分类评级和实地验收。对服务点进行清理整合，清理完成4个乡镇，收集、建档每个服务点的基础信息和图片资料。二是落实助农服务点巡检制度，对丹东、丹西街道9个助农服务点进行暗访，对服务点存续、搬迁、软硬件设施等实际情况进行核实，就出现的问题要求责任银行整改落实。引导责任银行完成869次助农服务点巡检工作。三是加强系统日常管理。安排专人对753家助农服务点系统信息的及时性、一致性和完整性进行审核。督促金融机构及时在宁波市支付服务市场监管系统更新服务点各项数据信息。关注系统自动评级情况，针对降级的助农服务点进行重点监测，并与承办银行采取针对性管理措施。

加快外汇便利化改革，助力涉外经济高质量发展。助推开放型经济转型升级。一是按照《2019年宁波市“深化外汇金融普惠　支持涉外小微企业发展”活动实施方案》文件要求，深入开展外汇金融普惠活动。开展专题活动、调研座谈会、培训会等各类活动5场，服务企业超120家次、实际参会人员近400人。二是开展外汇“三服务”活动。开展外汇知识进西周上门服务，与辖内宁波银行、信用联社共同组织外汇政策宣传培训会。配合开展对台小额贸易区创建、象保合作示范区建设等县委县政府重点工作，为中小电商提供一站式跨境电商外汇综合服务。三是外汇业务办理继续便利化。7月办理宁波市首笔网上受理名录登记业务，112家企业通过网上申报出口单位名录登记、变更，4家企业通过网上申报办理非银行债务人外债登记。防范跨境资金流动风险。以强化机构管理为导向，突出监管重点。

夯实业务履职“双基”建设，提升合规管理水平。加强“双百双千”“金融普惠　校园启蒙”金融知识宣传。制定方案并以行发文形式印发“3月、6月、9月”金融知识宣传通知，与县金融办等部门联合开展人民广场金融知识宣传活动。加强推进取消账户许可工作。组织辖内银行机构参加两轮全省账户管理系统压力测试和宁波市账户辅助系统压力测试，发布《关于取消企业银行账户许可的公告》，完成账户管理制度以及银行结算账户管理协议的修订工作。举办取消企业银行账户许可业务培训班，对辖内各银行机构取消企业银行账户许可准备工作开展100%检查验收。加强国库基础工作。夯实会计核算基础，梳理国库制度，及时调整人员配置，提升日常国库业务操作规范性和准确性。做好国库统计工作，积极配合完成市分库编译任务3篇，完成普惠性减税政策落实情况等快速调查8篇。对辖内储蓄国债承销机构开展定期巡查18次。加强反洗钱监管。一是强化反洗钱现场监管，对3家法人机构开展反洗钱走访，对象山联社开展反洗钱专项检查。二是配合做好2018年法人银行机构反洗钱分类评级工作，积极参加反洗钱特定培训班和反洗钱工作视频会议。加强人民币流动管理。一是按月做好假币实物收缴工作，共收缴假币2799张、金额24万元。开展3次硬币循环大篷车活动，回笼硬币12万多枚。二是组织开展反假货币助力乡村振兴宣传、“5·15”打击经济犯罪联合宣传等活动。三是通过检查、暗访等方式，督促小面额服务供应机制落实到位，组织4次暗访活动，对1家问题机构进行约谈；对组建的暗访队伍开展培训。四是加强人民币监管工作。对象山中银富登残缺、污损人民币外流情况进行情况调查和通报处理。开展违规使用人民币图样行为专项整治工作，清明节期间对辖内祭祀用品店铺集中地区进行排查走访。强化依法行政工作能力。以象山政府网为信息公开主渠道，及时发布依法行政工作相关信息。

金融保险

政策性银行

【中国农业发展银行象山县支行】　中国农业发展银行象山县支行下辖1个营业部，共17名员工。该行深入贯彻习近平新时代中国特色社会主义思想和中共十九届一中、二中、三中、四中全会精神，秉承“支农为国、立行为民”的职责使命，发挥政策性银行“当先导、补短板、逆周期”作用，以支持乡村振兴、长江大保护、海洋经济发展为主线，助力建设“两强两美”象山。至2019年末，各项贷款余额209408万元。其中：政策性贷款198882万元，自营性贷款10526万元；各项存款40887万元；

利润2097.73万元;不良贷款为0。

该行作为辖内唯一一家政策性银行,履行农业政策性支农职责,稳定粮食市场,维护县域粮食安全,确保粮食收购工作"不打白条",做到"钱等粮"。至12月底,发放粮食收购贷款14808.5万元,支持象山辖区稻谷收购1912万千克。同时,该行在新形势下抓住政策机遇,结合地方产业特色,锐意进取、争抓实干,推进创新发展。以国家级宁波海洋经济发展示范区获批为契机,依托市分行与县政府签订支持宁波海洋经济示范区(象山主体区)建设专项合作协议平台及资源众多优势,按照"政府主导、市场运作、现金可测、风险可控"的信贷导向,以大平台、大项目为抓手,支持农村土地流转、改善农村人居环境、海洋资源开发与保护、城中村改造等助力乡村振兴项目。2019年,评估项目5个,授信额9.85亿元,投放4.54亿元,均为政府背景企业的中长期贷款。

商业银行

【中国工商银行象山支行】 中国工商银行象山支行下辖1个营业部,6家网点,共有员工181人,集中分布在中心城区、石浦镇两地。2019年末,本外币各项存款余额82.37亿元,比年初增加7.38亿元;贷款余额117.67亿元,比年初增加12.20亿元;不良率为6年来最低值0.3%。面对复杂多变的经营环境和日趋激烈的竞争形势,工行象山支行贯彻总分行决策部署,按照"从传统大行向现代化强行"的发展愿景,拓市场、控风险、抓队伍。全年经营发展稳中有进,巩固在区域同业中的领先地位。

2019年,全年累计发放制造业贷款24.15亿元,并推出结算贷、用工贷、税务贷等小额贷款产品,全年通过该系列产品累计发放贷款1160万元,拓宽制造型企业多元融资渠道,降低企业融资成本、减轻企业融资负担。牢抓资产质量提升,坚持"控新增、防劣变、快处置"齐头并进,确保不良贷款余额、逾期贷款控制在计划以内,有效优化区域金融生态环境。积极宣传普及金融知识,广泛开展公众教育,扎实开展3.15消费者权益日、金融知识普及月、防范电信诈骗等相关活动,通过阵地宣传、送教上门、网络传播等形式做好"双百双千"工程,提升金融消费者的风险意识。

【中国农业银行象山县支行】 中国农业银行象山县支行下辖8个二级支行、1个营业部,10家离行式自助银行,共有员工223人。2019年末,该行本外币各项存款63.14亿元,比年初增加8.21亿元,增量居四行第一,总量第二,四行占比26.96%;本外币各项贷款76.25亿元,比年初增加0.97亿元,四行占比21.94%。存贷款总量位居"四大行"第二位。

2019年,该行加大服务实体经济力度,围绕全县重点工程建设,积极拓展水务集团、数字电视、海峡两岸等政府类项目主体。落地首笔类年金业务,实现托管业务零的突破,落地首个公募基金专户——嘉实基金韵升资管专户。全年新营销法人信贷客户共98户,新增授信12.54亿元,均为近年新高。推进重点项目落地,发放韵升控股、龙元集团等公司贷款5.7亿元。持续推进普惠金融业务,先后在西周、鹤浦、石浦等召开小微企业融资对接会,搭建产品服务桥梁,全年新增中小企业贷款投放7.5亿元。2019年末,全行制造业贷款25.68亿元,分别占对公贷款的58%、全行贷款总额的34%,制造业贷款占比全县第一。积极推进数字化转型,全年拓展智慧党务、智慧校园、智慧食堂、智慧停车等一大批核心场景,互联网交易笔数达到12万笔,实现交易金额2829万元。智能机器先行,推广应用"智慧货架"及新一代网点智能管理系统,超柜综合替代率达到96.04%;继续开展工商驻点代办服务,石浦支行公积金贷款延伸服务点的基础上,新增西周服务点;在西周、石浦、南田支行新设增值税发票自助领取终端,在石浦支行设立个人征信报告自助查询机,全行网点厅堂服务效能提升。

【中国银行象山支行】 中国银行象山支行本级设立6个部门,下辖5个经营性支行,共有员工145人。2019年,该行面对严峻复杂的内外部形势,直面差距与困难,主动担当,凝心聚力,坚持科技引领,创新驱动,转型求实,变革图强,实现本外币存款余额43.22亿元、本外币贷款余额77.03亿元,同比增加8.35亿元,其中人民币各项存款余额40.60亿元,同比增加2.47亿元,人民币各项贷款余额76.79亿元,同比增加8.73亿元,在压力下呈现稳步向好的发展态势,全面推动全行新时代高质量新发展。

2019年,该行立足象山县域经济,担当国有大行责任,主动对接县内重点项目,敏捷反应,有效助力,如做亚帆银团贷款2亿元、工投项目1.1亿元、隐性债务项目4.65亿元,为县域经济发展添砖加瓦。深耕当地市场,落实"普惠金融"政策,主动服务种粮大户、渔民等,推广益渔贷等产品,2019年合计发放船贷笔数71户,金额9344万元,余额约8254万元,实实在在解决客户融资需求。

【中国建设银行象山支行】 中国建设银行象山支行下辖6个营业网点,16家离行式自助银行,共有员工124人,主要集中分布在丹城、石浦和爵溪。2019年,建设银行象山支行在各主管部门和上级行的正确指导下,围绕总分行的"三大战略"的总体要求,把"三个能力"建设要求作为全行的基本遵循,以实际行动助推象山县转型升级发展。2019年年末实现本外币一般性存款余额46.26亿元,比年初新增2.37亿元,各项贷款余额76.65亿元,比年初新增3.92亿元。

该行坚持以服务地方经济建设为己任,坚持主动作为,贴近社会,主动融入县域发展大环境,做好统筹规划,保障有限的金融资源能投入到县域重点项目建设及实体经济,鼎力支持地方各类建设,包括象保住房租赁贷款项目、龙元71省道改建PPP项目、象山中心城区滨海水厂及出厂管道(二期)工程等,积极服务地方经济,有力推动全行各项业务的健康持续发展。积极贯彻总行普惠金融战略，加强金融产品创新，推出云税贷、抵押快贷等新产品，有力地支持本县中小微企业的融资需求，截至2019年年末，支行普惠金融总余额38976万元，比年初新增7083万元，授信企业达227家，企业遍及鹤浦、石浦、定塘等10几个乡镇。同时该行致力于营造舒适温馨的服务环境，所辖6个网点均设有“劳动者港湾”，网点内设置无障碍通道，配置老花镜、小药箱、轮椅、婴儿座椅等等，用心去服务客户，以优质的服务贴近客户，提升客户满意度。2019年全行营业网点服务综合评定，支行被市分行评为服务一级单位。

【交通银行象山支行】 交通银行象山支行位于浙江宁波象山丹西街道象山港路451、453、455、457、459、461、463号，下设行长室、办公室、公司部、个金部、营运部，外设2家离行式自助银行，有正式员工26人。2019年，交通银行象山支行围绕总分行“三大任务、三大重点、三大目标”，截至12月末，该行各项存款余额7.79亿元，各项贷款余额24.7亿元，不良贷款6738万元，不良率为2.72%。

2019年，该行贯彻中央宏观经济金融政策及地方政府、人行、银监局等金融工作要求，通过百名行长进企业活动以快捷抵押贷、线上抵押贷、税融通等操作工具，实地深入了解小微企业并解决一批稳健小微企业新增融资需求，主动让利小微企业，主动承担抵押登记费，尽量以贷款取代承兑产品，减轻企业融资成本。2019年度中小企业贷款余额15.4亿元，占支行贷款总规模的62.35%。同时，该行还积极对接政府投融资集团相关资产项目、宁波海峡冷链物流银团项目等，全力支持实体经济发展。

2019年度，该行荣获象山支行金融机构综合考评B等次，荣获宁波分行营运质量优胜单位。该行员工余巧获宁波分行2019年度先进工作者、章路亨获宁波分行2019年度服务明星称号。

【上海浦东发展银行宁波象山支行】 上海浦东发展银行宁波象山支行已有营业网点两个，分别是象山支行和石浦小微支行，员工35名。2018年浦发银行象山支行围绕总行新一轮发展战略和分行“1155”三年行动计划，坚持“调结构、稳增长；严合规、控风险；优管理、强能力；抓党建、促发展”全年经营主线，在当地各主管部门和上级行的正确指导下，积极应对复杂的经济局面，坚持稳健的经营发展思路，创新发展模式，多渠道加大信贷投放，全力为地方经济增长提供金融支持。截至2019年年末，本外币各项存款余额140978万元，比年初减少57419万元，存款大幅减少系有例外原因。其中，个人存款余额37349万元，对公存款余额103629万元。本外币贷款余额为353929万元，比年初增加24352万元。其中对公贷款余额227290万元，比年初增加20985万元；个人贷款余额126639万元，比年初增加3367万元。全行不良贷款总额767万元，不良率0.22%。

公司业务方面，积极争取上级行信贷资金，及时化解不良贷款，积极服务制造业企业、小微企业，真正实现企业融资需求满足、融资成本降低，银行存款增加、中收提高、不良率得到良好控制的银企双赢局面。一是存款方面，人民币对公一般存款日均比2018年下降4821万，增幅-4.72%，年末余额比年初下降6.68亿，主要是有一笔大额偿债资金划出，对该行余额和日均造成较大影响。二是贷款方面，于制造业企业和小微企业服务，为县域内制造业企业及小微企业提供重点服务，全年新增6家1000万元以上授信客户，其中5家是制造业企业。特别是落地分行首单科技贷500万元，信用方式，对支持同类企业有较强的指引作用，后续又对另两家企业投放科技快速贷共计700万元，深受客户好评。三是客户拓展方面，对公有价值客户年末达近700户，全年净增户数275户。四是建立客户经理每日走访及汇报制度，使客户经理与县域内众多企业密切联系，提供更好的服务。

零售业务方面，继续利用浦发优势产品，为全县个人客户提供有力的金融支持。一是个人存款，利用“安享盈”“汇理财”“大额存单”等存款产品，提高客户的存款收益。二是个人贷款，新增个人住房贷款0.95亿元，增幅14.00%，新增生产经营性贷款0.36亿元，增幅25.37%，网络贷款产品优化。“浦银点贷”解决城乡居民消费需求，其中“公积金点贷”投放量在浦发银行宁波分行排名第一；“浦银快贷”解决小微企业主的短期小额经营性需求；“房抵快贷”解决小微企业主还款压力，快速得到贷款，且可以慢慢归还。三是信用卡业务，“玩转商圈”和“礼券银行”成为知名品牌，“随借金”“万用金”为客户消费提供支持。

【平安银行股份有限公司宁波象山支行】 平安银行宁波象山支行是平安银行股份有限公司宁波分行驻象山的一级支行机构，前身为深圳发展银行股份有限公司宁波象山支行。2009年9月开始筹备，2009年12月17日正式挂牌成立，于2012年8月27日正式更名为平安银行股份有限公司宁波象山支行。该行有员工15人，营业网点一个，24小时自助设备银行1个。网点设行长室、公司部、零售部、运营部、小微部和综合室。

该行坚持“科技引领、零售突破、对公做精”的战略方针，以实现“一个客户、一个账户、多项服务、多个产品”为目标，为客户提供全方位的综合金融服务。“科技引领”，用互联网技术和思维改造业务和队伍，创新业务和服务模式，探索差异化经营；“零售突破”，创新SAT(社交化+移动化+远程化)智能化服务模式，打造丰富的金融和生活场景，推动零售高质量经营和服务，全面推进智能化零售银行转型；“对公做精”，以行业化为基础，坚持“商行+投行+投资”模式，精控规模、精耕客户、精控风险、精益效率，发挥资金同业的桥梁作用，通过强大的产品与交易能力，打造“三化两轻”的精品公司银行。该行自2016年开始全面向零售银行转型，全力打造智能化零售银行，推进精品公司银行双轻化。截至2019年年底,银行存款余额为2.72亿元,贷款余额为10.35亿元,不良贷款率为0%。为零售转型的亮点之一,平安银行口袋银行的整合上线,承载零售业务的全产品及服务,并通过人工智能、大数据、生物识别技术等先进科技,为客户提供智能化、个性化的服务体验。

【中国光大银行象山支行】 中国光大银行象山支行成立于2010年10月,位于县丹峰西路128号,内设公司业务部、零售业务部、办公室、营业部四个部门,全行共有28名员工。截至2019年12月末,光大银行象山支行各项存款余额达16.28亿元,其中对公存款余额达12.1亿元,储蓄存款余额达4.18亿元;12月末贷款达49.91亿元,其中公司贷款44.79亿元(公司贷款表外投放20.71亿元),零售贷款5.12亿元。

2019年,立足当地的传统优势行业和高端制造业、高新科技产业,特别是为宁波"中国制造2025"试点城市提供金融服务支持。

继续结合分行政策,在有效控制风险的前提下,创新业务模式,全力支持中小企业发展,利用产品优势,帮助中小企业解决融资难等问题。

在2019年度,该行获评2019年度县融资规模先进单位;荣获2019年总行先进基层党组织、中国光大银行宁波分行2019年度优秀营业室、宁波分行2019年上半年零售条线"五位一体"先进支行一等奖、宁波分行2019年度对私存款业务先进支行、宁波分行2019年度零售AUM先进支行三等奖。

【招商银行宁波象山支行】 招商银行宁波象山支行成立于2010年5月,是招商银行宁波分行直管的一级支行,该行设公司零售银行部、零售信贷部、运营部和公司部,共有1家网点、1家在行式自助银行和25名员工,营地址2019年10月21日新搬迁至丹东街道丹阳路5558号财富中心一楼1-101室。新搬迁的网点是招商银行系统内最新的金融科技3.0网点,也是县内第一家金融科技网点。

长期以来,招商银行深耕零售金融业务,已成为国内零售银行标杆;象山招行紧跟总分行"轻型银行""一体两翼"战略转型,在巩固并发扬零售业务优势的同时,在对公结算、交易银行、企业APP等"轻型银行"业务领域塑造出鲜明的特色和差异化竞争优势;2017年起以招行打造"金融科技银行"和"最佳客户体验银行"为目标推动数字化时代经营模式的全方位转型升级,象山支行紧随步伐以金融科技3.0网点为依托,在象山践行"以客户为中心,打造最佳客户体验银行"的经营理念。

该行经营特色在零售金融业务,随着转型零售深,该行以财富管理、私人银行、信用卡、零售信贷等优势业务为擅长,深耕象山区域,服务一方百姓。截至2019年12月末该行零售管理客户总资产达20亿元,居同业领先地位。公司业务深入贯彻"轻型银行"的战略目标,坚持效益、质量规模动态均衡发展。贷款以支持中小微企业、绿色产业、重点项目、新兴产业等为重点,以促进象山经济结构调整和产业转型升级。截至2019年12月末,该行全量存款规模为10263万元;全量贷款规模为193402万元。

该行发挥数字化优势,推广网上企业/个人银行、银关通、商票贴现、融资授信、贸易融资、离岸业务等公司业务。零售业务以个人一卡通、两大APP(招商银行APP/掌声生活APP)、云按揭、小微信用贷、财富管理(资产配置方向)等业务特色持续提升客户服务体验,促进和助推地方产业经济发展和市民满意银行。

【中信银行象山支行】 中信银行象山支行成立于2013年1月,共有1家营业网点,位于象山县新华路298号,下设行长室、公司业务部、零售业务部、营业部、运营管理部、综合管理部,共有正编员工26名。

截至2019年12月末,该行各项存款余额289526万元,较年初增加120995万元,其中,对公存款余额249172万元,储蓄存款余额40354万元;各项贷款余额400615万元,较年初增加73938万元,其中,对公贷款余额305823万元,零售贷款余额94792万元;不良贷款余额496万元,不良贷款率0.12%。

2019年,面对监管常态化的金融市场环境,该行"不忘初心,牢记使命",在严防信用风险、合规风险的前提下,用心履行社会责任,根据县政府经济发展要求以及县域经济特色,坚持以"双突破双驱动"战略为依托,支持地方经济建设,持续加大对县重点项目、重点工程的信贷投放。截至2019年年末,该行对30个县级重点工程建设信贷投放达36亿元,投放领域涉及旧城改造、园区建设、全域旅游、交通物流、美丽集镇等,对县国企项目的融资已覆盖城投等五大县级投资集团、经济开发区、石浦科技园区、临港装备园区等产业园区,大目湾新城区以及松兰山、影视城、渔港古城等旅游文化产业,积极支持乡镇发展,其中包括西周、石浦、贤庠等10个乡镇街道;同时,该行积极响应"普惠金融"工作号召,截至12月,新增普惠金融贷款5300万元,通过商票贷给予象山丰源砂石经营部、宁波百发混凝土有限公司等企业信贷支持;通过"银E贷"、中企云链、标准抵押贷和保证贷款等产品为宁波南旭贸易有限公司、宁波凯利机械模具有限公司等小微企业客户解决融资需求;通过走访重点乡镇工办落地6家企业普惠金融贷款。2019年,该行积极拓展,主动创新,结合区域经济实际情况,加强对个人资金需求的支持,持续推广房抵个经贷产品,通过进企业、进社区等宣传方式,全年共开展市场活动20余场,累计投放个人经营性贷款7120万元;同时,围绕上级行个贷业务重点政策导向,深入渠道、全面推广信秒贷、住房按揭贷款等个人信贷产品。全年累计投放个人贷款6.47亿元。

2019年,该行荣评"2019年度宁波市民满意文明示范网点""金融机构2019年综合考评B等次",荣获市分行"2019年度综合考评优秀支行""2019年度内控合规先进支行""2019年度风险管理优秀支行""2019年度对公负债突出贡献支行”等众多荣誉。

【民生银行宁波象山支行】 中国民生银行象山支行下辖1个营业部，1个社区支行，1个小微支行，2个自助银行，有34名员工。2019年该行在县委县政府及上级行的领导下，在相关部门的支持下，始终牢记金融服务地方发展的使命，坚持“真诚、务实、创新、担当”的企业文化，坚持“强基础、聚特色、控风险、塑文化”的发展主线，践行“规范、发展、提速、执行”的使命，2019年依然保持稳健良好的发展态势。截至2019年末，各项存款余额17.1亿元；各项贷款余额40.5亿元。民生银行象山支行荣获总行级“优秀职工小家”称号。

象山石浦小微支行自开业起全面健康有序地开展各项业务，以此为服务平台，以海洋渔业为特色，立足地方，积极开展各项金融服务，象山石浦小微支行荣获总行级一季度明星网点。

宏润花园社区支行以打造成周边社区“家门口的银行”为宗旨，开展客户精细化服务，取得良好成效。

【中国邮政储蓄银行象山县支行】 中国邮政储蓄银行成立于2007年3月20日，是在改革原有邮政储蓄管理体制基础上，组建的国有商业银行。成立以来始终坚持服务“三农”、服务中小微企业、服务社区的战略定位，致力于为中国经济转型中最具活力的客户群体提供服务，是全国网点最多、覆盖面最广、服务客户数量仅次于工商银行的国有大型零售商业银行。

中国邮政储蓄银行象山县支行成立于2008年4月2日，内设综合管理部、风险合规部、个人金融部、公司业务部4个部门，下辖1个营业部、4个二级支行、18家邮政代理网点。2019年年末，全县邮政金融存款余额24.08亿元，其中银行存款余额9.05亿元，各项贷款余额34.07亿元，实现自营收入8918.42万元。

该行践行“普之城乡　惠之于民”服务理念，将服务“三农”作为重要发展战略，推广渔船类贷款、“农家乐”贷款、再就业贷款等产品。渔船类贷款是该行的核心业务，在数十年发展中，根据渔民的融资需求和经营特点，多次调整产品要素，优化流程，使渔船类贷款更加贴近市场，竞争力提高。同时该行创新开发海洋捕捞产业链上下游新产品：2014年开办担保公司担保渔船贷款业务，2015年开发油驳船贷款，2018年7月延伸落地渔运船贷款，2018年8月创新开办在建渔船贷款、渔品贷业务。截至2019年末，渔船类贷款结余9.01亿元。

该支行秉承“进步　与您同步”的服务宗旨，推行政银企合作模式，破解“三农”小微融资难问题。密集开展走政府、走监管、走企业、走客户活动，搭建银政、银担、银企等服务平台，解决“三农”小微融资难问题，助力服务现代农业和乡村振兴发展。

【宁波银行股份有限公司象山支行】 2019年，宁波银行股份有限公司象山支行下辖营业部1个、二级网点5个，区域辐射丹城、石浦、西周、东陈、贤庠，共有170名员工。营业部内设16个部门：行长室、办公室、风险管理部、监察保卫部、公司业务一部、公司业务二部、公司业务三部、交易银行部、零售公司一部、零售公司二部、零售公司管理部、个人银行部、财富管理部、消费信贷部、私银分中心、运营部。

截至2019年12月，宁波银行股份有限公司象山支行存款余额达到51.5亿元，比年初增加8.81亿元，贷款余额达到39.97亿元，比年初增加7.67亿元。

近年来，象山支行持续深化多元利润中心建设，探索综合化经营模式，实现银行盈利迈上新台阶，银行内涵和品质提升到新高度。在细分市场的基础上形成公司银行、个人银行、零售公司、金融市场、资产托管、投资银行、信用卡、资产管理等八大利润中心，逐步形成差异化的比较优势。同时建立业务全流程的风险管理体系，风险管控持续有效，支行稳健经营持续推进。流程优化和革新实施走在同业前列，基本实现“业务线上化、办公移动化、管理数据化”业务体系。同时，象山支行持续做好案防管理工作，建立“防护线”、不碰“警戒线”、不越“高压线”。通过开展新员工入职排查、员工违规行为排查，组织案件防控、警示教育、业务流程梳理等工作，统一行内员工思想，遏制违规违纪行为。另外，支行坚守“诚信敬业、合规高效、融合创新”的理念，为客户提供最优质服务，蝉联2019年度外汇管理评级A类行、2019年度A等次金融机构。

【宁波东海银行象山支行】 宁波东海银行象山支行下辖1个营业部、5家支行，有118名员工。2019年，该行面对错综复杂的经济金融形势，全行上下凝聚一心，齐心协力，围绕“强基础、促合规、控风险、增效益”十二字方针，以昂扬向上、奋发进取的精神面貌，以创新发展为引领、以优化管理为依托、以人才队伍为核心、以保障支持为基础，全力推进改革发展各项工作，优化业务结构，创新业务模式，完善战略布局，夯实客户基础，增强自身综合竞争力，做到目标明确，不折不扣，高效执行，取得较好的经营成绩。

截至2019年年末，各项存款余额143780万元，各项贷款余额111374万元。其中该行根据授信业务发展定位，2019年新增授信业务限定在“橘农贷”“民宿贷”“渔民贷”“东海快贷”等特色产品领域。截至2019年末，该行“东海快贷”产品为本地351户小微客户授信，授信金额15333万元；“渔民贷”产品贷款户数59户，余额3345万元；“民宿贷”产品贷款户数11户，余额225万元；“橘农贷”产品贷款户数9户，余额185万元，新业务呈现健康发展势头。

2019年，该行严格执行年初制定的各项方针政策，克服内外压力，群策群力促转型，一心一意谋发展，优化客户结构，拓展零售业务的有序发展。截至2019年12月末，该行累计销售理财产品166900万元，理财销售增长迅猛。该行组织进社区活动共706场，其中大型特色活动39场。活动足迹基本覆盖整个象山各大城区，并且与北路社区、老年大学、塘头港社区、延昌社区、绿城百合小区，保集蓝郡小区等建立长久、良好的合作关系。社区活动丰富多彩,深入人心。

【上海银行象山县支行】 上海银行象山县支行成立于2010年9月,下设行长室、综合管理部、公司业务部、零售业务部和营业部,有正式员工26名。2019年末,该行人民币各项存款余额151254万元,比年初新增31786万元,增幅26.6%;人民币各项贷款余额411208万元,比年初新增6984万元,增幅1.73%。该行始终坚持以加强党的建设为核心,以服务实体经济为根本,积极探索服务实体经济的有效途径,其普惠金融拳头产品“宅即贷”获评“年度优秀服务中小微企业金融产品”。该行以“建设成为当地主流银行”的目标为引领,以围绕“控风险、强管理、促发展”为工作重点,弥补业务短板,夯实盈利增长基础,较好实现业务发展稳中有进、资产质量持续向好、风险管理更加有效、综合竞争和品牌形象提升的经营管理目标,为支行长期可持续发展打下稳固的基础。

2019年,该行荣获象山县人民政府办公室颁发的金融服务业单项先进——“金融创新先进奖”;象山县精神文明建设委员会颁发的“公共服务窗口文明单位”;2019年度宁波市治安安全单位。

【民泰宁波象山支行】 民泰宁波象山支行位于象山县丹东街道丹峰东路299—315号,共四层,总面积2140平方米。其中一楼为营业厅,二楼、三楼、四楼为综合办公区。截至2020年5月,象山支行设有行长室、综合部、营业部和3个业务部,在册员工共计26人,其中行长室1人,综合部5人,营业部7人,业务部13人。

支行围绕民泰银行总、分行确定的工作目标,通过信贷服务、企业文化建设、进村入居整村授信的全新发展模式,推进各项工作稳步发展。2020年,该行依托象山港海洋特色经济和块状特色产业经济等优势,以整村授信的批量化作业模式,拓宽“三农”基础客户群体,重点涉及养殖业、乡村休闲旅游、渔业等市场,推出渔多宝、民宿贷等多项创新贷款产品及贷记卡-薪乐卡。

精品促发展,特色创品牌。展望未来,民泰银行将一如既往地以“用温暖的金融助推中国的小微企业繁荣”为使命,立志成为中国最有价值的特色精品银行。

【县农村信用合作联社】 截至2019年年末,县农村信用合作联社各项存款余额162.11亿元,比年初增加19.14亿元,增幅13.38%。各项贷款余额113.47亿元,比年初新增12.07亿元,增长11.90%。五级不良贷款余额1.60亿元,比年初减少0.36亿元,五级不良率1.41%,比年初减少0.53个百分点。实现财务收入9.48亿元,实现账面利润1.73亿元,上缴国家税收9119万元。2019年,县农村信用合作联社被授予浙江省“民企最满意银行”“市年度最佳‘政银担’合作银行”等荣誉称号。在业务创新方面,由县金融办和县农业产业化领导小组办公室牵头,县农村信用合作联社联合县农业担保公司、人保财险象山支公司,以“政府+银行+担保公司”合作模式在全市创新推出“助农保”贷款产品支持涉农经营主体灾后重建;试点上线“丰收村资通”业务,完成宁波市首笔村级经济“银企直联”支付;积极探索“金融+校园”合作新模式,在全市率先引入“云上校园”智慧食堂项目,形成校园食堂线上点餐、线上付费、自主取餐局面。在业务发展方面,加快融入服务乡村振兴战略、助力“最多跑一次”改革、融资畅通工程,银政合作持续深化,服务渠道拓宽。与县农业农村局签订金融服务乡村振兴战略合作协议,正式成为县域“乡村振兴”主办银行;发挥党委统揽全局协调各方的作用,通过“党建+乡村振兴”模式,与地方乡镇政府开展结对共建;全员上门营销积极开展ETC“亮剑行动”总决战,全年ETC总发行量59837辆,县域占比58.97%,总量、增量、占比、新增占比均排名全县第一;与人社、市场监管、公积金、公安、国土资源、税务等部门开展代理代办合作36项,做大公积金贷款代理业务和住房贷款综合授信业务;开展浙江农信丰收驿站省级旗舰店宁波月“象山专场”活动,发布“乡贤贷”线上贷款产品,向杭州市象山商会授信5亿元,为在杭象山人提供金融支持;上线企业循环贷款,优化“抵易贷”产品的条件设置,实现企业用信更方便、快捷,成本更低;坚持小微企业贷款利率只降不升并实施利率优惠,开展融资业务开门红特惠活动;积极与财政、金融办、科技局等单位对接,主动提示客户进行申报补贴,降低企业运营成本。

【象山国民村镇银行】 象山国民村镇银行下辖1个营业部、15家网点,共有员工186人,服务覆盖面基本涵盖县域所有乡镇、街道。2019年年末,全行各项存款22.73亿元,贷款余额19.46亿元,其中,涉农贷款余额17.62亿元,占比91.57%,五级分类不良率2.19%。

2019年,该行坚持贯彻落实县委、县政府有关经济金融重大决策,坚守“服务‘三农’、支持小微”定位,主动承担起区域银行的社会责任和义务,支持新农村建设和美丽乡村建设,帮助乡镇居民发家致富,全年民宿贷增加1321万元,民个贷增加2173万元。积极响应监管部门号召,开展“进村入企”“双百双千”“百名行长进民企”等活动,建立走访常态化模式,“日日有走访、月月有成果”的营销模式日趋成熟,农户建档速度加快,月均客户走访量稳定保持在600户左右。从年初的“备春耕大走访”活动到年末的开门红活动,该行始终保持普惠金融工作的持续性,网格化宣传体系全面覆盖各大乡镇和主要村落。11月,涂茨、茅洋两家分理处开业,扩大服务覆盖面。同时,积极对接乡镇市场监督管理局、卫生院、共青团、民个协会等平台,组织开展“学雷锋敬老爱老”“3·15”金融知识宣传教育、“普及金融知识宣传月”“慰问困难党员群众”等活动,把金融知识的宣传融入日常公益活动中。

【象山中银富登村镇银行】 象山中银富登村镇银行于2013年9月18日开业,并且于2015年2月1日、2015年

12月31日各在丹东街道、石浦镇开设支行，在编员工60人。截至2019年年末，各项存款2.06亿元，较年初新增0.34亿元；各项贷款余额为4.78亿元，较年初增加0.31亿元。不良贷款余额317.45万元，不良率0.66%，较上年同期下降1.49%，资产质量得到有效管控。

2019年以来，该行规范内控会议。跟进汇报材料质量并重视议题讨论深入程度，提升会议效果；严格按照《内部控制委员会例会指引》的具体要求汇报“操作风险自查”“合规内控监督重点检查”“问题录入与整改”议题，采取行之有效的措施，着重提升操作风险自查的质效，跟进问题整改是否到位。为确保资产质量维持在一个较好的状态，针对不良贷款的催收、清收工作，全员保持高压态势，逐步形成“周末催收文化”。

根据市场需求，推动产品创新。为满足市场及客户对贷款产品的个性化需求，在基于错位竞争的理念下，推出“渔民贷（海洋捕捞）”“海鲜贷（海鲜冻品质押）”“阿拉易贷（个人小额经营性信用贷款）”等特色产品。积极参与乡村振兴，为美好乡村建设提供金融支持。发展农村普惠金融，全面提升农村金融服务质效。通过大量细致的实地调查，在重点乡镇的重点行政村开展信用村建设。真正树立普惠金融的价值理念，肩负起应尽的社会责任，以最大热情服务“三农”、以最大限度让利农民。

【泰隆银行象山支行】 泰隆银行象山支行于2015年2月开业，并在2019年1月在石浦镇开设小微企业专营支行，现共有员工数33人。

2019年，支行积极响应县委县政府和监管部门支持实体经济、支农支小、服务农村金融的倡议，以制度创新、产品创新、服务创新为点，实施“小额、流动、分散”的经营策略。通过社区化经营，深入农村、城乡接合部、专业市场等小微实体经济聚集之地，专注于服务小微企业客户的发展。截至2019年年底，支行全部存款余额为43987万元，较年初新增3414万元，全部贷款余额为48433万元，较年初新增12236万元。在产品的创新上，支行以客户需求为导向，实现产品买方市场的量身定制；坚持客户第一的原则，力争缩短客户“最后一公里”的服务路程，上门将产品和服务送到客户手中。创新推出的“Pad金融移动端信贷业务”，通过人机结合形式，实现全流程现场作业，真正成为老百姓家门口的银行。

【浙商银行宁波象山支行】 浙商银行宁波象山支行成立于2017年6月26日，内设行长室、综合管理部、公司业务部、小企业业务部、零售业务部、营业部及派驻风险经理，共有正式员工20名。截至2019年12月末，各项人民币存款余额9.98亿元，较年初增加4.94亿元，其中对公存款5.69亿元，个人存款4.29亿元。各项贷款余额18.34亿元，较年初增加3.05亿元，其中对公贷款12.16亿元，个人贷款6.18亿元。在实现较快发展的同时，严格内控和风险管理，建立内控长效管理机制和独具特色的风险监管制度，实行营销与风险的双线管理，信贷资产质量保持良好。

该行是唯一一家总部位于浙江的全国性股份制商业银行，近年来坚定围绕总行“成为最具竞争力全国性股份制商业银行和浙江省最重要金融平台”的“两最”总目标，并根据上级行的发展思路，结合当地金融特点，积极向实体经济转型、向小微企业转型、向零售银行转型。2019年该行践行总行平台化服务战略，依托“应收款链平台”“池化融资平台”“易企银平台”三大平台业务，创新民营企业融资渠道和水平。多措并举服务小微企业，推出连续贷、出口退税贷、余值贷、房抵点易贷等特色，为小微企业解决融资难题。

该行荣获2018年度象山金融服务业融资规模先进奖，象山银行业金融机构2019年度综合评价A等行，2019年度象山县金融服务业金融风险防控先进等荣誉。

【台州银行宁波象山支行】 台州银行宁波象山支行位于宁波市象山县天安路536—544号，于2017年2月10日正式开业。下设前台业务部、业务拓展部、小额信贷业务拓展部，共有员工20人。截至2019年12月31日，台州银行宁波象山支行各项存款余额6594万元，较年初增长997万元；各项贷款余额32323万元，较年初增长10513万元。

2019年，台州银行宁波象山支行始终坚持“小微企业伙伴银行”的市场定位不动摇，秉持“社区银行”商业模式，“深扎基层、下沉服务”，积极主动“入村居、进厂区”。紧密围绕“小微企业金融服务高质量发展”“金融支持宁波建设‘中国制造2025’试点示范城市”“乡村振兴”等主题，运用新技术、新平台，加大信贷投放力度，增量扩面、提质增效，助力象山地区实体经济发展。

台州银行宁波象山支行倡导“积极、主动、合作、快乐”的企业文化，关心员工日常生活，定期开展与创新员工生日关怀，开展团建活动，以适应年轻化的员工文化氛围。

同时，热心践行普惠金融，积极投身公益宣传及金融知识普及等活动，全年共开展“小小银行家”“打击洗钱，远离犯罪”“粽情台行，普惠百姓”、“3.15”金融消费者维权日、“普及金融知识万里行”等丰富的公益营销宣传活动25场，累积受众1200多人，发放各类宣传单页800多张，通过LED等行内宣传渠道播放信息28万多条次，有效提升周边百姓金融常识普及率，实现经济效益与社会效益双丰收。

【恒丰银行宁波象山支行】 恒丰银行宁波象山支行成立于2018年8月，位于县丹东街道天安路149—151号一、二层，内设行长室、综合管理部、公司业务部、零售业务部、营业室5个部门，附行式自助银行1家，全行共有13名正式员工。

2019年，象山支行按照总、分行决策部署，以三年发展规划为总纲，抓党建促发展、抓转型提质效、抓管理强根基，迅速实现“新班子新气象”，主要呈现“稳、好、实”三大特点。党建工作

"稳"。一是9月及时完成党支部书记换届选举，突出党建引领的重要性；二是理清党支部内党员组织关系，快速解决党支部历史遗留问题；三是重建党务学习例会制度，恢复党内组织生活。经营绩效"好"。一是存款总量快速增长，各项存款时点余额32589万元，较年初新增29878万元，增幅1102%；日均余额16830万元，较年初新增13793万元，增幅454%。二是贷款总量快速增长，各项贷款时点余额228426万元，较年初新增227903万元，其中政信类投放超21亿元。三是金融资产总量快速增长，各项金融资产达8714万元，较年初新增7153万元，增幅458%。四是客户数快速增长，个人客户数较年初新增718户，增幅209%；对公客户数较年初新增102户，增幅364%。队伍建设"实"。一是加强班子建设、明确岗位职责，形成对公、零售、综合等基础板块各有分管；二是坚持营销团队"能者上、平者让、庸者下"的管理机制，结合内设机构设置及职能调整，推动网点经营转型；三是重视一线员工工作现状，改善工作环境、改进工作流程，合理设置工作饱和度，增进员工职业体验。

【广发银行象山支行】 广发银行象山支行于2019年9月20日正式营业。开业当日存款达4.6亿元，之后一直保持日均3亿元左右。截至2019年年末，存放同业款项1632786.76万元，固定资产30207.91万元，吸收存款215100644.57万元，各项贷款余额为22200万元，贷款发生额为22586万元，总贷款2.7亿元（其中近1亿元贷款和5000万元贷款于开业前在分行办理），无不良贷款。设有营业部，个贷部，公司业务部3个部门共有员工12人。

该行将加大对政府平台的支持。落实对旅游、城市建设、园区建设、水务、影视等各个板块政府平台的支持，2020年全年支持规模将在10亿元左右。

该行将推出"智慧城市"综合金融服务方案，致力打造"城市管家"型综合金融服务。推出国寿"E付保"、手机银行5.0、发现精彩4.0等系列新产品、新应用，网点"智汇"柜台代替率达80.33%。

【浙江稠州商业银行象山支行】 浙江稠州商业银行象山支行成立于2019年8月15日，位于象山县丹东街道象山港路677-687号，已有营业网点一个，在岗员工25名。象山支行内设行长室、风险管理部、小微金融部、营业部及储蓄理财部。支行内部有3个柜面、2台存取款机、1个智慧柜员机。

该行一直致力于做小微企业和市场商户的商贸金融伙伴，专注主业，做精做优，存款立行，战略深化。截至2019年12月，该行存款余额为1.83亿元，坚守服务实体经济的战略，践行"跑街+跑数"普惠金融服务模式，截至2019年12月，贷款余额1700万元。筹备至今逾期率为0。业务的良性发展，确保全年收入利润目标的实现，2019年全年实现自营收入62万元，年内为实现自营收入1200万元。

面对复杂多变的经营环境，全行上下秉持追求卓越、争创一流的奋斗精神，以坚忍不拔之志、同心同德之力，合力攻坚破难题、持之以恒谋发展。人员更加专业化、服务持续标准化、流程突出高效化。"市民贷"等拳头产品优化、"安心贷""亲情贷"得到市场认同，小微品牌焕新匠造。2020年该行以稳求进、以进固稳，携手你我，心系客户，开启稠行高质量发展新里程。

保险公司

【中国人寿保险股份有限公司象山县支公司】 2019年，中国人寿保险股份有限公司象山县支公司实现股份总保费收入1.74亿元，继续保持行业主导地位。

2019年，公司始终牢记社会责任，提升服务质量，提高管理水平，积极探索医保项目建设团险政保队伍，确保有效人力和人均产能的稳步提升，彰显中国人寿经办业务的服务实力。截至12月底，公司经办的全县民政局社救对象医疗救助业务实际救助6497人次，救助金额1021.43万元；优抚对象医疗补助471人次，救助金额53.92万元；公司承办的全县城乡居民大病赔付29432人次，赔付金额2002.11万元；全县城乡居民和职工特药保险赔付145人次，赔付金额82.43万元。同时，公司积极参与学生平安险承保工作，为全县45个学校4万余名学生提供保险保障。公司积极配合政府改进社会服务，积极推广重疾保险，进乡镇、进社区、进学校，扩大服务范围，让更多的百姓接触保险、认识保险、了解保险。2019年1月，公司联合县计生协会连续第五年开展以困难计生家庭为重点对象的"生育关怀—圆梦微心愿"活动，为全县18个乡镇500多个行政村的80户计生困难家庭实现微心愿，购置"微心愿"物资合计2万余元。2019年上半年，公司为县全运会参加全县第十一届运动会的综合线、政法线、宣传线等24个代表队近2000名运动员和工作人员提供3000余万元的高额人身保障。2019年2月，公司连续10余年为象山县十八届人民代表大会第三次会议、政协第十届象山县委员会第三次会议提供高额保险保障。

【中国人保寿险象山支公司】 象山支公司成立于2009年11月，根据总公司2019年机构分类结果和四级机构弱体测定结果，象山支公司评定为B类机构，组织架构设置如下：设支公司经理1人，副经理1人，综合内勤岗2人，组训岗2人，象山支公司在职劳动合同制内勤人员6人，外勤银保劳动合同制2人；代理制外勤人员38人。

2019年度完成规模保费收入2985万元，达成率130%，新单期缴完成1278万元，达成率145%，十年期及以上保费完成326万元，达成率87%，短期险完成82万元，达成率103%。

【中国人寿财产保险股份有限公司象山支公司】 中国人寿财产保险股份有限公司县支公司成立于2009年，公司经营范围包括：经营财产损失保险；责任保险；保证保险和信用保险；短期健康保险和意外伤害保险；上述业务的再保险业务，经中国保监会批准的其他业务等。公司经营场所为象山县丹东街道丹峰东路751号4层。公司内设车险业务部、非车险业务部、互动业务部、综合管理部、客户服务中心。2019年有员工24名，全年完成保费收入4317万元，同比增加3.44%。公司获得保监局授予的宁波保险业“文明服务窗口”称号1次；总公司授予“创先争优先进基层党组织”称号2次。2014年该公司被分公司授予“优秀客服中心”“信息工作先进单位”和“反洗钱先进单位”称号；被象山县人民银行评为“平安金融”创建达标单位；连续保持总公司授予“三星级窗口服务网点”称号；2019年该公司获得象山金融办“公共服务窗口文明单位”称号。

【新华人寿保险股份有限公司象山支公司】 2019年新华保险象山支公司下辖营业部1家，外勤营业部2个，营业组17个，拥有内勤员工7人，续收专员3人，外勤人力223人。2019年实现新单保费2048.2万元，同比增长40.11%。2019年新华保险象山支公司踏实践行总公司年初制定的年度工作思路：贯彻落实中央“稳增长、调结构、防风险”的总体要求，坚持“稳中求进”的总基调，积极应对行业发展新形势，加快核心业务发展，巩固转型发展成果，在确保总保费规模稳增长的同时，保持健康险快速发展势头，积极防范和化解经营风险。

【阳光人寿象山支公司】 阳光人寿象山支公司是主要经营人寿保险，健康保险和意外伤害保险等一切人身险业务的全国性专业寿险公司，阳光人寿成立以来发展势头良好，公司价值提升，以专业服务为广大客户提供人身、养老医疗、健康、意外等保险保障。象山支公司贯彻落实总公司的人力资源绩效考核管理工作，注重企业文化建设和核心凝聚力提升，重视对员工能力的培养，吸纳有潜力的人才。2019年度总体保费收入为733.08万元，个险保费收入为390.08万元，个险续期保费收入为489.43万元。

证券公司

【光大证券股份有限公司象山县象山港路证券营业部】 光大证券股份有限公司象山县象山港路证券营业部是光大证券股份有限公司下属的1个营业部，有22名员工。2019年年末，资产总额39亿元，净收入2180万元，合计交易量689亿元，净利润1345万元，在总公司一百多家营业部排名第24位，较前年进步9名。

2019年象山营业部在业务发展方面取得一定的进步，本年度引进PB业务0.2亿元，私募0.6亿元，权益类基金产品0.9607亿元，固收类产品销售4.65亿元，两融净佣金收入586万元。营业部将加大对员工销售意识和能力的培养，使产品销售再上新台阶。

证券市场业务发展非常迅速，各种创新业务推出，坚持学习产品知识和提高自身业务水平。事物都在时刻变化，需要补充新的知识来充实自己，保持与客户的有效沟通与交流，营业部才能更上一层楼。

【浙商证券股份有限公司象山靖南大街证券营业部】 浙商证券股份有限公司是中国证监会批准成立的综合性证券公司，成立于2002年5月9日。总部位于浙江省杭州市，注册资本33.33亿元，实际控制人为浙江省交通投资集团。2017年6月26日在上海证券交易所挂牌上市，股票代码：601878。象山靖南大街证券营业部成立于2010年2月，已有员工27人，其中经纪人6人。截至2019年12月，象山营业部经纪业务等资产规模达约19亿元（不包括限售股市值）。

浙商证券象山营业部自成立以来在开展传统经纪业务的基础上，紧跟公司总部的步伐，积极开展创新业务，业务涉及融资融券业务、新三板业务、债券承揽业务、IB业务、期权业务、约定式购回业务、质押式回购业务、撮合投融资业务、代销各类理财产品等，均取得一定的成绩。并始终致力于服务象山实体经济建设、满足中小企业投融资需求以及广大投资者日益增长的财富管理需求，下一步将联合公司总部的投行力量辅导象山有潜力的企业挂牌上市。

（欧朝霞）

商　贸

国内商贸业

【商贸概况】 2019年,象山县实现社会消费品零售总额232.5亿元,同比增长9.7%;实现商品销售总额539.4亿元,同比增长12.4%;商贸服务业增加值50.2亿元,同比增长5.4%,占全县GDP总量的9.2%,占第三产业的21.5%。

【培育消费新增长点】 2019年举办第十七届宁波象山海鲜美食节、象山家博会、象山汽车展等活动,配合宁波购物节活动方案要求,组织开展2019象山购物节等重要商贸节庆活动,活动规模、影响力较大。白石邻里中心基本建成,大目湾邻里中心动建;培育石浦商贸特色小镇,拟订培育工作计划,申菱商贸综合体开业,戴维商业广场建成,并于年底开业,一泠文化创意园基本建成,半边山旅游度假区运营,五彩小镇渐显雏形,商旅文融合凸显。

【强化保障民生工程】 中心菜市场配套设施改造工程于2019年5月改造完成,并投入使用,该改造工程包括新建1个垃圾中转站,扩建临时自产自销摊位100余个,划设机动车停车位350余个,设置限高杆、雨棚等设施,增加市场车辆停放数量及分流功能,实施收费管理,缓解市场内的交通压力;大徐市场于12月初开业;蓬莱菜场内围道路改造现完成设计方案,启动招投标前期工作。大徐市场、西周市场被列为"省放心农贸市场"创建对象,汪家河菜场被列为"三星级市场"创建对象,大碶头市场、爵溪综合市场被列为"二星级市场"创建对象。开展肉菜流通追溯系统运行数据上传工作,追溯节点年度平均运行合格率达100%,参与追溯系统优化升级改造项目,组织各节点单位参加象山县肉菜追溯系统运行使用培训工作;加强菜篮子商品日常和应急保障,调整"象山县菜篮子"工作领导小组名单,制定2019年度象山县生猪储备协议,制定2019象山县应急保供蔬菜储备(调运)协议,落实冻猪肉储备任务;开展菜篮子商品产销对接、农超对接等流通工作;制定菜篮子商品应急保障供应预案;落实菜篮子应急供应和储备任务,被宁波市评为"菜篮子"市长负责制考核优秀单位。

【2019年春节市场供应情况】 春节期间菜篮子商品供应充足,且价格总体平稳,中心菜市场蔬菜、水产可批发量同比增长20%,野生宝蟹、解冻大白鳊等高档水产品价格分别为220~260元/千克和300~350元/千克,同比均上涨6%~10%。

【2019年春节期间象山县商贸消费情况】 春节黄金周期间,县消费市场总体呈现商品供应充足、价格运行平稳、促销活动丰富。24家监测样本企业共实现销售(营业)额6836万元,同比增长3.3%。春节前夕,县内各大重点商贸企业就纷纷推出丰富多彩的迎春促销活动,营造浓厚的节日氛围,吸引市民消费。各大商超、购物中心商品活动形式多、折扣力度大,其中博浪太平洋推出"年货大集彩"系列促销活动,据统计,东方商厦、博浪海港城、国际风情街等广场黄金周期间共实现销售额1420万元,较2018年增长6.8%。超市各类南北炒货、糖果、烟酒、保健品以及水果、生鲜等商品销售依然销售旺盛,为方便市民选购,部分超市设置年货一条街,将家庭必买的糖果、坚果、饼干、巧克力、红酒、饮料、休闲小吃等年货商品陈列在主要通道中间,吸引市民频频挑选。如大润发推出"年货大街"系列主题促销活动。据监测,春节黄金周期间,大润发、联华、三江、家家福等4家超市实现销售3150万元,同比增长3.3%。松兰山海景、海洋酒店、黄金海岸酒店等酒店饭店年夜饭预订热度不减,松兰山海景大酒店推出"团圆海景,'猪'事"系列除夕年夜饭促销活动受到市场的良好推崇。县内部分景区周边饭店生意火爆,一桌难求,据监测,春节黄金周期间,县内11家重点监测的酒店饭店实现营业额1050万元,同比增长17%。春节档期共上映8部影片,以《流浪地球》《疯狂的外星人》《飞驰人生》《熊出没原始时代》四部影片支撑整个档期,《新喜剧之王》《小猪佩奇过大年》《神探蒲松龄》《廉政风云》等影片作为补充。据统计,黄金周期间,县4家大型影院共实现票房收入230万元,同比增长3%,晚间高峰期场次上座率基本保持在70%左右,平均上座率50%左右。象山影视城、渔港古城、中国海影城等景点纷纷推出一系列迎春新年庙会活动,也吸引众多游客及市民前来游玩观赏。

【石浦水产品干货市场开业】 1月1日,由县市场开发中心打造的石浦水产品干货市场正式营业。石浦水产品干货市场场内面积约1700平方米,吸纳商家33户。该市场除经营市民和游客喜欢的鳗鱼鲞、虾干、咸鱼、虾米、墨鱼干等数十种海产干货外，还有墨鱼蛋、烤小黄鱼、鱿鱼丝、鱼骨酥等水产品零食。市民及游客在市场内购物后，可直接委托物流公司投递。场内另设置10余条休息椅，为消费者提供休憩场所，创造舒适的购物环境。

【县市场开发中心年终安全生产大检查】 1月9日，县商务局下属单位市场开发中心对下辖市场进行年终安全生产大检查。中心办公室联合资产信息办、市场管理办以及专业消防人员对下辖市场，逐一踩点排查。检查内容包括消防器材是否完好、线路是否私拉乱接、出租房是否使用大功率电器等。对下辖市场违规行为，在微信群通过图文结合的方式，通报批评市场经营户违规行为，要求下辖市场立即整改并反馈。

【举办首届电子商务法专题培训班】 1月10日，县商务局在县电子商务创业园举办县首届电子商务法专题培训班。该次培训邀请县市场监督管理局丹西所所长顾贤宗老师与会授课，县内电商企业代表共30余人参加培训。在课堂上，顾老师一方面讲述电子商务法的立法背景和发展进程并对一些法律条款进行解读；另一方面对电子商务法中电商经营者和平台经营者的责任进行区分及案例分析。会后，参会人员就电子商务开展中困扰自己的难点、疑点问题与顾老师进行交流讨论，许多学员都表示收获匪浅。

【安全生产工作暨商贸流通行业安全风险评估工作会议召开】 1月29日，县商务局组织召开岁末年初安全生产工作暨商贸流通行业安全风险评估工作会议。会上传达《浙江省商务厅关于做好元旦春节期间行业领域安全生产工作的通知》《象山县安全生产委员会办公室关于开展2018年今冬明春火灾防控工作的通知》文件精神，部署《象山县商贸流通行业安全风险评估工作企业排摸方案》。

1月10日，县首届电子商务法专题培训班在县电子商务创业园举办

【全县商贸系统扫黑除恶专项斗争推进会召开】 2月14日下午，象山县商贸系统扫黑除恶专项斗争工作推进会在海洋酒店召开。县商务局局长徐展群对全县商务系统扫黑除恶专项斗争进行再安排、再动员、再部署。县委政法委副书记励日耐作重要讲话。

【县市场开发中心召开2018年度工作会议】 2月21日上午，县市场开发中心2018年度工作会议在象山党校举行。中心副主任史明华主持会议，县商务局副局长、市场开发中心主任潘招夫作2018年度工作报告。会议上，方炜副县长肯定市场中心2018年取得的成绩，会议表彰2018年度优秀单位、先进单位、优秀中层干部、先进工作者、“第二届十佳市场”经营户。

【县市场开发中心召开扫黑除恶专项斗争推进会】 2月26日下午，象山县市场开发中心召开扫黑除恶专项斗争推进会。县商务局副局长、市场开发中心主任潘招夫传达县委、县政府和商务局对扫黑除恶专项斗争工作会议的精神，学习扫黑除恶专项斗争的由来、打击重点等内容。

【县商务局与商贸企业签订安全生产目标责任书】 2月27日，县商务局与大型超市、商场、加油站等46家商贸企业签订《2019安全生产目标责任书》。安全生产责任书明确全年安全生产目标，落实工作责任与工作任务，提高企业安全生产意识，强化企业主体责任。

【召开重点商贸企业工作座谈会】 2月28日下午，象山县商务局组织召开2019年度重点商贸企业（行业）工作座谈会。会上14名企业家围绕各自企业经营状况、2019年发展形势预判、存在困难及意见建议等方面分别作发言，县商务局副局长徐辉及有关科室负责人对企业提出的问题一一作回应。

【象山万达广场媒体见面会举行】 3月17日，2019象山万达广场媒体见面会于象山海洋酒店举行，宁波、象山各大媒体与象山万达项目相关负责人与会热议，共同探讨象山未来发展方向与跟随万达投资的难逢机遇。

【解决国有企业转制遗留问题】 3月20日，商务局资产财务科工作人员接手石浦房屋开发有限公司和象山县百货公司两企业资产财务业务管理工作，将两企业的留守人员全部辞退，推进商务局国有企业转制的人员遗留问题解决。

【赴北仑区学习非法油品整治工作的经验和做法】 3月21日上午，县府办副主任陈海波带队商务、市场监管、应急管理、公安、交通运输等12个部门分管领导，赴北仑区学习非法油品整治工作的先进经验和做法，听取北仑区非法油品整治相关情况介绍，并就非法油品整治过程中的工作机制、执法、油品处置等难点、疑点问题作细致的探讨交流。

2月28日下午，象山县商务局组织召开2019年度重点商贸企业(行业)工作座谈会

【县市场开发中心表彰第二届“十佳市场经营户”】 4月5日，县市场开发中心根据《关于开展评选市场文明守规经营户等活动的工作方案》，通过层层推选、实地考察、严格把关，在下辖市场评出“十佳市场经营户”，并在市场中心2018年度工作会议上予以表彰。

【举办影视城及周边餐饮企业从业人员培训会】 4月17日，县商务局联合县市场监管局、县旅游发展中心、新桥镇政府及县餐饮协会对影视城及周边餐饮企业从业人员开展培训。此次培训共计150余家单位，培训内容主要包括餐饮食品安全和价格规范、旅游餐饮服务的相关介绍和要求以及旅游餐饮的烹饪技巧等知识。

【成立象山供销再生资源科技有限公司】 4月30日，县商务局与县供销社、宁波供销再生资源科技有限公司合资成立象山供销再生资源科技有限公司，在全县范围内投放搭把手智能回收箱。

【开展电商运营及就业指导培训】 5月30日，商务局与县职高院校合作开展两场电商运营及就业指导培训，共计培训高校学生158人。此次培训邀请淘宝大学著名讲师丁建峰老师和邹英老师前来授课，旨在培养具有互联网思维，掌握和善于利用网络平台和信息手段从事调研、分析、解决实际问题的能力和对淘宝SEO搜索优化的基础及影响因素、淘宝SEO搜索具体操作流程。

5月30日，在县职高院校开展电商运营及就业指导培训

【县考察团赴遂昌考察对接山海协作工作】 5月27日，县委常委、常务副县长陈兴立率领县府办、县发改局、县农业农村局、县商务局、县供销联社、县旅游发展中心等单位有关负责人赴遂昌县考察对接山海协作升级版合作事宜，开启两地互利共赢、协同发展新篇章。县考察团一行先后前往浙江赶街电子商务有限公司、三仁畲族乡坑口村及城市规划展览馆等点位，实地考察遂昌县农村电商发展、乡村振兴示范点及城市发展布局等情况。随后召开座谈会，两地相关部门就消费帮扶、援建项目、精品农业、“飞地”经济、干部培训等方面进行交流、对接。

【开展“点亮微心愿，传递正能量”送爱心活动】 7月16日，县商务局机关党支部联合文峰学校409班红围巾中队践行初心使命，汇聚爱心传递正能量，开展“点亮微心愿，传递正能量”送爱心活动。县商务局机关党支部主动与结对共建的新华社区确认认领对象，由机关党员自发捐款，认领七个微心愿。党员们和文峰学校红围巾中队同学们一起大手拉小手，将“微心愿”实地送给许愿人。

【加强宣传出租房屋安全管理工作】 7月19日，县商务局资产财务科组织人员向各承租户发送《出租房屋经营安全要求提示》，宣传用电用火安全知识。对出租房屋消防器材配置、电气电线老化程度和电瓶车充电设备安装等进行逐户检查。对在检查中发现的安全隐患，要求承租经营户及时作出整改。安排专业人员对个别危房进行排查检测，落实资金对危房进行维修加固，以消除危房的安全隐患。

【名特优产品展销体验中心装修工程开工】 7月24日象山名特优产品展销体验中心装修工程开工。象山名特优产品展销体验中心位于象山县中心城区丹阳路285号电子商务创业园区内，占地面积800余平方米，经县商务局与相关单位部门多次开会讨论研究实施方案，开展前期工程设计，施工招标等一系列准备工作，装修工程计划于2019年11月完工。

【召开2019年县商贸流通工作半年度会议】 7月31日下午，县商务局组织召开全县2019年商贸流通工作半年度会议，各镇乡（街道）以及县统计局、县招商中心等商贸分管领导参加此次会议。各镇乡（街道）作交流发言，汇报上半年商贸工作考核完成情况，并就存在的困难与问题进行探讨，提出下步针对性举措。县统计局副局长陈志文通报上半年县商贸经济各项指标完成情况，就下半年商贸统计工作提出指导意见；县招商中心史久浩副局长介绍上半年外贸出口完成情况，并就下步外贸企业引进培育等问题提出要求；县商务局徐辉副局长通报上半年商贸工作情况和下半年工作计划。最后，县商务局徐颖峰局长作总结性讲话，他指出2019年以来商贸工作总体呈现出各类指标平稳发展、重点工作推进态势，但面临的困难很多，问题很多。下半年仍要高度重视，加强紧迫意识，开拓创新。他强调，下半年工作的总体要求是目标不变、任务不减、奋起直追、争先创优，并对近期具体工作任务作出部署。

5月27日，县委常委、常务副县长陈兴立带队赴遂昌考察对接山海协作工作

【象山县“星镇”在2019年电商武林大会夺冠】 8月8日，宁波市商务局主办的2019年“甬杭深”电商武林大会总决赛收官，通过选手路演、网络渠道投票、现场观众投票、专业评委点评打分等环节激励的角逐，县“星镇”明星创业电商平台荣获初创电商组金奖。“星镇”明星电商创业平台，是宁波星镇品牌管理有限公司依托象山影视城影视的明星资源和场地资源，首个在全国提出打造明星原创品牌、为明星创业赋能的线上线下一体化电商平台。线

7月31日下午，县商务局组织召开全县2019年商贸流通工作半年度会议

下，“星镇”基于象山影视城，打造全国首个明星原创品牌街区，线上，基于“天猫”“拼多多”等平台和明星自身粉丝流量入口，提升明星品牌的知名度。

【开展局属出租房屋灾后检查】 8月10日，县商务局组织资产财务科人员到出租房屋检查台风受损情况和人员安全情况，帮助和指导经营户对受损的房屋开展必要的加固修复措施，并要求各租户继续密切关注台风动向，在台风警报未解除之前，人员不得擅自进入有危险的房屋。

【2019阿里巴巴象山县·海洋渔业振兴交流峰会开幕】 8月21日，由县商务局、县供销联社主办的2019阿里巴巴象山县·海洋渔业振兴交流峰会在象山海洋酒店开幕。市供销社、县供销联社、县商务局、县经信局等相关部门领导和生鲜行业专家与会参加，围绕象山渔业“触网”，献计献策。会上，天猫生鲜水产专家沉嵩老师向与会的本地商家诠释天猫生鲜行业的未来发展趋势与招商策略。丹鸟市场规划研究专家张桂明老师介绍阿里巴巴丹鸟智慧物流象山海鲜一体化综合物流解决方案。宁波供销电商总经理汪勇剖析宁波农产品社会化公共服务体系建设的必要性和优越性。此次峰会不仅响应县委县政府的“乡村振兴”发展战略，为象山本地生鲜企业下步发展点亮指路明灯，更旨在扩大2019年象山开渔节活动的影响力，提高开渔节海鲜产品的网络销量，打响象山海鲜线上品牌。

8月8日，县“星镇”明星创业电商平台在2019年“甬杭深”电商武林大会荣获初创电商组金奖

【开展消费扶贫销售网点培训】 8月27日，县商务局对第一批消费扶贫推荐商家开展培训，会上，县商务局对5家推荐单位传达《象山县开展消费扶贫实施方案》文件精神，并对消费扶贫采购要求和消费扶贫销售统计工作一一进行讲解，为即将开展的对消费扶贫采购、销售工作做好准备。

8月21日，2019阿里巴巴象山县·海洋渔业振兴交流峰会在象山海洋酒店开幕

【印发《象山县人民政府办公室关于印发象山县开展消费扶贫助力对口地区脱贫攻坚加快区域协调发展实施方案的通知》】 8月28日，《象山县人民政府办公室关于印发象山县开展消费扶贫助力对口地区脱贫攻坚加快区域协调发展实施方案的通知》正式印发。根据《实施方案》精神，消费扶贫工作将重点支持县对口帮扶的东西部扶贫协作结对地区，包括吉林省延边州龙井市、敦化市，以及浙江省内山海协作结对地区丽水市遂昌县。全县2019年销售对口地区农特产品总额不低于3000万元，到2019年年底开设至少5个以上对口地区农特产品直营店、专卖店、销售网点，1个以上电商合作平台。

【县商务系统工会率先采购消费扶贫农特产品】 9月6日，县商务系统工会率先采购一批县对口帮扶结对地区的农特产品，县商务局率先响应扶贫号召，带头开展消费扶贫进机关活动，第一时间组织发动局系统各级工会采购对口地区农特产品，推动消费扶贫工作取得新进展。县商务局立足两地实际，重点做好对口地区农特产品进机关、进企业、进学校、进医院、进社区的“五进”活动和组织动员行政、事业、国有企业等各级工会参与。县商务局公布包括象山县粮食收储有限公司、宁波支延商贸有限公司在内的8家消费扶贫推荐采购商家名单，以方便各级单位和市民选购。

9月14日，中国开渔节新媒体、新零售、互联网+针织产业融合峰会暨象山针织小镇启动仪式在象山科创中心举行

【召开“不忘初心、牢记使命”主题教育动员部署会】 9月12日，县商务局召开“不忘初心、牢记使命”主题教育动员部署会。全体局机关、金溢集团干部职工、市场中心中层及以上干部、下属各党支部书记参加该次会议。县商务局党委书记、局长徐颖峰主持会议并讲话。他指出，开展“不忘初心、牢记使命”主题教育，是党中央的一项重大部署，局党委召开这次会议，主要任务是学习贯彻习近平总书记讲话精神，对商贸系统的“不忘初心、牢记使命”主题教育作以安排部署，动员全系统各党组织提高政治站位，扛起政治责任，以高度的政治责任感，负责地把主题教育组织好、开展好，确保取得实实在在的成效。

【举办互联网+针织产业融合峰会暨象山针织小镇启动仪式】 9月14日，由县商务局主办的中国开渔节新媒体、新零售、互联网+针织产业融合峰会暨象山针织小镇启动仪式在象山科创中心（商会大厦一楼）举行。该次活动围绕“新媒体、新零售、互联网+针织”，通过网红直播、资深导师解读、优秀案例分享等形式，为象山针织行业的转型升级指明方向，诠释互联网+针织产业深度融合的必要性，从而激发针织产业新活力，催生象山针织产业发展新动能。

【赴龙井开展产销对接活动】 9月23日，县商务局徐颖峰局长带队县内消费扶贫经销企业赴龙井市，开展系列产销对接活动，两地协力推进东西部合作。两地商务局签署东西部消费扶贫合作框架协议，龙井市企业推介农特产品，双方企业交流对接。对接会，两地商务局、象山县粮食收储公司和大米生产企业进行粮食采购价格谈判，经友好协商，购销双方就大米采购价格达成一致，签订供销协议。随后实地考察龙井市企业，开展东西部消费协作电商营销培训，宁波供销电子商务有限公司为龙井市60余位企业家、乡村书记等讲授电商知识，分享电商案例。培训，本着合作共赢，互惠互利的原则，供销电子商务公司与龙井市电商企业签订电商合作协议，搭建电商平台推进双方电商协作。

9月27日，县商务局组织离退休老干部、新中国成立前老党员等50余人开展“迎国庆 度重阳 银辉忆初心”活动

【赴敦化开展产销对接活动】 9月25日下午，县商务局局长徐颖峰带队县内消费扶贫经销企业抵达敦化市，推进在

敦化市东西部协作消费扶贫工作，开展系列产销对接活动，帮扶敦化市农产品扩大销售，搭建两地高效产销合作机制，促进东西部协作。两地商务局代表签署东西部合作框架协议，会上15家敦化市企业一一推介其产品，并与县内企业对接交流。随后走访多家企业，在大德创客园为敦化市20余位企业家代表2019年东西部协作电商营销培训，推进双方电商协作。

【国庆黄金周商贸情况】 商贸节日市场呈现平稳有序态势，受台风"米娜"影响，1号至2号，外出消费人流显著减少，对县消费市场影响明显，全县23家列入重点监测的商贸企业共实现销售额5362万元，同比下降1.2%。列入监测的10家酒店（饭店）实现营业额1522万元，同比下降6.6%，其中半边山海景皇冠假日酒店业绩不俗，营业额同比增长6%。商品消费提档升级，4家重点监测超市共实现销售1312万元，同比下降5.8%，降幅较2018年有所收窄，其中零售线上线下融合趋势增强，其中大润发超市推出的淘鲜达等新零售服务项目，节日期间线上累计下单量达到4000余单。促销活动火热开展，博浪太平洋广场推出"喜迎国庆　全民狂欢"为主题的促销活动，累计吸引客流约5.1万人次；据不完全统计，博浪海港城实现营业额约同比下降2.1%。大润发推出"庆国庆　惠重阳"系列促销活动，累计吸引客流达4万人次。休闲消费表现抢眼，城区监测内6家量贩式KTV、影院等休闲消费场所共实现营业额220万元，同比增长69%。城区4家影院累计国庆观影人次突破5.4万人次，其中华影影城、时代影院等平均上座率约在37%以上，高峰时段上座率超过70%。

【开展象山十大海鲜面馆评选活动】 10月11日，由象山县商务局主办、象山县餐饮协会承办的象山十大海鲜面馆评选活动正式开启报名，根据企业报名和初步筛选结果，有25家海鲜面馆成为比赛候选单位。县餐饮协会组织专家评审团通过上门评分的方式完成第一轮评定，随后通过微信投票方式进行第二轮评定，最后根据专家评定和网络评选综合计算得分进行排序，评选出前十位作为"象山十大海鲜面馆"，分别是：檀头山TTS黄鱼面馆、翁柯荣面馆、第二碗面馆、惠芬海鲜面馆、鹤浦老虎面馆、石浦红光满面面馆、阿宏面馆、胖嫂海鲜面馆、友味黄鱼面馆、东大面馆。

【市场开发中心对下辖市场开展安全生产大普查】 10月14日，县市场开发中心邀请第三方机构对下辖的18个市场开展为期5天的安全生产大普查，并对市场管理人员进行安全生产知识培训及演练。通过检查主要发现市场内普遍存在电线私拉乱接、消防通道堵塞、疏散标志损坏缺少、危化物与可燃物堆放一起等问题隐患。检查后，由第三方机构对各市场存在的问题进行逐一分析，并提出解决方案。

【象山万达广场完成主体封顶】 10月30日上午，象山万达广场商业综合体主体部分完成封顶。1—10月，该项目完成投资超过9亿元，占到全年投资计划的90%。其中，除商业综合体实现封顶外，东区住宅及配套完成6—10号楼主体九层，1—5层地下夹层结构完成，东区地下室完成80%；西区商业及住宅完成土方开挖100%，商业街地下室浇筑完成60%。该项目为县重点工程之一，位于象山县丹西街道丹南路、西谷路、沿区路与河道合围的区域，总用地面积约17.3万平方米，总建筑面积约38.4万平方米，将建设商业中心、商业街、商务办公楼、住宅、幼儿园以及社区用房等配套设施。

【第十七届宁波象山海鲜美食节启幕】 11月1日上午，以"寻味象山·享海鲜"为主题的第十七届宁波象山海鲜美食节，在石浦海峡广场启幕。开幕式上正式揭晓"象山十大海鲜面馆"。"寻找妈妈的味道"——石浦特色菜制作展示活动在海峡广场举行。10位石浦渔嫂、厨娘用最新鲜的海鲜食材，烹制出最地道的石浦特色菜，并制作麦饼筒等当地风味小吃。众多美食达人、游客在现场品鉴中，领略传统渔乡风情。

【东西部协作消费暨象山特色美食展开幕】 11月2日，由延边州商务局、宁波市商务局、象山县人民政府主办，象山县商务局、象山县农业农村局、象山县供销联社承办的东西部协作消费暨象山特色美食展在县人民广场举办。延边、遂昌等地的特色产品、象山半岛味道特色商品、象山风味点心等百余个摊位精彩展现东西部协作地区、山海协作地区、象山本地等特色商品，吸引大批市民驻足参观购买，还有名厨精品菜展示、象山点心特色展和象山旅游原创音乐会演出。

【象港再生资源市场开展生产安全和消防安全大检查、大整治】 11月6日下午，县府办召集县商务局、县市场监督管理局、县综合行政执法局、县应急管理局、县公安局、市生态环境局象山分局、县自然资源和规划局、东陈乡人民政府、消防大队就象港再生资源市场的生产安全和消防安全开展调研、检查。检查组先行检查象港再生资源的生产安全和消防安全，各种隐患问题较多。发现场内经营户普遍存在私拉乱接、"三合一"场所、无证使用叉车、乱占道、乱堆放等各种违规违章行为。检查好后，各部门各单位就相关职能范围内如何开展整治做探讨，并对各自的职责明确。县府办周增培副主任要求象港再生资源市场加强管理，提高场内经营户的安全意识，场内经营户要于2019年11月10日前自行整改完成，各部门于11月11日开始执法检查，对违反生产安全和消防安全的经营户进行行政处罚。

【象山名特优产品展销体验中心正式启动】 11月18日，象山名特优产品展销体验中心正式启动暨2019象山柑橘"红美人"线上销售发布会召开，活动中，宁波市供销合作社联合社党委委员、监事会主任钟毅君、象山县人民政府副县长吴志辉一同为象山名特优产品展销体验中心揭牌。象山名特优产品展销体验中心位于县电子商务创业园区内，占地面积800余平方米，设有服务台、洽谈区、展示墙、办公区、展销区、互动区、仓储区、打包区等功能，将象山本地柑橘、海产品等数十种名优农特产品、文创“非遗”产品等实施整合，打造独具象山特色、品质优良的“嗨象山—半岛味道”象山名特优产品展销体验中心。此外，还专门设置帮扶产品展柜，展示来自延边州和丽水市的特色农产品，打通延边州和丽水的农特产品流通渠道，逐步有序推动线上线下的深度合作，助推东西部协作消费扶贫和山海协作。

【开展加油站“百日安全”专项检查】 11月25日，县商务局对全县各加油站（点）进行全面的专项检查，要求各加油站严格落实人防、物防、技防措施，确保各项安全措施到位。此次共检查加油站31家、陆上加油点10家，发现隐患25条，印发限期整改通知书12份。针对检查中发现的问题，检查组及时进行督促指导，并要求各加油站负责人加强日常监管，开展自查自纠，限期整改落实存在的隐患和问题，确保各加油站加油安全。

【携消费扶贫企业参加龙象经济合作推介会】 12月3日，由浙江省宁波市象山县政府和吉林省龙井市政府主办，以“合作共赢　共享未来”为主题的龙井——象山经济合作推介会在宁波举办。县商务局携16家消费扶贫企业代表参会，了解龙井市营商环境、人文地理等情况，推动消费扶贫产销对接，建立优势互补长效机制，为帮助龙井市打好脱贫攻坚战奠定坚实基础。参会企业家吉林省中佰文化旅游投资有限公司董事长陈加利等结合自身投资经历肯定龙井营商环境，随后龙井市市长权大杰推介龙井，介绍营商政策、历史人文、交通优势等，热忱期待各界人士关注龙井、走进龙井，感受龙井的历史文化，体验朝鲜族民俗风情，到龙井投资兴业、共谋发展。推介会还举行项目签约仪式，聘任仪式，依托“延甬”合作平台，龙井市与象山县履行职责，加强沟通衔接，双方扎实推进对口协作，在不同领域、不同行业开展多层次、多形式、宽领域、全方位的交流合作。

11月18日，象山名特优产品展销体验中心正式启动暨2019象山柑橘“红美人”线上销售发布会召开

【大徐综合市场开业】 12月11日，大徐镇综合市场正式开业。这是县首家按省四星级市场标准设计的农村市场。大徐镇综合市场位于大徐镇东昭路与龙溪路交叉口西北角地块，总用地面积5321.81平方米。由象山县市场经营开发有限公司投资1148.69万元建设。该市场采用框架结构，总建筑面积1504.11平方米，主要包括新建综合市场1434.41平方米，公厕69.7平方米，内设62个标准摊位、物业管理用房、配电房、消防泵房等。新建成投运的大徐综合市场将按照《象山县市场开发中心经营户不良信用行为扣分办法》严格管理。

【召开家装市场问题整改现场会】 12月25日，县商务局联系丹西街道、诗普安全科技、天华家具城、万象装潢市场、蓬莱装潢市场相关安全生产负责人特召开家装市场问题整改现场会，为加强县专业市场安全生产管理，防范各类安全事故的发生。

（县商务局　欧方缘）

供销服务

【概况】 2019年，县供销联社组织制定县对乡镇农合联考核目标工作任务，向县政府申请到位农民合作基金第二批政府引导资金1000万元，发展产业农合联累计达6家，并向省农合联申报认定第一批产业农合联，发放2019年供销社为农服务资金170余万元（包括现代农业服务中心项目建设、农产品推介会、农作物病虫害统防统治、春耕及双夏农资优质服务月活动等经费补贴）。推动新建西周、墙头、东陈、大徐、石浦、泗洲头6家农合联现代农业服务中心，累计服务中心达17家。完成服务中心全覆盖。新建稻米产业农合联和东航海洋捕捞产业农合联。对照市农合联执委会考评标准推进县现代农业服务中心规范化运行工作，实现运行示范服务中心占总数50%以上。

【推进农村普惠金融工作】 2019年县供销联社会同县信用联社开展合作社会员星级评定和信贷授信工作，年内为农合联会员发放贷款余额达2.15亿元；与中国银行象山支行签订普惠金融业务合作协议，其中对种粮大户按人行基准利率放贷，年担保费收取1%、“红美人”柑橘种植大户按人行基准利率上浮5%放贷，年担保费收取1.5%，发放贷款415万元；为促进县“红美人”柑橘产业发展，经与县人民银行协调，及时争取到“红美人”柑橘专项支农再贷款，贷款额度达1000万元，并委托县信用联社按星级评定给予低门槛、低利息、快速放贷。

【举办系列农产品网络营销活动】 2019年，县供销联社牵头举办6场针对县不同特色农产品的主题网络营销活动。一是于5月举办白枇杷节主题营销活动，实现网络销售7万余单，活动带动鹤浦镇实现当地客房成交600单，同比增长30%；当地接待游客约2000人次，同比增长约25%。二是于6月举办杨梅节主题营销活动，重点打造安海王子“泗洲灵梅”高端杨梅品牌，以泗洲头杨梅、甜瓜、土豆为媒，带动当地民宿和乡村旅游。三是于9月16日开渔节当天，举行一场别开生面的象山海鲜寻味之旅，在知名美食主播带领下，面向全国消费者开展网络直播销售，在天猫及微店两个渠道成交额220余万元，2小时的直播活动获得50万观看量，进店流量8万，实际成交6000单，转化率高达15%，总成交额达60万元，推动象山海鲜在全国范围的品牌影响力更上一层楼。四是于11月举办“我与主播共品鲜”活动。11月1日在石浦海峡广场，邀请网络美食主播现场直播“寻找妈妈的味道”石浦特色菜、特色小吃制作过程并品尝体验，11月2日县人民广场，结合东西部协作消费暨象山特色美食展，邀请网络主播进行直播并销售，带动区域协作消费和象山特色点心产业。五是于11月18日举办象山名特优产品展示体验中心开馆仪式暨“红美人”柑橘上市销售发布会；六是于12月举办象山海鲜网络年货节，与天猫、微店等电商平台联合打造象山海岛网络年货(伴手礼)节，推广象山年货大礼包、象山特色山海伴手礼以及延边、丽水等特色农产品礼包，提高其线上品牌知名度，促进三地特色农产品销量。

【开展消费扶贫和“山海协作”特色产品销售】 2019年，县供销联社牵头举办东西部帮扶、山海协作产品对接会。11月2日，在象山名特优产品展示体验中心组织延边、丽水特色产品及象山半岛味道农特产品入驻象山名特优产品展示体验中心进行对接。邀请三家遂昌农产品生产单位在人民广场举行为期5天的“山海协作”特色产品展销；12月，借与天猫、微店等电商平台联合打造象山海岛网络年货节中推广山海协作特色农产品；组织“山海协作”特色产品入驻象山名特优产品展示体验中心和海峡广场销售点，进行长年展示展销，提高其线上品牌知名度，促进农产品销量。

【全国首个“三位一体”数字化工程试点项目落地象山】 2019年，县供销联社利用象山海鲜及“红美人”柑橘两大核心产品，促成阿里巴巴集团乡村事业部全国首个“三位一体”数字化工程试点项目落地象山。配合阿里巴巴集团针对象山海鲜及“红美人”柑橘追溯体系的基地及企业调研，于9月项目启动，并进行象山海鲜品牌宣传，海鲜公共仓储项目流程试点。

【发展农村电商产业】 2019年，县供销联社先后在鹤浦镇鹤进村、定塘镇盛平山村和泗洲头镇墩岙村开展电商扶助建设，帮助推进公共仓，物流、包装、农产品标准输出建设，结合该村实况和要求，规划电商村发展方向。组织电商人才培训203人次，分别在定塘、晓塘、鹤浦等乡镇，培训主题涵盖短视频拍摄、直播营销、新媒体工具实践等，受到学员热烈欢迎。分别推出“泗洲灵梅”“南田春”、泗洲头土豆的包装设计方案。更新“海洋谷”农渔产品系列包装。

【开展农资供应服务】 2019年春耕期间，县供销联社下属丰润农资公司筹措600余万元资金，共组织化肥2000余吨、农药100余吨。开展“春耕农资送肥下乡”“情系‘三农’农资下乡”农资展销优惠等活动，引导农民建立科学的农资消费观念，提高科学种植意识。推广测土配方肥1200吨，增加亩产50千克左右，投肥成本每亩降低30元左右。组织举办“备春耕”种粮大户技术、“红美人”柑橘种植技术等各类培训班，累计培训620余人次。落实专业化统防统治服务面积1.95万亩，并作专业化统防统治补助申请与田亩公示。从种植户、各乡镇集中回收点、全县各农资网点出车70余次，回收处置废弃农药包80吨。利奇马台风灾后灾情调查，免费发放救灾尿素50吨，帮助农民恢复农业生产。

【推行“大地托管”为农服务新模式】 针对县马铃薯种植农户规模小、生产成本高、单位亩产量和销售价格低等问题，2019年8月以来，县供销联社联同泗洲头镇政府与农户对接，探索推行“大地托管”为农服务新模式，破解县出产的优质马铃薯受限于规模和成本，未能形成区域知名品牌的难题。在农户“加入自愿、退出自由、服务自选”原则下，由托管服务组织为农户提供“六统一”服务模式，即产前、产中、产后全程“保姆式”服务，促进马铃薯生产向规模化、机械化、集约化方向转变。泗洲头镇的马铃薯具有颗粒小、淀粉含量高、口感好、营养丰富等特点，项目选取该镇塘岸村马铃薯生产基地作为试点，总面积达150亩，涉及农户56户，托管后按500元/亩补助给农户，其中一期110亩露天种植马铃薯于9月统一播种，12月产出，经统计，每亩产出约2500千克，较之前分散种植的1000千克产量增加125%，通过打造区域统一品牌和引入电商平台等营销手段实施推广，促进县马铃薯种植产业发展和农民增收。

【引进宁波“搭把手”再生资源回收项目】 2019年4月起，按照市七大专项行动和“垃圾分类+资源回收”两网融合要求，牵头推进宁波市“搭把手”回收体系项目建设和运营监管。5月，由县供销联社、县商务局负责与宁波供销再生资源科技有限公司合资成立宁波供销(象山)再生资源科技有限公司,注册资本1000万元。公司成立后逐步推进项目落地,建前端回智能收箱58台,其中丹城及爵溪街道50台,石浦镇8台,设立后颇受广大群众欢迎,每天收集纸张、织物、玻璃等可回收垃圾达1吨左右,饮料瓶700余个,为县垃圾分类事业提供解决方案。

【完善供销联社体系建设】 根据省、市供销系统制度安排,经县委县政府审批同意,2019年12月4日下午,象山县供销联社召开第五次社员代表大会。宁波市供销社党委委员、监事会主任钟毅君、象山县政府领导吴志辉出席开幕大会并分别讲话。来自全县供销系统和农业专业合作社56名代表参加该次大会,欢聚一堂,共商供销事业发展大计,各乡镇农业工作负责人以及供销系统的部分老同志作为嘉宾列席会议。会议选举产生县供销联社第五届理事会、监事会成员,以及理事会常务理事,理事会主任、副主任,监事会主任等,审议通过《象山县供销合作社联合社章程》。

(县供销联社　曹逊)

烟草专卖

【概况】 2019年,浙江省烟草专卖局(公司)提出以赴打响"互联网+营销"新模式全面落地硬仗、"互联网+专卖"新模式建成落地硬仗、管理深度转型硬仗,推动"互联网+烟草专卖商业"浙江模式在各领域全面落地运行。象山县烟草专卖局(分公司)贯彻高质量发展要求,突出重点、聚力攻坚,集全局之力打赢打好"三场硬仗",年度各项重点工作完成,主要有以下四方面成绩:从严从紧,党建引擎作用更加强劲;持续发力,"互联网+营销"硬仗香溢四方;重点突破,"互联网+专卖"硬仗又添新果;扎实有序,"管理转型"硬仗统筹兼顾。全年实现卷烟销售2.66万箱,同比增长2.29%;销售额13.03亿元,同比增长5.34%;单箱销售额4.89万元,同比增长2.98%;实现税利3.64亿元,同比增长3.84%;利润3.09亿元,同比增长5.79%。全年,共查处各类违法案件219起,同比增加8.43%;查获违法卷烟14338.5条,市场净化率98.86%。

【先锋氛围逐渐浓厚】 挖掘身边先进事迹,注重在平凡岗位上发现闪光点,在重点任务中推送先锋人物,激励广大干部员工在企业转型攻坚中奋发有为。其中,鲍金良勇斗歹徒事迹代表宁波市局(公司)参加全省"壮丽七十年、奋斗新时代"主题文艺演出;练诚——"利奇马"来袭,赶赴临海抢险救灾事迹被东方烟草报和浙江烟草杂志报道。叶宁、冯蕾蕾分别被推选为市局(公司)党员先锋榜第十期、十六期展示人物。开展"奋进新时代、勇当排头兵""三场硬仗"排头兵评选活动,专卖、业务、综合3条线共评选出8名标兵,弘扬"三场硬仗"工作中的奋斗精神,调动激发广大员工干事创业的激情活力。

【平台推广应用紧密有序】 利用"客户之家"店堂现场培训,强化线上线下实操培训,紧密有序推广实施"一钉四香"。全年,香溢通安装1045家,完成目标100%,34家合作店双屏机安装到位;香溢坊自律互助小组建成311个,客户覆盖率达81.78%;香溢家消费者会员65707个,占比252%,10—12月平均月度活跃消费者会员13728个,占比52.72%。

【数据驱动能力持续提升】 2019年为"数采攻坚年",全面落实数采质量分层分级管理举措,实行"三周+一周"库存实盘机制,对数采客户开展现场实盘考评,开展竞赛活动。全年开通支付宝结算客户比例19%,每月支付宝活跃用户比例达到10%以上,完成支付宝结算笔数(1笔)143.28万笔。

【终端布局更趋合理】 按照"消费者在哪里,我们就到哪里,小区建在哪里,合作店就建在哪里"选点原则,完成终端的升级改造。建成合作店27家,占比0.61%;现代终端994家,占比21.7%;建成城区3条样板街,农村2条样板街。

【队伍转型赋能成果显著】 成立"互联网+营销"终端宣贯、终端建设、信息化培训小组,确保高质量落实完成"互联网+营销"工作任务。《创建支付宝部落四级联动新模式》QC项目获省第九届优秀QC成果三等奖,《提高现代终端信息采集准确率》获市QC成果一等奖。

【精准培育品牌效果明显】 坚定初心抓好定制品牌培育。小云端做好协同营销,突出品牌价值引领作用,实现稳价扩量,实现销售11.5箱,同比增长38.99%。创客做好品牌维护,实现销售130箱,同比增长15.4%。加强国产雪茄烟培育,挖掘高端消费市场潜力,实现中高端以上国产雪茄烟销售额同比增长100%。

【案件侦破战果显著】 加强与公安、海关协同作战,运用"互联网+专卖"思维,继18年取得历史最好成绩——破获省厅督办一级国标网络案,2018年又破获2起大案。其中"1·14"销售加热不燃烧卷烟案件,抓获犯罪嫌疑人7人,其中逮捕6人,取保1人,另追逃1人,查获实物389.9条,涉案金额742.8万元;"NB1908案件"经与宁波市海关缉私局合作,初步查明其中走私路径,批捕4人,刑拘取保28人,另追逃1人,立案案值4587万元,涉税3250万元。另外,查获5万元以上案件13起,其中10万元以上案件5起。

【市场监管成效提高】 加强数据预警监测和实地核查,管大户、查市场,组织开展"惊雷二号""天网二号"、天价烟治理等专项行动,推进真烟非法流动综合治理。查处非流真烟13841.2条,省外可查清条码卷烟3103条,其中物流寄递环节查案24起,查获违法运输寄递卷烟1192条。真烟外流省外数量282条,同比增长11.9%。

【行政服务能力提升】 加强与地方行政便民服务中心横向数据对接，基本形成“一网通办、一证通办、一事通办”格局。新办、延续、变更许可证930件，网办率达62.77%。清退中小学周边零售户17户。

【配合市局一体化平台化运营】 推进综合管理平台落地，扎实开展三项工作模块应用；支持智慧财务共享空间建设，为智能化报销管理模块建设献计献策。

【费用管控水平增强】 深化预算管理，在费用节支触底线上挖潜增效。全年，两项费用率4.94%，同比下降0.4%；车辆运行费在连续3年大幅下降的基础上，又下降30.19%；物流总费用降幅位列全市第一。

【分层分类对标工作优化】 针对对标指标，完善升级数据模型，实时测算、精准分析对标情况；推进四级对标，完善岗位对标标准，改进基层对标短板，构建全员对标格局。作为全省唯一一家在岗人数超编单位，在对标增加人均效率等指标情况下，持续在“一钉四香”、打假破网指标上发力，2019年对标同组排名第12位。

【信息报道传来佳音】 重视信息报道宣传效应和队伍建设。2018年，取得全市信息报道第三名、宣传报道第一名，综合排名取得第一的历史性突破。

（县烟草局　陈婕妤）

对外贸易

【概况】 2019年，县外贸虽受中美贸易摩擦的影响，但整体发展稳中有进，面对严峻复杂的国内外经济环境，扩大对外贸易总量，外贸出口达184亿元，同比增长8.7%，高于全市平均水平1.1个百分点。

【机电类出口增长明显】 全年农产品、针织品、机电产品占县外贸出口的比例在84%以上。其中，针纺类出口额10亿美元，同比减少1.5%，机电类产品出口额9.7亿美元，同比增长9.1%，农产品类出口额2.5亿美元，同比减少196.3%，新能源和船舶产业出口呈较快增长，同比增长达33.3%、31.2%。

【龙头企业支撑作用明显】 全年进出口有实绩企业502家，其中进出口千万美元以上企业71家；外贸进出口全县排名前50位企业全年自营出口额18.8亿美元，同比增长2.5%，占全县出口总额的70.5%，龙头企业支撑作用明显。其中锦浪新能源、博大船业、日星铸业、锦泰晟运国际贸易、龙基服饰等企业出口增速较快，分别达到50.4%、211.2%、77.2%、109.7%。

【211家次企业参加境外展会】 全年共组织211家次企业292.5个摊位组团参加拉斯维加斯服装展等境外交易会。

【平台服务成效显著】 全县小微外贸企业服务平台服务完善，受众增加。2019年，县新增外贸注册企业18家，累计505家，有出口实绩企业455家，共签发一般原产地证1595份，同比下降0.59%，签发区域优惠原产地证240份，同比增长5.2%；代办使馆认证41份，同比增长32.2%。

招商引资

【概况】 2019年，全县开放型经济继续保持稳步发展态势。全年完成实际利用外资1.2亿美元；利用内资100亿元，总量首次突破百亿元；浙商回归利用资金47亿元。

【象山在外影响力、美誉度逐步提高】 县通过召开象商投资项目签约仪式、宁波上海推介会、上海浙江商会座谈会、小型招商推介会等形式，大规模“走出去”举办各类招商活动10场次，拜访和接待客商100多人次，合计25个项目实现签约，投资总额122亿元。借助省、市大平台开展招商活动，参加浙洽会、“宁波周”和进博会等系列招商活动12场次，主动出去推介象山，拜访客商，对接项目，县在外美誉度和社会影响力极大提升。

【联动招商成常态】 县通过开展重大项目突破年活动，落实县级领导领衔重大项目制度等一系列措施，上下联动招商氛围愈加浓厚。县领导亲自带队赴北京、上海、青岛等地开展多层次多类型招商活动近20余次，中广核海上风力发电、优模轻合金、宇润重工等一批重大优质项目实现签约。各乡镇街道、部门园区联合行动，先后拜访中船集团、上海交大、中电科、上海保集集团等重点科研院校和企业，相继邀请上海电气、中核集团、中供销新合作、国电投、鲸算集团等一批客商到象山考察。

【招商项目量质同步提升】 2019年以来，全县引进重大项目数量继续保持高位，项目投资额明显提高。新签约亿元以上项目40个，工业项目32个，10亿元以上项目10个，项目平均投资额超过15亿元。博思特、金瑞包装、博骏环保设备等5个项目落地。另外，还有飞豹珠片、江拓模具、金韵昌机械等21个项目计划2019年年底或2020年上半年前动建。

对外经济合作

【概况】 2019年，县外经运行平稳，完成对外承包工程营业额3.4亿美元，同比下降4.1%，完成全年指标的105.4%，总量继续保持全市第一。全年新批企业共16家，核准中方投资额1.32亿美元，同比下降18.9%，完成全年指标的101.4%，实际中方投资额9540万美元，同比增长26%。

【承包工程稳中有进】 龙元、乐惠、欧亚、沪港等仍是承包工程主力军。龙元在开拓越南等地区的幕墙工程方面进展，承接如越南新月商场二期幕墙工程等大项目。乐惠继续开拓非洲、东南亚和南美洲市场，2019年重点承接埃塞鸡尾酒整体交钥匙工程项目，项目总额近千万美元。

【境外投资多域开花】 在不同领域均有涉及县的对外投资。如机电领域，有宁波申菱机电科技股份有限公司收购意大利普利兹马有限公司80%的股权（核准中方投资额为999万美元）等重点生产企业投资设厂。如科技金融类项目，有闪银（象山）信息科技有限公司并购阿巴卡斯（亚太）股份有限公司10%股权项目（核准中方投资额为3000万美元）等项目。

【“一带一路”项目增加】 受中美贸易摩擦的影响，赴“一带一路”国家投资的项目日渐增加。2019年，“一带一路”投资项目核准中方投资额占比达到72.88%，“一带一路”国家成为县企业“走出去”开展境外投资的重点区域。

（县招商发展中心）

浙台经贸合作区

【概况】 2019年，浙台经贸合作区按照高质量、高标准发展要求，响应市委市政府“六争攻坚，三年攀高”专项行动，全面落实县委县政府“双突破双驱动”决策部署，深化海、港、岛、城联动发展优势，打造象山南部现代渔业产业“云”基地，石浦港口岸正式开放加速推进，区域开放开发建设取得一定成效。2019年度，浙台经贸合作区所辖区域两镇两乡（石浦镇、鹤浦镇、高塘岛乡、晓塘乡）实际到位外资2037万美元，实际县外内资11.54亿元，实际市外内资6.23亿元，规上企业87家，总产值84.68亿元，进出口总额19.88亿元，实现利税4.78亿元。

【石浦打鼓峙项目】 2019年度，县委县政府主要领导与宝能集团就石浦打鼓峙项目进行多轮谈判，整体合作框架基本达成共识，宝能集团需细化项目可研方案与投资效益测算。2019年，宝能集团为加快项目合作进展，坚持贸易先行，在象山石浦注册成立项目运作公司宝能供应链管理（宁波）有限公司，双方率先合作开展国际生鲜暂养，选址石浦开放口岸新港码头建设国际生鲜水产暂养池，投资400余万元，共建暂养池70余个，可一次性暂养国际精品水产约4000万元，项目于2019年底开工，2020年5月竣工。

【挪威三文鱼养殖项目】 2019年，浙台经贸合作区秉承“海上牧场”水产养殖理念，扎实推进“三服务”工作，与挪威投资方签订补充协议，计划该项目总投资扩大到7300万欧元，落实规划用地280余亩，到位注册资金180万欧元，项目运作公司诺帝克宁波水产有限公司注册成立。2019年度，浙台经贸合作区协同高塘岛乡多次与挪威投资方商谈项目投资计划和服务需求，帮助企业完成外资银行贷款所需的环评、社会影响评估、养殖证办理等相关前置手续，力促项目早日落地。

【象山国际水产冷链物流基地】 该项目位于鹤浦盘基塘，由中国供销集团投资，截至2019年年底，共完成年度投资9112万元，超额完成年度任务51.9%，完成2号冷库建设以及设备采购安装，基地万吨级码头施工招投标公告上网公示。

【石浦港口岸对外开放】 2019年6月，石浦港水陆域、下湾门航道及锚地对外开放经东部战区审批同意。县政府〔2019〕24号文件《关于要求宁波港口岸象山石浦港区对外开放的请示》上报市政府，等待市政府转报省政府审批。石浦港区3000吨级新港码头、鹤浦盘基塘国家供销集团1万吨冷链物流通用码头和打鼓峙1万吨级通用码头等3个码头的开放工作正在加快推进。按照海关口岸正式开放监管场所的要求，完善口岸基础设施建设提升口岸运行水平和功能。新港码头场地内的监管仓库、仓储场地、监控设备、指示标牌等基础设施进行养护，提升码头安全生产责任制，确保口岸开放推进，口岸安全畅通运行。

【石浦港口岸贸易发展】 2019年，深入贯彻落实县委县政府实施“最多跑一次”机构改革要求，优化通关服务，提前与船舶代理企业、海关、边检等多方主动沟通协调，提供政策指导建议，引导企业采用提前申报、汇总征税等便捷通关措施，缩短监管场所通关作业时间，助推对台小额贸易货物通关。截至2019年年底，石浦口岸全年完成进出口贸易135个航次，实现贸易额3868.6万美元，吞吐量9712.3吨，超额完成年度考核任务10.5%，同比增长28.2%。持续稳定的口岸贸易业务，为口岸正式开放打下扎实的产业基础。

【保障合作区建设要素资源】 2019年，浙台经贸合作区以赴推进打鼓峙岛内政策处理工作，岛内政策处理工作基本完成，完成3家船厂和6个行政村整体资产收购协议和集体留地征用，落实政策处理资金约2亿元。为满足打鼓峙岛现代渔业产业发展需要，合作区主动与省市县港航部门对接，争取将岸线船舶码头调整为渔业货运码头，为口岸开放奠定扎实的基础。2019年度，按照省级开发区平台“标准地”出让要求，浙台经贸合作区推进合作区环评、能评、水土保持评估、防洪影响评估、地震评估、气象灾害评估、地质灾害风险评估、文物保护评估等各项评估，优化企业发展环境。

（浙台经贸合作区管委会　奚桥升）

旅　游

综　述

2019年，全县旅游工作围绕国家全域旅游示范区创建目标任务，结合“三服务”“六争攻坚、三年攀高”“四个年”等主题活动，优化旅游产品供给，创新推动旅游宣传营销，提升旅游服务水平，促进全域旅游提档升级。全年接待国内外游客2915.02万人次，旅游总收入326.01亿元，分别同比增长16.13%和18.02%。2019年，全县共有国家AAAA级旅游景区4家，AAA级旅游景区2家，省级旅游度假区1个，国家海钓竞赛基地1个，国际自驾车露营基地2个，省市级以上休闲基地32个，省A级景区村庄104个，民宿（农家乐）865家（其中精品民宿80家），床位数1.8万余张，拥有旅行社25家（其中四星级旅行社2家、三星级旅行社6家、五星旅行社分社1家），高标准旅游饭店12家，花级酒店8家，导游员229名（其中高级导游17名、中级导游57名、宁波市金牌导游1名），旅游直接从业人员万余名。

资源开发

【旅游项目建设】 2019年，全县实施旅游项目72个，完成投资40.15亿元。其中，半边山旅游度假区欢乐海洋、游客服务中心完工；白沙喜来登酒店精装修完成75%，安装工程完成75%，消防工程完成80%，幕墙工程完成80%；中国海影城三期动工建设，影视体验中心和后勤服务区（宿舍楼）主体结顶；影视大道全面建成；省海洋运动中心1—4号楼主体完工，防波堤施工完成70%，操作平台桩基部分完成75%；大目湾新城红星爱琴海购物广场、乐惠啤酒广场、同恒奥特莱斯等一批综合性项目有序推进，开元名庭、金棕榈、茂御等多个高品质酒店正在建设中；渔港古城二期完成2500户棚户区征迁工作和二期保护修缮方案工作，与乌镇陈向宏团队签约合作协议；石浦一冷文化创意园新建工程完成85%，中国渔文化展示馆布展完成90%；青草巷特色街区主体结构完成；东海铭城希尔顿酒店精装完成13%，隐御悦泉湾温泉酒店建成并营业。

【旅游规划编制】 编制完成《象山县旅游用地专项规划》《象山县游艇产业发展报告》《象山渔文化与旅游融合发展研究》等专项规划。协助指导镇乡编制完成《黄避岙乡龙屿村旅游规划》《西周镇隔溪张村旅游规划》《鹤浦镇全域旅游规划》《象山县东陈乡全域旅游规划》等区域性规划。完成《蟹钳港景区旅游项目》《新桥镇花前月下旅游项目》《宁波象山岭头湾湾台湾度假村项目》《晓塘白玉湾景区提升方案》《象山县方家岙大雷山乡野旅游项目》《高塘岛乡直落岙村旅游项目》《新桥镇板岭村旅游项目》《象山枫康石斛养生园（坡地村镇）旅游项目》《泗洲头镇龙溪峡谷漂流项目》《象山县定塘镇灵岩山旅游项目》《高塘岛乡花岙岛旅游项目》等旅游项目联审。

【旅游基地创建】 2019年，创建象山县柑橘博览园省级金果级采摘体验基地、海影城省级研学基地2个，中站村、墩岙村等市级民宿基地2个，茅洋全域旅游示范线市徒步运动休闲旅游基地1个，浙江广电象山影视（基地）、象山影视城、东海半边山、宁波袍泽、象山县海洋文化研学中心营地等县级研学基地（营地）5个。

宣传促销

【举行“甬抱台温　美丽湾区”——2019浙江沿海高速文旅主题推广活动启动仪式】 1月19日，“甬抱台温　美丽湾区”——2019浙江沿海高速文旅主题推广活动启动仪式在宁波象山影视城举行。活动由浙江省文化和旅游厅指导，浙江省旅游宣传推广中心、宁波市文化广电旅游局、台州市文化和广电旅游体育局、温州市文化广电旅游局、象山县人民政府主办，象山县旅游发展中心、宁波影视文化产业区管委会、浙江广电钱江台 & 钱江视频联合承办，浙江省旅游协会、浙江省旅行社协会协办，以浙江沿海高速公路通车运行为契机，将“山海诗意”的浙江画卷徐徐展开。

【举行2019象山“五一”新玩法发布暨象山文旅新线路新产品研发孵化计划启动仪式】 4月25日，2019象山“五一”新玩法发布暨象山文旅新线路新产品研发孵化计划启动仪式在宁波城市旅游之窗举行。宁波市文化广电旅游局宣传推广处处长汤红梅、浙江省文化和旅游信息中心应豪洁、象山县文化和广电旅游体育局局长俞湛、象山县旅游发展中心主任袁明全等领导出席，媒体代表、达人代表、旅行社代表等70余人参加活动。

【举办香港美食文化寻访团活动】 5月18日，香港美食文化寻访团到象山开展美食文化寻访活动。美食团一行体验休闲捕鱼，参观游览象山影视城并品鉴象山特色海鲜大餐。

【举办2019象山乡旅惠民集市暨夏季旅游产品推广活动】 5月24日，2019象山乡旅惠民集市暨夏季旅游产品推广活动在宁波鼓楼沿举办。活动由象山县旅游发展中心主办，宁波海丝国际旅游交流中心承办。宁波市文化广电旅游局副局长张菊琴、宁波市文化广电旅游局宣传推广处副调研员朱能芳、象山县旅游发展中心副主任郑芝璟等出席活动。

【举办长三角媒体采风活动】 6月14日至16日，象山县旅游发展中心组织上海旅游时报、阿拉旅游杂志社、上海BANG、甬派、大V寒残一叶等12家长三角媒体走进阿拉的海、中国海影城和5个新乡村开展采风活动。

【举办象山首批文旅达人签约仪式】 7月22日下午，首批文旅达人签约仪式在象山县委党校举行。全县九大景区、营销协会、饭店协会、民宿促进会相关负责人出席见证签约仪式，20名学员正式成为首批象山文旅达人。

【举办2019中日旅行商宁波象山合作交流会】 8月27日，2019中日旅行商宁波象山合作交流会在象山石浦半岛酒店举行。活动由宁波市文化广电旅游局、象山县人民政府主办，宁波影视文化产业区管委会、象山县旅游发展中心、日本春秋旅行社株式会社承办。宁波市文化广电旅游局副局长邱金岳、象山县人民政府副县长钮晶莹分别在会上致辞。会议旨在让日本游客更好地了解象山，加深宁波象山与日本旅游的合作交流，提升“微笑宁波 嗨在象山”品牌在日本的影响力和知名度。会上，象山县旅游发展中心主任袁明全与日本春秋旅行社株式会社社长李翠玲签订《日本旅游客源市场开拓合作协议》。

【举办宁波国际旅游展“微笑宁波 嗨在象山”主题馆推广活动】 8月30日至9月1日，宁波国际旅游展“微笑宁波 嗨在象山”主题馆推广活动在宁波国际会展中心举办。主题馆共108平方米，分为美景、美宿、美食、“非遗”技艺、现场报名、互动体验6个区块。活动推出全象山景区、酒店、民宿特惠活动，并在线推出旅游线路产品和自由行套餐。

【参加“诗画浙江·美好共享”2019浙江(江苏)旅游交易会】 9月5日至7日，由浙江省文化和旅游厅主办的“诗画浙江·美好共享”2019浙江(江苏)旅游交易会在南京国际展览中心举办。象山县旅游发展中心组织象山九大景区、象山美食代表(象山鱼丸、象山半岛味道)，象山“非遗”代表(象山竹编)和象山民宿协会等参加，用影视特色表演、象山海鲜美食、“非遗”竹编技艺展示等宣传象山旅游。

【举办动漫产业与文旅融合高峰论坛】 9月15日上午，由北京大地风景文旅集团有限公司主办，中国文联电影艺术研究中心、宁波市文化广电旅游局、象山县人民政府支持，象山县文化和广电旅游体育局、象山县旅游发展中心、象山县石浦渔港旅游开发中心联合承办的动漫产业与文旅融合高峰论坛在宁波象山海景皇冠假日酒店举行，来自国内外动漫和文旅行业的专家学者共同探讨东亚动漫产业国际合作，以及动漫如何促进文旅融合发展。论坛由中国文联电影艺术研究中心主任、中国电影评论学会会长饶曙光主持。象山县委书记叶剑鸣、宁波文化广电旅游局局长张爱琴致辞。象山县委常委、常务副县长陈兴立，宁波影视文化产业区管委会主任陈建瑜等出席。

【举办知名旅游达人象山海鲜美食之旅采风活动】 11月1日至2日，象山县旅游发展中心举办知名旅游达人象山海鲜美食之旅采风活动，微博大V寒残一叶、抖音达人秦鹏、马蜂窝达人蓝先生以及10位象山文旅达人在石浦海峡广场、石浦渔港古城、象山影视城、中国海影城开展采风活动。

【开展华东地区旅游+汽车联动推广活动】 11月9日至10日，象山县旅游发展中心组织九大景区成立象山旅游营销小分队分赴宁波、杭州、金华、温州、台州、无锡、苏州等华东地区11个城市开展旅游+汽车联动推广活动，为吉利好车节助力，并送上象山旅游自由行奖品大礼包，共发放旅游宣传资料5万册，价值2000元的自由行套餐大礼包30余套。

【举办喜迎亚运·“吉象”如意——2020吉利车主免费游象山发布会】 11月12日下午，喜迎亚运·“吉象”如意——2020吉利车主免费游象山发布会在杭州香格里拉酒店举行。象山县委常委、象山县人民政府副县长陈兴立出席发布会。发布会发布“2020吉利车主免费游象山”政策，象山县旅游发展中心与浙江吉利控股集团汽车销售有限公司签署战略合作协议，确立战略合作伙伴关系，并将在亚运主题合作、共同促进品牌发展、事件旅游营销、共享优先合作待遇等方面开展合作，携手共迎亚运。

【举办全国旅行商考察活动】 12月13日，来自全国18个城市百余名旅行商到象山考察，先后考察象山影视城、石浦渔港古城，品鉴象山海鲜十六碗。

【举办“嗨象山·过大年”象山旅游主题推广活动】 12月19日至20日，“嗨象山·过大年”象山旅游主题推广活动在台州和温州举行。活动期间，象山县旅游发展中心与台温两地重点旅行商、自驾车俱乐部、吉利车主代表、新闻媒体等面对面交流座谈，推广介绍“嗨象山·过大年”旅游产品套餐、自驾自由行套餐等产品，并就旅游合作与参会者进行交流。20日晚上，在温州银泰城举办一场沉浸式影视体验活动，通过水袖鼓上舞、民国情景剧、汉服走秀等独具特色的演艺，以及象山美食品尝、“一元秒杀抢票”等特惠活动，为市民游客带去全新的互动旅游体验。

行业管理

【旅游行业品质提升】 2019年，宁波象山海景皇冠假日酒店荣获“金树叶级绿色旅游饭店”称号，黄金海岸旅行社、浙商旅行社、大目湾国际旅行社、鸿源旅行社、象山旅行社等5家旅行社通过星级旅行社复核。开展饭店行业、旅行社行业服务品质提升培训、实习地接讲解员培训、“迎亚运”饭店国际礼仪及会务接待技能培训、旅游饭店金钥匙培训、旅游营销培训等各类培训15个。举办“海洋杯”2019年宁波市导游风采大赛象山选拔赛，选拔优秀导游参加2019年宁波市导游风采大赛，取得个人三等奖1个、优秀奖3个，象山代表队获得团体三等奖和优秀组织奖。象山县旅游饭店及饭店从业人员荣获11项宁波市旅游金茶花奖奖项。

【举行象山县饭店行业服务品质提升培训暨浙江工商职业技术学院象山旅游培训中心揭牌仪式】 3月25日，象山县饭店行业服务品质提升培训暨浙江工商职业技术学院象山旅游培训中心揭牌仪式在宁波建设工程学校举行。全县21家旅游饭店负责人、一线服务人员及相关管理人员共计168人参加活动。会议现场，浙江工商职业技术学院、象山县旅游发展中心负责同志共同签订校地战略合作协议，浙江工商职业技术学院副院长徐永春、象山县人民政府副县长方炜为浙江工商职业技术学院象山旅游培训中心揭牌，双方就持续推动象山旅游服务品质提升和促进院校“产学研”工作达成共识。

【出台《象山县旅游服务品质提升三年行动计划》】 4月30日，象山县旅游发展中心出台《象山县旅游服务品质提升三年行动计划(2019—2021年)》，通过实施旅游服务质量升级行动、旅游从业人员技能提升行动、旅游行业自律升级行动、旅游市场秩序整治行动、旅游服务质量评估行动等一系列行动，完善旅游服务质量体系，加强旅游服务质量监管，引导旅游企业及从业人员自觉树立质量意识，促进旅游行业服务品质提升，优化旅游发展环境。

【举办“海洋杯”2019年宁波市导游风采大赛象山选拔赛】 8月15日至16日，“海洋杯”2019年宁波市导游风采大赛象山选拔赛在象山海洋酒店举行，来自全县各旅行社、景区29名导游报名参加大赛。象山旅游发展中心主任袁明全、副主任包春成，象山县总工会副主席童立琴，象山县人力资源和社会保障局副局长章霞丹，象山县团县委副书记史毛毛出席比赛开幕式。经过激烈角逐，象山影视城开发有限公司奚俞获得一等奖，象山海蓝教育旅行社有限公司刘文珊、象山影视城开发有限公司忙金素、象山黄金海岸国际旅行社有限公司赖章刚获得二等奖，象山影视城开发有限公司叶恩弈、象山影视城开发有限公司陈扬、象山海蓝教育旅行社有限公司戴雪云、象山海蓝教育旅行社有限公司郭昕怡、石浦渔港古城旅游发展有限公司朱虹、石浦渔港古城旅游发展有限公司王静静获得三等奖。象山海蓝教育旅行社有限公司刘文珊获得最佳讲解奖，象山影视城开发有限公司奚俞获得最佳才学奖，象山黄金海岸国际旅行社有限公司赖章刚获得最佳才艺奖。象山影视城开发有限公司、象山海蓝教育旅行社有限公司获得最佳组织奖，石浦渔港古城旅游发展有限公司、象山黄金海岸国际旅行社有限公司获得优秀组织奖。

【召开象山县旅游饭店行业垃圾分类工作现场推广会】 8月29日，象山县旅游饭店行业垃圾分类工作现场推广会在象山港国际大酒店召开，县内24家酒店总经理及垃圾分类工作相关负责人50余人参加会议。会议邀请市垃圾分类管理中心宣传推广科科长范弈齐作《全员动员、全域覆盖、全面推进，让生活垃圾分类成为宁波新时尚》专题培训。与会人员现场参观学习象山港国际大酒店垃圾分类工作。

【举办象山县旅游行业消防应急演练暨消防技能大比武】 9月23日下午，象山县旅游发展中心与消防救援大队联合举办2019年象山县旅游行业消防应急演练暨消防技能大比武。活动以“防风险、保平安、迎大庆”为主题，设置灭火毯快速灭火、灭火器快速灭火和两人两带快速出水打靶3个项目。全县旅游行业10家旅游饭店和8家旅游景区18支参赛队伍共54名队员参加此次活动。

【举办全县旅游统计培训班】 10月23日，全县旅游统计培训班在象山海洋酒店举办。各镇乡(街道)和省3A级景区村全域旅游统计员、全县各景区、旅游饭店、旅行社统计人员以及县旅游发展中心各线统计人员共计110余人参加培训。培训内容为全域旅游产业测算和乡村旅游数据上报、浙江旅游统计系统基础指标、实操培训三个方面。

【举办旅游饭店金钥匙培训】 12月19日至20日，2019象山旅游饭店金钥匙培训在宁波建设工程学校举办。培训邀请中国金钥匙组织宁波地区秘书长、中国金钥匙组织宁波地区首席代表、国际金钥匙学院浙商分院院长等专家授课，通过“理论学习+考核”的方式，针对金钥匙操作实务、金钥匙案例撰写及提炼、金钥匙哲学和金钥匙职业修炼等内容进行培训。理论培训结束后学员需撰写一份金钥匙定制服务方案，方案包括任务解读、服务目标、服务产品、服务分工、服务流程与要求等内容，突出针对性、独特性、系统性、经济性及推广价值等。通过培训，使学员们理解金钥匙服务的深刻内涵，掌握高品质服务技能，为象山县储备一批优质服务精英人才，提升综合服务水平奠定良好基础。

(县旅游发展中心 李稼瑜)

影视文化产业

【概况】 2019年，在县委、县政府的领导下，象山影视城围绕国家AAAAA级旅游景区创建、国家影视拍摄标准化试点创建和浙江省级特色小镇创建，产业发展势头良好，营销渠道深化，宣传能级明显提高，商业业态丰富，剧组引进稳中向好，管理机制逐步完善，景区品质大幅提升。全年实现营业收入37.22亿元，同比增长48%；实现税收2.14亿元，同比增长46%；景区门票、商贸和影视拍摄等营业收入1.4亿元，同比增长17%；其中门票收入8710万元，同比增长26%；接待游客量首次突破100万人数，同比增长22%；引进1003家企业（工作室）落户，同比增长27%，历年引进影视企业（工作室）累计达2403家。接待《殿下攻略》《河神2》《斗罗大陆》《燕云台》等拍摄剧组150个。象山影视城入选“70年宁波70大时代地标”，入选宁波城市宣传片；列入中央统战部新的社会阶层人士统战工作实践创新基地，荣获浙江省重点文化产业园区、第三批浙江省成长型文化企业、浙江旅游总评榜之年度文旅融合示范景区、宁波市省级特色小镇“亩均效益”领跑者、宁波文化消费十大网红打卡地、市级拥军模范单位、宁波市科普旅游基地等二十项荣誉。获评2019年宁波品牌百强，为文旅类第一品牌，品牌价值达96.7亿元。

【各项经济指标跨越式增长】 影视产业区营业收入实现营业收入37.22亿元，同比增长48%；实现税收2.14亿元，同比增长46%；景区门票、商贸和影视拍摄等营业收入1.4亿元，同比增长17%；其中门票收入8710万元，同比增长26%；接待游客量首次突破100万人数，同比增长22%；引进1003家企业（工作室）落户，同比增长27%，历年引进影视企业（工作室）累计达2403家。接待《殿下攻略》《河神2》《斗罗大陆》《燕云台》等拍摄剧组150个。

【6次上中央电视台】 象山影视城影视旅游、景区管理、党建风采等内容六次上中央电视台，年内春节庙会火爆场面首次登上中央电视台《朝闻天下》栏目；8月9日央视《新闻直播间》连线象山影视城，报道象山影视城十大剧组停工，百名员工众志成城抗击台风“利奇马”；8月31日，象山影视城再登央视《中国财经报道》，全方位解读象山影视旅游借势《长安十二时辰》热播剧，成暑期旅游市场“黑马”；9月28日，象山影视城组织抗战老兵、退役军人、国企员工、演艺表演团队、象漂、剧组拍摄人员、星光志愿者等不同社会团体万人共唱“我和我的祖国”对新中国成立70周年献礼，两次镜头入选中央电视台《新闻联播》，霸屏时长18秒借势《长安十二时辰》《庆余年》《鹤唳华亭》热播，景区同步宣传打响知名度，先后在央视财经报道、解放日报、中国日报、中国旅游报、浙江日报等权威媒体报道50余次，央视财经、新浪娱乐、新华社等知名公众号专题报道60余次。制定抖音等新媒体宣传奖励政策，培养演职人员成为宣传队员，抖音个人粉丝量最高达20余万。一年来，宣传报道3266篇，单项阅读量最高破千万，旅游旺季周周有活动，天天有热点，象山影视城品牌知名度和影响力大大提升。

【象山影视城成为“影视宁波2020”核心示范区】 3月28日，宁波市委市政府发布“文化宁波2020”——“影视宁波2020”建设计划，打造全国有影响力的影视之城，计划中第一条是做强影视拍摄基地：丰富拍摄场景类型、提升拍摄接待能力、完善拍摄服务产业链，形成影视摄制工业化生产体系，打造全国一流影视拍摄示范区，到2020年，影视剧组驻地拍摄年接待能力达到400个以上。特别提出加快提升象山影视城能级：加快推进象山星光影视小镇的创建，全力创建国家AAAAA级旅游景区。推进浙江广电象山影视城基地三期项目建设，争取2020年年底前主体建筑结顶。完善宁波市象山影视城文化产业区管委会体制。优化象山影视城开发公司股权结构，组建象山影视城发展股份有限公司。推动象山影视城开发主体列入“凤凰计划”重点培育名单，力争通过3～5年实现公司在主板上市。加大对象山影视城产业发展的支持，推动重大影视产业项目建设和影视企业的发展。统筹象山影视城的产业发展、空间布局、土地利用等各类规划的指导和编制，市、县两级在要素资源配置上给予倾斜。

3月29日，宁波市人民政府专题会议纪要〔2019〕14号文件中明确，象山影视城建设专项经费3000万元，用于扶持影视企业和项目招引奖励、影视产业公共平台建设、影视产业项目建设资助和影视人才引进和培育。

宁波市对象山影视城的支持，为象山影视城打造中国影视基地新龙头、浙江特色小镇新样板和宁波文化产业新名片提供强有力的政策支持。

【象山影视城成为宁波文化产业金名片】 象山影视城入选“70年宁波70大时代地标”，也是象山唯一一个入选的地标，同时宁波城市宣传片发布，在和美宁波板块，象山影视城入选，成为宁波文化产业对外宣传的一张闪亮金名片。

【中国海影城三期项目动建】 中国海影城三期项目原定于2018年春节后开工动建，因项目设计调整未能如期开工，宁波影视文化产业区管委会20余次对接象山基地公司、4次到杭州浙江广电集团总部，解决塘渣协调、项目报批服务、供电供水基础设施服务、生活污水处理等问题，全力保障三期项目尽快开工。6月30日，中国海影城三期项目开工，三期项目是中国海影城项目的核心区块，计划打造一个以广播电视文化为核心，融合影视和海洋文化的主题乐园，包括儿童乐园、主题酒店等区块，占地面积约600亩，总投资约12亿元，2022年建成开园。

【影视大道正式对外开放】 影视大道作为象山影视城的“迎宾大道”，于2017年8月正式开工，总投资1.2亿元，由原先的双向两车道变为双向四车道，设有“人非共板”车道，作为自行车专用跑道，同时紧扣影视主题设置“两带两图”主题板块，融入电影元素，打造坐凳、小品雕塑、垃圾桶等特色装饰，提升象山影视城的景区品质，象山景区最美公路。

【《簪中录》剧组新场景搭建】　电视剧《簪中录》由新丽电视文化投资有限公司出品投资，总投资额为5亿元，2019年下半年投资过亿的古装剧项目不到10部，投资过5亿的仅《簪中录》一部，剧组工作人员为800人，预估在象山带动吃住行消费、群众演员、摄影棚租赁、车辆租赁、服化道具制作等配套消费为1个多亿。为引进大品牌、大项目，丰富影视拍摄场景，象山影视城多次对接新丽公司，因该剧组主要拍摄场景在象山影视城稀缺，象山对《簪中录》进行扶持，搭建剧中夔王府、黄府等场景，总投资1200万元以上，包括主场景两座王府及花园、连廊、府邸等建筑，这些场景的建设对唐城场景作了丰富和完善，剧组在拍摄完成后，场景完整移交象山影视城。

【热播剧呈现“象山现象”】　在“影视寒冬”大环境下，在象山取景拍摄的《长安十二时辰》《鹤唳华亭》获得新浪年度十大剧集之列，《庆余年》成为全网热度第一剧，《大明风华》首播霸屏，并获双网同时段收视第一。近年来，象山影视城以“围绕影视、回归影视”为发展思路，坚持从影视中来、到影视中去，做强做深做好影视资源，产出优秀影视剧作品，沉淀优质影视IP，以影视服务提质、影视基地提档、影视工业化提速为点，逆势产生热播剧“象山现象”。

【《象山影视城文化产业集团组建方案》出台】　宁波市发布“影视宁波2020”中强调：优化象山影视城开发公司股权结构，组建象山影视城发展股份有限公司。推动象山影视城开发主体列入“凤凰计划”重点培育名单，力争通过3~5年实现公司在主板上市。象山县将象山影视城改制工作写入政府工作报告，县委改革办、县国资局和宁波影视文化产业区管委会在10余次会议后，7月《象山影视城文化产业集团重组方案》出台，象山影视城改制工作跨出实质性的一步。

【旅游产品业态丰富】　丰富产品业态，为游客提供新产品、好产品，是景区提升游客参与度、体验度的根本任务。2019年借势热播剧，全国首创《长安十二诀》实景沉浸式影视秀，影视旅游模式得到新突破。推出《襄阳奇案》，探索网游旅游、线上线下相结合的新模式。编排推出《少林功夫》《好莱坞大戏法》《精武陈真》等影视情景剧，影视演艺明显丰富。推出影视换装游、微电影拍摄、360全景影院、电影主题鬼屋、“水上飞”等影视主题体验项目。整合景区美食，推出“最长安”影视主题美食节，获游客好评。引进青瓷馆与竹编店，开办景区自营文创店，与先进景区共同研发推出80余款文创产品，景区文创类产品丰富。

【象山影视城品牌价值达96.7亿元，成为宁波文旅第一品牌】　2019年权威品牌榜单“宁波品牌百强榜”正式发布，象山影视城品牌价值实现96.7亿元，位列旅游文化类品牌第一名，比2018年增长6亿元。象山影视城已发展成为全国唯一一个在同一区域内既可拍古装剧、玄幻剧、民国剧和现代剧，又可拍室内剧、数字剧和外景剧的多类型多场景多题材多空间影视基地，成为宁波文化产业的一张金名片。2018年是国内影视文化产业的阵痛转型期，象山影视城实现逆势上扬，接待游客量280万人次，引进《鹤唳华亭》《长安十二时辰》《大宋宫祠》等拍摄剧组162个，影视产业区经营性收入首次突破25亿元。同时，通过国家5A级景区省级资源评估初审，象山星光影视小镇被评为2017年度省级特色小镇创建对象优秀小镇，在人民网发布的《2017年中国主题乐园品牌影响力》中，象山影视城跻身前十强。年内，象山影视城借助影视效应，抓住节庆契机，举办第八届影视庙会、第七届踏青节及“电影的狂欢——好莱坞的味道”主题节庆活动，创新推出狮王争霸、小猪运动会、每周明星见面会、《象山影报》研学游、“好莱坞大戏法”等特色活动，客流量、门票收入屡创新高。年内五一小长假，象山影视城的“电影的狂欢”再造旅游新热度，共接待游客19.5万人次，同比增长95%，门票收入同比增长110%。“宁波品牌百强榜”是宁波市首个按照国际标准制定的权威品牌榜单，自2012年首次发布以来，每年发布均会引来社会各界的高度关注和强烈反响，有宁波品牌“奥斯卡”之称。

【象山影视城第六届泼水节6月29日盛大开泼】　6月29日至9月1日，影视城第六届泼水节邀你相约“美女无限”，尽情“嗨泼一夏”！7场“重温经典怀念青春”明星见面会，大家熟知的7位港台明星将亲临现场，经典老歌百听不厌！怀念青春！岁月如歌，TVB金曲带你重温青春岁月。

【象山影视城拍摄《长安十二时辰》】　唐城建于象山影视城原陆家庄区域，由《长安十二时辰》剧组自行设计与象山影视城合作总投资5000万元，占地71.22亩，由65幢唐代典型建筑组合而成，包括景教、万泉宅、霍寨、街道、古代坊墙等，气魄宏伟、庄重大方，再现“九重城阙”和“千乘万骑”的磅礴气势，集中展示唐朝强盛时期的社会风貌和时代精神。唐城的投用，完善象山影视城影视拍摄场景，丰富汉唐时期的题材选择，探索影视拍摄投资方式，加快推进影视产业多元化发展。近年来，象山影视城以影视拍摄为龙头，以影视文化旅游为抓手，引进影视产业项目、培育影视文化企业、打造影视发展平台，逐步形成场景制作、服装道具加工、吃住服务、购物消费等影视与旅游的产业链，历年累计接待与拍摄《王者天下》《芈月传》《琅琊榜》《三生三世十里桃花》等剧组1200余个。剧中场景几乎是还原几千年前长安的风貌气质，每一帧画面都自带电影质感。故事发生在唐天宝三年（744），上元节前夕，突厥狼卫渗入长安，大唐王朝成立靖安司，负责戡乱抓狼。靖安司坐拥王朝大数据中心，发明大案牍术，就是汇聚大唐的“最强大脑”，汇总一切机密信息进行分析。

剧情脑洞清奇，除大案牍术，靖安司在整个都城设置众多望楼，配备二进制信息沟通体系，实现封建年代的信息快速传递。

（宁波市影视文化产业区管委会）

渔港旅游开发

【概况】 2019年，年初以来，县石浦渔港旅游开发中心坚定石浦旅游消费放心地、宁波滨海休闲旅游打卡地、中国海洋渔文化休闲体验必选地打造要求，围绕“海”字做文章，围绕项目核心转，为石浦经济社会发展和对外品牌输出贡献力量。实现游客接待量534.2万人次、旅游综合收入62.5亿元，分别增长21.8%、20.9%；规模以上服务业企业商品销售额为3.46亿元，同比增幅32.9%；限额以上住宿餐饮营业额1.22亿万元，同比增幅15.5%；规模以上服务业企业增加值为7198万元，同比增幅50.9%；服务业固定资产投资累计完成14.2亿元，同比增幅19.3%；石浦渔港、檀头山岛双双入选浙江省百个避暑气候胜地，半边山旅游度假区成为网红景区。

【石浦檀头山岛项目合作开发框架协议完成签约】 4月17日，“檀头山·东亚动漫岛”合作开发框架协议签约仪式完成，标志着象山区域产业的跨越升级与创新发展迈出里程碑的一步。该项目由象山县人民政府与北京大地风景文化旅游发展集团有限公司、天津大通投资集团有限公司、西藏洪泰酷娱股权投资合伙企业四方联合签署。项目总投资概算200亿元（含60亿元产业直接投资），计划分成5期8年建成。项目全面运营后，2018年将创造1.5万个直接就业岗位，10亿元年均综合税收，190亿元动漫产业综合年产值和40亿元文旅消费年收入。该项目的开发是县响应国家“一带一路”倡议，全方位助力宁波国家海洋经济发展示范区建设及象山区域产业的跨越升级与创新发展，在中国乃至全世界动漫文娱产业的国际交流与合作中发挥重要的实践和示范作用。

【沙塘湾特色民宿村先行探索乡村旅游资源市场化运行】 7月17日，由县石浦渔港旅游开发管理委员会牵头县旅游集团、沙塘湾村集体等正式成立石浦沙塘湾民宿村共建理事会，并讨论通过引进专业化运营团队，拟组建由象山县渔乡风情小镇投资发展有限公司、沙塘湾村经济合作社作为发起人，县旅游集团为股东的混合股份制有限责任公司，打造“宁波民宿第一村”。近年来，沙塘湾村先后完成村庄内入口形象、隧道美化亮化、岸线拓展修复等基础工程，并引进6家精品民宿（其中省级金民宿1家），房间96间，床位154张，餐位130个，另有特色餐饮排档1家，特色民宿集聚村的雏形初显，规模初具，态势向好。市场化运行公司的组建，是县内民宿特色村打造的首次尝试，能够为石浦乃至全县全市今后乡村旅游运行积累经验、提供样本。

【“石浦渔港古城旅游目的地项目战略合作协议”签约】 9月11日，由县石浦渔港旅游开发中心牵头，象山县人民政府与桐乡乌镇古镇联盟景区建设管理咨询有限公司关于宁波象山石浦渔港古城旅游目的地（“东海不夜港”）项目战略合作协议的签约仪式在石浦半边山工人疗养院举行。中共宁波市委常委、宣传部部长万亚伟，宁波市文化广电旅游局局长张爱琴、象山县委书记叶剑鸣、桐乡乌镇古镇联盟景区建设管理咨询有限公司董事长陈向宏等出席签约仪式。象山县委副书记、县长黄焕利主持仪式。县旅游集团与乌镇方签署《项目一期总体规划委托设计合同》，标志着石浦渔港旅游的发展迈进新的阶段，也为下阶段签订正式合作开发协议打下坚实的基础。石浦渔港古城是国内保存完整、十分稀缺的明清古建筑群，是世界级古城遗产。以陈向宏为核心的乌镇团队，拥有打造古北水镇、桐乡乌镇等古镇经验的全产业链专业化顶级公司。石浦渔港旅游目的地项目计划总投资60亿元，对以石浦渔港古城为核心，包括石浦渔港、对面山岛、大小铜钱礁、沙塘湾村和东门岛在内的约10平方千米进行开发，拟打造以海洋渔文化为中心，兼具古镇和渔乡风情的“海上乌镇”。其中，一期项目规划设计用地面积约为310万平方米。

【动漫产业与文旅融合高峰论坛落幕】 9月15日，动漫产业与文旅融合高峰论坛在半边山皇冠假日酒店举办。该次论坛由北京大地文旅集团有限公司主办，县石浦渔港旅游开发中心作为牵头承办单位，为以后年度的“东亚动漫节”做预演。论坛邀请中日两国文化旅游、动漫业界的领导和专家参加，围绕东亚动漫产业国际合作，以及动漫如何促进文旅融合发展等问题进行讨论。未来，文化、旅游的融合度会越来越高，文化、旅游产品和服务将融合，而非简单拼凑。随着中国文化产业内容消费市场的迅速发展，动漫产业在其中的占比也是稳步上升，有着巨大的市场潜力。在资本、新媒体和消费人群的多重驱动下，动漫产业产值将持续快速增长。以动漫深化文旅内涵，对象山的旅游发展来说，是一次大胆的尝试。也希望能够借此机会为中国动漫产业的发展提供“象山方案”，贡献“象山力量”。

【县石浦旅游开发管理委员会更名】 12月18日，象山县委机构编制委员会办公室印发象编办〔2019〕36号文件《关于我县部分局级事业机构名称调整的通知》，象山县石浦渔港旅游开发管理委员会更名为象山县石浦渔港旅游开发中心。

【石浦特色精品民宿培育成效显著】 至2019年年底，石浦区域新增民宿43家，新增房间257间，床位371张，餐位435个。新增民宿质量较之以前有较大提升，其中沙塘湾村已有民宿6家，包括省金宿“沙塘静湾”“朝山暮海”“玖月初见”“海上牧心”等精品民宿，在建的有"朝山暮海"2期(省银宿级以上标准)等。三湾路"望海"精品民宿集聚区共有民宿8家,包括省金宿"饮海三湾"和建成营业的精品民宿"汐澜阁"等。在建的精品民宿有"一品海岸线"(省白金级标准)和"饮海三湾"二期(正着手建房审批)等。昌国南门半边山安置区以省银宿"半山半海"为标杆形成新的民宿集聚区,初具规模。

【石浦商贸配套设施持续完善】 2019年,石浦新建两座大型商业综合体。其中申菱商业广场现建成营业,该广场引进大型超市、特色餐饮、电影院、麦当劳、量贩式KTV等业态,是石浦镇第一个真正意义上的商业综合体。戴维钻石商业广场计划引进精品酒店、特色餐饮、娱乐健身、精品百货等业态,打造集购物、休闲、娱乐为一体的一站式商业广场。该商业广场正在对外招租。

(县石浦渔港旅游开发中心　张民奎)

乡村旅游

【乡村旅游发展概况】 2019年,全县乡村旅游接待游客795万人次,营业收入9.21亿元,分别同比增长25.59%和36.24%。茅洋乡获评浙江省级旅游风情小镇和浙江省级乡村旅游产业集聚区,黄避岙乡获评宁波市乡村全域旅游示范区。新增浙江省AAA级景区村9个、AA级景区村8个、A级景区村29个,新增白金宿级民宿1家、金宿级民宿1家、银宿级民宿8家。截至2019年年底,全县共有民宿(农家乐)865家,其中精品民宿80家,床位数达到1.8万余张。2019年全县民宿经济收入3.95亿元,其中实现客房收入1.65亿元,餐饮收入8250.2万元,带动农产品销售等收入1.49亿元。

【象山县民宿经济促进会成立】 5月10日下午,象山县民宿经济促进会成立。象山县委副书记孙小雄,宁波市文化广电旅游局副局长周明力,象山县委常委、常务副县长陈兴立,象山县人大常委会副主任陈柳松,象山县政协副主席周平飞出席成立大会。大会审议并通过《象山县民宿经济促进会章程(草案)》《象山县民宿经济促进会选举办法(草案)》《象山县民宿经济促进会会费标准及管理办法(草案)》,选举并产生象山县民宿经济促进会第一届理事、监事、会长、副会长、秘书长、监事长,朝山暮海业主聂文华当选象山县民宿经济促进会第一届会长。

【开展乡村旅游培训】 3月20—22日,组织召开精品民宿业务能力培训会,全县民宿(农家乐)业主100余人参加,培训根据实际需求,以专家讲座、现场参观、技能实操等多种形式,对全县民宿业主开展集中培训,旨在提升民宿业主理论知识和实操技能;6月24—25日,组织开展精品民宿创建辅导培训,邀请浙江省旅游民宿产业联合会张建融教授、宁波市民宿促进会秘书长朱建国等进行现场授课和业务点评,象山县公安局、象山县市场监督管理局、象山县卫生监督所等开展业务指导,全县30余名民宿主人参加培训;12月17日,组织召开景区村庄创建工作培训会,邀请浙江大学宁波理工学院工商管理系系主任李华敏博士对全县镇乡分管旅游工作同志及AAA级景区村书记进行培训,18个镇乡(街道)及AAA级景区村书记共80余人参加培训。

【举办新乡村音乐创作体验夏季营活动】 7月4—7日,来自北京现代音乐学院、西安音乐学院和浙江音乐学院的23位新乡村音乐创作体验夏季营成员象山石浦沙塘湾、渔港古城等地采风,体验渔民号子演唱,挖掘渔区文化。活动旨在通过招募音乐人才到乡村采风、创作、演出的形式聚焦乡村文化,从而拉动周边旅游、民宿等产业业态发展。

(县旅游发展中心　李稼瑜)

重点项目建设

【石浦一冷·文化创意园】 项目位于石浦镇,原为石浦港内最大的鱼鲜冷冻加工企业(1000吨水产冷库),是石浦渔业生产加工的重要遗存和地标性建筑。现对原工业遗存进行改造、提升、创新,改造为一冷·渔文化创意园,总用地面积14亩,总建筑面积约1.32万平方米,总投资2.11亿元,建设内容包括中国海洋渔文化展示馆、文创体验中心、主题餐厅、休闲集市、特色民宿、渔文化广场等。2019年完成投资额6500万元,2月,布展项目完成内部空间结构改造;3月,新建项目进场施工;12月,新建项目完成工程量的85%,布展项目完成工程量的90%。

【花岙岛蓝色海湾整治与修复工程】 项目位于高塘岛乡花岙岛,是国家"蓝色海湾整治行动"工程之一,总投资1.76亿元,建设内容包括沙滩及岸线整治与修复、天作塘保护与修复、环岛生态绿道建设、环岛主干道提升改造、无害化垃圾处理站建设、海域生态环境调查等。2019年,完成投资额6900万元。10月,无害化垃圾处理站项目完工;11月,香桩码头岸线修复项目完工;12月,天作塘项目完成工程量的87%、自动观测站项目完成工程量的67%、沙滩修复项目完成工程量的15%、海洋实验室完成工程量的10%、生态绿道完成工程量的5%。

【茅洋国际乡野俱乐部项目】 项目位于茅洋乡茅洋村,原为茅洋民俗文化村,总投资额2.5亿元,用地面积约116亩,建设国学苑、收藏家精品民宿等,打造文化体验、乡村休闲、主体度假等为一体的旅游度假地。2019年,完成投资额8176万元。7月,与上海途域旅游咨询有限公司和河北杰明投资有限公司签订三方合作协议;8月,成立象山县耕云桂谷置业有限公司;11月,完成项目立项备案和总体规划方案评审工作;12月,完成办公楼改造工程量的30%，旧房拆除工程量的80%。

【象山橡树缘·海上牧心民宿项目】 项目位于石浦镇沙塘湾村，总投资2000万元，建设内容包括8栋滨海休闲度假型高端民宿等。2019年，完成投资额600万元。2月，一期民宿试营业；4月，二期项目开工；8月，完成旧房结构改造；12月，完成内装工程量的50%。

【观光游览船项目】 项目总投资3050万元，将打造1艘196客位、2艘98客位观光游览船。2019年，完成投资额1200万元。3月，与江龙船艇科技股份有限公司签订合同；5月，完成新增船舶营运审批办理；8月，完成船舶设计图纸审批并开工；12月，完成船体分段建造工作。

【北黄金海岸数字康养酒店项目】 项目位于黄避岙乡外高泥村，原为北黄金海岸度假村，总投资额2亿元，规划用地约64.5亩。计划以健康度假为主题，以数字生命舱为特色，打造省内标杆、国内一流、全球知名的数字康养综合体。2019年7月，与宁波华医健康产业发展有限公司签订合同；8月，完成合资公司注册；12月，完成规划设计方案第二轮深化工作。

规划招商

【石浦渔港古城旅游目的地项目】 项目一期以渔港古城为核心，涵盖大小铜钱礁、沙塘湾村、东门岛等，面积约10平方千米，计划总投资60亿元，将石浦渔港古城打造成东海之滨的不夜港、文化产业的金名片、全域旅游的新引擎。2019年9月，与桐乡乌镇古镇联盟景区建设管理有限公司签订《宁波象山石浦渔港古城旅游目的地项目一期总规服务合同》。

【大沙爱琴丽旎度假酒店项目】 项目位于鹤浦镇大沙村，总投资1亿元，用地面积约15亩，计划打造一个集文化养生、乡村旅游、特色餐饮、商务会议、研学于一体的高端生态休闲度假酒店。7月，与河北杰明投资有限公司签订合作框架协议；12月，继续开展项目概念性策划方案深化等工作。

投融资改革

【概况】 2019年，针对日益趋严的资管新形势及企业投资发展需要，修订完善《县旅游集团投融资改革转型方案》，并提交县政府审核通过。坚持以大宗资产和滩涂资源为突破口，做好扩大资产规模的文章。根据县委县政府统筹安排，针对县文体中心、体育馆、象山剧院等资产权证不齐、资料缺失、批建手续不到位等现状，主动加强与权属单位的对接，完成前期规划测绘和相关资料补缺，转户转性工作稳步推进。抓好北黄金海岸度假村相关资产收购工作，会同商务局、黄避岙乡等单位，着手开展股权划转收购、人员解聘等相关工作。寻找转型咨询服务团队，先后与中泰、浙商、平安等券商团队对接谋划，以包装AA资信评定为切入点，将“双集团”组建、优质资产评估增值、现金流包装等一揽子改革事宜整体谋划落实。拓展融资渠道，做好资金保障工作，2019年共完成融资20.7亿元。

景区旅游

【石浦渔港古城第六届新春庙会】 2019年2月5日至20日，石浦渔港古城第六届新春庙会举办，民俗表演+美食是本届庙会的主题，鱼糍面的传说、音乐剧辣螺姑娘传奇、歌曲《我在老街等你》、摇滚快板象山海鲜十六碗等精彩节目相继上演。除民俗展演，还有舞狮表演、新春快闪、祈福撞钟、年味市集、特色小吃、“金猪送福”大抽奖等活动。

【石浦渔港旅游14周年庆】 2019年5月1日至31日，石浦渔港旅游14周年庆举办，推出“文明旅游与我同行”签名、“非遗不遗憾”象山“非遗”文化传承演艺、渔港古城街景秀、“一起炫手艺”研学手工DIY、怀旧电影老街放映厅、石浦特色民俗风情系列展演、檀头山岛徒步旅游日等活动，将石浦渔港古城景区、檀头山岛和渔光曲环港游串联，为游客量身定制一场丰盛的渔文化旅游盛宴。

【第五届檀头山岛湿身节】 2019年7月至8月，第五届檀头山岛湿身节举办，推出“海岛总动员、海岛夏夜嘉年华、海岛热辣风Party”三大主题，开展美酒嘉年华、亲子挑战赛、篝火晚会、露天电影、团建拓展、乐队表演等活动。

【第六届石浦渔港旅游“渔民国庆节”】 2019年10月1日至7日，第六届石浦渔港旅游“渔民国庆节”举办，活动以“喜迎国庆·渔乐古城守艺中华70年”为主题，推出渔俗渔家婚俗、渔谜猜渔谜、渔趣石浦民俗特色街景秀、渔味老街古早味、我为祖国点个赞、双节“艇”欢乐、“国庆”免免免优惠等活动，让游客尽享“游古城、看民俗、猜渔谜、乘游艇、尝海鲜”的乐趣。

（县旅游集团　金煜）

信息化和信息产业

电子信息制造业

【概况】 2019年，象山县推进信息网络基础建设，移动、电信、联通共部署5G基站180余个，覆盖城区主要商业广场、医院、部分景区人流密集处。聚焦数字产业化和产业数字化，强化企业培育和项目推进，通过推动物联网、大数据、云计算在制造业的深度应用，推进象山经济变革、效率变革和动力变革，以信息化培育新动能，发展软件产业，全年实现软件及信息技术服务产值11.37亿，同比增长65%。30家规上企业累计实现工业总产值56.95亿元，同比增长4.39%，其中累计实现新产品产值40.44亿元，同比增长7.05%；利税总额2.54亿元，同比增长15.34%，利润总额0.97亿元，同比增长51.29%。

【3家企业入列省“企业上云”标杆】 1月10日，省经济和信息化厅公布浙江省第二批上云标杆企业的名单，象山县华翔集团、合力模具、浙江云朵3家企业入选。华翔集团近几年每年投入3000万元进行信息化建设，通过SAP技术实现从采购到生产条码化管理，生产环节员工工作效率提高40%以上。合力模具引进超融合云桌面系统，集中所有桌面到数据中心，管理人员使用云桌面，统一授权，整体管理效率提升60%。浙江云朵构建基于云计算、为客户提供精准数据服务的核心框架，曾为欧琳集团有限公司提供大数据解决方案，为企业节省约30%的开发成本。据悉，自“企业上云”工作开展两年来，象山县有1800余家企业实现上云，提升企业管理效率，并产生实际应用价值。2018年1—11月，上述3家企业总产值同比增长17.2%。对于入列省标杆企业的，将给予每家20万元的补助。

【象山县启动5G移动网络建设】 3月27日上午，象山县政府与中国移动宁波分公司举行加快数字经济战略合作签约暨5G移动网络建设启动仪式。县委副书记、县长黄焕利，宁波移动党委书记、总经理姚志坚在仪式上按下启动球。副县长石坚定主持仪式。象山县将以此次签约为契机，加强交流沟通，保障服务，推动双方合作早日开花结果。

【象山县拨出首个5G电话】 5月10日下午3时，在城区移动公司大楼里，技术人员在5G网络环境下拨出象山县首个5G电话，并进行5G高清视频通话。相比4G网络，5G具有超高速率、超低时延、超大连接三大特性，5G网络下的语音通话更清晰、视频更流畅。对市民来说，5G将会带来超高清视频、云游戏等全新体验，象山县智慧城市、智慧教育、智慧工厂都有望在5G环境中得以快速发展。

【象山县实施数字经济“一号工程”】 5月15日，2019年全省100项数字化重大项目实施计划发布。象山县的国家云制造示范基地入选数字经济平台项目。据悉，国家云制造示范基地位于宁波航天智慧科技城，由宁波市与中国航天科工集团合作共建。该示范基地总投资117.4亿元，计划建设复杂智能化国家重点实验室机构、知识产品产权转化平台、动力电池循环应用商业化项目等，其中2019年计划投资10亿元，航天云网等部分子项目开工建设。

【县经信局召开数字经济发展三年行动计划意见征求座谈会】 6月10日上午，县经信局召开数字经济发展三年行动计划意见座谈会，副局长屠方宏主持会议，县委宣传部、县教育局、三大运营商等相关负责人20余人参加会议。座谈交流中，与会代表结合各自工作实际，以问题为导向，针对当前在目标指数、产业特色、5G的应用和推广等方面依然存在的不足进行讨论，提出20多条宝贵意见和有针对性建议。

【县经信局召开网络报装会议】 8月2日，为纵深推进“最多跑一次”改革，优化营商环境，县经信局召集三大运营商网络部负责人召开网络报装会议。会议明确运营商审查、联合审查、审批决定的工作日时间。对于个人用户，营业厅核查办理人员与身份证是否一致；对于企业及其他组织，则需准备市场监管局的营业执照(社会信用统一代码证)、公章及委托证书资料齐全后，运营商营业厅服务人员将相关信息录入系统，申请人无须再进行填写申报材料。

【全省首辆5G无人驾驶观光车落户半边山】 10月8日，在半边山景区尼斯大道上，不少游客“尝鲜”5G无人驾驶观光车。这辆5G无人驾驶观光车有着熊猫造型，时速约10千米，可以乘坐8人。基于蜂窝车联网技术，车载独立感知和5G网络通信感知相结合，车辆具备循迹导航、自动避障、舒适停车等功能，行驶过程中十分安静，且零污染、零排放。据介绍，这是全省首辆利用5G技术实现无人驾驶的观光电动车，由柳州五菱汽车工业有限公司提供，基于5G技术的无人驾驶系统由宁波半边山投资有限公司、中国电信宁波分公司和华为公司共同打造。该项目是宁波市智慧景区建设的重要成果，是国内5G+智慧景区建设的领先尝试，也是5G技术在景区交通商用方向的大胆尝试。

【年投入1000万元厚植“智慧大树”】 10月28日，象山县出台《象山县数字经济产业发展专项资金管理暂行办法》，明确从2019年起县政府每年安排1000万元设立数字经济产业发展专项资金，用于支持软件及信息服务业、数字经济核心产业的发展，并用于鼓励企业上云购买产品、工业企业实施“电商换市”以及政府引导的非工业企业信息化改造提升，以厚植数字经济这一“智慧大树”，推动其相关产业的快速发展。

【云朵网发布4.0战略】 10月30日，浙江云朵网科技股份有限公司在杭州发布4.0战略，并宣布成立云朵数字经济学院。据介绍，云朵网运营三年来，开展约100座城市的企业样本模型测试，倾力打造一个构建企业公共服务数据链体系。这次发布4.0战略并成立云朵数字经济学院，将重点推进产学研项目合作与交流、供应链培育与服务、融媒体传播与运营，尤其是针对县域数字经济公共服务领域，开展学术交流、教育培训、展会论坛等活动，为云朵网构建数据全链接社会提供智力支持。

【世界无人机锦标赛在象山举行】 从11月4日召开的2019世界无人机锦标赛新闻发布会上了解到，该大赛将于2019年12月11日至14日在象山县半边山景区举行。该赛事分为资格赛、淘汰赛、决赛3个阶段，将进行现场直播，届时观众可在线上实时关注比赛。赛事组委会收到27个国家组队报名，选手超百人。据悉，该次比赛是由国际航空运动联合会（FAI）官方认证的最权威、最专业、最高级别的无人机竞速赛事。发布会上还进行2019世界无人机锦标赛合作伙伴签约仪式。

【中国移动5G在象山商用】 11月7日，中国移动宣布启动5G正式商用服务，并发布相应套餐。中国移动象山分公司同步开启5G正式商用。中国移动象山分公司率先完成丹城城区主要地段的5G信号覆盖，包含风情街、涌金广场、天安壹街区、博浪海港城等热门商圈。到2019年年底，2018年完成丹城主城区全覆盖；到2020年上半年，2018年完成对大目湾、石浦、西周、爵溪等地以及各主要景区、高速沿线的5G网络覆盖。

【象山县获得市级工业物联网试点项目补助资金80万元】 11月4日，市经信局、市财政局联合发文下达工业物联网奖励资金，锦浪新能源和盛洋电子分别获得奖励资金46万元、34万元。锦浪新能源发电智能物联网试点应用项目总投入230.7万元，旨在提高新能源产业的高效化、智能化利用，2019年新增营业收入1亿元，新增利润1500万元；智慧渔港安全监控管理系统总投入200万元，旨在实现进出渔港船监控实效全天候，监控范围全覆盖，2019年新增营业收入2500万元，新增利润500万元。

【象山县2家企业入列省企业上云标杆】 11月22日，省经济和信息化厅公布浙江省第三批上云标杆企业的名单，锦浪、威霖2家企业入选。锦浪近三年信息化投入共计1000万元，建设企业园区全园覆盖WiFi，搭建光伏云站云数据中心，实现云端整体平台建设，云数据中心投入使用后，可以新增年销售收入1亿元，同比增长10%，年创利税800万元，提高生产效率20%，员工配置减少20人。威霖从2018年起先后投入2000万建立智能云工厂，实现智能排查和产品追溯，能够保证客户订单的生产品质和交期。该工厂上线后，可以新增年销售收入6500万元，同比增长8%，年创利税750万元，年节约人工成本500万元，提高生产效率60%。

【县经信局召开5G通信基础设施共建共享专题工作会议】 12月10日，县经信局召开5G通信基础设施共建共享工作会议，会议召集三大运营商、宁波智研院等单位参加。三家运营商共部署5G基站180余个，覆盖城区主要商业广场、医院、部分人流密集处景区。象山县落地5G项目有2个，半边山景区的5G无人驾驶、影视城5G直播项目，均取得良好的社会评价。三家运营与200余家企业、单位签订5G战略合作协议，其中亚帆中心5G项目、县人民医院5G智慧医疗、技工学校的5G智慧教育、影视城5G片源直传、神州5G智慧工厂、戴维医疗5G育婴箱应用等项目正在洽谈中。

【第11届中韩先进制造技术研讨会暨机械科学研究总院南方中心揭牌仪式举行】 11月14日，第11届中韩先进制造技术研讨会暨机械科学研究总院南方中心揭牌仪式在象山县举行。机械科学研究总院集团副总经理单忠德，韩国生产技术研究院副院长李尚穆，副市长陈炳荣，县领导叶剑鸣、黄焕利、金红旗、俞骏、石坚定及机械科学研究总院南方中心执行主任龙伟民等，出席揭牌仪式或参加相关活动。市政府副秘书长胡望荣主持。

【2019世界无人机锦标赛象山开幕】 12月12日上午，2019世界无人机锦标赛开幕式在象山县半边山景区举行。国家体育总局航空无线电模型运动管理中心主任贾冰宣布开幕。国际航空运动联合会主席罗伯特·亨德森，国家体育总局航空无线电模型运动管理中心党委书记任洪国，浙江省体育局副局长张亚东，宁波市体育局局长张霓，以及县领导包朝阳、罗来兴、奚海峰等出席开幕式。

（县经信局　练黎）

电子政务

【概况】 中心于2019年7月26日组建成立,核定编制12名,班子为1正2副1总工,有综合科、数据资源科、基础设施和安全科、应用推进科四个科室。主要负责公共数据资源管理、政府数字化转型相关项目审核管理、数字基础设施建设和管理、网络数据安全管理及防护等工作、支撑"最多跑一次"改革的相关信息系统建设、互联网+政务服务、政府数字化转型应用体系建设、政府网站建设管理等工作。

【组建大数据中心】 7月,完成县大数据发展中心组建工作,聘请3位象山籍乡贤中国工程院院士陈纯、上海前滩研究院院长何万篷、上海市大数据中心副书记邵军担任象山大数据发展高级顾问,建立象山县政府数字化转型工作专班,召开象山县大数据工作会议,并邀请省大数据局金加和主任授课。

【电子政务工作】 开展"互联网+政务服务"攻坚月活动,推广应用"浙政钉",先后开发"殡葬事网上办理""民宿批前材料网上流转""建设工程设计方案网上联审"等办事系统。开展政务外网终端安全防护工作。推进专网整合和政府网站集约化建设。象山县校园安全生产平台入选宁波市大数据局年度创新案例。

【普查和调研】 开展全县政府数字化转型现状普查。先后组织全体机关干部赴长兴、宁海、鄞州、兰溪、永康、昆山、杭州、上海市8地学习考查大数据建设先进经验。先后赴数梦工场、航空五院等知名大数据企业调研。拟定《象山县政府信息化建设项目管理试行办法》《高水平推进县域治理现代化加快象山政府数字化转型三年行动计划(2020—2022)》,提交县政府审阅。拟定监管部门自建信息化项目"一个凡是六个统一"内部要求:凡是财政性支出的所有信息化项目(包括新建、采购、运维和改造)均由县大数据发展中心牵头安排,统一端口、统一标准、统一产权、统一命名、统一硬件、统一评审。

【项目创建】 智慧渔港、智慧菜场、智慧教育项目入选省大数据局2020年特色应用创建项目。智慧安监入选省应急厅创新试点。初步敲定浙江数据库象山数据"回家"对接。象山县数字港项目列入宁波市县市(区)共享平台建设试点,与市平台同步设计、同步建设。宁波市大数据发展管理局同意象山所有机房迁入宁波政务云。

(象山县大数据发展中心　何增凯)

电　信

【概况】 中国电信象山分公司成立于1998年9月1日,截至2019年年底,全局拥有支局11家,30家自办营业厅,电信用户约13万户。2019年,象山分公司贯彻习近平新时代中国特色社会主义思想和"不忘初心、牢记使命"主题教育,坚持以党建工作为统领,以"两学一做"为重点,扎实推进企业党建"三个高质量"的建设,攻坚克难的良好精神风貌。坚持以人为本,构建和谐企业,坚持增量发展和存量经营两手抓,开展有组织的常态化营销活动。

2019年,中国电信象山分公司相应县政府号召,做好基础网建工作和光网提升工作,保障光纤网络、移动和固化通信顺畅,并投身美丽乡村建设工作,在瞬息万变的大数据时代为县域经济健康发展、社会和谐稳定贡献力量。

【综合业绩】 截至2019年12月,收入累计完成率100%,业务稳步发展。超标准完成上级公司下达的FTTH光衰达标率和OLT弱机型退网年度目标,高标准完成移动网提升工作,提升用户感知。落实上级公司的应急通信工作指示,组织防灾抗灾工作,同时做好重大社会活动、突发事件现场的通信应急保障。2019年,中国电信象山分公司全面推进主题教育工作的开展,坚持不懈开展党风廉政建设,筑牢廉政防线。成立专班推动业务发展,发挥管理层人员发挥领头羊的作用。通过专班牵头,2019年智慧乡镇项目签约率100%,专班收入完成率144%。依托智慧教育建设,单次拓展百余户手机团购。2019年象山电信开拓云米新模式,将橙分期与云米智慧家居产品结合起来,聚焦存量保有和拉新发展,提升代理商和五级包区业务性,开拓新的业务发展模式。

【象山三门湾大桥连接线移动信号全线覆盖】 接中国电信宁波分公司通知要求,在2019年1月11日高速开通前,移动信号必须全线覆盖。本段高速共需开通5个隧道、2处大桥龙门架,计7个站点。沿线覆盖总长约54千米。无线网优调测人员采用白天现场、晚上加班的工作模式,争分夺秒加快工程进度。1月8日所有设备分两组发货到站,至9日安装完成C网BBU 4套,RRU 13套,L网BBU 6套,RRU 22套。开通10套传输链路,10套BBU。10日,二十几名工程人员对35套RRU进行对光调测开通。至11日凌晨1点,整条连接线设备全部调测开通。

【光纤通海岛,互联网+进渔村】 随着通信技术发展,原铜钱礁岛上敷设的FTTN接入模式的150对海底铜缆不能满足用户需求。中国电信象山分公司决定敷设海底光缆,为岛民开通光纤宽带及网络电视。1月7日9点30分,召开"铜钱礁跨海光缆方案"审核会,会议针对此次跨海光缆的敷设做出详细的说明。会议结束后,相关人员迅速赶赴现场,组织并指导施工的各项准备工作。17时,经过多方紧密协作,石浦延昌局-铜钱礁96芯跨海主干光缆的敷设工程完工,标志着铜钱礁岛全面进入光网络时代。

【春节节前慰问退休老领导和困难员工】 1月23日,中国电信象山分公司领导分批带领部门相关人员上门看望慰问退休老领导。1月24日,工会主席董海阳专程前往宁波解放军113医院,代表分公司党委、行政和工会看望慰问患病昏迷的困难员工（困难党员）竺晓伟，并送去企业温暖和困难慰问金。

【召开2018年度五级承包表彰暨年前重点工作再落实大会】 2019年1月28日，象山电信召开2018年五级承包表彰大会，暨年前单转融、达量等重点工作冲刺工作再次布置落实，进行优秀合作伙伴、优秀个人、片区支撑及业务支撑颁奖仪式，激发广大划小承包体和运营支撑人员的工作性。

【县委四套班子节前慰问电信员工】 1月30日下午1点30分，象山县委书记叶剑鸣携四套班子一行到象山电信进行节前慰问。象山电信副总经理（主持工作）徐忠波及班子成员陪同叶书记一行分别到机房、营业厅看望值班人员并送去节日问候。在数据机房中叶书记询问工作人员象山主干网络、宽带业务发展情况，并与副总经理（主持工作）徐忠波就下一步象山电信如何为"乡村振兴战略""三农""网络+政府惠民"等方面与政府合作进行交流，接着在象山电信中心营业厅考察电信智能组网演示台、IPTV、翼支付等。

【召开"春雷动行"工作部署会】 3月4日上午，象山分公司党委在八楼会议室召开党员攻坚队"春雷动行"工作部署会，吹响"三开"号角，学习借鉴兄弟公司优秀经验，动员全体党团员决战"三开"旺季。专业线相关人员对该次"春雷动行"具体活动内容进行解读，号召青年争做冲在前、干到底、抢得快的发展先锋。最后，党委副书记徐忠波对7个党支部、1个共青团进行攻坚队授旗仪式。

【举办庆"三八"妇女节　做魅力女人座谈会主题活动】 为纪念第109个"三八"国际妇女节，3月8日上午工会派送节日小礼物，致以节日的问候。下午1:30，象山分公司女员工欢聚一堂，在电信大楼8楼会议室举办庆"三八"妇女节，做魅力女人座谈会活动。会上工会妇职委肯定广大女员工在公司经营发展中所做的重要贡献。知识竞赛抢答、小游戏等活动，把整个座谈会推向高潮。

【公司领导班子调整】 3月20日下午，中国电信象山分公司召开中层管理人员大会，会议宣布市公司党委对象山分公司领导班子调整的决定：李锦任中国电信象山分公司党委副书记、副总经理（主持工作）。

【象山分公司2019年年度工作会议】 4月2日下午，象山分公司召开2019年度工作会议。分公司领导班子、班组长以上成员、管理站管理层等参会。会议总结2018年工作，部署2019年的工作任务，重点对"三开"营销进行再强调和布置，为全面完成2019年工作目标打响第一炮。

【象山分公司羽毛球水平挺进市公司八强行列】 4月13日，由宁波电信工会举办、慈溪电信工会承办的第二届"最美翼家人"羽毛球比赛在慈溪体育馆举行，分公司工会组队参加女单、男双、混双3个单项比赛，分别荣获女单第八名、男双第八名、混双第八名，标志着象山分公司羽毛球水平挺进宁波市公司八强行列。

【"青春心向党，建功新时代"——电信青年在行动】 为纪念五四运动100周年，象山分公司团委特别组织团员青年开展"庆五四、展风貌、新青年、在行动"大型志愿营销活动。电信青年们分工合作，通过多种方式进行营销，3天后，象山青年超额完成既定目标。

【开展实景党课教育活动札记】 6月28日，象山分公司党委组织40余名党员赴革命红色教育基地——余姚梁弄横坎头村、王阳明故居开展实景党课教育活动。

【组织智慧家庭、安全生产培训并进行装维年中会议表彰】 7月26日中午，象山分公司八楼会议室开展智慧家庭及安全生产的培训，并对2019年上半年的装维工作进行总结和经验交流，强调服务质量与营销的关系。最后分公司领导对此次评选出来的10名营销先进社区经理，及优秀装维支撑进行表彰。

【象山电信协助应急演练】 7月25日下午，由象山县应急管理局主办的"2019年全县综合应急演练及视联观

摩”活动落下帷幕，象山电信作为协办单位中唯一的电信运营商提供全程的技术支撑。象山电信融合通信平台、高位监控、天翼对讲、单兵记录仪、应急广播系统、无人机、会议系统进行展示，助力演练进行。应急演练活动完成后，象山应急管理局即与象山电信签订“象山应急指挥融合通信平台”的建设协议、“象山应急指挥高位监控”技术服务合同。

【徒步解决龙王山海监渔政网络故障】 8月1日是象山禁渔的解禁日，大批的渔船的出港，离不开雷达监管。客户网络支撑中心王海峰接到海监渔政网络报障后，通过对鹤浦机房发出的线路进行OTDR检测判断线路正常，最后定论为用户端故障，而用户端位置是在鹤浦南田岛龙王山顶的电信基站里，山高路陡，车辆只能行进至山脚。象山电信工作人员毅然决定徒步带设备攀登龙王山，最终解决问题。

【副总经理李锦高温下慰问一线员工】 8月2日上午，高温37摄氏度，象山电信副总经理(主持工作)李锦一行分别到丹东支局、乡镇管理站等，为奋战在高温下的一线员工送去清凉和慰问，并将高温慰问品送到员工手中。

【保障全县防汛抗台会议】 2019年08月08日16时台风警报：2019年9号台风“利奇马”(超强台风级，23.7°N、125.4°E，16级，925百帕)。在台风“利奇马”来临之前，象山县在应急管理局三防办会议室组织全县防汛抗台会议，通过中国电信的视联网系统完成18个乡镇的防汛抗台布置会议，做好视联网系统的硬件、线路和系统等各方面保障。

【强强联合，开通海岛市电】 2019年8月21日，象山檀头山岛由于电力线路难以到达，岛上长期由发动机供电。2019年以来，象山供电局投入采用电缆海底敷设方式，终于把公用电网架到岛上。可是供电电表采用智能方式计电，而此种电表需要移动信号支持，三家运营商在该地区都只有一个基站覆盖，覆盖区域有限，对供电局在各村的送电造成阻碍。象山电信通过与供电局签订合作协议，分享智能卡业务，投入资金解决供电局的信号覆盖问题，支持采用智能方式计电的供电电表所需的移动信号。象山电信通过勘察、设计，先在大王宫村和前排厂村开通2个射频拉远基站。该岛屿的供电智能卡全部采用电信卡。

【党委理论学习中心组开展红色教育活动】 9月23日，象山分公司党委理论学习中心组开展“不忘初心、牢记使命”主题教育，会上党委副书记李锦着重宣讲主题教育的专题学习内容，分公司领导班子及中层管理人员参加该次红色教育实践活动。通过此次红色教育学习，领导班子将带头以自我革命的精神检视自我；带头自觉接受监督，落实“一岗双责”，加强对分管领域的监督管理；带头推进主题教育整改落实。

【海岛环杆线整治】 2019年9月底，象山电信联合长途传输局象山分局、代维中通建三局对象山海岛环杆线进行为期3天的专项巡检。由于地理位置原因，多处杆线位于海岛沿线，风雨侵蚀，该次巡检发现石浦对面山、东门妈祖庙、新桥崇站渡等海岛区域电杆拉线、钢绞线存在安全隐患，对面山、东门妈祖庙段多处因鼠咬、火烧致使东门—石浦、延昌—鹤浦中继光缆接头多，光缆损耗大。巡检情况汇报会议上决定，由代维公司中通建三局负责此次杆线整治，整治方案报长途传输局审核，后报经象山电信决定分批实施此次杆线整治项目。2019年10月代维公司完成对面山、东门妈祖庙段钢绞线更换、除锈、光缆更换敷设工作，择期进行光缆割接。

【全省首个5G无人驾驶观光车半边山景区试行】 “十一”黄金周期间，省首个5G智能无人驾驶观光车在宁波象山半边山旅游度假区投入试运行。此应用试点项目由宁波半边山投资有限公司和中国电信宁波分公司、中国电信象山分公司及华为共同打造，5G无人驾驶观光车选用纯电动汽车，为柳州五菱汽车工业有限公司提供。该项目是宁波智慧景区建设的一个重要成果，也是国内5G+智慧景区建设的领先尝试，为后续智慧景区整体项目的推进奠定扎实的基础。此次5G无人智能驾驶观光车是基于蜂窝车联网技术的部分预商用功能的体现。车辆在半边山景区海边的尼斯大道运行过程中，利用车载独立感知和5G网络通信感知相结合的方式，具备循迹导航、自动避障、舒适停车等功能，行驶过程中安静无污染，做到“零污染、零排放”。行驶途中，还有现场安全员、后向保险及技术与网络上等多重安全保障措施，确保运行的安全可靠。无人观光车每次可载8人，在新科技和新能源的结合下，为象山半边山旅游度假区的游客免费提供观光赏景便捷的交通服务，为现代交通增添新的体验。下一步，随着5G建设的推进，度假区无人驾驶观光车交通服务的范围将扩大，也为5G在交通领域的商用提供经验。

【游烈士故居　寻红色记忆】 10月11日下午，中国电信象山分公司政企党支部和乡镇邮电管理站站部支部党员一起参观大徐殷夫故居，并开展“初心之旅”进行红色教育实践活动。

【海岛环线路巡查、整治】 2019年10月22日，台风“海贝思”过后，象山电信联合长线局、武汉三公司等有关人员对象山海岛环线路进行巡检，制定维护措施：所有海岛环杆路的拉线进行更换或涂抹防锈漆及加固等；东门岛更换96芯光缆约1.5千米、对面山上更换96芯光缆0.3千米；小网巾至鹤浦至高塘杆路需扶正；蜊门港大桥边光缆及东门岛跨海引上处光缆需做除草及防火处理等。

【韩雄副总经理指导象山分公司主题教育专题民主生活会】 12月6日下午，象山分公司党委召开“不忘初心、牢记使命”主题教育专题民主生活会。市公司党委委员、副总经理韩雄，工会副主席舒文贤到会指导。象山分公司党委副书记(主持工作)李锦主持会议,分公司党委班子全员参加会议,经营班子成员和综合部副主任列席会议。会前,象山分公司党委学习领会习近平新时代中国特色社会主义思想,开展专题学习研讨,撰写领导班子检视剖析材料。会上,分公司党委副书记(主持工作)李锦首先代表班子汇报分公司主题教育的开展情况,随后,李锦和其他党委班子成员一一检视自身存在的问题并剖析原因,表明自己的整改态度方向和措施。宁波分公司党委委员、副总经理韩雄对于此次民主生活会给予评价并提出要求。

(县电信局　周海珠)

移动通信

【概况】 中国移动通信集团浙江有限公司象山分公司(以下简称中国移动象山分公司)成立于1997年7月,截至2019年12月底,在册职工213名,拥有自办营业厅10家,乡镇支局9家,各类营业网点300余家,网点遍布城区乡镇、海岛、农村,移动手机用户超过50万户。公司秉承"正德厚生　臻于至善"核心价值观,以"创无限通信世界,做信息社会栋梁"为使命,为县域经济健康发展、社会和谐稳定贡献力量。

【与县政府签订加快数字经济战略合作签约仪式正式启动5G移动网络建设】 3月27日上午,县政府与中国移动宁波分公司加快数字经济战略合作签约暨5G移动网络建设启动仪式举行。县委副书记、县长黄焕利,宁波移动党委书记、总经理姚志坚共同在仪式上按下启动球。黄焕利代表县委、县政府对双方签约表示祝贺。此次签约,标志着县向5G时代迈出坚实一步,将为县加快经济结构转型、推动高质量发展带来新的活力。

【分公司召开5G体验发布会】 5月10日下午,公司在丹城营业厅召开5G体验发布会,象山县副县长石坚定、象山县政府办公室副主任金良及象山县经济和信息化局、象山县大数据中心相关负责人到会祝贺并现场参观、体验相关行业应用演示,象山县副县长石坚定还与分公司总经理王剑光拨打象山县域内第一个5G电话。

2019年3月27日,公司与县政府签订《加快数字经济发展战略合作协议》,拉开象山5G移动网络规模建设的大幕,经过一个多月的准备工作,于5月10日开通象山第一个5G基站。会上,公司总经理王剑光向与会人士及广大客户介绍5G基础知识及分公司建设方案,并通过,VR眼镜、签字笔等体验展示5G超高速率、超大连接和超低时延三大关键能力的行业应用。现场,象山县副县长石坚定饶有兴致地用5G手机拨通号码,视频电话接通后,当他看到手机上清晰的画面、听到传来饱满的话音音质的时候,他开心地对着摄像机的镜头宣布:象山人民有5G了!

【与县人民医院合作开展健康讲堂咪咕直播】 10月29日"世界卒中日",公司携手象山第一人民医院通过5G网络,利用公司"咪咕爱看"平台为新老用户带来一场脑卒中防治知识讲堂直播。前期通过分公司市场、政企、网络多部门联动,在短时间内解决直播场地5G信号覆盖、直播团队及活动前期预热问题。直播当天,现场音视频通过5G CPE网络实时传输到咪咕爱看平台,实现画面清晰流畅、音质饱满效果。该次直播共计1000余人观看,总播放时长达700多小时。

【与象山一院医健集团签署5G智慧医疗战略合作协议】 9月5日上午,公司与象山县第一人民医院医疗健康集团签署5G智慧医疗战略合作协议。此次5G智慧医疗战略合作协议的签约,开启5G时代智慧医疗战略合作序幕,双方将共同推进"5G"在象山医疗、卫生、健康领域的应用与创新探索,这标志着象山移动助力象山一院医健集团迈入"5G时代",成为全市乃至全省率先全面覆盖"5G+医疗"的医共体单位。

【与象山影视城、象山技工学校开展5G战略合作】 5月15日下午,公司分别与象山县影视城开发有限公司、象山技工学校举行5G战略合作协议。公司将与象山技工学校开展5G技术在实践技能教学平台、智能语言教学平台、数字校园平台等方面研究和应用,双方将以物联网、大数据、云计算、移动互联网、人工智能等新一代信息技术实现与智慧校园的深度融合,实现智慧校园的全面感知;公司还将利用5G技术协助象山影视城开发有限公司提升影视产业信息技术,实现实拍实传、远程VR导演、远程调度、远程虚拟数字特效等新一代信息技术,实现与影视城业务的深度融合,打造智慧景区管理应用及旅游项目体验,引领智慧影城的发展。

【完成象山影视城第六届泼水节5G+VR直播活动】 8月3日,第六届象山影视城泼水节在象山影视城景区举行。象山分公司完成5G+VR直播,实现宁波移动在旅游景区首次应用5G网络进行视频直播。

象山分公司5月中旬与象山影视城签订5G战略合作协议后,网线路一线团队率先在全县景区内率先部署5G网络,提前实现景区内5G网络全覆盖;为提高影视城活动宣传效果,在影视城第六届泼水节契机,采取活动全程5G+VR直播技术支持,提供无人机航拍,进行全景高清直播;该次5G+VR直播为宁波首次在旅游景区应用5G网络进行视频直播,提高广大用户对5G的感知。

【公司开展5G终端品鉴会活动】 12月15日,公司在丹城营业厅开展"5G终端品鉴会"活动,现场专门安排工作人员对参与活动客户开展5G知识科普、5G终端介绍,让进厅用户体验使用5G,提前感受5G带来的不同体验。

【做好象山山地马拉松现场服务保障工作】 象山分公司提前1个月与组委会进行对接,分别从网络、宣传、服务三块开展保障工作，提前一周完成线路测试，沿途基站进行临时扩容，安排通讯车进行现场通信保障，并有专人在现场解决网络突发事件。4月20日上午，比赛当日网络通畅，保障该次山地马拉松现场活动。

【签约医保中心二期视频监控业务】 在2018年与象山城镇医疗保险管理中心一期签约117路的基础上，深入向客户展示人脸识别实时视频图像传输功能，以助力医保局日常监督的规范性和加强医疗保险全程监管为切入点，签约象山县域二期各乡镇街道45家诊所和视界业务。

【开展义务献血活动】 “爱人者人恒爱之，敬人者人恒敬之”。捐血行善事，爱心积福德。在了解到由于前期受寒冬、春节假日等影响，县献血办采集量急剧下降，全县血液库存全面告急的情况，公司党支部、工会践行“博・搏”文化，向公司全体党员及干部员工发起倡议并得到广大党员干部的响应。鲜血有量，爱心无价，12月20日下午，10余名经过筛选后身体合格的党员走上献血车，经过现场采血验证，12名党员、员工符合采血要求，共计献血量3300CC。

【党团志愿者参与象山县公益集市义卖活动】 7月27日晚，象山分公司党团联合组织参与由象山县慈善总会组织、象山分公司承办的“无忧花开・筑梦扬帆”慈善文艺会演活动。在活动现场，全体党团员志愿者身穿红色志愿者服装，有的在义卖摊位前叫卖事前由党员捐赠的生活用品、二手知识读物，有的联合属地核心渠道现场办理智能音箱、儿童手表，将获得的收入进行慈善义捐；有的手持垃圾分类宣传单页穿梭在人群，向过往群众宣传垃圾分类的重要性和分类的指导方法，忙得不亦乐乎，此次活动参与党团员志愿者共20余人，现场共筹集3000多元善款捐献县慈善总会专项用于重症儿童救助，分发垃圾分类宣传资料200余份，咨询人数达500余人次。

（中国移动象山分公司　奚赛翔）

中国联通

【概况】 中国联合网络通信有限公司宁波市象山县分公司（以下简称象山联通）是中国联合网络通信有限公司在象山的分支机构，于2008年12月由原中国联通有限公司象山分公司和原中国网络通信集团公司象山分公司合并而成。公司下设中台支撑室，建设维护室，政企客户室、象南网格、象北网格以及4个自营厅。拥有3G物理基站412个，3G室分105个。4G物理基站461个，4G室分75个，渠道20多家，网点遍布各乡镇、海岛、农村、移动手机用户超过18万户。公司秉承“竞争实现超越，创新开拓未来，激情战胜艰险，诚信立足天下”的核心价值观，以致力于成为“信息生活的创新服务领导者”为使命，一如既往继续推进企业的创新发展进程，以全业务经营和5G发展为引擎，坚持以用户为中心，加强技术、业务、服务和管理创新，提升综合实力和核心竞争力，全面满足广大用户的信息服务需求，在象山国民经济和社会信息化进程中发挥主力军作用。

【开展自营厅内购会】 1月27日，经过的准备和前期预热，象山联通天安营业厅和风情街营业厅开启“感恩回馈”内购会活动。此次活动突出“疯狂抢购10小时，年终‘内购’惠有你”的口号，现场效果反响极佳。内购会当日4个厅累计终端日发展217台，其中天安厅单厅销售146台，取得历史性的突破。

【全国携号转网服务启动】 11月27日，全国携号转网系统正式上线运行。携号转网自2006年提出，分别于2010年、2014年启动试点工作。试点省（市）于2019年9月19日正式提供携号转网服务，其余省（市）系统于2019年11月10日起上线试运行。携号转网改变以号段区分运营商的传统模式，是一项复杂的系统工程，自2019年3月工信部制定携号转网全国推广总体工作方案以来，三大运营商在8个月的时间里，完成1800多项系统建设改造，网内网间联调联测项目超过100多万个，三大运营商累计投资超过30亿元，建成全国携号转网实时交互联动系统。

【中国电信、中国联通共建共享5G接入网】 9月9日，中国联通与中国电信签署《5G网络共建共享框架合作协议书》。根据合作协议，中国电信将与中国联通在全国范围内合作共建一张5G接入网络。双方划定区域，分区建设，各自负责在划定区域内的5G网络建设相关工作，谁建设、谁投资、谁维护、谁承担网络运营成本。5G网络共建共享采用接入网共享方式，核心网各自建设，5G频率资源共享。

【5G战略合作协议签订】 为紧密围绕宁波市智慧城市建设总体发展规划，在汽车、工程机械、大型装备、电子、电器、模具、能源、五金工具等行业应用领域和产业发展中加强合作，共同创造良好的经济效益与社会效益，2019年象山联通与30多家单位签订5G战略合作协议。提供全网统一的5G网络优质服务标准和服务保障承诺，包括在5G网络业务咨询、业务办理等方面提供优质服务，批量办理5G网络业务提供“绿色通道”，按照集团客户网络服务SLA标准规范中金牌级标准提供5G网络售后服务。对于5G网络创新应用研究涉及的非涉密的应用系统，开放相关接口。对于5G网络创新应用研究涉及的语音业务、网络业务、大数据业务、边缘计算业务、物联网业务等，双方互为优先。双方商定将根据需要不定期召开项目协调专题会议以确定合作方向，协调重大事项共同督促推进相关工作进程，必要时启动双方战略规划研究与合作，探讨制定双方中长期合作的规划。

【正式启动5G商用，并发布5G商用套餐】 10月31日，中国联通宣布正式启动5G商用，并发布5G商用套餐。宁波作为中国联通首批开通5G的50

个城市之一，与北、上、广、深等一线城市一起，正式进入5G商用时代。5G是国家的一项重要发展战略，宁波作为全国5G建设重点城市以及首批开通5G城市，宁波联通从打造5G精品网络、培育5G应用生态、推动5G终端发展等各方面，为5G商用做好准备。宁波联通根据上级公司整体部署和市政府打造智慧宁波的工作要求，对重点区域、重点场景、重点业务开展5G规模组网试验建设，确定以“一城一港一湾”为重点，精准做好5G建设分期规划。2019年6月6日，工业和信息化部向各运营商发放5G商用牌照，这意味着中国5G时代正式启幕。宁波联通加快5G网络建设和应用的步伐。2019年9月9日，中国电信股份有限公司与中国联合网络通信有限公司签署《5G网络共建共享框架合作协议》，中国电信将与中国联通在全国范围内合作共建一张5G接入网络。根据上级安排，宁波地区的5G网络将由宁波联通主导建设，至2019年年底，宁波联通与宁波电信将建设5G站点2000个，实现核心区域连片覆盖，以满足宁波联通用户的5G通信的迫切需求。宁波联通发布的5G畅爽冰激凌套餐，是在原有4G套餐的基础上“扩容”，提供更多的流量、更丰富的内容权益和更优质的服务。此前参与5G套餐预约的用户，可直接享受连续6个月的套餐月费折扣优惠，网龄3年及以上可享7折优惠。联通5G套餐用户还享有专属会员权益，如VR、4K超清、AR、视频彩铃等5G视频会员特权，沃阅读、沃音乐等音乐/阅读特权、优惠购折扣特权等等。为实现业务和服务的双升级，联通还为5G套餐用户提供包括业务优先办理、端到端网络体验提升等五星专享服务及一体化跨域服务，5G套餐订购、补换卡、停/复机、过户、销户等业务均可实现异地办理，异地交费、异地查询等服务也可足不出户一点解决。在宁波联通5G正式商用的基础上，宁波联通将依托5G创新中心，服务和支撑宁波的数字经济，推动宁波产业的转型发展，通过提供5G连接赋能、数据赋能和智慧赋能，打造宁波联通5G的创新领先形象，全面助力5G时代的宁波智慧城市建设，实现广大用户对5G智慧生活的美好期待。

【老年人智能手机操作技能大赛决赛举行】 9月16日，作为2019年宁波市全国科普日暨科普宣传周重要活动之一，宁波联通联合宁波市科协、宁波电视台等单位组织的2019宁波市老年人智能手机操作技能大赛决赛在宁波电视台800平方米演播大厅举办。宁波市老年人智能手机操作技能大赛是展现由宁波联通主办的2019年智能手机操作技能普及工程的成效，推动智慧城市和文明城市建设，持续践行央企社会责任，提高中老年群体的获得感、幸福感，迅速壮大宁波联通用户群体而举办的，宁波联通在该次大赛之前，筹备、广泛发动，做好各个县市区选手的选拔、培训等组织工作，并为大赛提供优质的技术支撑、比赛手机、网络设备等保障服务。

“互联网+”、5G技术……随着信息时代各领域科学技术的飞速发展，4G改变生活，5G改变社会，人们的生产生活发生翻天覆地的变化。如何跨越代际差异带来的“数字鸿沟”，让中老年人这个群体也能搭上5G时代的技术“快车”，这是新时代各级党组织必须肩负起的宏大使命，更是对当下宁波联通提出的全新命题。作为2019年智能手机操作技能普及工程的主力军，宁波联通利用全市近百个营业厅和近千个销售网点，组建讲师团队伍，共开辟教学点近500个，覆盖宁波90%以上的乡镇街道。依托全市营业网点及线上手机营业厅等优势资源，启动线上H5报名、网上扫码报名等，让更多中老年人做到快速预约、就近听课。截至，宁波联通授课近2000场，培训总量近7万人。

【联通与邮政、邮储银行签署三方战略合作协议】 象山联通与象山邮政、象山邮储银行签订三方战略合作协议签约仪式。签约仪式上，三方主要领导分别作致辞，对三方战略合作寄予深切期望，坚信在三方的共同下，合作一定会取得丰硕的成果。根据该次协议，基于三方良好的合作基础以及各自资源优势与管理经验，将发挥各自行业优势和企业优势，增强三方市场竞争力，实现互利共赢。三方将从银行业务、寄递物流、宣传合作、文化服务、客户权益共享、基础通信业务合作、智慧物流、融合支付POS、金融展业终端等方面探索合作、联通云盾、线上线下门店合作、联合营销、扶贫合作、党团共建等等领域开展全方位合作。

【完成2019高考保障工作】 6月7日至8日，浙江省普通高校招生全国统一考试正式开始，为保障该次高考工作安全、平稳、进行，宁波联通通过加强组织领导、部署实施和监督检查，扎实推进各项工作落实，实现确保各级考试院、学校巡查系统、监控设备、视频会议系统稳定，确保2019高考期间通信畅通，确保应急处置快速。高考重保开始之前，网络部对该次涉及保障的站点全部纳入网管监控，对平台及考点防火墙外网地址进行长PING操作，实行7×24小时不间断监控，保障人员各司其职，按保障方案的要求，安排专职维护人员负责各辖区现场值班和网络保障。各考点现场，根据区域分布，安排抢修小组就近巡检待命，梳理应急预案，配备通信抢修车，抢修材料与备品备件，随时应对异常情况的发生，确保出现障碍第一时间快速响应。6月8号下午5时，一年一度全国高考结束。考点院校网络平稳，未发生一起故障。该次高考保障中，牢固树立大局意识，服务意识，发挥工匠精神，完成高考院校的重保任务，落实高招办、各考点等重点单位的个性化通信保障方案，确保宁波市各级考试院巡查系统稳定运行、网络运行维护和良好网络环境，宁波联通过硬的网络保障，获得宁波市许亚南副市长和考试院校领导的一致好评，客户感知度大幅度提升，对联通品牌的宣传得到提升。

【坚定不移走“划小改革”高质量发展之路】 为重点聚焦发展，搞活分配，激发一线团队活力，转变经营模式，培养基层管理队伍，促进公司转型发展，根据总部、省公司全生产场景划小改革工作要求，宁波市分公司推进“划小改革”工作，坚定不移走“划小改革”高质量发展之路。5 月 24 日，宁波联通举行 2019 年度划小经营单元小 CEO 聘任签约仪式，经过层层公开选拔，脱颖而出的首批 12 位小 CEO 与公司签订经营责任书，正式走马上任。

围绕着划好责任田，选好责任制，建好责任制这三项“划小改革”的核心工作，前期，宁波联通针对划小方案作大量前期准备工作，包括人力资源部、财务部、营销部、客服部、政企客户事业部、商企教育行业中心等相关部门对具体方案进行反复研究、讨论。与此，公司领导也带队专门到每个县逐一进行沟通和交流。宁波联通党委完成“划小改革”工作实施方案，经过方案公告、员工报名、评审组评审、公司审议、结果公示等程序，确定首批 12 个划小单元。

（中国联通象山分公司　陈雪）

城乡建设和管理

综　述

2019年,象山县住房和城乡建设局在县委、县政府的正确领导下,按照县委县政府"双突破双驱动"战略和"四个年"活动部署要求,以"不忘初心、牢记使命"主题教育为引领,以"迎接亚运、城市双修""城乡争优、三年攀高"专项行动为主线,勇挑大梁、负重奋进,不少工作在全市出色、为全县出彩,推动全县住房城乡建设事业高质量、有特色、可持续发展。全年累计完成市级攻坚项目39个、投资85.4亿元,占年度总投资的148.1%,预估投资完成率占全市第一;完成县级攻坚项目49个、投资86.1亿元,占年度总投资的127.3%。全面拥抱亚运时代,重点推进"168"工程,精心打造亚运主线路,完成象山港路沿线环境整治、天安路更新改造,环城西路、殷夫路等主次干道稳城镇秩序、后续建设等"1+X"配套文件。新建海绵城市1.6平方千米,获评省海绵城市优秀县。12个省市级美丽宜居示范村通过考核验收,其中鹤浦镇双下湾村荣获省级创建村督查优秀村庄,鹤浦镇小白丈村、泗洲头镇上马岙村、茅洋乡郑家庄村荣获市级评估优秀村庄。狠抓农村公厕治理,完成改造180座,完工率115%。完成农污设施标准化运维验收71个,超省定任务592%,新(改)建城镇污水管网47.5千米,超市定任务216%,县住建局连续被评为全市农村污水运维先进单位。完成棚户区征收改造8.08万平方米,新开工安置房及货币化安置553套,发放补偿款1.1亿元。整治河道和建成排涝渠道2千米,经受住超强台风"利奇马"的来袭考验,完善城市功能,提升城市品位,全面提高城乡建设工作的质量和水平。

中心城区建设

【概况】 全面拥抱亚运时代,重点推进"168"工程,精心打造亚运主线路,完成象山港路沿线环境整治、天安路更新改造,新建公共停车场4个,新增公共停车位305个。完成中心城区棚改一至四期征收清零和五期签约工作,老城区一期开发项目完成土地出让,东大河二期工程完成河道驳岸开挖,新建海绵城市1.6平方千米,获评省海绵城市优秀县。第一批10个城中村全面启动。环象绿道一期4标段50千米全部完工,环城绿道完成方案设计,南大河滨水绿道获评第二届"宁波最美绿道"。12个省市级美丽宜居示范村通过考核验收,其中鹤浦镇双下湾村荣获省级创建村督查优秀村庄。完成农村公厕治理改造180座,完成农污设施标准化运维验收71个,新(改)建城镇污水管网47.5千米。累计核发排水许可证580本,县城污水处理率达到94.48%。试运行新一代内河管理APP,全年整治河道和建成排涝渠道2千米,创建省级节水型居民小区4个。持续开展老旧小区"照亮百姓回家路"专项行动,更换老旧小区楼道灯1643盏、路灯2793盏,以全国乡村治理现场会承办为契机,精心打造县府前广场"旭日祥云"、人民广场"扬帆启航"2座主题绿雕,为喜迎新中国成立70周年营造浓厚氛围。

【象山河(东大河至新丰路)整治工程完成竣工验收】 1月11日,象山河(东大河至新丰路)整治工程完成竣工验收。该工程于2016年6月10日开工,建设内容包括河道挡墙工程、清淤工程、铺装工程以及绿化景观工程,整治河道全长2690米,清淤方量约2.6万立方米,建设节点广场面积9000平方米,景观、绿化面积约3万平方米,总投资3500万元。建成后,该段河道防洪标准提高为50年一遇,排涝标准提高为20年一遇24小时暴雨当天排出。

【环象绿道工程开工】 依托乡村道路、滨水路径、机耕道、现状塘坝等已有道路,分三年实施打造一条总长218千米、集"绿色交通""生态保护""体育运动""休闲娱乐"等为一体的供城乡居民和游客步行、骑行的中国醉美海山绿道、宁波精美示范绿道。2019年计划完成投资2000万元,建设黄避岙、爵溪、涂茨、东陈等段,全长50千米。其中,东陈、黄避岙段于3月初开工,爵溪、涂茨段将在3月中旬完成施工图技术交底后进场施工。

【小城镇环境综合整治全面通过省级验收】 1月17日,浙江省城乡环境整治工作领导小组办公室正式公布2018年全省小城镇环境综合整治的考核验收结果,县参与考核的10个镇乡(街道)全数达标,其中爵溪街道、贤庠镇和晓塘乡入选2018年度第二批省级创建样板。新桥镇、东陈乡被评为市级样板。县小城镇环境综合整治工作圆满收官,提前完成"三年目标任务"。

【首部老旧小区加装电梯正式运行】 3月26日,县首个既有多层住宅加装电梯试点项目正式运行。西谷路47号是一个建成多年的多层住宅,2018年10月底,经过规划、特种设备安全监督管理、消防、供电、通信、街道(社区)、煤气公司和县物业办等部门联合审查同意后开工建设,于26日完成整部电梯的安装调试,并通过特种设备安全检测机构的质量验收,正式投入使用。整部电梯采用砖混结构,总投资约43万元,电梯内面积约1.5平方米,承重400千克,可乘坐4~5人。

【入选首批全省海绵城市建设优秀县】 4月16日,省住房和城乡建设厅、省财政厅及省水利厅联合公布第一批全省海绵城市建设优秀县(市、区)名单,象山入围。2019年,完成海绵城市建设面积3.34平方千米,累计完成投资额9.12亿元,其中大目湾新城内湾中心区景观入选《浙江省海绵城市典型案例》。

【象山港路主干道综合环境整治完工】 6月初,象山港路主干道综合环境整治完工,该项目总投资650万元,按照"优化、净化、美化、绿化、序化"的要求,将象山港路划分为迎恩路至海山路、海山路至爵溪隧道口,爵溪隧道口至西溪路3个区段,结合现状特点分段实施立面改造、景观、城市家具、夜景灯光、道路绿化整治、管线梳理和治安监控等工程,最终实现核心街区品质、公共基础设施、沿街建筑更新、景观绿化品质、沿线业态分布等5方面提升,推动城市形象品质提升,成为可复制、可推广的样板示范路。

【延昌卢家宅院抢救性修缮工程建设完工】 延昌卢家宅院位于石浦镇延昌历史街区卢家弄4—6号,为清代二层建筑,是第三次全国文物普查公布的文物建筑之一。卢宅整体为砖木结构建筑,占地面积334.2平方米,总建筑面积597.75平方米,因人为因素及年久失修,经鉴定为D级危房。通过前期调查、政策沟通、方案设计论证、资金筹措、公开招投标等工作,按照"原结构、原形制、原工艺、原做法"的原则,于2017年11月开展卢宅抢救性修缮工程。主要内容包括铺设木楼地面,修复三合土地面,更换或修复部分构架,修复墙体,翻修屋面,修复、更换门窗,水电安装等,工程于7月2日全部完工,总投资506万元。

【门前河公园升级改造工程完工】 6月14日,位于兴盛路与丹阳路交叉口东北角的门前河公园升级改造工程完工。该工程投资约100万元,面积约7200平方米,采取破损修复、标准提升、景观打造等方式,累计铺装黄锈石花岗岩418平方米,提升木桥高度304平方米,安装照明灯具48盏,种植香樟、栾树、桂花、银杏、水杉等乔木400余株及盆景9000余盆,引进造型羽毛枫、造型罗汉松、红花檵木木桩等3种造型苗木,打造成公园特色景观。

【南大河滨水绿道获评第二届"宁波最美绿道"称号】 9月18日,第二届"宁波最美绿道"评选结果出炉,县南大河滨水绿道入选,是继大目湾环湾绿道、松兰山滨海绿道之后第3条获得"宁波最美绿道"称号的象山县域绿道。南大河滨水绿道建成于2017年,北起丹南路、南至滨海大道,占地约230亩,总长约4.7千米,2017年被评为宁波市"茶花杯"园林工程优质奖。

【2处国庆绿雕完工】 为喜迎新中国成立70周年,9月28日,旭日祥云及勇立潮头2座主题绿雕打造完工。旭日祥云绿雕位于县府广场,结合新中国成立70周年标识,取旭日初升、祥云缭绕、鲜花盛开之意。勇立潮头绿雕位于人民广场,以象山渔文化为主题,结合2022年亚运会在象山举办的帆船比赛,使用渔船、风帆、海浪等元素,突出象山的浓郁渔乡文化风情和滨海特色,为祖国70周年大庆献礼。

【鹤浦镇双下湾村获评省级美丽宜居示范村督查优秀村庄】 12月10日,省美丽宜居办公布2019年度全省美丽宜居示范村建设专项督查情况,鹤浦镇双下湾村获评省级美丽宜居示范村督查优秀村庄,另有西周镇尖坑村获评合格村庄。

【环象绿道一期工程完工】 12月4日,环象绿道一期工程完工。该工程为2019年县重点工程和民生实事工程,以"山海田园"特色生态资源基底,结合有的乡村道路、滨水路径、机耕道、现状塘坝等现状道路设施,完成黄避岙段、爵溪段、涂茨段、东陈段绿道建设共计50千米,完成投资2000万元,打造一条集绿色交通、生态保护、体育运动、休闲娱乐等为一体的宁波精美示范绿道。

(县住房和城乡建设局　汪啸)

行业管理

【概况】 持续推进住建领域"最多跑一次"改革,牵头开展工程建设项目审批制度改革试点工作,启动用气用水报装便利化行动。扎实做好政府数字化转型工作,发挥"互联网+监管"平台,落实"双随机一公开"制度,实现住建系统监管事项全覆盖。全市首创工业项目桩基阶段施工许可证办理模式和工业项目支付、履约担保实施承诺备案制,全面助推工业强县建设。加强建筑市场联动执法,累计排查工程项目73项,发出整改通知书57份,提出整改意见607条,对65家企业实施网上信用信息扣分、立案处罚24家、罚款431万元。推进智慧工程建设,安装在线监控设备129只,覆盖全县22个建筑工地,确保建筑工程安全生产监管到位。深入开展"象山无欠薪"创建行动,部署落实分账管理、实名制考核等6项制度,创建浙江省"无欠薪"县。开展新型墙体材料专项整治,全面铺开第二阶段"禁现"执法,共检查生产销售和使用企业190家次,抽检砂样208批次。深入开展房地产领域矛盾纠纷化解,化解各类问题楼盘纠纷10余起。纵深推进扫黑除恶攻坚行动,开展行业乱象整治17次,移送问题线索2条。加快人防行政审批标准化步伐，全年审批在建项目46个、竣工9个。持续深化瓶装燃气"实名制"销售，入户安检和信息化管理工作走在全市前列，被评为全市"燃气行业"管理考核优秀。

【县住建局召开商品房预售资金监管会议】 1月21日下午，县住建局召开商品房预售资金监管会议，会议由许青南副局长主持，中国人民银行象山支行副行长戴苏阳、宁波银监象山办事处黄秋波以及全县房地产企业负责人、财务负责人、项目公司监理负责人、各银行分管副行长约140余人参加会议。

【全县建筑施工质量安全生产工作会议召开】 3月5日下午，2019年全县建筑施工质量安全生产工作会议召开，会议由余永顺总工主持，黄秀贵局长出席会议并作重要讲话，县应急管理局副局长叶盛应邀出席会议并作讲话，局建工科、质安站负责人，各在象山建设、监理、施工、安装等155家公司负责人共220余人参加会议。

【县住建局专题部署扫黑除恶专项斗争督导迎检工作】 4月2日上午，县住建局局长黄秀贵主持召开局党组（扩大）会议，专题研究部署扫黑除恶专项斗争督导迎检工作。局领导班子成员及法制科、建工科、质安站、墙散办、物业办、公用事业监管中心、房管中心、景区公司等相关职能科室（单位）负责人参加。

【创新推行房产项目分级管理制度】 2019年，县住建局创新实施房产项目分级管理制度，针对房产项目存在的去化率、在建工程抵押、业主投诉、法院查封、工程停工等不同的风险隐患，标注相应的绿、黄、橙、红四色等级。其中，绿色项目可在各项审批中实行承诺审批并简化企业年检手续，黄色项目加强日常监管巡查，橙色和红色项目为监管重点，建立项目信息档案（项目基本情况、存在问题、业主上访情况、问题处理进展等），及时协调处理隐患问题。

【全县建筑工地启用在线监控系统】 加大建筑工程安全生产监管力度，要求一定规模的房屋建筑工程、市政基础设施工程、住宅项目、申报标化工地或优质工程以及新开工、在建房屋主体结构未验收前、市政工程路基施工前等阶段均应安装在线监控系统，实现对工地出入口、材料堆场、农民工宿舍、施工现场、监控工程车出入、人员进出等情况的实时监控。

【首次"5·12"人民防空人口疏散演练圆满】 为增强全民国防观念防空防灾意识，促进防空防灾一体化建设，提高社会民众应对突发情况下应急疏散要领和逃生避难能力，结合"5·12"防空防灾警报试鸣，县住建局在南部商务楼开展首次"5·12"人民防空人口疏散演练，演练内容为行政中心区人口疏散掩蔽，所有警报器全部鸣响正常，行政中心区人口疏散按计划结束。

【县住建局深入推进洗车及餐饮业排水许可联合整治】 为规范洗车行业污水排放行为，减少餐饮业油烟及排水问题，自8月12日起，县住建局联合县综合行政执法局、县市场监管局等相关部门，按照"统一标准、源头治理"的要求，开展中心城区洗车行业和餐饮业排水许可联合整治，针对雨污分流意识不足、设施失管、超标排放等问题，重点核查洗车店、餐饮店的排水行为和设施养护情况，并责令未申领排水许可证的商户限期办证。

【县住建局首推建筑工程施工许可证"多合一"办理】 10月15日，县住建局全市率先试行建筑工程施工许可证"多合一"办理。依托工程建设审批管理和施工图联合审查系统，按照"一次申请、一套材料、一并审批、一个批件"的模式，一并办理消防设计审查、应建防空地下室的民用建筑项目报建审批、建筑工程施工许可、建设工程质量安全监督等审核事项，审查合格后发放施工许可证。申请材料由原先的22件缩减至8件，审批时限由原先的2个工作日缩短至1小时内，许可证备注所有申请事项不再单独出具其他审批结果。

【市人防办主任汤思敏一行到象山调研人防工作】 4月4日上午，宁波市人防办主任汤思敏一行4人专题调研人防工作情况，副县长周坚栋、县住建局局长兼县人防办主任黄秀贵陪同调研。

【县住建局深化"监管互联"助力洗车行业排水"全许可"】 2019年，县住建局围绕"最多跑一次"审批改革要求，探索优化洗车行业排水许可审批机制，严格按照《城镇污水排入排水管网许可管理办法》，协同县市场监管局、县综合行政执法局，通过现场踏勘、沟通指导等方式，提前告知商户相关排水设施建设要求，解决私接管道雨污混排、预处理设置及养护不规范、未在指定地点冲洗等三方面问题，消除先开业后开挖的不合理现象。通过数据甄别、问题分类、现场检查、严格执法等措施，开展全县洗车行业排水专项整治，重点核查商户排水行为和设施养护情况，保障周边排水设施安全和水环境健康。

（县住房和城乡建设局　汪啸）

党的自身建设

【概况】 高标准高质量开展"不忘初心、牢记使命"主题教育，召开专题民主生活会，深化"三服务"活动，为全体党员干部作出表率。组织夜学14次，专题研讨3次，开展党员志愿服务23次，学习型机关建设有声有色。突出问题导向，"8+1"专项整治重点任务全面完成并转入常态化推进，参加第一期"聚焦民生、问政问效"电视问政节目，解决一批社会关注、群众关切的热点难点问题。突出"一线锻炼，重要任务挂职锻炼"的干部培养原则，选派15名干部到县109项目、垃圾分类办、五水共治办等工作组一线锻炼，助推"六争攻坚"行动取得新成效。坚持重大事项集体研究和公开制度，严格落实"三重一大"、党政正职"五不分管"决策制度，办理人大建议和政协提案51件，政协提案工作民主评议得到县领导的肯定,相关做法在县委政协工作会议上作汇报发言。履行全面从严治党“两个责任”,强化“四种形态”特别是第一种形态运用,修订出台《问责办法》等内部管理制度,累计开展正风肃纪督查33次、问责19人次、三级连带问责22人次、通报12起,机关作风得到明显改变。高标准抓好第十二轮县委巡察组常规巡察和人防领域专项巡察工作。牢固树立过“紧日子”思想,严控一般性支出,“三公”经费同比下降29%。按要求完成办公用房整改,取消花卉绿植租赁和一次性杯具使用,抓好机关垃圾分类,规范党员干部护照管理、出国(境)及婚丧喜庆报备事宜,政务环境持续优化。

【2019年度党风廉政建设工作会议召开】 2月13日上午,县住建局组织召开2019年度党风廉政建设工作会议,总结回顾过去一年党风廉政建设情况,安排部署2019年工作任务,推动全系统上下准确把握全面从严治党新内涵、新要求,为奋力开创宁波现代化滨海城区建设新局面、为住房和城乡建设事业健康发展提供坚强的政治、纪律和作风保障。会议由党组成员、副局长戴雅主持,党组书记、局长黄秀贵作重要讲话,并与各分管领导(含正局级、副局级)签订《2019年县住建局系统党风廉政建设工作目标责任书》。局机关全体干部职工、局属单位中层以上人员及全体党员共180余人参加会议。

【全县住房和城乡建设系统扫黑除恶专项斗争推进会召开】 3月5日下午,全县住房和城乡建设系统扫黑除恶专项斗争推进会召开。会议由县住建局党组成员、总工余永顺主持,党组书记、局长黄秀贵出席会议并作重要讲话,有关分管领导、责任科室(单位)负责人,各在象山开发、监理、施工、勘测设计、检测单位负责人以及地方建材企业负责人,全县房产中介机构企业负责人、物业企业负责人,全县燃气经营企业负责人共200余人参加会议。

【县委对县住建局党组理论学习中心组学习开展巡听】 6月14日上午,县住建局党组理论学习中心组召开学习扩大会,县领导周坚栋副县长、县委党校副校长柳小平、县委直属机关工作委员会副书记张惠娟、县委宣传部社科联秘书长励东升等参加巡听。

【“我和我的祖国·身边的建设故事”主题宣讲决赛圆满结束】 为庆祝新中国成立70周年,深入践行“学用结合、知行合一”理念,以身边的先进人物、先进集体以及感人的建设事例,讲述住建人以小我融入大我的建设精神,7月1日晚,县住建局举办“我和我的祖国·身边的建设故事”宣讲决赛,共有经过初赛脱颖而出的11名选手参加决赛。比赛邀请县委宣传部部务会议成员、文明办副主任陈金裕,县纪委派驻第六纪检组组长李冬芬,县委组织部组织员鲍永乾,局党组书记、局长黄秀贵,党组成员、副局长余永顺,党组成员、副局长戴雅,党组成员、总工程师邬曙光担任评委。局机关全体干部职工、下属单位负责人及局系统全体党员共计180余人参加活动。

【县住建局召开“不忘初心、牢记使命”主题教育动员部署会】 9月12日,县住建局召开“不忘初心、牢记使命”主题教育动员部署会。党组书记、局长黄秀贵主持会议并做动员讲话,县委第十巡回指导组严舒玮出席会议。局系统全体党员、机关全体干部职工以及局属单位负责人参加会议。

【县住建局召开“不忘初心、牢记使命”主题教育调研成果交流会】 10月31日下午,县住建局召开“不忘初心、牢记使命”主题教育调研成果交流会。党组书记、局长黄秀贵主持会议,强调要深入贯彻落实习近平总书记关于主题教育重要讲话精神,全面检视前阶段调研成果,以上率下形成“头雁效应”,加强调研成果转化运用,推动主题教育取得扎实成效。县主题教育办第十巡回指导组组长桂贤芳带领指导组成员叶赵海到会指导。

【县住建局组织召开主题教育专题民主生活会】 12月6日下午,县住建局召开“不忘初心、牢记使命”主题教育专题民主生活会,县委第十巡回指导组组长桂贤芳、组员叶赵海到会指导,全体领导班子成员出席会议,党组书记、局长黄秀贵主持会议。

(县住房和城乡建设局 汪啸)

房地产业

【概况】 始终坚持“房子是用来住的、不是用来炒的”定位,坚决贯彻落实国家和省、市调控政策新举措,创新推行房产项目分级管理制度,严把预售资金监管关,继续保持平稳发展状态。全年累计销售商品房7264套81.12万平方米,完成房地产开发投资63.6亿元。商业办公成交521套3.82万平方米、均价12544.8元/平方米,二手房共成交4749套100.94万平方米,成交均价约5354元。可售房源11184套135万平方米,消化周期19.9个月。全年完成棚改征收改造8.08万平方米,新开工安置房及货币化安置553套,发放补偿款1.1亿元,圆满完成市级下达目标任务。全面完成中心城区棚改四期签约清零,启动棚改五期项目,累计腾空2494户、拆除房屋面积17万平方米、清运建筑垃圾13.6万方。加快棚改拆后开发建设,先行启动老城区开发一期项目5个,并于1月17日土地摘牌。危旧房治理改造取得新进展,推行危房解危新模式,举行全县危旧房屋治理工作现场会,全年共完成城镇危房解危107幢、17.6万平方米,治理农村困难家庭危房41户。城乡一体化住房保障体系加快构建,推动公租房申请“一件事”联办,出台《象山县公共租赁住房租赁补贴实施办法(暂行)》,扩大租赁补贴保障范围,全年净增保障非户籍家庭达310户,超额完成年度考核任务。加大租金催缴力度,租金收缴率达99%、创历史新高。高标准开展2019年度保障性安居工程审计工作,严格执行配后年审和退出机制,对不符合保障条件的家庭进行清理,全年共清理13

户。推广应用白蚁防治新技术，被推荐为省级白蚁防治先进单位。持续完善物业管理考评体系，实施业委会+社区+物业公司三方满意度测评，组织全县物业企业负责人外出考察培训，物业从业人员业务能力水平提高。谋划启动物业管理工作提升三年攻坚行动，出台《象山县物业专项维修资金即交即用即补管理办法》，发布住宅小区37项行政执法清单和19项物业管理责任清单。牵头开展全县高层住宅消防安全隐患整治工作，累计整改隐患问题377个，建立全市首家物管企业红色党建联盟，推行物业、业主共商制度，促进社区、物业、业委会、业主四方融合。

【县住建局召开2018年度物业管理考核情况通报会】 3月19日下午，县住建局组织召开2018年物业管理考核情况通报会暨物业服务领域扫黑除恶专项斗争工作推进会议。会议由县物业办主任李跃勇主持，全县50家住宅小区项目经理参加。

【中心城区棚改一、二、三期全部完成清零工作】 4月11日，丹西办事处区块最后1户征收房屋完成搬迁腾空，标志着县全面完成中心城区棚改一二三期清零工作。棚改一、二、三期中心城区项目涉及12个区块，建筑面积达30余万平方米，总户数2037户。

【中心城区四期棚改项目启动房屋拆除工作】 5月13日，中心城区四期棚改项目启动房屋拆除。四期棚改中心城区共有5个区块，包括象山桥路一、二、三区块和粮站一、二区块，涉及征迁户共1516户。

【全县危旧房屋治理工作现场会召开】 6月14日，全县危旧房屋治理工作现场会召开。与会人员首先走访位于丹东街道育才路39弄2-3号的一幢6层楼房，该楼房建筑面积为2065平方米，原为C级局部危房，存在屋面严重渗漏、钢筋严重锈胀、外墙面空鼓脱落、房屋倾斜等情况。2018年7月，委托宁波大学建筑设计研究院实行典型性结构补强加固解危新模式，历时近4个月，投资约170万元，对该房屋进行维修加固。

【首个红色物业联盟功能性党支部成立】 为着眼于破解社区治理难题，以创建全国文明城市为契机，突出用好“党建+”模式，串联整合基层党组织、党员等力量资源，实现小区治理的良性循环。6月24日下午，县首个红色物业联盟功能性党支部成立大会圆满召开。县委直属机关工委副书记方鹂、戴雅副局长、物业办李跃勇主任、陈雅琴副主任和来自全县物业企业的12名党员参加成立大会，会议由陈雅琴副主任主持。

【县老城区开发投资战略合作协议签订】 为加快老城区棚改区块开发建设，提升和完善城市功能，10月30日上午，根据《象山县中心城区老城区区块更新改造规划》，县与保集集团签订老城区开发投资战略合作协议，开发范围为老城区建设路以北0.9平方千米的棚改红线区域，由保集集团对老城更新改造项目进行统一策划、统一开发、统一招商及运营。一期开发项目为园西路、丹西街道办事处、汪家河区块一、区块二、黄家桥路以东等5个区块，土地面积约10.2万平方米，计划11月完成土地出让，2020年1月开工建设，通过逐步滚动开发，将老城更新改造为一个集高端居住、旅游休闲、健康养生为一体的文旅产业新城。

【县住建局开展公租房违规使用集中整治】 为严格管控公租房使用秩序，县住建局成立专项检查小组，依据《象山县廉租房和公共租赁住房并轨管理办法》，全面排查欢乐家园一期、二期、三期共2090户公租房使用情况，累计完成转租出借、空置、未交房租等85户违规户整改，腾退公租房4户，保证公租房的公平善用。

【住房保障申请实现“一事联办”】 12月初，县保障房综合管理平台完成搭建并通过市级验收，实现住房保障申请“一事联办”。该平台将申请材料分发至相关镇乡（街道）、民政、国土、公安等部门进行并联审批，最后由县房管中心进行结果核对，审核通过后即可办理实物配租或者货币补贴，审核时间由原来的48个工作日缩减到38个工作日，填报事项由原来的24项减少至20项。

【棚改五期项目签约生效】 截至12月26日，县五期棚改项目庄穆巷以东、老人民医院两个区块签约率达100%，东后巷区块签约率达99.5%，征收协议经生效。五期棚改项目共涉及老人民医院、东后巷及庄穆巷以东等3个区块，改造总户数660户，总建筑面积8.08万平方米，总投资约9.55亿元。

（县住房和城乡建设局　汪啸）

表12　　**2019年象山县房地产项目一览表**

截至2019年12月31日

序号	项目名称	开　发　商	成交面积	均　价
1	V7十里澜山(-2)	浙江山语海房地产开发有限公司	798.07	6651.96
2	奥林公馆(全部)	象山国基置业有限公司	604.46	10257.09
3	白沙湾玫瑰园(-1)	宁波泰谷房地产开发有限公司	3907.64	36839.94
4	白沙湾玫瑰园(-1)	宁波泰谷房地产开发有限公司	1838.1	13856.70

续表12

序号	项目名称	开　发　商	成交面积	均　价
5	白沙湾玫瑰园(-2)	宁波泰谷房地产开发有限公司	805.62	30735.71
6	白沙湾玫瑰园三期西区(-3)	宁波泰谷房地产开发有限公司	643.12	25083.97
7	百福大厦(全部)	象山丰园置业有限公司	42.12	7495.87
8	半岛华府(全部)	宁波石浦半岛置业有限公司	309.01	7178.46
9	碧玺湾小区(-1)	象山碧悦置业有限公司	25572.84	7925.02
10	碧玺湾小区(-2)	象山碧悦置业有限公司	11173.23	8547.67
11	碧玺湾小区(-3)	象山碧悦置业有限公司	898.68	8518.50
12	滨海公馆(-1)	象山县兴港房地产开发有限公司	2904.78	7869.40
13	博浪海港城(全部)	博浪海港城	2216.2	10500.51
14	藏珑苑(-1)	宁波铁工置业有限公司	1728.62	8483.47
15	城南御府(全部)	宁波旭富置业有限公司	1053.61	7545.49
16	丹府一品(全部)	象山银亿房地产开发有限公司	1461.56	18014.49
17	丹桂花园(全部)	象山县城投置业有限公司	1989.89	10220.05
18	丹河家缘(全部)	宁波市汇丰建设开发有限公司	32.74	15042.76
19	丹湖名苑(全部)	宁波煌翔置业有限公司	3297.35	10375.21
20	丹姚苑(-1)	象山姚丰房地产开发有限公司	1178.49	10332.49
21	东麟府(-1)	象山诚元房地产开发有限公司	2936.89	8462.79
22	东麟府二批次(-2)	象山诚元房地产开发有限公司	22365.84	8641.88
23	翡翠苑(全部)	宁波鸿瑞置业有限公司	230.7	9102.73
24	府邸庄园(-1)	宁波甬泉置业有限公司	3266.41	14314.07
25	府邸庄园(-1)	宁波甬泉置业有限公司	1417.58	13912.61
26	府邸庄园(-1)	宁波甬泉置业有限公司	2731.41	10724.34
27	府邸庄园(-10)	宁波甬泉置业有限公司	2193.16	12449.57
28	府邸庄园(-10)	宁波甬泉置业有限公司	4650.37	13708.09
29	府邸庄园(-10)	宁波甬泉置业有限公司	11100.87	16852.66
30	府邸庄园二期(-2)	宁波甬泉置业有限公司	353.57	10945.50
31	海城阳光苑(-1)	宁波泛英房地产开发有限公司	4059.64	11427.30
32	海城阳光苑(-2)	宁波泛英房地产开发有限公司	115.64	7000.00
33	海东方嘉园(全部)	宁波润富特房地产开发有限公司	3897.18	8824.41
34	海上华府18、19地块(-2)	宁波三立甬恒置业有限公司	5607	8792.43
35	海御官邸(-1)	象山金森房地产发展有限公司	174.12	14628.11
36	宏地首府(-1)	象山坤宏置业有限公司	733.07	12825.27
37	宏地首府(-2)	象山坤宏置业有限公司	124.96	12324.74
38	宏地首府(-3)	象山坤宏置业有限公司	2647.99	17770.76
39	宏地首府(-4)	象山坤宏置业有限公司	1709.17	11432.45

续表12

序号	项目名称	开　发　商	成交面积	均　价
40	侯潮府(-1)	宁波海洋置业有限公司	26687.81	8606.24
41	侯潮府(-2)	宁波海洋置业有限公司	16119.54	9034.60
42	侯潮府(-3)	宁波海洋置业有限公司	5069.68	8233.04
43	华城世家(全部)	宁波华翔房地产有限公司	440.62	3083.92
44	华城悦园(-1)	象山华友半岛房地产有限公司	1210.95	4715.68
45	嘉悦景苑(全部)	象山金舒置业发展有限公司	128.44	10352.00
46	金都花苑(全部)	象山金鸿房地产有限公司	2087.9	17064.40
47	锦湖名苑(-7)	宁波市信明房地产开发有限公司	233.27	9366.56
48	锦怡花苑(-1)	象山县东方房地产开发有限公司	639.72	7554.87
49	晶都佳苑(全部)	宁波荔港大酒店有限公司	1052.18	6557.81
50	晶都佳苑二期(-1)	宁波荔港大酒店有限公司	113.11	7956.86
51	晶都佳苑二期(-2)	宁波荔港大酒店有限公司	1477.22	7416.88
52	晶都佳苑二期(-3)	宁波荔港大酒店有限公司	1162.13	5591.93
53	晶都佳苑二期(-4)	宁波荔港大酒店有限公司	6726.75	7725.88
54	晶都佳苑二期(第5批)(-5)	宁波荔港大酒店有限公司	3202.79	7981.80
55	璟瑞府(-1)	宁波甬洲置业有限公司	7992.98	10645.79
56	璟瑞府(-3)	宁波甬洲置业有限公司	12864.02	11286.36
57	璟瑞府第二批(-2)	宁波甬洲置业有限公司	37851.05	11397.41
58	久久华庭(全部)	象山桦东房地产开发有限公司	127.81	10110.94
59	玖墅府(-2)	象山石成置业有限公司	985.77	16799.05
60	玖墅府(-3)	象山石成置业有限公司	374.73	14287.58
61	玖墅府(-4)	象山石成置业有限公司	3632.01	15237.29
62	玖墅府(玖墅府)	象山石成置业有限公司	459.71	13667.57
63	兰园二期(全部)	宁波天蓝置业有限公司	2313.34	27750.35
64	兰园三期(8幢11幢)(-7)	宁波天蓝置业有限公司	21020.8	12239.52
65	兰园三期(全部)	宁波天蓝置业有限公司	9844.65	12888.51
66	兰园三期(全部)	宁波天蓝置业有限公司	5269.85	14399.93
67	蓝郡小区(-1)	宁波甬泉置业有限公司	2019	8749.44
68	牡丹苑(-2)	宁波巨鹰房地产开发有限公司	325.14	9609.68
69	南方新都(-1)	象山楠方置业有限公司	6954.02	8609.70
70	南方新都(-2)	象山楠方置业有限公司	2797.91	8670.83
71	南方新都(二期)(-3)	象山楠方置业有限公司	1451.57	8818.12
72	宁波象保合作区邻里中心项目二期(全部)	宁波象保合作区邻里中心项目开发有限公司	5564.53	8323.89
73	宁河苑(全部)	宁波石浦半岛置业有限公司	623.58	7822.57

续表12

序号	项目名称	开 发 商	成交面积	均 价
74	琴声园(-1)	宁波石浦半岛置业有限公司	3582.89	12040.26
75	琴声园(-2)	宁波石浦半岛置业有限公司	5148.98	11562.18
76	青山佳苑(-1)	宁波万亿房地产开发有限公司	470.88	8900.72
77	秋天里(-1)	中铁房地产集团宁波京城投资有限公司	1637.28	10317.22
78	秋天里(-3)	中铁房地产集团宁波京城投资有限公司	13340.97	8524.55
79	秋天里(-4)	中铁房地产集团宁波京城投资有限公司	9933.81	13925.62
80	秋天里(二批次)(-2)	中铁房地产集团宁波京城投资有限公司	16568.01	10129.38
81	上城公馆(全部)	象山众茂房地产有限公司	432.72	10251.09
82	上嘉园(全部)	宁波石浦半岛酒店有限公司	2230.48	9818.12
83	上嘉园(全部)	宁波石浦半岛酒店有限公司	3718.15	9711.64
84	盛世昌明商业街(-1)	宁波昌明房地产开发有限公司	215.23	7903.54
85	十里春风小区(-1)	浙江海知湾房地产开发有限公司	24394.84	7882.49
86	十里春风小区(-2)	浙江海知湾房地产开发有限公司	26187.46	8174.96
87	十里春风小区(-3)	浙江海知湾房地产开发有限公司	17467.81	7860.28
88	十里澜山东区二期(-2)	浙江山语海房地产开发有限公司	2353.81	7051.81
89	十里澜山东区二期(-3)	浙江山语海房地产开发有限公司	2441.04	7018.36
90	十里澜山东区二期(-5)	浙江山语海房地产开发有限公司	1633.5	6748.93
91	十里澜山东区一期(-3)	浙江山语海房地产开发有限公司	120.25	8313.36
92	十里澜山东区一期-2(-3)	浙江山语海房地产开发有限公司	189.82	12692.65
93	十里澜山小区(-1)	浙江山语海房地产开发有限公司	48.28	10342.11
94	石浦镇阳光雅苑(全部)	象山正鸿房地产有限公司	1644.59	6095.69
95	石浦镇悦成海佳苑(-1)	象山金石房地产有限公司	10720.63	4756.07
96	嵩溪茗都(全部)	宁波西瀛置业有限公司	394.27	5593.35
97	腾蛟雅苑(-1)	浙江甬南控股集团有限公司	3150.43	6144.14
98	天麓府(-1)	象山新碧置业有限公司	11023.52	6806.15
99	天麓府(-2)	象山新碧置业有限公司	0	#DIV/0!
100	天玺花园(全部)	宁波世茂新里程置业有限公司	503.19	14892.68
101	万晟华府(-1)	宁波象山富晟置业有限公司	15721.79	12439.21
102	万晟金街(-1)	宁波象山富晟置业有限公司	1724.23	29184.16
103	文仕综合广场(全部)	宁波龙象投资有限公司	1378.46	10349.67
104	西和苑(全部)	象山渔港房地产开发有限公司	1497.95	9697.98
105	西沪华城小区(全部)	宁波翔神投资发展有限公司	1367.75	5191.96
106	西景佳苑(全部)	宁波万亿房地产开发有限公司	470.21	6205.65
107	熙华府(全部)	宁波铁工置业有限公司	1195.97	8692.53
108	象东府(-1)	宁波华惠通置业有限公司	23519.48	6790.90

续表12

序号	项目名称	开　发　商	成交面积	均　价
109	象东府(-2)	宁波华惠通置业有限公司	18085.05	7018.37
110	象东府(-3)	宁波华惠通置业有限公司	13688.84	6974.61
111	象东府(-4)	宁波华惠通置业有限公司	1539.45	6411.93
112	象山中心大厦(-1)	象山思成置业有限公司	8465.96	12073.84
113	象山中心大厦(-2)	象山思成置业有限公司	22879.24	11993.63
114	象山中心大厦(-3)	象山思成置业有限公司	4111.8	9111.47
115	鑫宇大厦(全部)	宁波欣宇商务有限公司	1755.26	7976.03
116	学府名苑(全部)	象山立盛置业有限公司	921.04	8793.45
117	阳光雅苑二期(-1)	象山正鸿房地产有限公司	21152.68	6390.25
118	耀辰公馆(-1)	象山宝实地产有限公司	1354.98	6035.43
119	壹街区商业广场(全部)	宁波申怡置业有限公司	2371.85	22110.90
120	迎凤山庄(全部)	宁波石浦半岛酒店有限公司	243.56	6240.76
121	永泰华苑(全部)	象山南海房地产开发有限公司	894.19	10979.97
122	涌清府(-1)	象山荣安置业有限公司	20477.31	12207.72
123	涌清府(-2)	象山荣安置业有限公司	4878.07	19717.96
124	涌清府(-3)	象山荣安置业有限公司	3752.9	13648.99
125	渔港花苑(全部)	象山渔港房地产开发有限公司	832.83	6195.74
126	御香苑(全部)	宁波碧城置业有限公司	347.61	3078.16
127	悦景湾(-1)	宁波铁工置业有限公司	673.51	7132.02
128	悦景湾(-2)	宁波铁工置业有限公司	2999.65	7967.99
129	悦兰庭(全部)	宁波鸿基置业有限公司	12517.82	12235.81
130	云潮府(-1)	宁波世茂新里程置业有限公司	21668.88	8871.77
131	云潮府(-2)	宁波世茂新里程置业有限公司	18349.02	8933.07
132	云澜府(-1)	宁波世茂新里程置业有限公司	6084.96	8207.93
133	云澜府(-2)	宁波世茂新里程置业有限公司	24397.97	8378.70
134	云澜府(-3)	宁波世茂新里程置业有限公司	24700.65	8980.69
135	云涛居(-1)	宁波世茂新里程置业有限公司	614.5	7821.73
136	云涛居(二批次)(-2)	宁波世茂新里程置业有限公司	2298.28	7982.77
137	紫珑湾小区(全部)	象山凯胜置业有限公司	5474.27	8733.97
138	紫瑞湾小区(-1)	象山美龙置业有限公司	17474.71	8678.08
139	紫瑞湾小区(第二批)(-2)	象山美龙置业有限公司	13474.98	8148.14
140	紫汀盛园(全部)	宁波中港置业有限公司	1148.95	14835.41
141	紫悦馨园(全部)	宁波中港置业有限公司	300.66	10648.57

物业管理

【概况】 2019年,象山县物业管理更趋规范化,全县物业企业50家,管理105个小区(大楼)和单位。

表13

2019年象山县物业企业情况一览表

截至2019年12月31日 单位:个

序号	企业名称	其中在管住宅小区	小区数量
1	象山保佳物业管理有限公司	半岛康桥、半岛上嘉园、半岛琴声、宁和苑	4
2	象山鸿发物业服务有限公司	金丰花园、嘉悦景苑、海域华府、丰雅苑、瑶琳小区	5
3	象山宇呈物业服务有限公司	文仕综合广场	1
4	象山瑞润物业管理有限公司	滨海公馆	1
5	宁波泛亚物业服务有限公司	大红鹰家园、和景府、牡丹苑、阳明花园、学府名苑、海申苑、塔山三期、奥林公馆、金都花苑、巨和苑、印象江南、东一华庭、永泰华苑、锦湖名苑、悦兰庭	15
6	宁波安可物业服务有限公司	龙泽名园	1
7	象山迅捷物业管理有限公司	金港花园、紫悦馨园、皇城家园、东河二期、海景花苑、星海名都	6
8	宁波新上海物业服务有限公司	上城公馆	1
9	象山华西物业服务公司	昌锦家园、新丰大厦	2
10	象山县安保物业管理有限公司	百福大厦	1
11	象山鸿翔物业服务有限公司	海滨佳苑、幸福苑、锦明花苑、晓城故事	4
12	宁波铭星物业服务有限公司	—	—
13	宁波腾越物业管理有限公司	港城佳园、金山佳苑、浦港佳苑、浦港茗都、海城阳光苑二期	5
14	象山县文峰物业管理有限公司	—	—
15	宁波卓大物业服务有限公司	万华康庭	1
16	宁波维众物业服务有限公司	—	—
17	象山幸福家园物业服务有限公司	紫汀盛园、青山佳苑、汇川佳苑、海山佳苑	4
18	象山宇达物业管理有限公司	丹峰小区、城东公寓、丹静公寓、文峰小区	4
19	象山合家物业服务有限公司	文华苑小区、新峰小区	2
20	象山灵通物业有限公司	丽景一期、文景苑、丹静苑、瀛洲小区	4
21	宁波嘉明物业服务有限公司	西子华庭、久久华庭、城西小区	3
22	象山臻心物业管理有限公司	紫金华庭、迎凤山庄、昌锦家园	3
23	象山大成物业有限公司	阳光雅苑一期、阳光雅苑二期	2
24	宁波天勤物业服务有限公司	—	—
25	象山天择物业管理有限公司	—	—
26	象山永信物业管理有限公司	—	—

续表13

序号	企业名称	其中在管住宅小区	小区数量
27	象山怡景物业管理有限公司	怡景雅苑	1
28	宁波骏成物业管理有限公司	海城阳光苑一期	1
29	宁波嘉亿同正物业服务有限公司	—	—
30	象山县伟康物业管理有限公司	—	—
31	象山卓越物业有限公司	—	—
32	世茂天成物业服务集团有限公司象山分公司	世茂天玺花园、世茂玖玺花园、云海居	3
33	北京石榴物业服务有限公司宁波分公司	十里澜山西区	1
34	宁波银亿物业公司	—	—
35	宁波联合物业管理有限公司	—	—
36	金碧物业有限公司象山分公司	恒大海上华府	1
37	浙江亚太酒店物业服务有限公司	丹府一品、梧桐御府、桃花源	3
38	宁波市鄞州华科物业管理有限公司象山分公司	嵩溪茗都	1
39	绿城物业服务集团有限公司象山分公司	百合公寓、白沙湾玫瑰园、丹桂花园、象山兰园、中粮玖墅	5
40	上海阮大物业管理有限公司	—	—
41	浙江开元物业管理股份有限公司象山未来城分公司	邦泰城御园	1
42	浙江盛元城市物业管理有限公司象山分公司	山水人家二期A区、山水人家二期B区、山水人家一期、欢乐家园三期	4
43	浙江永成物业管理有限公司象山分公司	城南御府、欢乐家园二期	2
44	宁波海曙丽园佳城物业服务有限公司	丰泽园、水木华庭	2
45	中铁建物业管理有限公司象山分公司	山语城春天里小区	1
46	广州海伦堡物业管理有限公司	象东府	1
47	博浪安捷物业服务有限公司象山分公司	—	—
48	深圳市嘉诚物业管理有限公司象山分公司	梅苑中央花城、世纪花园、玉兰雅府、欢乐家园一期	4
49	宁波市拓展物业公司象山分公司	西景佳苑、盛世昌明、华城悦园	3
50	上海保集物业管理有限公司	保集蓝郡、府邸庄园	2

房地产中介

【概况】 2019年，象山县二手房市场交易量有所上升，房地产中介企业由2018年的97家，增加到117家。

表 14

2019 年象山县房地产中介机构一览表

2019 年 12 月 31 日

序号	备案名称	法人姓名	企业类别
1	象山六通房产中介服务部	练彭祥	房地产经纪公司
2	象山优宜家房产中介服务部	张　楠	房地产经纪公司
3	象山诚一意房产中介服务部	张青召	房地产经纪公司
4	象山家豪房产中介服务部	王亚维	房地产经纪公司
5	象山创城房地产营销策划有限公司	徐　旭	房地产经纪公司
6	象山县石浦新家园房产中介所	丁赛幼	房地产经纪公司
7	象山嘉之利房产中介服务部	顾英安	房地产经纪公司
8	象山县石浦南元房产中介所	丁　辉	房地产经纪公司
9	象山县石浦迎盛房屋中介所	黎爱南	房地产经纪公司
10	象山县石浦中连房地产中介服务部	陈玉花	房地产经纪公司
11	象山县石浦日昇房屋中介所	毛秀芝	房地产经纪公司
12	象山县石浦兴兴中介服务部	沈建芬	房地产经纪公司
13	象山县莲芬房产中介所	李莲芬	房地产经纪公司
14	象山石浦好源房地产中介所	金彩娣	房地产经纪公司
15	象山县新世纪房地产经纪有限公司	罗赛君	房地产经纪公司
16	象山县石浦巧巧房产中介所	王巧巧	房地产经纪公司
17	象山县石浦美好家缘房产中介所	卢玲芬	房地产经纪公司
18	象山县华诚房地产中介服务部	林祝军	房地产经纪公司
19	象山县石浦友家房产中介所	陶赛飞	房地产经纪公司
20	象山县石浦玉泉阿亚房产中介所	陈春亚	房地产经纪公司
21	宁波象导网络科技有限公司	张　贤	房地产经纪公司
22	石浦绿源房产中介所	霍启忠	房地产经纪公司
23	宁波金策房地产销售代理有限公司	戴照识	房地产经纪公司
24	象山县石浦新达房产中介所	林达勇	房地产经纪公司
25	象山县石浦亿诚房屋中介所	罗英芝	房地产经纪公司
26	象山县石浦浦源房屋中介所	陈宗亿	房地产经纪公司
27	象山丹城永一利房产中介服务部	林月梅	房地产经纪公司
28	象山我爱我家房地产中介服务部	吴杏玉	房地产经纪公司
29	象山县石浦蔡美房屋中介所	蔡美容	房地产经纪公司
30	象山丹城银利房产中介服务部	丁玲娜	房地产经纪公司
31	象山县石浦升诚房产中介所	张苏根	房地产经纪公司
32	象山丹东林首房产中介服务部	张宏伟	房地产经纪公司
33	象山幸福家园房产中介服务部	高　骏	房地产经纪公司

续表14

序号	备 案 名 称	法人姓名	企 业 类 别
34	象山中汉房地产销售代理有限公司	谢忠根	房地产经纪公司
35	象山叁仁房产中介有限公司	林 楠	房地产经纪公司
36	象山大众房地产经纪有限公司	梅亚益	房地产经纪公司
37	象山信德房产中介服务部	邱春联	房地产经纪公司
38	象山县石浦潘小跃房屋中介所	潘小跃	房地产经纪公司
39	象山县石浦阿莲房屋中介所	吴玉莲	房地产经纪公司
40	象山信源房产中介服务部	顾鹏飞	房地产经纪公司
41	象山丹西光大房产中介服务部	林培玉	房地产经纪公司
42	象山县石浦敏霜房屋中介所	吕敏霜	房地产经纪公司
43	象山县石浦骏马房产中介所	吕美英	房地产经纪公司
44	象山县石浦欢乐房地产中介所	郑忠芝	房地产经纪公司
45	象山县石浦宝嘉房屋中介所	林玉莲	房地产经纪公司
46	石浦广源房屋中介所	郭云莲	房地产经纪公司
47	象山强丰房产中介服务部	罗 强	房地产经纪公司
48	象山石浦乐居房产中介所	郑 敏	房地产经纪公司
49	象山新虹利房地产销售代理有限公司	吴允良	房地产经纪公司
50	象山诚发房产中介服务部	陈淑萍	房地产经纪公司
51	象山石浦心和房屋介绍所	林振国	房地产经纪公司
52	象山县石浦小敏房屋中介所	崔 敏	房地产经纪公司
53	象山县石浦圆梦房产中介所	周赛娟	房地产经纪公司
54	象山县石浦新一家房产中介所	郑菊平	房地产经纪公司
55	象山丹东锡安房产中介服务部	马成女	房地产经纪公司
56	象山县石浦李老师房屋中介所	李丽君	房地产经纪公司
57	象山丹东新佳园房地产中介服务部	赖才国	房地产经纪公司
58	象山丹城小灵通房产中介服务部	萧 红	房地产经纪公司
59	象山丹城嘉利房地产经纪有限公司	顾英安	房地产经纪公司
60	象山丹城佳居房产中介服务部	郑 磊	房地产经纪公司
61	象山县石浦鑫山房屋中介所	林爱红	房地产经纪公司
62	象山兴江房地产中介服务部	郑金波	房地产经纪公司
63	象山丹城南源房产中介服务部	杨彩琴	房地产经纪公司
64	象山丹东诚意房产中介服务部	王小宏	房地产经纪公司
65	象山丹东宏远房产中介服务部	钱琴珠	房地产经纪公司
66	象山鑫意房产中介服务部	陈 艳	房地产经纪公司
67	石浦鑫缘房地产介绍所	张素珠	房地产经纪公司
68	象山丹东日一胜房地产中介服务部	夏王法	房地产经纪公司

续表14

序号	备 案 名 称	法人姓名	企 业 类 别
69	象山丹城益友房产中介服务部	钮素梅	房地产经纪公司
70	象山丹城鸿达房产中介服务部	史继勇	房地产经纪公司
71	象山丹城来发房产中介服务部	林海勇	房地产经纪公司
72	象山家家福房地产中介服务部	林善权	房地产经纪公司
73	象山铭家房产中介服务部	郑妹琴	房地产经纪公司
74	象山小石头房产经纪有限公司	石伟富	房地产经纪公司
75	象山丹西荣欣房产中介服务部	朱优华	房地产经纪公司
76	象山县石浦金山阿玲房产中介所	龚利华	房地产经纪公司
77	石浦海龙装潢设计工作室	张海龙	房地产经纪公司
78	象山县石浦阿红房地产中介所	王丽红	房地产经纪公司
79	象山旺源房产中介服务部	李　存	房地产经纪公司
80	象山丹城宏都房产中介服务部	郑慧娟	房地产经纪公司
81	象山丹城丹通投资信息咨询服务部	张　村	房地产经纪公司
82	象山久益房地产信息咨询服务部	郭惠惠	房地产经纪公司
83	象山好房多房产中介服务有限公司	王总秀	房地产经纪公司
84	象山天澜房产中介服务部	赖如海	房地产经纪公司
85	象山建立房地产中介服务部	胡建立	房地产经纪公司
86	象山三升房产中介服务部	杨胜利	房地产经纪公司
87	象山丹城启新房产中介服务部	曹爱珠	房地产经纪公司
88	象山美地房产销售代理有限公司	陈骏虎	房地产经纪公司
89	象山半岛房产中介服务部	戴望栋	房地产经纪公司
90	象山恒佳房产中介服务有限公司	徐斌斌	房地产经纪公司
91	象山佳成房产中介服务部	舒丹玲	房地产经纪公司
92	象山鼎悦房产中介服务部	徐敏芬	房地产经纪公司
93	象山胜信房产中介服务部	黄性南	房地产经纪公司
94	象山西周壹佳房产中介所	陈小燕	房地产经纪公司
95	象山方源房地产开发有限公司	鲍磊磊	房地产经纪公司
96	象山房聚源房产中介服务部	吴慧娟	房地产经纪公司
97	象山银历房产中介服务部	倪仙萍	房地产经纪公司
98	象山房之多房产中介服务部	龚冬青	房地产经纪公司
99	象山家美房产中介服务部	陈　红	房地产经纪公司
100	象山丹城南源房产中介服务部来薰路分店	杨彩琴	房地产经纪公司
101	宁波中港房地产销售代理有限公司	胡建立	房地产经纪公司
102	象山永二利房产中介服务部	王维虎	房地产经纪公司
103	象山半岛房产销售代理有限公司	戴望栋	房地产经纪公司

续表14

序号	备案名称	法人姓名	企业类别
104	象山嘉荣房产中介服务部	励成云	房地产经纪公司
105	宁波睿象房地产发展有限公司	郑　华	房地产经纪公司
106	象山好管家房地产中介服务部	姚会凯	房地产经纪公司
107	象山同鑫房产中介服务站	张海挺	房地产经纪公司
108	象山众家房产中介服务部	余兴宽	房地产经纪公司
109	象山县石浦卫丹房产中介所	金卫丹	房地产经纪公司
110	响当当(宁波)房产代理有限公司	华　锋	房地产经纪公司
111	象山县石浦茂利房产中介所	熊维娜	房地产经纪公司
112	象山县石浦小芬房屋中介所	翟芬芬	房地产经纪公司
113	象山丹东家和房产中介服务部	曹爱珠	房地产经纪公司
114	象山平平乐居房产中介服务部	鲍玲燕	房地产经纪公司
115	象山美地房产销售代理有限公司来薰路分公司	陈骏虎	房地产经纪公司
116	象山迦得房产中介服务部	徐琼飞	房地产经纪公司
117	宁波协盈房地产经纪有限公司	项凯旋	房地产经纪公司

（县住房和城乡建设局　汪啸）

城乡建设投资

【天安路大修工程】 天安路位于象山县中心城区，整条道路贯通老城区、南部新城和大目湾新城，是中心城区最主要的南北要道之一。天安路改造工程范围北起象山港路，南至滨海大道，全长4956米，标准红线宽40米，不包括象山港路交叉口、滨海大道交叉口。主要建设内容包括道路、景观绿化、综合管线、交通标志标线、照明、丹南路（实验小学北门）改造工程、天安路（建设路至象山港路）公共空间改造工程等。该项目总投资9056万元，为世界银行贷款宁波可持续城镇化项目。于2018年3月开工建设，2019年12月31日前全线完工。

【人才公寓二期稳步推进】 作为宁波市、象山县重点工程，位于丹西街道来薰路与丹河路交叉口东北角，人才公寓一期南首。工程总用地面积约为47080平方米，总建筑面积约104131平方米，共计9幢楼房，层高为16至22层不等，共610套住宅。于2018年3月21日正式开工，主体结构全部完成，粉刷进场施工，设备采购全面完成，项目整体计划2020年12月底正式竣工。

【青草巷区块棚户区改造工程】 该项目系象山县第一个开始重建的棚改项目，位于丹西街道老城区内，县政府西南侧，东临县政府广场，南临县前街，西临北山路，北靠后堂街，总占地面积约2.7万平方米，总建筑面积16278平方米。其中保留历史建筑5幢共计4070平方米，新建1-3层单体建筑11幢共计12208平方米，地下车库1.4万平方

7月26日，常委周坚栋督查重点工程项目推进情况工作（胡永　摄）

米，总投资1.3亿元。该项目由苏州园林设计院设计，基本保留原青草巷、横十字巷和直十字巷的空间走向及布局，并运用原地修缮和迁建修缮、新建等手法，恢复江南传统的院落格局和街巷结构，保留象山的历史文化气息和底蕴。就建成后作为特色街区的产业定位进行市场考察。

11月26日，集团董事长、总经理樊承年考察天安路工程进度(冯燕华　摄)

【县中医医院迁建工程】 作为省、市、县重点工程，象山县中医医院迁建工程项目位于丹城城南新区，按三级乙等中医院标准设计，总用地面积6.06万平方米，总建筑面积7.67万平方米，主要建设内容包括住院大楼、诊疗楼、宿舍楼、后勤保障楼等13幢单体建筑，拟建住院床位520张，地上地下车位649个，总投资4.04亿元。县中医医院迁建工程完成住院楼、诊疗楼、行政楼、宿舍楼的主体施工，13幢单体建筑全部结顶，主导整个施工工期的主体全部完成，医院新址规模初现。

【象山县宝海路商务楼】 该项目位于象山县丹西街道天安路与宝海路交叉口西南角，总用地面积21333平方米，总建筑面积28147平方米，总投资1.7亿元。主要建设内容包括六层主楼2幢，二层裙房2幢，以及区内道路、综合管线、给排水、绿化、停车位等室外附属设施。该项目自2018年11月1日正式开工以来，集团下属子公司城投置业项目部抢抓进度，克服梅雨高温天气、材料供应紧张等问题，以打造品质工程为目标，按照既定计划按时保质完成建设任务。A楼裙楼结顶，主楼主体结构部分完工。

【欢乐家园三期B区安置房项目】 12月16日下午，集团组织施工单位、监理单位、设计单位对欢乐家园三期项目进行设计试桩。该项目是县第一批棚改安置小区，位于丹东街道宝海路与巨鹰路交叉口东北角，项目分为A、B区两部分，A区交房入住；B区占地38.2亩，总投资30784.3万元，计划建成住宅楼12幢272套房，于2019年11月开工，计划2022年5月竣工，工期时长860日历天。欢乐家园三期B区周围有中心幼儿园、电信、移动网点、购物超市等便民设施，基础设施配套服务功能齐全，城镇服务功能完善，为入驻居民日常生活提供便利。安置小区的建成，有助于改善城镇环境，加快全县城乡一体化建设进程。

2月25日，县人才公寓二期春节后开工(黄凤喜　摄)

【周建、里新村项目开启施工】 周建、里新村项目是第一个城中村的改造项目，城中村改造意义深远，提升的不仅仅是城市形象，更是创建文明和谐城市的必然要求。由于前期房屋拆迁工作难度较大，政策处理迟迟未有进展，影响项目的节点推进。集团与房征办、丹西街道对接，经协同，房征办出台拆迁补偿细则管理办法，截至2019年12月，周建村完成60%的拆迁协议签订工作，钻探进场施工。

【城西丹山人家安置小区】 城西区块改建项目是县迎接亚运的重要节点项

目，也是县打造县城西部美丽门户奠定坚实基础，以未来社区标准进行打造。项目位于城西路西，靖南路北，环城西路东，狮山路南。总用地面积46576.4平方米，总建筑面积107697平方米，其中地上建筑面积81870平方米，地下建筑面积25827平方米，共15幢，总户数643户，总停车位859个。项目总投资8.1亿元，计划于2023年1月交付使用。2019年完成政策处理工作，等待土地拍卖，各项前期工作正在有序推进。

【东谷路（象山河路—丹山路）道路工程】 东谷路（象山河路—丹山路）道路工程为南北向城市主干道，北起象山河桥南侧、南至丹山路，道路全长520米，设计为双向四车道，沿线与丹霞东路相交。该项目政策处理难度较大，丹东街道主要领导高度重视，配强工作力量，扎实推进政策处理，成立工作组，在2019年年中完成项目涉及的所有征迁工作，保证工程实施。7月25日，东谷路（象山河路—丹山路）道路工程开始地面清表工作，标志该项目正式全面开工。该路段作为东谷路（象山河路—宝海路）的第一阶段，将为贯通南部商务区、大目湾新城与象山老城区迈出重要一步，可缓解天安路、巨鹰路等城区南北向道路的已有交通压力，为今后周边地块开发提供基础保障。

【来薰路拆迁洋心安置点建设工程】 该建设工程位于丹西街道洋心村西大河与殷夫路交叉口西南角地块，总用地面积48628平方米，总建筑面积54933平方米。整个地块呈规则长方形，以区内7米道路分为东西两个区块，西侧地块为农民安置房地块，设计8幢6层普通住宅，其中大户套型120平方米90户，小户型60平方米129户，东侧为农民自建房区块，设计为90户三层农民自建房，为来薰路拆迁户安置小区。项目自2019年5月8日正式进场施工以来，城西路网工程指挥部严格按照时间节点要求，在确保工程安全质量的前提下，加快项目建设进度，以确保来薰路道路工程如期贯通。施工现场9台打桩机、2台挖掘机开足马力作业，抓紧进行桩基工程施工。

11月27日，集团董事长樊承年等人考察青草巷项目工地（黄凤喜　摄）

【环城西路道路工程加速推进】 环城西路作为象山县城市规划主干道之一，也是城西区域的中心通道，在项目推进过程中，面对涉及面广、任务重、难度大的实际情况，集团与街道等各部门加强协调配合，迎难而上合力攻坚，现全线开工。截至2019年12月31日，拆迁工作基本完成（三期还有2户），三期完成路基30%，四期路基完成，五期路基及桥涵完成30%。政策处理工作稳中有进，下一步待安置地块征用完成后，尽快启动余下的17户白石村动迁工作。

内部机制

【评为2018年度县重点工程立功竞赛优胜单位】 集团被评为2018年度县重点工程立功竞赛优胜单位（项目建设），在城市建设工作中付出的得到认可。2018年，集团以“八八战略”为引领，贯彻市县“六争攻坚、三年攀高”决策部署，破解融资难题，全面推进城市建设，全年承建房建项目8个，市政项目49个，城市天然气利用项目1个，其中重点工程15个，截至年底完成投资10.95亿元，完成率100.2%。一年来，在房建项目持续发力，完成客运东站竣工验收并交付使用，该项目获评象山县“金象奖”优质工程，浙江省安全文明施工标准化工地，人才公寓二期、中医医院迁建、青草巷特色街区等项目均超额完成投资与建设进度。市政方面亮点突出，瞄准基础设施短板，严控工程质量，建成宝海路（巨鹰路至海山路）、南河路等6条城区道路，贯通丹河路等城市主干道，有序推进环城西路、天安路大修、殷夫路、塔山公园等市政重点项目。

【推进管道燃气工作】 2019年2月20日，象山华润燃气市场开发部工作人员赴丹静苑小区，进行老小区管道燃气开发实地勘查，与用户对接。工作人员详细了解小区现场具体布置，并就管线改造、成本核算、后续发展等方面与小区相关管理人员进行探讨，以保证老小区居民尽快使用上安全、便捷的管道燃气。

【县城投集团召开二季度扫黑除恶专项斗争工作推进会】 为全面落实全国、省市县扫黑除恶专项斗争专题部署会议精神，保持政治定力，推进专项斗争工作，2019年4月1日，集团党委书记、董事长苏峰主持召开2019年二季度扫黑除恶专项斗争工作推进会,传达全县扫黑除恶专项斗争专题部署会议精神,中央扫黑除恶第11督导组近日进驻浙江省开展扫黑除恶督导工作,共同推动浙江省扫黑除恶专项斗争开展。集团按照上级统一部署,重点排查在征地、租地、拆迁、工程项目建设等过程中煽动闹事,以及强揽工程、恶意竞标、非法占地的黑恶势力,针对无法处理、涉黑嫌疑等事件,收集视频、文字等相关证据材料,上报线索,将集团扫黑除恶专项斗争工作做实做细,成为保障城市品质稳步提升的主力铁军。

【县档案局到集团检查指导】 5月14日,县档案局业务督导科负责人徐维亚、余全生,到集团检查指导档案工作,副总经理王惠陪同。通过实地查看档案库房、档案办公用房,以及各类档案整理情况,督导科对集团档案工作给予肯定。在随后的座谈会上,督导科对集团档案工作存在的问题作出分析,就档案管理涉及的队伍建设、制度建设、经费保障、归档内容、案卷质量、保管期限划分等方面提出意见,并对集团档案工作在信息化建设方面作出指导,要求加快推进集团数字档案室建设步伐。集团以此次检查为契机,学习贯彻档案法规及业务建设标准,改善档案管理和服务环境,确保各项指标达到省企业档案工作等级评定标准。

【县城投集团档案工作通过县级等级评定考核验收】 12月6日,县档案局评定小组对县城投集团企业档案工作等级评定进行考核验收。评定小组按照评定标准,通过听取工作汇报、审阅相关台账、座谈询问、实地查看等方式,针对"组织管理、设施设备、业务建设、信息化建设"四个方面对集团档案进行全面检查。

评定小组一致同意集团通过企业档案工作良好等级评定。

【华润燃气"3·15"活动】 3月15日下午,象山华润燃气有限公司在象山国际风情街开展以"重诚信、保安全"为主题的"3·15"国际消费者权益日宣传咨询服务活动。活动现场设立咨询服务台,向市民介绍安全用气知识,并为部分市民提供免费上门安检服务。此次活动共发放各类宣传资料500多份,接受咨询400多人次,处理用户反映的问题12件,免费上门服务4户。

【象山华润燃气有限公司宣传安全事项】 作为民生行业,象山华润燃气公司对安全生产与安全使用高度重视,多次对外进行宣传教育活动。3月13日下午,象山华润燃气与象北瓶装燃气配送公司开展场站安全管理制度宣贯学习。内容包括《液化气储配站门卫管理制度》《气瓶配送人员的场站管理制度》《禁火禁烟管理制度》等三大场站制度,并对"安全事故无小事,场站安全靠大家"理念作强调,确保安全生产工作。5月21日上午,按照县燃气办工作要求,象山华润燃气在丹城公园开展燃气安全宣传活动。活动现场设立咨询服务台,通过展板宣导燃气安全、注意事项等指示,并发放宣传手册,解答群众提出的各种燃气相关问题。

资产运营及售后管理

【解决欢乐家园菜场民生需求】 5月7日,为贯彻象山县委、县政府"三服务"活动精神,促进象山县文明城市创建,集团针对欢乐家园周边菜农临时设摊导致交通隐患情况,会同县政协科协界别组、县综合行政执法局、县自然资源和规划局、欢乐社区等相关部门,赴欢乐家园实地调研排摸临时菜场自贸区设置情况,初步确认设置区域。欢乐家园一、二、三期已有住户4851户,由于周边缺乏综合市场等基础配套设施,小摊小贩在欢乐路自发形成"马路市场",造成交通拥堵等一系列问题和安全隐患,给居民日常生活带来不便。集团从居民需求出发,多方对接协调,确立以疏堵结合的方式,从近期、中期、远期三个策略予以解决。一是近期解决措施。由县商务局牵头,在欢乐路东侧设立约2000平方米的临时菜场,保障居民基本生活需求,对占道摆摊的零散摊贩进行劝离,维护道路环境秩序。二是中期解决措施。为防止马路市场出现反弹,组建长效管理队伍,采取"定人定点定责"措施,继续引导摊贩规范合理经营。三是远期解决措施。联合规划部门,规划商铺、超市、餐饮、停车场一体化的小区邻里中心。

调研学习

【县委第三巡察组、县经济责任审计组进驻县城投集团并召开动员会】 4月3日下午,县委第三巡察组、县经济责任审计组进驻集团,开展县城投集团党委巡察暨苏峰任期经济责任审计工作,并召开动员会。按照县委年度巡审工作的总体部署,巡察组、审计组开展为期2个月的县城投集团党委巡察、苏峰任期经济责任审计。巡审期间,巡察组、审计组通过听取工作汇报、个别访谈、召开座谈会、查阅相关资料、了解核实相关问题等形式,聚焦全面从严治党,紧扣"六项纪律",对县城投集团领导干部和全体干部职工在党的领导、党的建设和党的路线方针政策落实情况,履行全面从严治党责任、执行党的纪律、落实中央八项规定精神、党风廉政建设和反腐败工作以及选人用人等方面的情况进行巡察监督、审计监督。

【宁波市副市长许亚南一行赴县中医医院迁建工程现场调研】 7月19日下午,宁波市副市长许亚南一行赴象山县中医医院迁建工程现场开展"三服务"工作调研,象山县副县长钮晶莹、集团副总经理王笑舒陪同。许亚南对前期集团创新工程管理模式,采取"明确目标,落实责任"的倒排工作机制,合理安排阶段性计划,稳步推进工程建设给予肯定。象山县中医医院迁建工程作为省、市重点工程,县重大民生实事工程,是提升象山百姓生活水平的重要支撑,需要各相关单位分析项目建设过程中面临的新形势与新问题,加强配合协调,明确工作任务,强化工作举措,保证工程建设品质。许亚南强调,作为象山县公建项目应用装配式建筑技术的起航地，相关责任人必须重点关注新工艺的实际应用，及时总结研究，实现装配式建筑节能、环保、高效的目标，并根据实际及时调整施工计划，促进项目建设规范化、精细化，提高工作效率，打造出百姓认可、品质卓越的精品民生工程。

（县城市建设投资集团有限公司 冯燕华）

住房公积金管理

【概况】 象山县住房改革委员会办公室与宁波市住房公积金管理中心象山分中心合署办公。截至2019年12月底，全县累计办理住房补贴14997人，住房补贴资金43846.27万元。手续办结率100%。其中：县属单位14437人，4223.07万元；垂直单位560人，1623.20万元。全县共有住房公积金缴存单位1708家（其中：正常缴存1245家，封存463家），实际缴存44247人，累计归集总额614654.69万元，累计提取421429.11万元，归集余额193225.58万元。累计贷款459734.62万元（包括“公转商”贷款95216.00万元），贷款余额278629.15万元（包括“公转商”贷款95216.00万元），累计增值收益（包括风险准备金、管理费用、廉租房补充资金）25199.81万元。2019年，获浙江省示范数字档案室、宁波市2018年度工作目标考核评位第一、象山县公共服务窗口文明单位。

【新增人员住房补贴手续】 2019年，全县共办理新增住房补贴人员518人，住房补贴资金1402.29万元（其中：行政编制在职人员72人，195.21万元；全额事业编制在职人员348人，942.04万元；差额事业编制在职人员78人，211.04万元；垂直单位20人，54.00万元）。

【兑现住房补贴资金】 2019年，应兑现住房补贴资金1544.52万元，6294人（其中：行政238.42万元，836人；全额事业1091.73万元，3931人；差额事业214.37万元，1527人）。相关资料汇总并递交县财政核拨。

【自收自支事业单位的住房补贴工作】 截至2019年12月底，有17个部门单位完成组织实施，计356人，住房补贴资金1055.54万元。其中：2019年，10个部门单位307人，907.28万元。

【出具房改证明】 2019年，出具是否享受房改等优惠政策证明816份。

【处理住房补贴遗留问题】 2019年，原农林局、原水利局退休人员和公路段在职人员信访件处理，经信局房改遗留问题妥善处理完毕，原东谷湖宾馆（自收自支事业单位）住房补贴事宜提出政策性建议意见，相关遗留问题妥善处理。

【住房公积金业务】 缴存。净增人数4218人，完成年计划2500人的168.72%；归集90124.71万元，完成年计划84781万元的106.30%。

提取。提取74530.27万元，完成年计划65000万元的114.66%。

贷款。放贷48790.65万元，完成年计划36000万元的135.53%。其中：住房公积金贷款31181.65万元，完成年计划24000万元的129.92%；住房公积金转商业贴息贷款17609万元，完成年计划12000万元的146.74%。

增值收益。增值收益2508.82万元，完成年计划1670万元的150.23%。

【政策宣传】 通过《今日象山》专题报道《托起千万安居梦》向社会各界做宣传；结合年度住房公积金缴存基数、比例调整和验审工作宣传；通过上门走访企业和社区宣传、银行电子屏滚动宣传、人民广场设摊宣传、运用微信公众号等多渠道、多角度、多媒体宣传。

【扫黑除恶】 对接社保参保人数，对缓缴、漏缴、欠缴等现象，依法合规办理。规范国有企业缴存政策和上市企业缴存基数，调整部分提取政策，完善提取操作指南。妥善处理个人账户合户、返聘缴存事宜，继续清理封存或中止状态账户工作。2019年，向上级部门移交问题线索10条。共受理骗提骗贷案件3件，未投诉。清理封存或中止缴存账户609户，占应清理账户1326户的45.93%，尚有717户待继续清理。

【强化信贷风险防控】 规范贷审会操作程序，梳理“公转商”贷款信息数据，处理“一房两贷”事宜。2019年，新增贷款楼盘12个，排查它项权证1049户（其中：“二手房”340户，期房709户），受理撤销备案合同228笔，贷款逾期率继续保持0。

【服务平台安全运作】 2019年，利用住房公积金大数据和“互联网+”技术，受理全国住房公积金异地转移业务123笔，234.16万元。截至2019年12月，累计937家单位签订网厅三方协议，其中920家单位领取U盾，占98.19%。截至2019年12月底，住房公积金年度验审应参1166户，参加1111户，完成率为95.28%。

【档案管理争上台阶】 2019年，业务档案（1999年—2015年）完成扫描并验收，移交县档案管理部门管理，在编在岗人员人事档案按规定移交。

【主动接受社会监督】 2019年，回复浙江统一政务咨询投诉平台16件，回复网民政策咨询9件，无投诉。从县政务办反馈的信息，中心的行政审批满意度连续保持100%，绩效考核结果连续保持100分。2018年度住房公积金和财务运作情况在《今日象山》公告，2018年度住房公积金个人账户结息到账到户。

【“最多跑一次”改革纵深推进】 2019年，完成调研报告《“最多跑一次”改革在住房公积金管理中的实践与思考》。截至2019年12月底，象山县境内有9家（2019年新增5家）试点合作银行为39558个住房公积金缴存者办理“公积金”点贷业务，占实际缴存人数89.04%。通过推行“一证通办”业务，在大数据获取业务所需数据正确的前提下，只需要提供身份证，即可办理提取、贷款等相关业务。建立提取（退休）、贷款“一件事”联办工作机制，通过人社和不动产登记等部门单位联网授权，在受理住房公积金提取（退休）、贷款业务申请时，一并进行相关材料受理以及身份校验。截至2019年12月底，除网上办件率86.38%和零跑次93.34%外，其他7个指标均为100%，达到阶段性考核指标要求。4项主项30项子项的群众、单位办理事项为100%，全部达到“最多跑一次”目标。

（县住房公积金管理中心　蒋新辉）

大目湾新城

【概况】 2019年，大目湾完成总投资23.1亿元，占年度计划123%。其中，社会投资完成20.03亿元，完成率130%；政府投资完成3.8亿元，占年度计划的111%。社会投资、政府投资实现双超额。

【重点项目】 2019年度续建工程16项，13个项目列入县重点工程。其中，“三大项目交付”，“六大项目开工”，“十大项目快速推进”。亚帆中心陆、海域主体结构成型。省重点项目象山影视学院一期完工，2020年开春投用。

政府投资项目全面实施：工程项目招标12项，微型项目备案180项，政府采购项目85项。列入县重点工程项目5个，其中：城市综合广场项目完成桩基工程，地下室完成90%。松兰大道及乐居河景观工程完工。市政配套项目跟进，中心区21条路全线亮灯共1803盏，17条道路安装铺设交通标志标线，34个路口启动红绿灯，108个高清摄像头，10座箱变，完成绿化面积27.38万平方米，完成塘渣107万立方米。大目湾海绵城市示范区建设完成，入选全省样本案例。截至当前，新城完成道路36.7千米、桥梁44座、闸门16座，景观绿化120万平方米等，完成投资总约42.8亿元。

社会投资项目稳步推进：2019年13个县重点工程项目施工建设，其中有4个新开工项目（奥特莱斯、开元名庭酒店、世茂11A、石榴4号），有6个续建项目（影视学院，红星美凯龙24、25号地块，华美旅游，中铁二期，中科三期，世茂三期综合体），2个半年度新增项目（乐惠啤酒广场、世茂茂御酒店）。其中，省重点项目影视学院完成一期工程，2020年开春交付使用，2期项目9层结构，完成投资3亿元。亲和源于5月开园，有30多户老人入住。开元名庭主体结顶，进入内墙分割施工；乐惠啤酒广场精酿谷桩基施工完成，春节前完成正负零零，公寓楼施工许可证春节前办理完成，节后施工。世茂、中铁、红星美凯龙、华美等房地产项目陆续开发。

【招商项目】 管委会采用“引进来、走出去”策略，借助县、市、省等各级招商平台，有针对性地开展区域宣传和项目招商。年初以来，累计接待来访意向客商约200批次，以功能性项目居多，主要的意向项目有大连圣亚海洋王国项目、北京燕园科创康养项目、成都天立集团K12高端学校，温医大附属医院大目湾院区及太平医养项目等。跟进项目，与项目方密切洽谈，提供意向地块详细资料，并配合开展市场调研及项目可行性分析等工作。经核定，2019年完成内资超16亿元，提前超额完成年度目标的134%，浙商回归18871万元。

【综合整治】 大目湾城市管理功能逐步完善，由工程建设、招商引资为主进入到城市建设、管理、治安、环保等阶段。推进松兰山国家级旅游度假区创建：一是化解运营压力。通过媒体宣传、活动推介及异域合作等形式，化解因道路改造提升和多雨多台风对景区运营的双重压力。1—12月累计接待游客55万人次，门票收入1068万元。二是创建工作突破进展。解决核心区175亩土地历史遗留难题，妥善办理土地农转用报批。松兰山旅游度假区总体规划获省政府批复，控规编制完成评审，松兰山国家级旅游度假区创建通过省级资源评估；松兰山ISO14001环境管理体系完成认证工作，并获取证书；三是重点项目建设按计划推进。白沙湾喜来登酒店复工结顶，完成投资额1.8亿元，完成率120%。游客中心、广场、停车场及配套工程完成招投标；核心区提升改造工程完成重点区域方案；智慧旅游项目方案确定。

全面优化营商环境：开展环境整治，加强区域内78.6万平方方道路和277万平方方水系保洁管理，垃圾处置日约60桶。保障道路安全，2次大维修松兰大道，修复隔离护栏200档500余米，安装施工道路转角镜5面，查处道路乱停车、乱设摊现象，临时封道海天路东侧两个月，消除阿拉的海营业、松兰山旅游旺季的交通安全隐患。加强防台防汛，及时启动应急预案，全员在岗，全面排查，安置民工约3000人次，及时清理路障及扶植倒树等。开展内湾渔船安全整治，收缴三无船只2艘，销毁简易捕鱼船只6只，清理销毁地笼网100余顶。及时收集稳控信息，在各居民小区、主要干道、中心广场和各在建项目，利用灯箱、展板、横幅、电子屏幕和施工围挡、安全橱窗等进行宣传教育工作，发放各类宣传单2000多份。落实全县扫黑除恶斗争专项活动部署，加强区域建设经营环境排摸，通过警务室、社区等部门化解日常矛盾纠纷100多件，报县扫黑办涉黑涉恶线索6起。

推进国有资产保值增值：签订大目湾商品混凝土有限公司土地续租协议，评估炮台山东北侧土地及中心绿地商铺出租价格，收回大目湾原金针菇厂出租厂房。金井头石场累计产量170万立方米，共计为24个项目提供石渣。

展现提升区域形象：全面宣传区域形象。策划开展全省摄影大赛、环大目湾公益毅行助学、全县太极拳展演等活动，社会各界响应参与，大目湾形象得到全方位展现。全面开展社区工作，大目湾交付入住小区8个，入住854户，入住率为42%。已有户籍人口79户190人，常住人口2300余人。本社区内卫生、纠纷处理、计划生育、社区党支部、文娱活动等各项工作逐步正规化。8月，启动大目湾新城省级垃圾示范区创建系列工作。2020年1月18日，兰湾社区党建服务站正式启动。

【要素保障】 管委会多措并举，通过多种途径解决城市开发建设、招商引资所必需的资金、土地等需求。

【融资保障到位】 全年计划融资35亿元，通过银行融资、信托融资、融资租赁、出售资产收益权产品募资、发行非公开公司债等渠道，并首次尝试小公募融资模式，多措并举解决下属4家国企、2所学校及影视学院、亚帆项目资金需求。经统计，1—12月完成融资40.477亿元，完成率116%。

【土地供给到位】 根据总体规划及项目招商情况，制订10宗土地出让供地计划。其中，移动基站、学校、华美、机械研究院及影视学院南侧34亩用地等5宗地块供给。另加油站、两个住宅地块、83亩及8.25亩等5个地块暂缓到2020年一季度拍卖。

【主题教育“五个二”】 9月12日，大目湾管委会“不忘初心、牢记使命”主题教育正式启动，以“五个二”为统领，即，抓好二个“学”（个人自学、集体学习），上好二个“课”（专题党课、初心之旅课），抓好二个“找”（调研找问题、对标找差距）、开好二个“会”（领导班子专题民主生活会、党支部专题组织生活会），以及做好二个“实”（走访调研要实、整改落实要实），将学习教育、调查研究、检视问题、整改落实贯穿始终。通过“五结合”，即周一夜学和日常学习相结合，集中学习和自主学习相结合，课堂学习和活动学习相结合，内部授课和邀请讲座相结合，视频展示和考试检测相结合，激发领导干部、党员同志学习的积极性。主题教育开展中，两大活动举办。一是“初心领航、毅行助学”环大目湾徒步活动。10月27日，大目湾联合县绿丝带志愿者协会共同举办公益毅行助学活动。现场布置大型主题教育展板，设置主题教育知识有奖竞答、我与国旗同框等环节，参加活动的2000名爱心人士与200余名党员和义务志愿者一起，完成约10千米的环湾行走。活动所集9.5万元余善款全部用于象山绿丝带“1+E”公益助学项目。二是第二届大目湾摄影大赛（省级）。该活动历时一年，期间摄影协会共组织20余批次的摄影爱好者组团拍摄。共收到作品1827件，全面反映大目湾、松兰山的人文风情、重大项目建设、城市业态风貌等，用图片实景的方式展现大目湾近三年的城市建设和变迁。10月10日，组织省、市、县三级摄影家协会主席等5名专家进行评选，其中80件作品获奖。

（大目湾新城　王平）

3月1日，松兰山景区亚帆中心配套道路工程动建。工程由象山松兰山度假区道路改造提升工程（核心区道路）、宁波松兰山亚帆东路改建工程、松兰山度假区道路改造提升工程（亚帆南路）三条路组成。项目起点位于松兰山景区北侧爵溪收费站处，终点位于松兰山隧道连接线处，全程共计12.8千米，建安造价1.71亿多元，建设工期25个月，总长12.8千米，工期2年。总投资1.71亿元。

（林敏）

3月13日，大目湾奥特莱斯商城开工。项目由以多置业投资开发，用地19.6亩，总投资2.6亿元，建设内容为酒店、商城、广场。其中一至二层为奥特莱斯商城，含美食餐饮、休闲娱乐等；三至顶层为产权式酒店。计划于2021年完工开业。

（林敏）

4月1日，大目湾城市综合广场正式动建。项目位于大目湾新城中心区天安路入口处，总用地面积约55亩，总建筑面积约6.5万平方米，建设内容包括新城中心菜场、公交首末站、酒店、综合楼、超市、社区用房、文体用房等，项目总投资约4.5亿元，2021年投入使用。

（林敏）

5月8日，世茂新天地商城外墙装饰完工。该项目由上海世茂投资开发，占地33.87亩，总建筑面积29923平方米，于2015年初完成主体结构，完成投资1.5亿元。在停工近两年后，作为市督办复工项目，于2018年6月复工。拟招商餐饮、购物、宾馆、少儿培训等。

（林敏）

9月11日，市应急中心、公安局、宣传部等多部门领导莅临松兰山，点赞海上救生队工作。据统计，救生队自成

立以来，先后参与水上搜救工作 10 余起，避免水上意外事故 60 余起。

（林敏）

11 月 2 日，大目湾乐惠啤酒广场动建。总投资 2 亿元，建设体验、旅游、商务为一体的新业态综合体，其中精酿展示区计划于 2020 年 10 月前后投运。6 日，乐惠啤酒文化广场规划方案通过评审。项目位于新城中心区，规划用地约 30 亩，拟建设集办公、研发、公寓式酒店、休闲体验等为一体的酒文化商业综合体。项目于 2017 年 9 月 4 日签约大目湾新城。2018 年 8 月 1 日摘地。

（林敏）

11 月 5 日，松兰山白沙湾喜来登酒店主体结构封顶暨白沙湾防洪工程贯通，副县长穆锦斌等领导出席。喜来登酒店总投资约 10 亿元，总体量约为 6.2 万平方米。计划于 2020 年 12 月底完成精装及景观工程，2021 年 5 月 1 日正式对外营业。白沙湾区域防护工程总长 3.2 千米，由排水渠道、节点工程组成，计划年内完工，为提高区域防洪能力具有重要意义。

（林敏）

11 月 14 日，中国机械研究院（大目湾）南方中心项目揭牌，总投资 12 亿，占地 225 亩，项目分 3 期建设，包括国际交流展示中心、行政中心、研究所、综合楼、实验室、专家公寓、幼儿园以及配套用房等，2018 年 2020 年 8 月动建。项目中远期引进硕士、博士及工程师 800～1000 人。

（林敏）

建筑业

【概况】 2019 年，县建管局围绕“工业旅游双突破、改革创新双驱动”战略，重点实施“四个年”活动，以提质增效、转型升级为主线，集中做好行业引导和企业发展服务指导工作，优化建筑业结构，增强建筑企业市场拓展能力与抗风险能力，县建筑业实现平稳健康发展。

【建筑经济主要指标持续位于全市第一、全省第五位】 2019 年，县完成建筑业总产值 718 亿元，同比增长 2%（按新统计口径），位列全市第一、全省第五位；实现县域入库税收 9.1 亿元，同比增长 18.2%。

【落实建筑业扶持政策】 落实《象山县建筑业发展专项资金管理办法》文件要求，核查建筑企业 15 家，涉及奖励资金 500 多万元，推动企业在品牌创建、科技创新、规模发展、市场拓展等方面持续发力。

【开展行业专项整治】 开展专业技术人员职业资格“挂证”行为专项治理工作，通过研究政策文件、了解行业情况、对接相关部门、组织开展交流会等方式，有序推进“挂证”专项治理，完成“自查自纠”人员核查 4182 人，上报“问题名单”195 人。

【企业帮扶】 积极为企业与金融机构沟通牵线搭桥，加强协调，加大金融支持力度，最大程度帮助企业解决融资难、融资贵问题。2019 年参与有关企业帮困事宜协调会议 10 余次，帮助 3 家企业办理应急转贷资金共计 2.81 亿元。走访调研建筑企业、公检法等相关部门，详细了解全县建筑企业存在的经济纠纷情况，掌握重点案例的进展情况；加强联动，针对典型案例进行专题商讨，形成方案，助力搭建法律服务平台，特别是针对伪造经济合同、虚列成本费用、挪用工程款、内外勾结恶意逃废企业债务等违法犯罪，推进司法援助、案件破解等相关工作。

【优化资质结构】 2019 年，共完成 12 家企业 15 项资质申报工作，完成 3 家企业资质延期、核准工作，引导企业向市政工程、环保、公路、水利等产业方向发展。

【培养建筑人才】 2019 年，按“哪里需要到哪里办班”的原则，采取“请下来，送上门”“订单式服务”的方式，在沪、甬、粤等地共组织各类培训近 40 个班次 4000 多人次；组织开展 BIM、EPC、法务等行业素质提升培训，引导企业向建筑信息化、工业化方向发展，提升企业经营管理水平；抓好与宁波建设工程学校合作举办定向班、与电大合作开展建筑专业学历提升多证班，深入推进行业产教融合；组织企业到大专院校开展推介展会，招聘人员，增强企业人才储备。

【全县建筑业企业品牌建设取得实效】 2019 年，县建筑业企业打造精品工程，共获得市级以上优质工程 34 项，其中国家级优质工程 6 项，省级优质工程 6 项，市级优质工程 22 项。

表 15

2019 年县建筑业企业优质工程项目情况一览表

序号	获奖名称	工程名称	承建单位
1	中国“鲁班奖”	南三环东延工程(南台路至 107 辅道)建设工程	宏润建设集团股份有限公司
2	中国“詹天佑奖”	尚东新天地花园(一期)1-15 幢及车库工程	宏润建设集团股份有限公司
3	“国家优质工程奖”	宁波市轨道交通 2 号线一期工程	宏润建设集团股份有限公司
4		苏州市轨道交通 2 号线及延伸线工程	宏润建设集团股份有限公司
5		中环国际广场	龙元建设集团股份有限公司
6		舟山国家石油储备基地扩建项目	龙元建设集团股份有限公司
7	广东“金匠奖”	宜君汇名苑工程	宏润建设集团股份有限公司
8	浙江“钱江杯”	春晓洋沙山学校工程	龙元建设集团股份有限公司
9		海曙区档案馆新建工程	华锦建设集团股份有限公司
10		甬金高速鄞州连接线横涨至高桥公路(古林至高桥段)工程	浙江良和交通建设有限公司
11		220KV 崇寿变电工程	宁波庆丰建设有限公司
12	福建“闽江杯”	ABB 厦门工业中心项目(二号土地)(X201G01-G)二期上部总承包工程	龙元建设集团股份有限公司
13	宿迁“项羽杯”	金色威尼斯 28-52#	龙元建设集团股份有限公司
14	温州“瓯江杯”	永嘉县滨江公园地下停车场	龙元建设集团股份有限公司
15		永嘉瓯北第一中学地下停车场	龙元建设集团股份有限公司
16		洞头区状元南片市政基础设施工程海景桥桥梁工程	龙元建设集团股份有限公司
17		温州市鹿城区瓯江绕城高速至卧旗山段海塘工程	华锦建设集团股份有限公司
18		瓯江路西延(江滨 A 线西段)二期道路工程	华锦建设集团股份有限公司
19	上海市政工程金奖	上海轨道交通 17 号线	宏润建设集团股份有限公司
20		上海轨道交通 9 号线三期东延伸工程	宏润建设集团股份有限公司
21		上海轨道交通 13 号线二期、三期工程	宏润建设集团股份有限公司
22		上海轨道交通 5 号线南延伸工程	宏润建设集团股份有限公司
23		杭州文一路地下通道(保俶路-紫金港路)工程	宏润建设集团股份有限公司
24	静安区“静安杯”	市北高新技术服务业园区 7 号楼	龙元建设集团股份有限公司
25	苏州“姑苏杯”	狮山路综合改造工程项目二标段	宏润建设集团股份有限公司
26		苏州高新区有轨电车 2 号线下穿工程施工项目 ST2-TJ-4 标	宏润建设集团股份有限公司
27	宁波“甬江杯”	宁波杭州湾新区龙宝路(滨海二路-滨海五路)市政工程	宏润建设集团股份有限公司
28		望童北路(望春路-后孙学校北侧路)道路工程	宏润建设集团股份有限公司
29		滨海万人沙滩配套道路工程	浙江良和交通建设有限公司

续表15

序号	获 奖 名 称	工 程 名 称	承 建 单 位
30	大理州“优质工程奖”	大理泰业国际广场三期 8	龙元建设集团股份有限公司
31		大理泰业国际广场三期 9、11 栋	龙元建设集团股份有限公司
32		大理泰业国际广场三期 13 栋	龙元建设集团股份有限公司
33	衢州“衢江杯”	开化县火车站站前广场及周边配套设施工程(站前广场及地下车库)	龙元建设集团股份有限公司
34	市级观摩工地	景业山湖湾 8 栋	宁波锦虹建设有限公司

【全县建筑业企业科技创新力度加大】 2019 年,县建筑业企业加大研发投入,科技创新能力持续提升,全年共获得省级三等奖 1 项,发明专利 3 项,行业标准 8 项,省级工法 13 项。

表 16　**2019 年县建筑业企业科技创新情况一览表**

序号	奖 项	名 称	企 业 名 称	级别/类别/编别
1	科技进步奖	大跨无风撑中承式内倾钢拱桥关键技术	宏润建设集团股份有限公司	省级三等奖
2	专 利	一种应用于异型钢混结构构件定位的 BIM 方法	龙元建设集团股份有限公司	发明专利
3		暗挖地铁车站洞桩施工方法	宏润建设集团股份有限公司	发明专利
4		一次性高压旋喷型扩大头预应力土锚杆施工方法		发明专利
5	工 法	圆砾层三轴搅拌桩施工工法	龙元建设集团股份有限公司	省级工法
6		盾构土舱保压施工工法	宏润建设集团股份有限公司	省级工法
7		地铁盾构法隧道水下进洞工工		省级工法
8		高压旋喷型预应力锚杆施工工法		省级工法
9		盾构法隧道穿越邻近敏感构建筑物的变形控制施工工法		省级工法
10		变截面箱梁曲线滑移施工工法		省级工法
11		超高层薄浆干砌置入墩头冲孔钢板拉结件抗强震墙体施工工法		省级工法
12		建筑外立面圆弧造型飘带模板支撑体系施工工法	华锦建设集团股份有限公司	省级工法
13		装配组合式超宽无框全玻璃落地窗施工工法		省级工法
14		PVC 排水管管道预留洞口 T 型双头螺纹杆定位控制施工工法		省级工法
15		复杂地层大直径无倾斜潜孔冲击高压旋喷桩施工工法	中和华丰建设有限责任公司	省级工法
16		一次性整体浇筑楼梯间墙梯组合模板施工工法		省级工法
17		《采用预留合拢段对桥梁简支变连续转换施工工法》	浙江良和交通建设有限公司	省级工法

续表16

序号	奖　项	名　　称	企　业　名　称	级别/类别/编别
18	行业标准	《大型公路桥梁中压配电系统技术条件 JT/T823-2019》	宏润建设集团股份有限公司	行业标准
19		《公路桥梁板式橡胶伸缩装置 JT/T1269-2019》		行业标准
20		《公路桥梁梳齿板伸缩装置第 3 部分：整体锚固式伸缩装置 JT/T1270. 3-2019》		行业标准
21		《盾构法隧道管片接缝防水检测技术导则 RISN-TG036-2019》		行业标准
22		塔式起重机混凝土基础工程技术标准	华锦建设集团股份有限公司	行业标准
23		塔式起重机混凝土基础工程技术标准	中和华丰建设有限责任公司	行业标准
24		重力式挡土墙工程施工质量验收标准	中和华丰建设有限责任公司	省级标准
25		水泥土复合管桩基础技术规程	中和华丰建设有限责任公司	省级标准

【龙元打造国内领先的 PPP 全生命周期投资运营服务商】 8 月底，随着丽水市公安局警务技能训练基地 PPP 项目竣工，龙元建设累计已有 9 个 PPP 项目竣工，其中省外项目 3 个、省内项目 6 个，其余已竣工的 PPP 项目分别为山东省莒县基础设施建设项目、辽宁省海城市基础设施建设项目、陕西省渭南市新建学校项目、奉化市道路工程、象山县 71 省道高速公路项目、开化县火车站、杭黄铁路建德东站和温州绕城公路及海塘工程等，累计投入资金 65 亿元。这 9 个 PPP 项目的竣工，标志着龙元 PPP 项目已进入运营阶段。

早在 2014 年，龙元建设下属龙元明城成立之初，就确定打造中国领先的 PPP 全生命周期投资运营服务平台的定位。先后设立专注于特色小镇投资和运营的森林硅谷公司，其投资开发的云安小镇为杭州市特色小镇；设立致力于园区运营和产业发展的专业公司——龙元天册，定位为中国领先的产业运营商，累计引进招商落地项目总金额超过 500 亿元，代表性项目有陕西省吴起县红色小镇、江苏省泗洪县文体小镇等；设立专注于城市停车项目投资、建设和运营服务的上海益城停车，其主导建造全国最深的井筒式地下停车库——杭州市密渡桥路停车场，每个泊位仅需约 1. 3 平方米，相比传统泊位，节约 80%以上的土地资源；组建涉及道路养护、农业运营、医疗运营、文体展馆运营等多个基础设施和公共服务领域的专业团队；参与设立国内首家 PPP 和基础设施行业大数据的科技公司——北京明树数据科技有限公司，用大数据助力公共治理水平提升和改善基础设施及公共服务供给，提供 PPP 数据分析、综合信息管理系统开发、全过程咨询、全生命周期资产管理和评估、评级等服务。

经过这几年的迅速发展，龙元建设实现由传统施工建设向城市基础设施及公共服务设施投资、建设、运营商的转型升级，在产业布局、品牌、施工建设及 PPP 全生命周期都形成全方位的竞争力。

龙元建设半年报显示：上半年营业收入为 113. 8 亿元，同比增长 9. 09%，其中 PPP 业务收入 43. 81 亿元，同比增长 8. 9%，上半年公司新承接传统施工业务 71. 72 亿元，其中国有、外资项目占比达 45. 08%，优化了产业结构。同时，PPP 项目落地和预期效益较为突出，上半年设立 SPV 公司 6 家，累计设立的 PPP 项目公司 62 家，政府回购款 100%如期履约，回购款合计 3. 73 亿元。10 月 30 日，龙元集团发布第三季度财报，公司 2019 年前三季度实现营收 161. 28 亿元，比上年同期增收 6. 59%；归属于上市公司股东的净利润达 6. 27 亿，比上年同期增长 12. 45%，业绩保持稳定增长。

龙元建设坚持理性、规范、健康发展，注重精细化管理和风险防范，扎实推进存量项目的落地实施。为提升 PPP 项目的运营质量，年内 1 月 10 日，集团正式上线 PPP 投管投顾业务，致力于提供基础设施和公共服务领域全流程解决方案，贯穿项目竞标、方案设计、投融资落地、建设管控、运营维护、资本化运作等诸多方面，通过专业服务商实现 PPP 项目资产运营和收益提升。年内 10 月 15 日，龙元建设还成立上海龙元明兴发展有限公司，这是一家为龙元 PPP 项目提供运营管理及产业运营服务的专业运营公司，助推企业主营业务的稳健经营、稳步增长。年内以来，龙元建设又相继承接山东邹城综合管廊工程、四川内江公共文化中心工程、宁波杭州湾新区新建污水工程（一期）、福建连江县城区内河水环境综合整治工程等 4 个 PPP 项目，总投资超过 20 亿元。截至 11 月，龙元建设累计中标 PPP 项目 74 个，总投资超过 850 亿元，位于全国民营企业前列。

【龙元明筑携 S-SYSTEM2. 0 亮相 2019 北京住博会】 11 月 7 日至 9 日，第十八届中国国际住宅产业暨建筑工业化产品与设备博览会(下称“中国住博会”)在北京举行。龙元建设下属企业龙元明筑携S-SYSTEM高性能全装配钢结构住宅产品体系2.0升级版重装亮相,受到参观者青睐。

住博会上,龙元明筑与住房和城乡建设部住宅产业化促进中心签署战略合作框架协议。今后,双方将发挥各自优势,在技术研究、成果共享、人才培养等多个方面深度合作,共同推动装配式建筑行业技术进步。

龙元明筑年内再次入选“中国明日之家2019”主题示范展,全新亮相的S-SYSTEM产品体系2.0升级版精装样板房通过装配式建筑与被动式超低能耗建筑、智能建筑及多元化建筑技术的融合,实现居住建筑的高品质、高性能。为让观展者更深入地了解产品体系及落地应用的可操作性,龙元明筑对样板房做了大量的剖切技术展示。全方位的技术剖析,为观展者带来从结构到内装,从性能到品质的全新体验。业内有关专家对该产品的装配式结构、围护、内装一体化技术给予高度认可。

展会期间,龙元明筑还举行“龙元明筑FM第50篇上线启动仪式”。龙元明筑FM由龙元明筑技术团队主导,联合目前极具影响力的声音平台喜马拉雅推出的装配式建筑行业的专业技术学习专栏,旨在推动行业知识普及与进步。自9月11日在喜马拉雅平台上线以来,龙元明筑FM播放量累计3万有余,受到良好反馈。

【龙元承建的江苏省宿迁市泗洪县文体小镇PPP项目开工】 4月13日,由龙元建设以PPP形式投资、建设、运营的“产城融合”发展新型园区——江苏省宿迁市泗洪县文体小镇PPP项目正式开工。该项目由龙元集团和上海龙元天册企业管理有限公司(龙元集团控股子公司)联合体于1月31日中标,总规划面积2.8平方千米,总投资额21.28亿元。该项目是龙元集团在江苏省的第2个PPP项目,也是龙元集团第一个投资运营的PPP产业园类型的项目,为龙元集团开拓PPP模式产业园板块的新业务类型。项目位于江苏泗洪经济开发区,东至建设路,西至衡山路,南至双洋路,北至金沙江路。

【龙元承建的杭黄铁路建德东站连接线及站前广场PPP项目进入运营期】 2018年12月25日,龙元集团承建的杭黄铁路建德东站连接线及站前广场PPP项目正式投入运营。该项目由龙元集团旗下的龙元市政养护(上海)有限公司自主实施运营,也是龙元市政养护直接实施运营的首个项目,项目运营期9年。该项目位于建德东部杨村桥镇,建设总用地189998平方米,由320国道至杭黄高铁建德东站连接线工程和杭黄铁路建德东站站前广场综合工程两部分组成。

【龙元承建的温州市鹿城区瓯江路西延(江滨A线西段)二期道路工程PPP项目提前竣工】 6月28日,由龙元集团承建的温州市鹿城区瓯江路西延(江滨A线西段)二期道路工程PPP项目通过竣工验收,比原计划提前9个月完成工程建设任务。该项目北起沿达路(瓯江绕城高速附近),南至一号路(卧旗山附近),全长4988米,宽度30米,工程内容包括道路、桥梁、隧道、给排水、路灯、交通、电缆沟、绿化等市政配套设施,工程总投资约6.27亿元,于2017年5月23日正式开工,按合同规定工期将至2020年3月。该项目的建成,将加快温州“两线三片”开发的建设进度、完善温州道路网络、缓解温州市西片交通压力、加快周边区块整合改造,显著提升社会民生效益。

【龙元承建的象山石浦高速公路定塘连接线(马漕线改建)工程隧道工程贯通】 4月25日,龙元集团承建的石浦高速公路定塘连接线(马漕线改建)工程的隧道工程贯通。该工程起点接石浦高速公路定塘互通,终点至沿海南线,路线全长10.06千米,其中隧道总长度为1310米,项目总投资约为7.4亿元。该项目是龙元集团在象山承建的第二个PPP项目。

【龙元承建的温州洞头区状元南片市政基础设施工程PPP项目-相思岙料场开采工程竣工】 7月11日,龙元集团承建的温州洞头区状元南片市政基础设施工程PPP项目-相思岙料场开采工程通过竣工验收。该PPP项目共有4个子项目,包括软基处理工程、海景路桥梁工程、状元岛河道水系治理工程、相思岙料场开采工程,相思岙料场开采工程作为该PPP项目的重要组成部分,是洞头区重点工程和“绿色矿山”创建入库项目。

【龙元承建的江西省赣州市瑞金体育中心体育场项目钢结构主体合拢】 4月21日,由龙元集团子公司大地钢构承建的瑞金体育中心体育场项目钢结构主体正式合拢,完成钢结构主体吊装。该项目是赣州市重点工程,该项目由四部分组成,包括东西主看台屋面和南北入口屋面。整个上部钢结构罩棚通过上、下支座支承于下部混凝土结构柱顶和外围支座承台上。东西中轴线、南北中轴线对称,屋面为曲面,结构复杂形似“小鸟巢”。

【龙元承建的陕西省渭南市华州教育园区PPP项目(初中部)完工】 9月1日,由龙元集团承建的陕西省渭南市华州教育园区PPP项目(初中部)“渭南培文实验学校”完工,学校开学。该PPP项目于2017年4月入选陕西省第二批政府和社会资本合作示范项目,由基础设施配套项目和场馆类项目的建设构成,其中初中部项目总建筑面积31300平方米,总投资17875万元。项目的建成,将促进提升华州区办学能力,有效推动区域发展建设。

【龙元承建的全球第二座EPSON teamLab无界美术馆开馆】 11月5日,由龙元集团承建的全球第二座EPSON teamLab无界美术馆在上海黄浦滨江开馆。场馆面积为6600平方米,在90天紧张的工期内,龙元集团项目部24小时待命,严格把控细节,大胆创新,完成场馆打造,获得国内外一致认可。

【龙元承建的湖北省枣阳市基础教育城乡一体化 PPP 项目开工】 4月28日，由龙元建设承建的湖北省枣阳市基础教育城乡一体化 PPP 项目正式开工。项目总投资62685万元，项目的建成将促进当地教育的均衡发展。

【龙元承建的湖北黄冈白潭湖片区南湖榨舟街小区项目开工】 9月29日，龙元集团承建的黄冈白潭湖片区南湖榨舟街小区项目开工。该项目由黄冈古潭房地产开发有限公司投资开发，龙元集团在2019年9月中标该项目建设，中标金额5.92亿元。该项目是对黄冈市南湖榨舟街的棚户区改造进行异地安置，安置方式为还建房安置。

【龙元承建的湖南长沙"梅溪正荣府二期"项目开工】 7月30日，龙元集团承建的"梅溪正荣府二期"项目举行开工仪式。"梅溪正荣府二期"总建筑面积约为142691.22平方米，工程投资约为2.3亿元，工程周期700日历天。

【龙元浙江分公司中标 6.26 亿元 EPC 项目】 2月13日，龙元集团浙江分公司中标杭州市杭大江东储出（2018）1号地块人才专项租赁住房工程设计采购施工（EPC）工程总承包项目，中标金额约6.26亿元。该项目为分公司自主经营项目，位于杭州大江东产业集聚区前进街道，总用地面积38347平方米，总建筑面积150945.31平方米，包括居住区块和幼儿园区块。

【龙元川渝分公司中标四川宜宾溪口东楼建设项目】 5月12日，龙元集团川渝分公司中标四川宜宾溪口东楼建设项目，中标金额约1.14亿元。该项目位于宜宾市叙州区金沙江南岸大溪口公园内最高位置处，是宜宾市东大门地标性唐代风格仿古建筑，市级重点工程，总建筑面积4742平方米（其中，地上建筑面积4131平方米，地下建筑面积611平方米）。

【龙元川渝分公司中标重庆九龙环保产业园项目】 5月17日，龙元集团川渝分公司中标重庆九龙节能环保产业园一期 L13-01/02 宗地项目，中标金额约2.16亿元。该项目位于重庆市九龙坡区西彭组团 L 分区（陶家镇友爱村），计划工期395天。

【龙元设计开发的智慧平台社区"业委会智能助手"正式上线】 8月8日，由龙元集团子公司——上海益城停车服务有限公司自主设计开发的智慧平台社区"业委会智能助手"正式上线，并接入上海市天宝绿洲小区。天宝绿洲作为上海益城首个智慧社区试点小区，双方将在小区安防智能化、治理规范化、服务高效化等方面进行有益尝试，通过技术手段和管理运营，提升小区居民的幸福感。

【龙元上海信安幕墙制作的澳洲悉尼第一高楼外墙幕墙通过验收】 4月2日，由龙元建设上海信安幕墙加工制作的澳洲悉尼第一高楼 QQT 大厦（高度200多米）外墙板块工程通过澳方验收团的验收，推动信安幕墙开拓国际市场。

【龙元与上海建科院签署战略合作协议】 1月22日，龙元集团与上海市建筑科学研究院举行战略合作签约仪式。会上，双方签署《战略合作协议》及《2019 龙元明筑 S-SYSTEM 系统年度服务协议》，双方将继续合作开展龙元明筑 S-SYSTEM 产品系统的研发与迭代更新工作，在城市发展、房屋建筑和市政基础设施等多领域开展更广泛的研发与项目服务，共同打造城市建设和幸福生活的服务商，推动行业科技进步和建筑产品升级。

【龙元与蓝光发展签署大总包战略合作协议】 10月28日，龙元集团与蓝光发展在蓝光集团上海总部举行大总包战略签约仪式，并就长期性、战略性的深度合作，万亿生态链的打造以及蓝光阿拉汀集采平台的运作进行沟通。蓝光发展的控股子公司四川蓝光嘉宝服务集团股份有限公司于10月18日在香港联交所主板挂牌上市，成为我国西南地区首家在港交所主板上市的物业公司。龙元集团向蓝光嘉宝服务投资1.17亿元港币，正式涉足物业管理运营领域，继产业招商、区域停车、体育运营、市政养护等运营领域的布局之后，在公共服务大消费板块又向前迈出坚实一步。双方的合作，将推动龙元集团在 PPP 领域的项目运营能力，通过双方发挥各自优势，联合开拓政府公建物业市场，实现互利共赢。

【龙元天册与上海市研发区协会签署战略合作协议】 4月，龙元建设集团旗下子公司龙元天册与上海市研发区协会签署战略合作协议，双方就协议内容进行详细探讨，并重点就泗洪绿色智能装备产业园、天册·创新工场项目落地合作进行探讨交流，将通过优势互补，建立全方位、多维度、全产业链的全面战略合作关系。

【龙元与卫宁健康签署战略合作协议】 11月15日，龙元建设集团与卫宁健康科技集团股份有限公司上海总部正式签署战略合作框架协议，双方将优势互补、互利共赢，在医疗卫生信息化、医院 PPP 项目运营等领域进行战略合作。

【龙元承办全国"工程建设企业经营管理创新经验交流会"】 10月24日，由中国施工企业管理协会主办，龙元建设集团股份有限公司、杭州新中大科技股份有限公司、上海隧道工程股份有限公司联合承办，上海市建筑施工行业协会、上海市市政公路行业协会协办的"工程建设企业经营管理创新经验交流会"在上海举行。来自江浙沪以及其他省市的行业协会领导、建筑业企业高管、信息化管理部以及企业各业务部门相关负责200余人参加该次交流会。龙元集团总裁赖朝晖在大会上作主旨演讲，并在 PPP 项目经营经验交流会上发言。交流会的召开，推广工程建设企业经营管理创新经验，促进企业转型升级、提质增效，推动工程建设行业高质量发展。

【赖振元荣获“最具匠心奖”】 1月3日，由浙商总会、上海市浙江商会主办的致敬改革开放四十周年“2018世界浙商上海论坛暨上海市浙江商会第十次会员代表大会”在上海国际会议中心举行。大会揭晓上海市浙江商会第九届理事会优秀评选获奖名单，龙元集团董事长赖振元荣获“最具匠心奖”。

【赖朝晖入选2018年度“东方建筑之子”】 3月29日，由《建筑时报》推荐、评选的2018年度“东方建筑之子（中国建筑业年度人物）”颁奖仪式在江苏苏州举行。龙元集团总裁赖朝晖作为民营建筑企业PPP先行者，入选2018年度“东方建筑之子”。

【龙元再次荣登《财富》中国500强】 7月10日，财富中文网发布最新的《财富》中国500强排行榜，龙元集团以202.12亿元的营业收入再次荣登2019《财富》中国500强，位居415位。

【龙元获得“浙江省建筑业优秀企业文化建设示范单位”荣誉称号】 11月28日，浙江省建筑业协会在乌镇召开2019年度浙江省建筑业企业文化交流暨通联工作会议，会上表彰浙江省建筑业优秀企业文化建设示范单位。龙元集团获得“浙江省建筑业优秀企业文化建设示范单位”称号，这是暨2018年获得“全国建筑业文化建设示范单位”之后，龙元集团在企业文化领域取得的又一成绩。

【龙元连续16年入选“中国承包商80强”】 11月8日，由美国《工程新闻记录》（简称ENR）和中国《建筑时报》主办的2019ENR/建筑时报“中国承包商80强和工程设计企业60强”排名公布，龙元集团再度入围“中国承包商80强”，自该榜单发布以来，集团已连续16年上榜。

【龙元上海市房屋建筑设计院有限公司荣获“优秀发明金奖”】 2018年12月20日，上海市优秀发明选拔赛三十周年巡礼暨职工创新表彰会在上海科学会堂举行。龙元集团控股公司上海市房屋建筑设计院有限公司申报的项目《自保温高强装配式砌块》荣获“优秀发明金奖”。据悉，自保温高强装配式砌块可以有效避免外墙外保温引起的墙体开裂和保温性能降低等问题，实现保温与建筑同寿命。

【龙元荣获“2018年度浙江省建筑业先进企业”称号　孙方林、韩慧平获省优秀建造师项目经理称号】 2月13日，“2018年度浙江省建筑业先进企业”名单公布，龙元集团获“2018年度浙江省建筑先进企业”称号；孙方林、韩慧平获“2018年度浙江省建筑企业优秀建造师项目经理”称号。

【龙元荣获2018年度“海南万科贡献奖”】 3月13日，海南万科供应商大会上，龙元建设海南分公司荣获2018年度“海南万科贡献奖”。

【龙元荣获2018年度上海市优质安装工程“申安将杯”】 由龙元集团申报的“产学研一体化—创新园（三期）研发中心项目—新材料工艺与应用研究单元安装工程”项目荣获2018年度上海市优质安装工程“申安将杯”。该项目是全球最大的化工公司——巴斯夫新材料有限公司在浦东基地中的重要一员，工程总建筑面积4953.67平方米，安装工程造价1500万元。

【龙元荣获宁波市首届BIM技术应用成果大赛一等奖】 龙元集团申报的《装配式钢结构住宅体系研发楼BIM综合应用》荣获宁波市首届BIM技术应用成果大赛一等奖，并受邀在宁波市首届BIM技术应用成果交流会上进行交流分享。《装配式钢结构住宅体系研发楼BIM综合应用》是通过BIM技术对装配式钢结构住宅体系研发楼项目进行总体规划、方案设计、深化设计等，并通过BIM技术三维系统对拟建的建筑物空间数据及建筑物构件的空间方位和外形及内部构造进行评价及分析，迅速得出分析结果，帮助项目找到所需数据。BIM技术的运用，能有效解决当前装配式构件形状复杂、各专业协调效率等问题，同时在指导现场施工、加快施工进度、提高工程施工质量等方面起到重要作用。

【龙元四项市政QC获宁波市一等奖居全市之首】 宁波市市政行业协会举办2019年度宁波市市政行业优秀质量管理小组成果发布会，龙元集团宁波分公司共有四项QC成果荣获一等奖，获奖数名列宁波市全市各单位之首。

【龙元控股子公司上海市房屋建筑设计院2项作品荣获第八届上海市建筑学会建筑创作奖佳作奖】 7月，第八届上海市建筑学会建筑创作奖佳作奖公布获奖名单，龙元控股子公司——上海市房屋建筑设计院有限公司荣获2项佳作奖，获奖作品项目为“上海陆家嘴中心百丽宫影城”和“凌空SHSO影剧院”。

【龙元2018年度保障农民工工资支付工作获国务院部际联席会议考核认可】 5月，国务院部际联席会议考核组莅临龙元集团宁波分公司承建的宁波高新区智造社区A、B地块项目，考核公司2018年度保障农民工工资支付工作。考核组对龙元集团相关工作执行情况给予一致认可。

【交通运输部副部长刘小明考察龙元旗下立体车库】 4月11日，交通运输部副部长刘小明等一行在浙江交通厅、杭州市交通运输局相关领导陪同下，对杭州密度桥地下井筒式智能管理停车库进行参观考察。该车库归属于龙元集团参股的上海益城停车服务公司，是全国首个代表性的井筒式机械车库，车库总投资2200余万元，作为G20峰会保障工程，于2016年8月正式投入使用。据悉，该车库采用“三联井筒式”建造方案，即停车库设3个井筒，安装3套独立运行的垂直升降停车设备，设置3个入口，建造泊位112个，每个泊位仅需约1.3平方米，相比传统方式，节约80%以上的土地资源。

【财政部PPP中心副主任韩斌调研龙元PPP项目】 6月3日,财政部PPP中心副主任韩斌一行前往温州洞头区考察PPP项目期间,现场察看龙元集团承建的状元南片市政基础设施工程PPP项目,详细了解工程规划和建设进度,并对项目建设作出指导意见。该项目位于元觉街道,是环"海西湖"重要组成部分,规划总用地面积约5100亩,形成可开发利用土地约3500亩。项目建成后,将有益于区政府更好地运用"生态海堤"理念打造"蓝色海湾",加快推进浙江海洋经济示范区建设。

【象山县领导高温慰问龙元杭州项目工地】 8月12日,象山县委书记叶剑鸣、人大常委会主任金红旗一行到龙元集团望江单元SC0403-R21-02地块农转非居民拆迁安置房(含城市居民)项目(以下简称望江项目)慰问奋斗在一线的工人,检查指导工作。龙元集团总裁赖朝晖进行陪同。叶剑鸣在座谈会上听取相关负责人对于望江项目的相关汇报,肯定望江项目的创新之举,赞扬龙元集团PPP项目走在全国企业的前列,为建筑企业的转型升级起到领头羊作用。叶剑鸣指出,广大建筑企业要坚定信心、放眼长远,把握形势、抓住机遇,提高创新能力和综合竞争能力,走出一条更加绿色节约、高质高效的象山建筑业特色发展之路。

【龙元举行上市15周年纪念活动】 5月21日,龙元集团举行上市15周年纪念活动,对企业上市发展有功之臣进行表彰。其中,企业创始人、董事长赖振元,副董事长、总裁赖朝晖荣获卓越贡献奖;钱水江、张丽等8人荣获杰出助力奖;赖文浩、史盛华等15人荣获一等功勋奖。

【龙元举办第四届"感恩与传承"主题文化活动】 8月8日,龙元集团举办第四届"感恩与传承"主题文化活动,活动现场正式推出以龙元的创始人、董事长赖振元命名的"振元慈善基金",基金会原始金额2000万元。

【龙元陕西分公司在西安临潼渭北中学PPP项目组织开展文明标准化工地内部观摩交流活动】 6月17日,龙元集团陕西分公司在西安临潼渭北中学PPP项目组织开展文明标准化工地内部观摩交流活动,各项目部经理、总工、质量员、安全员等约40余人参加。

【龙元支持的浙江省天台县城乡学校"同步课堂"项目召开现场推进会】 3月26日,天台县教育局在天台县石梁学校召开天台县城乡学校"同步课堂"现场推进会。会上,龙元集团为"同步课堂"项目捐赠所需的各种设备,助力"同步课堂"项目进行。龙元集团长期重视教育项目的投资,2015年至2019年共投入教育类PPP项目14个,其中财政部示范4个,省级示范项目2个,总投资额达130多亿元,包含35所新建学校,50多所学校操场改建等。同时,龙元集团通过捐建学校、办职教"龙元班"、设立慈善奖学金、结对帮扶贫困学生等方式,积极服务教育、回馈社会。

【宏润地下工程技术荣获国家技术发明二等奖】 1月8日上午,中共中央、国务院在北京人民大会堂举行2018年度国家科学技术奖励大会,宏润建设副总工程师胡震敏作为获奖代表参加,并受到习近平等党和国家领导人接见合影。胡震敏作为主要完成人,与同济大学合作的"地下工程穿越高速铁路的精细化控制技术及应用"荣获国家技术发明奖二等奖。该项目结合公司近20年轨道交通等地下工程的施工关键技术,通过精细化控制土体应力平衡,对不限速穿越高速铁路创建新的设计理论,改进优化盾构掘进关键施工工艺,并实现地上地下信息化控制技术等一系列理论、技术、设备的创新发明,创造显著的经济、社会及环境效益。此次公司在国家科学技术奖上取得"零的突破"。

【宏润发布国内首台盾构换刀机器人】 9月11日,宏润建设盾构机换刀机器人成果发布会在上海金山宏润枫泾轨道交通盾构基地召开。数十家来自国内外的行业学会、协会、研究机构,以及地铁建设单位、设计单位、施工单位、高校的专家、管理人员、业内人士,共150余人到场观摩。据悉,盾构换刀机器人整个换刀过程仅需23分钟,而人工换刀通常需要近5小时。

【宏润建设加入高新国家队】 9月3日,中国民营科技促进会高新技术企业分会成立大会暨第一届第一次会员大会在北京召开。宏润建设正式加入高新技术企业国家队,当选第一届理事会理事单位。科技部、财政部、国家税务总局领导,相关协会领导,60多家高新技术企业,以及来自全国各地的地方科技主管部门、高新技术企业协会、研究院所的相关人员出席会议。

【宏润承建的杭州博奥隧道工程进展】 由宏润建设承建的杭州市博奥隧道工程进展,相继于9月16日、12月16日完成主体结构封顶、西线隧道"拥江号"盾构贯通等工程。博奥隧道工程是一条连接主城区(钱江新城)和江南副城(钱江世纪城)的重要过江隧道,也是2022年杭州亚运会的核心通道,在亚运会期间将极大地保障交通出行。项目于2017年7月正式动工,建设工期三年半,计划于2020年年底竣工。隧道全长28千米,双向四车道设置,设计时速60千米/小时。

【宏润承建的宁波通途路综合管廊工程盾构段全面贯通】 7月18日,宏润建设宁波公司承建的通途路(世纪大道-东外环)综合管廊工程盾构段全面贯通。这是浙江省首条盾构综合管廊。该工程于2018年4月开工建设,工程西起世纪大道福明变,东至东外环新乐变,全长约5.4千米,总投资约7.0亿元。项目主线采用盾构法,主线盾构段长约4.6千米。该项目也是宁波市首条结合电力线路改造实施的综合管廊,是宁波市规划"七片多节点"综合管廊系统的重要组成部分,对增强宁波主城区电网的供电能力和提高城市景观效果及土地收益具有重要的意义。

【宏润承建的宁波中兴大桥及接线工程 PPP 项目完成主桥合龙】 1月15日,由宏润建设承建的宁波中兴大桥及接线工程 PPP 项目完成中兴大桥主桥合龙,标志着大桥主桥的主体结构工程全部完成。该项目是宁波东部跨甬江的交通性干道,南起鄞州区江南路、北接江北区规划青云路,全长 2.6 千米,按双向 6 车道标准建设;其中桥梁长度约 1.7 千米,主桥全长 700 米,主跨 400 米,主桥设计为一跨过江矮塔斜拉桥,也是目前世界最大跨径的矮塔斜拉桥。工程总投资约 26.3 亿元。

【宏润承建的千岛湖供水工程城北线项目(大毛坞—仁和大道供水管道工程)Ⅳ标盾构区完成全线贯通】 8月13日,宏润建设承建的千岛湖供水工程城北线项目(大毛坞—仁和大道供水管道工程)Ⅳ标盾构区完成全线贯通。该标段是杭州城北线首个下穿高速标段,为地下单线盾构隧道,长约 3449 米。该项目是千岛湖供水工程的重要组成部分,是将千岛湖优质原水输送至主城区北部、余杭区域的重大民生工程,将惠及人口约 600 万人。该项目输水线路采用隧洞和管道相结合的方式,输水线路总长 28.6 千米,项目总投资 33.72 亿元。

【宏润承建的宁波宁奉城际铁路方桥站承轨层完成合龙】 4月13日,由宏润建设承建的宁波机场快速路南延南段(绕城高速—岳林东路)工程完成宁奉城际铁路方桥站承轨层合龙。宏润建设于 2017 年 6 月中标该工程,工程中标价 4.70 亿元,这是宏润承建的首个"公铁"共建项目,将为公司未来向铁路方向发展积累经验业绩和储备技术人才。

【宏润承建的杭州、宁波、苏州、广州、太原等城市轨道交通项目进展】 杭州市。5月23日,杭州地铁 5 号线人民广场站项目完成 2、5 号线换乘节点处封顶施工,标志着该项目完成主体结构施工;11月30日,杭州地铁 5 号线项目通过验收,地铁 5 号线后通段将全线进入试运行阶段。6月12日,杭州地铁 4 号线二期工程施工总承包标段土建一工区项目长浜廊路站完成主体地下连续墙封闭施工,标志着基坑开挖施工全面开启;11月20日,杭州地铁 4 号线二期桃源街站主体结构封顶,这也是杭州地铁 4 号线二期工程施工承包标段首个主体结构封顶的车站。6月14日、7月9日,杭州地铁 7 号线 SG7-3 标段市民中心站—奥体站区间分别完成左线和右线盾构始发,标志着该标段盾构施工全面启动。12月31日,杭州地铁 9 号线钱江路站主体结构封顶,这也是杭州地铁 9 号线一期工程南段首个主体结构封顶的车站。

宁波市。3月25日,宁波轨道交通 5 号线一期土建工程 TJ5107 标完成曹隘站南基坑主体结构封顶,这是 5 号线新进标段首个实现封顶的站点;6月25日,大洋江站主体结构封顶;7月29日,泗港站完成主体结构封底。4月21日,宁波轨道交通 4 号完成南高教园区站 4-ⅡA 基坑封顶;9月12日,金达南路站通过工程验收。

苏州市。8月23日,苏州市轨道交通 5 号线工程土建施工 V-TS-01 标茅蓬路站—上供路站区间左线盾构始发,标志着该项目正式进入盾构掘进阶段。

广州市。12月25日,广州轨道交通 7 号线工程西延顺德段(07 标)盾构区间全线贯通,该盾构区间为广州南站-韦涌站-陈村北站。广州轨道交通 7 号线一期工程西延顺德段全长 13.447 千米,设有美的大道、北滘新城、林头、南涌、陈村新城、陈村、陈村北以及广州境内的韦涌站等 8 座车站。

太原市。4月26日,太原市轨道交通 2 号线一期施工 203 标段盾构区间全部贯通。该标段包括康宁街站、畜研所站、康宁街站—畜研所站区间、畜研所站—嘉节站区间,共计 2 站 2 区间,其中盾构区间总长度为 4083 米。

【宏润承建的上海市闵行区梅陇镇"城中村"改造项目开工】 6月6日,由宏润建设承建的上海市闵行区梅陇镇"城中村"改造项目开工。该项目由宏润建设于 5 月 22 日中标,中标价为 3.19 亿元。闵行区梅陇镇"城中村"改造项目位于上海西南梅陇镇新中心区域,是上海市第一个"城中村"商办改造项目。该项目以街区式商业和高层办公相结合,兼具商业和生活功能,集健康运动、亲子关怀、精致消费等特性的小体量强赋能的综合体,将在区域功能布局、城市建设、百姓生活品质等方面带来全方位的提升。

【宏润承建的宁波象山石浦高速公路新桥连接线工程通过交工验收】 2018 年 12 月 11 日,由宏润建设投资承建的石浦高速公路新桥连接线(下七里至大圻头公路)工程通过交工验收,具备通车条件。该项目为一级公路标准,主线全长 6.463 千米,含特大桥 1683 米/1 座,中桥 98 米/1 座,互通立交 2 座,平面交叉处和改路 2.445 千米及沿线配套附属工程,工程总造价 4.76 亿元。项目获 1 项全国 QC 优胜奖,3 项实用新型专利。

【宏润承建的宁波象山大目湾新城沿湾路和乐渔路道路工程完成游仙桥主拱拱脚首段吊装施工】 2018 年 12 月 28 日,宏润建设承建的象山大目湾新城沿湾路和乐渔路道路工程完成游仙桥主拱拱脚首段吊装施工。游仙桥是象山县最大的钢结构桥梁,全长 490 米,横跨内湾河为连接大目湾新城河道两岸的重要枢纽。

【宏润承建的甘肃兰州康鹏威耳化工项目完成主厂房结构封顶】 9月26日,由宏润建设第四项经部承建的兰州康鹏威耳化工项目完成主厂房结构封顶。

【宏润中标宁波市兴宁路综合整治工程】 1月11日,宏润建设中标承建宁波兴宁路(兴宁桥至福明路)综合整治工程Ⅱ标段项目,中标价约为 1.58 亿元。

【宏润中标上海卢湾区第52街坊肇嘉浜路18号地块总承包工程】 3月21日，宏润建设中标上海卢湾区第52街坊肇嘉宾路18号地块总承包工程，中标价约为10.69亿元。

【宏润中标杭州地铁9号线一期工程昌达路车辆段施工Ⅰ标段项目】 6月18日，宏润建设中标杭州地铁9号线一期工程昌达路车辆段施工Ⅰ标段项目，工程中标价约为16.71亿元。

【宏润中标杭州地铁3号线一期工程土建施工SG3-9-1标段项目】 9月8日，宏润建设中标杭州地铁3号线一期工程士建施工SG3-9-1标段项目，中标价约为13.29亿元。

【宏润中标国网浙江省电力杭州供电公司九环路电力隧道工程】 8月10日，宏润建设中标国网浙江省电力杭州供电公司九环路电力隧道工程，中标价约为1.14亿元。

【宏润中标宁波世纪大道快速路（东明路—永乐路）工程施工Ⅱ标段项目】 8月21日，宏润建设中标宁波世纪大道快速路（东明路—永乐路）工程施工Ⅱ标段项目，中标价约为4.33亿元。

【宏润与核工业井巷建设集团联合体中标福州晋安湖项目第1标段工程】 10月31日，宏润建设与核工业井巷建设集团联合体中标福州晋安湖项目第1标段工程，中标价约为5.65亿元，计划建设工期18个月。项目位于福州市晋安区，用地面积约62万平方米，湖体开挖面积27万平方米，水利工程含水动力系统、水闸、补水闸泵、排水泵站等建设内容。

【宁波市委书记郑栅洁一行赴宏润开展"三服务"调研】 3月5日，中共浙江省委副书记、宁波市委书记郑栅洁，宁波市委常委、秘书长施惠芳，市委副秘书长兼政研室主任柴高坤，市科技局局长黄志明赴宏润建设宁波公司开展"三服务"调研。郑书记详细询问宏润技术发明、科技创新等情况，指出科技创新在引领企业发展、促进企业转型升级方面的重要作用，希望宏润建设继续，成为行业的领头羊。

【象山县领导高温慰问宏润杭州博奥隧道项目部】 2019年8月12日，象山县委书记叶剑鸣、县人大常委会主任金红旗及相关部门负责人一行，莅临宏润集团承建的杭州博奥隧道项目部进行高温慰问和巡视台风受灾情况，详细了解企业发展状况、调研建筑经济形势、协调解决有关问题。

【浙江省水利水电学院副校长赵玻一行调研宏润浙江公司】 6月27日，浙江省水利水电学院副校长赵玻、建工学院副院长高健一行调研宏润建设浙江公司，双方将发挥各自优势、深化合作层次，互惠共赢、共同发展，推动产教融合深化前进，为共同培养、输送更多高质量人才注入更多的新鲜血液。

【宏润举办盾构施工观摩会】 2018年11月23日，由合肥市轨道公司工程二处主办，宏润建设合肥地铁项目部承办，盾构施工管理交流观摩会在宏润承建的安徽合肥轨交4号线3标天鹅湖站—石台路站项目工地举行。观摩会包括盾构施工技术、安全质量标准化管理、文明施工标准化、大气污染防治措施、信息化施工及"百日攻坚"行动成果等。

【宏润象山港国际大酒店完成全国性会议接待工作】 6月9日，全国加强乡村治理体系建设工作会议在宁波象山召开，中共中央政治局委员、国务院副总理、中央农村工作领导小组组长胡春华出席会议并讲话。宏润集团象山港国际大酒店作为该次会议的主会场，圆满完成接待工作。此次会议是象山史上规格最高、规模最大、要求最严的会议，大酒店全员高度重视，专门成立以总经理为组长，各部门负责人为成员的接待小组，积极与县、市、省、部有关单位对接，及时沟通会议信息，多次召开专题会议，部署工作，积极构建领导有力、部门协作、资源整合的重要接待系统。

【宏润召开博士后工作站开题审核会】 3月19日，宏润建设江晨晖博士后开题审核会在象山港国际大酒店万象厅召开，江晨晖博士就海洋工程混凝土表面处理与防护技术项目进行开题陈述。宏润建设博士后工作站于2017年11月正式授牌，并与中国科学院宁波材料技术与工程研究所合作，联合培养博士后。

【甘肃林院宏润定向班正式开班】 2018年10月25日，甘肃林院宏润定向班正式开班。宏润建设作为国内建筑施工特别是地下工程领域行业领军企业，通过与甘肃林院开展深度校企合作，为学生提供设施先进、环境优良的实验实训基地，将极大地促进校企双方文化融合、高技能人才培养。

【宏润与江苏建筑职业技术学院共建宏润学院】 8月28日，宏润建设与江苏建筑职业技术学院共建宏润学院签约仪式在宏润建设上海总部举行。双方签订校企共建"宏润学院"协议，为"宏润学院"揭牌，并表示将在人员交流、技术服务、科技研发等方面继续开展深入合作。

【宏润举行年轻后备干部第一期培训班开班仪式】 4月28日，宏润建设在宏润博源国际学校举行2019年轻后备干部第一期培训班开班仪式。董事局主席郑宏舫、集团总工程师胡震敏等人为大家授课。

【上海宏润博源学校举行2019届毕业典礼】 5月31日，上海宏润博源学校举行2019届毕业典礼，全校师生、部分家长代表、宏润集团代表、GIA代表、辖区行政领导、兄弟学校校长，以及国际化教育平台和机构负责人等出席此次毕业典礼。

【宏润召开2019青年大学生代表座谈会】 10月19—20日，宏润建设召开

2019青年大学生座谈会。座谈会以"奋斗为本、锐意进取"为主题,以加强青年大学生队伍建设为目标,座谈会的召开给青年大学生和管理层提供面对面的沟通交流机会,为帮助广大青年大学生成长成才建搭平台。

【宏润召开集团第五届科技工作暨2019年上半年度安全质量大会】 7月5日,宏润建设在杭州召开集团第五届科学技术工作暨2019年上半年度安全质量大会,150余人出席会议。大会成立新一届科技委与专业委员会,总结近三年公司科技工作及2019年上半年度安全质量管理,表彰先进、交流经验,并部署未来三年科技规划及下半年度安全质量管理工作。

【郑宏舫受邀参加浙江省未来社区共建专题活动】 8月2日,央企名企走进"四大建设"携手共建未来社区专题活动在浙江省人民大会堂举行,推介未来社区建设整体规划,推动浙江与央企名企共商务实合作、共谋发展大计、共建未来社区。省长袁家军为未来社区产业联盟、未来社区发展研究中心授牌,并发表重要讲话。宏润建设集团成为未来社区产业联盟首批成员,董事局主席郑宏舫受邀参加会议。

【宏润开展"廉政文化进工地"活动】 1月18日,宏润建设宁波公司姚江南岸滨江休闲带项目部组织开展"廉政文化进工地"活动,宁波市住建局各有关处室、局属各事业单位的分管领导、项目参建单位的党务工作者近30人参加活动。

【宏润开展"多方携手齐联动,党建共建创和谐"主题活动】 1月4日,在杭州景春社区会议室召开"多方携手齐联动,党建共建创和谐"主题活动,宏润建设与杭州地铁、石桥街道、景春社区、区地铁办、区城管局、区市政园林管理所、铁城监理等主要负责人以及业委会、相关周边居民代表参加活动。该活动通过打造"安全、文明、优质、和谐"工程,加强现场文明施工有序管理,增进项目与当地社区之间的邻里关系,共建幸福和谐社区及安全文明工地。

【宏润开展"学雷锋志愿行"主题活动】 在3月5日全国第56个"学雷锋纪念日"上,宏润建设大毛坞—仁和大道供水管道Ⅳ标项目支部开展"携手共建、融洽邻里、情暖社区"的学雷锋·志愿者主题活动。20余名志愿者到杭州市西湖区三墩镇五幸社区,详细了解社区群众现状,挖掘群众需求,从实际出发,制定有针对性的帮扶方案。项目电工志愿者上门为社区居民检查维修老化线路,项目理发师为社区居民免费理发,前往老年公寓送温暖,与孤寡老人话家常并帮助老人们修剪指甲、整理内务、打扫卫生等。

【宏润党委召开"不忘初心、牢记使命"主题教育宣讲大会】 7月9日,宏润建设集团党委在上海宏润大厦举办"不忘初心、牢记使命"庆"七一"主题党日活动,集团总部全体党员、下属支部在沪党员、预备党员及入党积极分子等60余人参加。宣讲会特邀全国五一劳动奖章获得者、中共上海市委党校教授、上海市科学社会主义学会副会长袁秉达为全体党员讲授"不忘初心、牢记使命"主题党课。

【宏润召开"不忘初心、牢记使命"主题教育动员部署会】 10月8日,宏润建设集团党委召开"不忘初心、牢记使命"主题教育动员部署会,深入贯彻习近平总书记在"不忘初心、牢记使命"主题教育工作会议上的重要讲话精神,全面动员,部署工作,吹响宏润新时代勇担使命、开拓创新的号角。宏润建设党政领导班子成员、公司高管及部门副科级以上主要负责人、下属单位等各级党组织党务工作者参加动员会。

【宏润宁波轨交项目党支部开展党员理论学习活动】 10月14—15日,宏润建设宁波轨道交通TJ4008标项目部党支部召开党员理论学习阶段总结会,项目部全体党员、入党积极分子参加会议,党支部书记欧祝明主持会议。

【宏润荣获"浙江省红色工地建设先进项目"】 8月29日,浙江省住建厅在中国革命红船起航地——嘉兴,召开全省"红色工地"建设推进会。会议表彰全省"红色工地建设先进单位、先进项目"。宏润建设杭州公司承建杭州市博奥隧道项目荣获"浙江省红色工地建设先进项目"。

【宏润杭州市博奥隧道项目支部获得"党员突击队"授旗】 9月19日,杭州市项目党建工作现场推进会召开,杭州市城投集团、交投集团、运河集团、地铁集团、钱投集团和拱墅区府办的领导,各区、县(市)、管委会住建部门领导,现场会属地街道社区领导,建委各机关处室负责人及直属各单位党组织主要负责人,宏润建设等15家在杭建筑企业主要负责人代表等参加会议。会议举行"党员突击队"授旗仪式,宏润杭州市博奥隧道项目支部等5家项目支部获得"党员突击队"授旗,激励广大项目党员积极发挥先锋模范作用,为又好又快推进项目建设做出贡献。

【宏润副总裁郑恩海当选上海徐汇区工商联青年创业者商会首任会长】 7月17日,上海市徐汇区工商联青年创业者商会在上海宏润大厦举行成立大会。大会听取并审议通过筹备领导小组所作的徐汇区工商联青年创业者商会筹备工作报告;审议并通过商会章程、管理办法等文件;选举产生徐汇区工商联青年创业者商会第一届理事会、监事会,以及会长、副会长和秘书长。宏润建设集团副总裁郑恩海当选为首任会长。

【宏润荣获浙江省市政行业三十年先进单位】 2018年12月28日,"砥砺三十载,奋进新时代"浙江省市政行业协会成立三十周年庆祝大会在杭州举行。中国市政工程协会副会长谢晓帆、浙江省建设厅城建处处长邓富根会员代表共400多人参加会议。宏润建设获浙江省市政行业三十年先进单位,宏润建设承建的杭州市紫金港路工程、宁波市澄浪桥及接线工程获浙江省市政行业三十年经典工程，宏润建设杭州公司总工程师邓文全获浙江省市政行业三十年优秀工匠荣誉称号。

【宏润荣获2018年华夏建设科技进步奖一等奖】 1月，华夏建设科学技术奖励委员会发布《关于发布“2018年度华夏建设科学技术奖”授奖项目的公告[华夏奖字(2019)第1号]》，由宏润建设第三项经部承建的上海市轨道交通13号线2期104标项目“盾构隧道近距离穿越微沉降控制智能预警方法与技术”荣获华夏建设科学技术进步奖一等奖，同时此项技术主要负责人高亮获中国城市轨道交通科技进步奖三等奖。据悉，该技术在机理、技术、装备、平台四个方面实现实质性创新，提出在沉降发生前感知并控制的理念，形成盾构施工的微沉降智能预警方法与技术，解决盾构隧道近距离安全高效穿越敏感建构筑物关键技术难题。

【宏润承建的宁波澄浪桥项目荣获2018年浙江省科学技术进步奖】 5月17日，浙江省人民政府发文《浙江省人民政府关于2018年度浙江省科学技术进步奖励的决定》，宏润建设宁波公司承建的澄浪桥及接线工程“大跨无风撑中承式内倾钢拱桥关键技术”科技成果荣获“浙江省科学技术进步奖三等奖”，此前该项目已获2018年宁波市科学技术奖三等奖和浙江省市政行业三十年先进单位、经典工程。

【华锦回归宁波一周年承接业务创新高】 华锦建设集团积极响应“甬商回归”的号召，企业决策层基于整体市场布局考虑，于2018年10月将总部由上海迁至宁波，同时对经营战略与业务重心进行调整。一年时间，华锦发挥企业特级资质优势，夯实管理基础，拓展主营业务，使企业整体经营业绩增长明显。

回归以来，华锦建设以宁波为起点，在严峻的市场环境中寻求突破，积极进行外部市场开拓，通过强化与大型国企及国内知名地房企业的战略合作，走专业化总承包道路，新签合同额达90多亿元，完成产值近70亿元，创出历年新高。房建建筑施工总承包业务与水利水电施工总承包业务成为公司发展的主项业务，其中规模上亿元在建项目共计13个。为防范经营风险，企业重新布局分支机构，全方位加强对分支机构的管控，调整原宁波分公司，新设立第六、第七与第八分公司，同时强化分支机构经营管理能力、创新能力与成本控制，定期组织与分支机构负责人面谈，帮助克服难题，定期开展分支机构的宣贯与巡检工作，明确分支机构考核要求，逐步改变项目管理中存在的粗放经营问题。

优化内部管理机制，企业上下全面贯彻重规范、严质量、讲服务的管理要求，全面推进建章立制，完善管理制度体系，完成《企业制度汇编20版》，规范制度的制定、实施、修订等程序。推进信息化管理，提升科技支撑，启动包括各业务模块在内的全面协同OA应用系统，加大投入力度，完成对信息化硬件条件的改善。创新管理机制提升管理质量，年内已荣获国家级QC成果3项、省部级QC成果5项、省级工法4项、新授权发明专利1项、实用新型专利5项、参编省市级行业标准多项；公司承建的项目相继荣获钱江杯、瓯江杯、甬江建设杯等多项荣誉称号。

华锦建设把人视为公司发展的核心力量，短短一年时间引进中高层管理人员和核心骨干员工10多人；根据组织架构，完善各部门职权，按工作岗位进行绩效考核，以激励机制打造一支高效精干的员工队伍，通过各层级人员专项培训活动，凝聚队伍力量，建设勇挑重担、敢于拼搏的企业文化，增强企业发展后劲。

【华锦承建的绍兴新昌县人民医院提升工程一期综合大楼项目进展】 6月22日，华锦建设承建的新昌县人民医院提升工程一期综合大楼项目已完成七层底板浇筑。该项目是新昌县政府主导的PPP项目，总投资约1.55亿元，于2018年8月20日动工，大楼建筑高度49.24米，采用独立基础、现浇钢筋混凝土框架结构体系、全现浇钢筋混凝土楼盖结构，分地上10层和地下2层，总建筑面积约25428平方米，共有床位数226张，并设计地上停车位12个，地下停车位100个。综合大楼的建成，将有效改善内科住院病人的治疗条件和亿元的教学条件。

【华锦承建的温州市鹿城区瓯江绕城高速至卧旗山段海塘工程完成竣工验收】 12月26日，华锦建设承建的温州市鹿城区瓯江绕城高速至卧旗山段海塘工程通过工程竣工验收。至此温州西片区将新添靓丽江景线，防洪标准将由50年一遇提高到100年一遇，极大的提升西片区防洪能力，工程建成将使城市洪涝灾害损失平均每年减少约1.30亿元。该工程位于温州市瓯江西岸，北起鹿城区绕城高速，南至卧旗山，全长5.946千米，新建堤塘防潮标准为百年一遇、二等堤防工程，工程总投资为18.837亿元。该工程是浙江省首批十个重点工程PPP项目之一，列入国家发改委PPP项目库内。该工程由龙元建设和华锦建设(联合体)中标，华锦建设负责施工建设。工程于2016年3月16日开工建设，于2018年9月27日实现完工验收，提前18个月完成工程建设任务。

【华锦QC小组荣获“2019年宁波建设杯”优秀质量管理小组成果奖】 由宁波建筑业协会举办的宁波建设杯2019年优秀质量小组成果交流学习会在宁波新舟宾馆举行。华锦建设直属第二分公司锦绣山河QC小组和应家经济适用房QC小组发表的成果分别荣获宁波建设杯优秀质量小组一等奖和优秀奖。

【良和甬台温高速复线配套工程通车】 1月14日，良和交通建设甬台温高速复线配套工程通过交工验收，并于当日和甬台温高速复线三门湾大桥及接线工程同步通车。该工程的交工验收，将使甬台温高速这条全市南北大动脉与象山地方道路实现无缝衔接，促进象山深度融入宁波都市区“一小时交通圈”。

【良和承建的宁波象山亚帆配套道路项目开建】 3月1日，良和交通建设承建的浙江海洋运动中心配套道路一期工程（亚帆道路）一标段项目开工建设。该项目建安造价1.71亿多元，建设工期25个月。项目起点位于松兰山景区北侧爵溪收费站处，终点位于松兰山隧道连接线处，全程共计12.825千米，由象山松兰山度假区道路改造提升工程（核心区道路）、宁波松兰山亚帆东路改建工程、松兰山度假区道路改造提升工程（亚帆南路）三条路组成。

【良和承建的台州地下综合管廊标段混凝土开浇】 4月27日，良和交通建设承建的台州市地下综合管廊一期工程Ⅲ区混凝土开始浇筑，7小时后底板浇筑完成，为后续施工作业奠定坚实的基础。

【良和承建的宁波余姚陶家路江三期整治工程Ⅱ标段完成宏图桥右幅主梁现浇混凝土浇筑施工】 8月6日，良和交通建设承建的宁波余姚陶家路江三期整治工程Ⅱ标段完成宏图桥右幅主梁现浇混凝土浇筑施工。

【良和承建的宁波西洪大桥及连接线工程Ⅲ标段完成K22承台首件验收】 9月9日，良和交通建设承建的宁波西洪大桥及连接线工程Ⅲ标段完成K22承台首件验收，并于9月11日浇筑混凝土。

【良和承建的214省道（鄞州大道—奉化段）改建工程通过交工验收】 12月25日，良和交通建设承建的214省道（鄞州大道—奉化段）改建工程通过交工验收，实现项目主体通车。

【良和承建的宁波新石高速TJ2标项目完成120T架桥机首架施工】 12月13日，良和交通建设承建的宁波新石高速TJ2项目完成120T架桥机首架施工。

【良和中标首个设计施工总承包（EPC）项目】 良和交通建设中标首个设计施工总承包（EPC）项目——浙江温州平阳县南麂镇道路修复提升工程设计施工总承包（EPC）项目，实现公司EPC项目零的突破。据悉，该项目设计区域为平阳县南麂镇，共涉及镇内9条道路，其中主线段新码头至三盘尾9.53千米，路面宽约6.5米，支线8条约12.3千米，路面宽约4至6米，道路里程全长约22千米，工程建安费投资约7000万元。该次投标是以联合体形式参加，公司为联合体牵头人，浙江科欣工程设计咨询有限公司为联合体成员。

【良和中标宁波G228古乍线改建工程项目】 2月21日，良和交通建设中标宁波G228古乍线（黄箭山至姚东大桥）改建工程第1标段，中标价约为9524万元，总工期16个月。项目起点位于余姚市梨洲街道黄竹线路口（古乍线桩号K3+845），全长约8.355Km，采用一级公路标准兼顾城市道路功能，设计时速80km/h，双向6车道，路基宽度38.5米。

【良和中标03省道义乌段改建工程项目 首次进入义乌市交通市场】 4月4日，良和交通建设中标03省道义乌段改建工程（稠大公路至苏福路段、环城南路至上佛路段）路面第6标段，施工工期8个月。该项目的承接是公司首次进入义乌交通市场的标志，扩大公司市场覆盖率，为开发义乌市场积累宝贵的经验。

【良和台州管廊科研项目获15万元科研经费】 良和交通建设台州管廊的科技研发项目“台州滨海软土区综合管廊高压旋喷桩复合地基沉降研究”通过立项评审，并获得15万元科研经费。该项目是良和交通建设第一个自主立项的科研项目。

【良和召开马来西亚项目法律风险防控座谈会】 6月6日，良和交通建设召开马来西亚项目法律风险防控座谈会，马来西亚吉隆坡梁潘黄律师事务所梁柏林律师受邀参加会议，并对中国工人工作签证、当地工人的雇佣、资金往来与流转、工程安全事故责任、马来分公司的组织架构和股东组成、公司并购等相关问题进行详细的解答。

【良和召开海外工程专家咨询会】 11月22日，良和交通建设在宁波总部组织召开海外工程专家咨询会。侯金龙等8位来自交通行业的顶尖专家和良和专家委员会部分专家代表应邀出席会议，为公司海外项目的开展提供技术指导和咨询。

【良和2019年“项目管理规范年”启动】 5月26日，良和交通建设2019年“项目管理规范年”活动启动仪式在新石高速TJ2标项经部举行。据悉，该活动以新石高速为示范引领，从规范管理制度、办法及流程，规范项目管理预控措施，降低风险，规范项目前期策划规范成本测控等15个方面进行规范，分动员宣传、组织实施、总结表彰三个阶段实施。

【良和10位项目经理遴选为宁波专家型人才】 5月22日，良和交通建设的陆晓华等10名项目经理，入选宁波市交通工程分会专家库。

【良和开展村企党建结对共建活动】 1月2日，在宁波新桥石浦高速TJ2标项经部，良和交通建设项经部党支部与象山定塘镇洋岙村等项目周边5个村结成党建联盟，村企双方党组织签订结对共建协议书，按照“资源共享，党建共做，优势互补，协调发展”的原则，共同开展党建活动，以党建工作促进项目建设。据悉，良和建设积极响应象山主管部门关于“支部建在项经部，党旗飘在工地上”的活动要求，建立项经部党支部结合项经部8位党员工作任务和技术特长，相继建立党员先锋岗、党员责任区、党员突击队。同时，通过“阵地联建、班子联建、队伍联建、工作联动”方式，推进与标段周边5个行政村村企党建结对共建工作，推行“项目说事”制度，与“村民说事”相融合。通过“项目说事”，至今该项经部已解决工程政策处理过程中与村民发生生产和生活纠纷问题21起，为项目推进营造良好的建设环境。此外，良和建设还为该项经部出资15万元，成立“石浦高速项经部支部党建帮抚基金”，2018年向结对村的困难村民发放帮抚基金3万余元。

【良和交通建设党总支召开“不忘初心、牢记使命”主题教育动员部署会】 9月29日，良和交通建设党总支在宁波总部组织召开“不忘初心、牢记使命”主题教育动员部署会。公司党总支书记王良明作动员部署讲话，动员公司全体党员干部积极投身教育活动，激励和鼓舞全体员工学习先进，担当作为，奋力打好全年生产经营收官仗，胜利实现全年生产经营目标任务。此次会议视频会议形式召开，象山支部、石浦一高速支部、马来西亚项目党小组全体党员分别在各分会场参加会议。

【良和推行“双推双考”选拔年轻后备干部】 9月2日，良和交通建设开展“双推双考”选拔年轻后备干部活动。通过落实部门推荐、公司民主推荐、基本素质能力测试、组织考察等程序，把好干部任用四道关。

【良和承建的宁波新石高速TJ2标荣获项目立功竞赛考核评比第一名】 10月26日，在宁波市高速公路指挥部组织开展的2019年度第一次立功竞赛考核评比中，良和交通建设承建的宁波新石高速TJ2标段荣获第一名，获得立功竞赛考核施工优胜单位称号。

【良和承建的象山大金山、奉化西环线项目获评宁波市“三江交通杯”】 12月25日，宁波市交通运输协会公布2019年度宁波市“三江交通杯”优质工程奖名单，由良和交通建设承建的象山大金山隧道及接线期工程与奉化西环线公路工程（一期）第一标段工程获评“三江交通杯”优质工程奖。

（县建筑业管理中心）

环境保护

综 述

2019年，落实中央、国务院和省委、省政府关于生态环境保护重大决策部署，组建完成宁波市生态环境局象山分局，分局作为市生态环境局的派出机构；挂牌成立象山县生态环境保护综合行政执法队，与市生态环境局象山分局实行"局队合一"管理体制。把保护生态环境摆在经济社会大局的重要位置，践行"绿水青山就是金山银山"的理念，围绕加快建设宁波现代化滨海城区目标，以污染防治为突破口，推进国家级生态文明建设示范县建设，打好以"蓝天保卫""护水斩污""清废净土"为代表的污染防治战，推进全县生态环境保护工作跃上新台阶，实现生态环境质量不断改善。2019年1—12月，象山县环境空气优良率为95.1%，比2018年同期增加0.3个百分点；细颗粒物PM2.5均值24微克/立方米，与2018年同期持平。全县5个市控及以上河流断面水质总体良好，全部达到Ⅲ类水环境功能区要求；6个市控饮用水源地均达到Ⅲ类水质要求，达标率为100%；9个农村千吨万人集中式饮用水源地水质达标率100%。

2019年，象山县环境质量保持平稳态势，环境质量改善的速度仍然较缓。环境空气质量在全市名列前茅，全年达标天数比例略有上升，主要污染物排放整体呈下降趋势，环境空气质量综合指数略有下降，但细颗粒物及臭氧污染仍然存在；降雨酸性程度略有好转，酸雨率下降；饮用水水源地水质明显改善；地表水水质达标比例有所下降，南大河河网和燕山河污染仍然较重；近岸海域水质富营养化程度加深；区域环境噪声有所上升，交通干线两侧夜间噪声超标现象仍然存在。

（宁波市生态环境局象山分局　黄徐）

水环境保护

【概况】 2019年，象山县26个地表水监测断面中，Ⅰ～Ⅲ类、Ⅳ、Ⅴ类和劣Ⅴ类断面比例分别为53.8%、19.2%、7.7%和19.2%，功能达标断面比例为53.8%，与2018年相比降低15.4个百分点。2019年象山县共监测24个集中式饮用水水源地，水质达标率95.8%，与上年相比明显提高，有7个水库水质由Ⅳ类提高至Ⅲ类，有1个水库水质由Ⅳ类提高至Ⅱ类，有4个水库水质由Ⅲ类提高至Ⅱ类，9个水库无明显变化，3个水库水质由Ⅱ类下降至Ⅲ类，营养状态均为中营养，总体来说2019年饮用水水源地的水质明显改善。2019年，象山县近岸海域富营养化程度总体较高，水质较差。3个监控点位均为劣四类水质，不能满足近岸海域水环境功能要求。

【地表水监测结果及评价】 2019年，象山县26个地表水监测断面中，功能达标断面比例为53.8%，与2018年相比降低15.4个百分点。Ⅰ～Ⅲ类水质优、良好断面数14个，占总数的53.8%；Ⅳ类轻度污染断面5个，占总数的19.2%；Ⅴ类水质中度污染断面数2个，占总数的7.7%；劣Ⅴ类水质重度污染断面数5个，占总数的19.2%。国控、市控断面为5个，全部达到Ⅲ类水功能区要求，达标率为100%。象山县地表水总体为轻度污染，水质优良率和功能达标断面比例仍然较低，城区主要内河南大河河网（岳头嘴除外）、燕山河水质状况仍较差。氨氮、总磷、高锰酸盐指数等指标浓度过高是造成象山县河流水质超标的主要原因。综合污染指数较高断面主要集中在象山城区和爵溪街道（主要污染物均为氨氮和总磷），南大河河网和燕山河超标问题仍然严峻。

表17　**2019年象山县地表水水质评价结果一览表**

名　称	站位名称	等　级	目标	2018年水质	2019年水质	趋势分析	达标结果
大塘港	浮礁渡	国　控	Ⅲ	Ⅲ（良好）	Ⅲ（良好）	无明显变化	达　标
南大河河网	岳头嘴	市　控	Ⅲ	Ⅲ（良好）	Ⅲ（良好）	无明显变化	达　标
下沈港	龙　翔	市　控	Ⅲ	Ⅱ（优）	Ⅱ（优）	无明显变化	达　标
泗洲头溪	后　王	市　控	Ⅱ	Ⅱ（优）	Ⅱ（优）	无明显变化	达　标

续表17

名　称	站位名称	等　级	目标	2018 年水质	2019 年水质	趋势分析	达标结果
珠　溪	珠　溪	市　控	Ⅲ	Ⅰ(优)	Ⅱ(优)	有所下降	达　标
鹤浦大河	蟹厂村	县　控	Ⅲ	Ⅲ(良好)	Ⅳ(轻度污染)	有所下降	未达标
金石引河	树桥头	县　控	Ⅲ	Ⅳ(轻度污染)	Ⅳ(轻度污染)	无明显变化	未达标
九龙江	九龙江村	县　控	Ⅲ	Ⅳ(轻度污染)	Ⅴ(中度污染)	有所下降	未达标
腾蛟河	巨鹰大酒店	县　控	Ⅲ	劣Ⅴ(重度污染)	Ⅱ(优)	明显好转	达　标
大塘河	中站村	县　控	Ⅲ	Ⅳ(轻度污染)	Ⅳ(轻度污染)	无明显变化	未达标
长塘河	渡头村	县　控	Ⅲ	Ⅲ(良好)	Ⅲ(良好)	无明显变化	达　标
旦仁河	旦义桥	县　控	Ⅲ	Ⅱ(优)	Ⅱ(优)	无明显变化	达　标
管　溪	平桥头	县　控	Ⅲ	Ⅱ(优)	Ⅱ(优)	无明显变化	达　标
横塘岗河	横塘桥头	县　控	Ⅲ	Ⅲ(良好)	Ⅲ(良好)	无明显变化	达　标
雅林溪	清风塘	县　控	Ⅲ	Ⅲ(良好)	Ⅱ(优)	有所好转	达　标
泊戈洋村	泊戈洋村	县　控	Ⅲ	Ⅲ(良好)	Ⅳ(轻度污染)	有所下降	达　标
关头塘村	永新桥	县　控	Ⅲ	Ⅱ(优)	Ⅱ(优)	无明显变化	达　标
东　溪	东溪村	县　控	Ⅲ	Ⅱ(优)	Ⅱ(优)	无明显变化	达　标
亭　溪	大溪蒋村	县　控	Ⅲ	Ⅱ(优)	Ⅱ(优)	无明显变化	达　标
乌岩港	乌岩头陈	县　控	Ⅲ	Ⅴ(中度污染)	Ⅳ(轻度污染)	有所好转	未达标
南大河河网	东大河	城区内河	Ⅲ	劣Ⅴ(重度污染)	劣Ⅴ(重度污染)	无明显变化	未达标
南大河河网	西大河	城区内河	Ⅲ	Ⅲ(良好)	Ⅴ(中度污染)	明显下降	未达标
南大河河网	南大河	城区内河	Ⅲ	劣Ⅴ(重度污染)	劣Ⅴ(重度污染)	无明显变化	未达标
南大河河网	新华河	城区内河	Ⅲ	劣Ⅴ(重度污染)	劣Ⅴ(重度污染)	无明显变化	未达标
南大河河网	横大河	城区内河	Ⅲ	Ⅲ(良好)	劣Ⅴ(重度污染)	明显下降	未达标
燕山河	燕山河	城区内河	Ⅲ	劣Ⅴ(重度污染)	劣Ⅴ(重度污染)	无明显变化	未达标

表 18　　**2019 年象山县地表水污染指数结果一览表**

名　称	站位名称	等　级	2018 年污染指数	2019 年污染指数	主要污染物及超标倍数
大塘港	浮礁渡	国　控	0.22	0.19	五日生化需氧量(0.25)总磷(0.45)
南大河河网	岳头嘴	市　控	0.21	0.21	—
下沈港	龙　翔	市　控	0.11	0.09	—
泗洲头溪	后　王	市　控	0.28	0.31	总磷(0.3)
珠　溪	珠　溪	市　控	0.10	0.16	—
鹤浦大河	蟹厂村	县　控	0.60	0.95	氨氮(0.8)
金石引河	树桥头	县　控	0.83	1.09	总磷(0.4)；氨氮(0.4)
九龙江	九龙江村	县　控	1.09	1.06	总磷(1.0)；氨氮(0.3)
腾蛟河	巨鹰大酒店	县　控	1.28	0.30	—

续表18

名　称	站位名称	等　级	2018年污染指数	2019年污染指数	主要污染物及超标倍数
大塘河	中站村	县　控	0.82	0.90	总磷(0.1)
长塘河	渡头村	县　控	0.76	0.72	—
旦仁河	旦义桥	县　控	0.30	0.42	—
管　溪	平桥头	县　控	0.20	0.24	—
横塘岗河	横塘桥头	县　控	0.69	0.63	—
雅林溪	清风塘	县　控	0.41	0.34	—
泊戈洋河	泊戈洋村	县　控	0.57	1.03	氨氮(1.0);总磷(0.1)
关头塘河	永新桥	县　控	0.28	0.31	—
东　溪	东溪村	县　控	0.36	0.24	—
亭　溪	大溪蒋村	县　控	0.23	0.20	—
乌岩港	乌岩头村	县　控	1.25	0.98	氨氮(0.4);总磷(0.3)
南大河河网	东大河	城区内河	1.95	1.78	氨氮(3.1);总磷(1.9);高锰酸盐指数(0.1)
南大河河网	西大河	城区内河	0.87	1.22	氨氮(6.0);总磷(0.7)
南大河河网	南大河	城区内河	2.67	2.43	氨氮(8.3);总磷(1.4)
南大河河网	新华河	城区内河	3.09	2.09	氨氮(5.5);总磷(2.7)
南大河河网	横大河	城区内河	0.83	1.62	氨氮(7.0);总磷(1.1)
燕山河	燕山河	城区内河	1.72	3.35	氨氮(15);总磷(3.5);高锰酸盐指数(0.2)

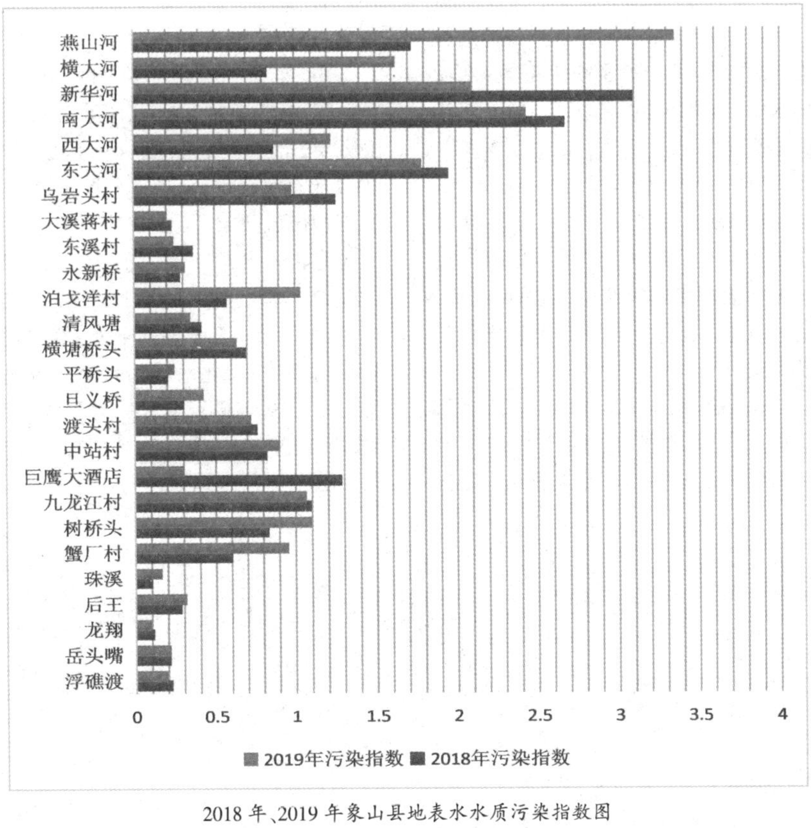

2018年、2019年象山县地表水水质污染指数图

1. 大塘港　大塘港属于三门湾内港岳井洋支流，全长21千米，港道平均宽度250~300米，流域面积4.79平方千米，总库容4675万立方米，此水域的水质目标是Ⅲ类。2019年大塘港水质为Ⅲ类，水质现状良好，达到功能区要求，与2018年相比无明显变化。

2. 南大河河网　南大河河网总流域面积86平方千米，包括南大河、东大河、西大河和门前涂横大河，总蓄水量148.9万立方米。南大河全长7千米，主体部分长7965米(南门丈山河3000米，丈山河横河4965米)，宽32米，深4.1米，蓄水量52.8万立方米。东大河全长10.3千米，主体部分长4890米，河面宽18米，底宽6米，深3.3米，蓄水量49.7万立方米。西大河全长6千米，主体部分长4036米，河面宽20米，底宽8米，深3.5米，蓄水量28.9万立方米。门前涂横大河全长2910米，河面宽34米，底宽20米，深3.5米，蓄水量17.5万立方米。此水域的水质目标是Ⅲ类。2019年南大河河网水质Ⅰ~Ⅲ类水质比例为16.7%，劣Ⅴ类水质比例为66.7%，水质现状为重度污染。主要污染物为总磷、氨氮和高锰酸盐指数。

2019年南大河河网中东大河、新华河、南大河和岳头嘴水质状况无明显变化，西大河、横大河则明显下降。与2018年平均综合污染指数相比，西大河和横大河有所上升，东大河、南大河和新华河有所下降，岳头嘴则无变化。

3. 下沈港　下沈港全长4200米，流域面积40平方千米，蓄水量194万立方米，此水域的水质目标是Ⅲ类。2019年下沈港水质为Ⅱ类，水质现状优，达到功能区要求，与2018年相比无明显变化。

4. 泗洲头溪　泗洲头溪全长1702米，流域面积0.164平方千米，此水域的水质目标是Ⅱ类。2019年泗洲头溪水质为Ⅱ类，水质现状优，达到功能区要求，与2018年相比无明显变化。

5. 珠溪　珠溪全长2270米，流域面积0.034平方千米，此水域的水质目标是Ⅲ类。2019年珠溪水质为Ⅱ类，水质现状优，达到功能区要求，与2018年相比有所下降。

6. 鹤浦大河　鹤浦大河全长10190米，流域面积26.5平方千米，蓄水量66.44万立方米，此水域的水质目标是Ⅲ类。2019年鹤浦大河水质为Ⅳ类，水质现状轻度污染，未达到功能区要求，与2018年相比有所下降。

7. 金石引河　金石引河全长10780米，流域面积15.75平方千米，蓄水量25.1万立方米，此水域的水质目标是Ⅲ类。2019年金石引河水质为Ⅳ类，水质现状轻度污染，未达到功能区要求，与2018年相比无明显变化。

8. 九龙江　九龙江全长6170米，流域面积21.6平方千米，蓄水量28.96万立方米，此水域的水质目标是Ⅲ类。2019年九龙江水质为Ⅴ类，水质现状中度污染，未达到功能区要求，与2018年相比有所下降。

9. 腾蛟河　腾蛟河全长2000米，流域面积5.76平方千米，蓄水量3.2万立方米，此水域的水质目标是Ⅲ类。2019年腾蛟河水质为Ⅱ类，水质现状优，达到功能区要求，与2018年相比明显好转。

10. 大塘河　大塘河全长5130米，流域面积11平方千米，蓄水量33.78万立方米，此水域的水质目标是Ⅲ类。2019年大塘河水质为Ⅳ类，水质现状轻度污染，未达到功能区要求，与2018年相比无明显变化。

11. 长塘河　长塘河全长5400米，流域面积30平方千米，蓄水量32.9万立方米，此水域的水质目标是Ⅲ类。2019年长塘河水质为Ⅲ类，水质现状良好，达到功能区要求，与2018年相比无明显变化。

12. 旦仁河　旦仁河全长2000米，流域面积8.3平方千米，蓄水量3.0万立方米，此水域的水质目标是Ⅲ类。2019年旦仁河水质为Ⅱ类，水质现状优，达到功能区要求，与2018年相比无明显变化。

13. 管溪　管溪全长4500米，流域面积31.24平方千米，蓄水量27万立方米，此水域的水质目标是Ⅲ类。2019年管溪水质为Ⅱ类，水质现状优，达到功能区要求，与2018年相比无明显变化。

14. 横塘岗河　横塘岗河全长7720米，流域面积23.15平方千米，蓄水量27.20万立方米，此水域的水质目标是Ⅲ类。2019年横塘岗河水质为Ⅲ类，水质现状良好，达到功能区要求，与2018年相比无明显变化。

15. 雅林溪　雅林溪全长9920米，流域面积43.76平方千米，蓄水量17.3万立方米，此水域的水质目标是Ⅲ类。2019年雅林溪水质为Ⅱ类，水质现状优，达到功能区要求，与2018年相比有所好转。

16. 泊戈洋河　泊戈洋河全长2500米，流域面积9.8平方千米，蓄水量3.74万立方米，此水域的水质目标是Ⅲ类。2019年泊戈洋河水质为Ⅳ类，水质现状轻度污染，未达到功能区要求，与2018年相比有所下降。

17. 关头塘河　关头塘河全长2700米，流域面积12.5平方千米，蓄水量2.87万立方米，此水域的水质目标是Ⅲ类。2019年关头塘河水质为Ⅱ类，水质现状优，达到功能区要求，与2018年相比无明显变化。

18. 东溪　东溪全长4000米，流域面积8.8平方千米，蓄水量6.0万立方米，此水域的水质目标是Ⅲ类。2019年东溪水质为Ⅱ类，水质现状优，达到功能区要求，与2018年相比无明显变化。

19. 亭溪　亭溪全长3430米，流域面积18.9平方千米，蓄水量5.15万立方米，此水域的水质目标是Ⅲ类。2019年亭溪水质为Ⅱ类，水质现状优，达到功能区要求，与2018年相比无明显变化。

20. 乌岩港　乌岩港全长3280米，流域面积15.2平方千米，蓄水量7.49万立方米，此水域的水质目标是Ⅲ类。2019年乌岩港水质为Ⅳ类，水质现状轻度污染，未达到功能区要求，与2018年相比有所好转。

表 19

2019 年象山地表水监测结果统计表

单位:mg/L(pH 值无量纲)

站位名称	项目	pH 值	溶解氧	化学需氧量	高锰酸盐指数	BOD_5	总磷	总氮	氨氮	挥发酚	石油类	阴离子表面活性剂	氰化物	硫化物	氟化物	总砷	总汞	硒	六价铬	总铅	总镉	铜	锌
浮礁渡	样品数	12	12	12	12	12	12	12	12	12	12	12	12	12	12	12	12	12	12	12	12	12	12
	最大值	9.35	10.27	23	5.8	5	0.29	4.98	0.49	0.0029	0.03	0.025	0.002	0.0025	0.66	0.0029	0.00002	0.0011	0.002	0.001	0.00009	0.00311	0.01
	最小值	6.55	3.4	9	2.7	1.2	0.09	1.42	0.015	0.00015	0.005	0.02	0.002	0.002	0.22	0.0002	0.00002	0.0002	0.002	0.000045	0.00002	0.00079	0.0015
	均值	7.72	7.92	15	4.2	2.5	0.180	2.90	0.17	0.0005	0.01	0.024	0.002	0.002	0.36	0.0013	0.00002	0.0003	0.002	0.00032375	0.00003	0.00216	0.0054
	超Ⅲ率	8%	8%	8%	0%	8%	17%	100%	0%	0%	0%	0%	0%	0%	0%	0%	0%	0%	0%	0%	0%	0%	0%
	类别	Ⅰ	Ⅰ	Ⅲ	Ⅲ	Ⅰ	Ⅲ	劣Ⅴ	Ⅱ	Ⅰ	Ⅰ	Ⅰ	Ⅰ	Ⅰ	Ⅰ	Ⅰ	Ⅰ	Ⅰ	Ⅰ	Ⅰ	Ⅰ	Ⅰ	Ⅰ
岳头嘴	样品数	6	6	6	6	6	6	6	6	6	6	6	6	6	6	6	6	6	6	6	6	6	6
	最大值	7.92	9.32	15	4.6	2.5	0.192	6.1	0.99	0.00015	0.024	0.025	0.002	0.0500	0.461	0.00015	0.00002	0.0002	0.002	0.001	0.00005	0.0005	0.025
	最小值	6.68	6.14	9	2.8	0.25	0.130	1.1	0.54	0.00015	0.010	0.025	0.002	0.0025	0.151	0.00015	0.00002	0.0002	0.002	0.001	0.00005	0.0005	0.025
	均值	7.42	7.46	13	3.6	1.6	0.171	3.20	0.81	0.00015	0.012	0.025	0.002	0.0115	0.308	0.00015	0.00002	0.0002	0.002	0.001	0.00005	0.0005	0.025
	超Ⅲ率	0%	0%	0%	0%	0%	0%	100%	0%	0%	0%	0%	0%	0%	0%	0%	0%	0%	0%	0%	0%	0%	0%
	类别	Ⅰ	Ⅱ	Ⅰ	Ⅱ	Ⅰ	Ⅲ	劣Ⅴ	Ⅲ	Ⅰ	Ⅰ	Ⅰ	Ⅰ	Ⅰ	Ⅰ	Ⅰ	Ⅰ	Ⅰ	Ⅰ	Ⅰ	Ⅰ	Ⅰ	Ⅰ
龙翔	样品数	6	6	6	6	6	6	6	6	6	6	6	6	6	6	6	6	6	6	6	6	6	6
	最大值	7.73	8.13	10	1.9	1.1	0.092	2.01	0.24	0.00015	0.021	0.025	0.002	0.0025	0.132	0.00015	0.00002	0.0002	0.002	0.001	0.00005	0.0005	0.025
	最小值	7.13	5.97	2	0.6	0.25	0.029	1.39	0.12	0.00015	0.005	0.025	0.002	0.0025	0.031	0.00015	0.00002	0.0002	0.002	0.001	0.00005	0.0005	0.025
	均值	7.40	7.37	6	1.1	0.39	0.060	1.72	0.18	0.00015	0.01	0.025	0.002	0.0025	0.077	0.00015	0.00002	0.0002	0.002	0.001	0.00005	0.0005	0.025
	超Ⅲ率	0%	0%	0%	0%	0%	0%	100%	0%	0%	0%	0%	0%	0%	0%	0%	0%	0%	0%	0%	0%	0%	0%
	类别	Ⅰ	Ⅱ	Ⅰ	Ⅰ	Ⅰ	Ⅱ	Ⅴ	Ⅱ	Ⅰ	Ⅰ	Ⅰ	Ⅰ	Ⅰ	Ⅰ	Ⅰ	Ⅰ	Ⅰ	Ⅰ	Ⅰ	Ⅰ	Ⅰ	Ⅰ

续表19

站位名称	项目	pH值	溶解氧	化学需氧量	高锰酸盐指数	BOD_5	总磷	总氮	氨氮	挥发酚	石油类	阴离子表面活性剂	氰化物	硫化物	氟化物	总砷	总汞	硒	六价铬	总铅	总镉	铜	锌
珠溪	样品数	6	6	6	6	6	6	6	6	6	6	6	6	6	6	6	6	6	6	6	6	6	6
	最大值	7.93	9.32	9	2.3	1.00	0.072	1.96	0.18	0.00015	0.01	0.025	0.002	0.011	0.188	0.00015	0.00002	0.0002	0.002	0.001	0.00005	0.0005	0.025
	最小值	7.14	6.92	2	1.0	0.25	0.010	1.40	0.10	0.00015	0.01	0.025	0.002	0.0025	0.034	0.00015	0.00002	0.0002	0.002	0.001	0.00005	0.0005	0.025
	均值	7.46	7.92	5	1.5	0.38	0.042	1.72	0.13	0.00015	0.01	0.025	0.002	0.0039	0.086	0.00015	0.00002	0.0002	0.002	0.001	0.00005	0.0005	0.025
	超Ⅲ率	0%	0%	0%	0%	0%	0%	100%	0%	0%	0%	0%	0%	0%	0%	0%	0%	0%	0%	0%	0%	0%	0%
	类别	Ⅰ	Ⅰ	Ⅰ	Ⅰ	Ⅰ	Ⅱ	Ⅴ	Ⅰ	Ⅰ	Ⅰ	Ⅰ	Ⅰ	Ⅰ	Ⅰ	Ⅰ	Ⅰ	Ⅰ	Ⅰ	Ⅰ	Ⅰ	Ⅰ	Ⅰ
后王	样品数	6	6	6	6	6	6	6	6	6	6	6	6	6	6	6	6	6	6	6	6	6	6
	最大值	7.83	9.28	9	1.6	0.90	0.127	2.42	0.31	0.00015	0.02	0.025	0.002	0.0250	0.145	0.00015	0.00002	0.0002	0.002	0.001	0.00005	0.0005	0.025
	最小值	7.05	5.78	2	0.2	0.25	0.049	1.13	0.11	0.00015	0.01	0.025	0.002	0.0025	0.035	0.00015	0.00002	0.0002	0.002	0.001	0.00005	0.0005	0.025
	均值	7.35	7.83	4	0.9	0.36	0.092	1.81	0.19	0.00015	0.01	0.025	0.002	0.0063	0.088	0.00015	0.00002	0.0002	0.002	0.001	0.00005	0.0005	0.025
	超Ⅲ率	0%	0%	0%	0%	0%	0%	100%	0%	0%	0%	0%	0%	0%	0%	0%	0%	0%	0%	0%	0%	0%	0%
	类别	Ⅰ	Ⅰ	Ⅰ	Ⅰ	Ⅰ	Ⅱ	Ⅴ	Ⅱ	Ⅰ	Ⅰ	Ⅰ	Ⅰ	Ⅰ	Ⅰ	Ⅰ	Ⅰ	Ⅰ	Ⅰ	Ⅰ	Ⅰ	Ⅰ	Ⅰ
鹤浦大河	样品数	2	2	0	2	0	2	0	2	0	0	0	0	0	0	0	0	0	0	0	0	0	0
	最大值	8.11	7.07	—	3.9	—	0.201	—	1.84	—	—	—	—	—	—	—	—	—	—	—	—	—	—
	最小值	7.69	5.89	—	3.1	—	0.143	—	0.96	—	—	—	—	—	—	—	—	—	—	—	—	—	—
	均值	7.90	6.48	—	3.5	—	0.172	—	1.4	—	—	—	—	—	—	—	—	—	—	—	—	—	—
	超Ⅲ率	0%	0%	—	0%	—	0%	—	50%	—	—	—	—	—	—	—	—	—	—	—	—	—	—
	类别	Ⅰ	Ⅱ	—	Ⅱ	—	Ⅲ	—	Ⅳ	—	—	—	—	—	—	—	—	—	—	—	—	—	—
金石引河	样品数	2	2	0	2	0	2	0	2	0	0	0	0	0	0	0	0	0	0	0	0	0	0
	最大值	7.92	7.92	—	4.6	—	0.282	—	1.44	—	—	—	—	—	—	—	—	—	—	—	—	—	—
	最小值	7.69	6.1	—	4	—	0.278	—	0.86	—	—	—	—	—	—	—	—	—	—	—	—	—	—
	均值	7.80	7.01	—	4.3	—	0.280	—	1.15	—	—	—	—	—	—	—	—	—	—	—	—	—	—
	超Ⅲ率	0%	0%	—	0%	—	100%	—	50%	—	—	—	—	—	—	—	—	—	—	—	—	—	—
	类别	Ⅰ	Ⅱ	—	Ⅲ	—	Ⅳ	—	Ⅳ	—	—	—	—	—	—	—	—	—	—	—	—	—	—

表 20

2019 年象山地表水监测结果统计表

单位:mg/L(pH 值无量纲)

站位名称	项目	pH 值	溶解氧	化学需氧量	高锰酸盐指数	BOD_5	总磷	总氮	氨氮	挥发酚	石油类	阴离子表面活性剂	氰化物	硫化物	氟化物	总砷	总汞	硒	六价铬	总铅	总镉	铜	锌
九龙江	样品数	2	2	0	2	1	2	0	2	0	0	0	0	0	0	0	0	0	0	0	0	0	0
	最大值	7.82	7.5	—	4.5	0.25	0.395	—	1.32	—	—	—	—	—	—	—	—	—	—	—	—	—	—
	最小值	7.55	6.06	—	4.3	0.25	0.221	—	0.52	—	—	—	—	—	—	—	—	—	—	—	—	—	—
	均值	7.68	6.78	—	4.4	0.25	0.308	—	0.92	—	—	—	—	—	—	—	—	—	—	—	—	—	—
	超Ⅲ率	0%	0%	—	25%	0	100%	—	50%	—	—	—	—	—	—	—	—	—	—	—	—	—	—
	类别	Ⅰ	Ⅱ	—	Ⅲ	Ⅰ	Ⅴ	—	Ⅲ	—	—	—	—	—	—	—	—	—	—	—	—	—	—
腾蛟河	样品数	2	2	0	2	1	2	0	2	0	0	0	0	0	0	0	0	0	0	0	0	0	0
	最大值	7.92	7.92	—	1.5	0.25	0.090	—	0.46	—	—	—	—	—	—	—	—	—	—	—	—	—	—
	最小值	7.42	6.82	—	1	0.25	0.050	—	0.25	—	—	—	—	—	—	—	—	—	—	—	—	—	—
	均值	7.67	7.37	—	1.25	0.25	0.070	—	0.36	—	—	—	—	—	—	—	—	—	—	—	—	—	—
	超Ⅲ率	0%	0%	—	0%	—	0%	—	0%	—	—	—	—	—	—	—	—	—	—	—	—	—	—
	类别	Ⅰ	Ⅱ	—	Ⅰ	Ⅰ	Ⅱ	—	Ⅱ	—	—	—	—	—	—	—	—	—	—	—	—	—	—
大塘河	样品数	2	2	0	2	0	2	0	2	0	0	0	0	0	0	0	0	0	0	0	0	0	0
	最大值	7.87	7.87	—	4.9	—	0.219	—	0.95	—	—	—	—	—	—	—	—	—	—	—	—	—	—
	最小值	7.72	6.03	—	3.9	—	0.199	—	0.91	—	—	—	—	—	—	—	—	—	—	—	—	—	—
	均值	7.795	6.95	—	4.4	—	0.209	—	0.93	—	—	—	—	—	—	—	—	—	—	—	—	—	—
	超Ⅲ率	0%	0%	—	0%	—	50%	—	0%	—	—	—	—	—	—	—	—	—	—	—	—	—	—
	类别	Ⅰ	Ⅱ	—	Ⅲ	—	Ⅳ	—	Ⅲ	—	—	—	—	—	—	—	—	—	—	—	—	—	—

续表20

站位名称	项目	pH值	溶解氧	化学需氧量	高锰酸盐指数	BOD_5	总磷	总氮	氨氮	挥发酚	石油类	阴离子表面活性剂	氰化物	硫化物	氟化物	总砷	总汞	硒	六价铬	总铅	总镉	铜	锌
长塘河	样品数	6	6	6	6	6	6	6	6	6	6	6	6	6	6	6	6	6	6	6	6	6	6
	最大值	7.97	8.73	14	4.4	2.80	0.199	3.52	0.94	0.00015	0.04	0.025	0.002	0.0780	0.709	0.00015	0.00002	0.0002	0.002	0.001	0.00005	0.0005	0.025
	最小值	7.22	6.14	2	2.7	0.25	0.112	1.76	0.42	0.00015	0.01	0.025	0.002	0.0025	0.095	0.00015	0.00002	0.0002	0.002	0.001	0.00005	0.0005	0.025
	均值	7.57	7.23	9	3.6	0.88	0.164	2.41	0.74	0.00015	0.01	0.025	0.002	0.0261	0.274	0.00015	0.00002	0.0002	0.002	0.001	0.00005	0.0005	0.025
	超Ⅲ率	0%	0%	0%	0%	0%	0%	100%	0%	0%	0%	0%	0%	0%	0%	0%	0%	0%	0%	0%	0%	0%	0%
	类别	Ⅰ	Ⅱ	Ⅰ	Ⅱ	Ⅰ	Ⅲ	劣Ⅴ	Ⅲ	Ⅰ	Ⅰ	Ⅰ	Ⅰ	Ⅰ	Ⅰ	Ⅰ	Ⅰ	Ⅰ	Ⅰ	Ⅰ	Ⅰ	Ⅰ	Ⅰ
旦仁河	样品数	2	2	0	2	0	2	0	2	0	0	0	0	0	0	0	0	0	0	0	0	0	0
	最大值	7.92	7.71	—	1.9	—	0.112	—	0.76	—	—	—	—	—	—	—	—	—	—	—	—	—	—
	最小值	7.59	5.78	—	1.8	—	0.078	—	0.22	—	—	—	—	—	—	—	—	—	—	—	—	—	—
	均值	7.76	6.74	—	1.8	—	0.095	—	0.49	—	—	—	—	—	—	—	—	—	—	—	—	—	—
	超Ⅲ率	0%	0%	—	0%	—	0%	—	0%	—	—	—	—	—	—	—	—	—	—	—	—	—	—
	类别	Ⅰ	Ⅱ	—	Ⅰ	—	Ⅱ	—	Ⅱ	—	—	—	—	—	—	—	—	—	—	—	—	—	—
管溪	样品数	6	6	6	6	6	6	6	6	6	6	6	6	6	6	6	6	6	6	6	6	6	6
	最大值	7.93	9.51	9	3.0	1.60	0.098	2.15	0.30	0.00015	0.03	0.025	0.002	0.0090	0.274	0.00015	0.00002	0.0002	0.002	0.001	0.00005	0.0005	0.025
	最小值	6.79	6.02	2	0.7	0.25	0.041	1.38	0.12	0.00015	0.01	0.025	0.002	0.0025	0.052	0.00015	0.00002	0.0002	0.002	0.001	0.00005	0.0005	0.025
	均值	7.40	7.98	6	1.4	0.48	0.061	1.70	0.19	0.00015	0.01	0.025	0.002	0.0048	0.134	0.00015	0.00002	0.0002	0.002	0.001	0.00005	0.0005	0.025
	超Ⅲ率	0%	0%	0%	0%	0%	0%	100%	0%	0%	0%	0%	0%	0%	0%	0%	0%	0%	0%	0%	0%	0%	0%
	类别	Ⅰ	Ⅰ	Ⅰ	Ⅰ	Ⅰ	Ⅱ	Ⅴ	Ⅱ	Ⅰ	Ⅰ	Ⅰ	Ⅰ	Ⅰ	Ⅰ	Ⅰ	Ⅰ	Ⅰ	Ⅰ	Ⅰ	Ⅰ	Ⅰ	Ⅰ
横塘岗河	样品数	6	6	6	6	6	6	6	6	6	6	6	6	6	6	6	6	6	6	6	6	6	6
	最大值	8.06	8.29	18	5	3	0.194	3.16	1	0.00015	0.04	0.025	0.002	0.025	0.549	0.00015	0.00002	0.0002	0.002	0.001	0.00005	0.0005	0.025
	最小值	7.26	6.41	9	2.2	0.25	0.067	1.8	0.32	0.00015	0.01	0.025	0.002	0.0025	0.05	0.00015	0.00002	0.0002	0.002	0.001	0.00005	0.0005	0.025
	均值	7.81	7.47	14	3.5	1.19	0.117	2.29	0.71	0.00015	0.02	0.025	0.002	0.0118	0.214	0.00015	0.00002	0.0002	0.002	0.001	0.00005	0.0005	0.025
	超Ⅲ率	0%	0%	0%	0%	0%	0%	100%	0%	0%	0%	0%	0%	0%	0%	0%	0%	0%	0%	0%	0%	0%	0%
	类别	Ⅰ	Ⅱ	Ⅰ	Ⅱ	Ⅰ	Ⅲ	劣Ⅴ	Ⅲ	Ⅰ	Ⅰ	Ⅰ	Ⅰ	Ⅰ	Ⅰ	Ⅰ	Ⅰ	Ⅰ	Ⅰ	Ⅰ	Ⅰ	Ⅰ	Ⅰ

表 21

2019 年象山地表水监测结果统计表

单位：mg/L（pH 值无量纲）

站位名称	项目	pH 值	溶解氧	化学需氧量	高锰酸盐指数	BOD_5	总磷	总氮	氨氮	挥发酚	石油类	阴离子表面活性剂	氰化物	硫化物	氟化物	总砷	总汞	硒	六价铬	总铅	总镉	铜	锌
雅林溪	样品数	2	2	0	2	0	2	0	2	0	0	0	0	0	0	0	0	0	0	0	0	0	0
	最大值	7.88	8.72	—	1.7	—	0.12	—	0.35	—	—	—	—	—	—	—	—	—	—	—	—	—	—
	最小值	7.19	7.19	—	1.2	—	0.071	—	0.27	—	—	—	—	—	—	—	—	—	—	—	—	—	—
	均值	7.54	7.96	—	1.4	—	0.096	—	0.31	—	—	—	—	—	—	—	—	—	—	—	—	—	—
	超Ⅲ率	0%	0%	—	0%	—	0%	—	0%	—	—	—	—	—	—	—	—	—	—	—	—	—	—
	类别	Ⅰ	Ⅰ	—	Ⅰ	—	Ⅱ	—	Ⅱ	—	—	—	—	—	—	—	—	—	—	—	—	—	—
泊戈洋河	样品数	2	2	0	2	0	2	0	2	0	0	0	0	0	0	0	0	0	0	0	0	0	0
	最大值	7.19	6.62	—	4	—	0.226	—	1.98	—	—	—	—	—	—	—	—	—	—	—	—	—	—
	最小值	6.65	6.54	—	2.6	—	0.206	—	0.95	—	—	—	—	—	—	—	—	—	—	—	—	—	—
	均值	6.92	6.58	—	3.3	—	0.216	—	1.46	—	—	—	—	—	—	—	—	—	—	—	—	—	—
	超Ⅲ率	0%	0%	—	0%	—	100%	—	50%	—	—	—	—	—	—	—	—	—	—	—	—	—	—
	类别	Ⅰ	Ⅱ	—	Ⅱ	—	Ⅳ	—	Ⅳ	—	—	—	—	—	—	—	—	—	—	—	—	—	—
关头塘河	样品数	2	2	0	2	0	2	0	2	0	0	0	0	0	0	0	0	0	0	0	0	0	0
	最大值	7.88	7.4	—	1.9	—	0.063	—	0.52	—	—	—	—	—	—	—	—	—	—	—	—	—	—
	最小值	7.68	5.8	—	1	—	0.053	—	0.25	—	—	—	—	—	—	—	—	—	—	—	—	—	—
	均值	7.78	6.6	—	1.4	—	0.058	—	0.38	—	—	—	—	—	—	—	—	—	—	—	—	—	—
	超Ⅲ率	0%	0%	—	0%	—	0%	—	0%	—	—	—	—	—	—	—	—	—	—	—	—	—	—
	类别	Ⅰ	Ⅱ	—	Ⅰ	—	Ⅱ	—	Ⅱ	—	—	—	—	—	—	—	—	—	—	—	—	—	—

续表21

站位名称	项目	pH值	溶解氧	化学需氧量	高锰酸盐指数	BOD_5	总磷	总氮	氨氮	挥发酚	石油类	阴离子表面活性剂	氰化物	硫化物	氟化物	总砷	总汞	硒	六价铬	总铅	总镉	铜	锌
东溪	样品数	6	6	6	6	6	6	6	6	6	6	6	6	6	6	6	6	6	6	6	6	6	6
	最大值	7.72	8.57	8	1.6	0.90	0.092	3.39	0.22	0.00015	0.02	0.025	0.002	0.0090	0.673	0.00015	0.00002	0.0002	0.002	0.001	0.00005	0.0005	0.025
	最小值	7.22	5.93	2	1.1	0.25	0.034	1.36	0.12	0.00015	0.01	0.025	0.002	0.0025	0.085	0.00015	0.00002	0.0002	0.002	0.001	0.00005	0.0005	0.025
	均值	7.46	7.65	6	1.3	0.36	0.063	2.00	0.18	0.00015	0.01	0.025	0.002	0.0047	0.282	0.00015	0.00002	0.0002	0.002	0.001	0.00005	0.0005	0.025
	超Ⅲ率	0%	0%	0%	0%	0%	0%	100%	0%	0%	0%	0%	0%	0%	0%	0%	0%	0%	0%	0%	0%	0%	0%
	类别	Ⅰ	Ⅰ	Ⅰ	Ⅰ	Ⅰ	Ⅱ	Ⅴ	Ⅱ	Ⅰ	Ⅰ	Ⅰ	Ⅰ	Ⅰ	Ⅰ	Ⅰ	Ⅰ	Ⅰ	Ⅰ	Ⅰ	Ⅰ	Ⅰ	Ⅰ
亭溪	样品数	6	6	6	6	6	6	6	6	6	6	6	6	6	6	6	6	6	6	6	6	6	6
	最大值	8.24	9.06	12	2.3	0.80	0.081	2.36	0.36	0.00015	0.02	0.025	0.002	0.0050	0.315	0.00015	0.00002	0.0002	0.002	0.001	0.00005	0.0005	0.025
	最小值	6.98	7.29	2	0.8	0.25	0.022	1.23	0.13	0.00015	0.01	0.025	0.002	0.0025	0.049	0.00015	0.00002	0.0002	0.002	0.001	0.00005	0.0005	0.025
	均值	7.51	7.89	7	1.3	0.34	0.039	1.73	0.20	0.00015	0.01	0.025	0.002	0.0029	0.134	0.00015	0.00002	0.0002	0.002	0.001	0.00005	0.0005	0.025
	超Ⅲ率	0%	0%	0%	0%	0%	0%	100%	0%	0%	0%	0%	0%	0%	0%	0%	0%	0%	0%	0%	0%	0%	0%
	类别	Ⅰ	Ⅰ	Ⅰ	Ⅰ	Ⅰ	Ⅱ	Ⅴ	Ⅱ	Ⅰ	Ⅰ	Ⅰ	Ⅰ	Ⅰ	Ⅰ	Ⅰ	Ⅰ	Ⅰ	Ⅰ	Ⅰ	Ⅰ	Ⅰ	Ⅰ
乌岩港	样品数	2	2	0	2	0	2	0	2	0	0	0	0	0	0	0	0	0	0	0	0	0	0
	最大值	7.86	8.12	—	4.9	—	0.264	—	1.39	—	—	—	—	—	—	—	—	—	—	—	—	—	—
	最小值	7.53	6.14	—	4	—	0.154	—	0.9	—	—	—	—	—	—	—	—	—	—	—	—	—	—
	均值	7.70	7.13	—	4.4	—	0.209	—	1.14	—	—	—	—	—	—	—	—	—	—	—	—	—	—
	超Ⅲ率	0%	0%	—	0%	—	50%	—	50%	—	—	—	—	—	—	—	—	—	—	—	—	—	—
	类别	Ⅰ	Ⅱ	—	Ⅲ	—	Ⅳ	—	Ⅳ	—	—	—	—	—	—	—	—	—	—	—	—	—	—
东大河	样品数	6	6	0	6	0	6	0	6	0	0	0	0	0	0	1	1	1	1	1	1	1	1
	最大值	7.5	8.22	—	6.6	—	0.581	—	4.06	—	—	—	—	—	—	0.00015	0.00002	0.0002	0.002	0.001	0.00005	0.0005	0.025
	最小值	6.93	4.09	—	3.5	—	0.279	—	0.62	—	—	—	—	—	—	0.00015	0.00002	0.0002	0.002	0.001	0.00005	0.0005	0.025
	均值	7.34	6.89	—	4.6	—	0.384	—	2.64	—	—	—	—	—	—	0.00015	0.00002	0.0002	0.002	0.001	0.00005	0.0005	0.025
	超Ⅲ率	0%	17%	—	17%	—	100%	—	83%	—	—	—	—	—	—	0%	0%	0%	0%	0%	0%	0%	0%
	类别	Ⅰ	Ⅱ	—	Ⅲ	—	Ⅴ	—	劣Ⅴ	—	—	—	—	—	—	Ⅰ	Ⅰ	Ⅰ	Ⅰ	Ⅰ	Ⅰ	Ⅰ	Ⅰ

表 22

2019 年象山地表水监测结果统计表

单位：mg/L（pH 值无量纲）

站位名称	项目	pH 值	溶解氧	化学需氧量	高锰酸盐指数	BOD_5	总磷	总氮	氨氮	挥发酚	石油类	阴离子表面活性剂	氰化物	硫化物	氟化物	总砷	总汞	硒	六价铬	总铅	总镉	铜	锌
横河	样品数	6	6	0	6	0	6	0	6	0	0	0	0	0	0	1	1	1	1	1	1	1	1
	最大值	7.62	7.87	—	5	—	0.415	—	7.94	—	—	—	—	—	—	0.00015	0.00002	0.0002	0.002	0.001	0.00005	0.0005	0.025
	最小值	6.77	4.47	—	3.3	—	0.207	—	0.62	—	—	—	—	—	—	0.00015	0.00002	0.0002	0.002	0.001	0.00005	0.0005	0.025
	均值	7.26	6.71	—	4.0	—	0.286	—	2.74	—	—	—	—	—	—	0.00015	0.00002	0.0002	0.002	0.001	0.00005	0.0005	0.025
	超Ⅲ率	0%	17%	—	0%	—	100%	—	67%	—	—	—	—	—	—	0%	0%	0%	0%	0%	0%	0%	0%
	类别	Ⅰ	Ⅱ	—	Ⅲ	—	Ⅳ	—	劣Ⅴ	—	—	—	—	—	—	Ⅰ	Ⅰ	Ⅰ	Ⅰ	Ⅰ	Ⅰ	Ⅰ	Ⅰ
南大河	样品数	6	6	0	6	0	6	0	6	0	0	0	0	0	0	1	1	1	1	1	1	1	1
	最大值	7.6	7.99	—	5	—	0.471	—	9.26	—	—	—	—	—	—	0.00015	0.00002	0.0002	0.002	0.001	0.00005	0.0005	0.025
	最小值	7.05	4.72	—	3.7	—	0.214	—	0.94	—	—	—	—	—	—	0.00015	0.00002	0.0002	0.002	0.001	0.00005	0.0005	0.025
	均值	7.33	6.82	—	4.3	—	0.360	—	4.78	—	—	—	—	—	—	0.00015	0.00002	0.0002	0.002	0.001	0.00005	0.0005	0.025
	超Ⅲ率	0%	17%	—	0%	—	100%	—	83%	—	—	—	—	—	—	0%	0%	0%	0%	0%	0%	0%	0%
	类别	Ⅰ	Ⅱ	—	Ⅲ	—	Ⅴ	—	劣Ⅴ	—	—	—	—	—	—	Ⅰ	Ⅰ	Ⅰ	Ⅰ	Ⅰ	Ⅰ	Ⅰ	Ⅰ
西大河	样品数	6	6	0	6	0	6	0	6	0	0	0	0	0	0	1	1	1	1	1	1	1	1
	最大值	7.43	8.24	—	5.7	—	0.34	—	6.95	—	—	—	—	—	—	0.00015	0.00002	0.0002	0.002	0.001	0.00005	0.0005	0.025
	最小值	6.87	5.63	—	3.6	—	0.102	—	0.28	—	—	—	—	—	—	0.00015	0.00002	0.0002	0.002	0.001	0.00005	0.0005	0.025
	均值	7.22	6.84	—	4.4	—	0.232	—	1.78	—	—	—	—	—	—	0.00015	0.00002	0.0002	0.002	0.001	0.00005	0.0005	0.025
	超Ⅲ率	0%	0%	—	0%	—	83%	—	17%	—	—	—	—	—	—	0%	0%	0%	0%	0%	0%	0%	0%
	类别	Ⅰ	Ⅱ	—	Ⅲ	—	Ⅳ	—	Ⅴ	—	—	—	—	—	—	Ⅰ	Ⅰ	Ⅰ	Ⅰ	Ⅰ	Ⅰ	Ⅰ	Ⅰ

续表22

站位名称	项目	pH值	溶解氧	化学需氧量	高锰酸盐指数	BOD_5	总磷	总氮	氨氮	挥发酚	石油类	阴离子表面活性剂	氰化物	硫化物	氟化物	总砷	总汞	硒	六价铬	总铅	总镉	铜	锌
新华河	样品数	6	6	0	6	0	6	0	6	0	0	0	0	0	0	1	1	1	1	1	1	1	1
	最大值	8.12	8.17	—	4.3	—	0.746	—	6.49	—	—	—	—	—	—	0.00015	0.00002	0.0002	0.002	0.001	0.00005	0.0005	0.025
	最小值	6.59	4.58	—	2.7	—	0.327	—	0.59	—	—	—	—	—	—	0.00015	0.00002	0.0002	0.002	0.001	0.00005	0.0005	0.025
	均值	7.45	6.55	—	3.4	—	0.491	—	3.25	—	—	—	—	—	—	0.00015	0.00002	0.0002	0.002	0.001	0.00005	0.0005	0.025
	超Ⅲ率	0%	17%	—	0%	—	100%	—	83%	—	—	—	—	—	—	0%	0%	0%	0%	0%	0%	0%	0%
	类别	Ⅰ	Ⅱ	—	Ⅱ	—	劣Ⅴ	—	劣Ⅴ	—	—	—	—	—	—	Ⅰ	Ⅰ	Ⅰ	Ⅰ	Ⅰ	Ⅰ	Ⅰ	Ⅰ
燕山河	样品数	6	6	0	6	0	6	0	6	0	0	0	0	0	0	1	1	1	1	1	1	1	1
	最大值	7.9	8.24	—	7.1	—	0.902	—	15.8	—	—	—	—	—	—	0.00015	0.00002	0.0002	0.002	0.001	0.00005	0.0005	0.025
	最小值	6.68	5.93	—	3	—	0.396	—	0.5	—	—	—	—	—	—	0.00015	0.00002	0.0002	0.002	0.001	0.00005	0.0005	0.025
	均值	7.46	7.05	—	5.5	—	0.605	—	6.12	—	—	—	—	—	—	0.00015	0.00002	0.0002	0.002	0.001	0.00005	0.0005	0.025
	超Ⅲ率	0%	0%	—	50%	—	100%	—	83%	—	—	—	—	—	—	0%	0%	0%	0%	0%	0%	0%	0%
	类别	Ⅰ	Ⅱ	—	Ⅲ	—	劣Ⅴ	—	劣Ⅴ	—	—	—	—	—	—	Ⅰ	Ⅰ	Ⅰ	Ⅰ	Ⅰ	Ⅰ	Ⅰ	Ⅰ

【饮用水源监测结果】 2019年，象山县共监测24个集中式饮用水水源地，其中23个年均值达到Ⅲ类水质要求（符合Ⅰ类水质标准0个，Ⅱ类水质标准8个，Ⅲ类水质标准15个），占总数的95.8%。有7个水库水质由Ⅳ类提高至Ⅲ类，有1个水库水质由Ⅳ类提高至Ⅱ类，有4个水库水质由Ⅲ类提高至Ⅱ类，9个水库无明显变化，樊岙水库、岩头陈水库、方家岙水库水质由Ⅱ类下降至Ⅲ类，营养状态均为中营养，与2018年相比水质达标率明显提升。在所有监测项次中，只有军民塘水库的总磷出现1次超标现象。6个市控饮用水水源地均达到Ⅲ类水质要求，达标率为100%，其中仓岙水库、燕山水库水质为Ⅱ类，其余均为Ⅲ类。

表23　**2019年象山县集中式饮用水源地水质统计表**

序号	水源地	等级	2018年水质类别	2019年			
				水质类别	水质达标率(%)	主要超标指标	超标次数
1	溪口水库	市控	Ⅲ	Ⅲ	100	—	0
2	仓岙水库	市控	Ⅱ	Ⅱ	100	—	0
3	上张水库	市控	Ⅲ	Ⅲ	100	—	0
4	燕山水库	市控	Ⅲ	Ⅱ	100	—	0
5	樊岙水库	市控	Ⅱ	Ⅲ	100	—	0
6	平潭水库	市控	Ⅲ	Ⅲ	100	—	0
7	三家村水库	县控	Ⅲ	Ⅲ	100	—	0
8	军民塘水库	县控	Ⅴ	Ⅴ	98	总磷	1
9	九顷水库	县控	Ⅳ	Ⅲ	100	—	0
10	思娘岙水库	县控	Ⅳ	Ⅲ	100	—	0
11	东坑里水库	县控	Ⅲ	Ⅲ	100	—	0
12	小百丈水库	县控	Ⅳ	Ⅲ	100	—	0
13	金架山水库	县控	Ⅲ	Ⅱ	100	—	0
14	龙角岩水库	县控	Ⅱ	Ⅱ	100	—	0
15	岩头陈水库	县控	Ⅱ	Ⅲ	100	—	0
16	利民水库	县控	Ⅳ	Ⅲ	100	—	0
17	方家岙水库	县控	Ⅱ	Ⅲ	100	—	0
18	洪山庙水库	县控	Ⅳ	Ⅱ	100	—	0
19	塘岙水库	县控	Ⅳ	Ⅲ	100	—	0
20	大斜桥水库	县控	Ⅲ	Ⅱ	100	—	0
21	新民水库	县控	Ⅲ	Ⅱ	100	—	0
22	珠溪水库	县控	Ⅱ	Ⅱ	100	—	0
23	隔溪张水库	县控	Ⅳ	Ⅲ	100	—	0
24	南盘水库	县控	Ⅳ	Ⅲ	100	—	0

根据湖泊（水库）营养状态评价，24个饮用水水源地均为中营养状态。与2018年相比，所有水库营养状态都有不同程度下降或保持不变，其中思娘岙水库下降最为明显，由重度富营养转为中营养状态。

表 24　　2018 年、2019 年象山县集中式饮用水水源地营养状态统计表

序　号	水　源　地	等　级	2018 年富营养程度	2019 年富营养程度
1	溪口水库	市控	轻度(56)	中(36)
2	仓岙水库	市控	轻度(54)	中(34)
3	上张水库	市控	轻度(57)	中(36)
4	燕山水库	市控	轻度(57)	中(37)
5	樊岙水库	市控	轻度(55)	中(36)
6	平潭水库	市控	中(38)	中(34)
7	三家村水库	县控	轻度(56)	中(38)
8	军民塘水库	县控	中(43)	中(46)
9	九顷水库	县控	中度(61)	中(42)
10	思娘岙水库	县控	重度(74)	中(40)
11	东坑里水库	县控	轻度(58)	中(38)
12	小百丈水库	县控	中(41)	中(38)
13	金架山水库	县控	中(37)	中(37)
14	龙角岩水库	县控	轻度(55)	中(33)
15	岩头陈水库	县控	中(37)	中(39)
16	利民水库	县控	中度(62)	中(43)
17	方家岙水库	县控	轻度(56)	中(37)
18	洪山庙水库	县控	中(39)	中(34)
19	塘岙水库	县控	中(39)	中(41)
20	大斜桥水库	县控	轻度(57)	中(37)
21	新民水库	县控	中(38)	中(36)
22	珠溪水库	县控	中(35)	中(36)
23	隔溪张水库	县控	中(39)	中(35)
24	南盘水库	县控	轻度(60)	中(40)

表 25

2019 年象山饮用水源地监测结果统计表

除 pH 无量纲外　单位：mg/L

站位名称	项目	pH 值	溶解氧	化学需氧量	高锰酸盐指数	BOD_5	总磷	总氮	氨氮	挥发酚	石油类	阴离子表面活性剂	氰化物	硫化物	氟化物	总砷	总汞	硒	六价铬	总铅	总镉	铜	锌
溪口水库	样品数	12	12	12	12	12	12	12	12	12	12	12	12	12	12	12	12	12	12	12	12	12	12
	均值	7.51	7.70	7	1.6	0.5	0.029	1.80	0.11	0.00015	0.01	0.025	0.002	0.005	0.080	0.00015	0.00002	0.0002	0.002	0.001	0.00005	0.0005	0.025
	最大值	8.02	9.51	20	1.9	1.7	0.039	2.74	0.14	0.00015	0.02	0.025	0.002	0.016	0.323	0.00015	0.00002	0.0002	0.002	0.001	0.00005	0.0005	0.005
	最小值	6.98	5.63	2	1.1	0.3	0.017	1.19	0.07	0.00015	0.01	0.025	0.002	0.003	0.032	0.00015	0.00002	0.0002	0.002	0.001	0.00005	0.0005	0.025
	超Ⅲ率	0%	0%	0%	0%	0%	0%	100%	0%	0%	0%	0%	0%	0%	0%	0%	0%	0%	0%	0%	0%	0%	0%
	类别	Ⅰ	Ⅰ	Ⅰ	Ⅰ	Ⅰ	Ⅲ	Ⅴ	Ⅰ	Ⅰ	Ⅰ	Ⅰ	Ⅰ	Ⅰ	Ⅰ	Ⅰ	Ⅰ	Ⅰ	Ⅰ	Ⅰ	Ⅰ	Ⅰ	Ⅰ
仓岙水库	样品数	12	12	12	12	12	12	12	12	12	12	12	12	12	12	12	12	12	12	12	12	12	12
	均值	7.49	7.65	6	1.3	0.4	0.023	1.75	0.12	0.00015	0.01	0.025	0.002	0.004	0.087	0.00015	0.00002	0.0002	0.002	0.001	0.00005	0.0005	0.025
	最大值	8.11	8.91	12	1.8	1.6	0.048	3.16	0.16	0.00015	0.02	0.025	0.002	0.014	0.236	0.00015	0.00002	0.0002	0.002	0.001	0.00005	0.0005	0.025
	最小值	7.08	6.24	2	0.6	0.3	0.012	1.29	0.07	0.00015	0.01	0.025	0.002	0.003	0.038	0.00015	0.00002	0.0002	0.002	0.001	0.00005	0.0005	0.025
	超Ⅲ率	0%	0%	0%	0%	0%	0%	100%	0%	0%	0%	0%	0%	0%	0%	0%	0%	0%	0%	0%	0%	0%	0%
	类别	Ⅰ	Ⅰ	Ⅰ	Ⅰ	Ⅰ	Ⅱ	Ⅴ	Ⅰ	Ⅰ	Ⅰ	Ⅰ	Ⅰ	Ⅰ	Ⅰ	Ⅰ	Ⅰ	Ⅰ	Ⅰ	Ⅰ	Ⅰ	Ⅰ	Ⅰ
上张水库	样品数	12	12	12	12	12	12	12	12	12	12	12	12	12	12	12	12	12	12	12	12	12	12
	均值	7.40	7.77	6	1.7	0.5	0.035	1.48	0.12	0.00015	0.01	0.025	0.002	0.004	0.119	0.00015	0.00002	0.0002	0.002	0.001	0.00005	0.0005	0.025
	最大值	8.05	8.64	12	2.8	1.6	0.046	1.88	0.15	0.00015	0.01	0.025	0.002	0.016	0.238	0.00015	0.00002	0.0002	0.002	0.001	0.00005	0.0005	0.025
	最小值	7.15	6.72	2	0.7	0.3	0.019	0.83	0.08	0.00015	0.01	0.025	0.002	0.003	0.040	0.00015	0.00002	0.0002	0.002	0.001	0.00005	0.0005	0.025
	超Ⅲ率	0%	0%	0%	0%	0%	0%	92%	0%	0%	0%	0%	0%	0%	0%	0%	0%	0%	0%	0%	0%	0%	0%
	类别	Ⅰ	Ⅰ	Ⅰ	Ⅰ	Ⅰ	Ⅲ	Ⅳ	Ⅰ	Ⅰ	Ⅰ	Ⅰ	Ⅰ	Ⅰ	Ⅰ	Ⅰ	Ⅰ	Ⅰ	Ⅰ	Ⅰ	Ⅰ	Ⅰ	Ⅰ

续表25

站位名称	项目	pH值	溶解氧	化学需氧量	高锰酸盐指数	BOD_5	总磷	总氮	氨氮	挥发酚	石油类	阴离子表面活性剂	氰化物	硫化物	氟化物	总砷	总汞	硒	六价铬	总铅	总镉	铜	锌
燕山水库	样品数	6	6	6	6	6	6	6	6	6	6	6	6	6	6	6	6	6	6	6	6	6	6
	均值	7.41	7.91	6	1.7	0.5	0.024	1.52	0.13	0.00015	0.01	0.025	0.002	0.003	0.198	0.00015	0.00002	0.0002	0.002	0.001	0.00005	0.0005	0.025
	最大值	7.78	8.62	12	2.7	1.8	0.038	1.72	0.18	0.00015	0.03	0.025	0.002	0.003	0.306	0.00015	0.00002	0.0002	0.002	0.001	0.00005	0.0005	0.025
	最小值	6.98	6.92	2	1.0	0.3	0.012	1.40	0.10	0.00015	0.01	0.025	0.002	0.003	0.093	0.00015	0.00002	0.0002	0.002	0.001	0.00005	0.0005	0.025
	超Ⅲ率	0%	0%	0%	0%	0%	0%	100%	0%	0%	0%	0%	0%	0%	0%	0%	0%	0%	0%	0%	0%	0%	0%
	类别	Ⅰ	Ⅰ	Ⅰ	Ⅰ	Ⅰ	Ⅱ	Ⅴ	Ⅰ	Ⅰ	Ⅰ	Ⅰ	Ⅰ	Ⅰ	Ⅰ	Ⅰ	Ⅰ	Ⅰ	Ⅰ	Ⅰ	Ⅰ	Ⅰ	Ⅰ
樊岙水库	样品数	6	6	6	6	6	6	6	6	6	6	6	6	6	6	6	6	6	6	6	6	6	6
	均值	7.59	7.53	5	2.0	0.4	0.028	1.40	0.12	0.00015	0.01	0.025	0.002	0.003	0.087	0.00015	0.00002	0.0002	0.002	0.001	0.00005	0.0005	0.025
	最大值	7.98	8.64	11	3.2	1.0	0.035	1.57	0.21	0.00015	0.01	0.025	0.002	0.003	0.242	0.00015	0.00002	0.0002	0.002	0.001	0.00005	0.0005	0.025
	最小值	7.37	5.90	2	1.0	0.3	0.021	1.26	0.08	0.00015	0.01	0.025	0.002	0.003	0.025	0.00015	0.00002	0.0002	0.002	0.001	0.00005	0.0005	0.025
	超Ⅲ率	0%	0%	0%	0%	0%	0%	100%	0%	0%	0%	0%	0%	0%	0%	0%	0%	0%	0%	0%	0%	0%	0%
	类别	Ⅰ	Ⅰ	Ⅰ	Ⅰ	Ⅰ	Ⅲ	Ⅳ	Ⅰ	Ⅰ	Ⅰ	Ⅰ	Ⅰ	Ⅰ	Ⅰ	Ⅰ	Ⅰ	Ⅰ	Ⅰ	Ⅰ	Ⅰ	Ⅰ	Ⅰ
平潭水库	样品数	6	6	6	6	6	6	6	6	6	6	6	6	6	6	6	6	6	6	6	6	6	6
	均值	7.46	8.25	6	1.4	0.4	0.025	1.68	0.12	0.00015	0.01	0.025	0.002	0.003	0.103	0.00015	0.00002	0.0002	0.002	0.001	0.00005	0.0005	0.025
	最大值	7.81	9.38	15	1.8	1.1	0.039	2.29	0.15	0.00015	0.02	0.025	0.002	0.003	0.147	0.00015	0.00002	0.0002	0.002	0.001	0.00005	0.0005	0.025
	最小值	7.02	7.14	2	0.9	0.3	0.018	1.19	0.10	0.00015	0.01	0.025	0.002	0.003	0.067	0.00015	0.00002	0.0002	0.002	0.001	0.00005	0.0005	0.025
	超Ⅲ率	0%	0%	0%	0%	0%	20%	100%	0%	0%	0%	0%	0%	0%	0%	0%	0%	0%	0%	0%	0%	0%	0%
	类别	Ⅰ	Ⅰ	Ⅰ	Ⅰ	Ⅰ	Ⅱ	Ⅴ	Ⅰ	Ⅰ	Ⅰ	Ⅰ	Ⅰ	Ⅰ	Ⅰ	Ⅰ	Ⅰ	Ⅰ	Ⅰ	Ⅰ	Ⅰ	Ⅰ	Ⅰ
岩头陈水库	样品数	4	4	4	4	4	4	4	4	4	4	4	4	4	4	4	4	4	4	4	4	4	4
	均值	7.51	7.97	7	2.5	0.6	0.033	1.85	0.15	0.00015	0.01	0.025	0.002	0.003	0.141	0.00015	0.00002	0.0002	0.002	0.001	0.00005	0.0005	0.025
	最大值	7.83	8.52	16	3.0	1.8	0.047	2.30	0.24	0.00015	0.02	0.025	0.002	0.005	0.287	0.00015	0.00002	0.0002	0.002	0.001	0.00005	0.0005	0.025
	最小值	7.27	6.91	2	2.3	0.3	0.026	1.34	0.05	0.00015	0.01	0.025	0.002	0.003	0.029	0.00015	0.00002	0.0002	0.002	0.001	0.00005	0.0005	0.025
	超Ⅲ率	0%	0%	0%	0%	0%	0%	100%	0%	0%	0%	0%	0%	0%	0%	0%	0%	0%	0%	0%	0%	0%	0%
	类别	Ⅰ	Ⅰ	Ⅰ	Ⅱ	Ⅰ	Ⅲ	Ⅴ	Ⅰ	Ⅰ	Ⅰ	Ⅰ	Ⅰ	Ⅰ	Ⅰ	Ⅰ	Ⅰ	Ⅰ	Ⅰ	Ⅰ	Ⅰ	Ⅰ	Ⅰ

表 26

2019年象山饮用水源地监测结果统计表

除 pH 无量纲外　单位：mg/L

站位名称	项目	pH值	溶解氧	化学需氧量	高锰酸盐指数	BOD_5	总磷	总氮	氨氮	挥发酚	石油类	阴离子表面活性剂	氰化物	硫化物	氟化物	总砷	总汞	硒	六价铬	总铅	总镉	铜	锌
九顷水库	样品数	3	3	3	3	3	3	3	3	3	3	3	3	3	3	3	3	3	3	3	3	3	3
	均值	7.40	8.78	10	3.7	0.7	0.033	1.84	0.33	0.00015	0.01	0.025	0.002	0.011	0.086	0.00015	0.00002	0.0002	0.002	0.001	0.00005	0.0005	0.025
	最大值	7.66	9.68	14	4.5	1.6	0.043	2.02	0.42	0.00015	0.01	0.025	0.002	0.011	0.106	0.00015	0.00002	0.0002	0.002	0.001	0.00005	0.0005	0.025
	最小值	7.15	7.88	6	3.1	0.3	0.025	1.54	0.25	0.00015	0.01	0.025	0.002	0.011	0.071	0.00015	0.00002	0.0002	0.002	0.001	0.00005	0.0005	0.025
	超Ⅲ率	0%	0%	0%	0%	0%	100%	100%	0%	0%	0%	0%	0%	0%	0%	0%	0%	0%	0%	0%	0%	0%	0%
	类别	Ⅰ	Ⅰ	Ⅰ	Ⅱ	Ⅰ	Ⅲ	Ⅴ	Ⅱ	Ⅰ	Ⅰ	Ⅰ	Ⅰ	Ⅰ	Ⅰ	Ⅰ	Ⅰ	Ⅰ	Ⅰ	Ⅰ	Ⅰ	Ⅰ	Ⅰ
思娘岙水库	样品数	2	2	2	2	2	2	2	2	2	2	2	2	2	2	2	2	2	2	2	2	2	2
	均值	7.44	8.35	12	3.0	0.3	0.031	1.30	0.37	0.00015	0.01	0.025	0.002	0.003	0.097	0.00015	0.00002	0.0002	0.002	0.001	0.00005	0.0005	0.025
	最大值	7.65	8.92	14	3.0	0.3	0.045	1.41	0.46	0.00015	0.01	0.025	0.002	0.003	0.129	0.00015	0.00002	0.0002	0.002	0.001	0.00005	0.0005	0.025
	最小值	7.22	7.77	10	2.9	0.3	0.017	1.19	0.27	0.00015	0.01	0.025	0.002	0.003	0.065	0.00015	0.00002	0.0002	0.002	0.001	0.00005	0.0005	0.025
	超Ⅲ率	0%	0%	0%	0%	0%	0%	100%	0%	0%	0%	0%	0%	0%	0%	0%	0%	0%	0%	0%	0%	0%	0%
	类别	Ⅰ	Ⅰ	Ⅰ	Ⅱ	Ⅰ	Ⅲ	Ⅳ	Ⅱ	Ⅰ	Ⅰ	Ⅰ	Ⅰ	Ⅰ	Ⅰ	Ⅰ	Ⅰ	Ⅰ	Ⅰ	Ⅰ	Ⅰ	Ⅰ	Ⅰ
东坑里水库	样品数	2	2	2	2	2	2	2	2	2	2	2	2	2	2	2	2	2	2	2	2	2	2
	均值	7.10	8.62	8	2.1	0.3	0.029	1.50	0.28	0.00015	0.01	0.025	0.002	0.003	0.030	0.00015	0.00002	0.0002	0.002	0.001	0.00005	0.0005	0.025
	最大值	7.49	9.12	8	2.4	0.3	0.030	1.64	0.32	0.00015	0.02	0.025	0.002	0.003	0.035	0.00015	0.00002	0.0002	0.002	0.001	0.00005	0.0005	0.025
	最小值	6.71	8.12	8	1.8	0.3	0.027	1.36	0.24	0.00015	0.01	0.025	0.002	0.003	0.024	0.00015	0.00002	0.0002	0.002	0.001	0.00005	0.0005	0.025
	超Ⅲ率	0%	0%	0%	0%	0%	0%	100%	0%	0%	0%	0%	0%	0%	0%	0%	0%	0%	0%	0%	0%	0%	0%
	类别	Ⅰ	Ⅰ	Ⅰ	Ⅱ	Ⅰ	Ⅲ	Ⅳ	Ⅱ	Ⅰ	Ⅰ	Ⅰ	Ⅰ	Ⅰ	Ⅰ	Ⅰ	Ⅰ	Ⅰ	Ⅰ	Ⅰ	Ⅰ	Ⅰ	Ⅰ

续表26

站位名称	项目	pH值	溶解氧	化学需氧量	高锰酸盐指数	BOD_5	总磷	总氮	氨氮	挥发酚	石油类	阴离子表面活性剂	氰化物	硫化物	氟化物	总砷	总汞	硒	六价铬	总铅	总镉	铜	锌
小百丈水库	样品数	2	2	2	2	2	2	2	2	2	2	2	2	2	2	2	2	2	2	2	2	2	2
	均值	6.99	8.03	7	2.3	0.3	0.028	1.49	0.15	0.00015	0.01	0.025	0.002	0.003	0.048	0.00015	0.00002	0.0002	0.002	0.001	0.00005	0.0005	0.025
	最大值	7.32	8.14	7	2.5	0.3	0.032	1.87	0.18	0.00015	0.01	0.025	0.002	0.003	0.058	0.00015	0.00002	0.0002	0.002	0.001	0.00005	0.0005	0.025
	最小值	6.66	7.92	6	2.0	0.3	0.023	1.11	0.12	0.00015	0.01	0.025	0.002	0.003	0.037	0.00015	0.00002	0.0002	0.002	0.001	0.00005	0.0005	0.025
	超Ⅲ率	0%	0%	0%	0%	0%	0%	100%	0%	0%	0%	0%	0%	0%	0%	0%	0%	0%	0%	0%	0%	0%	0%
	类别	Ⅰ	Ⅰ	Ⅰ	Ⅱ	Ⅰ	Ⅲ	Ⅳ	Ⅰ	Ⅰ	Ⅰ	Ⅰ	Ⅰ	Ⅰ	Ⅰ	Ⅰ	Ⅰ	Ⅰ	Ⅰ	Ⅰ	Ⅰ	Ⅰ	Ⅰ
金架山水库	样品数	2	2	2	2	2	2	2	2	2	2	2	2	2	2	2	2	2	2	2	2	2	2
	均值	7.18	6.79	8	1.6	0.3	0.022	1.72	0.25	0.00015	0.01	0.025	0.002	0.007	0.071	0.00015	0.00002	0.0002	0.002	0.001	0.00005	0.0005	0.025
	最大值	7.45	7.51	10	1.8	0.3	0.028	1.77	0.27	0.00015	0.01	0.025	0.002	0.012	0.096	0.00015	0.00002	0.0002	0.002	0.001	0.00005	0.0005	0.025
	最小值	6.90	6.06	6	1.3	0.3	0.015	1.66	0.23	0.00015	0.01	0.025	0.002	0.003	0.046	0.00015	0.00002	0.0002	0.002	0.001	0.00005	0.0005	0.025
	超Ⅲ率	0%	0%	0%	0%	0%	0%	100%	0%	0%	0%	0%	0%	0%	0%	0%	0%	0%	0%	0%	0%	0%	0%
	类别	Ⅰ	Ⅰ	Ⅰ	Ⅰ	Ⅰ	Ⅱ	Ⅴ	Ⅱ	Ⅰ	Ⅰ	Ⅰ	Ⅰ	Ⅰ	Ⅰ	Ⅰ	Ⅰ	Ⅰ	Ⅰ	Ⅰ	Ⅰ	Ⅰ	Ⅰ
珠溪水库	样品数	3	3	3	3	3	3	3	3	3	3	3	3	3	3	3	3	3	3	3	3	3	3
	均值	7.39	7.89	6	1.7	0.7	0.019	1.82	0.11	0.00015	0.01	0.025	0.002	0.008	0.038	0.00015	0.00002	0.0002	0.002	0.001	0.00005	0.0005	0.025
	最大值	7.60	8.82	8	2.5	1.6	0.028	1.90	0.13	0.00015	0.01	0.025	0.002	0.011	0.047	0.00015	0.00002	0.0002	0.002	0.001	0.00005	0.0005	0.025
	最小值	7.22	6.43	4	1.3	0.3	0.005	1.70	0.08	0.00015	0.01	0.025	0.002	0.003	0.025	0.00015	0.00002	0.0002	0.002	0.001	0.00005	0.0005	0.025
	超Ⅲ率	0%	0%	0%	0%	0%	0%	100%	0%	0%	0%	0%	0%	0%	0%	0%	0%	0%	0%	0%	0%	0%	0%
	类别	Ⅰ	Ⅰ	Ⅰ	Ⅰ	Ⅰ	Ⅱ	Ⅴ	Ⅰ	Ⅰ	Ⅰ	Ⅰ	Ⅰ	Ⅰ	Ⅰ	Ⅰ	Ⅰ	Ⅰ	Ⅰ	Ⅰ	Ⅰ	Ⅰ	Ⅰ
三家村水库	样品数	3	3	3	3	3	3	3	3	3	3	3	3	3	3	3	3	3	3	3	3	3	3
	均值	7.25	8.06	5	2.5	0.5	0.029	1.66	0.16	0.00015	0.01	0.025	0.002	0.004	0.051	0.00015	0.00002	0.0002	0.002	0.001	0.00005	0.0005	0.025
	最大值	7.37	8.85	6	3.4	1.0	0.045	2.07	0.21	0.00015	0.01	0.025	0.002	0.007	0.058	0.00015	0.00002	0.0002	0.002	0.001	0.00005	0.0005	0.025
	最小值	7.16	7.38	4	1.9	0.3	0.017	1.43	0.09	0.00015	0.01	0.025	0.002	0.003	0.041	0.00015	0.00002	0.0002	0.002	0.001	0.00005	0.0005	0.025
	超Ⅲ率	0%	0%	0%	0%	0%	0%	100%	0%	0%	0%	0%	0%	0%	0%	0%	0%	0%	0%	0%	0%	0%	0%
	类别	Ⅰ	Ⅰ	Ⅰ	Ⅱ	Ⅰ	Ⅲ	Ⅴ	Ⅱ	Ⅰ	Ⅰ	Ⅰ	Ⅰ	Ⅰ	Ⅰ	Ⅰ	Ⅰ	Ⅰ	Ⅰ	Ⅰ	Ⅰ	Ⅰ	Ⅰ

表 27

2019 年象山饮用水源地监测结果统计表

除 pH 无量纲外　单位：mg/L

站位名称	项目	pH 值	溶解氧	化学需氧量	高锰酸盐指数	BOD_5	总磷	总氮	氨氮	挥发酚	石油类	阴离子表面活性剂	氰化物	硫化物	氟化物	总砷	总汞	硒	六价铬	总铅	总镉	铜	锌
利民水库	样品数	2	2	2	2	2	2	2	2	2	2	2	2	2	2	2	2	2	2	2	2	2	2
	均值	8.00	6.38	7	3.2	0.3	0.037	2.67	0.52	0.00015	0.01	0.025	0.002	0.012	0.151	0.00015	0.00002	0.0002	0.002	0.001	0.00005	0.0005	0.025
	最大值	8.75	6.52	7	4.3	0.3	0.050	3.48	0.82	0.00015	0.01	0.025	0.002	0.022	0.162	0.00015	0.00002	0.0002	0.002	0.001	0.00005	0.0005	0.025
	最小值	7.24	6.23	6	2.0	0.3	0.024	1.86	0.21	0.00015	0.01	0.025	0.002	0.003	0.140	0.00015	0.00002	0.0002	0.002	0.001	0.00005	0.0005	0.025
	超Ⅲ率	0%	0%	0%	0%	0%	0%	100%	0%	0%	0%	0%	0%	0%	0%	0%	0%	0%	0%	0%	0%	0%	0%
	类别	Ⅰ	Ⅱ	Ⅰ	Ⅱ	Ⅰ	Ⅲ	劣Ⅴ	Ⅲ	Ⅰ	Ⅰ	Ⅰ	Ⅰ	Ⅰ	Ⅰ	Ⅰ	Ⅰ	Ⅰ	Ⅰ	Ⅰ	Ⅰ	Ⅰ	Ⅰ
方家岙水库	样品数	3	3	3	3	3	3	3	3	3	3	3	3	3	3	3	3	3	3	3	3	3	3
	均值	7.27	7.74	7	1.5	0.7	0.027	1.84	0.16	0.00015	0.01	0.025	0.002	0.005	0.063	0.00015	0.00002	0.0002	0.002	0.001	0.00005	0.0005	0.025
	最大值	7.57	8.77	9	1.6	1.5	0.046	2.21	0.22	0.00015	0.01	0.025	0.002	0.007	0.107	0.00015	0.00002	0.0002	0.002	0.001	0.00005	0.0005	0.025
	最小值	7.11	6.51	6	1.3	0.3	0.011	1.23	0.11	0.00015	0.01	0.025	0.002	0.003	0.035	0.00015	0.00002	0.0002	0.002	0.001	0.00005	0.0005	0.025
	超Ⅲ率	0%	0%	0%	0%	0%	0%	100%	0%	0%	0%	0%	0%	0%	0%	0%	0%	0%	0%	0%	0%	0%	0%
	类别	Ⅰ	Ⅰ	Ⅰ	Ⅰ	Ⅰ	Ⅲ	劣Ⅴ	Ⅱ	Ⅰ	Ⅰ	Ⅰ	Ⅰ	Ⅰ	Ⅰ	Ⅰ	Ⅰ	Ⅰ	Ⅰ	Ⅰ	Ⅰ	Ⅰ	Ⅰ
洪山庙水库	样品数	2	2	2	2	2	2	2	2	2	2	2	2	2	2	2	2	2	2	2	2	2	2
	均值	7.33	8.22	11	2.0	1.5	0.015	1.00	0.26	0.00015	0.01	0.025	0.002	0.003	0.089	0.00015	0.00002	0.0002	0.002	0.001	0.00005	0.0005	0.025
	最大值	7.42	8.31	15	2.2	2.8	0.018	1.42	0.33	0.00015	0.02	0.025	0.002	0.003	0.135	0.00015	0.00002	0.0002	0.002	0.001	0.00005	0.0005	0.025
	最小值	7.24	8.12	6	1.7	0.3	0.012	0.59	0.19	0.00015	0.01	0.025	0.002	0.003	0.042	0.00015	0.00002	0.0002	0.002	0.001	0.00005	0.0005	0.025
	超Ⅲ率	0%	0%	0%	0%	0%	0%	50%	0%	0%	0%	0%	0%	0%	0%	0%	0%	0%	0%	0%	0%	0%	0%
	类别	Ⅰ	Ⅰ	Ⅰ	Ⅰ	Ⅰ	Ⅱ	Ⅳ	Ⅱ	Ⅰ	Ⅰ	Ⅰ	Ⅰ	Ⅰ	Ⅰ	Ⅰ	Ⅰ	Ⅰ	Ⅰ	Ⅰ	Ⅰ	Ⅰ	Ⅰ

续表27

站位名称	项目	pH值	溶解氧	化学需氧量	高锰酸盐指数	BOD_5	总磷	总氮	氨氮	挥发酚	石油类	阴离子表面活性剂	氰化物	硫化物	氟化物	总砷	总汞	硒	六价铬	总铅	总镉	铜	锌
塘岙水库	样品数	3	3	3	3	3	3	3	3	3	3	3	3	3	3	3	3	3	3	3	3	3	3
	均值	7.24	7.55	10	2.8	0.6	0.038	2.03	0.21	0.00015	0.01	0.025	0.002	0.004	0.046	0.00015	0.00002	0.0002	0.002	0.001	0.00005	0.0005	0.025
	最大值	7.38	8.49	12	3.6	1.4	0.047	2.49	0.26	0.00015	0.01	0.025	0.002	0.007	0.079	0.00015	0.00002	0.0002	0.002	0.001	0.00005	0.0005	0.025
	最小值	6.96	6.56	8	2.0	0.3	0.023	1.71	0.16	0.00015	0.01	0.025	0.002	0.003	0.028	0.00015	0.00002	0.0002	0.002	0.001	0.00005	0.0005	0.025
	超Ⅲ率	0%	0%	0%	0%	0%	0%	100%	0%	0%	0%	0%	0%	0%	0%	0%	0%	0%	0%	0%	0%	0%	0%
	类别	Ⅰ	Ⅰ	Ⅰ	Ⅱ	Ⅰ	Ⅲ	劣Ⅴ	Ⅱ	Ⅰ	Ⅰ	Ⅰ	Ⅰ	Ⅰ	Ⅰ	Ⅰ	Ⅰ	Ⅰ	Ⅰ	Ⅰ	Ⅰ	Ⅰ	Ⅰ
大斜桥水库	样品数	2	2	2	2	2	2	2	2	2	2	2	2	2	2	2	2	2	2	2	2	2	2
	均值	7.38	7.86	11	2.2	0.3	0.019	1.95	0.27	0.00015	0.01	0.025	0.002	0.003	0.108	0.00015	0.00002	0.0002	0.002	0.001	0.00005	0.0005	0.025
	最大值	7.45	8.52	12	2.4	0.3	0.027	2.48	0.41	0.00015	0.01	0.025	0.002	0.003	0.121	0.00015	0.00002	0.0002	0.002	0.001	0.00005	0.0005	0.025
	最小值	7.30	7.19	9	2.0	0.3	0.011	1.42	0.12	0.00015	0.01	0.025	0.002	0.003	0.095	0.00015	0.00002	0.0002	0.002	0.001	0.00005	0.0005	0.025
	超Ⅲ率	0%	0%	0%	0%	0%	0%	100%	0%	0%	0%	0%	0%	0%	0%	0%	0%	0%	0%	0%	0%	0%	0%
	类别	Ⅰ	Ⅰ	Ⅰ	Ⅱ	Ⅰ	Ⅱ	Ⅴ	Ⅱ	Ⅰ	Ⅰ	Ⅰ	Ⅰ	Ⅰ	Ⅰ	Ⅰ	Ⅰ	Ⅰ	Ⅰ	Ⅰ	Ⅰ	Ⅰ	Ⅰ
龙角岩水库	样品数	2	2	2	2	2	2	2	2	2	2	2	2	2	2	2	2	2	2	2	2	2	2
	均值	7.71	7.85	10	1.7	0.3	0.013	1.33	0.21	0.00015	0.01	0.025	0.002	0.003	0.132	0.00015	0.00002	0.0002	0.002	0.001	0.00005	0.0005	0.025
	最大值	7.92	8.33	10	2.2	0.3	0.021	1.50	0.28	0.00015	0.01	0.025	0.002	0.003	0.188	0.00015	0.00002	0.0002	0.002	0.001	0.00005	0.0005	0.025
	最小值	7.50	7.36	10	1.2	0.3	0.005	1.16	0.14	0.00015	0.01	0.025	0.002	0.003	0.076	0.00015	0.00002	0.0002	0.002	0.001	0.00005	0.0005	0.025
	超Ⅲ率	0%	0%	0%	0%	0%	0%	100%	0%	0%	0%	0%	0%	0%	0%	0%	0%	0%	0%	0%	0%	0%	0%
	类别	Ⅰ	Ⅰ	Ⅰ	Ⅰ	Ⅰ	Ⅱ	Ⅳ	Ⅱ	Ⅰ	Ⅰ	Ⅰ	Ⅰ	Ⅰ	Ⅰ	Ⅰ	Ⅰ	Ⅰ	Ⅰ	Ⅰ	Ⅰ	Ⅰ	Ⅰ
军民塘水库	样品数	2	2	2	2	2	2	2	2	2	2	2	2	2	2	2	2	2	2	2	2	2	2
	均值	7.26	7.97	14	3.7	0.3	0.114	1.19	0.51	0.00015	0.01	0.025	0.002	0.013	0.191	0.00015	0.00002	0.0002	0.002	0.001	0.00005	0.0005	0.025
	最大值	7.41	8.49	14	4.5	0.3	0.179	1.46	0.82	0.00015	0.02	0.025	0.002	0.019	0.211	0.00015	0.00002	0.0002	0.002	0.001	0.00005	0.0005	0.025
	最小值	7.11	7.45	13	2.8	0.3	0.048	0.93	0.20	0.00015	0.01	0.025	0.002	0.007	0.171	0.00015	0.00002	0.0002	0.002	0.001	0.00005	0.0005	0.025
	超Ⅲ率	0%	0%	0%	0%	0%	50%	50%	0%	0%	0%	0%	0%	0%	0%	0%	0%	0%	0%	0%	0%	0%	0%
	类别	Ⅰ	Ⅰ	Ⅰ	Ⅱ	Ⅰ	Ⅴ	Ⅳ	Ⅲ	Ⅰ	Ⅰ	Ⅰ	Ⅰ	Ⅰ	Ⅰ	Ⅰ	Ⅰ	Ⅰ	Ⅰ	Ⅰ	Ⅰ	Ⅰ	Ⅰ

表 28

2019 年象山饮用水源地监测结果统计表

除 pH 无量纲外　单位：mg/L

站位名称	项目	pH 值	溶解氧	化学需氧量	高锰酸盐指数	BOD_5	总磷	总氮	氨氮	挥发酚	石油类	阴离子表面活性剂	氰化物	硫化物	氟化物	总砷	总汞	硒	六价铬	总铅	总镉	铜	锌
新民水库	样品数	2	2	2	2	2	2	2	2	2	2	2	2	2	2	2	2	2	2	2	2	2	2
	均值	7.53	8.41	7	2.1	0.3	0.020	1.26	0.39	0.00015	0.01	0.025	0.002	0.003	0.061	0.00015	0.00002	0.0002	0.002	0.001	0.00005	0.0005	0.025
	最大值	7.84	8.92	8	2.5	0.3	0.023	1.43	0.46	0.00015	0.01	0.025	0.002	0.003	0.073	0.00015	0.00002	0.0002	0.002	0.001	0.00005	0.0005	0.025
	最小值	7.21	7.89	5	1.6	0.3	0.017	1.09	0.32	0.00015	0.01	0.025	0.002	0.003	0.048	0.00015	0.00002	0.0002	0.002	0.001	0.00005	0.0005	0.025
	超Ⅲ率	0%	0%	0%	0%	0%	0%	100%	0%	0%	0%	0%	0%	0%	0%	0%	0%	0%	0%	0%	0%	0%	0%
	类别	Ⅰ	Ⅰ	Ⅰ	Ⅱ	Ⅰ	Ⅱ	Ⅳ	Ⅱ	Ⅰ	Ⅰ	Ⅰ	Ⅰ	Ⅰ	Ⅰ	Ⅰ	Ⅰ	Ⅰ	Ⅰ	Ⅰ	Ⅰ	Ⅰ	Ⅰ
隔溪张水库	样品数	2	2	2	2	2	2	2	2	2	2	2	2	2	2	2	2	2	2	2	2	2	2
	均值	7.22	8.20	9	1.6	0.3	0.033	1.47	0.22	0.00015	0.01	0.025	0.002	0.003	0.086	0.00015	0.00002	0.0002	0.002	0.001	0.00005	0.0005	0.025
	最大值	7.27	8.52	13	1.8	0.3	0.042	1.55	0.28	0.00015	0.01	0.025	0.002	0.003	0.127	0.00015	0.00002	0.0002	0.002	0.001	0.00005	0.0005	0.025
	最小值	7.16	7.88	4	1.3	0.3	0.023	1.39	0.16	0.00015	0.01	0.025	0.002	0.003	0.044	0.00015	0.00002	0.0002	0.002	0.001	0.00005	0.0005	0.025
	超Ⅲ率	0%	0%	0%	0%	0%	50%	100%	0%	0%	0%	0%	0%	0%	0%	0%	0%	0%	0%	0%	0%	0%	0%
	类别	Ⅰ	Ⅰ	Ⅰ	Ⅰ	Ⅰ	Ⅲ	Ⅳ	Ⅱ	Ⅰ	Ⅰ	Ⅰ	Ⅰ	Ⅰ	Ⅰ	Ⅰ	Ⅰ	Ⅰ	Ⅰ	Ⅰ	Ⅰ	Ⅰ	Ⅰ
南盘水库	样品数	3	3	3	3	3	3	3	3	3	3	3	3	3	3	3	3	3	3	3	3	3	3
	均值	7.15	8.48	11	3.2	1.2	0.032	1.85	0.23	0.00015	0.01	0.025	0.002	0.005	0.114	0.00015	0.00002	0.0002	0.002	0.001	0.00005	0.0005	0.025
	最大值	7.47	8.99	19	4.2	3.1	0.041	2.36	0.42	0.00015	0.01	0.025	0.002	0.009	0.181	0.00015	0.00002	0.0002	0.002	0.001	0.00005	0.0005	0.025
	最小值	6.75	7.62	4	2.6	0.3	0.024	1.29	0.13	0.00015	0.01	0.025	0.002	0.003	0.058	0.00015	0.00002	0.0002	0.002	0.001	0.00005	0.0005	0.025
	超Ⅲ率	0%	0%	0%	0%	0%	100%	100%	0%	0%	0%	0%	0%	0%	0%	0%	0%	0%	0%	0%	0%	0%	0%
	类别	Ⅰ	Ⅰ	Ⅰ	Ⅱ	Ⅰ	Ⅲ	Ⅴ	Ⅱ	Ⅰ	Ⅰ	Ⅰ	Ⅰ	Ⅰ	Ⅰ	Ⅰ	Ⅰ	Ⅰ	Ⅰ	Ⅰ	Ⅰ	Ⅰ	Ⅰ

【近岸海域水质状况】 2019年,象山县近岸海域富营养化程度总体较高,大目洋二类区爵溪站位为中度富营养,大目洋站位为重度富营养,石浦港四类区为重度富营养。与上年相比,大目洋二类区爵溪站位营养程度保持不变,大目洋站位水质明显恶化,由中度富营养转为重度富营养,石浦港水质营养级别不变,但程度有所加深。从水质类别来看3个监控点位均为劣四类水质,与2018年相比,各类重金属指标变化不大,无机氮、活性磷酸盐指标则有所上升,主要超标指标仍为无机氮、活性磷酸盐,其中无机氮在所有监测站位都超过四类海水标准,活性磷酸盐在所有监测站位都超过三类海水标准。

(一)大目洋二类区

监测结果表明:大目洋海域pH值、溶解氧、化学需氧量、石油类、铜、砷、镉、铅、汞和锌均符合第一类海水水质标准,活性磷酸盐符合第四类海水水质标准,无机氮超出第四类海水水质标准,评价结果为劣四类海水。

表29　　大目洋二类区(爵溪站位)海域水质监测和评价结果统计表

指　标	类　别	2018年	2019年	类　别
pH值	范围	7.90~8.05	8.00~8.01	一类
	均值	7.98	8.01	
化学需氧量(mg/L)	范围	0.44~1.54	0.48~1.28	一类
	均值	1.00	0.84	
石油类(μg/L)	范围	2.40~4.20	2.40~4.10	一类
	均值	3.3	3.2	
溶解氧(mg/L)	范围	6.58~8.80	8.35~8.57	一类
	均值	7.71	8.48	
汞(μg/L)	范围	0.007~0.02	0.007~0.01	一类
	均值	0.009	0.011	
铜(μg/L)	范围	0.43~0.66	0.25~0.54	一类
	均值	0.51	0.40	
铅(μg/L)	范围	0.01~0.03	0.03~0.05	一类
	均值	0.02	0.04	
镉(μg/L)	范围	0.03~0.05	0.03~0.04	一类
	均值	0.04	0.03	
砷(μg/L)	范围	1.11~1.43	1.17~1.90	一类
	均值	1.26	1.57	
锌(μg/L)	范围	0.1~0.45	0.10~0.41	一类
	均值	0.24	0.21	
无机氮(mg/L)	范围	0.56~0.70	0.63~0.67	劣四类
	均值	0.60	0.651	
活性磷酸盐(mg/L)	范围	0.03~0.04	0.03~0.05	四类
	均值	0.033	0.037	

表 30　　大目洋二类区(大目洋站位)海域水质监测和评价结果统计表

指　标	类　别	2018 年	2019 年	类　　别
pH 值	范围	7.89~8.03	7.99~8.02	一类
	均值	7.96	8.01	
化学需氧量(mg/L)	范围	0.38~1.51	0.38~2.48	一类
	均值	0.87	1.32	
石油类(μg/L)	范围	2.5~3.9	2.8~8.3	一类
	均值	3.2	5.6	
溶解氧(mg/L)	范围	6.38~9.41	8.24~8.52	一类
	均值	7.82	8.35	
汞(μg/L)	范围	0.007~0.05	0.007~0.009	一类
	均值	0.015	0.009	
铜(μg/L)	范围	0.22~0.77	0.22~0.53	一类
	均值	0.45	0.37	
铅(μg/L)	范围	0.01~0.04	0.02~0.11	一类
	均值	0.02	0.51	
镉(μg/L)	范围	0.02~0.05	0.031~0.038	一类
	均值	0.04	0.034	
砷(μg/L)	范围	0.57~1.37	1.49~1.82	一类
	均值	0.97	1.61	
锌(μg/L)	范围	0.13~1.70	0.14~0.40	一类
	均值	0.56	0.23	
无机氮(mg/L)	范围	0.51~0.72	0.57~0.65	劣四类
	均值	0.61	0.610	
活性磷酸盐(mg/L)	范围	0.03~0.04	0.03~0.05	四类
	均值	0.032	0.036	

(二)石浦港四类区

2019 年石浦港四类区水质监测结果见表 31。

监测结果表明:石浦港海域 pH 值、溶解氧、化学需氧量、石油类、铜、砷、镉、铅、汞和锌符合第一类海水水质标准,活性磷酸盐符合第四类海水水质标准,无机氮超出第四类海水水质标准,评价结果为劣四类海水。

表 31　　石浦港四类区海域水质监测和评价结果统计表

指　标	类　别	2018 年	2019 年	类　　别
pH 值	范围	7.86~8.05	7.96~7.98	一类
	均值	7.96	7.97	
化学需氧量(mg/L)	范围	0.42~1.75	0.91~1.26	一类
	均值	1.06	1.08	

续表31

指 标	类 别	2018年	2019年	类 别
石油类（μg/L）	范围	5.4~6.8	4.9~6.8	一类
	均值	6.1	5.8	
溶解氧（mg/L）	范围	6.25~8.53	8.04~8.27	一类
	均值	7.39	8.11	
汞（μg/L）	范围	0.007~0.06	0.007~0.023	一类
	均值	0.024	0.018	
铜（μg/L）	范围	0.38~0.65	0.28~0.51	一类
	均值	0.54	0.39	
铅（μg/L）	范围	0.02~0.06	0.01~0.08	一类
	均值	0.04	0.04	
镉（μg/L）	范围	0.04~0.05	0.02~0.05	一类
	均值	0.04	0.04	
砷（μg/L）	范围	1.14~2.91	1.10~1.67	一类
	均值	1.67	1.46	
锌（μg/L）	范围	0.19~0.66	0.11~0.24	一类
	均值	0.39	0.18	
无机氮（mg/L）	范围	0.56~0.75	0.66~0.76	劣四类
	均值	0.65	0.705	
活性磷酸盐（mg/L）	范围	0.03~0.04	0.03~0.05	四类
	均值	0.034	0.041	

（三）营养状况

象山近岸海域水质均属营养型。2019年大目洋二类区爵溪站位4.44、大目洋站位6.44、石浦港四类区富营养化指数为6.97。根据海域水体水质营养等级划分标准，大目洋二类区爵溪站位为中度富营养，大目洋站位为重度富营养，石浦港四类区为重度富营养。与上年相比，大目洋二类区爵溪站位营养程度保持不变，大目洋站位水质明显恶化，由中度富营养转为重度富营养，石浦港水质营养级别不变，但程度有所加深。

表32　　2018年、2019年象山县近岸海域水质营养指数评价结果表

区 域	2018年营养指数	2018年评价	2019年营养指数	2019年评价
爵 溪	4.40	中度富营养	4.44	中度富营养
大目洋	3.77	中度富营养	6.44	重度富营养
石浦港	5.21	重度富营养	6.97	重度富营养

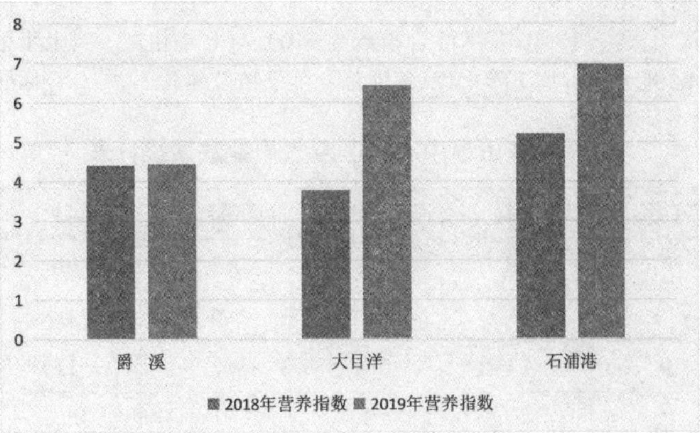

（宁波市生态环境局象山分局　黄徐）

大气环境保护

【概况】　2019年，象山县环境空气质量总体稳中向好，全年监测有效天数为364天，达标天数共346天，全年达标天数比例为95.1%，与上年相比上升0.3个百分点。超标18天，超标天数比例为4.9%，均为轻度污染，全年无中度、重度污染天气。环境空气质量综合指数为2.96，与上年相比下降0.03，基本持平。2019年宁波市14个辖区中，象山县环境空气质量优良率及综合指数排名均位列全市第一，细颗粒物浓度排名位列第二。2019年首要污染物仍为臭氧，颗粒物污染中细颗粒物为首要污染物天数占比增加，颗粒物污染组成发生变化，环境空气质量形势仍然不容乐观。

表33　　2018年、2019年象山县环境空气质量状况表

项目 时间	级　别						达标天数比例%	综合指数
	Ⅰ	Ⅱ	Ⅲ	Ⅳ	Ⅴ	Ⅵ		
2018年	190	156	19	0	0	0	94.8	2.99
2019年	175	171	18	0	0	0	95.1	2.96

表34　　2018年、2019年象山县各地区达标天数比例及综合指数表

项目 时间	达标天数比例%			环境空气质量综合指数		
	中心城区	石浦地区	西周地区	中心城区	石浦地区	西周地区
2018年	94.0	96.7	92.8	3.08	2.99	3.33
2019年	94.5	96.3	91.2	3.00	2.97	3.26

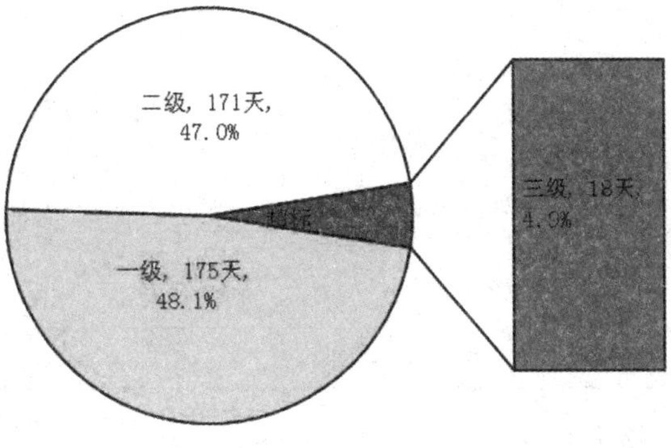

2019年象山县空气质量指数类别示意图

【中心城区空气质量】 2019年，象山县中心城区监测有效天数为364天，达标天数共344天，达标天数比例为94.5%，与上年相比上升0.5个百分点。年度综合指数为3.00，与上年相比下降0.08，年度首要污染物为臭氧。细颗粒物年均浓度为23微克/立方米，与上年相比下降2微克/立方米，达到二级标准。

表35 **2019年象山县中心城区空气质量数据统计表**

月份	—	Ⅰ级	Ⅱ级	Ⅲ级及以上	细颗粒物	臭氧	可吸入颗粒物	二氧化氮
1	31	7	22	2	7	0	13	5
2	28	19	7	2	6	0	3	0
3	31	9	21	1	2	11	10	0
4	30	10	19	1	1	20	0	0
5	31	10	18	3	0	21	0	0
6	30	18	10	2	0	12	0	0
7	31	25	6	0	0	6	0	0
8	30	15	12	3	0	15	0	0
9	30	9	19	2	0	21	0	0
10	31	13	17	1	1	14	4	0
11	30	17	13	0	3	5	4	2
12	31	11	17	3	8	0	11	1
全年	364	163	181	20	28	125	45	8

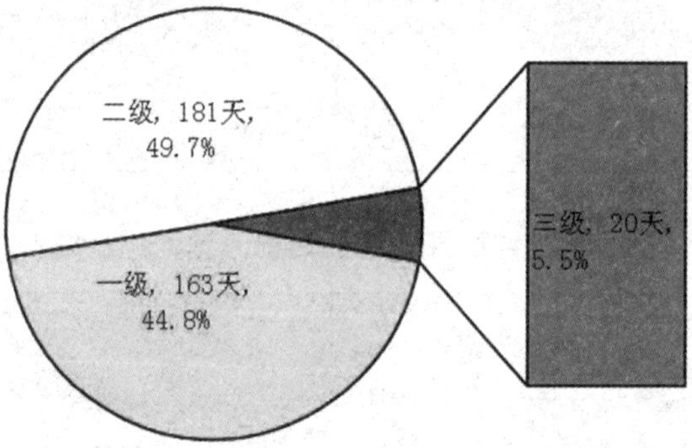

2019年象山城区空气质量指数类别示意图

（一）常规六项污染物

象山县中心城区环境空气监测点位于文峰学校行政楼顶，监测因子分别为二氧化硫、二氧化氮、可吸入颗粒物、细颗粒物、一氧化碳、臭氧。2019年象山县城区各项污染物浓度值统计详见表36。

表36 **2019年象山县城区各项污染物浓度值统计表**

单位：除一氧化碳为 mg/m^3 外，均为 $\mu g/m^3$

1月	最小值	5	11	5	20	0.4	15
	最大值	84	142	11	55	1.4	141
	平均值	36	69	7	36	0.8	66

续表36

2月	最小值	6	10	5	10	0.5	36
	最大值	101	161	15	39	1.2	102
	平均值	27	49	7	20	0.8	69
3月	最小值	7	28	6	18	0.4	58
	最大值	81	99	9	35	0.9	136
	平均值	28	55	7	24	0.6	102
4月	最小值	13	11	6	13	0.4	66
	最大值	38	64	8	27	0.9	168
	平均值	24	34	7	21	0.6	111
5月	最小值	8	17	6	8	0.4	65
	最大值	39	87	9	27	1	175
	平均值	22	42	7	19	0.7	118
6月	最小值	5	15	4	10	0.3	44
	最大值	28	52	9	21	1	187
	平均值	14	29	5	14	0.6	105
7月	最小值	4	10	5	5	0.3	34
	最大值	23	48	7	17	1	126
	平均值	10	24	6	11	0.6	83
8月	最小值	3	13	5	3	0.4	27
	最大值	31	51	9	14	0.9	180
	平均值	13	28	7	9	0.6	85
9月	最小值	3	11	5	9	0.4	32
	最大值	32	53	9	24	0.8	177
	平均值	15	31	6	15	0.6	111
10月	最小值	4	12	5	5	0.4	33
	最大值	61	175	9	32	1	138
	平均值	25	43	7	20	0.6	101
11月	最小值	10	12	6	14	0.4	21
	最大值	54	106	9	47	0.9	154
	平均值	28	45	7	26	0.6	79
12月	最小值	7	16	4	16	0.5	36
	最大值	101	125	14	55	1.2	99
	平均值	39	64	7	34	0.7	74
全 年	最小值	3	10	4	3	0.3	15
	最大值	101	175	15	55	1.4	187
	平均值	23	43	7	21	0.7	92

2018 年与 2019 年各项污染物浓度月均值变化趋势详见下图：

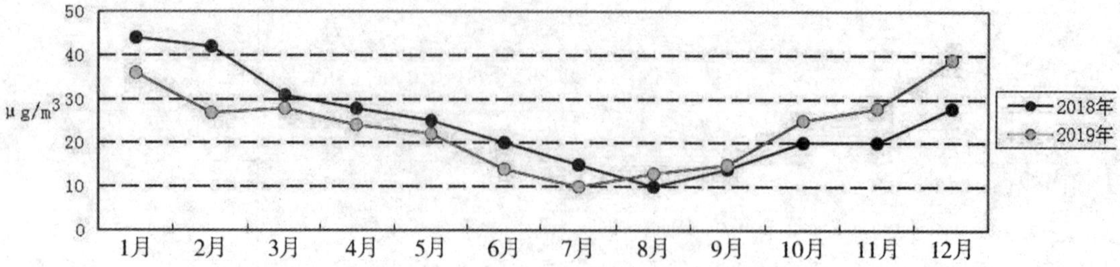

2018 年、2019 年象山县城区细颗粒物浓度月变化图

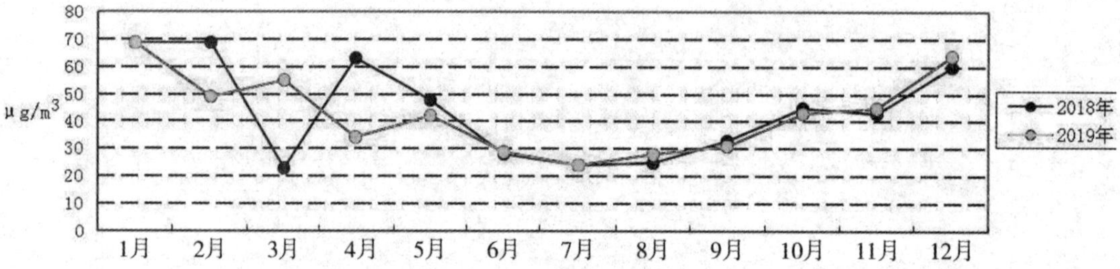

2018 年、2019 年象山县城区可吸入颗粒物浓度月变化图

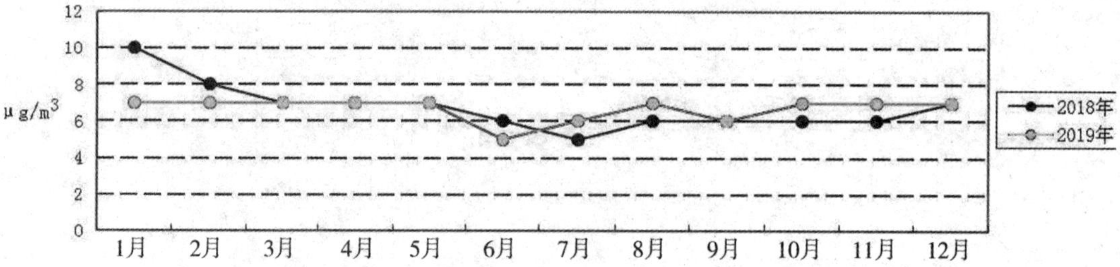

2018 年、2019 年象山县城区二氧化硫浓度月变化图

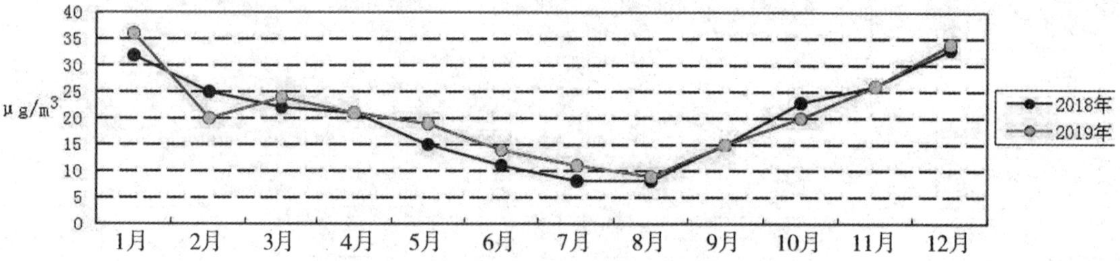

2018 年、2019 年象山县城区二氧化氮浓度月变化图

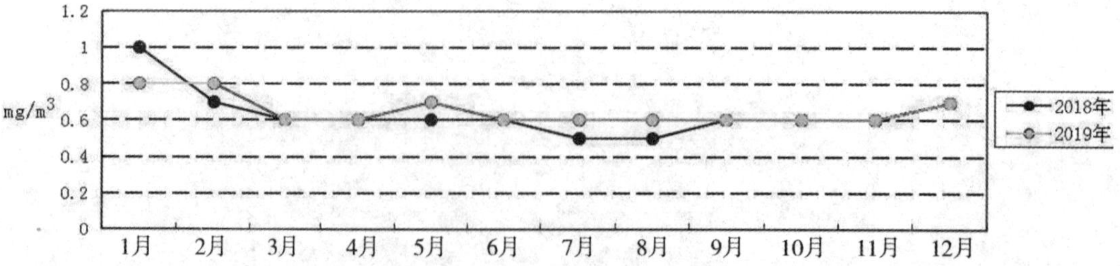

2018 年、2019 年象山县城区一氧化碳浓度月变化图

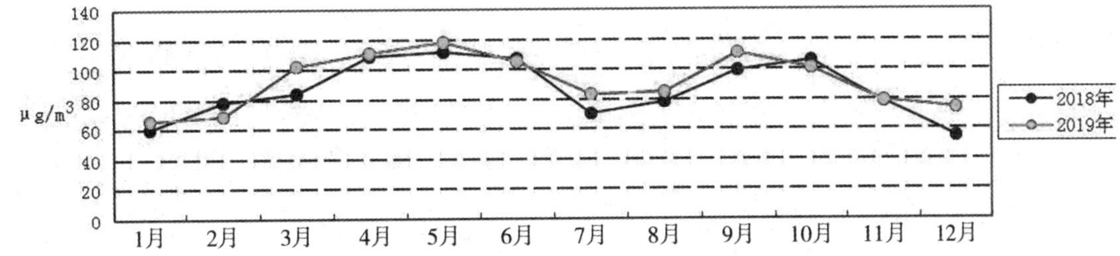

2018年、2019年象山县城区臭氧浓度月变化图

细颗粒物　2019年象山城区细颗粒物浓度范围在3~101微克/立方米之间，年平均浓度为23微克/立方米，与上年相比下降2微克/立方米，按年均值二级标准（35微克/立方米）评价为达标。按日均值二级标准（75微克/立方米）评价，超标8天，超标率2.2%，细颗粒物为首要污染物的天数为23天，4天与可吸入颗粒物同为首要污染物，1天与臭氧同为首要污染物。

可吸入颗粒物　浓度范围在10~175微克/立方米之间，年平均为43微克/立方米，与上年相比下降3微克/立方米，按年均值二级标准（70微克/立方米）评价为达标，按日均值二级标准（150微克/立方米）评价，超标2天，超标率0.5%，可吸入颗粒物为首要污染物的天数为41天，4天与细颗粒物同为首要污染物。

二氧化硫　浓度范围在4~15微克/立方米之间，年平均为7微克/立方米，与上年持平，按年均值二级标准（60微克/立方米）评价为达标，按日均值二级标准（150微克/立方米）评价，全年无超标天。二氧化硫为首要污染物的天数为0天。

二氧化氮　浓度范围在3~55微克/立方米之间，年平均为21微克/立方米，与上年相比上升1微克/立方米，按年均值二级标准（40微克/立方米）评价为达标。按日均值二级标准（80微克/立方米）评价，全年无超标天，二氧化氮为首要污染物的天数为8天。

一氧化碳　浓度范围在0.3~1.4毫克/立方米之间，全年无超标天，年平均为0.7毫克/立方米，与上年相比上升0.1毫克/立方米，一氧化碳24小时平均第95百分位数浓度为1.0毫克/立方米，年评价结果为达标，一氧化碳为首要污染物的天数为0天。

臭氧　按照日最大8小时滑动平均浓度标准限值160微克/立方米评价，2019年象山城区臭氧超标共计11天，超标率为6.6%。臭氧日最大8小时滑动平均值第90百分位数浓度为135微克/立方米，年评价结果为达标，臭氧为首要污染物的天数为124天，1天与细颗粒物同为首要污染物。

（二）2019年中心城区环境空气质量评价结果

2019年度象山县中心城区年度综合指数为3.00，与上年相比略有下降，年度首要污染物为臭氧，其单项指数均为0.84。

表37　**2018年、2019年度象山县中心城区环境空气指数表**

项目时间	单项指数						综合指数
	细颗粒物	可吸入颗粒物	二氧化硫	二氧化氮	一氧化碳	臭氧	
2018年	0.71	0.66	0.12	0.50	0.25	0.84	3.08
2019年	0.66	0.61	0.12	0.52	0.25	0.84	3.00

【石浦地区空气质量】　2019年石浦地区监测有效天数为355天，达标天数共342天，达标天数比例为96.3%，与上年相比下降0.4个百分点。年度综合指数为2.97，与上年相比下降0.02，年度首要污染物为臭氧。细颗粒物年平均浓度为25微克/立方米，与上年相比上升2微克/立方米，达到二级标准。

表38　**2019年象山石浦地区空气质量数据统计**

监测月份	统计天数	日指数分布天数			首要污染物出现天数			
		Ⅰ级	Ⅱ级	Ⅲ级及以上	细颗粒物	臭氧	可吸入颗粒物	二氧化氮
1月	31	14	14	3	13	0	5	0
2月	28	19	9	0	5	0	5	0

续表38

监测月份	统计天数	日指数分布天数			首要污染物出现天数			
		Ⅰ级	Ⅱ级	Ⅲ级及以上	细颗粒物	臭氧	可吸入颗粒物	二氧化氮
3月	31	10	21	0	12	8	2	0
4月	30	16	13	1	2	13	0	0
5月	31	6	24	1	0	24	1	0
6月	30	19	9	2	0	11	0	0
7月	30	26	4	0	0	4	0	0
8月	25	15	9	1	0	10	0	0
9月	30	11	17	2	0	19	0	0
10月	31	13	17	1	3	12	4	0
11月	29	18	11	0	2	5	5	0
12月	29	14	13	2	10	0	5	0
全　年	355	181	161	13	47	106	27	0

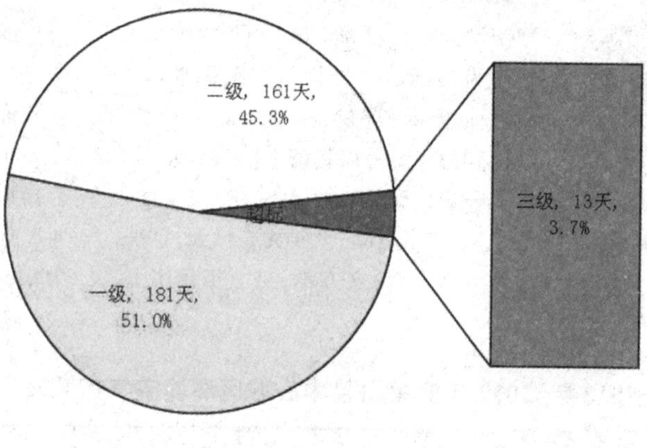

2019年象山石浦空气质量示意图

（一）常规六项污染物

象山县石浦地区环境空气监测点位于新港小学行政楼内，监测因子分别为二氧化硫、二氧化氮、可吸入颗粒物、细颗粒物、一氧化碳、臭氧。2019年石浦地区各项污染物浓度值统计详见下表。

表39　　**2019年象山县石浦地区各项污染物浓度值统计表**

单位：除一氧化碳为 mg/m^3 外均为 μg/m^3

1月	最小值	8	11	4	15	0.3	17
	最大值	95	136	12	39	1.4	107
	平均值	39	59	6	28	0.8	53
2月	最小值	3	10	4	8	0.5	29
	最大值	74	114	8	34	1.3	86
	平均值	24	38	5	17	0.9	57

续表39

3月	最小值	8	26	5	15	0.3	48
	最大值	73	99	11	34	0.9	124
	平均值	35	47	7	23	0.6	89
4月	最小值	7	13	6	14	0.3	46
	最大值	57	61	10	33	0.9	162
	平均值	26	35	8	22	0.6	101
5月	最小值	7	15	5	6	0.3	59
	最大值	50	81	11	28	0.8	165
	平均值	23	43	8	17	0.5	116
6月	最小值	10	11	5	8	0.2	63
	最大值	29	42	7	20	0.7	176
	平均值	17	24	6	13	0.5	102
7月	最小值	5	9	5	6	0.2	31
	最大值	29	32	8	18	0.7	117
	平均值	13	20	6	12	0.5	78
8月	最小值	4	12	3	7	0.4	26
	最大值	36	45	7	20	0.9	172
	平均值	17	26	7	12	0.6	79
9月	最小值	5	10	7	6	0.4	28
	最大值	41	63	10	21	1	174
	平均值	19	32	9	12	0.7	107
10月	最小值	4	17	7	5	0.3	30
	最大值	55	172	12	43	0.8	137
	平均值	26	45	10	19	0.6	101
11月	最小值	7	21	6	12	0.4	46
	最大值	58	121	15	50	1	157
	平均值	26	46	9	25	0.6	84
12月	最小值	9	9	5	12	0.4	34
	最大值	100	119	13	45	1.6	105
	平均值	38	54	8	28	1	73
全　年	最小值	3	9	3	5	0.2	17
	最大值	100	172	15	50	1.6	176
	平均值	25	39	8	19	0.7	87

2018年与2019年各项污染物浓度月均值变化趋势详见下图：

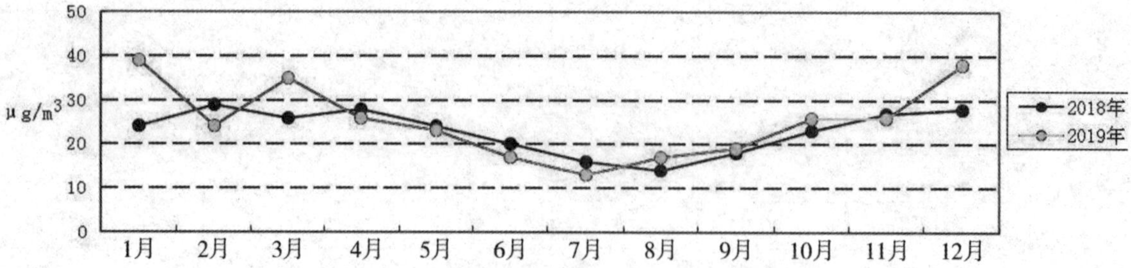

2018年、2019年石浦地区细颗粒物浓度月变化图

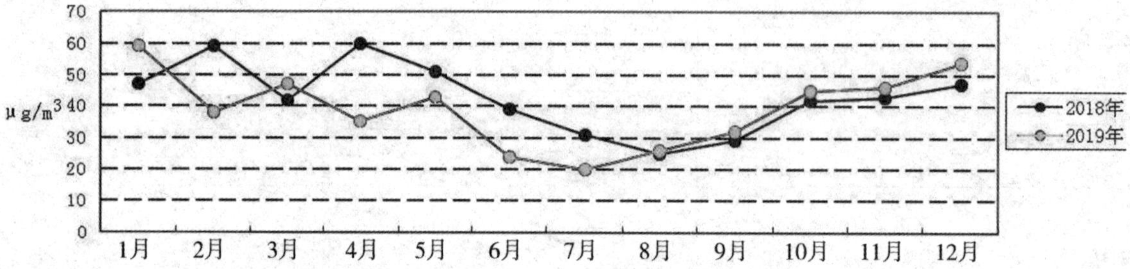

2018年、2019石浦地区可吸入颗粒物浓度月变化图

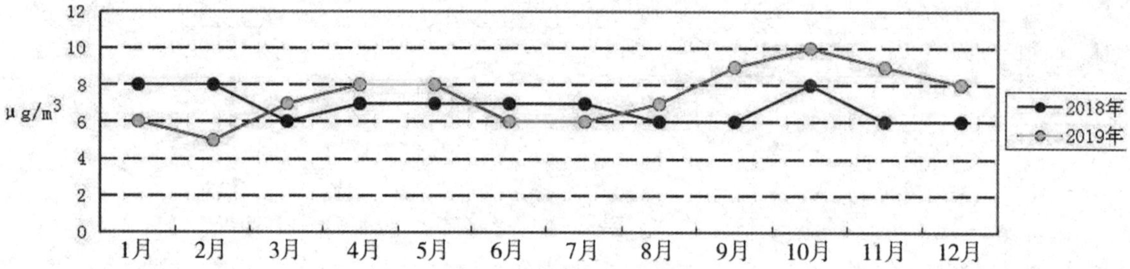

2018年、2019年石浦地区二氧化硫浓度月变化图

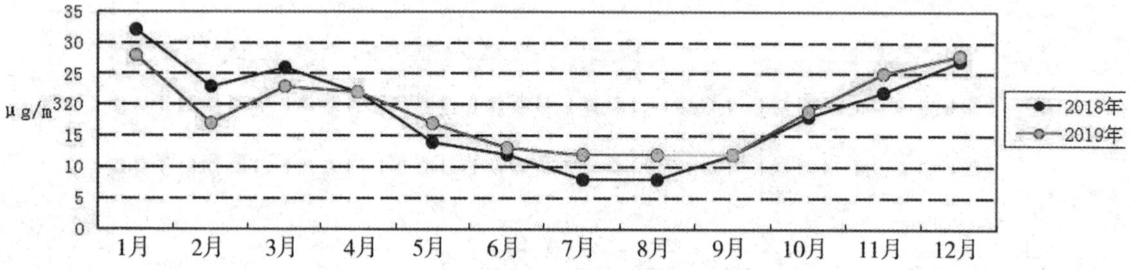

2018年、2019年石浦地区二氧化氮浓度月变化图

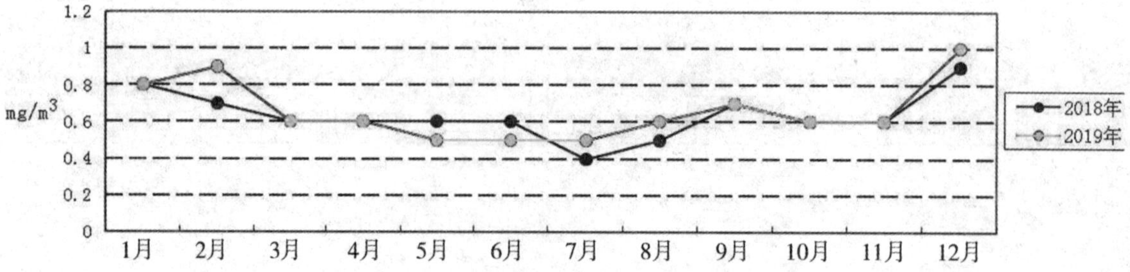

2018年、2019年石浦地区一氧化碳浓度月变化图

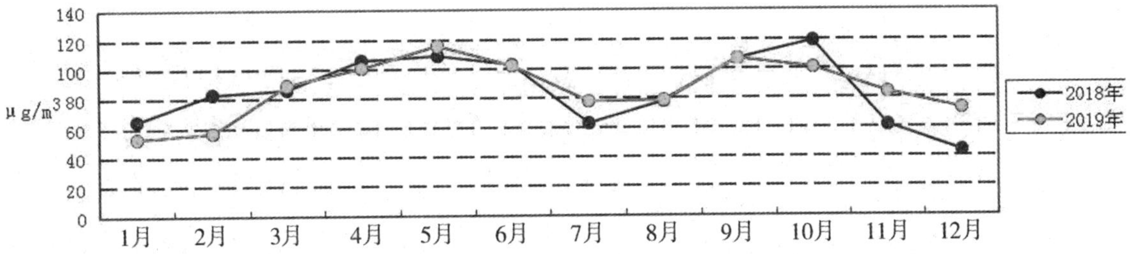

2018 年、2019 年石浦地区臭氧浓度月变化图

细颗粒物 2019 年浓度范围在 3～100 微克/立方米之间，年平均浓度为 25 微克/立方米，与上年相比上升 2 微克/立方米，按年均值二级标准（35 微克/立方米）评价为达标。按日均值二级标准（75 微克/立方米）评价，超标 5 天，超标率 1.4%，细颗粒物为首要污染物的天数为 41 天，4 天与可吸入颗粒物同为首要污染物，2 天与臭氧同为首要污染物。

可吸入颗粒物 浓度范围在 9～172 微克/立方米之间，年平均为 39 微克/立方米，与上年相比下降 4 微克/立方米，按年均值二级标准（70 微克/立方米）评价为达标，按日均值二级标准（150 微克/立方米）评价，超标 1 天，超标率 0.3%。可吸入颗粒物为首要污染物的天数为 23 天，4 天与细颗粒物同为首要污染物。

二氧化硫 浓度范围在 3～15 微克/立方米之间，年平均为 8 微克/立方米，与上年相比上升 1 微克/立方米，按年均值二级标准（60 微克/立方米）评价为达标，按日均值二级标准（150 微克/立方米）评价，全年无超标天。二氧化硫为首要污染物的天数为 0 天。

二氧化氮 浓度范围在 5～50 微克/立方米之间，年平均为 19 微克/立方米，与上年持平，按年均值二级标准（40 微克/立方米）评价为达标。按日均值二级标准（80 微克/立方米）评价，全年无超标天。二氧化氮为首要污染物的天数为 0 天。

一氧化碳 浓度范围在 0.2～1.6 毫克/立方米之间，年平均为 0.7 毫克/立方米，与上年相比上升 0.1 毫克/立方米。24 小时平均第 95 百分位数浓度为 1.1 毫克/立方米，全年无超标天，年评价结果为达标。一氧化碳为首要污染物的天数为 0 天。

臭氧 按照日最大 8 小时滑动平均浓度标准限值 160 微克/立方米评价，2019 年象山石浦臭氧超标共计 7 天，超标率为 1.9%。臭氧日最大 8 小时滑动平均值第 90 百分位数浓度为 129 微克/立方米，年评价结果为达标，臭氧为首要污染物的天数为 104 天，2 天与细颗粒物同为首要污染物。

（二）2019 年石浦地区环境空气质量评价结果

2019 年度象山县石浦地区年度综合指数为 2.97，年度首要污染物为臭氧，其单项指数为 0.81。

表 40　**2018 年、2019 年象山县石浦地区环境空气指数表**

项目 时间	单项指数						综合指数
	细颗粒物	可吸入颗粒物	二氧化硫	二氧化氮	一氧化碳	臭氧	
2018 年	0.66	0.61	0.12	0.48	0.28	0.84	2.99
2019 年	0.71	0.56	0.13	0.48	0.28	0.81	2.97

【西周地区空气质量】 2019 年，西周地区监测有效天数为 364 天，达标天数共 332 天，达标天数比例为 91.2%，与上年相比下降 1.6 个百分点。年度综合指数为 3.26，与上年相比下降 0.07，年度首要污染物为臭氧。细颗粒物年平均浓度为 26 微克/立方米，与上年相比下降 1 微克/立方米，达到二级标准。

表 41　**2019 年象山西周地区空气质量数据统计表**

监测月份	统计天数	日指数分布天数			首要污染物出现天数			
		Ⅰ级	Ⅱ级	Ⅲ级及以上	细颗粒物	臭氧	可吸入颗粒物	二氧化氮
1 月	31	4	24	3	16	0	5	6
2 月	27	18	6	3	7	0	2	0
3 月	31	6	24	1	8	17	0	0

续表41

监测月份	统计天数	日指数分布天数			首要污染物出现天数			
		Ⅰ级	Ⅱ级	Ⅲ级及以上	细颗粒物	臭氧	可吸入颗粒物	二氧化氮
4月	30	12	18	0	0	18	0	0
5月	31	3	23	5	1	27	0	0
6月	30	15	13	2	0	15	0	0
7月	31	29	2	0	0	2	0	0
8月	31	19	11	1	0	12	0	0
9月	30	10	17	3	0	20	0	0
10月	31	8	16	7	1	20	2	0
11月	30	11	14	5	1	14	4	0
12月	31	15	14	2	15	0	0	1
全　年	364	150	182	32	49	145	13	7

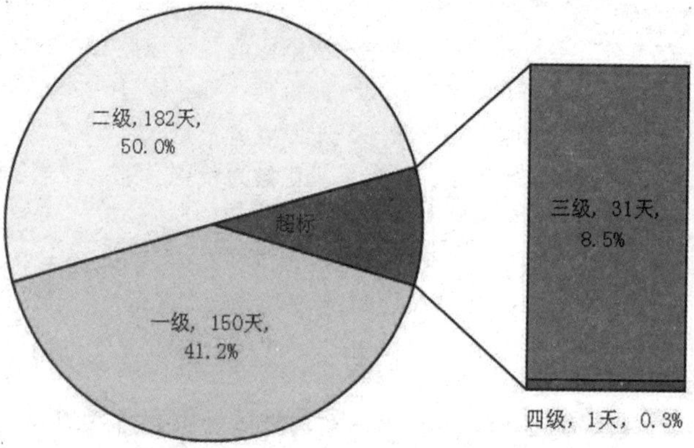

2019年象山西周空气质量示意图

（一）常规六项污染物

象山县西周地区环境空气监测点位于西周镇政府内，监测因子分别为二氧化硫、二氧化氮、可吸入颗粒物、细颗粒物、一氧化碳、臭氧。

表42　**2019年象山县西周地区各项污染物浓度值统计表**

单位：除一氧化碳为 mg/m³ 外均为 μg/m³

1月	最小值	12	16	11	21	0.6	5
	最大值	109	153	25	52	1.6	139
	平均值	48	71	15	35	1.0	64
2月	最小值	10	10	15	16	0.5	29
	最大值	117	146	24	41	1.3	121
	平均值	36	47	18	24	0.9	74

续表42

3 月	最小值	12	14	15	21	0.5	79
	最大值	75	95	20	34	0.9	173
	平均值	33	44	17	27	0.6	113
4 月	最小值	9	11	10	17	0.3	53
	最大值	39	46	24	35	0.9	158
	平均值	23	30	14	23	0.6	110
5 月	最小值	7	12	11	12	0.4	72
	最大值	43	68	20	27	0.9	201
	平均值	22	36	13	20	0.6	134
6 月	最小值	7	9	9	13	0.4	66
	最大值	30	39	23	25	0.8	204
	平均值	16	22	12	18	0.6	107
7 月	最小值	5	9	9	8	0.5	35
	最大值	25	36	21	24	0.9	116
	平均值	12	19	11	14	0.7	80
8 月	最小值	4	7	7	7	0.5	28
	最大值	34	44	17	12	0.9	163
	平均值	15	22	10	9	0.7	88
9 月	最小值	5	11	8	9	0.4	33
	最大值	36	46	16	14	0.8	206
	平均值	19	27	9	12	0.6	115
10 月	最小值	6	8	7	9	0.4	30
	最大值	55	159	22	26	0.9	189
	平均值	25	41	10	17	0.6	118
11 月	最小值	8	22	9	13	0.4	32
	最大值	51	111	19	40	0.9	204
	平均值	26	46	11	24	0.6	100
12 月	最小值	10	10	10	21	0.6	26
	最大值	88	81	18	52	1.1	102
	平均值	38	41	13	31	0.9	69
全　年	最小值	4	7	7	7	0.3	5
	最大值	117	159	25	52	1.6	206
	平均值	26	37	13	21	0.7	98

2018年与2019年各项污染物浓度月均值变化趋势详见下图。

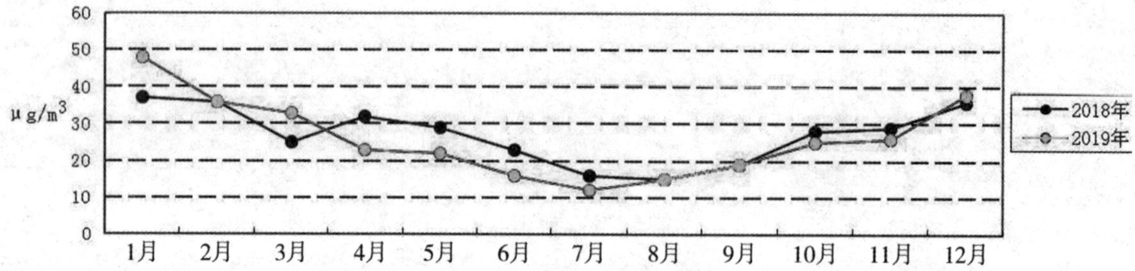

2018年、2019年西周地区细颗粒物浓度月变化图

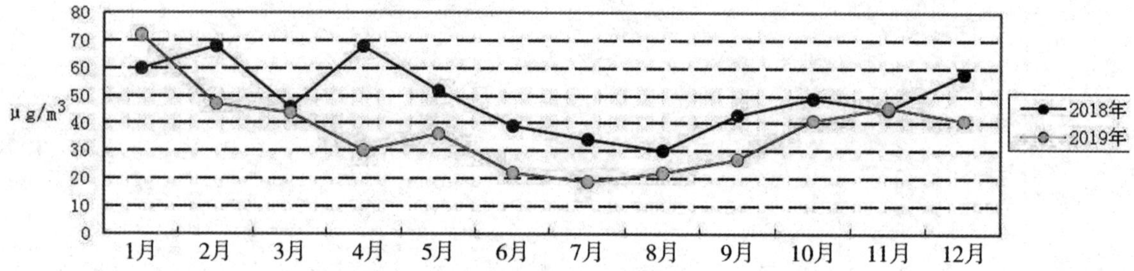

2018年、2019年西周地区可吸入颗粒物浓度月变化图

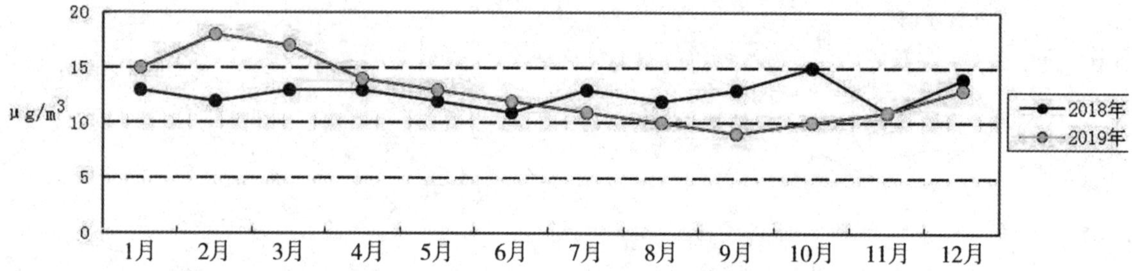

2018年、2019年西周地区二氧化硫浓度月变化图

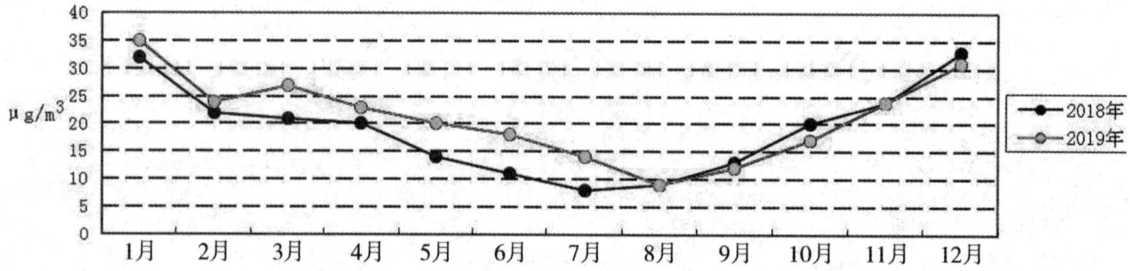

2018年、2019年西周地区二氧化氮浓度月变化图

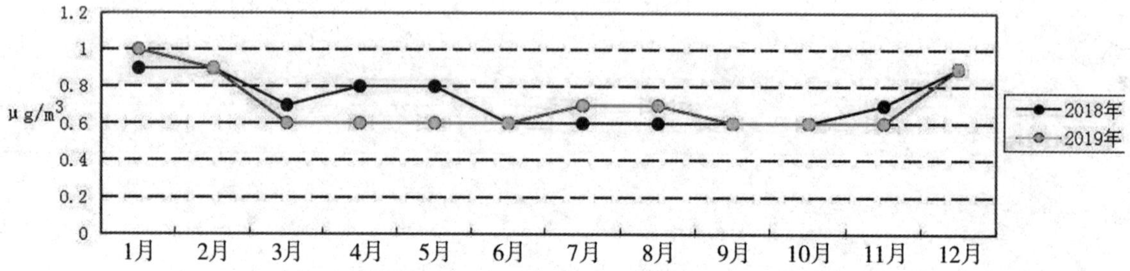

2018年、2019年西周地区一氧化碳浓度月变化图

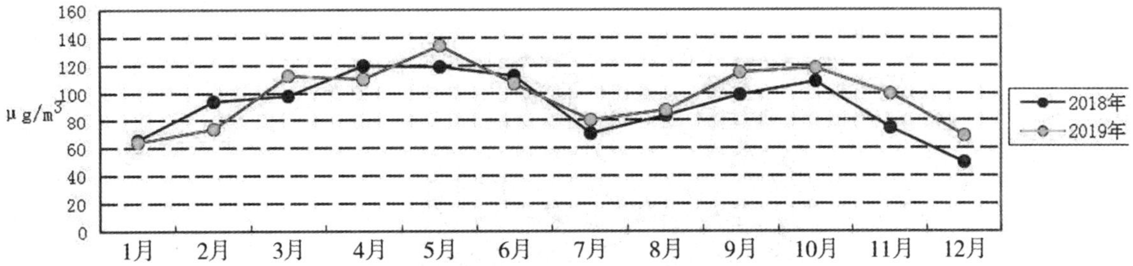

2018 年、2019 年西周地区臭氧浓度月变化图

细颗粒物　2019 年浓度范围在 4~117 微克/立方米之间，年平均浓度为 26 微克/立方米，与上年相比下降 1 微克/立方米，按年均值二级标准（35 微克/立方米）评价为达标。按日均值二级标准（75 微克/立方米）评价，超标 8 天，超标率 2.2%，细颗粒物为首要污染物的天数为 49 天。

可吸入颗粒物　浓度范围在 7~159 微克/立方米之间，年平均为 37 微克/立方米，与上年相比下降 12 微克/立方米，按年均值二级标准（70 微克/立方米）评价为达标。按日均值二级标准（150 微克/立方米）评价，超标 3 天，超标率 0.8%，可吸入颗粒物为首要污染物的天数为 13 天。

二氧化硫　浓度范围在 7~25 微克/立方米之间，年平均为 13 微克/立方米，与上年持平，按年均值二级标准（60 微克/立方米）评价为达标。按日均值二级标准（150 微克/立方米）评价，全年无超标天，二氧化硫为首要污染物的天数为 0 天。

二氧化氮　浓度范围在 7~52 微克/立方米之间，年平均为 21 微克/立方米，与上年相比上升 2 微克/立方米，按年均值二级标准（40 微克/立方米）评价为达标。按日均值二级标准（80 微克/立方米）评价，无超标天数，二氧化氮为首要污染物的天数为 7 天。

一氧化碳　浓度范围在 0.3~1.6 毫克/立方米之间，全年无超标天，年平均为 0.7 毫克/立方米，与上年持平。24 小时平均第 95 百分位数浓度为 1.1 毫克/立方米，全年无超标天，年评价结果为达标，一氧化碳为首要污染物的天数为 0 天。

臭氧　按照日最大 8 小时滑动平均浓度标准限值 160 微克/立方米评价，2019 年西周臭氧超标共计 23 天，超标率为 6.3%。臭氧日最大 8 小时滑动平均值第 90 百分位数浓度为 153 微克/立方米，年评价结果为达标，臭氧为首要污染物的天数为 145 天。

（二）2019 年西周地区环境空气质量评价结果

2019 年度象山县西周年度综合指数为 3.26，年度首要污染物为臭氧，其单项指数为 0.96。

表 43　**2018 年、2019 年象山县西周地区环境空气指数表**

项目 时间	单项指数						综合指数
	细颗粒物	可吸入颗粒物	二氧化硫	二氧化氮	一氧化碳	臭氧	
2018 年	0.77	0.70	0.22	0.48	0.28	0.88	3.33
2019 年	0.74	0.53	0.22	0.53	0.28	0.96	3.26

【酸雨状况】　象山县 2019 年降雨量为 1364 毫米，与上年相比降雨量增加 639 毫米，全年单次降水 pH 测值在 4.45~6.68 之间波动，全县降水 pH 值年平均值为 5.07，降雨 pH 值上升，属于轻酸雨区。全年共采集雨水样品 50 个，年酸雨率 80%，酸雨率与上年相比下降 9%。其中较强酸性样品 1 个，占总数的 2%，弱酸性样品 45 个，占总数的 90%，中性样品 4 个，占总数的 8%。

表 44　**2018 年、2019 年象山县降水状况统计表**

年份	降水量（毫米）	pH 值	样品数（个）	酸雨率（%）	较强酸性（个）	弱酸性（个）	中性（个）
2018	725	5.02	47	89	3	39	5
2019	1364	5.07	50	80	1	45	4

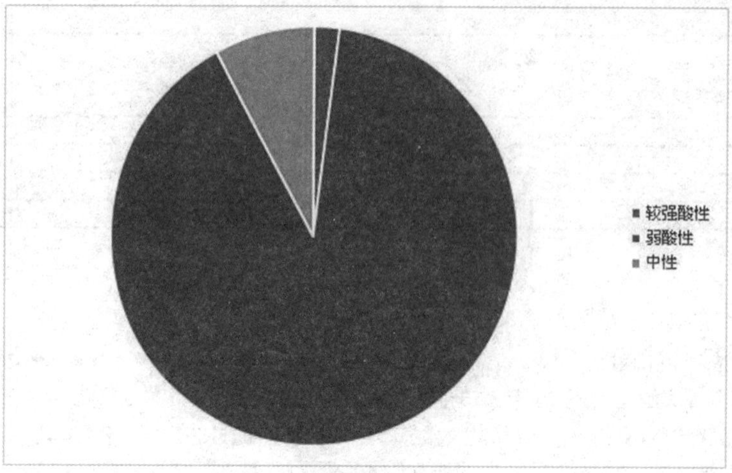

2019 年全县降水酸度分级频率分布图

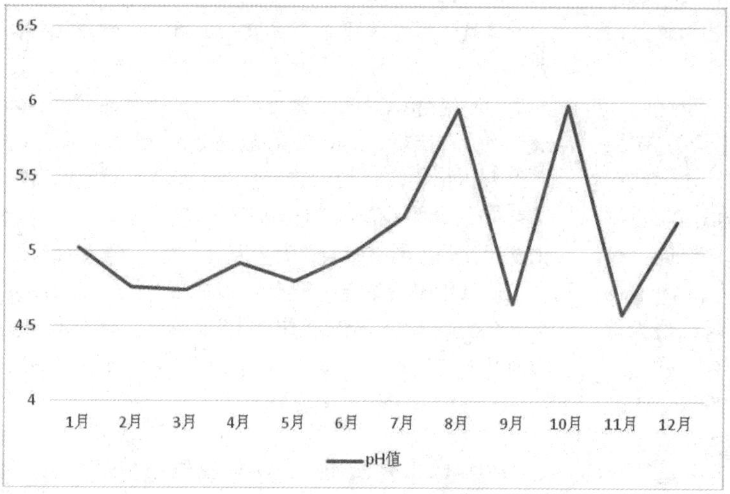

2019 年全县降水酸度月变化图

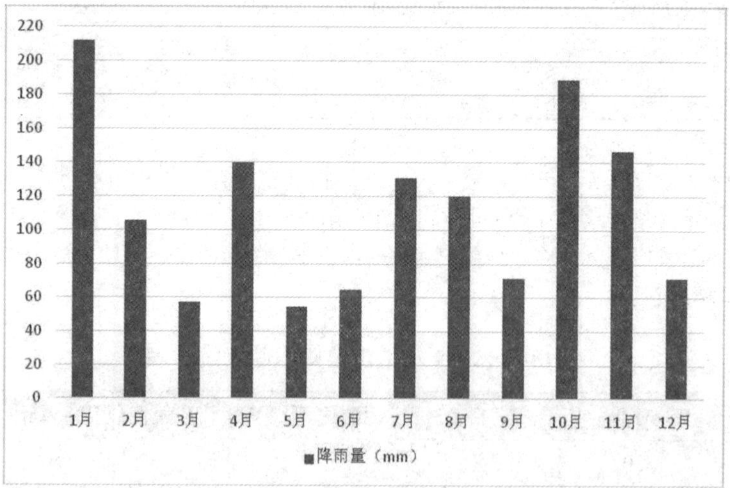

2019 年全县降雨量月变化图

象山县 2019 年降尘量为 22.29t/km^2，全年月降尘测值在 0.73～3.82 t/km^2 · 30d 之间波动，全县降尘均值为 1.86t/km^2 · 30d。

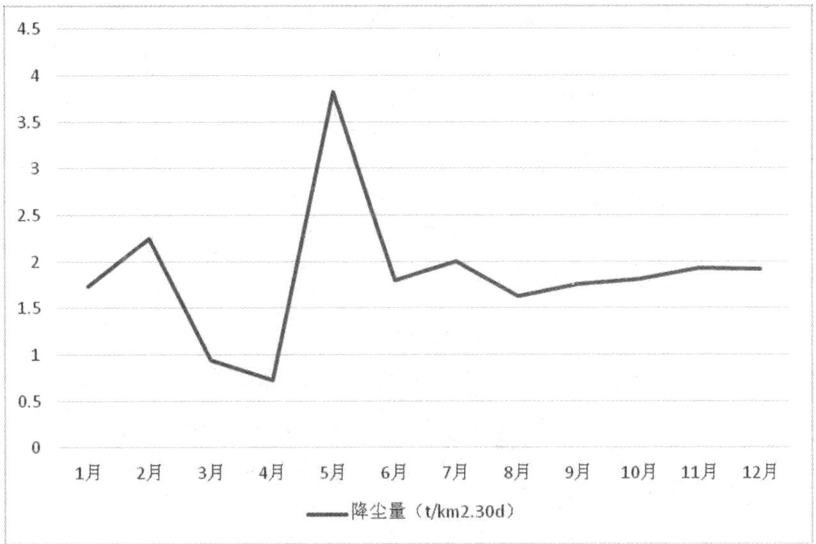

2019 年全县降尘量月变化图

表 45

2019 年象山县降水监测统计表

月份	采雨总数(个)	降雨量(毫米)	酸雨率 %	pH 值		电导率 μs/cm	降水化学成分 mg/L								
				范围	均值		SO_4^{2-}	NO_3^-	F^-	Cl^-	NH_4^+	Ca^{2+}	Mg^{2+}	Na^+	K^+
1	8	212	100.0	4.87-5.11	5.02	24.9	3.09	3.61	0.17	0.43	0.13	3.83	0.12	0.74	1.18
2	5	105.6	100.0	4.45-5.07	4.76	39.2	3.10	4.78	0.12	7.10	0.20	0.12	0.06	0.05	0.26
3	6	57	100.0	4.62-4.92	4.74	29.1	2.78	2.85	0.02	2.02	0.16	0.02	0.08	0.06	0.27
4	8	140.1	100.0	4.78-5.06	4.92	24.2	1.65	1.89	0.03	0.48	0.17	0.32	0.16	0.09	0.45
5	2	54.4	100.0	4.75-4.84	4.80	31.8	1.79	2.57	0.03	3.77	0.12	0.24	0.03	0.10	0.38
6	6	64.7	100.0	4.82-5.13	4.97	31.0	0.46	0.66	0.05	0.82	0.12	0.22	0.05	0.14	0.34
7	6	131	83.3	4.89-5.64	5.23	14.9	1.27	3.62	0.03	3.88	0.11	0.24	0.05	0.10	0.36
8	2	120.4	50.0	5.22-6.68	5.95	2.7	1.27	1.41	0.006	7.93	0.18	0.28	0.05	0.20	0.32
9	2	71.5	100.0	4.52-4.78	4.65	2.2	0.46	0.61	0.02	5.30	0.17	0.08	0.05	0.13	0.35
10	1	189.3	0.0	5.98	5.98	1.4	0.34	0.16	0.02	3.51	0.12	0.31	0.07	0.14	0.20
11	1	146.7	100.0	4.58	4.58	1.56	3.72	7.15	0.16	26.6	0.16	0.16	0.08	0.14	0.25
12	3	71.4	66.6	4.63-5.66	5.20	3.7	3.11	3.58	0.13	6.19	0.21	0.33	0.12	0.23	0.14
全年	50	1364	80.0	4.45-6.68	5.07	17.2	1.92	2.74	0.07	5.67	0.15	0.51	0.08	0.18	0.38

声环境保护

【概况】 2019 年，象山县区域环境噪声与上年相比上升 0.5dB(A)，道路交通噪声基本保持在 70 分贝内，功能区昼夜噪声全部达标，声环境质量整体较好。但机动车保有量和车流量的持续增长，导致交通干线两侧昼夜噪声存在超标现象，特别是象山港路区域夜间噪声时有超标，城区声环境质量仍然有待改善。

【区域噪声】 象山县城区区域噪声按照 400 米×400 米划分为 113 个网格，1 类区域 65 个测点，2 类区域 20 个测点，3 类区域 28 个测点。2019 年 4 月进行昼间监测，取得有效数据 113 组，测得昼间区域环境噪声等效声级为 54.3dB(A)，属较好水平，与上年相比上升 0.5dB(A)。1 类区域 65 个测点，测得昼间区域环境噪声等效声级平均值为 51.4dB(A)，符合《声环境质量标准》1 类标准，昼间区域环境噪声与上年相比下降 0.30dB(A)；2 类区域 20 个测点，测得昼间区域环境噪声等效声级平均值为57.3dB(A)，符合《声环境质量标准》2类标准，昼间区域环境噪声与上年相比上升2.0dB(A)；3类区域28个测点，测得昼间区域环境噪声等效声级平均值为58.9dB(A)，符合《声环境质量标准》3类标准，昼间区域环境噪声与上年相比上升1.4dB(A)。

【功能区噪声】 功能区昼间噪声基本达标，城区整体噪声污染水平基本稳定，1月、4月、7月、11月1类标准区(居民区)、2类标准区(混合区)、3类标准区(工业区)昼间和夜间噪声都达标。4月、7月象山港路夜间噪声超标，11月象山港路和天安路夜间噪声超标，交通干线两侧噪声超标现象仍然存在。

表46

2019年1月象山县城区功能区噪声监测统计表

单位:dB(A)

类别 项目	一类标准区		二类标准区		三类标准区	四类标准区		
功能区	居民区		混合区		工业区	交通干线两侧		
测点	东河花园	瀛洲小区	步行街	计生局	工业园区	靖南路	象山港路	天安路
昼间	51.0	53.8	55.7	54.6	64.2	65.5	65.2	66.9
夜间	45.0	44.5	48.5	44.1	44.0	51.1	49.6	51.6
昼夜	52.7	54.0	56.8	54.4	62.6	64.4	64.0	65.7

表47

2019年4月象山县城区功能区噪声监测统计表

单位:dB(A)

类别 项目	一类标准区		二类标准区		三类标准区	四类标准区		
功能区	居民区		混合区		工业区	交通干线两侧		
测点	东河花园	瀛洲小区	步行街	计生局	工业园区	靖南路	象山港路	天安路
昼间	50.2	50.0	56.0	55.7	54.0	58.5	62.6	61.0
夜间	42.5	42.6	46.6	45.7	47.4	50.4	56.3	55.0
昼夜	51.1	51.0	56.2	55.7	55.4	59.2	64.2	62.7

表48

2019年7月象山县城区功能区噪声监测统计表

单位:dB(A)

类别 项目	一类标准区		二类标准区		三类标准区	四类标准区		
功能区	居民区		混合区		工业区	交通干线两侧		
测点	东河花园	瀛洲小区	步行街	计生局	工业园区	靖南路	象山港路	天安路
昼间	51.2	50.8	56.6	53.6	56.4	59.0	66.0	57.1
夜间	42.1	42.2	48.4	49.1	46.9	50.3	58.9	49.7
昼夜	51.5	51.3	57.3	56.2	56.5	59.4	67.2	58.1

表 49　　**2019 年 11 月象山县城区功能区噪声监测统计表**

单位：dB(A)

类别 项目	一类标准区		二类标准区		三类标准区	四类标准区		
功能区	居民区		混合区		工业区	交通干线两侧		
测点	东河花园	瀛洲小区	步行街	计生局	工业园区	靖南路	象山港路	天安路
昼间	50.3	51.3	57.9	55.3	55.7	61.7	63.2	62.6
夜间	43.5	42.8	49.8	42.3	45.7	50.3	56.6	57.2
昼夜	51.6	51.8	58.6	54.5	55.7	61.2	64.6	64.7

1 月功能区噪声评价结果：

1 类标准区（居民区），昼间和夜间噪声都达标。

2 类标准区（混合区），昼间和夜间噪声都达标。

3 类标准区（工业区），昼间和夜间噪声都达标。

4 类标准区（交通干线），昼间和夜间噪声都达标。

4 月功能区噪声评价结果：

1 类标准区（居民区），昼间和夜间噪声都达标。

2 类标准区（混合区），昼间和夜间噪声都达标。

3 类标准区（工业区），昼间和夜间噪声都达标。

4 类标准区（交通干线），昼间噪声都达标，象山港路夜间噪声超标。

7 月功能区噪声评价结果：

1 类标准区（居民区），昼间和夜间噪声都达标。

2 类标准区（混合区），昼间和夜间噪声都达标。

3 类标准区（工业区），昼间和夜间噪声都达标。

4 类标准区（交通干线），昼间噪声都达标，象山港路夜间噪声超标。

11 月功能区噪声评价结果：

1 类标准区（居民区），昼间和夜间噪声都达标。

2 类标准区（混合区），昼间和夜间噪声都达标。

3 类标准区（工业区），昼间和夜间噪声都达标。

4 类标准区（交通干线），昼间噪声都达标，象山港路和天安路夜间噪声超标。

【道路交通噪声】　2019 年 4 月，对城区道路交通噪声 14 个监测路段 28 个测点进行监测，测点的昼间交通噪声均值为 67.6dB(A)，符合《声环境质量标准》4a 类昼间标准，水平属于好，测点的达标率为 78.6%，与上年持平。

表 50　　**2019 年象山县城区交通昼间噪声监测统计表**

序号	路段名称	路段长（米）	路段宽（米）	测　点	车流量（辆/小时）	Leq (dB)	L10 (dB)	L50 (dB)	L90 (dB)
1	建设路	1173	18	社会保障综合服务中心	577	69.8	64.6	57.9	67.1
				新光大宾馆	564	68.7	63.8	59.9	66.7
2	靖南路	1985	24	大脚板浴场	588	68.2	61.3	56.3	67.8
				春夏秋冬	750	66.8	58.8	49.1	64.1
3	丹峰路	2363	26	丹峰西路 189 号	623	70.8	62.0	53.4	66.9
				宝德汽车美容养护中心	387	67.9	62.6	56.4	66.2
4	象山港路	3274	60	宏利集团	2100	72.4	66.5	59.9	69.1
				象山水利局	859	68.6	64.5	59.0	65.6
5	巨鹰路	1811	60	山水人家	419	66.5	59.7	52.5	63.7
				东河花园二期	1058	63.8	59.2	53.8	61.7

续表50

序号	路段名称	路段长(米)	路段宽(米)	测点	车流量(辆/小时)	Leq(dB)	L10(dB)	L50(dB)	L90(dB)
6	东谷湖路	1247	38	汇东超市	549	68.3	62.2	56.7	66.6
				文峰小区东门	143	63.8	58.5	53.8	61.0
7	育才路	1100	24	文峰小区西门	432	67.3	61.2	54.3	64.1
8	新华路	1010	30	环保局	420	64.0	59.3	55.5	61.2
				大东海休闲城	645	65.0	57.4	52.3	64.7
9	天安路	1394	40	消防大队	379	66.7	60.1	61.1	66.8
				中国银行	725	69.5	65.3	57.1	66.9
10	新丰路	766	40	供电局	518	71.8	66.8	61.1	70.5
				南门中学	520	70.1	65.0	59.3	67.6
11	环城西路	972	26	环城西路31号	800	61.3	57.1	51.9	59.2
				城西365线21号	159	64.4	59.1	51.9	63.8
12	丹南路	1350	24	新长城饭店	135	70.2	63.1	55.7	66.5
				新客运中心	574	69.7	61.0	56.5	66.9
13	丹阳路	945	32	水木华庭	589	65.8	60.1	53.8	62.2
				实验小学南门	850	61.0	52.2	47.7	57.8
14	丹河路	432	24	海洋渔业局	430	67.0	60.1	52.8	63.5

(宁波市生态环境局象山分局　黄徐)

自然生态环境保护

【概况】 2019年,象山县高举习近平新时代中国特色社会主义思想伟大旗帜,践行“绿水青山就是金山银山”的理念,按照县委、县政府工作部署,紧紧围绕加快建设宁波现代化滨海城区目标,以美丽象山建设为总抓手,巩固推进国家级生态文明建设示范县建设,打好“蓝天保卫”“治水提升”“清废净土”三大污染防治战,切实推进全县生态环境保护工作跃上新台阶,实现生态环境质量不断改善。

【获评第一批浙江省清新空气示范区】 2019年,象山县环境空气监测有效天数364天,优良天数346天,优良率为95.1%,比2018年同期增加1.9个百分点,比2019年目标值高1.6个百分点;细颗粒物PM2.5均值24微克/立方米,比2018年同期下降4.0%,比2019年目标值低1微克/立方米。2019年3月,省大气办通报2018年清新空气示范区评价结果,全市2个县级城市上榜,象山县成功创建第一批浙江省清新空气示范区。

【“污水零直排区”创建基本完成】 在完成14个镇乡(街道)及2个功能区的“污水零直排区”创建基础上,2019年对全县仅剩的4个镇乡(街道)开展创建工作,创建计划经人代会票决分别列入市、县民生实事工程。截至12月底,已全部完成投资2.36亿元,基本实现“污水零直排区”全覆盖。同时,做好已完成“污水零直排区”创建镇乡(功能区)的复查工作和西周、贤庠、鹤浦、涂茨、泗洲头5个镇的省级验收工作。

【完成生态保护红线评估调整工作】 由县自然资源和规划局牵头,开展生态红线评估调整工作。生态保护红线做到应划尽划,对不同的控制线严格实行分级分类管理,一级管控区严禁一切形式的开发建设活动,二级管控区严禁影响其主导生态功能的开发建设活动,确保生态红线区域生态功能不弱化、面积不减少、性质不改变。象山陆地线基本以微调修边为主,海洋红线与地方经济规划矛盾较多,花岙岛和檀头山岛全岛被划入,将影响未来旅游开发活动,调整的重点难点主要是在海洋红线区块。

【美丽河道创建】 根据《浙江省美丽河湖建设验收管理办法》及评价标准要求,结合全域旅游和美丽集镇建设,全面开展美丽河湖创建,确定大徐溪、淡港争创市级美丽河湖。在此基础上,参照省市美丽河湖建设验收管理办法,以行政村(或自然村)为单位进行“乡村美丽河湖”创建,2019年全县18个镇乡(街道)已参与申报“乡村美丽河湖”创建工作。通过集中创建一批美丽河湖，全面实现河清、岸绿、流畅、景美的目标，让群众真切感受到治水成效，提高民众获得感和幸福感。

（宁波市生态环境局象山分局 黄徐）

交通运输

【概况】 县交通部门抢抓交通强国建设和前亚运机遇，深入贯彻市委“六争攻坚、三年攀高”决策部署，扎实开展“重大项目突破年、营商环境提升年、增收节支推进年、作风建设深化年”活动，统筹做好稳增长、促改革、调结构、惠民生、防风险各项工作，为奋力开创宁波现代化滨海城区建设新局面贡献交通力量。2019年全年完成投资75419万元，占年计划的103.6%。

交通基础设施建设

【概况】 截至2019年年底，全县拥有公路里程1483.12千米，公路网密度达107.32千米/百平方千米。其中：国道公路2条（G1523、G527），52.208千米；省道公路3条（茅石线、盛宁线、象西线），129.199千米；县道公路18条，310.167千米；乡道公路39条，191.746千米；专用公路4条，13.827千米；村道公路749条，785.973千米。高速公路45.705千米，一级公路155.96千米，二级公路35.485千米，三级公路376.793千米，四级公路869.177千米。桥梁330座，总计26.793千米，隧道54座，总计23.329千米。

【G527石浦至长街段（岳井洋大桥及接线）象山段项目建议书获市发改委批复】 2018年12月25日，G527石浦至长街段（岳井洋大桥及接线）象山段项目建议书获市发改委批复，标志着项目工作取得阶段性进展。该项目起自沿海南线与白云路交叉口，向西接岳井洋大桥宁海段终点。项目全长11.5千米，按一级公路双向六车道标准设计，估算总投资14亿元。

【象山县获评浙江省首批万里美丽经济交通走廊示范县】 2018年12月28日，浙江省交通运输厅公布全省首批万里美丽经济交通走廊示范县、达标县名单，象山、桐庐、浦江等6个县（市、区）被评为示范县。这是象山县继被评为“四好农村路”全国示范县之后，获得的又一殊荣。

【江西赣州市公路局到象山考察“四好农村路”建设情况】 1月17日，江西省赣州市公路局副局长刘自田一行到象山县，就“四好农村路”建设工作进行考察。考察组一行先后踏勘象山县三高线与丹大线，听取相关情况介绍，领略新时代象山农村公路新风貌，了解“四好农村路”创建在促进经济发展，推动“乡村振兴”过程中起到的重要作用。

【象山沿海南线滨海大道至金开路段拓宽改建工程完成交工验收】 1月23日，沿海南线滨海大道至金开路段拓宽改建工程通过交工验收。该项目路线起于滨海大道交叉口，终点至金开路交叉口，是象山城区至茅洋高速出口往台州、温州方向的重要通道，也是中心城区出入南部地区的主要通道，全线长3.457千米，按一级公路标准建设，设计时速80千米/小时，概算总投资21068.55万元。

【象山鹤浦门扇后至蟹厂公路工程通过交工验收】 1月30日，象山鹤浦门扇后至蟹厂公路工程通过交工验收，于2月1日全线通车。该项目起点位于鹤浦镇浦港东路，向南延伸穿过高斗山山体，经盛家村东侧与石三线接线，路线总长1.872千米，按照二级公路标准设计，双向二车道，工程概算总投资7450万元。

【S19甬台温复线象山入城口获评省级精品示范入城口】 2月，省城乡环境整治工作领导小组“三改一拆”办公室、省住房和城乡建设厅、省交通运输厅联合发布2018年省级“精品示范道路（入城口）”名单，S19甬台温复线象山入城口获评在列。该入城口总占地面积约2.3万平方米，包括象山港大桥剪影雕塑1座、公共厕所1座、停车位21个，种植大香樟、大朴树等苗木50余种。

【南通市交通运输局到象山学习考察“四好农村路”建设】 3月11日，南通市交通运输局局长周建飞一行30余人到象山学习考察“四好农村路”建设工作。考察组一行首先参观下莲线及何婆岭、伊家公路服务站，实地了解“四好农村路”建设以及服务“乡村振兴”战略情况。座谈会上，观看宁波市“四好农村路”宣传片和象山县“四好农村路”宣传片，详细听取宁波市及象山县的“四好农村路”建设基本情况、发展历程、亮点经验做法等情况介绍，并就落实“四好农村路”土地、资金等问题进行探讨。

【市交通运输局局长徐强带队赴象山开展“三服务”走访调研活动】 3月21日，市交通运输局局长徐强、副局长常保平带领局机关相关处室、市高指、市港航局等相关负责人赴象山开展“三服务”走访调研活动。徐强一行首先抵达石浦港航码头，实地检查水上交通安全生产工作落实情况，随后深入一线走访调研渔山海岛交通情况。座谈会上，详细听取象山县交通总体发展思路及2019年主要工作情况等方面汇报。下午，徐强一行实地踏勘石浦高速连接线、石浦高速定塘连接线等项目施工现场，详细了解工程总体进度及项目推进过程中遇到的困难，要求加快工程进度，确保实现“开门红”。

【市交通运输局到象山督查交通重点工程建设情况】 4月3日，市交通运输局副主任徐国光带队到象山督查交通重点工程和“四好农村路”建设情况。督察组一行先后实地踏勘石浦高速公路定塘连接线（马漕线改建）工程和蛟龙公路，并查阅相关资料，听取相关工作汇报，详细了解项目推进情况及建设中遇到的重难点问题等情况。

【71省道盛宁线东陈至茅洋段改建工程通过交工验收】 4月24日，71省道盛宁线东陈至茅洋段改建工程通过交工验收。该工程起于东陈乡沿海南线与金开路相交处，终点接花墙村东侧盛宁线老路，采用一级公路设计标准，设计速度采用80千米/小时，全线长10.6千米，总投资约50237万元。

【石浦高速公路定塘连接线（马漕线改建）工程相帽岭脚隧道全线贯通】 5月10日上午，石浦高速公路定塘连接线（马漕线改建）工程相帽岭脚隧道全线贯通。作为项目的重要节点性工程，该隧道全面贯通为项目完工奠定基础，标志着项目进入施工新阶段。

【甬台温高铁调研组赴象山调研】 5月11日，宁波市铁指副指挥张红兵、总工贾可带队，赴象山调研高铁规划相关情况。县长、铁路建设（筹）领导小组组长黄焕利，县人大常委会主任、铁路建设（筹）领导小组副组长金红旗等陪同调研。调研组先后到海螺水泥厂码头、大唐电厂东侧砂场等地，实地踏勘高铁站位选址、桥位选址等情况。座谈会上，铁四院就甬台温高铁项目概况、背景、预可研工作安排、项目主要特点、重大线站位方案策划等方面进行详细介绍。随后，金红旗、陈兴立、周坚栋等县领导及相关部门、乡镇负责人结合象山实际情况发表意见。

【叶剑鸣调研现代物流园区公共服务中心二期工程项目】 6月18日，县委书记叶剑鸣调研现代物流园区公共服务中心二期工程项目进展情况。县委常委、常务副县长陈兴立及相关部门负责人参加督查。叶剑鸣一行到现代物流园公共服务中心二期工程选址地，实地督查项目进展情况，协调解决制约项目开工的困难和问题。

【周坚栋带队督查交通系统投资建设情况】 7月19日，副县长周坚栋带队督查交通系统投资建设情况。周坚栋一行先后前往丹大线、亚帆基地配套道路、象山现代物流园区二期等项目现场，实地查看相关工程施工情况，详细了解相关投资计划落实及项目建设情况。

【石浦客运中心完成初步设计批复】 10月9日，石浦客运中心工程初步设计获县发改局批复。该项目系市重大前期增补项目，位于石浦镇西霞路与凤栖路交叉口西北侧，用地面积7.54万平方米，建筑面积4.51万平方米，工程概算4.4亿元，参照二级站标准建设。

【象山县三角地至高泥公路提升改造工程通过交工验收】 10月24日，象山县三角地至高泥公路提升改造工程通过交工验收。该工程起点位于黄避岙乡三角地村口盛宁线，全线沿海岸走向，途经梅洋、鸭屿、童家园、塔头旺、白屿、马滩渔村、驿上岙、高泥，终于北黄金海岸度假村，全长12.6千米。由四级公路提升至三级公路，设计速度为每小时30千米，项目概算总投资约5996万元。

【综合运输服务示范城市部级验收专家组考察宁波市象山现代物流园区】 10月28日，综合运输服务示范城市部级验收专家组到象山现代物流园区进行现场踏勘和实地考察，市交通运输局局长徐强，县委副书记、县长黄焕利等陪同考察。

专家组一行先后实地踏勘公共服务中心大楼、零担作业区、产业仓储区、城乡配送区、公共停车区等重点区域，听取园区管委会关于园区整体规划定位、招商运营、服务管理等基本情况介绍，详细了解园区（一期）运营现状及部补资金使用情况。

【象山多个交通项目斩获市“平安工地”建设荣誉】 12月11日，市交通运输局公布2019年度全市公路水运工程“平安工地”建设考核情况，象山5个交通项目榜上有名。其中71省道盛宁线东陈至茅洋段改建工程、石浦高速公路新桥连接线（下七里至大坼头公路）工程获评“平安工地”建设市级示范工程，石浦高速公路定塘连接线（马漕线改建）工程、中国浙江海洋运动中心（亚帆中心）项目施工合同段和中国浙江海洋运动中心（亚帆中心）配套道路工程Ⅰ标段获评“平安工地”建设市级示范施工合同段。

【象山县三角地至高泥公路获评宁波市最美公路走廊】 12月18日，宁波市美丽经济交通走廊创建工作领导小组公布11条美丽公路走廊和3条美丽航道走廊综合得分及排名，象山三角地至高泥公路入选并位列第一。

交通运营管理

截至2019年年底，客货运方面：全县客运企业4家，客运车辆237辆，班线52条；货运企业66家，货运车辆1074辆。全县驾校共5家，教练车289辆，驾培教练人员277名；公共交通方面：全县城乡公交已有车辆运营365辆（其中新能源85辆），运营线路106条（主线31条、支线18条、区间线57条），运营线路总长度达1814.46千米；丹城城区公交车辆225辆（其中新能源105辆），运营线路35条（主线24条、支线11条），运营线路总长度435.8千米；出租车方面：全县出租车企业4家，出租车249辆。另外，个体经营户拥有3辆营运出租车。维修方面：全县共有维修经营业户254家，其中一类维修13家，二类维修36家，三类维修205家。

【全县春运工作会议召开】 1月15日，象山召开全县春运工作会议，传达贯彻省、市2019年春运工作电视电话会议精神，研究部署2019年全县春运工作。

【宁波栎社国际机场象山航站楼正式启用】 1月29日，宁波栎社国际机场象山航站楼正式投入使用，该航站楼设在象山客运东站，是宁波地区首座城市航站楼，系栎社国际机场航空服务及航站楼基本功能的延伸和拓展。航站楼将提供航班咨询、乘机手续办理、行李托运、机场巴士等一系列配套服务。

【全县交通运输工作会议召开】 1月29日,全县交通运输工作会议召开,会议回顾总结2018年全县交通运输工作,部署2019年交通运输工作任务,通报2018年度全县农村公路建设、乡村公路养护等各类先进。副县长周坚栋参加会议并讲话。

【副县长周坚栋带队督查节前交通安全生产工作】 1月31日,副县长周坚栋带领县交警大队、县应急管理局等相关负责人到交通一线,督查岁末年初安全生产工作。督查组一行先后到新桥高速口、茅洋高速口、客运东站及象山航站楼,实地督查春运组织、安全生产等情况,具体了解客运东站运力及航站楼客流量情况,并重点检查安全设施落实情况和门检安检情况等方面。

【象山圆满完成2019年春运工作】 3月1日,为期40天的2019年春运工作结束。春运期间,象山共发送旅客22.88万人次,较2018年同期25.07万人减少8.74%,包车共发送343班,较2018年的309班大幅上升;公交客流量311.51万人次,较2018年的369.49万人下降15.7%,旅客运输平稳有序。

【象山实现公交移动支付全覆盖】 3月18日,县城乡公交车完成银联云闪付、微信、支付宝、公交一卡通以及各种手机PAY等支付方式乘车。标志着今后刷卡可乘坐象山所有公交和宁波市内开通甬城通服务的公交和地铁。

【象山两家公交公司荣获2018年度行业信息通联工作先进单位等荣誉】 4月18日,2019年浙江省公交行业信息通联工作会议在诸暨市召开,象山县公交公司、象山县城乡公交公司分别荣获2018年度浙江省公交行业信息通联工作先进单位,俞佳璐、陆彦名分别荣获先进个人。

【象山县第二届"新能源"公交驾驶员职业技能群英赛举办】 5月23日,象山县新能源公交驾驶员职业技能群英赛在物流园区举办,公交公司、城乡公交公司40位公交驾驶员参加比赛。

【象山荣获全市"平安公交"多项荣誉】 6月,2018年度全市"平安公交"创建活动考评结果公布,县道路运输管理所被评为"优秀组织单位",县城乡公共交通有限公司被评为"优胜企业",县公共交通有限公司综合场站被评为"平安场站",109路、376路被评为"平安线路",浙BF7659、浙BF7952被评为"平安车厢",胡传宝、黄回东被评为"平安之星"。

【城区45辆纯电动公交车投入运营】 6月,象山城区45辆纯电动公交车投入运营。该批公交车覆盖城市公交103路、113路、114路、117路、122路、123路、129路、130路线路。

【县首届机动车驾驶培训教练员职业技能竞赛举办】 6月28日,县首届机动车驾驶培训教练员职业技能竞赛举办。该次比赛共由各驾校选拔22位选手参赛,比赛内容分为理论知识、应急救援和技能操作三项。

【象山旅游公交专线推出中英双语报站】 7月1日,象山旅游公交专线推出中英文双语报站服务,首批试点公交为丹城—影视城、丹城—中国渔村—影视城、松兰山—影视城、石浦东站—渔港古城等4条旅游公交专线。

【象山实现危运车辆年审"零跑次"】 7月1日,象山危运车辆网上年审正式上线试运行,改变辖区危运车辆年审需带纸质资料象山、宁波两地跑的传统方式。

【省红十字会调研象山红十字公交志愿服务队工作】 7月17日,省红十字会党组书记、专职副会长陶竞一行到象山县公交公司调研红十字公交志愿服务队建设工作。市红十字会常务副会长许伯强、县人大常委会副主任胡建萍等陪同调研。调研组详细了解服务队的队伍组织模式、各类活动开展情况。

【县汽车维修工职业技能大赛举办】 7月26日,县汽车维修工职业技能大赛在县技工学校举行。来自全县汽车维修行业23家公司的38名从业人员参加。该次大赛设有理论知识和技能实操两部分,其中技能实操分为机械拆装与检测、故障诊断两个赛项,考查选手车辆维修技术技能以及现场解决问题、临场应变等综合职业能力。

【县车辆检测站在省、市技术比武中获多项荣誉】 7月,在"宁波市第四届机动车排放检验技术比武暨浙江省机动车尾气排放监测专项比武选拔赛"中,县车辆检测站荣获团体赛第三名。在"全省生态环境监测专业技术人员大比武"中,许涵洋获"机动车尾气排放监测专项"仪器设备操作员一等奖。

【徐强带队检查指导象山防台工作】 8月9日,市交通运输局局长徐强率局办公室、建管处、安监处、市高指、市港航局等一行,到象山检查指导防台防汛工作。

徐强一行先后到石浦高速连接线(3标)工程、象山县汽车轮渡公司等一线,实地了解并查看各单位防台防汛准备情况,并听取象山交通部门防台工作汇报。

【高云桢带队督查象山交通运输安全生产工作】 8月14日,市交通运输局副局长高云桢带领运输处、客管局、运管局等相关负责人到象山,督查指导交通运输安全生产及行车安全监管等工作。督查组一行先后到象山客运中心、中兴出租车公司、象山城乡公交,实地督查安全生产情况。

【浙江首列智轨电车国庆登陆象山】 国庆期间,浙江首列智轨电车登陆象山。该智轨电车系象山绿色交通系统松兰山项目用车,先期于国庆在象山影视城展示体验。该制式车辆为三节编组,车长31.64米,宽2.65米,高3.34米,最大载客量307人。

【象山圆满完成国庆期间旅客运输任务】 国庆期间，象山共发送旅客28万余人次，客运市场安全形势良好，未发生旅客滞留现象，圆满完成运输任务。

【晓塘乡客运站正式投入使用】 10月30日，晓塘客运站正式投入使用，县城乡公交开通216路（丹城—定塘—晓塘）、396路（晓塘—鹁鸪头）、进站209路（九龙江—丹城）。

（县交通运输局　叶宽宽）

三门湾大桥及接线工程

【党建联盟揭牌仪式】 1月2日上午，“和村同行”党建联盟揭牌仪式在石浦高速TJ2标项经部举行。良和建设石浦高速TJ2标项目党支部与定塘镇大湾山村、洋岙村、下营村、盛平山村、沙地村等项目周边5个村结成党建联盟，按照“资源共享，党建共做，优势互补，协调发展”的原则，共同开展党建活动，以党建工作促进项目建设。县委组织部副部长、两新工委书记张荣飞，县建管局局长张晓宇，县高指总指挥郑韩龙，定塘镇党委副书记、镇长王祖，公司董事长王良明等领导出席仪式并共同为联盟成立揭牌。

【爆破施工协调会】 3月28日下午，在石浦高速连接线TJ3标召开爆破施工协调会。会议由康伟志副指挥主持，开展爆破施工指导意见的培训和解读等，最后大家讨论爆破处置方案。

【政协委员视察工程】 5月7日上午，市政协组织部分在甬省政协委员视察宁波舟山港石浦港区沈海高速连接线新桥至石浦段工程建设情况。市政协副主席崔秀玲、叶正波、陈安平参加视察活动。宁波市交通运输局局长徐强、副巡视员徐国光，宁波市高等级公路建设指挥部副指挥陈世申、冯宗朝、余国才，象山县高速公路建设指挥部总指挥郑韩龙等陪同视察。委员们实地视察由浙江良和交通建设有限公司承建的TJ2标合同段，主要参观三集中场地的智能化钢筋加工配送中心。市高指副指挥冯宗朝向视察团介绍石浦高速连接线工程概况和TJ2合同段智能化钢筋加工配送中心的建设规模以及其中具有代表性的机械设备等。委员们在听取简单的交流汇报后，对智能化钢筋加工配送中心的建设规模以及施工技术创新能力予以肯定，并提出在保证施工安全的前提下，优化建设路径，完善要素保障，争取早日建成通车。最后要求：临近高温天气，务必做好防暑措施，确保工人人身安全。

【县人大常委会副主任视察石浦高速连接线】 7月24日上午，县人大常委会副主任胡建萍、伊珍林等一行视察石浦高速连接线，郑韩龙总指挥陪同。县人大赴新桥影视大道和高速交叉口视察，TJ2标项目部现场介绍项目推进情况，随后在石浦镇政府会议室听取郑韩龙总指挥关于石浦高速连接线工程项目推进情况。

【泗洲头和茅洋乡情况调研】 10月30日下午，总指挥郑韩龙带队相关科室负责人赴泗洲头和茅洋乡调研。首先到泗洲头镇征求镇党委书记周元能对指挥部班子及成员的意见建议和工程建设过程中存在的问题，重点整改巡察组提出的会计人员为超龄且编外的相关事宜；随后赴指挥部结对村茅洋乡徐家岙村帮助解决环村公路建设，在听取村书记汇报后现场踏勘整个环村公路并提出建设意见，要求确保质量的前提下加快工程建设加快政策处理，造福全村百姓。

【新桥和定塘情况调研】 11月27日下午，市高指副指挥余国才等赴新桥、定塘调研房屋拆迁相关事宜。县高指郑韩龙总指挥等陪同调研。

（县高速公路建设指挥部　俞银巧）

交通建设投资

【概况】 2019年，在县委、县政府的正确领导下，在县国资中心、县交通运输局等有关部门及相关镇乡街道的支持下，集团抓住前亚运时代，担负起交通建设主力军使命，按序推进工程建设和项目进度，建设项目共22项，完成总入库投资52708万元，其中重点工程共14项，重点工程实施类5项，重点工程前期类9项，年入库投资40655万元。深化投融资体制改革，全年共融资29.21亿元，宁波交运建设集团公司取得AA债项评级，直接融资发债获得银行间交易商协会审批。探索转型发展新思路，完成8家企业经营权划转交接，加快理顺管理体制，推进集团实体化、市场化运作。扎实推进“不忘初心，牢记使命”主题教育，打造一支干净干事的交通集团队伍。

【丹大线产业区至大徐段改建工程大磊头山首爆】 1月11日，丹大线产业区至大徐段改建工程大磊头山迎来首次爆破。丹大线产业区至大徐段改建工程原采用机械开挖方式，但受大磊头山山体地质影响，石方出料少，路基填方及挖方进度缓慢，且山体距离村庄较近，附近村民对机械作业持续噪音影响反映较为强烈。集团及大徐镇领导对此问题高度重视，经过现场踏勘后，由大徐镇政府牵头召开人大代表说事会议，就山体开挖改用爆破方式及后续影响进行讨论并达成一致意见，全体村民签字通过。县、镇两级人大代表、大徐镇政府、公安、交警、环保、安监、交通集团、施工方、村委会等相关部门代表参加会议。大磊头山的首爆不仅解决长久以来工程进度缓慢、噪音引发民怨等问题，也为近距离山体爆破提供一个案例，证明在特殊情况下对近300米房屋范围内实施爆破方案的可行性。

【甬台温高速复线配套工程通过验收】 1月14日，集团组织开展甬台温高速复线配套工程交工验收会议，县交通运输局、新桥镇政府、县交警大队、县高速公路指挥部、县交通质监站、县公路段等13个有关单位和专家应邀参加。会议一致认定甬台温高速复线配套工程具备验收条件，可交工。1月16日，该工程与甬台温高速复线三门湾大桥及接线工程同步开放通行。

【鹤浦门扇后至蟹厂公路工程全线通车】 鹤浦门扇后至蟹厂公路工程于1月30日通过竣工验收，2月1日全线通车。该工程于2017年4月开工，总投资7450万元，起点位于鹤浦镇浦港东路K16+500处，向南延伸穿过高斗山山体，终点接现状石三线（蟹厂桥头交叉口），路线全长1.872千米，路基宽度12米，全线设桥梁4座、圆管涵9道、盖板涵2道，按二级公路标准设计，双向两车道，设计时速达60千米/小时。该公路的通车缩短汽渡码头至鹤浦南部、高塘的绕行距离，不仅有利于缓解镇区内交通压力，完善区域路网结构，也促进城镇开发，加快实现环石浦港开发建设。

【浙江海洋运动中心配套道路一期工程开工建设】 3月1日，浙江海洋运动中心配套道路一期工程正式开工建设。项目由松兰山度假区道路（西入口至白沙湾）改造提升工程（核心区道路）、宁波松兰山亚帆东路改建工程、松兰山度假区道路（西入口至白沙湾）改造提升工程（亚帆南路）三条路组成，起于松兰山景区北侧爵溪收费站，终于松兰山隧道连接线，全程12.825千米，建安造价17131万元，建设工期25个月。该项目建设既是2022年亚运会赛事举办的现实之需，成为面向国际展示象山风范、象山精神的平台之一，也将带动松兰山景区开发建设，助力其创建国家级旅游度假区和国家AAAAA级旅游景区。

【副县长钮晶莹调研亚帆中心项目】 3月20日，副县长钮晶莹一行赴亚帆中心项目部调研，听取施工进展及存在问题情况汇报，肯定现阶段取得的成绩，并就如何研究解决所涉问题提出建设性意见。钮晶莹指出该项目是个综合性建设项目，涉及区块规划调整、土地征用、海域使用权审批、交通设施组织、市政设施配套、政策性支持等多个方面，极具复杂性，要求指挥部与项目部鼎力合作，在项目推进过程中凝心聚力、真抓实干、主动对接，确保亚帆中心项目建设如期建成。要坚持速度服从质量，要绷紧质量、安全这两根弦，牢固确立没有安全就没有速度、质量的理念，把安全放在突出位置，把责任落到实处。相关单位要协调商量，遇到阻碍，先汇报再沟通，确保做到无障碍施工，使象山通过举办亚运赛事，提升城市建设、城市经济发展水平，扩大县的知名度、美誉度。

【沿海南线与新桥连接线交叉口渠化施工】 3月下旬，集团结合道路情况及行车安全问题，对沿海南线与新桥连接线交叉口进行应急渠化作业，改造现状老路行车道和硬路肩。该次渠化按照一级公路标准，针对路基路面、交通标志、标线、护栏等交通安全设施进行设计，完善路口照明工程，提高通行能力，对促进石浦中心城镇、宁波象保合作区、宁波影视文化产业区的交通运输安全有着十分重要的作用。

【集团竞得滨海大道以南、巨鹰路以西地块一、二使用权】 5月7日，集团分别以39986万元和49968万元竞得滨海大道以南、巨鹰路以西地块一（面积52155平方米）和滨海大道以南、巨鹰路以西地块二（面积64228平方米）两块土地。

【象山中城捷运智能交通有限公司注册成立】 6月8日，集团与中城捷运城市交通有限公司共同组建的象山中城捷运智能交通有限公司注册成立，注册资本为人民币伍仟万元，双方股权比例为县交通集团30%，中城捷运70%，存续期限20年。公司经营范围主要为中小运量城市捷运、旅游观光，智慧交通的投资、建设、运营管理，新能源电动专用车的技术开发、技术服务、技术咨询、技术转让；环卫产品的开发、生产、销售和租赁等。该公司的成立有利于推进县智能交通示范项建设，解决主副城间及旅游客运交通需求，完善县公共交通体系，提升整体公共交通服务水平，加快推动县交通基础设施智能化、网络化、数字化、生态化发展。

【亚帆配套道路工程1标段安全设施协调会召开】 6月27日，集团主持召开亚帆配套道路工程1标段安全设施协调会。该项目施工环境复杂、道路断面狭窄、地下管线较多，存在工期紧、难度大、多家单位交错施工等困难，县交警大队、县路政大队等相关部门通过现场实地踏勘，对关键路口及重要路段逐一制定方案，统一所有杆件颜色，优化急弯、连续急弯、诱导标志设置，明确停止线与斑马线的距离，与交警大队信息科对接卡口、固定视频监控的位置，对后期一次性通过交安设施验收提供保障。

【中心城区东入口（经济开发区）绿化景观提升工程召开初步设计评审会】 7月3日，集团组织召开中心城区东入口（经济开发区）绿化景观提升工程初步设计评审会，县财政局、县交通运输局、县水利和渔业局、县造价中心、经济开发区管委会、大徐镇政府、县公路管理段、路政大队等有关单位参加会议。专家组原则上同意初步设计方案并提出修改意见，初步设计通过审查。该项目位于大徐镇林善岙村，起于林善岙隧道（大徐端）出口，终点与丹大线及环港公路交叉口相接，全长约800米，绿化面积近5500平方米。有利于完善提升丹城至林善岙公路（大徐端）两侧及中间带景观提升改造绿化水平，改善公路行车环境，美化公路形象，促进公路建设与环境协调发展。

【象山浙石油综合能源销售有限公司注册成立】 7月12日，浙江省石油股份有限公司、浙江浙石油综合能源销售有限公司与县交通集团共同出资设立的象山浙石油综合能源销售有限公司完成登记注册，注册资本为人民币贰仟万元，三方股权比例为宁波交运建设集团有限公司49%，浙江浙石油综合能源销售有限公司48%，浙江省石油股份有限公司3%，存续期限三十年。公司经营范围主要为柴油、燃料油的零售；城镇燃气经营，汽车充电服务；油气电氢综合供能服务站、撬装式油气站和成品油零售网点的开发、建设和管理等。该公司的成立有利于推进可再生能源规模化开发,提升传统一次能源利用效率,为推动县能源消费、供给、体制改革,建立多元供应体系,打通能源发展快车道。

【沿海南线海宁路至白云路段拓宽工程召开施工图评审会】 7月19日,沿海南线海宁路至白云路段拓宽工程召开施工图评审会,县交通运输局、交通集团、水务集团、造价中心、交警大队等有关单位参加会议。各部门负责人听取设计单位工作汇报,针对总体设计及平纵面线性、路基路面、桥涵、防护及排水、工程地质、工程预算等多方面开展讨论研究,并提出诸多意见建议。该项目起于海宁路交叉口,由东往西沿老路以整体式路基拓宽,路线全长3.141千米,设计速度60千米/小时。建成后将优化区域路网结构,提升区域公路通行能力,促进项目沿线土地开发及区域经济的发展,助力县打造高品质旅游示范公路。

【宁波交运建设集团有限公司中标公路养护政府购买服务业务】 7月22日,宁波交运建设集团有限公司以27453万元中标价中标象山县公路日常养护采购政府购买服务业务。该项目具体内容为农村公路日常养护、环港公路养护、快速通道养护、公路绿化养护、隧道电费和电气维护、公路大中修工程等。

【沿海南线海宁路至白云路段拓宽改建工程施工图批复完成】 8月7日,沿海南线海宁路至白云路段拓宽改建工程施工图批复完成。该项目位于沿海南线石浦镇海宁路至白云路段,起点位于海宁路交叉口,路线由东往西沿老路以整体式路基拓宽,全长3.141千米,双向六车道,设计速度60千米/小时。项目建设不仅能缓解区域交通压力,提高道路通行能力,改善交通出行条件,加强石浦高速的对接,完善县公路路网结构,对拓宽城市发展空间,促进石浦城镇化进程,推动沿线经济社会发展具有重要的作用。

【象山现代物流园区二期施工招标完成】 9月19日,象山现代物流园区公共服务中心(二期)工程完成施工招标。该项目位于现代物流园区九顷片区西侧,环城西路与汇源路西南角,总用地面积为7.836万平方米,总建筑面积为7404.43平方米,包括车辆检测区、危货停车场(空车)两部分。该工程的建设有利于现代物流园区利用独特的区位优势,与周边制造业深度融合,优化浙江沿海产业带区域运输组织,打造成为服务象山,辐射宁波、舟山、台州、温州等浙江沿海地区乃至长三角、海西地区的宁波南部现代物流枢纽。

【县长黄焕利调研集团工作】 9月27日,县长黄焕利率相关部门负责人赴集团调研,副县长周坚栋陪同调研。座谈会上,集团汇报工作情况及今后工作思路,与会相关部门就加快推进投融资体制改革、全面提高市场化运营能力等方面进行对接,明确下步工作的重点和方向。黄焕利要求集团聚焦投融资体制改革和市场化转型,破解融资结构不合理、资金项目对接不精准、主体运营能力不强等突出问题,加快资产资源盘活,提高企业资信等级,增强企业融资能力;要求强化项目谋划包装,抓住乡村振兴、海洋经济、科技创新、特色小镇等上级重大部署;要求精准对接投融资市场,形成投资主体多元化、资金来源多渠道、融资方式多样化的格局,科学制定中长期融资计划;要求增强主体运营能力,建立健全人才引育、绩效导向、财务监督、风险管控等管理机制,探索实行降本增效奖励办法,引进和培养一批懂融资、会管理、善运营的人才队伍。

【县交通集团联合县交通运输局赴东屿岛考察】 10月27日,集团董事长、总经理谢东升和县交通运输局局长林曙光带队赴东屿岛实地考察。东屿岛是县东北部近海的一个无人岛屿,属涂茨镇钱仓村管辖,总面积为1.15平方千米。集团拟收购东屿岛作为县航运物流中转站,全面布局物流交通网络。航运物流中转站的建设不但能为集团增添优质资产,开拓新的发展方向,也将形成物流资源辐射,带动县及周边地区物流交通行业的发展,促进地区经济和社会事业发展。

【象山现代物流园区二期监理招标完成】 10月8日,象山现代物流园区公共服务中心(二期)工程监理招标完成,项目正式进入开工建设阶段。该工程的建设将汇集优质物流资源,使园内物流企业拥有更多竞争优势,提升整个物流市场的运作实力,配置社会的物流资源,推动物流行业的发展。

【石浦客运中心工程获初步设计批复】 10月15日,石浦客运中心工程获县发改局批复。工程北至沿海南线,南至凤栖路,西临河道,东至栖霞路,以规划龙潭路分为东西两个地块,总用地面积75430.7平方米,总建筑面积45083.23平方米。客运站参照二级站标准建设,主要建设内容包括客运中心站房8693.77平方米、服务大楼15161.98平方米、配套房431.61平方米、修车库745.86平方米、4栋变电所、5栋门卫站、2栋调度室、站前广场、停车场、架空连廊。及区内道路、给排水、供地、通信、照明、综合管线、绿化、智能化等配套附属设施。该工程是县南部区域最重要的综合客运枢纽。作为扭转象山在长三角地区交通区位劣势的重大项目,其建设不仅有利于石浦区域客运格局的形成、区域旅游的发展,也对提升城市功能、改善城市面貌、实现交通一体化具有重要意义。

【县三角地至高泥公路提升改造工程完成交工验收】 10月24日,集团组织召开三角地至高泥公路提升改造工程交工验收会议,设计、监理、审计、施工各参建单位相关人员参加会议,县交通运输局、质监站、交警大队、公路段、运管所、路政大队、黄避岙乡政府等有关单位领导出席会议。会议介绍项目交工概况,组织成立路基、路面、内业、公路管理组4个专项检查组。经过实地勘察，结合交工质量评定报告完成交工验收。

【集团对接中债增信公司启动债券发行担保事宜】 发行债券对集团优化负债结构、降低融资成本、拓宽融资渠道具有重要意义。为确保发债业务的推进，11月，宁波交运建设集团有限公司在符合公司风险管理要求的基础上，由中信建投证券牵头，对接中债信用增进投资股份有限公司为交运公司发行中期票据和定向债务融资工具提供第三方担保。中债信用增进投资股份有限公司是中国债券市场中资金实力最强、信用等级最高的专业债券信用增进机构。该公司为交运公司首次发行债券提供担保可降低该次债券发行成本，提高业务发行率，提升公司知名度。双方拟在控制风险的前提下，实现双方业务合作领域的互利共赢。

【象山浙石油综合能源销售有限公司竞得天安路和九顷两宗土地】 11月19日，象山浙石油综合能源销售有限公司分别以12260万元和5245万元竞得天安路站和九顷站两宗土地。土地由县资规局公开拍卖出让，面积分别为3300平方米和9673平方米，起始拍卖价分别为3960万元和3045万元。综合供能服务站是实施舟山自贸区国家战略的重要组成部分，是2019年省政府十方面民生实事任务，是提升县域能源保障水平的重要举措。天安路站和九顷站两个综合供能站的建成将成为集团新的利润增长点，为集团提供较为丰富的现金流，促使集团由无经营性项目向经营性项目转变，实现项目建设资金的总体平衡，也将有利于构建象山综合能源系统，促进全县能源产业的结构调整。

【中心城区东入口(经济开发区)绿化景观提升项目完成初步设计批复】 11月26日，中心城区东入口(经济开发区)绿化景观提升项目完成初步设计批复。该工程南起林善岙隧道，北至丹大线交叉口，全长约800米，改造总面积53280平方米，绿化改造44831平方米。项目的完成将美化公路形象，改善公路行车环境，提升城市品位，促进公路建设与环境协调发展，发挥环港公路进入丹城门户的迎宾作用。

【石浦客运中心工程PPP社会资本采购完成】 12月9日，石浦客运中心工程PPP社会资本采购在县公共资源交易中心完成。该项目位于西霞路与凤栖路交叉口西北侧，总建筑面积45763.23平方米。PPP模式将极大地缩短前期工作周期，节省政府投资，并在项目初期实现风险分配合理化，减少承建商与投资商风险，降低融资难度，为引入先进技术和管理经验创造有利条件。其建设不仅有利于象山南部中心客运的形成，促进区域旅游发展，还对提升城市功能、改善城市面貌和实现交通一体化具有重要意义。

【沿海南线海宁路至白云路段拓宽改建工程完成村界确认】 12月10日，沿海南线海宁路至白云路段改建拓宽工程完成沿线各村村界盖章确认，土地协议签订、农转用报批、林地报批等后续工作逐步开展。该工程为县重点工程，全长3.14千米，概算总投资2.43亿，建设工期27个月。政策处理涉及石浦镇凤上山村、邬家村、东边村、北山村、中心村、西边村、下塘村、番头岙村、蒋家湾村、横农村等10个村庄，新征用土地51.1亩。因历史遗留问题，当地农民失地保险不能全额参保，政策处理工作难度大、推进慢，村界确认迟迟未能落地。针对上述情况，集团副总经理练煜于11月底组织召开政策处理动员大会，后又经集团项目部和石浦镇政府征迁工作组多次进村入户协调，说明该项目对地区发展的意义，并做好补偿政策的解释宣传工作，村界确认工作最终完成。

【丹大线项目召开村道道口协调会议】 12月11日，丹大线产业区至大徐段改建工程黄盆岙、大磊头村道口协调会议召开。会议由大徐镇政府主持，县交通集团、县交警大队、县路政大队、县道路交通攻坚办、中咨设计、大徐镇大磊头村委、大徐镇黄盆岙村委等参加会议。会议对黄盆岙村委提出的丹大线产业区至大徐段工程黄盆岙村增设红绿灯、大磊头村委提出的丹大线产业区至大徐段工程大磊头接路道口中央隔离带增设开口两项问题进行协调。两村村委指出，一是黄盆岙村接路路口高差大、视线差，存在极大安全隐患，村民强烈要求增设红绿灯；二是大磊头村接路路口处中央隔离带封锁，导致村民通行至公路对面农田需绕道200余米，极大影响村民日常耕作。针对两村村委提出的意见，县交警大队、县路政大队、县道路交通攻坚办等相关专家给出耐心的解释和专业的建议，并经各相关单位协调达成一致意见：一是同意丹大线产业区至大徐段工程黄盆岙村接路道口增设红绿灯配套测速警示标牌。二是因前后村中央隔离带间距实际仅100米，不符合道路安全规范规定最短500米的要求，故不同意丹大线产业区至大徐段工程大磊头接路道口中央隔离带打开道口。

【宁波交运集团竞得6宗海海域使用权】 12月23日，宁波交运建设集团有限公司以16356万元竞得县资规局“象海出97号”等6宗海海域使用权。交运集团创新思路，挖掘海域资源优势，利用海域资源平台提升集团营收，推动集团转型升级。此次竞得海域使用权，将提升海域使用价值，实现海域市场化配置，促进县海洋经济发展。

【宁波影视文化产业区至定塘公路工可报告批复完成】 12月31日，宁波影视文化产业区至定塘公路工程可行性研究报告批复完成。该工程起于象山影视城，终至长街定塘连接线，全长9740米，工程计划总用地320.55亩，为沥青混凝土路面的二级公路，设计速度达60千米/小时。一方面将缓解影视城交通压力，串联“一城一港四地”，完善南部区域交通路网；另一方面则可以加快大塘港沿岸基础设施建设，推动区域经济开发建设，对全县旅游业的发展和旅游品质的提升也有很大的促进作用。

【集团与县交通运输局、县港航管理中心完成8家企业经营权划转交接工作】 为加快理顺管理体制，推进集团实体化、市场化运作，拓展经营业务，提高经营收益，县交通集团围绕子公司经营权与产权合一问题，在县委县政府及县国资管理中心的关心支持下，多次与县交通运输局、港航管理中心、公路段举行联合会议，商定划转工作部署意见，明确子公司固定资产移交、人事调动、党组织和群团关系、工程建设等事宜成建制予以划转；多次赴相关子公司进行专题调研，倾听各方意见建议。至12月底，象山车辆性能检测发展有限公司、象山县公共交通有限公司、象山县城乡公共交通有限公司、象山现代物流园区发展有限公司、象山县环岛公路养护有限公司、象山县路盛公路养护有限公司、象山县港务开发有限公司、象山县汽车轮渡有限公司8家企业经营权完成划转交接。

（县交通集团　谢贤瑜）

港航管理

【水运工程建设服务】 全年水运工程完成投资4.65亿元。石浦港清淤工程、石浦港口外锚地一期工程、石浦港港航巡逻艇码头改造工程（海域部分）完工并通过验收；大中庄通用码头工程完工；鹤浦镇5000吨级散货码头工程对接宁波海事将开工建设；亚帆中心项目完成前期，开工建设；象山县石浦陆岛客运中心工程开工建设；半边山游艇码头工程完成初步设计审批；供销集团1万吨级码头完成施工图批复；协助浙台经贸合作区开展打鼓峙转型升级，协助迭博爽码头和杭钢富春码头开展补办手续，帮助国电象山1#海上风电场进行航路调整等。

【推进民生工程建设】 2019年，完成投资1580万元，完成石鹤汽渡、金高椅汽渡、中坭渡、崇站渡、韭菜湾渡渡埠改造及两艘渡船更新，启动2020年建设项期。中坭渡获评省级“美丽渡口”。

【农渡公交化实现运营】 成立浙江沿海首家农渡公交管理分公司，县内6条农渡线实现“公司化经营、公交化运营”。迅速跟进渡运航线优化、渡船更新、渡运票价核定、新渡工培养聘用等工作，让群众享受到改革红利。加强行业宣传，象山唯一女船长吴爱图获评宁波好人称号。

【开展违法码头整治】 提请县政府召开镇乡街道和有关部门工作推进会，联合7个部门出台《象山县违法建设和违法经营码头专项整治实施方案》，2019年拆除或去功能化16座，纳规或协调整治2座，累计整治违法码头37处（共48处）。

【保持航运业稳定前行】 联合财政发放上年度航运业补助资金135.09万元，起草新一轮优惠扶持政策；用好中小企业担保资金，2019年累计使用3185万元。全年水路货运总运力达158.4万载重吨，105艘；客运船舶11艘，874客位、60车位。完成水路货运量3463.8万吨，水路货物周转量384.1亿吨千米；完成水路客运量140.4万人，水路旅客周转量482万人千米；完成营业收入9亿元、缴纳税收2100万元；净增水路运输规上企业1家，全县已有水路运输规上企业15家。

【狠抓执法安全】 抓好“平安守护”、海上铁拳行动、伏季休渔“一打三整治”、百日大战、客渡运安全隐患大排查等重大专项行动和“防风险、保平安、迎大庆”、开渔节等重大活动安保工作，全年检查港航企业363家次，排查各类隐患1464项，完成整改1462项，安全处罚4起，列入重点跟踪监管名单5家，约谈企业3家。开展扫黑除恶专项斗争和涉港领域反走私工作。继续投入60万元在全县非法码头、宕口安装监控，接入港航监控指挥中心管控，提升技防水平。

【严把船舶检验关】 依托宁波象山船检联合工作室开展建造检验6艘，营运检验118艘（其中赴外地港口开展送检服务23艘次，46人次）。开展三个专项船舶整治，完成3000总吨以下中小型船舶整治66艘，完成2001—2005年建造船舶专项整治11艘、2019国内船舶救生设备专项检查客船12艘。参见宁波市交通运输系统2019年船舶检验技能竞赛，获得团体第一名，个人第一名和个人第二名。

（县港航管理中心　范驾曼）

海　事

【概况】 2019年，辖区货物吞吐量1257万吨，旅客运输27.5万人次。国内船舶进出港报告2.3万艘次，国际航行船舶进出口查验89艘次，港口建设费征收380万元。巡航547艘次，巡查1360次，累计出动执法人员4900人次。检查各类船舶3152艘次，安检347艘次。行政处罚立案741起，执行罚款346万元，分别同比增长26%、15%。辖区共发生水上交通事故11起，同比下降21%，其中一般等级及以上事故5起，死亡（失踪）12人，同比下降7%，沉船7艘，同比上涨16.7%，直接经济损失1780万元，水上安全形势严峻；全年执行搜救抢险任务48次，救助213人。

【消违治本两块牌子创建】 辖区客渡运监管水平显著提升。圆满实现辖区客运航线、客渡运船舶国有化、集约化经营，安全管理水平明显提升。推动农村渡运“公交化”运行，彻底改变散而小的“以渡养渡”旧有经营模式，群众水上出行获得感、幸福感显著增强。推进客运公司实施安全管理体系，组织辖区客运公司赴舟山交流学习，象山汽车轮渡公司等3家公司取得临时DOC证书，公司安全管理水平得到提高。推行客渡运“斑马线”，新增铜钿礁海上斑马线，打造安全客运绿色通道，保障群众安全出行。组织开展客船应急救助、应急消防演习，推动客船安装喷淋系统，提高应急处置水平。强化客船日常监管，实施旅游旺季石浦—渔山航线客船跟船蹲点检查,开展春节、“十一”前客船专项检查和客运公司走访,落实上级“双随机”检查缺陷整改。探索建立长效监管机制,围绕船舶检验、管理体系、日常监管探索提高客船管理水平。游钓船非法营运隐患基本消除。先后推动县政府印发《象山县玻璃钢快艇专项整治工作实施方案》《象山县人民政府办公室关于深化象山县玻璃钢快艇(游钓船)专项整治工作的通知》,开展游钓船专项整治,推进建立监管长效机制。整治期间,排查、登记游钓船156艘,对登记船舶实施“一船一照一档”对账销号。实施游钓船常态化管控,开展联合执法行动,持续跟踪游钓船动态,累计管控游钓船12艘次,查处违章3艘次。层层落实责任,实施追责、问题倒查,推动游钓船管理工作纳入地方各单位年度考核。砂石宕口整治取得阶段性成果。全面梳理辖区非法砂石码头(宕口)、装卸点,3月起全面叫停非法砂口码头船舶装卸行为。开展全覆盖、错时检查、多部门联合执法,保持砂石码头监管高压态势,先后于3月和11月开展非工作时间昼夜蹲点专项检查,遏制砂石宕口非法作业行为。将新桥镇崇站黄沙码头、鹤浦镇八排门石场宕口、贤庠镇蒲门砂石码头、涂茨镇大港口码头等四座砂石码头(宕口)上报为省重大安全隐患挂牌督办项目。联合县六部门印发非法码头整治方案,同步开展非法码头取缔和纳规工作,推动7座码头开展纳规,一批非法装卸点得以取缔,纳规码头靠泊船舶实施“清单式”管理。商渔防碰撞工作推进。深度参与“宁波沿海商渔安全协作对话平台”建设,协同开展外轮船长与宁波市渔民交叉登轮活动。开展海事“双进”“七进”活动,加强商渔碰撞典型案例宣传教育,宣传水上交通安全知识和水上救助常识,派员赴渔船船员培训学校,常态化开展商渔警示教育。利用微信公众号,发布商渔碰撞典型案例,以案释法阐述事故原因,联合象山县海洋渔业局等部门开展商渔碰撞警示教育活动。开展象山沿海商渔碰撞事故规律性研究,配合上级开展外航路商渔船分道通航作业研究。

【水上安全治理格局逐步建立】 借力融入地方取得实效。促成宁波海事局与象山县委、县政府举行涉海安全发展专题会商,共商象山沿海涉海涉渔安全监管工作,建立协商对话机制。运用平安考核,安全隐患治理挂牌督办机制,推进非法码头、渔船碍航等隐患整治。推动地方政府发文,促进游钓船、砂石宕口整治等监管顽疾取得突破。争取地方支持和投入,实现辖区客运公司和客渡运船舶国有公交化运行。联合港航、渔业等部门建立联合执法机制,定期开展水上联合执法,改善港内通航秩序。联系航标、航保部门,推动搁浅事故多发区域(女英礁)设置两处浮标;现场综合执法机制高效运行。值班室“五中心一窗口”职能发挥,执法信息收集研判、处置流转高效顺畅,现场综合执法动态跟踪掌握及时,实现任务全过程闭环管理。现场综合执法日趋精准高效,电子信息化监管手段作用日趋明显,电子证据运用、非接触式执法逐步开展,全年通过电子巡航发现疑似违章船舶54艘次,立案21起。现场综合执法成效明显,机制运行得到检验,值班室与现场执法单元能实现及时联动,能及时给予现场信息支持,提升执法效能。现场综合执法能力提升,现场人力资源得到充实优化,尝试实施弹性工作制,优化执法力量配置,全年工作日出勤率达63%;现场监管持续保持高压态势。参与海上安全铁拳整治行动,参与象山港水域24小时联合蹲点,严厉打击辖区水域船舶违法行为。加大南韭山、檀头山两处海上拦截线巡航频次和检查力度,拦截查扣非法从事海上运输内河船舶,严厉打击内河船参与海上运输违法行为。全年共查处违章砂石船75艘次,立案182起,拦截内河船12艘次,立案72起,行政强制12次,促成拆解12艘。开展清港行动,联合地方港航、公安等部门持续打击石浦港内长期停航僵尸船。开展达标提升行动,针对小型船舶航路航法、船舶船貌进行专项整治,经过一年的整治,辖区抵港船舶总体船况、安全航行水平有所提升。应急救助体系逐步建立。严格应急待命值班制度,实施应急待命人员驻艇制度,确保响应及时。组织开展搜救和船艇安全技能比武,提升应急处置水平。推动扩大应急救助志愿者队伍建设,梳理掌握辖区应急救助力量部署情况,合理高效调度应急救助力量。宁波南田海事工作船码头工程可行性研究报告获交通运输部批复,南田海事搜救基地建设工作得到推进。

【服务地方经济发展有为】 服务重大水工项目,融入宁波海洋经济示范区主体区建设。开展重大水工项目指导,落实施工现场安全监管,保障亚帆中心、国电象山海上风电、供销冷链物流基地万吨级码头、大中桩通用码头等重点项目有序推进,助力石浦港主航道一期工程通过交工验收。服务保障中石化天翼象山工厂11批次,共计23件石化大件装备出运,融入国家战略,助力“一带一路”建设;服务全域旅游创建,营造良好营商环境。配合游钓船联合管控,参与涉海涉渔“平安守护”专项行动。开展海上主要旅游航线重点时段、重点部位客船检查、巡航值守。指导服务檀头山客运码头办理施工许可证,关注和支持东旦运动海滩项目建设。服务保障4艘新建出口外销船舶在石浦锚地直接完成口岸交接。响应“最多跑一次”改革精神,落实政务网上办理,推出节假日政务受理预约制度;开展船舶防污染检查,参与污染防治攻坚战。加强抵港船舶燃油使用检查,对辖区油污水接收船开展集中安检,全年共开展防污染检查350艘次,船舶燃油质量抽检24艘次。联合地方公安、消防等多家单位在宁波憬谐环保科技有限公司开展消防救生应急演练。在象山海螺水泥厂码头组织开展防污染应急志愿者培训。推动石浦港内危险品码头周边水域整治,清理无序锚泊船,保障危险品船舶进出安全。强化日常辖区水上巡航执法,及时制止石浦港内违规喷砂作业,并跟踪落实督促整改。

【亲清政企关系初步建立】 搭建海事

航运沟通平台，倡导培育亲清文化，通过举办安全文化沙龙、行风政风走访、签订亲清倡议书等多种方式推进建立亲清政企关系，辖区所有航运公司均签订倡议书，“亲不逾矩、清不远疏”新型海事政企关系逐步建立。

表 51　　2019 年象山辖区主要水上交通事故一览表

时间	船舶概况	出事海域	事 故 概 要
1. 6	“捷海 189”轮与“浙象渔 47118”轮碰撞事故	象山石浦港铜瓦门西侧水域（概位 29°13′. 0N/121°57′. 1E）	2019 年 1 月 6 日 21:40 时左右，宁波籍干货船“捷海 189”轮从宁海县岳井洋货运码头装载 900 吨石粉驶往江苏南通途中，与返港的象山籍渔船“浙象渔 47118”轮在宁波象山石浦港铜瓦门西侧水域（概位 29°13′. 0N/121°57′. 1E）发生碰撞，事故造成“捷海 189”轮沉没，船上全部 5 名船员落水，其中 1 人获救、4 人失踪，构成较大等级水上交通事故
2. 23	“东方盛”轮与“浙象渔 46102”轮碰撞事故	象山渔山岛东北约 27 海里水域（概位 29° 04′ . 9N/122° 43′. 3E）	2019 年 2 月 23 日 13:16 时左右，福建省海运集团有限责任公司所有的福州籍散货船“东方盛”轮从河北京唐港装载 66990 吨煤炭驶往广东广州途中，在宁波象山渔山岛东北约 27 海里水域（概位 29°04′. 9N/122°43′. 3E）处与浙江籍居民李海峰个体所有的象山籍渔船“浙象渔 46102”轮发生碰撞，事故造成“浙象渔 46102”轮沉没，全部 7 名船员落水，其中 2 人获救、5 人失踪，构成较大等级水上交通事故
2. 28	“TIANLONG SPIRIT”轮与“EPISKOPI”轮碰撞事故	象山北渔山岛东偏南约 44 海里处（概位 28°46′. 5N/123° 05′. 5E）	2019 年 2 月 28 日 01:27 左右，巴哈马籍油轮“TIANLONG SPIRIT”轮从舟山册子岛装载 69937 吨原油驶往广东水东途中，与从舟山空载驶往新加坡的利比里亚籍油轮“EPISKOPI”轮在宁波象山北渔山岛东偏南约 44 海里处（概位 28°46′. 5N/123°05′. 5E）发生碰撞，事故造成“TIANLONG SPIRIT”轮船体左舷局部凹陷、“EPISKOPI”轮船体右舷局部凹陷，构成一般等级水上交通事故
3. 23	“XIN HAI 6”轮与“浙嵊渔 14268”轮碰撞事故	象山南韭山东偏南约 75 海里水域（概位 29°19′. 1N/123° 37′. 9E）	2019 年 3 月 23 日 23:20 左右，蒙古乌兰巴托籍散货船“XIN HAI 6”轮从俄罗斯 Posyet（扎鲁比诺）港装载 17575 吨煤炭，驶往马来西亚 Kelang（巴生）港航次途中，在象山南韭山东偏南约 75 海里水域（概位 29°19′. 1N/123°37′. 9E），与舟山嵊泗籍渔船“浙嵊渔 14268”轮发生碰撞事故，造成“浙嵊渔 14268”轮左舷船艏凹陷破损。事故等级为小事故
3. 28	“泰龙 198”轮火灾事故	象山南韭山西南约 4. 5 海里水域（概位 29° 22′ . 9N/122° 07′. 3E）	2019 年 3 月 28 日 03:00 左右，广州籍多用途船“泰龙 198”轮从宁波舟山港峙头水域装载约 1500 吨黄沙驶往台州椒江途中，在宁波象山南韭山西南约 4. 5 海里水域（概位 29°22′. 9N/122°07′. 3E）发生火灾事故，造成该轮机舱、驾驶台及生活区过火，无人员伤亡，直接经济损失 86 万，事故等级为小事故
4. 25	“浙乐机 188”轮沉没事故	象山石浦汏网屿灯塔东南约 0. 9 海里下湾门水域（概位 29° 10′ . 8N， 121° 57′. 2E）	2019 年 10 月 22 日 13:00 左右，温州籍干货船“浙乐机 188”轮自舟山峙头水域满载湿砂开航，计划驶往象山石浦，途经象山石浦汏网屿灯塔东南约 0. 9 海里下湾门水域（概位 29°10′. 8N，121°57′. 2E）发生沉没事故，事故无人员伤亡。事故等级为小事故
11. 20	“亚敏 18”轮与“浙象渔 43002”轮碰撞事故	象山檀头山东南面约 14 海里处（概位 29° 03′ . 2N/122° 16′. 9E）	2019 年 11 月 20 日 10:53 左右，芜湖籍散货船“亚敏 18”轮从曹妃甸装载 8480 吨钢材开航，计划驶往福州，在象山檀头山东南面约 14 海里处（概位 29°03′. 2N/122°16′. 9E）与象山籍渔船“浙象渔 43002”轮发生碰撞，事故导致“亚敏 18”轮右舷舷墙凹陷约 5 米，前后立柱开焊约 15 米左右；“浙象渔 43002”轮船船尾分水板变形。两船均无进水，无人员伤亡。事故等级为小事故

续表51

时间	船舶概况	出事海域	事 故 概 要
12.17	"闽海7"轮沉没事故	象山屏风山东北面约1海里水域(概位29°18′.2N,122°01′.5E)	2019年12月17日07:00左右,池州籍干货船"闽海7"轮自舟山东白莲山水域装载约1000吨湿沙开航,计划驶往台州椒江,途经象山屏风山东北面约1海里水域(概位29°18′.2N,122°01′.5E)发生沉没事故,事故无人员伤亡。事故等级为小事故
12.19	"皖中海66"轮与"甬发3"轮碰撞事故	象山南韭山东南面约8海里水域(概位29°20′.7N/122°19′.1E)	2019年12月19日18:36左右,六安籍散货船"皖中海66"轮从福建闽江装载1.2万吨海砂驶往江苏南通海门途中,与宁波籍远洋渔船"甬发3"轮在宁波象山南韭山东南面约8海里水域(概位29°20′.7N/122°19′.1E)发生碰撞,事故造成"皖中海66"轮左舷后货舱部分破损进水,"甬发3"轮船首破损进水,最终导致两船翻扣。事故等级较大等级事故

(象山海事处)

邮 政

【概况】 2019年是新中国成立70周年,是决胜全面建成小康社会第一个百年奋斗目标的关键之年,是邮政企业加快转型升级、推进高质量发展的攻坚之年,象山县邮政分公司学习习近平新时代中国特色社会主义思想和中共十九大及系列全会精神,贯彻落实集团公司、省市分公司决策部署,坚持以"三个视角""三大规律"对标立标达标,实施"党建+三个一把手工程",以普服为"根",客户为"本",找差距、抓落实、补短板、促提升,各项工作取得稳步发展。

【《己亥年》生肖猪票发行】 1月5日,象山县邮政分公司在靖南营业厅举行2019特种邮票首发式。《己亥年》特种邮票以"家"为核心概念,将生肖的形象特点与中国人的家国情怀巧妙结合,赋予生肖形象以"合家欢"的生动设定。《己亥年》邮票一套两枚,邮票第一图名为"肥猪旺福",第二图名为"五福齐聚",是首次在一枚生肖邮票中完整体现"全家福"。象山集邮协会特启用"己亥年"生肖纪念戳一枚,免费供邮迷加盖。

【12个支局所荣获县级公共服务窗口文明单位称号】 1月18日、11月12日,象山县精神文明建设委员会办公室分别公布第一、第二批县级公共服务窗口文明单位名单,象山县邮政分公司爵溪支局、大碶头支局、石浦支局、西周支局、鹤浦支局、岑晁支局、墙头支局、定山支局、东陈支局、靖南邮政所、建设路邮政所、大徐邮政所等12个支局所荣获县级公共服务窗口文明单位称号。

【东陈支局迁址开业】 2月1日,象山县邮政分公司东陈支局由东陈乡沙岗村兴岗东路29号迁至东陈乡沙岗村城南御府兴岗东路182~190号。该支局总面积达440平方米,设置储蓄台席2个,邮政营业台席1个,并配置LED显示屏、液晶电视机及自动存取款机(CRS)2台。

【开发太平洋村级综合事务管理员意外险】 2月28日,象山县邮政分公司经过6个多月的,开发太平洋村级综合事务管理员意外险18单累计41.1万元,村级综合事务管理员团单的开发为团险业务发展奠定基础。

【EMS极速鲜寄递项目助农外销】 5月13—27日,象山县邮政分公司施行EMS极速鲜象山枇杷寄递项目,在鹤浦、新桥、东陈等乡镇枇杷种植基地设立枇杷收寄点5个,共收寄枇杷5991件。10月21日起,象山县邮政分公司施行EMS极速鲜红美人寄递项目,调配人员、车辆、设备到种植基地帮助果农采摘、装箱和搬运。截至12月31日,共揽收"红美人"19735万件。EMS极速鲜寄递项目邮件时限实现全国52个城市次日达。

【实施快递包裹准加盟制】 9月17日,象山县邮政分公司贯彻落实邮政寄递业实行"先行先试"机制创新工作思路,在包裹快递部实施准加盟制,通过明确经营目标和政策,赋予的经营管理权,激发经营端的活力和动力,调动基层经营单位员工加快发展和提升服务及效益的积极性、主动性和创造性,增强发展能力、竞争能力及盈利能力,推动快递包裹业务的发展。

【象山县集邮协会召开第十次会员代表大会】 9月22日,象山县集邮协会第十次会员代表大会在象山县邮政分公司三楼会议室召开。会议选举产生第十届理事会和监事会成员,表决通过九届工作报告、九届经费收支情况、修改的章程,调整列入集邮协会的会费标准。

【全国劳模柳建成荣获"庆祝中华人民共和国成立70周年纪念章"】 9月24日,全国劳模柳建成荣获中共中央、国务院、中央军委颁发的"庆祝中华人民共和国成立70周年纪念章",象山县劳动竞赛委员会、象山县总工会向柳建成无私奉献的劳模精神表示崇高的敬意,并送上节日祝福和慰问。

【宁波邮政惠农服务项目启动】 10月9日,宁波邮政惠农服务项目启动会在象山召开,通过该次惠农启动会,共同搭建起生产者和消费者的桥梁，能更好地提升象山农产品知名度，帮助农民增收致富。市邮管局局长温雪荣、市邮政分公司副总经理耿学坚、邮储银行宁波分行副行长欧黎明等领导出席会议并讲话。会上，象山县农业农村局和邮政分公司、邮储银行三方签署《关于共同促进农民专业合作社质量提升实施方案》的文件。

【绿色邮政建设行动初见成效】 截至12月底，全县24个邮政网点全部推广使用1~6号新标准包装箱（轻装箱）、1~3号免胶带包装箱（易封箱）和45毫米窄胶带，2019年共使用绿色包装箱2000余个，窄胶带5万米。营业网点全部停用四联详情单，一联电子面单使用率达到100%。营业人员采用一字、十字或工字等封装法科学封装邮件，在用新能源车辆16辆，在3个邮政营业网点、揽投部设置包装废弃物回收装置，营造“绿色用邮，人人有为”的良好氛围。

（中国邮政集团公司浙江省象山县分公司　苑东燕）

人力资源管理

就业培训

【概况】 2019年,实施国家就业优先政策,完善就业优先政策落实机制,落实困难企业稳岗返还、企业稳岗返还等政策,鼓励企业不裁员、少裁员,支持企业吸纳就业,实施“乐业象山”行动,为全县企业和劳动者提供精准就业创业服务,就业形势稳定。全年城镇新增就业18330人,城镇失业率1.8%,全年开展各类招聘会62场,援助260名困难人员实现再就业;组织17家知名企业赴江西理工大学、山东泰安职业技术学院等8所高校,以及邀请西安理工大学、佳木斯大学等9所院校和11家县内名企举办开展校企合作,建立大学生实践基地15家,接收就业实践大学生767人。累计引进2100余人(次)渔业用工,累计接收38人(次)延边州建档立卡人员推进重点群体就业创业。2019年发放紧缺工种高技能岗位人才补贴、公益性岗位补贴、失业金、再就业援助补贴、价格临时补贴、创业者社保补贴、创业带动就业、创业场租补贴、创业贷款贴息、高校毕业生就业补贴等各类政策补贴和贷款贴息7043.16万元。

【数据共享,社保、就业登记协同办】 为继续纵深推进“最多跑一次”改革,牢牢按照市局“一网申报、数据共享”方式,2019年1月1日起,象山县正式实施就业登记和社会保险登记业务协同办理。用人单位登录社会保险网上申报系统后,进行社保登记且审核通过后,可立即进行就业登记信息录入(或修改)。今后系统数据将逐步取代纸质的终止或解除劳动关系证明书等材料。在数据共享的潮流下,企业和员工办事将越来越便捷,“数据多跑路,群众少跑腿”也将真正落到实处。

【开展延边建档立卡人员春节慰问活动】 1月16日,象山县延边州建档立卡务工人员春节慰问活动在象山南部新城1号楼举行,象山县人力社保局副局长陈慧香、象山县总工会副主席沈旻盎、龙井市就业局局长廉政彪等出席此次活动。来自延边州龙井市、敦化市的23名建档立卡务工人员分别从各自就业的企业来到南部商务楼参加活动,象山县人力社保局陈慧香副局长对到象山就业的延边建档立卡务工人员送上节日的问候,对他们这段时间在象山的工作和生活表示亲切的关心。象山县总工会则为建档立卡务工人员带来节日礼物和亲切的慰问。

【调研“用工荒”,破解“招工难”】 2月13日,象山县人力社保局局长陈水明、副局长陈慧香等领导干部赴大徐镇调研节后“用工荒”问题。春节前后是象山县外来务工人员回乡的高峰期,部分聘用外来务工人员较多的企业将会面临“用工荒”问题,一定程度上影响企业的正常发展。象山县人力社保局与乡镇人民政府及其辖地内缺工企业对接、深入调研、找准问题、探索方案、拿出措施,竭力为缺工企业觅才纳新,破解企业“招工难”问题。

【组织长期失业人员参加春季招聘会】 为做好就业工作,尽快促进象山县长期失业人员实现再就业,2月16日上午,象山县就业管理服务处组织千余名长期失业人员参加春风行动2019年象山县人力资源交流大会暨高校毕业生就业洽谈会。当天共有280余家企业提供1300多个岗位,现场还设置政策咨询、求职指导等服务,为长期失业人员尽快实现就业提供良好的服务平台和政策支持。

【开展招聘促本地劳动力就业】 2月中下旬,象山县人力社保在西周、石浦、爵溪连续举办三场乡镇招聘会,吸引本地及其他乡镇150家企业进场参会,提供岗位746个,进场人次2396人,共484人初步达成意向。开展“精准服务、三送下乡”活动,将企业招聘岗位信息和惠企惠民政策送到农村,推进公共就业服务向基层延伸。

【入村精准服务,扶持村民创业】 象山县人力社保局于2019年春节后第一个工作周启动“三服务”活动。2月18日,象山县人力社保局副局长陈慧香带领新春“三服务”工作队走进墙头镇,工作队针对方家岙村民宿创业发展的实际需求,象山县人力社保局创业指导中心在提取该村45家民宿和农家乐的基础数据后,因地制宜,量身打造服务方案。结合《关于做好旅游特色民宿就业创业政策落实工作的通知》等相关文件政策开展宣传,详细介绍创业担保贷款、创业者社保补贴、创业场租补贴和创业带动就业等相关政策办理材料及办理流程。随后又以“问诊”的方式对村民的提问进行个案分析,提出有针对性、操作性强的政策辅导,形成“创业政策套餐”诊疗清单。

【开展 2019 年东西部劳务协作转移就业培训】 3 月 11 日为打赢脱贫攻坚战，促进农村劳动力、特别是农村建档立卡贫困人员和农民工就业创业，象山人力社保局联合龙井市就业局举办以“培训引领致富路　技能助圆小康梦”为主题的东西部劳务协作转移就业技能培训班，此次培训以“春风行动”为契机，在龙井市人力社保局举办，共吸引 116 名贫困人口参加。培训特邀请专家到现场深入浅出地为大家讲解新型农业机械的使用和维修知识、农民工返乡创业相关案例和经验，通过专家的详细讲解和师生之间的热烈互动，让学员了解农机专业知识，激起创业热情，提升贫困人员的就业创业能力。

【调研渔业用工中介规范化管理情况】为贯彻落实《中共象山县委办公室关于开展“千名干部访渔（农）家、一线蹲点三服务”活动的实施方案》文件精神和涉海涉渔领域“平安守护”专项行动要求，加强对全县渔业用工中介的管理，规范渔业用工行为，3 月 11 日下午，象山县人力社保局局长陈水明带领象山县就管处、象山县劳动保障监察大队的相关负责同志赴石浦镇调研渔业用工中介规范化管理情况。先后走访东门渔村、东丰村、海洋联合执法大队、宁波市渔业互保协会象山办事处等地，现场听取船老大、海洋联合执法大队相关同志对于规范渔业用工中介服务和保障涉渔涉海领域平安方面的意见建议。针对象山县渔业用工中介粗放式管理的现状，象山县人力社保局下一步将采取的措施确保渔业用工中介合理合法合规的运营。

【召开渔业用工中介培训会】 4 月 8 日，象山县人力社保局在人力社保石浦分中心召开渔业用工中介培训会，全县 11 家渔业用工中介负责人参加。象山县人力社保局相关工作人员在会上向渔业用工中介负责人宣讲《职业中介机构十项严禁行为》《职业中介机构服务规范》和相关政策法规，对渔业用工中介的经营进行规范的引导。培训会上，象山县人力社保局还向所有用工中介提供《职业中介机构十项严禁行为》《职业中介机构服务规范》上墙板，以及“无证船员不得上船工作　无证船东不得招用船员”的特别提醒牌。下一步，象山县人力社保局将正式出台《象山县渔业船员职业中介机构管理办法》，规范渔业船舶船员的职业用工介绍行为，并对渔业中介开展定期不定期的检查，对存在的问题采取“零容忍”态度，实现渔业用工市场健康有序发展。

【启动困难企业稳岗返还】 为发挥失业保险稳定就业作用，减轻企业负担，激发企业活力，市人力社保局、市经信局、市财政局、市商务局、市税务局近日联合印发《关于落实失业保险援企稳岗政策有关事项的通知》。象山县参保企业于 4 月 22 日开启网上申报确认。

【赴劳务大县开展渔业劳务对接工作】为做好象山县渔业人力资源需求服务工作，拓宽劳务渠道，搭建用工平台，解决渔业用工需求问题，为“平安守护”助力，象山县人力社保局局长陈水明一行 4 人，于 4 月 18—20 日先后赴安徽省舒城县和庐江县等在象渔业用工的劳务大县开展劳务工作对接。此行是实地了解渔业用工重点劳务输出地的情况，巩固、新建渔业劳务输出基地。对接活动期间，象山县人力社保局与安徽省舒城县人力社保局、庐江县人力社保局分别开展劳务对接洽谈会，分别交流当地劳动力资源和象山地理、经济、风土人情及渔业用工情况，双方签署人力资源合作协议，并就落实好合作协议、建立就业工作站、扩大和稳定劳务输转规模、共同维护务工人员合法权益等方面达成一系列共识。下一步，象山县人力社保局将继续加强与两地的对接联系，深入开展渔业用工宣传，拓展劳务合作渠道和方式，精准输送更多优秀劳动力资源，缓解渔业用工难问题。

【举行“庆五一、迎伏休”大型招聘会暨渔工渔嫂就业洽谈会】 4 月 28 日，象山县“庆五一、迎伏休”大型招聘会暨渔工渔嫂就业洽谈会在石浦海峡广场圆满结束。该次招聘会共有 81 家企业参会，提供 300 余个岗位，需求人数 1200 人，进场 700 余人次，达成初步就业意向 320 人，包括渔工 117 人，渔嫂 31 人。其中宁波顺盛渔业科技有限公司现场达成意向有 96 人，浙江阿拉的海文化旅游股份有限公司 45 人。浙江阿拉的海文化旅游股份有限公司是一家主题海洋乐园，夏季游客高峰期对职工需求量较大，此次招聘会该企业需求量达到 100 人，针对象山县休渔期间，渔业用工闲置的情况，为渔工渔嫂搭建就业平台，推进“渔企”用工互补。

【举行第十一届残疾人就业洽谈会】在第 29 个“全国助残日”来临之际，由象山县人力资源和社会保障局、象山县残疾人联合会、象山县民政局联合举办的“励志青春．乐业象山”大型综合招聘会暨第十一届残疾人就业洽谈会于 5 月 17 日在象山县人力资源市场举办。涉及机械、电子、针织、零售等各行业，共提供 200 余个岗位，包括普工、保洁、装配等适合残疾人的岗位，也有销售、仓管、工程师等综合性岗位，在为残疾人提供合适的就业机会的，也促进各类失业、待业人员就业。来自全县 18 个镇乡（街道）100 余名具有就业能力和就业愿望的残疾朋友，在各乡镇、村居残协专职人员的带领和帮助下参加就业洽谈会，寻求适合自己的岗位。经过双方选择，有近百名包括残疾人在内的求职者和用工企业达成就业意向。

【举办象山高教园区校园招聘会】 5 月 24 日，由象山县人力社保局和象山县教育局联合举办的象山高教园区校园招聘会在高教园区体艺馆如期举行。该次招聘会有县内外包括阿拉的海、盛和灯饰等 75 家企业参会，主要涉及机械模具、酒店餐饮和建筑等行业，提供就业岗位 500 余个，需求人数近 1500 个。参加活动的学校有象山县职业高级中学和象山县技工学校，进场应聘的学生超过 1000 人，现场共有 380 名学生达成初步就业意向，收到的招聘效果。此次职业教育校企合作活动是就业部门和教育主管部门有机结合的活动，双方各尽其职，实现学校、企业、学生三方共赢的目标，为校企合作的开展奠定良好基础。

【举办象山县"百校万名"大学生就业实践第四期政校企合作洽谈会】 5月31日，象山县人力社保局携手西安理工大学、佳木斯大学等9所院校在象山松兰山举办象山县"百校万名"大学生就业实践第四期政校企合作洽谈会，象山县人力社保局局长陈水明出席该次活动。实地考察宁波日星铸业有限公司、宁波锦浪新能源科技股份有限公司等县域内知名企业，了解象山企业生产经营和公司文化等相关情况。随后与县内运生工贸、合力模具等11家企业代表进行政校企合作洽谈。

【发布全省第一个渔业用工招聘公益广告】 为助力象山县涉海涉渔领域"平安守护"专项行动，缓解县内渔业用工从业人员的短缺问题，吸引各地劳动者来象从事渔业用工工作，6月10日，象山县人力社保局向全社会推出《闯大海捕大鱼赚大钱，就来浙江象山》招聘公益广告，这是全省第一个渔业用工招聘公益广告。象山县人力社保局通过实地走访渔业用工群体、咨询专业广告人士，创作独具吸引力的渔业用工招聘公益广告，在向湖南、安徽、河南等在象渔业用工重点劳务地区试点推送的基础上，计划根据实际效果加强宣传力度，向更大区域乃至全国推送，争取吸引更多务工人员到象山从事渔业用工工作。自广告投放以来，共接到来自全国各地的咨询电话34个，效果显著。

【"乐业象山"2019年夏季人力资源交流大会暨高校毕业生供需洽谈会在县体育馆举行】 7月13日，"乐业象山"2019年夏季人力资源交流大会暨高校毕业生供需洽谈会在县体育馆举行。大会组织260余家县内外企业入场"招贤纳士"，提供就业岗位1300余个，需求人数5000余人。

此次大会按机械（模具）制造、新能源、针织纺织服装、酒店餐饮等八个行业分类，招聘对象主要为企业经营管理人才、专业技术人才、技能型人才等，进场参会求职人员1800余人，现场达成初步意向860人，其中高校毕业生280余人。该次大会还通过敦化市、龙井市就业招聘网络实时共享岗位信息，促进象山县对口帮扶地区扶贫劳务输出对接工作的开展。开展"百校万名"大学生就业实践第四期政校企合作洽谈会，为西安理工大学、佳木斯大学等9所院校和县内名企搭建沟通桥梁。与60余所院校建立校企合作关系，累计引进4300余名大学生到象山就业创业或实习见习，为企业人才招聘创造良好环境。

【象山·龙井东西部劳务协作技能培训班开班】 8月21—23日，由象山县和龙井市人社局联合举办的东西部劳务协作养老护理、畜牧业养殖技能培训班在龙井市人社局开班。此次培训共分为3个班级，分别在龙井市人社局、龙井市开山屯镇、智新镇三地开展培训，为期3天，共培训146人。根据脱贫攻坚东西部协作工作要求，结合龙井市市场需求和产业结构特点，特邀请象山县卫生进修学校励赛赛老师赴龙井市授课，主要讲解老年人安全保护、饮食、排泄等生活照料的工作理论和操作方法；畜牧业养殖培训邀请延边大学的孙福亮博士结合龙井当地牛、羊养殖现状在开山屯镇开展牛羊养殖重要疫病防控技术培训。此次培训着眼于精准扶贫，对解决龙井市贫困人口就业及创业、全方位培训养老护理和畜牧业养殖技能、创造就业机会等具有意义。

【象山·龙井东西部劳务协作致富带头人培训开班】 9月17日，象山·龙井东西部劳务协作致富带头人培训开班。龙井市创业担保贷款中心主任金香花和延边古德电子商务有限公司总经理、高级电子商务师、吉林省商务厅特聘讲师卢思澍两位老师给来自全市贫困村的58位致富带头人集中授课。培训内容围绕着全市创业担保贷款政策讲解及农村电商新挑战展开，为大家深入浅出地讲解"农业+互联网"发展趋势，农产品市场营销与品牌打造等内容。这次培训是2019年度象山·龙井东西部劳务协作致富带头人培训班的第一期，通过培训使创业致富带头人开阔视野，提高认识和能力，带动当地贫困人口创业增收，脱贫致富，实现先富带动后富目标。创业致富带头人培训是落实乡村振兴战略，提升巩固脱贫成果，推进产业扶贫，发展扶贫产业，持续带动困难群众增收致富，推进村集体经济发展壮大的现实需求。营造龙井当地贫困村致富带头人创业氛围。确保发挥党员致富带头人作用，帮助和带领群众提升脱贫的志气、信心和本领。

【举办金秋高校毕业生就业服务专场大型招聘会】 9月20日，"金秋送岗、乐业象山"2019年高校毕业生就业服务专场大型招聘会在象山县人力资源市场举行。活动聚焦高校毕业生求职中的所思所忧所盼，健全服务机制，加强资源统筹，突出困难帮扶，综合运用各项政策措施和服务手段，帮助高校毕业生解决就业创业中遇到的实际困难和问题，实现"乐业象山"的目标。提供机械工程师、国际贸易、营销经理、行政管理、财务、培训教师等就业岗位500余个，需求人数达1500余人。为提高该次招聘会成效，象山县人力社保局根据县人才服务中心登记的高校毕业生登记情况，对全县离校未就业高校毕业生开展全面摸排，对全县1000余名高校毕业生逐一电话确认、邀约，并发送此次招聘会通知短信。共吸引约460名求职人员进场参会，现场达成初步意向210人。为推进对口扶贫劳务协作，此次招聘会岗位信息还向延边州敦化、龙井等地区推送，以吸引当地建档立卡贫困人员到象山就业。

【"我选宁波　心象事成"象山县校园招聘走进湖南工学院】 11月15日，象山县11家企业与学院的电气与信息工程学院、材料与化学工程学院、科技产业处等进行洽谈。洽谈会上，象山县人人力社保局、湖南工学院和参会企业三方负责人分别介绍象山的基本情况及产业结构、学院的学生情况及专业设置、企业的基本情况及人才需求等。其中，天安电气等企业与电气与信息工程学院就下一步合作进行深入交谈。象山县人力社保局负责人在机械与工程学院举行宣讲，向参会的近200名学生推介象山，通过分享“三句话”向在座的学子们发出邀请，希望大家能遇见象山、创业象山、扎根象山，与象山这座美丽的滨海城市一同成长。

【开展失业保险政策宣传培训活动】为引导企业关注、参保、享受、主动落实失业保险相关政策，象山县就业管理服务处于12月13日在南部新城商务楼为汽模配协会、人力资源经理协会等百余家企业开展培训，宣讲失业保险“保生活、稳就业”相关政策。针对失业经办部门办理业务过程中存在的问题以及企业关注的稳岗返还政策，象山县就管处工作人员详细讲解职工失业后的各项权益、企业在职工失业后的责任义务、企业稳岗返还的条件以及申报步骤等。失业保险相关政策在企业的落实，是发挥失业保险作用的推动器，保障企业与失业人员的应有权益。

人才开发

【概况】 2019年，围绕经济社会发展大局，紧贴产业发展需求，实行更加、更加开放、更加的人才政策，为全县经济社会发展提供强的人才智力支撑。人才总量同比增长9%，引进博士20人、硕士122人，接收高校毕业生2900多人；培训技能人才11569人，其中高技能人才4860人；17人入选宁波市领军拔尖人才培养工程，其中第一层次4人。评选出象山县首届农业乡土专家10名。按照对口扶贫任务和精准扶贫的要求，做好敦化、龙井人才扶贫，在全县范围内遴选医疗、教育、农业、交通等领域的骨干专业人员支援延边州龙井市和敦化市。实施“我选宁波 心‘象’事成”人才工作品牌，加快集聚高层次人才。用好国家级专家服务基地、浙江理工大学象山针织研究院、机械科学研究总院南方中心等聚才平台作用，柔性引进19名高层次专家，包括上海长征医院院士1名，达成17个合作项目。广泛开展技能人才评比表彰，举办市级大赛2场、县级3场，评选出第二批“半岛工匠”15人、“半岛金匠”1人、“半岛银匠”3人，在全县工业大会上对“半岛金匠”和“半岛银匠”进行表彰。实施“人才绿卡”工作品牌，完善人才服务保障。深入推进人才服务“3H”（住房、家庭、健康）工程，发放大学生购房补贴1000万元，惠及390人，发放人才生活补贴109.4万元，惠及人才364人，欢乐家园人才公共租赁房申请入住49套，宁波启航家园公共租赁房申请3人，新增人才租赁房64套供人才周转。开展“人才服务主题月”活动，集中上门走访服务230家“三型”企业，组织全县130余家规上企业参加“全球引才网络平台”培训。

【2019年“我选宁波 心象事成”专项行动吹响】 1月10日，象山县人力社保局局长陈水明率象山汽模配联盟的3家企业，包括合力模具、立强机械和机械等一行前往宁波技师学院进行考察交流。双方就学生见习实习等事宜进行深入的交流，将在春节后就“新型学徒制”技能人才培养计划进行深入的探讨，深化技师学院与象山县汽模配产业联盟的合作，合理构建技能人才培育平台，加强校企联动，提升学院学生的就业竞争力。此次参访是“我选宁波 心象事成”专项行动的续曲，也是2019年专项行动的序曲。下一步，象山县人力社保局将立足全县经济社会发展的需求，倾力打造“我选宁波 心象事成”人才工作品牌，深化校企合作，根据企业要求，探索实施人才“订单式”培育和“打包就业”新模式，推动形成校企产学研一体融合的人才引育培新格局。

【18家企业参加洽谈会引才】 宁波市第30届高校毕业生供需洽谈会于2月15日在宁波国际会展中心举行，象山县继续吹响引才工作号角，带领宁波合力模具、宁波锦浪新能源、天安电气集团、乐惠国际工程、墨海教育、宇喆电子等18家企业设摊招才。18家企业推出98个岗位，需求人数共338人，涵盖机械、制造、建筑、酒店管理、计算机、工商管理、财务等几十个专业，共吸引400余人前来咨询，初步达成意向60余人。此次毕洽会是2019年象山县首场赴外招聘会，也是“我选宁波 心象事成”专项行动2019年的“热身赛”。

【陈根秋获得“2018年度创业成长之星”称号】 2月初，为期3个月的2018年度宁波市“创业成长之星”评选活动公布结果，由象山县人力社保局选送的宁波维楷化学有限公司总经理陈根秋获得“2018年度创业成长之星”称号，浙江云朵网络科技股份有限公司的陆世栋获得“创业成长之星”提名。

陈根秋，男，1980年9月出生，本科学历，毕业于宁波大学。2015年3月联合创办宁波维楷化学有限公司，现任公司总经理。公司专门从事粉末涂料助剂研发、生产和销售，拥有一个独立的研发团队，专业从事粉末涂料助剂研发。公司非常关注知识产权工作、重视技术创新，近三年累计授权专利6项，其中发明专利1项，实用新型5项；拥有包括丙烯酸消光树脂配方工艺、耙式烘箱干燥技术、闪蒸干燥技术等在内的核心技术多项。拥有的注册商标1件，所有产品均为自主品牌产品。公司成为象山县企业工程技术中心、是象山县“小巨人”科技型企业、国家高新技术企业。

【举行宁波技师学院象山籍大学生进名企活动】 3月11日，“家燕归巢，筑梦象山”宁波技师学院象山籍大学生进名企活动在松兰山海景大酒店举行。象山县人力社保局局长陈水明，宁波技师学院院长李世存院长出席该次活动。该次进名企活动共有60余名宁波技师学院的象山籍大学生走进宁波合力模具科技股份有限公司、宁波日星铸业有限公司等名企，了解各家企业的发展前景、企业文化、人才需求和相应的福利待遇等情况。通过此次活动一方面促进大学生了解家乡，熟悉企业，展示自己，增强家乡的归属感和荣誉感；另一方面帮助大学生们更好地找到自己的职业定位，树立正确的就业观和价值观。为留住本地人才、开展校企对接工作，象山县人力社保局结合往届经验，创新合作模式，专门为宁波技师学院和县汽模配联盟牵线搭桥，促成对口院校与同类型企业的精准对接、专业人才与同专业岗位精准匹配。

【走进江西理工大学招才引才】 3月22日，象山县人力社保局副局长陈慧香一行带领龙元建设、锦浪新能源等象山县8家知名企业赴江西理工大学参加2019届毕业生春季就业洽谈会。此次专场招聘象山县8家企业共提供有针对性的岗位45个，计划招聘人数410人，其中包括工程、机械、计算机等专业，达成初步就业意向173人。

此次走进“江西理工大学”招才引才专项活动是象山县人力社保局深化校企合作，推动精准就业服务的一部分。象山县人力社保局提供的精准招聘服务，搭建用人单位与高校毕业生双向交流的平台，为象山企业引进专业人才拓宽渠道。

【举行宏润建设集团股份有限公司博士后工作站主题报告会】 3月19日，宏润建设集团股份有限公司博士后工作站与中国科学院宁波材料技术与工程研究所举行博士后开题报告会。中交上海港湾工程设计研究院有限公司院长周国然，宏润建设集团副总、总工程师、博士后导师包旭范，中科院宁波材料技术与工程研究所研究员、博士后导师汪爱英等专家，以及市人力社保局专技处副调研员刘红升，象山县人力社保局局长陈水明、副局长章霞丹参加会议。

博士后工作站建站以来首个进站的博士后江晨晖作《海工混凝土表面处理和防护技术》的开题报告。他从选题意义与背景分析、项目内容与方案设计、技术难点与解决方案、进度安排与预期成果等四方面对项目进行阐述。评审专家组对课题的可行性、必要性、创新性等进行论证，并提出一些建设性的意见。经专家综合评估后同意开题。

宏润建设集团股份有限公司为象山县第一家建筑行业企业设站单位。宏润建设集团的建站以及博士后开题，不仅推动企业自身转型升级和创新发展，还对象山县建筑行业起到引领作用，促进建筑行业朝着产、学、研相结合的新路子发展。

【开展人才服务主题月科技下乡】 四月是“人才服务主题月”。为优化县内营商环境，加快推进乡村振兴的步伐，4月19日，象山县人力社保局与象山县人才联合会将县内外十余名教授和专家组成“懂农业，爱农村、爱农民”的农技队和义诊队，分赴泗洲头镇和定塘镇，为农户和村民们送去“三宝”服务。浙江大学畜禽养殖与环境工程研究所所长、教授、硕士生导师陈安国在泗洲头镇政府为50余名养猪专业户带来现代化养殖场的规划与设计及生猪的营养调控；在泗洲头镇大理村，来自浙江海洋大学的80后教授何杰关于梭子蟹、虾及蛏子等水产品的优良养殖模式及常见的病害预防和控制；浙江大学农业与生物技术学院教授李红叶为定塘镇的种植户们介绍象山特产红美人的病害发生与防治，指导种植户怎样进行科学的柑橘管护。

【评选产生第二批半岛工匠】 为弘扬工匠精神，发掘一批长期奋战在生产一线，爱岗敬业、技艺精湛、精益求精、勇于创新、追求卓越的优秀劳动者，发挥“半岛工匠”的示范引领和传帮带作用，团结和带领全县广大职工群众投身“六争攻坚，三年攀高”行动。象山县人力社保局联合县委组织部、县委宣传部、县总工会、县经信局等部门开展第二批“半岛工匠”评选活动。

活动从2019年2月开始，通过单位推荐申报、资格初审和资格审核及网上公众点赞等形式，共确定33名候选对象。后期通过专家组综合评审、向社会公示等环节，评选产生王展龙等15名第二批“半岛工匠”，其中冯礼伟被命名为“半岛金匠”，狄正兴等3名同志被命名为“半岛银匠”。

两年来，象山县通过“半岛工匠”评选活动，产生“半岛金匠”3名、“半岛银匠”8名、“半岛工匠”35名。

【做好专业技术人员继续教育培训工作】 6月以来，象山县人力社保局共开展公需科目培训3期，培训专业技术人员327人。2019年，象山县专业技术人员继续教育公需科目培训教材为《习近平新时代中国特色社会主义思想三十讲》和《信息技术应用新领域》，培训时间为30学时。并邀请象山县委党校校长和象山海洋技术培训学校老师授课。培训地点分布上海、广州、天津、苏州、宁波等多个省市。

【开展《TTT培训师锻造》培训拓展活动】 6月28—29日，由宁波人力资源经理协会象山分会主办、宁波钢杰人力资源开发有限公司承办，为期两天的《TTT培训师锻造》培训拓展活动在鄞州酒埕岩基地举办，象山企业的相关负责人及人力资源经理等30余位HR参加活动。该次课程主要从培训师角色认知、成人学习特点以及课程演绎技巧三个维度作分享。6月29日，举办一场凝聚与分享的团建活动。

【象山县人才联合会燕鸥社走进新农村】 燕鸥社成立于2019年，集聚象山县人才联合会35周岁以下的青年才俊。7月12日，燕鸥社的10余名青年代表赴墩岙、溪里方、方家岙、高泥及旭拱岙等5个典型乡村，实地考察象山县美丽乡村建设工作并学习先进经验，这也是燕鸥社成立后的首次团队活动。该次学习考察活动旨在鼓励燕鸥社的青年才俊深入基层、海岛和乡村，发挥其专业技能和才干，提高课题研究的能力，加强课题研究的实用性，为新农村建设注入新力量，为象山县的振兴发展凝聚新智慧。

【象山县举行“7·15”世界青年技能日主题宣传活动】 7月13日，“7·15”世界青年技能日主题宣传活动在象山县体育馆举行，象山县技工学校展示的3D打印技术引发市民们的兴趣。

7月15日为“世界青年技能日”，旨在强调青年技能在全球发展中的重要性，为当今的青年提供更好的社会经济条件，并作为解决青年就业和创业问题的重要途径。

此次活动邀请象山县技工学校、美容美发等7家单位和组织，安排橡皮章雕刻、模具设计、3D打印、服装制作、茶艺、美容美发、厨艺、西点制作等现场体验互动，向大家展示精益求精的“工匠精神”。制作以“半岛金匠”“半岛银匠”为主要内容的展板，宣传高技能人才业绩，人才奖励政策等，营造人们“尊重劳动、崇尚技能”的良好社会氛围。象山县在技能人才培养中，推出各种优惠政策。通过开展技能培训、技能比赛和经验交流等活动，掀起比技能、比业务、赛贡献的热潮，从而增强青年学生的创新能力、竞争能力和创业能力。该次活动的举办弘扬“劳动光荣、技能宝贵、创造伟大”的时代风尚，让更多的青年切身感受到劳动之美和创造之美，引导他们走向技能成才、技能就业、技能报国之路，以此促进技能人才队伍培养工作的健康发展。

【举办“嘉实多”杯象山县汽车维修工职业技能大赛】 为发挥汽车维修行业在服务民生中的作用，弘扬工匠精神，提升维修从业人员的技能素质。7月26日，象山县人力社保局联合象山县交通运输局、象山县总工会在象山技工学校举办2019年“嘉实多”杯象山县汽车维修工职业技能大赛。大赛分理论和实操2个比赛项目，实操设立汽车发动机拆装与测量、汽车故障诊断与排除。此次大赛参赛的有宁波中德奔宝汽车销售服务有限公司、象山丹峰德通汽车维修服务有限公司、象山奥通汽车有限公司等28个企业代表队，42名选手经过一天激烈角逐，最终象山奥通汽车有限公司参赛选手获个人一等奖和团体一等奖，象山奥通汽车有限公司的胡远波获得“象山县职工技术操作能手”荣誉称号。

该次技能大赛展示象山县汽车维修从业人员的服务技术、服务水准和服务风采。通过竞赛，起到“以练兵学技术、以比赛强素质、以素质促工作”的作用，为更好地服务于社会打下基础。

【象山又一名博士后进站】 浙江钰烯腐蚀控制股份有限公司博士后工作站举行博士后开题报告会，经过开题答辩，来自浙江大学的褚佳博士带着她的课题进站。这也是2019年象山县第二名进站的博士后。宁波市人力保障局专技处处长郭涛出席评审会，截至，全县共建有宏润建设、钰烯腐蚀控制、戴维医疗、合力模具、易锻机械、申菱电梯、日升集团7家博士后科研工作站，先后招收博士后研究人员6名，在站5名。

【实施休闲绿卡制度】 8月15日，象山县委常委、组织部部长范焕平到机械科学研究总院南方中心和浙江理工大学象山针织研究院，为柔性引进的专家、教授送上“休闲绿卡”。

为拓宽高层次及紧缺人才引进的渠道，象山县于2018年出台《象山县柔性引进专家暂行管理办法》。按照“不求所有，但求所用”的总体思路，通过顾问指导、兼职合作、退休返聘、项目合作、对口支援及其他适宜方式，吸引专家为县经济社会发展提供智力支持。对引进专家发放“休闲绿卡”，专家可凭卡免费到松兰山、影视城、渔港古城、半边山等国有景区游览，还可享受一定金额的酒店房费补贴。象山县政府还将根据实际需要，丰富人才关怀内容，拓展“休闲绿卡”的使用功能。柔性引才成为象山县实施人才强县战略，建强国家级专家服务基地的重要途径中之一。机械科学研究总院南方中心和浙江理工大学象山针织研究院都是象山县柔性引才的典型代表。

【戴维博士后工作站正式运作】 10月11日，宁波戴维医疗器械股份有限公司“朱清博士后开题审核会”在宁波半边山工人疗养院颐礼厅举行，标志着公司博士后工作站正式运行。朱清博士就《智能婴儿培养箱水雾控制方法研究项目》进行开题陈述。宁波市市场监督管理局医疗器械监督管理处处长孙漫天，象山县人力资源和社会保障局副局长章霞丹，象山县石浦镇人民政府副镇长叶敏刚等领导也参加该次会议。

【“全球引才网络平台”培训暨人才政策解读会】 10月25日，象山县130余家规上企业的人力资源负责人参加由象山县人力社保局举办的“全球引才网络平台”培训暨人才政策解读会。全球引才网络平台将为项目、人才和企业之间的对接沟通搭建“数据桥梁”，实现投资机构、国内企业、创业园区进入共享全球人才和全球创新创业项目的“大共享”时代。象山县人力社保局现场组建“象山县规上企业人力资源联络群”，微信群将实时为企业做好人才政策的发布与解释、引才平台的操作答疑。此次培训是全县首次规上企业的人才平台及政策培训会，人才工作将围绕着企业引才目标、企业引才需求和企业引才质量而探索创新、寻求突破。

【牵线搭桥引人才】 11月20日，石浦镇联合象山县科技局，组织浙江大学舟山海洋研究中心的博士、高级工程师等一行10余人，分别到兰洋水产、超星海洋生物、飞润公司、远大、裕天等企业与企业负责人和科技负责人进行交流，就水产冷冻保鲜技术、生产设备自动化、生物技术引人、新产品开发等方面进行交流。企业要生存发展，必须加强产品创新，降低成本，提高附加值，提高市场竞争力，否则就会被市场淘汰，而这一切都离不开相应的专业人才。为校企合作搭建平台创造机会，组织企业去高校招聘，也组织相应的院校、研究中心人才到企业交流、技术指导，让更多更优秀的人才发挥才能，促进经济发展。

【召开中职生成长导师聘任活动暨校企人才培养座谈会】 11月28日，象山县劳模工匠走进中职学校，举行中职生成长导师聘任活动暨校企人才培养座谈会。导师聘任仪式上，12位来自县劳模协会的工匠和宁波市人力资源经理协会象山分会的成员接受成长导师聘书，劳模代表、协会代表、职校校长代表及学生代表分别作表态发言，劳模代表陈淑芳等同志还向在座的学生们分享自己的初心故事。这是象山县中职学校聘任的首批校外成长导师,中职学校是培育未来工匠的摇篮,除追求学生们技艺上的精湛,“工匠精神”的培育更应贯穿于职业教育的全过程。12位导师分别是来自全县不同行业的高级工程师和高级技师,有建筑机械、机电、数控、旅游管理、人力资源管理等,他们带着不同的初心故事诠释用心敬业、以技精业、用行守业、以情乐业的“工匠精神”,引导学生们求真学问、学真本领、悟真匠心。

【举办乡村振兴产业发展服务示范基地授牌仪式暨农业专家交流会】 12月4日,由象山县科技人才联合会举办的乡村振兴产业发展服务示范基地授牌仪式暨农业专家交流会,在黄避岙乡高泥村安澜别院举行。县委副书记孙小雄、县委组织部副部长陆新建、县科协主席陈锦华、黄避岙乡党委书记董盛益等领导出席。

会上,县委副书记孙小雄向宁波里海农业发展有限公司、宁波甬红果蔬有限公司、象山文杰白鹅养殖公司、象山稻鱼情生态农业有限公司四家单位颁发“乡村振兴发展服务示范基地”匾牌,四家单位的负责人先后作表态发言。

孙小雄副书记表示象山农业大有希望,乡镇农村农业需要人才,搞任何工作都一样,有人才就有一切,人才就是核心。打造人才平台,营造爱才惜才的氛围,使人才真正能在象山扎根安家,要加强行业间人才的交流,要追求以老带新、新老携手、跨界联合的新模式,聚力汇智,为象山的“乡村振兴”强基蓄势。

【叉车工技能大赛圆满落幕】 12月8日,由象山县人力社保局、象山县总工会联合主办,象山县技工学校承办的叉车工技能大赛比赛圆满落幕。全县各镇乡(街道)16支参赛队的35名叉车从业者参加比赛,比赛由叉车进出库、挂水球等两个技能实操项目组成。经过一天的比拼,根据选手现场操作的应变能力及操作水平,最终宁波飞日水产实业有限公司的沈杨获得叉车工比赛的第一名。一等奖获得者将推荐为“宁波市首席工人”“宁波市技术能手”候选对象,并授予“象山县技术操作能手”称号,列为下届“半岛工匠”候选对象。技能比赛是一次技能的展示,更是提供一个相互交流学习的平台,也为企业培养技能型人才指明具体的培养方向,通过参加技能大赛,加强实用性技能型人才的培养具有重要意义。

【“服装企业人才针织新技术”专项培训开班】 12月11日,由爵溪街道和爵溪成人学校联合举办的“服装企业人才针织新技术”专项培训正式开班。首期邀请到象山针织研究院院长助理祝国成为80余位生产厂长、业务经理以及设计师进行培训。祝国成老师对新型功能性纤维的最新发展情况及其在针织产品中的应用进行详细讲解。该次培训计划授课时间为6个课时。除邀请到象山针织研究院院长助理祝国成,还邀请象山针织研究院院长陈慰来、象山针织研究院副院长赵连英进行授课讲解,课程对针织新纤维、新型纱线和面料创新应用等方面进行全面讲解,旨在帮助针织服装企业技术人员精准把握针织服装前沿技术发展方向,在技术思想、管理理念和经营水平等方面有所提升,从而促进企业投身于技术改造、工艺改革及创新研发。

劳动管理

【概况】 2019年,继续坚持以构建和谐稳定劳动关系为目标,创新协调、调处和执法机制,守住不发生系统性区域性风险的底线。创建“无欠薪”县。创建工作开展以来,县级有关部门和18个镇乡(街道)统筹联动,制定一系列配套制度,建立巩固“象山无欠薪”长效机制。开展农民工工资支付情况、清理整顿人力资源市场秩序等四次专项检查,共检查658家企业,涉及30750人,人均检查82家,受理投诉举报案件226起,涉及农民工人数643人,涉及金额1139.4万元,较2018年同期分别下降31.1%、30.9%和25.4%,维护农民工的合法权益。继续强化仲裁调解为主的工作模式,坚持“一案四调”工作机制,立案受理劳动争议案件554件,涉及劳动者1060人,处理金额1666.92万元。其中10人以上集体劳动争议案件21件(50人以上案件3件),下降32.3%。考核年度内结案551件,结案率95.3%,调解及经过调解使当事人主动撤诉案件447件,调解率81.13%;30人以上重大集体劳动争议案件在法定期限内的结案率100%。

【参加全省防范处置企业拖欠工资工作电视电话会议】 1月4日,浙江省政府召开全省防范处置企业拖欠工资工作电视电话会议,通报2018年全省防范处置企业拖欠工资工作情况,部署2019年春节期间防范处置企业拖欠工资工作。象山县副县长方炜、象山县防欠办等43家成员单位及其他相关单位参加象山分会场会议。按照会议要求全省会议后,宁波市继续召开全市防范处置企业拖欠工资工作电视电话会议,贯彻落实全省会议精神,全面部署“宁波无欠薪”创建行动以及2019年春节期间防范处置企业拖欠工资工作。象山分会场再次就象山县防范处置企业拖欠工资工作作出部署,县防欠办主任、县人力社保局局长陈水明结合象山工作实际,“象山无欠薪”前期创建、年底全县欠薪大排查情况以及县领导欠薪督查工作进行汇报与通知,强调全县各部门要通力合作,齐心协力找隐患、补不足,重点抓好年底春节期间欠薪防范工作,重点关注制造和建筑行业领域,采取措施,以赴做好“象山无欠薪”各项工作,确保农民工按时足额领到工资,确保象山县通过省里对象山县“无欠薪”考核。

【启用“劳动人事仲裁专递”】 4月1日起,象山县人力社保局正式启用“劳动人事仲裁专递”,该举措破解仲裁文书送达难题,提高仲裁文书的法律权威。前期,象山县人力社保局就相关内容、注意事项和资费结算等和邮政速递股份有限公司象山分公司相关人员进行交流，达成合作意向。劳动人事仲裁专递制度的实施，不仅规范法律文书送达程序，做到快捷、准确、防误递、防拒签，更保障仲裁当事人接收文书的权益。

【开展劳动用工专题培训会】 为深入推动“象山无欠薪”创建行动，构建和谐劳动关系，增强企业规范用工意识，减少劳资矛盾，4月24日，象山县劳动保障监察大队到丹东街道为辖区所属500万元产值以上工业企业和进出口交易额500万美金以上进出口企业，开展一场劳动用工法规政策培训。象山县劳动保障监察大队大队长仇翔飞从一线办案人员办案经验出发结合实际案例，围绕“企业在劳动管理中遇到的难点、热点、重点问题”开展专题培训，把枯燥复杂的政策法规化繁为简，并就如何预防、处置劳资纠纷与企业管理人员进行经验分享，使在座的企业人士能够在短时间内对劳动用工相关法规政策有一个规范系统的了解。

【浙江省考核验收组对象山县“象山无欠薪”创建工作进行考核验收】 5月13日，浙江省“无欠薪”考核验收组一行6人对象山县“象山无欠薪”创建工作进行考核验收。该次验收共随机抽取4个在建工程项目。副县长石坚定陪同验收。验收组对照验收标准，通过检查农民工管理台账资料和现场访谈农民工等形式，对在建工地关于劳务工人按月足额领取工资、用工实名制管理、人工费和工程款分账管理等情况进行检查。象山县于2018年年初主动申报创建“无欠薪”县，按照“早发现、早预防、早处置、早解决”的原则，主动作为、科学谋划、严密部署，在组织领导、源头监管、联动处置等方面建立长效机制，构建起制度完备、责任落实、监管的治理格局，“象山无欠薪”品牌创建效果明显。

【象山县首家外商企业试行特殊工时岗位清单式管理】 宁波胜维德赫华翔汽车镜有限公司通过实地核查后，正式成为象山县首家试行特殊工时岗位清单式管理的企业。该企业的高级管理人员、驾驶员等岗位实行不定时工作制；抛光工、打磨工等岗位实行以半年为周期的综合计算工时工作制。特殊工时审批清单式管理是指对申请实行特殊工时工作制度行政许可的用人单位，经批准后，其清单内岗位实行特殊工时工作制度无须再向人力社保部门报批的一项制度。这项制度突破一年一批的限制，对特殊工时制度审批实现“最多跑一次”到“再也不用跑”的改革，方便企业的用工管理。对该次审批试行特殊工时岗位清单式管理的企业和岗位通过县人社局网站向社会公布，要求企业将决定书在内部向职工进行公示，接受职工和社会的监督。

【象山县人力社保局构建“贸易战”中的和谐劳动关系】 为了解和消除中美贸易摩擦给象山县部分企业生产经营和劳动用工带来的不利影响，依法维护企业和劳动者合法权益，支持引导企业与劳动者共克时艰，象山县人力社保局主动发挥职能优势，利用“三服务”契机，深入企业走访调研，构建“贸易战”中的和谐劳动关系。6月，象山县人力社保局相关副局长带领象山县就管处、象山县劳动监察大队、象山县劳动仲裁院等相关科室负责人实地走访象山县宁波威霖住宅设施有限公司、宁波华翔特雷姆汽车饰件有限公司等企业，详细了解主要出口企业生产经营、融资需求、技术、出口、市场等情况，以及对政府相关工作的意见建议，在对企业进行用工规范指导的询问了解“贸易战”对县内具体行业、具体企业的影响，开展汇总统计并进行调研分析，研判“贸易战”中象山县进出口贸易企业劳动关系形势，加强对涉美外贸企业经营状况及隐患排查工作，做好预案，防止因劳资矛盾计划导致群体性欠薪事件的发生。

【参加宁波市劳动保障监察初任监察员任职资格培训】 为提升新入职劳动保障监察员行政执法能力和执法水平，6月18日，象山县人力社保局安排8名中队监察员参加全市劳动保障监察初任监察员任职资格培训。此次培训重点围绕劳动保障监察基本知识、监察执法程序和实务、群体性事件处置、劳动保障监察信息系统和预警指挥系统操作等执法知识和技能展开。通过培训，提高象山县基层中队监察员的劳动监察执法能力和执法技巧，促进劳动保障监察工作向基层延伸，为构建和谐劳动关系奠定坚实的基础。

【开展根治欠薪专项行动】 为深入推进“象山无欠薪”创建行动，维护劳动者合法权益，8月1日起，象山县劳动保障监察大队开展辖区根治欠薪夏季专项行动。该项行动贯穿8月整个月，以“双随机一公开”抽查为主要形式，结合重点欠薪隐患项目和企业，对象山县在建工程项目六项制度落实情况和企业夏季用工规范进行专项检查，以维护保障劳动者按月足额获得劳动报酬和夏季高温作业相关权益。通过此次专项检查，大队对辖区六项制度不规范在建工程项目进行通报并由行业部门作出行政处罚，将加大劳动保障违法行为社会公布和失信惩戒力度，紧密结合“不忘初心、牢记使命”主题教育活动，做好工资支付法律法规普及宣传教育工作，在专项行动中宣传劳动保障法律法规，征求收集基层、企业和劳动者的意见建议，注重解决县企业当前实际困难和问题。

【象山县劳动监察大队深入建筑工地回头看】 8月14日，象山县劳动保障监察大队联合象山县住建局深入荣安巨鹰路西侧、象山河路两侧地块住宅项目、南方新都等项目工地进行六项制度落实情况复查和劳动保障法律法规宣传。检查人员对在建项目近三个月的六项制度台账资料进行查看，对比之前的不足之处进行比对检查，对现场农民询问工资标准、支付形式、支付时间、劳动合同是否签订、工资表是否签字、劳动维权途径是否知晓等。告知农民工与项目相关负责人员。也向施工单位和建设单位发放劳动保障法规资料和“象山无欠薪”宣传手册，提醒用人单位严格遵守劳动保障法律法规，确保按月足额支付工资。

【开展渔业用工市场专项执法检查】 9月11日，象山县人力社保局联合象山县公安局石浦分局，对石浦镇渔业用工市场进行专项执法检查，重点打击渔业用工市场抱团抬价和欺行霸市等行为。联合检查组对石浦镇7家渔业中介及周边环境进行现场检查，尚未发现报团抬价和欺行霸市行为，但有部分找好工作的渔工仍聚集在中介所周边，影响正常的渔业中介秩序，县人力社保局执法人员和公安民警当场对现场滞留人员予以劝离。开渔节后，象山县将迎来一波新的渔民用工热潮，为能让每艘渔船都能雇得所需渔工，也让每位渔民获得应有的劳动报酬，通过专项执法，严厉打击抱团抬价欺行霸市等行为，依法维护渔民合法权益，增强渔民出海劳作安全感，维护县渔业用工市场的稳定，推动渔业中介行业扫黑除恶专项斗争向纵深发展。

【每季度依法公布重大劳动保障违法案件】 依据人力资源和社会保障部《重大劳动保障违法行为社会公布办法》，象山县人力社保局每季度向全社会公布查处的重大劳动保障违法案件，上半年，依法公布5个行政处理处罚案件，涉及5个用人单位和责任人，第三季度的重大劳动保障违法案件将会在9月底进行公布。依法向全社会进行公布劳动保障违法案件，目的是打击和警示恶意欠薪及其他损害劳动者合法权益的用人单位，加大对重大劳动保障违法行为的惩戒力度，通过社会监督，教育和警示用人单位遵守劳动保障法律、法规和规章规定。对公布涉及的用人单位和责任人，有关部门将计入诚信档案，对失信用人单位和个人实行联合惩戒，以更好地维护劳动保障权益，维护社会公平正义。

【象山县劳动仲裁院开展主题教育活动】 9月29日，象山县劳动仲裁员党员职工参加"初心之旅"主体党日活动，相继参观"象廉相依"作品展和县档案局的"初心之旅"展览馆，重温象山县中共党组织的建立、发展和壮大，学习"不忘初心、牢记使命"精神。根据主题教育要求，党员职工把学和做贯通起来，找差距，边学边找边改，剖析问题形成的深层次原因特别是主观原因，抓好整改落实，并纷纷表示要将纪律规矩特别是政治纪律、政治规矩内化于心、外化于行，落实到劳动仲裁工作具体实践中，营造风清气正良好劳动仲裁工作氛围。

【出具劳动保障信用报告，助推"最多跑一次"】 为做好机关内部"最多跑一次"所涉事项，象山县劳动保障监察大队根据浙江省人社厅公布的关于出具劳动保障信用报告一项，对事项相关的办事流程、办事指南进行梳理，并提供出具信用报告函模板，作出资料齐全、当场办结当场送达的承诺，助推"最多跑一次"。各机关单位因发展政治对象、评选优秀企业、审查企业人才等工作需要会要求出具所涉企业劳动保障信用报告，主要关于企业是否受到行政处理处罚，劳动用工年检等级及是否存在其他劳动用工违法情形，主要由象山县劳动保障监察大队经办。

【推行基层调解协议的远程仲裁确认制度】 象山县响应省市关于基层多元化解机制创建，在全县18个镇乡(街道)都成立劳动争议调解中心，并配备调解员，在第一时间就地就近化解劳动争议。为支持基层的调解协议履行，保障劳动争议双方当事人调解后的合法权益，象山县劳动人事争议仲裁院在全县推行基层调解协议的远程仲裁确认制度，对双方当事人在基层调解后不方便来仲裁院申请确认的，仲裁员远程指导基层调解员办理仲裁确认手续，并按流程出具调解书。根据双方当事人填写的地址确认书邮寄送达相关材料，方便当事人在另一方不履行调解协议后可依据调解书直接申请法院强制执行。仲裁确认制度在一定程度上改变基层调解协议"软弱性"的局面，有条件地赋予基层调解协议强制执行的效力。

【为民解忧获锦旗】 11月7日，象山县人力社保局收到务工人员张某赠送的"公正执法　热心为民"致谢锦旗，以感谢工作人员在劳动仲裁案件办理过程中热情周到、公正高效的工作作风。张某因工伤保险待遇问题与用人单位产生争议。2019年8月张某委托其父到县人社局申请劳动仲裁，考虑到张某因工伤长期在家休养现状和迫切解决问题的强烈诉求，象山县人社局立即开启农民工维权绿色通道，第一时间为其联系申请法律援助。多轮调解后双方当事人达成和解，用人单位按约定时间全额支付工伤保险待遇款项。长达3月之久的维权之路终于画上圆满句号，劳动者合法权益得到维护。

【召开"裁审衔接"联席会】 12月3日，象山县召开"裁审衔接"联席会。象山县人力社保局局长陈水明，带领相关科室的工作人员与象山县人民法院工作人员就象山县司法行政工作对接事宜会同商议。重点就拒不支付劳动报酬罪反馈联络机制、信息共享机制、劳动报酬案件快速处理机制、社保费用缴纳纠纷等问题进行商议，自"无欠薪"县创建行动开展以来，象山县构建行政执法与刑事司法的"直通车"，推动涉嫌拒不支付劳动报酬犯罪案件及时进入司法程序，及时依法查办一批有社会影响的典型案件，沉重打击和震慑恶意欠薪犯罪行为。两部门齐力开辟劳动纠纷"绿色通道"，对侵犯劳动者权益的案件做到快速仲裁、快速审理，仲裁与审判无缝衔接，建立劳动人事争议裁审衔接长效机制，合力化解矛盾纠纷，促进劳动人事关系和谐与社会稳定。

【完成2019年度劳动能力鉴定工作】 象山县人力社保局组织专家在宁波康复医院象山分院举行2019年度第十期劳动能力鉴定工作。该次鉴定抽取专家5名，分别对骨科、神经内科等科目鉴定，鉴定项目包括劳动功能障碍程度等级鉴定、停工留薪期延长确认、工伤康复确认等类型。本期参加因工劳动能力鉴定56人，患病、非因工受伤劳动能力鉴定10人。在专家支持下，受鉴定职工配合，劳动鉴定委员会精心组织，本年度劳动能力鉴定工作完成。

2019年共有518名职工提出劳动能力及相关事项的鉴定申请。为助力“最多跑一次”改革，县劳动能力鉴定工作人员一次性详细告知职工劳动鉴定所需材料，复核身份信息和鉴定科别，保障鉴定准确无误。鉴定结论采用快递方式送达，实现数据多跑腿，群众少跑腿。劳动能力鉴定结果是工伤职工、非因工丧失劳动能力职工享受待遇的重要标准。做好鉴定工作关系到职工、用人单位切身利益。

人事管理

【概况】 坚持规范管理，持续深化人事制度改革，2019年完成全县97家主管部门及其下属事业单位完成年度考核审批。招录2019年象山县党政储备人才18人、高层次紧缺人才9人、2019年象山县部分乡镇（街道）事业单位人员6人，做好2019年象山县事业单位公开招聘工作人员工作，计划招录53人。配合组织部做好2019年公务员考录工作，考录用公务员50名。指导教育、卫生系统做好2019年招聘工作，分别考录154人和93人。出台事业人员试用期管理办法、人员交流等规范性文件，健全完善事业单位人事管理制度体系。首次在全县运用行政奖励进行激励，对在乡村治理体系建设工作会议中集体和个人予以行政奖励，授予集体三等功8个，集体嘉奖9个，个人三等功20人，嘉奖87人。做好全县事业人员档案移交工作，配备专人、专门档案室和专业设备，10月底前完成事业单位工作人员人事档案移交。

【召开2018年度事业单位工作人员年报统计工作会议】 1月7日，象山县2018年度事业单位工作人员年报统计工作会议在象山县南部新城商务楼三号楼一楼会议室召开，来自全县各单位的100余名人事干部参加此次会议。对2018年度事业单位工作人员年报统计工作进行安排布置。对年报表中的各项指标进行详细讲解，演示统计年报操作系统，并对报表上报时间和填报要求作具体说明。要求各单位人事干部要高度重视，精准填报，加强与象山县人力社保局业务负责同志的沟通联系，增强责任意识，对照填报说明和要求，核实填报每一项指标，确保统计数据准确无误，高质量地完成全县事业单位工作人员统计年报工作任务。

【完成2018年机关事业单位工作人员工资调资工作】 1月中旬，象山县完成2018年机关事业单位工作人员工资调资工作。根据国办发〔2018〕112号文精神，从2018年7月1日起，调整机关事业单位工作人员基本工资标准，增加机关事业单位离休人员离休费。为确保工资调整工作的高效完成，保障机关事业工作人员工资福利待遇全面落实，工资福利科严格把握工资调整标准，严格工作程序，准确核对数据，细致完成工资标准调整工作，经统计，全县机关工作人员工资调整3362人，人均增资331元，事业工作人员10149人，其中教师4887人，人均增资329元。

【召开人力资源年报统计工作会议】 1月22日，全县人力资源年报统计工作会议于象山南部新城商务楼召开，县级部门、镇乡（街道）负责年报统计工作的相关工作人员参加会议。会议对工资福利，编外用工薪酬调查二套统计年报进行工作布置，要求2月初完成工资福利年报，2月底完成编外用工薪酬调查。会上，对相关人员开展业务培训，演示统计年报系统，统一统计范围、统计对象、统计口径，并要求按期报送机关事业人员工资收入调查表。

【组织开展人力社保系统法治知识竞赛活动】 为贯彻落实全县人力社保系统“七五”普法工作，增强系统干部职工法治素养和依法行政能力，提高社会公众对人力社保政策知晓度，象山县人力社保局于1月30日组织开展人力社保系统法治知识竞赛活动。各科室、直属单位12名选手参加此次知识竞赛。竞赛形式采用闭卷、笔试答题，竞赛内容涵盖宪法和人力社保法律法规等内容。在这次竞赛活动中，各科室、直属单位高度重视，精心组织，合理调配工作任务，保障参赛人员学习时间。各参赛人员学习，准备，赛出好风格、取得好成绩。全系统干部职工以此次竞赛活动为契机，再次掀起法治学习的新高潮。

【组织学习习近平总书记关于依法治国的重要论述】 2月21日，象山县人力社保局组织全体干部职工学习习近平总书记关于《加强党对全面依法治国的领导》的重要论述。通过学习，县人力社保局继续将建设法治政府作为推进各项业务工作的基本准则，增强使命感、责任感，锐意进取，开拓创新，扎实工作，为全面推进人社法治建设做出贡献。

【完成机关事业单位工作人员正常晋升工资工作】 3月，象山县完成2019年机关事业单位工作人员正常晋升工资工作。该次年度考核晋升调整的是象山县机关工作人员年度考核累计两年、五年称职及以上等次，分别晋升一个工资档次和一个级别，事业单位工作人员2018年度考核合格及以上等次，晋升一级薪级工资。经统计，全县1000余名机关工作人员考核晋级晋档工资调整，人均增资96元；事业工作人员约9600名考核晋级工资调整，人均增资79元。

【召开2019年党风廉政建设暨法治政府建设专题会议】 5月8日，象山县人力社保局召开2019年党风廉政建设暨法治政府建设专题会议。县纪委派驻第三纪检监察组组长史冬宝、县人力社保局全体领导班子成员及干部职工出席会议，会议由局党委委员、副局长王善祥主持。局党委书记、局长陈水明作题为《践行“两个维护” 压紧压实责任 推动全面从严治党向纵深发展》工作报告，会上陈水明依次与局党委班子成员签订《2019年度党风廉政建设责任状》。局党委委员、副局长王善祥宣读省市县纪委近期关于形式主义典型问题、公款旅游问题、正风肃纪检查情况等通报文件。

【象山县2019年首次运用行政奖励】 为表彰先进、激励奋进,调动和激发广大干部职工的积极性和创造性,7月4日,象山县召开会议,对在承办全国加强乡村治理体系建设工作会议中,主动担当、奉献、成绩显著的集体和个人予以行政奖励。共有8个单位获得集体三等功,9个单位获得集体嘉奖,19人获得个人三等功,87人获得嘉奖,也是象山县2019年首次运用行政奖励。行政奖励的范围涵盖经济建设、政治建设、文化建设、社会建设和生态文明建设以及抢险救灾、维护社会稳定等各个方面。行政奖励分为嘉奖、记三等功、记二等功、记一等功和授予荣誉称号等5种。行政奖励让广大干部职工以更好的精神风貌和更高的工作热情开启新的征程。

【完成2019年机关事业退休干部管理活动经费拨付工作】 7月,为贯彻落实《关于加强和改进机关事业单位退休干部管理与服务工作的通知》文件精神,象山县完成2019年机关事业退休干部管理活动经费拨付工作。2019年退休干部活动管理服务经费为每人600元,县级部门及所属全额拨款事业单位(教育系统除外)的管理服务经费由县人力社保部门使用财政专项资金拨付到各主管部门,各部门核实本单位及下属全额事业单位的退休人数,经工资福利科审核校对,共计拨付107.28万元。按照文件精神,各单位要把管理服务经费全额用于组织召开退休干部会议、组织参观学习、开展文体娱乐活动等专项性支出,活动宗旨要展现出退休干部健康自信、向上的精神风貌,丰富象山县退休干部精神文化生活。

【召开《新进事业单位工作人员试用期管理和岗位聘任暂行办法》座谈会】 8月6日,《新进事业单位工作人员试用期管理和岗位聘任暂行办法》座谈会在象山县人力社保局六楼会议室召开,会议由县人力社保局副局长陈峰主持,县人力社保局事业单位人事管理科、教育、卫生等7家代表单位相关科室负责同志参加会议。7家单位相关科室负责同志纷纷根据本单位实际,对《象山县新进事业单位工作人员试用期管理和岗位聘任暂行办法》(以下简称《暂行办法》)初稿提出有关意见。陈峰副局长指出,草拟《暂行办法》是为规范县事业单位工作人员试用期管理,合理确定新进事业单位工作人员岗位及等级,为全县新聘用的事业人员试用期期间的管理提供指导性意见。《暂行办法》既要符合国家有关规定,又要通识通用,便于全县事业单位操作、执行。下步,要广泛征求全县各部门意见,根据反馈意见合理研究、修改完善,适时出台此项政策。

【开展对2018年度全县事业单位人员收入发放情况进行自查】 9月根据《关于在"不忘初心、牢记使命"主题教育中开展专项整治工作的通知》规定,县高度重视该项任务,立即开展对2018年度全县事业单位人员收入发放情况进行自查。通过自查发现,各单位总体情况,绝大多数单位能严格执行象山县事业单位绩效工资实施办法发放绩效工资和绩效考核,绩效工资和绩效考核奖按财政人社核定合规发放,其他无超范围超标准发放现象,没有自行出台或超标准超范围发放的津贴补贴、奖金和福利收入,没有以购物卡形式发放奖金的情况。下一步,象山县人力社保局将建议联合其他相关各部门争取每年一次定期开展事业单位人员收入发放情况检查,督促规范全县事业单位人员收入发放情况,避免出现管理盲区等情况。

【组织退休干部举行庆国庆文艺活动】 9月25日,象山县人力社保局组织石浦镇退管会退休干部在石浦镇政府大礼堂举行庆"国庆"迎"重阳"文艺节目演出活动,来自全镇行政、事业单位退休老干部、职工600余人参加庆祝活动。石浦镇党委副书记张浩,石浦镇退管会常务副主任邱文贤等领导出席庆祝活动并为庆祝活动致辞。庆"国庆"迎"重阳"文艺演出活动,在石浦镇老体协时装队《我的祖国》演唱声中拉开序幕。然后,参加庆祝活动的全体退休老干部、职工一起高声歌唱《没有共产党就没有新中国》为文艺演出活动掀起高潮,石浦镇凤凰等5个社区分别表演《吉祥》《注满舞池》《渔鼓》《祝福祖国》《中国脊梁》等精彩的文艺节目;石浦老年大学戏曲班表演《梁祝相思》节目;最后,庆"国庆"迎"重阳"文艺演出活动,在石浦镇老体协健身队的《厉害了,我的国》表演中圆满结束。

【象山县事业招考呈现新特点】 10月,象山县启动2019年事业单位公开招聘工作,该次共有26家事业单位主管部门计划招聘53人,共1241人参加笔试。对比历年考试,该次事业单位公开招聘工作突出三个方面的新特点:一是高学历人才岗位直接面试招聘。具有研究生学历、硕士及以上学位的考生报考特定职位采取不同的考试方式,如缴费确认人数与招聘计划数之比小于等于15:1,采取直接面试的方式进行考试,简化招聘方式,以吸引高学历人才应聘到事业单位。二是会计岗位采用"专用卷"考试。该次财务管理和财务审计职位笔试采用"专用卷",笔试试卷由《会计专业知识》取代《综合基础知识及写作》,重点测试考生的财务专业知识和相关业务能力,以实现财务人员应聘到岗后能第一时间适应岗位要求。三是专业岗位结合技能测试招聘。招聘音乐辅导和舞蹈辅导职位在笔试基础上结合专业技能测试,实现全面考量、综合评定。专业技能测试更加凸显"专业化",走出一条技能岗位招聘新路子,真正让懂舞蹈、会舞蹈,懂音乐、会音乐的专业人士从事专业技能岗位。

【规范编外用工招聘】 编外用工是机关事业单位人力资源的重要组成部分。为保质保量完成各机关事业单位编外用工需求,象山县人力社保局坚持从严把关编外用工入口,加大招聘公告审核力度，从规范《机关事业单位公开招聘编制外工作人员公告》审核做起，指导各单位踩实公开招聘各环节，为实现县各单位用工合理、招录合规、管理合法目标作出探索。截至10月底，通过象山县人力资源和社会保障局网站发布的编外用工招聘公告136次，共招聘371人。

【首次聘用事业编制退役军人服务岗位工作人员】 为建立一支退役军人专职服务队伍，破解退役军人服务难题，10月31日，象山县首批6名事业编制退役军人服务岗位工作人员报到，助推“双拥”工作再上新台阶。自6月12日，象山县人力社保局发布《2019年象山县部分乡镇（街道）事业单位公开招聘工作人员公告》，面向退役士兵提供专职专位，招聘县第一批乡镇（街道）退役军人服务工作岗位，通过公开报名、统一考试和择优聘用，圆满完成此次招聘工作。据统计，共有1044名考生参加笔试。“双拥”工作无小事，健全服务保障体系要先行，象山县将继续保持蝉联浙江省双拥模范县“8连冠”的良好态势，在退役军人服务保障工作中再创新路、再谋新篇。

【出台《象山县事业单位工作人员试用期管理暂行办法》】 试用期，是用人单位和劳动者双方双向选择的考察期，也是实现新聘事业人员角色转换的关键期。象山县参照《新录用公务员试用期管理办法（试行）》规定，于11月11日出台《象山县事业单位工作人员试用期管理暂行办法》，旨在加强新聘事业人员在试用期间的管理，推进人事管理规范化、精细化、科学化。

本办法共十七条，分别对试用期期限、考核、聘用、转正定级、解聘等事项作具体规定，其中，更加突出试用期考核确定不合格等次的十二种情形以及解除聘用合同的五种情形。《象山县事业单位工作人员试用期管理暂行办法》填补象山县事业单位工作人员试用期管理制度的空白。

【办理首批生产经营类事业人员提前退休手续】 12月，县人力社保局为象山剧院符合生产经营类事业单位改革政策退休条件的4名同志办理提前退休手续，标志着象山县从事生产经营活动事业单位改革配套政策正式落地。象山县人力社保局在改革开启之日起，对四家涉改单位开展调研，形成意见，为上级决策献言献策。下步，象山县人力社保局还将坚持指导到位、保障到位的原则，为从事生产经营活动事业单位分流人员提供后续保障服务，做好安置单位的岗位设置核准、流动手续办理等工作，确保从事生产经营活动事业单位改革按时推进、保质完成，为助推实现改革后遗症“归零”展现人社人的担当。

【举办“退休预办理”和“身后一件事”业务培训会】 为深化“最多跑一次”改革，提升群众“就近办”的满意度和获得感，象山县全面推进“退休预办理”和“身后一件事”。12月26日，象山县人力社保局在南部新城举办“退休预办理”和“身后一件事”业务培训会，全县18个镇乡（街道）人力资源和社会保障服务中心负责人及窗口业务经办人员参加会议。县人力社保局党委委员、社保中心主任俞明宽对2019年度社保扩面工作进行总结并对2020年工作进行具体部署，要求各镇乡（街道）严格按照政策依法经办社保业务，保持警钟长鸣，保障社保基金安全。随后社保中心业务骨干对“退休预办理”和“身后一件事”等具体业务操作进行详细讲解，并为镇乡（街道）经办人员开展答疑解惑。

根据工作部署，该次会议结束后，参保人员将实现退休“就近办”和死亡“零跑腿”，群众办事将更加高效、便捷。

（象山县人力资源和社会保障局　王慈慈）

社会服务

【概况】 象山县退役军人事务局于2018年12月28日正式挂牌成立，主要工作职责是退役军人思想政治和权益维护、移交安置、就业创业、教育培训、军休服务、拥军优抚、褒扬纪念。局组织机构设1正2副4科室（办公室、思想政治和权益维护科、移交安置和军休服务科、拥军优抚和褒扬纪念科）和2个下属事业单位（县退役军人服务中心、县革命烈士纪念馆），行政编干部7名、事业编干部7名、编外人员5名。办公场所位于靖南大街356号（原新闻中心大楼），其中五、六楼为机关办公场所，一楼为服务中心和信访接待处。

2019年是象山县退役军人事务局组建后全面推进工作的开局之年。局单位以习近平总书记关于退役军人事务工作的重要论述为根本遵循，围绕省、市、县退役军人事务工作任务部署，坚持边组建边学习边工作，克服任务重头绪多人手少的实际困难，全局上下“一盘棋”，提高政治站位，牢记工作使命，高标准推动新时代退役军人事务各项工作有效落实。

双拥与优抚

【概况】 2019年，象山县贯彻落实习近平总书记全国双拥工作会议重要讲话精神，落实省、市相关决策部署，以助推全县经济发展、支持部队改革建设、服务军烈属和退役军人优抚为重点，巩固和发展军政军民团结的大好局面，全县双拥与优抚工作取得明显成效。

【争创省双拥模范县“八连冠”】 象山县围绕双拥考评的11方面11个大项63个小项，凝心聚力、谋划、全面筹备，克服基础资料不足、人员力量紧缺、迎考时间紧张等困难，逐一落实双拥工作，齐全台账资料，获得省市考评组“工作基础实、活力足、亮点多”的高度评价。7月29日，在全省纪念中国人民解放军建军92周年暨双拥模范城（县）表彰大会上象山县蝉联全省双拥模范县“八连冠”。为全力冲刺省双拥模范县评选。

【重大节日走访慰问工作】 立足“让军人成为全社会尊崇的职业”目标要求，象山县统一思想，提高认识，精心谋划，依托三级服务保障体系，广泛发动各级各部门和社会组织对驻象山部队、优抚对象、困难退役军人开展全覆盖式走访慰问活动，确保走访慰问不落一人、不漏一户，把党和政府的温暖送到每一名现役（退役）军人心坎上，共计慰问优抚对象1608名，全年送上慰问物资、慰问金约240万元。

【光荣牌悬挂工作】 为营造全社会爱国拥军、尊崇军人的浓厚氛围，根据国家和省、市的部署要求，全县于2019年年初全面开展光荣牌悬挂工作，各镇（乡）街道高度重视，全力部署人员力量，扎实推进工作。在县信访局支持下，委托“12345”政务热线对全县15022户光荣牌悬挂对象进行逐个电话回访，并将回访结果分类汇总通报属地乡镇立行立改，做到光荣牌悬挂工作全覆盖。7月8日，省退役军人事务局厅编发专刊对象山县全方位推进光荣牌悬挂工作予以赞扬。

【困难退役军人帮扶援助工作】 为帮助困难退役军人家庭渡过难关，出台《关于印发象山县退役军人临时救助实施办法的通知》，对全县“贫、病、残”退役军人重新组织排摸，并与县慈善总会合作推出“慈善关顾百名‘贫病残’退役军人”关爱活动，与县扶贫办合作推出“安居功臣”工程。“八一”期间，以助力解困、传递爱心为出发点，共搜集123条困难退役军人“微心愿”，在全县媒体公布，号召全社会各界通过网络媒体、热线电话、来信来访主动认领“微心愿”，广泛发动社会力量参与服务，体现政府和人民对退役军人群体的关心和拥护。2019年，共向5392名各类优抚对象发放抚恤定补经费2779.88万元。

【退役军人服务保障体系建设】 按照“三级五有”标准，以“最多跑一次”改革为目标，以一流的状态、一流的标准、一流的氛围建立健全退役军人服务保障体系。6月，县退役军人服务中心正式开始运行，在布局、内容、色调、摆设上体现党味、兵味，突出“军”的特色，实现军人退役“一站式”服务、部分优抚对象医疗费和医疗补助“一站式”结算。同时，18个镇乡（街道）服务站和519个村（社区）服务站全部建成，镇乡（街道）一级专职人员通过内部调整和招聘已全部落实到位，并涌现出丹东街道退役军人服务站、新桥镇东溪村、涂茨镇中堡村退役军人服务站等先进典型。8月29日，全市退役军人服务保障体系建设工作现场推进会在象山县召开，副市长卞吉安对象山县退役军人三级服务保障体系建设给予高度肯定。

【烈士褒扬纪念活动】 3月，县退役军人事务局发布《关于做好2019年清明祭英烈活动的通知》，号召各单位积极参加清明祭英烈活动，县领导带头前往前山烈士陵园祭扫，缅怀英烈。清明节期间，县烈士纪念馆接待20余个学校及部分单位组织前来祭扫，累计接待祭扫人数达上万人。9月30日，是全国第六个烈士纪念日，县主要领导、各单位党政负责人、驻象山部队代表以及烈属、退役军人等社会各界代表参加，在革命烈士纪念馆举行向烈士敬献花篮仪式，深切缅怀革命先烈丰功伟绩，弘扬烈士精神，传承民族气节。

【省退役军人事务厅副厅长金登尚到象山调研】 9月18日，省退役军人事务厅副厅长金登尚到象山调研退役军人服务保障体系建设。市退役军人事务局局长王建云、副局长徐建祥和县退役军人事务局局长张蕴陪同。调研组一行实地查看县退役军人服务中心、丹东街道退役军人服务站、新桥镇东溪村退役军人服务站。在座谈会上，市退役军人事务局局长王建云汇报全市服务保障体系建设情况，突出前期现场会和服务保障体系督查工作。县退役军人事务局局长张蕴从整合服务力量，健全服务机制和突破制约瓶颈三方面介绍象山县退役军人服务保障体系的特色和亮点。副厅长金登尚高度肯定宁波市、象山县的退役军人事务工作，赞扬象山县在服务保障体系建设方面的创新，尤其是军人退役“一站式”办理和“老兵说事”机制取得成效明显。

（县退役军人事务局　吴冰琪）

安置工作

【概况】 2019年，象山县退役军人安置工作取得较大进展。深化退役军人事务领域“最多跑一次”改革，实现军人退役“一件事”一窗通办；通过举办退役军人专场招聘会、推出针对退役军人的金融服务产品，拓宽退役军人就业创业渠道；开展退役士兵全员适应性培训，帮助退役军人更快转变角色，掌握更多就业技能，更好地服务地方经济社会发展；出台安置操作规程，规范退役军人安置14个环节，实现退役军人、部队组织和用人单位“三满意”。

【军人退役“一件事”】 为深入推进退役军人事务领域“最多跑一次”改革，优化退役军人服务，4月以来，县退役军人事务局分别与组织部、团委、人社局、医保局、公安局、人武部等6个单位签订党团组织关系转接、预备役登记、户籍办理、社保转接和医保转接等委托协议，实现军人退役“一次申请、一窗受理、联动办理、限时办结”的工作目标，彻底解决军人退役多头跑、办事繁杂的问题，有力提高军人退役工作办事效率，受到退役军人的普遍好评。

【退役军人就业创业】 为拓宽退役军人就业创业渠道，县退役军人事务局借助人社部门组织公共就业服务的优势，在2月春季招聘会中专设退役军人就业咨询窗口，为前来寻找就业机会的50余名退役军人作政策解答。为发挥金融机构在支持退役军人就业创业方面的积极作用，5月与人民银行象山支行及国有七大行象山支行开展座谈会，就共同推动退役军人就业创业达成意向，全力推动金融服务产品保障退役军人就业创业。10月28日，与县人武部、县人社局协同合作，在县体育馆举办象山县2019年度退役军人专场招聘会，为退役军人和用人单位之间搭建起沟通与合作的桥梁，推动象山县退役军人就业创业进程。

【退役士兵全员适应性培训】 9月28日，2019年度退役士兵全员适应性培训在县退役军人事务局正式开班，这也是象山县首次为退役士兵举办系统性培训，吸引全县40余名当年度退役士兵参加培训。此次培训主要是为加强退役军人职业观念教育，尽快实现退役士兵从部队到地方的角色转变，引导退役士兵树立正确择业观，合理确定就业预期，深刻认识只有奋斗才能赢得尊重。县退役军人事务局与宁波杰博公司通力协作，精心准备一系列培训课程，包括退役士兵就业创业政策法规培训、职业生涯规划讲解、就业老兵经验分享、简历面试应用介绍等，帮助退役士兵清晰当前就业形势，熟练掌握就业技巧，使退役士兵加快转换角色，更快实现就业、更好服务家乡。

【军转干部和转业士官安置工作】 县退役军人事务局积极贯彻妥善安置、合理利用、人尽其才、各得其所的原则，夯实推进退役军人安置管理保障体制机制改革和政策制度创新，成效显著。局主要领导对安置对象逐一面谈，准确掌握安置人员的军旅经历、专业特长、个人打算。在前期调研的基础上，退役军人事务工作领导小组出台《象山县军队转业干部、退役士兵安置操作规程》，有效规范了象山县退役军人安置工作过程。

【就业帮扶援助工作】 2019年共计帮扶退役士兵就业65名，分批次召开用人单位会议，统一思想、规范操作。对历史遗留的安置问题，根据上级"发现一起纠正一起，做到该安置就业的安置到位"的要求，对5名反映当年安置不到位的退役军人，进行大量详细的调查，其中3名情况属实给予落实相关政策待遇。

社会救助

【概况】 2019年度，象山县民政局以改革为起点。以"社会救助、养老服务、城乡社区治理、社会组织及社会工作、专项社会服务、全面从严治党"为节点，稳中求进，进中创优，以赴落实乡村振兴战略，推进基层治理能力和治理体系现代化。高质量提升民政为民服务水平、实施民生保障"密网"工程，积极实施养老服务"提质"工程，实施城乡社区治理"深耕"工程，拓展实现社会组织、社会工作、志愿服务"赋能"工程，扎实实施专项社会服务"创优"工程，砥力实施全面从严治党"生根"工程，加大改革创新力度，力争开创民政工作新篇章。

2019年，象山县的新型社会救助制度取得跨越性的发展，形成以城乡最低生活保障制度为基础，特困人员救助、医疗救助、教育救助、住房救助、法律援助、流浪乞讨人员救助、灾后困难救助，以及各种特殊情况的突发困难的救助在内的社会救助体系，低保分类逐步完善，特困护理补贴开展，儿童福利体系初步形成，象山县政府社会救助支出呈较快增长态势。

【完善低保救助政策】 贯彻落实《关于规范以单人户纳入低保和实施低保低边渐退期有关事项的通知》以及《宁波市人民政府办公厅关于改革最低生活保障标准调整机制的通知》，逐步提升全县低保标准。2015年，低保对象5011户7580人，全年支出保障资金3083万元；2016年，因全市低保扩面该县低保对象达到8233户11295人，全年支出保障资金3673万元。2017年，低保对象8452户11614人，全年支出保障资金6232.7329万元；2018年，低保对象8292户11399人，全年支出保障资金6910.5483万元；2019年，低保对象6700户9299人，全年支出保障资金7838.8603万元。城乡低保按照人均不低240元补差发放。对各类困难对象实施分类低保救助，动态复核后部分对象实施低保低边渐退期救助政策，加大对因病致贫对象的救助，提高支出型低保占比，对低保边缘户家庭中患13类重病的对象直接纳入单人低保。

【保障特困供养】 完善出台新的特困人员供养工作制度，提高特困人员供养标准，及时执行新的生活标准和护理标准，优化供养形式，保障特困人员基本生活和照料服务。2019年年底，象山县共有特困人员648人，其中散居供养292人，集中供养356人。2019年中旬对全县在册特困人员开展六项指标（进食、如厕、洗澡、行走、穿衣、上下床）的护理等级评定，并于9月全面完成评定工作。评定结果为337名特困老人是完全具备生活自理能力，316名特困老人分别为部分、基本、完全丧失生活自理能力，分别享受166～872元六档不等的护理补贴。从2019年4月1日起，县财政对集中供养的特困人员生活补助标准从每月870元提高到1247元，提高特困人员生活水平。全年支出特困基本生活补助资金945.1241万元（含护理补贴）。

【完善低保边缘信息】 2019年对在册的低保边缘户进行大梳理，对低保边缘户家庭中的重度残疾人进行梳理，符合条件的列入低保范围。对低保边缘户家庭中患13类重病的对象直接纳入单人低保。对系统在册的低保边缘户家庭进行资料补录和年度复核，完成率达到100%。

【完善孤儿和困境儿童保障机制】 继续规范困境儿童基本生活费发放工作，促进儿童福利事业的发展，保障孤儿和困境儿童的基本生活和合法权益。为保障孤儿和困境儿童的基本生活，从2019年4月1日起，县福利机构养育的孤儿基本生活费标准由每人每月1519元调整为每人每月1746元；社会散居孤儿基本生活费标准由每人每月1215元调整为每人每月1397元。困境儿童基本生活费发放标准为每人每月1118元，参照散居孤儿的养育标准80%发放。全年下拨5名社会散居孤儿资金及9名寄养在宁波恩美儿童福利院的机构代养孤儿资金31.5414万元；根据困境儿童文件规定，2019年审核确定纳入困境儿童846人，参照散居孤儿养育标准补差发放基本生活费，合计下拨困境儿童救助资金 359.5974 万元。以上两项儿童资金共计 391.1388 万元。

【完善平台救助资料和信息】 2019 年,全面开展对浙江省社会救助平台的在册低保、特困、低边对象的资料补录工作,完善在册低保的申请表、身份证、入户调查表、残疾证、医疗发票等资料,完善赡抚养人资料信息。特困人员完善身份证、供养协议、生活自理能力评估表等资料。2019 年,共有 6958 户低保和 652 户特困完成资料补录和信息完善工作。

【强化核对和复核工作】 重点抓好低保、特困、低保边缘户等民政社救对象的核对工作,核对机制完善,核对项目持续增加,数据准确度提高。首次利用浙江省大救助平台进行复核,提高复核工作的精准度。利用省平台分别进行两次全量复核工作,全年共复核低保对象 14867 户次,19956 人次。2019 年共核对各类新增对象 3346 户、6129 人,其中民政救助对象共 938 户、2144 人,核对公租房、廉租房、经济适用房等住房保障对象共 1621 户、2689 人;核对困难残疾人生活补贴等残联救助对象 787 户、1296 人。共复核救助对象 12535 户、23482 人,其中民政救助对象 9093 户、17517 人,复核公租房、廉租房、经济适用房等住房保障对象共 2405 户、4258 人,复核困难残疾人生活补贴等残联救助对象 1037 户、1732 人。

【建立社会救助主动发现机制】 坚持"托底线、救急难、可持续"的原则,建立完善村(社区)主动发现工作网络;建立主动发现志愿者服务队伍,帮助符合条件的家庭申请低保,做到"应保尽保、应补尽补"。鼓励引导新闻媒体参与主动救助,依托"65786578",设立县社会救助热线电话,明确"急难对象可以通过拨打热线电话进行救助;利用网站通困难群众申请救助和有关人员报告急难"的渠道完善应急救助制度,建立"急难"对象的"绿色救助通道",简化申请审批程序,降低救助条件门槛,扩大救助对象范围,落实大病医前救助。对各类对象实施分类低保救助,符合低边条件的重病对象及重度残疾人按单人户纳入低保;因病致贫对象纳入支出型低保。2019 年,通过政策宣传、基层调查等方式,主动发现困难群众 413 户,其中纳入低保 212 户,纳入低边 86 户,通过主动发现开展医疗救助和临时救助 115 户。2019 年累计向各类困难对象发放社会救助资金达 10900 万元。

【创新社会救助全程代办业务】 开展事务员全程代办新模式使诸多困难群众受益,和主动发现机制无缝对接,更多地发挥政府"救急难"的兜底保障功能。民政救助对象大多是老弱病残的弱势群体,在获取信息、申请办理等多个环节都存在不理解、不清楚、不方便的困难。每个村均设立一名代办事务员,开展社会事务网格化管理制度,每个事务员上门代办持有专业设备,可以第一时间上传资料到社救平台。全程代办模式具体将社会救助到户,让原本的材料递交从"跑一次"实现"不用跑",开创社会救助工作新局面。2019 年 8 月,18 个镇乡(街道)均开通社救业务全程代办业务工作。2019 年,完成低保、特困等困难对象全程代办业务 185 户。

【完善未成年人保护体系】 2019 年,建立全县未成年人保护中心,与象山县救助管理站合署办公,中心新购置有关儿童生活起居的配套设施,给未成年人提供起居保障。对生活无着的流浪乞讨、遭受监护侵害、暂时无人监护等未成年人实施救助,承担临时监护责任。建立基层儿童工作队伍,开展专门业务培训。确保每个镇乡(街道)设立 2 名儿童督导员以及每个村设立 1 名村(居)儿童主任,2019 年,全县共确定 549 名村(居)主任。组织 500 余名的村(居)儿童主任业务培训,增强基层工作人员服务儿童的工作能力。

【做好留守儿童关爱保护工作】 贯彻落实省、市农村留守儿童和困境儿童文件精神,随时对留守儿童和困境儿童相关信息进行更改,每季度上报,将符合条件的农村留守儿童和困境儿童信息及时录入"全国'三留守'管理信息系统",不符合条件对象及时退出,建立规范数据库,实行动态管理,为开展农村留守儿童关爱和困境儿童救助保护工作提供保障。2019 年,共有留守儿童 225 名,困境儿童 846 名全部录入系统并随时跟踪其动态变化。

社会养老

【概况】 2019 年,象山县养老服务按照"9055"的目标,推进居家养老服务,鼓励发展民办养老机构,深化养老机构服务质量建设专项行动,提升养老服务品质。全年新建区域性居家养老服务中心 5 家,村居家养老服务站 13 家,截至年底,全县累计拥有区域性居家养老服务中心 10 家,村(社区)居家养老服务站 484 个,其中等级居家养老服务站 368 个。2019 年新增养老机构床位数 418 张,形成"以居家为基础、社区为依托、机构为补充、医养相结合"的社会养老服务体系。

【推进省、市、县民生实事工程】 新建石浦镇、鹤浦镇、墙头镇、大徐镇、晓塘乡 5 家区域性居家养老服务中心,并全部实行社会化运营。为当地居家老年人提供生活照料、康复护理、文体娱乐、精神慰藉等服务,提高居家老年人的获得感和幸福感。落实丹东街道、丹西街道、爵溪街道、石浦镇、西周镇、贤庠镇、鹤浦镇、墙头镇、晓塘乡 9 个乡镇(街道)"爱心车轮"老年助餐服务项目,完善老年配送餐网络建设,全年新增 158 个老年人助餐点,解决居家老年人就餐难的问题。

【重点落实居家养老政府购买服务】 出台《象山县居家养老政府购买服务实施办法》《象山县居家养老政府购买服务机构考核实施办法》,对居家养老政府购买的操作标准、流程、考核机制进行明确规定，保障居家养老政府购买服务规范有序。建立智能化信息管理平台，实现老年人身体评估、服务过程及质量监管、实时动态查询、服务费用结算等智能化管理。采用公开招投标方式入围单位5家服务企业，在全县全面推行居家养老政府购买服务。通过第三方评估方式对居家养老政府购买服务的开展情况进行核查，真正做实居家养老购买服务工作，2019年共下拨居家养老政府购买服务资金489.6万元。

【推进居家养老服务机构建设】 稳步推进居家养老服务站点建设，通过挖掘利用老年活动室、文化礼堂等公共资源参与居家养老服务站点建设。2019年新建村居家养老服务站13家，全县累计建成村（社区）居家养老服务站484家。委托象山县塔山志愿者协会开展居家养老服务站点等级评定，对13家新增居家养老服务站点和66家评定到期居家养老服务站点进行等级评定。通过实地查看、翻阅台账、当面问询、民意测评等方式，最后评定A级居家养老服务站61家，AA级居家养老服务站18家；有1家村居家养老服务站通过宁波市AAA级评定，1家通过AAA级复评。

【深化医养结合服务】 与卫健局合作在公办养老机构建立"颐养小屋"，开展"健康直通车"，提供契约式家庭医生服务，截至年底，在15家公办养老机构建立"颐养小屋"，开展医养结合服务，为养老机构老年人提供定期巡诊、常用药配发、健康检查等医疗服务。全县所有养老机构均与当地医疗机构开展合作，医养结合服务率100%。在老年公寓建设"安宁小屋"，并与老年医院合作，利用"安宁疗护病房"为临终老年人提供临终关怀服务。在老年公寓创新设立"心灵驿站"，为有需要的入住老年人和养老工作人员提供心理咨询、精神慰藉、心理支持等服务。推行居家养老"医养结合"服务，鼓励居家养老站点与就近医疗机构开展合作，为居家老人提供健康评估、家庭巡诊等实用性服务，有461个居家养老服务站与乡镇卫生院签订合作协议，签约率95%。

【抓好养老机构规范化建设】 消防安全、食品安全关系到养老机构入住老人和护理人员的人身安全，是养老机构管理工作的底线。2019年，开展"防风险保平安迎大庆"消防安全专项检查、民政系统安全生产大检查、安全生产整治百日大会战、双随机检查、平安养老创建、养老保健市场乱象整治等工作，对全县59家养老机构进行多次扫盲式检查，全年共检查养老机构近200余家次，对检查中发现的食品留样不规范、厨房油烟管道清洗不及时、每日防火巡查落实不到位、部分员工不会熟练操作灭火器材、消控室未落实24小时值班制等问题，能纠正的当场纠正，不能纠正的限期整改。通过检查整改，各养老机构的消防管理水平得到提升。

【政策扶持】 根据《象山县社会养老服务体系建设县级专项资金使用管理办法》文件精神，及时下拨社会养老服务体系建设专项补助资金。2019年，下拨象山县社会养老服务体系建设专项补助资金562万元，其中对22家民办养老机构新增床位数补助484.4万元，对57家参加养老机构政策性保险的养老院补助15.9万元。

【落实困难老人养老服务补贴制度】 为帮助解决城乡困难老人的养老照料问题，保障困难失能、失智老年人的基本生活，2019年对身体评估为重度、中度、轻度依赖的低保老人且接受养老机构服务的，给予养老服务补贴。截至年底，全县共有155名低保老人享受养老服务补贴制度，按照每人每月1350元、1080元、810元的标准每季度发放补贴，2019年共计下拨补贴资金103.43万元。

【实施民办养老机构日常运营补贴制度】 为扶持社会力量兴办养老服务机构，鼓励民办养老机构收住本县户籍失能、半失能老年人，对全县民办养老机构开展日常运营补贴制度。全县民办养老机构共收养失能、半失能老年人1170名，按照每人每月100元、200元、300元的标准每季度发放运营补贴，2019年全年共下拨补贴资金324.37万元。

【实施居家老年人意外险制度】 为提高老年人及家庭抗风险能力，促进社会和谐稳定，2019年共出资79.26万元，为具有本县户籍并居住在本县的80周岁（含）以上居家老年人以及计划生育特殊家庭、最低生活保障家庭、最低生活保障边缘家庭中的居家老年人投保老年人意外险。

【调整实施高龄老人生活津贴制度】 2019年4月起调整全县高龄老人生活津贴发放标准，100周岁（含）以上高龄老人的生活津贴标准由原来的每人每月300元提高为每人每月800元；80（含）~99周岁高龄老人的生活津贴仍然执行原标准，全年共发放高龄老人生活津贴1312万元。

【开展养老行业人才培养工作】 2019年，依托象山县养老护理培训学校，与宁波卫生职业技术学院合作开展"老年保健与管理"大专班，有序开展大专班课程，来自全县养老机构工作人员41人参与继续教育；开展护理员业务培训12次，参加护理员1500余人次；开展居家养老服务工作人员岗前培训，实现岗前培训率100%；落实护理员特殊岗位津贴和养老机构入职奖补政策，2019年共拨发护理员特殊岗位津贴61.67元、入职奖补资金13.39万元。

社区建设

【概况】 2019年，象山县基层政权建设重在创新基层社会治理，主要体现在八个方面：一是创新农村自治模式；二是完善薪酬制度体系；三是理顺社区治理关系；四是修订完善"村规民约"；五是加强监督检查力度；六是完善"居民说事"制度；七是创建清廉社区；八是加强配合指导，做好换届“回头看”工作，并取得较为满意的成绩。

【创新农村自治模式】 为加快推进全县城市化进程，理顺城乡管理体制，提升基层社会治理能力，缩小城乡差距，改变城乡二元结构，推进行政管理体制改革。民政局分管领导带领科室成员与西周镇村居共同体调研组成员赴北仑区、镇海区考察学习行政村社区化管理模式和撤村建居相关工作；对丹西街道、爵溪街道、石浦镇2004年、2007年两次撤村建居后的历史遗留问题村进行走访、调研；局党委专门就社区化管理、社区标准化建设、村集体经济股份制改革，宅基地审批等问题根据《关于象山县撤村建居工作的实施意见》精神进行专题研究讨论，对存在问题进行逐一梳理并破解。

【完善薪酬制度体系】 为贯彻落实《关于加强专职社区工作者队伍建设的实施意见》文件精神，由民政局负责，组织县委组织部、县委编办、县财政局、县人力社保局、县大目湾管委会、丹东街道、丹西街道、爵溪街道、石浦镇专门对涉及专职社区工作者薪酬的有关事项进行讨论研究，明确工作年限认定办法按照被聘为正式社工实际工作年限，加上服兵役年限和大学生村干部工作年限为准；从2019年1月1日开始，专职社区工作者薪酬按照（县委办〔2018〕84号）文件执行。全面执行“三岗十八级”工资套改政策，按照专职社区工作者基础工资分配办法，通过相关镇（街道）对全县专职社区工作者的岗位职责、工作年限、受教育程度、相关专业水平等情况进行排摸、初审、汇总、上报，经民政局核实后，统计出全县32名社区正职等级对应平均系数为1.25，46名社区副职等级对应平均系数为1.03，104名其他人员等级对应平均系数为0.9。按照（象山县委办〔2018〕84号）文件要求（确保社区正职、社区副职和其他人员年平均收入分别不低于本地上一年度社平工资的1.6倍、1.3倍、1.1倍），根据象山县专职社区工作者整体情况，测算出2019年象山县社区正职、社区副职和其他人员的“当地所选系数”分别为1.28、1.27、1.23，实行动态调整，建立工资待遇统一标准。

【理顺社区治理关系】 为让社区减负增效工作落到实处，民政局于2019年2月19日组织丹东街道、丹西街道、爵溪街道、街道、石浦镇，县大目湾管委会分管领导和业务科室负责人，召开减少社区事务性工作任务研讨会，指导镇（街道）要转变基层政府职能，依法理清基层政府与社区的权责边界，推动镇（街道）将工作重心向公共服务和社会治理转变；明确凡属于基层政府职责范围内的事项，不得转嫁给社区；根据社区准入制度规定，凡交由社区办理的社会管理和公共服务事项，要按照权随责走、费随事转的原则，社区应当协助基层政府开展工作；要推进“三社联动”（社区、社会组织、社会工作者）建设，全面推行“居民说事”制度，打造“三社联动+居民说事”象山版。指导镇（街道）通过政府购买服务形式，依托社区社会组织服务中心承接政府各部门相关事项，健全社区减负长效机制，提升社区管理工作专业化、科学化水平。

【完善“居民说事”制度】 为推动“村民说事”向社区拓展，在2018年全面推行“居民说事”制度的经验上进行再深化，全县各社区健全社区共治理事会，完善构建融“说、议、办、评”全流程于一体，科学化、标准化、规范化的“居民说事”制度。完成29个社区标准化建设，全面落实建立主体多议、常态议事的组织；符合实际、应商尽商的网络；形式多样、阵地固定的平台；健全完善、运行规范的制度和环节完整、衔接有序的流程图，优化社区品牌服务效应，创新城市社区基层民主建设。截至年底，全县共召开居民说事836场次，收到议题1111个，解决1062个，办结率达95.5%。

【加强监督检查力度】 根据《关于完善村级重大事务决策报备制度的通知》要求，推行镇乡（街道）“一窗（便民窗口）受理、集中审核、限时办结”申报备案工作模式，各镇乡（街道）设置村级重大事务决策报备窗口，落实工作人员，统一受理、登记村级重大事务报备工作，并负责做好内部流转。提高重大事项决策透明度，推进重大事项决策科学化、民主化，实行重大事项决策阳光公开，接受村民监督，规范基层民主权利运行。每年4次定期开展村务公开、村级重大事务决策报备、村会议记录等检查工作。参加由纪委牵头，民政、农林、交管办组成“清风”宣讲团，在全县进行村级民主管理课宣讲、培训，使村干部对村务公开、村级重大事务决策报备、村会议记录工作、村规民约（社区公约）的流程、做法得到了解，全面掌握，为规范实行村级民主管理工作打下扎实基础。

【修订完善“村规民约”】 为推进“村民说事”升级版工作，落实全国乡村治理现场会“三治融合”体系建设，科室对泗洲头墩西村，墙头镇方家岙村、溪里方村，涂茨镇旭拱岙村，黄避岙乡高泥村5个现场会参观点的“村规民约”修订完善工作进行指导；通过开展“村规民约”回头看、我来订、齐遵守等主题活动，全县490个行政村将体现社会主义核心价值观的“村民说事”制度、垃圾分类、良好的家训家规、婚丧礼俗新规、各村成立红白理事会等新时代新民风纳入“村规民约”之中，全部完成村规民约修订完善工作，形成基层自治制度，实现村民自我管理、自我教育、自我服务和自我监督，推促“村民说事”朝着共商共信、共建共享的方向科学有序发展。其中52个行政村结合本村实际情况，通过对文字上的总结提炼，用三字经、五字句、七言诗等多种载体进行修订编纂，在尊重民意民愿的基础上，构建能体现本村特色的、个性化、独创性“村规民约”。

【创建清廉社区】 根据宁波市、象山县有关清廉村居建设的决策部署要求，指导塔山社区打造“清廉社区”示范点，营造清廉、阳光、务实、和谐的社区环境。通过建立党群服务中心、党群心语社、孙茂芳学雷锋工作室等平台，廉驿站、家风家训长廊、廉放映室等廉政文化宣传阵地，推进“清廉社区”建设从党建基石抓起，从基层邻里驿站介入，因地制宜，群策群力，突出特色，以社区社会工作专业的方法、理念，以完善的制度提高工作效能，创新监督机制；通过专题学习教育、普及化宣传阵地，全方面、多角度将“清廉社区”建设推向纵深发展，营造风清气正、和谐稳定的社区环境，让居民的凝聚力更加集中，居民的安全感、幸福感、获得感更加明显。探索基层群众廉政教育、廉政建设的方法措施，积累基层廉政工作的经验。

【加强配合指导】 配合组织部门加强基层各项基础工作，通过村“两委”换届“回头看”再“过一次筛子”、提升基层村（社区）治理能力、加强对群众教育引导等措施，提高基层组织纯洁性和战斗力，防止村民委员会及其成员“作恶”和“变黑”，坚决堵塞涉黑涉恶人员非法把持村级事务的漏洞，让黑恶势力在村（社区）无处藏身。会同组织部门，指导相关镇乡（街道）依法清理受过刑事处罚的村委会成员51人，因工作需要及时调整补选村（社区）干部6人，补齐补强村（社区）基层组织力量。

【加强骨干培养】 3月，组织开展第二批省农村社区示范型单位建设，涂茨镇旭拱岙村等5个村被评为第二批省级农村社区示范型单位。为提升全县社区干部的社区管理服务综合能力，拓展社区基层社会治理创新思路，借鉴外省市先进工作经验，5月29—30日，组织全县部分社区书记、主任赴苏州工业园区进行“社区治理创新”工作学习考察，有助于社区管理者提高城乡基层治理能力。

地名管理

【概况】 2019年，围绕全域旅游创建，推进地名文化建设。完成中心城区路门牌亮化和升级改造工程，共设置路牌1150块，其中双杆路牌354只全部亮化，单杆路牌796块，将路牌打造成为一道靓丽景观。以打造智慧城市为基础，利用30%灯箱式双杆路牌作为公益广告，全面植入“嗨象山”旅游品牌，提升路名牌旅游宣传功能。完成《国家标准地名词典》象山部分编写工作，编纂《象山县古今地名典故》和《象山县地名志》。

【整改排查不规范路名牌】 为加强和规范地名管理、传承弘扬中华优秀地名文化，4月，成立清理整治不规范地名工作领导小组，出台实施方案，明确部门职责，为共同做好地名管理工作提供政策依据。截至年底，共清理5条不规范地名，通过持续清理整治不规范地名工作，净化地名环境，延续地名文脉，提高地名管理能力和服务水平，更好满足人民群众对美好生活的需要。

【打造路牌靓丽工程】 2019年年初，着手对丹城中心城区路牌进行升级改造，共设置路牌1150块，其中灯箱式箱体路牌354只全部亮化，单杆路牌796块，将路牌打造成为一道靓丽景观。结合本地旅游环境和人文习俗，挖掘城市资源，以打造智慧城市为基础，利用30%灯箱式箱体路牌作为公益广告，全面植入“嗨象山”旅游品牌，提升路名牌旅游宣传功能，为县的全域旅游增添亮点。

【优化地名服务平台】 自2019年1月始，根据“最多跑一次改革”要求，对新批复的小区、道路、门牌名纳入窗口一次性受理、7日内办结，及时输入宁波地名网，提高工作效率。截至年底将新批复的13个小区名11条道路名、原有和新安装的10492条标准路门牌录入国家地名信息网，为人民群众提供便捷的查询服务，优化地名网络服务平台。

【推进地名典、志的编纂工作】 为积累保存象山地名文献，传承地名文化，规范地名管理，促进经济社会可持续协调发展，方便人民群众生产生活，发挥“资治、惠民、教化、存史”作用，根据《象山县地名志编纂工作方案》和《关于做好新编〈象山县地名志〉编纂工作的通知》，组建象山县地名志编撰领导机构和编写机构，落实《象山县地名志》和《象山县古今地名典故》编纂资金100万元和工作人员，召开全县地名志编纂联络员业务培训会议。截至年底，完成《象山县地名志》总纲目录编纂，部分内容编纂和《象山县古今地名典故》初稿编纂工作。

【做好行政区域优化工作】 按照市委全域城区化的要求，在调研和风险评估后，详细制定撤县设区工作方案、路径图和时间表等，为县委县政府做好参谋。为提升城镇化水平，优化城市空间布局，开展东陈乡撤乡设街道前期调研工作，形成《关于东陈乡撤乡设街道的调研报告》，从东陈乡撤乡设街道的必要性、可行性、变革性以及东陈乡撤乡设街道后发展定位建议四方面，全面分析东陈乡撤乡设街道面临的形势和条件，提出实施路径、体制调整、政策支持等意见建议。制定《东陈乡撤乡建街道行政区划调整工作程序》《乡镇行政区划调整指导标准测评体系》《东陈乡行政区划调整申报资料目录》等前期准备工作，为科学合理，规范有序地做好东陈撤乡设街道工作提供操作依据。

【完善行政区域界线联合检查工作】 为巩固勘界成果，加强行政区划界线界桩管理，维护边界地区的和谐稳定，按时保质保量地完成象山县与宁海县行政区域界线界桩联合检查工作。出台《象山县2019年创建平安边界活动的实施方案》，联合宁海县民政局分别于6月和10月完成“象宁线”泗洲头镇段4号界桩、5号界桩和西周镇段1号界桩、2号界桩和3号界桩全面检查。并运用定位仪进行多方定位，现界桩完好无移位，界桩面文字清晰可辨，界桩方位物和周围标志物、地貌与界桩登记表上所记载的相一致。并及时填写界线界桩联检登记表，做到行政区域界线界桩三到位：即界线界桩联检到位、维护到位、管理到位，保障和维护边界双方地区的社会平安和谐稳定。

殡葬管理

【概况】 2019年，象山殡葬管理工作在上级业务部门的精心指导下，在局党委的正确领导下，以全国殡葬综合改革试点工作为重点，以建设文明、生态、便民、惠民殡葬为目标，勇于探索，开拓创新，提升殡葬管理和服务水平，各项殡葬改革工作取得明显成效。

【全国殡葬综合改革试点工作】 完成2019年全国殡葬综合改革试点创建工作，象山县根据民政部确定的健全殡葬工作领导体制和工作机制、强化殡葬公共服务设施建设、改革殡葬管理服务方式、加强殡葬监管执法、加快殡葬信息化建设、深化殡葬移风易俗、推进节地生态安葬、治理不规范坟墓等试点工作内容，结合全县实际，全面推进各项工作的完成。向民政部、省市民政部门上报《全国殡葬综合改革试点工作中期报告》等改革报告，将象山县移风易俗、殡葬信息化建设、墓葬治理和节地生态葬工作作为亮点上报民政部，深化丧葬礼俗整治工作，移风易俗工作被民政部评为全国殡葬综合改革优秀案例。

【深化丧葬礼俗整治工作】 通过以“二倡导二禁止一规范”即：倡导丧事简办，倡导不送、不收非亲人员礼金，禁止燃放烟花爆竹、鸣放电子礼炮和纸礼炮等扰民行为，禁止搞封建迷信活动，规范整治丧葬用品市场为主要内容的婚丧葬礼俗改革整治。通过改革县殡仪馆全面取消一次性花圈花篮的摆放，由三支菊花代替悼念，并全面禁止明火香烛、烟花爆竹的使用，打造无烟殡仪馆。送葬车辆不超过10辆，停柩时间党员干部缩短至3天，出殡时沿路燃放烟花爆竹和抛撒纸钱、做路祭、跪桥头等得到全面禁止，丧宴中宴请人数以及菜品标准等均大幅下降，铺张浪费和迷信活动得到遏制。通过整治破除陈规陋习、节俭文明办丧成常态，自开展整治工作以来，全县共跟踪管理操办婚丧事16395起，执行新规16362起，执行率99.8%，节约资金32亿元，改革工作成效明显，受到群众的普遍欢迎。移风易俗工作在中办、国办印发的《关于加强和改进乡村治理的指导意见》中得到体现，被民政部评为全国殡葬综合改革优秀案例。

【推行节地生态安葬及设施建设】 完善出台节地生态葬政策措施，创新和推广不占或少占土地、少耗资源、少使用不可降解材料的安葬方式，实现安葬方式从依赖资源消耗向追求绿色生态可持续转型，逐步树立现代殡葬新风尚。一是加强生态葬设施建设。建成1处海葬纪念广场、1座骨灰楼、5座壁葬墙、2处省级树葬示范区、15座花坛葬区。举行树葬、花坛葬等节地葬入葬仪式，完成入葬无名逝者168具。二是墓型小型化。推行墓型、面积、墓价的统一和规范工作，杜绝豪华墓和高价墓现象。确定以生态墓为主的6个小型墓穴为全县各公墓区统一墓型，面积都控制在1平方米以内。在此基础上，推广0.8平方米的小型墓穴。三是调整生态葬奖励补助政策。完成调整生态葬减免奖励政策，将政策享受对象扩大至外来人员。对选择树葬、花坛葬、草坪葬和骨灰堂安葬的丧户全部予以免费；对选择节地小型墓穴的丧户，其奖励补助标准统一提高至每穴（格）2500元；对选择海葬的丧户，每例5500元的海葬费用均由政府埋单，逝者姓名免费镌刻海葬纪念广场，供亲属悼念。

【强化殡葬公共服务设施建设】 完善殡葬公共服务设施建设，建设县级中心公墓——燕山陵园，截至年底投资1.3亿元，道路、停车场、管理用房、绿化景观等工程建设基本完成，并开辟建设艺术墓区、节地型墓区等6个墓区，陵园建设现进入逐步完善提升阶段。投入2000余万元，完成县殡仪馆火化楼、骨灰寄存楼、绿化景观、道路、停车场、智能化控制系统等设备设施的升级改造。投入资金3000余万元，完成32个公益性公墓管理用房、道路、停车场等基础设施的升级改造，提升中心公墓的基础设施和生态绿化，促进镇乡级公益性中心公墓规模化建设。

【治理“三沿五区”坟墓】 巩固墓葬专项整治成果，通过对主要道路两侧等重点区域的反复排查，继续完成“三沿五区”[“三沿”指沿铁路、沿公路（包括县乡各级公路）、沿通航河道两侧，“五区”指水源保护区、文物保护区、风景旅游区、住宅区（包括农村各村民居住点）和开发区]坟墓整治的完善提升工作，并建立坟墓迁移长效管理机制。持续开展“三沿五区”坟墓迁移的查漏补缺和完善工作。加强与高速公路指挥部沟通协调，督促各相关镇乡完成新建高速公路等主要道路红线外及视线范围坟墓的一次性迁移工作。印发《关于加强公墓及坟墓植树绿化工作的通知》，落实并督促各镇乡（街道）完成绿化美化工作。

【强化殡葬执法管理工作】 建立健全殡葬执法巡查机制，各镇乡、街道殡葬专管员加强对本辖区范围公墓区、禁坟区的定期查检管理，民政执法大队对全县公墓区、禁坟区、墓石料加工厂、棺木加工点进行滚动式巡查，发现违规问题联合相关部门及时进行处置。结合殡葬领域突出问题专项整治、墓葬专项整治、丧葬礼俗专项整治等工作。通过强化宣传引导和联合相关部门及各镇乡、街道，开展殡葬执法活动180余次，查处拆除违法坟墓62座，查处未经审批擅自建造公墓3处，查处公共场所搭棚办丧2起。

【完成殡葬事网智慧办信息化建设】 推进殡葬信息化、智能化建设，完成殡仪服务管理系统、公墓管理系统、智能化系统建设。以“最多跑一次”改革为牵引，依托“互联网+政务”，完成殡葬事网上智慧办工作实施。智慧办理系统整合殡葬登记服务所涉及的民政、公安、卫健、人社、残联等部门和所属乡镇、街道，将群众身后事办理涉及的死因调查、死亡证明、殡葬服务、户口注销等“多件事”变为“一件事”，将“多头办理”变为“集成办理”。通过改革，家属只要提供身份证，大幅精减为“一页纸申报、一张网流转、一体化审批”。通过“政务钉钉”APP办公平台身后事网上智慧办理系统，由村网络员将殡葬基础信息及时采集、录入并推送，相关部门按流程和职能即时办理，办结后送达相关证明至家属。将原本群众至少跑5次的办理事项，实现一次也不跑的改革，原本要跑办一天的事，缩短至最快30分钟可完成，实现人力行政成本、群众办事成本大幅降低。系统运行平稳，完成网上办理1638例，该系统获评中国“互联网+政务”优秀实践案例50强。

【完善惠民殡葬政策补充工作】 根据《关于完善〈宁波市惠民殡葬政策实施细则〉的通知》精神，3月对全县《惠民殡葬政策实施办法》进行补充和完善。一是扩大惠民殡葬政策对象范围。除办法规定的享受对象外，在县行政区域内，持有浙江省居住证的流动人口，见义勇为牺牲的外来人员，自愿、无偿捐献人体器官（角膜）的外来人员，不能查实身源的无主（名）遗体，父母一方是象山县户籍的未登记户口婴幼儿，列入惠民殡葬政策范围。二是增加惠民殡葬政策免费项目。新增免费提供逝者骨灰盒（不超过300元/个）1只。三是提高节地生态葬法补贴标准。将各类节地生态葬补助均提高到每穴（格）2500元。四是提高骨灰撒海服务费用标准。撒海服务相关费用由3500元提高到5500元。五是明确异地火化人员基本殡仪服务费用承担。本县户籍人员在大市外死亡的，凭火化地殡仪馆凭证按实报销相关费用，最高不得超过县标准。大市范围内跨区县（市）异地火化人员，本着就近就便的原则，列入火化地的惠民殡葬政策范围。

社会组织

【概况】 2019年，贯彻落实省市社会组织工作决策部署，围绕县年度工作目标，突出“党建、培育、监管”三个重点，推进“红社领航”“赋能转化”“管理提升”三大工程，推促社会组织健康有序发展，引导社会组织在创新基层社会治理和推进经济发展中发挥作用。2019年，全省社会组织党建工作会议在象山召开。

【加强社会组织综合党委建设】 加大社会组织综合党委兜底管理的社会组织党的组织建设力度，在组建实体党支部的基础上，创新党支部设置方式，按照“组织关系一方隶属、组织生活双重参与”的原则，扩大功能性党支部数量，绿丝带志愿者协会和工业与信息化行业协会等2个功能性党支部组建。截至年底，综合党委下辖党支部12个，党员105人，引导21名社会组织从业人员递交入党申请书，是全市首个实现实体化运作的社会组织综合党委，有关做法在县委“两新”工委工作会议上作交流。

【推进社会组织服务平台建设】 对孵化园进行升级改造，建成总面积2000平方米的象山“益园”，筛选23个社会组织入驻，是一个集党建指导、培育孵化、文明实践、宣传展示等功能为一体的社会组织发展综合体，力争打造象山社会组织发展的“新名片”“新阵地”和“新坐标”。镇乡（街道）和社区级社会组织服务中心实现全覆盖，统筹推动各级社会组织服务中心功能发挥，培育扶持社会组织发展。

【推进社会组织学院建设】 突出学院党建引领、教育培训、课题研究、社会服务特色，高起点完成中央立项项目《宁波市新时代社会组织领航人才培训示范项目》、市社科院规划课题《党建引领社会组织推进经济社会发展实践与启示》和动员引导社会组织结对延边龙井市2个贫困村等重点工作，突显学院“红色学府、党建氧吧”品牌定位。注重培训工作品牌营造，创新开发“山茶花开”系列品牌培训包，截至共开展“甬城公益人赋能训练营”与“志愿服务领导力成长营”等培训班15期，累计受益1100余人次，吸引四川、江苏等省外社会组织从业人员慕名前来培训，提升学院教学实力与影响力。

【推进社会组织公益项目】 组织20余家社会组织申报中央、市专项资金、志愿服务、公益大赛等支持社会组织发展项目，以项目化为载体激发社会组织参与社会治理活力，缔结共益发展共同体。县社会组织服务中心的《宁波市新时代社会组织领航人才培训示范项目》首次被民政部立项支持。举办“社创蓝海”社会组织公益项目大赛，引导社会组织参与社会治理。

【培育发展城乡社区社会组织】 加快发展生活服务类、公益慈善类和居民互助类城乡社区社会组织，到2019年年底，实现城市社区平均拥有不少于19个社区社会组织，农村社区平均拥有不少于8个社区社会组织，发挥城乡社区社会组织在社区服务提供、扩大居民参与、社区文化培育、促进社区和谐等方面的作用，成为创新基层社会治理的支撑。

【开展年报公示工作】 持续开展打击整治非法社会组织专项行动，取缔“中国监督网浙江象山办事处”非法社会团体，挤压非法社会组织在象活动空间，营造良好发展环境。对全县447家社会组织在内部治理、活动开展、经费使用等方面进行全方位检视和网上年报公示，接受社会监督。

【推动社会工作专业化和职业化】 动员近250名从业人员报考国家社会工作者职业水平考试，并进行考前培训，提升全县持证专业社会工作者人数。组织开展“追梦新征程·社工在行动”——“社会工作宣传周”和创建“社会工作示范基地”活动，推进专业社会工作高质量发展。县塔山志愿者协会获宁波首届“社工好故事”比赛第2名，并将代表宁波参加全省“社工好故事”比赛。分类分层开展社会工作培训和专业人才继续教育培训，新增社工机构、持证社工、社工专业岗位分别为2个、32个和21个。

【提升志愿服务效能】 开展"善行象山"志愿服务论坛交流和志愿服务快闪活动,支持和引导全县民间救援队参与象山和临海台风、人民医院实习医生和杭州女童失联等重大救援,被中央和全国各地有关媒体广泛报道,倡导"公益人人,人人公益"理念,提升社会组织践行志愿服务精神动能。举办5期"志行者"志愿服务领导力成长营培训班,与象山星巴克合作实施"一星一益"公益咖啡服务计划,提升志愿服务组织、志愿者服务社会能力和激励保障水平。

【加强社会组织综合监管】 组织开展社会组织年报问题整改、等级评估、"双随机"抽查、异常活动名录和严重违法失信名单认定推送、非法社会组织打击整治等工作,推进社会组织信用体系建设,加强社会组织日常监管和风险预警。规范行业协会商会涉企收费行为和评比达标表彰活动,加强重大专项检查发现问题的督促整改工作,助力营商环境提升和"最多跑一次改革"向社会组织领域延伸,服务经济社会发展大局。

民政专项服务

【概况】 突出"巩固、深化、提升",以"最多跑一次"为改革窗口,优化婚姻收养登记,水库移民安置扶持,福利彩票管理,流浪乞讨人员救助等社会专项服务水平。

【深化"最多跑一次"改革和政府数字化转型】 做好政务服务事项梳理认领,及时做好新增办事事项的逐项认领比对入库及办事指南信息的补充完善工作,共认领政务服务事项136项(叶子事项),其中行政许可22项,行政确认20项,行政给付26项,其他行政权力46项,公共服务22项。完善权力事项咨询电话、受理地址、申报材料、办理流程、办理时限等基本要素。梳理调整划转到象山县退役军人事务局等相关职能部门的权力事项和公共服务事项50项。完成各项政务服务事项数字化指标,政务服务事项中除收养登记外100%实现最多跑一次,除婚姻、收养7个事项外全部实现网上办理、跑零次和移动掌上办,实现90%事项全城通办,引导更多人开展网上办理。深化行政审批中介服务体系改革,制定象山县民政局关于涉审中介机构的考核细则,推进社会组织法定代表人离任审计和注销清算审计中介服务政府买单。落实窗口受理、快递送达,推行容缺受理服务机制。依托先进的网络和通信手段提前介入,主动提供"一对一"服务,提升办件效率,以服务提升"最多跑一次",群众满意度100%。

【扎实做好水库移民安置扶持工作】 编制后扶项目23个,安排项目资金751万元,项目资金安排率达到100%。完善直补人口复核,实行动态化管理,共发放直补资金246万元;继续做好水库移民培训,开展创业致富培训三期;出台水库移民困难临时救助实施办法,发放救助资金8.38万元;强化后扶项目全程管理,聘用第三方开展水库移民后扶项目资金内审工作。

【婚姻收养登记工作】 婚姻和收养登记例外事项外都实现"网上办理""跑零次""移动掌上办""承诺件压缩""即办""材料电子化比率"100%。扎实推进"一事联办"模式,实现婚育户一件事,身后一件事线上运行,推进"互联网+政务服务"运行。2019年全年结婚办理2691对,离婚办理1955对。

【福利彩票工作】 以浙江省福彩发行中心"变中求稳,稳中求进"的工作总基调为指引,继续加强福彩服务管理,做好福彩资助帮困工作。做好福彩公益金筹集和中福在线销售厅迁址海港城工作,1—10月实现销售8577万元,完成市民政局下达年度销售任务数的81.22%。

【流浪乞讨人员救助工作】 为维护社会稳定,建设和谐新象山。采用把控机制,整合社会资源,做好流浪乞讨人员救助管理工作,1—10月共救助流浪乞讨人员303人次。

(民政局　蒋金龙)

慈善事业

【概况】 2019年,县慈善总会在县委、县政府的领导下,在社会各界的关心和支持下,按照年初制定的目标任务,全年慈善资金总收入5788万元,同比增长21.2%。各项救助支出4737万元,占上年总收入的99.2%,受助28683人次。实现"村村邻里慈善帮扶基金"全覆盖,"三个一"慈善示范村创建成效显著,被象山县委、县政府授予"2018年度乡村振兴共建先进单位";在全省慈善工作经验交流会上陈加元会长肯定"象山县慈善总会通过村级慈善帮扶基金建设、建立100家冠名基金和网络募集三大抓手提升募款额"的经验做法。虞宇丽荣获浙江省"五星级义工"、宁波市最美志愿者荣誉称号,张雪亚被评为宁波好人。

【发动全民行善,善款募集稳中有升】 全年慈善募捐收入5147万元,同比增长20.2%。其中:"慈善一日捐"和"市民慈善拾元捐"收入946.5万元,日常捐赠2952.2万元,冠名基金收入1132.7万元,物资捐赠和慈善商店义卖收入115.6万元。

【超额完成年度募捐目标】 年初,召开全县慈善工作会议,明确目标任务,提出工作要求,全面部署动员。会后总会、分会、工作站上下联动,开展多形式、多渠道、多领域、多举措的日常募捐活动,全县善款募集总量超出预期。总会募集3813万元,同比增长55.5%;分会募集1334万元,比预期增长65.3%。石浦镇慈善分会完成率219%,村募集参与率100%;高塘岛乡分会完成率105.6%,村募集参与率100%;丹东街道慈善分会完成率138.3%,村募集参与率73.5%。为全县作出表率。

【全民参与“慈善一日捐”热情较高】 5月30日，县政府召开全县“慈善一日捐”动员会议，全县100余个单位部门和18个镇乡（街道）慈善分会的负责人参加会议。会上县委常委县政府分管领导干维岳代表县委、县政府对全县“慈善一日捐”工作提出具体要求，号召各级各部门和社会各界参与奉献爱心、崇德扬善的慈善捐款捐物行动，要求各行政机关的单位捐款数额保持2018年的捐赠额度。截至9月底，全县63家机关、企事业单位和186家机关企事业单位的个人参与“慈善一日捐”，广大市民踊跃参与“市民慈善拾元捐”，累计募集善款571万元。行政企事业单位捐款10万元以上的有10家，例如城投集团捐款25万元，县民政局捐赠18万元，县财政局捐赠12万元。县教育局在“慈善一日捐”动员会议后及时在“象山教育网”上向全县9万余师生发出捐款通知，在暑期前完成捐款47.5万元。不少企业、社区、商会等自发组织开展“市民慈善拾元捐”活动。各镇乡（街道）分会也行动，广泛动员辖区内机关企事业单位开展“慈善一日捐”活动，发动村慈善工作站，利用“慈善一日捐”契机，广泛开展“村村邻里慈善帮扶基金”的募款活动，募集善款615.4万元，村（社区）慈善基金得到充实。

【“村村邻里慈善帮扶基金”固本增量】 继2018年全县“村村邻里慈善帮扶基金”创建全覆盖以后，2019年，县慈善总会根据县委副书记孙小雄提出的要求，在全县深化开展“三个一”慈善示范村创建活动。示范村要求达到：有一个班子齐全、办公有室、制度健全的工作站；有一个慈善帮扶基金，金额在3万元以上，当年村民参与捐款率66%以上；有一支慈善义工队伍，登记义工人数10人以上，有活动记录。在全县18个镇乡（街道）首批选择50个行政村开展示范村创建活动，以此为抓手，通过组织全县各镇乡（街道）慈善分会到先行试点的涂茨镇黄沙村、黄避岙乡兵营村现场观摩。听经验做法介绍，看创建成果展示，检阅义工队伍公益服务风采。以点促面，推动全县“三个一”慈善示范村建设。至年底，全县50个年初确定的示范村经总会逐村实地验收、考评，全部达标。并推进全县其他行政村（社区）慈善工作开展，达到村级慈善基金固本增量的目的。

【企业冠名慈善基金和小额冠名基金得到巩固扩展】 设立冠名慈善基金是企业参与慈善事业、回馈社会的形式，也是总会慈善资金的重要来源。做好签约企业冠名基金催款入账的，争取新建企业冠名基金，在中小微企业中设立小额冠名慈善基金，全县共签约冠名慈善基金71家，小额冠名基金110家，收到冠名基金善款共计1132.6万元，与2018年同期保持稳中有增的态势。

【慈善网络平台网上募捐效果显现】 发挥慈善信息互联网平台功能优势，创新项目，运用不同方式，拓宽募捐渠道，共募集善款153.6万元。其中，开通网上“慈善一日捐”、日常捐，不仅为爱心捐赠者提供便捷的服务平台，而且开辟新的募集渠道，呈现新的募集增长点，共募集善款72.9万元；累计建立小微慈善基金59个，募集基金总额29.3万元；推出公益项目4例，募集善款10万元；通过宁波慈善医疗联合众筹网络平台，发布救助个案8例，募集资金41.4万元。《新桥东溪35岁村民突遭不幸，请伸出援手挽救他的生命》众筹个案的发布，筹得医疗资金13.5万元；《定塘16岁花季少女身患重病半身瘫痪三年多，请为她点亮生命的希望之灯》众筹个案，筹得医疗资金10.38万元，及时为他们解决部分医疗费用。

【聚焦弱势群体，精准施助爱暖人间】 全年救助支出4737万元，受助28683人次。其中：助医支出231万元，受助471人次；助学支出150万元，受助957人次；助困支出1281万元，受助13136人次；助残支出32万元，受助109人次；助老支出155万元，受助1974人次；助孤支出21.4万元，受助314人次；赈灾支出9.6万元，受助24人次；扶持社会福利和公益项目支出2748万元，扶持319项（次）；实物救助109万元，受助11380人次。

【关爱老弱贫残，精准救助“六个一百”】 按照“精准扶贫”的要求，针对县弱势群体贫困现状，总会陆续推出“六个一百”救助项目，即：救助全县百户生活最困难家庭、慈孝百岁高寿老人、关顾百名贫病残退役军人、助养百名困境儿童、救助百名特困癌症患者、结对帮扶百名贫困中小学生。这些项目实施后，不仅得到党委、政府的肯定和社会的良好反映，而且纾缓一大批弱势群体的实际生活困难。特别是对各类救助对象的确认，总会和各分会严格标准、严格把关，深入乡村，逐户逐人调查核实，至今没有出现一例一人有争议的情况，社会认可度极高。在市总会举办的“9月5日中华慈善日主题论坛”上，县实施的“六个一百”救助项目的做法作经验交流。“六个一百”救助项目累计救助支出114.3万元，惠及818人次。

【开展跨界合作施助，救助实效得到提高】 根据县委、县政府安排，与县民政局、县财政局联合开展“情暖千家”春节慰问活动，总会出资270万元；与县民政局联合建立“医疗应急救助基金”，将医后救助延伸到医前应急救助，更好地体现医疗救助的及时性，救助支出32.9万元；与县城管局联合建立“环卫基金”，对贫困环卫工人实施援助；与县退役军人事务局联合开展“关顾百名贫病残退役军人”救助项目，总会出资每人每年救助4000元，每年“八一”建军节、春节会同退役军人事务局上门发放慰问金；与县公安局联合设立“爱警基金”，由公安局筹集资金，总会按比例配套，对遭遇突发事故和因病致贫的公安干警、协警及其家庭进行救助；与团县委联合对口帮扶龙井、敦化两市，设立助学、助困等多个对口帮扶项目；与县妇联联合设立“康乃馨救助基金”、与县红十字会联合设立“关爱精神疾病康复基金”、与县关工委联合开展“结对帮扶贫困中小学生”；与抗癌协会联合设立“爱康慈善救助基金”等，针对特定人群和特定困难对象，联合相关部门，整合相关资源，实行精准救助，提高救助实效，扩大社会影响。

【关爱重症特困人员，开展网络众筹救助】 全年共有8例重症特困个案通过网络众筹平台，募集救助款41.4万元，为他们解决部分医疗费用，减轻病人家庭的负担，延续乃至挽回他们的生命。例如16岁少女康梦帆，因患骶骨骨巨细胞瘤，常年瘫痪在床。年初，在北京活雷锋孙茂芳的帮助下，北京市肿瘤医院同意接收康梦帆进行手术治疗，需要费用约30万元。多年的求医治疗让这个家庭负债累累，为康梦帆发起慈善医疗众筹，2000余人参与众筹捐款，募集善款10.3万元。7月28日，县慈善总会无忧花慈善义工大队在人民广场举行“无忧花开，筑梦扬帆”慈善晚会，联合二十余家爱心单位和企业为康梦帆开展募捐、义卖、义演、义拍活动，当天晚上有1500余市民参加，共募集善款近9万元，基本上为其解决首期医疗费用。

【“象爱延伸”对外对口帮扶】 根据县委、县政府关于对口帮扶协作工作要求，总会与吉林省龙井、敦化两市开展对口帮扶协作，设立“象爱延伸”基金，2019年通过慈善定向帮扶资金487万元。其中县慈善总会直接出资120万元(含物资折价56.1万元)，在两市设立助困、助学等公益扶贫基金项目。

此外，响应市总会号召，县慈善总会出资20万元，在甘肃省敦煌市认领10亩防风固沙胡杨林慈善公益项目；援助贵州省望谟县打易镇扶贫资金11.2万元，援助温州市泰顺县扶贫资金10万元；发往新疆、贵州、遂昌等贫困地区物资折价30余万元。

【争取县外资金援助教学、医疗、养老等公益福利事业】 市总会安排县救助资金30万元，用于援助西周敬老院5万元，爵溪敬老院4万元，涂茨镇敬老院3万元，丹西九顷老年活动中心3万元，茅洋中学5万元，黄避岙乡中心幼儿园5万元，定塘镇中心小学3万元，贤庠镇中心幼儿园2万元。

鲁冠球三农扶志基金“四个一万工程”定向援助县贫困学生资金10.34万元，救助孤儿和贫困学生38人；福彩基金出资12万元，援助县贫困家庭大学生15人次。

仁明眼病医院和爱尔眼科医院定向捐赠280万元，用于救助县贫困眼病患者，2019年累计救助支出298.7万元，救助患者1784人次。

【对贫困家庭学生实施圆梦助学】 全年发放助学金150万元，受助贫困大学生109人，初高中生、小学生共计848人。争取到宁波市慈善总会、县外助学资金52.5万元，援助其他教育事业发展。象山杭州商会不忘初心、反哺家乡，与象山中学结对建立助学基金，资助19名贫困高中生。定塘镇台洞塘村慈善工作站为该村8名优秀中、高考学子颁发奖励金共7600元，鼓励学子好学上进，学有所成，回报家乡。手拉手义工大队开展的“一张纸献爱心”项目，上门到各机关单位回收废旧报纸，把卖报的钱结存起来，资助11名贫困学生，他们的善举激励着学生勤奋学习，广受社会好评。

【加大慈善创业扶贫投入，预期收益看好】 全县有4个慈善扶贫基地、27个扶贫户项目，通过基地结对帮扶35户低收入家庭，全年投入帮扶资金66万元，“利奇马”台风受损补助5.8万元。经初步评估，大部分基地和扶贫户的生产经营状况看好，管理逐步规范。据统计，4个扶贫基地2018年全年收入达到594万元，2018年利润150.5万元，生产经营效益基本达到年度计划目标。基地利用就业帮扶、生产帮扶、吸收低收入农户参股、租用低收入农户土地等方式结对帮扶35户低收入农户，合计帮扶支出22.7万元。基地还向周边贫困户、敬老院等赠送大米、水果等农产品，给周边农户赠送农资、开展技术指导服务、培训农户、推广新品种新技术、帮助销售有困难的农户代销农产品等合计资金约2.5万元。27个扶贫户全年2018年经营收入545万元，其中产生利润约189万元，达到扶贫增收甚至脱贫致富效果。

【注重义工队伍建设，公益服务遍及城乡】 全县共有28支慈善义工大队，登记在册义工3500余人。全年开展公益服务活动850场次，累计义工服务时间达8万小时，被服务对象2500人次，通过义卖、发起网络众筹等方式募集善款、物资共计195.4万元。仁爱慈善义工大队、蓝羚户外应急救援队被评为宁波市“十大慈善义工组织”，骆绍伦被评为宁波市“十大优秀义工”。

【主题特色公益服务活动】 水滴爱心慈善义工大队策划发起《象善凝聚——水滴爱心众筹义卖公益计划(雨伞片)》活动，结合庆祝新中国成立70周年主题，以“公益造血”和“人人公益”为目标，设计一批宣传新中国成立以来光荣历史图案的公益伞，通过面向全县市民公益众筹的形式，售出近200顶公益伞，将获得的7000元善款捐赠给重症儿童，彰显双重意义。

无忧花义工大队在4月组织开展“爱在人间四月天”大型活动，分“爱心义卖、义诊”“致敬白衣天使、放飞爱心希望”“宣传垃圾分类，争做环保卫士”等三大主题活动，集聚800余名义工和市民参加，拓展公益服务的空间，社会效果很好。8月，举办“无忧花开，善行象山”公益集市，募集善款10万元。

蓝羚户外应急救援队受命摸黑赶赴临海，参与受“利奇马”强台风影响的抢险救灾，队员们连续奋战26个小时，冒着危险，饿着肚子，转移被困人员150余名。配合县公安等警力，参与松兰山搜救失踪淳安女童事件，连续4天在松兰山的海岸上搜索，县内外多家媒体报道事件进展。

星火、仁爱、无忧花、鸿雁、手拉手、学雷锋、爱心同盟等7支慈善义工大队协助市民政局、市慈善总会开展《新苗守护计划》项目，冒着炎炎烈日，走村入户、深入全县960余户困境儿童家庭，调查了解家庭情况，征集服务需求，协助建档立卡，给予重点关爱。由县总会和市总会共同出资，为符合条件的儿童购买重疾险；配合省慈善联合会发起的“中国公益小天使”，象山公益小天使近1200余人参与，开展为期46天的“关爱困境重症儿童”爱心义卖及义演活动，募集善款7.5万余元；配合市总会开展“衣循环”项目，筹集1.1万余件七八成新乃至全新的冬衣运往新疆库车、湖南保靖县等贫困、受灾地区；在西周镇下沈小学新建1家天使儿童之家，辐射周边困境、留守儿童，定期开展心理辅导、预防知识教育、特长培训等活动；开展“爱心改造家”项目，共改造11户低保困境儿童的居住环境；组织35名困境儿童参加宁波华茂彩虹公益夏令营，组织20名困难儿童参加“同在蓝天下”走进科技馆和天一阁的活动，让这些孩子在活动中拓宽视野，收获快乐和关爱；连续6年爱心接力，帮助白血病女孩、创业扶贫家庭销售大米，5天时间卖出5500千克大米，销售额近3.3万元。

【公益创投项目】 共有爱心改造家、爱与陪伴等6个项目被社会组织公益创投批准立项，安排资金22.5万元，用于项目实施。负责项目实施的义工分会和各义工大队严格按照项目要求，组织项目实施，深化项目运行，合理安排资金使用，按时完成项目目标，项目绩效彰显。“关爱重症儿童”“天使儿童助残助教”项目被市慈善总会立为2019年度困难儿童服务类义工服务入围项目，安排资金3万元。“天使儿童之家”项目被评为宁波市“十大慈善义工项目”；“爱心改造家”项目荣获2019年“余姚乐善杯”宁波第七届公益项目设计大赛三等奖。“心灵呵护——生命关爱”项目荣获“社创蓝海”一等奖，“寻找特困学子——起航计划”项目和“爱的七彩花——关爱空巢老人”项目均获“社创蓝海”优秀奖。

【乡村慈善义工公益服务活动日渐频繁】 让慈善义工的身影遍布县域半岛是总会提出的口号，也是推进“三个一”慈善示范村创建目标之一。18个镇乡（街道）18支慈善义工队伍，活跃在各地开展各种公益服务活动。黄避岙乡红马甲义工大队在全乡各村开展清洁卫生、美化庭院、助老扶老等公益服务，他们有一句不成文的口号“穿上红马甲，就得尽义务”，成为全乡人民心中的模范好人。石浦镇慈善义工大队一以贯之，连续上岛下村，为村民理发、磨刀具、修理家电、清洁卫生等等。丹东、丹西、爵溪、东陈等分会的义工到敬老院给老人包饺子、走访困境儿童、关爱残障困难人群；西周、定塘、新桥、晓塘、高塘等分会的义工，开展抗台防灾、夜间巡逻、敬老助老、清洁环境等义工服务，义工足迹遍及乡村。

【弘扬慈善文化，社会向善乐善氛围渐趋浓厚】 政府重视，助力慈善宣传。县委、县政府高度重视慈善事业发展，在2019年的两会政府报告中提出“弘扬慈善救助，营造全民向善、人人行善氛围”。为贯彻落实两会精神，发挥好宣传对慈善事业的推动作用，总会制定年度宣传计划，主动与县广电、县传媒中心、县文明办等单位联系合作，精心策划宣传方案；利用各种传媒平台，在《今日象山》报、《象山新闻》电视节目等各类媒体上宣传报道慈善信息161篇，基本每3天有1至2条慈善新闻刊登，形成面上一定的宣传氛围。

【开展“慈善文化进乡村”活动】 总会在15个镇乡（街道）中心村，开展善行乡村“四送”活动，送服务：组织总会直属义工队伍，到村里开展义工服务；送政策：将宣传慈善图板放置在村里展示；送慰问：在活动所在村选择5户最困难家庭上门慰问；送晚会：由总会负责，镇乡（街道）工会、团委、妇联、慈善分会协办，举办一场以宣传慈善文化为主题的文艺晚会。不仅深受广大村民的欢迎，而且扩大慈善文化在乡村的影响。

【举办“圆梦助学·励志感恩”主题活动】 联合团县委等单位，于8月23日下午在县传媒中心演播厅举办“圆梦助学　励志感恩”大学生助学主题活动。市总会陈云金会长、邵裔秘书长亲临大会指导，县委、县府、人大、政协领导出席会议，40多个机关单位、300余名受助学生及家长代表、爱心人士代表参加活动，2万余人在线观看当天活动的视频直播。活动分为“风雨无阻　青春无悔”“有梦去追　励志于行”“以梦为马　勇往直前”3个篇章，分别安排短片视频、助学情况介绍、大学生朗读受助学生感恩信件、发放2019年度助学金、颁奖仪式、爱心人士寄语讲话、受助大学生励志发言、县领导讲话等环节。动员社会爱心助学，激发学生励志感恩，弘扬象山善行风尚。

【宣传典型人物事件，营造善行象山氛围】 一句“妈妈，你把我卖掉吧，卖给有钱人，你就有钱治病了。”引发社会各界的爱心潮涌，县慈善总会及时跟进了解事件进展，通过发起众筹、向社会募集爱心，为单亲妈妈叶子林募集手术医疗费，更有广大爱心人士亲自将善款送到叶子林手中。中央人民广播电台、《早间新闻》《浙江日报》《宁波日报》等各大媒体争相转发报道这起爱心事件，宁波市委郑栅洁书记亲自过问，委派市民政局局长、市教育局局长亲临医院看望叶子林，一时间“象山县慈善总会帮助单亲妈妈重新站起来”的话题得到社会各界的广泛关注。

总会及时总结行政村慈善“三个一”建设的经验做法，在省慈善工作经验交流会上介绍，并在中华慈善总会的《慈善》、宁波市慈善总会的《大爱》等刊物上发表，将象山慈善的经验向全市、全省乃至全国推行。通过《慈善》《浙江慈善》《大爱》《今日象山》等载体，相继报道叶维品、虞宇丽等优秀慈善工作者、先进慈善义工等典型人物，在社会上产生共鸣。

【汇编《守望慈善，善行象山》书籍】 为记载、存资、宣传县慈善事业发展的成就，总会汇编《守望慈善，善行象山》书籍，此书的发行，不仅记载本届县慈善总会三年来所做的工作和取得的成绩，而且通过此书让更多人认知慈善、参与慈善、守望慈善。

【组织学习培训，提高依法行善能力和水平】 各分会人员调动较普遍，“六个一百”等救助项目首次实行，为保证工作的效能，总会先后举办4次以会代训和专项培训，分2次组织各分会人员前往温州、台州、衢州等地进行学习交流，按主题、分片区组织分会工作人员举办工作交流座谈会，以加深对各项规章制度、项目施行流程、相互学习交流等方面的认知，提高依法依规行善能力和水平。

（县慈善总会）

气象服务

【概况】 气象部门实行上级主管部门和地方政府双重领导的管理体制。2019年，县气象局以习近平新时代中国特色社会主义理论为指引，围绕年初制定的各项工作目标，以提高气象事业发展质量和效益为中心，推进气象业务现代化、气象服务社会化、气象工作法治化，加强创新驱动，提高公共气象服务能力，为象山实施“双突破双驱动”战略，建设“两强两美”宁波现代化滨海城区提供优质气象保障。年末，全局气象工作人员共25人（含编外人员），在编在岗人员18人，其中工程师13人，助理工程师6人，见习期2人，研究生3人，本科16人，专科5人。

【党建工作】 坚持党建统领地位，以开展“不忘初心、牢记使命”主题教育为契机，落实“一岗双责”，把从严治党贯穿党的建设和气象工作全过程，发挥党组织的战斗堡垒和党员队伍的先锋模范作用，提高全局党建工作水平。一是扎实开展“不忘初心、牢记使命”主题教育工作。按照上级气象部门的统一部署，成立主题教育领导小组、制定工作计划，以学习贯彻习近平新时代中国特色社会主义思想为主要内容，牢牢把握“守初心、担使命，找差距、抓落实”的总要求，把学习教育、调查研究、检视问题、整改落实贯穿全过程，组织开展集中学习研讨、党组书记上党课、初心之旅等活动，把主题教育同落实上级气象部门和县委县政府重点工作结合起来，激发党员干部的工作热情和进取精神。二是与结对社区、结对村开展文明共建活动。做到一年为社区上一次党课，开展一次主题党日活动，认领一次微心愿。每月第一周周六走进小区街道开展“两进两检”活动。三是探索机关党建新思路，做到一支部一品牌。探索“气象知冷暖”支部品牌建设。四是创新党建教育新模式。开展“支部书记上党课，普通党员上讲台”活动。由支部书记和普通党员给大家上《党的纪律》《我为总理做政府报告》《新中国新气象》等党课。

【软硬件建设】 一是加强人才交流学习。安排1名业务人员赴宁波市气象台进行交流学习，1名党员赴宁波市气象局人事处学习党建工作，多次组织业务人员参加各级气象局组织的学术报告会及业务知识培训，聘请专家为相关业务人员开展自动气象站知识培训。二是加强科研队伍建设。参与市创新团队省自然科学基金项目《杭州亚运会期间浙北近海风和海浪特征研究》申报工作。县科技项目《雷电灾害预报模型及应用系统研发》完成验收归档工作。三是启用宁波市县一体化预报业务平台。1月完成预报业务平台切换，宁波市县一体化预报业务平台正式启用。四是象山县气象预警中心正式投用。该中心是象山县气象事业发展“十二五”规划确定的防灾减灾类项目，位于象山经济开发区滨海工业园金海大道，中心总占地面积17亩，总投资2110万元。中心设3个功能区，分别为气象数据探测功能区（地面观测和雷达高空观测）、科研业务功能区和生活区。其中，科研业务功能区主要由业务办公、气象信息发布、台风和气象灾害预警发布平台组成。中心的建成投用将有助于提升象山气象防灾减灾及公共气象服务能力，更好地服务于象山经济社会发展。

【气象科技创新】 组织业务人员分别赴舟山、温州两地气象部门开展海浪预报服务等相关业务工作的学习调研，为探索开展海浪预报业务，筹备亚帆赛气象服务提供宝贵经验。在此基础上，谋划推进气象科技创新工作项目。一是做好2022年亚帆赛气象服务前期筹备工作，探索开展海浪预报服务。完成亚帆赛赛区气候条件分析，内容包括象山地区气候概况、亚帆赛期间气候条件和赛场气象条件，为亚帆赛提供基础气象技术支撑。二是建立靶向预警短信发布平台。与中国移动对接，获取移动端大数据的标签分类，结合最新数值模式预报和人工判断，精细化确定灾害性天气的影响范围，判别灾害性天气影响人群，随着天气系统的移动发展，滚动更新灾害性天气影响范围和人群，将影响范围和人群特征标签交与中国移动接口，及时向靶向人群推送气象预警信息。三是结合亚帆赛气象服务，探索海浪预报技术，在渔业广播、“96121”中发布风浪预报产品。

【省气象局副局长王东法调研亚帆赛气象服务筹备工作】 5月5—6日，浙江省气象局党组成员、副局长王东法一行专程到象山调研2022年亚运帆船（板）比赛象山赛区气象服务保障前期筹备工作情况。宁波市气象局党组书记、局长杨忠恩等陪同调研。王东法一行先后察看象山亚帆中心项目建设工地，象山县气象预警中心及石浦气象站，并座谈了解亚帆中心项目建设情况及亚帆赛象山赛区气象服务需求，象山县气象局主要负责人就亚帆赛气象服务保障现状及进展、存在的问题和不足以及下一步工作思路等向调研组进行汇报。在听取汇报后，王东法对县气象局提前谋划、主动筹备亚帆赛气象服务保障工作表示肯定。他对县气象局下一步亚帆赛气象服务保障筹备工作开展提出三点建议：一是要加强沟通协调，细化工作任务，优化亚帆赛气象服务方案及各类应急处置方案，确保服务工作开展；二是要加强气象探测设施建设。针对亚帆赛气象服务需求，完善赛场及周边区域气象探测设施布局，提早开展海岛观测站、区域自动站等气象探测设施建设工作；三是要加强人才队伍建设，谋划组建亚帆赛气象服务保障团队，提前开展专业英语及现场保障服务技能培训。调研期间，王东法还与象山县委副书记孙小雄就象山气象事业发展进行交流。

【省气象局副局长顾骏强检查指导象山气象工作】 11月15日上午，浙江省气象局党组成员、副局长顾骏强在宁波市气象局副局长唐剑山等陪同下到象山县气象局检查指导工作。顾骏强听取象山县气象局的专题汇报，对该局近年来融入地方经济社会发展，开展气象防灾减灾、海洋预报和为农服务等方面工作取得的成效给予肯定。他指出，县气象局完成基建项目，新老人员更替也基本完成，下一阶段重点要抓好三件事，一是做好气象防灾减灾和预报服务工作，争取地方政府的支持；二是抓好人才队伍建设，发挥年轻队伍的作用；三是抓好党建和主题教育工作。顾骏强一行还参观县气象局预报业务平台，观测站和石浦国家基本气象站，亲切慰问一线业务工作人员。

【做好“7·3”短时极端强降水气象服务】 受海上倒槽发展影响，7月2日晚至3日清晨，象山中西部地区出现暴雨到大暴雨，截至3日08时，全县面雨量47.8毫米，2个站雨量超过100毫米，其中最大蟹钳港154毫米，泗洲头133毫米。最大小时雨强蟹钳港58毫米(3日03—04时)。在此次强降水气象服务过程中，象山县气象局严密监测、及早部署、提前预警。一是服务及时主动。根据降水预报，2日中午县气象局主动向象山县防指建议召开防汛专题会商，分析研判梅汛期雨情及防范措施。2日下午3时，县防指根据气象部门提议组织召开防汛会商会，县气象局主要负责人首先在会上指出，夜里到明天将有强降水过程，县防指根据气象预报对梅雨后期强降雨防范工作进行再布置再落实。2日晚上11时，该局主要负责人再次向常务副县长汇报降水实况及预报情况。强降水过程期间，县气象局每半小时向县应急管理局进行雨量实况通报；二是预警提前发布。象山县气象台于2日23时27分发布暴雨黄色预警信号，3日2时34分升级为暴雨橙色预警信号，3时20分升级为暴雨红色预警信号，5时35分更新为暴雨橙色预警信号。4时15分县自然资源和规划局、县应急局、县气象局联合发布地质灾害气象风险提醒，提醒相关部门加强巡查监测，做好地质灾害防范工作；三是值班值守到位。该局主要负责人、分管领导、业务主、副班夜间驻守局气象会商室加强应急指挥和值守，根据实况和预报趋势，及时调整和增加值班人员，加密监测雨情变化情况。

【紧急部署“利奇马”台风防御工作】 根据预测，2019年第9号台风“利奇马”可能于8月10日在象山到温岭之间登陆，8月8日中午，象山县气象局召开紧急会议，提前部署台风防御工作。会议传达省、市、县防御台风会议精神，并对台风防御工作进行具体部署：一是要思想上高度重视，严阵以待，把防台工作作为全局当前头等大事来抓，坚决杜绝麻痹大意思想。二是始终坚持高标准、严要求做好该次台风服务工作。气象台要加强天气监测，及时发布监测预报预警信息；大气探测科要做好台风监测工作；气象减灾科要做好灾情信息收集和上报，并在台风来临前对全县自动气象站进行排查；办公室要做好信息报送及后勤保障工作。三是责任上要压紧压实，做到守土有责。领导带头、靠前指挥，所有干部及时到岗到位，服从指挥、统筹配合、通力合作。发挥气象防灾减灾第一道防线作用。

【部署“米娜”台风防御工作】 针对2019年第18号台风“米娜”可能对象山造成的影响，象山县气象局及时部署，主动服务，做好台风防御工作。9月28日，局主要负责人主动向常务副县长陈兴立汇报台风动态，9月29日下午在全县抗台工作紧急会议上作台风形势分析报告，9月30日上午9时到县三防办向县委书记叶剑鸣、县长黄焕利等报告台风预报情况，重点指出“米娜”台风很有可能在象山登陆或紧擦象山北上，将严重影响象山，2018年全县过程雨量200~300毫米，局部400毫米以上，沿海海面今天8~10级，夜里增强到9~11级，明天11~13级；沿海地区今夜增强到8~10级，明天10~12级；内陆明天8~10级。并提醒正值天文大潮汛，要特别注意风雨潮三碰头影响及台风来临后的风向雨势变化。同日上午11时，县气象局召开防台紧急会议，对抗台工作做具体部署。一是要思想上高度重视，坚决杜绝麻痹大意思想；二是要以严谨的工作态度，做好该次台风的监测预报预警工作；三是要压紧压实责任，形成防台工作合力，严格按照分工抓好工作落实；四是要抓好安全生产和相关宣传工作。

【护航第22届中国(象山)开渔节】 2019年9月6—17日，第22届中国(象山)开渔节在宁波象山举行。作为开渔节组委会成员单位，县气象局高度重视，及早部署，精心组织，护航本届开渔节。针对开渔节期间活动分散、时间跨度长的特点，县气象局量身定做气象保障服务方案。一是从8月26日开始，每日向县委办、县府办及开渔节办公室报送《开渔节专题气象服务》内参，滚动预报开渔节期间的天气、气温及内陆和沿海海面的风向风力，并针对不同时段、不同地点的活动进行精细化预报及相关温馨提醒。二是建立开渔节气象服务微信群，8月26日起每天在群内发布《开渔节专题气象服务》内参，确保各开渔节组委会成员单位主要负责人、联络人随时了解天气动态，并对大家的天气咨询随时进行解答。三是针对开船仪式、祭海仪式、妈祖巡安等重要的户外活动开展精细化滚动预报，确保组委会随时了解天气动态，及时调整方案。开渔节活动期间，共发布开渔节专题气象服务21期、内参11期、短信32条次。

（县气象局　申倩倩）

综合管理

财政管理

【概况】 2019年，面对错综复杂的经济形势，县财政局落实县委、县政府各项决策部署，围绕"双突破双驱动"战略，主动对标高质量发展要求，牵头落实"增收节支推进年"活动，实现财政运行总体平稳、财政改革推进、质量效益稳步提升，为全县经济社会有序发展提供坚强的财力保障。

2019年，全县财政总收入76.9亿元，比2018年实绩增加5.6亿元，增幅7.8%，完成调整预算的101.2%，其中，一般公共预算收入46.3亿元，增长12.8%，完成调整预算的102.1%，占财政总收入的60.2%，占GDP的8.4%；中央财政收入30.6亿元，增长1.1%，完成调整预算的99.7%。地方税收收入36.66亿元，占一般公共预算收入的79.2%。全年完成一般公共预算支出77.5亿元，增长12.8%。全县民生支出58.75亿元，同比增长20.6%，占一般公共预算支出的75.8%。

全县政府性基金收入完成48.4亿元，支出51.8亿元，年末累计结余5.8亿元；社会保险基金预算收入40.6亿元，支出52.2亿元，年末累计结余38亿元；国有资本经营预算收入212万元，支出212万元，收支达到基本平衡。

【实现财政收支平衡】 加强与税务部门协作，做好测算调度，开展增收潜力点分析，强化收入计划执行，细化分解收入任务，层层传导压力确保税收收入持续增长，2019年入库税收67.273亿元，同比增长1.5%。加强与法院、公安等重点非税收入执收单位的对接，加大执收力度，2019年全县收缴各项政府非税收入59.77亿元，增长49.5%。压缩各类支出，强化外出学习考察、外出培训审批管控，注重节水、节电，降低人均能耗，严控一般性支出，全县三公经费同比下降5.6%。

【助推县域经济社会稳定发展】 围绕"双突破双驱动"战略，发挥好政策和资金双重引导作用，探索科技创新投入持续增长机制，重点支持企业培育、先进装备改造、科技创新和人才引培，提升企业技术创新和核心竞争力，全年共兑现扶持资金3.32亿元，惠及企业2516户次。预算安排引进科研院所专项经费近3000万元，重点支持机械研究院南方中心、电科院创新中心、针织研究院、工程学院、象山研究院等高校和科研院所建设运行，提升科研竞争力。落实减税降费政策，做好跨部门协调、政策影响分析、政策宣传辅导、财政支出压减、政策落实监督等工作，确保政策措施执行到位。2019年通过减少灵活就业缴费基数、停征职工医保基金及对部分行业社保费执行两个月阶段性降费等，减免各项缴费2.41亿元。调度乡村治理全国现场会、109项目、渔业安全整治、危险化学品使用单位及小企业加工作坊安全生产和消防安全"百日大会战"、扫黑除恶、疫情防控等专项行动的资金需求，保障重点工作推进。

【促进教育文化发展】 2019年，教育发展投入13.01亿元，乡村小学全科教师定向培养，实验小学实行集体化办学，丹城六小建成投用，塔山中学动工建设。探索教育分配机制改革，研究义务教育财政保障机制，落实普惠制民办幼儿园的奖补政策和中等职业教育免学费政策。2019年免收义务段学生课本费1748万元、学杂费1179万元，惠及52864名学生，落实2223万元资金保障中职教育发展和7447万元提高教师绩效工资。提高并调整部分地区农村任教津贴，印发农村教师乡镇工作补贴和乡村教师津贴891万元，惠及农村教师2195人，确保教师队伍良性交流与稳定。下达教师培训经费573万元，推进教育改革，全面提高教育质量。投入教育装备经费1109万元，提高教育硬件设施。深化文化强县建设，文化支出1.36亿元，获评国家级海洋渔文化生态保护区，中国农民丰收节系列活动暨第二十三届中国开渔节举办。

【推动卫生事业健康发展】 2019年，医疗卫生与计划生育支出4.31亿元推进健康象山建设，提升公共卫生服务和基层卫生保障水平。推进健康象山建设，开展居民健康素养提升行动，创建国家慢性病综合防控示范区。安排医共体专项补助资金800万元，推进临检、病理、心电、影像远程会诊等资源共享中心建设，打造急危重症区域协同救治平台。设立专项补助资金，用于基层已有在职医务人员学历提升、进修、培训和培养等，建立"人才池"，并结合"双下沉两提升"专项行动，促进人才共享，优化县域医疗资源配置。调整完善城乡居民医疗保障制度，提高农民医疗保障水平，为全县58.19万人次结报医药费1.06亿元，并安排15818万元保障基层卫生机构正常性工作经费。推进医疗制度改革，全县123家社区服务中心、卫生室基层医疗机构落实象山县基本药物制度改革，全面实施基本药物零差率销售，减轻群众基本用药负担。

【促进社会保障事业发展】 2019年，全县社会保障和就业支出9.24亿元，落实低保政策，保障城乡居民享受养老和医疗保险政策。落实城乡居民养老保险和被征地人员养老保障3.48亿元，被征地缺口补助1.52亿元，机关事业单位养老金及清算1.57亿元，城乡居民医疗保险财政补助4亿元，精减人员补助和企业退休人员一次性春节慰问1.59亿元。结合自然增长机制及时调整民政各项社救对象补助标准，发放退伍军人优抚、安置费6055万元；落实低保政策发放低保资金、物价补贴等计9238万元，残疾人两项补贴5245万元，缓解社会上弱势群体由于物价增长而增加支出的压力。做好所有事业单位人员住房补贴发放和财政预算差额保障工作，全年下拨1306万元住房补助资金。

【实施乡村振兴行动】 加快推进都市农业示范区建设，制定《象山县绿色都市农业示范区建设专项资金管理办法（试行）》，完成大塘港省级现代农业园区建设投资3.75亿元，推进现代渔港经济区建设，创建国家渔业健康养殖示范县。向上争取资金，2019年度争取到农村综合改革项目资金4250万元，比上年增长57%，惠及全县48个行政村。统筹安排资金助推村内户外村级公益事业建设，通过多层次筛选、审核，确定美丽乡村项目10个、农村综合改革项目38个，推动美丽乡村建设。落实惠民支农政策，加大对种粮农户的补助力度，将财政补贴覆盖到粮食生产、农机购置、粮食收购等环节，2019年政策性农业保险共参保7171户，投保金额10.05亿元，财政补助1925万元，实现对主要种植业、养殖业产品的农业保险全覆盖，确保粮食增产、粮农增收。2019年安排财政补助资金1834万元，统筹推进1个示范镇乡、5个示范村、15个特色村建设，打造“一村一品、一镇多元”的新乡村景象。

【加强政府债务管控】 制定《盘活利用资产资源工作方案》，对列入计划的竞拍类资产、宜盘活利用的大宗资产、其他资产等开展评估，实行分类注入。加快推进县融资平台公司实体化、市场化转型，完善现代企业制度，推动平台公司提升信用等级、扩大资产规模、增强发展竞争力。2019年共化解隐性债务81亿元，其中盘活存量资金74.5亿元，财政性资金还款6.5亿元。加强乡镇债务管控，调整和补充乡镇财政分成体制政策，实行定额包干制度，并根据各乡镇规模、所承担的社会事务情况，实行分类管理，2019年县级财政安排2亿元补助所需经费。实施“乡财县管”模式，严格执行乡镇债务审批备案，加强贷款利率调控，在一定程度减少乡镇融资成本，严控债务增量。

【深化财政体制创新】 实施国库集中支付电子改革，2019年7家试点预算单位实施国库集中支付电子化操作，2020年1月起国库集中支付预算单位全面实施国库支付电子化管理，为实施“差旅之家”APP建设打实基础，提升财政国库信息化管理水平。开展产业政策绩效评价，全面梳理现行工业经济、外贸出口、旅游等产业扶持政策，对企业梯队培育、科技金融、航运等28项产业补助政策开展绩效评估。通过自评和委托第三方对6个重点项目再评价的方式，形成产业扶持资金绩效评价专题报告。深化“最多跑一次”改革，推进财政系统内部“最多跑一次”改革，梳理整合19条事项，办结时间压缩率达60%。结合“四必访”“三服务”和“上门服务至少一次”活动，全年共走访企业475户次、解决问题80余个，走访预算单位69户次、集中开展培训28次、服务3598人次。

【强化财政监督职能】 细化预算编制，提高预算支出的及时性、均衡性。根据机构改革需要，对涉改单位预算资金重新进行划分调整，确保机构改革后各单位的平稳运转。强化预算绩效管理，全面实施预算绩效管理，健全预算绩效管理体制机制，研究出台县《关于全面落实预算绩效管理的实施意见》，提高资金使用绩效。加强基建财务管理，完成工程结算审查163个，核减投资1.4亿元，核减率9.5%。严格开展财务检查，发挥委派会计（财务总监）作用，加大项目资金监管，全年共纠正阻止违规违纪资金约1.6亿元。规范政府采购行为，完善政府采购监管，推广“政采云”应用，规范广告服务采购行为，实行公务用车维修定点采购，力求节资增效，节约财政资金超1.8亿元，节约率达到13.2%。

【深化党风廉政建设】 落实主体责任，严格按照“一岗双责”和主要领导“第一责任人”要求，建立一把手负总责、分管领导按线对中层负责、中层对科室干部职工负责的三级连带责任体系，形成“横向到边、纵向到底、交叉到位”的工作格局。班子主要负责人与14个科室负责人签订党风廉政建设责任状，做到紧密配合，相互协作。围绕“作风建设深化年”活动要求，严格执行廉情预警机制，突出抓好领导干部及中层干部个人重大事项报告、干部因私出国（境）和婚丧事宜操办双报告一公示等制度落实，全年共上报出国（境）5人次，重大事项报告7人次，婚丧事宜5人次。强化日常监督检查，开展各类明察暗访13次，批评教育27人次，谈话提醒4人次，达到的教育警示作用。严格落实廉政谈话制度，让“红脸出汗”成为常态，开展各类廉政谈话137人次。

（县财政局　刘丹丹）

税务管理

【概况】 2019年，县税务局取得不俗的成绩：机关党委荣获县“五星级”机关党组、服务型机关党组织示范点等殊荣，石浦税务所等3家单位被授予宁波市公共服务窗口文明单位称号，实现县级公共服务窗口文明单位全覆盖，西周税务所获评县最受群众欢迎单位及全国巾帼文明岗，爵溪税务所获评宁波市工人先锋号。

【完成税费收入目标】 2019年,全局组织各项收入98.16亿元,同比增长1.88%。其中,组织税收收入68.69亿元,同比增长1.18%;社保基金入库25.59亿元,同比减少2.34%;各项非税项目入库2.28亿元,同比增长0.72%。

县中央级和地方级税收实现同步增长,分别实现32.26亿元、36.43亿元,同比增收0.19亿元、0.61亿元,分别增长0.6%、1.7%。分产业来看,全年县第三产业共实现税收收入30.33亿元,同比减收1.29亿元,减幅4.3%;第二产业共实现税收收入39.55亿元,同比增收2.06亿元,增幅5.5%。

分税种看,主体税种增收为主,15个税种中9个同比增收,其中增收在3000万元以上的分别是增值税、契税、城镇土地使用税和资源税。增值税在免抵调库同比增加38000万元的拉动下同比增长30786万元,增幅8.74%;契税受大宗土地交易同比增加影响入库35500万元,同比增收3698万元;城镇土地使用税入库10852万元,同比增收3082万元。减收在3000万元以上的有个人所得税、房产税、土地增值税。个人所得税受减税降费政策因素影响,入库54676万元,同比减收20402万元,房产税受征期调整影响,入库9298万元,同比减收5010万元;土地增值税入库14685万元,同比减少5145万元。

【落实减税降费政策】 贯彻落实减税降费优惠政策,稳妥有序推进个人所得税第二步改革,深化增值税改革,全面落实小微企业普惠性减税政策,实施社保降率减费政策。全年累计新增减税降费96019万元。其中,2019年新出台减税政策减税63143万元,2018年减税政策在2019年翘尾减税32247万元,2018年到期后在2019年延续的政策减税588万元,税务部门征收非税收入政策减免41万元。办理小微企业普惠性政策退税4784户,退税金额136万元,退税金额完成率达99.95%。创办离厅式服务点、提供税务"约期"服务等减税降费特色举措先后被新华网、《中国税务报》、浙江新闻客户端等媒体报道。

【夯实征管基础】 深化"放管服"改革,优化税务监管体系。推行企业开办全流程"一件事"一日办结程序,推进企业注销便利化改革,建立承诺制容缺服务,实现征管户档案电子化。加强逾期未申报纳税人后续管理,规范催报、处罚、非正常户认定等征管措施,提高应申报管户质量。实施"统筹协调、归口管理""统一风险分析、分类分级应对"风险管理运行机制,完成风险管理全流程户140户次,合计补缴入库税款及滞纳金6510万元。深化查管联络互动,加强与市局第三稽查局工作衔接,确保跨区域稽查机构规范运转。建立本地税务数据信息化应用仓库,为县各部门提供数据查询29次。

【推广使用电子税务】 提升网上办税比例,实现纳税申报、税费缴纳、完税证明开具等166项事项网上办理。2019年全县纳税申报期网络申报率均达99%以上。定期统计电子税务局使用问题,及时维护反馈,保障系统平稳运行。线上引入业务骨干入驻线上答疑平台进行专项辅导,线下开通"象山蓝"纳税人学堂电子税务局申报操作流程必修课。推广使用小规模纳税人智能"引导式"申报功能,提升纳税人、缴费人使用便利性。

【加强出口退(免)税管理】 全年累计办理出口退(免)税25.5亿元,同比增长23.8%,其中出口退税17.7亿元,同比增长6.6%;免抵额7.8亿元,同比增长95%。推进出口退税分类管理系统智能化,完成全县出口企业增值税电子普通发票推广408户,推广率达100%。登记出口退(免)税备案51户,备案变更89户次,备案撤回26户,落实出口退(免)税分类管理818户。开展出口(退)免税风险管理调查评估268户次,对5户次不符合增值税退(免)税政策的退税申报作不予退税处理,涉及退税金额58万元。

【优化税收营商环境】 制定优化税收营商环境行动方案,梳理14类40项上级规定事项任务清单,推出9类26项提升创新事项任务清单。扎实开展"三服务",组织"大调研大走访"党委班子带头分赴基层税务所蹲点调研31次,开展办税服务厅窗口接待体验7次,到企业走访调研23次,累计为纳税人缴费人办实事好事172次。深化"银税互动"合作机制,推动税务、金融办、银行信息互通,为1405户小微企业授信35594万元、贷款22259万元,缓解小微企业融资难题。建立"税管家"服务平台,在线提供涉税业务咨询,累计在线回复问题8967个,提供各类涉税政策文件下载21840次。线下组织开展各类培训131场,培训20700余人次,发布宣传资料4万余份。"65612366"纳税服务热线受理涉税问题咨询17287个。

【推进法治税务建设】 持续推进三项制度建设,推行执法公示制度,主动公示40项行政执法有关信息。完善执法全过程记录制度,建设7个约谈室,配备55台执法记录仪,记录并归档保存文字、音像等执法资料,实现执法全过程留痕和可回溯管理。强化法治审核,在做出重大执法决定前实施合法性审核,防范执法风险。严格开展督察内审工作,开展减税降费政策落实情况全面督办1次、专项督办4次。发挥内控监督平台作用,推进内控机制建设和内控内生化,制作16个"应享未享、不应享受而享受"等减税降费疑点指标,发现各类疑点1250条并全部处理。开展影视行业税收秩序专项整治行动,敦促相关单位完成自查补税。强化第三方信息运用,与县科技局、城建局、环保局、人社局、人民银行等单位开展联合执法,稳步构建全方位税收监管体系。

【强化政务公开】 通过地方政府信息公开栏目主动公开政府信息112条,通过县税务局门户网站公开信息117条。单位主要负责人参加新闻发布会1次,受理并办结政府信息公开申请3件。加强信访舆情联动工作管理，全年共受理并办结信访舆情案件55起，答复率和满意率达100%。

【提升以税资政能力】 累计向县委县政府报送税收资讯信息80余篇，获评“2019年度象山县政务信息工作考核先进单位”。其中《制造业留抵退税政策实施情况、存在问题及建议》上报至国办，并获国务院领导批示。密切关注中美贸易摩擦对县出口企业的影响，对38户相关企业开展专项走访调研，形成专项报告呈送市县两办。

【全面推进从严治党】 深化落实“下抓两级、抓深一层”工作机制，重点抓好“三张清单”“两张通报”“一个办法”。推广使用干部廉政档案管理系统，实现“一人一档”全覆盖管理。全年开展跨区县交叉检查、联合县纪委明察暗访、组织体验式抽查和对照整改“回头看”等监督检查6次。实现问题线索反馈归口管理，全年发现并整改问题13个问题。制定《全县税务系统关于做好税收违法案件一案双查工作办法》，全年上报“一案双查”案件2件。用好用活“四种形态”，累计运用第一种形态处理2人次。实施好“森林修复工程”，开展谈心回诊和廉政鉴定，体现组织关怀。

（国家税务总局象山县税务局 许亦帆）

国土资源管理

【概况】 2019年，县自然资源和规划局以习近平新时代中国特色社会主义思想指导，牢固树立“山水林田湖草”生命共同体理念，履职推动经济高质量发展、担当作为守护绿水青山，完成年度各项目标任务。全年推进国土空间总体规划编制，发布《象山县国土空间总体规划（2019—2035）编制工作方案》，加强陆海统筹，完成基数转换，形成国土空间规划底图。全年争取各类指标，争取省新增建设用地规划指标118.2公顷，争取省、市新增建设用地计划指标125.87公顷，其中农用地119.6公顷（含耕地82.47公顷）。全年超额完成宁波市存量建设用地盘活三年行动计划的年度任务，其中存量建设用地盘活98.2公顷，低效用地再开发80.53公顷，消化批而未供土地320.8公顷，闲置土地处置422.93公顷，2019年1月1日后动态新增的超过约定开工时间处置28.53公顷，均超额完成年度任务。全年推进各类自然资源出让，出让土地84宗192.4公顷，成交额为38.35亿元；收回收购土地37宗，面积131.73公顷，有偿收购价3.50亿元；出让海域52宗，面积5924公顷，收取出让金8.25亿元；出让矿山1宗，收取出让金641万元，注销关闭2家石场，完成3家采矿权延续登记，采矿权总数7家。全年扎实开展生态修复，“152”耕地生态建设保护工程年度任务全部完成。农用地整治项目15个新增耕地47.33公顷，“旱改水”质量提升新增水田160.87公顷，表土剥离26.87公顷，建设用地复垦51.40公顷，均超额完成任务，全域土地综合整治933.33公顷。开展矿山生态环境整治，完成绿色矿山年度建设任务2家。全年创建3个省级森林城镇，5个“一村万树示范村”，山体森林精准提升333.33公顷，做好341株古树名木保护工作，进行病虫害监测防治35株次，白蚁防治18株次。海岸海岛保护稳步实施，7个中央海域使用金整治修复项目中3个通过市局验收，完成并验收海岸线整治修复任务9.1千米。全年深入推进“三服务”，出具出让规划条件122个、农转用条件62件，10个村庄规划局调，核发建设用地规划许可证110件、建设工程规划许可证141件、核实确认书91件。完成林木采伐审批63件，检疫证631件，木材运输609件，征占用林地40件，验审狩猎证173件；核发野生动物驯养繁殖许可7件，经营许可6件，林木种子生产经营许可11件，野生动物表演许可4件；办理各类登记61849件，查档业务27758件，发放不动产权证41661件，不动产登记证明13865件。全年落实专项整治行动，开展“大棚房”整治工作，整改问题55个，成为全市首个完成整改且是全市唯一一个全部抽查项目通过国家联合督导组督查的县（市、区）。开展违建别墅整治，纳入整治6宗7栋，全部完成整改。推进扫黑除恶工作，排查上报违法线索7起，承办交办违法线索45起，办理移交件35件。开展林区禁种铲毒专项行动，出动警力40余人次，铲除毒品原植物3569株。全年推进执法监察全覆盖，严格土地矿产执法巡查，发现并制止新增违法用地39起，涉及土地面积1.83公顷；立案查处土地违法案件32件，涉及土地面积3.35公顷；查处矿产违法案件3件，处理非法采矿和挖机电脑板等工具4件。扎实推进海域动态监管，开展各类海域检查50余次，动态监测67次，核查大陆岸线3次，制止违法用海行为8起，查处海洋违法案件18宗。开展“绿卫2019”森林执法专项行动和打击非法狩猎巡查行动，山林巡查90余次，制止毁林滥伐等违法行为50余次，办理刑事案件9起，行政案件51起，林业行政罚款79万余元。

经过全年的，2019年宅基地“三权分置”改革被评为宁波市2019年改革创新最佳实践之一、海域三权分置受省委副书记郑栅洁批示、省公益林建设成绩突出集体等荣誉。

【象山县自然资源和规划局正式挂牌】 1月7日，象山县自然资源和规划局正式挂牌，全局行政科室12个，事业单位16个，派出机构11个。新成立的象山县自然资源和规划局职责从原国土资源、农林、规划、海洋等部门整合而来，将土地、矿产、海洋、森林、河流、湖泊等自然资源纳入统一的管理体系，统一行使全民所有自然资源资产所有者职责，统一行使所有国土空间用途管制和生态保护修复职责的要求，强化顶层设计，发挥国土空间规划的管控作用，为保护和合理开发利用自然资源提供科学指引。挂牌前，召开筹备组（扩大）会议，会上宣布象山县自然资源和规划局筹备组的任命决定。

【国土空间总体规划编制走在全市前列】 县自然资源和规划局主动谋划国土空间规划编制，出台编制工作方案，成立工作领导小组，7月9日，率先召开全县国土空间规划编制工作动员会议。全年系统完成规划实施双评估、双评价、生态红线评估调整、规划基数转换工作，提前形成国土空间规划大纲，并在市空间规划局调研中作典型发言。湖北黄冈武穴、枝江、当阳等7个县市区分3个批次到局专题学习国土空间规划编制工作，累计40多人次。

【自然资源部国土空间规划局副局长张兵到象山调研】 7月24日、25日，部国土空间规划局副局长张兵一行在象山开展“陆海统筹”工作调研。市自然资源和规划局局长王丽萍、县委常委干维岳等陪同。调研组一行实地走访了解花岙岛、墙头溪里方、黄避岙海监基地等地的规划利用情况，并听取花岙岛、乡村振兴象山工作室等相关工作的汇报。

【争取各类指标保障重点项目】 争取省新增建设用地规划指标118.2公顷，争取省、市新增建设用地计划指标125.87公顷，其中农用地119.6公顷(含耕地82.47公顷)，在同类县(市、区)中属前列。利用三调成果组织城乡增减挂钩清理，抢救复耕指标约60公顷，节约指标费用约4.5亿。争取林地定额15公顷，采伐限额3.4万立方米。提前谋划用地空间，对土地利用总体规划进行局部调整，完成5个镇乡的调节实施方案，3个修改方案，16个落实方案的市级审批，保证星光影视小镇、国电象山海上风电场等一批急需落地的项目。精准安排指标使用，签订征地补偿安置协议446个，完成综合功能服务站、城市计划批次等13个批次348个项目141.47公顷的农转用报批工作(含新增建设119.87公顷)，保障环城西路白石安置点、中化国际膜处理配套商业、亚运会配套的松兰山核心区、四期棚改象山桥路区块等重点项目。调整优化矿山布局，开展亚帆中心、石浦高速连接线两宗采矿权的报批设置，及时排摸全县石料生产情况，统筹安排多余石料，解决殷夫路、影视城、滨海工业园等十余个水利、交通等项目的石料调配。

【中化国际膜产业生产基地项目正式落户象山】 6月13日，中化(宁波)润沃膜科技有限公司与县自然资源和规划局签订象山经济开发区城东工业园A-2-02-1地块和A-2-02-2地块两宗90亩土地成交确认书，该公司由中化国际(控股)股份有限公司投资。中化国际(控股)股份有限公司是一家具有国际化经营能力的大型国有控股上市公司，在精细化工、农化、天然橡胶、高性能材料等领域具有核心竞争力，为全球100多个国家和地区提供产品和服务。该项目分为2期开发利用：一期6公顷工业用地作为反渗透膜项目生产用地，总投资约10亿元，2018年投产后5年内可实现22万支/年反渗透膜的量产，年销售约10亿元，年税收可达约1.2亿元；二期项目计划用地7.13公顷，将保障膜研发创新中心等项目，总投资约25亿元，2018年量产后可实现年销售约25亿元。中化膜产业生产基地项目的正式落户，将增强象山区域竞争力，推动象山经济创新跨越发展。

【超额完成存量土地盘活任务】 完成宁波市存量建设用地盘活三年行动计划的年度任务，其中存量建设用地盘活98.20公顷，低效用地再开发80.53公顷，消化批而未供土地320.80公顷，闲置土地处置422.93公顷，2019年1月1日后动态新增的超过约定开工时间处置28.53公顷，分别完成市局任务数的101.59%、100%、216.2%、117.98%、111.17%。完成部增存挂钩任务，消化2009—2016年计划批次批而未供土地72.93公顷，完成市局下达任务数的112.1%；处置2009—2016年计划批次闲置土地15.20公顷，完成市局下达任务数的232%。建立批后监管“月核查”机制，发放开工提醒告知371份，办理延期开工审批14宗，发放开工履约通知书96份，收取开工违约金3笔，办理闲置土地盘活利用27宗88.87公顷，闲置土地处置到位30宗99.80公顷。

【资源供应方式持续改革创新】 9月运行象山县自然资源市场交易平台，形成产权明晰、市场定价、信息集聚、交易安全的自然资源市场体系，实现土地二级市场交易3宗，土地一级市场和矿产资源交易信息的发布。深入推进标准地+承诺制改革，实现经济开发区新增工业项目用地100%“标准地+承诺制”供地，其他乡镇新增工业用地91%“标准地”供地，全年标准地出让51宗98.07公顷，成交额3.47亿元。在全市首推“先租后让”弹性供地，3宗标准地共计面积0.67公顷实现弹性供应，收取租金26.85万元，降低企业运行成本。

【重点推进自然资源修复】 扎实开展全域整治，“152”耕地生态建设保护工程年度任务全部完成。农用地整治项目15个新增耕地47.33公顷，“旱改水”质量提升新增水田160.87公顷，表土剥离26.87公顷，建设用地复垦51.40公顷，分别完成市局任务的101.4%、1200%、102.2%、350.4%。开展24个农村土地综合整治项目清理，开展123个项目耕地核查，全域土地综合整治933.33公顷。开展矿山生态环境整治，出台《象山县矿山安全生产和生态环境整治工作方案》《象山县露天矿山综合整治实施方案》，统筹矿山自然生态环境治理备用金7126万元，完成绿色矿山年度建设任务2家。森林保护建设成绩显著，获得全市首个国家森林城市创建资格，编制总体规划报国家林草局备案，创建3个省级森林城镇，5个“一村万树示范村”，山体森林精准提升333.33公顷，做好341株古树名木保护工作，进行病虫害监测防治35株次，白蚁防治18株次，获评省公益林建设成绩突出集体、森林浙江建设考核优秀单位、全省国土绿化美化工作成绩突出集体。海岸海岛保护稳步实施，7个中央海域使用金整治修复项目中3个通过市局验收，1个完成交工验收，1个完成主体工程，完成并验收海岸线整治修复任务9.1千米。开展中华凤头燕鸥种群恢复深度监测项目，繁殖中华凤头燕鸥22只，大凤头燕鸥1600余只，创历史新高。

【开展“6·25”全国土地日主题宣传活动】 6月24日、25日，县自然资源和规划局分别在贤庠镇人民广场和丹城公园通过设置咨询台、发放宣传资料、悬挂宣传标语、展示广告牌等形式，向来往群众宣传讲解土地管理、耕地保护、节约集约利用土地、地质灾害防治等方面的知识，并现场解答群众提出的产权登记、农房审批、征地拆迁等与群众利益相关的热点、难点问题。来往群众驻足观看、咨询政策，现场领取宣传资料，场面井然有序，群众反响非常热烈。活动期间各所共计发放折页、凉扇、知识读本等各类宣传资料500余份，接受咨询300多人次。除现场宣传外，为丰富宣传形式，拓展宣传途径，在《今日象山》报上开辟专门版面以“严守耕地保红线，节约集约促发展”为主题进行土地日专题报道。精心制作《严格保护耕地，节约集约用地》土地日微信主题宣传资料，进行线上宣传，以形成线上线下联动的宣传格局。

【乡村建设风貌引导发挥集聚效应】 加强主城区城中村改造规划研究，完成后山、梅岙等6个城中村整治方案评审，完成《中心城区城中村改造专项规划》（一区一规划）编制。加强旅游项目用地管理研究，会同旅游部门出台《关于加强生态“坡地村镇”旅游建设项目用地管理的通知》。开展县域乡村建设规划、村庄规划和第二批41处保护建筑控制图则编制，完成《茅洋乡白岩下村、小白岩村全域空间规划》试点方案。开展“三名”保护，完成《石浦历史文化名镇保护规划》，完成第二批历史建筑标志牌挂牌、25处保护建筑的修缮验收。开展县域乡村（驻镇）规划师工作并在全市率先实现全覆盖，跟进西周、东陈、贤庠等试点村建设170户传统风貌建筑，完成8处象山县“最美村居”评选工作。

【全县首个乡村振兴象山工作室正式挂牌】 5月23日，宁波市规划设计研究院首个乡村振兴象山工作室揭牌仪式在墙头镇溪里方村举行，市自然资源和规划局、县自然资源和规划局等相关领导出席揭牌仪式。该工作室是一个开放共享的交流平台，乡村振兴战略的实践者与研究者在这里进行乡村振兴的沙龙和研讨，学习探索先进的乡村振兴方法；一个展示中心，对长期以来参与村庄设计的项目进行评估总结，展示各地优秀乡村振兴研究成果、规划设计方案；一个实验基地，争当乡村振兴规划实践的先行者，探讨研究三农问题及其发展的前沿理论。县自然资源和规划局将会同宁波市规划设计研究院每年定时定员安排设计人员、各类规划专家到工作室深入参与乡村振兴一线工作，指导当地村民科学合理实施乡村改造，通过实践改造获得宝贵经验，培养出具有超强实践能力的规划人才。

【主题教育走深走实】 全年制定党员领导干部“百日百篇”学习计划，结合庆祝新中国成立70周年组织开展“四个一”学习活动，创新搭建“科室说事”平台，召开中层干部赛马会，组织党组理论中心组（扩大）学习会12次，专题业务培训8期，“周一夜学”摇号汇报7次，专题党课28次，学习教育达2050余人次。结合队伍现状，制定《正风肃纪十项规定》，发布《正风肃纪百日整治专项行动方案》，开展正风肃纪专项检查14次，共派出60余人次。挖掘信息亮点，在《中国自然资源报》《宁波日报》和《宁波晚报》陆续宣传刊登，在《今日象山》经常性开展自然资源规划工作亮点、热点宣传，市局网站发布81篇，《今日象山》刊登信息130篇，局简报24期，微信公众号204篇，门户网站107篇。

【三权分置改革持续走深】 深化宅基地“三权分置”工作，率先出台全市首部土地和规划合一的农村宅基地管理办法，建立宅基地三权分置“1+X”政策文本（出台7项政策）。登记三权分置证书105本，盘活宅基地19803平方米、农房20095平方米。在全国乡村治理现场会上进行讲解，受到农业农村部韩长赋部长高度肯定，该工作还被列入学习强国教材，入选2019年度省自然资源系统改革创新优秀案例、2019年宁波改革创新最佳实践之一。开展海域三权分置试点工作，起草开放式养殖用海三权分置实施意见，形成海域所有权国有、海域使用权到国有企业、海域经营权到村或从事养殖生产经营活动的企业和个人的“三权分置”并行模式，51宗海域使用权挂牌出让，获得省委副书记郑栅洁的批示肯定。

【农业农村部部长韩长赋调研溪里方村】 6月9日，在象山参加全国加强乡村治理体系建设工作会议的中央农办主任、农业农村部部长韩长赋走访墙头镇溪里方村，他深入圃舍、两棵树等精品民宿，对象山通过宅基地“三权分置”改革，盘活闲置古宅、集体用房，吸引社会资本和专业团队发展高端民宿的做法大加赞赏。他说，“三权分置”改革不仅盘活农村沉睡资源，还吸引创客、乡贤“上山下乡”、投资创业，让古村、古宅重新焕发生机，走出一条独具特色的乡村振兴之路。

【全市首批“三权分置”试点养殖用海海域出让】 9月9日，象山黄避岙乡浅海滩涂养殖用海象海出81~83号、89~92号等7宗海挂牌出让，总面积313.553公顷，使用年限为15年，由象山县黄避岙农业开发有限公司以5907万元的价格竞得，主要用于滩涂海水养殖、海上网箱养殖等，是全市首批养殖用海“三权分置”试点。

【第三次全国土地调查工作保质保量完成】 及时按上级要求上报三调成果，完成内业勾划地类图斑88868个100%自检，完成13680个不一致图斑举证核实，于9月30日将整改后的最终数据上报省三调办，受到省厅表扬。完成2018年度土地变更与遥感监测国家核查问题图斑的在线实时举证，对全县2018年度遥感监测1053个图斑数据进行分析处理，通过定性、分门别类、实地举证、整改，按时间节点及时上报市局，并配合市局完成自然资源遥感监测试点工作。

【农房一体登记率先大市】 出台《象山县农村宅基地及住房确权登记发证攻坚行动方案》，将任务按比例分解到镇乡（街道），压实责任主体。出台《象山县农村宅基地及住房确权登记发证指导意见》，采取超标建筑有偿使用费差别化收取办法，提高农房登记性。全年新增权调入库数93602户，新增农房登记受理68377户，新增农房登记发证21800户，完成省厅下达的农房发证年度登簿任务数的122.84%，处于全市前列。

【“最多跑一次”改革全面升级】 推进审批制度改革，按照“最多90天”打造“流程最优、环节最少、效率最高”的建设工程项目审批管理体系。发布建设工程规划许可证豁免清单，推进数据互联互通，与发改、住建等单位的数据实现信息共享、互联互通。落实政府数字化转型、无证明城市打造要求，完成8项指标考核任务、投资项目审批类“最多跑一次”改革专项评估，梳理完善权力事项550个，实现审批事项网上办达100%，掌上办达100%，跑零次办达100%，即办件办达100%。规划设计方案实现网上联审，19家政府部门、8家服务部门共同参与，开展大目湾啤酒广场、陆家商业广场、海影城影视体验中心等21个项目网上联审。300平方米以下的小型公共服务设施项目规划许可委托给各镇乡（街道）通办。出台国有划拨土地补办出让惠民新政，办理278宗，涉及划拨土地面积23485平方米，惠民共计1091万元。推进不动产登记改革，率先在全市实现“全城通办”服务，率先使用不动产司法查控平台，率先实行抵押收件材料“一张结构化表格”再精简，率先与县内金融系统实现抵押登记数据互通、不见面办理，率先实现除农房外的不动产登记全业务受理后60分钟办结领证，颁发全县首本不动产登记凭证节约缮证时间达97%，启用“一窗平台”实现不动产登记与户籍立户迁移联动办理，联动“阿拉警察”APP实现不动产登记无证查询，全年办理各类登记61849件，查档业务27758件，发放不动产权证41661件，不动产登记证明13865件。全面推动机关内部最多跑一次，实现所有事项网上办，时间压缩50%以上，材料压缩30%以上。

【建设项目设计方案网上联审制度正式推行】 规划设计方案网上联审平台完成测试，县自然资源和规划局、审管办、电子政务办等23个部门与单位参加测试会议，标志着全县建设项目设计方案网上联审制度正式推行。“联审制度”依托“钉钉”政务软件搭建联审平台，推行告知承诺制，按照“统一发起、分头审查、限时完成、集中回复”的运作方式进行。系统对审查时限及流程等都作严格要求，将提高项目审批效率。除重大重要项目外，由县自然资源和规划局发起规划设计方案网上联合审查，联审部门必须在规定时间内通过“联审平台”反馈审查意见，最终形成联审会议纪要，联审结果实行一次性告知制，所有流程在平台进行，交警、园林等部门不再对设计方案进行单独审查，简化流程步骤，增强群众和企业获得感。

【象山颁发首批商品房房地权属登记凭证】 县自然资源和规划局为西周镇城镇建设投资开发公司颁发全县首批房地产开发项目国有建设用地使用权及房屋所有权的不动产权登记凭证共435本，以替代原先的不动产权证书。新出的不动产权登记凭证为统一编号的加设防伪水印、二维码的A4版的格式化表格，内容包含原不动产权证书记载的各要素，加盖不动产登记专用章，效力等同于不动产权证书。权利人可持登记凭证到县不动产登记窗口办理转移登记、抵押登记等。登记过程中，将省去配图、打图、贴图环节，缮证（打证到发证）时间由3分钟缩短为5秒，缩减率97%。商品房房地首次登记证书通常需要按套发放近千本，每批次可减少企业等候时间48.5小时，提高办事效率。

【基础数据质量稳步提高】 强化测绘行业监管，开展综合测绘中介超市建设，开展“问题地图”专项检查，梳理发布2019版基础地理信息资源目录，跟进村庄1∶500地形图修补测项目，获取全县域0.2米分辨率航摄影像，完成测量项目86个，勘测定界测量1547件，违法用地测量及其他测量886宗，全年共签订测绘合同266份，完成测绘项目3747件。完成年度森林资源监测与森林资源管理“一张图”数据库建设工作，2019年全县林木蓄积量332.37万立方米，乔木林单位面积蓄积量4.38立方米/亩，分别比2018年增加5.98%和6.05%。完成全县2018年度国有自然资源（资产）报告，开展保护区珍稀鸟类、江豚种群、水獭资源调查。完成网络整合，完成原国土一张图更新和数据库国家2000坐标转换，对60个业务管理系统进行网络运维、数据更新、功能运维等工作。处理遗留的疑难房地数据16168条，处理原海洋部门移交的海域使用权数据287宗，委托第三方技术单位分析数据全库，修正存在严重登记风险的数据1732条。

【专项整治圆满完成】 全年开展“大棚房”整治工作，整改问题55个，成为全市首个完成整改且是全市唯一一个全部抽查项目通过国家联合督导组督查的县（市、区）。开展违建别墅整治，纳入整治6宗7栋，全部完成整改。推进扫黑除恶工作，排查上报违法线索7起，承办交办违法线索45起，办理移交件35件。开展党员领导干部及其他公职人员违规占用农村集体土地建房情况排摸，涉及全县97家单位、各乡镇（街道）合计14922人，发现情况2例，进行相应整改。出台综合施策制度推进环保督察、海洋督察、土地督察、森林督察等专项督查的整改销号工作，中央环保督察整改验收19个问题；省环保督查的35个废弃矿山完成修复方案编制，开工31个，交工验收17个，开工率达到82%，交工率达到45%；国家海洋督察整改完成12项反馈问题；土地卫片违法用地43宗，移交处理10宗，立案查处26宗；上海局例行督察问题54个，整改到位40个；森林督查立案9件，均完成查处销号。完成市“十三五”林业有害生物防治工作“四率”指标任务，有害生物监测面积5600公顷，清理松材线虫病发生区面积1333.33公顷。

【除险安居执行】 起草发布《2019年度地质灾害防治方案》和《地质灾害应急响应工作方案》，开展“除险安居”回头看工作，完成石浦沙塘湾、大徐安东两个点的核销。圆满完成“利奇马”“米娜”台风期间的防御救灾工作，完成《地质灾害应急调查与隐患排查专项报告》，开展12处地质灾害隐患治理工作，5处完工，3处开工。全面落实森林防火各项措施，建设定塘灵岩山森林消防“引水上山”工程，全年接到森林火灾报警电话40起，发生森林火情8起，均扑救及时且未造成损失。根据《宁波市海洋灾害应急防御三年行动方案》，配合市局完成海洋灾害隐患区调查与复核工作，全面完成28个隐患点的复核工作，组建海洋防灾减灾信息员队伍并开展培训。

【执法监察全面覆盖】 严格土地矿产执法巡查，全年开展动态巡查2000人次，发现并制止新增违法用地39起，涉及土地面积1.83公顷；立案查处土地违法案件32件，涉及土地面积3.35公顷；查处矿产违法案件3件，处理非法采矿和挖机电脑板等工具4件。扎实推进海域动态监管，开展各类海域检查50余次，动态监测67次，核查大陆岸线3次，制止违法用海行为8起，查处海洋违法案件18宗。加强2个保护区的日常巡护管理，开展岛上巡护186次，出海巡航128航次，劝离非法作业生产渔船40余艘，劝离非法采捕生产作业人员160余人次。开展“绿卫2019”森林执法专项行动和打击非法狩猎巡查行动，山林巡查92次，制止毁林滥伐等违法行为50余次，办理刑事案件9起，行政案件51起，林业行政罚款79万余元。开展林区禁种铲毒专项行动，出动警力40余人次，铲除毒品原植物3569株。有序推进林业检疫执法，组织执法行动92次，出动执法人员272人次，检查加工、经营企业88家。

【法治工作稳步加强】 强化规范性文件合法性审查与清理，制定《象山县自然资源和规划局重大行政决策程序规定》，完成行政机关合同合法性审查114件。推进行政执法三项制度落实，全年办理行政诉讼应诉32件，行政复议案件4件。提早处置各类矛盾纠纷，将问题和矛盾解决在基层、化解在萌芽，谋划梳理各类矛盾纠纷300余件次，接待群众来访262批次316人次，受理信访件499件，信访满意度率为93.6%。部署4次重要阶段与重大节点维稳工作，做好70周年庆祝活动信访维稳工作，分4类对97件未解决矛盾纠纷案件落实工作专班包案责任，执行“日会商、零报告”制度予以稳控化解。落实人大、政协75件议提案的办理，及时组织B类件“回头看”工作，确保代表委员的意见落实。结合“1·1”城乡规划法宣传日、“4·22”世界地球日、“5·22”国际生物多样性日、“6·25”全国土地日、“12·4”国家宪法日、爱鸟周等重要时点，组织开展主题突出、内容丰富、形式多样的自然资源宣传活动。

（县自然资源规划局　王松磊）

国有资产管理

【概况】 象山县国有资产管理中心围绕县委、县政府的决策部署和要求，贯彻落实县深化政府投融资体制改革为主线，提升国有资本战略引导力，健全国企治理和经营机制，完善国资监管体制，加强和改进党对国企的领导，国资国企工作取得新进展新成效。截至2019年12月底，全县共有国有企业（含集体企业）及国有成分企业383家。其中：县属集团公司、县级部门及管委会所属企业共232家（其中：国有独资162家，国有控股参股51家，集体企业19家）；镇乡（街道）所属企业151家（其中：国有独资97家，国有控股参股14家，集体企业40家）。县属国有企业资产总额1400.05亿元。县属国有企业用工人数4494人。国有资本经营收益收取比例调整至20%，共收取2018年度国有资本经营收益211.52万元。

【持续深化国企改革】 贯彻落实县委、县政府深化国有企业改革部署要求，加强改革攻坚力度。完善改革配套方案，研究制定国有资产管理体制改革、国有资产统一监管等实施方案，基本明确深化国企改革的目标任务和“施工图”。提速国企整合重组，完善22个部门所属66家国有企业整合重组改革方案，整合各业务领域资产资源，加快推动经营性国有资产集中统一监管。加速推进31家全民所有制企业公司制改制工作，完成规划设计院改制。推进混合所有制改革，出台影视城重组改制实施方案，推动影视城文化产业集团对接资本市场。加力企业转型升级，各重点国有企业制定“一对一”改革方案，明确实体化运作发展思路和实施路径，重点推进企业内部重组及体制调整、财务梳理、资产重估等工作，对城投、交通、旅游、大目湾、开发区等企业推行“双主体”运行模式（经营性公司和融资平台公司）。各产业集团依托政府资源优势，整合存量经营性板块，培育新型经营性板块，壮大国有企业经营收入，增强核心业务能力和市场竞争力。城投集团推进大宗商品贸易、城区系统性停车楼及充电桩、餐厨垃圾处理和利用等项目；旅游集团合作投资开发国际乡野俱乐部和北黄金海岸数字康养中心等项目；交通集团稳步推进综合能源站、现代物流园区、石浦客运中心等项目；水务集团尝试开拓环境综合检测和治理新兴市场；工投集团做强做精已有经营性业务；大目湾公司拓展泥浆处理、塘渣加工、绿化养护等业务，增长公司经营现金流。各重点国企高度重视信用评级工作，将企业的发展优势转化为评级优势，提升企业资信等级，象港集团在评出AA资信等级基础上，加快推进50亿元公司债发行，并争取AA+信用评级。截至12月底，全县AA资信企业达7家，分别是象港集团、国投公司、交运公司、大目湾新城公司、经济开发区城南公司、石浦科技园区公司、城投集团。

【完善国资管理体制】 根据机构改革总体部署，4月完成行资科调整至县财政局，12月象山县国有资产管理局更名为象山县国有资产管理中心。改革国有资本授权经营体制，全面启动象港集团、象岛集团、象荣集团组建，筹建商贸集团、影视城集团，初步构建起“县国资管理中心-象港集团资本层-产业集团资产层-项目公司经营层”四级组织架构，初步形成“1+9+X”的组织架构体系（1即象港集团，9即水务集团、交通集团、城投集团、旅游集团、工投集团、影视城集团、商贸集团、大目湾新城公司、经济开发区城南公司，X即其他国有平台公司）。

【重组国有资本投资运营公司】 7月29日，为深化投融资体制改革，加强国有资产经营管理，发挥国有资产运营效益，制定出台《象山县开发经营有限公司、象山县国有资产经营投资有限公司和象山县开发投资有限公司重组方案》，通过债务剥离、资产重组、股权结构调整，优化运营模式和机制创新，使得公司发展成为政府投融资改革的创新平台、国有资本投资运营的主体、政府开展与社会资本合作的授权载体。象山县开发经营有限公司更名为宁波象港开发控股集团有限公司（以下简称象港集团）。

象山县国有资产经营投资有限公司更名为宁波象岛资本投资集团有限公司（以下简称象岛集团），象山县开发投资有限公司更名为宁波象荣资本投资集团有限公司（以下简称象荣集团）。象港集团发展定位为突出围绕资源（资产、资金、项目）统筹和项目（股权）投资“两大重点”，打造战略投资平台、新兴产业项目孵化平台、资源整合监管平台，推动国有资本的产业形态升级；以提升国有资本运营效率、提高国有资本回报、打造AA+信用等级平台为目标，逐步发展成为管理现代化、投资多元化，具有较强竞争力和可持续发展能力的国有资本投资运营公司。象岛集团发展定位为以保障自身运营为主，提高国有资产的流动性，搭建协同运作平台，适度增加融资规模，准确识别和化解存量债务风险，实现对国有资产高效配置。象荣集团在象港集团和象岛集团体系外的企业股权、部分闲散资产划入象荣集团，以做大资产规模为总体目标，发挥企业对外担保作用；适时拓展企业部分金融业务，为企业转型提供保障。

【强化国资管理职能】 坚持以制度管人、管资金、管资产，推动国资监管工作制度化、规范化、体系化。出台培训费和差旅费等经费开支管理办法，加强银行账户和资金存放管理，县级国有企业资金竞争性存放实现全覆盖。开展国有企业“增收节支”活动，完成县属集团公司2019年度“三公”经费预算核定，推进全县94家国企业务招待费核定，全县主要国有平台公司公务经费比上年度缩减12.5%。开展国有企业土地、房屋等资产全面清查，加强企业对外投资、资产收购评估、货物和服务采购、资产报废报损等管理，严格落实进场交易制度，保障企业国有资产产权交易公开、公平、公正，全年进场交易成交金额共4095.16万元。优化国有资产交易监管方式，促进产权交易中心运营改革。优化监管手段，加快推进国资监管信息化，完善国有企业信息管理平台功能，启动国有企业智慧管理平台建设，推进全县财务软件统一规范。精简优化“最多跑一次”改革部门间办事事项36项，提升监管服务效能。

【绩效激励约束分配】 深化企业负责人薪酬制度改革，坚持激励和约束并重，制定《县政府直属企业负责人薪酬管理实施意见》，推动建立与直属企业负责人选任方式相匹配的差异化薪酬分配体系。首次开展2018年度直属企业经营业绩考核，完善差异化考核机制，出台《直属企业经营业绩分类考核与职工薪酬激励办法》，将被考核企业分为经营类、功能类和公共服务类，实施分类考核，突出市场化转型，引导企业提质增效升级。改革企业薪酬总额决定机制和管理方式，调整完善国有企业职工薪酬总额预算管理办法，加强调控与管理，逐级落实预算执行责任，推动完善内部分配制度，全面完成对62家国有企业2018年度职工薪酬清算和2019年度职工薪酬总额预算，实现直属企业及县级部门下属国企职工“薪酬总额管理”全覆盖。

【国企债务管控】 建立国有企业投融资工作例会制度，打通政府与国企之间的常态化沟通协商通道，掌握阶段性投融资工作动向。编制全县国有企业年度债务计划，核减不合理支出，不得超计划举债。根据市场行情动态调整年综合成本率控制红线，鼓励银行项目贷款和直接融资方式，拉低融资综合成本率，减轻付息压力。优化债务结构，提倡合理配置债务期限结构，力促短期、中期、长期债务的有机结合。引导企业提高资信等级，新增AA资信等级企业1家，总数达到7家。启动象港集团AA+资信评级，拓宽融资渠道，全县国企直接融资比重提高至6%以上。强化企业负责人经营主体责任，将债务计划执行率、融资成本率等指标纳入县直属企业和三大管委会年度目标考核任务，采取增收节支、降息止债、处置资产偿债等措施，严控新增债务。根据县盘活利用资产资源工作方案，推进首批21宗资产资源盘活利用工作，扩大国有企业资产规模，降低资产负债率。

【推进国企增收节支】 为贯彻县委、县政府的决策部署，印发《在国有企业中开展“增收节支推进年”活动的实施方案》，推进增收节支工作，推动县国有企业深化改革。根据盘活利用资产资源工作方案，对经营性土地、海域使用权、大额闲置资产、水库、矿产、林权等资产资源开展注入工作，将首批21项资产资源注入县水务集团、交投集团、城投集团、旅游集团、县国投公司和县开发经营公司6家企业，通过县财政、住建、资规、税务等相关部门协调配合做好权证确认、资产划转过户等事宜，做大国有资产规模，降低企业资产负债率。加强财务监督，监控主要国有平台公司(主要指县属五大集团、县大目湾开发管委会、县经济开发区管委会、宁波影视文化产业区管委会、县水产城管委会和浙台经贸合作区管委会下属公司)公务经费各项支出缩减任务完成情况，对于未完成季度性任务的企业，督促下季度采取措施完成目标任务。截至12月31日，全县主要国有平台公司相较2018年同期缩减12.5%，企业公务经费压缩。指导各AA信用等级国有企业做好发行债券工作，象港集团、经济开发区城南公司、大目湾新城公司、石浦科技园区公司和交运集团等通过发行公开债券，提高直接融资比重，置换高息贷款，并加强与银行利率谈判，降低全年融资综合成本率，融资结构得到优化，企业融资管理强化。截至12月31日，县国有企业直接融资规模为49亿元。

【国企用工指标审批实现“零次跑”】针对国有企业用工指标审批办理环节冗长等问题，联合县委编办，依托自主开发的象山县国有企业信息管理平台，通过升级审批流程“并联办”、审批数据共享“网上办”、审批结果呈现“线上看”，重新梳理审批流程，实施一套表格跨部门联办模式，变串联审批为并联审批，实现同步审批，审批环节节点由原来的3个降到1个，企业办事时间至少缩短6个工作日，提高办事效率。

【全民所有制企业公司制改制】为促进国有企业建立健全产权清晰、权责明确、政企分开、管理科学的现代企业制度，根据《浙江省全面完成全民所有制企业公司制改制工作实施》文件精神和市国资委工作要求，及时组织开展对全县全民所有制企业进行分类排摸，并对改制企业进行工作部署和落实。全县共31家全民所有制企业，涉及19个主管单位，协同企业主管单位进行分析研究，根据企业不同情况，明确分类改制方向，制定《改制实施方案》，组织开展改制业务培训，指导落实企业改制工作有序推进，2019年年底基本完成改制工作。

【创新国企投融资工作例会机制】9月，创新建立国企投融资工作例会机制，每季度召集重点国有企业及相关部门，采取“培训+共议+通报”的一体化沟通协商方式，掌握县国有企业阶段性投融资工作动向，推动国有企业拓宽投融资渠道，规范投融资行为，共商解决“投资项目谋划包装、资产资源盘活利用、金融机构精准对接、市场化对等结算”等问题，使县投融资工作取得“企业有资讯、市场有对接、监管有规范”的“三有”实效。

【国企党建】组织开展2018年度五大集团党委书记抓基层党建和人才述职评议，各集团明确2019年度党委书记抓基层党建重点项目。组织开展县属五大集团党建考核，加强党建工作检查，发挥考核“指挥棒”作用，推动党建工作落地见效。开展“清廉国企”示点，形成“清廉国企”建设对照检查清单，推进建立可学可复制的建设标准体系。完成2018年度国资系统基层党组织评星定级，扎实推进党支部规范化建设，提升支部组织力。成立县国资管理中心正风肃纪工作小组，通过国资中心、集团内部、集团交叉“三位一体”监督模式，采取不定期“不发通知、不打招呼、不听汇报、不用陪同接待、直奔基层、直插现场”的方式开展明察暗访。强化机关党的建设，围绕“不忘初心、牢记使命”组织开展各类党性党风党纪主题教育，“听党话跟党走”的氛围得到全面加强，创建县级文明机关。

（县国有资产管理中心　罗欢）

象港集团

【概况】宁波象港开发控股集团有限公司(以下简称象港集团)前身是象山县开发经营有限公司，由象山县国有资产管理中心全额出资成立，系象山县人民政府直属国有企业，是全县最大的一级资本控股公司。2019年，象港集团保持良好发展态势，年末总资产391.37亿元，较上年增加147.31亿元，增长60.36%；净资产239.39亿元，较上年增加98.32亿元，增长69.70%；营业收入15.42亿元，较上年增加6.95亿元，增长82.05%；利润总额3.55亿元，较上年增加2.26亿元，增长175.19%；资产负债率38.83%，较上年下降3.37%。

【象港集团重组】7月29日，象山县人民政府办公室印发《象山县开发经营有限公司、象山县国有资产经营投资有限公司和象山县开发投资有限公司重组方案》，明确将象山县开发经营有限公司重组为宁波象港开发控股集团有限公司，定位为管理现代化、投资多元化，具有较强竞争力和可持续发展能力的国有资本投资运营公司，目标是将象港集团打造成AA+信用等级平台。象港集团主要职能为主动承接象山县国有资产管理中心划转的各类国有存量资产，针对资产状况开展分类管理与运作；以价值管理为核心，加强对具有成长性和发展潜力项目的投资力度；受象山县国有资产管理中心委托，指导全县国有企业开展融资及财务核算和税务筹划工作；构建与实际运营相适应的风险治理架构和监控预警体系，探索建立风险限额管理机制，评估公司风险承受能力，实现风险与收益两者相均衡。12月23日，象山县开发经营有限公司更名为宁波象港开发控股集团有限公司、企业法人代表变更为谢华平、公司地址为丹西街道丹峰西路163号，下属国有企业6家，其中100%控股象山县水务集团有限公司、象山县滨海投资有限公司、宁波交运建设集团有限公司、象山县燕山陵园投资有限公司及宁波象锦贸易有限公司，45%持股象山县国有资产经营投资有限公司。

【宁波象锦贸易有限公司成立】9月12日，象港集团全额出资成立宁波象锦贸易有限公司，注册资本1亿元，主要经营范围为钢铁金属材料、化工原料及产品、机械设备批发、零售自营和代理各类货物和技术的进出口。10月16

日，经象山县人民政府专题会议审议同意，宁波象锦贸易有限公司与宁波凯通国际贸易有限公司、中航国际钢铁贸易有限公司等具有国企背景的贸易公司开展贸易活动，全年实现营业收入2.1亿元，占象港集团营业收入总额的13.62%。

【获得主体及债项双AA评级】 2019年，象港集团以将自身打造为AA+信用等级平台为目标，通过先评AA再调级AA+的方式，选择中证鹏元资信评估股份有限公司作为评级机构开展评级工作。8月20日，象港集团组织召开推进AA+评级工作专题会议，并邀请相关单位领导与相关单位业务人员共同商讨评级事宜，确定以2019年年报为基础，在9月完成AA评级，在2020年6月底前取得AA+评级，并详细制定工作计划及完成时间节点。9月5日，在各部门通力合作下，中证鹏元资信评估股份有限公司给予象山县开发经营有限公司主体和债项双AA评级。

【融资目标达成】 全年共开展债券发行、非标产品、流动贷款等各类融资项目5个，累计融资金额32.88亿元。其中，象山县开发经营有限公司凭借AA信用等级申报50亿元非公开公司债，并于12月5日募集一期资金20亿元，票面利率5.88%，为全县同类型发债历史最低；11月15日，象港集团与东海银行象山支行达成“银企”战略合作协议，首笔1亿元流动贷款落地；1月11日，向浙商银行象山支行流动贷款2亿元；6月5日，向浙商银行象山支行流动贷款4000万元；8月30日，向光大银行象山支行流动贷款1.5亿元；3月8日、4月11日、4月29日分批次到账陆家嘴信托资金4亿元；9月12日，到账南京紫金信托资金1亿元；4月，分批次在浙金中心发债2.98亿元。

【严格管理应急资金专户】 全县自2018年起，开始谋划设立应急资金池，专项用于国企短期资金周转和应急性工程款的支付，由县国资管理中心委托象港集团开设应急资金专户并进行日常管理。应急资金使用管理严格实行三级审批程序，即须经象港集团初审、县国资管理中心审核后再报县政府分管国资领导审批，并严格按照管理办法和借款协议约定，督促借款单位在规定时间内归还本息。全年共发生转借112笔，拆借总额62.236亿元，在帮助多家国有企业解决资金困难、缓解短期内还贷压力和维护经济社会稳定等方面均发挥一定作用。

【国有资产拍卖拍租】 按照国有产权转让相关规定，开展海域使用权公开拍卖。12月3日，以象山县国有资产经营投资有限公司名义经公开拍卖取得象海出84号（象山县黄避岙乡横里村北侧）、象海出85号（象山县黄避岙乡棉花山西侧）、象海出86号（象山县黄避岙乡鲁家岙北侧）、象海出87号（象山县黄避岙乡鲁家岙北侧）、象海出88号（象山县黄避岙乡高泥村西侧）、象海出93号（象山县黄避岙乡塔头旺村南侧）、象海出94号（象山县黄避岙乡鸭屿村南侧）、象海出95号（象山县黄避岙乡山夹岙村南侧）等8块海域，合计宗海面积294.7566公顷，成交价4833万元。12月20日，以相同方式取得象海出96号（象山县大漠山岛北侧）、象海出99号（象山县大漠山岛北侧）、象海出102号（象山县大羊屿岛南侧）、象海出107号（象山县仁义涂东侧）、象海出110号（象山县田螺头岛北侧）、象海出113号（象山县大目岛北侧）等6块海域，合计宗海面积1030.68公顷，成交价16676万元。

【中共宁波象港开发控股集团有限公司机关支部委员会成立】 9月12日，经中共象山县国有资产管理中心机关委员会批准，建立中共宁波象港开发控股集团有限公司机关支部委员会。10月10日，中共宁波象港开发控股集团有限公司机关支部委员会召开全体党员大会，选举产生新一届机关党支部书记。象港集团党支部严格按照国资系统党建工作流程开展2019年度各项工作，在完成象港集团新公司章程时，主动加入企业党建工作相关内容，推进集团党建工作规范化、制度化、科学化。

（象港集团 冯潜）

市场监督管理

【概况】 象山县市场监督管理局先后经历两次机构改革，整合工商、食药、质监3个部门的机构职能。2019年新增知识产权、价格监管等职能，挂象山县知识产权局牌子。配合县机构改革办实施市场监管综合行政执法改革，组建象山县市场监管综合行政执法队。局机关办公地址位于象山县丹东街道丹河东路828号。已有在职干部职工近400名，其中在编干部256名，编外人员122人。内设科室19个，分别为办公室、组织人事科、法制科、行政审批科（外商投资企业登记注册科）、信用监督管理科、市场合同监督管理科（网络市场监督管理科）、商标广告监督管理科、质量与标准化监督管理科、食品安全协调科、食品生产流通安全监督管理科、餐饮服务食品安全监督管理科、特种设备安全监察科、计量与合格评定监督管理科、知识产权监督管理科；直属机构4个，分别为药品监督管理分局、价格监督管理分局、消费者权益保护分局、信息化办公室；下属事业单位3个，分别为县食品检验检测中心、县质量技术检测中心和县消费者权益保护委员会；派出机构8个，分别为县市场监督管理局石浦分局、丹东市场监管所、丹西市场监管所、爵溪市场监管所、西周市场监管所、大徐市场监管所、定塘市场监管所、鹤浦市场监管所。2019年，象山县市场监督管理局在县委、县政府和市局党委的正确领导下，围绕中心、突出重点、主动作为，在服务发展、保障安全、执法监管和队伍建设等方面，都取得成绩。象山县市场监督管理局相继获得“一打三整治”专项行动先进集体、开放型经济优胜服务单位、全县目标管理考核先进单位、全县“四大攻坚行动”中集体嘉奖、全县政务信息工作先进单位、医疗器械不良事件监测监管优秀单位等多项荣誉。

【全县市场主体登记情况】 2019年度，全县新登记各类市场主体12374户，同比增加18.63%；其中新登记内资企业（含私营，下同）3187户（含分支机构，下同），注册资本（金）1674009万元，同比分别增长27.43%和2.09%；外商投资企业20户（不含分支机构，下同），新增注册资本17988万美元，同比减少20.0%和15.73%；个体工商户9125户，资金数额204120万元，同比分别增长15.83%和8.57%；农民专业合作社42户，新增成员出资额6263万元，成员数242个，同比分别增长55.56%、103.08%和10.5%。2019年，全县注销各类市场主体8582户，同比增长64.56%。其中，注销内资企业3620户（含分支机构），外商投资企业22户，农民专业合作社44户，个体工商户4896户，同比分别增长238.32%、增长83.33%、减少2.22%、增长19.77%。截至2019年12月底，全县累计实有市场主体55327户，同比增长11.68%。其中，累计实有内资企业16386户，注册资本（金）11024915万元，与2018年同期相比分别增长10.03%和12.70%［包括累计私营企业14892户，注册资本（金）8066862万元，同比分别增长14.38%和15.17%］；外商投资企业209户，注册资本145676万美元，同比分别减少9.91%和6.49%；个体工商户37854户，资金数额652517万元，同比分别增加12.88%和25.34%；农民专业合作社878户，成员出资总额131901万元，成员总数10782个，同比分别减少0.34%、增长0.06%和减少4.67%。

【全县市场监督管理暨党风廉政建设工作会议召开】 2019年1月21日上午，全县市场监督管理暨党风廉政建设工作会议在局机关12楼会议室召开，全体在编干部职工，县民个协工作人员及部分离退休老领导等参加会议，会议由县市场监管局副书记、副局长张旦海主持，议程包括表彰2018年度先进单位及个人，传达学习县委十四届五次全会和省、市局会议精神，总结2018年主要工作，部署2019年任务。县市场监管局党委书记、局长石岳吉作工作报告，肯定全局2018年的工作成绩，并指出2019年是全面深化改革的关键之年，是全面推开市场监管工作的重要一年，也是打造“中国新时代、杭州新亚运、象山新形象”的开局之年。2019年全县市场监督管理工作要以习近平新时代中国特色社会主义思想为指导，在县委、县政府和市局党委的正确领导下，围绕加快建设宁波现代化滨海城区的总体要求，顺应机构改革，抢抓前亚运机遇，深化作风建设，强化服务主线，守住安全底线，营造优质营商环境，敢于担当，奋力拼搏，推进市场监管事业新发展。

【县市场监管局举办“扬帆新征程　谱写新篇章”文艺晚会】 1月29日晚，在象山县市场监管局党委书记、局长石岳吉热情洋溢的致辞后，县市场监管局“扬帆新征程　谱写新篇章”文艺晚会正式拉开序幕。全体干部职工欢聚一堂，共同观看一场自编、自导、自演的视觉盛宴。整场晚会突出鲜明的市场监管特色和昂扬向上的主旋律，以歌舞、小品、朗诵等不同艺术表现形式为载体，生动展示市场监管干部热爱生活、开拓进取的精神追求。节目雅俗共赏、异彩纷呈，100多名演员轮番登场，各展才艺，“接地气”的内容和生动的表演让现场喝彩声、欢笑声此起彼伏，热闹非凡，展现全体干部职工团结向上、干事创业的良好氛围，以及对市场监管工作的坚定信心和美好愿景。

【宁波市督导组到象山县督察“保健”市场乱象整治工作】 3月1日，宁波市卫生健康委副巡视员李宝麟带领市督导组一行6人到象山县督导“保健”市场乱象整治工作，县委政法委、县市场监管局、县卫生健康局、县公安局等13个部门相关负责人陪同。市督导组听取县市场监管局副局长杨培良关于象山县前期“保健”市场乱象整治专项行动的工作汇报，查看相关台账资料。随后，市督导组一行到丹东街道现场，实地查看县老年公寓、新华社区科普站、汇振路保健类产品经营单位。督查组对象山开展的“保健”市场乱象整治工作表示肯定，在落实工作责任、加强“保健”市场监管、打击违法违规行为和宣传培训等方面成效显著，并要求下一步各部门要继续加强协作，排查掌握信息，重点查处违法案件，强化重点场所及老年人群的个性化宣传，推动“保健”市场乱象整治工作。

【县市场监管局召开“一打三整治”工作会议】 4月24日上午，象山县市场监管局在局机关1101会议室召开各单位主要负责人会议。局领导、副局级干部，机关各科室队（中心）、各基层所（分局）主要负责人，民个协会负责人，“一打三整治”工作组成员参加会议。会议由县局副局长张旦海主持。首先，副局长倪永健回顾2018年“一打三整治”工作，并对2019年“一打三整治”工作进行布置。接着，稽查大队、食品生产流通科、丹西所、“一打三整治”工作组作表态发言。最后，局长石岳吉指出“一打三整治”工作任务重，压力大，各相关单位要责无旁贷，做好“一打三整治”工作，并强调四方面要求：一是要统一思想，精心组织；二是要突出重点，细化工作措施；三是要加大宣传力

度，营造声势；四是要压实责任，抓好落实。

【宁波市市场监管局局长徐柯灵一行到象山调研“一打三整治”工作】 5月10日下午，宁波市市场监管局局长徐柯灵一行到象山调研“一打三整治”工作，宁波市市场监管局纪检组组长邵忠新、副巡视员章国乾及象山县市场监管局局长石岳吉、副局长倪永健等陪同。徐柯灵一行先到丹东市场监管所召开座谈会，会上，象山县市场监管局局长石岳吉对前阶段“一打三整治”开展情况及下一步工作重点作汇报。听取汇报后，徐柯灵对象山县市场监管局的“一打三整治”工作表示肯定，认为工作重点突出、宣传到位、成效明显。徐柯灵局长强调，“一打三整治”工作应持之以恒、常抓不懈，要针对问题短板，加强索证索票监管工作；要继续强化宣传，形成良好的工作氛围；要统筹兼顾，提升市场监管工作成效。会后，徐柯灵一行对城东菜场以及部分餐饮单位进行实地走访检查，重点了解“一打三整治”期间8种渔获物的索证索票落实情况。

【浙江省市场监管局副局长陈振华到象山开展“三服务”走访调研】 6月19日上午，浙江省市场监管局副局长陈振华一行到象山开展“三服务”调研。宁波市市场监管局副局长李国宏、象山县副县长穆锦斌、象山县市场监管局局长石岳吉等陪同调研。陈振华一行先后走访墙头镇方家岙村和溪里方村，参观便民服务中心、文化礼堂、农户家庭，听取象山县乡村治理省级标准化示范项目的介绍，了解基层当前存在的困难问题。在调研中，陈振华对象山的标准化建设工作表示肯定，要求发挥市场监管部门职能，运用好标准化建设手段，更好地为乡村治理提供服务。

【象山县县长黄焕利现场体验“企业开办全流程一日办结”改革】 7月31日下午，象山县县长黄焕利一行到县行政服务中心调研“最多跑一次改革”工作开展情况，并现场体验“企业开办全流程一日办结”改革的审批流程。在市场监管局窗口，黄焕利听取企业开办改革的简要汇报后，在窗口工作人员的解说下，全面观摩“企业开办全程网上办”平台从企业外网申报、工商登记后台审核、企业数据共享流转、部门审批信息反馈等各环节的操作演示，并对企业开办改革工作予以肯定。2019年以来，象山县市场监管局将“企业开办全流程一日办结”改革列为重点改革工程项目，推广商事登记“全科一窗受理”办理模式，以“数据网上跑”代替“群众来回跑”实现商事登记证照联办。

【象山县县长黄焕利调研农贸市场改造提升工作】 8月6日上午，象山县县长黄焕利、副县长石坚定一行对汪家河菜场、贤庠镇岑晁集贸市场和大徐镇集贸市场开展调研、座谈，象山县市场监管局局长石岳吉、副局长杨培良等陪同。座谈会上，黄焕利一行听取象山县市场监管局农贸市场改造提升工作的情况汇报，象山县文明办、发改局、自然资源和规划局、商务局、综合行政执法局、公安局、市场中心等单位参与座谈讨论，石坚定传达省政府办公厅印发的《浙江省人民政府办公厅关于浙江省乡村星级农贸市场建设的实施意见》，并对农贸市场改造提升工作提出具体要求。最后黄焕利指出，要按照全市农贸市场改造提升三年攻坚行动的总目标，以更新的理念、更实举措、更强合力抓好农贸市场改造提升，让群众买的称心、吃得放心、感到舒心。

【县市场监管局召开“不忘初心、牢记使命”主题教育动员部署会】 9月12日下午，象山县市场监管局召开“不忘初心、牢记使命”主题教育动员部署会。象山县市场监管局局长石岳吉作动员讲话，象山县委第八巡回指导组副组长励大宽到会指导，象山县市场监管局副书记、副局长欧江主持会议。局领导班子成员、副局级干部、各单位主要负责人、机关全体在职在编干部职工参加会议。会上，局长石岳吉指出，要坚持把讲政治摆在首位，对照初心使命，抓好贯彻落实。要坚持主题教育与实际工作相结合，聚焦目标任务，提升履职效能。要坚持把高标准高质量贯穿全过程，强化组织领导，确保取得实效。随后，巡回指导组副组长励大宽代表县委第八巡回指导组作重要讲话，并强调：开展主题教育，要围绕学习贯彻习近平新时代中国特色社会主义思想，推动习近平新时代中国特色社会主义思

想往深里走、往心里走、往实里走。一要深刻认识主题教育的重大意义，严格贯彻落实县委要求。二要牢牢把握目标要求，聚焦目标任务，把握工作要求，广泛调查研究、深刻检视剖析问题、推进整改落实；三要坚持以好的作风扎实开好主题教育。突出以政治建设为统领、强化主体责任，坚持四个贯彻始终、做好结合文章，组织开展好主题教育。

【宁波市送药上山进岛工作推进会议在象山召开】 9月29、30日，宁波市送药上山进岛工作推进会议在象山召开。宁波市市场监管局副局长胡国权、宁波市市场监管局药品流通处处长和药化安监处负责人、各县市区市场监管局药品分管领导、药品监管科科长参加会议。象山县市场监管局总工程师张灵敏在会上介绍象山送药上山进岛工作的主要做法，一是调研，按需设点。鹤浦镇、高塘岛乡、西周镇、泗洲头镇等海岛偏远地区及新桥影视城等旅游景点开展送药上山进岛服务点选址调研工作；二是因地制宜，确定模式。根据地区特点，采用“零售药店+配送企业”，“村卫生室+批发企业”，设立自动售药机等模式，或多种模式相结合的方式，增强便民实效性；三是完善机制，夯实基础。制定送药上山便民服务点药品管理制度，确保用药环境安全性；与供药单位签订“上山进岛”为民寻药合作协议确保供药的及时性，药品价格合理性。随后，各县市区局（分局）结合自身实际情况进行经验交流，详细介绍在选点布局，部门协作，服务点运营的工作内容。在胡国权副局长的主持下并对便民服务点长效运营机制、实效性等难点问题，药品、化妆品风险隐患及处置措施进行探讨。

【国家市场监管总局网监司副司长刘宏伟一行到象山调研】 10月11日，国家市场监管总局网监司副司长刘宏伟、网监司合同处处长李东卫一行到象山调研农副产品批发市场及旅游市场建设工作。浙江省市场监管局二级巡视员张志益、宁波市市场监管局副巡视员章国乾及象山县市场监管局副局长柯峰等陪同。刘宏伟一行先后走访浙江水产城、中国渔村、石浦老街及象山影视城等地，并在水产城召开现场交流会。会上，刘宏伟听取水产城管委会主任金宏钢关于水产城四星级农批市场建设的工作汇报，详细了解市场基本情况和市场运营情况，肯定水产城在规范市场经营、带动行业发展等方面发挥的作用。刘宏伟指出要立足当前，拓展市场经营模式，为经营户提供更多服务便利，提升市场竞争力和可持续发展能力。

【2019年全县知识产权专题培训会召开】 10月18日，全县企业知识产权专题培训会在海洋酒店召开，参加会议有18个镇乡街道的规上工业企业代表、镇乡街道联络员和品牌指导站工作人员等共计200余人。此次专题培训邀请浙江省市场监管局知识产权发展处李建民、中国计量大学副教授冀瑜副、浙江天册事务所律师罗云和宁波甬恒专利事务所杨政委等4位专家，分别就“企业知识产权保护与维权策略”“企业专利质量提升”“知识产权诉讼及维权”“知识产权综合知识”4个方向进行专业地讲授。专家们结合实际典型案例，针对新形势下如何做好企业知识产权保护与维权、如何提升知识产权质量与创新管理、如何加强企业知识产权挖掘与规划布局等问题做细致全面的讲授，获得与会人员的一致好评。

【象山县举行药械安全突发事件应急桌面推演】 2019年10月24日，2019年度象山县药械安全突发事件应急演练桌面推演的在海洋酒店举行，来自全县共11个部门、18个镇乡（街道）及全县乡镇以上医疗机构共130人参加或观摩此次桌面推演。此次演练采用桌面推演的方式进行，演练由上海市委党校公共管理学容志教授主持。整个推演共分六个阶段，按照事件报告、先期处置、应急启动、应急处置、应急终止、善后处置等六个环节逐项展开，展现对药械安全突发事件进行规范化调查处置的全过程。在推演过程中，各单位相关负责人根据职责被分为现场指挥部、危害控制组、现场调查组、信息发布组、医疗救护组、警戒保卫组，随着事态矛盾的发展，容志教授按照事故发生、发展的不同阶段，对各组参演人员进行具体提问。桌面推演后，宁波市市场监管局药品流通处处长邓封伟、市药品不良反应监测中心主任徐迎庆等专家对推

演进行点评。

【省考核组对象山县放心农贸市场创建工作进行考核验收】 11月18日，浙江省市场监管局市场合同处陈笑伦调研员一行对象山县放心农贸市场和星级农贸市场创建工作进行考核验收。省考核组实地走访岑晁集贸市场、汪家河菜场、石浦新港菜场、浙江水产城、定山菜场和西周镇集贸市场等六个创建市场，严格对照《省放心农贸市场创建标准》和《星级农贸市场创建标准》要求，从场内外环境卫生、硬件设施、管理制度、人员配备、经营户台账和信用管理等方面逐一进行查看，并详细询问各农贸市场在长效管理和日常创建中好的做法和经验。该次考核验收，全县的放心农贸市场创建工作得到省考核组的肯定，特别是石浦新港菜场和定山菜场的市场面貌整洁有序，管理规范到位给考核组留下很好的印象，考核组也对检查中发现的部分农贸市场台账归档不全的问题要求做好整改落实工作，把工作做细做实。

【象山县召开阳光药师考勤推广会】 12月4日，象山县市场监管局在象山海洋酒店召开阳光药师考勤推广会议，全面推进零售药店"阳光药师考勤"工作，全县158家药品零售企业负责人参加会议。"阳光药师考勤"，就是零售药店的执业药师和药师用手机免费下载"宁波阳光药师"APP，通过阳光药师考勤平台开展定位、刷脸考勤。执业药师和药师的考勤记录，纳入其所在的零售药店的日常监管。执法人员可通过阳光药师考勤平台，查看执业药师、药师的考勤情况，分析辖区零售药店人员配备和人员在岗情况，对违规药店、挂证执业药师实施精准化监管，促进辖区内零售药店持续合规经营。会议期间，系统操作工程师对软件应用进行培训，指导在场药师下载APP进行考勤测试，全县将在2020年1月全面实施考勤管理。象山县市场监管局总工程师张灵敏指出，阳光药师考勤制度的推行，是加强药品经营企业药品质量管理，提高药学服务水平，保护群众健康的抓手，要求各药品经营企业负责人高度重视，配合，按要求做好阳光药师考勤制度的推广、落实和使用，增强药品经营质量安全意识，提升企业药学服务能力，促进公众合理用药。

【"最多跑一次"改革深化】 按照县委"营商环境提升年"活动要求，开展"多证合一""审核合一、一人通办"等改革举措，全面实现企业开办全流程"一件事"一日办结、企业注销"一件事"100%当场办结工作要求。以政府数字化转型工作为契机，推进"互联网+政务服务"工作，实施"企业开办全程网上办"平台和"浙里办"掌上平台，网上办实现率、电子证照率、材料电子化率等指标均达到100%，服务效能得到提升。推进新一轮"小微企业三年成长计划"，深化"个转企"工作，共办理"个转企"102家，其中公司制企业96家，占比94%，呈现量增质提的良好态势。民个协会开展"新设小微企业周年活跃度"问卷调查，为政府制定民营经济发展政策提供决策参考，得到中个协通报表彰。

【商标专利工作取得新突破】 强化重点行业、重点企业在商标注册、品牌申报等环节的全程帮扶指导，2019年验收通过7家市级品牌指导站，其中西周创建省级品牌指导站，丹西创建省商标品牌示范街道。2019年新增注册商标1350件，同比增长23%，累计拥有注册商标7720件，商标注册量保持稳步增长。打造具有象山特色的地标品牌，"象山红美人"获批国家地理标志证明商标，"象山竹根雕"新申报国家地理标志证明商标，"象山米馒头""象山梭子蟹"报请国家商标局复审。加大知识产权培育力度，2019年新增发明专利132件，同比增长101%，每万人发明专利拥有量达10.7件，涨幅排名全市第一；新增国家知识产权优势企业5家，省、市级专利示范企业2家，形成梯队形专利示范企业队伍，知识产权发展体系健全。

【质量提升行动】 扎实做好高质量发展考核牵头工作，加强对责任部门和各乡镇街道的督促指导。强化政府质量奖评选工作，对11家企业导入卓越绩效管理模式，实行跟踪管理，宁波华翔电子股份有限公司、宁波博禄德电子有限公司、宁波乐惠国际工程装备股份有限公司等3家企业获评县长质量奖。深化标准化建设，指导企业参与制订（修订）国家标准12项、团体标准2项，新增国家级农业标准化示范区1个、市级3个，累计建成国家级农业标准化示范区6个，省级13个，市级79个。推进"浙江制造"工作，新发布"浙江制造"标准4个，通过品字标认证3个，"浙江制造"品牌建设势头良好。加强对建材类产品、汽车配件、配装眼镜等重点产品的监督抽查力度，共开展产品质量抽检53批次，合格率94.5%，及时做好不合格产品后续处理工作。开展计量器具检定，组织开展农贸市场、商场超市的电子秤及瓶装液化气、加油站计量专项检查，全年共检定计量器具34897件，其中强制检定27051件，同比提高12%；查处计量违法案件21起。质检中心推进石浦地区压力表检定便利化，受到相关企业的好评。大徐所跟踪服务浙江枫康集团有限公司建设"国家石斛种植—养生综合标准化示范区"，并通过国家级验收。

【违法行为打击力度持续加大】 保持对违法行为的高压态势，2019年相继组织开展网络市场、二手车交易、侵害个人信息、假冒侵权等领域的专项执法行动，立案查处各类违法案件734起，其中大要案258起，罚没款1106万元，4起严重违法案件依法移送公安机关追究刑事责任。严厉打击传销活动，加强对传销活动多发、易发地区的巡查，共立案查处传销违法案件4起，捣毁传销窝点2个，教育遣散相关人员200余名。开展“保健”市场乱象百日整治行动，成立打击传销（非法会销）应急工作小组，立案查处非法会销、虚假宣传等违法案件82起，“保健”市场整治工作走在全市前列。做好“一打三整治”工作，集中时间、集中精力，严密管控农贸市场、餐饮单位销售违禁渔获物行为，落实索证索票制度，共作出警告处罚204起，立案查处索证索票违法案件18起。石浦分局依法查处假冒电池案，作为典型案例在市局会议上交流发言。丹西所依法查处房地产领域的虚假广告案件，并会同教育部门化解信访问题，维护社会稳定。

【事中事后监管工作推进】 完成市场主体年报工作，企业、个体工商户和农民专业合作社年报完成率分别为90.9%、93.5%和91.9%。加强经营异常名录管理，1208家企业和61家农民专业合作社被列入经营异常名录。牵头推进“互联网+监管”工作，开展双随机抽查、专项重点检查、日常巡查执法活动，全县36个行政执法部门执法人员入库率、账号开通率、使用平台两次以上人员占比、双随机抽查企业覆盖率、双随机问题检出率等主要指标走在全市前列。坚决贯彻执行县委县政府关于安全生产整治百日大会战的决策部署，发挥职能作用，全面核查整改无证无照经营单位，共排摸“两小一危”企业5561家，责令申领证照或变更登记22家，取缔7家。丹东所组织开展废品回收行业专项整治，依法关停无证和超范围经营的废品回收站11家，对限期未改的2家单位依法立案查处。

【食品安全监管网络更加完善】 贯彻落实《地方党政领导干部食品安全责任制规定》，出台《象山县党政领导干部食品安全责任制清单》，强化食品安全属地管理责任。持续加大食品安全日常监管力度，相继组织开展“防风险消隐患保食安”“食品安全问题联合整治”等系列行动，完成食品及食品相关产品定量抽检3568批次，立案查处食品违法案件331起，全年食品安全形势总体平稳，未发生各类食品安全事故。狠抓“一老一少一农”食品安全监管，推进“学生饮食放心工程”新三年计划，全县151家学校食堂全部达到A、B级管理要求，学校阳光厨房建成率达95%；实施养老机构食品安全治理提升三年行动计划，规范66家养老机构食堂基本条件，督促养老机构落实食品安全主体责任；继续推进农村家宴“放心厨房”建设，巩固提升农村家宴放心厨房70家，新改造25家。推进餐饮业“三提升”行动，新增“阳光厨房”200家，其中“外卖APP+阳光厨房”90家，累计建成“阳光厨房”612家，持续走在全市前列。开展餐饮行业食品安全专项整治，全县餐饮单位在功能布局、环境卫生、设施配备等方面均有明显改善。推行食品安全“红黑榜”制度，倒逼食品生产经营户落实主体责任，发布食品安全“红黑榜”33期，108家食品经营单位得到整改，效果十分明显，得到省、市局的肯定。食检中心针对消费者关注的食品安全热点、疑点问题，相继推出“海蜇中的铝残留”“小龙虾重金属含量”等课题实验，被各大媒体广泛报道，累计阅读量达260万人次，收到很好的宣传效果。餐饮科、丹东所等单位按照县局统一部署，全面开展餐饮行业排查整治，完成全国乡村治理现场会餐饮安全保障任务。西周所探索在企业食堂开展食品安全责任保险工作，收到一定效果。定塘所打造大塘麦糕特色食品作坊园区，增加传统食品附加值，实现产业提质增效。

【药品医疗器械安全保障坚强】 根据实际情况，成立药品监管分局，对全县药品、医疗器械和化妆品实行集中统一监管。强化药械市场风险防控，监测上报药品不良反应678例、医疗器械不良事件204例，定量抽检药品、医疗器械280批次，对不合格药械及时做好后续处理工作，消除安全隐患。开展药械生产经营使用单位信用等级评定，全年共评定191家，信用等级分类监管得到深化。组织开展中药饮片“源正质优”、执业药师虚挂行为等专项行动，立案查处药械违法案件41起，规范药械市场。设立“送药上山进岛便民服务点”4个，狠抓药械信息管理建设并取得成效，宁波市局先后两次在象山召开现场会，推广药品服务点建设和信息化建设做法。年底，县局代表宁波市在全省医疗器械监管会议上作经验交流。鹤浦所建成全市首个“送药上山进岛便民服务点”，方便群众及时用药。

【特种设备安全监察工作强化】 聚焦简易升降机、气瓶、公众聚集场所的电梯、大型游乐设施等特种设备开展专项整治，严厉打击特种设备“三非两超”“一无一违”等违法行为，累计检查特种设备使用单位1078家次，发现安全隐患154处，立案查处特种设备违法案件12起，保障特种设备安全。加大工业管道整治力度，工业管道的定检率达93.4%。强化燃煤锅炉淘汰工作，会同相关部门通过行政约谈、去功能化等举措，破解燃煤锅炉淘汰改造工作难点，全年共淘汰燃煤锅炉7台，实现2014年以来新增20蒸吨/小时以下燃煤锅炉全淘汰。推进电梯安全综合服务保险工作，全县25个小区（单位）270台电梯实行电梯安全综合保险。组织开展“阿拉的海”水上乐园大型游乐设施和电梯应急演练等活动，提高特种设备使用单位应急处置能力。丹西所组建特种设备使用单位微信工作交流群，及时发布相关信息，加强线上交流，提升工作效能。

【价格监管工作卓有成效】 强化公平竞争审查，共审查增量文件725件，清理存量文件1291件，实现公平竞争审查全覆盖，得到省、市局的肯定，并在全省公平竞争工作会议上交流发言。加大违法违规价费整治力度，重点围绕医疗机构、房地产、商超、餐饮等重点民生领域开展价费专项检查，立案查处价格违法案件12起，罚没款312万余元，同比增长10倍。加强节日市场价格巡查，累计纠正不正当价格行为98起，维护节日市场价格稳定。处理各类价格投诉举报138件，办结率、满意率均达100%，化解价格纠纷。

【农贸市场改造提升工作成效显著】加强农贸市场改造提升职能的承接工作，制定全县农贸市场改造提升三年攻坚行动实施方案，牵头相关单位，指导农贸市场硬件设施改善和管理水平提升。2019年，创建省放心农贸市场5家，创建星级农贸市场8家，超额完成目标任务。组织开展农贸市场及周边联合整治，通过整治，城区农贸市场脏乱差等现象明显改变，农贸市场及周边食品经营户落实食品安全主体责任得到强化。市场合同科、丹西所按照县局要求，开展蓬莱菜场及周边专项整治行动，按照“十二无八有”要求，采取“巡查+回访”工作模式，巩固整改成效。定塘所做好当地政府参谋，开展农贸市场整治，效果十分明显，得到经营户和群众的好评。

【消费维权保障工作扎实】畅通消费投诉举报渠道，优化调解流程，全年累计调处消费举报投诉1712件，同比增长11.2%，为消费者挽回经济损失203万元，一批群体性消费纠纷得到处理，维护社会稳定。推进“放心消费在浙江”行动，培育放心商店、放心网店、放心餐饮等473家，创建宁波示范型放心消费街区和放心消费村，全面完成放心消费工作的各项目标、任务。完善旅游消费维权网络，在全县主要景区、旅游特色村建立旅游消费维权服务站73家，及时处理旅游消费投诉320件，助推“全域旅游”建设。

（县市场监督管理局　郭学斌）

物价管理

【概况】2019年，象山县价格工作贯彻落实中央、地方各级经济工作会议和发展改革工作会议精神，围绕党委、政府的重大决策部署，牢固坚持稳中求进工作总基调、助推供给侧结构性改革主线和以人民为中心的发展思想，结合实际，扎实求新，担当有为，服务于经济社会发展大局。主动运用价格杠杆调节经济的作用，持续推进价格改革，健全重点领域价格形成机制，促进经济持续健康发展；落实国家价格调控措施，加强价格监管，维持价格总水平的基本稳定；强化涉企价费管理，深入推进清费减负，促进企业降低用能成本和收费压力；完善价格政策措施，疏导价格矛盾，规范价格行为，解决关乎民生的热点价格问题，维护社会和谐稳定。2019年象山县居民消费价格指数实绩103.1（上年为100），与年度计划目标103基本一致。

【管道燃气价格改革】2019年上半年统筹管道LNG销售价格政策，研究建立城乡供气一体化定价机制，实行全县同一气源同一经营主体同一价格。7月至8月，拟订中心城区和石浦镇气化门站配气成本监审和定价方案，并通过召开座谈会和信息公开等方式征求社会各方意见；制定出台非居民用管道LNG销售价格政策，自2019年9月1日起，对非居民用气销售价格，由规定中准价加浮动幅度改为实行最高限价管理，收费标准由中准价每立方米4.75元可上浮10%、下浮不限，调整为最高限价每立方米4.50元。10月组织召开居民用气定价听证会，并进行网上征求意见后修改完善居民用气定价方案；11月制定出台居民用管道LNG价格政策，居民用气销售价格每立方米由3.85元调整为3.70元，并配套建立相应的购销气价联动机制，自2020年1月1日起实施。

【农业水价综合改革】为维护供用水双方合法权益，促进农业节水，保障农田水利工程正常运行，组织开展3个灌区农业用水成本调查，核定并于2019年9月26日出台象山县农业水价综合改革区域的农业末级渠系和小型灌区农业用水价格。农业用水收费标准：单季稻提水渠道灌溉、低压管道灌溉和自流灌溉每亩分别为37.42元、39.78元和24.50元；经济作物喷微灌和自流灌溉每亩分别为50元和16.75元。改革区域农业用水实行超定额累进加价制度：定额内不收取水费，超定额10%以内（含10%）按执行水价的1.0倍收取，超定额10%~30%（含30%）按执行水价的1.2倍收取，超定额30%以上按执行水价的1.5倍收取。象山县获评2019年度全省农业水价综合改革工作绩效评价优秀县。

【完善景区门票价格】自2019年初开始，依据定价规则，对象山县东海半边山风景区门票价格及配套交通工具收费启动定价程序，2019年3月在完成前期各个环节的基础上，组织召开东海半边山门票及配套交通工具收费听证会，这也是象山县景区门票收费定价而举行的首例听证会，消费者、经营者及有关方面等15名社会各界代表参加听证会。4月29日出台东海半边山景区门票价格和配套交通工具收费政策，其中景区门票价格最高为120元/人，配套交通工具票价为20元/人。另外，根据地方定价目录规定、旅游项目性质及投融资主体等实际，确定中国海影城和象山东旦沙滩两个新增旅游项目门票价格管理形式为市场调节价。

【制定公布粮食收购价格】落实粮食最低收购价政策，7月18日公布2019年中等早稻订单收购价格为每50千克（下同）123元，价外补贴23元，种粮大户再补贴8元，共计种粮大户154元、一般农户146元；9月20日公布2019年普通中晚籼稻订单收购价格129元，价外补贴15元，种粮大户再补贴5元，共计种粮大户149元、一般农户144元；晚粳稻订单收购价格133元，价外补贴15元，种粮大户再补贴5元，共计种粮大户153元、一般农户148元；订单外稻谷按最低收购价格组织收购。2019年象山县在全省率先推行粮食收购优质优价，对甬优15号杂交稻收购加价20元。

【调整公办幼儿园保教费】为缓解保教费用上涨压力、提高幼儿园办园水平和保教质量的需要，2019年5月至7月对公办幼儿园收费相关情况开展调研论证，合理衔接周边县市区幼儿园收费标准的调整幅度，出台象山县公办幼儿园收费调整方案：自2019年秋季起招收的入园新生实行新的收费标准，六星、五星、四星、三星、二星的收费标准分别从650、500、440、370、300元/生·月调至850、650、580、480、390元/生·月；保教费实行政府指导价管理，幼儿园可在基准价基础上按不超过10%的范围内制定具体收费标准；小小班（托班）以及幼儿园在寒暑假、法定节假日举办托管班的，保教费按同星级实际执行收费标准的120%收取；对中班、大班在园幼儿保教费按原收费标准执行至幼儿毕业。

【调整爵溪工业用水销售价格】 2019年4—5月组织开展爵溪水务有限公司工业用水定价成本监审等相关情况调查，6月起草完成爵溪工业用水定价方案征求意见稿，并组织座谈征求意见。8月制定出台爵溪工业用户自来水销售价格政策，自9月1日起，爵溪工业用水销售价格每立方米由3.15元调整为2.75元。

【涉企电费减负】 根据省部署，2019年全县分两批降低电价标准，自4月1日起降低每千瓦时2.19分钱，自7月1日起降低每千瓦时5.29分钱，合计降低每千瓦时7.48分钱。组织供电企业做好两次电价下调工作，两次向转供电主体发出降低一般工商业电价政策的提醒告知书，通过《今日象山》和局域网进行电价宣传，将降低电价政策红利广泛传导到电力用户，确保电价减负按时落到实处，累计全年降低工商企业用电成本约5600万元，不折不扣完成《政府工作报告》提出的一般工商业用电价格再降10%的目标任务。另外，扩大电力直接交易试点，2019年共有398家用电企业参与电力直接交易，企业减负1416万元。

【降低企业用气成本】 出台非居民用管道LNG销售价格下调方案，自2019年9月1日起，下调非居民用气价格0.25元/立方米，全年降低企业用气成本约200万元。

【降低部分项目收费标准】 落实国家发展改革委、财政部降低部分行政事业性收费标准的政策，自2019年7月1日起，降低无线电频率占用费、出入境证照类收费、商标注册收费等收费标准，全年减少企业和社会收费负担约110万元。另外，通过约谈并引导涉及行政审批中介机构降低建设项目工程咨询等15项收费项目。

【成本监审新机制】 首次引入第三方（中介机构）参与对管道燃气定价成本监审，加强财务数据核实；8月完成定价成本监审，中心城区2017—2018年度准许成本和石浦地区2020年度预测成本上报分别为1219.50万元、1716.24万元和1083.98万元，核减分别为596.49万元、699.72万元和314.08万元，核减率分别为48.91%、40.77%和28.97%。

【景区门票成本监审】 2019年1月，开展东海半边山风景区定价成本监审，预测近年景区门票和配套交通工具定价总成本分别为13735.32万元和304.80万元。6月，开展宁波松兰山旅游度假区、石浦渔港古城、中国渔村等3家景点门票成本监审，前三年总成本合计上报为23289.61万元，核减605.80万元，核减率为2.63%。

【公办幼儿园保教费定价成本监审】 2019年5月，对全县3家公办幼儿园2017—2018年度保教成本进行监审，保教总成本合计上报3198.08万元，核减2400.03万元，核减率为75.05%。

【城市供水成本定期监审】 2019年7月，完成2018年度城市供水定期成本监审，总成本上报为10500.98万元，核减2589.29万元，核减24.66%。

【生活污水处理定价成本监审】 2019年10月，完成2016—2018年度中心城区居民生活污水处理定价成本监审，总成本上报分别为3921.99万元、3931.04万元和5491.06万元，核减分别为1942.35万元、1239.52万元和1896.49万元，核减率分别为49.52%、31.53%和34.54%。

【养老基本服务定价成本监审】 2019年12月，完成象山县社会福利院2016—2018年度及新大楼预测2020年度养老基本服务定价成本监审，总成本上报分别为324.03万元、497.30万元、280.88万元及238.00万元，核减分别为225.93万元、437.22万元、215.93万元及146.27万元，核减率分别为69.72%、87.92%、76.88%及61.46%。

【城镇管道燃气配气成本调查】 2019年3月，完成中心城区2018年度管道燃气配气成本调查，总成本上报为1552.43万元，核减689.03万元，核减率44.38%。

【非居民生活用水成本调查】 2019年6月，开展象山县爵溪地区2018年度非居民生活用水定价成本调查，总成本上报为1455.72万元，核增76.77万元，核增率为5.27%。

【特色农产品成本调查】 2019年5月，联系并指导梭子蟹、南美白6家特色养殖户养殖成本的填报和审核工作，完成相关数据核算和成本收益分析的撰写、上报。9月，新增3家特色农产品柑橘农本调查点并完成成本调查工作。

【价格日常监测】 2019年，对全县9个价格监测点的主副食品、燃料、农资、建材、药品等商品价格信息实现监测，在《今日象山》、智慧价格平台等发布价格信息，全年共发布价格信息46次，向有关部门报送价格监测报告12期。

【启动价格应急监测预警】 2019年1月至2月，启动低温雨雪冰冻的价格监测日报制度，落实专人做好粮、油、肉、蛋、蔬菜、液化气等34种民生商品价格的报送工作，密切关注市场价格动态，并通过网站等媒体及时发布粮油等居民生活必需品市场价格信息8次，上报县“两办”信息各1篇，正确引导社会舆论，维护市场价格稳定。从9月初起，为应对受到非洲猪疫等因素影响而引起猪肉价格的异常波动，启动猪肉价格应急监测工作，共报送83次猪肉价格监测数据，得到政府重视并出台增供稳价相关政策措施。

【新建商品住房销售价格备案】 坚持“房子是用来住的，不是用来炒的”定位，开展新建商品住房建设开发成本调查和销售价格备案，并将备案价格在象山县发改局网站公布，2019年1—11月累计受理并完成32批次共计住宅套数6651套、住宅面积793593平方米的新开盘商品住房的价格备案，促进规范全县商品住房销售价格行为；针对市场房价趋稳的状态，2019年11月29日起暂停新建商品住房的价格备案事项。

【开展价格形势分析】 2019年全县价格总水平上涨较为温和，尚在合理区间运行，但猪肉价格上涨突出。2019年居民消费价格总指数103.1（上年同比=100），其中食品烟酒104.7、衣着102.8、居住100.7、生活用品及服务103.1、交通和通信99.2、教育文化和娱乐103.3、医疗保健110.2、其他用品和服务102.1。居民消费价格涨幅3.1%中，猪肉和医疗服务是两大主要推手，运行至12月猪肉价格同比上涨高达55.6%，导致全年同比上涨30.4%，影响总指数0.74个百分点，医疗服务全年同比上涨10.4%，影响总指数0.72个百分点，两者共同影响总指数1.46个百分点，占总指数47%。粮油价格平稳运行。散装东北大米全年零售均价2.377元/500克，同比上涨2.3%；食用植物油同比下降0.2%，其中鲁花5S压榨花生油5升装全年零售均价为146.94元/桶，同比上涨0.3%。蔬菜价格温和上涨。鲜菜类同比上涨2.2%；监测的13种主要蔬菜售价较上年呈现“10涨3跌”的格局，10种蔬菜年均售价涨幅0.1%至39.0%，3种蔬菜年均售价跌幅0.9%至3.6%不等。水产品价格基本稳定。海水鱼同比上涨6.0%，虾蟹类同比下降3.3%。蛋禽奶价格上涨。鸡蛋同比上涨8.9%，禽肉副产品同比上涨24.9%，奶粉同比上涨12.3%，水果趋向优质优价。鲜瓜果类同比上涨15.4%；随着人们生活水平的提高，高价果品层出不穷，监测的香蕉、红富士苹果、香梨、哈密瓜全年零售均价同比下跌7.9%、上涨43.5%、上涨65.7%、上涨8.9%。居民燃气价格小幅下跌。瓶装液化石油气年均售价为101.42元/瓶，同比下跌2.2%。农业生产资料价格平稳。尿素价格年均售价同比上涨4.1%，高压聚乙烯棚膜年均售价同比下跌2%。建材价格小幅下跌。2019年监测的圆钢、螺纹钢和线材零售均价同比分别下跌6.8%、下跌5.7%和下跌5.3%；水泥（普通硅酸盐42.5#）零售均价同比下跌4.3%。

【严格规范价格认定】 2019年共完成涉案物品价格认定业务170件，认定项目567项，现场查勘、实物查验179次，市场采价1990次，召开涉案物品价格结论集体商定会议67次，认定金额22944.04万元。创新价格认定工作机制。建立健全象山县价格认证微信群，利用微信的文字、图片、语音等传输功能来推进价格认定工作提速增效。制作并向基层派出所等机关发放“涉案物品价格认定明细表填写明确事项”，上门指导，提高价格认定服务质量，助力保证政法机关的公正执法司法。完善价格认定程序。对有实物的涉案物品，做到认定人员两人以上进行现场查勘，公安人员到场，若是毁损物品还需要当事人到场，涉案物品价格认定结论书对外观、性能等事项进行全面完整的表述。2019年建立手机、电脑、黄金、电瓶车、汽车、玻璃、烟酒等固定采价点11家，给予适当的费用补贴，签订价格咨询协议，使市场采价更加畅通、规范。开展每周一案件定期集体讨论会商制度，遇案情紧急采取临时集体讨论，做到每个案件进行集体讨论，集思广益，共同研究决定后再出具结论书，确保价格认定结论的准确性。规范案卷档案管理。办理案件和整理文书材料实施三步走，第一步认定人员进行案件受理审核，查看资料是否齐全，信息填写是否完整等；第二步审核人员对整个认定过程环节进行审核，对办案程序、质量、资料的程序性、完整性、合法性进行审核；第三步中心负责人对整套资料进行重新审批，最后对各类涉案物品卷宗及时、有序归档，各个环节均做到全面、合法、合理。2019年，象山价格认定案卷经宁波市价格认证中心考核为先进。

审计

【概况】 全年完成审计项目39个，延伸审计二、三级单位101家，移送案件线索15起，查出违规及管理不规范金额3.54亿元，核减工程造价3069万元，提出审计建议被采纳68条，审计报告、专报获县领导批示75篇次。审计项目获市优表彰1个，7篇课题论文获市优秀。1名审计干部获全省审计机关先进工作者，1名审计干部应邀在全省自然资源离任审计培训班上作经验交流发言，1个审计案例被评为“浙江省审计厅2019年度优秀大数据审计案例”，2019年再获省市审计机关考核优秀。

【县委审计委员会召开第一次会议】 4月23日上午，县委书记、县委审计委员会主任叶剑鸣主持召开县委审计委员会第一次会议，强调要学习贯彻习近平总书记关于审计工作的重要论述，落实中央和省市决策部署，密织审计网，扩大覆盖面，推动审计工作继续走在前列，为加快建设宁波现代化滨海城区提供坚强的审计保障。县委审计委员会委员、审计局领导班子成员和相关科室负责人参加会议。会议审议《中共象山县委审计委员会工作规则》《中共象山县委审计委员会办公室工作细则》《象山县政府直属企业领导人员经济责任审计办法》，以及2018年审计工作情况和2019年审计工作总体安排、审计项目计划，并传达学习中央和省市审计委员会第一次会议精神。

【召开领导干部经责联席会议】 3月15日，县召开2019年领导干部经责审计联席会议。联席会议召集人：县委组织部部长范焕平，组织部、纪委、编委办、财政局、审计局、人社局、发改局、国资局等县联席会议成员单位主要负责人出席会议。会议听取县审计局局长徐小平关于经济责任审计工作的情况汇报。2018年，全年共完成经责审计项目14个，延伸审计下属二、三级预算单位84家，移送各类线索4起，审计报告和审计专报先后获县委县政府主要领导批示23篇次，提出审计建议被采纳16条。

【召开2018年度财政"同级审"进点会】 3月7日，2018年度财政"同级审"进点会在县财政局七楼召开。会上，县财政局总经济师胡斌汇报2018年度县财政预算执行情况、存在问题和2017年财政同级审发现问题的整改落实情况。审计局副局长葛华慧宣读2018年度财政同级审的工作方案，就审计目标、范围、内容、重点和工作要求等做详细解读。县审计局局长徐小平总结同级审工作的内容和重点，并强调在新形势下，审计机关要提高政治站位，严守审计工作纪律，做到应审必审，凡审必严，履行和发挥审计的职责，扎扎实实落实审计全覆盖。最后，县财政局局长董连胜作表态发言，要求财政局各部门高度重视审计工作，态度端正，自觉整改，确保同级审工作完成。

【三家党支部联合开展党日活动】 为贯彻落实中共十九大精神，实现党建和业务双提高，4月8日，县审计局、亚帆中心指挥部、参建单位项目部等三家党支部在象山县松兰山亚帆中心工程项目部，联合开展"不忘初心　激情亚帆"党日活动，形成"资源共享、优势互补、携手同行、共谋发展"的党建工作新格局。座谈会上，3位支部书记依次交流各自支部建设情况，分享党建工作特色，就审计指导服务亚帆中心建设事项进行沟通交流并达成一致意见。

【审计干部应邀在全省视频培训班上作经验交流发言】 4月18日，浙江省审计厅在杭州举办2019全省领导干部自然资源资产离任审计视频培训班，县审计局高昂应邀在培训班上，和全省审计人员交流自然资源资产离任审计工作思路、方法和经验。培训班上，主要介绍县审计局在高塘岛乡自然资源资产责任审计过程中探索海洋资源审计的主要成绩及做法和先进经验，分别从项目实施背景、项目实施过程、项目实施成果和感悟等几个方面讲解海洋资源审计的特色做法和经验，重点介绍海洋监管情况、海洋污染防治、海岛保护和利用等方面情况，得到省厅领导的肯定。

【举办青年审计干部读书会】 4月28日，县审计局举办新青年读书会论坛，讨论的主题为：书里的世界大还是书外的世界大。县审计局副局长张安祥、总审计师葛华慧，审计青年干部参加讨论会。会上，14名青年干部围绕各自的意见发言，结合审计实际工作作为论据来支持自己的观点，既有对实践的哲学探讨和实例举例，又涉及大数据审计、自然资源资产审计等审计热点问题，展现青年审计干部的思辨能力和表达能力，展示新时代审计青年朝气蓬勃、进取的精神风貌。

【县委办公室部署落实审计整改工作】 6月28日，县委办公室召开关于部署2018年度象山县本级预算执行和其他财政收支审计结果整改落实会议，县委办主任唐骏汉主持会议，县审计局和14个涉及整改单位的主要负责人参加会议，县纪委、县委组织部、县委县政府督查室相关负责人列席会议。会议对同级审整改所涉的问题进行详细分解和讨论，县委办主任唐骏汉指出，该次会议是贯彻落实县委书记叶剑鸣在县委审计委员会第一次会议中关于加强审计整改的精神，并对审计整改落实工作提出三点要求，一是思想上要高度重视，二是问题导向上要实事求是，三是要明确责任强化落实。

【首创具有附件查看功能的村级财务联网平台】 为提高审计监督效能，县审计局在6月开始探索开发村级财务联网平台，并于7月初开始投入使用，即将全县村级财务账套纳入审计数据分析平台，进行统一采集转换，实时下载，更快更全面更客观的反映村级财务现状。在审计项目实施过程中，远程直接查询有审计疑点的乡村财务支付凭证和原始附件扫描件，可以汇总统计全县村级专项资金的使用情况，逐步实现审计数据模块化、数据比对快捷化、疑点分析精准化。截至，村级财务联网平台共收集全县490个行政村的近9年村级财务电子账套，审计15个行政村

的3年电子账套。

【建立巡审联动工作机制】 为开展审计“业务体检”和巡察“政治体检”，强化审计和巡察工作协调机制，发挥巡审联动监督合力，县审计局和县委巡察办联合出台《县委巡察办 县审计局关于建立巡审联动工作机制的实施意见》，对巡审联动工作的对象选择、组织形式、成果运用等作出明确规定，推动建立“巡审联动”工作机制。

【首次开展“巡审”督查】 县审计局联合县委第二巡察组对县大目湾开发管委会党组暨蔡东波主任任期经济责任审计项目的整改情况进行“巡审联动”督查，增强监督合力。根据工作安排，此次督查的重点是报告中所反映的问题及县领导的批示落实等方面的整改落实情况。县审计局党组成员、副局长张安祥在听取县大目湾开发管委会的情况反馈后提出三点意见，一是要从讲政治的高度提高整改认识，二是要限期整改，确保整改到位，三是要健全机制，从制度方面进行规范、约束，按规办事、按章办事。

【出台县政府直属企业主要领导人员经责审计办法】 为健全和完善经济责任审计制度，加强对县政府直属企业主要领导人员的监督管理，推进党风廉政建设，象山县委审计委员会印发《象山县政府直属企业主要领导人员经济责任审计办法（试行）》。明确审计对象、制定审计计划、严格审计内容、强化结果运用。

【开展全国审计机关集中整训】 8月16日下午，县审计局组织全体人员在局15楼会议室参加审计署2019年集中整训。此次集中整训系审计署统一组织开展的全国审计机关整训活动，为期5天，重点学习习近平总书记关于全面从严治党的重要思想、中国共产党人的初心和使命、经济责任审计两办规定、审计质量、廉政教育等内容。审计署党组书记、审计长胡泽君作集中整训动员讲话，指出此次集中整训围绕“不忘初心、牢记使命”主题教育，巩固和深化主题教育成果，推动审计事业持续健康发展，审计人员要牢牢把握“守初心、担使命，找差距、抓落实”的总要求，学习贯彻习近平新时代中国特色社会主义思想、锤炼忠诚干净担当的政治品格。

【审计建议紧急叫停小红车项目】 2019年上半年，象山县审计局在开展2018年度本级预算执行和其他财政收支审计中，发现象山县境内的公共自行车项目有哈罗单车、小黄车、小红车，其中尤以政府补助的小红车项目运行效益最差，闲置浪费最大。据调查，小红车项目自2018年年初营运起至2019年3月，投放的1100辆自行车，平均月使用量不足200次，每使用1次需县里财政承担费用132元，项目效益很不理想。8月底，象山县多部门联合行动，共同发力，采纳审计建议，紧急叫停政府补助小红车项目。小红车项目运营企业开始拆除并回收象山县境内的所有设备车辆，恢复市政设施原貌，将收取的押金逐步退还给用户。相比于将合同执行到底，此项审计建议节约财政资金146余万元。

【召开“不忘初心、牢记使命”主题教育动员部署会】 9月12日下午，县审计局召开“不忘初心、牢记使命”主题教育动员部署会，审计局党组书记陈胜跃主持会议并做动员讲话，全体机关干部和退休党员参加会议，县委第三巡回指导组成员王立梅列席会议。会议指出，在全党开展“不忘初心、牢记使命”主题教育，要围绕学习贯彻习近平新时代中国特色社会主义思想这一根本任务，牢牢把握守初心、担使命、找差距、抓落实这一总要求，做到学思用贯通、知信行统一，增强“四个意识”，坚定“四个自信”，做到“两个维护”，始终在思想上政治上行动上以习近平总书记为核心的党中央保持高度一致。

【连续四年开展审计整改联合大检查】 从10月21日开始至25日，县政府办公室会同县纪委县监委机关、县委组织部、县财政局、县国资局、县审计局等单位组成5个检查小组，对县本级2018年度预算执行和其他财政收支情况审计等14个审计项目的整改情况进行检查。2019年检查的范围为2018年度审计工作报告中反映的到审计整改期的项目和2018年7月至2019年7月部分到整改期的审计项目，检查内容为审计报告（调查）、审计决定书中的整改落实情况，领导的批示落实情况以及审计建议的采纳情况等。对审计发现问题整改落实情况高度重视，县委、县政府主要领导对审计报告期期必看、经常批示督办，自2016年开始，县连续四年由县府办牵头，会同相关单位组成检查组开展审计整改联合大检查，对审计整改联合检查结果在《象山督查》中通报，并报县主要领导。

【县委审计委员会召开第二次会议】 10月24日上午，县委书记、县委审计委员会主任叶剑鸣主持召开县委审计委员会第二次会议，强调要学习贯彻习近平总书记关于审计工作的重要指示精神，按照中央和省、市委审计委员会第二次会议要求，推动审计发现问题全面整改到位，做好审计“后半篇”文章，为全县高质量发展提供保障。县委审计委员会委员、涉及整改单位负责人和审计局领导班子成员参加会议。会议

审议《审计整改联合督查工作办法》，以及2018年度同级审问题整改落实情况，4家部门依次汇报整改情况和长效机制建设情况。

【召开新任正职领导干部经济责任告知承诺培训班】 10月31日，县经济责任审计工作联席会议办公室组织召开新任正职领导干部经济责任告知承诺培训暨领导干部离任交接会议，对2018年4月以来新提任的14名镇乡(街道)和县级部门党政正职领导干部进行“面对面”告知承诺，并举行现场离任交接签字仪式。县委组织部、县纪委、县财政局、县发改局和县审计局相关负责人参加会议。该次培训的目的是增强新任领导干部责任意识，规范履行经济责任行为，提高履行经济责任能力。会议就领导干部经济责任审计负面清单、告知承诺具体内容、党风廉政建设、财政财务管理和项目管理注意事项等方面进行逐一解读，交接代表西周镇原镇长和现镇长分别作工作汇报和表态发言。

【开展宪法宣传日活动】 为弘扬宪法精神，宣传法治中国，提升市民法律素养，12月3日上午，县审计局组织干部开展以“学习贯彻中共十九大精神，维护宪法权威”为主题的宪法宣传日活动。通过宣传展板、悬挂横幅、发放宣传材料、设计咨询台等形式，向市民宣传《中华人民共和国审计法》《浙江省审计条例》等法律法规，提升广大市民对审计工作的关注度，为审计工作的开展营造更加良好的社会环境。

【深度融合主题教育与审计工作】 自“不忘初心、牢记使命”主题教育开展以来，县审计局紧贴主题主线，将主题教育同审计工作深度融合，推进审计“两统筹”，实现审计“全覆盖”，推进审计事业高质量发展。将主题教育与审计业务相融合，在审计工作中牢记共产党人的“初心”与“使命”，实现“两统筹”；将主题教育与能力提升相融合，抓思想教育、廉政教育、内审教育，提升素质软实力；将主题教育与检视整改相融合，专题部署整改落实方案形成剖析检视材料，确保政治不偏移。

（县审计局　周奕）

统　计

【概况】 2019年是“不忘初心，牢记使命”主题教育年，县统计局按照“守初心、担使命，找差距、抓落实”的总要求，贯彻落实中共十九大精神、习近平新时代中国特色社会主义思想和习近平总书记关于统计工作重要精神指示，学习《防范和惩治统计造假、弄虚作假督察工作规定》等重要统计文件和全国、省市统计工作会议精神，面对严峻复杂的经济形势，围绕县经济社会发展中心工作，落实“六争攻坚、三年攀高”决策部署，以“服务企业、服务群众、服务基层”活动为契机，深化统计基层基础建设，狠抓数据质量，强化监测分析，履职效能和质量提升，获得“第四次全国经济普查省级成绩突出的集体”“年度工业经济服务先进单位”等荣誉。

【政务公开】 坚持以公开为常态，以不公开为例外的原则，把政府信息公开作为改进工作作风和机关形象的重要载体，精心组织，规范进行，保障群众的知情权、参与权、监督权。2019年，主动公开政务信息255条，编发统计简讯91篇、《统计与调研》47期，发布微信公众号105期，主动公开部门预算和财务决算，并做好依申请公开1件次，接受群众咨询、监督和质询。

【统计监测预警】 每月按时做好分镇乡(街道)统计数据整理、提供、分析等工作，为“六争攻坚”、工业强县、“亩均论英雄”、数字经济、能源双控、重点工程突破、投资、招商引资、质量强县、营商环境、科技创新等县内重点工作提供统计数据支撑。加强民生指数、收入分配、城乡统筹、产业经济、全域旅游、海洋经济、社会发展、特色小镇等领域的监测评估，及时准确反映全县经济社会发展动态，为全县高质量发展提供统计优质服务。

【GDP及相关产业核算】 完成2019年GDP核算工作，完成第四次经济普查数据与2018年年报经济数据的衔接工作，完成经济普查行业小类五年倒推的核算工作，完成文特文创产业基本核算资料的收集、整理和校对工作，掌握县文化产业发展现状和在全县经济中所占的比重及贡献。

【统计专项调查】 落实并完成经济开发区、松兰山旅游度假区等2个省级园区年报和170余家园区企业循环经济年报、规上工业、建筑业、服务业、批发零售业2018年研发和软投入年报、创新调查年报及科技进步监测工作。组织开展企业用工情况、村级人口变动基本情况、企业营商环境、服务结构零售、非公有制企业人才资源、“最多跑一次”实现率满意率、省重点领域改革获得感、企业发展环境满意度、千分之五人口变动及平安浙江满意度、工业企业出口情况补充问卷、民营企业发展环境等调查项目。配合市统计局、调查队开展2019年春节后企业用工情况、上半年就业质量状况、农村人居环境整治等调研。

【高质量发展指标】 编写《象山高质量发展指标的初步分析及建议》,在各部门排摸的基础上编写《象山高质量发展指标考核相关情况分析》。联合县委考核办、县发改局,对各部门开展业务培训,取得效果。

【服务业统计难点探索】 针对难点,先后就民宿经济、水产城水产品销售及象山红美人销售等开展走访调研。一是通过与民宿业主进行面对面交流座谈,了解经营数据记录状况,抓好符合限上条件的单位的入库工作,全年共新增精品民宿限上个体户10家。二是对象山红美人重点乡镇走访,参照国家最新统计方法,要求规模大的企业建立交易流水,达到入库条件,全年完成2家企业入库。三是对水产城水产品贸易难以入统问题进行专题调研,争取2020年在新上规单位等方面有所突破。

8月19日,在局机关组织开展住户调查辅调员业务知识竞赛(林芝 摄)

【第四次全国经济普查】 完成县第四次全国经济普查试点、两员培训、清查摸底和普查登记各项任务。1月,结合实际情况编印培训资料,分批对全县近千家一套表单位和700余名普查"两员"进行精准的业务培训。正式普查登记阶段,以依法普查、数据质量为底线,结合专业优势采取随登随审,问题早发现早纠正,对普查对象多情况复杂的乡镇,到普查一线进行现场指导,在既定时间节点前完成入户登记工作和所有审核查询的反馈工作。此次普查,全县共普查到法人和产业活动单位1.47万家,其中法人单位1.35万家,个体户2486户。做好经济普查总结工作、完成技术文章、风采展示等报送任务,其中一篇技术文章荣获省级二等奖。

12月31日,在上虞区统计局开展业务交流(沈雪妃 摄)

【排摸规模单位】 全面排摸规模单位,做好新上"四上"单位及时申报和入库退库,2018年年报新增入库"四上"单位146家,2019年月度申报入库新开业单位48家,新增投资5000万元以上项目67个,5000万元以下项目145个,新增房地产项目8个,建筑业企业4家。

【名录库建设】 做好基本单位名录库日常核查与维护更新工作。2019年新增法人单位1764家,修改814家,剔除96家;新增产业活动单位107家,修改117家,剔除13家。完成2019年月度和年度"一套表"调查单位的审核确认工作,全年月度调查单位申报的有72家,年度调查单位申报的有217家。

【统计数据核查】 全局上下牢固树立"数据质量是统计工作的生命线"的理念,各专业开展自查自纠及专业数据核查。全年完成核查企业220家,查询审核企业800余次;通过实地走访,加强重点企业跟踪监测,完成57家规上工业企业全面核查并整改、61家能源数据核查、建筑业年报季报2轮修订等工作;配合上级做好农业、农村数据质量市级核查,城乡住户调查、低收入农户全面小康统计监测数据质量省级抽查。

【统计执法监督】 根据中办、国办印发的《防范和惩治统计造假弄虚作假督察规定》，印发《象山县统计局防范和惩治统计造假弄虚作假责任制实施方案》，严格落实防范和惩治统计造假弄虚作假主体责任，贯彻落实领导干部违法干预统计工作记录制度。

建立统计执法骨干人员库和抽查对象目录库，实施常态化统计执法检查，对60家统计调查单位进行双随机掌上执法。2019年，对60家企业进行执法检查，立案查处企业9家（其中当场警告3家，警告并罚款6家），罚款金额合计1.15万元，全部完成结案，执法力度加强。其中宁波某有限公司提供不真实统计资料案被评为“2019年度象山县十佳行政处罚案卷”，宁波某有限公司提供不真实统计资料案被评为“市级统计行政处罚优秀案卷”。

【统计信息化建设】 做好一套表数据处理系统的管理维护，做好数字化应用平台管理维护，协助完成专业年报数据处理工作，配合做好专业定期报表数据处理、企业联网直报系统管理维护。加强网络安全运行情况监测。严格落实两会期间、国庆70周年期间网络安全“零报告”制度。做好办公电脑的日常维护与更新工作。全年采购图形工作站1台，A4激光打印机4台，华为M5-AL10八核全网通PAD共28台。

【统计服务产品】 深化统计分析研判，加强全县经济运行发展状况评价和发展趋势研究判断。按月编发《象山统计月报》《象山统计信息专报》，季度编发《象山“三农”信息》，公开发布《象山县2018年国民经济和社会发展统计公报》，及时编印出版《象山概览（2019）》《象山统计年鉴（2018）》，撰写《70年砥砺奋进 70载春华秋实》，报送的《居民收入增速放缓、增收困难亟需关注》统计专报得到县委、县政府领导的批示。

【统计基层基础】 深化基层基础行动，提升基层统计力量。一是印发《象山县“统计基层基础深化年行动”专项行动方案》。明确统计机构人员分工及职责，落实人员调动备案制度、分级统计培训制度，加强全县人员在线教育。二是严格落实省委郑栅洁副书记、县委叶剑鸣书记指示精神，督促各镇乡（街道）配齐配足专职统计人员。三是各专业科室建立各镇乡（街道）统计机构工作业务完成情况台账，与统计工作考核分数进行挂钩，推动各镇乡（街道）统计机构履职尽责。四是采取领导班子成员定点联系镇乡（街道）制度。五是采取集中大规模和小班化相结合，线上和线下相结合，“请上来和送下去”相结合开展业务培训。

【统计业务横向交流】 2019年12月31日，县政协副主席、统计局局长杨盛昂带队赴上虞区统计局交流学习，双方重点针对规上工业增加值率开展业务探讨，县经信局局长、发改局分管领导和统计局主要领导及相关业务人员参加。

【统计行业教育】 印发《关于做好2019年全县统计人员在线教育培训工作的通知》，组织象山县统计从业人员参加2019年线上“浙江省统计教育培训”，共有508人参加，其中445人通过考试并获取《统计从业人员继续教育合格证书》。针对基层统计人员开展不同层次、不同形式、有侧重性的业务培训，并形成常态化、长效化机制，2019年共开展统计业务培训44场次，培训人数2203人。做好统计专业技术资格考试服务工作，2019年全县共通过初级统计师4人。

【企业调查“减负”】 响应并完成规下工业企业抽样调查的“减负”工作，取消县级样本，减轻乡镇和企业报表任务的负担，做好数据测算及衔接工作，以尽量减轻乡镇负担为前提，在相关部门的支持和沟通下，利用税务等部门资料，及时完成4200余家规下工业样本框核实任务。

【统计普法宣传】 12月3日上午，县统计局以“弘扬宪法精神，推进国家治理体系和治理能力现代化”为主题，结合“12·8”《中华人民共和国统计法》颁布纪念日开展“12·4”全国宪法日普法活动。此次活动面向全县社会公众开展统计普法宣传，在活动现场展出“走进统计 统计开放日”宣传版画2幅，发放《统计法律知识问答》宣传资料、统计法宣传年画300余份。县统计局普法工作人员邀请关心统计工作和统计数据的群众关注“象山统计”微信公众号，发动广大微友踊跃参与“象山统计”微信公众号文章点赞活动，并当场发放宣传纪念品200余份。

【第十届中国统计开放日】 以“坚守统计初心、践行时代使命”为主题，以坚守初心依法统计和新中国成立70年象山经济社会发展成就为宣传重点，9月23日，在县南部新城商务楼开展象山县第十届“中国统计开放日”系列活动。活动现场设置统计宣传册子发放、统计业务咨询、统计知识有奖问答、征求社会公众对统计工作的意见和建议等环节，在公共场所电子大屏幕上滚动播放中国统计开放日等相关内容。

【统计诚信单位创建】 根据《象山县统计诚信单位创建实施方案》，对全县自行申报的29家单位进行审核验收，最终11家单位被评为“2019年象山县统计诚信企业（单位）”。

【巡察整改落实】 全面推进县委巡察整改落实。6月中旬至8月中旬，县委第二巡察组对局党组开展政治巡察。根据要求，县统计局成立以党组书记为组长的巡察工作领导小组，多次召开局党组会议并形成自查报告。根据巡察组反馈意见，成立巡察反馈意见整改落实工作领导小组，坚持问题导向和目标导向，明确责任领导、责任科室、整改措施、整改时限。截至年底，18项具体问题均完成整改并建立长效机制。

【“三服务”活动】 一是服务企业。落实企服责任人工作制度，重点涉企部门领导干部“一对一”服务企业8家,联系服务企业96次,登录企服云24次,采用座谈和实地走访等形式企业开展调查研究,帮助企业解决实际困难。二是紧密帮扶结对村。共走访调研大徐镇的20个村。选派农村指导员赴晓塘乡西边塘村开展联村工作,结合实际,发展旅游业、现代农业、民宿经济等产业,推动“海之湾”户外旅游项目落地。三是密切联系群众。围绕县委中心工作,有序推进“千名干部访渔(农)家、一线蹲点三服务”等活动,选派干部渔区一线,走村入户宣传引导,实地登船排摸隐患,指导渔民消除安全隐患。

3月9日,县统计局党组书记顾善存带队赴鹤浦镇水湖涂村和杨柳坑村开展“千名干部访渔(农)家、一线蹲点三服务”活动,正登船检查(叶李超 摄)

【党风廉政建设】 继续推行“岗位对责、绩效对账”,落实《机关中层及一般干部“双排”实施办法》,加强干部绩效考核管理,提高机关执行力。落实党风廉政建设责任制检查和正风肃纪检查,签订党风廉政责任书,完善内控制度。开展“两进两检”党员志愿者服务工作、“慈善一日捐”活动。继续完善深化结对共建系列活动,赴联系乡镇晓塘乡西边塘村、双连岭村开展春节慰问、“七一”慰问等活动,个人捐款共计17330元,走访慰问困难党员和困难群众家庭10户。

(县统计局 叶李超)

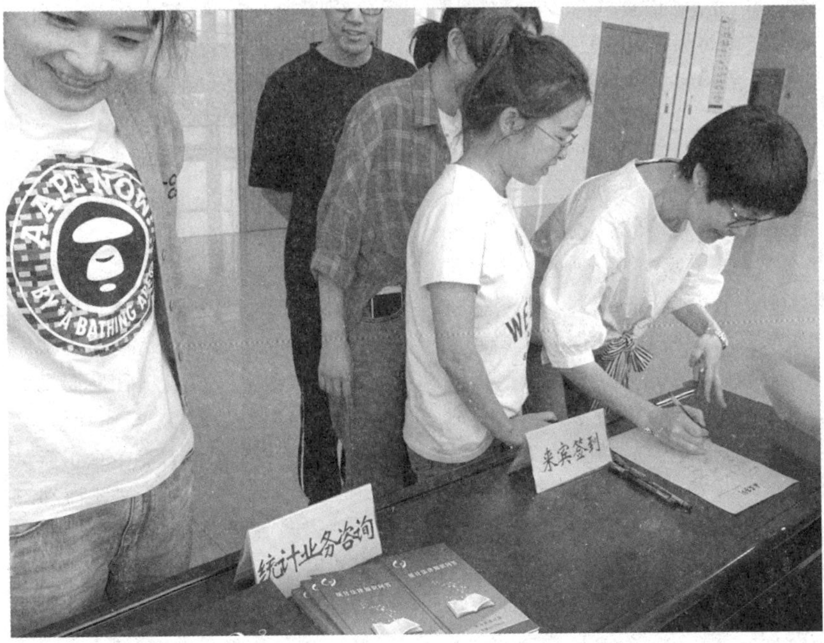

9月23日,县统计局在南部新城商务楼组织的“中国统计开放日”活动现场(周宏伟 摄)

海关

【概况】 象山海关于2001年3月经国务院批准设立,2003年12月正式开关,是宁波海关垂直管理的正处级行政执法单位,管辖范围为象山县行政区域,设有石浦和黄避岙2个海关监管点。根据业务需要,内设办公室、综合业务科、监管一科、监管二科、稽查科5个科室,已有正式公务员30人,事业编制2人。基本职能是:监管进出境的运输工具、货物、行李物品、邮递物品和其他物品;征收关税和其他税、费;查缉走私;编织海关统计;办理其他海关业务。

【业务概况】 2019年,共监管出入境船舶292艘次,同比增长15%;监管出入境人员2346人次,同比增长9%;对台小额贸易量4012吨、贸易额6490万元,分别同比增长0.8%和2.6%;活海鱼出口73艘次、出口量2165吨,分别同比增长18%和8%;监管出口食品8.8万吨,货值1.9亿美元。

【促进活海鱼出口】 关领导班子多次调研活海鱼出口相关工作,了解活海鱼出口企业的实际需求与困难,针对活海鱼出口时效强的特点,实行“海上验货”、双休日预约加班、“快速审放”等便捷通关举措,完善通关应急保障,及时沟通解决新系统上线后非集装箱货物无法查验等问题,保障活海鱼出口鲜度。

【促进对台小贸稳中有增】 领导班子多次与象山县政府、浙台经贸合作区、浙台经贸合作区管理委员会口岸事务管理局、宁波海关相关职能部门沟通对台小额贸易监管工作。11月20日，象山海关就对台小额贸易发展模式开展专题调研，建立与浙台经贸区管委会例会沟通机制，共同商讨解决对台小额贸易面临的问题，坚持做到"两个提前"，提前与船代公司、进口商沟通，提供预约加班、提前申报等便捷通关措施，提前掌握船舶到港情况，调派专车送样，压缩查验环节通关时长。

【提高通关时效】 建立逐票分析制度，设置专岗帮助企业极速办理通关手续、缴纳税款；建立查验跟踪制度，强化通关、查验岗位联动，实时跟进报关单进程；建立时效监控制度，将"超时"报关单和对应企业纳入重点监控名单，提出针对性举措督促企业改进，全年出口、进口整体通关时间分别为3.45小时和11.12小时。

【帮助企业应对中美贸易摩擦】 应对中美贸易摩擦，开展"一企一策"精准帮扶，针对性解决10余家企业困难与诉求，如针对宁波天韵食品有限公司遭遇国外技术壁垒问题，对其开展美国FSMA法规专题指导，降低输美货物抽检频次。

【精准服务优化营商环境】 大兴调查研究之风，制定《象山海关2019年企业调研计划》，关领导带队下企业调研28次，收集建议诉求18条，制定针对性解决措施23条，对企业提出的合理诉求做到100%答复、100%落实，坚持认证和帮扶相结合，联合招商局等部门多次举办政策宣讲会，提供全覆盖政策指引，完成18家企业的重新认证工作，对海关改革新举措和优惠政策"应宣尽宣"，帮助企业审批减免税"应批尽批"，全年减免税货值1758.1万美元，免征税款1888.9万元。

【助推象山县重大开放型项目】 4月2日，象山海关关长王斌，副关长魏四军、刘国文与象山县深化改革办公室主任朱约余交流象山口岸扩大开放、象山综合保税区建设、非监管区域打私等工作。树立"大服务"的理念，组建"6+1"七大课题组，深入分析象山县外贸短板，立足实际为地方开放型经济出谋划策，助推辖区重大特色项目取得突破：一是促进口岸正式扩大开放，多次与县委县政府领导沟通，地方政府对3个口岸开放项目进行申报，取得阶段性成果；二是面对象山海域成为非设关地走私高发区域的风险，提出设想与建议推进非设关地走私综合治理工作；三是研究设立对台小额贸易免税购物市场，推动象山开放型经济和全域旅游发展；四是分析研究象山独立申请综合保税区可行性，助推象保合作区建设；五是思考宁波技术中心与象山县开展战略合作，发挥海关实验室检测项目全，技术能力强的优势，推动地方经济发展；六是帮助地方打造国际水产城；七是综合助推象山成为海洋经济示范区。

【实现食品农产品国外"零通报"】 发挥专业优势，结合"多查合一"注重监管实效，强调建立追溯机制，帮助企业建立召回等应急机制；针对不同产品深入开展风险评估，对出口茶叶、河鲀鱼、含寄生虫鱼类重点监管，严防问题产品流出国门；与地方渔业、农林等部门协同监管，构建从源头到装箱出口全链条监管，在象山辖区出口水产品、罐头等分别占宁波出口总量约60%的情况下，实现国外"零通报"。

【推进人员分流改革】 2月22日，象山海关关长王斌、副关长张少波分别与财务处处长康继韬、副处长蔡航，科技处处长陈波，人事处处长姚承光沟通技术中心象山分中心和服务中心聘用人员分流改革工作。2月25日，象山海关召开会议，研讨物业管理和聘用人员分流改革相关工作。依法依规依情与19名聘用员工协商解除劳动合同，精简率达79%，2018年节省年度经费支出150万元，取得减负提质的良好成效。

【完成实验室"九统一"改革】 克服人员分流、无经验可循、业务延续发展等难点问题，成为宁波海关首家完成实验室"九统一"改革的试点单位。2019年8月，宁波海关全面推进技术大中心整体发展工作现场会在象山海关召开，象山海关为此在会上作经验介绍。2019年，象山实验室创收近119万元，比2018年增收19%。

【获开放型经济优胜服务奖】 5月24日，象山海关副关长魏四军参加2018年象山县工业·科技暨开放型经济风云榜颁奖活动，象山海关获评象山县2018年度开放型经济优胜服务单位。

【深化学习型党组织建设】 从开展全员读书活动、健全理论学习机制、规范全员培训、打造"象心力——轮值讲坛"、推进"写我象关""宣我象关""研我象关""七位一体"入手，提升基层学习型党组织建设实效。结合"不忘初心、牢记使命"主题教育，组织主题明确、内容丰富的理论集中学习研讨30余次，在真学实学中强化党性锤炼；开展《从党的三次挫折看党的实事求是思想路线确立的现实意义》等富有特色并具有影响力的"象心力——轮值讲坛"12期；全年信息、宣传指标完成率分别为170%和122%，完成率和成效均为历年之最；组织全员撰写论文29篇，其中，谢芳、殷嘉的2篇论文被推荐至华东片参与交流，《象山海关课题研究专辑》获甬关政研专题刊登5篇，获市直机关党建重点课题优秀调研成果三等奖1篇。

【基层党组织"强基提质"工程取得实效】 坚持将主题党日活动作为加强学习、增强党性意识、提升团队凝聚力的手段，由全体党员结对分组承包，确保每月主题党日活动都有1个正能量专题、1次主题学习、1项文体活动、1堂轮值讲课，做到严肃活泼、形式多样、内涵丰富；先后组织党员赴台州郭凤韶故居、解放一江山岛纪念馆、宁波黄湖监狱、东部战区海军潜艇第42支队等教育基地开展活动，提升组织生活水平。

【以廉政文化为重点深化党风廉政建设】 探索廉政文化教育"三微"工作法,完善"清风微评"制度,全年发送廉政"微提醒"短信40余条,微信共享图文视频46个;开设廉政"微课堂",组织"廉政10分钟"集中学习相关文件精神20余次;拍摄廉政"微电影",精心策划拍摄的短片《卡》获评2019年海关廉政微视频二等奖。此外,健全外部监督机制,聘用联系海关副县长为特邀行风监督组组长,建立微信群顺畅沟通交流渠道,健全机制,组织召开特邀行风监督员会议3次,发挥监督员"千里眼、顺风耳"作用。

【探索规范管理新模式】 针对象山海关兼具口岸、属地海关特点,业务门类齐全且兼岗多的实际,眼睛向内,注重内部挖潜,完善"四单合一"清单式管理模式,全关共梳理岗位89个、职责132条、风险点86个,确保职责明确、分工均衡、风险可控;完善"综合联动"检查机制,每次检查主题明确、各有侧重、适时反馈、跟踪督办,共组织"综合联动"检查6次;建立健全周月季度重点工作督办制度,明确责任科室、目标要求和完成时限,形成"下达—推进—完成—反馈—提升"的闭合链条;开展全员"亮诺承包",制定业务、队伍建设个人职责工作任务分解表,定期开展"绩效对账",形成"检查—整改—监督—再整改"的闭环式管理模式。

【精心打造凝聚力项目】 围绕关员工作生活实际,组织开展"党员之家""职工之家""温馨小家"等"三家"建设,满足关员学习提升、健身休闲等需求,落实落细民生实事;妥善处理原国检遗留问题;全面厘清关检融合后固定资产、科技设备等总量,做好资产的科学配置工作。

【特邀行风监督员会议】 6月20日象山海关召开2019年上半年特邀行风监督员会议暨中美贸易摩擦应对调研分析会,关长王斌,副关长魏四军、刘国文,派驻第六纪检组副组长徐祥民参加。12月26日,象山海关召开2019年下半年海关特邀监督员工作会议,邀请象山县副县长暨特邀行风监督员组长张微燕和其他企事业单位人员担任特邀行风监督员参会,对象山海关提出意见与建议,并悉心聆听,一一整改。

(象山海关)

县直机关事务管理

【概况】 2019年,县机关事务局围绕县委、县政府"四个年"活动,以"党建要好,管理要严,作风要实,服务要优"为主线,顺应机关事务发展新形势,服务保障能力、统筹管理能力、改革创新能力得到提升。餐饮品质全面升级,"两大院"统一菜谱,实行周会商月更新、菜品日点评,全年累计完成县府大院餐饮服务约18万人次,商务楼餐饮服务约28万人次。公车保障统筹高效,全年完成出车任务1500余次,行驶里程约21万千米,重点服务保障全国乡村治理现场会、县两会、中国(象山)开渔节、海洋论坛、农民丰收节等重大活动10次。公房调配有序到位,涉及应急管理局、退役军人事务局、大数据局等15家单位,调配办公用房9处,调配面积约1.8万平方米。节支工作扎实推进,开展公款绿植清理,累计清理绿植8041盆,解除未到期合同106份,年节约财政资金约240万元。2019年,南部商务楼获浙江省首批绿色数据中心认证。

【成立县机关财务服务中心】 1月1日,县机关财务服务中心正式成立,实施会计集中核算,人员由县机关事务局管理,业务由县财政局指导,初定编制7名,实际5名,按照"三不变、三统一、三分离"原则运行,即资金账户管理不变、资金使用权不变、财务自主权不变,统一核算体系、统一会计规范、统一政策标准,会计业务决策者与执行者分离、财务审批与财务监督分离、会计凭证档案与单位分离,为县委办、县府办等27家单位提供专业高效的财务服务。

【"两学两评两讲"专题活动】 1月29日,印发《关于在主题教育实践活动中开展"两学两评两讲"专题活动的通知》,开展"学政治理论、学优秀榜样;评规矩意识、评工作实际;讲廉政党课、讲微教课"专题活动。全年累计完成理论学习38次,学榜样16人次,讲授微教课16堂,评工作实绩11次。

【"女神节"旗袍秀助力垃圾分类】 为庆祝第109个"三八"国际劳动妇女节,3月6日,县机关事务局组织8名妇女同志身着各式旗袍走进浙江省广电影视基地·中国海影城,向游客们宣讲垃圾分类知识、发放宣传手册,邀请游客们参加垃圾分类知识竞答,当好垃圾分类知识的"传播者",贡献美丽象山建设"巾帼"力量。

【出台局小型项目招投标管理办法(试行)】 为规范局小型工程的承发包行为,加强基本建设项目招标工作的管理,提高投资效益,防止违纪违法,强化项目廉政建设和监督力度,3月12日,出台《象山县机关事务管理局小型项目招投标管理办法(试行)》,办法共总责、组织机构及职责、招标、开标(评标及中标)、工程管理、附则六章二十六条,对施工招标单项合同估算价在50万元以下,设计、监理、造价咨询、招标代理等中介服务类单项合同估算在30万元以下,装修、构筑物、景观绿化等单项合同估算在20万元以下的项目招标工作进行明确。

【保障全国加强乡村治理体系建设工作会议】 6月9日,由中央农办、农业农村部、中央组织部、中央宣传部、民政部、司法部联合举办的全国加强乡村治理体系建设工作会议在象山召开。国务院领导同志和浙江、河北、吉林、山东等10个省相关负责人参加会议。县机关事务局作为后勤保障小组成员单位,负责车辆、物资、设备等后勤保障工作。该现场会规格高,参观点位多,参会人员多,涉及部门多,变化大,县机关事务局发扬后勤铁军精神，精心谋划、主动对接、合理分工，优质高效完成此次全国性重要会议保障任务，受到与会领导和代表们的肯定。

【召开“不忘初心、牢记使命”主题教育动员部署会议】 9月12日，县机关事务局召开“不忘初心、牢记使命”主题教育动员部署会议，学习传达中央和省、市、县委相关精神，系统部署主题教育各项工作。局机关全体干部职工以及退休党员50余人参会。县委第三巡回指导组列席会议。会议要求，要提高政治站位，坚决贯彻落实中央和省、市、县委部署要求，深刻认识开展主题教育的重大意义，聚焦关键环节，找准目标任务、工作要求，强化责任意识，把主题教育做实、做深。要精准把握要求，高标准完成主题教育各项任务，强化理论武装，开展学习教育，广泛听取意见，深刻检视反思，紧盯突出问题，抓好整改落实。要坚持上下协同，确保主题教育取得预期成果，加强组织领导，加强统筹协调，抓落实重实效，实现“理论学习有收获、思想政治受洗礼、干事创业敢担当、为民服务解难题、清正廉洁做表率”的目标。

【南部商务楼获浙江省首批绿色数据中心认证】 9月25日，南部商务楼获浙江省首批绿色数据中心认证。南部商务楼信息机房建筑面积559.37平方米，共有机柜91个，通过改造和升级信息机房隔热系统、新风系统等，EEUE修正值达1.83，单位面积电耗963.47千瓦时/平方米，单位机柜电耗5922.41千瓦时/平方米，年均节约用电量约40%。

【党政机关办公用房规范使用工作】 9月29日，印发《关于规范办公用房使用工作的通知》，明确操作细则。分老城区片、南部商务楼片、其他片3组对各单位进行现场业务指导，共对发出检查反馈意见表76份。10月14日，再次发函明确县本级及下属单位办公用房整改工作，共分6组对部门及乡镇街道、基层站所（下属单位）开展规范办公用房使用“回头看”工作，共计检查130余家单位，发出检查反馈意见表68份。

【垃圾分类“奇兵”打卡活动】 为高质量践行生活垃圾分类工作，提升垃圾分类成效，养成良好的垃圾分类习惯，发挥机关事务工作者垃圾分类示范带头作用，10月11日，县机关事务局组织全局开展为期3个月的生活垃圾分类“奇兵”打卡夺冠活动，局机关全体干部职工、驾驶员、物业人员220余人参与。活动通过建立分类“奇兵”打卡夺冠活动钉钉、微信群，将当日生活垃圾分类情况以拍照的形式上传至打卡群，并由督导小组对分类情况进行点评。此活动为推进全县党政机关等公共机构生活垃圾分类工作提供新思路。

【首个宁波市生活垃圾分类全民行动日象山分会场活动】 12月21日，县机关事务局联合县生活垃圾分类领导小组办公室举办宁波市生活垃圾分类全民行动日象山分会场活动，副县长钮晶莹出席活动并发表讲话，部分县级部门负责人、学校、社区以及市民代表等400余人参加。钮晶莹在致辞中表示，垃圾分类功在当代，利在千秋，任重而道远，倡导市民争做垃圾分类的宣传者和践行者，从自己做起，从源头减量做起，让垃圾分类成为美丽象山的新时尚。活动将生活垃圾分类知识融进优美动人的舞蹈、朗朗上口的快板、激情高昂的歌曲、通俗明快的走书等多种艺术作品里，既向参加活动的代表们展现一场视听盛宴，又传授各类分类知识和分类技巧。文艺表演期间穿插垃圾分类有奖问答环节，台下观众纷纷举手参与，掀起一轮又一轮答题热潮。演出结束后，垃圾分类互动游戏区、绿植兑换区、公益基金募集区等区域人头攒动，气氛热烈。

【公务车辆开销下降明显】 2019年，公务用车管理中心购置新车11辆，费用159.3万元，同比减少7辆，节省费用175.23万元；公务用车开销128.32万元，同比减少7.62%。

（县机关事务管理局　王汝阳）

安全生产监督

【概况】 象山县应急管理局设下列内设机构：办公室、政策法规科（挂行政审批科牌子）、安全生产基础科（挂危险化学品安全监管科牌子）、防灾减灾科、防火和救援科、综合协调科6个科室。构建“大应急”体系。自挂牌组建以来，整合8个部门的应急管理相关职责，划转5个指挥机构的日常办事职能，完成人员转隶，建设指挥、信息、联动、监管4个平台，构建一个应急管理体系。筑牢安全生产底线。结合“铸安”系列执法行动，对非煤矿山、涉氨制冷、喷涂作业场所、涉爆粉尘、船舶修造等行业领域专项整治。运用“首违免罚”制度、双随机平台、掌上执法等手段，随机抽查企业191家，立案190起，掌上执法应用率100%。

【省考核组到象山考核安全生产工作】 1月3日，省应急管理厅党委书记、厅长凌志峰率省考核组一行，到象山县开展安全生产考核检查。宁波市副市长卞吉安随同考核。县领导叶剑鸣、黄焕利、陈兴立、干维岳陪同。考核会上，象山县委书记叶剑鸣汇报象山县安全生产工作情况。2019年象山县按照省市系列决策部署，把安全生产作为“惠民生、保稳定、促和谐”的抓手，坚持党政同责、齐抓共管，压紧压实安全生产责任；坚持重拳出击、严查严管，强势开展渔业领域整治；坚持集中整治、源头管控，排查化解各类安全风险；坚持固本培元、夯实安全发展基础。凌志峰对象山县安全生产工作情况表示肯定，对渔业领域整治提出指导意见。他说，象山县委、县政府对推动渔业安全生产形势根本好转做大量工作，奠定扎实基础。凌志峰强调，要开拓思路、抓住关键、痛下辣手，以人民群众生命财产安全为出发点，在推动渔业生产转型提升、渔业领域整治等方面坚决使出霹雳手段，做到推动、形成主导，刚性执法、形成震慑，确保彻底扭转渔业领域安全生产形势。考核组还通过查阅台账资料、现场检查等形式对象山县安全生产工作进行全面的考核。

【渔业出租房交通领域安全生产大排查大整治】 1月15日，全县安全生产形势分析会召开，分析形势，部署落实下阶段举措。2018年，象山县各地各部门开展渔业生产领域大整治大提升专项行动、出租房和电瓶车消防安全隐患集中整治行动、道路交通安全整治等安全生产大排查大整治，一批安全隐患得到整改，全县安全生产形势总体保持稳定。各地各部门时刻绷紧安全生产这根弦，认清形势，提高认识，增强工作紧迫性和责任感。突出重点，细化举措，抓好安全生产巡查问题整改、重点行业领域风险管控、恶劣天气和自然灾害防范应对工作，强力推进安全隐患排查整治。健全机制，强化保障，增强责任意识，形成工作合力，严格执法检查，营造全社会参与安全生产的氛围，确保各项工作任务落到实处，为全县经济社会发展营造稳定的安全环境。渔业生产专业安委办、交通（水上交通）专业安委办汇报2018年工作情况及2019年重点工作；象山经济开发区管委会、爵溪街道就安全生产巡查问题整改工作表态发言。

【烟花爆竹销售安全管理联合督查】 2019年1月21日至2月20日，县应急管理局、县公安局、县市场监督管理局、县综合行政执法局、县交通运输局、县供销联社联合开展烟花爆竹安全管理联合督查，烟花爆竹进入销售、运输、燃放旺季，非法经营、储存、运输、燃放烟花爆竹行为有所增加，为加强烟花爆竹安全管理工作，防范安全事故的发生，维护社会稳定，通过开展烟花爆竹经营旺季联合执法检查工作，落实零售点“两关闭”“三严禁”和批发企业“六严禁”为载体，烟花爆竹零售经营安全专项治理，开展隐患排查和治理；依法打击非法销售、储存、运输、燃放烟花爆竹行为，杜绝非法产品、“三无”产品、假冒伪劣产品流入市场；督促企业安全生产主体责任和政府安全监管责任的落实，确保广大消费者买到合格放心的烟花爆竹产品，确保春节期间公共安全和烟花爆竹燃放安全。

【“双管齐下”力保危化领域安全】 3月21日响水事故发生后，县应急管理局组织召开全县重点危险化学品工作会议，乡镇（街道）安监所长和29家重点企业负责人参会，会议分析“3·21”事故教训，确定分“两条线”开展摸排检查。一条线以乡镇（街道）为主，在辖区范围内全面开展警示教育，并对辖区内涉及危险化学品的企业进行排摸和检查；各重点企业要按照“五个强化”要求，开展自排自查。另一条线以县应急管理局力量为主，聘请2名专家，从3月26日开始对全县重点危化企业进行“过筛子”式全面检查。共查找隐患127处，重大隐患1处，印发限期整改指令书12份，现场处理措施决定书2份，立案查处3家企业。

【县应急管理局开展可燃爆粉尘专项整治成效明显】 象山县应急管理局根据上级统一部署，开展可燃爆粉尘专项整治活动。依托本地专业机构力量，突出整治重点，强化执法检查，狠抓整改闭环，采取“查、改、罚、关”一系列举措，对未制定粉尘清扫制度等十项重大事故隐患开展排查治理。检查粉尘企业数58家，行政处罚14家，取缔关闭3家，罚款16万余元，完成整改落实58家，整改率100%，位居全市前列。

【开展2019年综合应急演练活动】 7月25日，象山县组织开展2019年综合应急演练活动。宁波市应急管理局副局长包宙华、县人民政府副县长穆锦斌应邀观摩。包宙华副局长要求，以该次演练为契机，根据演练结果完善各类应急预案及加强演练的实战性。穆锦斌副县长强调，这次演练是应急救援体制改革后举行的首次大型综合应急演练。演练贴近象山县实际情况，检验指挥体系的指挥调度效率和救援队伍的应急实战水平。各地各部门做好防大汛、抢大险、救大灾的准备，确保防灾救灾，安全平稳度汛，为迎接新中国成立70周年营造更加稳定的社会环境。这次演练模拟防御台风，共设置6个科目，参演人员300余人，投入参演设施设备100余台（套），涉演单位23个。

【县安全生产整治百日大会战开始】 10月12日，县安全生产整治百日大会战工作会议召开。会议由县委常委、常务副县长陈兴立部署全县安全生产整治百日大会战工作，提出十点要求，一是全面排摸、摸清底数，深度开展“两小”企业、危化品使用单位排摸。二是核查、重点监管，建立健全“一企一档”和动态核查机制。三是聚焦问题、严格检查，建立问题隐患清单，跟踪销号、闭环管理。四是严格执法、铁腕整治，严格落实“十二个一律”措施。五是加强培训、注重实效，依法落实从业人员安全生产教育培训和应急演练要求。六是狠抓教育、落实责任，严格落实安全生产和消防安全主体责任。七是强化安评、管住源头。八是严格标准、改善条件，探索实行重点企业、危险作业、危化品仓库等实时监控。九是夯实基础、提升能力，强化各类预案管理和预案演练。十是加强研判、严控风险，督促企业开展风险辨识和隐患排查，及时报告并治理重大风险和隐患。叶剑鸣强调，当下正值“不忘初心、牢记使命”主题教育开展之际，主题教育明确“什么问题最突出就整改什么问题”，这次安全生产百日大会战是主题教育的具体行动、也是应有之义。要把初心使命变成攻坚破难、真抓实干、奋勇争先的自觉行动，全县上下要聚焦薄弱环节、突出工作重点，狠下一条心集中解决一批突出问题，形成常态化长效化的安全监管体制机制，用安全生产实际成效检验主题教育成果，要求各地各部门要迅速行动，做到深排查、快整治、严执法、大培训，严格落实“十二个一律”措施，持续开展安全生产大检查和隐患整改闭环机制，对发现的问题隐患，要责成其立即整治，跟踪督促直至销号“清零”。要压实责任、聚焦重点，联系县实际，特别要统筹抓好涉海涉渔、道路交通、消防领域的安全监管工作。要广泛宣传、加强引导，加大宣传力度，形成抓安全生产百日大会战的浓厚氛围，让“安全生产大于天”的思想观念深入人心。

【县领导检查重点行业安全生产】 10月14日，县领导陈兴立、石坚定、吴志辉分别带领应急、经信、消防、平安办等相关部门负责人深入一线，采用“不发通知、不打招呼、不听汇报、不用陪同接待、直奔基层、直插现场”方式对县重点行业企业开展安全生产检查工作。陈兴立一行到大林服装批发市场，检查发现市场内存在防火间距不足、没有按照规范要求配置消防器材、缺乏明火安全防范措施、电线接线不规范、建筑耐火程度低等安全隐患。在丹城工业示范园区，发现一机械企业存在未考虑楼面承重能力私自改造问题，麦丹食品有限公司原料仓库缺乏防爆设施。此外，园区针织企业普遍存在职工宿舍、生产车间、产品仓库“三合一”，消防通道不畅通、杂物乱堆放等安全隐患。

石坚定一行到东陈小微企业创业园和宁波阿吉露生物科技有限公司，重点检查各个企业车间里的消防器材、消防逃生通道、电线线路铺设、易燃易爆化学品、厂房周边环境等情况。

吴志辉一行到爵溪诚光制衣、爵溪金鋆制衣企业等重点区域，对消防器材通道、应急处置工具等进行排查，还询问企业负责人对日常防火巡查、消防安全管理制度落实、应急处置制度、员工安全培训等方面情况。检查中发现企业存在消防通道堵塞严重、生产车间过道被半成品挡住等问题。检查组指出，要绷紧安全生产这根弦，树立安全生产红线意识、底线思维，严防安全事故发生。企业要强化主体责任，规范内部安全管理，落实各项规章制度，把风险隐患消除在萌芽状态。相关部门要落实监管责任，紧盯重点行业、短板弱项、监管盲区，及时建立问题清单，加强整改督导工作，确保逐项整改销号，严防安全事故发生。

【副县长范建富带队暗访检查安全生产工作】 10月15日上午，副县长、公安局局长范建富带领县应急管理局、消防救援大队及县公安局，开展安全生产暗访检查。范建富一行先后到丹东街道、丹西街道、县工业园区、县经济开发区等地，实地检查象山金宜阳光酒店、蓬莱装潢市场、象山人丰制衣有限公司、浙东化学有限公司等4家单位，现场查看企业安全生产管理现状，听取企业负责人相关情况介绍，就当前的安全生产形势与企业负责人进行交流。范建富强调，各企业要牢固树立安全生产意识，完善相应安全生产措施，针对检查发现的问题，要立即整改、落实到位。各部门要完善常态监管机制，加大排查督导力度，统筹协调，齐抓共管。

【安全生产整治百日大会战工作动态】 10月15日上午，市安委办召开“百日大会战”核查检查工作培训视频会议，象山县设分会场组织参加培训视频会议。视频培训会议结束后，“大会战”领导小组办公室对落实相关工作进行部署。要求，各地各部门要按照县百日大会战工作方案和责任清单制定本行业领域“百日大会战”工作方案，成立领导小组。制定月度工作计划及责任清单，明确责任领导、责任科室。在规定时间节点完成“两小”企业和危险化学品使用单位排摸检查，建立清单和动态排摸机制，完成各项工作任务。县百日大会战领导小组将对各行业领域“两小”企业和危化品使用单位开展暗访检查。10月15日上午，象山县启用《工作提示单》，定期梳理大会战阶段性工作任务清单，印发给各责任单位，及时提醒督促，确保任务完成。10月16日，“大会战”领导小组召开安全生产整治百日大会工作专班会议，全体工作专班人员参加会议。会上，县应急管理局局长檀年华传达安全生产整治大会战的指示精神并作部署安排。县委常委、常务副县长陈兴立强调，一要提高站位、加强认识，二要熟悉情况、进入角色，三要明确任务、严格标准，四要讲究方法、提高效率，五要确保精力、严肃纪律。确保该次阶段性安全生产整治大会战结束后，转入一种制度化、常态化、化的工作状态，持续整治重点突出问题。

【县领导督查安全生产工作大排查大整治】 10月22日，县委书记叶剑鸣率相关部门督查安全生产工作时指出，贯彻落实市委要求，抓好安全生产大排查、大整治工作。县委常委、常务副县长陈兴立，副县长石坚定，象山经济开发区管委会党工委书记吴志辉参加相关活动。叶剑鸣一行在象山印花中心，进入生产车间、原材料仓库，针对检查发现的消防器材使用不当、场地堆放无序等问题，要求相关部门检查指导，规范管理。叶剑鸣查看维楷化学公司危化品仓库，要求企业负责人做好风险评估，严密管控，确保万无一失。在爵溪街道商贸街，叶剑鸣一行突击检查三家服装加工小作坊，对发现的问题要求限时整改到位，要求他们加强安全生产防范意识，做好易燃品防火措施。在座谈会上，叶剑鸣听取县安全生产大排查、大整治情况汇报。他指出，各地各部门要统一思想，警钟长鸣，落实责任，扎实开展安全生产大排查大整治，做到“行霹雳手段、显菩萨心肠”。要加强安全检查，按照属地管理原则，开展“拉网式、地毯式”检查，确保不留死角、不留空白。要落实主体责任、监管责任，发挥政府安全生产监管作用，推动企业安全生产主体责任的落实。要加强企业员工安全培训，普及基础消防常识，守住安全底线。

10月22日上午和23日上午，县委副书记、县长黄焕利率相关部门检查安全生产工作时指出，要贯彻落实省市县部署要求，绷紧安全生产这根弦，重点抓好危化品使用单位和小企业、小加工作坊安全生产，开展大排查、大整治行动，确保见行见事见实效。副县长石坚定陪同检查。黄焕利一行到永升制衣和好点服饰2家“两小”企业。“是否建立安全教育培训制度？是否定期开展演练？员工会不会使用灭火器？”每到一处，黄焕利都询问安全措施落实情况，要求企业严格落实安全生产责任，树立抓安全就是抓发展的理念，整改消除安全隐患。恒辉照明和江南纸箱厂也是“两小”企业。针对发现的警示标志不清、场地堆放无序等问题，黄焕利要求相关部门加强检查指导，对发现的问题隐患，责成其立即整改。素子园八味食品车间空间不宽敞、作业要求高，海远水产的涉氨制冷流程操作复杂。在询问企业经营范围、员工上岗培训等情况后，黄焕利察看企业生产车间。他说，安全意识强、制度落实严，员工安全才有保障，企业发展才会长久。针对排查发现的问题，黄焕利指导后强调，作为危化品经营企业，必须视安全生产为生命线，绝不能有一丝一毫的侥幸心理，要严格执行行业规章制度，强化员工安全教育培训。

10月22日，县人大常委会主任金红旗、副主任胡建萍以及部分县人大代表，与县应急管理局、住建局、经信局、消防救援大队等部门相关负责人到爵溪街道，对企业安全生产情况开展执法检查。检查组一行先后到宁波巴马服饰有限公司、宁波翔羚机械有限公司、宁波谊胜针织有限公司等企业，通过走访一线人员、检查作业现场，全面了解各企业安全生产工作落实情况。在随后召开的座谈会上，金红旗主任听取相关部门关于全县安全生产（消防安全）大排查大整治工作推进情况的汇报后指出，安全生产是一项重大民生工程，各级各部门要深入学习贯彻习近平总书记关于安全生产的重要思想，把它作为主题教育重点整改工作来抓。要聚焦老问题、发现新问题，重点检查危险化学品使用单位及小企业小加工作坊，推动安全生产重点问题解决。要加强领导、统筹安排、严密组织，把检查的各项工作做实做细，确保检查活动依法、有序开展。

【扎实推进百日大会战各项整治工作】 10月15日百日大会战工作开展以来，县百日大会战领导小组办公室严格按照县百日大会战工作方案和责任清单落实各项措施。专班全体人员取消周末，坚持一日一会商，直面问题，共同协商，扎实推进各项整治工作。一是排摸，摸清底数。排摸开始前，工作专班3次召集各镇乡（街道）、有关部门对排查工作进行培训，确保排查有序。排摸开始后，按照属地管理原则，以镇乡（街道）为单位，按照《“两小”企业和危化品使用单位排摸检查表》中11大项42小项内容进行逐村逐企体检式排摸。每张检查表均需有检查人员、被检查单位负责人签字。专班工作组每日对排摸情况进行汇总统计，建立排摸清单。二是分批指导，落实督查。10月19日，大会战工作专班赴排摸任务较重乡镇调研，并现场指导工作。10月21日开始，工作专班对各镇乡（街道）开展第一轮督查指导，重点督查相关任务清单落实情况，汇总各地工作开展中存在的困难，提出解决措施。三是加强培训，落实宣教。宣传教育组会同县委宣传部制定宣传工作方案，在报纸、“两微一端”等平台开设专题专栏、曝光台，并落实每周2期大整治简报，做到动态报道和专题报道相结合。10月21日下午，邀请宁波市百日大会战指导组讲解检查表、核查表规范填写要点，演示相关信息系统操作步骤，以座谈会形式交流大会战工作难点。各镇乡（街道）安监所长或应急管理所负责人及相关责任部门的业务科长参加培训。

【安全生产整治百日大会战工作推进会】 10月23日晚，县百日大会战领导小组办公室组织召开安全生产整治工作推进会，县委常委、常务副县长、县百日大会战领导小组办公室主任陈兴立参加会议。会上工作专班各组对工作推进情况进行汇报交流，重点乡镇街道对排摸情况及存在的问题进行分析汇报。针对全县安全生产整治百日大会战工作第一阶段“两小”企业等排摸工作，陈兴立要求：一是排摸时间要锁定。各地务必要在市里规定的10月25日排摸截止时间前完成企业排摸及网格录入工作，做到底子清、情况明，为下阶段整改落实工作打好坚实基础；二是排摸数据要固定化。各地对排摸的“两小”企业、危化品使用单位相关数据要固定化，严格遵循属地管理原则，绝不允许乡镇之间擅自推送企业数量。三是排摸企业要分类，对于排摸的企业按要求进行适当分类，注册地未分解到乡镇的企业由办公室统筹分解，为下步建立健全“一企一档”和动态核查机制打下基础。四是排查责任要明确，各网格员、网格长、乡镇街道联村包片干部要层层落实排查责任，要对排查数据结果负责，确保不漏一企一坊，保证第一阶段“两小”企业排摸任务圆满完成。

【全县“百日大会战”会商会议召开】 10月28日下午，县“大会战”领导小组办公室召集各镇乡（街道）应急管理所长、经济开发区安监负责人参加“大会战”工作会商会议。会议肯定各单位第一阶段的排摸工作所取得的成效，并指出不足，主要体现为对涉危企业排摸不彻底。会议通过印发工作提示单的形式，明确下阶段工作要求及时间节点，重点是对涉危企业进行再排查，建立“一企一档”及动态核查机制，并明确监管责任主体。为保障下阶段工作实施，工作专班成立6个专家组，分片包干指导各镇乡（街道）开展核查工作。会议要求，各单位要依据工作提示单，对标对表，扎实推进下阶段各项工作。会议最后，县应急管理局局长檀年华强调，一要提高认识，二要端正态度，三要再接再厉。各地将依据这次会商，扎实推进下阶段各项工作。“大会战”工作专班高位推进整治工作。一是加强宣传，贯彻省、市安全生产工作会议精神，加强推进落实企业安全生产主体责任，加强对全县企业法定代表人、分管安全负责人、安全管理人员的培训，强化安全意识。二是对新排查出的各类隐患，严格按照“三定”要求制定整改计划，落实防范措施。对整治难度大和危险程度高的隐患，专题研究，重点解决。对涉及多个部门的加强协调，整合资源，合力整改，确保每一个查出的事故隐患都能得到治理。三是组织专项检查和隐患整改“回头看”。督促抓紧抓实问题整改纠正，真抓实改，做到真排查、真整治。督促各地各有关部门深入安全隐患排查的每个主体、每个环节，逐一分析研判，发现一个、整改一个，确保扎扎实实、不留隐患。

【市委副书记、市长裘东耀到象山开展“三服务”活动和检查安全生产】 10月30日，市委副书记、市长裘东耀到象山开展“三服务”活动和检查安全生产。他强调，要坚持以习近平新时代中国特色社会主义思想为指导，贯彻落实中央、省委省政府和市委的部署要求，把“不忘初心、牢记使命”主题教育激发的精气神用到做好改革发展稳定各项工作上，支持企业坚定走创新驱动发展之路，督促企业落实安全生产主体责任和安全生产制度措施，让创新发展在全社会蔚然成风，让安全发展理念在每一个企业根深蒂固，推动宁波走在高质量发展前列。市政府秘书长张良才，县委副书记、县长黄焕利等参加。裘东耀到石浦科技园区，参观宁波申菱机电科技股份有限公司和宁波戴维医疗器械股份有限公司，听取企业产品类型、技术研发、市场占有率等情况介绍，对企业坚守主业、深耕市场表示赞赏，询问企业对政府服务有何期待，鼓励企业强化创新发展，做大市场、做优品牌、做强产业，引领带动其他企业创新发展。裘东耀到宁波锦浪新能源科技有限公司、宁波合力模具科技股份有限公司，参观企业产品展示厅和生产车间，听取企业发展历程、市场拓展等情况介绍，勉励企业在“专精特新”道路上行稳致远，以匠心智造，以雄心筑梦，为宁波高质量发展贡献更多力量。

【市督察组赴象山开展督查暗访安全生产工作】 10月30日上午，市应急管理局危化处副处长符贵成一行到象山县西周镇检查安全生产整治工作落实情况，县应急管理局副局长叶盛、西周镇党委副书记张义等陪同检查。检查组一行首先听取西周镇关于安全生产整治工作落实情况的汇报，随后随机抽取危化品使用企业及一般工贸企业进行实地检查走访，对相关企业存在的安全隐患进行现场指导，并提出相应的整改措施。检查组对西周镇开展安全生产整治工作取得的成效肯定，指出消防设施损毁、安全知识和技能培训缺乏、应急预案及安全制度缺失等方面的共性隐患，要求各相关企业要围绕“防风险、除隐患、遏事故”的目标，完善安全生产制度，加强安全生产管理，做好风险辨识和风险管控，发现隐患及时整改，确保安全生产工作不留盲区。

【县应急管理局结合主题教育开展安全生产整治】 一是摸清底数，把握好时间节点，推进安全生产集中整治工作，坚持两手抓两促进，注重实际成效，解决实质问题。按照属地管理原则，以镇乡（街道）为单位，多部门联动，按照《“两小”企业和危化品使用单位排摸检查表》中11大项42小项内容进行逐村逐企体检式排摸。这次大排查总交办数12276家，排查率达100%，未在清单内有1983家，实施限期整改1979家、停产整顿6家，罚款101.7万元。其中领证的危化企业138家、领证的使用危化品的企业2家。涉及使用危险化学品企业排摸出732家；开展企业违章搭建拆违攻坚，拆除违建1520平方米。二是落实督查，重点监管。结合“不忘初心、牢记使命”主题教育，落实安全生产监管责任，防范化解重点行业领域安全风险。从10月21日开始对18个镇乡（街道）开展第一轮督查，重点督查相关任务清单落实情况，汇总各地工作开展中存在的困难，提出解决措施。聘请专家联合各镇乡（街道）、园区管委会、有关部门进行核查，并填写《涉及危化品使用单位核查表》及输入“宁波市风险管控平台”，并建立“一企一档”和动态核查机制，明确责任主体。三是落实措施，强化宣教。开展“大学习大调研大抓落实”活动，把“不忘初心、牢记使命”主题教育与当前安全生产集中整治工作相结合，列出安全知识宣传工作计划和重点任务，在报纸、“两微一端”等平台开设专题专栏、曝光台，落实每周2期大整治简报。联合消防印发培训方案，制定培训工作计划，加强对全县企业法定代表人、分管安全负责人、安全管理人员的“四懂三会”培训，排摸出的128家涉及使用危险化学品企业中有82家报名参加培训。督促各镇乡（街道）做到核查和培训企业同步进行，共组织企业培训25场、4986人次，其中负责人、安管员1526人次。

【全县安全生产整治座谈会召开】 11月7日下午，全县安全生产整治座谈会召开。县委书记叶剑鸣强调，要贯彻落实上级部署要求，牢固树立安全发展理念，以首战必胜的信心和决心，推进安全生产和消防安全整治，严防各类安全生产事故发生。县领导奚海峰、穆锦斌、范建富参加会议。会议听取象山县最近阶段安全生产和消防安全整治情况，并对当前存在的安全生产工作重点难点问题进行研究。叶剑鸣指出，各级各部门要增强做好安全生产的危机感和紧迫感，克服麻痹思想和侥幸心理，增强责任意识和风险意识，把安全生产工作抓在手上、放在心上、落实到行动上。叶剑鸣要求，拓展隐患排查覆盖面，在重点抓好危化品等重点行业领域安全生产排查的，向高层建筑、临街商铺、汽车修理等各领域延伸拓展，确保排查“不留盲区、不留死角”。要加强隐患整治，对排查发现的安全隐患问题采取措施，立查立改、即知即改，尤其对整改的问题要开展“回头看”，防止问题“反弹”“回潮”。要建立安全隐患整改效果评估机制，确保问题整改到位。要加强安全生产长效管理，创新工作机制，总结经验，从源头上建立安全生产的长效机制，提升全县安全生产管理水平。会议前，叶剑鸣带队到县消防救援大队所在地，向奋斗在一线的消防指战员致以问候，并参加“消防体验日”活动。叶剑鸣指出，县消防救援大队承担着防范化解重大安全风险、应对处置各类灾害事故的重要职责，为社会安全稳定做出重要的贡献。希望消防救援大队刻苦训练，严格备勤，建设过硬的应急救援主力军，保障社会和谐稳定与人民生命财产安全。

【县人大到西周镇检查安全生产工作】 11月7日上午，县人大常委会副主任黄敏求一行到西周镇检查安全生产整治工作。县应急管理局党组成员沈奂达、西周镇人大副主席陈丹丹、工业副镇长汤世祥等陪同检查。检查组到华翔特雷姆、柏特塑料、康源模塑等企业，每到一处，检查组查看企业生产车间、仓库等场所的消防设施、现场管理等情况，并听取企业有关负责人的介绍，询问企业在安全生产工作中存在的困难和问题，了解各企业安全生产工作落实情况。检查组指出，安全生产工作责任重大，关系人民群众利益，要把安全生产工作记在心里、扛在肩头。一是要广泛宣传，全面排查，联合执法，综合治理，筑牢安全生产防线。二是企业要落实安全生产主体责任，完善安全生产管理制度，落实和加强安全生产教育培训。三是企业要提升安全生产风险防范意识，做好风险辨识和隐患排查，增强风险管控能力，确保生产安全。

【百日大会战专班工作进展】 11月7日，这次核查任务7409家，完成核查6385家，其中定塘、黄避岙、涂茨、高塘、鹤浦、泗洲头、晓塘、墙头、石浦100%完成，暂时尚未完成的镇乡（街道），正加快进度，确保于10日前100%完成核查任务。涉及使用危险化学品企业前期排摸出732家，完成核查689家，将于10日前完成全部核查任务。其中，各地各部门在这轮核查过程中，新增231家涉及使用危险化学品企业，专班正组织专家核查，确保10日前完成全部核查任务。共发现各类隐患11301个，治理5279个（其中重大隐患39个，治理10个）实施限期整改2487家、停产整顿7家、挂牌督办2家、取缔关闭6家。开展企业违章搭建拆违攻坚，拆违企业14家、拆除违建2570平方米。联合消防大队分批次对各镇乡（街道）工贸企业主要负责人、安管员进行安全生产和消防知识（主要为安全生产常见隐患解析和消防“四懂三会”）集训，培训人数达4万余人次。以印发读本和传送视频等方式要求有关乡镇、企业组织学习危险化学品使用和消防安全知识。督促大企业开展安全生产和消防演练；“两小”企业学会人员逃生和灭火器使用。各镇乡（街道）结合自身实际创新培训方式，确保培训实效。各企业主要负责人向全体员工的培训，由镇乡（街道）进行督促指导，确保企业主动承担主体责任。下步将继续扩大排查范围，突破局限，彻底掌握各类底数，在完成市里下达的排查任务基础上，再一次展开地毯式大排查，范围覆盖全县各行业各领域，彻底做到底子清、情况明。

【县百日大会战领导小组召开协商会议】 11月19日下午，县应急管理局局长檀年华召集并主持专班协商会议，主要议题是如何推进沿街商铺安全排查。结合前期联合经信、消防、市场等部门多次专题协商结果，檀年华指出：从大会战前期排查和核查情况来看，质量不高，安全隐患仍有遗漏，为彻底摸清底数，尽可能消除各类隐患，下步，要对核查的7409家企业以外的市场、商铺、店铺、餐饮、汽修行业、农家乐、人员密集场所、汽配城等进行一次全面排查，突出检查消防、违章搭建、危化等重点方面，并及时印发安全隐患整改通知书。向检查单位发送宣传彩页、安全告知书等，开展消防安全宣传提示，并对商铺、门面店员工开展灭火器材检查及使用方法等基本消防知识培训。

【象山县开展安全生产督查工作】 11月27日，县安委办组织相关部门分组对前期各镇乡（街道）、经济开发区管委会的安全生产和消防安全整治工作进行专项督查，推进各地安全生产和消防安全整治工作。这次督查采取查阅台账、明察暗访和随机抽查相结合的方式进行。对丹西街道、爵溪街道、大徐镇、石浦镇等企业进行督查，对存在的安全生产隐患现象督促整改。督查结束后，督查组对督查结果进行通报，并由各镇乡（街道）、经济开发区管委会督促企业按期完成整改工作。督查组强调，要牢固树立“安全第一”的意识，对重点领域、重点行业、重点企业做好监管与督导工作，共同负起安全责任，切不可掉以轻心、麻痹大意；要坚持问题导向、效果导向，结合问题清单，聚焦主责主业，做到即知即改、改则见效，提升安全管理的能力和水平，确保全县安全生产形势持续稳定。

【推进沿街商铺和“两小”企业安全排查工作】 象山县各地各部门组织人员对辖区内的沿街商铺、市场、商业综合体进行地毯式排摸，逐家填写安全管理档案，并对危险化学品使用单位及“两小”企业进行回访式排查，全面摸清底数，做到不留死角、不留盲区。自10月开展安全生产和消防安全专项整治以来，县各地各有关部门对排摸检查发现的问题进行全面梳理，对企业存在的安全隐患按照“十二个一律”规定实施分类分级整治，做到销号闭环管理；对违反有关消防技术标准和管理规定的各类违法行为进行严厉打击、严肃查处。按照工作安排，年底前将对重点监管的危险化学品使用单位作出安全评估。全县排查沿街商铺、“两小”企业7409家，发现各类隐患14445个，完成治理7381个；其中，实施限期整改3262家、停产整顿14家、挂牌督办18家、取缔关闭8家、停止使用4家。

【市应急管理局局长陈强到象山督导大会战工作推进情况】 12月4日，市应急管理局局长陈强一行到象山县督导检查大会战工作，这次督导以座谈会形式进行，重点听取象山县安全生产整治百日大会战工作推进情况的汇报，并与参会单位进行座谈交流。象山县府办副主任胡向阳，县应急管理局、经信局、综合行政执法局、住建局、消防救援大队、西周镇、墙头镇等单位参加座谈。会上，县应急管理局局长檀年华就大会战工作开展情况作专题汇报。西周镇党委书记张茂豪、墙头镇党委书记朱恩青分别就当前工作中存在的监管、执法等方面问题进行汇报。与会人员就推进大会战工作进行座谈交流。在听取各单位发言后，陈强对象山县大会战工作开展情况予以肯定，对县委、县政府高度重视、工作统筹、推进力度大表示认同，并对下阶段工作提出三点要求。一要工作成果数据化，完善数据化监管机制，提升信息化监管水平，推进整治工作向纵深发展。二要监管职责明确化，强化安全管理，完善监管机制。落实责任，把控节点，确保大会战工作保质保量完成。三要注重企业本质安全，坚持安全发展，强化责任落实，完善好长效机制。

【县委书记叶剑鸣听取全县安全生产工作汇报】 12月7日下午，象山县召开安全生产工作会议。县委书记叶剑鸣在会上强调，要时刻绷紧安全生产这根弦，巩固成效不放松，锁定目标再发力，对标对表补短板、建机制、强能力、见成效，打赢安全生产攻坚战，确保社会安宁和谐。县委常委、常务副县长陈兴立主持会议。县领导石坚定、张微燕、吴志辉出席会议。会上，县安全生产整治领导小组办公室、县水利和渔业局围绕全县安全生产和消防安全百日集中整治工作，以及渔业安全生产开展情况和下步工作计划作简要汇报。与会各部门及18个镇乡（街道）主要负责人就相关工作作交流发言。10月以来，全县共排摸出涉及使用危险化学品企业1423家，发现各类隐患16722个，完成治理9411个，公安部门依法处罚3人。渔船安全生产事故多发势头得到遏制，事故起数、死亡失踪人数、沉船数实现三下降，渔业安全生产形势总体呈现稳中向好态势。叶剑鸣对前阶段全县安全生产和消防安全百日集中整治工作，特别是渔业安全生产工作给予肯定。他指出，各地各部门要在巩固前阶段工作成果的基础上，增强红线意识，立足当前补短板，着眼长远建机制，推动安全生产形势持续稳定向好。叶剑鸣强调，安全生产是底线更是生命线，各地各部门在认识上要有新高度，始终把安全生产放在第一位，把安全生产工作贯穿于经济社会发展的全过程。在整治上要有新突破，以问题为导向，聚焦重点难点，坚持不懈补短板、强弱项，加度、下定决心，从严从实从细做到排查"深入见底"，整治"坚决彻底"。在基础上要有新保障，采取措施严格落实企业主体责任，强化政府监管责任，提升工作执行力，夯实县安全生产基层基础。在领导上要有新力度，围绕推进国家治理体系和治理能力现代化的总要求，组织人力物力，集中精力建立标本兼治的长效机制，提升安全生产工作整体水平。

【县委常委、常务副县长陈兴立突击检查安全生产工作】 12月12日，县委常委、常务副县长陈兴立带领县府办、县应急管理局、县公安局、县商务局、县经信局、县住建局、县市场监管局、县自然资源和规划局、县综合行政执法局、县消防救援大队、经济开发区管委会、丹西街道等单位相关负责人，以不打招呼、突击检查的方式，深入工业园区部分企业检查安全生产工作。陈兴立一行到大林服装批发市场和泰康食品有限公司厂房，详细查看企业安全生产工作开展情况，听取相关工作情况汇报。在随后召开的专题座谈会上，陈兴立向职能部门逐一抛出问题。陈兴立强调，各部门要吸取各地安全生产事故教训，强化忧患意识，保持高度警觉，做到认识到位、责任到位。要打破管理职能界线，主动担当，开展安全生产排查、检查和隐患整治，做到严查严管。要加强企业员工安全培训，提高安全防范意识，保障安全生产责任和措施落实到位。要加大执法检查和行政处罚力度，对重大安全生产隐患企业做到及时停业整改，形成安全生产监管闭环，促进象山县安全生产形势持续稳定。

【象山县聚焦安全生产整治百日大会战问政问效】 12月20日下午，以"关注安全生产"为主题的第二期《聚焦民生问政问效》电视问政节目，在象山县传媒中心演播大厅录制完成。叶剑鸣、包朝阳、金红旗、俞骏等县四套班子领导全程参与节目录制。问政席上，县公安局、县经信局、县商务局、县应急管理局、象山经济开发区管委会、丹西街道负责人按席就座、严肃"应考"。节目组围绕安全生产这一主题，对6家单位负责人进行现场问政。对全县的小作坊、小加工厂是否做到底数清楚，危化企业存在的安全隐患如何排查整治？群租房及出租房电瓶车的消防安全隐患这一老大难问题如何破解？各类专业市场安全监管如何真正落到实处？主持人提出问题、播放视频，追本究源；观众席屏气凝神、倾耳侧听，鸦雀无声。每一轮问政，评论员和观察员的提问、点评声如疾雷，重重地敲击着人们的耳鼓："安全生产怎么重视都不为过，开展检查切忌走过场""发展绝不能以牺牲人的生命为代价，这是一条不能逾越的红线""要时刻保持警钟长鸣，事关安全生产措施一定要快，万万等不得、慢不得"……"回去之后，我们马上组织力量，督促相关企业加快整改进度""发现工作人员存在安全意识淡薄、态度消极怠慢的，我们将坚决严肃处理""今后我们要提高工作的标准和要求，健全完善安全生产监管长效机制"……面对触目惊心的视频画面，以及评论员、观察员的质疑，6家单位负责人照单全收，纷纷作出表态和承诺。观众们手持打分器，对6家单位负责人的回答进行现场打分。针对电视问政节目中所涉及的问题，县委县政府督查室将跟踪督办，县级媒体也将持续跟踪报道。

【县安全生产和消防安全专项整治工作推进情况】 县大会战工作专班按照工作部署，组织各有关部门、镇乡（街道）推进对沿街商铺、市场、商业综合体等排摸，开展落实专项督查，整治各类隐患。共排查沿街商铺7424家，发现隐患8668个，完成治理6236个；前期对"两小一危"排摸治理过程中，发现隐患17284个，完成治理14938个；发现重大隐患46个，治理18个；停产整顿21家、县镇（乡）两级挂牌督办累计31家；取缔关闭11家；安全生产全年累计罚款670余万元。但在梳理总结工作过程中，安全监管体制机制方面仍然存在11个方面的短板与不足，包括安委会与消安委一体化管理问题，部门与部门之间的职责界定，行业监管与属地监管之间的职责界定，园区安全监管模式，行业责任、属地责任履行不到位，管理服务对象底数不清，安全生产联合执法机制不健全，安全监管队伍建设，企业主体责任落实，安全生产责任追究、考核机制问题，安全生产与消防安全数字化管理问题等。针对上述安全生产体制机制这些短板与不足，县委书记叶剑鸣，县委副书记、代县长包朝阳先后召开专题会议研究部署。县委常委、常务副县长陈兴立5次召集专班及相关部门进行会商研究。大会战专班在向各部门征求意见基础上制定2个方案及6个制度，于12月27日县委常委会审议通过。

【县委常委、常务副县长陈兴立带队开展元旦节前安全检查】 12月31日上午，县委常委、常务副县长陈兴立带领县府办、县应急管理局、县商务局、县住建局、县交通运输局、县交警大队、县消防救援大队、丹东街道等单位负责人，对象山华润燃气有限公司、象山恒太城、象山汽车东站、象山石材市场等四家单位展开安全生产集中检查。每到一处，陈兴立都仔细查看消防设施设备是否配备齐全、安全疏散通道是否通畅、消防安全疏散标识是否完好，并询问日常安全生产保障措施落实情况以及应急预案准备情况。他要求各单位要结合本单位实际情况，落实主体责任，组织开展隐患自查自改活动，整改各类隐患，落实安全防护措施，要强化员工安全责任意识，落实值班巡逻、安全检查、防范宣传等安全防范措施，建立长效管理机制。开展消防教育培训，增强员工防火安全意识，组织员工实施疏散逃生演练，提升处置突发情况的能力。陈兴立强调各单位要牢固树立“安全第一”的意识，不能有任何侥幸心理。增强抓好安全生产工作的紧迫感和责任感，做好年末岁尾安全生产工作，落实安全生产责任制，全面进行隐患排查治理，落实各项防范措施，杜绝安全事故的发生，确保全县人民群众过一个安全、祥和的元旦佳节。

（县应急管理局　程舟群）

应急管理

【“防风险保平安迎大庆”执法检查专项行动】 5月22日至10月20日，县安委办对商场市场（含超市、农贸市场）、“多合一”场所、劳动密集型企业、公共娱乐场所、群租房、宾馆饭店、高层建筑、城市综合体、危化企业、养老服务机构、宗教活动场所、施工工地、医院、学校、校外培训机构、文博单位、船舶修造等17类重点场所以及住宅小区、车站码头等重点部位，重点检查违规使用易燃可燃材料装修装饰、防火分隔不到位、疏散通道不畅通、违规存放易燃易爆危险品、消防设施损坏停用、电动自行车违规停放充电、重点岗位人员责任不落实、日常管理机制不健全、宣传教育培训不深入等9类突出问题，开展为期5个月的“防风险保平安迎大庆”消防安全执法检查专项行动暨文明城市消防安全提升工程。采取列清单、逐项对，拉清单、逐项销的排查整改模式，防范化解重大安全风险，为新中国成立70周年创造良好的消防安全环境。

6月23日“安全生产广场宣传咨询日”活动（柳占君　摄）

【开展“安全生产万里行”活动】 2019年6月是全国第18个“安全生产月”，由县安委办牵头，在全县范围内开展“安全生产月”和“安全生产万里行”活动，这次活动以“防风险、除隐患、遏事故”的主题。县应急管理局开展主题宣讲、应急预案演练等6个“基本动作”基础上，结合象山县实际情况，推出海上安全铁拳行动、消防安全比武竞赛、千名机关干部“应急知识大学习”等活动，“三服务”“危化品安全”“安全生产万里行”活动也同步展开。6月23日，县应急管理局按照“安全生产月”工作方案部署，在人民广场开展“安全生产广场宣传咨询日”活动。这次活动，县应急管理局、县市场监管局等25家相关单位在广场摆摊。通过展览安全生产警示教育宣传图版；分发安全生产宣传资料；播放安全生产事故警示教育片；开展安全生产政策法规咨询等现场互动活动，为群众解答疑惑等方式向群众普及安全知识，提高安全意识，营造安全生产氛围。这次宣传共发放各类宣传资料2.5万份，解答群众各类疑问100余个。

【百日大会战7409家核查任务全部完成】 11月21日下午，全县安全生产整治百日大会战推进会议召开。会议回顾总结前阶段工作推进情况，贯彻上级有关精神对下阶段工作进行再部署再动员。副县长张微燕主持会议，县委常委、常务副县长陈兴立参加会议并现场视频连线各乡镇（街道），安排部署下阶段工作。各乡镇（街道）安全生产分管负责人在分会场参加会议。会上，县安全生产整治领导小组办公室汇报阶段性工作开展情况和下步工作计划。县商务局对各类专业市场情况、存在问题和下步工作计划进行汇报。陈兴立在听取各部门交流发言后指出，把安全生产整治工作抓实抓细，推动全县安全生产和消防安全形势稳定向好。一是肯定成绩，提高站位，把握当前大会战形势。做到底数基本摸清，核查同步跟进，整治不减力度。二是厘清思路，突出重点，完成下阶段工作任务。三是强化领导，夯实责任，确保各项工作落到实处。各地各部门要严格压实责任，加强统筹联动，注重长效管理。全县

12276家网格排摸交办任务及7409家核查任务全部完成。发现各类隐患12097个，治理6128个，实施限期整改2764家、停产整顿9家、挂牌督办18家、取缔关闭6家、停止使用4家。开展企业违章搭建拆违攻坚，拆违企业19家、拆除违建6150平方米。对各镇乡（街道）工贸企业主要负责人、安管员进行集中培训，培训人数达6万余人次。

【县应急管理局织密安全生产“防线”】 2019年12月，县应急管理局梳理汇总安全隐患清单，制订安全生产和消防工作专项整治方案，抽调多名科室精干人员，组建明察暗访、宣传督办和行政执法三大队伍，结合问题整改“回头看”工作，加强隐患排查、日常检查、突击抽查力度，特别是针对危险化学品生产、建筑施工、采石矿山以及道路交通运输等高危行业企业，加强与行政执法部门协调督办，对限期整改不力的责任单位和企业，将采取挂牌督办，并对相关责任人进行警示约谈或问责，将安全生产和消防安全主体责任抓细抓实抓好。完成核查涉及使用化学品企业1065家，涉及使用危险化学品企业718家，并将企业相关信息全部录入宁波市风险管控平台。共排查沿街商铺近1.1万家，发现隐患11372个，完成治理9392个。对“两小”企业排查共发现隐患1.7万个，完成治理1.6万个，治理率95%；其中重大隐患46个，完成治理30个。停产整顿41家、挂牌督办32家、取缔关闭21家、曝光企业7家、惩戒失信企业4家、治安处罚6人。全年累计罚款700余万元。

（县应急管理局　程舟群）

政务服务和公共资源交易

【概况】 2020年，象山县政务服务办公室（县公共资源交易管理办公室）以推进“不忘初心、牢记使命”主题教育为思想主导，坚持需求导向和问题导向，聚焦“夯实基础、延伸扩面、提质增效”，做深做实改革规定工作，创新提升自选动作，纵深推进“最多跑一次”改革和“服务争效”，有付出、有成绩、有作为、有亮点。2019年，共办理各类行政审批事项541297件，其中即办件444637件，承诺件96660件，群众满意度指数9.75。共完成公共资源交易项目811宗，总交易额达53.41亿元。其中，工程建设项目185宗，成交额18.37亿元，节约率9.48%；政府采购项目520宗，成交额16.67亿元，节约率9.32%；土地招拍挂73宗，成交额17.81亿元，增值0.18亿元；国有产权交易33宗，成交额0.56亿元，增值0.09亿元。

【县行政服务中心商事登记办理区荣获县“好团队”称号】 县行政服务中心商事登记办理区荣获2018年度全县“好团队”称号。商事登记办理区是由县审管办、县市场监督管理局共同牵头，于2018年5月正式组建，涵盖16个部门296项商事登记服务事项，年办件量达10万余件。一年来，商事登记办理区的全体工作人员以“最多跑一次”改革和商事制度改革为龙头，把“改善营商环境、提升群众满意度”作为出发点和点，攻坚破难，迎难而上，在全市率先实施“全科一窗受理”，实行商事登记“证照联办”“多证合一”“全城通办”，并推行容缺受理、告知承诺、午间假日值班等惠民举措，激发县投资创业热情。

【县审管办召开县重点工程项目审批对接会】 3月28日全天，县审管办会同县重点办组织召开2019年度县重点工程项目审批对接会。县发改局、县住建局、县自然资源和规划局、县经信局、县环保局、县水利和渔业局、县消防大队等部门相关科室负责人和有关企业代表参加会议。会议听取象山政实小学、塔山教育培训中心、松兰山游客中心、中化膜产业生产基地和膜研发创新中心、文墨服装生产项目、浙江海洋运动中心配套道路一期等70余个项目概况和报审计划汇报，逐个梳理项目推进建设过程中遇到的审批困难和问题，研究解决方案和工作措施。

【基本建设区召开工程建设项目审批制度改革攻坚动员会】 4月24日中午，县行政服务中心基本建设区召开工程建设项目审批制度改革攻坚动员会，集中学习《关于在县行政服务中心开展“服务更有礼、攻坚更、改革再发力”专题教育实践活动的实施方案》和《关于县行政服务中心“标准化服务年”活动的工作方案》文件，并根据实际工作常态作出工作指导，要求广大干部，尤其是窗口工作人员，以开展“标准化服务年”活动为契机，加强作风建设，规范窗口服务行为，在服务环境、服务形象、服务言行、服务技能、服务细节等方面下功夫，提升行政效能、树立窗口形象、提高服务质量。

【县居民户口簿可异地打印】 自4月27日起，凡是户籍在象山的群众，其户口簿皆可在异地打印，即每人根据自身需求，到全县任一行政服务中心或派出所户籍窗口都能打印户口簿。

【县政务办组织落实“网上中介超市”推广应用】 5月14日上午，县政务办组织召开“网上中介超市”推广应用专项工作会议，推进全县网上中介超市建设工作。县发改局、县经信局、县自然资源和规划局、县公安局、县交运局、县港航局、市生态环境局象山分局、县住建局、县水利和渔业局、县应急管理局、县气象局等相关部门参加会议。

会议指出，推进网上中介超市建设工作是市委、市政府部署的一项重要改革工作，要认识推进网上中介超市建设工作的重要性、紧迫性，各部门要明确职责，加强组织领导，加强沟通协调，加强督促检查，确保按时完成各项改革任务。

【税务窗口寄出首份“一日办”发票】 5月20日，县行政服务中心税务窗口实现“一件事、一日办”。新开户企业在进行商事登记办理后，窗口可通过后台数据采用邮寄方式向纳税人发放增值税发票，减少纳税人跑腿次数，最大限度方便纳税人。

【不动产登记全面实施60分钟办结领证】 自5月24日起，县不动产登记全面实施“即时办理”服务，除宅基地登记、需要公告、实地踏勘的登记事项以及大批量办理的业务外，全部不动产登记业务实现登记受理后60分钟办结领证。

【县政务办全面深化行政服务中心“一窗综合受理”】 6月，为配合“企业开办全流程1日办结”工作，完成商事登记区企业登记与联办窗口的整合。9月，为优化中心区域布局、功能设置和业务运行，公安服务区搬迁至二楼，合并商事登记办理区和社会民生事务办理区，并搬迁至一楼，通过区域改造，后台实行敞开式办公，方便前后台业务衔接。

【气象证明开具实行“零跑腿”】 7月1日起，保险理赔气象证明环节，不再要求保险理赔当事人提供气象证明材料，由保险公司通过浙江省气象局开发建设的浙江省气象资料查询系统，自行提取出险地客观、唯一的气象信息，作为保险理赔的参考依据。

【山东省东明县行政审批服务局人员到县行政服务中心考察学习】 7月5日，山东省东明县行政审批服务局局长岳远航一行5人考察学习行政审批“最多跑一次”改革工作，县政务办翁永聚委员陪同。考察组通过实地参观、翻阅资料，现场交流、听取汇报等方式，详细了解开展相对集中许可权改革和互联网+政务服务平台建设及运行情况，县政务办相关负责就行政服务中心组建、事项梳理、人员划转、窗口设置、互联网+政务服务平台建设及乡镇街道社区便民服务中心人员设置、运行情况作介绍。在随后的交流中，双方就当前行政审批改革工作中遇到的困难和问题进行交流探讨。

【县不动产登记窗口颁发首批商品房房地权属登记凭证】 7月26日，县行政服务中心不动产登记窗口为西周镇城镇建设投资开发公司颁发首批房地产开发项目国有建设用地使用权及房屋所有权的不动产权登记凭证435本，以替代房地产开发项目国有建设用地使用权及房屋所有权的不动产权证书，此举全市前列。新出的不动产权登记凭证为统一编号的加设防伪水印、二维码的A4版的格式化表格，内容包含原不动产权证书记载的各要素，加盖不动产登记专用章，效力等同于不动产权证书。

【不动产登记“一窗受理”平台正式上线运行】 7月18日，县不动产登记中心通过“一窗受理”平台受理并办结位于丹东街道丹峰小区的一宗不动产转移登记，标志着县不动产登记“一窗受理”平台正式上线运行。不动产登记“一窗受理”平台是由市国土局、市住建委和市税务局联合建设，以市大数据共享平台为依托，通过开发建设数据共享接口，实现住建、公安、民政、税务、社保、工商和登记信息的自动关联与实时交换。该平台集成公安部门的可信身份认证服务、省公共信用信息平台的查询服务等，窗口受理人员能实时获取和核验办事群众提交的各类受理材料信息的准确性和真实性，实现以“电子化信息核实”代替“线下实体证明验证”，提升登记的便利度和安全性。

【象山企业开办提前实现网办率80%以上】 自4月“企业开办全程网上办”平台上线以来，县行政服务中心市场监管局窗口持续加大平台推广使用力度，通过帮办、代办等形式引导企业上网办理企业开办事项。据统计，6月全县共有213家企业通过“企业开办全程网上办”通道办理营业执照，占同期企业开办总数的83%，提前半年达到省政府提出的企业开办网上申报率80%以上的要求。

【县长黄焕利现场体验“企业开办全流程一日办结”改革】 7月31日下午，县长黄焕利一行到县行政服务中心调研“最多跑一次改革”工作开展情况，并现场体验“企业开办全流程一日办结”改革的审批流程。在市场监管局窗口，黄焕利县长听取企业开办改革的简要汇报后，在窗口工作人员的解说下，全面观摩“企业开办全程网上办”平台从企业外网申报、工商登记后台审核、企业数据共享流转、部门审批信息反馈等各环节的操作演示，并对企业开办改革工作予以肯定。

【县政务办　企业践行“三服务”】 8月15日，县政务办牵头县自然资源和规划局及县住建局相关部门对象山半边山五彩渔镇·欢乐海洋一期重点工程项目进行竣工前指导，实地调研、详细了解项目基地总体规划和工程建设完成情况及存在的困难和问题，并座谈交流。企业负责人对项目建设情况作简要汇报，针对企业难点，相关部门逐个交流发言，提出解决方案和工作措施。

【县政务办创新行政审批领域“豁免”机制】 针对以企业准入、项目建设为主的行政审批领域，创新推出豁免机制，聚焦“减事项、减环节”，梳理公布出一批在符合指定条件或属于规定项前提下，免于办理的清单事项，涉及自然资源和规划、生态环境、卫生健康、水利和渔业等部门168个事项或环节，推动审批服务重心从事前审批向事中事后监管转变，提高项目审批效率。

【县政务办建立“一件事”发现机制】 8月23日，为配套推进“一事联办”攻坚行动，出台《关于建立“一件事”发现机制的实施方案》，针对事项类别、审批流程和机关内部流程3个角度，通过部门自查、镇村发现、社会监督反馈等途径，发现“一件事”线索需求，并予以规范。全年累计发现并规范“一件事”11件。

【县行政服务中心公安户籍办理窗口入驻县退役军人服务中心】 9月2日，县行政服务中心公安户籍办理窗口正式入驻县退役军人服务中心，于每周一、三、五开设办理退役军人落户服务。

【象山县公布《行政审批和公共资源交易领域中介服务事项清单（2019年版）》】 9月6日，结合《省发展改革委关于印发〈浙江省投资项目行政审批中介服务事项清单（2019年版）〉的通知》，县行政审批和公共资源交易领域中介机构管理工作办公室会同各有关部门进行梳理、论证、核对，共梳理出49项与行政审批和公共资源交易相关的中介服务事项。

【象山县政务服务办公室挂牌仪式举行】 9月6日上午，象山县政务服务办公室正式挂牌成立，是落实机构改革任务的一件大事，也是深化行政审批制度改革、优化政务服务环境的一项重要举措，有利于促进政府职能优化、推进数字化政府建设，提高便民服务水平、优化县营商环境。县政务服务办公室将按照上级关于机构改革工作的部署要求，对原先县行政审批管理办公室和县公共资源交易管理办公室的相关管理职能进行整合，具体承担全县行政审批服务和公共资源交易工作的组织、协调、管理、监督、考核等职责。

【县政务办修订出台《象山县招标投标管理办法》】 9月12日，县政务办修订出台《象山县招标投标管理办法》，以"上级政策+部门文件+内部规章"为配套，明确刚性的业务程序和交易规则，构建较完备的公共资源交易"九个统一"制度体系，并逐步实现公共资源交易全流程电子化。以深化"放管服"改革为方向，构建"标前+标中+标后"全程化和"体内+体外+社会"立体式的监管体系。

【市重大项目审批代办经理人助推象山"大项目"】 9月16日上午，由市委组织部选派干部鲍林南副主任到县政务办挂职，担任象山县市级重点工程项目的审批代办经理人，并和中国·浙江海洋运动中心项目、象山万达广场项目、浙江广电象山影视基地三期项目、新能源汽车装备生产项目等11家重大项目责任人进行会谈，听取项目业主方的介绍，了解项目的进展程度，以及当前存在的问题和困难。在今后的一年里，审批代办经理人将对11个项目进行全程跟踪代办服务，助推县重大项目尽快落地。

【县政务办建立工程建设项目招标实施"评定分离"办法】 9月18日，县政务办制定《象山县工程建设项目招标实施"评定分离"办法指导规则（试行）》，工程建设项目招投标实施"评定分离"模式，定标一般采用"优中选低，低中选优"的原则。该办法的出台，推动建设项目法人负责制，落实招标人法定的定标权，促进招投标监管模式的转型升级。

【行政服务中心公安服务区办理全县第一例私房租赁落户】 9月19日下午，行政服务中心公安服务区办理全县第一例"租房落户"。根据新政，在象山县城镇地区租住的本人、配偶和未成年子女凭居住证和备案的租赁合同等材料，根据"一房一户"的原则，可落户房屋所在的社区集体户，没有社保缴纳年限和居住年限要求。该新政在县原有的政策基础上大幅度放宽人才落户、居住就业落户条件，并新增租赁落户和投资创业落户，为外来租客打开落户象山的"欢迎之门"。

【县政务办实行"局长窗口坐班"制】 10月21日，县政务办实行行政服务中心进驻单位"局长窗口坐班"制。根据安排，象山县行政服务中心共有25家进驻单位及8家水、电、气、图审等配套服务单位的主要领导、分管领导，将在窗口"坐班"半天以上，通过一线服务，倾听企业和群众意见，及时解决审批服务中的难点与瓶颈问题，推动部门行政审批流程的优化与再造，实实在在促进审批服务质量和效率的提高。

【县不动产登记窗口颁发首本工业用地使用权先租后让不动产权证书】 10月30日，县行政服务中心不动产登记窗口为象山凡华模塑有限公司颁发首本国有建设用地使用权先租后让不动产权证书，该宗地坐落于西周镇下沈村，用途为工业用地。

【县行政服务中心实行不动产登记与户籍联动办理服务】 10月30日，县政务办联合县不动产登记中心、县公安局，创新实施不动产登记与户籍联动办理，该举措是在2018年实现不动产登记与水电气联办基础上的又一次业务拓展，通过信息融合共享，依托全大市不动产登记"一窗受理"平台，实现"一人一窗一平台"综合办理，市民只需向窗口一次性递交一整套材料，不动产登记和户籍立户迁移即可一次性办结。该业务适用宁波市内户籍人员，在丹东、丹西街道范围内购房落户对象，可申请未成年子女、配偶及父母随迁。其中，原户籍在丹东、丹西街道的，原则上整户迁移；原户籍地在农村的可不整户迁移，未成年人不得单独落户。

【县政务办组织召开全县基层公共资源交易平台小型工程及村级工程业务交流会】 10月31日，县政务办组织召开全县基层公共资源交易平台小型工程及村级工程业务交流工作会议，泗洲头镇和墙头镇代表作表态发言。赵勇主任肯定各镇乡（街道）小型工程及村级工程工作中取得的成绩，指出工作中存在的不足，并针对小型工程和村级工程建设项目中的管理内容、管理体制、资金管理和造价控制、监督与追责等方面提出明确要求。

【县政务办深化镇乡街道便民服务中心"一窗受理"模式】 11月27日，以贤庠镇为试点，出台《贤庠镇全面推进"全科一窗受理"工作实施方案》，升级该镇便民服务中心"一窗受理"模式，在原"3+X"模式的基础上，统一设置人力社保、民生事务、商事基建3个办理区，实行分区域的"全科一窗受理"，并根据实际业务办理类别，筛选梳理出247项"高频事项"，把农村产权交易、村级重大事务决策报备、退役军人信息采集等30余项事项，从镇政府"剥离"纳入中心，实现群众"进一窗口、办任何事"。

【县政务办深化行政审批告知承诺制】 11月25日，县政务办梳理第一批告知承诺制事项清单，包括承诺后续监管、承诺容缺办理和承诺直接办理3种，共计162项，并配套制定《象山县行政审批告知承诺制暂行办法》，明确实际操作标准、规程和处理情形等，具有可操作性和推广性。

【县政务办推行基层平台项目投标保证金集中统一缴退】 基层平台项目标保证金实行集中统一缴退是一项便民利企的举措，经9月底试运行以来，显示该机制可以为招标人的财务人员减轻工作压力，让投标人真正做到"零次跑"，节省时间成本和社会成本，还可避免投标保证金被挪用的风险。因投标保证金必须从基本账户汇出，可抑制串标围标和虚假投标等行为。

【县不动产登记窗口推出"企业绿色通道"服务】 12月，县行政服务中心不动产登记窗口设置"企业绿色通道"专窗，将企业申请不动产登记纳入绿色通道，由值班长全程跟踪服务，通过外部沟通内部协调，给予企业最大限度的便利，优先办理资料预检、现场勘查、权籍调查等，压缩时限、简化程序，确保企业不动产登记在最短时间内办结。

2019年7月15日，国家级数字档案馆测评会议现场

【县政务办推进三门湾区域政务服务事项三地通办】 公安户籍管理、社保医保服务、企业商事登记等100项事项，通过异地受理、异地办理和异地受理（申报）、属地办理两种方式，实现"三地通办"。

【县住建局窗口试行"多合一"办理建筑工程施工许可证】 县行政服务中心住建局窗口依托工程建设审批管理系统和施工图联合审查系统，对房屋建筑和市政基础设施工程经施工图审查合格后的建设工程消防设计审查、应建防空地下室的民用建筑项目报建审批、建筑工程施工许可、建设工程质量安全监督手续等建设、消防、人防有关审批事项，按照"一次申请、一套材料、一并审批、一个批件"的模式，实施"多合一"办理，压缩审批环节、缩短审批时间。"多合一"办理实施后，施工许可阶段办理申请材料由原先22件缩减至8件，且申请材料经审查合格后，即可当场发放施工许可证，审批时限由原先串联审批的28个工作日提升至2个工作日后，得到提升实现即办。许可证上备注"多合一"办理包含的所有申请事项，不再单独出具其他审批结果，真正实现"一个阶段一个证"。

12月3日，象山县档案馆接受省级示范档案馆业务建设评价

【象山县获评"全国优秀公共资源交易机构"】 在2019年全国公共资源交易年会、全国公共资源交易科技成果大赛颁奖盛典上，象山县捧得"全国优秀公共资源交易机构"大奖。在2019年度全市公共资源交易服务评先创优活动中，县公共资源交易中心斩获"优秀公共资源交易分中心"荣誉，《小型平台项目实行投标保证金集中统一缴退》案例获评"公共资源交易服务优秀案例"。

（县政务办　史喜乐）

档案工作

【概况】 2019年，象山县档案馆学习贯彻中共十九大、中共十九届历次全会精神和习近平新时代中国特色社会主义思想，围绕中心、服务大局，以“三个走向”为根本遵循，持续推进“五档共建”，开展“六争攻坚”，提升档案工作“三服务”水平，为全县经济社会发展做出一定的贡献。根据省市县部署，完成机构改革。推进重点工作落地见效，创建国家级数字档案馆，通过省级示范档案馆业务建设评价，全县档案工作水平迈上新台阶。创优争先，服务企业、服务群众、服务基层开创新局面。开展档案宣传，编研活动开展有声有色，宣教功能发挥。夯实业务基础，做好档案收管工作，加大档案征集力度，筑牢档案安全防线。加强组织领导，抓好主题教育，培养档案人才，推进党建工作。

9月20日上午，迎接县级领导一行30余人参观县党章学堂

【推进机构改革】 在机构改革中，县档案馆坚决服从、贯彻中央和省、市、县委决定部署，转变职能、理顺关系，主动适应体制变化。2019年6月26日，《象山县档案馆职能配置、内设机构和人员编制规定》印发，档案局的行政职能划转到县委办，县档案馆是县委直属正科(局)级参公事业单位，归口县委办公室管理；档案馆内设4个职能科室，有参公事业编制15名，设馆长1名、副馆长2名、中层职数6名。在人员转录方面，将3名优秀干部转隶到县委办，激发干事创业精神。

【创建国家级数字档案馆】 在2018年通过省级数字档案馆验收基础上，邀请省市档案部门专家到象山指导，为国家级数字档案馆创建验收提供思路，指明方向。依托“智慧档案”建设，对档案馆藏管理系统和数字档案室系统软件进行全面摸排，针对漏洞缺陷，及时升级改造，建立涵盖全部馆藏文件级目录数据库，馆藏纸质案卷档案和归档文件数字化率分别达到94.63%和96.97%。2019年7月15—16日，国家、省、市档案部门专家对创建情况进行验收测评，最终象山县档案馆以88.31分的高分通过验收，成为全国第42个、全省第27个国家级数字档案馆，标志着全县档案数字化转型迈出坚实的一步。

6月6日，“乡村振兴·档案见证”摄影图片展

【通过省级示范档案馆业务建设评价】 年初，确定创建目标，逐条对照评价标准，制定工作任务分解表，将4大类62项测评内容层层分解，落实责任领导、责任科室和责任人，明确完成时限，对标挂图作战，做到协调配合、统筹推进。相继开展全宗卷整理、档案馆指南编写、档案资料清点、档案开放鉴定、台账整理等工作，共完成232个全宗175438卷、199573件档案数量的清点，整理232个全宗的全宗卷，完成5877卷、69931件档案的开放鉴定，并编写《档案馆指南》。2019年12月3日，象山县档案馆接受市县级国家综合档案

馆业务建设评价，专家组一行5人通过听取汇报、实地查看、翻阅台账、随机抽查等方式对各项档案基础业务工作进行全面测评，最终象山县档案馆通过省级示范档案馆业务建设评价。

【贯彻落实“最多跑一次”改革】 根据省市县关于“最多跑一次”改革工作部署，与县审管办、县跑改办和县电子政务办对接，完成县档案馆政务服务网权力清单和公共服务事项调整，做好权力清单（公共服务事项）梳理核查工作。对全县各单位的历史数据处理及颗粒化后认领事项的配置进行指导和督促，推广应用电子文件归档和电子档案管理平台，督促做好“应归尽归”。截至2019年年底，全县“最多跑一次”事项电子文件共产生179811件，预归档155115件，象山县电子文件统一管理平台接收94804件，基本实现电子文件的安全、可靠和有序管理。

【服务中心工作紧抓不放】 服务“不忘初心、牢记使命”主题教育，成立志愿宣讲小分队，培养3名干部作为讲解员，做好“初心之旅”活动的接待工作，开展革命传统教育和爱国主义教育。截至2019年年底，累计接待包括县级领导在内的3400余人参观县党章学堂。参与“三改一拆”“五水共治”、亚帆中心建设、农村土地确权等重大活动和重点工程，提供档案业务指导，确保文件材料同步收集、及时归档。主动服务机构改革工作，走访10余家单位，指导落实档案室，配置档案设施及工作人员；督促21个单位上报档案处置方案，并及时复函。制定指导企业计划，通过实地走访、电话、网络指导等方式，对水务集团、工投集团等10余家企业在档案室建设、档案整理等方面开展指导，提升企业档案规范化水平。

【提升公共服务水平】 持续深化“最多跑一次”改革，探索民生档案开放利用共享新模式，在全县各镇乡（街道）和行政服务中心设立民生档案查询点，对18个镇乡（街道）开展业务指导，实现“远程查档、近端出证”。畅通各类宣传渠道，通过发放宣传手册、利用新媒体发布信息等多种形式，推广“最多跑一次”查档，提高群众知晓率。截至2019年年底，可提供婚姻登记、出生证、股改等14种民生档案查询，累计查询105人次。打响“一网查档、百馆联动”服务品牌，借力浙江档案服务网，将异地查档范围扩大到长三角地区，累计提供查档服务95次，真正实现查档“零次跑”，助推“服务争效”。

【服务基层】 做好“千名干部访渔（农）家，一线蹲点三服务”工作，根据县委统一部署，及时抽调两名干部加入贤庠驻村工作组。工作人员通过召开会议、逐户走访、实地排查等形式，全面摸清在册、挂靠、“三无”渔船及船员持证情况，并开展登船检查，“平安守护”行动取得阶段性成效。该项工作中，1人被县委办通报表扬，1篇题为《真情实意送服务 鼓足干劲促平安》的长篇信息在“象山信息”刊登。围绕乡村振兴战略，开展村级档案工作规范化建设，及时对村级档案管理情况进行摸底调查，把村级档案室按档案室设施和档案整理情况进行分类，有一类档案室27个、二类档案室50个、三类档案室121个。健全档案工作基层组织网络，确保村级档案机构和人员到位，开展规范化档案室创建专项指导，提升全县档案规范化水平。

【举办“乡村振兴·档案见证”摄影图片巡回展】 6月6日上午，由宁波市档案局（馆）主办、象山县档案局（馆）协办、象山县石浦镇党委政府承办的“乡村振兴·档案见证”摄影图片巡回展开展仪式在石浦镇东门村举行。市档案馆副馆长孙方翀，县人民政府副县长钮晶莹，石浦镇党委副书记张浩以及部分村的党员干部和村民代表共百余人出席活动。该次图片展共展出摄影图片48幅，主要展示新中国成立以来，象山东门村、余姚横坎头村、江北毛岙村、宁海岭口村、奉化金峨村、海曙岳童村等6个乡村取得的重大成就，记录美丽乡村建设成果。图片展共吸引1000余人参观，增强公众档案意识，提升档案工作影响力，营造全社会关心支持档案事业的良好氛围。

【开展档案宣传活动】 6月6日，结合“6·9国际档案日”，组织“公众开放日”档案活动，提前通过多种渠道发布活动公告，邀请网民、市民代表走进档案馆，体验查阅档案，参观爱国主义教育基地和档案馆库房等各类档案服务，零距离感受档案文化的魅力，档案工作的社会关注度提升。结合“3·5”学雷锋纪念日，及时与孙茂芳政委沟通联系，重新编写《当代雷锋孙茂芳》《孙茂芳日记格言精选》两本宣传手册，并制作印发。与宁波市学雷锋联合会携手走进校园开展学雷锋活动，参与定塘中学2019年学雷锋活动月启动仪式和县社会职业学校“新时代与雷锋同行暨雷锋藏品展”活动，赠送发放宣传册800余册，推动和谐校园构建，得到学校师生的一致好评。加强与兄弟单位和县级部门的交流合作，利用“五四”青年节等节日，开展爱国主义教育活动，一年来共接待省内外参观者25批800余人次，将档案馆打造成精神文明建设的主阵地。

【编研活动开展有声有色】 为激励更多象山英杰奋发图强、立志成才，提升对外交流合作水平，展现档案编研成果，开展《象山籍人士在国内外》博士集的编写工作。通过主动走访，寄送征集函，网络、电话联系等形式，截至2019年年底，收集并整理120余名象籍在外博士个人资料，完成90余名博士资料三稿的编写，计划2020年出版。挖掘优秀作品，将《乡村记忆》和《画在山水间》送省档案学会参加全省优秀档案编研成果评选。围绕档案文化体系建设，筹建“山海印象—象山地情馆”，完成文本初稿撰写，为后续展馆建设打好基础。

【做好档案收管和征集工作】 全面落实国家档案局9号令，加强档案接收进馆前的业务指导，确保全县各部门档案资料收集齐全、整理规范，实现“应收尽收”。2019年，接收县教育局、县新闻中心、丹东街道等12个县级部门和镇乡街道的文书档案3359卷、28016件。按照“增量重民生、存量重开放、收放重时效”的原则，把民生档案作为资源建设的重要内容，清点完成经信局寄存的52家转制企业档案33669卷，接收石浦镇、墙头镇、鹤浦镇等4家单位股改档案157卷，馆藏档案资源得到丰富。拓宽征集渠道，加强红色档案、革命档案、重要人物档案、重大活动档案等“三重一特”档案的征集，主要领导亲自带队赴北京向孙茂芳等老同志征集档案，共征集孙茂芳、周成启、陈淑芳等个人档案246件，整理230名象籍人士档案620件。开展家谱、族谱征集、移交工作，征集到姜氏宗谱、柳氏宗谱、顾氏宗谱、昌国卫俞氏宗谱等26册。

【筑牢档案安全防线】 落实档案安全责任制，配齐档案馆库安全设施设备，完善档案安全应急处置预案，开展县档案馆业务系统应急恢复演练，提升数字档案馆系统应急应变能力。加大重点档案抢救保护力度，派骨干同志对民国档案、革命历史档案等进行抢救保护，共完成条目著录326卷7980条。严格档案出入库登记制度和日常安全防护等制度，定期开展档案安全检查和库房常规巡检，并做好安全管理记录，确保实体档案安全。做好档案信息数据备份工作，并对2018年文书档案、馆藏档案等进行异地备份，数据共计1.7TB，确保数据安全。

【抓好“不忘初心、牢记使命”主题教育】 馆党组高度重视，精心安排，及时召开主题教育动员部署会，谋划实施方案，明确时间并对标对表跟进。紧抓学习不放松，仔细研读《学习纲要》《选编》《摘编》、党章等书籍，邀请陈晗上党课，组织“兰台学堂”，开展党内法规教育和党风廉政教育，组织党员分享学习心得体会。截至2019年年底，班子成员集中学习6.5天，全体党员学习15次，召开党组专题会议8次、馆主题教育领导小组办公室会议3次、党员大会2次。开启“初心之旅”，组织参观县党章学堂、殷夫故居和贺威圣故居，并利用象山档案信息网和官方微博及时发布主题教育动态，营造浓厚氛围。开展“调研破难题、深化三服务”专题调研，党员领导干部累计调研11次，发现问题11个，形成调研报告6份，开展调研成果交流会1场，讲授专题党课4场。党员领导干部召开对照党章党规找差距专题会议1次，其他党员查找自身差距和不足进行检视，共梳理检视问题31条。召开民主生活会和组织生活会各1次。加强整改落实，列出需要重点整治问题10个，截至年底全部销号办结，确保主题教育取得实效。

【培养档案人才】 完善“周一夜学”制度，组织全体干部职工开展政治理论知识、业务技能学习，创新学习形式，开展作风建设制度规范应知应会知识竞赛，为“作风建设深化年”营造良好氛围。建立“双随机一通报”工作机制，督促干部比拼业绩、寻找短板，营造良好工作氛围。结合国家级数字档案馆创建和省级示范档案馆业务评估等重点工作，对全馆干部开展业务培训，主要针对档案馆指南编写、档案密级校对等内容开展，提升专业化水平。强化培训教育，制定计划、明确工作任务，组织各类业务培训3次，受训人数约300人，为档案管理工作走向合理化、规范化、科学化打下扎实基础。

【推进党建工作】 把抓好党建工作作为首要政治任务，持续开展学习教育，班子成员上党课6次，组织党员干部学习中共十九大报告和党章等内容。修订印发《象山县档案馆机关工作人员“岗位对责、绩效对账”考核实施办法》和《象山县档案馆干部职工考勤管理实施办法》，提升工作效能。严肃党内组织生活，落实“三会一课”制度，定期召开支部党员大会和支部委员会。丰富党员志愿活动，赴贤庠、爵溪等地开展慰问和“微心愿”认领活动3次，组织“慈善一日捐”活动，每月开展“两进两检”，并为居民营造良好环境。

（县档案馆　丁盈吉）

人民生活

城乡居民生活

【概况】 2019年以来,象山县坚持“八八战略”再深化、改革开放再出发,深入推进“六争攻坚、三年攀高”行动,坚定不移实施“双突破双驱动”战略,扎实开展“四个年”活动,精心组织推进实事项目、民生工程,以改善和保障民生为点,补齐民生发展短板,人民群众生活水平提高。城镇、农村居民人均可支配收入增长平稳,但增收压力犹存。据城乡一体化住户调查数据显示,2019年象山县全体居民人均可支配收入49386元,同比增长8.2%。分城乡来看,城镇居民人均可支配收入58747元,同比增长7.4%,农村居民人均可支配收入33435元,同比增长8.3%,增速分别低于全市平均水平0.5和0.6个百分点。城乡收入倍差为1.76,比上年缩小0.01,差距缩小。75.5%的居民家庭实现收入同比增长。其中,城镇居民家庭中增收户的比重为79%;农村居民家庭中增收户的比重为72%。城乡居民人均生活消费支出为27990元,同比增长13.8%,高于同期0.3个百分点。分城乡看,城镇人均生活消费支出为33457元,同比增长11.8%,农村人均生活消费支出为21367元,同比增长17.5%。

表52 **2019年象山县城乡居民人均可支配收入分项数据表**

指标	城镇			农村		
	绝对数(元)	增幅(%)	占比(%)	绝对数(元)	增幅(%)	占比(%)
可支配收入	58747	7.4	100.0	33435	8.3	100.0
一、工资性收入	31646	7.0	53.9	12966	8.9	38.8
二、经营净收入	12177	4.6	20.7	12706	6.1	38.0
三、财产净收入	8514	8.6	14.5	1449	8.8	4.3
四、转移净收入	6410	13.4	10.9	6314	11.5	18.9

【城乡居民工资性收入】 仍居主导地位。城镇居民人均工资性收入为31646元,同比增长7%,占可支配收入的比重为53.9%,对居民收入增长的贡献率为51.4%,拉动可支配收入增长3.8个百分点;农村居民人均工资性收入为12966元,同比增长8.9%,占可支配收入的比重为38.8%,对居民收入增长的贡献率为41.5%,拉动可支配收入增长3.4个百分点。工资增长主要原因是各机关、事业单位干部职工工资福利有所提高;就业形势总体稳定,全县全年城镇新增就业1.8万人,年末城镇登记失业率控制在1.8%;个税起征点的调整降低居民税收负担等。

【城乡居民经营净收入】 增速回落。城镇居民人均经营净收入为12177元,同比增长4.6%,增速同比回落0.5个百分点;农村居民人均经营净收入为12706元,同比增长6.1%,增速同比回落4.6个百分点。其中一产经营净收入跳崖式下跌(同比下降62.4%)是农村增速大幅回落的主要原因,2019年受多个台风影响,渔业捕捞、养殖、水果种植行业受挫严重。经实地走访调研,新桥镇灵岙村、黄避岙乡白屿村的对虾、大黄鱼养殖以及晓塘乡西边塘村的葡萄等特色产品均有不同程度的受灾;二、三产经营净收入增长19.8%,得益于滨海旅游业的快速发展,带动民宿、餐饮、交通运输、批发零售等经营收入的增长。

【城乡居民财产净收入】 占比最小。城镇居民财产净收入8514元,同比增长8.6%,农村居民财产净收入1449元,同比增长8.8%,占可支配收入的比重分别为14.5%和4.3%,对居民收入增长的贡献率分别为16.7%和4.6%。一是受投资理念的差异及投资环境的影响,财产净收入贡献率低一直都是小城市居民增收的瓶颈;二是财产净收入以房租与虚拟租金收入为主体,收入渠道单一,增长空间依然有限;三是农村居民拥有的房屋、土地等资源尚未得到激活，土地承包经营权、农户宅基地使用权等农村居民权益尚未产生财产性收益。

【城乡居民转移净收入】 保持较快增长。城镇居民转移净收入6410元，同比增长13.4%，农村居民转移净收入6314元，同比增长11.5%，增速居四大类之首。一是民生政策持续落地，助益转移性收入增收。据人力社保局数据显示，象山县企业退休人员养老金实现15年连涨，此外，2019年城乡居民最低生活保障标准也由月人均664元调整为745元，涨幅为12.2%；二是象山外出从业人口居高不下，也带动居民寄带回收入及赡养收入的增加。

【后期需关注的问题】 一是居民收入分组差距仍然过大。从抽样资料来看，63.1%的城镇居民收入处于平均线以下，20%最高收入者平均收入是20%最低收入者平均收入的6.8倍，较上年同期缩小1.2倍。75%的农村居民收入处于平均线以下，20%最高收入者平均收入是20%最低收入者平均收入的11.3倍，较上年同期扩大1.4倍。居民收入分组差距仍然过大。二是政策性因素对工资性收入增长的拉动作用减弱。象山城镇居民收入增长主要依靠工资性收入，随着基数的攀升，政策性因素对工资性收入增长的拉动作用将稀释减弱，城镇居民收入要继续保持较高增速难度加大。三是疫情下经营净收入面临冲击。新冠肺炎疫情对象山县餐饮、旅游以及住宿等造成较重打击，加上实体经济面临产业结构性调整矛盾、劳动力成本上升、资金链维持、信贷压力和房屋租金等难题，大多数小微企业和个体经营户生产能力和经营收入恐将受挫。

【城乡居民食品烟酒支出】 人均食品烟酒支出为7510元，同比增长5.2%，占八大类支出的比重高达26.8%，占比居八大类之首。分城乡看，城镇人均食品烟酒支出为8800元，同比增长3.9%，农村人居食品烟酒支出为6018元，同比增长12.4%。

【城乡居民衣着支出】 人均衣着支出为1810元，同比增长8.5%。分城乡看，城镇人均衣着支出为2387元，同比增长7.0%，农村人均衣着支出为1262元，同比增长10.0%。

【城乡居民居住支出】 人均居住支出为6840元，同比下降4.1%，占比仅次于食品烟酒。居住支出中，自有住房折算租金为5164元，同比下降1.0%。分城乡看，城镇人均居住支出为7803元，同比下降5.1%，农村人均居住支出为6021元，同比增长2.3%。

【城乡居民生活用品及服务支出】 人均生活用品及服务支出为1424元，同比增长47.3%。分城乡看，城镇人均生活用品及服务支出为1615元，同比增长55.0%，农村人均生活用品及服务支出为943元，同比增长45.1%。

【城乡居民交通通信支出】 人均交通通信支出为3726元，同比增长38.0%，其中交通支出为2780元，同比增长63.6%，通信支出为946元，同比下降5.5%。分城乡看，城镇人均交通通信支出为4656元，同比增长32.9%，其中交通支出为3617元，同比增长54.3%，通信支出为1039元，同比下降10.4%；农村人均交通通信支出为2272元，同比增长51.3%，其中交通支出为1484元，同比增长72.2%，通信支出为788元，同比增长23.1%。

【城乡居民教育文化娱乐支出】 人均教育文化娱乐支出为3319元，同比增长9.8%，其中教育支出2202元，同比增长2.3%，文化娱乐支出为1117元，同比增长28.2%。分城乡看，城镇人均教育文化娱乐支出为4467元，同比增长10.1%，其中教育支出为2833元，同比增长1.4%，文化娱乐支出为1634元，同比增长29.4%，农村人均教育文化娱乐支出为1847元，同比增长9.5%，其中教育支出1355元，同比增长5.4%，文化娱乐支出为492元，同比增长23.0%。

【城乡居民医疗保健支出】 人均医疗保健支出为2583元，同比增长81.8%，分城乡看，城镇人均医疗保健支出为2584元，同比增长94.1%，农村人均医疗保健支出为2644元，同比增长51.0%。

【城乡居民其他用品和服务支出】 人均其他用品和服务支出为778元，同比增长43.0%。分城乡看，城镇人均其他用品和服务支出为1145元，同比增长7.0%，农村人均其他用品和服务支出为360元，同比增长69.8%。

（县统计局　杨碧文）

老龄事业

【概况】 全县60岁及以上老年人口135203人，占总人口的24.73%。与2018年同期相比，增长5488人，60岁及以上老年人口上升1.09个百分点。70岁及以上老年人口57858人、80岁及以上的高龄老人19604人、90岁及以上的长寿老人2545人。全县共有百岁老人25人，比上年同期增加2人。

【深化医养结合工作】 推进医疗机构与养老机构深度合作，创新“医养结合”模式，针对不同层次的老年人推出3种类型服务。第一种是“契约医生”基本型，通过设立巡回诊疗点、预约就诊绿色通道、定期巡诊随访和体检等方式，由社区卫生服务站（村卫室）为居家养老人群提供“一对一”基本公共卫生服务和医疗服务，老年人健康管理率达67%。第二种是“颐养小屋”优质型，基层分院与公立养老机构建立合作关系，在基本服务基础上增加移动医疗等定期上门服务项目，实现服务“零跑腿”。全县建成“颐养小屋”15家，服务人群规范管理率、规律服药率、疾病控制率等指标均显著高于全省平均水平。第三种是“健康管家”精准型，县老年医院与老年公寓深度合作，建立专业的“健康管家”团队，对入住老人实行动态化医疗管理、精准化医疗服务。全县共有养老机构60家,床位总数5933张,居家养老服务机构408家,居家医疗服务点签约服务388家,签约率95%。建成民生实事工程“颐养小屋”15家,惠及2500余人。推进居家安宁和安宁病房服务,探索符合象山风土人情的安宁疗护服务模式,为疾病终末期或老年患者提供身体、心理、精神等方面的照料和人文关怀等服务。完成省级安宁疗护试点5家,新增2家。开展县老年公寓安宁疗护服务,全县完成安宁疗护服务对象55例。

【做好老年服务工作】 完成50个规范化基层老年协会的申报创建,安排50万元资金,对全县达到规范化建设标准的老年协会分批进行专项补助,用于老年协会的活动场所和制度建设。全面落实第三届“敬老文明号”创建活动,指导县老年大学、县老干部活动中心、县公交公司、黄避岙康乐居养老指导中心开展“敬老文明号”创建活动。开展2019年“敬老月”活动,倡导“感恩父母、孝敬老人、共创和谐”的理念,形成良好的舆论氛围。开展群众性老年文体活动,完成老年电大2019年春、秋季省电大开设的《共和国历史的浙江记忆》《岁月静好——做个优雅的老人》《煲出健康来》《老年人法律常识》招生宣传、教材发放以及全县各镇乡(街道)老年电大教学点及市级电大示范教学点的授课情况统计工作。

(县卫生健康局　陈　磊)

教 育

综 述

截至2019年12月,全县有普高5所,职高3所,初中10所,小学23所,九年一贯制学校12所,外来务工子女学校6所,幼儿园82所(含民办59所)。培智学校1所,电大1所,镇乡成人学校(社区学院)7所。在校学生82650万人,在校普高学生6724人,职高学生4635人,初中生15881人,小学生36832人,特殊教育学生151人,在园幼儿18427人。

全面实施教育质量提升行动,高考总上线率、一段上线率、二段上线率均提升明显,中考总平均分处于全市中游,连续四年在南三县保持首位,中小学省市级艺术获奖量全市前列,初三学生艺术素养监测连续三年居宁波市前列,高中毕业生体质健康测试成绩连续五年全市第一。

启动中小学名师和名校长培养计划,建立健全名优骨干教师激励机制,培育优秀教育人才。一年来,新增正高级教师1名,市级以上名优校长、教师8人,4人入选宁波市"百千万"高技能领军人才层次培养人选,2人入选宁波市领军和拔尖人才培养工程,128名教师被评为省教坛新秀、市"四有"好老师等市级以上荣誉。

实施以研促教、教研结合,深化课程改革和课堂变革,产生省优秀教科研成果3项,市优秀教科研成果29项,2019年县省级教科研成果获奖位列全大市第二,创有史以来最好成绩。

加大教育投入,优化教育资源配置,全年投入2.1亿元,实施新建学校与薄弱学校改造,丹城六小、兰园幼儿园、金星幼儿园等2018年建成投用,增加优质教育资源供给量。

2020年,县委、县政府高规格召开全县教育大会,提出象山教育跻身全市一流、全省领先的奋斗目标,县委县政府还出台《关于全面深化新时代教师队伍建设改革的实施意见》,规划县师资队伍建设的重点方向。贯彻落实中央深化党和国家机构改革重大部署,推进实施教育机构改革,成立县委教育工作小组及其秘书组,建立教育事业分工合作、各司其职的工作体制和机制,党对教育工作的统筹领导得到加强。全系统围绕"四个年"活动,主动作为,突破一批急难险重任务,被县委、县政府授予集体嘉奖称号。县教育局荣获省市教育宣传先进集体、县委县政府信息考核优秀单位等多项荣誉称号。

学前教育

【概况】 2019年,全县已有幼儿园83所,其中公办幼儿园24所,民办幼儿园59所;省三级以上幼儿园75所,其中一级园7所、二级园27所、三级园41所、准办园8所。在园幼儿数18379人,其中在公办幼儿园入园幼儿12285人,占在园幼儿总数的66.8%;学前三年入园率99.7%,省等级园招生覆盖率98.2%,等级园比例是90.3%,省二级以上优质园招生覆盖率71.4%,普惠性幼儿园招生覆盖率为84.9%。

全县共有幼儿教职工2552人,事业编制教师519人,事业编制比例是20.3%;园长和专任教师1421人,事业编制464人,园长专任教师事业编制比例是32.7%;专任教师持有幼儿教师资格证1394人,持证率98.1%;园长专任教师有技术职称868人,占61.1%;专任教师学历合格率100%,其中大专以上学历80.2%。

【全县幼儿园布局】 2019年,全县83所幼儿园,按幼儿园所在街道、镇乡统计:丹东街道14所,丹西街道21所,爵溪街道4所,石浦镇20所,西周镇6所,高塘岛乡2所,其他镇乡或2所,或1所。县直属,各街道、镇乡的中心幼儿园有:

县教育局直属:象山县县级机关幼儿园,象山县春晖幼儿园;

县妇女联合会主管:象山县塔山幼儿园;丹东街道中心幼儿园:象山海韵幼儿园;

丹西街道中心幼儿园;象山县滨海幼儿园;象山县爵溪街道中心幼儿园;

象山县石浦镇中心幼儿园;西周镇中心幼儿园;象山县西周镇华翔幼儿园;

象山县鹤浦镇中心幼儿园;象山县贤庠镇中心幼儿园;

象山县定塘镇中心幼儿园;象山县墙头镇中心幼儿园;

象山县涂茨镇中心幼儿园;象山县大徐镇中心幼儿园;

象山县新桥镇中心幼儿园;象山县泗洲头镇中心幼儿园;

象山县东陈乡中心幼儿园;象山县晓塘乡中心幼儿园;

象山县黄避乡中心幼儿园;象山县茅洋乡中心幼儿园;

象山县高塘岛乡中心幼儿园。

还有:象山县浙师大幼教集团附属大目湾幼儿园。

【华师大专家团合作项目启动】 2月26日，县幼儿园与华师大专家团合作项目启动。该次合作项目主题为“构建特色课程，全面提升质量”，为期三年。华师大专家团将根据各园特色，科学全面诊断，帮助幼儿园构建科学适宜的园本课程，指导各项目园园长构建好园本课程顶层设计，理清课程框架，以理念推课改，以课改促品质提升。

【全县幼儿教师异地同步教研】 4月25日上午，全县学前教育首次网络教研展示暨名优教师带徒活动举行。300余名幼儿教师通过网络平台同步观摩，同步研讨。该次网络教研活动主会场设在春晖幼儿园，共设7个会场，6大集团名优教师齐聚，以异地同屏的形式针对学前教育重难点展开主题研讨。该次网络教研发挥“跨时空、低成本、多主体、高效率”的优势，让教师们足不出户实现多种观点的交流和针对性的探讨，加快教师专业成长。

【全国课程建设论坛】 6月11日至12日，举行“活教育”视野下幼儿园课程建设主体论坛。来自全国各地的数十位幼儿教育专家、三百余名园长和教师参加活动。论坛基于课程改革大背景，围绕如何在幼儿园课程中落实“活教育”思想的主题，为县学前教育工作者搭建学习前沿理论、探讨课程建设的宝贵平台。

【“象阳男幼师”送教民办园】 6月18日，在县教育局的牵头下，“象阳”男幼师联盟前往金港幼儿园开展送教交流教研活动。联盟自成立以来，开展男教师公开教学展示活动，利用他们在教学方式、教学风格上的特色，向大家展现“阳刚教育”的特殊魅力。

【金星幼儿园和兰园幼儿园投入使用】 9月1日，两所幼儿园投入使用。石浦镇中心幼儿园金星分园坐落于金星上金鸡村，办园规模9个班，占地面积4201.35平方米，建筑面积1186.32平方米，绿化面积1260.40平方米，总投资1800万元。兰园幼儿园园所位于绿城兰园西北角，办园规模12个班级，分设托班、小班、中班、大班4个年龄段，总占地面积为6922平方米，建筑面积3826平方米，绿化面积2200平方米，总投资2700万元。

【第二届幼儿园保育员职业技能竞赛举办】 10月9日，象山县第二届保育员职业技能竞赛在山水幼儿园举行。比赛包含保教知识测试、现场实操和职业素养拓展等3项内容，全面考察保育员的专业技能，助推县学前教育保教水平整体提升。

【举办业务园长教学展示暨课程建设论坛活动】 11月11日，以“聚焦课程建设，助推幼儿发展”为主题的幼儿园业务园长教学活动展示暨课程建设论坛举行。活动全面展示幼教一线业务园长们的风采，呈现聚焦课堂、研究课改的实践成果，搭建良好的经验交流互学平台。

表53　**2019年象山县具有招生资格的幼儿园名单表**

<table>
<tr><th>序号</th><th>幼儿园名称</th><th>等级</th><th>普惠性</th><th>办园性质</th></tr>
<tr><td rowspan="2">1</td><td>象山县机关幼儿园</td><td rowspan="2">一级</td><td>是</td><td>公办</td></tr>
<tr><td>象山县机关幼儿园·万象园</td><td>是</td><td>公办</td></tr>
<tr><td rowspan="2">2</td><td>象山县春晖幼儿园</td><td rowspan="2">一级</td><td>是</td><td>公办</td></tr>
<tr><td>象山县春晖幼儿园·世纪园</td><td>是</td><td>公办</td></tr>
<tr><td rowspan="5">3</td><td>石浦镇中心幼儿园</td><td rowspan="3">一级</td><td rowspan="5">是</td><td rowspan="5">公办</td></tr>
<tr><td>石浦镇中心幼儿园·幸福苑分园</td></tr>
<tr><td>石浦镇中心幼儿园·新港早教园</td></tr>
<tr><td>石浦镇中心幼儿园·延昌分园</td><td rowspan="2">二级</td></tr>
<tr><td>石浦镇中心幼儿园·金星分园</td></tr>
<tr><td>4</td><td>象山县滨海幼儿园</td><td>一级</td><td>是</td><td>民办</td></tr>
<tr><td rowspan="2">5</td><td>象山海韵幼儿园</td><td rowspan="2">一级</td><td>是</td><td>民办</td></tr>
<tr><td>象山海韵幼儿园·百合园</td><td>是</td><td>民办</td></tr>
<tr><td>6</td><td>象山县塔山幼儿园</td><td>一级</td><td>是</td><td>民办</td></tr>
<tr><td>7</td><td>象山县新南幼儿园</td><td>二级</td><td>是</td><td>公办</td></tr>
<tr><td>8</td><td>象山县林海幼儿园</td><td>二级</td><td>是</td><td>公办</td></tr>
</table>

续表53

序号	幼儿园名称	等级	普惠性	办园性质
9	象山县欢乐家园幼儿园	二级	是	公办
10	象山县天安幼儿园	二级	是	民办
11	象山县山水幼儿园	预评二级	是	民办
12	象山县兰园幼儿园	预评二级	是	民办
13	爵溪街道中心幼儿园	二级	是	公办
14	墙头镇中心幼儿园	— 二级	是	公办
	墙头镇中心幼儿园·亭溪园		是	公办
15	定塘镇中心幼儿园	—	是	公办
	定塘镇中心幼儿园·大塘园	二级	是	公办
	定塘镇中心幼儿园·宏润园	—	是	公办
16	新桥镇中心幼儿园	— 二级	是	公办
	新桥镇中心幼儿园·东溪园		是	公办
17	泗洲头镇中心幼儿园	— 二级	是	公办
	泗洲头镇中心幼儿园·灵南园		是	公办
18	茅洋乡中心幼儿园	二级	是	公办
19	贤庠镇中心幼儿园	二级	是	公办
20	东陈乡中心幼儿园	二级	是	公办
21	涂茨镇中心幼儿园	二级	是	公办
22	晓塘乡中心幼儿园	二级	是	公办
23	鹤浦镇中心幼儿园	二级	是	公办
24	高塘岛乡中心幼儿园	二级	是	公办
25	石浦镇城里幼儿园	预评二级	是	公办
26	石浦镇昌国幼儿园	二级	是	公办
27	西周镇华翔幼儿园(中心幼儿园)	一级	是	公办
	西周镇中心园幼儿园·树人园	二级	是	公办
28	象山县下沈幼儿园	二级	是	公办
29	大徐镇中心幼儿园	二级	是	公办
30	黄避岙乡中心幼儿园	二级	是	民办
31	丹东街道振兴幼儿园	二级	是	民办
32	丹西街道金港幼儿园	二级	是	民办
33	丹西街道丹瀛幼儿园	二级	是	民办
34	大目湾幼儿园	预评二级	否	民办
35	丹东海星幼儿园	三级	是	民办
36	丹东街道东方幼儿园	三级	是	民办
37	丹东丰泽幼儿园	三级	否	民办

续表53

序号	幼儿园名称	等级	普惠性	办园性质
38	丹东博雅艺术幼儿园	三级	否	民办
39	丹东格治幼儿园	三级	否	民办
40	丹东欢欢幼儿园	三级	是	民办
41	丹西梧桐御府幼儿园	三级	否	民办
42	丹西丹山幼儿园	三级	否	民办
43	丹西乖乖幼儿园	三级	否	民办
44	丹西街道象山港艺术幼儿园	三级	否	民办
45	丹西童谣艺术幼儿园	三级	否	民办
46	丹西春芳幼儿园	三级	否	民办
47	丹西白石阳光幼儿园	三级	否	民办
48	丹西街道育林幼儿园	三级	否	民办
49	丹西红枫幼儿园	三级	否	民办
50	石浦春辉幼儿园	三级	否	民办
51	石浦童歆幼儿园	三级	否	民办
52	石浦邬家村幼儿园	三级	否	民办
53	石浦向阳花幼儿园	三级	否	民办
54	石浦新佳幼儿园	三级	否	民办
55	石浦珍英幼儿园	三级	否	民办
56	石浦创新幼儿园	三级	否	民办
57	石浦金星上好幼儿园	三级	否	民办
58	石浦镇静河幼儿园	三级	否	民办
59	石浦镇小星星幼儿园	三级	否	民办
60	西周镇春天幼儿园	三级	否	民办
61	西周镇培育幼儿园	三级	是	民办
62	爵溪街道春苗幼儿园	三级	否	民办
63	爵溪羽彤幼儿园	三级	否	民办
64	爵溪巨鹰幼儿园	三级	否	民办
65	高塘凌雁幼儿园	三级	否	民办
66	丹东创佳幼儿园	准办园	否	民办
67	丹西七巧板幼儿园	准办园	否	民办
68	丹西晨光幼儿园	准办园	否	民办
69	丹西蓬莱幼儿园	准办园	否	民办
70	丹西安琪幼儿园	准办园	否	民办
71	丹西南庄小星星幼儿园	准办园	否	民办
72	西周镇莲花新星幼儿园	准办园	否	民办

续表53

序号	幼 儿 园 名 称	等级	普惠性	办园性质
73	西周镇西瀛幼儿园	准办园	否	民办
74	石浦番头幼儿园	准办园	否	民办
75	石浦文旦港幼儿园	准办园	否	民办
76	石浦金星一点红幼儿园	准办园	否	民办
77	石浦延昌小精灵幼儿园	准办园	否	民办
78	石浦小太阳幼儿园	准办园	否	民办
79	石浦兴浦幼儿园	准办园	否	民办
80	大徐镇春美幼儿园	准办园	否	民办
81	东陈旦门幼儿园	准办园	否	民办
82	石浦文港青菊幼儿园	准办园	否	民办
83	鹤浦镇未来之星幼儿园	准办园	否	民办

义务教育和普通高中教育

【概况】 截至2019年10月,象山县普通中小学毕业生人数:小学5727人、初中5125人、普通高中2139人。7月至8月,全县招生人数:小学5845人,初中5394人,普通高中2434人;小学、初中、普通高中招收的学生,分设为149个、135个、54个班。10月,象山县有小学28所,减少定塘镇大塘小学(公办,撤并入定塘镇中心小学)。其中公办23所、外来务工人员子女小学5所;在校生36832人,其中,女学生17142人。初级中学10所、九年一贯制学校12所,完全中学初中部3个;在校生15881人,其中,女学生7642人。高级中学3所,完全中学高中部2个,象山港书院高中部停办。全县高中注册学生6724人,其中,女学生3460人。

坚持立德树人根本,营造协同育人新生态,提升人才培养质量。2019年,县高考总上线率达100%,高出全省10个百分点;"一段""二段"上线率均有明显提升。中考总平均分处于全市中游,连续四年在南三县保持首位。中小学省市级艺术获奖量全市前列,初三学生艺术素养监测连续三年居宁波市前列,高中毕业生体质健康测试成绩连续五年全市第一。象山县中小学生社会实践基地等三家单位获评省市中小学生劳动实践教育或研学实践教育基地。

【象山县小学的布局】 2018年,全县23所公办小学按学校所在街道、镇乡统计:

丹东街道:象山县丹城第二小学,象山县丹城第四小学,象山县丹城第五小学;

丹西街道:象山县实验小学,象山县丹城第三小学;象山县丹城第六小学

石浦镇:象山县石浦镇中心小学,象山县石浦镇新港小学,

象山县石浦镇延昌小学,象山县石浦镇番头小学,

象山县石浦镇昌国小学(乡级小学);

定塘镇:象山县定塘镇中心小学;

西周镇:象山县西周镇中心小学,象山县西周镇下沈小学(联村级小学);

泗洲头镇:象山县泗洲头镇中心小学,象山县泗洲头镇墩岙塘小学(村级小学);

鹤浦镇:象山县鹤浦镇中心小学;

墙头镇:象山县墙头镇亭溪小学(联村级);

涂茨镇:象山县涂茨镇中心小学;

大徐镇:象山县大徐镇中心小学;

东陈乡:象山县汉章小学(乡级);

晓塘乡:象山县晓塘乡中心小学;

黄避岙乡:象山县黄避岙乡中心小学。

全县还有(民办)外来务工人员子女小学6所:象山县启力学校,象山县丹东街道梅溪小学,象山县丹西街道洋心学校,象山县丹西街道三伟学校,象山县北塘学校(校址爵溪街道),象山县石浦镇蓝天学校。

【九年一贯制学校的设置】 2019年,全县12所九年一贯制学校分别为:象山文峰学校(直属于县教育局),象山县林海学校(以上2所学校位于丹东街道);象山县外国语学校(直属于县教育局);象山县爵溪学校;象山县金星学校(位于石浦镇);象山县贤庠学校;象山县墙头镇墙头学校;象山县新桥学校;象山县茅洋学校;象山县高塘学校。有民办的:象山县浙江师范大学附属大目湾实验学校,象山县社会职业学校停办。

还有直属于县教育局的:象山县培智学校(招收智力残疾的儿童少年);象山县素质教育实践学校(下设中小学学生实践基地、渔文化艺术村,无全日制学生)。

【初中完中与普通高中的格局】 2019年,全县10所初级中学分别为:象山县丹城中学(位于丹东街道);象山县丹城第二中学,象山县丹城实验初级中学(以上2所学校位于丹西街道);象山县石浦中学(校址金山路),象山荔港学校(校址石浦镇);象山县鹤浦中学;象山县定塘中学;象山县殷夫中学(校址大徐镇);象山县泗洲头镇初级中学;象山县东陈乡初级中学。

3所完全中学:象山县西周中学,宁波滨海学校,象山港书院(高中部停办);后2所完全中学是民办中学。3所高级中学:浙江省象山中学,象山县第二中学,象山县第三中学。

【象山中心城区学校入学形势严峻】 据统计,县近三年城区小学新生报名人数,每年都比计划数超出200人左右,丹城四小、丹城五小、文峰学校等学校超标情况尤为严重(2019年丹城四小报名人数超计划112人,丹城五小超计划198人,文峰学校超计划123人),城区学位供给压力很大。

【找准切口开展薄弱学校精准帮扶】 3月18日,县教育局组织召开薄弱学校教学质量分析会,部署精准帮扶工作安排,助推薄弱学校提升发展。薄弱学校校长分别剖析学校教育质量滞后的原因和存在的问题,并针对困难和问题逐一介绍解决对策和应对措施。各片区教指站站长结合学校汇报和工作调研情况帮助薄弱学校分析问题,提出指导性建议。丹城中学、石浦中学、外国语学校、新港小学等结对学校校长阐述结对帮扶具体措施,对下步结对帮扶工作做出具体安排。

【象山教育局与香港教科研协会开展科技交流合作】 4月22日下午,中国香港教科研协会与象山县教育局在丹城五小正式签订《青少年科技交流合作协议》。双方就深化双方各项合作,发挥各自优势进行深入交谈,并对下一步具体工作开展做出安排。

【龙井教育考察团考察交流】 5月13日,龙井市教育局局长朴文哲带领教育考察团一行11人开展考察交流工作。考察团一行参观县教育大数据中心,观摩教育局基于教育大数据平台开发的校园安全智慧管理平台功能示范及操作应用。龙井教育考察团还深入宁波建设工程学校、技工学校、象山二中、象山三中、实验初中、墙头学校、新桥学校、实验小学、丹城五小、中国渔文化村、春晖幼儿园等校参观交流,了解县各类学校的办学理念、办学特色、课改情况及创新特色发展的优秀做法。

【关注心理健康,为未成年人健康成长护航】 5月25日,象山县教育局举办未成年人考前护航暨青春健康服务公益活动。活动以“沟通．助力．同行”为主题,开设“亲子同频话青春”环形论坛,还针对中考生和高考生两个团体进行专题辅导,帮助即将面对中考、高考的学生缓解心理焦虑。新象山人“沟通之道”家长工作坊和新象山人“成长之道”少女工作坊通过互动游戏对外来务工家庭和留守家庭青春期少女及其家长提供青春期的心理健康辅导,解答对于青春期的不安与疑惑,教会如何面对变化和自我保护。

【全省特教教师齐聚象山,探索普特融合教育经验】 6月4日上午,浙江省特殊教育卫星班建设论坛在县天安幼儿园开幕,来自全省各区市校园长及特殊教育指导中心和特殊教育教师近200人参加会议。来宾们参观天安幼儿园公共区域、资源融合室、卫星班等,并现场观摩大班融合活动、卫星班特殊教育活动等。浙江省教育学会特殊教育分会会长洪佳琳等参加活动。

【初中学业水平考试政策发生变化】 6月14日至15日,县4800余名考生参加2019年宁波市初中学业水平考试,全县共设7个考点、171个试场。2019年中考,社会科目考试采用全开卷笔答形式进行,允许考生携带相关教材和资料进入试场,但考生在试场内不得相互传、借教材和资料。2020年以后,中考政策将有大的变化。2020年的高中段学校录取,竞赛类加分项目将全部取消,学生相关特长和表现等计入综合素质评价档案,但政策类加分继续保留。2021年起,社会学科采用闭卷考试形式;科学学科增加实验测试内容,分值10分。

【全县教育大会】 6月24日,县委县政府高规格召开全县教育大会,提出象山教育跻身全市一流、全省领先的奋斗目标,为县未来发展擘画蓝图。县委县政府还出台《关于全面深化新时代教师队伍建设改革的实施意见》,从提高教师专业素质能力、推进教师管理体制机制综合改革、提高教师队伍地位待遇等几个方面规划未来一段时间县师资队伍建设的重点方向。

【5所学校入选省级中小学劳动实践教育项目试点】 6月25日,省教育厅公布浙江省中小学劳动实践教育项目试点学校名单,全市共有45所学校被认定为浙江省中小学劳动实践教育项目试点学校,县丹城中学、新港小学、延昌小学等5所学校获评,入选学校数居全市第二。该试点项目经自主申报、县(市、区)和设区市教育局遴选推荐,试点学校分5类12个方向,试点时间为3年。各试点学校将探索形成课程完善、资源丰富、机制健全的学校劳动实践教育体系,推动本区域中小学劳动实践教育深入开展,形成县域劳动实践教育特色。

【丹城六小落成投用】 8月18日上午,丹城六小举行落成典礼。学校位于县经济开发区丹河家缘小区南侧,东至兴业路,南至丹宁路,西至园中路。占地面积36.5亩,建筑面积2万余平方米。设计办学规模为36个班,共有5幢4层教学楼,分为教学区、生活区及运动区等三大功能板块。学校设计新颖,设备齐全,环境优美,师资力量雄厚,是所有小学中建设和投资标准最高的学校。丹城六小的落成投用,将促进东西部城区教育资源均衡配置,缓解城区适龄儿童就学压力,优化义务教育供给结构,加速推进县义务教育优质均衡发展。

【实验小学教育集团成立】 8月27日上午，实验小学举行教育集团成立仪式。组建实验小学集团，是县教育局以紧密型办学方式促进城区教育资源均衡配置所开展的探索。该教育集团采用“一套班子、一个法人、统一管理”的模式，在学校发展规划制定、内部管理、师资配备、经费统筹、考核评定等方面高度融合，实现真正意义上的集团化办学。

【县教育局创新校园门卫安保管理办法】 9月2日正式开学以来，县教育局率先推行校园门卫安保“一看二问三核实”管理办法，并与校园智能“访客系统”结合，筑牢校园安全“第一道防线”。配齐校园保安268名，为规模在24班以上的中小学（幼儿园）更新配备校安处主任37名；在全县92所公办学校内推广运行象山县校园安全智慧平台，启用校园监控、校园周边治安监控4813个，视频记录仪、远程对讲机334个，实行平台管理员、学校专职保安24小时巡查制度，确保第一时间发现校内或周边异常情况，第一时间通过一键报警、远程对讲系统上报公安、教育部门。

【县高中毕业生体质健康水平位列全省前列】 10月中旬，浙江省教育厅公布2018学年全省高校新生（高中毕业生）体质健康测试情况。据全省94个生源县（市、区）排名结果显示，象山县总成绩合格率94.64%，位列全省第11位、全市第一位，总成绩优良率24.67%，位列全省第20位、全市第三位。

【县教育局全省首推“智慧食堂”点餐系统】 为缓解校园点餐排队压力，提升校园智慧化管理水平，县教育局与县农村信用社联合研发全省首个校园食堂点餐系统，并在象山第三中学试运行。师生家长通过“智慧食堂”APP线上挑选一周套餐，并直接下单支付。校内配置6套“智慧食堂”终端机，方便师生更换和增加套餐。师生就餐只需刷智慧校园卡即可取走预定的套餐，并可凭借智慧校园卡实现校内图书借阅、超市购物等功能。

职业教育

【概况】 2019年，全县中等职业学校毕业生1337人；7月至8月，招生1742人（少部分初中毕业生去县外职业学校就读）。10月，象山县有宁波建设工程学校（象山县职业高级中学）、象山县技工学校（增象山港高级技工学校校牌）、宁波海洋职业技术学校3所，均独立“法人”。在校生5052人，其中，女学生1922人，分设146个班。其中，“3+2、五年一贯制”班42个，1424人，高职班14个，417名学生。

近年来，全县职业教育深入开展教育改革，深化产教融合，提高人才培养的针对性和实效性，截至2019年，3所职业学校主干专业有676名学生校参与校企协同、双元育人，并通过省教育厅试点评估，基本形成现代学徒制人才培养模式的象山范本。

表54　　2019年全县职业教育情况一览表

学　校	校　址	班级个数	注册学生人数	教职工人数	占地面积（平方米）	校舍面积（平方米）	时任校长
全县合计	—	146	5052	409	248128	130994	—
宁波建设工程学校	县教育园区南区	68	2562	198	160990	75476	陈　列
象山县技工学校	教育园区东北区	58	1962	166	55024	41843	张小珏
其中4年级高职		14	417	—	—	—	—
宁波海洋职业技术学校	石浦渔港古城北	20	528	45	32114	13675	陈贤伦

说明：职业学校学生生均占地面积、建筑面积各为49.1平方米、25.9平方米。

【副省长成岳冲批示肯定县产教融合工作】 1月底，副省长成岳冲对县报送的《新时代推进职业教育高水平发展的象山经验和对策建议》作出批示，肯定县职业教育发展取得的成绩，指出县职业教育要转变以往点对点校企合作模式，在产教融合方面做文章，使职业教育与产业发展同频共振。

【中职学校斩获全国技能大赛佳绩】 2019年，职业教育推进省级现代学徒制试点，深化产教融合培养，实施工学交替、一线培养，人才培养质量提升。2019年全国技能大赛参赛的11个项目中，县中职学校斩获4金6银1铜的好成绩，参赛项目数、获奖数位于南三县首位。

【宁波建设工程学校开设“学长课堂”】 3月上旬，宁波建设工程学校以“HOPE”德育理念为引领，推出“学长课堂”系列活动。定期邀请优秀毕业生、在校生，通过国旗下讲话、广播直播、微信公众号等方式，分享在职高学习、生活的经历和心得，引导学生珍惜校园时光，探寻成长之路。

【县技工学校“访企问需”提升工学结合成效】 为促进校企合作，深化产教融合，县技工学校从3月开始深入宁波华众、宁波立强机械、宁波赛德森、天安集团等多家合作企业，详细了解学生进企业实习情况、企业技工学校专业教师顶岗情况以及调研企业需求。学校通过走访企业，问需企业发展需求，及时掌握实习学生的思想和技能状况，与企业对接问题，提升工学结合的成效。

【宁波建设工程学校获省中职学校“美丽校园”称号】 5月7日，2019年浙江省中职学校“阳光学生”选树活动现场展演暨“最美教师”“美丽校园”评比结果揭晓，宁波建设工程学校荣获“美丽校园”称号。该次活动由浙江省成人教育与职业教育协会、浙江教育报刊总社主办，经审查海选、网络展示及专家评选产生最终结果。

【县技工学校获县“工人先锋号”荣誉称号】 5月20日，象山县技工学校技师攻关服务工作站被县总工会授予2017—2018年度象山县“工人先锋号”荣誉称号。县技工学校技师攻关服务工作站于2013年组建成立，专业涵盖普车、模具、机械装配、焊接、电气自动化、汽车维修等热门领域，旨在为县域内中小微企业提供技术攻关、开展技术帮扶服务，服务地方经济建设。工作站自成立至今，通过“小革新、小发明、小改造”等技术创新手段，先后为企业解决焊接技术、机械加工等难题，节约成本逾20余万元。

【县技工学校与象山移动签约共推5G智慧教育】 5月20日，县技工学校与中国移动象山分公司签署5G战略合作协议，共同推进5G移动网络在智慧教育中的应用。学校将借助5G技术，结合专业教学场景，分阶段、小步调逐步打造一批具有示范效应的5G智慧课堂、超高清课堂直播、ARVR全息实训教学等教学技术，打造县教育系统首个5G网络教育教学示范点。

【县技工学校教师荣膺“宁波市交通运输系统技术能手”】 8月28日，2019年宁波市“技能之星”汽车维修工职业技能竞赛在宁波市交通技工学校圆满落幕，县技工学校汽修专业教师陈志能在精英赛组故障诊断项目中获第二名、被授予“宁波市交通运输系统技术能手”荣誉称号，并被推荐申报“宁波市技术能手”候选人。2019年宁波市“技能之星”汽车维修工职业技能竞赛由中共宁波市委组织部、宁波市人力社保局、宁波市教育局、宁波市总工会等8个部门联合主办，共有来自全大市各地区（学校）的16个代表队108名参赛选手参加。

【县技工学校斩获2019 IMC上海国际模特大赛浙江赛4项大奖】 9月24日，2019 IMC上海国际模特大赛浙江赛区决赛落下帷幕，县技工学校服装展示与礼仪专业的学生模特们共斩获最佳活力奖，最佳身材奖，十佳模特及季军奖4枚奖牌。IMC上海国际模特大赛由上海时装周组委会及IMC上海国际模特大赛组委会主办，是大中华地区最具国际影响力和专业视角的模特甄选活动，也是中国历史最为悠久的职业模特赛事。

【聚焦职业教育高质量发展】 9月30日，县教育局组织召开职业教育高质量发展调研成果汇报会。会议聚焦智慧化专业发展、“双高”人才培养、特色海洋专业集群打造、职教师资队伍培养、中职院校开放办学等多个方面，针对职业教育高质量发展实施方案及计划目标开展深入探讨，为未来三年县职业教育发展规划蓝图。

【宁波建设工程学校全国建筑职业技能竞赛一等奖】 10月30日，2019年全国装配式建筑职业技能竞赛（学生组）全国总决赛在济南工程职业技术学院举行。宁波建设工程学校两位学生参赛并获该项目团体一等奖，该校是全市唯一获此殊荣的学校。大赛由中国建设教育协会、中国就业培训技术指导中心、住房和城乡建设部科技与产业化发展中心主办，来自全国本科、高职和中职共79所院校、79支代表队、158名选手参加比赛。

【县技工学校教师获全国教师说课大赛一等奖】 12月3日至5日，由中国职业教育学会主办的全国中等职业学校财经类专业教师说课大赛在云南昆明举行，县技工学校财会专业教师朱灵芝在来自全国各地的75名选手中脱颖而出，取得一等奖的优秀成绩。

【县技工学校教师获全国教师教学能力大赛一等奖】 12月13日至16日，2019年中等职业学校机械类专业教师信息化教学设计和说课交流展示活动在沈阳举行。县技工学校机械专业胡波老师在来自全国各地总决赛的103名选手中脱颖而出，斩获一等奖。该次大赛由中国职业技术教育学会教学工作委员会主办，来自全国22个省市共103名优秀选手参与角逐。

成人与社区教育

【概况】 2019年，全县成人与社区教育呈现持续向好发展态势，完成“省学习型城市”创建，组建成立丹东街道、丹西街道、鹤浦镇和定塘镇社区老年大学，完成独立设置的成人学校老年教育工作全覆盖。西周镇成人学校评为浙江省现代化成人学校，贤庠镇成人学校“贤庠保安”获省成教品牌和市终身教育品牌，爵溪街道成人学校评为市特色示范成人学校，丹西街道成人学校“四导向”助推县域民宿经济发展评为市成人教育服务乡村振兴创新项目，贤庠镇老年学校和石浦镇老年大学评为市标准化社区老年大学，另外还有2个市优秀社区学习共同体和1个市终身学习品牌。

全县社区教育网络完善，工作机制顺畅，成人教育培训服务功能加强。全年完成学历教育3032人，非学历培训22.19万人次，全县培训率达44.12%。其中成人高等教育毕业1529人，成人高中毕业1503人，脱盲2425人，预备劳动力培训150人，渔业船员培训24515人；社区老年学校共开设39个常规教学班，在册学员1473人。农民工培训35200人次，企业职工培训49880人次，家政培训4650人次，职业技能培训60570人次。学分银行新开户数44352人，教育成果转换71875份。

【2019年全民终身学习活动周启动】 11月3日上午，以“推进全民学习，服务乡村振兴”为主题的2019年象山县全民终身学习活动周正式启动。活动展示县精彩社区文化和优质教学成果，并对获得“浙江省现代化成人学校”“宁波市百姓学习之星”“宁波市特色示范成人学校”“象山县十佳百姓学习之星”等荣誉的先进个人和团体进行表彰。

【“丹山讲堂”挂牌成立】 10月16日，“丹山讲堂”在丹西街道成人学校挂牌成立，开展“丹山讲堂”首讲活动。拥有近400人的社会群体“丹山雅集”入驻本校的“丹山讲堂”。“丹山讲堂”将在开设公益摄影课的基础上，与丹山雅集团队携手，深入推进茶艺、摄影、书画、诗歌、音乐、电影、心理等7个方面的讲堂活动。

【石浦镇成校举办渔业安全生产培训班】 为规范渔业生产行为，遏制和防范渔业船舶生产安全事故的发生，象山石浦成校3月以来先后举办多期辖区渔船安全生产培训班，为来自各渔村的500余名船主（东）培训渔业安全生产知识。内容涵盖渔业安全生产基本知识、渔业安全注意事项、禁渔期规定、渔业法律法规以及当前渔业安全生产存在的问题等，期间还通过面对面交流详细了解渔民的生产情况、存在的问题、困难，并针对性地提出意见和建议。

【西周社区教育学院精准服务助力企业创新与转型】 12月11日上午，“成长型企业创新驱动与转型发展专题研修班”在西周社区教育学院开班，120余名企业精英参加该次培训。该研修班是学院与宁波市现代服务业公共职业培训平台联手打造的精品培训项目，旨在通过企业人力资源管理、生产质量管理、产品营销策略等系列课程培训，助推企业高质量发展。

【贤庠成校创新方式培养高素质农民】 9月23日，象山县高素质农民培训水稻班在贤庠成校开班，贤庠镇农办遴选的50余名农民学员参加本期培训。培训采用“课堂授课+基地实习”模式，通过集中培训、实践操作、观摩交流的培训方式，教授现代农业知识、水稻病虫害综合防治、测土配方技术、改善土壤肥力措施及施肥方法等，提升新时代农民素养。

【鹤浦镇老年大学揭牌成立】 9月26日，鹤浦镇老年大学在鹤浦成校揭牌成立。该老年大学成立后，将为老年朋友提供丰富多彩的精神家园，帮助提高老年朋友文化素养和身心健康，改善老年朋友的生活质量。

【丹西街道社区老年大学挂牌成立】 10月28日，丹西街道社区老年大学授牌仪式暨开学典礼在丹西街道成人学校、丹西社区教育学院举行。至此，全县8所成人学校都有老年大学，老年教育的触角向乡镇、街道社区延伸。这种在家门口就能上老年大学的模式也让越来越多的老年人真正实现“活到老学到老”。

高等教育

【概况】 2019年，象山县高等教育的办学形式主要有：国家开放大学教育、奥鹏教育和西南大学远程教育。其中，国家开放大学教育在校生为2616人，奥鹏教育和西南大学远程教育在校生人数为1963人。宁波广播电视大学象山学院有教职工60人，其中：专任教师57人，具有本科学历53人、硕士学历4人，有副高职务20人，中级职务36人。

【宁波广播电视大学象山学院新校区建成投用】 1月1日，宁波广播电视大学象山学院在新校区举行揭牌仪式。新校区启用后，宁波广播电视大学象山分校与象山县社区学院正式合并成为宁波广播电视大学象山学院。

【中共宁波电大象山学院党总支部成立】 2月28日上午9时，中共宁波电大象山学院党总支部召开2019年第一次全体党员会议。会议投票选举产生党总支部委员会委员。

【宁波电大象山学院被评为“西南大学网络教育优秀校外学习中心”】 5月10日，西南大学网络与继续教育学院公布并表彰2018年度网络教育优秀校外学习中心，宁波电大象山学院名列榜单，连续13年获此荣誉。

【宁波广播电视大学首届开放教育建筑类专业CAD竞赛在象山举行】 6月29日，宁波广播电视大学首届开放教育建筑类专业CAD竞赛在象山学院举行。竞赛为广大学员搭建沟通交流的平台，为开放教育的课程实践教学提供新思路。

【宁波电大象山学院与多部门联合办学】 10月19日，宁波电大象山学院举行2019年合作项目签约仪式，与象山县公安局、象山县经信局、象山县建管局、象山县技工学校等7家单位正式确定人才联合培养项目，为地方发展建设一支学习型队伍，满足区域经济日益发展的需求。

【宁波电大象山学院举办建校40周年庆祝活动】 为庆祝中华人民共和国成立70周年，宁波电大象山学院成立40周年，10月到12月宁波电大象山学院开展“美丽象山”徒步定向赛，“美丽中华，我爱我校”迎新书画摄影展，“我和我的祖国”演讲比赛，贺圣威故居参观学习，“情系电大，携手奔向2020”等一系列活动，为校园文化建设注入新的活力。

社会力量办学

【概况】 截至2019年12月，象山县有1所民办完全中学：宁波滨海学校；1所民办九年一贯制学校：象山县浙江师范大学附属大目湾实验学校。有民办外来务工人员子女小学6所：象山县启力学校，象山县丹西街道洋心学校，象山县丹西街道三伟学校，象山县石浦镇蓝天学校，象山县丹东街道梅溪小学，象山县北塘学校（校址爵溪街道）。2019年，县民办学校有注册小学生4424人，初中生2102人，高中生1180人，教职工616人，合计占地面积222685平方米，建筑面积123784平方米。

表55　　2019年象山县民办中小学一览表

单位：平方米

校　名	校　址	班级个数	注册学生数	教职工人数	占地面积	建筑面积	时任校长
宁波滨海学校	县中心城区丹阳路	44	2022	242	106268	52820	舒敏芳
其中：高中部	—	26	1180	—	—	—	—
初中部	—	18	842	—	—	—	—
县大目湾实验学校	象山县大目湾新城	62	2013	143	53085	47643	邱争光
其中：初中部	—	32	1054	—	—	—	—
小学部	—	30	959	—	—	—	—
象山县启力学校	原工业园区创业路	35	1396	69	4490	6220	周如盛
其中：初中部	—	6	206	—	—	—	—
小学部	—	29	1190	—	—	—	—
象山县梅溪小学	丹东街道梅溪村	7	246	12	3126	1701	—
县丹西街道洋心学校	丹西街道洋心村	12	592	27	4530	1800	程正华
县丹西街道三伟学校	丹西街道白石村	13	604	26	3200	1650	陈　伟
象山县北塘学校	爵溪街道新瀛路东	16	705	34	2800	1200	臧德贝
县石浦镇蓝天学校	石浦镇昌国东卫村	6	128	15	3600	1600	贺加成

【大目湾学校发放48万元“博雅奖学金”奖励优秀学生】　3月1日，大目湾实验学校举办开学典礼暨“博雅奖学金”发放仪式。76名品学兼优学子受到表彰，共发放奖金总额48万元。“博雅奖学金”于2016年年底设立，对校内四年级以上在德、智、体、美等方面全面发展的在读优秀学生进行奖励。该奖学金的原始基金为200万元，设置一、二、三等奖，每学期末评选一次，于下学期初在开学典礼上进行公开发放。

【大目湾学校首推春季研学活动】　4月上旬，大目湾实验学校首次春季研学活动推出。学校按照年级量身定制各种研学主题，组织学生们走进象山博物馆、竹根雕博物馆、老街博物馆、十里红妆博物馆、海洋文化博物馆和宁波博物馆等，通过看、闻、听、触等，了解象山历史文化、渔家文化，体验渔文化社会实践课程，开阔学生眼界，提升学生综合素养。

【大目湾实验学校自主研发垃圾分类APP】　5月初，大目湾实验学校副校长张金桥自主研发“垃圾分类”APP并在全校推广使用。每天早上和中午固定时段，学校党员教师到各楼层垃圾桶现场检查，用手机“扫一扫”二维码便跳出相应的管理信息，对垃圾分类情况进行在线反馈，然后由机器完成后台统计和监控，找出重点问题，从源头进行改进，实施精确分类。

【优化外来务工子女学校布局】　8月，县教育局党委对全县外来务工人员子女学校布局进行优化调整，决定采用“一租一改一停”的策略重新调整县外来务工子女学校布局。计划通过两年的时间在已有基础上，安排两所学校，一是在工业园区内，以启力学校扩容形式开设分校；二是在林海片附近，扩建林海学校教学综合楼，扩充成48个班级规模，作为专门接纳外来务工人员子女的公办学校。以此实现外来务工子女学校东西两片区相对平衡、就近入学。

【26家民办教育培训机构年检合格】　6月25日，象山县教育局通过学校自查、委托第三方审计评估、专题指导复评等方式，对全县37家培训机构进行专项检查。经评定，26家合格，8家基本合格，3家不合格。

表56　　2019年全县民办教育培训机构年检结果情况表

序　号	培　训　机　构　名　称	办　学　地　址	年检意见
1	象山县智胜教育培训有限公司	丹东街道文韵路10号	合格
2	象山剑桥优学教育培训有限公司	丹城靖南路366号三楼	合格
3	象山英学堂小新星教育培训有限公司	丹城丹峰路468号三楼	合格
4	象山县一泓音乐器乐培训学校	丹城梅溪村委会二楼	合格
5	象山县嘉沃教育培训学校	丹城汇金大厦7楼	合格
6	象山县小博士特色培训学校	丹城建设路339号347弄1-2号	合格
7	象山县星光教育培训学校	丹东街道丹峰东路468号	合格
8	象山县蓬莱小橘灯文化艺术培训有限公司	丹城蓬莱路156号	合格
9	象山县博锐特培训学校	象山县国际风情街6号楼	合格
10	象山县叁陆零教育培训学校有限公司	丹东街道天安路135号金穗大厦5楼	合格
11	象山县七彩艺术培训学校	丹西街道丹南路537号2楼	合格
12	象山县新协华教育培训学校	丹城丹南路537号三楼	合格
13	象山县龙泽文化艺术培训学校	丹城龙泽名园1号	合格
14	象山县石浦方舟教育培训学校有限公司	石浦镇海宁路192—194号	合格
15	象山县爱上优文学艺术培训学校	丹东街道丹峰东路751号3楼西首	合格
16	象山县天天舞蹈艺术培训学校	丹城新丰路348—350	合格
17	象山县石浦新起点培训学校	石浦镇金山路402号二楼	合格
18	象山县石浦文化艺术培训学校	石浦镇凤栖路123—125号二楼	合格
19	象山县好学教育培训学校	丹东街道天安路157号绿叶大厦三楼	合格
20	象山县星满天舞蹈培训学校	丹城涌金广场3号楼5楼	合格
21	象山县石浦梦响艺术培训学校	石浦镇玉泉路212号	合格
22	象山县英才教育培训学校	丹城新华路41号(路边二楼)	合格
23	象山县多维培训学校	丹城丹峰东路751号三楼东	合格
24	象山县石浦艺欣艺术培训学校	石浦镇凤栖路248号	合格
25	象山县仁智教育培训有限公司	丹西街道天安路328号奥林大厦三楼3-01、3-02	合格
26	象山县菲尔德教育培训有限公司	丹东街道兴盛路500号2-01	合格
27	象山县文海培训学校	丹城樟树下村34号	基本合格
28	象山县石浦文心培训学校	石浦镇大庆路25号	基本合格
29	象山县石浦镇新概念培训学校	石浦镇建业路18号	基本合格
30	象山县启航学优教育培训有限公司	丹东街道靖南大街366号三楼东首	基本合格
31	象山县旭日培训学校	丹城兴盛路137号	基本合格
32	象山县小叮当作文培训学校	西周镇西瀛大街291号	基本合格
33	象山县春蕾文化艺术培训学校	丹城育才路95号二楼	基本合格
34	象山县新思维教育培训学校	丹东街道南河路307—311号	基本合格

续表56

序　号	培　训　机　构　名　称	办　学　地　址	年检意见
35	象山县华焌教育培训有限公司	爵溪街道腾蛟东路26号2楼	不合格
36	象山县丹城天天培训学校	丹城新丰路165号北首	不合格
37	象山县天晨教育培训学校	丹东街道新华路269号象山书城四楼	不合格

【象山县教育局公布“证照齐全”民办教育培训机构“白名单”】 6月26日，县教育局通过现场检查、档案查阅等环节，确定77家具备办学许可、办学行为规范、社会信誉良好的校外培训机构，列入“2019年象山县首批民办教育培训机构‘白名单’”。社会培训机构白名单实施动态管理，进行不定期更新。

表57　　**象山县“有证有照”民办教育培训机构名单一览表**

序号	办学许可证号	机　构　名　称	举办者/法人代表	举　办　地　址
1	133022570000079	象山县智胜教育培训有限公司	潘丕根	丹东街道文韵路10号
2	133022570000089	象山县华焌教育培训有限公司	张余蓉	爵溪街道腾蛟东路26号2楼
3	133022570000099	象山剑桥优学教育培训有限公司	王海燕	丹城靖南路366号三楼
4	133022570000109	象山英学堂小新星教育培训有限公司	虞　琦	丹城丹峰路468号三楼
5	133022570000180	象山县一泓音乐器乐培训学校	陈　泓	丹城梅溪村委会二楼
6	133022570000200	象山县丹城天天培训学校	黄伟芳	丹城新丰路165号北首
7	133022570000210	象山县文海培训学校	叶　恺	丹城樟树下村34号
8	133022570000220	象山县石浦文心培训学校	吴立常	石浦镇大庆路25号
9	133022570000280	象山县嘉沃教育培训学校	潘亚敏	丹城汇金大厦7楼
10	133022570000290	象山县小博士特色培训学校	应伟琴	丹城建设路339号347弄1-2号
11	13302257000300	象山县石浦镇新概念培训学校	陈俊杰	石浦镇建业路18号
12	133022570000320	象山县星光教育培训学校	谢敏杰	丹东街道丹峰东路468号
13	133022570000339	象山县启航学优教育培训有限公司	朱海芬	丹东街道靖南大街366号三楼东首
14	133022570000340	象山县旭日培训学校	陈奇凯	丹城兴盛路137号
15	133022570000359	象山县蓬莱小橘灯文化艺术培训有限公司	郑速雅	丹城蓬莱路156号
16	133022570000360	象山县博锐特培训学校	周玉素	象山县国际风情街6号楼
17	133022570000370	象山县小叮当作文培训学校	仇晓东	西周镇西瀛大街291号
18	133022570000399	象山县叁陆零教育培训学校有限公司	温　海、应伟琴	丹东街道天安路135号金穗大厦5楼
19	133022570000409	象山县七彩艺术培训有限公司	赵康康、蒋家裕	丹西街道丹南路537号2楼
20	133022570000410	象山县新协华教育培训学校	陈永坚	丹城丹南路537号三楼
21	133022570000420	象山县龙泽文化艺术培训学校	王栽丽	丹城龙泽名园1号

续表57

序号	办学许可证号	机构名称	举办者/法人代表	举办地址
22	133022570000430	象山县春蕾文化艺术培训学校	叶其敏	丹城育才路95号二楼
23	133022570000459	象山县石浦方舟教育培训学校有限公司	徐敏珠	石浦镇海宁路192—194号
24	133022570000469	象山县爱上优文学艺术培训学校	马燕舞	丹东街道丹峰东路751号3楼西首
25	133022570000470	象山县天天舞蹈艺术培训学校	张　英	丹城新丰路348—350号
26	133022570000480	象山县石浦新起点培训学校	金丛波	石浦镇金山路402号二楼
27	133022570000490	象山县石浦文化艺术培训学校	奚敏敏	石浦镇凤栖路123—125号二楼
28	133022570000500	象山县好学教育培训学校	张永万	丹东街道天安路157号绿叶大厦三楼
29	133022570000530	象山县星满天舞蹈培训学校	王丽丽	丹城涌金广场3号楼5楼
30	133022570000560	象山县石浦梦响艺术培训学校	葛梦莎	石浦镇玉泉路212号
31	133022570000580	象山县英才教育培训学校	何芳芳	丹城新华路41号(路边二楼)
32	133022570000590	象山县多维培训学校	奚　婧	丹城丹峰东路751号三楼东
33	133022570000610	象山县石浦艺欣艺术培训学校	叶俊杰	石浦镇凤栖路248号
34	133022570000649	象山县菲尔德教育培训有限公司	石靓靓、李新兰	丹东街道兴盛路500号2-01
35	133022570000650	象山县天晨教育培训学校	计晓晨等8人	丹东街道新华路269号象山书城四楼
36	133022570000660	象山县子轩教育培训中心	象山县轩智教育科技有限公司	丹西街道丹阳路515号
37	133022570000670	象山县新思维教育培训学校	龚雪维、曹亚珠	丹东街道南河路307—311号
38	133022570000680	象山县学维教育培训学校	何楷伦、劳胜男	丹东街道丹南路840号
39	133022570000690	象山县奥星数科培训学校	王方浩	丹西街道靖南路147号2楼
40	133022570000709	象山斯蒂姆教育培训有限公司	杨政委	丹东街道丹峰东路512路
41	133022570000719	象山尚书景涵教育培训有限公司	刘　晓	丹东街道靖南大街867号
42	133022570000729	象山县仁智教育培训有限公司	潘侠人	丹西街道天安路328号奥林大厦三楼3-01、3-02
43	133022570000739	象山县科宇智适应培训学校有限公司	朱琦梅	丹东街道丹峰东路2号202室(汇金大厦)
44	133022570000748	象山县七彩虹教育培训学校	陈雪芬	丹西街道西谷路322—2号
45	133022570000759	象山金锐教育培训有限公司	张　丹	丹东街道丹峰东路425号
46	133022570000769	象山直映启点教育培训有限公司	张　燕	丹东街道丹南路920号
47	133022570000779	乔易斯英语培训学校有限公司	胡琼燕、王载丽	丹东街道丹南路743号
48	133022570000789	象山县英才创奇教育培训有限公司	龚建华	丹东街道天安路35号四楼

续表57

序号	办学许可证号	机　构　名　称	举办者/法人代表	举　办　地　址
49	133022570000799	象山县来来教育培训有限公司	沈双霞	西周镇盛世昌明商业街2幢3楼
50	133022570000809	象山鼎仁培训学校有限公司	林伯岑、励嘉怡	丹西街道天安路328号奥林大厦4楼(4-02)
51	133022570000819	象山县龙文尚学培训学校有限公司	宁波龙文环球教育信息咨询有限公司	丹西街道壹街区商业广场3—28—29—30
52	133022570000829	象山百优青果教育培训有限公司	胡庆边、石海青	丹西街道丹南路401号
53	133022570000839	象山墨轩教育培训有限公司	宁波墨海教育科技有限公司	丹东街道育才路3号
54	133022570000849	象山县常青藤教育培训有限公司	潘爱红	丹东街道丹峰东路667—675号三楼
55	133022570000859	象山县子墨教育培训有限公司	宁波墨海教育科技有限公司	丹西街道丹阳路428号
56	133022570000869	象山慧童教育培训有限公司	姚巧霞	丹东街道丹南路900号
57	133022570000879	象山县学数教育培训有限公司	孙骏海	丹西街道丹阳路328号
58	133022570000889	象山三人行教育培训有限公司	陈芳君、陈　莹、朱巧玲	丹东街道象山港路726号
59	133022570000899	象山清久书院培训学校有限公司	陆冰之	丹西街道丹阳路545号、547号
60	133022570000909	象山明德教育培训有限公司	王建国、李　帆等12人	丹东街道丹峰东路702—706号
61	133022570000919	象山县智博教育培训有限公司	潘侠人、林英楠	丹东街道象山港路866号文仕综合广场B区二楼
62	133022570000929	象山优佳教育培训有限公司	朱梦娇、马瑛瑛	西周镇西瀛大街368号
63	133022570000939	象山县嘉乐教育培训学校有限公司	潘伟光	丹西街道壹街区商业广场3—113
64	133022570000949	象山县智诚教育培训有限公司	吴林建	丹西街道莱薰路266—270号
65	133022570000959	象山一书教育培训有限公司	徐云美	丹东街道兴盛路26—48号
66	133022570000969	象山书海教育培训有限公司	施海静	石浦镇金山路272—274号
67	133022570000979	象山知渊教育培训有限公司	黄雪莹	丹西街道丹阳路450—452号
68	133022570000989	象山县儒苑教育培训有限公司	方旭涛	石浦镇海宁路109号
69	133022570000999	象山墨海教育培训有限公司	宁波墨海教育科技有限公司	石浦镇毓才路1号
70	133022570001009	象山县星光闪闪培训学校有限公司	陈聪聪	丹东街道象山港路866号A区二层
71	133022570001019	象山县德胜教育培训有限公司	朱　坚	石浦南屏路193号
72	133022510001029	象山爱优教育培训有限公司	应伟业、吴学斐	丹西街道新丰路348—350号
73	133022570001039	象山易学堂教育培训有限公司	朱桂红	丹东街道南河路321号

续表57

序号	办学许可证号	机构名称	举办者/法人代表	举办地址
74	133022570001049	象山戈洛瑞教育培训有限公司	宁波慧晨教育科技有限公司	丹东街道国际风情街9号楼一楼西首
75	133022570001069	象山县优学教育培训有限公司	刘林、司东升	石浦镇天门路149—155号
76	133022570001079	象山启明星教育培训有限公司	胡剑略	象山县西周镇广瀛路43号
77	133022570001089	象山青蓝教育培训有限公司	闫忠斌	石浦镇兴港路174—9、10号

师资队伍建设

【概况】 2019年,全县有专任教师5626人,其中幼儿教师1366人,学历合格率为100%;小学教师1970人,学历合格率为99.39%;初中教师1273人,学历合格率为96.31%;普通高中教师613人,学历合格率为99.84%;职业高中教师376人,学历合格率为98.67%;特殊教育教师28人,学历合格率为100%。

全县新招聘事业编制教师154名,其中学前教育33名、小学54名、培智1人、普通中学66名。新聘任晋升副高级教师103人,中级教师134人。

【实施定向培养乡村小学全科教师】 6月4日,县人民政府办公室发布《象山县人民政府办公室关于印发象山县定向培养乡村小学全科教师实施意见的通知》,采取招生与公开招聘并轨的方式定向培养乡村全科教师。计划从2019年开始连续4年,委托杭州师范大学培养120名,学制4年,定向培养数量全省最多。录取考生毕业时取得本科毕业证书、学位证书、教师资格证书并经体检、考核合格者,经县人社局审核,签订聘用合同,纳入视野编制管理并服从县教育局分配,服务期不少于7年。2019年乡村小学全科教师定向培养上线考生37人,经面试录用30人,完成第一批定向委培生的选拔工作。

【全面下放中小学教师中初级职称评审】 7月,县教育局全面推进中小学教师中初级职称学校自主评审工作,引导超编学校教师向缺编学校流动。经过指导培训、方案审核、学校评审、监督指导等环节,全县77家中小学(幼儿园)开展职称自主评审,最终通过自主评审通过初级职称教师数169人,中级职称教师数158人。

【招录事业编制教师154人】 2019年,县教育局“依法依规”招聘录用县财政全额拨款公益性事业编制教师154人,从县外调入4人,合计158人。其中,学前教育33人,培智1人、义务教育段111人(含定向海岛、相对贫困乡镇28人),普通高中13人。公办教师到达国家法律、“部门规章”确定的退休年龄退休的69人。事业编制教师跨县调动20人,辞职20人。

【名师骨干培养显成效】 建立健全名优骨干教师培养机制,涌现出海岛校长谢振华、陈青松等师德楷模。2019年,新增正高级教师1名,市级以上名优校长、教师8人,4人入选宁波市“百千万”高技能领军人才层次培养人选,2人入选宁波市领军和拔尖人才培养工程,128名教师被评为省教坛新秀、市“四有”好老师等市级以上荣誉。11月,县教育局出台《象山县名优教师队伍建设实施办法补充意见》,提高名优教师津补贴标准,补充管理考核要求,明确8项取消名优荣誉称号的情形。

【全县170名教师完成教师资格首次定期注册】 根据宁波市教育局有关文件和会议精神,经申请人个人网上申报、所在单位信息确认和初审,最后经县、市、省教育部门审核,全县共计170名符合条件的教师完成首次注册工作。

【推进新时代师资队伍建设改革】 5月16日,《中共象山县委　象山县人民政府关于全面深化新时代教师队伍建设改革的实施意见》出台,明确从提升教师思想政治素质、加强师德师风建设、提高教师专业素质能力、推进教师管理体制机制综合改革、提高教师队伍地位待遇、确保政策措施落地六大方面推进改革。象山二中朱宝林等8位同志获评宁波市新时代教师队伍建设改革成绩突出个人,象山中学、实验小学、新桥学校、海韵幼儿园等4所学校获评宁波市新时代教师队伍建设改革成绩突出集体。

【乡村学校共生发展研训联合体研修模式显成效】 由鹤浦小学、定塘小学、西周小学组建的象山县乡村学校共生发展研训联合体,通过整合资源、分类合作开展年轻教师培养工作,成效显著。研训联合体组建一年以来,共有15篇数学学科的教学论文(案例)在县里获奖,占全县总数的1/5;在教育科研方面,获得国家级立项课题1项、省级课题2个立项2个获奖、市级课题2个立项9个获奖、县级课题6项等。

教育合作与科研

【概况】 围绕“决策咨询、专业研究、行业指导、服务基层”四大功能,加强教育科研机构和队伍建设,完善县、校两级教育科研网络,加大经费保障力度，发挥教科研在教育改革、教育质量、教师成长等方面的先导、引领和服务作用。

实施以研促教、教研结合，深化课程改革和课堂变革，加强教科研成果推广应用，产生省优秀教科研成果3项，市优秀教科研成果29项，2019年县省级教科研成果获奖位列全大市第二，创有史以来最好成绩，课题《乡村教育振兴：绿色可持续发展的象山行动》相关经验获教育部教育发展研究中心课题组专家高度肯定。

【象山科研课题获国家专家组肯定】 3月31日，教育部教育发展研究中心"绿色可持续发展教育研究与试验项目"课题会议在广东省珠海市举行。县子课题《乡村教育振兴：绿色可持续发展的象山行动》相关经验获得课题组高度肯定。国家教育咨询委员会委员谈松华，原中央电化教育馆党委书记、馆长兼教育部基础教育资源中心主任王珠珠等参加会议。

【县课程成果获全国案例一等奖】 12月，在北京举行的第23届全国教师教育教学信息化现场评比中，象山县美术名师高素姬领衔的"艺帮人"团队撰写的《双共双助·以艺帮人：乡村美术教育均衡化的象山经验》案例荣获一等奖，是宁波市选送的信息技术创新案例中唯一获一等奖的作品。

【紧密型教育协作体模式全县推广】 在初中"五校联盟"的辐射下，涂茨小学、大徐小学、贤庠学校、黄避岙小学组建"4+X"小学东区教育发展共同体；西周小学、定塘小学、鹤浦小学组建"区块链思维"的农村教师发展共生体。以"互助分享、合作提高、优质均衡"为目标，打造紧密型教育协作体，经验互补，共促发展。"教育协作共同体"成县绿色可持续发展的样本，在全县进行复制与推广。

【全员研教活动步入2.0时代】 县全员研教活动步入2.0时代，即借助网络资源，推出"天天好课堂"等，打破时空阻碍，构建一种以合作研讨为平台的研教文化。推进县域及学校层面学科教学资源库建设，实现教学资源扩面提质和资源共享。

【全面推进"互联网+"帮扶】 在教育信息化方面进行探索与实践，利用"互联网+义务教育"模式开展结对帮扶工作。3月启动以来，实际完成结对13所，完成任务数130%。教育局还牵头建立"天天好课堂"平台，成为县教学展示、教育帮扶、教研应用的好品牌。

教育经费

【概况】 2019年，全县教育经费总投入为182965万元，教育经费总支出为180877万元。教育部门办学生均教育经费小学为18361.51元，初中为25841.90元，普通高中为34692.41元，职业高中为32351.61元；生均日常公用经费小学为1814.90元，初中为2426.88元，普通高中为2994.64元，职业高中为4046.22元；2019年，全县小学生生均占地面积与建筑面积分别达到13.24平方米和6.83平方米，初中生均占地面积与建筑面积分别达到49.61平方米和23.80平方米，超过省平均水平。

【县教育局四中心新址揭牌启用】 2月14日，县教育局举行四中心揭牌启用仪式。四中心新址位于靖南东路1008号，南面为靖南大街，东、北面为塔山路。新大楼于2018年年底竣工交付，2019年起，教科研中心、教育服务中心、考试中心、会计核算中心等教育局下属四个中心迁往新址办公。

【推进重点工程和民生实事项目】 2019年，县教育局共完成年度投资2亿元，实施中小学建设项目19个，新建丹城六小、黄避岙小学于2019年8月投入使用。兑现一批民生项目，45所学校完成县下达的"厕所革命"改造工作，4所学校薄改、3所幼儿园扩容、2个笼式足球场等市县民生项目。

【加大学校体育活动场所建设】 2019年，县投资近5000万元在西周小学等4所学校建造室内体艺馆；投入近1000万元改造或新建工象山二中、实验小学北校区等4所学校的塑胶运动场并于8月投入使用；投入115万元新建丹城实验初中、外国语学校足球场并于9月完工。

【投入1亿元推进薄弱学校改造】 为促使义务教育均衡发展，缩小校际差距。2019年，完成下沈小学教学楼改建、鹤浦中学综合楼改建、西周镇中心小学扩建、黄避岙小学迁建等4个市薄弱学校改造工程，实施定塘中学综合楼、高塘学校教师宿舍楼等2020年的薄改项目。投资总额10300.08万元，总新、改（扩）建筑面积为22295.98平方米。

【实施幼儿园扩容工程】 2019年，县教育局投入6272万元加大幼儿园建设，新建、改扩建3所幼儿园，建筑面积为15785.4平方米。其中小区配套兰园幼儿园项目建设规模12班，建筑面积3886平方米，占地面积6852平方米，新增幼儿学位360个，并于2019年8月投入使用；总投资2488.76万元的墙头镇中心幼儿园迁建项目于2019年11月开工，该幼儿园总建设规模12班，占地面积7140.37平方米，建筑面积为5037.3平方米；新南幼儿园迁建项目建设规模18班，建筑面积为6862.1平方米，计划投入3252.7万元，由县财政全额承担，完成装饰，2019年8月投入使用。推进黄避岙、爵溪、延昌、保集等幼儿园项目的前期工作。

校园安全

【概况】 2019年，全县教育系统坚持"安全第一、预防为主、综合治理"的方针，落实"党政同责、一岗双责"责任，加强安全监管，深化安全隐患排查整治，确保校园平安稳定。

全系统深入开展"扫黑除恶专项斗争""保平安、迎大庆"维稳安保攻坚战等行动，严格门卫安保管理，明确外来人员进校实施“一看二问三核实”流程进行操作，严防不法分子向校园渗透，严防管制刀具及危险物品进入校园。全面开展实验室危险化学品使用安全和消防安全整治百日大会战。县教育局组织11个督查组全面开展安全督查，累计排查危化品700余个，废弃危化品84个类别。

【127辆“长鼻子”新校车投入使用】 1月3日，采购的127辆“长鼻子”专用校车正式上路接送全县孩子，担负起护送孩子上下学“安全卫士”的使命与职责。此次采购的127辆新校车接送线路覆盖全县17个镇乡街道、400余个村庄，为近4000名学生上下学提供安全、舒适、便捷的接送服务。所有车辆都安装360度全景环视系统、GPS行车轨迹监测系统、行车轨迹偏离报警系统及超速报警系统等，配有灭火器、急救箱等救护设备。新校车投入使用后，将委托该县城乡公交公司负责运营和维护。为把好驾驶员关，县城乡公交公司从家庭背景、年龄、身体状况、习惯嗜好等方面严格挑选驾驶员，并全部完成校车驾驶上岗培训。每辆校车还配备一名随车照管人员，负责每个站点上下学生点名、维护秩序等工作，如有缺席学生及时和家长联系获知原因，并在到校后与学校做好对接登记工作。

【宁波市首届校园安全工作者论坛】 1月9日上午，宁波市教育召集全市区县（市）、直属学校安全工作负责人，在象山召开校园安全工作者论坛，探讨新形势下如何加强校园安全管理工作。会上，代表们围绕论坛主题和各自工作实际展开探讨，分享做好校园安全工作的经验。论坛活动中，校园安全智慧化管理模式引起与会人员的极大关注。

【建成全省首个县级校园安全智慧平台】 1月上旬，县以教育大数据平台为基础，投资106万元推进“象山县校园安全智慧平台”基本建成，在全县92所公办学校内推广运行。该平台搭建“安全基础管理”“安全业务管理”“安全可视化展现”三大系统，全面梳理安全教育活动监管、紧急事件报备、安全隐患上报整改、校园安全综合评价、学生集体外出审批等教育安全管理分业务20余项，可实时掌握学校安全管理动态。

【深入开展扫黑除恶专项斗争】 2月，教育系统召开扫黑除恶专项斗争工作推进会，部署专项斗争工作具体任务。县教育局与下属单位、学校签订《教育系统扫黑除恶专项斗争工作责任书》，层层夯实责任；加强扫黑除恶应知应会教育，组织全系统6000余名职工进行扫黑除恶应知应会测试，设立扫黑除恶宣传台牌、举报箱196个，开设固定宣传栏150余个，张贴宣传海报200余份，展板500余张，横挂条幅412条，推送微信公众号80多条，发放宣传折页3万余份。

【县教育局开展学校食堂食品安全专项巡查】 3月13日至3月15日，县教育局抽调各科室人员，分4组对全县中小学、幼儿园（含三级民办幼儿园、准办园）开展学校食堂食品安全专项巡查工作。巡查组深入学校、幼儿园，通过实地查看现场、查阅台账资料、校园长询问等方式，围绕食堂食品制度建立、食堂经营许可证持有、食堂消防设备设施安全、食品原料采购索证索票、贮存食品质量、加工场所和加工过程卫生情况、餐具清洗消毒、从业人员健康证持有和食堂人员个人卫生、食品留样制度执行、废弃泔水处理等十方面进行逐项检查。巡查人员现场指出各校（幼儿园）在食堂管理过程中出现的问题及注意事项，并及时提出整改意见。

【县教育局荣获2018年度宁波市学校安全稳定考核优秀奖】 3月21日，全市学校安全稳定工作会议在宁波召开。会议对荣获“2018年度宁波市学校安全稳定工作目标管理考核优秀单位”的4个区县（市）进行表彰，象山县名列其中。

【全面打响“保平安、迎大庆”维稳安保攻坚战】 9月，县教育局全面动员，开展“保平安、迎大庆”维稳安保攻坚行动。多次组织检查组，对学校、幼儿园、培训机构等开展督查，累计暗访学校、教育培训机构余校100余次，通报学校26所，整改问题270余个。织密信访稳控网络，制定问题化解办法，做到对苗头问题早化解、重点对象早转化、敏感问题早防范、矛盾纠纷早处理，9月以来，先后接访、处理民师述求40余人次，确保大庆期间教育系统的安全稳定。

【推进校园安全智慧化管理】 2019年，推进“数字政府”建设，探索构建“互联网+”教育管理新模式，全省首个县域级的智慧平台建成并在全县各学校推广应用，实现海量安全数据管理，平台入选宁波市政府数字化转型创新应用项目，受到成岳冲副省长、许亚南副市长批示肯定，被新华社等主流媒体广泛报道，市委宋越舜副书记、县委叶剑鸣书记等市县领导均到大数据中心考察，为安全平台点赞。

【多措并举构建学生防溺水立体防护网】 3月以来，提前启动防溺水工作，明确“属地管理、分级负责”“谁主管、谁负责”原则，将职责分解至镇乡（街道）、部门和学校，构建“学校—家庭—社会”防溺水立体防护防网。召开“全县教育系统应急演练观摩暨预防学生溺水现场会”，挑选100余名志愿者、退休人员、水务员等担任防溺水巡查员，对校园及周边水域进行安全隐患拉网式排查。全年召开各级防溺水动会议83次，观看教育片1274场次；排查水域隐患600多个，更新安全警示牌130余块，劝阻嬉水、游泳学生和群众86人次；推送防溺水安全告知70万余条次，组织教师走访80%的外来务工人员子女、农村留守儿童等特殊家庭。

（象山县教育局　姚俊）

科 学 技 术

综 述

象山县科技工作贯彻落实“六争攻坚　三年攀高”行动,以建设省全面创新改革联系点为主线,结合“不忘初心、牢记使命”主题教育工作,加大科技争投力度,夯实科技创新基础,持续增强自主创新能力,各项科技指标持续增长,科技服务提升,推动全县经济高质量发展。2019 年,全县实现高新技术产业产值 326.4 亿元,同比增长 4.6%,占规上产值的 50.1%;实现高新技术产业增加值 64.5 亿元,占规上工业增加值的 51.2%,同比增长 9.4%;高新技术产业投资额 23.8 亿元,同比增长 22.6%。全社会研究开发费用支出 2018 年 17 亿元,同比增长 26.8%,占 GDP 比重达到 2.8%。其中有研究开发费用支出的规上企业 379 家,占规上总数(559 家)的 67.8%,比 2018 年增加 169 家。完成技术交易额 5.3 亿元,目标完成率 150.2%,同比增长 111.4%,均居全市第一。全年完成宁波市创新型初创企业备案 174 家、认定县科技型小微企业 70 家,县科技型“小巨人”培育企业达到 25 家,新增国家高新技术企业 22 家,总量达到 103 家。获得省级企业研究院 1 家、省级高新技术企业研究开发中心 4 家、市级企业研究院 4 家、市级企业工程(技术)中心 10 家、县级企业工程(技术)中心 27 家。通过实施各类科技项目,全县企业自主创新能力增强,创新氛围日益浓厚。

2019 年,象山县科技争投扎实推进,科技服务提升。37°湾—象山科创中心于 4 月开园,中心定位明确,共建合力形成,完成签约企业或创客 90 家,入驻 69 家,开展活动 55 场,建成线上线下一站式企服大厅。机械科学研究总院南方中心正式签约,有 31 名高层次人才在象山办公,11 月 14 日召开中韩先进制造技术研讨会,350 余位市县领导和各县(市)区企业负责人参加。中国电子科学院创新分中心和浙江理工大学象山现代针织研究院项目推进,创新分中心有 22 位科研人员到象山工作,启动“三无”渔船智能监管演示系统、石浦港倾斜摄影等前期研发工作;现代针织研究院有 3 名浙江理工大学教授、博士常驻象山针织研究院,与象山多家针织、服装、印染龙头骨干企业建立合作关系。水产品精深加工产业创新服务综合体项目于 9 月 5 日获批列入宁波市产业创新服务综合体培育项目。科技金融融合,科技信贷余额明显增长,截至 12 月 31 日,科技信贷余额 11728 万元,其中“科银保”贷款企业 49 家,余额 10230 万元,“风险池”2 家,余额 798 万元,科技信贷担企业 3 家,余额 700 万元。

科技规划与科研项目

【成立中化膜研究院】 2018 年象山引进的中化膜项目,位于象山经济开发区城东工业园,计划总投资 35 亿元,一期规划用地面积约 123 亩,将组建合资公司,重点建设年产 22 万支反渗透膜生产基地。除在开发区建设膜材料产业生产基地外,还设立膜研发创新中心(膜研究院),从全球引进膜技术方面的高层次人才近 20 人,组建新材料、平板膜,中空纤维膜和应用技术等课题组,力争 3~5 年成为国家重点实验室和建成国家级工程中心,促进象山县成为推动高性能膜材料研发及产业升级的重要平台。

【试行工业科技特派员制度】 在全省率先出台《象山县研究生实习基地管理办法》和《象山县工业科技特派员管理暂行办法》,加强与浙江大学、浙江理工大学、宁波大学等院校交流合作,对高校导师带队在象山设立研究生实践基地且有项目的予以每年 5 万元补助,对考评合格的学生按学历予以 800 ~1500 元每月的补助。与上述 3 所院校签订全面合作协议,认定研究生联合培养基地企业实践点 13 家,聘定工业科技特派员 6 人。

【象山一项目获教育部科学技术进步一等奖】 2019 年 12 月下旬,教育部公布 2019 年度高等学校科学研究优秀成果奖(科学技术)授奖项目名单,象山华宇食品有限公司(第二完成单位)和浙江大学等承担的“罐头生产节水及柑橘新型果胶回收关键技术与产业化”项目获科技进步一等奖,为象山近五年来首次获省部级奖项一等奖。高等学校科学研究优秀成果奖(科学技术)面向全国高等院校,每年评审一次,分设自然科学奖、技术发明奖、科技进步奖、青年科学奖,为在这四个领域做出突出贡献的个人和单位授予相应的荣誉,该次授奖项目共 315 项(人),其中自然科学奖 120 项,技术发明奖 49 项,科技进步奖 136 项;宁波市获科技进步奖 3 项,自然科学奖 1 项。“罐头生产节水及柑橘新型果胶回收关键技术与产业化”研究成果突破罐头节水技术的技术垄断，首次实现柑橘罐头加工排放水中的果胶工业化回收及利用，开发制备的新型果胶，实现糖醛酸含量>50%、灰分<5%，开创全国乃至国际罐头工艺节水及资源化利用并举的新方向。

【获市级科技计划项目3项】 通过实行制度化和科学化的管理，保证科研计划完成，推动企业发展和社会进步，提升全县科技竞争力。2019年获市级科技计划项目共计3项。

表58

序号	项 目 名 称	承 担 单 位	公布文件
1	高效N型太阳能双面电池	浙江启鑫新能源科技股份有限公司	甬政发〔2020〕7号
2	东海特色浒苔繁殖生态及资源利用关键技术与产业链示范	宁波大学、湖州师范学院、上海海洋大学、象山旭文海藻开发有限公司（第四完成单位）	甬政发〔2020〕7号
3	杂交稻制种—小麦种植模式农机农艺配套关键技术集成与应用	宁海县农业技术推广总站、宁波市农业技术推广总站、宁海县种子公司、宁波市奉化区农业技术服务总站、象山县种子公司（第五完成单位）	甬政发〔2020〕7号

【科技政策兑现】 根据《中共象山县委象山县人民政府关于实施创新驱动战略推进大众创业万众创新的若干意见》及《〈关于实施创新驱动战略推进大众创业万众创新的若干意见〉的实施细则》的有关规定，经象山县科技局会同象山县财政局对申报对象的审核，对符合条件的浙江瑞科环保科技有限公司等单位，下达2018年度科技政策扶持资金321.6万元，其中场外孵化企业1家补助24万元、校企科研合作项目25项补助87.6万元、国家省市级众创空间3家奖励90万元、众创空间建设及众创服务机构运行1家补助100万元、列入市级农业科技项目1项补助20万元。

科技成果

【新认定高新技术企业】 推行科技型初创企业—科技型小微企业—科技型“小巨人”培育企业—高新技术企业“阶梯式”培育机制，推动科技型企业主体培育壮大。2019年新增国家高新技术企业22家，总量达到103家，达到历史新高。

表59

序号	企 业 名 称	认 定 文 件
1	宁波斯洛曼智能科技有限公司	甬高企认领〔2020〕1号
2	宁波天安汽车零部件有限公司	甬高企认领〔2020〕1号
3	宁波天欣电气有限公司	甬高企认领〔2020〕1号
4	浙江科普特新材料有限公司	甬高企认领〔2020〕1号
5	宁波喆昊模具有限公司	甬高企认领〔2020〕1号
6	宁波依本立流体装备制造有限公司	甬高企认领〔2020〕1号
7	宁波东顺电子科技有限公司	甬高企认领〔2020〕1号
8	宁波翔神生化有限公司	甬高企认领〔2020〕1号
9	宁波英海照明电器有限公司	甬高企认领〔2020〕1号
10	宁波立强机械制造有限公司	甬高企认领〔2020〕1号
11	宁波瑞德能源股份有限公司	甬高企认领〔2020〕1号
12	宁波明宇汽车部件有限公司	甬高企认领〔2020〕1号
13	宁波海纳机械有限公司	甬高企认领〔2020〕1号

续表59

序号	企业名称	认定文件
14	象山通大机械制造有限公司	甬高企认领〔2020〕1号
15	宁波华昊汽车饰件有限公司	甬高企认领〔2020〕1号
16	宁波廷胧食品机械制造有限公司	甬高企认领〔2020〕1号
17	宁波卓艺家纺有限公司	甬高企认领〔2020〕1号
18	象山华杰塑业有限公司	甬高企认领〔2020〕1号
19	象山长路塑业有限公司	甬高企认领〔2020〕1号
20	宁波德克尔运输设备有限公司	甬高企认领〔2020〕1号
21	浙江三浪润滑科技有限公司	甬高企认领〔2020〕1号
22	宁波搏莱电子有限公司	甬高企认领〔2020〕1号

【新备案174家市级创新型初创企业】 为调整和优化象山县产业结构，结合“大众创业、万众创新”新形势及当地实际，支持创新型初创企业发展，2019年新增市级创新型初创企业174家。

【新批准70家县科技型小微企业】 为贯彻落实国家和省、市支持科技型小微企业健康发展的各项政策，根据《象山县科技型小微企业认定管理办法》，经初审、专家评审、公示等程序，认定浙江飞宜光电能源科技有限公司等70家企业为2019年度县科技型小微企业。

【新认定1家省级企业研究院】 象山县贯彻落实支持企业研发机构建设的方针，2019年建立省级企业研究院1家。

表60

序号	研究院名称	依托单位
1	浙江省申菱智能电梯部件研究院	宁波申菱机电科技股份有限公司

【新批准4家省级高新技术企业研发中心】

表61

序号	研发中心名称	依托企业	认定文件
1	华众汽车零部件省级高新技术企业研究开发中心	宁波华众塑料制品有限公司	浙科发高(2020)14号
2	新乐特种船舶省级高新技术企业研究开发中心	浙江新乐造船股份有限公司	浙科发高(2020)14号
3	合力汽车制动系统省级高新技术企业研究开发中心	宁波合力制动系统有限公司	浙科发高(2020)14号
4	华鹰塑料工程省级高新技术企业研究开发中心	象山华鹰塑料工程有限公司	浙科发高(2020)14号

【新批准1家市产业创新综合体】

表62

序号	研究院名称	认定文件
1	宁波市象山水产品精深加工产业创新服务综合体	甬自创办(2019)5号

【新批准4家市级企业研究院】

表63

序号	研究院名称	依托企业	认定文件
1	宁波博禄德高端电子通信装备研究院	宁波博禄德电子有限公司	甬科高〔2020〕7号
2	宁波精密模具研究院	宁波机械模具有限公司	甬科高〔2020〕7号
3	宁波胜维德赫华翔汽车镜研究院	宁波胜维德赫华翔汽车镜有限公司	甬科高〔2020〕7号
4	宁波诗兰姆汽车束件保护研究院	宁波诗兰姆汽车零部件有限公司	甬科高〔2020〕7号

【新批准10家市级企业工程(技术)中心】

表64

序号	工程中心名称	依托企业	认定文件
1	宁波春华汽车配件工程(技术)中心	宁波春华汽配有限公司	甬科高〔2020〕6号
2	宁波华翔东方电力机具工程(技术)中心	宁波华翔东方电力机具有限公司	甬科高〔2020〕6号
3	宁波明宇汽车部件工程(技术)中心	宁波明宇汽车部件有限公司	甬科高〔2020〕6号
4	宁波耐森电气工程(技术)中心	宁波耐森电气科技有限公司	甬科高〔2020〕6号
5	宁波勤邦特种聚酯薄膜工程(技术)中心	宁波勤邦新材料科技有限公司	甬科高〔2020〕6号
6	宁波瑞德太阳能电池组件工程(技术)中心	宁波瑞德能源有限公司	甬科高〔2020〕6号
7	宁波诚邦房车零部件工程(技术)中心	宁波市诚邦创意汽车用品有限公司	甬科高〔2020〕6号
8	宁波甬菲特电动工具工程(技术)中心	宁波甬菲特电子科技有限公司	甬科高〔2020〕6号
9	宁波激智光学膜工程(技术)中心	象山激智新材料有限公司	甬科高〔2020〕6号
10	宁波科普特新材料工程(技术)中心	浙江科普特新材料有限公司	甬科高〔2020〕6号

【新认定27家县级企业工程技术中心】

表65

序号	中心名称	依托单位	认定文件
1	象山力古液压转子铸件工程(技术)中心	宁波力古机械制造有限公司	象科〔2019〕33号
2	象山协华汽车配件工程(技术)中心	宁波协华汽车配件制造有限公司	象科〔2019〕33号
3	象山廷胧啤酒精酿设备工程(技术)中心	宁波廷胧食品机械制造有限公司	象科〔2019〕33号
4	象山斯洛曼智能晾衣机工程(技术)中心	宁波斯洛曼智能科技有限公司	象科〔2019〕33号
5	象山天欣电气工程(技术)中心	宁波天欣电气有限公司	象科〔2019〕33号
6	象山华鼎塑料制品工程(技术)中心	象山华鼎塑料制品有限公司	象科〔2019〕33号
7	象山喆昊精密压铸模具工程(技术)中心	宁波喆昊模具有限公司	象科〔2019〕33号
8	象山向上汽车饰件工程(技术)中心	宁波向上汽车饰件有限公司	象科笺〔2019〕5号
9	象山宇翔模具制造工程(技术)中心	象山宇翔机械有限公司	象科笺〔2019〕5号
10	象山易捷环卫智能设备工程(技术)中心	宁波易捷环卫设备有限公司	象科笺〔2019〕5号
11	象山海之源生物制品工程(技术)中心	宁波海之源生物科技有限公司	象科笺〔2019〕5号

续表65

序号	中心名称	依托单位	认定文件
12	象山光明输送设备工程(技术)中心	象山光明输送机有限公司	象科笺〔2019〕5号
13	象山润达检测工程(技术)中心	浙江润达检测科技有限公司	象科笺〔2019〕5号
14	象山航锦汽车零部件工程(技术)中心	宁波航锦汽车零部件有限公司	象科笺〔2019〕5号
15	象山能塑塑料阀体工程(技术)中心	宁波能塑汽车部件有限公司	象科笺〔2019〕5号
16	象山中宇模具制造工程(技术)中心	象山中宇模具有限公司	象科笺〔2019〕5号
17	象山诺信机械制造工程(技术)中心	象山诺信机械制造有限公司	象科笺〔2019〕5号
18	象山坤宸机械制造工程(技术)中心	宁波坤宸机械有限公司	象科笺〔2019〕5号
19	象山普思拓智能办公桌工程(技术)中心	浙江普思拓智能科技有限公司	象科笺〔2019〕5号
20	象山纵环机械设备工程(技术)中心	宁波纵环机械有限公司	象科笺〔2019〕5号
21	象山运生汽车配件工程(技术)中心	宁波运生电气科技有限公司	象科笺〔2019〕5号
22	象山林氏汽车零部件工程(技术)中心	浙江林氏汽车零部件有限公司	象科笺〔2019〕5号
23	象山振鹤船舶修造工程(技术)中心	宁波振鹤船业有限公司	象科笺〔2019〕5号
24	象山众达新能源工程(技术)中心	浙江众达能源科技有限公司	象科笺〔2019〕5号
25	象山茸发零部件铸造工程(技术)中心	宁波茸发新材料科技有限公司	象科笺〔2019〕5号
26	象山力拓普传动工程(技术)中心	宁波力拓普传动科技有限公司	象科笺〔2019〕5号
27	象山继望锻造工程(技术)中心	浙江继望锻造科技有限公司	象科笺〔2019〕5号

【列入宁波市“科技创新2025”重大专项2项】 为协同攻关的方式开展研发创新,支撑和引领经济转型升级,过企业自报、科技部门推荐、专家严格评审等环节,宁波希诺亚海洋生物科技有限公司和宁波合力模具科技股份有限公司2个项目分别被列入宁波市“科技创新2025”重大专项,每家企业最高可以获得不超过1000万元的补助。“科技创新2025”重大专项是落实市委“六争攻坚、三年攀高”行动重大举措,是围绕全市经济高质量发展要求,聚焦细分领域,以突破产业重大关键核心技术,开发重大战略产品(服务),引领、支撑产业转型升级的重大科技创新专项计划。合力模具聚焦新能源汽车轻量化技术研发与高品质构件产业化,创新开展创制大容量铝合金真空精炼除气装置等技术研究,计划新增产值1.2亿元,利税4200万元。希诺亚利用最新提取分离精制技术和质量控制品质提升技术,研发具有预防疾病或恢复健康的功能食品,2018年实现产值1.6亿元,新增缴税总额1290万元。

表66

序号	项目名称	承担单位	公布文件
1	海洋真菌多糖增免机理研究及其在肺癌结直肠癌等抗肿瘤特医特膳产品中的产业化示范	宁波希诺亚海洋生物科技有限公司、中国科学院大学宁波华美医院	甬财政发〔2019〕1045号
2	高品质汽车构件铝合金材料及自动化铸造成形技术研究	宁波合力模具科技股份有限公司、中国兵器科学研究院宁波分院、浙江大学宁波理工学院、北京科技大学	甬财政发〔2019〕1045号

【列入县级重大（重点）科技计划项目8项】

表67

序号	项　目　名　称	项目承担单位	公　布　文　件
1	30000m^{3}LNG船运储罐设计及安全监测、精度计量系统的研发	浙江新乐造船股份有限公司	象科〔2019〕20号
2	TE2-1600分体式闭式双点压力机的设计及研发	浙江易锻精密机械有限公司	象科〔2019〕20号
3	鲵鱼蛋白肽的研发及产业化	宁波海之源生物科技有限公司	象科〔2019〕20号
4	脂肪乳制备系统的应用与研发	宁波和信制药设备有限公司	象科〔2019〕20号
5	全自动橘子去皮机的设计及产业化	象山双鱼轻工机械有限公司	象科〔2019〕20号
6	小黄鱼规模化繁育及养殖技术集成与产业化示范	象山港湾水产苗种有限公司	象科〔2019〕20号
7	浙东白鹅反季节繁殖试验研究与推广	象山县畜牧兽医总站	象科〔2019〕20号
8	基于物联网的象山县温室红美人精准栽培	宁波科百物联网科技有限公司	象科〔2019〕20号

【获得市级以上科技经费补助3242.5万元】 通过制定和完善科技创新政策，发挥政策杠杆作用，最大限度激发全社会的创新创业活力。针对科技资金碎片化和科技项目聚焦不够等问题，建立科技项目经费后补助制度，调整优化科技项目过程管理，把创新资源与要素聚焦主导产业、聚焦主攻方向，实现科技资金绩效最大化。为提高科技资金使用效率，逐步减少零星化、碎片化补助方式，集中有限科技资金向优势产业、优势企业倾斜。2019年全年争取到市级以上科技经费3242.5万元。共实施县级后补助的项目81项，补助金额549万元。

【获得2019年度教育部科学技术进步一等奖1项】 在教育部公布的2019年度高等学校科学研究优秀成果奖（科学技术）授奖项目名单中，象山县华宇食品有限公司（第二完成单位）和浙江大学等承担的“罐头生产节水及柑橘新型果胶回收关键技术与产业化”项目获科技进步一等奖，为象山近五年来首次获省部级奖项一等奖。高等学校科学研究优秀成果奖（科学技术）面向全国高等院校，每年评审一次，分设自然科学奖、技术发明奖、科技进步奖、青年科学奖，为在这四个领域做出突出贡献的个人和单位授予相应的荣誉，该次授奖项目共315项（人），其中自然科学奖120项，技术发明奖49项，科技进步奖136项；宁波市获科技进步奖3项，自然科学奖1项。“罐头生产节水及柑橘新型果胶回收关键技术与产业化”研究成果突破罐头节水技术的技术垄断，首次实现柑橘罐头加工排放水中的果胶工业化回收及利用，开发制备的新型果胶，实现糖醛酸含量>50%、灰分<5%，开创全国乃至国际罐头工艺节水及资源化利用并举的新方向。

【获得2019年度市科技进步奖3项】

表68

序号	项目名称	承担单位	获奖等级	文　号
1	高效N型太阳能双面电池	浙江启鑫新能源科技股份有限公司	市科技进步奖二等奖	甬政发〔2020〕7号
2	东海特色浒苔繁殖生态及资源利用关键技术与产业链示范	宁波大学 湖州师范学院 上海海洋大学 象山旭文海藻开发有限公司（第四完成单位）	市科技进步奖二等奖	甬政发〔2020〕7号
3	杂交稻制种-小麦种植模式农机农艺配套关键技术集成与应用	宁海县农业技术推广总站　宁波市农业技术推广总站，象山县种子公司（第五完成单位）	市科技进步奖三等奖	甬政发〔2020〕7号

科技合作与交流

【网上技术市场活跃】 技术交易额挖掘登记作为科技大市场的主要工作之一，被列入市对县考核范围。2019年市对县考核指标为3.5亿元，全年完成技术交易额5.25亿元，同比增长111.4%，完成率150.2%，增长率和完成率均列宁波市各县市区第一。

【科技大市场建设卓有成效】 象山县科技局发展科技创新服务平台，强化企业服务和项目对接，促进技术交易和科技成果转移转化。通过企业一线，挖掘和征集企业需求，加大与高校院所和产业技术研究院等合作，举办象山县企业技术需求对接会、宁波市技术交易宣讲会、象山县产业技术研究院项目签约仪式、科技成果推荐现场会等各类科技合作交流和培训活动，促成南方中心与宁波胜利紧固件、宁波工程学院象山研究院与宁波远立高分子材料、艾克密封件制造有限公司与宁波兵科院的项目合作，累计服务企业超800家次，通过线上线下达成产学研合作项目19项。2019年10月，象山科技大市场在全国创新挑战赛中获优秀服务机构奖。

【深化产业技术研究院建设与合作】 机械科学研究总院南方中心、中国电科院创新分中心、浙江理工大学象山针织研究院、宁波工程学院象山研究院等4家高能级产业技术研究院陆续落地象山，人才住宿、项目资金、办公场地等配套保障逐步到位，科研人才队伍壮大。2019年，机械科学研究总院南方中心引进各类高层次人才37名，启动新材料、智能制造等装备团队4个，对接服务县内企业50次以上；中国电科院创新分中心先后派驻海洋通讯、智慧城市等项目人才22名，与海洋部门、影视城、盛洋电子、派力肯等部门和企业展开现场对接；浙江理工大学常驻象山3名教授、博士，选派12名优秀研究生针织企业一线实习，并申报研究生联合培养基地企业实践点1个，研究生实习基地2个，申报宁波市科技项目1项、象山县科技项目3项，获批宁波市象山针织产业创新服装综合体项目；宁波工程学院象山研究院累计承接委托科技项目、公共公益项目等103项，项目经费累计1560万元，申请专利20余项，完成各类培训1380人次。

【研究生联合培养基地研究生实践点建设有序推进】 2019年2月，出台《研究生联合培养基地企业实践点管理办法》，全年认定"象山来发水产育苗场"等13家依托企业为2019年度象山县研究生联合基地企业实践点，引进浙江大学、宁波大学、浙江万里学院等9家高校、13个研究生团队企业开展研发合作，累计引进研究生（含优秀本科生）70余人，涉及领域包括海洋生物（生命健康）、汽模配部件、针织印染等。

【37°湾—象山科创中心建设开展有序】 2019年4月开园以来，37°湾—象山科创中心总计吸引入驻实际企业（项目）69家，主办或承办各类创业培训、项目对接会、企业辅导、政策解读、财务知识培训会等活动90余场，企业服务122次，累计参与人数超5000人次。累计来访接待61次，参与人数525人，其中省级领导1次，市级领导13次，县级领导37次。相关宣传信息在中央、省市各级新闻媒体报道30余次。园区先后被评为浙江省小微企业园、象山县留学人员创业基地、新的社会阶层人士实践创新基地等荣誉称号。

【水产品精深加工产业创新服务综合体入选市级培育名单】 2019年9月中旬，2019年度宁波市产业创新服务综合体建设名单公布，象山县水产品精深加工产业创新服务综合体明确列入市级培育名单。产业创新服务综合体是省委、省政府为打造更具活力的产业创新生态系统作出的重大战略部署，综合体以产业创新公共服务平台为基础，通过政府引导，整合科研及行业资源，为企业创新发展提供全链条服务的新型载体。水产品精深加工产业创新服务综合体，围绕"科技争投"战略部署，结合象山优势传统产业，依托浙江高校产学研联盟、水产行业协会和象山5家水产品加工龙头企业，全面推进"检测中心""精深加工中心""保鲜技术中心"等7个共享服务平台建设，力争成为全市特色鲜明、效率领先、模式先进的产业创新服务综合体。

【加强双创平台服务和管理】 对科创中心37度湾、橙堡创客空间、大目湾海龟双创园等众创空间进行建设与考核管理，2019年新增省市县三级众创空间各1家。截至2019年年底全县孵化用房整体达到5万平方左右，集聚创客或团队180个，其中市级3315团队1个、县级高层次人才团队2个。

【与遂昌县科技局签订科技创新（山海协作）合作协议】 为实施创新驱动发展战略，推进山海协作科技创新合作，8月29—30日，象山县科技局局长徐大栋率象山山海协作工作组及科技大市场、双创平台、有关科技型企业负责人一行赴遂昌县进行考察和对接，双方签订"象山县—遂昌县科技创新（山海协作）合作协议"。科技创新（山海协作）合作协议将促进象山与遂昌县技术市场资源的互用共享，双方将立足自身优势与特点，加大科技合作力度，在科技飞地建设、人才引育、科技招商等方面拓宽合作内容，提升两县科技合作水平。

【加强创投基金后期运营管理】 建立和完善1亿元规模的博伟壹号科技创投基金的监督与管理，按照2018年出台的《象山博伟壹号科技创业基金管理暂行办法》与《象山博伟壹号科技创业基金考评实施细则》，会同象山县财政局、象山县金融办等相关部门在2019年8月完成对博伟壹号的第一次年度考评工作，考核结果为优秀。

（象山县科技局 张佳茹）

科学普及与推广

【概况】 2019年，象山县科协在县委、县政府的正确领导和上级科协的关心指导下,坚持以习近平新时代中国特色社会主义思想为指导,围绕县委、县政府中心工作,按照“四服务一加强”的职能定位,团结带领广大科技工作者在助力创新驱动发展、提高全民科学素质、服务科技工作者以及加强自身建设等方面取得一定的成绩。

【实施《全民科学素质纲要》工作】 履行纲要领导小组办公室工作职责,按照“政府推动、全民参与、提升素质、促进和谐”的原则,加强与各成员单位的沟通与协调,广泛开展主题性、全民性、群众性的科普活动,共开展科普进社区、进农村、进企业、进校园活动,科技活动周科普惠民活动等达220场次,参与人数达1.4万人次。

【开展《宁波市科学技术普及条例》宣传】 《宁波市科学技术普及条例》自2019年3月1日起试行,县科协广泛搭建平台,在公园、社区、农村、景区等地开展形式多样的“科普条例”宣传活动,先后共有2000余人次参加活动。

【开展全国科普日活动】 9月7—8日,第七届中国(象山)海洋文化夜市期间,在人民广场举行象山县2019年全国科普日主场活动。活动引进优质科普资源,与宁波市科学探索中心合作,在现场展现飞天大炮、火云掌等精彩的科学表演;垃圾分类互动体验等有趣的科学游戏;无人机飞行器展示、VR体验等高新科技体验,共吸引2万余人次参与。各基层科协、县级学会围绕主题,结合实际开展科普活动,县盆景协会的盆景展也被列入主会场活动。石浦镇科协等结合各自特色开展活动,在全县范围内形成主题性、全民性、群众性的多形式全国科普日活动。

【打通科普“最后一公里”】 发挥科普基地、科普大篷车等载体的作用,10月12日,由省科协主办,市科协协办,象山县科协、墙头镇科协承办的大型科普情景剧《加油! 科学+》在墙头镇黄溪村文化礼堂上演,向大众科普垃圾分类、老年人防骗、大数据等不同主题的科学知识,吸引300多名群众到场观看。

【开展中老年人智能手机操作技能普及培训】 开展中老年人智能手机操作技能普及培训,提升中老年人科普素质和生活品质。其间,主动加强与协作单位合作,走访老干部局、教育局、各乡镇街道等单位沟通协调,安排课时,先后在各社区、老年大学、石浦、涂茨等开展培训80余次,培训5000人次,完成培训任务。组织中老年人代表参加市中老年智能手机操作技能电视大赛,荣获团体二等奖。

【开展药品保健品知识专题宣传月活动】 针对中老年人识别鉴别药品、保健品能力弱的问题,从8月开始,在丹东街道金秋社区、文峰社区等10多个社区开展药品保健品知识专题宣传月活动,共1000余人参加活动,提升中老年人防范保健品骗局的能力。

【开展青少年近视防控科普教育】 对全县的中小学生的视力进行常规的普查,三年来共普查学生10余万人,分发视力表10万余份,为七万名学生建立屈光发育档案册;推出“我是小小眼科医生”职业体验活动100余场,受教育人数2000余人。

【开展防溺水讲座】 溺水是中小学生非正常死亡的“头号杀手”,夏天更是青少年溺水事故高发季节。为防患于未然,杜绝青少年儿童溺水事故的发生,从4月开始,组织蓝豚水上救援队的志愿者开展防溺水讲座,普及“救人先护己,预防高于急救”的理念,共举办讲座80场,受培训的教师、家长、学生共计3500余人,防溺水安全意识大幅度提高。

【开展心理健康科普宣传工作】 在丹东街道塔山社区建立“心理科普社”,邀请县心理专家戴天刚为社区居民开展“健康身心 · 幸福人生”专题讲座,引导居民对心理健康的重视。

【推进科普旅游基地建设】 结合县域旅游规划,推进科普旅游基地建设,以象山影视城、石浦渔港古城、花岙地质公园等科普资源组合成“影视+海洋”科普旅游线路被评为2019年5条市级科普旅游线路之一,象山影视城被评为宁波市科普旅游基地。宁波市人大常委会原主任王勇等一行到象山县调研科普教育基地,对象山县立足实际、突出特色、整合资源的做法表示肯定。

【助力乡村振兴战略】 围绕象山农业特色产业,科普助力农业产业发展:一是依托象山港湾院士工作站,形成大黄鱼技术提升养殖基地。二是依托鱼得水梭子蟹省专家工作站,邀请省海洋水产研究所何杰教授,浙江大学陈安国、史明华教授等专家,走进泗洲头镇等地,围绕梭子蟹养殖、畜牧养殖常见病预防等主题,为200余名养殖户进行培训。召开全县坛紫菜产业交流会,邀请国家藻类产业体系宁波综合试验站站长、宁波大学教授骆其君,为全县紫菜养殖、育苗、加工等企业进行技术交流,突破产业发展瓶颈。三是提振兴旺柑橘产业。在涂茨镇宁波盛腾农业科技发展有限公司打造象山县柑橘精品科普示范园1个,在全县范围内开展优质柑橘品种选育、培植、保留、推广工作;邀请浙江柑橘研究所植保研究室主任黄振东,赴高塘岛乡、晓塘乡进行红美人绿色防控技术培训;邀请浙江大学的博士生导师、国家柑橘产业技术体系岗位科学家李红叶,围绕橘病虫害防治等内容,赴象山柑橘学院为种植户进行培训。四是培养一支乡土专家技术队伍,发挥县农、林、牧、渔等领域的乡土专家作用,开展技术培训、科技惠农等活动,为种养殖户服务。

【发挥上级学会智力资源集聚优势】 依托学会服务站,邀请中国畜牧兽医学会副理事长乔玉锋、中国农业大学副教授周磊等专家到象山,就“水禽岸养技术研究与推广”“猪弓形体病的流行病学调查及防治研究”科技项目进行研讨;邀请省级学会专家张法全就土壤传染病防治和土壤改良、西甜瓜高效栽培技术进行技术交流。

（县科协　陈燕敏）

科技创新

【概况】 2014年12月，宁波市编办批准设立象山县科技创新中心，挂宁波工程学院象山研究院牌子，为县政府直属正科（局）级事业单位。宁波工程学院象山研究院建院围绕“发挥研究院智库职能”“促进地方产业提升”两大核心工作，挖掘企业技术需求、紧密联系科技局等其他政府职能部门，引入创新资源，发挥智库作用，并为象山产业发展提供支持与保障。2019年全年立项科技项目9个，具体涵盖5个公共与公益项目、3个科技预研项目、1个条件与平台建设项目，合计项目经费184万元。

【企业服务，解决技术难题】 对接中科院宁波材料所、兵科院宁波分院、江南大学、宁波工程学院等高校科研院所专家，在生物科技、新材料研发、自动化改造等方面为企业提供技术支持。合计解决企业技术难题20项，服务企业30家。

【转移转化科技成果】 激光清洗设备。由宁波工程学院象山研究院设计研发的激光清洗设备在宁波市产业技术研究院首场科技成果推介会上亮相，并与4家企业达成初步合作意向。高分子材料助剂。由宁波工程学院象山研究院引进、宁波象研科技服务发展有限公司入股成立的宁波远立高分子材料有限公司生产的高分子材料助剂，其产品指标达到国际先进水平。未来有望打破国内垄断，市场前景可观。该项目于11月投产，先后在2家生产玻璃纤维、薄膜企业试验。试验产品指标符合要求，经济效益初步显现。

【助力部门需求】 组织专家团队协助象山县科技局和经信局完成工业科技项目、象山县重大重点项目、智团创业项目、工业企业技术改造项目、电商换市项目等相关的立项、验收和评审工作，合计300家次。协助象山县科技局做好研究生联合培养基地建设，承担研究生基地实践点的具体管理。对接浙江海洋大学，申报宁波水产品加工创新服务综合体。为象山县卫计局立项建立的医疗信息可视化分析平台，经持续优化改进，投入使用，并持续提供系统更新服务。根据象山县政务办的需求，主动联系专家搭建“最多跑一次”改革多功能显示系统。

【智库管理系统上线运行】 2019年7月，象山研究院智库管理系统正式上线运行。截至年底，完成项目管理、财务管理、评审管理、消息变更等主要功能模块建设。自运行起，合计录入项目121个、专家库64人、企业库182家、财务报销记录405条，专家登录使用记录人数40人。

（宁波工程学院象山研究院　顾姗姗）

文化·体育

群众文化

【概况】 推动“文旅融合”开展。在黄避岙乡塔头旺村、墙头镇方家岙村、涂茨镇旭拱岙村、定塘镇定山村、泗洲头镇河婆岭村和墩岙村6个点推广实施“艺+堂”项目，建设乡村文旅中心。在墙头镇方家岙村实施乡村文旅“周末剧场”，助跑乡村旅游。启动文旅融合示范乡镇创建，与旅游发展中心共同草拟《象山县文旅融合示范乡镇认定管理办法》，全面谋划提升乡镇文旅融合步伐。在星级酒店、精品民宿、特色餐饮等部署公共阅读角，拓展“阅读+旅游”发展思路。在茅洋乡举行宁波象山首届乡村全域旅游摄影论坛。持续推进全民艺术普及工程。举办第三届群众文化艺术节、庆祝中华人民共和国成立70周年系列活动、第13届陈汉章读书节系列活动等全民艺术普及工程。完成民生实事工程“千影百戏”（2240场农村公益电影和150场送戏进文化礼堂）、第22届中国开渔节系列文化活动、庆祝中华人民共和国成立70周年“我和我的祖国”歌咏比赛、“庆华诞扬国粹”红色经典现代京剧演唱会等各类文化活动3000场次。推进“一人一艺”公益课堂，开设12类艺术公益培训班，开展各类培训共24期，约1200课时，培训人数约1.5万人次。举办文化志愿者培训600人次。文艺精品创作丰富，完成《渔歌组歌》10支音乐作品创作，曲艺《那片红》获省曲艺大赛金奖，《渔民号子》入选2019年中国原生民歌节展演，绘画作品《欢乐中国年》《渔光曲》入选全国美展，参与承办“诗画浙江四地写生”群文画家作品展活动，象山渔鼓队赴韩国参加“多彩大邱”庆典活动。助推文化产业发展。举办2019象山县新春文化消费季活动，由五类50余个项目组成，覆盖全县各乡镇、街道，时长2个月。

【文化惠民进农村】 由国家级“非遗”唱新闻传承人与学员组团，从1月1日起，在晓塘乡青山头村首场演出后，分别到贤庠镇、涂茨镇、墙头镇、丹西街道等全县18个镇乡（街道）的文化礼堂巡演，全国群星奖的《长年葱》、市创作、表演双金奖的《那片红》和器乐合奏、京越剧等多个节目和各镇乡（街道）参演节目，受到各村村民的欢迎。此次巡演由象山县文化广电新闻出版局主办，县文化馆承办。

【民营剧团展演】 1月4日晚上，第三届群众文化艺术节暨惠民文化消费季·民营剧团展演在象山剧院开演，有16个民营剧团参加演出，以低票价形式惠民文化消费活动。

【新年“文艺轻骑兵”下基层活动】 1月9日至18日，象山县文化和广电旅游体育局组织“文艺轻骑兵”下基层活动，活动分“送春联”和“京剧、爱国歌曲演出”内容，分别到晓塘乡励家坪、定塘镇田洋湖村、墙头镇方家岙村、茅洋乡大地园村、丹东街道后洋村、后山村，丹西街道珠水溪村、航天科技城等，歌曲演出、“送春联”到农村，很受群众欢迎。

【“渔乡和声”象山合唱新春音乐会】 1月26日晚，由中共象山县委宣传部、

象山县文化和广电旅游体育局、象山县教育局共同主办的“渔乡和声”象山合唱新春音乐会在象山县文化活动中心举行。该次音乐会分为诗风古韵、多彩民歌和尾声三个部分合唱节目。

【“一人一艺”文化礼堂文艺团队展演】 2月22日晚，由中共象山县委宣传部、县文化和广电旅游体育局、县文学艺术界联合会主办，县文化馆、各镇乡（街道）文化站承办的象山县第三届群众文化艺术节闭幕式暨惠民文化消费季闭幕式“一人一艺”文化礼堂文艺团队展演在象山县文化活动中心举行。来自全县18个镇、乡（街道）文化礼堂节目，县文化馆中青年舞蹈团广场舞，中国好声音（象山赛区）导师学员们的组唱参演。县委常委、宣传部部长罗来兴、县人大常委会副主任胡建萍、副县长钮晶莹、县政协副主席励茂平等领导出席本届闭幕式。

【文艺小分队进渔区】 象山县“千名干部访渔（农）家，一线蹲点三服务”文艺小分队进渔区宣传演出3月13日在石浦镇东门渔村启幕后，一支由42人组成的“三服务”文艺小分队奔赴石浦、鹤浦、高塘岛等地开展巡演宣传。县文化部门组织文化业务干部开展进渔村专题调研20余组次，动员和指导各渔村文艺骨干创编节目，结合文化礼堂活动开展文艺宣传。

【象山、柯桥、萧山、苍南四地画家写生走亲活动】 4月8日至12日，由浙江省文化馆主办，象山、柯桥、萧山、苍南四地文化馆联办的群文画家写生走亲活动在柯桥举行。来自象山柯桥萧山苍南四地的20位群文画家齐聚柯桥，开展为期5天的写生走亲活动。

【象山渔鼓参加韩国大邱文化庆典活动】 5月4日，韩国大邱市举办的2019“多彩大邱”庆典活动，共有来自中国、俄罗斯、日本、印度尼西亚、菲律宾、柬埔寨、越南等7个国家16支海外文艺团队“助阵”，加上韩国本土团队，合计表演团队86支，是一场国际性的文化交流盛宴。象山渔鼓队是宁波市派出的唯一参加庆典活动的文艺团队，当天《象山渔鼓》进行3场街头巡演。

象山渔鼓曾获中国文化部第十四届“群星奖”广场舞蹈群星表演奖，2008年曾赴土耳其参加伊兹密尔国际文化节。

【参加全国曲艺小书发展论坛及观摩交流展演】 5月7日至11日，象山县文化馆、县“非遗”中心组织的唱新闻《那片红》和宁波走书《祝枝山观灯》参加由中国艺术研究院曲艺研究所/中国非物质文化遗产保护中心曲艺（保护）研究室、中国说唱文艺学会、浙江省文化和旅游厅主办的中国浙江（义乌）·全国曲艺小书（鼓书琴书）传承发展论坛及观摩交流展演。

【象山—龙井文化走亲】 5月10日至15日，在龙井市第四届“文化体育日”期间，象山县人民政府副县长钮晶莹应邀带队对龙井市文化体育、教育、卫生等部门开展走访交流。5月10日，由龙井市委宣传部、龙井市文化广播电视和旅游局主办，龙井市文化馆、象山县文化馆承办的龙井市第四届“文化体育日”暨“龙井—象山异域文化交流活动”启动仪式在龙井市海兰江剧场举行。

【“象山唱新闻《那片红》”获省第十届曲艺新作大赛金奖】 5月28日，由象山县文化和广电旅游体育局选送、象山

县文化馆演出的作品“象山唱新闻《那片红》”在浙江省第十届曲艺新作大赛中荣获金奖。

【“百城联动·歌唱祖国”省青少年声乐大赛象山赛区】 6月2日，“百城联动·歌唱祖国”第二届“追梦之声”浙江省青少年声乐大赛象山赛区比赛在县文化活动中心举行。大赛分设小学低段组、小学高段组、初中组、高中组和组合组五个组别。6月7日，9名选手代表象山赴宁波参与宁波赛区复赛，张靖爽独唱的《天边外》获初中组一等奖。

【象山县新时代文明实践“礼堂行”活动】 6月21日，由中共象山县委宣传部、县文化和广电旅游体育局、县文联主办，人民银行象山支行、县农村信用合作联社协办，象山县文化馆、宁波视眼文化传媒有限公司承办的象山县新时代文明实践礼堂行启动仪式在西周镇夏叶村文化礼堂举行。县委常委、宣传部部长罗来兴宣布象山县新时代文明实践“礼堂行”活动启动，此后全县18个乡镇(街道)陆续开展活动。

【中国新乡村音乐创作夏季营在象山启动】 7月4日至7月7日，中国新乡村音乐创作夏季营，在象山石浦沙塘湾启动。中国新乡村音乐创作体验夏季营由中国音乐家协会指导，中共浙江省委宣传部、中共宁波市委宣传部共同发起，由宁波广电集团音乐广播承办，得到象山县委宣传部、象山文化和广电旅游体育局、象山县旅游发展中心、象山县文联、象山县大型活动办公室支持。

【象山少年获省青少年声乐大赛一等奖】 7月16日，“百城联动，歌唱祖国”2019第二届“追梦之声”浙江省青少年声乐大赛在杭州市桐庐县举行决赛，象山县少年张靖爽从象山赛区初赛、宁波赛区复赛一路高歌猛进，在决赛中再次摘得初中组一等奖。

【象山渔民号子参加2019中国原生民歌节】 7月22日，由文化和旅游部、云南省人民政府主办，以“乡音·乡情·乡愁”为主题的2019中国原生民歌节在云南楚雄开幕。本届民歌节首次将全国范围内传统音乐类国家级非物质文化遗产代表性项目进行集中展演，来自全国29个省(区、市)21个少数民族在活动期间轮番展演50余个传统民歌种类，象山的渔民号子在首场展演中亮相。

【象山首届乡村全域旅游摄影论坛】 8月17日，由象山县文化和广电旅游体育局、县旅游发展中心、茅洋乡人民政府主办，象山县文化馆、县摄影家协会承办的宁波象山首届乡村全域旅游摄影论坛在茅洋乡文山村文麓雅苑多功能厅举行。论坛邀请资深旅游人、摄影人张旗，“假杂志”创始人、总监言由，茅洋乡党委副书记、乡长张冬青，县文化和广电旅游体育局党组副书记、副局长沈颖洪，县旅游发展中心副主任张建军，新华社浙江分社图片总监、高级记者、省摄影家协会副主席王小川、中国摄影家协会会员、新华社签约摄影师、象山摄影家协会名誉主席杨忠华等参加。

【“平安守护　欢乐渔港”戏曲展演】 8月30日开始，作为第二十二届中国(象山)开渔节—2019中国农民丰收节系列活动之一，“平安守护　欢乐渔港”戏曲展演在鹤浦镇樊岙村、高塘岛乡罗元村、石浦镇横屿村、延昌天妃宫、昌国蛟龙村5个点陆续上演。每个点分日场、夜场，分别持续3天，共计30场。

【舞蹈《万象鼙鼓》获市广场健康舞展演金奖】 9月7日，象山县文化馆中青年舞蹈团的《万象鼙鼓》参加由宁波市文化广电旅游局主办的庆祝中华人

民共和国成立 70 周年宁波市广场健康舞展演金奖。

【第七届中国(象山)海洋文化夜市】 9 月 7 日至 8 日,第七届中国(象山)海洋文化夜市在人民广场举行,夜市规划美丽乡镇(街道)展示、生活集市、我是"非遗"人、音乐生活节、后备厢集市、夜市放映厅、盆景展、2019 全国科普日等 8 大主题展区。

【动漫产业与文旅融合高峰论坛在象山举行】 9 月 15 日上午,动漫产业与文旅融合高峰论坛,来自国内外动漫和文旅行业的专家学者在象山,共同探讨东亚动漫产业国际合作,以及动漫如何促进文旅融合发展。中国文联电影艺术研究中心主任、中国电影评论学会会长饶曙光主持。县委书记叶剑鸣、宁波文化广电旅游局局长张爱琴致辞。县委常委、常务副县长陈兴立,宁波影视文化产业区管委会主任陈建瑜等出席。会上,日本国宝级漫画家木村裕一及、Sedic 公司总裁厨子健介、

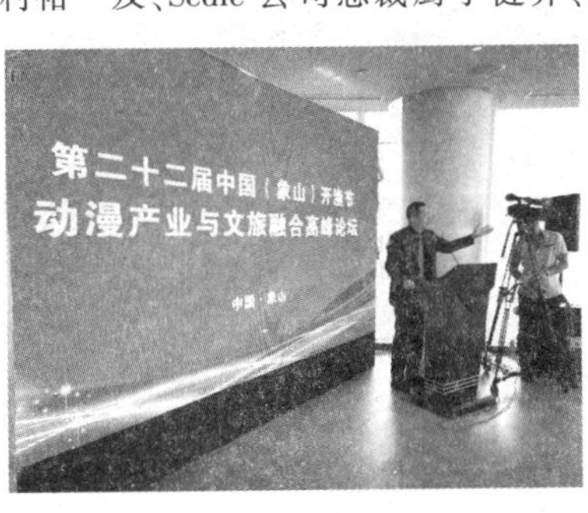

中国旅游研究院副院长李仲广、洪泰大文娱产业基金合伙人金城分别作主题发言。

【"庆华诞　扬国粹"京剧演唱会】 9 月 20 日晚,由象山县委宣传部、象山县文化和广电旅游体育局主办,石浦文化馆承办的"庆华诞　扬国粹"红色经典现代京剧演唱会在象山剧院上演。演唱会分闹革命求解放、为人民谋幸福、爱中华图复兴三个篇章,参加演出单位象山县半岛京剧艺社和象山星满天舞蹈培训学校。

【"中行杯　我和我的祖国"歌咏比赛】 9 月 26 日至 27 日,"中行杯　我和我的祖国"象山县庆祝中华人民共和国成立 70 周年歌咏比赛在县体育馆举行,来自全县 18 个镇乡(街道)和县级各部门的党员干部参加。叶剑鸣、黄焕利、金红旗、俞骏、孙小雄等县四套班子领导观看演出,并为获奖代表队颁奖。该次比赛由象山县委宣传部、县委直属机关工作委员会、县文化和广电旅游体育局主办,县文化馆、县委直属机关工会联合会承办,共分为镇乡(街道)和县级党政机关企事业单位两个专场举行。爵溪街道代表队、泗洲头镇代表队、黄避岙乡代表队获得镇乡(街道)专场金奖,县教育系统代表队、县党群代表队、县政法系统代表队获得县级党政机关企事业单位专场金奖。

【象山首个乡村文旅周末剧场开演】 10 月 12 日晚,"象山县文旅融合示范镇启动仪式暨首个乡村文旅周末剧场开演"活动在墙头镇方家岙村举行。演出以方家岙村百姓大舞台为固定地点,每周一场演出。演出团队方面除委托宁波千雅文化发展有限公司负责全年的节目创作、编排、演出等工作外,还邀请宁波"天一荟"、象山部分优秀文艺骨干、文艺团体,墙头本镇优秀文艺团队加入,演出经费是多元融合,多方合力。2019 年 5 月起,象山县文化和广电旅游体育局选择在 3A 级景区村方家岙村率先试点乡村文旅周末剧场项目。

【"诗画浙江　四地写生"作品展】 10 月 18 日至 31 日,由浙江省文化馆主办,宁波市象山县文化馆、绍兴市柯桥区文化馆、杭州市萧山区文化馆、温州市苍南县文化馆共同承办的"诗画浙江　四地写生"象山、柯桥、萧山、苍南群文画家作品展在象山县文化馆展出。此次展览共展出四地二十多位画家们的 100 余幅优秀写生作品。作品以油画和水彩为主,也有少部分的国画作品。四地写生走亲活动从 4 月 8 日至

12日在柯桥开始,5月6日至10日在萧山,5月27日至31日在苍南。

【"山海一家亲"象山·遂昌文化走亲】 10月23日,由遂昌县文化和广电旅游体育局、象山县文化和广电旅游体育局,泗洲头镇党委、政府主办,遂昌县文化馆、象山县文化馆承办的"山海一家亲"象山·遂昌文化走亲活动在象山县泗洲头镇泗洲头村文化礼堂举行。7月17日、18日,遂昌·象山文化走亲文艺演出在遂昌县影剧院、遂昌县云峰街道湖边村文化礼堂举行。

【文成·象山文化走亲】 11月12日晚,"筑梦70载·扬帆新时代"2019文成·象山文化走亲文艺晚会在象山县汤岙村文化礼堂举行,晚会有舞蹈、独唱、器乐演奏、歌剧、话剧、二胡等文艺节目,500余名村民参加观看。此次晚会由文成县、象山县文化和广电旅游体育局、涂茨镇人民政府主办,文成县、象山县文化馆、涂茨镇文化站、涂茨镇汤岙村村民委员会承办。

【象山唱新闻《长年葱》参加志愿者重庆行暨浙渝优秀原创文艺作品交流展演】 11月26日、28日,象山国家级"非遗"项目曲艺唱新闻《长年葱》参加《我和我的祖国》2019浙江省文化和旅游志愿者重庆行暨浙渝优秀原创文艺作品交流展演。该次展演来自浙江省、山东省、重庆市的舞蹈、相声、小品、评书、山东快书、快板、京东大鼓等13个节目。

【"慈溪—象山文化走亲农民画作品展"】 12月20日,"慈溪—象山文化走亲农民画作品展"在墙头溪里方美术馆开展。慈溪、象山农民画记录民俗民风民情,展现对劳动收获的赞美。主办单位由慈溪市文化和广电旅游体育局、象山县文化和广电旅游体育局、县文学艺术界联合会、墙头镇人民政府,承办单位由慈溪市文化馆、象山县文化馆。

【第四届群众文化艺术节开幕式暨"艺家人"社会公益联盟教学成果展演】 12月28日,由象山县委宣传部、象山县文化和广电旅游体育局和象山县文学艺术界联合会主办,象山县文化馆承办的第四届群众文化艺术节开幕式暨"艺家人"社会公益联盟教学成果展演在象山县文化活动中心举行。"艺家人"社会公益联盟教学成果展及县文化馆公益培训师生作品展开展。中共象山县委常委、宣传部部长罗来兴、县人大常委会副主任胡建萍、县人民政府副县长钮晶莹、县政协副主席励茂平、县委宣传部副部长钱江、县人民政府副主任吴雅敏、县文化和广电旅游体育局局长陈淑萍、县教育局局长胡海峥、县文学艺术界联合会郑辉、县旅游发展中心主任袁明全、县妇女联合会主席蒋凌燕、县传媒中心副主任赵菊香、共青团象山县委员会副书记王潇出席该次活动。

(县文化和广电旅游体育局　宋国光)

文化市场

【概况】 注重整治实效,净化文化市场环境。梳理文化行政审批事项78项,创新实施市县两级"全城通办"、单一层级多部门"一事联办"、县镇村"三级联动",推行"白加黑""5+2"工作机制,推进文化行政审批"最多跑一次”改革，并全部达到五星或四星服务事项，办结率和群众满意度均达100%。创新性推行文化市场领域“首违免罚”制度，办理全省首例文化市场领域“首违免罚”案件。截至10月底，出动检查495次，出动检查人员3341人次，检查经营单位3593家次，行政处罚29件，查处安全隐患92起，组织双随机抽查27次。启动“防风险保平安迎大庆”消防安全执法检查专项行动，安全生产和消防安全整治百日大会战，开展扫黑除恶专项行动，网络文化市场、文物安全隐患排查、迎接文明城市创建专项整治，规范整顿印刷企业和出版物经营单位。举办“3·18”文化市场日、“今冬明春火灾防控”“安全生产月”等宣传主题教育活动6次。组织20余家文化企业参加2019宁波文博会、第十四届中国（义乌）文化产品交易会、第十五届深圳文博会等会展。

【市执法总队领导到象山调研】 1月15日上午，宁波市文化广电旅游局党委委员、市文化市场行政执法总队总队长江武吉，副总队长曹剑率队到象山调研指导文化执法工作，交流讨论2018年象山县文化执法工作和2019年工作思路。象山县文化和广电旅游体育局局长俞湛，副局长郑华华参加调研。

【副县长检查文化市场】 1月16日下午，象山县人民政府副县长钮晶莹带领县文化和广电旅游体育局、县应急管理局、县卫生健康局、县市场监督管理局等部门负责人，分别对象山鱼游网吧、象山东漫电影院等文化经营场所进行安全生产检查。

【象山3家文化企业上榜宁波市文化产业“弄潮儿”】 1月29日下午，在宁波市文化产业促进会换届暨会员大会上，《改革开放40周年——宁波市文化产业“弄潮儿”》评选活动结果揭晓。市委常委、宣传部部长万亚伟等为全市40位文化产业“弄潮儿”和“弄潮儿”（个人、团队）提名奖进行颁奖。象山有宁波影视文化产业区管委会陈建瑜、浙江云朵网科技股份有限公司陆世栋、象山致远渔文化传播有限公司丁建东3位入选宁波文化产业“弄潮儿”名单，其中2位优秀企业代表上台发言。

【文化和旅游市场安全培训会】 3月21日，象山县文化市场行政执法大队举办文化和旅游市场安全培训会，邀请市文化市场行政执法大队副总队长曹剑授课。120余家网吧、歌舞娱乐场所等文化经营单位负责人参加培训会。

【象山3家特色文化产业参加博览会】 4月12日至14日，第四届中国（宁波）特色文化产业博览会在宁波开幕。在“传统文化现代生活融合馆”象山黄避岙乡、茅洋乡展出的“斑斓海岸”“山海水乡、心悦茅洋”文明示范线和竹根雕、竹编画、大松石篆刻等“非遗”作品。象山影视城在“文化宁波2020主题馆”展位内设有休息洽谈区、展示区、现场互动区、签约区四大区块，让游客体验古装汉服换装、绝活绝技表演等特色活动。下午，第三届数字文化产业高峰论坛，由浙江省文化产业促进会主办，象山的浙江云朵网科技股份有限公司承办。会上，浙江省文化产业大数据服务平台（浙朵云）分别与浙江大丰实业股份有限公司、华为软件技术有限公司举行项目签约和现场演讲。

【市总队领导到象山检查文化市场】 4月25日下午，由宁波市文广旅游局党委委员、市文化市场行政执法总队总队长江武吉带队的检查组赴象山县检查文化市场安全生产，检查组

先后对象山杰拉网吧、象山神采奕奕娱乐有限公司、象山乐酷娱乐有限公司等文化经营场所进行安全生产检查。

【市局领导到象山检查文旅市场】 9月14日，宁波市文化广电旅游局副局长张菊琴在象山县文化和广电旅游体育局局长陈淑萍陪同下检查象山县文旅市场。

【陕西省咸阳市执法支队领导到象山考察文旅市场】 12月11日，陕西省咸阳市文化市场行政执法支队领导，在宁波市文化市场综合行政执法队队长江武吉的陪同下，赴象山考察交流文旅市场执法工作。

【组建象山县文化市场综合行政执法队】 12月27日，组建象山县文化市场综合行政执法队，撤销县文化市场行政执法大队（县文物监察大队）。队长由局长兼任，副局长兼任副队长。执法队下设3个执法中队，核定参公事业编制12名。中层职数4名，其中正科（股）级3名、副科（股）级1名。

（县文化和广电旅游体育局　宋国光）

文物保护

【概况】 创新性开展“全域旅游+文物”模式。挖掘文物内涵，将文物资源与鹤浦大沙旅游风景区开发建设结合，统筹串联大沙烽火台、大百丈岩画、南田县署旧址、大百丈青瓷窑址、小百丈张苍水冶炼兵器遗址等文保单位（点），形成文物精品旅游线路，成为引领乡村振兴的新引擎。在丹城和石浦老城区改造中，挖掘青草巷古建筑、石浦卢宅文化资源，彰显城市人文。加强革命文物的保护和利用，维修殷夫故居、贺威圣故居、山海楼，提升布展质量，建设成市、县“不忘初心、牢记使命”主题教育基地。实施文物维修，完成对金山旅馆、大百丈岩画、茅洋粮站、蓬莱寺、爵溪城墙、双汪岭路亭、宋皇宫等文保单位（点）的维修工作。协助完成南田县署陈列布展工作。开展“5·18”国际博物馆日、中国文化和自然遗产日、“流动博物馆”“文博讲堂”进校园、“粽叶飘香·快乐端午”亲子互动等系列宣传活动。举办“藏古纳今”民间鉴宝交流会。利用张苍水纪念馆、殷夫、陈汉章、贺威圣、王家谟等革命烈士和名人故居开展红色和传统文化教育，全年约有10.3万人次参观活动。举办姜毛庙文艺活动9场，吸引1.1万余观众观赏。博物馆年接待游客约5.2万人，中小学生、城镇居民参观博物馆的人数明显上升，接待各类社会团体300余个，同比增长90%。协助开展海丝、海防和海岛的“三海”文物资源调查，发掘和研究象山海洋、海防文化。参与国家水下文化遗产保护中心、宁波基地完成渔山列岛海域水下文化遗产考古调查工作。协调横湾沉船抢救性考古发掘前期工作。实施国保塔山遗址和花岙兵营遗址考古调查工作，完成保护规划编制、修改、完善、报批工作和基础资料。象山县第七批省级文保单位四有档案审核通过浙江省文物局验收。完善文物安全属地管理主体责任及日常巡查制度，对全县18个乡镇、街道的170处文物保护单位（点）和4处博物馆进行文物安全排查和整治，出动650余人次，排查文物保护单位170余处，整改安全隐患13处，确保全县文博单位安全无事故。

【中央电视台播出《象山“小白礁Ⅰ号”水下考古纪实》（上、下集）】 1月17日至18日21时52分中央电视台10套《探索·发现》播出《“小白礁Ⅰ号”水下考古纪实》（上、下集）揭开沉船被掩埋的过往。

【山·海——杨海鸿中国画展】 3月10日，在象山县博物馆举行《看山·看海——杨海鸿中国画展》首展式，共展出杨海鸿中国画100余幅。县人大常委会副主任胡建萍、县文广旅游体育局局长俞湛、县文联主席郑辉出席首展式。画展持续至4月5日，展览由象山

县文广旅游体育局、县文联主办，象山县博物馆、县美术家协会承办。

杨海鸿，1971 年生，象山县贤庠镇人，民盟盟员，象山县十届政协委员，县教育局美术教研员，浙江省美术家协会会员，宁波市美术家协会副主席，象山县美术家协会主席，县政协书画院副院长。

【开展博物馆研学活动】 4 月 1 日，象山县博物馆联合象山大目湾实验学校，组织 350 名师生共同开展“春天，我与博物馆有个约会”研学活动。通过“博物馆参观”和“有奖竞答”两个活动，让学生了解馆内文物，感受到家乡的历史文化发展。

【陈汉章国学思想馆开馆】 4 月 28 日，陈汉章国学思想馆在东陈村陈汉章故居开馆，陈汉章国学思想馆主要由“国学概述”“陈汉章国学思想体系”“陈汉章国学思想启迪”三部分组成，以弘扬陈汉章国学文化。

【开展第三期“文博课堂”】 5 月 10 日，象山县博物馆在象山县文峰小学开展第三期“文博课堂”。通过 PPT 的展示与授课，向学生们简单描述象山陶瓷的发展史，让学生们近距离参观瓷器，感受早期制陶技艺的精微之处，了解家乡历史文化。

【开展“5·18”国际博物馆日活动】 5 月 17 日，象山县博物馆在县人民广场开展“5·18 国际博物馆日”活动。通过展板，图文并茂的展现象山县各级文保单位、历史文化名镇名村的风采，并发放各类法律法规、《象山文博》内刊等宣传资料，吸引众多的过往市民驻足观看。

【纪念汤式散曲书法作品展】 6 月 12 日，“纪念汤式散曲书法作品展”在象山县博物馆展出，共展出 48 位省内著名书法家 51 件作品，县委常委、宣传部部长罗来兴等领导嘉宾参观首展。展览由象山县文广旅游体育局和县文联联合主办，县博物馆、县政协书画院、县书法家协会和象山青年画院具体承办。展览展期为 6 月 12 日至 7 月 12 日。

汤式，元末明初重要散曲作家，字舜民，号菊庄，象山人。汤式是现今存曲最多、题材最广泛的曲作家，是元散曲跨越时代的殿军，也是明散曲继往开来的人物，在象山文化史上具有重要地位。今人将汤式作品结集为《汤舜民散曲校注》。

【举办“藏古纳今”民间鉴宝交流会】 6 月 18 日，象山县博物馆联合浙江省文物鉴定站的专家学者，共同举办“藏古纳今”民间鉴宝交流会。现场，专家们为藏友的“宝贝”进行现场鉴定，还提供专业的收藏建议，在场持宝者收获颇丰。该次活动旨在普及鉴赏知识，推动民间收藏发展，让大家在提高辨别真伪能力，倡导一种正确的收藏理念。

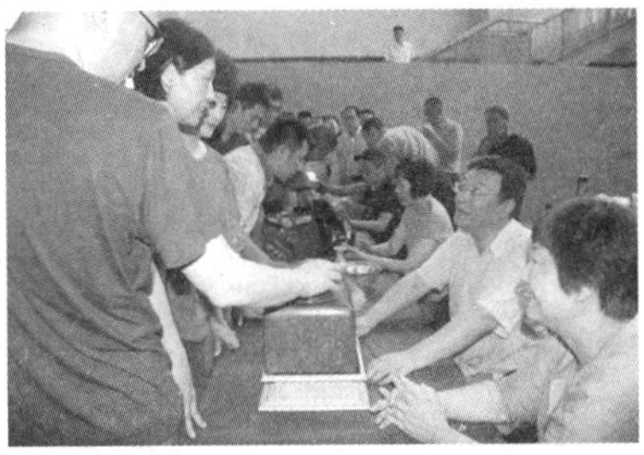

【机构改革】 7 月 22 日，象山县文物管理委员会办公室更名为县文物保护管理所。

【完成象山渔山列岛海洋考古调查项目】 7 月 24 日，国家文物局水下文化遗产保护中心、国家水下文化遗产保护宁波基地（宁波市文物考古研究所）、浙江省文物考古研究所、国家水下文化遗产保护宁波基地象山工作站（象山县文物保护管理所）以及山东、福建、广东等地的文物考古工作者组成，在象山县渔山列岛完成历时 90 天的“宁波象山渔山列岛海洋考古调查项目”。此次项目的实施，提升象山在省、市水下考古的地位，促进象山在宁波“海上丝绸之路”史上的历史地位和象山海洋文化相关课题的研究。

【《中国影像方志》浙江卷象山篇】 8月27日20时50分，中央电视台科教频道播出《中国影像方志》浙江卷象山篇，展示浙江地区新石器时代“塔山文化”，千年渔港——石浦港，“海上石林”花岙岛，韭山列岛的中华凤头燕鸥，一代鸿儒陈汉章，“中国渔文化之乡”，中国开渔节，象山影视城，象山的晒盐技艺等镜头。

【省级文物保护单位大百丈岩画竣工验收】 9月26日，宁波市及象山县文保所、鹤浦镇人民政府等相关部门对省级文物保护单位大百丈岩画展示和利用工程通过竣工验收。该工程更换保护棚、对岩画表面进行清理、增加上部山体的草本植物，增设钢丝网维护体系的环境整治工程，以及新增观景平台和木栈道等展示利用措施。

【“庆祝中华人民共和国成立70周年特展——象山之桥”图文展】 9月30日由象山县文化和广电旅游体育局主办，象山县博物馆承办的“庆祝中华人民共和国成立70周年特展——象山之桥”图文展在县博物馆临展厅展出。中共象山县委常委、宣传部部长罗来兴，县文广旅游体育局局长陈淑萍等参观首展。展览在象山县千座桥梁中，选取50余座桥梁加以介绍，由35块展板和24张高清照片组成。

【市局文博处处长李怿人一行到象山调研】 10月29日，宁波市文广新局文博处处长李怿人、市文保所所长徐炯明一行到象山调研考古遗址公园建设工作。

【文保点修缮】 11月19日，象山县文物保护管理所、茅洋乡人民政府等相关部门对象山县文保点溪口粮站进行修缮，将其打造成“非遗”传承基地，创建茅洋乡文化创意园。

【石浦城墙修复】 11月21日，象山县文物保护管理所联合象山石浦渔港古城旅游发展公司、专业古建队伍对石浦城墙进行为期一个半月抢险加固工程。城墙因时代久远，城市发展，自然灾害等原因导致城墙破损坍塌，此工程通过对城墙坍塌处按现存样式进行复原，恢复历史风貌。

【缘与自然——张丹阳油画展】 12月1日，缘与自然——张丹阳油画展在象山县博物馆开展。共展出象山籍油画家张丹阳56幅油画作品。展览由宁波市美术家协会主办，象山县博物馆承办，象山县美术家协会、墙头镇文联协办。宁波市文联名誉主席陈继武、宁波市美术家协会主席孙佩良、宁波市书法家协会主席蔡毅等嘉宾参观首展，还举行张丹阳油画捐赠仪式。展览展期为12月1日至12月30日。

张丹阳，1967年生，象山县墙头镇人，职业油画家，国家一级美术师，中艺联合书画院院士，浙江省美术家协会会员，浙江省油画家协会会员，宁波市美术家协会理事，象山县美术家协会副主席。

（县文化和广电旅游体育局　宋国光）

表 69　　象山县国家、省级文物保护单位一览表

序号	名　称	时代	类别	级别	公布日期	所在乡镇(街道)	备注
1	赤坎游仙寨遗址	明	古遗址	省	1989. 12	象山县丹东街道赤坎村东部	第三批
2	塔山遗址 (173-7-0173-173)	新石器	古遗址	国家	2013. 3	象山县丹东街道塔山东路(象山汽车东站)	第七批
3	街心戏亭	清	古建筑	省	1997. 8. 29	象山县爵溪街道玉泉社区十字街口	第四批
4	花岙兵营遗址 (183-7-0183-1-183)	明末清初	古遗址	国家	2013. 3	象山县高塘岛乡花岙岛村花岙自然村东北面	第七批
5	石浦城隍庙	清	古建筑	省	2005. 3. 16	象山县石浦镇九市曲社区城隍庙路	第五批
6	“淳熙井”	宋	古建筑	省	2017. 1. 13	象山县丹东街道庄穆境村县政府院内	第七批
7	“锺郝遗徽”石亭	—	—	省	2017. 1. 13	象山县晓塘乡月楼村月楼岙自然村 78 号西侧	第七批
8	公屿峰堠 (周家山防倭烽火台)	明	古遗址	省	2011. 1. 7	象山县爵溪街道公屿农村周家山岗顶上	第六批
9	金鸡山炮台	清	古遗址	省	2011. 1. 7	象山县石浦镇下金鸡村金鸡山自然村金鸡山山顶	第六批
10	陈汉章故居和墓	近	—	省	2017. 1. 13	象山县东陈乡东陈村西北部古民居群中(故居) 宁波市象山县东陈乡东陈村姆岭 洞水井跟山北麓(墓)	第七批
11	北渔山灯塔 (1981-7-1981-5-005)	近	近现代重要史迹及代表性建筑	国家	2013. 3	象山县石浦镇渔山渔村大岙自然村南	合并到第五批
	东门灯塔	清	近现代重要史迹及代表性建筑			象山县石浦镇东门渔村东边北侧小山上	
12	东门天后宫	清	古建筑	省	2011. 1. 7	象山县石浦镇东门渔村天妃宫西路 11 号东侧	第六批
13	大百丈岩画	宋元时期	石窟寺及石刻	省	2011. 1. 7	象山县鹤浦镇大百丈村坑门里山北面山腰	第六批

表 70　　象山县文物保护单位一览表(县级)

序号	名　称	时代	类　别	级别	公布日期	所在乡镇(街道)	备　注
1	陈岙青瓷龙窑遗址	唐	古遗址	县	1982. 10. 4	象山县黄避岙乡高泥村东塔自然村陈岙黄大山北麓	第一批
2	吴乾养墓道石刻	明	石窟寺及石刻	县	1982. 10. 4	象山县大徐镇三角埭村东面 100 米坟地山西麓	第一批
3	丹城西寺	清	古建筑	县	1984. 6. 14	象山县丹西街道北门村凤跃路 5 号	第二批
4	丹山井	明	古建筑	县	1984. 6. 14	象山县丹西街道方井头村丹井巷 4 号南侧	第二批

续表70

序号	名　称	时代	类　别	级别	公布日期	所在乡镇(街道)	备　注
5	二湾摩崖石刻	明	石窟寺及石刻	县	1984. 6. 14	象山县石浦镇文兰社区沿江路(宁波海军预备役扫雷船大队)	第二批
6	爵溪抗倭城墙	明	古遗址	县	1986. 4. 25	象山县爵溪街道玉泉社区	第三批
7	车岭村庆丰桥	清	古建筑	县	1986. 4. 25	象山县西周镇庆丰桥村庆丰溪上	第三批
8	贺威圣烈士墓	现	近现代重要史迹及代表性建筑	县	1986. 4. 25	象山县贤庠镇海墩村下庄溪自然村东南面	第三批
9	王家谟烈士墓	现	近现代重要史迹及代表性建筑	县	1986. 4. 25	象山县丹西街道西门村西门外鸡笼山东北麓	第三批
10	殷夫烈士故居	现	近现代重要史迹及代表性建筑	县	1986. 4. 25	象山县大徐镇大徐村英烈路 3 号东侧	第三批
11	茅洋“日寇华中矿业公司”遗址	现	近现代重要史迹及代表性建筑	县	1986. 4. 25	象山县茅洋乡茅洋村五狮山北麓、茅洋氟矿矿区附近	第三批
12	石屋及摩崖石刻	清	石窟寺及石刻	县	1990. 1. 4	象山县丹西街道方井头村北蓬莱山山腰	第四批
13	丹城东寺	清	古建筑	县	1990. 1. 4	象山县丹东街道庄穆境村东澄河路 82 号	第四批
14	欧阳桥	民国	古建筑	县	1990. 1. 4	象山县西周镇儒雅洋村东北西沙岭脚淡港溪流上	第四批
15	黄公岙山海楼	现	近现代重要史迹及代表性建筑	县	1990. 1. 4	象山县新桥镇黄公岙村黄新路 101 号	第四批
16	欧家祠堂	清	近现代重要史迹及代表性建筑	县	1990. 1. 4	象山县墙头镇墙头村西部中心小学内	第四批
17	姚家山遗址	新石器	古遗址	县	1995. 12. 26	象山县丹东街道梅溪村姚家山自然村村西西山岩头小山丘上	县特
18	任氏二难墓	清	近现代重要史迹及代表性建筑	县	2002. 12. 31	象山县石浦镇东门渔村门头山山东部	第五批
19	金山书院	清	古建筑	县	2002. 12. 31	象山县石浦镇九市曲社区石浦小学第三分部校区西北侧	第五批
20	东溪励氏宗祠	清	古建筑	县	2002. 12. 31	象山县新桥镇东溪村宁康路 21 号	第五批
21	东陈鉴池公祠	清	古建筑	县	2002. 12. 31	象山县东陈乡东陈村村口	第五批
22	茅洋庙山头遗址	新石器	古遗址	县	2002. 12. 31	象山县茅洋乡溪口村东北约 1 千米处的庙山头南面缓和坡地上	第五批
23	镇潮庙	清　代	古建筑	县	2007. 1. 30	象山县定塘镇中站村 209 号	第六批
24	何恭房祠堂	近　代	古建筑	县	2007. 10. 30	象山县西周镇儒雅洋村弘儒路 2 号	第六批
25	白龙潭、蟹厂武圣庙民俗遗址	近　代	古建筑	县	2007. 10. 30	象山县鹤浦镇蟹厂村东部	第六批
26	纪子庚先生墓	近　代	近现代重要史迹及代表性建筑	县	2007. 10. 30	象山县石浦镇五新村汝溪自然村村村口	第六批

续表70

序号	名　称	时代	类　别	级别	公布日期	所在乡镇(街道)	备　注
27	三戒堂	清代	古建筑	县	2007.10.30	象山县晓塘乡黄埠村140号	第六批
28	瑞安桥	清代	古建筑	县	2007.10.30	象山县墙头镇方家岙村东部大雷溪上	第六批
29	沈家洋牌坊	清代	古建筑	县	2007.10.30	象山县贤庠镇沈家洋村北部	第六批
30	王家谟烈士故居	近代	近现代重要史迹及代表性建筑	县	2007.10.30	象山县丹西街道北门村北山路14—16号	第六批
31	延昌宋皇宫	清代	古建筑	县	2007.10.30	象山县石浦镇延昌社区延昌街31号	第六批
32	梅岙烽火台	明代	古遗址	县	2011.4.1	象山县丹东街道寨梅村下山自然村东北部炮台山顶	第七批
33	高塘潮汐水电站	近现代	近现代重要史迹及代表性建筑	县	2011.4.1	象山县高塘岛乡金高椅村南端小乌岩山脚	第七批
34	三湾路廊	民国	近现代重要史迹及代表性建筑	县	2011.4.1	象山县石浦镇文兰社区三湾路52号西侧	第七批
35	保安桥	民国	近现代重要史迹及代表性建筑	县	2011.4.1	象山县定塘镇渡头村渡头街北侧长塘河上	第七批
36	姜毛庙正殿	清代	古建筑	县	2011.4.1	象山县丹西街道五丰村南街12号	第七批
37	关头源房	清代	近现代重要史迹及代表性建筑	县	2011.4.1	象山县新桥镇关头村关中路3(1—4)号	第七批
38	障川碶	民国	近现代重要史迹及代表性建筑	县	2011.4.1	象山县丹东街道下余村门前涂自然村东南面东大河上	第七批
39	西沙岭古驿道	宋代	古遗址	县	2011.4.1	象山县墙头镇岭下村西面西沙岭顶部	第七批
40	石浦古井群	明清时期	古建筑	县	2011.4.1	象山县石浦镇老城区	第七批
41	复兴禅寺	清代	古建筑	县	2011.4.1	象山县泗洲头镇墩岙村东北面	第七批

表71

象山县文物保护点名录(116处)

文保点共116处(升级省保1处,县保9处,3处被烧,1处消失)

序号	名　称	年　代	类　别	公布时间	详　细　地　址
1	洋坑吴氏宗祠	清	古建筑	2010.12.21	象山县新桥镇洋坑村161号东侧
2	海台韩氏宗祠	清	古建筑	2010.12.21	象山县新桥镇海台村东部
3	紫荆花馆	清	古建筑	2010.12.21	象山县新桥镇黄公岙村沙坑路89-90号
4	黄吉岙林氏宗祠	清	古建筑	2010.12.21	象山县新桥镇黄吉岙村北部
5	吴德元烈士墓	民国	近现代重要史迹及代表性建筑	2010.12.21	象山县鹤浦镇大百丈村东部
6	前龙头灯塔	1950年	近现代重要史迹及代表性建筑	2010.12.21	象山县鹤浦镇前龙头村蛹门港至石浦港水道的龙嘴礁上

续表71

序号	名 称	年 代	类 别	公布时间	详 细 地 址
7	原南田县署监狱县署门厅	民国	近现代重要史迹及代表性建筑	2010. 12. 21	象山县鹤浦镇樊岙村中部下街 271 号
8	小百丈铸铁遗址	待定	古遗址	2010. 12. 21	象山县鹤浦镇小百丈村行馆门口
9	潘金镖夫妇墓	民国	近现代重要史迹及代表性建筑	2010. 12. 21	象山县石浦镇九市曲社区伏虎路 4 号旁
10	百花洞岩画	宋	石窟寺及石刻	2010. 12. 21	象山县石浦镇金屏社区火炉头路北侧炮台山南麓百花洞东侧岩壁上
11	蛟龙风水墙	待定	古建筑	2010. 12. 21	象山县石浦镇蛟龙村北面山门头岭上
12	许云蓴夫妇墓	清	古墓葬	2010. 12. 21	象山县石浦镇凤上山村里湾自然村北面大金山脚
13	大金山碉堡	民国	近现代重要史迹及代表性建筑	2010. 12. 21	象山县石浦镇九市曲社区西北大金山岗头
14	邵榜眼旧宅	清	古建筑	2010. 12. 21	象山县石浦镇东卫村昌卫街 127 号
15	渔山清代沉船遗址	清	古遗址	2010. 12. 21	象山县石浦镇渔山渔村大岙自然村村东南
16	石浦巡检司旧址	清	古遗址	2010. 12. 21	象山县石浦镇文兰社区巡司弄 23 号
17	瑶池冰雪坊	清	古建筑	2010. 12. 21	象山县石浦镇九市曲社区后街 28—1 屋前
18	民丰弄许家上宅院	清	古建筑	2010. 12. 21	象山县石浦镇九市曲社区民丰弄 2（1—15）号
19	金山旅馆	民国	近现代重要史迹及代表性建筑	2010. 12. 21	象山县石浦镇文兰社区福建路 42—1 号
20	大夫第	清	古建筑	2010. 12. 21	象山县石浦镇九市曲社区幸福路 18（1—8）号
21	九井邵氏宗祠	清	古建筑	2010. 12. 21	象山县石浦镇九井村城隍庙弄 26 号
22	东门城隍庙	清	古建筑	2010. 12. 21	象山县石浦镇东门渔村南城墙中段高地上
23	东门王将军庙	清	古建筑	2010. 12. 21	象山县石浦镇东门渔村
24	江心寺后摩崖石刻	明	石窟寺及石刻	2010. 12. 21	象山县石浦镇文兰社区江心寺后南关桥路中段路边山崖上
25	石浦所城城墙遗址	明	古遗址	2010. 12. 21	象山县石浦镇老城区
26	乌沙李家走马楼	清同治年间（1862—1875）	古建筑	2010. 12. 21	象山县西周镇乌沙村中部
27	石门岭关隘	清	古遗址	2010. 12. 21	象山县西周镇关山村西南面石门岭顶
28	长春桥	清	古建筑	2010. 12. 21	象山县西周镇杰上村东南部
29	柴溪敬大房	清	古建筑	2010. 12. 21	象山县西周镇柴溪村西南部
30	万金山方氏祖坟	明	古墓葬	2010. 12. 21	象山县西周镇万金山村东南山坡上
31	长庆桥	清	古建筑	2010. 12. 21	象山县西周镇下沈村西部大溪坑上
32	儒雅洋友二房	清	古建筑	2010. 12. 21	象山县西周镇儒雅洋村承志路 41 号

续表71

序号	名 称	年 代	类 别	公布时间	详 细 地 址
33	天寿寺	清	古建筑	2010.12.21	象山县西周镇赖家村西面蒙顶山山顶
34	双汪岭路亭	清	古建筑	2010.12.21	象山县西周镇莲花村东北面、莲下公路北侧边上
35	柴溪陈氏宗祠	清	古建筑	2010.12.21	象山县西周镇柴溪村柴溪坑西侧
36	柴溪老大份宅院	清	古建筑	2010.12.21	象山县西周镇柴溪村西部
37	牌头下屋新屋	清	古建筑	2010.12.21	象山县西周镇牌头村牌头中路271号
38	关山信大房	清	古建筑	2010.12.21	象山县西周镇关山村北部
39	勤丰奶奶坟	清	古墓葬	2010.12.21	象山县西周镇勤丰村
40	大雷山灯塔	民国	近现代重要史迹及代表性建筑	2010.12.21	象山县墙头镇方家岙村东面大雷山顶部
41	溪里方仁三房	清	古建筑	2010.12.21	象山县墙头镇溪里方村125号
42	立三中学旧址	民国3年(1914)	近现代重要史迹及代表性建筑	2010.12.21	象山县墙头镇墙头村西部中心小学内
43	墙头孔家穿堂宅院	清	古建筑	2010.12.21	象山县墙头镇墙头村立三路2号
44	大溪蒋铜矿冶炼厂旧址	1958年	近现代重要史迹及代表性建筑	2010.12.21	象山县墙头镇大溪蒋村的象山制阀有限公司内
45	大雷禅寺	清	古建筑	2010.12.21	象山县墙头镇墙头村朱家自然村东北侧、大雷山西北麓
46	墙头西一三房	民国	近现代重要史迹及代表性建筑	2010.12.21	象山县墙头镇墙头村红杏路5(1—5)号
47	墙头基督教堂	清光绪二十九年(1903)	近现代重要史迹及代表性建筑	2010.12.21	象山县墙头镇墙头村杏花东路93号
48	汤岙周氏宗祠	清	古建筑	2010.12.21	象山县涂茨镇汤岙村东部
49	中堡烽火台	明	古遗址	2010.12.21	象山县涂茨镇中堡村炮台山山顶
50	后七埠沉船	明	古遗址	2010.12.21	象山县涂茨镇永联村后七埠自然村村南
51	白象头窑址	宋	古遗址	2010.12.21	象山县涂茨镇永联村西北面
52	珠山法王寺	清宣统元年(1909)	古建筑	2010.12.21	象山县涂茨镇珠山村珠山山峰西南
53	着衣亭吴家宅院	清	古建筑	2010.12.21	象山县贤庠镇着衣亭村金陵路44号
54	着衣亭何财房	清	古建筑	2010.12.21	象山县贤庠镇着衣亭村珠峰路9(1—6)号
55	贤庠小东房	民国	近现代重要史迹及代表性建筑	2010.12.21	象山县贤庠镇贤庠村兴贤路38号
56	青莱樊信房	清	古建筑	2010.12.21	象山县贤庠镇青莱村方圆路8-30号
57	山厂窑址	明清	古遗址	2010.12.21	象山县贤庠镇山厂村萧家岭北面
58	贺威圣故居	清光绪二十八年(1902)	近现代重要史迹及代表性建筑	2010.12.21	象山县贤庠镇海墩村海新路30(1—7)号

续表71

序号	名　称	年　代	类　别	公布时间	详　细　地　址
59	海墩贺氏中小房	清	古建筑	2010. 12. 21	象山县贤庠镇海墩村海新路28号
60	西洋大宅门	清乾隆六十年(1795)	古建筑	2010. 12. 21	象山县泗洲头镇西洋村中部偏西
61	塘岸中保庙	清	古建筑	2010. 12. 21	象山县泗洲头镇塘岸村西北部
62	后王祠堂	清	古建筑	2010. 12. 21	象山县泗洲头镇后王村94号
63	泗洲头新桥头	清	古建筑	2010. 12. 21	象山县泗洲头镇泗洲头村南部大溪坑
64	小石坑茅山桥、茅山庵	清	古建筑	2010. 12. 21	象山县泗洲头镇金家岙村小石坑自然村茅山庙北侧
65	灵静庵	清嘉庆三年(1798)	古建筑	2010. 12. 21	象山县泗洲头镇下峙后村南面灵岩山顶部西南侧
66	黄埠三三堂	清	古建筑	2010. 12. 21	象山县晓塘乡黄埠村185号
67	黄埠圆峰庙	清光绪年间(1875—1908)	古建筑	2010. 12. 21	象山县晓塘乡黄埠村53号
68	黄埠孩儿塔	清	古墓葬	2010. 12. 21	象山县晓塘乡黄埠村岩头山西麓
69	花湾炮楼	民国	近现代重要史迹及代表性建筑	2010. 12. 21	象山县晓塘乡黄埠村花湾32号
70	中站耶稣堂	民国	近现代重要史迹及代表性建筑	2010. 12. 21	象山县定塘镇中站村137号
71	人民胜利碑	1953年	近现代重要史迹及代表性建筑	2010. 12. 21	象山县定塘镇后洋塘村176号西北侧
72	陈照华故居	民国	近现代重要史迹及代表性建筑	2010. 12. 21	象山县定塘镇下营村地垄自然村2号
73	杉木洋徐公祠	清	古建筑	2010. 12. 21	象山县大徐镇杉木洋村125号
74	安东庆丰庙	清	古建筑	2010. 12. 21	象山县大徐镇安东村190号、亭船公路西侧
75	东陈怡经堂	清	古建筑	2010. 12. 21	象山县东陈乡东陈村116号
76	西山行宫	清	古建筑	2010. 12. 21	象山县东陈乡南堡村西山2号西侧、村口处
77	武家山武氏墓	清乾隆四十七年(1782)	古墓葬	2010. 12. 21	象山县东陈乡武家山村17号南侧
78	龙冲山岗烽火台	明	古遗址	2010. 12. 21	象山县爵溪街道前岙村龙冲山岗山顶
79	地厂烽火台	明	古遗址	2010. 12. 21	象山县爵溪街道地厂村东北面炮台山山顶
80	大地园陈家大份宅院	清	古建筑	2010. 12. 21	象山县茅洋乡大地园村82号
81	文山塘坝	清	古建筑	2010. 12. 21	象山县茅洋乡文山村南部
82	汤家大屋	清	古建筑	2010. 12. 21	象山县丹东街道上进村汤家弄25号
83	后翁民宅	清	古建筑	2010. 12. 21	象山县丹东街道庄穆境村青龙桥20(1—10)号
84	瑞龙寺	清	古建筑	2010. 12. 21	象山县丹东街道河东村瑞龙山西麓

续表71

序号	名 称	年 代	类 别	公布时间	详 细 地 址
85	陆家陆氏宗祠	清	古建筑	2010. 12. 21	象山县丹东街道陆家村闲乐亭东侧
86	东塘山窑址	宋	古遗址	2010. 12. 21	象山县丹东街道城东村东塘山南麓
87	青草巷李宅	清	古建筑	2010. 12. 21	象山县丹西街道北门村青草巷11(1—11)号
88	联合救火会	1949—1952年	近现代重要史迹及代表性建筑	2010. 12. 21	象山县丹西街道五丰村羊行街28号
89	杨家善智庙	清	古建筑	2010. 12. 21	象山县丹西街道杨家村西北部
90	龙屿张家新屋	清	古建筑	2010. 12. 21	象山县黄避岙乡龙屿村中部
91	西街平水庙	清	古建筑	2014. 12. 12	丹西街道方井头村西街5(1—5)号
92	缸窑蒋窑址	宋	古遗址	2014. 12. 12	大徐镇甲田弄村缸窑蒋自然村西北
93	董梦蛟墓	民国	古墓葬	2014. 12. 12	石浦镇昌国卫西北
94	儒雅洋西硐楼	清	古建筑	2014. 12. 12	西周镇儒雅洋村弘儒路86号
95	孔氏宗祠	清	古建筑	2014. 12. 12	墙头镇墙头村朱家自然村东北面
96	奚家八角楼	清	古建筑	2014. 12. 12	定塘镇定山村北部
97	怀荫草堂	民国	近现代重要史迹及代表性建筑	2014. 12. 12	新桥镇东溪村
98	双连桥	清	古建筑	2014. 12. 12	泗洲头镇峙前村南部大溪坑上
99	蓬莱寺	清	古建筑	2014. 12. 12	茅洋乡茅洋水库下边
100	南充永丰庙	清	古建筑	2014. 12. 12	茅洋乡南充村中部
101	溪口粮站	现代	近现代重要史迹及代表性建筑	2014. 12. 12	茅洋乡茅洋溪口村
102	孔房大份宅院	清	古建筑	2014. 12. 12	东陈乡东陈村150号
103	岩头角新楼屋	清	古建筑	2014. 12. 12	晓塘乡中岙村92—97号
104	上吴吴氏宗祠	清	古建筑	2018. 1. 10	丹西街道上吴村303号
105	象山县第一初级中学旧址	民国	近现代重要史迹及代表性建筑	2018. 1. 10	石浦镇象山第二中学内
106	大皆春药铺旧址	清	古建筑	2018. 1. 10	石浦镇文兰社区中街51号
107	东门渔村任氏故居	清	古建筑	2018. 1. 10	石浦镇东门渔村小路谷西10号
108	石浦卢宅	清	古建筑	2018. 1. 10	石浦镇延昌社区卢家弄4~6号
109	昌国卫大庙	清	古建筑	2018. 1. 10	石浦镇金丰村西门街16号
110	水门桥	建于明代，清代重修	古建筑	2018. 1. 10	石浦镇大桥村沙石路93号门口
111	儒雅洋团练房	民国	古建筑	2018. 1. 10	西周镇儒雅洋村弘儒路8~18号
112	沙泉张氏宗祠	清	古建筑	2018. 1. 10	西周镇沙泉村西部尖边山山腰
113	横山大寨屋	1976—1978年	近现代重要史迹及代表性建筑	2018. 1. 10	西周镇横山村中部
114	盛城故居	20世纪初	近现代重要史迹及代表性建筑	2018. 1. 10	泗洲头镇大麦塘村

续表71

序号	名　称	年　代	类　别	公布时间	详　细　地　址
115	励家坪方口古井	清康熙四十九年(1710)	古建筑	2018.1.10	晓塘乡励家坪村中部
116	溪东石氏宗祠	清	古建筑	2018.1.10	茅洋乡溪东村中部

非物质文化遗产传承

【概况】　加强文化生态保护区和“非遗”场馆建设。成立象山海洋渔文化生态保护区管理中心，保护区建设机构实体化，全面统筹、协调、指导、推进保护区建设。梳理2013—2019年建设工作进转，编制完成43册台账，完成自评报告，10月12日在国家级文化生态保护实验区建设成果验收专家评审会上得到文化和旅游部非物质文化遗产司司长陈通和评审专家一致好评。县非物质文化遗产馆于10月完成布展，11月进入试运营阶段，拟于12月开馆。设序厅、海洋文化板块、农耕文化板块、市井文化板块、传承传播板块五大区域。海洋渔文化综合展示馆建设完成基础设施建设，拟2020年开馆。开展项目保护工作。开展象山竹根雕申报第五批国家级“非遗”名录工作，现处于文化和旅游部审核环节。完成张德和、谢才华2个省级“非遗”传承人抢救性记录摄录工作。启动全国民俗类“非遗”项目记录工作与保护研究项目试点“石浦—富岗如意信俗”影像记录工作。古船模、葛洪五行养生香、花香海盐制品等3个“非遗”项目的产品入选浙江省首批优秀“非遗”旅游商品。象山竹编专著《张心荣竹编技艺》出版发行。完成4个市级以上“非遗”传统技艺类项目“三位一体”评估。象山米馒头、岑晁醋制作技艺、木海马制作技艺被评为优秀项目，完成国家级“非遗”项目保护单位自查工作。继续开展“非遗”传播传承活动。承办全国“非遗”影像展，围绕口头传统类“非遗”项目的影像记录保存、节日民俗事象的影像诠释传播、“非遗”影像记录传播等主题共举办3场论坛，逾百位专家、学者和制作人参与对话讨论，吸引近三千名当地观众观看。开展2019年“非遗”乡愁行系列活动。各乡镇街道按需点单，在全县18个乡镇街道提供传统戏剧、曲艺和“非遗”课堂的配送，共配送传统戏剧108场，曲艺180场，“非遗”课堂144课时，发挥“非遗”在乡村振兴中的作用。在公益书场共演出走书80场，惠及群众人数1万余人次。

【参加首届象山农博会】　1月18日，组织刺绣、传统元宵花灯制作技艺等10个“非遗”项目，以“非遗，我们的年味”为主题参加首届象山农博会获广泛好评。

【杭州评词邀请演出】　3月1日，邀请国家级“非遗”项目杭州评词传人、杭州滑稽艺术剧院青年演员朱贺镭到象山演出传统剧目《白蛇传》选回《初识、成亲、被捕》，深受象山市民欢迎，也增进两地曲艺类“非遗”项目交流学习。

【设立象山海洋渔文化生态保护区管理中心】　4月18日，（象编〔2019〕5号）同意设立象山海洋渔文化生态保护区管理中心，为象山县文化和广电旅游体育局下属从事公益服务的财政全额补助事业单位（公益一类），正科（股）级，核定事业编制7名。

【象山工艺美术获14届中国文博会金银铜奖】　4月27日至30日，第14届中国（义乌）文化产品交易会和第22届中国国际旅游商品博览会在浙江义乌举行，象山县文化产业促进会组织10家企业参展，参展产品涵盖旅游食品、针织刺绣、音乐礼品、竹制品、伴手礼品、“非遗”等门类，经组委会专家评审，象山工艺美术荣获1金3银1铜：象山海仁竹雕文化发展有限公司总经理（林海仁）的作品《茶宠及贝壳手串》获金奖，象山利勇竹木根雕有限公司（朱峰）的作品《民国风情》、象山金竹斋文化发展有限公司董事长（王群）的作品《远去的渔港》、象山沙溪清音工作室负责人（徐敏杰）的作品《雪树寒禽图》获银奖，象山致远渔文化传播有限公司（庞冬花、潘慧芳）的作品《天光石色》获铜奖。

【竹乡非物质文化遗产馆落成开馆】　4月，西周镇竹乡非物质文化遗产馆落成开馆。该馆位于隔溪张村文化礼堂，总面积约210平方米，总投资80万元，内设“非遗”作品、特产展览和“非遗”体验课堂，陈列有竹根雕、竹制品及竹乡特色“非遗”农产品60余件。

【全国曲艺小书发展论坛及观摩交流展演】　5月7日至11日，组织唱新闻《那片红》和宁波走书《祝枝山观灯》参加中国浙江（义乌）·全国曲艺小书（鼓书琴书）传承发展论坛及观摩交流展演。

【木海马制作技艺登上央视《传承》栏目】 5月18日，央视纪录频道大型系列纪录片《传承》（第三季）第七集《迭新》，播出县市级“非遗”项目木海马制作技艺，以创新的视角，看古老的技艺在现代社会更迭变化出全新的生机。

【参加第六届阿拉“非遗”汇】 5月19日，组织10个“非遗”项目参加第六届阿拉“非遗”汇活动，其中谢才华剪纸和鱼拓技艺获最佳展示奖，象山心荣竹艺坊、海仁竹雕文化发展有限公司、才华剪纸博物馆入选“温故·知新”“非遗”创意精品展，鱼灯舞参加徐霞客开游节大巡游并获最佳展演奖。

【全国“非遗”影像展】 6月7日至10日，在文化和旅游部非物质文化遗产司的指导下，由文化和旅游部民族民间文艺发展中心和国家图书馆联合主办，浙江省非物质文化遗产保护中心、宁波市文化广电旅游局、浙江省象山县人民政府承办的全国“非遗”影像展在象山开展。活动围绕口头传统类“非遗”项目的影像记录保存、节日民俗事象的影像诠释传播、“非遗”影像记录传播等主题共举办3场论坛，逾百位专家、学者和制作人参与对话讨论，为学界和业界搭建展示、沟通和交流平台。“非遗”影像作品吸引近三千名当地观众观看。《中国日报》《中国文化报》、中央电视台、浙江电视台、《浙江日报》、人民网、新华网等众多媒体对本届“非遗”影像展进行专题报道。

【大塘红庙庙会】 6月29日（农历五月廿七）清晨5点许，大塘庙会行会队伍敲锣打鼓从红庙出发，载着“十八先贤”长生位和“蚱蜢将军”等造像，大塘车子灯、茶山老龙等民俗文化队伍边走边表演，行遍大塘12个自然村。随后，“十八先贤”的子孙在大塘红庙举行祭祖仪式。下午2点30分，象山“农信杯”龙舟邀请赛在大塘港水上运动基地举行，大塘片区九个村参加比赛。

大塘红庙庙会活动有：行会、麦糕节、龙舟赛、文艺晚会、鱼头晏等。被列入2019年“民间民俗．多彩浙江”优秀传统文化系列活动。

【机构改革】 7月22日，根据象机改办〔2019〕8号，撤销象山县非物质文化遗产保护中心合署县海洋渔文化（象山）生态保护实验区管理局。

【“三位一体”评估工作】 7月，完成象山米馒头、岑晁醋制作技艺、木海马制作技艺、石浦鱼灯4个市级以上“非遗”传统技艺类项目“三位一体”评估，其中象山米馒头、岑晁醋制作技艺、木海马制作技艺3个项目被评为优秀项目。

【亮相宁波国际旅游展】 8月30日，2019宁波国际旅游展在宁波国际会展中心拉开帷幕。旅展活动期间，象山馆安排非物质遗产灰汁团、萝卜团制作等美食体验活动，“非遗”艺人剪纸等互动活动。

【第二十二届中国（宁波象山）开渔节举行祭海仪式】 9月15日上午，2019中国农民丰收节系列活动第二十二届中国（宁波象山）开渔节祭海仪式在东门渔村门头山岛举行，参加祭祀人员由当地16个渔村组成，来自全国各地的游客香客团也前来参拜。祭海仪式由司仪主持，象山县委常委、县政府党组成员干维岳恭读祭文，现场渔民们向大海许愿，渔姑渔嫂向大海祈愿、向妈祖神像献祭舞。

【第二十二届中国（宁波象山）开渔节举行民间妈祖巡安活动】 9月15日晚上，妈祖巡安仪式由9艘渔船组成，从东门渔村出发，绕石浦港巡安。首艘是“肃静回避”主题船，第二艘是“妈祖巡安”主题船，紧跟后有“台东如意”“善待海洋”“年年有鱼”等各具特色的巡安渔船，船员们在船上或舞鱼灯，或敲船鼓，沿港观众及游客在岸上向妈祖祈福。

【副厅长叶菁一行到象山调研考察】 10月30日至31日，浙江省文化和旅游厅党组成员、副厅长叶菁，非物质文化遗产处处长胡雁一行到象山调研考察国家级海洋渔文化生态保护实验区建设工作。宁波市文化广电旅游局党组成员、副局长张菊琴，文化产业处（非物质文化遗产保护处）调研员邝菁琛，象山县委常委、宣传部部长罗来兴，县人民政府副县长钮晶莹，县文化和广

电旅游体育局局长陈淑萍等陪同考察。调研组先后参观考察德和根艺美术馆、才华剪纸艺术馆、东门渔文化艺术村、宁波建设工程学校、石浦渔港古城和象山县非物质文化遗产馆。在“非遗”馆里观看传承人与象山县志愿者共同演绎的宁波走书、唱新闻等节目，对象山县“非遗”志愿者保护团队给予赞扬。

【象山县茅洋乡列入省级乡村旅游产业集聚区】 12月18日，浙江省旅游发展领导小组，公布2019年度省级乡村旅游产业集聚区8个，象山县茅洋乡名列其中。

【象山入选国家级文化生态保护区】 12月25日，文化和旅游部公布首批国家级文化生态保护区名单，浙江省唯一的国家级文化生态保护区——海洋渔文化（象山）生态保护区入选。12月16日，文化和旅游部办公厅对国家级文化生态保护区建议名单进行公示公告，包括海洋渔文化（象山）生态保护试验区等7个地方入选。

【象山县“非遗”保护志愿者团队获“2019‘非遗’年度人物提名”】 12月29日上午，由文化和旅游部，光明日报社、光明网主办的2019“中国‘非遗’年度人物”揭晓仪式在北京举行，象山县“非遗”保护志愿者团队获“2019‘非遗’年度人物提名”。11月29日，2019“中国‘非遗’年度人物”推选宣传活动确定100名候选人名单。100名候选人中有传承人79人，策展人、企业家、艺术家7人，管理者4人，研究者、媒体人、传播者（含团队）10人，象山县“非遗”保护志愿者团队入选。12月9日，象山县“非遗”保护志愿者团队从100名候选人中晋升到30位提名候选人，并角逐最终的10位2019“中国‘非遗’年度人物”。

【张德和著作荣获“映山红奖”】 2019年12月，象山竹根雕省级代表性传承人张德和所著的《雕根问道——德和谈艺录》荣获第七届浙江民间文艺“映山红奖”（民间文艺学术著作类）。

（县文化和广电旅游体育局　宋国光）

公共图书

【概况】 实施“书香象山”全民阅读工作。城市书房·绘本馆、乡镇书吧高塘馆开馆，绘本馆被授予“宁波市亲子阅读体验基地”。截至年底，书房书吧接待读者3.5万余人次，借阅书籍11万余册次。县图书馆共接待读者42万余人次，借还图书29万余册次，移动图书馆点击率逾23.2万，收集地方文献289种350册，新建图书流动站13家，共为农家书屋及图书流动站开展图书流动5.3万册，开展天一讲堂、塔山讲堂进文化礼堂20期。举办主题书展，启动图书信用借还体系。继续做强塔山讲堂、陈汉章读书节、海上书屋、知识拥军、“小螺号”少儿公益课堂等阅读品牌，精心打造“月读”、暖象绘本阅读等阅读服务项目。

【象山“城市书房·绘本主题馆”对外开放】 1月20日，“城市书房·绘本主题馆”正式对外开放。绘本主题馆位于丹东街道新华路303号，面积约为214平方米。以0至6岁幼儿阶段小读者为主要对象，馆藏国内外经典幼儿绘本3000余册，开设小读者教室、阅读区、游戏区等。还设自助借阅、续借、还书等功能设备。

【获全省书香城镇系列活动多项荣誉】 2月15日，中共浙江省委宣传部等5部门公布2018年度浙江省“书香城镇”系列推选活动入选名单，共推选出书香城镇50个，书香村落（社区）100个，书香企业50家，书香机关50个，书香家庭100家，书屋优秀管理员150位。其中，象山县东陈乡获得“书香城镇”称号，丹西街道北路社区、丹东街道丹河社区获得“书香村落（社区）”称号，县检察院获得“书香机关”称号，沈敏和顾宝凯家庭获得“书香家庭”称号，曹玥青、董烂漫、鲍雅芬获得“书屋优秀管理员”称号。

【文化志愿者学雷锋】 3月2日，象山县图书馆文化志愿者和驻象官兵在茅洋乡敬老院开展送图书、送讲座、理发、包饺子等志愿服务活动，传承雷锋精神。

【象山县第十三届陈汉章读书节】 4月20日上午，象山县第十三届陈汉章

读书节开幕式在县文化活动中心西广场举行。县委常委、宣传部部长罗来兴，县人大常委会副主任胡建萍，县人民政府副县长钮晶莹，县政协副主席励茂平共同启动第十三届陈汉章读书节。并举办书香集市。下午，象山县朗诵协会、丹城第五小学的师生在县文化活动中心西广场举行“书香象山　诗诵祖国”青少年朗诵会。塔山讲堂开讲《曾国藩的为官与做人》。

【副县长钮晶莹担任《月读》栏目推广人】　4月23日，象山县图书馆邀请副县长钮晶莹作为《月读》第十一期栏目嘉宾，钮晶莹推荐的《咏而归》这本书，让人感受阅读经典是一个咏而归的过程。

【“海岛书吧·高塘馆”开馆】　4月25日上午，象山县第二家乡镇书吧“海岛书吧·高塘馆”正式开馆，该馆坐落在高塘岛乡龙泉路146号，建筑面积约100平方米，藏书量达7000余册。馆内分为亲子绘本、休闲卡座、儿童阅读、时尚吧台等阅读区域。象山县人民政府副县长钮晶莹、县文广旅游体育局局长俞湛、高塘岛乡乡长项跃波共同为海岛书吧揭牌。

【“童心向党”绘本剧展演】　5月18日，由象山县教育局、象山县文化和广电旅游体育局、象山县妇女联合会主办，象山县图书馆承办的第十五届未成年人读书节启动仪式暨“童心向党”绘本剧展演在象山剧院举行。该次活动是象山县第十三届“陈汉章读书节”系列活动之一。

【图书拥军30载】　7月28日，“心连心　鱼水情”结对30周年军民联欢活动在驻象山某部举行。30年来，象山县图书馆坚持“以书为媒”，运用图书和文化资源开展拥军优属活动。累计开展活动达90余次，赠送图书6万余册，县图书馆及其工作人员多年被市委、县委授予拥军优属先进集体、十佳单位和军警民共建先进个人等荣誉称号。

【开展“海上送书迎开渔”活动】　9月12日上午，象山县图书馆在石浦东门岛和鹤浦镇开展“海上送书迎开渔”活动。把900余册图书和100余册杂志通过“海上书屋”流动箱分别送往石浦东门岛、鹤浦镇渔民船上，以满足渔民对于海上生活的文化需求。

【中华人民共和国成立70周年书展】　10月19日，象山县图书馆在涌金广场举办“庆祝中华人民共和国成立70周年主题书展”，展区分3个区域，共计4000余册图书。当天现借阅图书1000余册，售卖图书500余册，新增办证200本。

【市图书馆毛婕一行到象山指导工作】　10月22日，宁波市图书馆毛婕一行5人到象山县图书馆指导乡馆分馆提质升级工作及查看信阅借阅柜放置地点。

【遂昌县文旅局一行人到象山考察城市书房】　10月23日，遂昌县文旅局

一行人到象山县考察城市书房建设，由象山县文广电旅游体育局党组成员奚斌辉陪同，象山县图书馆馆长林丹红介绍城市书房建设情况。

【象山绘本剧《花木兰》获市二等奖】 11月9日，由宁波市文化广电旅游体育局、宁波市妇女联合会主办，宁波市图书馆和各区县（市）图书馆承办“经典绘本剧创意表演大赛”在宁波逸夫剧院落下帷幕。象山县图书馆选送的绘本剧《花木兰》荣获二等奖。

【市图书馆副馆长贺宇红一行到象山调研】 12月19日，宁波市图书馆副馆长贺宇红等一行4人到象山县调研图书馆工作。

（县文化和广电旅游体育局　宋国光）

艺术创作

【概况】 2019年，象山县举办“全国名家与宁波”中国画学术邀请展、第五届中国民间文艺家协会走进中国（象山）开渔节“渔村振兴与海丝文化建设研究”论坛等活动。与各部门、乡镇（街道）文联联动，联合举办各类比赛、文艺演出、书画、摄影、民间工艺、工艺美术精品展等活动十余场。举办讲座、茶会、培训会等30余场次，开展文艺助力乡村振兴等调研、座谈10余次。刊出文艺杂志《象山港》杂志2期，文艺之家还举办各类展览6期，文艺事业取得新成果。

【扶持文艺创作】 落实《中共象山县委关于繁荣发展社会主义文艺的实施意见》和《关于建立象山县文艺家工作室制度的实施办法（试行）》《象山县优秀民间文艺人才“百人计划”实施办法（试行）》，完善《关于建立象山在外知名文艺界人士智库的实施意见》，加强与浙江音乐学院联系、合作，借智借力，提升文艺家协会和文艺家的创作能力。签订合作框架协议，借助省内最高音乐学府的专业力量，在声乐、戏剧、曲艺、舞蹈、民乐五个方面达成共识，合力催生富有象山地域特色的文艺精品力作。加大重点文艺精品项目的创作力度。赖赛飞等的歌曲《鱼化龙》、李武杰的唱新闻《那片红》和谢才华的学术著作《才华民间剪纸技法大全》入选宁波市文联2019年度文艺创作重点项目。

【开展各项文艺活动】 举行“新中国成立70周年”系列活动。通过文学创作、书画摄影展览、文艺演出等多种形式的主题活动，宣传新中国成立70周年以来的光辉历程和伟大成就，共举行80余场。配合团县委举办“纪念五四运动100周年，献礼新中国成立70华诞”主题活动。配合县委、县政府中心工作，举行各类文艺活动。配合全县2019年“六争攻坚，三年攀高”“三服务”活动、“扫黑除恶专项斗争”“一打三整治”“垃圾分类”等文艺宣传活动，组织各协会文艺骨干创作、排练、表演，创作《安全是朵幸福花》《安全为天》《安全生产莫忘记》等节目20余个，开展活动50余场。在“象山文联”微信公众号推出“渔业安全生产”和“扫黑除恶”小视频展播8期。组织县曲艺家协会骨干会员，以象山县七届“最美象山人”的好人好事为题材，创作一批走书、小品、相声等曲艺节目，开展2019年“最美象山人”曲艺惠民巡演活动7场。联合县委宣传部、宁波市曲协、县妇联举办宁波市第五届故事会颁奖晚会暨象山县“文艺与新时代同行”系列活动。联合宁波影视文化产业区管委会组织文艺志愿者、剧组、游客、影视城的工作人员等近万人开展同唱《我和我的祖国》活动。联合县普法办举办“走进新时代，文化进万家”活动，进机关、进企业、进农村开展送福送春联活动。联合县文明办、县慈善总会义工分会、丹城五小、丹城六小等开展“带上你的佩奇回家”活动。联合举办龙腾中华宁波百龙大赛象山选拔赛。联合县兰花协会举办象山县首届精品蕙兰、书画展。开展文艺助力县全域旅游和乡村振兴。组织县工艺美术家协会的30余名会员走进墙头镇溪里方村，举行根雕艺术创作展示捐赠活动。组织20余名文艺志愿者赴涂茨镇汤岙村参加花漾汤岙·音乐稻香季暨开镰仪式。联络和组织浙江音乐学院部分师生到象山县石浦镇东门渔村、渔港码头等地开展采风写生活动。组织来自“红牡丹书画国际交流社”的十几位外国友人在溪里方美术馆组织开展“体验民间工艺，参观美丽乡村”活动。举办“会员说事”系列活动，每月一期，围绕“民宿发展”“文旅融合”“文艺家进驻乡村”等多个专题，邀请相关专家、文艺家、会员、社会人士代表以茶会的形式广泛征求社情民意，研讨相关建议和措施，助推乡村文化振兴。根据各乡镇文化特色，推出“一镇一品”“一协会联系一村”活动，推出东陈“剪纸”、茅洋“农民画”、墙头“书法”、西周“竹刻”公益品牌。

【获奖和入选的文艺作品】 县作家协会：赖赛飞长篇报告文学《嘱托》、毛亚莉散文集《在海一方》出版。在宁波市“红杜鹃”宁波市基层文艺社团征文比赛中，陈和李的散文《吾心安处是故乡》获得红杜鹃奖，夏女的散文《走过这座桥》获得优秀奖，石明的散文《幸福深处是我家》获得入选奖。县书法家协会：周瑞怀的书法作品入展第十二届全国书法篆刻展；史雅娟的书法作品获得第十届全浙书法展优秀作品奖，吕茂盛的书法作品入选;佘超的书法作品入展浙江省第四届"温泉杯"书法大展,刚道清的书法作品入选。县美术家协会:周万能的年画作品《欢乐中国年》和马震的综合材料绘画作品《渔光曲》入选第十三届全国美术作品展综合材料绘画、综合画种・动漫两个展区;郑旭敏、周万能等8位会员作品入选浙江省第三届综合艺术大展;马震的作品《港湾・船》入选浙江省第十四届美术作品展。县曲艺家协会:在宁波市第五届故事会比赛中,曲协会员丁玲颖演讲的《草根名人'炮杖嫂》获一等奖,倪双双演讲的《会下蛋的公鹅》获二等奖,郑攀演讲的《外卖小哥艾特》获三等奖;同时,在故事征文中,徐海萍的《象山红》获一等奖;欧行凯的《人在做天在看》和李武杰的《九品芝麻官的烦恼》获二等奖;梁玲玲的《人精老欧》获三等奖;郭杰的《外卖小哥艾特》获优秀奖。在宁波市"红杜鹃"宁波市基层文艺社团曲艺比赛中,由欧行凯创作,俞敏多、俞志梅、陈永国、叶先福等表演的象山双档走书《渔嫂》获得10大"红杜鹃"奖的第二名;唱新闻《八月花名廿四种鸟》获宁波市第三届少儿曲艺大赛铜奖;象山走书《祝枝山观灯》在第二届中国东部优秀曲艺节目进行展演。县摄影家协会:陈龙灵的作品《海上农场丰收季》上《人民日报》头版。县舞蹈家协会:郑丹峰、施方圆、黄成良编排的少儿男子群舞《我爸是船老大》参加第二届"小荷初放　舞悦浙江"少儿舞蹈展演获"小荷之秀"称号。郑识的芭蕾教学展示参加中国荷花联盟少儿舞蹈展演主委会主办的2019"五彩星光"——中国荷花舞蹈联盟少儿舞蹈展示(宁波站),参加7月的全国展。王洁琼选送的教学拓展组合《竹林深处》参加在河北省举行的中国舞蹈家协会2019年全国教学成果展演。县戏剧家协会:小戏《爱心驿站》获得象山县第三届群众文化艺术节"一人一艺"农村文化礼堂文艺展演金奖。县音乐家协会:民乐《赛马》等8个节目参演延吉参加象山・龙井市文化走亲文艺演出活动;歌曲《开渔出海》正准备参加2019省新作大赛。县影视家协会:纪录片《翩跹》获宁波国际微电影节纪录片单元短纪录片一等奖;纪录片《晒盐》入围2019中国"非遗"影像展。县工艺美术家协会:根雕大师张德和著作的《雕根问道——德和谈艺录》由西泠印社正式出版。在第14届中国(义乌)文博会中,林海仁的作品《茶宠及贝壳手串》荣获金奖,王群的作品《远去的渔港》获得银奖。县民间文艺家协会:在第14届中国(义乌)文博会中,徐敏杰的作品《雪树寒禽图》获得银奖,庞冬花的作品《天光石色》获得铜奖;象山鱼灯舞喜获2019中国朱泾花灯文化旅游节——"朱泾杯"长三角花灯艺术展演最佳表演奖。县朗诵协会:沈绚、张薇的朗诵作品《月光下的中国》获得宁波市语委和宁波市教育局主办的"全国中华经典诵读大赛"社会人员组的一等奖。张薇获得宁波市第二届朗读大赛"十佳朗读者"。

【浙江省第八届故事会加工会在象山举行】 1月8日至11日,浙江省第八届故事作品加工会在松兰山海景大酒店举行,该次活动由浙江省曲艺家协会主办,宁波市曲艺家协会、县文学艺术界联合会承办,象山县曲艺家协会执行承办。来自全省各地区的45名优秀故事作者参加该次加工活动。县李武杰、欧行凯、郭杰等六位作者的作品入选加工会。

【"全国名家与宁波"中国画学术邀请展在象山举行】 1月14日,"全国名家与宁波"中国画学术邀请展在象山开幕。该次展览由中国美术家协会担任学术指导,中共宁波市委宣传部、宁波市文学艺术界联合会主办,宁波何水法文艺大师工作室、宁波美术馆、宁波市美术家协会、中共象山县委宣传部、象山县文学艺术界联合会承办。该次"全国名家与宁波"中国画学术邀请展共展出陈孟昕、董竟成、韩璐、李采姣等11位全国知名画家的40余幅国画作品。开幕式过后,还召开以"就象山美协现状谈中国画的传承与创新"为专题的中国画研讨会。

【"放歌新时代"象山县文艺界2019新春联谊会】 1月28日,在新春佳节即将来临之际,由县文联主办,县各文艺家协会、公安局文联、华翔文联、乡镇(街道)文联承办,绿城兰园、尼雅酒业、如瑜伽、大旸艺术馆等支持的"放歌新时代"象山县文艺界2019新春联谊会在东谷湖酒店举行。县委常委、宣传部部长罗来兴,县人民政府副县长钮晶莹,县人大常委会副主任胡建萍,县政协副主席欧亚群、莫俶茜,宁波市曲艺家协会主席沈姿颖等领导出席,县委宣传部、县财政局、县人社局、县司法局、县文化和广电旅游体育局、县妇联等有关领导参加联谊会。来自县12个文艺家协会、18个乡镇(街道)文联、公安局文联、华翔文联的300余位文艺工作者代表和老艺术家代表欢聚一堂,共迎新春。

【吴蒙蒙海洋渔文化绘画作品展】 1月30日,吴蒙蒙海洋渔文化绘画作品展在县文化活动中心举行。县委宣传部副部长钱江宣布开展,县文联党组书记、主席郑辉,县水利和渔业局副局长、党委委员俞爱文,县美术家协会主席杨海鸿,县文化馆馆长黄松挺、画家吴蒙蒙等出席。该次渔文化绘画作品展,共展出作品80余件。

【召开各文艺家协会和乡镇(街道)文联工作会议】 2月19日、2月28日,县文联分别召开各文艺家协会和乡镇(街道)文联工作会议。县文联领导班子,各文艺家协会、乡镇(街道)文联的主席和秘书长,县文联机关中层干部等80余人参加会议。在会议上,各文艺家协会、乡镇(街道)文联负责人交流汇报2018年的工作总结和2019年的工作思路。商讨各基层文联"锻造十万文艺甬军,夯实镇乡(街道)文联基础"的三年行动计划进展和"庆祝中华人民共和国成立70周年"开展重点文艺活动的计划和打算。

【宁波市第五届故事会颁奖晚会暨象山县"文艺与新时代同行"系列活动启动仪式在象山举行】 3月10日,由中共象山县委宣传部、宁波市曲艺家协会、象山县文联、象山县妇联主办,象山县曲艺家协会承办的宁波市第五届故事会颁奖晚会暨象山县“文艺与新时代同行”系列活动启动仪式在象山县文化活动中心举行。中国曲协副主席、浙江省文联副主席、省曲协主席翁仁康,宁波市文化广电旅游局党组书记、局长、宁波市对外文化交流协会会长张爱琴,浙江省曲协副主席何微,中共象山县委常委、宣传部部长罗来兴,宁波市文化馆馆长林红,宁波市曲艺家协会主席沈姿颖,象山县文化和广电旅游体育局局长俞湛,象山县文联主席郑辉,象山县妇联主席蒋凌燕等领导为获奖选手颁奖并观看演出。

【赖赛飞长篇报告文学《嘱托》出版】 4月,国家一级作家、县文联创作干部赖赛飞撰写的长篇报告文学《嘱托》由浙江人民出版社出版。全书记录15年来这个浙东红村在村党委带领下,牢记习近平总书记嘱托,坚守本色,不忘初心,在脱贫攻坚奔小康的路上牢记使命,取得令人瞩目成就的全过程。

【省文联到象山调研新文艺组织和新文艺群体发展】 4月10日,省文联书记处书记张均林,省文联组联处副处长高勤英一行赴象山开展关于新文艺组织和新文艺群体发展的专题调研,走访象山影视城、龙战影视公司、世纪新峰影视器材租赁公司等地,召开新文艺组织和“象漂”等新文艺群体代表座谈会,了解新文艺组织和“象漂”等新文艺群体发展的相关情况。宁波市文联副主席、秘书长施孝峰,象山县文联党组书记、主席郑辉等陪同调研。

【县文联机关党员干部职工前往宁海开展工会活动】 4月24日,象山县文联机关党员干部职工前往宁海开展工会活动,大家来到柔石故居、梅花村,感受烈士事迹、寻访历史印记、重温革命历史、强化党性教育。

【傅丹到象山指导丹霞琵琶学社】 4月28日,宁波市政协原副主席、宁波中华文化促进会主席傅丹,在宁波市文联副主席、宁波美术馆馆长韩利诚,象山县文联党组书记、主席郑辉等陪同下,走进丹城六小丹霞琵琶学社,开展琵琶教学现场指导活动。70多名学生及部分家长、老师参与活动。

【郁伟年到象山调研文艺助力乡村振兴工作】 5月24、25日,市政协副主席、党组副书记、市文联主席郁伟年率队调研文艺助力乡村振兴工作。郁伟年一行在县政协副主席叶富兴、励茂平和县文联主席郑辉等陪同下,到黄避岙乡塔头旺村、鸭屿村,涂茨镇旭拱岙村,晓塘乡中岙艺术村,社会艺术机构联盟成员单位春荣竹刻艺术馆、左联五烈士之一的殷夫故居等地,就讲好红色故事、文艺助力乡村文化振兴、民间“非遗”传承发展等主题开展实地调研走访。

【报告文学《站在大地上的人》作品加工会举行】 5月24日,长篇报告文学《站在大地上的人》作品加工会在华翔山庄举行。会议由宁波市文联创研室调研员冯国祥主持,县文联党组成员、副主席杨晟代表县文联致辞。宁波市文联副主席韩利诚,宁波华翔集团董事长周辞美出席并讲话。

【“到文联听讲座”第一期开讲】 5月30日,“到文联听讲座”第一期摄影课程精彩开讲。高级工程师,中国著作权摄影家协会会员,浙江省摄影家协会会员仇伟传主讲,主题为“手机摄影与图片处理”,近70余名摄影爱好者参加。

【象山县第二期文艺界骨干会员培训班圆满完成】 6月24日至27日,县委组织部、县委党校、县文联联合在县委党校举办象山县第二期文艺界骨干会员培训班。象山县各文艺家协会、镇乡(街道)文联和公安文联、华翔文联的主席和秘书长,青年画院和文艺之家的负责人,县文联中层以上干部等近60名骨干参加培训学习。

【18位国外艺术家齐聚文化礼堂】 8月7日,赴甬参加2019“环太平洋国家艺术展”的18位外国艺术家到定塘镇定山村文化礼堂,与象山艺术家们进行创作交流,为村民送来太平洋凉爽的“艺术”海风。

【8位美协会员作品入选浙江省第三届综合艺术大展】 9月4日,浙江省美术家协会官方网站公布“庆祝中华人民共和国成立70周年——浙江省第三届综合艺术大展”评选结果,经专家评委初评、复评的严格删选,象山美协郑旭敏、周万能等8位会员作品入展。

【万人同唱《我和我的祖国》,向新中国成立70华诞献礼】 9月13日,象山县文联和宁波影视文化产业区管委会一起组织上千名文艺志愿者,跟剧组、游客、影视城的工作人员等近万人开展了同唱一首歌活动。

【百名艺术家展百“廉”,清廉象山又添一抹廉韵】 9月15日,由县纪委、县文联联合主办,县美术家协会、县书法家协会、县摄影家协会、县民间文艺家协会、县工艺美术家协会承办的“‘象廉’相依”书画、摄影、民间工艺、工艺美术精品展在象山科创中心一楼展厅开展。作品展得到全县知名画家、书法家、摄影家及摄影爱好者的响应,共有300余幅(件)作品参加展出。

【中国民间文艺家协会“民间文艺进校园(象山站)”志愿服务活动在丹城第五小学举行】 9月15日,中国民间文艺家协会“民间文艺进校园(象山站)”志愿服务活动在丹城第五小学举行。中国民协副主席、北京师范大学民间文学研究所所长万建中,中国民协分党组成员、副秘书长侯仰军,中国文联民间文艺艺术中心主任徐岫娟,中国文联民间文艺艺术中心副主任刘德伟,象山县人民政府副县长钮晶莹,浙江省民协副主席兼秘书长郑蓉,宁波市文联党组成员、副主席施孝峰,宁波市民协主席施珍,象山县文联党组书记、主席郑辉等出席活动。中国、省、市文联、民协和县有关部门的领导及有关学校的师生等400余人参加。

【第五届中国民间文艺家协会走进中国(象山)开渔节“渔村振兴与海丝文化建设研究”论坛举行】 9月16日，第五届中国民间文艺家协会走进中国(象山)开渔节“渔村振兴与海丝文化建设研究”论坛，在石浦半岛大酒店举行。该次论坛由中国民间文艺家协会、第二十二届中国(象山)开渔节执委会共同主办，浙江省民间文艺家协会、宁波市文学艺术界联合会协办，象山县文学艺术界联合会、宁波市民间文艺家协会承办。在论坛上中国民协理论研究处处长王锦强讲话、宁波市文联副主席施孝峰致辞、象山县人民政府副县长钮晶莹致辞。论坛还举行《山海经》杂志社“故事采风创作基地”授牌仪式。

【“庆国庆·迎亚运”2019中国·象山国际标准舞全国公开赛暨俱乐部精英对抗赛获得圆满】 10月5日、6日，“庆国庆·迎亚运”2019中国·象山国际标准舞全国公开赛暨俱乐部精英对抗赛在象山体育馆举行。来自河北、山东、安徽、河南、江苏、上海、浙江、福建、广州等9个省市的40余支代表队700多名国标舞精英登台亮相，一展舞技。比赛分为职业组、青年组、少儿组、团体舞四个组别，对多个项目的奖项进行角逐，吸引来自全省乃至全国的舞蹈爱好者。

【象山县文联工作3次登上《中国艺术报》】 4月10日至10月11日，《中国艺术报》“文联四方”“文化时空”两个版面三次刊登象山县文联在打造艺术村，助力乡村振兴；深化文联改革、推进工作创新方面的成效。

【象山经验亮相全国民间文化进校园工作经验交流会】 11月28日至29日，全国民间文化进校园工作经验交流会在广东汕头举行，来自全国各地的专家学者、民协负责人等相关机构代表齐聚一堂，通过大会交流、分组讨论、实地考察等方式，共话文教融合的昨天、今天和明天。大会发言由万建中主持，浙江宁波象山县文联党组书记、主席郑辉作主题发言。

【“山海风”象山镇海农民画邀请展在象山县举行】 12月3日，“山海风”象山镇海农民画邀请展在象山创业创新大厦举行。宁波市民间文艺家协会名誉主席周静书、宁波市评论家协会副主席陈琦、镇海区文联副主席徐崇禧，象山县文联党组成员、副主席杨晟，宁波市民间文艺家协会副主席兼秘书长陈可伟、镇海区民协主席郑适民出席此次活动。该次邀请展邀请象山、镇海两地21名农民画作者，共106幅作品参展。

【张德和作品荣获浙江民间文艺“映山红奖”】 12月25日，第七届浙江民间文艺“映山红奖”经过各项评比，获奖作品名单揭晓，张德和的《雕根问道——德和谈艺录》获得“映山红奖”(民间文艺学术著作类)。

(县文联　姜剑)

体　育

【概况】 推进亚运建设项目进度。对接杭州亚组委和宁波分赛区组委会，贯彻落实省市县的决策部署。亚帆中心项目主体工程平基工作和配套道路建设持续推进，防波堤基础基本完成。谋划亚帆中心赛后场馆利用事宜，与中体集团、华体集团等8家优质团队(公司)进行对接，其中5家企业有意向参与运营，合作洽谈。杭州亚组委正式颁发亚运会沙排场馆建设任务书，确定将亚运会沙滩排球比赛项目落户象山。亚运会沙排项目吸引宁波半边山投资有限公司参与，现完成沙排场馆建设概念性方案设计，拟规划建设用地85亩，建筑面积约2万平方米，建5个场馆3片场地。也完成亚运村设置方案，并上报亚组委论证审批。提升体育公共服务水平。共举办县级赛事活动110次，市级赛事活动6次，省级赛事活动2次，国家级赛事活动4次。举办由来自全国各地知名商学院MBA的200余名精英们参加的“活力象山·扬帆亚运”亚太区商学院龙向海越野挑战赛、“青运会篮球预选赛U18体育组比赛”“2019中国无人机竞赛公开赛”“全国跆拳道公开赛”“迎亚运·绿色行万人骑行大联动”“浙江省第二届生态运动会”“浙江省帆船帆板冠军赛”“第六届环象骑行”“2019年宁波市第十八届运动会足球(男甲)锦标赛”“象山山地半程马拉松及首届宁波全民运动会迷你马拉松象山站选拔赛”“宁波全民运动会(象山站)瑜伽选拔赛”“宁波全民运动会(象山站)门球选拔赛”“宁波全民运动会(象山站)舞龙选拔赛”等以及30项次县级体育赛事活动。完善体育设施建设规划。全县490个行政村体育设施实现全覆盖，建成登山健身步道250千米，健身路径1036条(1.4万件)。推广“公园+体育”模式，结合公园绿地、街景小品建设，推进配套体育健身设施建设，创建“国家级全民健身活动中心”1个，“省镇乡级全民健身活动中心”1个，“省先进体育社区”8个，“省中心村全民健身广场”6个，“省中心村体育休闲公园”15个。共建共享学校体育设施，推动学校体育设施对外开放工作，符合条件的学校体育设施除象山中学，其余场馆均开放，开放率达98.6%，局属公共体育设施开放率100%。新建小康体育村升级工程15个、社区多动能运动场6个、足球场2片、游泳池2个及体育休闲公园1个。推进体育产业规划建设。与农业、住建、文化、旅游等部门合作，拓展发展渠道，推荐5家体育项目申报市级以上体育产业项目，4家通过初审。组织兄弟服饰、米高、武校等5家体育企业参加宁波市第二届体博会，产业名录单位在册在库单位1159家。

【2018亚太地区商学院龙向海越野挑战赛】 2018年12月31日至2019年1月1日2018亚太地区商学院龙向海越野挑战赛在象山半边山景区举行。来自全国10多所院校MBA，近200名选手参加，象山县人民政府副县长钮晶

莹发令汽笛声的鸣起。

【亚组委处长吴江调研亚帆中心建设】 2月26日下午，亚组委建设管理处处长吴江、亚组委场馆部第三片组组长胡黄蔚等一行赴象山县调研，实地考察半边山景区沙滩排球项目建设选址地和亚帆中心工程进展情况。亚帆中心项目建设象山指挥部总指挥楼永珍、县文化和广电旅游体育局副局长邵叶茂等陪同调研。

【市政协副主席崔秀玲调研亚帆中心项目】 2月27日下午，宁波市政协副主席崔秀玲带队赴象山县调研，考察亚帆中心工程建设。副县长钮晶莹、县政协副主席周平飞、县政协经建委主任赖伟杰、亚帆中心项目建设象山指挥部总指挥楼永珍等陪同。

【副县长钮晶莹调研体育产业、体育设施建设】 3月19日，象山县人民政府副县长钮晶莹一行赴晓塘乡黄埠村，新桥镇井头村、韩升村，东论篮球馆、MAX健身、米高青少年成长中心等地调研村级体育设施建设和体育产业工作。象山县文化和广电旅游体育局局长俞湛、副局长邵叶茂等陪同。

【杭州亚运会沙滩排球比赛落户象山】 4月12日下午，2022年杭州亚运会沙滩排球任务书发放在宁波市体育局会议室举行。亚运会组委会杭外工作部副部长杜作锋代表杭州亚组委颁发任务书，宁波市体育局副局长王雷钧、象山县人民政府副县长钮晶莹代表宁波赛区筹办工作领导小组受领任务书。亚运会沙滩排球比赛项目落户宁波（象山）分赛区，这是象山县继获准承办亚运会帆船帆板项目后，再次承担第二项亚运会正式比赛项目（奥运项目）任务。

【首届宁波全民运动会迷你马拉松象山站选拔赛】 4月20日，2019象山山地半程马拉松暨首届宁波全民运动会迷你马拉松象山站选拔赛在象山涂茨镇汤岙村举行。来自全国各地及海外的共千余名选手参加，比赛共设半程山地马拉松个人赛、12.5千米山地马拉松个人赛2个项目4个组别的比赛。本站比赛是由象山县文化和广电旅游体育局、象山县涂茨镇人民政府主办，涂茨镇汤岙村承办，宁波步越体育文化发展有限公司独家运营。

【市全运会射击首枚金牌】 4月23日，宁波市第十八届全民运动会在宁波体育运动学校开赛。上午，在男子气步枪20发比赛中，象山代表队选手姚泓宇以总成绩189环总成绩，夺得射击项目首枚金牌。

【第二届全国青运会篮球预赛在象山举行】 5月1日至7日，第二届全国青年运动会U18男子篮球体校组预赛在象山举行，参加宁波象山赛区球队由8个省市体育训练中心或体育运动学校。此次预赛共有4个赛区：吉林吉林赛区、山东济宁赛区、宁波象山赛区、四川宜兴赛区。宁波象山赛区由国家体育总局主办、中国篮球协会承办、宁波市体育局、象山县人民政府执行、象山县文化和广电旅游体育局、宁波市篮球协会运行。

【象山体育代表团出征授旗仪式】 5月17日上午，宁波市首届全民运动会（宁波市第十八届运动会）象山体育代表团成立大会暨出征授旗仪式举行，象山县共派出运动员、教练员和领队1195人参赛。分别参加30个群众赛事项目、11个老年人赛事项目和20个青少年竞技比赛项目，运动员最小年龄6岁，最大70岁。

【宁波市首届全民运动会气排球联赛象山站比赛】 5月18日至19日由宁波市人民政府主办，宁波市体育局、宁波市排球协会、象山县文化和广电旅游体育局承办的宁波市首届全民运动会暨2019年宁波市气排球联赛象山站比赛，共有来自全市的36支气排球队334名运动员参赛。

【全市老年人可乐球展示活动在象山县举行】 6月17日至18日，宁波市首届全民运动会暨第十八届运动会老年人可乐球展示活动在象山县体育馆举行。全市9个代表队100余名选手参加，该次活动共设规定套路、自选套路、自选单人、自选双人4个项目，经过2天的比赛，象山代表队获得规定、自选2项金奖和最佳编排奖。

【全县体育工作会议】 6月24日，2019年全县体育工作会议暨文体干部业务素能提升专题培训班在象山党校举行，象山县人民政府副县长钮晶莹作动员讲话，会议表彰2018年度全县体育工作先进单位、集体和个人，先进代表进行交流发言，县体育部门部署2019年工作任务。县级相关单位、各镇乡(街道)分管领导，文化站负责人，县文广旅体局中层以上干部，各体校训练点负责人，各单项体育协会负责人和相关体育产业及实事工程创建代表等150余人参加会议。会后进行4天培训，共有40余位县文体干部参加。

【市政协副主席崔秀玲带队到象山调研】 6月26日，宁波市政协副主席崔秀玲、市体育局局长张霓带队赴象山开展"三服务"系列调研活动，象山县人民政府副县长钮晶莹、县政协副主席励茂平、县文广旅游体育局局长俞湛等陪同调研。

【获市运会空手道1金2银3铜】 7月15日至16日宁波市第十八届运动会空手道赛场象山代表队荣获1金2银3铜。象山空手道队是首次组队参加市运会，共派出13名小运动员，取得团体总分第三。

【陈雄一行到象山调研】 7月16日，杭州亚组委市场开发部市场运营处负责人陈雄一行到象山调研宁波分赛区市场开发情况。调研组一行首先到松兰山亚帆中心建设工程，现场了解场馆建设情况，听取象山县人民政府建设方的详细介绍。在半边山沙滩排球基地，听取半边山公司对沙排场馆的设计方案。

【陈卫强到象山调研亚运会场馆建设】 7月17日，杭州亚组委副秘书长、杭州市副市长陈卫强到象山，调研2022年第19届杭州亚运会帆船帆板和沙滩排球赛事场馆建设情况。随行的有杭州亚组委场馆建设部部长施天贵、杭外工作部副部长杜作锋、竞赛部副部长钟杭伟。宁波市人民政府副秘书长杨小平、宁波市体育局副局长王雷钧、象山县人民政府副县长钮晶莹等陪同调研并参加座谈。钮晶莹汇报宁波(象山)赛区筹办杭州亚运会整体工作情况，陈卫强提出工作要求。

【在市运会排球(甲组)比赛获奖】 7月24日至26日，在宁波市第十八届运动会排球比赛中，象山代表队荣获男子第二名、女子第四名，共有20名运动员参加。

【获省田径冠军赛(乙组)团体总分和金牌数双第一】 7月24日至28日，2019年浙江省少年儿童田径冠军赛在横店举行，来自全省各县、市、区的87支代表队，838名运动员，分别参加甲组、乙组比赛。象山代表队共选派10名运动员参加乙组18个大项、42个小项的比赛，夺得12块金牌、4块银牌、1块铜牌，团体总分161分，团体总分和金牌数均位列乙组参赛县市区双第一，晋级2020年甲组队，创造象山历史最好成绩。

【"八一"太极拳展演活动】 7月31日晚上，庆祝"八一"建军节太极拳展演活动在象山县人民广场举行，近500人参加杨氏太极、可乐球、柔力球、健身操等9种项目的展演。活动由象山县老年人体育协会、县退役军人事务局

主办。

【参加浙江省第三届海洋运动会】 由浙江省体育局和台州市人民政府主办的浙江省第三届海洋运动会，运动会共设置23个竞赛项目，其中包括5个海岛项目、17个沙滩项目和1个涉海上项目。石浦大海户外俱乐部的8名会员代表象山，参加8月5日的玉环赛区海岛拓展比赛，肖勇军和陈坚挺分获军事打靶（个人赛）二、三等奖，肖昊楠，林龙星、何敏敏获趣味投壶（团体赛）一等奖，肖昊楠、陈坚挺和马理叶获丛林穿越（团体赛）三等奖。8月7日至8日，何敏敏、陈坚挺和李玉琴获海涂拾蛤（混合团体）二等奖，肖昊楠、陈坚挺、马理叶和梅利君获海涂速滑（混合团体）三等奖。

【2019年中国无人机竞速公开赛（象山茅洋站）暨茅洋首届乡村旅游体验周活动】 8月16日至17日，由国家体育总局航空无线电模型运动管理中心和中国航空运动协会主办的“2019年中国无人机竞速公开赛象山茅洋站暨茅洋首届乡村旅游体验周活动”正式启动，有83名国内选手参赛。国家体育总局航管中心运动三部副主任吕洁，中共象山县委副书记、政法委书记孙小雄，浙江省体育局智力运动管理中心副主任林罡，宁波市体育局副局长徐建，象山县人民政府副县长钮晶莹，中共象山县委宣传部副部长钱江，象山县文化和广电旅游体育局局长陈淑萍，象山县旅游发展中心主任袁明全，茅洋乡党委书记洪海，茅洋乡人民政府乡长张冬青，以及参加2019年宁波象山首届全域旅游摄影论坛的各位嘉宾、县级相关部门分管负责人，中央驻甬媒体，赛事赞助商的代表等出席开幕式。中央电视台、人民网、新华社等20家媒体对活动进行报道。

【“迎亚运·绿色行”骑行大联动活动】 9月7日上午，“迎亚运·绿色行”杭州亚运会骑行大联动活动在晓塘乡青山头村举行，来自全大市的500名骑手沿着象山大塘港40千米的骑行比赛，最终，宁波艺单车俱乐部的李波获男子精英组第一名；桐庐追风单车俱乐部的陈曙全获得男子大师组第一名；宋春晓获女子组第一名。在村委会会议室举行宁波市体育局和象山县人民政府体育事业发展战略合作框架协议签约仪式，宁波市体育局局长张霓、象山县委书记叶剑鸣出席签约仪式并致辞，宁波市体育局副局长贺昌元和象山县人民政府副县长钮晶莹分别代表宁波市体育局和象山县人民政府签订协议。

【宁波市首届全民运动会暨宁波市第十八届运动会青少年部田径赛在象山举行】 9月21日至23日，由宁波市人民政府主办，宁波市体育局、象山县人民政府承办的宁波市首届全民运动会暨宁波市第十八届运动会青少年部田径赛在宁波建设工程学校体育场举行，来自全市10个代表队492名田径选手参加。象山代表队以总分378分和28枚金牌位列团体总分和金牌数全大市第一，江北代表队以总分323分和15枚金牌、余姚代表队以总分259分和12枚金牌分别位列第二、三名。期间，浙江省田径运动管理中心主任王孺牛、宁波市体育局副局长王雷钧、象山县人民政府副县长钮晶莹、县文化和广电旅游体育局局长陈淑萍等一起慰问全体参赛运动员、教练员和裁判员，并为前三名运动员颁奖。

【“中化国际杯”2019象山新桥生态马拉松赛】 10月19日下午，“中化国际杯”2019象山新桥生态马拉松赛在象山影视城鸣枪起跑，来自国内外的2000余名马拉松爱好者齐聚新桥，以健康奔跑的方式，共享运动狂欢盛会。

【迎亚运·2019第六届环象骑行大赛】 10月20日清晨6点，迎亚运·2019第六届环象骑行大赛在象山国际风情街鸣枪开赛。来自国内外多地以及象山本地的37支团队近千余名自行车爱好

者参赛。

【“农夫山泉杯”浙江省第二届生态运动会(象山站)】 11月2日,“农夫山泉杯”浙江省第二届生态运动会(象山站)在象山县晓塘乡青山头村举行,全县各镇乡、街道18支代表队,5支(省内)代表队,共有23支队伍230人参赛。比赛项目有“五水共治”“手掂重量”“众志成城”“目测距离”“绳彩飞扬”“最多跑一次”。本届运动会由浙江省体育局、浙江省文化和旅游厅、浙江省生态环境厅、浙江省农业农村厅和浙江日报报业集团主办;浙江省体育记者协会、宁波市体育局和象山县人民政府承办;象山县文化和广电旅游体育局、晓塘乡人民政府执行承办;青山头村委会、县田径运动协会协办。象山县人民政府副县长钮晶莹,县文化和广电旅游体育局局长陈淑萍出席开幕式。

【2019年浙江省青少年帆船(帆板)冠军赛】 11月3日,2019年浙江省青少年帆船(帆板)冠军赛在象山县松兰海域举行。有来自全省10支帆船、帆板队共40余位运动员参赛。比赛设置帆船(OP级)和帆板(T293级)各组别22枚金牌,宁波队获得帆船和帆板两个团体总分第一,并获得帆船(帆板)奥林匹克、长距离等多项目的15枚金牌,其中象山籍运动员吴瑶瑶,吴佳瑜和叶昱娴分获女子帆船长距离、帆板障碍滑和帆板长距离金牌。该次冠军赛由浙江省体育局主办,浙江省帆船协会、象山县文化和广电旅游体育局承办。

【获宁波市首届全运会自行车总决赛冠军】 11月16日,宁波市首届全民运动会自行车总决赛在北仑梅山湾举行,该次赛事设6个组别:男子精英组、女子精英组、男子大师组、女子大师组、团队组及体验组;来自宁波大市域内500多名选手参加该次总决赛;象山代表队13名选手参加除体验组外的5个组别,12位选手勇夺各组前10位,女子大师组斩获冠亚军(冠军吴梅娣、亚军陈香红),男子大师组包揽前3名(冠军张安平、亚军赖伟俊、季军史海峰),象山代表队获团队冠军。

【参加市首届全运会木球总决赛】 11月23日至24日,象山代表队在宁波市首届全民运动会木球总决赛E组比赛中获男子团体、女子团体第三名;裘国慧和励亚萍获双打第一名。象山代表队12名运动员参加E组所有的比赛。

【象山县长跑运动协会成立】 12月9日,象山县长跑运动协会成立象山县单项体育协会又添新成员。至此,县单项体育协会组织增至24个。成立大会通过协会章程,决议选举产生第一届理事会会长、副会长、秘书长。会员人数为145人。

【2019世界无人机锦标赛在象山半边山举行】 12月12日至16日,2019世界无人机锦标赛在象山县半边山举行。12日,开幕式由中共象山县委副书记、象山县人民政府代县长包朝阳作欢迎辞,国家体育总局航管中心党委书记任洪国,主办方国际航空联合会的主席罗伯特·亨德森在开幕式讲话,运动员代表强龙和裁判员代表许浩上台宣誓。该次世界无人机锦标赛共吸引全球31个国家和地区的112名运动员前来参赛,经过4天的比赛,韩国队获团体赛冠军,澳大利亚队排名第二,中国队排名第三。韩国的16岁选手姜昌贤获个人组和青少年组别冠军。泰国的12岁飞手万纳邦·万拉亚蝉联世锦赛女子组冠军。16日,由国家体育总局航空无线电模型运动管理中心党委书记任洪国宣布闭幕。

【杭州亚运会倒计时1000天宁波分赛区庆祝活动在象山县举行】 12月15日是杭州亚运会倒计时1000天,杭州亚运会分赛区宁波、温州、金华和绍兴、

湖州德清等办赛城市今晚同步举行庆祝活动，并与主会场“小莲花”进行实时连线。

宁波分赛区的庆祝活动在象山县体育馆举行，上演文艺节目、龙腾亚运以及花样篮球、太极表演等。1200余名群众代表和杭州主会场的代表遥相呼应，共同观看亚运宣传片，并歌唱《我和我的祖国》，共同启动倒计时。

（县文化和广电旅游体育局　宋国光）

新闻传媒

媒体事业发展

【概况】 象山县传媒中心于2018年12月17日挂牌成立，为县直属正科局级事业单位，归属县委宣传部管理。内设15个部室，下辖6个派出机构基层广电站（融媒体工作站），由行管会、编委会、经管会分线管理。截至2019年底，在职人员398名，其中公务员5名、事业人员142名、国企和编外人员251名。从事宣线138人，从事宣传保障和产业线214人，从事行政后勤保障线36人，班子领导10人。

象山县传媒中心由象山县广播电视台、象山新闻中心合并而成，对外保留“象山县广播电视台”牌子。统筹县域媒体资源，形成广播、电视、报纸、网站、客户端、微博、微信公众号等传统媒体、新兴媒体、社会宣传资源融为一体，内宣、外宣、网宣等职责融为一体，新闻从业人员策、采、编、播等技能融为一体的格局，其中报纸《今日象山》为中共象山县委机关报，新闻客户端为第一发布平台。

【组建象山县传媒中心】 象山县委于1月7日明确传媒中心的党组班子后，班子成员立即着手调研和规划，于2月27日完成《实施方案》初稿的制定。经反复与相关部门对接和协调形成《象山县传媒中心建设实施方案（送审稿）》，县委编办完成《象山县传媒中心职能配置、内设机构和人员编制规定》。5月下旬，原象山县新闻中心全体人员搬入广电大楼，真正实现统一办公，媒体融合迈出重大一步。7月29日，两办印发《象山县传媒中心建设实施方案》。9月29日，两办印发《象山县传媒中心职能配置、内设机构和人员编制规定》。

【完成融媒体中心建设】 象山县传媒中心对浙报集团“天目云”、浙江广电集团“中国蓝云”进行调研，结合行业实际，最后明确与浙江广电集团建立战略合作关系，经反复与相关部门对接和协调形成融媒体中心建设方案。该项目于2019年7月8日正式动工，在县委县政府领导的支持和相关单位的通力配合下，传媒中心各个团队各司其职，明确时间节点，紧盯工程进度，协调各项工作环节，推动项目稳步推进。10月8日，中央厨房机房系统联合调试完毕，融媒体中心建设宣告基本建成，11月12日正式启用，在全市走在前列，受到市委宣传部的表扬。象山县传媒中心融媒体中心项目总投资1360万元，总面积460平方米。项目包含中国蓝云接入系统、融媒体中心中央厨房系统、媒资及本地制作系统、APP及网站定制开发和演播室改造等五大子系统。其中融媒体指挥中心，面积120平方米，安装全彩LED显示大屏及配套设备，配备25个工位和直播设备等，总投资280万元，拥有指挥调度、新闻采集、编辑分发等功能，还可调整作为亚运赛事等重要活动的新闻发布场所。

【举行融媒体中心启用仪式】 2019年11月12日，象山县传媒中心举行融媒体中心启用仪式，浙江广电集团副总裁杨勇、象山县人民政府县长黄焕利、象山县委宣传部部长罗来兴、象山县人民政府副县长钮晶莹，象山县传媒中心班子成员以及县委宣传部、县传媒中心干部职工代表参加启用仪式。启用仪式上，浙江广电集团副总裁杨勇、象山县人民政府县长黄焕利分别致辞，仪式结束后与参会领导一起观看融媒体中心功能演示，并与记者、省集团融媒体平台进行实时视频连线。

【关停原象山新闻中心印务中心】 结合形势和实际，改版报纸，缩减部分版面，对印刷业务实行外包，委托宁波日报报业集团宁波报业印刷发展有限公司印刷。原印务中心的9名企业人员全部纳入数字公司并安排好岗位。

【减缓数字电视用户数量下降趋势】 坚持保存量、拓增量，丰富营销方式，维护数字电视用户数，截至2019年年底正常缴费用户数为13.73万户。为减缓数字电视用户数量的下降趋势，象山数字电视有限公司与中国联通象山分公司合作，推广“象山广电398套餐”，2019年累计发展套餐业务968户，与中国联通象山分公司合作的宽带用户达4333户。

【参与智慧城市建设】 参与智慧城市建设，加快推进“雪亮工程”项目，2019年完成安装前端人脸设备565路、车脸设备161路，视频监控接入丹佳花园等小区19个。完成对全县菜场、商场、码头、税务、环保等区域和单位的视频监控接入。

【向外拓展智慧停车业务】 截至12月31日，全县共计在线运营车位2400余个，新建停车场6个，新建并投入运营充电桩15套；“象山停车”APP注册用户数达138166人次；车位周转率为2.5，车位利用率23%。在做好象山智慧停车业务的基础上，实施“智慧停车”“走出去”工程。推动数字公司联合海康威视成立合资公司“宁波海康停车系统运营有限公司”，利用海康公司的技术和遍布全国各地的营销队伍、数字公司的建设和运营管理经验，“走出去”承揽、开拓业务，提高市场竞争力。2019年年底与安徽宁国、浙江乌镇两地签约并开工建设。

【做好农村线路梳理工作】 配合省“美居宜居”工作，对双下湾、小百丈村庄的500余用户进行线路梳理，拔除废弃杆子80余根；配合全国加强乡村治理体系建设工作会议，对7个村庄2400余用户进行线路梳理和主杆线路并杆，共梳理线路300余千米，拔除废弃杆子656根；根据人大代表建议，拔除大徐军民塘水库周边废弃杆子400余根，实现农村弱电线路由蜘蛛网般杂乱分布向横、平、竖、直纵横交错整洁分布的完美转变。

（县传媒中心 杨增艳）

全媒体宣传

【概况】 在县委、县政府和县委宣传部的正确领导下，象山县班子带领和团结全体干部职工围绕全县中心工作、服务大局，开展系列“脚力、脑力、眼力、笔力”活动，发挥全媒体力量，开展“六争攻坚，三年攀高”“四个年”活动等重大主题宣传报道。推动干部到一线促项目攻坚，投身到全县“千名干部访渔家、一线蹲点三服务”“109项目”“五水共治”、城中村改造等一线工作去，以实际行动落实县委、县政府纵深推进“六争攻坚、三年攀高”行动和“双突破双驱动”战略，体现传媒人能担当、能战斗的精神状态。因表现突出，县传媒中心被县委、县政府授予“四大攻坚行动”集体嘉奖的行政奖励。

【加强新媒体宣传】 县传媒中心集结“中国象山”新闻客户端和“象山港网站”“象山港论坛”“今日象山”微信公众号等新媒体形式，多平台无缝联动，开展全景式立体报道和全方位解读，发声，多元呈现，增强主流媒体的引导力、竞争力和创新力，更高层次上推进新闻宣传事业的发展。2019年完成多媒体直播30场次，其中“小乔带你看开渔”祭海仪式直播点击量达8.44万人次，点赞量达1.47万人次；开船仪式直播点击量达10万人次，点赞量达2万人次；“我和我的祖国”红歌比赛的网络直播，更是创造20万人次线上线下收看红歌比赛的盛况。新媒体活动推进，完成“新春走基层”“象山年”“走基层·进渔(农)村·三服务 象山融媒体在行动”“韭山列岛荒岛四天三夜，专访神话之鸟”等采访采风活动，相关视频图文专题，相关新媒体图文视频作品受中央省市媒体关注。截至12月底，中国象山客户端下载用户为53676人次，日点击量最高近7万人次；微信公众号关注用户为12万人，日点击量最高10万人次，粉丝数量、头条阅读量，均处于宁波媒体微信公众号第一阵营。

【突出主题宣传】 象山县传媒中心聚焦县委、县政府“双突破双驱动”“四个年”活动等战略要求，紧扣亚运时代、高速时代、湾区时代的时代主题，发挥党的喉舌和桥梁纽带作用，筑牢意识形态主阵地，全面营造浓厚舆论氛围。1—12月，广播电视、报刊、网站、新媒体策划推出“千名干部访渔农家 一线蹲点三服务”“扫黑除恶”“营商环境部门负责人系列访谈”“六争攻坚 三年攀高”“最多跑一次”“争创国家级全域旅游示范区”、乡村振兴、“壮丽70年 奋斗新时代”等系列报道、主题专栏报道30余组，刊播稿件1800余篇。

【做好全国乡村治理体系建设工作会议宣传报道】 6月9日，全国乡村治理体系建设工作会议在象山召开，县传媒中心主动作为，超前谋划，舆论先行，做好会前、会中、会后的全程式全景式报道。一是安排记者进驻5个乡村治理示范村，以专版、专栏方式推出《德润人心 臻于善治——旭拱岙乡村治理走笔》《大雷山下织锦绣——解析方家岙村的蝶变“密码”》《溪里方：激活古村文化之魂》等8篇长篇通讯，为央视等国家级媒体聚焦象山乡村治理提供参考蓝本。二是抽调精兵强将，精心打造村民说事、乡村治理创新案例、象山风光片3部专题片，全面展示象山经验、象山美景，专题片视频得到很多外来领导嘉宾肯定。三是抽调主持人、摄影、摄像记者，进驻五个考察村，全程解说，跟踪拍摄，留下珍贵资料。并对全国各地各级媒体对象山的报道进行集锦，在本地各媒体平台密集刊发，形成“对焦”效应，社会反响良好。

【联合举办《聚焦民生 问政问效》大型电视问政节目】 该节目象山县传媒中心与象山县抓落实办联合推出，节目围绕“城市精细化管理”“安全生产”等长期存在、群众反映强烈的热点、难点、焦点问题，分别于11月4日、12月20日推出2期。节目采用点评嘉宾+观察员形式，邀请相关部门主要负责人到演播现场，直面接受现场人大代表、政协委员、市民代表和媒体人员等组成的问政代表团的问政访谈。针对曝光问题，组建6支调查小组，跟踪报道被问政单位后续整改情况，并通过全媒体平台实时召开新闻发布会，为推进“三服务”“六争攻坚”“四个年”活动、实现高质量发展提供支撑。

【开设《每周聚焦·三问三治曝光台》】 该栏目聚焦渔业生产安全、垃圾分类、文明城市创建、最多跑一次改革、县级部门形式主义与官僚主义等方面，加大问责治怠、问效治慢、问廉治腐力度，共推出深度报道10期。其中，与县委纪委合作完成的《聚焦县级部门形式主义、官僚主义》(内参)，围绕有悖于“最多跑一次”改革精神案例主题，曝光一批群众在政务与公共服务窗口办事过程中遇到的突出问题，倒逼相关部门和公共服务机构及时回应、抓紧整改，推动问题解决落实。

【外宣工作位列宁波各县市区前三甲】 象山县传媒中心加强沟通协作,构建多元外宣渠道,2019年电视外宣录用稿件创下历年同期最高。在央视总发片数为38条,其中《浙江乡村治理新思路:三治融合》《人月两团圆 共抒家国(老兵祝福国家)》等5条在央视《新闻联播》播出;《沿海高速象山至乐清段正式通车》在央视一套《新闻直播间》播出;《30部"非遗"影像作品亮相"非遗"影像展》在央视3套播出;《胡春华:推进乡村治理体系和治理能力现代化》《行走阡陌乡村振兴中国行 象山人家》《象山的冬日》在央视军事农业频道播出。在浙江卫视《浙江新闻联播》《新闻深一度》等6个新闻栏目共发片75条,其中《创新基层治理模式 凝聚乡村振兴合力》在浙江新闻联播头条播出。宁波新闻综合频道发片374条,其中在《宁波新闻》头条发片近30条。广播方面,《22只"神话之鸟"孵化成活 极危状况有望缓解》《倡导移风易俗,弘扬喜事简办新风,象山交通运输部门创新推出"浪漫公交、结伴一生"公交婚车服务项目》等5篇稿件在中国之声播出,稿件被宁波广播电台录用205篇,被浙江人民广播电台等省媒体录用60篇。

【打造精品讲好象山故事】 在2018年创作完成《品读象山》两季的基础上,2019年继续创作第三、第四季。该栏目推出后获得观众的广泛好评,并得到业内较高的评价。分集《晒盐》入围2019中国"非遗"影像展,《翩跹》获宁波文艺奖电视奖、2019宁波国际微电影节短纪录片一等奖,《乡见》获宁波广播电视政府奖一等奖,《塔山》获宁波县市节目评比一等奖、宁波"甬工委"新闻奖县(市)广播电视好新闻奖一等奖,通讯《一个高山村的蜕变》宁波新闻奖县市报作品新闻奖一等奖。另有《阿拉村的幸福之歌》等16件作品获得宁波市广播电视政府奖和新闻奖、《山村孤老过上"团圆"年》等11件作品获得市记协"新闻奖"。中国象山港网站推出的"月读"和"四季十六碗"和"小乔游象山"等品牌栏目,也影响渐广。

【开设电台栏目《致红旗 向未来》】 为庆祝中华人民共和国成立70周年,象山广播电台与象山县总工会发挥传统媒体和新媒体的优势,在FM103.9、FM107.3和"半岛广电"公众号策划推出《致红旗 向未来》人物系列访谈栏目。栏目于2019年5月1日起开始播出,每周一上午8:30首播,时长15分钟。截至12月底,累计播出《鲍英钱:新墩岙,原来可以这么美》《吴昌业:他们永远是最可爱的人》《陈晗:一直在公益路上》《陈淑芳:美丽的大爱的故事》《张汉庭:吃水不忘堵港人》等人物故事30余篇,播出。栏目将一则则个人的故事串联成时代的故事,展现半岛巨变。

【承办首届象山县道德模范评选表彰典礼】 9月26日,在象山县文化活动中心完成第一届象山县道德模范评选表彰典礼,典礼用VCR、现场采访以及话剧表演等形式完美呈现陈晗、称卫东5名县道德模范和5名道德模范提名奖的先进事迹,晚会在网络上直播,在社会上引起广泛反向。

【新中国成立70年宣传报道】 一是聚焦主题报道。在多档新闻节目中开设"壮丽70年奋斗新时代"专栏,集中力量采编重大主题报道,划分人物、成就、数说等板块,全方位,多角度,展示70年来砥砺奋进取得的辉煌成就,迅速掀起象山县喜迎国庆的热潮。自7月起,在电视和纸质媒体中发表主题报道《70年教育变迁:从捉襟见肘到欣欣向荣》《一座桥与一座城》《象山一院医健集团总院:70年发展见证就医环境大变样》等80余篇。二是全媒体联动宣传。以创新为宣传突破,整合全媒体记者力量,利用"两微一端"、网站等新媒体手段,形成上下联动的全覆盖宣传。分派两路记者蹲点石浦渔人码头和石浦井水村,精心部署,做好28日的"国庆面"直播活动,营造国庆良好舆论氛围。三是强化红色教育。9月起象山综合频道开播新中国成立70周年红色电影。电视栏目《塔山先锋》推出《红色陈列馆》系列节目,讲述红色故事,弘扬爱国情怀。广播电台开设《魅力童声》节目,全城征集,邀请青少年儿童走进节目,用童声歌颂祖国。

【全媒体矩阵宣传好主题教育】 "不忘初心、牢记使命"主题教育开展以来,为高质量推进主题教育,激励各级党组织和党员忆初心、守初心、践初心,电视台、《今日象山》开设"初心耀半岛"专栏,并开通网站、公众号在线推荐平台,动员广大市民用"随手拍"形式点赞身边的共产党员,网站和公众号还定期推送主题教育应知应会知识,方便党员即时即学。在广播、电视、报纸、网站、客户端、微博、微信公众号各媒介开设"不忘初心 牢记使命"主题专栏,发挥全媒体优势,集中全面宣传主题教育的重大意义和中央、省委、市委、县委的部署要求,及时反映进展成效、经验做法,累计推出稿件75篇,其中,《海岛渔民"开渔第一课":"红帆"扬船头 人人争先锋》在宁波电视台播出,为全县主题教育营造良好氛围。

【清廉象山建设宣传】 围绕干部作风建设、党风廉政主题,在广播电视《象山新闻》《今日象山》开设专栏,刊播《以作风建设深化年活动为抓手 推动全面从严治党向纵深发展》《四个年活动述评:深化作风建设 凝聚干事创业合力》《晓塘乡:作风建设实打实》《画莲话"廉"》《"清廉象山"有村级样本》《渔娃娃讲"廉"故事》等新闻报道130余篇。并在《今日象山》开设"'三清践廉'治村居"专栏,结合"清源固廉""清风育廉""清浊扬廉"三大行动和"清廉村居"建设,选取特色村庄典型近10个,进行集中报道,弘扬正气新风。还结合全县巡察工作安排,在报刊重要版面定期发布不同阶段的巡察公告,公布典型案例,营造执纪监督的良好氛围。

【"垃圾分类"宣传报道】 在《今日象山》《象山新闻》《夜到讲白搭》开设"垃圾分类 全民行动"专栏,及时刊播“垃圾分类”新闻报道，利用报纸、广播、电视推出《我县试点推行生活垃圾分类定时定点投放》《全民动员　全域覆盖　全面推进　久久为功抓好生活垃圾分类工作》《小手拉大手　垃圾分类进村入户》《科学谋划　理清思路　找准方向　更高标准推进农村垃圾分类处置》《农村生活垃圾分类的“象山实践”》《垃圾分类　全民行动》等新闻稿件260余篇，及时报道乡镇、部门工作中的先进做法和经验，对垃圾分类过程中涌现出的支持、参与、保障工作开展的典型人物、典型事件进行重点宣传报道。舆论监督栏目《每周聚焦》推出《项目施工市民改道通行　新路平台满地垃圾场无人问津》《垃圾分类不可有名无实》等深度报道。加大垃圾分类公益广告刊发力度，为垃圾分类营造氛围。电视、电台每日播出《垃圾分类》等公益广告3次以上，刊发报纸公益广告专版47次。

【“平安守护”新闻宣传力度】 象山县传媒中心强化专栏设置，在专栏中突出宣传渔业安全生产新闻，刊发主题稿《象山把“三无”渔船纳入诚信管理》《象山渔政部门加大违规作业船只的监督力度》《织牢护渔防护网　三天查获10艘非法偷捕渔船》等主题报道130余篇，其中在浙江卫视、宁波新闻等上级媒体播出28篇，并利用广播、电视、报纸、网站、新媒体各媒介力量集中播出，营造全县“平安守护”强大舆论氛围。利用《每周聚焦》《夜到讲白搭》等舆论监督栏目，督促安排一批记者走访码头、渔村，掌握县“三无”船舶各类问题现象，并落实专人进行整治结果回头看，敦促相关监督执法单位从严执法。

【“山海万象”新闻客户端】 “山海万象”新闻客户端是象山县传媒中心为推进党媒融合改革而推出的移动传播平台，致力于打造象山掌上城市门户，成为象山市民的移动生活家园。该客户端全面融合象山县广播电视台、《今日象山》、中国象山港网站等媒体资源，拓展“新闻+政务+服务”业务，整合各类政务资讯、民生资讯，集新闻资讯发布、政声民声互动、智慧便民服务等功能于一体。“山海万象”新闻客户端所有数据能与网站形成共享，并与省级新闻客户端“蓝媒号”关联。

（县传媒中心　杨增艳）

卫 生

综 述

2019年,象山县共有执业登记医疗卫生机构330家,其中县级医院5家、卫生健康单位6家,乡镇卫生院(社区卫生服务中心)17家、民营医院10家。全县共有床位2612张,其中县级医院1412张、基层医疗机构598张、民营医疗机构562张。2019年全年医疗服务收入占比同比增长11.92%、药占比同比下降5.73%、百元医疗收入消耗卫生材料同比下降9.14%。2019年,象山县严格贯彻落实省市卫生健康工作部署,推进各项重点任务,医共体建设有序推进,成立3家医疗健康集团,分别为象山县第一人民医院医疗健康集团、象山县红十字台胞医院医疗健康集团、象山县中医医院医疗健康集团。实行党委领导下的院长负责制,实现人员"一盘棋"使用、财务"一本账"管理。持续推进学科建设,加大与沪杭甬瓯医院合作,成立技术诊疗中心,设立名医工作站,建成5个县级基层重点专科。建成县域双向转诊信息平台、连续医疗服务中心,畅通分院上转、总院接诊、康复下转等环节,县域就诊率达到90%、基层就诊率达到65%。"最多跑一次"改革推进,全面推广预约挂号、微信导诊、刷脸支付、智慧结算等便捷服务。健康象山共建共享持续深化,国家级慢性病综合防控示范区创建。扎实开展艾滋病、肺结核、登革热等重大疾病防控,规范处置聚集性疫情。全面推进数字化接种门诊、产科扫码接种建设,单苗接种率均在95%以上。持续深化社会心理服务体系建设,推进村级心理服务站建设。医养结合优化,形成"四个类型五个试点"安宁疗护模式。规范建成母婴室36家,全县公共场所母婴设施配置率达到90%以上。贯彻落实计划生育家庭奖励扶助、独生子女家庭医疗救助政策,开展流动人口"三进、三送、三免"活动,全面落实流动人口基本公共卫生计生均等化服务。全国社会心理服务体系建设试点相关做法在宁波市社会心理服务体系建设启动会上作交流发言、并代表宁波市多次接受其他省市的考察学习,省级安宁疗护试点建设形成象山模式、得到副市长许亚南肯定批示,医养结合工作入选全县改革创新项目优秀实践案例。医共体建设成效综合实现率列全省第八位、全市第二位,入选全县改革创新项目最佳实践案例。党建引领医共体建设的做法分别于2019年8月23日、8月28日获得省委副书记、市委书记郑栅洁以及副省长成岳冲批示肯定;副市长许亚南于10月18日针对象山县推动医共体建设"出海上岛"的做法批示各县市区要推广学习。省卫健委在常山的全省医共体建设推进会上对象山县的建设成效进行通报表扬,指出"象山全面推进后亮点突出,推进海岛医共体建设成效明显,海陆联动急救体系完善,群众就医大幅度改善,县域就诊率达到90%",并安排象山县在推进会上进行交流发言。10月29日,全市县域医共体重点单位建设推进现场会在象山召开,县红十字台胞医院医疗健康集团做经验介绍。11月22日,在健康宁波建设领导小组会议暨医共体建设推进会上,象山县作典型发言。

社区卫生

【概况】 基本公共卫生服务均等化更加普及。出台《象山县基本公共卫生服务项目实施办法》,规范项目运行,项目经费达到人均65元标准。项目宣传力度加大,居民知晓率和参与度稳步提高,健康档案建档率达90.82%,老年人健康管理率达70.45%,全县基本公共卫生服务项目综合达标率为95.0%。扎实做好宁波市特色新增基本公共卫生服务项目4类7项工作内容,中小学生口腔保健、老年人眼科保健、高危人群健康管理、残疾人康复服务健康管理质量提高,公共卫生均等化服务水平全面提升。

【家庭医生签约服务】 以慢性病人、60岁以上老年人、孕产妇、0~6岁儿童、残疾人等为重点人群,推行契约式家庭医生制服务,基层医疗机构实施率达到100%,全年共组建签约家庭医生团队85个,签约家庭医生共302名,签约居民78379人,其中重点人群签约67089人,签约居民在家庭医生处就诊人次828589次,共减免一般诊疗费7314803元。

【慢性病规范管理】 组建慢病专科联盟,慢性病患者管理质量日益提高。通过组织建设"三个一"(即建好一支专家队伍、建好一支骨干队伍、建好一间工作室)、诊疗保障"三统一"(即统一慢性病用药,统一培训内容,统一诊疗规范)、服务提供"四项"(即基本医疗、健康宣教、健康建档、转诊随访)和形式开展“五式”（即预约式、互动式、跟踪式、关怀式、监测式）的慢性病联盟建设，改革服务模式，促进医防融合，提高慢性病的规范管理率和控制率。全县高血压管理人数共57754人，其中规范管理38760人，规范管理率达67.11%，血压控制率为66.26%；糖尿病管理人数共17812人，其中规范管理12130人，规范管理率达68.1%，血糖控制率为61.64%。

【健康档案管理】 推进信息化建设，健康档案管理水平提升。以信息化为手段，引入健康档案质量管理机制，对全县47万份档案进行红绿灯分级管理，为一年内维护档案为绿色、两年内维护的档案为黄色、三年内维护的档案为红色；通过“健康象山”微信公众号，居民实名认证后可查询个人基本信息诊疗信息、体检信息、随访信息等，调动居民参与自我健康管理的积极性，提高居民获得感。全县共建立居民规范化电子健康档案477710份，建档率达90.82%，动态使用率达83.33%。

【重性精神疾患者社区管理】 加强部门联动，严重精神障碍患者管控更加规范。联合政法委、公安、民政、医保、残联印发《关于建立象山县严重精神障碍患者肇事肇祸预防处置信息交换反馈机制的通知》，明确各部门及镇乡（街道）交换信息内容，加强部门间严重精神障碍患者管控工作信息沟通联系，预防失管失控现象发生。完善多部门合作的社区定期拉网式动态排摸机制，做到底数清、病情清、去向清，2019年累计开展4次严重精神障碍患者排查工作，对疑似、流动和登记在册的严重精神障碍患者实现入户走访排查全覆盖。全县严重精神障碍在册患者2626人，患者管理率99.05%，规范管理率为82.6%，稳定率99.01%。

【老年人健康管理】 深化医养结合，老年人健康管理逐渐规范。根据不同层次人群的需求分类探索医疗结合模式。以基层医疗卫生机构免费服务方式提供基本公共卫生服务和家庭医生签约服务，为社区居家养老人群和部分机构养老人群提供“基本型”医养结合服务；以“颐养小屋”为纽带，通过养老院与卫生院签订合作协议，卫生院定期派驻专业医护人员，为入住老年人提供医疗问诊、保健咨询、急诊急救、远程会诊等“标准型”医养结合服务；以县老年医院与老年公寓的合作模式，借助毗邻而居的优势，组建专业医疗护理团队，在“基本型”服务基础上，为入住老人提供健康动态管理、健康评估、安宁疗护等“精准型”医养结合服务。通过卫生健康与民政等部门合力推动，促进医疗资源与养老资源良性互动。全县养老机构、居家养老机构与基层医疗机构服务签约率分别达到90%和85%以上，老年人健康管理率70.45%，健康体检表完整率达90.12%。

卫生监督

【概况】 2019年，全县共有医疗机构330家（其中开展放射诊疗的医疗机构45家）、集中式供水单位13家、二次供水单位10家、公共场所经营单位2091家、学校59家、病媒生物防制单位6家、餐饮具集中消毒生产企业2家、消毒产品生产企业2家、职业健康申报企业340家。2019年，卫生监督工作推进“互联网+监管”掌上执法、双随机一公开，围绕社会和群众关注的热点问题，突出医疗乱象整治、公共场所卫生、生活饮用水卫生、传染病防治等重点工作，加大执法力度，履行监管职责，实现卫生监督事业健康发展。

【开展“双随机一公开”】 全年掌上执法开展检查2178户次，至少用2人次占比100%。国家双随机总任务159家，监督完成124家，监测完成96家，总完成率77.99%；省级双随机总任务272家，监督完成265家，完成率97.43%，检出问题113户次，问题检出率41.54%。

【医疗服务市场监管】 以“医疗乱象整治”为核心，结合“扫黑除恶”，突出打击重点，强化与公安、市场、网信、发改、医保等部门的合作，建立部门之间沟通协调、联动执法、信息共享、联合惩戒等工作机制。开展医疗机构“依法执业守护健康”行动，完成对312家医疗卫生单位的依法执业检查，作出行政处罚29件，对34家单位做出不良执业行为记分，共记98分。开展民营医疗机构依法执业质量提升专项行动，完成对64家单位的信誉等级评定，评出三星级示范单位2家（报市所评定）、二星级单位8家、一星级单位47家、无星级7家。开展医疗欺诈专项检查、打击黑医游医、非法医疗美容、保健市场乱象整治、规范义诊等各类专项行动，全年共查处医疗欺诈、未经备案开展义诊、非法医疗美容、黑医游医等78件，下达行政处罚决定58件，罚款52余万元，没收违法所得近16万元，没收药品器械价值25余万元，移送刑事处罚案件1起。

【传染病防控工作】 联合环保局开展医疗废物处置专项监督检查，立案12件，作出行政处罚11件，警告并罚款15100元。对全县2家消毒产品生产企业生产的卫生用品进行抽检，抽检样品24份，均合格。完成2家餐饮具集中消毒企业的消毒餐具抽检，抽检样品160份，均合格。对所有一级以上医疗机构、疾病预防控制机构、采血机构及15%未定级的医疗机构共67家单位进行综合评价，评定优秀21家，合格41家，重点监督5家；完成抗抑菌制剂专项检查，共检查72家单位，立案1起，罚款1000元。开展病原微生物实验室生物安全专项监督检查，未发现违法行为；做好登革热防控工作督查，下达卫生监督意见书8份，责令限期整改。

【职业与放射卫生监管】 排摸职业病危害企业340家，对涉及矿山、化工、冶金、水泥制造等18家企业进行尘毒危害专项整治，立案15起，作出行政处罚10起；全年收到疑似职业病报告7份，均督促企业申请职业病鉴定并将职工及时调离岗位；监督检查医用放射诊疗单位45家，针对现场检查发现放射诊疗单位未按要求建立放射工作人员健康监护档案等问题，立案9起。

【公共场所卫生监管】　以通过国家卫生县城复评工作为核心目标，以监督监测为重要手段，重点开展沐浴场所、娱乐场所、民宿规范化、大中型住宿场所卫生提升、美容美发场所专项整治、控烟禁烟、游泳场所夏季保健康、两会及高考保障等专项检查行动，共检查1800余家单位，印发卫生告知书600份，卫生管理台账记录本200本，立案201起，结案192起，结案金额20余万元。监督抽检76家公共场所顾客用品用具消毒效果，合格63家，合格率82.90%，对13家抽检不合格单位均立案处罚，责令限期整改。监督抽检全县17家游泳场所平均采样3次以上，共采样53次，采集样品121份，合格121份，合格率100%。游泳场所夏季保健康行动期间，发现1家季节性开放泳池未办理卫生许可证擅自营业，予以立案处罚1500元。

【学校卫生监管】　开展校园卫生安全健康行动，出动卫生执法人员400余人次，卫生执法车辆59次，检查全县59家学校，监督覆盖率均达100%；出具卫生监督意见书218份，立案11起，对存在问题及时提出整改意见，并向教育部门进行通报反馈。

【生活饮用水卫生监管】　实现全覆盖监督检查供水单位水源防护、设施设备运行、水质污染应急处置等情况，每季度向社会公开用户水龙头水质安全状况；开展台风“利奇马”和“米娜”“五一”、国庆等节假日饮用水卫生安全保障50余次；量化分级集中式供水单位11家，量化分级率100%，其中2家A级、9家C级；督导两家A级供水单位饮用水卫生水质在线监测省市联网，保障水质检测预警体系正常运行；排查涉水产品销售店132家，其中网店106家，未发现注册点在“象山”的网店，发现8家实体店在售涉水产品76种，其中1家销售1款无卫生许可批件的涉水产品，予以处罚1600元。全年现场快速检测水质116份，合格105份，合格率90.5%；委托疾控实验室检测水样63份，合格56份，合格率88.9%。对检测结果不合格的供水单位，责令限期改正。

【爱国卫生监管】　全县备案病媒生物防制单位6家，基本信息均录入浙江省卫生监督信息管理系统，年度抽检3家，其中1家因未按规定办理备案手续被责令限期改正。全年对200余家单位开展病媒生物防控工作监督检查，各单位均建立病媒生物预制制度，配备病媒生物预防控制专（兼）职人员，定期开展“四害”消杀工作，责令2家单位限期整改，均整改到位。

【卫生行政执法】　全年共立案403件，作出行政处罚401件（包括347件一般行政处罚案件和54件简易程序案件），其中重大行政处罚案件22件，结案393件。其中警告301户次，没收违法所得29户次，罚款327户次。共计罚款86.12万元，没收违法所得8.8万元。严格执行投诉举报制度，全年共受理信访39起，网络舆情10起，立案处罚16起；受理来电来访投诉举报4起，其中非法行医2起，生活饮用水1起，消毒产品1起，立案处罚2起，均为非法行医，结案率100%，回复率100%。

疾病预防

【概况】　2019年共报告甲、乙、丙类传染病15273例，总报告发病率2887.17/10万。无甲类传染病报告，乙类传染病共报告病例1156例，报告发病率218.53/10万。共报告发生在学校、幼托机构159起聚集性疫情和突发公共卫生事件相关信息10起，均规范处置。开展传染病的预警报告，所有信息均及时进行调查核实，传染病自动预警信息系统运行正常。全县各网络直报单位三级卫生信息平台传染病网络直报运行正常。

【结核病防制】　实施结核病防治规划，落实耐多药结核病防治措施，强化重点人群监测与防治工作，防治核心指标圆满完成。全年新登记活动性结核病人229例，耐多药肺结核高危人群筛查率为100.00%（22/22），对确诊的肺结核病人均统一使用标准的短程化疗方案，使用统一化疗方案率达100%，新登记涂阳初治病人化疗满二月痰菌阴转率73.77%（45/61），复治76.92%（10/13），肺结核患者满疗程治疗率92.80%（232/250）。组织开展入学新生结核病筛查工作，共6094名新生接受筛查。

【艾滋病防制】　艾滋病防控工作逐步推进，社区戒毒康复人员艾滋病综合防控工作常态化开展，全年共检测587人。多途径开展艾滋病高危人群干预工作，探索艾滋病人心理健康干预，“雨后阳光”——艾滋病人心理健康关爱项目荣获县民政局举办的2019年“社创蓝海”公益项目二等奖。2019年全县HIV抗体筛查各类重点人群30556人次，占全县总检测量的37.86%。2019年全县新报告HIV阳性病例47例（HIV28例、AIDS19例），比2018年（42例）上升11.9%；外地报至本县14例，全县全年新发现病例61例。全县在管HIV/AIDS共279人，其中265人按照国家政策开展免费的抗病毒治疗，继续坚持抗病毒治疗257人。

【登革热防控】　通过“五个强化”落实各项登革热防控措施：强化业务培训，提高诊疗能力，举办6期登革热虫媒传染病防控知识培训班；强化监测评估，开展科学防控。每月开展登革热白蚊伊蚊幼蚊密度监测，及时撰写登革热专题风险评估，提出针对性防控对策建议，报政府及其他相关部门参考；强化督导检查，确保措施落到实处。对全县所有医疗机构开展2次登革热防控专项督导，确保各项措施落到实处；强化规范处置，控制疫情传播。2019年共报告4例柬埔寨输入性登革热病例，均规范处置，重点做好村民健康教育和环境整治工作，确保无本地病例发生；强化健康教育，提升群众防病意识。

【流感防控】 加强流感疫情监测和预警工作，及时发布流感风险评估1期。落实学校传染病防控主体责任，加强养老院等老年人群密集场所的流感防控工作。对全县所有医疗机构开展流感防控专项督导，加强发热门诊和不明原因肺炎病人的监测和管理，落实预检分诊制度，加强健康宣教及风险沟通。利用各媒体平台向公众开展流感等呼吸道传染病防控知识的普及宣传。

【病媒生物及寄生虫病、地方病防控】 强化全县病媒生物监测防制工作，开展“三热”病人监测，举办虫媒传染病防控知识培训班，预防和控制疟疾、寨卡病毒病、登革热等病媒生物传染病。对5个乡镇开展学生和孕妇碘营养调查，对3个镇乡14个原地氟病自然村开展地方性氟中毒监测和健康教育。开展儿童蛲虫病感染率调查，共调查95名儿童，未发现蛲虫感染儿童，儿童蛲虫感染率控制在较低水平。

【免疫规划】 依法依规做好免疫规划工作，加强全县预防接种和疫苗管理工作。全县免疫规划工作水平持续提升，全县常住儿童、流动儿童免疫接种保持较高水平，单苗接种率均在95%以上。先后组织和接受专项督导检查7次，守住预防接种和疫苗管理红线。规范疫苗采购供应工作，组织开展疫苗采购供应单位集体廉政谈话，并实施“第二类疫苗供应代表接待日”制度。

妇幼保健

【概况】 妇幼健康惠民力度持续加大，完成省民生实事工程“可疑阳性患儿心脏超声检查”100例、县民生实事工程城乡妇女“两癌”检查3.8万例。建立妊娠风险预警评估制度，实行孕产妇“五色”管理，全年户籍地共有3318例产妇分娩，活产数3364例；非户籍地产妇1061例，活产数1062例，未发生孕产妇死亡事件。落实预防出生缺陷相关知识宣传，开展儿童早期发展基地以及宁波市新一轮五星级儿童保健门诊创建，严格查处打击“两非”行为，优生优育成效明显，婴儿死亡率、围产儿死亡率、5岁以下儿童死亡率分别控制在0.8‰、4.00‰、1.2‰。

【孕产妇保健管理】 加强孕产妇及儿童保健系统管理，提高服务质量和内涵。全年户籍地共3318例产妇分娩，活产数3364例。孕妇建卡人数3252例、早孕建卡率98.01%；产后访视人数3297例、产后访视率98.01%；孕产妇系统保健管理人数3243例、系统保健管理率96.40%；实行住院分娩活产数3364例，住院分娩率100%；孕产期发生高危2597例，高危孕妇发生率78.27%。非户籍地孕产妇1061例，活产数1062例，早孕建卡率、系管率、住院分娩率分别达79.26%、74.51%和100%。

【产科质量管理】 制定《象山县县域医疗卫生服务共同体公共卫生工作实施方案》，组建3个医共体公共卫生指导团队，分别由妇保、儿保、健教相关专业人员组成，负责医共体妇幼健康业务的沟通、指导、培训与考核，全年对基层妇幼工作进行业务指导80余次，覆盖率达100%，县乡融合。全县3家助产技术服务单位共接生人数3715人，总分娩数同比下降172例。新生儿活产数3738例，剖宫产活产数1633例，助产单位的剖宫产率43.69%，非医学指征剖宫产率4.45%，剖宫产率同比略有下降。全县发生危重孕产妇17例，均及时治疗抢救，未发生孕产妇死亡情况。

【出生缺陷三级预防】 全年共有1651对新婚对象，其中1569对新人参加婚前检查，婚检率达到95.03%；1733对待孕夫妇享受免费婚孕前优生健康检查服务，免费孕前优生健康检查率96.2%；高风险对象占检查总人数的9.68%，高风险对象随访率达100%。举办婚孕前优生检查相关主题培训班3次，培训人次200余人。利用多种形式进行宣教，提高孕产妇对产前筛查重要性认识，提高孕期出生缺陷发现率并实施早期干预，做好产前筛查和产前诊断工作。户籍地及非户籍地孕妇产前血清学筛查率分别为96.4%、70.4%，产前诊断率分别为74%、51.5%。新生儿遗传代谢性疾病筛查和听力筛查率均达到99.8%。新增“双指标法”新生儿先天性心脏病筛查工作，筛查率99.8%。共筛查出蚕豆病15例，甲低5例，先天性肾上腺皮质增生症1例，原发性肉碱缺乏症1例，均在随访治疗，听力障碍3例，先天性心脏病133例。

【儿童保健管理】 举办象山县首届“儿童健康素养提升月”活动，建立象山县儿童早期发展促进指导团队，名医义诊和讲座、指导团队下基层义诊和儿童健康巡讲。通过电视台、电台等渠道进行系列宣传，推出《关注生命早期1000天》等6个专题。全县有0～6岁儿童数29036人，3岁以下儿童标准系管人数10327人，系管率95.27%。7岁以下儿童保健管理人数26594人，管理率97.05%。全县7岁以下流动儿童当年保健管理6178人，当年保健管理率为84.02%，3岁以下流动儿童系统管理人数2274人，系管率73.26%。按宁波市高危儿A、B、C级管理方案分级管理，全县共筛查高危儿487例，专案管理487例。完成2144名儿童孤独症筛查，可疑14人，确诊1人；完成462人髋关节发育筛查，筛查阳性21人，确诊2人。

【惠民实事项目】 对全县范围内待孕妇女和孕早期妇女免费发放叶酸，本地农村户籍服用率98.0%，叶酸服用依从率97.02%，知晓率97.62%。完成宫颈癌检查人数16046例，乳腺癌检查人数16129例。阴道镜检查626例，病理检查535例，高级别病变53例，原位癌1例，微小浸润癌2例，浸润癌12例，异常个案均进行追踪随访及相关治疗。乳腺癌检查16129例，钼靶390例，组织活检53例，发现乳腺癌12例，均进行手术治疗。启动出生一件事——多证联办事项，变“多件事”为

"一件事",变"多头办理"为"集成办理",提升群众获得感和幸福感。依托省政务平台,逐步推行在浙里办申请出生一件事联办事项,实现"掌上申请、刷脸办理、快递送达"。

医政管理

【概况】　2019年继续推进综合医改,依托3家县级医院优质资源,结合县域医疗资源布局和群众就医可及性,组建3家医疗健康集团,构建形成以总院为龙头、分院为枢纽、村卫生室为网底的三级医疗服务体系。集团内机构重组、制度重建,实施管理体制"一家人"、管理机制"六统一"、财务核算"一本账"、物资采购"一体化"、业务管理"一条线"改革。基本建成优质资源共建共享、医疗服务同标同质、县乡村一体的医疗体系,基层首诊、双向转诊、急慢分治的分级诊疗模式逐步形成,县级医院整体诊疗水平提升。

【医疗服务领域"最多跑一次"改革】成立"最多跑一次"改革工作领导小组,开展调研、项目梳理和精心谋划。制定《"最多跑一次"改革行动方案》,将任务分解并逐条落实到责任单位、责任领导。多次召集相关单位召开专题研究会,统筹推进各项改革任务。推行工作例会制度,做到每月一总结、一点评、一计划。各单位各司其职,通过任务分解,明确时间节点和工作要求,压实责任,环环协同配合,营造"左右共管、上下共推"的良好工作局面。利用"互联网+手段"持续改进预约方式,推广自助、诊间、移动终端等多种结算服务,减少患者候诊时间,高峰期排队时间从10分钟缩短至4分钟,重点检查项目(超声、CT、DR、胃镜、肠镜等)分时段预约精确到半小时之内。实施"刷脸支付""医后付""电子票据",使患者费用结算更便捷,资源更节省。实施云医院"边远山区项目",完成建设远程医疗诊室28个,开展互联网+医疗、健康咨询、中药代煎配送等服务。建立出入院管理中心,一站式提供床位预约、入院缴费、入院检查安排、部分检查检验、生命体征测量等服务,让患者住院更省心。实现"一窗受理、一站式服务、一章管理""三个一"医事服务。开设产科的医院均开展出生一件事"六证联办",7家机构实现免费用血直接报销,极大简化群众用血流程。深化资源共享中心建设,加快影像、心电、检验等信息互联互通。精神卫生"一站式"服务实现18家镇乡(街道)全覆盖,精神障碍患者得以就近享受诊疗、救助服务。

【公立医院综合改革】　组建3家医疗健康集团,全面统筹机构、党建、资源等要素整合,实现规章制度、技术规范、质量管理、信息系统、采购配送、后勤服务"六统一"。制定总院和分院权力清单,实行集团党委领导下的院长负责制,实现党建与医共体一体化建设、双驱动发展。成立财务管理中心,所有资金业务集中管理、分户核算、统筹运营、逐级审批。统一资源配置,建立连续医疗服务中心,打通基层双向转诊通道,县内双向转诊5773例,同比增长605%。加强区域资源共享中心建设,实现医疗信息云端共享。建立县域医共体人员统筹使用机制,实行医共体内岗位设置、公开招聘、岗位竞聘、人员使用"四统一"。完善编制备案制度,加大引才育才力度,深化定向培养激励政策,引导医技人才扎根基层。改革绩效激励机制,出台《象山县公立医院薪酬制度改革实施方案》,突出与绩效挂钩,与服务数量质量、群众满意度挂钩,向关键岗位、艰苦岗位、成绩突出人员倾斜。改革医保支付方式,制订《象山县县域医共体基本医疗保险支付办法》,探索建立总额预算管理下的按人头总额包干付费制度,以及"结余留用、超支分担"的责任共担机制,引导工作重心逐渐向"医防融合、以防为主"转移。做强县级龙头,成立7个技术诊疗中心、20个名医工作站,实现省市专家长期入驻、定期坐诊,开展新技术、新项目50余项。完善胸痛、卒中、创伤、危重孕产妇、危重新生儿和儿童五大救治中心,实现院前急救和院内抢救"无缝对接"。补齐基层短板,临床业务科室垂直管理,实现总院、分院医疗服务同质化。建成县级基层重点专科8个,开展住院服务、推广适宜手术,联合开展胃镜、白内障手术等新项目,让更多群众选择在家门口就医,基层分院门诊诊疗人次和出院人次同比增长16%。

【医疗质量提升】　依托医共体建设,各集团各级质量管理委员会均纳入成员单位管理人员,修订质量评价标准,每季度一次对各分院开展质量检查。集团内通过科室垂直管理,医疗、护理、院感等管理中心统一管理以及按需模块化培训等方式实现医疗质量管理同质化。3家集团均开展质量管理、急救能力和基层医师慢病模块化培训,2019年共培训40余期,BLS考核人员约3000余人,慢性病培训人次约2500余人次,诊疗服务的同质化水平提升。

【中医药事业发展】　新成立中医护理、中医药适宜技术、中药3个中医药质控中心,各中心定期开展质控活动,联合对17家基层分院中医馆开展建设情况督查,推广亮点、指出不足、提出改进意见。通过开办中医护理工作坊、中医药适宜技术培训班推广中医药适宜技术,共180余人参加。组织全县中医药医务人员开展"六个一"活动,石浦分院提交"针灸科一幕"漫画作品参加全国"悦中医"作品竞赛。发动推荐11名中医药医务人员参评"宁波市名中医药师",启动"全国基层中医药工作先进单位"创建工作。

【学科建设与科教】　继续做好重点学科建设和住院医师规范化培训、社区护士培训等工作,开展多层次、多形式的继续医学教育活动。实施"走出去、请进来",邀请省级、市级专家教授到象山县开展继教工作,验收通过市级基层特色专科1个,县级重点学科10个,县级重点专科3个。2019年全县共省级继续医学教育项目7项,市级继续医学教育项目2项,县域内组织各类学术会议培训50余次,参加总人数达到5000

余人次。继续做好住院医师的规范化培训工作，全县各级医疗机构共有60名医务人员报名参加浙江省住院医师规范化培训，其中西医规培55名，中医规培5名。继续做好社区护士培训工作，全县各级医疗机构共60名护理人员报名参加浙江省社区护士培训。

医疗科研与交流

【概况】 全县共建成省县级龙头学科2个、省基层中医重点学科1个、市县级医院龙头学科2个，县医学重点学科10个、县基层重点专科3个。2019年立项省医药卫生科技计划项目2项、市医药科技计划项目5项、县科技局科技项目20项。

【薄荷冰刺激联合神经肌肉电刺激治疗仪在脑卒中吞咽障碍中的疗效研究】 象山县红十字台胞医院总院牵头立项，由象山县红十字台胞医院总院姚静君主持，研究起止时间为2019年1月1日至2020年12月31日。冰刺激是间接训练的一种方法，能提高软腭和咽部的敏感性，增加感觉，兴奋运动通路上的各级神经元，促进神经轴突再生，树突侧支长芽及突触阈值改变，提高吞咽反射区域对食物的敏感度。其能调动储备或休眠状态的神经功能，调节神经元的兴奋性，实现功能重组，使吞咽反射容易发生，恢复器官功能。薄荷味辛、凉，归肝肺经，疏散风热、清利头目、利咽透疹，捣汁含服去舌苔苦涩，有研究证实，薄荷冰棒冷热交替刺激疗法可防止吞咽肌群发生废用性萎缩，增加病变部位大脑信息刺激，发挥脑功能的代偿作用，重建大脑功能，从而使患者吞咽功能提高。本研究2组均采用洼田饮水试验，方法：患者端坐位饮水30毫升观察所需时间及呛咳情况。疗效评价治愈：吞咽障碍消失，饮水试验评定1级。显效：吞咽障碍明显改善，饮水试验评定提高2级以上。吞咽障碍改善，饮水试验评定提高1级。无效：吞咽障碍改善不明显，饮水试验评定无进步。

【京万红外敷在胸腔镜术后切口缝线排异患者的应用】 象山县红十字台胞医院总院牵头立项，由象山县红十字台胞医院总院储彩云主持，研究起止时间为2018年12月19日至2020年11月30日。VATS患者手术切口缝线反应属Ⅳ型细胞免疫反应与体质密切相关，难以预见。对其处理建议：1. 能看到的缝线拆除干净，并按时进行伤口碘附换药一直到愈合；2. 应用抗生素消炎治疗，定期换药或中药芒硝外用治疗。3. 可吸收线吸收不了，建议拆掉。但在临床中，上述方法使用创面愈合慢，特别是患者的痛痒症状缓解不理想。因此，在换药过程中寻求快速的药物对症处理，提高医疗质量、提高患者满意度很有现实意义。京万红软膏属非医保处方油膏剂，现代广泛应用于蒸汽、油、电、药物等多种烧伤、烫伤。本研究5例显示创面京万红软膏外敷控制痛痒，并促进创面快速愈合。基于这一情况，立项扩大样本研究其对缝线排异反应患者的作用具有临床意义。本研究指标主要有：观察京万红使用前、使用后5分钟、1天及3天舒适度的变化；使用后3天与使用前血常规的变化；切口红肿消退天数；创面愈合天数；疤痕的大小。研究指标主要有：比较两组切口愈合天数；换药过程中出现缝线排异反应例数；手术疤痕生长情况；舒适度差异。

【基于健康大数据的沿海地区心脑血管病急性事件干预研究】 象山县科技局立项，由象山县疾病预防控制中心薛金玉主持，研究起止时间为2019年1月至2022年12月。本研究基于象山县心脑血管事件水平持续高发，发病人群具有共同流行病学特征和特异危险因素，但缺少具体有关模型。本研究拟基于社区的慢性病管理工作中基于患者管理数据和健康相关数据，将高血压、糖尿病患者未来发生心脑血管疾病事件的风险量化，为管理模式及患者提供参考为掌握影响全县各乡镇地区心脑血管疾病急性事件发生的危险因素和保护因素，探索早期筛查诊断技术，建立象山县心脑血管疾病急性事件风险评估模型，对提高慢性病综合防控水平，对健康象山建设具有重要意义。

【致泻大肠埃希氏菌毒力基因检测及污染状况研究】 象山县科技局立项（社会发展科技类），由象山县疾控中心张柳燕主持，研究起始时间为2018年12月至2020年11月。大肠埃希氏菌的某些血清型可以引起人类腹泻和其他疾病，统称为致泻大肠埃希氏菌（国际上将其分为五类EHEC、EPEC、ETEC、EIEC、EAEC）。但由于大肠埃希氏菌作为人类正常肠道菌群的组成部分，大部分血清型是非致病性的，如何将致泻大肠埃希氏菌从正常肠道菌群中分离，从而提高阳性检出率，为食品安全防控提供依据。传统检测方法主要是分离粪便标本中的腹泻病原菌，然后根据生化试验进行血清学鉴定分类，鉴于致泻大肠埃希氏菌O抗原血清型超过170种，H抗原超过50种，K抗原在100种以上，血清凝集试验烦琐、费时，容易漏检。本项目在前期基础上，利用荧光RT-PCR技术，在生化反应后直接进行毒力基因的检测，利用PCR基因试剂盒可以检测五种大肠并分类，提高检测效率和准确率。近年来，多重荧光PCR作为一种不依赖于细菌培养，适合于在细菌种群多样性体系中快速筛查疑似病原菌的新技术而广泛应用，此方法检测毒力基因更快速，敏感性高，特异性强，在处理食源性疫情有很广阔的应用前景。本项目将为食品安全风险防控提供技术依据。

爱国卫生

【概况】 以巩固国家卫生县城和建设健康象山为目标，完善爱国卫生工作机制，提升爱国卫生工作水平，加大健康支持性环境建设工作力度，国家卫生县城、西周、鹤浦、石浦国家卫生镇通过考核、暗访。开展健康环境创建，4所学校申报创建健康促进学校、2所医院开展健康促进医院创建，完成申报创建健康支持性环境58个、无烟单位61家。落实春秋季灭鼠、夏季灭蚊蝇蟑等除

"四害"活动,病媒生物密度控制在国家C级水平。

【卫生创建】 象山县通过国家卫生县城第二轮复审。西周镇和鹤浦镇创建国家卫生镇,石浦镇通过国家卫生镇复审。全面推进乡村爱国卫生工作,省、市级卫生村从2011年的58家和133家提高到2019年的163家和168家。

【开展病媒生物防制工作】 开展春秋季以灭鼠为重点、夏季以灭蚊蝇蟑为重点的病媒生物防制工作,对全县四害密度进行监测。在丹东街道、丹西街道和西周镇开展病媒信息化试点,通过信息化技术加强病媒生物防制动态化管理。继续推进各镇乡街道四害消杀市场化运作,加强对消杀公司的监督管理。开展环境卫生整治和病媒滋生地的清理,2019年清除卫生死角2万余处,清除乱张贴7000余处,清除垃圾10余万吨,清理河道沟渠5万余米,拆除乱搭建2万余处,消除病媒孳生地3万余处。

【健康教育】 采取"1+X"模式推进健康象山讲师团建设,资深讲师、镇乡(街道)/县级部门讲师和卫健系统青年讲师共计100人组成"健康象山讲师团",各乡镇、部门共开展健康讲座587场次,累计受益2.7万余人次。结合世界无烟日、肿瘤宣传周、全国儿童预防接种日、世界肝炎日、全国爱牙日、全国高血压日、世界糖尿病日、世界艾滋病日等主题日开展各类大型主题宣传活动。对乡镇所辖社区(村)宣传栏进行统一定制、统一更新内容,利用"人口生育文化园",推进村级健康主题公园的建设,保证健康教育知识及时深入到基层。

【爱国卫生月活动】 开展以"共推'厕所革命'共促卫生健康"为主题的第31个爱卫月活动。活动期间,全县各地举办各种卫生知识培训班15期,1500余人参加培训;张贴麻疹宣传画1000余份,发放麻疹宣传单5500余份,计免宣传画、折页、宣传单计6000余份,其他宣传画、折页、宣传单及各类读本5000余份;举行宣传活动4次,受宣传教育人数近万人;开展环境卫生整洁行动,加强病媒生物消杀。

【公共场所控烟活动】 组织开展主题为"助力健康象山,拒绝烟草危害"的第32个世界无烟日控烟月活动,深入学校、机关、社区,通过健康讲座、现场咨询、控烟展板、发放控烟宣传资料等多种形式宣传烟草对健康的危害,普及控烟知识,提高人民群众对烟草产品危害的认识;联合县机关事务局、县创建办,开展县级机关单位控烟工作督查。对城区部分医疗服务场所、教学活动场所、商场、超市、宾馆、影剧院、候车室等公共场所进行控烟联合执法行动,对违法吸烟者和控烟不力的经营者进行处罚和曝光执法活动,促进象山县控烟工作。发放宣传资料5000余份,接受群众现场咨询500余人次,行政处罚3人。

【健康支持性环境建设】 开展健康细胞的创建和健康促进学校创建,2019年全县新建健康主题公园、健康步道、健康单位、健康食堂、健康一条街等健康支持性环境52个,新创建健康促进学校金牌学校1所、铜牌学校4所、健康促进医院2家。

人口监测与家庭发展

【概况】 "全面两孩"政策落实,2019年全县共出生3803人,出生补报88人。计划生育率97.58%,其中计划外补报21人,占计划外出生总数的22.8%,违法出生多孩40人,多孩违法生育发生率1.05%。母婴关怀设施完善,规范建成母婴室38家,全县公共场所母婴设施配置率达到95%以上。奖扶救助政策落实,发放计划生育奖励扶助经费1400余万元。实施"文雅护苗助学"工程,累计为109名困难家庭学生发放助学金54万元。成立计生特殊家庭健康关爱中心和3个关爱服务站,为全县344名失独家庭提供心理辅导、健康体检等服务。探索社会化运作模式,通过购买服务形式为53户失独家庭提供全面帮扶。丹城中学等4所学校列入国家级青春健康家长培训项目点,青春期健康教育取得成效。

【流动人口服务活动】 开展"把健康带回家"流动人口卫生计生关怀关爱专项系列行动,组织各地共开展20场次主题宣传活动、发放宣传资料8000余份、发放健康大礼包2000余份、免费健康体检1280人次、走访慰问困难群体215人次、开展留宁儿童心理辅导200人次。全面落实流动人口基本公共卫生计生均等化服务工作,重点做好流动人口"三进、三送、三免"活动,做到"全覆盖、同待遇、共享受",提高服务项目的可及性和公平性。2019年,全县共免费开展流动人口计划生育四项手术等其他服务101例,免费发放避孕药具1万余份,流动孕产妇住院分娩补助25人,发放补助金1万元,流动人口生育服务登记21例。配合公安部门做好流动人口量化积分申评工作,对150名申请流动人口量化积分对象进行计划生育审核。对2例符合条件的流动育龄妇女给予免费"两癌"筛查。

【计划生育家庭发展】 正确引导社会舆论,营造支持全面两孩政策落实的良好氛围,发挥村级工作人员面对面服务引导的作用,提升群众生育意愿。加强出生人口监测分析,开展怀孕、出生情况排摸,对新婚、怀孕、出生数量进行科学预测,深入研判影响因素,客观评估生育潜能。促进3岁以下婴幼儿托育服务,开展摸底调查,重点开展不同年龄段、不同区域婴幼儿托育服务需求和服务供给情况的调查,做好基础性工作。按照国家卫生健康委印发的婴幼儿照护服务机构设置标准和管理规范,做好婴幼儿照护服务机构核准登记工作的前期准备。加快母婴设施规范化建设,对全县应建数量进行再次摸底调查,强化相关部门的建设和管理责任,重点推进车站、商场、景区等公共场所母婴设施建设。全县建母婴室38家,全县公共场所母婴设施配置率达到95%以上的目标。宣传推广"浙江政务”APP自助办理，全县实现网上生育登记申报率27%，全年完成生育登记服务2227对，完成再生育审批145对。加强窗口服务人员培训，推行窗口生育登记“一证通办”，推进窗口服务质量和水平的提升。继续落实抽查监管机制，开展生育服务“最多跑一次”到位率和群众满意率调查。实行电话回访制度，做好满意调查和政策说明，发现问题，及时弥补和解决。出资12.9万元为506名计生特殊家庭、独生子女伤残家庭投保住院大病护理综合险；补助新增失独家庭9户共8.6万元；补助失独家庭父母丧葬费4户共4万元；补助失独家庭再生育医疗费2户9.6万元；慰问失独家庭150户，发放慰问金12万余元。探索失独家庭社会购买服务，率先在石浦镇试点由塔山志愿者团队承接年满49周岁以上的失独家庭53户，满意率95%以上。在石浦镇、爵溪街道、西周镇设立小棉袄暖心服务站，共有237名志愿者参与帮扶失独家庭，开展生日派对、健康讲座、节日活动共43场次，参与活动人数300余人。

【青春健康教育】 申报中计协青春健康家长培训项目，宁波建设工程学校、丹城中学、东陈中学、墙头学校被列入国家级青春健康家长培训项目点，开展培训16期，参与家长1400人，大型讲座8次，参与2200人。培训县级师资1期，新增2名市级青春健康师资和12名县级师资。象山二中被列入市级青春健康俱乐部建设单位，建成100平方米活动场地，配套设施健全，开展青春健康PLA课程36次，家长培训5期，开展3期班主任青春健康师资培训，550名学生受惠，200名家长参与学习，并将教育覆盖到周边的石浦中学。象山县丹山心理社会工作室列入市级青春健康家长培训单位，在爵溪街道、丹西街道等外来务工人员集中地开展《沟通之道》培训4期，开展“以爱护航，用心沟通”大型公益讲座2期。全县开展青春健康教育课程132课次，受教育学生6000多人次。开展家长培训96课次，参与培训家长3700多人。

【生育关怀】 贯彻落实法律法规规定的农村部分计划生育家庭奖励扶助政策，全面开展调查摸底、宣传发动、公示审核、复核等相关工作。全县共确认奖励扶助对象7023人，同比增加500人，其中奖扶对象6218人，特扶对象764人，并发症对象39人。2019年发放计划生育奖励扶助经费1413.576万元，同比增加163.6万元。对全县6490名奖励特扶和并发症对象进行全面清查，做到每个对象上门入户进行核实。重复享受对象和死亡应退未退对象，全部存入财政专户。开展农村新农合独生子女家庭医疗救助工作，共对73名独生子女家庭发放大病医疗救助金27.5万元。落实计划生育特殊家庭扶助关怀政策措施，开展2019年846名计生特殊家庭对象的家庭医生续签工作，指导乡镇有针对性地做好计划生育特殊家庭的扶助关怀、政策解答、心理疏导及维稳工作，做到应扶尽扶、精准帮扶。2019年全县各地共开展慰问关怀800余人次，发放慰问金（品）20余万元，心理疏导120余人次。完成2019年186名新增计划生育伤残、死亡特殊家庭对象基本信息国家信息系统录入工作。继续实施好“文雅护苗助学”工程，第四期9万元助学金如期发入100名困难家庭学生手中。下拨“五关怀”经费30万元、“双百”20万元、独生子女父母伤残或死亡补助70万元。

（县卫生健康局　陈　磊）

医疗保险

【概况】 2019年度，象山县城镇职工医疗保险参保单位7700余家，参保人数19.4万余人，城乡居民医疗保险参保人数为32万余人，免缴人员1.4万余人。

【医保政策变动】 2019年12月25日正式实施带量采购政策，全县25家公立医院试点实行带量采购、以量换价，共有25个中选品种，药价平均降幅52%，显著减轻重病特病用药负担。2020年1月1日起，全县各公立医疗机构全面取消医用耗材加成，实行零差率销售。2020年1月1日起，生育保险和职工医保两险合并正式实施，参加职工医保女性的医疗生育费用实现直接刷卡结算，在职女职工的生育补贴正常受理申请并发放。

【打击医保欺诈骗保行为】 开展定点医疗机构医保问题自查自纠、“督院问保”“医保漠视侵害群众利益问题专项整治”等系列行动，运用掌上执法APP、专项检查、联合检查和“双随机、一公开”等检查形式，发挥“智慧医保”系统、人脸识别系统和视频监控系统等信息化平台作用，结合现场稽查手段，共检查“两定”机构102家，11家被暂停医保服务，2家被限期改正，1家零售药店被解除医保协议，9名医生被扣分处理，追回违规基金257万元。

【推进医保参保扩面和精准扶贫工作】 实施全民参保计划，县内基本医疗保险参保人数52万人，象山县本地户籍基本医疗保险参保率持续稳定在99%以上，低保、特困人员及一、二级残疾人等群体1.5万人，医疗保险参保费用实行全额免缴且实现参保率100%，低保边缘家庭成员医保参保个人缴费费用实行减半政策，医疗保险基本实现全民参保，应保尽保。每年为参保人员安排免费健康体检。县医疗保障局指定具备条件的社区卫生服务中心（乡镇卫生院）和其他医疗机构为体检定点医疗机构，为60周岁以上城乡居民、中小学生及儿童安排一年一次体检，单数年安排60周岁以下成年居民、双数年安排企业退休人员进行体检，体检经费均由财政进行补助，无须参保人员自费。

【慢病保障工作】 将高血压、糖尿病等12种常见慢性病纳入城乡居民门诊规定病种范围。允许城乡居民在定点零售药店可刷卡购买慢性病药品，26家药店开展第三方配送服务，协助设立送药上山进岛便民服务点3个。实行签约家庭医生的参保人员在社区卫生院可配3个月药量。对制造业、交通运输业、建筑业等行业实施阶段性降低企业职工医保缴费费率的医保减负政策，

2019年共减负3603.29万元。

【深化医保领域"最多跑一次"改革】 通过整合资源、多方联动，便民服务推向深入。实现大病保险特殊药品报销受理工作大市内"全城通办"。开展宁波市范围内异地居住参保人员健康体检委托结报服务。取消异地就医备案相关证明材料。实现省内医保转移接续一证通办"零跑腿"，通过网上自助办理省内医保关系转移接续业务，时限从原来2~3个月缩短到当月甚至当日。优化医疗保险费用报销流程提升为民服务时效，报销拨款完成时限从原来的15个工作日缩短到10个工作日，优化时限后年内完成报销拨款累计办理6500余件，实际拨付2332万元。完成出生、退休、身后等"一事联办"360例。改进特殊困难群体医疗救助给付方式，基本医保、大病保险、医疗救助"一站式"结算8910人次，总费用490.6万元。

【参保人员出国(境)带药备案延伸到定点医院直接办理】 出国、出境、出海等参保人带药备案往来县医保服务大厅办理较为不便，特别是家住海岛和偏远乡镇的参保群众。为落实医保就医备案便民举措，自2019年9月起，县医疗保障局将参保人出国(境)带药备案事项延伸至全县36家医保定点医院直接办理。出国(境)医保备案后，参保人员可一次性购3个月药量，出海人员可按实际出海时间购相应药量，为参保群众就医购药提供便利。

【推进异地就医直接结算】 扩大异地就医结算的医疗机构范围。与全国24980家定点医疗机构实现异地联网，县第一人民医院、红十字台胞医院等5家公立医院开通异地就医直接结算，大市外参保人在全县就医住院1927人次，医保基金支出2876万元。融入长三角区域门诊就医一体化。2019年9月、11月分别开通与上海市、江苏省的门诊就医直接结算，跨省就医门诊直接结算4564人次，医保基金支出85万元。

【推进医保支付方式改革】 加强基金预算管理和运行分析，对全县所有诊所下达年度指标，实行总量控制付费，将公立医院实行的总额预算付费办法扩大到所有民营医院，实行控费全覆盖。按照"结余分享、超支分担"的激励机制，对全县32家定点医院进行2018年医保年度年末统算，分享金额(奖励)为996.21万元，分担金额(扣回)196.87万元。

(县医疗保障局)

红十字会

【概况】 象山县红十字会自2009年根据县编委文件《关于调整象山县红十字会管理体制的通知》精神机构单设以来，履行《中华人民共和国红十字会法》赋予的职责，坚定不移地推进改革创新、历实基层基础、做强核心业务、加强自身建设，推进县红十字事业持续健康快速发展。2019年红十字救护培训列入县民生实事项目。一年来共举办红十字救护员公益培训班47场次，培训救护员3370人，达到任务数153.2%；普及救护技能知识48800人(371场次)，达到任务数148.3%，红十字应急救护培训进农村文化礼堂266场15696人次受益。完成造血干细胞志愿者招募52人，捐献淋巴细胞1例。全年共登记器官、遗体(角膜)无偿捐献志愿者165例，累计登记323人，累计实现捐献器官14例、遗体6例、眼角膜4例。2019年实施2例器官捐献。2019年县红十字会由县政府副县长钮晶莹任会长，陈琴任党组书记、专职副会长。

【实施精准扶贫】 县红会深刻领会习近平总书记"精准扶贫、精准脱贫"思想，连续2年提前超额完成对吉林延边地区和遂昌的结对扶贫任务，2019年共捐赠款物127.8万元。两年累计捐赠款物257万元。开展实地调研，针对吉林延吉结对地区贫困生设立"点亮童年梦"微心愿助学基金，共为200名贫困生捐助10万元款项。2年间共捐助微心愿助学基金总计20万元；向上级部门争取物资，争取市红会支持，向结对地捐赠款物资112.69万元，在8月底前全部送达结对地龙井和敦化市红十字会(龙井55.1140万元物资、敦化57.58万元物资)。开展"山海协作"，扶贫遂昌。10月11日，扶贫物资5.02万元抵达遂昌红十字会。

龙井市象山县红十字会"微心愿助学基金"发放仪式

【召开四届四次理事会通信会议】 因群团机构改革等原因，县红十字会于2019年12月以通信会议的形式召开象山县红十字会第四届理事会第四次会议，各位理事以"云审核"的方式审议通过《象山县红十字会第四届理事会第四次会议工作报告》。

【应急救护培训】 2019年，红十字救护培训列入县民生实事项目，纳入对18镇乡(街道)的考核。一年来共举办红十字救护员公益培训班47场次，培训救护员3370人，达到任务数153.2%；普及救护技能知识4.88万人(371场次)，达到任务数148.3%，红十字应急救护培训进农村文化礼堂266场15696人次受益，实现进农村文化礼堂工作全覆盖。年初对全县红十字应急救护培训工作进行部署，加强对各镇乡(街道)红十字会救护培训的指导，推进救护培训"百千万"活动。建立救护培训基地，开展救护师资、救护员和市民普及培训；开通网上应急救护教学视频和急救掌上课堂，方便居民通过网络自学；爵溪成校建立红十字培训基地。红十字水上救援队成立"讲师团"，开展校园"关爱生命、防止溺水"系列专题公益讲座32场次。2017—2019年连续3年开展暑期救护员培训班，共为全县各中小学、幼儿园班主任举办培训班23期共计1321人次；外引内培优化师资队伍建设，通过新闻媒体公开向社会招聘19名红十字救护师资志愿者，并组织参加市红会的师资培训，其中8月在象山国际大酒店举办1期市红十字救护师资复训班，共有10名师资参加复训；为52名师资完成师资注册工作；精心准备，县红十字会参赛志愿者在6月全市应急救护大赛中获3个单项二等奖、1个三等奖，总成绩二等奖的好成绩；严抓培训质量，全面贯彻省市红会标准；谋划，及时推进AED项目。全年共安装18台自动体外除颤仪在公交总站、客运中心、蓬莱菜场、县委县政府、新行政中心、血站等人流量较为密集的公共场所投入使用。同时还对场所内工作人员进行仪器操作现场培训。

县红十字会参赛志愿者在6月全市应急救护大赛中获3个单项二等奖、1个三等奖，总成绩二等奖的好成绩

【开展志愿服务活动】 县红十字志愿服务队志愿服务推陈出新。红十字水上救援志愿服务队和红十字公交志愿服务队等志愿活动常态化。县红十字公交志愿服务队成为全县志愿服务的一面旗帜。自成立以来，参与救死扶伤、访贫问苦、无偿献血、文明劝导、志愿反扒等公交特色的志愿活动，据初步统计，象山公交志愿服务队走访慰问敬老院260次、帮助贫困家庭75次，累计献血35万毫升，组织献全血和血小板合计46次，捐献志愿者人数达590人次。水上安全救援志愿服务队以宣传和普及救护知识为己任，向全县18个镇乡（街道）所涉中小学开展普及宣传和防溺水自救知识，至2019年8月底，共举办41场防溺水公益讲座，累计培训9160多人次。组织志愿服务队为全县大型活动、赛事提供志愿服务等，宣扬红十字志愿服务精神，助推文明城市创建。

【人道救助博爱品牌建设】 2019年，县红十字会捐赠收入为167.83万元，主要是上级红十字会捐赠东西部结对地区物资117.71万元，其余是红十字信成博爱基金、贫困高危孕产妇救助基金等社会定向捐款。按照县委要求，开展东西部结对地区帮扶工作，支出款物127.71万元（龙井60.1140万元、敦化62.58万元、遂昌县5.02万元），红十字信成博爱基金、贫困高危孕产妇救助基金等社会定向救助40万元。市县两级红十字会整体联动，开展“博爱送万家”活动，发放包括米、油、棉被、慰问金等共计34万多元的慰问款物，为1580余名群众送去党和政府的温暖。结对县及石浦抗癌康复协会，开展慰问大病困难群众活动，送去款物4万元；关爱失独家庭走访慰问10户失独计生困难户，向他们送上慰问款物共计10600元；慰问联系点晓塘乡双连峙村困难户并送上慰问款物；走访慰问器官（角膜）和造干捐献者6人，共送出款物1.8万元；联合关工委等单位开展“六一”儿童节慰问民工子弟学校、培智残疾儿童等，送出慰问款物4.6万元；另有各类基金如艾滋病救助基金、高危孕产妇救助基金都运作良好。

【开展备灾救灾】 第9号强台风“利奇马”和18号台风“米娜”给象山县带来巨大的经济损失。县红十字会开展备灾救灾，共向受灾群众送出慰问物资31.67万元。强台风“利奇马”袭来之际，县红十字会启动紧急防台预案，紧张有序地开展防台工作。8月9日党组书记、专职副会长陈琴带队到结对村晓塘乡抗台一线开展灾情调查；县红十字会及时将县损失情况，上报至省、市红会，并请求给予款物救助；各镇乡（街道）红十字会发挥红十字应急救援队和志愿者的作用，迅速投入防台救灾工作中；县红十字水上救援队14名队员驰援临海，共救助110名受困市民。台灾过后，又及时向鹤浦镇、贤庠镇、关工委和县抗癌协会等共20家单位送出救灾物资共计15.4万元慰问物资；红十字公交志愿服务队，及时组织志愿者在台风过境后的路面入水口清理垃圾，扶持树枝，捡拾并归还11块车牌。灾后为帮助晓塘乡果农减少损失，组织志愿者参与葡萄等水果的义买活动。开展防灾减灾宣传，加强备灾仓库的建设与救灾物资的储备、管理。纪念全国防灾减灾日，县红会于5月6—12日在全县范围内开展以“提高灾害防治能力，构筑生命安全防线”防灾减灾宣传周活动，共发放各类宣传资料1000余份，4865人次参加防灾减灾应急救护培训。

“利奇马”台风期间，县红十字水上救援队14名队员驰援临海，共救助110名受困市民

8月9日，党组书记、专职副会长陈琴带队到结对村晓塘乡抗台一线开展灾情调查

【造血干细胞志愿捐献和无偿献血工作】 2019年共招募新增52名志愿捐献者加入中华骨髓库；配型捐献1例，3月25日上午，“新象山人”曾延坤（最美象山人获得者）来到浙江省中医院，为一位陌生女孩再次无偿捐献132毫升淋巴细胞。曾延坤因此荣获2019年度省红十字会第十一届“红十字公益之星”、县首届道德模范提名奖。曾延坤为挽救该女孩于2018年1月16日捐献造血干细胞255毫升。造血干细胞志愿捐献工作得到持续开展，社会影响力扩大。广泛宣传发动，推动无偿献血工作开展。继续保持临床医疗用血

100%来自自愿无偿献血，保障全县临床医疗用血的需要和安全。

3月25日上午，“新象山人”曾延坤在浙江省中医院，为一位陌生女孩再次无偿捐献132毫升淋巴细胞

【推进人体器官（组织）捐献工作】 10月底止，全年共登记器官、遗体（角膜）无偿捐献志愿者165例，累计登记323人，累计实现捐献器官13例、遗体6例、眼角膜4例。实施2例器官捐献。1月2日，象山籍吴某捐出1肝2肾，3名危重病人因他的捐献而重获新生。12月7日，象山籍林某捐出一肝二肾。2019年器官捐献开通网上及微信端登记，登记数字实现爆发式增长，全年登记数占历年登记总数的51%。

【“不忘初心、牢记使命”主题教育活动】 县红十字会贯彻县委“不忘初心、牢记使命”主题教育精神要领，聚焦“守初心、担使命，找差距、抓落实”的总要求，进行全面安排部署。成立以陈琴为组长的县红十字会主题教育工作领导小组，讨论制定《象山县红十字会开展“不忘初心、牢记使命”主题教育工作方案》，明确分工任务。增强“四个意识”、坚定“四个自信”、做到“两个维护”；立足红十字会职能，推动工作。共集中学习73人次，开展志愿服务活动32人次。做到学有所思、学有所悟，实现学有所获。

（县红十字会　洪秀芳）

街道·镇乡

丹东街道

【概况】 丹东街道地处象山半岛偏东北部，地形北高南低，北隔沙地岗山、梅溪山与大徐镇连接，东依东山山脉与爵溪街道相连，西大致以天安路、南大河为界，与丹西街道毗邻，南濒大目涂，陆域面积38平方千米。丹东街道下辖26个行政村（37个自然村）、11个社区。2019年，全街道常住人口9.7万人，户籍人口7.1万人。丹东街道作为象山县中心城区所在，是一个工商居混合型区域，工业以机械、针织、电器、气动件、汽车模具等为支柱，农业以蔬菜、橘苗、鱼苗、水稻、小海鲜为主品，三产以房地产、楼宇（写字、公寓楼）、餐饮、旅游、超市、中介、物流等为主业。

2019年，丹东街道深入学习贯彻中共十九大精神和习近平新时代中国特色社会主义思想，坚决贯彻落实县委、县政府“双突破双驱动”战略和“四个年”活动部署，抢抓亚运机遇，做好“扬特色、提质效、强功能”文章，围绕党工委发展目标，推动“工业旅游双突破，城市农村双提升”，破解重点工程处理难题，合力化解信访历史积案，全力打造丹东铁军队伍，助推街道经济社会持续稳步发展，积极建设宁波现代化滨海城区核心区，先后获评全国诚信和谐示范街道、市级文明街道、先进基层党组织、社区建设先进街道及护航G20、中共十九大维稳安保等先进集体、县首批“好班子”“四大攻坚行动”集体三等功等荣誉。

【工业经济】 分层分类落实“百人百企集中走访”专项行动，了解掌握企业发展过程中存在的痛点、难点、堵点问题，为企业提供“一对一”保姆式跟踪服务。2019年，实现规上工业总产值34.3亿元，工业增加值6.21亿元，固定资产投资33.6亿元，其中工业投资1.83亿元；新增规上企业4家，已有500万元以上工业企业95家，2000万元以上企业46家。从三大行业看，电气行业回暖明显，同比增长5.1%，针织和机械行业略有波动。招商引资成效明显，2019年实现实际内资19.1亿元，外资910万美元，均超额提前完成年度任务。全年实现外贸进出口37.81亿元，同比增长6.7%。新引进项目7个，其中弗浪无人驾驶系统已实现当年投产，当年上规模；“清肺汤”人才项目完成注册落户；趣车科技实现正常运营生产；弗凡导航主板生产项目完成2条自助生产线安装，至年底已正式投产。

【城市经济】 丹东街道发挥区域优势，积极推进商贸经济、总部经济的发展。有力推进涌金广场、博浪太平洋、国际风情街、财富中心等大型商业设施的个性化高档现代服务业集聚区建设，改造扩建汪家河、大碶头菜场、下半河菜场，提升中心城区商贸品位和城市形象。2019年城市经济动能强劲，以楼宇经济发展机制改革项目为指引，通过“商圈人才联盟”书记人才项目建设带动，激发城市经济活力，全面排摸梳理街域4大商圈5大楼宇经济体情况，新引进并投产全季酒店、H酒店、维也纳酒店等多个楼宇经济项目，新组建“商圈青年联盟”等人才发展组织。全街道已有民宿28家、农家乐20余家，加速盘活闲置敬老院、文化礼堂等存量资源，整合赤坎水库西侧原丹东敬老院地块闲置土地40余亩，征用并推进精品民宿招商。健全城乡流通网络，积极发展“村级连锁便利店”，积极推进社区“家电下乡”工程，形成“县级商圈、社区商圈”二级商圈发展体系。2019年实现社会消费品零售总额8.98亿元，同比增长1.53%。

【农业产业】 丹东街道坚持以农业产业化、特色化、现代化为抓手，以农村产业结构调整和农业基础设施建设为支撑，在稳定超级稻粮食产量基础上，高度重视特色农业产业的发展，共发展蔬菜、苗木、红美人柑橘、水产养殖等各类农民专业合作社27家，基地大户30家，高质量推进城乡融合发展，创新走出城郊村的乡村振兴道路。2019年，街道粮食播种面积3260亩，其中单季稻3000亩，完成机插任务1800亩，承担县超级稻育种基地建设任务；超级稻育种面积400亩；城郊蔬菜种植面积2100亩。蔬菜基地达到1200亩，复种面积达到4200亩，产值3180万元。瓜果510亩，产值120万元，有效支持休闲农业与乡村旅游的发展。橘苗基地种植面积350亩，年产值1200万元，橘苗远销省内外。红美人柑橘种植面积500亩，年产值1000万元。落实农业政策性保险2565亩，春季农田灭鼠7700亩。象山丹禾阳农机合作社创建省级“机器换人”示范基地，初步形成以市场牵龙头、龙头带基地、基地联农户、互联网+农户的城郊型特色农业发展新格局，促进农业增效，农民增收。

【重点工程】 围绕“破难题、攻难关、

提进度、抓落实”工作要求,深入开展“项目争速百日攻坚”专项行动,吹响高质量发展冲锋号,加快城市化进程。2019年,丹东街道承担60项重点征迁项目,均按期推进,历时110天打赢五期棚改8.17万平方米征迁攻坚战。7个新开工项目保障有力,亚帆路配套道路工程完成变压器迁移和山地、水库政策处理,完成景区集散中心和松兰山景区中心地块报批补差;游仙寨开发、塔山教育培训中心、欢乐家园三期B区等项目已完成政策处理、土地招拍挂、规划报批等工作,均已进场施工;会源路、东谷路政策处理完成部分已启动施工,个别对象补偿款洽谈、“司法清零”程序持续推进中。殷夫路、宝海路地块综合楼等13个续建项目均完成土地征用,实现无障碍施工。10个前期类项目均按时间节点有序推进,其中政实小学完成政策处理,巨鹰路拓宽工程完成农转用报批。

【专项行动】 围绕“城市双修”五年行动计划,高标准启动各项专项行动,全力提升亚运城市门户形象。试点开展综合整治,总结提炼后山“一户多宅”梳理改造模式,全面推进亚运城市精品带两侧农村“蝶变”提升。上余、后洋等5个首批综合整治村推进,累计拆除“一户多宅”房屋120余户约1.5万平方米。蒋家村城中村改造实现突破,整村拆迁进入入户评估阶段。斗真碰硬推进“大棚房”问题整改,共整治三联农庄等大棚房4处,拆除及复耕面积2.5万平方米。保持“三改一拆”高压态势,累计拆除违章建筑70余起,共计面积约4.5万平方米,实现新增违建动态归零。

【社区建管】 2019年年底,丹东街道共有社区11个,小区68个。街道坚持“以人为本、共建共治共享”的社区发展理念,健全新型社区治理和服务体制,探索创新社区“四化”服务,社区治理步入新时代轨道。社区党建稳固加强,深化党建“一社区一品牌”,结合“三服务”“牢记初心使命、勇于奉献担当”等主题教育活动,加强社区党员教育管理。新建塔山社区党群服务中心、廉驿站等阵地,建成“红心塔山”开放式组织生活基地,为社区党员和群众提供学习教育服务,已接待市、县、镇乡参观学习交流22批500多人次。硬件设施改善提升,建成塔山社区综合服务中心,打造“一委二中心三家五站八社”社会工作格局;建设入驻欢乐社区综合便民服务中心,重新装修东风社区办公场地;开展万象社区“智慧型”社区建设,辖区5个小区完成监控系统更新升级及道闸、匝道的改造。社工队伍强化建设,2019年,8名社工考取初、中级社会工作师。组织开展“师徒结对”头脑风暴社会治理论坛、户外团建拓展活动、组织部分社区书记主任到苏州工业园区学习考察社会组织孵化及社区治理创新等活动,社区建设管理水平优化。

【乡村振兴】 牢固树立乡村振兴“一盘棋”理念,积极实施农村品质提升行动,抓好村庄绿化靓化美化工程,融合城乡、党建、文明等多重元素,研定“梅映丹东”文明示范线创建计划,结合城中村改造推动沿线11个村庄“一村一特色”发展。桥头胡村通过省级美丽宜居示范村验收,上余、赤坎分别完成美丽乡村县级特色村、市级示范村验收,生态底色日渐凸显。垃圾分类推进有序,街道37个自然村均设立垃圾亭集中投放点,垃圾分类宣传小分队形成行动。围绕基层党建全面提升三年行动计划,有效破解基层治理难点,消除“村民说事”空白村1个、薄弱村2个。深化建设“清廉村居”,积极打造“塔山廉驿站”“清风上余”等清廉品牌,发挥示范影响力。

【全域旅游】 丹东街道以“全域景区化”理念谋划布局,利用丹东旅游资源丰富、历史文化悠久、城市交通便利等优势,抢抓亚运机遇,全力打造生态休闲、文化养生的中心城区后花园。结合松兰山创建国家级旅游示范区机会,相继投入10亿余元建设松兰山滨海度假区,荣获国家AAAA级旅游景区、上海市民最喜爱的浙江十佳景区、浙江省十佳度假基地等称号。围绕“游仙寨”高端旅游项目建设,整合梅岙、寨里、赤坎、上余等周边村的旅游资源,推动打造休闲旅游观光区;注重赤坎历史文化村落保护利用,总投资1.6亿元,第一期投资5000万元动建游仙寨精品旅游项目,计划投资1100余万元动建赤坎水库环湖路。积极开展景区村创建,推出景区村创建村旅游精品线,由点及面梯度推进形成符合丹东特色的乡村旅游布局。2019年建成后山“花海”、后洋“西河岸”等休闲公园4个,创建岙里、梅岙2个A级景区村,加大农村内部、周边以及沿线公路改造、厕所革命、旅游配套设施建设等工作力度,新增游客服务中心2个、村庄停车位130个、公共厕所9个,借助“嗨象山”品牌元素,有效扩大旅游宣传力度。

【民生保障】 全方位强化民生保障体系,规范社会保障服务,全面落实各项养老、医疗政策。养老服务强社会,全新增各类养老保险参保人员928人,超额完成年度目标的154.67%;创建欢乐社区省级无障碍社区、市AA级居家养老服务站。积极探索适合企业退休人员社会化管理的有效途径,2019年街道共有退休人员1.088万人,其中1—12月接收纳入社会化管理的退休人员805人。推动就业促发展,因势利导、因地制宜地组织各类人员开展劳动预备培训、技能激发培训、创业培训、专业技术培训等,提高劳动者就业创业能力,与象山国穗培训学校组织开办高级茶艺师培训班,辖区内32人取得培训证书。低保治理惠民生,全面铺开低保户治理,新增低保对象25户,28户低保户因存款、收入、财产超标等因素退出低保,做到应保尽保,应退尽退。积极排摸,主动发现因灾因病致贫的困难群众,每月及时实施救助。上报县平台审核同意临时救助60户,共救助15万元,医疗救助5户,共救助6.7万元。完成丹东街道第二避灾中心和田洋里村村级避灾点创建工作。

【文化事业】 2019年,街道与村、社区两级筹集资金3000万元,投入城乡文化设施建设、文体团队组建活动。新建农村文化礼堂7个，发挥农村文化礼堂阵地作用，强化婚丧礼俗整治行动。2019年年底，已建成综合文化活动中心1个，文化礼堂19个，各类文体队伍300多支，常练成员近5000人。群众文化精彩纷呈，在田洋里、岙里、后洋、桥头林等村举办7场青山绿水我的家文化礼堂文艺巡演。积极开展“文明村”“文明家庭”“绿色家庭”等基层文明创评活动，文化书香品牌再度提升。开展重大节日亲民文艺会演、文体活动，举办“邻里情、邻里节”等活动，活跃社区文化，丰富居民生活，累计举办活动200多场次。全民阅读积极倡导，创建丹河社区市级亲子阅读示范基地、“书香丹河”被评为市优秀社区学习共同体，建成象山第一个城市书房绘本主题馆，通过亲子读书会、鸟巢书屋、暑期假日学校、家长学校等创新性平台，让更多居民参与其中。

【公共卫生】 街道出台计划生育奖励扶持、救助保障等“六位体”政策，鼓励帮助二胎生育，慰问扶助计生特困对象。建立健全突发公共卫生事件应急指挥、疾病预防控制、卫生监督、疫情和突发公共卫生事件监、预警和报告信息体系，形成结构合理、功能完善、机制健全、运行高效的公共卫生体系。结合各类文明创建活动，全民动员参与爱国卫生运动，根据每月文明创建环境卫生明察暗访情况，建立健全基层环境卫生整改反馈机制，实现动态监管。推行农村环境卫生整治全覆盖，引导各村增加投入，加强环境设施建设，广泛宣传垃圾分类知识，引导市民自觉养成文明卫生好习惯。至2019年年底，街道共有15个村被评为省级卫生村，17个村被评为市级卫生村，16个村被评为县级卫生村。

【志愿行动】 丹东街道全面倡导慈善公益大家行，发动社会各界成立相约星期六党员五小服务队、心理辅导、科普宣传、居家养老服务、平安护卫队等志愿者团队143支，志愿者人数达5200余人，累计提供残疾人帮扶、环境保护、义工家教、急救培训等服务10500余次，服务群众6.7万人。动员街道机关、企业、学校等300余人参加无偿献血，累计捐献10余万毫升。活跃社区社会组织公益创投项目，创新社会工作，2019年拓展塔山社区“向阳花开”项目，“塔山好公益”社区社会组织项目入选县社会组织公益创投项目，发展社区治理公益及义工服务队伍10余支，组织开展“塔山好公益”“向阳花开”等公益项目活动50多场次，“‘野百合的春天’留守和流动少女青春健康关爱行动”项目获得市新时代文明实践志愿服务项目大赛铜奖。深化“居民说事”，推进塔山社区市级协商观察示范点建设，建成新华社区“580”、丹峰社区“和好屋”等说事平台，组织开展600余场次居民说事，收集703个议题，解决675个，解决率达96%。

【慈善分会】 丹东慈善分会主动作为，“上为政府解忧，下为百姓解愁”，为一批病、残、困等弱势群体解决燃眉之急。2019年，街道11个社区、37个自然村分别成立慈善工作站，党员干部带头捐款，充实慈善基金，累计收到捐款逾62万元，所捐款项全部用于慰问困难群众、孤寡老人、补助以及奖励本村优秀学子等，受益群众多达4.5万人。经街道各村、社区共同，通过发动“慈善一日捐”和“市民拾元捐、村村邻里帮扶基金”募集、企业小额冠名基金捐、定向捐和日常捐等多种方式，2019年共募集到善款83.27万元。街道慈善分会会同县慈善总会积极开展精准救助，2019年救助贫困大学生、白血病和尿毒症患者、特大病患者、百岁老人慰问、春节困难慰问困难群众、定向救助特困、考入重点大学奖励等各类对象，共计71.96万元。

表72

丹东街道2019年经济社会一览表

项目	单位	数据	项目	单位	数据
一、基本情况	—	—	图书馆	个	2
行政区域面积	公顷	3800	剧场、影剧院个数	个	5
居民委员会个数	个	11	体育场馆个数	个	2
其中：通公共交通的村个数	个	26	医疗卫生机构个数	个	55
通宽带的村个数	个	26	医疗卫生机构床位数	张	1370
通有线电视的村个数	个	26	执业（助理）医师数	人	822
通自来水的村个数	个	26	兽医（防疫）技术人员	人	1
垃圾集中处理的村个数	个	26	六、社会保障	—	—
污水集中处理的村个数	个	26	提供住宿的社会工作机构	个	2
二、人口与就业	—	—	其中：本级政府创办的养老机构	个	1
户籍户数（派出所户籍数）	户	27415	提供住宿的社会工作机构床位	张	149

续表72

项　　目	单　位	数　据	项　　目	单　位	数　据
户籍人口(派出所户籍数)	人	71400	城乡居民基本养老保险参保人数	人	5693
三、农业	—	—	城乡居民基本医疗保险参保人数	人	15200
耕地面积	公顷	330	城乡居民最低生活保障人数	人	405
耕地灌溉面积	公顷	213	七、公用事业	—	—
农业企业	个	7	自来水用水户数	户	36274
家庭农场	个	7	管道燃气用气户数	户	20785
农民专业合作社	个	23	金融机构网点数	个	81
农业专业合作社成员	户	128	公园及休闲健身广场个数	个	6
四、财政、经济、贸易	—	—	—	—	—
一般公共财政收入	万元	93614.0	—	—	—
一般公共财政支出	万元	93614.0	—	—	—
资产总额	万元	32017.0	—	—	—
债务总额	万元	41660.0	—	—	—
工业企业	个	287	—	—	—
其中规模以上企业	个	46	—	—	—
工业总产值	万元	421948	—	—	—
其中:规模以上工业	万元	342534	—	—	—
建筑业企业单位数	个	52	—	—	—
住宿餐饮业企业个数	个	42	—	—	—
商品交易市场	个	3	—	—	—
营业面积50平方米以上的综合商店或超市	个	79	—	—	—
五、教育、文化、科技、卫生	—	—	—	—	—
幼儿园、托儿所个数	个	16	—	—	—
小学校数	所	5	—	—	—
小学专任教师数	人	413	—	—	—
小学在校学生数	人	8322	—	—	—

表73

丹东街道2019年规模工业企业经济情况一览表

单位:万元

企业名称	工业总产值			主营业务收入			利润总额		
	本年累计	2018年同期	同比+%	本年累计	2018年同期	同比+%	本年累计	2018年同期	同比+%
宁波天安(集团)股份有限公司	56133	48965	14.6	48438	49130	-1.4	-18595	-14518	—
象山天安特种变压器有限公司	9241	10430	-11.4	10123	10957	-7.6	-1680	-2331	—

续表73

企业名称	工业总产值			主营业务收入			利润总额		
	本年累计	2018年同期	同比+%	本年累计	2018年同期	同比+%	本年累计	2018年同期	同比+%
宁波天安集团开关有限公司	14877	9983	49.0	12809	7818	63.8	-97	-27	—
天安电气集团小计	80251	69377	15.7	71370	67905	5.1	-20372	-16875	—
宁波天安智能电网科技股份有限公司	20140	15097	33.4	17576	13684	28.4	1100	582	89.1
宁波天安汽车零部件有限公司	10453	9361	11.7	6584	8580	-23.3	295	598	-50.6
宁波盛和灯饰有限公司	27216	30369	-10.4	26163	29589	-11.6	3070	1927	59.3
宁波兄弟服饰有限公司	48730	51506	-5.4	48287	50996	-5.3	1602	1581	1.3
象山同家模具制造有限公司	14065	11947	17.7	13979	11512	21.4	3014	2245	34.2
宁波石原金牛农业科技有限公司	9892	9390	5.4	9923	9107	9.0	1303	993	31.3
宁波弗凡科技有限公司	11063	12334	-10.3	10684	12708	-15.9	627	750	-16.4
象山县海滨化工厂	6221	7259	-14.3	6716	4994	34.5	70	49	42.7
浙江一漂印染有限公司	4104	7278	-43.6	4104	7278	-43.6	284	412	-31.2
宁波骏嘉重型机械制造有限公司	2586	2875	-10.1	1961	2006	-2.2	-115	4	—
象山冶金电器设备厂	1275	2534	-49.7	556	2219	-74.9	-88	12	—
宁波宝鑫铁路信号设备制造公司	3027	3608	-16.1	2044	3201	-36.2	-48	10	—
宁波宝鑫电力设备成套有限公司	1326	3037	-56.3	466	2568	-81.9	-35	14	—
宝鑫集团小计	5628	9179	-38.7	3066	7988	-61.6	-170	36	—
宁波探索机械制造有限公司	3272	3404	-3.9	3272	3405	-3.9	-271	-327	—
宁波天元电气集团有限公司(本部)	172	2538	-93.2	172	2235	-92.3	-274	43	—
宁波新大通电机有限公司	3948	3986	-1.0	4027	3880	3.8	220	94	134.2
象山第一自来水有限公司	8326	8159	2.0	8326	8159	2.0	2870	-1171	—
宁波晨南制衣有限公司	2238	2485	-9.9	881	2143	-58.9	-410	-34	—
宁波佳田时装有限公司	4461	3546	25.8	4178	3535	18.2	15	16	-5.6
象山宇翔机械有限公司	3159	3298	-4.2	3080	3282	-6.2	107	74	43.5
宁波胜利汽配有限公司	1066	4087	-73.9	680	3905	-82.6	10	54	-82.0
宁波凯勒电气有限公司	7005	5213	34.4	6683	5210	28.3	187	74	150.9
象山达胜针织有限公司	1798	2418	-25.6	1517	2418	-37.3	-4	1	—
象山宏强电气制造有限公司	3420	3241	5.6	3416	3075	11.1	153	14	1002.9
象山县海达机械制造有限公司	1056	4061	-74.0	528	2275	-76.8	-7	-57	—
象山永久电力设备机具有限公司	2168	2249	-3.6	2009	2022	-0.6	65	50	29.1
宁波海辰天力机械制造有限公司	4613	2726	69.2	4469	2381	87.7	602	35	1615.1
宁波华辰机械有限公司	3133	3444	-9.0	3055	3203	-4.6	244	274	-11.1
象山锦河针织有限公司	3329	2551	30.5	3111	2453	26.8	-107	-4	—

续表73

企业名称	工业总产值			主营业务收入			利润总额		
	本年累计	2018年同期	同比+%	本年累计	2018年同期	同比+%	本年累计	2018年同期	同比+%
象山鸿源制衣有限公司	4044	3697	9.4	4257	3088	37.9	-159	-169	—
象山海燕塑料制品有限公司	1950	2196	-11.2	1524	2005	-24.0	26	20	26.2
象山福大制衣有限公司	2011	2012	0.0	1596	2012	-20.7	-66	39	—
宁波依伦斯服饰有限公司	1305	2204	-40.8	1314	2076	-36.7	-9	-21	—
宁波锦林服饰有限公司	4064	5312	-23.5	3791	5210	-27.2	11	26	-60.2
象山永发制衣有限公司	3760	3843	-2.2	3047	3600	-15.3	-1	-76	—
象山泓越服饰有限公司	3162	2635	20.0	3112	2759	12.8	39	91	-56.9
象山至美服装有限公司	1879	2806	-33.0	1689	2649	-36.2	36	32	11.7
象山中鼎机械模具有限公司	1916	2455	-22.0	1592	2422	-34.3	34	43	-19.9
象山华润燃气有限公司	12010	9284	29.4	11845	9140	29.6	961	627	53.3
宁波三俪服饰有限公司	4931	4957	-0.5	4931	4957	-0.5	20	10	106.1
宁波广逸服饰有限公司	3524	2098	68.0	3524	2098	68.0	47	8	468.3
象山盈多服饰有限公司	2652	2091	26.9	2652	2091	26.9	-8	16	—
象山佳和针织有限公司	1816	2118	-14.3	1817	2118	-14.2	54	-2	—
规模企业合计	342534	341086	0.4	316507	326148	-3.0	-4909	-7918	—
三型企业合计	232988	230550	1.1	217017	222048	-2.3	-8862	-8212	—
机械行业合计	51433	53894	-4.6	45236	48871	-7.4	4197	3087	36.0
电器电子行业合计	154895	147348	5.1	139129	142394	-2.3	-15679	-13449	—
针织行业合计	97807	103556	-5.6	93808	101479	-7.6	1344	1927	-30.3

表74　　**丹东街道2019年工业企业自营进出口情况一览表**

单位:万元

名称	累计出口金额	对比累计出口金额	累计出口金额增减(%)	累计进口金额	对比累计进口金额	累计进口金额增减(%)
合计	378109.08	354522.71	6.65	2755.06	4260.93	-35.34
宁波宝鑫铁路信号设备制造有限公司	145.68	149.22	-2.37	0.09	0	—
宁波盛和灯饰有限公司	26119.72	28899.96	-9.62	2270.77	2969.41	-23.53
象山宁丰针织有限公司	0.01	0.03	-53.59	0	0	—
宁波甬侨气动液压有限公司	420.37	306.85	36.99	0	0	—
宁波至宝进出口有限公司	321.23	533.01	-39.73	0	0	—
象山食品设备厂	204.41	311.57	-34.39	0	0	—

续表74

名　　称	累计出口金额	对比累计出口金额	累计出口金额增减（%）	累计进口金额	对比累计进口金额	累计进口金额增减（%）
宁波天安汽车零部件有限公司	423.73	592.66	-28.5	11.88	29.69	-59.99
宁波中瑞进出口有限公司	236879.87	210703.62	12.42	205.68	63.07	226.1
宁波天安(集团)股份有限公司	1236.96	120.74	924.5	0	0	—
象山同家模具制造有限公司	6872.54	4864.51	41.28	72.13	891.92	-91.91
象山永发制衣有限公司	3314.19	3600.09	-7.94	0	0	—
宁波晨南制衣有限公司	488.5	1457.7	-66.49	0	0	—
象山图腾通讯有限公司	0	0.04	-100	0	0	—
宁波探索机械制造有限公司	17.54	0	—	0	0	—
宁波兄弟服饰有限公司	46815.54	52184.5	-10.29	43.14	183.39	-76.48
象山福大制衣有限公司	1233.83	484.74	154.53	0	0	—
宁波世纪华瑞进出口有限公司	640.35	1154.31	-44.52	0	0	—
宁波三泰照明电器有限公司	6558.92	8658.41	-24.25	0	0	—
象山伟博制衣厂	482.24	454.65	6.07	0	0	—
象山宇翔机械有限公司	0	0	—	117.48	113.7	3.32
宁波游子家园服饰有限公司	466.16	358.03	30.2	0	0	—
象山环安针织有限公司	181.02	293.82	-38.39	0	0	—
宁波锦泰晟运国际贸易有限公司	11371.47	6224.82	82.68	0.33	0.07	380.98
宁波达雅进出口有限公司	461.71	811.95	-43.14	0.01	2.98	-99.79
宁波凯勒电气有限公司	5592.62	4097.49	36.49	0.97	0.05	1976.56
象山佳灵服饰有限公司	1131.76	936.06	20.91	0	0	—
宁波越鸿进出口有限公司	34.74	46.25	-24.9	0	0	—
象山宝庆服饰有限公司	42.41	0	—	31.17	0	—
象山佳滨制衣有限公司	985.93	926.96	6.36	0	0	—
宁波蓝腾进出口有限公司	391.13	237.16	64.92	0	0	—
象山恒金国际贸易有限公司	28.04	103.11	-72.8	0	0	—
宁波胜利汽配有限公司	4.9	0	—	0	0	—
象山同球服装有限公司	0	29.6	-100	0	0	—
象山森惠针织有限公司	103.28	194.45	-46.89	0	0	—
宁波众盛照明科技有限公司	0	4.63	-100	0	0	—
宁波优尼沃进出口有限公司	376.25	0	—	0	0	—
象山卡特索国际贸易有限公司	2447.98	2285.12	7.13	0	0	—
宁波星石进出口有限公司	449.41	208.12	115.94	0	0	—
宁波中瑞如意进出口有限公司	11186.45	17298.24	-35.33	0.51	0.55	-7.92

续表74

名　　称	累计出口金额	对比累计出口金额	累计出口金额增减（%）	累计进口金额	对比累计进口金额	累计进口金额增减（%）
宁波象山优品进出口有限公司	1741.27	1017.27	71.17	0	4.78	-100
象山光敏针织厂	1195.94	1255.98	-4.78	0	0	—
宁波港桥外贸服务有限公司	5610.73	2042.13	174.75	0.07	0	—
宁波盈科光通信科技有限公司	275.66	411.66	-33.04	0.09	0	—
宁波巍力生物科技有限公司	199.08	184.66	7.81	0	0	—
宁波海跃海运有限公司	0	0	—	0	0.68	-100
象山至美服装有限公司	149.19	507.19	-70.59	0	0.63	-100
宁波东风进出口有限公司	0.47	0.41	14.64	0	0	—
宁波广驰贸易有限公司	999.31	407.55	145.2	0	0	—
宁波铭晨机械科技有限公司	0	17.77	-100	0	0	—
象山东一达服饰有限公司	240.76	145.66	65.29	0	0	—
浙江皓阳缝纫制品有限公司	22.26	0	—	0	0	—
宁波艾蓝电子科技有限公司	140.89	0	—	0	0	—
象山进亿国际贸易有限公司	12.03	0	—	0	0	—
宁波派丽肯智能渔具有限公司	90.6	0	—	0.76	0	—

表75　**2019年丹东街道各村经济情况一览表**

村	户籍户数	户籍人口	耕　地（亩）	山　林（亩）	集体总收入（万元）	集体经营收入（万元）	村支书（负责人）	村主任（负责人）
东门外	416	1108	—	—	501.94	359.21	郑永林	郑士康
起　春	137	315	—	—	73.85	48.83	王国民	应惠祥
城　东	233	622	—	—	313.66	286.66	黄全根	包永富
上　进	195	482	—	—	193.45	185.47	陆福根	陈孝培
庄穆境	392	1077	—	—	175.05	160.57	虞金武	杜小定
南　门	270	697	0	396	1335.30	1307.37	史久明	钱志明
羊行街	33	67	0	345	5.79	2.96	—	葛永新
姚家山	83	320	10	446	225.28	223.05	葛瑞祥	任成杰
梅　溪	480	1438	60	1947	187.03	139.56	葛永生	邱安国
后　山	402	1393	40	650	219.73	96.45	胡家挺	马文华
袁　家	98	332	0	25	98.26	74.00	鲍英迪	倪国勇
岙　里	287	1125	—	—	109.06	30.18	梁兴洪	邱荣华
赵　岙	60	202	0	173	10.13	7.60	葛根法	李成浩
中家河	78	225	0	165	9.26	7.80	郑华海	杜财福

续表75

村	户籍户数	户籍人口	耕地（亩）	山林（亩）	集体总收入（万元）	集体经营收入（万元）	村支书（负责人）	村主任（负责人）
上半河	59	224	30	145	16.20	15.82	朱宏福	洪振云
下半河	369	1324	0	183	81.75	71.58	郑家雷	郑贤锋
田洋里	197	735	0	0	69.71	32.05	钱万林	—
陆　家	193	756	0	0	36.59	17.34	陆志根	陆文光
高　俞	81	271	0	100	56.58	46.18	张兴南	屠金林
夏　家	67	212	117	260	77.12	24.91	夏忠常	徐久法
大碶头	423	1546	0	0	87.04	56.33	钱亚韵	钱家清
邱　家	86	288	0	163	27.97	9.78	钱兴国	邱财岳
河　西	95	321	62	309	59.98	55.46	谢德勇	陈　琪
河　东	243	914	0	0	97.69	57.46	余根宝	钮全表
后　洋	331	1093	0	0	151.28	87.17	吴家如	吴阿刚
桥头林	296	1009	0	0	126.36	110.88	林培国	林发挺
桥头胡	190	767	0	0	384.20	11.80	胡柯柯	胡金宝
蒋　家	185	620	0	0	70.62	52.58	余根法	朱岳定
西　林	167	554	0	0	108.44	25.19	张世跃	吴建军
上　余	350	1294	288	1883	298.09	115.58	张灵敏	余可成
李　家	35	154	23	64	17.04	0	王根培	石友谊
下　余	319	999	825	2900	545.10	373.68	余宗珠	余忠林
东　塘	19	64	20	65	5.23	1.00	俞炳常	石　敏
门前涂	16	89	190	0	14.14	1.76	陈绍雷	陈　光
赤　坎	181	657	0	0	208.12	3.13	朱小东	朱祥友
寨　里	89	381	22	424	23.20	3.00	吴振国	钮耀辉
梅　岙	67	237	0	469	504.38	261.37	刘道富	余　平
合　计	7972	24442	1687	11112	6524.62	4363.76	—	—

表76　　**2019年丹东街道社区小区情况一览表**

单位：户、人

社区/小区（书记/主任）	户　数	人　口	小区业委会主任	社区/小区（书记/主任）	户　数	人　口	小区业委会主任
梅园社区 李　娜	5794	14485	—	新华社区 奚珊珊/陈素静	2305	6503	—
龙泽名园	367	917	徐忠实	新华小区	608	1832	史金苗
丰泽园	290	725	张国登（东） 邬振贵（西）	塔山路190	176	520	朱平权
桃花源	169	422	钱伟阳	丹山人家	91	263	连震央

续表76

社区/小区（书记/主任）	户数	人口	小区业委会主任	社区/小区（书记/主任）	户数	人口	小区业委会主任
梅苑中央花城	1533	3833	陈建华	散居楼户	1430	3897	—
绿城百合	851	2128	筹备中	—	—	—	—
玉兰雅府	348	870	应春晖	东街社区 胡淑华	1270	3068	—
蓝郡小区	1348	3370	—	汇丰苑	46	119	郑正康
牡丹苑	296	740	徐利民	宾阳商住楼	58	169	刘宗明
紫悦馨园	398	995	易继海	东湖苑	138	340	陈伟理
府邸庄园	194	485	—	散居楼户	1028	2440	—
塔山社区 梁孟丽	4012	12951	—	公园社区 徐　靓	2153	4636	—
塔山花园	430	1290	卢家明	东方苑	108	300	—
塔山二期	72	216	陆福根	东风苑	44	130	刘继跃
大红鹰家园	226	678	袁一飞	珍桂苑	26	70	俞伟
阳明花园	634	1902	蒋晓杰	茶花园	44	130	张纪恩
东河一期	364	1092	包　峰	散居楼户	1931	4006	—
东河二期	509	1527	赖钟鸣	—	—	—	—
丹东银都佳园	793	2379	史济刚	丹河社区 叶晓萍	5097	11250	—
宏润花园	535	1605	周存宽	海申苑	428	1000	童兴旺
塔山三期	134	402	—	水木华庭	572	1450	李修瑞
学府名苑	620	1860	—	金域华府	1022	2250	周俊尉
—	—	—	—	海御官邸	998	3600	王成杰
丹峰社区 鲍锦秀	3594	10350	—	世纪花园	1018	2150	张建立
丹峰小区	1530	4500	曹泉康	涌金广场	252	600	周家珍
丹静公寓	230	700	沈启英	财富中心	177	—	—
丹静苑	176	510	王海江	绿城兰园	630	—	—
城东公寓	157	480	葛乾恩	—	—	—	—
文景苑	207	600	倪永捍	万象社区 汪海月	4480	11155	—
文韵苑	85	260	周雪梅	巨和苑	320	800	吴启超
丹桂苑	97	300	胡文平	和景府	220	550	陈如吉
散居楼群	1112	3000	—	紫汀盛园	530	1325	郑志来
—	—	—	—	上城公馆	800	2000	俞航行
文峰社区 黄静芝/柯维维	2081	5885	—	丽景一期	220	550	陈　峰

续表76

社区/小区（书记/主任）	户 数	人 口	小区业委会主任	社区/小区（书记/主任）	户 数	人 口	小区业委会主任
文峰小区	1426	3913	陈道海	丽景二期	150	375	李伟(代)
文峰别墅	63	158	柴常国	山水一期	160	400	陈建明
锦湖名苑	211	600	林永建	山水二期	560	1400	—
散居楼户	592	1814	—	山水三期	22	60	—
—	—	—	—	印象江南	200	500	—
金秋社区 朱国艇	—	—	—	文士广场住宅楼	20	50	—
金秋小区	980	2450	陈绍雷	—	—	—	—
方井小区	80	250	—	欢乐社区 王海珂	—	—	—
步行街	1000	2000	励 宏	欢乐一期	1566	4000	黄慧敏
东方商厦	230	580	叶国成	欢乐二期	1200	3500	—
散居楼户	2200	4500	—	欢乐三期	800	2000	—

丹西街道

【概况】 丹西街道地处中心城区，与丹东街道以天安路为界，总面积42平方千米，下辖9个社区和29个行政村，有户籍人口4.6万人、外来人口4.4万人。改革开放以来，丹西街道始终坚持“发展是硬道理”认识，以与时俱进的时代风貌，发挥优势，突出特色，按照建设“现代化滨海城区核心区”的奋斗目标，呈现生机盎然的社会景象。近年来，街道围绕推进“六争攻坚、三年攀高”行动、“四个年”活动决策部署，以“三服务”活动为抓手，遵循打造滨海城区核心区工作思路，全力推动丹西高质量发展。先后荣获浙江省卫生街道、浙江省第三次经济普查省级先进集体、宁波市社会管理综合治理工作先进单位、宁波市安全生产工作先进集体、宁波市“三改一拆”工作先进集体、宁波市征兵工作先进单位、宁波市双拥模范镇乡（街道）、宁波市抗洪救灾先进集体等多项荣誉。

【工业经济】 街道依托县工业示范园区，已有工业企业1500余家，规模以上企业54家，其中上亿企业12家，主板上市企业1家。2019年，全街道规模以上工业企业总产值为40亿元；规上工业增加值为9亿元；实现销售收入36.7亿元；完成利润总额1.5亿元、实到内资12.97亿元、浙商回归3.24亿元、外贸出口17.59亿元人民币；完成工业投资3.98亿元；固定资产总投资49.5亿元。

【农业经济】 街道辖区内拥有耕地面积5463亩，农作物播种面积11219亩，已有国家级农业龙头企业1家，省级农业龙头企业1家，市级农业龙头企业3家，县级农业龙头企业4家。2019年街道农林牧渔业总产值7517.9万元，其中农业总产值6436.9万元，粮食作物710.3万元，蔬菜3760.7万元。

【服务经济】 2019年，丹西街道规上服务业企业入库达7家，规上服务业增加值8.7亿，完成服务业固定资产投资目标40.8亿，排全县第一。街道依照县发展要求开展亩均论英雄、培育楼宇经济发展等相关工作，商会大厦招商举措取得明显成效。

【招商引资】 围绕“三服务”活动，深入走访企业，推动企业情况“全掌握”、企业问题“全收集”、政策红利“全享受”、项目建设“全投产”。2019年，街道推进规模企业梯队培育工作，确保小升规实现正增长。紧盯合力制动、合力模具的技改项目和宝海商务楼、滨海水厂、利明人防、宏祥橡塑等基建项目；启动合力模具、天阁汽车等工业投资项目立项、设计、产权过户、土地招拍挂等工作；龙泉置信汽车部件项目准备土地指标报批；机械研究总院南方中心准备土地招拍挂和设计方案评估。同时，搭建平台加速人才回流，共引进市级“泛3315计划”创业团队2个，各类技术型人才2274人、同比增长17%。

【村社建设】 街道按照“乡村振兴三年行动计划”，实行“旅游+”和“城市双修”两条腿走路，推动乡村振兴，发展乡村经济。2019年杨蓬岙获评A级景区村，仇家山、新碶头创建A级景区村，指导新碶头村8户村民创办民宿，打造仇家山片区田园综合体，促使新型城郊农业业态强村富民。投资1.2亿元开展“九顷片区全域土地综合整治与生态修复工程”项目,对九顷片区进行全域整治、改造升级。2019年,该项目《工程实施方案》已编制完成,8月在县级论证通过,由县政府上报省里审查,已开展工程测量和部分子项目前期工作。通过整治路下林临时棚屋和新碶头管理用房项目两处“大棚房”,达到农地农用效果。“三改一拆”共拆除违建7.56万平方米,完成率116.4%,拆违量全县排名第2,当年利用率97.2%,有效做到拆违与利用相结合。完成茂林路3号等10幢和农村35户危房解危工作,涉及解危1.3万平方米。推进三居村、城中村、美丽街区改造,有力提升人居环境和城市品质。

【民生保障】 2019年,总投资约5000万元的丹西敬老院工程已完成施工建设。创建完成避灾安置点2家,募集慈善捐款50万元,广泛开展慈善援助、扶贫帮困、扶残助残活动,累计发放资金370万元。围绕健康象山建设开展各项工作,持续开展品牌建设,继续打响“新丹西人青春阳光教育行动”“爱涌丹西·情暖失独”“蒲公英行动”“孙茂芳储爱超市”“健康直通车”等服务品牌,树立丹西计生活动新典范。做好全民参保和精准扶贫工作,新增完成本地户籍等各类养老保险426人。开展就业创业指导,城镇登记失业率控制在3%以内。

【军人服务】 2019年,街道完成年度征兵工作任务。重视退役军人管理工作,完善退役军人服务体系,投入40余万元打造街道退役军人服务站,为辖区退役军人及其他优抚对象建立一人一档台账管理,得到市县领导肯定。

【扫黑除恶】 2019年,围绕“扫黑除恶专项斗争攻坚年”活动,展“铁拳保平安”2号专项行动,丹西派出所刑事拘留黑恶犯罪嫌疑人82人,逮捕、起诉75人。拓展“扫黑除恶”宣传方式,共发放“扫黑除恶”告知书3万多份,悬挂横幅2500多幅,在村、社区、宾馆、饭店、商场等摆放告知牌2800多块,设立靖南路、白鹤路“扫黑除恶”宣传一条街,提升“扫黑除恶”知晓率。

【纠纷调处】 2019年,街道打造立体化人民调解体系,建设街道、基层站所、村(社区)三级调解机制,全面推进大调解工作规范化建设,2018年以来,三级调解共解决信访、矛盾纠纷706件,调解率为100%。其中“蒋先进调解室”“刘大姐工作室”“阿德哥说事”等调解品牌得到群众信任与肯定,2019年共开展各类说事85场次,调处纠纷案件196起,满意率达100%。

【安全生产】 2019年,街道成立安全生产整治百日大会战专班,分68个工作组进行地毯式排摸。累计完成1801家企业的排摸,整体排查完成率达到100%,网格平台共录入企业1801家,基础信息录入率为100%。排查中发现无证企业2家,已移交市场监督所;存在重点隐患企业56家,印发整改通知书18份;28家涉危企业中,存在严重安全隐患的2家,并对一家涉化家具企业停业整顿;共排查问题2100条,现场整改1600条。营造安全氛围,在各村(社区)、主要路口、工业园区内悬挂安全横幅800条,大型广告宣传牌4个;在企业主微信群里发布消防安全视频、消防安全知识;通过短信平台,向辖区内的企业发放安全短信2万余条。在保质保量完成大排查基础上,按问题类型、隐患等级、行业部门等进行立体分类,做到“一企一档”,分问题排除安全隐患,守牢安全底线。

【党建增强】 对照县委改革任务要求,层层落实责任,确保改革任务有序推进,实行项目认领制,挂图作战、对账销号,党政领导带头破解丹山井水质问题等历史遗留项目46个。结合“双随机一通报”“双对双排”制度,组织干部定期定题上台“比武”,通过科学考、精准评、绩效排,党员干部比学赶超、争先进位氛围日益浓厚。将青年干部选派到政策处理、信访、征地拆迁等一线工作中,锤炼意志、挑起重任。建立“党建+重点工作”督查制度,把党建工作与棚改清零、重点工程项目同谋划、同推进,用好“支部主题党日+”关键招,通过“支部主题党日+扫黑除恶”“支部主题党日+环境整治”“支部主题党日+垃圾分类”,助推各项工作开展。发挥人大、政协监督力度,人大代表督事开展丹西企业营商环境、重点工程推进座谈会等活动12次,政协开展文明示范线调研等活动9次。

【干部担责】 围绕“守初心、担使命、找差距、抓落实”总要求,高起点谋划、高标准推进主题教育各项工作。每名班子成员根据“调研解难题、深化三服务”要求,结合本职工作确定1个专项调研课题。召开调研座谈会9场,征求意见建议32条。通过理论学习中心组、青年读书会、周一夜学、支部学习等方式开展集中学习120余次,通读《选编》《纲要》等2000余人次。通过夜谈初心强党性、夜访民情察实情、夜议机制抓实效等举措开展“夜谈夜访夜议月”活动,各村召开夜谈会213场次,收集群众建议意见75条,慰问困难党员、群众327人次,共解决一般性矛盾302个,重大矛盾纠纷8个。培育和践行社会主义核心价值观,推行“丹西好故事”主题实践活动。按照“精品村做强、示范村做精、标准村做实”的要求,建立定期督查和通报制度,推动各类说事制度常态实施,共计说事568件,满意率达96.5%。提升“村企结对同心圆”“丹山志愿者服务”等多个党建品牌辐射效应,合力集团与西港村结对共建田园车间项目,天韵食品与九顷村结对共建黄桃基地项目,全力机械与上吴村结对共建清廉村居项目,实现党建和发展项目同步推进。

【作风整治】 集中精力开展“作风建设深化年”和“增收节支推进年”活动,出台《丹西街道关于开展“作风建设深化年”活动的实施方案》《关于机关干部日常管理“五必到”“十不准”“五必究”实施意见》等文件,规范干部日常管理。持续推进增收节支,摸清并盘活街道闲置资产资源,“三公”经费与2018年同比下降31%、办公经费同比下降24.11%、水电费同比下降

20.61%。同时，深入推进党风廉政和反腐败体系建设，确保“两个责任”落地落实，年内来，共受理信访件31件，办结26件，其中信访转立案4件。党纪立案处理违纪党员干部12人，问责干部5人，提醒谈话25人。累计开展正风肃纪、基层权力运行等相关检查30次，印发监督提醒通知书12份，印发通报10次。建立“三位一体”监督考察机制，完善不合格村干部退出机制，全年共调整村“两委”班子成员7名，开展后进村西港、白石村的党组织整顿转化，制定整改方案，通过“配强班子重新干、理清思路倒逼干、领导包抓帮着干”等措施，推动党组织逐步转化。

【重点工程】　有序推进“重大项目突破年”活动，年内丹西街道共编排征迁项目72项，其中县重点工程35项已完成30项。截至2019年年底，中梁综合体、保集璟瑞府、供销集团综合体（侯潮府）、县中医院等项目，进度较快；城南菜场政策处理已完成；环城西路完成白石村安置小区土地征用及青苗补偿，余下19户房屋拆迁已完成18户签约，尚余1户正全力攻破中；来薰路按计划推进，红线内还剩19户未签约；殷夫路（天安路至新丰路）政策处理已基本完成；四期棚改清零、腾空工作强势推进。

【水体治理】　2019年，街道整治辖区内37条河道（小微水体）和11个山塘水库。落实“一打三整治”工作，实施“定人联船”机制，与村、船主签订海洋安全生产责任书，签订率100%。加快一区一规划、一村一方案编制工作，严格执行农居民建房审批制度，全年处置土地违片6处和规划违片11处，形成违建管控高压态势。推进“农村集中式”污水改造，并通过第三方服务外包方式，全街道36个村实现农村污水长效运维。基本完成瀛洲、蓬莱5个区块和新丰、蓬莱等路网污水改造。

【文明创建】　2019年街道扎实推进全国文明城市创建，通过国家卫生县城复评。出台《丹西街道“文明创建十二大攻坚破难行动”实施方案》，完成村级留地（出租地块）、村级市场、丹爵线沿线、北面洋水库和北门村水库周边等环境综合整治工作，完成象山港路丹西段沿街立面整治。落实区域环境日常巡查制度，会同丹西城管中队开展专项行动60余次，处罚流动摊107起，共清理卫生死角550多处，整顿商铺门前三包400多家，清运垃圾2500余吨，拆除、清除非法小广告500余处，辖区环境得到明显好转。督促指导薄弱村、薄弱小区环境卫生挂牌消账，90%的村和小区实现消账。“双随机一通报”专题汇报环境创建工作，全体联村（社区）干部挂图亮相，扎实推进农村环境卫生季度评比工作，加强长效管理。落实56个小区垃圾分类工作，完成金港花园、东一华庭、永泰华苑3个自动化示范小区建设，制定完善垃圾分类规章制度，建设功能完善、环境优美、生活舒适的宜居丹西。

【网格建设】　围绕“一中心四平台一网格”规范化建设。2019年，街道组织网格员培训6次，开展“最多跑一次改革”“三小车”整治、“扫黑除恶”宣传等活动15次，入户发放平安“三率”宣传单近3万份。完善综合事务员、网格长考核制度，实施街道年度季度网格之星评选，致力打造丹西网格服务团队。年内来，累计处理各类事项12027件，宁波E系统共上报事件11461件，其中上报警民说事、政法铁军下基层、扫黑除恶专项事件480件，上报村、居民说事414件，处置九顷网格上报黑诊所非法行医、杨家网格上报外地人烧烤摊活羊宰杀、白石网格上报厂房改出租房等多项事件，答复率和办结率均为100%。

【拥军优属】　为深入贯彻落实中共十九大精神，让军人成为全社会尊崇的职业目标，落实党中央、国务院关于悬挂光荣牌的决策部署，巩固弘扬拥军优属的优良传统，适应新时代双拥工作任务要求。营造关爱军人、尊崇军人的浓厚社会氛围。1月9日，街道举行烈属、军属和退役军人等光荣家庭光荣牌悬挂启动仪式。各村（社区）书记主任、民兵连长、退伍军人代表、街道干部共计180余人参加此次启动仪式。

授牌代表合影

【丹西街道总工会第三次代表大会召开】　1月8日，丹西街道总工会召开第三次代表大会。街道人大工委常委会主任蒋善智，县总工会党组副书记、常务副主席石剑，街道党工委副书记杨志国等同志出席会议并作重要讲话，来自辖区内各行业的70名正式代表参加会议。

【2019年征兵工作大会召开】　7月8日，街道召开2019年征兵工作动员大会。各村（社区）书记、主任、民兵连长和街道全体干部参加会议，县人武部政委邬火龙应邀出席会议。

各村（社区）书记、主任、民兵连长和街道全体干部参加会议

【县微型党课宣讲团走进丹西街道】　7月8日，“礼赞新中国，奋进新时代”县微型党课宣讲团走进丹西街道。

县交警中队姜海在授课

【农机安全培训】 7月10日，丹西街道农办邀请县农机局副局长江贤军、监理科科长蒋新明，为辖区内50余名上道路拖拉机驾驶员、纯农田拖拉机驾驶员及联合收割机驾驶员进行安全知识培训。

7月10日，拖拉机驾驶员观看事故视频

表77 **2019年丹西街道社会经济基本情况表**

指 标 名 称	计量单位	数 量
一、基本情况	—	—
行政区域面积	公顷	42008700
居民委员会(社区)	个	8
村民委员会	个	29
其中:通公共交通的村	个	24
通宽带互联网的村	个	29
通有线电视的村	个	29
通自来水的村	个	29
生活垃圾全部集中处理的村	个	29
生活污水全部集中处理的村	个	29
二、人口	—	—
户籍户数	户	16821
户籍人口	人	46087
三、农业	—	—
耕地面积	公顷	336
耕地灌溉面积	公顷	336
农业技术服务机构	个	1
农业技术服务机构从业人员	人	3
农业企业	个	0
家庭农场	个	40
农民专业合作社	个	31
农民专业合作社成员	户	452
四、财政、经济、贸易	—	—
一般公共预算收入	万元	19061.93
一般公共预算支出	万元	19061.93

续表77

指　标　名　称	计量单位	数　　量
资产总额	万元	63147.32
债务总额	万元	63425
工业企业	个	1194
其中：规模以上工业企业	个	61
建筑业企业	个	18
住宿餐饮业企业	个	20
商品交易市场	个	8
营业面积50平方米以上的综合商店或超市	个	85
五、教育、文化、卫生	—	—
幼儿园、托儿所	个	18
小学校	所	7
小学专任教师	人	439
小学在校学生	人	8211
图书馆	个	3
剧场、影剧院	个	2
体育场馆	个	1
医疗卫生机构	个	24
医疗卫生机构床位	张	214
执业（助理）医师	人	97
兽医（防疫）技术人员	人	1
六、社会保障	—	—
提供住宿的社会工作机构	个	1
其中：本级政府创办的养老机构	个	0
提供住宿的社会工作机构床位	张	50
城乡居民基本养老保险参保人数	人	9453
城乡居民基本医疗保险参保人数	人	14472
城乡居民最低生活保障人数	人	405
七、公用事业	—	—
自来水用户	户	32495
管道燃气用户	户	14082
金融机构网点	个	20
公园及休闲健身广场	个	5

表 78　　丹西街道 2019 年行政村经济情况一览表

村　名	户籍户数（户）	户籍人口（人）	耕地面积（亩）	水产养殖（亩）	渔　船（艘）	村级资产（万元）	村集体收入（万元）	村集体支出（万元）	村书记	村主任
白石村	481	1555	54	—	—	834.48	448.25	49.71	张贺荣	—
北门村	388	702	31	—	—	5593.31	1109.46	159.08	王增良	李兆芳
仇家山村	394	1462	678	60	—	1358.60	276.83	67.42	王世新	仇孝杏
董何碶村	565	1757	702	—	—	1408.48	246.18	21.15	管永茂	蒋海宝
方井头村	435	1095	60	—	—	2676.86	463.81	48.53	史志才	陈力强
韩家村	93	351	346	—	—	340.69	31.74	11.47	宋祖良	杨凤斐
横墙弄村	167	577	16	—	—	194.72	32.61	2.98	张有春	张宝法
横塘欧村	73	262	0	—	—	161.72	50.87	0.79	蒋卫康	张铜水
九顷村	672	2308	241	—	—	1647.47	170.66	58.48	林曙辉	史壮宏
菱河头村	130	454	0	—	—	768.64	112.96	9.24	张有华	柴利民
六升村	275	1001	245	—	—	963.33	321.15	19.62	张　成	张幼飞
路下林村	215	714	0	—	—	388.38	187.17	8.65	陈健健	王才土
南沙村	204	767	436	—	—	569.76	115.80	15.51	吴存朋	余仁林
三岔路村	163	528	215	—	—	334.33	45.62	18.03	陈雪莲	胡继光
上街头村	214	741	0	—	—	1642.10	238.16	36.71	张国登	张世定
上吴村	239	806	0	—	—	4063.52	420.61	38.23	吴存乐	吴科登
五丰村	393	918	0	—	—	1443.30	359.65	27.92	余海峰	蒋兴国
西港村	203	685	451	—	1	442.48	42.30	14.22	章才良	—
西门村	352	894	0	—	—	1617.98	233.61	25.66	蒋喜忠	赵国定
小东洋村	108	283	0	—	—	292.86	67.80	22.53	欧如斌	—
小河头村	166	605	0	—	—	2466.26	209.06	4.06	韩晓飞	张云来
小厅村	240	742	0	—	—	2699.67	93.86	8.72	张建平	张章钱
新碶头村	173	621	480	—	1	539.70	80.01	12.07	姜炳财	邬秀尧
秧田头村	310	782	0	—	—	3403.72	205.62	33.74	李鸿文	史济康
杨家村	305	946	0	—	—	568.64	60.76	17.27	杨国定	杨志永
杨蓬忝村	117	373	74	—	—	377.44	84.94	10.11	胡象光	方妙凤
洋心村	440	1586	699	—	—	510.18	74.76	28.94	胡明祖	宋光辉
樟树下村	152	558	140	—	—	1657.54	169.39	58.60	张云法	屠伟金
珠水溪村	219	813	130	—	—	779.92	158.78	77.23	陈志辉	吴存光
潘南黄村	418	1332	42	—	—	1856.45	530.29	25.46	—	—

爵溪街道

【概况】 爵溪街道位于浙江象山半岛中部偏北，三面环山，东南临大目洋、西接丹城、北与大徐镇接壤。由大陆和沿海116个岛礁组成，总面积31.8平方千米，其中内陆面积20.6平方千米，岛礁面积11.2平方千米，下辖6个行政村、4个股份经济合作社和3个社区，人口4.3万人，其中外来人口3万余人。爵溪素有"中国乡镇之星""中国针织名城"之称，工业发达且产业集中，形成工业经济为主导，针织服装为特色，外贸出口为优势的经济格局。有各类工业企业500余家，其中规模和2000万元产值企业93家。2019年实现工业总产值112亿元，其中93家规上企业实现工业总产值57亿元；外贸出口14.3亿元，同比增长7.9%；实现内资3.5亿元，同比增长51%；实缴税金3.97亿元。2019年，爵溪街道被评为浙江省文化强镇，爵溪"象山时尚运动小镇"入列宁波市第四批特色小镇创建名单。

【两新党组织规范化建设】 建立"红色指导员"队伍，对支部"一对一"的指导，将爵溪两新党组织全面建强。一是组建队伍，"一对一"入企指导。按照"党建争强"的要求，结合街道干部联系企业制度，所有建立党组织的两新组织均明确1名党建工作指导员。二是开展排摸，"一对一"找准问题。按照有场所、有设施、有制度、有标志、有党旗、有书报的"六个有"标准和党组织班子配备制度、党组织生活制度等执行情况，地毯式排摸查找问题。三是对症下药，"一对一"规范建设。新建两新党组织2家，整顿撤销三星级以下党组织2家，全力做好30人以上党组织的覆盖工作，发展党员25名；对于组织生活不正常的党组织进行提醒督查等。同时，"霓裳先锋"两新党组织生活基地得到加强。建强"3+2"（巨鹰、甬南、谊胜、党群服务中心和外来人口之家）5个示范点，串点成线，起辐射带动作用。

【完成股份经济合作社换届选举工作】4月，街道制订出台换届选举工作方案，分期分批推进全面完成全街道4个股份经济合作社的换届选举工作。

【作风建设常抓不懈】 通过"正风肃纪"专项查、"双随机"抽查等形式，始终保持查纠"四风"的高压态势。坚持实行正风肃纪"月查月报"制度，共开展各类正风肃纪检查52次，印发通报12期，问责6人，整改问题10个。配合上级检查，及时做好相关问题核查，对爵溪街道在玻璃钢快艇专项整治中工作不到位问题，问责2人。主动对标市委巡察反馈问题，开展自查自纠工作。

【监督执纪强势推进】 受理信访举报9件，办结9件。深入开展"及时澄清问题、支持干部干事创业"活动，对1名村书记被信访反映的失实情况予以澄清。受理案件问题线索7件，处理违纪党员7名。对个别党员进行谈话和回访教育。综合把握监督执纪"四种形态"的转化运用，抓早抓小抓苗头，"四种形态"处理22人（次），"严"的氛围得到强化。开展涉纪信访"减存遏增"专项整治和"一镇一村一案"专项整治行动，按期完成信访件的调查处置，立案1件，并落实重点信访对象的稳控工作。组织开展警示教育月"七个一"活动，排查廉政风险防范点53个，落实措施59条。开展"不忘初心、牢记使命"主题教育正风肃纪督查，抽查机关、农村、社区、两新等62个党组织，对检查发现的问题当场督促相关党组织及时做好整改落实。

【第三十三届文化艺术节】 7月29日至9月30日，街道党工委、办事处举办爵溪街道第三十三届文化艺术节，以"礼赞新中国、建功新时代"为主题，分为第三十三届文化艺术节开幕式暨"歌颂祖国"文化礼堂文艺会演、"看爵溪"摄影大赛暨老照片征集、"倡孝贤"文明乡风传承、"爱生活"非遗乡愁行、"促产业"针织技能比武、"唱响主旋律颂歌献给党"爵溪街道第三十三届文化艺术节闭幕式暨象山县声乐比赛颁奖晚会、爵溪针织运动小镇海景亚帆线徒步嘉年华等8项系列活动。该次文化艺术节旨在传承弘扬孝贤文化，推介爵溪优秀历史人文、优美人居环境和优质旅游发展环境，全面营造善行、文明、向上的经济社会发展氛围，助推爵溪深入实施乡村振兴战略，为街道更加主动迎亚运、建设"针织运动小镇"发挥更大的文化力量。

【七月半赛神会】 8月15日，农历七月十五，俗称"七月半"，群众自发组织爵溪第十二届七月半"赛神会"活动，铜锣开道，九龙队、抬阁、民乐队等近30支由村民自发组织的民间民俗队伍，从爵溪街道城隍庙出发，绕街巡游，祈求消祸免灾、全家平安、来年丰收。

爵溪七月半民俗"赛神会"，又称迎神会、赛龙会。赛神会以七月十五行会为中心，分初十开印、十四扫街、十六放水灯等。"象山七月半"于2012年被列为浙江省非物质文化遗产项目。2018年，爵溪街道城隍庙被象山县民宗局登记为"民间信仰点"。

【创建浙江省文化强镇】 2019年，爵溪街道创建"浙江省文化强镇"，根据名单公示，宁波市只有3家，象山仅1家获此殊荣。爵溪历届政府高度重视文化发展，文化在爵溪有着相当深厚的土壤，是爵溪经济社会发展的精神内核。

【前岙文化礼堂获最佳创新案例】2019年，前岙村文化礼堂获评象山县文化礼堂最佳创新案例。2018年以来，爵溪街道以前岙村文化礼堂为试点，开展"孝贤"文化传承活动。通过开展为75岁以上老人过集体生日、婆媳互夸、媳妇为婆婆洗脚、婆媳互送礼物、好婆媳评比等孝贤系列活动，激活群众的孝贤思想种子，让优秀传统文化和核心价值观更有效的融入群众生活。

【公屿农村打造4星级文化礼堂】 2019年,公屿农村获评宁波市四星级文化礼堂荣誉称号。2017年建造公屿农村文化礼堂,文化礼堂建立各项管理制度并实施,确保文化礼堂有序长效运行,并成立文化礼堂活动及管理工作领导小组,配备管理员。村里建有3支业余文艺团队,包括合唱队、舞蹈队、器乐队,组建1支志愿者团队,协助开展各类文艺活动、文化培训、文化宣讲等。自农村文化礼堂建成后,村里结合传统节假日开展富有特色的文化活动,深受村民的喜爱。每场活动村民参与率高,形成村民自觉参与文化礼堂活动的良好氛围。

【推进宗教和民间信仰场所"一中心四平台网格管理"工作】 推进宗教(民间信仰)场所综治网格管理,网格长全年开展场所检查50余次,处理事件20余个。弥陀寺网格联系领导、党工委书记朱海成指导弥陀寺规范化管理、弥陀寺赵五娘法会等工作。玉泉庵网格联系领导、党工委副书记率队指导半山庵消防设施配备工作,通过与半山庵3名负责人协商,达成共同出资配备消防设施的意见,建成消防蓄水池。11月底,党工委书记朱海成参加宁波市宗教事务基层管理工作,并汇报街道宗教和民间事务全科网格管理工作。3月,接待宁海县统战部领导一行对场所网格化管理考察。做好场所网格管理监督,街道统战办每季度牵头消防、安监、派出所等部门,对场所网格化管理、消防安全、"六进"活动等检查指导,确保制度、责任、安全"三到位"。

【成立新的社会阶层人士组织】 9月,县新联会爵溪分会成立,由宁波翔神集团陈雷光担任会长,陈雷光同时还担任着县党外知识分子联谊会爵溪分会会长。整合阵地功能,在翔神集团老厂区一楼建立"爵溪街道新的社会阶层人士统战工作实践创新基地",旨在为搭建新的社会阶层人士学习、联谊的平台。先后开展活动4次。

【打造前岙村A级景区村】 2019年,前岙村被评为浙江省A级景区村。2016年前岙村创建县级美丽乡村,是县级特色村,2017年获评县级"最洁美村庄"。近年来,前岙村以"旅游全域化"发展为导向,打造"古韵前岙,影视小村",创建象山县第三批A级景区村庄,做好停车场的规范、厕所的提升、标识标牌的设立、旅游设施的完善、垃圾分类等。

【设立街道"三站一体"代表联络站】 为多渠道畅通群众意见,在瀛海社区设立人大代表一线实体联络站;在综合信息指挥室设立人大代表网格联络站;在街道服务中心设立新爵溪人说事站。广泛听取爵溪各阶层的意见,架起广大选民与代表、党委、政府的诉求渠道。

【开展涉海涉渔领域"平安守护"专项行动走访调研活动】 4月24日,爵溪街道人大工委组织辖内人大代表开展涉海涉渔领域"平安守护"专项行动走访调研活动。代表们先后视察公屿码头和爵溪码头,了解渔船编组生产、海上作业方式、安全防范等情况,并开展座谈交流,听取街道关于涉海涉渔领域"平安守护"专项行动的相关汇报。

【开展营商环境优化提升视察座谈活动】 为优化营商环境,7月18日,人大工委组织辖内代表和金融单位对接座谈会,提出企业要增强诚信意识,金融机构要加大资金支持力度等建议;组织代表专题听取企业家代表、工办代办人员和各选民代表审议营商环境建设、促进民营经济高质量发展等专项报告,汇集各方建议提出审议意见。同时,针对事关爵溪未来发展重大事项的《关于加快修建拓宽爵溪前岙隧道》《加强农贸市场规划与管理》《优化爵溪教育布局》3项建议进行全力督办。促进三个建议取得实质性进展。

【抓好民兵整组工作】 2019年,街道完成本级武装部基层规范化建设。5月,全县基层武装部规范化建设现场会在爵溪召开,县人武部肯定爵溪街道后备力量基层规范化建设成果,并要求各乡镇(街道)以该街道为样板,学习借鉴,全力抓好后备力量基层规范化建设。2019年,该街道人武部被宁波军分区授予"五星"级基层武装部。

【民兵军事训练】 高标准抓好民兵军事训练工作落实。完成专武干部集训、民兵骨干军事训练、应急分队集训、民兵尖子比武以及巡逻执勤、搜救淳安籍失联小女孩、抗台救灾等任务。年内5—10月,组织民兵分别参加县属民兵训练、巡逻执勤和遂行抗台抢险任务,各项考核成绩良好,多人被评为训练先进个人。7月,当得知淳安失联女孩在象山松兰山失联后,街道武装部迅速动员民兵20余人展开搜救行动。截至失联女孩被发现,街道武装部共出动民兵50人次,完成松兰山至爵溪段海岸线的地毯式搜索。8—10月,组织民兵完成抗击"利奇马""米娜"等台风及灾后自救等任务。

【第四次经济普查工作完成】 经清查与普查两个阶段排摸,街道共有法人单位和产业活动单位共921家,个体户986家。

【工业经济大会召开】 3月28日,爵溪街道召开2019年工业经济大会,总结回顾2018年度爵溪工业经济工作,安排部署2019年度工业经济工作。该次工业经济大会还包括以下三项活动:一是前往宁波创裕制衣有限公司、宁波申菱电梯配件有限公司进行考察学习。二是分4个会场进行企业家座谈会。三是健峰集团企管总经理、健新智能科技有限公司运营总监、顾问师翁维玉为全体参会人员开展专题讲座《新智造时代·企业应有的作为》。

【企业绿色化制造水平提升】 街道组织有关企业申报2019年度宁波市绿色化技术改造、清洁生产、节水型企业创建等项目。共有7家企业申报绿色化技术改造项目,包括新增开幅定型机、染缸更新等,共计投入资金2500万元。甬南、海达等4家企业开展清洁生产审核,市里下达4家指标,均由爵溪落实完成。元华印染、巨鹰杰衣创建市节水型企业。

【企业亩均综合效益评价专项工作完成】 对上一年度已进行评价的企业进行复评，并对3亩以下的所有规下企业进行亩数取数。督促评价企业做好数据上报和“一企一单”公示信息的核实，完成综合效益评价的基本信息汇总，配合上级部门对评价企业的信息进行纠偏，准确开展评价工作。街道共完成719家企业的数据采集，已全部完成市县印发的任务数。

【企业服务中心创建运行】 爵溪企业服务中心全年共接待咨询服务200多起，全程代办服务企业30余家，部分协助代办服务10余家，代办事项近百件，为30家企业进行劳动用工风险评估，接受16家企业人事管理托管，尽力减少企业劳动用工方面风险隐患。协助对爵溪规上企业进行智能化改造诊断，走访诊断企业55家；帮助企业协调项目动建相关事务累计50余次；组织150名企业家赴宁波明州医院健康体检。为避免、减少企业经济风险，同中国人寿合作做好针织行业职工工伤保险推广的宣传工作。

【组建成立企业品牌指导工作站】 与市场监管所、爵溪商会共同组建成立企业品牌指导工作站，做好知识产权宣传、知识产权知识培训、知识产权管理服务等。全年做好商标疑似侵权预警17宗；商标续展提醒49件，涉及企业20家；相继开展“新形势下企业知识产权保护对策”等各类培训活动8次，受益企业101家，受益人数101人次。提高企业的知识产权保护意识，增强企业运用知识产权制度维护自身权益的能力。全年干部累计走访企业上千家次，发放政策宣传资料650余份，征集企业难题、问题130个，开展“一链式服务”，75%以上得到有效解决和反馈，提振企业家发展信心。

【爵溪成校举办“服装企业针织新技术”专项培训】 12月中旬，爵溪成校“服装企业技术人员针织新技术”专项培训班正式开始授课，来自街道各针织企业70余名技术骨干参加培训。此次培训特邀中国针织专业委员会副主任委员、浙江理工大学教授、象山针织研究院院长陈慰来等名教师授课。培训课程共计24课时，课程以针织品贸易及趋势为导入点，展开对针织新纤维、新型纱线和面料等进行全面感知，触发学员的技改意识、研发意识和创新意识，为企业培育技改团队和研发团队打下坚实的基础。成校以后将开展此类高技能人才培训，为街道各企业输送更多高技能、高素质人才。

【街道“零土地”招商，深化“腾笼换鸟”】 街道对辖区内的闲置厂房、土地和停产、半停产企业进行调查摸底，有针对性地开展招商，既有效破解资源困局，又让闲置厂房、楼宇重新焕发生机、产生效益。“腾笼换鸟”进行二次招商，重新招拍引进新的优质项目。海山纸业因经营不善停产倒闭后，留下241亩土地包括厂房、宿舍等建筑面积共计2万多平方米。街道多方招商引资进行破产重组，经多次尝试，年内终于招引到浙江星城矿业科技有限公司，通过司法拍卖，以1亿元购入海山纸业地块，计划投资开发新型材料项目。宁波赢品新材料项目总投资3000万元，占地约10亩，原是天拓纺织注册后购买，但是闲置数年未动工。街道创新思路，通过“零土地”招商，引入宁波赢品新材料项目，协助投资商与天拓纺织沟通洽谈，在有关部门对接协调下，最终转让土地，促使新材料项目立项落户。

【爵溪街道、丹西街道联合举办服装制作技能大赛】 由爵溪街道总工会和丹西街道总工会联合主办，爵溪成人学校承办的象山县丹西、爵溪街道服装制作技能大赛于9月24日在爵溪成人学校竞技楼三楼举行。来自爵溪和丹西两个街道17家单位24位技术精英参加该次比赛。该次比赛参照针织服装企业大众产品基本款式进行命题。竞赛以单人单机的技能实操项目形式进行，涉及项目有缝制与整烫等工序。量尺寸、看样衣，对照工艺单，平机、拷边、双针，三台车子轮番上阵，经过两个半小时，一件衣服成品新鲜出炉。专业老师按照尺寸、工艺、熨烫水平，评选出优秀。经过激烈的比拼，最后评出一等奖2名、二等奖3名、三等奖3名。

【爵溪街道勇夺第二届全国乡镇桥牌团体邀请赛附加赛A组第一名】 11月30日至12月1日，由中国桥牌协会主办的“第二届全国乡镇桥牌团体邀请赛”在江苏省太仓市璜泾镇举行。浙江省象山县爵溪街道队，经过12轮顽强拼搏，勇夺附加赛A组第一名。

【爵溪幼儿园食品药品安全科普基地正式启用】 在街道食安办和市场监管所的指导下，8月，爵溪街道中心幼儿园食品药品安全科普基地正式启用，该基地设置食药安全科普办公室、科普教室、展示区角、阅览室、宣传栏（墙）、电子屏、知识长廊等，配备电脑、实物展示台、投影仪等电教设备，添置食药模型、标本、实物50余件，及相关书籍100多册。街道中心幼儿园食品药品安全科普基地的建立，对拓宽科普宣传渠道，普及公众食品药品科学知识，为街道深化省级食品安全县创建工作起到良好的推动作用。

【“健康象山　绿色毅行”活动暨“时尚运动小镇杯”爵溪海景亚帆线迷你马拉松圆满举行】 11月16日，在爵溪街道文体活动中心举行“健康象山　绿色毅行”活动暨“时尚运动小镇杯”爵溪海景亚帆线迷你马拉松。该次活动由县委县政府健康象山建设领导小组办公室、象山县卫生健康局、爵溪街道办事处联合举办，乐宁体育发展有限公司承办，活动全程约8.8千米，活动以“健康象山　绿色毅行”为主题，旨在关注我县人民群众的健康问题。

活动分徒步毅行和迷你马拉松赛两部分，出席当天毅行活动启动仪式的领导有县人民政府副县长钮晶莹、县卫健局局长林法星、街道办事处主任丁华、县卫生健康局党委委员郑玲飞、县文化广电旅游体育局副局长郑益、县教育局副局长齐海燕，以及各镇乡（街道）分管领导、500名运动员、爵溪街道工会代表。

随后，裁判长虞金和老师鸣枪宣布“时尚运动小镇杯”爵溪海景亚帆迷你马拉松赛开始，参赛者从爵溪文体活动中心出发经源之圆温泉馆回到终点站爵溪文体活动中心，沿途可看到大平岗岛、羊背山、七湾八港、风情渔港等美丽的沿海风景。

此次活动的举办，旨在倡导人民群众开展绿色生态、健康环保的生活方式，感受运动带来的健康幸福感，让广大参赛人员感受爵溪这座时尚运动小镇独特的魅力。

【关爱妇女健康，街道全面完成“两癌”筛查工作】 城乡妇女免费“两癌”筛查工作是象山县民生实事项目，从2017年起，参加城乡居民基本医疗保险的35—64周岁的户籍妇女可以享受五年一次的“两癌”筛查。年内街道完成650余人的“两癌”筛查目标。

【街道“三步走”推进十字街区餐饮业整治】 街道食安办联合市场监管所等部门对十字老街的餐饮店进行整规提升。一是明确职责，强化宣教指导。对十字东街、西街的50家餐饮店、食杂店等进行情况摸底，对整个老街餐饮业态进行分析，做到心中有数；二是抓好落实，开展规范提升。严把许可关，对老街所有餐饮业在申请许可、登记时一律进行现场踏勘，对于新开办餐饮单位易造成环境卫生差的从严予以许可、登记，禁止在室外操作加工，明显改善店外环境脏、乱、差现象。三是树立典型，巩固整改实效。借助县市场监管局文明创建“红黑榜”，对十字老街的餐饮单位进行曝光，对2家未有明显改善的单位列入“黑榜”予以曝光，1家环境条件提升明显的列入“红榜”予以表扬。5月，街道食安办联合市场监管所、城管执法中队采取多项举措开展早餐摊整规提升工作。确认28个定点定时的早餐摊点，联合取缔11家违规早餐摊，正在经营的25家早餐摊中已基本完成整改提升，联合发放食品摊贩临时占道证和食品摊贩登记卡23份，率先打好全县早餐摊食品安全整治第一仗。

【街道举办庆“五一”“羽”你同行第三届羽毛球赛】 4月29日，在爵溪学校举行庆“五一”“羽”你同行 · 爵溪街道第三届羽毛球赛，来自街道各企事业单位的9支队伍50余人参加此次比赛，展开激烈角逐，比赛分团体赛和个人赛，采取淘汰赛、排名赛，三局二胜，15分制。经过激烈的比拼，宁波甬南公司、爵溪学校、街道办事处代表队分别荣获团体第一名、第二名、第三名。

【街道老年大学火爆开班】 3月1日晚，爵溪街道老年大学2019春季开班典礼举行，近百名新老学员参加活动。新学期课程除上学期戏曲、腰鼓等常规班级外，增设舞蹈等短期班级。老年大学这个平台不仅是满足老年人的精神文化追求，让老年人“走出来、动起来、学起来、乐起来”，让他们的晚年生活更健康、更快乐。

【象山县爵溪学校获得2019年浙江省健康促进学校“铜牌”标准】 根据浙江省爱国卫生运动委员会、浙江省教育厅、原浙江省卫生厅《关于印发浙江省健康促进学校考核命名与监督管理办法和浙江省健康促进学校考核标准的通知》文件精神，经各学校申请，县爱卫会、教育局、卫生健康局组织专家组按有关程序，综合审定，象山县爵溪学校达到浙江省健康促进学校“铜牌”建设标准。

【地厂渔村等相关单位正式命名为宁波市全民健康生活方式行动健康支持性环境】 11月中旬，市行动办和市爱卫办根据《浙江省全民健康生活方式行动健康支持性环境建设指导方案》中各类健康支持性环境的考核细则，组织各县市区健康教育专业技术人员以分组交叉考核的方式，对全市范围内2019年度新申报创建的各类健康支持性环境进行抽查验收工作。根据验收结果，街道东塘健康步道、街道老年活动中心健康小屋、地厂渔村、爵溪湿地公园健康主题公园正式命名为“宁波市全民健康生活方式行动健康支持性环境”。

【扫黑除恶专项斗争】 街道营造宣传氛围，组织网格长集中走访宣传5000余人次，在辖区主要道路及机关、学校、村庄、市场、工地等醒目位置累计悬挂横幅500条，定期通过爵溪发布公布阶段性工作推进情况，加大正反两方面典型案例报道力度。扩大线索搜集范围，聚焦建设工程、娱乐场所、商贸集市、交通运输、招投标、涉海涉渔、农村地区等易滋生黑恶问题的重点行业和地区，一年来，共收集核查线索3条，侦破涉黑涉恶案件4起，其中开设赌场1起，涉及5人；强迫交易1起，涉及3人；聚众斗殴1起，涉及3人；寻衅滋事1起，涉及1人。抓获涉黑涉恶逃犯3人。

【“一中心四平台”全科网格治理体系建设】 深化“党建+网格”模式，加强村级综合事务员和网格长队伍建设，完善网格事务准入和运行制度，实现综合信息指挥室实体化运作和网格履职情况的科学管理考核。一年来，共上报事件4830起、办结率100%，开展走访巡查30万余次。同时，推进“村民说事2.0”与“一中心四平台全科网格”联动，提升推广新时代“枫桥经验”，发挥“网格说事”“智慧说事”效能，已报送“村民说事”“政法干警下基层”事件动态187起。同时在腾蛟公园、农贸市场、东门口等地开展阵地宣传11次，参与人数达2000余人。发展壮大形式多样的平安志愿者队伍21支、620人，广泛发动群众参与平安建设，提高“平安三率”。在公众号推送平安动态33篇，阅读转发量累计突破1万。同时，以创建“民主法治村”为契机，创建前岙村为省级“三治融合”村、地厂村为市级“三治融合”村，以点带面，持续推动村级民主法治创建活力。以实现社会心理关爱与矛盾纠纷化解的衔接，在社会服务管理中心设立心理咨询室，配备专业力量，提供心理咨询80余次，其中建档12例。

【深化“五水共治”工作】 做好污水零直排区创建准备工作，1月完成市级“污水零直排区”验收。制定年度“五水共治”目标任务，做好河道月度巡查工作，稳控腾蛟河道水质，提升燕山河道水质，合理进行燕山、腾蛟河道的配水工作，力控小微水体水质达标，累计河道配水11次。申报并做好腾蛟河道的年度美丽河湖建设任务。加强河道保洁员、水务员的考核巡查力度，落实完善河长制，巡查河岸两侧的排口情况，明确各级河长职责，月度河长APP巡查率、签到率均达100%，配合完成环保部、住建部的城市黑臭水体检查工作。

【全力推动乡村振兴及美丽乡村工作】 做好乡村振兴战略，深挖农业农村现代化和城乡融合发展潜力，根据乡村振兴2018—2020年三年行动计划，落实2019年度工作。投资250万元的前岙村老年公寓楼已结顶，开始内部施工。投资524万元的牛丈岙老村宅基地复垦、工矿用地复垦项目开工，投资300余万元的公屿渔村外口公寓建设基本完成主体建设。村集体经济经营性总收入达272万元，全年达379万元，同比增长80%。

【纵深推进渔业领域监管工作】 街道分成11个工作组深入一线进行渔业安全整治，猛药去疴、重典治乱、攻坚突破，建立健全长效管理机制全面完成既定任务。通过专项行动累计完成发放宣传资料1500余份，横幅100余条，短信发送5万余条，累计巡查约500余人次，开展清港行动24次，清除地笼网具500余顶，查扣“三无”船舶10艘，因偷捕拘留4人，查货非法渔获7.26千克，从根本上推动安全生产形势好转。100%完成辖区内36只在册渔船排查、责任清单签署，完成在册渔船静态编组10组并做优化，并做好完善提升工作。完成养殖船、海岛运输船及落小海捡螺船等不在册涉及生计船舶纳管工作，完成纳管船筏的保险，共计纳管16艘。排摸上报无证玻璃钢游艇18艘，其中6艘已拆解或转让县外，12艘落实管控。深化落实“一打三整治”工作，出台2019年度“一打三整治”工作行动方案，全面落实定人联船工作，做到有船必联，对在册渔船以联村干部为主每人不超过2艘，玻璃钢游艇由街道干部落实每人1艘，纳管船筏落实各村（社）主要干部，实现“船船有人管”的良好局面。

【落实水利建设管理工作】 未雨绸缪全力做好“利奇马”台风等多个台风防御工作，极力将损失降到最低。完成白沙湾溪坑、千山弄、第一岙溪坑抢修工作。做好凌塘流域在建水利工程管理工作，基本完成建设进行扫尾工作。开展燕山、腾蛟河道清淤工程，完善河塘库湖轮疏机制。梳理台风防御薄弱环节并提升，完成山塘水库等安全检查工作，完善街道、各村（社）防汛准备工作，做好防汛检查和防汛准备工作，对6村3社区完成防汛形势图的更新安装工作。做好公屿村的气象示范村建设的申报工作。申报2020年度水利项目主要为白沙湾溪坑水环境治理、渗漏山塘修复工作及前岙溪坑拓宽等项目。完成东塘海塘、北塘海塘标准化建设验收工作。做好完善农业水价改革绩效评价县级验收工作。

【做好东西部扶贫工作】 对接延边州龙井市东盛涌镇进行扶贫结对工作，于8月组成爵溪代表团赴龙井市东盛涌镇进行扶贫工作考察交流工作，深化扶贫工作。双方签订年度对接框架协议，选定公屿农村为村村结对村。9月支援对口帮扶结对乡镇的20万元社会帮扶资金汇入东盛涌镇账户，用于与贫困户有关的项目建设。助推消化完成消费扶贫50万元，千方百计谋求消费内容，至年底，统计有效消费为50.42万，完成既定目标。

【做好农业农村日常性工作】 做好农村人居环境整治信息排查汇总输入工作，统计完善年度农村人口调整调查工作，排摸农村厕所革命调查上报数据。坚持精准扶贫，完成街道低收入农户动态调整，上报一个低收入农户创业增收典型事例。完成公屿农村省新时代美丽乡村达标村评估及前岙村省精品村创建达标评估工作。做好农民专业合作社“空壳社”清理工作，完成年度减轻农民负担工作。做好粮食春备耕及收割指导工作，落实街道2019年度粮食订单，完成农业年度土地流转任务300余亩，落实政策性保险，做好单季稻种植指导工作，强化春夏季蔬菜种植管理。完成田间农残固体废弃物回收工作，推行农药减量化、生态化工作。做好动植物防疫减疫工作，加强一枝黄花治理和犬类疫苗注射工作。加强农产品质量安全监管，每月巡查2次以上，落实每月检测样本50批次以上，累计完成检测500余次，做好分散散户管理试点工作。完成农业信息村级益农社建设任务，建设率100%。

【街道“三改一拆”专项行动荣获县级先进】 2019年，爵溪街道“三改一拆”全年任务量为1万平方米，至2019年底街道总计拆除大大小小的违法建筑77处，拆除面积达2.02万平方米，完成全年计划任务的202%，任务排名全县第一。同时，拆后利用率达到95%。

【爵溪综合行政执法中队荣获宁波市综合执法优胜中队】 2019年爵溪中队坚持依法行政，严格执法，忠实履责，服务群众，深入贯彻落实“六争攻坚，三年攀高”为爵溪做出贡献。

【危旧房治理工作取得突破性成果】 2019年在治理过程中，街道建设科提出的“拆房建共”方法受到老百姓的全面支持。一年来共拆除古城路8号，泰安弄1号，泰安弄3—5号三处危旧房，拆除后建为公共民用设施。在整个老城区内整合出很多公共空间。

【重点项目强势推进】 以深化“三服务”为抓手，高质量助推重点工程建设。完成固定资产投资年度任务10亿元。围绕6个县级重点工程，制定责任分解表，明确每月进度，挂图作战，全力助推重点工程建设。希尔顿酒店复工，时尚针织小镇项目开工,喜来登酒店主体结顶,白沙湾玫瑰园四期房产完成主体95%,白沙湾防洪工程稳步推进,宁波鸿创环保项目和正源热电联产项目基本完工。

表79　　**2019年爵溪街道社会经济基本情况表**

	计量单位	数　量		计量单位	数　量
一、基本情况	—	—	建筑业企业	个	0
行政区域面积	公顷	—	住宿餐饮业企业	个	0
居民委员会(社区)	个	3	商品交易市场	个	0
村民委员会	个	6	营业面积50平方米以上的综合商店或超市	个	10
其中:通公共交通的村	个	6	五、教育、文化、卫生	—	—
通宽带互联网的村	个	6	幼儿园、托儿所	个	4
通有线电视的村	个	6	小学校	所	2
通自来水的村	个	6	小学专任教师	人	166
生活垃圾全部集中处理的村	个	6	小学在校学生	人	2448
生活污水全部集中处理的村	个	6	图书馆	个	5
二、人口	—	—	剧场、影剧院	个	0
户籍户数	户	4352	体育场馆	个	13
户籍人口	人	12876	医疗卫生机构	个	1
三、农业	—	—	医疗卫生机构床位	张	20
耕地面积	公顷	3343亩	执业(助理)医师	人	21
耕地灌溉面积	公顷	—	兽医(防疫)技术人员	人	0
农业技术服务机构	个	—	六、社会保障	—	—
农业技术服务机构从业人员	人	—	提供住宿的社会工作机构	个	—
农业企业	个	—	其中:本级政府创办的养老机构	个	—
家庭农场	个	4	提供住宿的社会工作机构床位	张	—
农民专业合作社	个	5	城乡居民基本养老保险参保人数	人	4674
农民专业合作社成员	户	41	城乡居民基本医疗保险参保人数	人	4798
四、财政、经济、贸易	—	—	城乡居民最低生活保障人数	人	162
一般公共预算收入	万元	39712.95	七、公用事业	—	—
一般公共预算支出	万元	3854.98	自来水用户	户	6000
资产总额	万元	84943.2	管道燃气用户	户	470
债务总额	万元	0	金融机构网点数	个	—
工业企业	个	500	公园及休闲健身广场	个	2
其中:规模以上工业企业	个	96	—	—	—

表 80　　2019 年象山县爵溪街道行政村经济情况一览表

村　名	户籍户数（户）	户籍人口（人）	耕地面积（公顷）	水产养殖（公顷）	渔　船（艘）	村级资产（万元）	村集体收入（万元）	村集体支出（万元）	村书记	村主任
前岙村	201	526	4.6	4	0	1188.08	59.07	17.02	周祖元	—
白沙湾村	77	249	1	—	3	839.41	53.16	9.1	凌　祥	钱根星
公屿农村	459	1395	7	—	6	2136.38	402.16	18.36	韩文裕	鲍东波
公屿渔村	139	364	1.6	—	1	525.32	52.62	7.75	赵哲禹	戴岳志
地厂村	89	303	—	—	2	436.08	68.08	10.18	孙敏见	柯阿忠
牛丈岙村	290	727	7.2	—	0	16095.8	102.66	24.16	练敏春	练岳华
爵农股份经济合作社	1286	4765	—	—	8	11066.85	534.26	40.91	蒋宗备	—
爵渔股份经济合作社	1677	4135	—	—	12	8153.97	360.21	33.47	郑建范	—
南韭山村经济合作社	103	325	—	—	2	5909.15	52.07	9.26	黄小祥	陈洪财
甸平山村经济合作社	31	89	—	—	0	1475.36	50.24	4.61	叶位祥	叶旺迪

石浦镇

【概况】　石浦镇位于象山半岛南端，镇域面积 126 平方千米，由镇本土和 178 个岛礁组成，下辖 54 个行政村、10 个居民点、8 个社区，是环三门湾地区重要的区域发展中心和象山南部中心，辐射周边 5 个镇乡 10 多万人口。全年实现地区生产总值 100 亿元，固定资产投资 25.3 亿元、增长 24.6%，旅游收入 62.25 亿元、增长 20.9%，城镇居民人均可支配收入 52944 元，农渔民人均纯收入 33960 元，分别增长 7.5% 和 8.5%。2019 年，石浦镇获评县“四大攻坚行动”集体三等功、县先进慈善集体、县侨联系统先进集体、省关心下一代工作先进集体、省森林城镇、省先进基层武装部、省第二届民兵大比武（海上搜救专业）第二名、国家卫生镇等荣誉。

【经济运行稳中有进】　加快新旧动能转换，全面推动实体经济高质量发展。企业培育稳步推进，申菱机电和戴维医疗产值、销售额、增加值均保持两位数增长，新增规上企业 9 家、市级农业龙头企业 1 家。科技创新力度加大，完成技改项目 17 个，累计投入 1.8 亿元，研发经费支出增长 10%，新增国家高新技术企业 1 家、省级企业研究院 1 家、县级及以上工程技术中心 5 家、创新型初创企业 13 家。全域旅游创建持续推进，全年接待游客 534 万人次、实现旅游综合收入 62.5 亿元，分别增长 21.8% 和 20.9%。核心景区建设力度加大，石浦渔港古城旅游目的地、檀头山东亚动漫岛项目签订战略框架协议，中国渔村二期项目加快规划方案调整，半边山旅游度假区举办世界无人机锦标赛，欢乐海洋、五彩渔镇 A 区等项目相继完工，亚运沙滩排球项目开工动建，石浦渔港、檀头山岛入选浙江省百个避暑气候胜地。商贸服务更趋完善，申菱广场人气兴旺，戴维钻石商业广场基本完工。消费热点培育，扎实推进“旅游放心消费在石浦”行动，社会消费品零售总额增长 10.7%。民宿经济蓬勃发展，沙塘湾民宿特色村打造成效凸显，三湾路廊民宿集聚区建设有序推进，新增民宿 36 家、床位 371 张，饮海三湾、玖悦初见分别被评为省白金宿、省金宿。农渔业加快转型升级，建成北门塘现代农业基地，推广“甬优系列”水稻新品种 4000 亩，水产品总产量达 33.9 万吨，实现农渔业总产值 45 亿元、增长 2.6%。

【项目建设扎实推进】　开展重大项目突破年活动，集中力量推进 47 个重点项目建设，完成固定资产投资 24 亿元、增长 21.2%，其中工业投资 4.3 亿元、增长 50%，增速居全县前列。招商引资成效显著，完成实际内资 6 亿元、外资 213 万美金，新签约项目 5 个，其中亿元以上项目 2 个。一批优质产业项目开工建设，若宇新能源汽车装备项目动建，强普生物科技、均富机电等项目基本完工，诚元海洋生物项目稳步推进，发展后劲增强。一批交通路网项目加快推进，马漕线改建项目基本完工，石浦高速牛头山隧道实现右幅贯通，南港路项目进度过半，白云路项目完成方案设计，道路通达能力持续提升。一批民生项目完工，门前塘环卫站、老城区居家养老服务中心改造等项目投入使用，石浦 LNG 气站及管网项目建成并运营，城市功能配套完善。一批住房建设项目有序推进，城区 11 处危旧房改造工程完工，东海府、碧桂园天玺湾、悦海锦苑等房产项目相继开盘，累计预售 900 余套，居民住房条件逐步改善。

【城乡品质显著提升】 加快实施新型城镇化建设,统筹城乡融合发展,提升宜居宜业宜游水平。老城区二期改造腾空工作进展,自愿提前腾空率达90%以上。深化美丽石浦建设,完成老旧住宅外立面改造1.2万平方米,路面修复2万平方米,"围挡"整治35处,新增城区绿化面积1.5万平方米,通过省级"森林城镇"考核验收,渔港东路获评省级"街容示范街"。深化全域环境治理,结合小城镇环境综合整治"回头看"行动,扎实推进城乡环境"五治"工程,消除"六乱"现象2万余起,高分通过"国家卫生镇"首轮复评。坚决打好污染防治攻坚战,"污水零直排区"创建有序推进,文旦港、邬家区块污水工程完工,西南部污水输送主干管工程实现贯通,门前塘污水处理厂项目土建主体建成。持续深化"三改一拆",累计拆除违法建筑186处、13.5万平方米,总量继续居全县第一,实施拆后改造72处、2.4万平方米。开展海鲜运输车辆滴漏撒专项整治,实行定时定点联合执法,劝导、处罚违规车辆900余辆,整治成效初步显现。完成"大棚房"专项整治,5个被督查整改项目按时整改到位。生活垃圾分类工作全面推进,群众垃圾分类意识逐步提高。加快乡村振兴发展,新增省级新时代美丽乡村精品村4个、达标村12个,东门渔村建成市级美丽乡村示范村,番头岙村通过市级美丽宜居示范村验收,新增县级特色村1个。

【发展动力持续释放】 实施《关于加快推进石浦镇改革发展的实施意见》,坚定不移推动各领域改革向纵深发展,改革红利逐步显现。深化"最多跑一次"改革,创新"互联网+"审批模式,328个事项实现全程网上办理、28个民生事项实现一证通办,"代办点+自助服务终端+网格员服务"的镇村两级便民服务模式全面推广,99.2%的行政审批服务事项实现"最多跑一次"。持续深化投融资体制改革,完成国有资产清查工作,盘活资产资源,确保国有资产保值增值。拓展融资渠道,完成公司债券审批和PPN银行间融资产品发行工作,资金保障能力持续增强。强化政府债务管理,运用债务置换,降低融资成本。开展增收节支推进年活动,压缩非生产性开支,"三公"经费支出下降15%。实施人才强镇战略,引进博士后人才2人、硕博人才3人,兑现教育卫生人才奖励资金700余万元,人才服务水平提高。

【民生事业协调发展】 回应人民群众对美好生活的新期待,民生投入持续加大,8项民生实事全面完成。坚持教育优先发展,金星幼儿园开园,全镇教育大会召开,中考、高考成绩再创历史新高。深化健康石浦建设,全镇首家慢性病工作室正式成立,台胞医院医疗健康集团医共体建设走在全省前列,新增省级卫生村2个,家庭医生重点人群签约人数达9220人。提高计生服务水平,普及独生子女家庭、失独家庭综合保险,新增标准化母婴室4处。深化文化强镇建设,中国农民丰收节暨第二十二届中国开渔节举办,中国海洋渔文化展示馆建设有序推进,城市书房建成,新增文化礼堂7个,累计开展各类文化宣教活动70余场。全面落实全民健身工程,新建改建健康步道2.8千米,井水村创建省级健康体育村。践行社会主义核心价值观,巩固提升全国文明镇创建成果,建成县级新时代文明实践示范村2个、婚丧礼俗整治示范村1个,女船长吴爱图荣获"宁波好人",南向村民金建华、退休教师孙美果荣登首届象山县道德模范。加强就业和社会保障工作,组织开展大型招聘会3次,新增就业1711人,健全社会救助体系,累计发放社会救助金1416万元。巩固推进"无欠薪"行动,妥善化解企业欠薪等劳动纠纷120余起,创建省级劳动争议调解中心。稳步实施全民参保,本地户籍人员养老、医保参保率分别达93%、99%。新建居家养老服务站10个,新增床位130张,养老服务质量提升。持续做好人武工作,完成22名兵员征集任务,荣获全市首批五星级基层武装部称号,勇夺全省岗位练兵比武海上搜救第二名佳绩。

【安全形势稳定向好】 牢固树立以人民为中心的发展理念,完善社会治理体制,提升社会治理能力,风险隐患得到化解。强化基层治理,打造"村民说事""警民说事"升级版,支持人大"三站一室"代表督事机制,全市人大代表联络站现场会在石浦召开。开展"保平安、迎大庆"等专项行动,推进"大排查、大走访、大接访、大巡防"行动,化解信访积案4起,完成全国乡村治理现场会、新中国成立70周年大庆等重大安保维稳任务。加强社会治安综合治理,新增高清视频监控340套、智能摄像头100个,营造平安宣传氛围,"平安三率"显著提升。纵深推进扫黑除恶专项斗争,累计破获涉黑涉恶案件22起,刑事拘留各类涉黑涉恶对象102人,打掉黑恶势力团伙8个,完成中央扫黑除恶督导组下沉督导迎检工作。始终保持渔业安全生产整治高压态势,举全镇之力强势开展涉海涉渔领域"平安守护"专项行动,实施驻村蹲点服务,深化定人联船制度,抓实抓好"4+1"监管措施,检查渔船1572艘次,整改各类安全隐患1217件,查处违规行为50余起,安全隐患逐步消除。加大"三无"船舶打击力度,开展集中清港行动80余次,查扣"三无"船舶162艘。扎实开展安全生产整治百日大会战等行动,集中治理消防、交通、群租房、"两小一危"企业等领域安全隐患,安全事故发生数、死亡人数大幅下降。推行食品安全"红黑榜"制度,坚决守护好人民群众"舌尖上的安全"。做好防灾减灾各项工作,应对台风等恶劣天气,保障人民群众生命财产安全。

【强化自身建设】 始终坚持实干勤政、依法行政、从严治政,开展作风建设深化年活动,提升政府治理能力和服务水平。扎实开展"不忘初心、牢记使命"主题教育,引导党员干部读原著、学原文、悟原理,结合"三服务"活动,深刻查摆问题166个,制定整改措施156条,守初心、担使命意识强化。自觉接受人大、政协和社会各界监督,主动邀请"两代表一委员"监督重点中心工作，共办理县镇人大代表建议99件、政协委员提案2件。严格执行政务公开制度，通过“两微一端”、政务服务网等公众平台，累计发布各类信息1015条，政务公开质量持续提高。坚持以市委巡察反馈问题整改为契机，加大行政监察、审计监督力度，完成镇属企业、村级财务审计39个，涉及金额8.8亿元，完成项目概算审核、招标控制价审核备案48个，工程造价核减率达10%。严格落实全面从严治党“两个责任”，累计问责干部17人、党纪政务处分17人，政府系统党风廉政建设全面强化。推进“清廉村居”建设，规范小微权力运行。深化“双对双排”，推行“随机摇号+书记点题”月度汇报模式，倒逼干部对标对绩比担当，干部队伍履职能力持续提高。

【石浦水产品干货市场营业】 1月1日，由县市场开发中心打造的石浦水产品干货市场营业，该干货市场位于石浦镇火炉头路60号，石浦菜场旁边，场内面积约1700平方米，吸纳商家33户，为游客和市民创造“一站式”的购物体验。

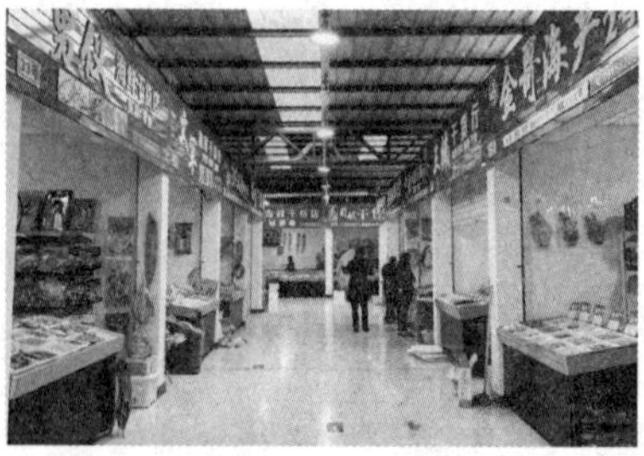

石浦水产品干货市场营业

【中共石浦镇第十三届代表大会第四次会议胜利召开】 1月21日上午，中国共产党石浦镇第十三届代表大会第四次会议召开，会议总结回顾2018年工作成果，研究部署2019年重点任务，团结动员全镇各级党组织和广大党员干部群众，凝心聚力促发展，久久为功抓落实，奋力开创石浦经济社会高质量发展新局面。来自全镇各条战线的123名正式代表、88位列席代表齐聚一堂，为石浦发展建言献策。

中共石浦镇第十三届代表大会第四次会议胜利召开

【石浦镇第十八届人民代表大会第五次会议胜利召开】 1月27日，石浦镇第十八届人民代表大会第五次会议胜利召开，全镇93名正式代表和116名列席代表出席会议。会议听取、审议并通过石浦镇政府工作报告、人大主席团工作报告及2018年财政预算执行情况和2019年财政预算报告。

石浦镇党委副书记、镇长徐颖峰代表石浦镇人民政府向大会作政府工作报告

【叶剑鸣专题调研石浦镇旅游工作】 2月21日，县委书记叶剑鸣赴石浦镇开展“三服务”活动，项目工地一线，针对旅游突破提升进行专题调研。他强调，要理清思路，完善体制，抓实项目建设，聚焦重难点问题，精准服务，合力推动石浦镇旅游高质量发展。县领导陈兴立、奚海峰参加活动。

县委书记叶剑鸣专题调研石浦镇旅游工作

【2022年亚运会沙滩排球比赛选址东海半边山】 4月12日，2022年第19届杭州亚运会组委会向宁波市政府颁发《2022年第19届亚运会场馆及设施建设任务书》，确定将亚运会沙滩排球比赛项目落户宁波（象山）分赛区。这是象山县继获准承办亚运会帆船帆板项目后，再次承担第二项亚运会正式比赛项目（奥运项目）任务。根据申报方案，杭州亚运会沙滩排球项目比赛场馆选址位于象山县石浦镇半边山旅游度假区内，规划建设用地85亩，总建筑面积2万平方米。

4月12日下午，2022年第19届杭州亚运会组委会杭外工作部副部长杜作峰代表杭州亚组委颁发任务书，宁波市体育局副局长王雷钧、象山县人民政府副县长钮晶莹代表宁波赛区筹办工作领导小组受领任务书

【郑栅洁在象山蹲点调研】 7月2日至3日，省委副书记、市委书记郑栅洁在象山蹲点调研。在渔山岛，郑栅洁详细了解渔业资源保护、渔业转型发展、渔民转产转业、海上安全生产以及岛屿基础设施建设等情况。郑栅洁强调，广大党员干部要把调查研究贯穿“不忘初心、牢记使命”主题教育全过程，到“三服务”一线践行初心使命。

省委副书记、市委书记郑栅洁在渔山岛调研

【第二十二届中国(宁波象山)开渔节】 9月16日中午,2019中国农民丰收节系列活动之一的第二十二届中国(宁波象山)开渔节,在全国六大中心渔港之一的象山石浦港举行。历经四个半月伏季休渔的东海渔民,迎来全面开渔的日子。

第二十二届中国(宁波象山)开渔节

【叶剑鸣赴石浦镇开展主题教育调研和“三服务”活动】 10月18日,县委书记叶剑鸣到石浦镇开展主题教育调研和“三服务”活动,他强调,各地各部门要把深化“三服务”活动与开展“不忘初心、牢记使命”主题教育紧密结合起来,坚持以红色党建引领绿色发展,推动象山乡村振兴持续走在前列。县委常委、石浦镇党委书记奚海峰陪同调研。

叶剑鸣到石浦镇开展主题教育调研和“三服务”活动

【半边山景区举行2019世界无人机锦标赛】 12月10日,2019世界无人机锦标赛在石浦半边山景区开赛。该次比赛是由国际航空运动联合会(FAI)官方认证的最权威、最专业、最高级别的无人机竞速赛事,共有31个国家和地区的100余名飞手参加,参赛飞手是由FAI及全球各个国家选出的世界级飞手,该赛事将持续至12月15日。

(石浦镇人民政府　劳俊波)

表81　　**2019年石浦镇行政村经济情况一览表**

序号	村　名	户　数(户数)	户籍人口(人)	村股份经济合作社户数(户)	承包耕地(公顷)	海水养殖面积(公顷)	淡水养殖面积(公顷)	渔船数(艘)	村级资产(万元)	村集体年收入(万元)	村集体年支出(万元)
1	石浦镇	—	—	17820	1031.18	1006.82	291.39	1282	88721.9	7608.02	1173.82
2	北　山	213	769	215	4	—	—	2	15321.35	135.74	10.09
3	昌　明	286	947	289	51.59	2.88	—	—	827.69	36.72	10.01
4	昌　桥	377	1279	386	63.33	2.8	2.33	—	1297.67	67.71	19.60
5	朝天门	200	698	201	37.84	3.3	37.4	3	519.22	32.16	5.15
6	大　桥	288	950	308	16.64	—	1.8	—	605.61	60.22	8.42
7	低　岐	77	270	80	14.27	—	19.67	4	254.60	40.63	3.39
8	东　边	224	744	226	8.67	—	—	—	1438.78	82.68	12.01
9	东　丰	257	874	259	—	13.11	—	53	858.66	55.50	6.49
10	东门渔	1115	3648	1119	—	—	—	233	3495.24	410.16	29.98
11	东　卫	400	1327	510	22.87	9	—	—	1441.42	87.37	8.86
12	对面山	254	975	303	20.93	49.68	—	55	1068.67	109.92	21.13
13	番头岙	303	1101	303	13.4	—	—	—	1526.44	163.83	5.42
14	凤上山	198	753	231	2.6	—	—	—	2613.03	250.53	105.46
15	横路桥	212	702	212	34.8	185	2.5	—	926.45	45.71	6.54
16	横　农	176	646	179	22.8	4.8	—	—	841.83	145.05	12.53
17	横　渔	135	447	136	—	—	—	76	357.98	109.01	6.22
18	鸡　鸣	599	2120	626	105.27	92.01	3	—	2070.15	121.72	40.69

续表81

序号	村名	户数（户数）	户籍人口（人）	村股份经济合作社户数（户）	承包耕地（公顷）	海水养殖面积（公顷）	淡水养殖面积（公顷）	渔船数（艘）	村级资产（万元）	村集体年收入（万元）	村集体年支出（万元）
19	蒋家湾	138	514	138	11.89	—	5.33	—	332.00	55.62	81.23
20	蛟龙	205	688	206	7.93	25.66	3.65	50	1658.18	143.83	10.70
21	金丰	310	1057	325	25.06	10.3	8	—	319.46	41.33	12.54
22	金山	190	678	192	—	—	—	37	1283.03	166.54	23.65
23	井水	138	510	142	29.33	—	17.6	—	704.34	101.36	11.49
24	镜架山	332	1152	334	24.2	—	—	—	1375.24	77.50	14.71
25	九井	284	934	302	19	—	12.33	—	712.49	59.93	5.21
26	蓝家	354	1202	349	—	—	—	43	1039.45	310.45	20.17
27	雷公山	103	347	103	11.07	—	—	5	551.47	45.37	88.83
28	马盘	134	472	139	18.67	—	3.8	—	1084.35	56.55	12.15
29	马峙	142	481	153	35.47	—	6.88	—	851.19	56.17	9.06
30	南汇	187	751	187	1.33	—	—	37	1038.03	183.31	14.16
31	南向	262	847	262	30.73	—	17.33	—	1573.01	174.97	17.63
32	平岩	136	434	141	—	—	—	66	585.89	32.01	6.54
33	平阳厂	454	1594	456	45.33	26.88	18	—	1796.28	320.40	21.12
34	蒲湾	126	430	126	23.44	7.67	—	9	492.54	30.47	6.57
35	沙塘湾	277	1002	280	—	26	—	62	860.31	99.81	6.65
36	上金鸡	320	1119	329	32	5.33	5.88	4	2003.49	76.41	10.73
37	上湾	146	535	147	21.39	1.8	1.5	—	400.13	38.71	4.91
38	石渔	—	—	957	—	—	—	141	1028.08	226.63	31.00
39	树桥头	193	733	200	46.4	9.25	14.66	9	756.21	31.63	14.45
40	司前	79	317	84	15.07	3	0.4	—	288.33	60.65	8.83
41	檀兴	961	3460	966	—	96.32	—	155	2782.38	234.64	41.11
42	坦塘	274	970	274	41.67	61.33	20	2	1509.65	75.29	21.75
43	铜瓦门	210	641	212	—	48	—	43	697.55	64.16	11.63
44	五新	710	2210	707	20.4	—	—	—	1979.66	134.76	27.81
45	西边	141	522	140	3.2	—	—	5	1207.76	81.90	6.19
46	下金鸡	378	1261	430	25.8	31	9.67	15	1933.36	209.72	31.53
47	下塘	211	791	212	—	—	9	16	2877.56	218.95	14.12
48	下洋墩	449	1533	453	65.4	8.6	24.33	3	1246.22	93.35	30.17
49	向浦	199	654	201	—	3.23	—	18	654.44	36.26	5.99
50	晓湾	267	986	270	31.13	5.67	4.33	29	1057.91	134.59	13.52
51	新鹤	359	1296	365	—	16.66	—	57	1078.48	104.51	11.71

续表81

序号	村名	户数（户数）	户籍人口（人）	村股份经济合作社户数（户）	承包耕地（公顷）	海水养殖面积（公顷）	淡水养殖面积（公顷）	渔船数（艘）	村级资产（万元）	村集体年收入（万元）	村集体年支出（万元）
52	星塘	234	770	250	14.8	2.3	42	4	616.80	41.33	12.57
53	延农	208	514	211	—	—	—	—	3326.21	410.26	46.34
54	渔山	100	346	205	—	—	—	41	656.41	183.61	22.12
55	中心	170	638	212	10.8	—	—	5	1287.73	34.21	9.04
56	半岭	1604	4070	248	—	—	—	—	691.32	77.61	13.85
57	东港	1542	3882	144	0.33	—	—	—	1089.73	88.61	7.13
58	上塘	1035	2548	194	—	—	—	—	775.02	104.62	12.56
59	邬家	1249	3179	141	—	—	—	—	1747.60	182.98	19.98
60	文旦港			153	—	—	—	—	1457.76	223.42	13.44
61	里塘	1445	3455	114	—	—	—	—	659.68	2.31	5.43
				205	—	—	—	—	1949.84	355.16	13.56
62	城北	1935	4795	261	—	—	—	—	673.28	93.33	13.98
63	后岗山			97	—	—	—	—	374.51	65.19	20.64
64	文昌阁			20	0.33	—	—	—	54.01	12.97	3.33
65	其他	2772	6541	—	—	—	—	—	138.73	0.00	—

表82

2019年石浦镇规模企业主要经济指标统计表

单位：万元、人

序号	企业名称	负责人	企业地址	工业总产值	主营业务收入	利润总额	实缴税金	增加值	职工数
1	宁波申菱机电科技股份有限公司	卢国平	石浦科技园区	210175	205355	20383	7019	34973	835
2	宁波昌菱机电有限公司	卢锋	石浦科技园区	27326	27409	452	257	4547	375
3	宁波戴维医疗器械股份有限公司	陈再宏	石浦科技园区	32434	30285	6894	3734	19836	510
4	宁波贝德尔电讯电机有限公司	林贵良	石浦科技园区	8088	6395	525	462	1722	186
5	宁波元浦机电有限公司	欧如东	石浦科技园区	4473	4371	-5	175	744	85
6	宁波盛科机电有限公司	黄勤	石浦科技园区	2000	2000	217	81	416	33
7	象山求新机械实业有限公司	郭冬永	石浦科技园区	2109	2068	-30	111	387	69
8	象山昌升机械配件有限公司	潘安江	石浦科技园区	2622	2622	236	130	436	46
9	宁波赫欣农业设备有限公司	张毓	石浦科技园区	2678	2678	381	1	583	16
10	象山方正机械有限公司	马方亮	石浦科技园区	2709	2709	150	121	512	32
11	宁波吉翔电力机具制造有限公司	林吉翔	石浦科技园区	2155	2155	32	132	586	62

续表82

序号	企业名称	负责人	企业地址	工业总产值	主营业务收入	利润总额	实缴税金	增加值	职工数
12	宁波华誉汽车电机有限公司	林学荣	石浦科技园区	2001	2001	-53	115	372	54
13	宁波华然机电有限公司	黄敏江	石浦科技园区	5992	5485	230	147	997	90
14	宁波恒翔机械有限公司	杜德飞	石浦科技园区	2868	2911	274	132	477	30
15	宁波同顺机械有限公司	陶永林	石浦科技园区	2015	2015	208	116	335	38
16	宁波博报门窗有限公司	蒋汉明	石浦科技园区	2434	2234	55	57	250	23
17	宁波民泰人防设备有限公司	张玉东	石浦科技园区	3798	3986	366	345	1110	71
18	宁波飞日水产实业有限公司	谢定飞	石浦水产品工业园区	40683	18073	839	711	4300	336
19	宁波日恒食品有限公司	邬莹娜	石浦水产品工业园区	10043	10021	-169	179	1062	105
20	宁波飞宏水产有限公司	谢光辉	石浦水产品工业园区	2012	2184	-85	71	138	53
21	象山石浦国龙水产有限公司	丁亚国	石浦水产品工业园区	27532	21611	77	649	2910	111
22	宁波兰洋水产食品有限公司	兰和祥	石浦水产品工业园区	20050	16711	269	480	2119	392
23	宁波超星海洋生物制品有限公司	叶再府	石浦水产品工业园区	2114	2067	81	35	216	75
24	象山超星水产饲料有限公司	叶再府	石浦水产品工业园区	5677	5809	199	20	536	35
25	象山宏海水产食品有限公司	葛海滨	石浦水产品工业园区	8003	5759	394	75	846	114
26	宁波乔兴食品有限公司	王　伟	石浦水产品工业园区	6484	5772	75	147	685	49
27	象山海丰水产食品有限公司	郑四保	石浦水产品工业园区	3043	2232	156	17	322	70
28	宁波远大海洋生物科技有限公司	严根方	石浦门前塘水产品园区	36338	30893	819	90	4470	68
29	宁波裕祥海洋生物科技有限公司	奚忠明	石浦门前塘水产品园区	25263	25256	9	63	3107	47
30	宁波锦海水产食品有限公司	魏荣良	石浦门前塘水产品园区	12700	11000	-1	357	1342	128
31	宁波飞润海洋生物科技股份有限公司	谢光辉	石浦门前塘水产品园区	17554	14165	512	483	1855	180
32	宁波裕天海洋生物科技有限公司	包荣升	石浦门前塘水产品园区	20502	19373	447	66	2167	50
33	浙江象山佳必可食品有限公司	吴元民	石浦门前塘水产品园区	2702	5672	-1001	376	286	140
34	宁波华龙水产食品有限公司	陈志辉	石浦门前塘水产品园区	6709	6112	122	169	709	68
35	象山兴海水产有限公司	杨永恩	石浦门前塘水产品园区	2051	2002	-87	37	217	46
36	象山县扬子水产经营有限公司	杨志奇	石浦门前塘水产品园区	4690	2366	31	5	496	62
37	宁波富程机械有限公司	林小芬	石浦镇万泰工业区	7722	7723	213	248	1285	88
38	宁波明浩机械有限公司	罗仁苗	石浦镇万泰工业区	3913	3446	108	110	651	60
39	宁波星寰机械有限公司	王灵敏	石浦镇万泰工业区	2364	2364	282	68	457	29
40	宁波驰誉机电设备有限公司	金慧强	石浦镇万泰工业区	2297	2297	70	60	280	39
41	浙江神洲船业有限公司	许增恩	石浦金星打鼓峙	35453	12572	-482	1290	3276	72

续表82

序号	企业名称	负责人	企业地址	工业总产值	主营业务收入	利润总额	实缴税金	增加值	职工数
42	浙江金川船业有限公司	胡金川	石浦金星打鼓峙	16535	13923	-20	287	1528	123
43	宁波茧博爽石油化工有限公司	王孝麒	石浦金星罗汉塘	7657	6956	-27	228	358	76
44	宁波威泰机械有限公司	陆安辉	石浦金星平阳厂	2006	2006	7	64	370	63
45	象山光明输送机有限公司	叶再贤	石浦横峙村	2396	2324	35	117	399	48
46	象山港浦建材有限公司	林建亚	石浦镇西岙	11663	10757	1610	686	1620	67
47	象山县第二自来水有限公司	曾长征	石浦凤栖路	3936	3915	2494	128	1826	149
48	象山县恒日机械制造厂	柯寿国	石浦镇海滨路1号	3484	3507	17	117	580	63
49	宁波耸生制冷设备有限公司	李立夫	石浦镇五新村	2003	1669	-37	96	320	55
50	宁波勤邦新材料科技有限公司	刘勤学	象山经济开发区高新创业园	46324	44378	1970	442	10085	161
51	象山激智新材料有限公司	唐海江	象山经济开发区高新创业园	23281	21386	4351	571	3704	117
52	宁波立强机械有限公司	徐贤国	象山滨海工业园金开路100号	9633	8918	362	526	1767	283
53	宁波市世纪防护设备厂	林　冰	象山滨海工业园金通路63号	4683	4310	274	296	1369	84
54	浙江欧沃得电器有限公司	洪　梁	象山滨海工业园金城路5号	2821	2610	8	147	690	79
55	斐德瑞通用设备制造(宁波)有限公司	王　涛	象山经济开发区白鹤路383号	14385	13828	244	889	3132	345
56	浙江东海德迦风力发电有限公司	杨红杰	石浦镇檀头山	2612	2612	603	235	870	19
—	—	—	合　计	775193	685254	45083	23770	130634	6704

西周镇

【概况】 西周镇以始祖姓周且位于象山西部而得名，是象山半岛陆路出县之咽喉，西临宁海县，北濒象山港，与奉化区隔港相望，靠群山而向大海，坐平原而依长溪，山海农林分布有序、自然人文资源丰富，省一级公路象山连接线贯穿全境。总面积163平方千米，是象山陆域面积最大的乡镇，下辖74个行政村、3个居委会、2个手工业社，常住人口7.5万人。素有“八山一水一分田”之称，拥有山林16.9万亩，森林覆盖率达75%，淡海水养殖2万余亩，耕地2.8万亩。改革开放以来，西周镇始终坚持“发展是硬道理”，从东南沿海一个不起眼的边陲小镇一跃成为屹立于象山港畔的一颗璀璨明珠。社会总产值、财政总收入和农民人均纯收入连续10年保持两位数的高速增长，镇域综合实力跻身全国千强镇第43位。相继列入全国重点镇，省级小城市培育试点镇、中心镇，省小城镇综合改革试点镇；先后荣获中国乡镇综合竞争力百强镇、省级卫生镇、省级农机化示范镇和省级森林城镇等多项荣誉。2019年完成地区生产总值84.9亿元、财政税收10.04亿元，分别同比增长12%、8.5%。

【工业经济稳中向好】 经济运行态势良好，2019年全年实现工业规上产值(不含大唐电厂)152亿元、规上增加值28亿元、工业投资7.2亿元、实际内资3.85亿元、浙商回归1.8亿元、境外投资5162万美元、实际外资224万美元。项目建设持续稳步推进，小微企业集聚区二期和乐惠生物过程装备项目如期竣工，新型材料安全气囊布等项目签约落户，大唐煤场改造、长路塑业迁建、博宇奥迪配件等项目推进。创新驱动战略坚定实施，新增各级工程中心研究院12家、科技型小微企业7家、创新型初创企业11家。企业梯度培育成效显著，全年新增小升规企业8家、甬股交挂牌企业3家、科技型小巨人培育企业

2家。

【现代农业提质增量】 加强基础设施建设，累计投入1300万元建成、提升高标准农田1.2万余亩，改造标准化养殖池塘6000亩；投入1200万元完成蚶岙、东岙等小流域治理4项目主体工程，下沈海塘维修加固工程复工续建，下沈港闸改建工程完成前期工作。扎实推进智慧化农业，无人机施肥作业面积突破8000亩，综合机械化率达90%，打造新业态农业基地13家，建成现代农业服务中心，创建省级绿色农业发展先行区，新增各级示范性家庭农场9家，新认定市级无公害农产品产地3家，甬优15、中浙优8号揽获"象山好稻米"金银奖。

【第三产业活力迸发】 乡村旅游品牌效应显著提升，望稼潭精品民宿等一批乡村特色项目陆续落地，儒雅洋村入选农业农村部休闲农业与乡村旅游精品线路推介点。第十一届象山（西周）竹笋节、首届番薯烧酒文化节等旅游节庆活动被省级媒体争相报道，简舍知秋竹刻馆、竹乡非物质遗产馆开馆半年来纳客5万余人次。商贸服务业提档升级，西周菜场挂牌省级放心市场，文化创意、健康教育、电子商贸等业态先后入驻，房地产市场有序发展，碧桂园天麓府主体结顶，润基二期全面完工。

【城镇建设品质提升】 基础设施建设加快，新增停车位300余个，主要路口实现交通电子辅助系统全覆盖，新建城东截洪沟，投入1800万元完成西瀛大街南段"断头路"拆迁、西杭线亮化等市政工程。投入300万元新增标志标牌30套、标线5000平方米、停车位320个，整改华翔幼儿园校门口道路等交通隐患点9处。创建市星级城管执法中队，实现城区环卫服务外包，乱堆垃圾、占道经营、乱摆摊等"六乱"现象得到整治，建成固废垃圾临时分拣中心，实现日处理量30吨。

【"美丽乡村"全域突破】 全面完成汇川佳苑"两改"房分配工作，投入1900万元实施"幸福美丽新农村"项目194个，统筹推进9个各级示范村、特色村、景区村和通村交通项目建设，创建省、市、县级美丽宜居示范村、农房建设试点村8个，验收通过"美丽庭院"村、景区村6个，尖坑村荣获省级美丽宜居示范村和省级农房建设试点村荣誉称号。改善人居环境，投入2200余万元提升农村公路9条，改造农村厕所14座，完成文岙、渡头街农村生活污水处理项目主体工程，垃圾分类实现行政村全覆盖。

【专项行动高标推进】 高标准严要求推进"三改一拆"，全年拆违103处3.9万平方米；做好中央环保督察整改落实，搬迁关停库区企业3家，完成儒雅洋村污水终端外引和提标改造工程。实施"五水共治"（河长制），"污水零直排区"创建通过省级初验；垃圾分类实现面上覆盖，镇村生活垃圾处理中心相继投用；平安守护、伏季休渔及"一打三整治"、大棚房整治等专项工作落地见效，开展清港行动11次，清理海岸滩涂网具4500余顶，拆解"三无"船舶5艘。"大棚房"整治、土地确权、农房确权稳步推进，农村各类资源保护力度加大。

【社会保障日益健全】 就业创业环境良好，开发公益性就业岗位26个，新增就业1050人，城镇整体失业率控制在3.1%以内。社保体系提标扩面，城乡居民医疗保险参保率达98.8%，低保户、五保户、残疾人等精准扶贫对象参保率达100%。住房保障力度加大，全面完成汇川佳苑"两改"房申购，新安置群众408户。社会救助精准到位，发放各类救助金200余万元，救助困难群众1100余人次。多层次社会养老服务体系加快构建，新建村级老年人助餐配送点31个、居家养老站点2个、区域性居家服务站1个，"爱心车轮食堂"老年助餐服务做法获中央级媒体点赞。

【社会事业】 秉持优先发展教育理念，投入600万元改善教育基础设施和奖教惠师，完成下沈小学、华翔幼儿园分园校舍维修工程，定制西周中学"回家公交"，解决寄宿学生周末接送难问题，教学质量稳步提升，中高考成绩位居农村学校首位。基层诊疗服务能力提升，投入500万元购置CT等大型医疗设备，成为全县乡镇中心卫生院首例，"优质服务基层行"活动获国家卫健委通报表扬，国家级卫生镇通过验收，获评省市级卫生村15个，入列全县病媒生物防治信息化管理试点镇。

【文化事业】 致力于精神文化生活更丰富，开展文明创建，新建文化礼堂14家、文明村7个，荣获省级文化礼堂示范乡镇。举行各类爱国主义宣传教育、节庆、文体活动150余场次，开办"红色课堂"主题宣讲6期。新时代崇德向善精神力量彰显，表彰"道德家庭""最美西周人"等各类先进典型153人。全过程监管婚丧礼俗，全年按规办理婚丧事宜429起，婚丧从简、厚养薄葬成为文明新常态。

【社会治理】 完成乡村治理全国现场会、新中国成立70周年等重要活动的维稳安保任务。做好信访工作，按期办结各类信访案件31件，办结率100%，化解信访积案3件，矛盾预防化解力度加大，调处各类矛盾纠纷231起。突出并坚持抓好社会治安综合治理，"扫黑除恶"专项斗争开展，依法处理涉黑涉恶违法犯罪嫌疑人16名，震慑黑恶势力犯罪。

【安全生产】 整合应急管理职能，投入200万元建立专业化队伍，开展各类应急演练27次，成为全县唯一入列宁波市综合性应急救援队伍试点单位。高压推进安全生产整治百日大会战，集中排查危化、"两小"企业和沿街商铺1900余家，整改隐患3800余处，开展各类安全培训600余次。高度重视应急管理工作，抓好交通安全、食品安全和自然灾害防御，妥善治理地质灾害点3处，科学防御"利奇马"等超强台风，维护群众生命财产安全。

【作风建设】 坚持突出结果导向，弘

扬“落实不过夜、放假不放工”的工作作风,推动政府行政能力、服务效能更上层楼。注重增强机关干部专业能力,累计开办“周一夜学”、青年干部“学习月享会”26期。加强政府数字化转型,推进“互联网+政务服务”,全面深化“最多跑一次”改革,优化办事流程,提高服务效率,推行“一窗受理、集成服务”,全年为群众代办各类政务服务3200余件。

【依法行政】 自觉接受人大、政协和社会各界监督,执行人大及其主席团决议、决定,按时办复代表建议提案30件。健全完善政府法律顾问制度,规范政府系统重大事项决策行为,完成公务员学法用法轮训全覆盖,机关干部法治观念、法治思维和法治能力增强。推行政府信息公开,主动发布政务信息152条,持续提升政府工作透明度和公信力。

【廉政建设】 履行党风廉政建设主体责任,不折不扣落实中央八项规定精神。支持纪检监察机关强化正风肃纪,开展专项检查26次,函询谈话30人次,问责4人次。以开展“增收节支推进年”为抓手,完善“三重一大”决策机制,强化财政预算约束,从严规范支出管理,“三公”经费同比下降28.7%。加快构建清廉西周,开展“百村审计”专项行动,创建清廉示范村3个,廉政谈话11人,问责2人。

【市爱卫办孙峰一行到西周镇检查创卫工作】 1月4日,宁波市爱卫办副主任孙峰一行到西周镇检查验收创建国家卫生镇工作。市爱卫检查组通过看现场、访民情、查资料、听汇报等方式,对镇容镇貌、环境卫生、病媒防治、食品饮用水安全和传染病防治等创卫工作进行全面细致的检查评估。

【西周镇第十八届人民代表大会第五次会议胜利召开】 1月8日,西周镇第十八届人民代表大会第五次会议召开。全镇63名正式代表和52名列席代表参加该次会议。

【省考核组到西周镇开展安全生产考核延伸检查】 1月10日,省应急管理厅协调处副处长洪亮率考核组一行,在市安委办副主任、副局长王宏,县委常委、常务副县长陈兴立及市县应急管理部门相关领导陪同下,西周镇开展安全生产考核延伸检查。西周镇党委副书记、镇长刘旭光,镇党委副书记张义陪同考核。

【开展农村假冒伪劣食品专项检查】 1月10日上午,西周镇人大联合农办、食安办及市场监管所,对辖区内农贸市场、超市、餐饮店、小作坊等开展农村假冒伪劣食品专项检查,保障西周镇农村食品安全。

【开展安全生产督查】 1月15日,西周镇镇长刘旭光带队对辖区内危险化学品、建筑施工、交通运输、一般工贸、养老机构等行业领域及人员密集场所开展年终岁末安全生产督查,督促相关单位加强节前各项安全保障措施。

【召开两新组织党建工作推进会】 1月23日下午,西周镇召开两新组织党建工作推进会,各党组织书记和党务工作者参会,会议由镇组织委员郑波波主持,县委组织员肖璐参加。该次会议推进两新党组织标准化、规范化建设,提高两新党组织书记党务工作水平,加快落实“三联三促”企业服务专项行动。

【开展烟花爆竹专项检查】 1月24日,西周镇党委副书记张义带领安监所、消防工作站及西周派出所的工作人员开展烟花爆竹专项检查。该次专项检查维护西周镇烟花爆竹市场经营秩序,及时排除安全隐患,防范各类烟花爆竹安全事故的发生。

【召开2019年兵役登记暨民兵整组工作部署会】 1月25日上午,西周镇召开2019年兵役登记暨民兵整组工作部署会,全镇各村民兵连长参加会议。

【陈兴立检查西周镇烟花爆竹安全生产工作】 1月30日,县委常委、常务副县长陈兴立带队到西周镇检查烟花爆竹安全生产工作,镇党委书记张茂豪、工业副镇长汤世祥等陪同检查。

【开展校园安全联合检查】 3月1日,西周镇人大、食安办、安监所、派出所、市场监管所、消防站等工作人员对辖区内学校开展食品、安保、消防等联合检查,确保新学期校园安全。

【省农业农村厅厅长林健东到西周镇调研】 3月6日上午,省农办主任、省农业农村厅厅长林健东一行赴西周镇考察调研乡村治理工作。市政府副秘书长宣柏林,市农办主任、市农业农村局局长李强,市农业农村局副局长卞银江,市农业农村局副局长郑余庆,县委书记叶剑鸣,县委副书记、政法委书记孙小雄,县委常委、组织部部长范焕平,县委常委、宣传部部长罗来兴陪同调研。镇党委书记张茂豪作详细讲解。

【开展“3·15”国际消费者权益保护日法治宣传活动】 3月12日上午,西周司法所联合市场监管所、综治办、安监所、反邪办、禁毒办、社会事务办等法治宣传力量,在西周中心菜场联合开展以“信用让消费更放心”为主题的“3·15”国际消费者权益保护日法治宣传活动。

【朱志坚一行调研西周镇党建工作】 3月14日,市委组织部部务会议成员、市委两新工委副书记朱志坚一行赴西周镇华翔集团、土下村调研党建工作,县委常委、组织部部长范焕平,县委组织部副部长、县委两新工委书记张荣飞,西周镇党委书记张茂豪等陪同调研。

【县镇两级共同把关西周船舶修造企业安全指数】 3月18日下午,县经信局副局长邱财学、县应急管理局党组成员荆成龙带队与西周镇公共安监所,对象山意伦船舶修造有限公司开展县镇两级联合检查。

【县第五强基指导组赴西周镇开展"千名干部访渔（农）家、一线蹲点三服务"专项督查】 3月19日上午，县第五强基指导组组长赖海平带队赴西周镇开展"千名干部访渔（农）家、一线蹲点三服务"专项督查。

【召开第一季度安全生产工作例会】 3月27日上午，西周镇召开2019年度第一季度安全生产工作例会，镇公共安监所、派出所、消防队、路政中队、交警中队、市场监督管理所等近30个镇安委会成员单位参加会议。镇党委副书记张义作具体工作部署。

【密集部署强化危化品领域安全生产工作】 3月28日上午，西周镇召开全镇强化危险化学品领域安全生产工作会议，镇公共安监所、镇发展服务办及辖区近30家危险化学品领域企业参加会议。会议由工业副镇长汤世祥主持，镇党委副书记张义出席会议并讲话。

【召开扫黑除恶知识及业务培训会及扫黑除恶专项斗争工作村级推进会】 4月1日晚上，西周镇召开扫黑除恶知识及业务培训会，全体机关干部职工参加会议。会议传达省市县扫黑除恶会议精神，对扫黑除恶应知应会知识要点进行讲解。4月2日下午，西周镇召开扫黑除恶专项斗争工作村级推进会，全体联村干部及各村综合事务员参加会议。

【县人大代表们赴西周镇督查环境保护工作】 4月8日，县人大常委会副主任应伟刚带领城建环保工委及部分县人大代表，对西周镇环境保护工作进行执法检查并召开人大代表座谈会。

【第十一届象山（西周）竹笋节开幕】 4月13日，第十一届象山（西周）竹笋节，在隔溪张村正式启幕。来自县内外逾5000名游客赶赴儒雅洋山区，观竹乡民俗、品美味笋宴、游千年古村，挖笋找野趣，感受大山春的气息。竹笋节开幕当天，位于隔溪张村的竹乡非物质文化遗产馆、儒雅洋的简舍知秋竹刻馆也热闹开馆。

【开展"4·15"国家安全教育日普法宣传活动】 4月13日上午，结合第十一届象山（西周）竹笋节启幕仪式，西周司法所、镇综治办、扫黑办、反邪办、禁毒办、西周派出所等10个基层站所及镇相关科室，组建由26名普法骨干组成的普法宣传志愿队，在隔溪张村开展以"严格贯彻遵守《国家安全法》，自觉维护国家安全和利益"为主题的普法宣传活动。

【象山首个"老兵学堂"揭牌】 4月19日，西周镇"老兵学堂"揭牌，来自该镇的60余名退伍军人变身"学子"，集体"充电"。据悉，这是象山县成立的首个"老兵学堂"，同步揭晓的还有该学堂开设的四大类近20门培训课程。"学堂本着'免费培训、自主选择、就近培训'的原则，面向全镇1300余名退伍军人。"西周镇相关负责人介绍，希望通过系列培训，能够拓宽退役军人的就业渠道，提高大家生活品质，增强荣誉感，促进社会和谐稳定。

【率先织密防溺水"安全网"】 4月23日，西周镇社会事务办联合镇人大、综治办、农办、团委、妇联、安监所及西周派出所，对柴溪、牌头、下沈、官山、田岙、杰下、东岙等7个村的重点水域开展防溺水专项检查，防止群众特别是中小学生溺水事故发生。

【西周片民兵整组点验暨国防教育大会正式拉开序幕】 4月28日，象山县西周片民兵整组点验暨国防教育大会在西周镇华翔职工文化活动中心召开。来自西周镇、墙头镇、泗洲头镇的应急分队、海上搜救连、安全警戒连共300余名基干民兵身着迷彩服，以饱满的精神、昂扬的斗志接受军地领导的检阅。象山县人武部党委委员张纪标、西周镇党委副书记童立敏、西周镇人武部部长周益、墙头镇人武部部长张祖杰、泗洲头镇人武部部长史成良出席会议。会议由西周镇人武部部长周益主持。

【召开2019年平安建设、社会事务暨农村工作会议】 4月30日上午，西周镇召开平安建设、社会事务暨农村工作会议，回顾总结2018年工作，表扬先进，分析形势，研究部署2019年工作，奋力开创西周高质量发展新局面。镇全体领导班子成员和联村干部，基层站所及城管队、消防队、环卫所负责人，规上企业负责人，各行政村党支部书记、村委会主任、村股份经济合作社董事长、村监会主任、村妇联主席、综合事务员、专职治保调解员、计生专干、网格长等参加会议。会议由镇党委副书记、镇长刘旭光主持。

【开展文保单位（文保点）及宗教场所安全检查】 夏季来临，为加强西周镇文保单位（文保点）及宗教场所安全工作，做到防患于未然，5月8日上午，象山县文化市场（文物）行政执法大队、县文管会联合西周镇文化站、镇统战办、镇公共安监所及镇消防工作站对相关场所开展安全大检查。检查组走访检查柴溪村老大份宅院、乌沙村李家走马楼、沙泉村张氏宗祠、儒雅洋村何恭房祠堂等文保单位（文保点）及思孝庵、西周教堂等两处宗教场所，查看每个点的建筑本体状况、消防设施安全及周边环境等情况。

【开展"一打三整治"联合检查行动】 5月10日清晨，西周镇组织镇人大、农办、社会事务办及西周市场监管所等工作人员开展"一打三整治"联合检查。检查组先后来到西周、下沈、莲花3个农贸市场，对56个水产摊位的8种主要海洋捕捞冰鲜、活体水产品的贩卖情况及索证索票、冰冻海鲜报备等制度落实情况进行专项检查。

【召开安全专题部署会】 5月27日上午，西周镇召开"防风险保平安迎大庆"消防安全专项行动暨文明城市消防安全提升工程动员部署会，会议由镇公共安监所牵头召开，宣传办、发展服务办、城建办、社会事业办、消防站、派出所等9个部门科室的分管领导及中层干部参加会议,会议由镇党委副书记张义主持。

【**推进“防风险保平安迎大庆”消防安全专项行动**】 6月27日下午,西周镇召开“防风险保平安迎大庆”消防安全专项行动部署会,相关行业监管部门负责人和100多家消防重点单位(场所)负责人参加会议,会议特邀县消防大队参谋蔡永斌作消防工作培训。

【**庆祝中国共产党成立98周年主题党课开讲**】 6月28日下午,西周镇组织开展庆祝中国共产党成立98周年主题党课暨党员教育“润物无声”工程启动仪式,县派“第一书记”、全镇党组织书记、机关支部党员等近200人参加。

【**召开2019年第二季度安全生产例会**】 7月5日上午,西周镇组织召开第二季度安全生产工作例会,镇安委会全体成员单位负责人参加会议。会议就第二季度各线安全责任落实、隐患排查、宣传教育等工作情况进行总结交流。

【**对防溺水工作再检查再落实**】 7月23日,由镇社会事务办、镇人大、妇联、公共安监所、西周派出所、消防队、下沈小学等组成的联合检查组,对镇内重点水域的安全管理工作进行再检查再落实,做好防溺水工作。

【**开展后进村党组织“第一书记”党务工作培训交流会**】 8月7日上午,西周镇开展后进村党组织“第一书记”党务工作培训交流会,夯实基层基础,帮助县派“第一书记”快速融入基层,熟悉工作,推进后进村党组织整转。

【**17级超强台风“利奇马”**】 8月8日上午,西周镇响应象防指要求,将防台应急响应由四级提升至三级,要求全镇绷紧防台安全弦,按照防台应急预案,提前做好防台应急部署。县委副书记、县长黄焕利赶赴镇指导防台工作。

【**西周镇第十八届人民代表大会第六次会议召开**】 8月12日上午,西周镇第十八届人民代表大会第六次会议召开。会议听取、审议副镇长汤世祥所作的《西周镇人民政府半年度工作报告》,审查《关于西周镇2019年上半年财政预算执行情况的报告》,依法选举童立敏为西周镇人民政府镇长,完成大会的各项议程。

【**召开“不忘初心、牢记使命”主题教育动员部署会**】 9月12日下午,西周镇召开“不忘初心、牢记使命”主题教育动员部署会,西周镇党委书记张茂豪主持会议并作动员讲话,县民政局正局级干部赖海平、县科学技术局干部张佳茹莅临指导,县派“第一书记”、全镇各党组织书记、全体机关党员等200余人参会。会上,镇党委书记张茂豪带领全体班子成员就“五个始终”“六个带头”进行承诺,并向与会党员传达全县“不忘初心、牢记使命”主题教育工作会议精神,作题为《把握总要求 坚持高标准 确保主题教育走深走实》的讲话,随后,县“不忘初心、牢记使命”第五巡回指导组组长赖海平代表巡回指导组强调,西周要对照标准,拉高标杆,扎实开展好“不忘初心、牢记使命”主题教育。最后会议邀请县委党校晕婷老师为全体党员作题为《习近平新思想学习纲要的导读》的专题党课,为“不忘初心、牢记使命”主题教育开展打响理论“第一枪”。

【**完成2019年征兵工作**】 2019年,西周镇圆满完成征兵工作。9月8日下午,西周镇召开新兵入伍欢送会,镇人武部部长周益参加会议。9月10日上午,西周镇新兵踏上远赴边疆保卫祖国的军旅之路。

【**市委组织部“两新”党建处副处长肖勇赴华翔集团调研**】 9月19日上午,肖勇副处长一行首先到劳伦斯汽车内饰件有限公司,参观产品展示区和生产车间,详细了解企业经营发展情况。随后到华翔集团党群服务中心,参观党建展厅,对集团公司发展历程、企业党建、党组织和党员服务企业发展等情况进行了解。

【**县委第一巡察组巡察西周镇村级党组织工作动员会**】 10月22日上午,县委第一巡察组巡察西周镇村级党组织工作动员会在西周镇大会议室召开。县委巡察办领导、县委第一巡察组全体成员、镇领导班子成员、巡察村村书记、被巡察村村书记、村主任及镇联村干部参加该次会议。会上,县委巡察工作领导小组成员、县委巡察办主任林峰和县委第一巡察组组长史冬宝作重要讲话,明确开展巡察工作的任务、计划安排并就做好巡察工作提出要求。西周镇党委书记张茂豪主持会议并对接下来的工作安排作讲话。

【**县退役军人事务局领导为西周镇复员军人颁发荣誉勋章**】 2019年9月30日,县退役军人事务局俞伟钢副局长会同拥军优抚和褒扬纪念科丁先才科长到西周镇官山村,为中华人民共和国成立前参军的复员军人朱再启颁发军人荣誉勋章,并代表县退役军人事务局向革命前辈送上祝福。

【**人大代表视察2019年西周镇民生实事代表票决项目**】 11月22日上午,西周镇人大主席团成员及部分县、镇人大代表一行18人实地视察2019年镇政府民生实事代表票决的6个项目。代表们先后视察莲花塘护塘坝、西周南入口、西瀛大街南段、城市书房等工程现场,同行的工程责任领导向代表们汇报具体施工情况和工程进度。在随后召开的座谈会上,与会代表就视察情况提出意见建议,西周镇镇长童立敏对下一步民生实事工作作表态发言。

【**农村基层小微权力规范运行培训会**】 11月22日上午,西周镇农村基层小微权力规范运行培训会在西周镇大会议室召开。县农业农村局、民政局、政务办相关科室负责人、西周镇各行政村党支部书记、村监委主任及全体联村干部参加该次会议。会上,镇纪委书记张彩芬通报西周镇“小微权力”运行现状及督查发现的问题。随后，县农业农村局农经总站站长贺亚刚、县民政局社会事务科副科长周德、县政务办公共资源交易管理科副科长朱美珍就确保农村基层“小微权力”规范运行对与会人员进行全面培训。

【召开《西周镇志》评审会】 11月25日上午，西周镇召开《西周镇志》评审会。市地方志办公室方志处、县委党史研究室及县志编纂组的相关专家应邀参与评审。会上，与会专家听取《西周镇志》的编修情况介绍，从章节设计、特色说明、内容、编排等方面对该书稿进行点评，并提出一些具有针对性、指导性的意见和建议。《西周镇志》编纂人员表示，将根据专家的评审建议，对《西周镇志》进行修改完善，争取早日出版。随后，专家团还对乡镇级村落通志《西周镇村落通志稿》进行评审。

【召开“不忘初心、牢记使命”专题民主生活会】 12月3日下午，西周镇组织召开专题民主生活会，15名班子成员参会，镇团委及妇联负责同志列席，县委第五巡回指导组组长赖海平以及组员张佳茹到会指导。会上张茂豪代表领导班子作检视剖析，班子成员开展逐一自我批评，逐一相互批评，并在接受批评后作表态发言。最后赖海平作点评发言，张茂豪作总结发言。

【县人武部领导考察西周镇武装工作开展情况】 12月5日，县人武部邬火龙政委、凌晓辉部长到西周镇考察武装工作开展情况，镇党委书记张茂豪、人武部部长周益汇报2019年党管武装工作的开展重点，并简要介绍西周镇基本概况。

【包朝阳代县长赴西周镇调研】 12月19日，县委副书记、代县长包朝阳赴西周镇调研，副县长石坚定陪同调研。西周镇党委书记张茂豪陪同走访西周镇儒雅洋村何恭房祠堂，参观华翔特雷姆公司生产车间，并就西周镇工作情况向包朝阳代县长作出汇报。

【县退役军人事务局局长考察西周退役军人社保接续工作开展情况】 12月20日，县退役军人事务局局长张蕴到西周镇考察部分退役军人社保接续工作开展情况，镇人武部部长周益汇报工作进度，并陪同张蕴局长到湖边村参观退役军人服务站和退役军人志愿者服务队。

【中共西周镇第十三届代表大会第五次会议胜利召开】 12月30日上午举行中共西周镇第十三届代表大会第五次会议，93名正式代表、67名列席代表、2名旁听党员参会。会议审议并通过镇党委、纪委工作报告和决议，审议2019年党费收缴使用情况报告，镇党委副书记张义作个人述职述廉述党建报告，其余党委班子成员作书面报告。正式代表对镇党委班子及其成员进行民主测评。

（西周镇　汪玥）

表83　　**2019年西周镇各村基本情况一览表**

	村经济合作社数	村股份经济合作社数	村民小组数	农户总数	纯农户数	人口数	成员数	总收入（万元）	总支出（万元）
合　计	1	73	393	14677	387	43963	43963	5894.56	1647.63
万金山	—	1	1	33	2	82	82	49.44	2.75
蒋家岙	—	1	4	61	4	213	213	38.73	3.37
柴　溪	—	1	24	944	84	2907	2907	560.78	81.53
牌　头	—	1	8	626	24	2018	2018	253.58	311.33
航　头	—	1	4	265	10	827	827	96.91	19.79
利　山	—	1	2	64	—	173	173	55.34	4.52
下　沈	—	1	10	601	11	1708	1708	255.45	48.93
八　亩	—	1	1	46	1	141	141	30.47	6.72
官　山	—	1	11	578	5	1862	1862	163.16	114.70
杰　上	—	1	3	213	2	659	659	36.76	8.15
杰　下	—	1	4	265	3	819	819	56.89	14.41
龙　翔	—	1	5	164	1	409	409	30.01	7.73
荷　欣	—	1	4	174	2	498	498	59.82	8.16

续表83

	村经济合作社数	村股份经济合作社数	村民小组数	农户总数	纯农户数	人口数	成员数	总收入（万元）	总支出（万元）
百　贤	—	1	2	81	—	228	228	33. 03	4. 77
赖　岙	—	1	5	287	—	994	994	166. 27	13. 56
田　岙	—	1	3	244	4	693	693	31. 07	20. 27
东　岙	—	1	8	120	1	409	409	66. 46	5. 56
寿　丰	—	1	3	125	—	338	338	40. 58	6. 34
平　台	—	1	1	23	—	67	67	30. 84	1. 19
扫基湾	—	1	1	34	—	96	96	53. 19	18. 20
上　山	—	1	1	28	1	73	73	46. 12	1. 16
伊　家	—	1	10	509	2	1349	1349	128. 04	300. 93
谢圣岙	—	1	1	61	—	166	166	30. 52	1. 83
蔡家田	—	1	8	257	—	687	687	56. 82	10. 92
上　张	—	1	8	199	2	569	569	31. 03	4. 34
陈　隘	—	1	4	143	—	418	418	67. 14	8. 18
湖　边	—	1	11	360	6	1131	1131	168. 89	13. 64
潘　埠	—	1	6	167	3	495	495	62. 96	8. 95
杨　岙	—	1	4	330	5	962	962	80. 12	29. 85
莲　花	—	1	5	341	15	1056	1056	189. 47	53. 76
勤　丰	—	1	9	227	4	714	714	173. 60	56. 35
蚶　岙	—	1	10	241	6	729	729	42. 07	8. 19
岙岭下	—	1	4	92	1	297	297	32. 46	13. 31
尖岭头	—	1	5	170	—	566	566	42. 90	5. 28
横　山	—	1	4	139	12	439	439	63. 97	5. 38
下芭蕉	—	1	7	280	8	765	765	55. 90	8. 09
上芭蕉	—	1	4	176	6	484	484	37. 23	5. 88
山后胡	—	1	8	169	4	540	540	90. 66	2. 69
半坑于	—	1	2	40	—	91	91	31. 25	2. 32
金竹坑	—	1	5	106	1	288	288	33. 19	5. 50
尖　东	—	1	2	65	—	202	202	89. 27	19. 61
山顶林	—	1	3	133	—	359	359	54. 32	4. 54
赖　家	—	1	2	80	—	230	230	33. 51	4. 19
倪　家	—	1	4	99	2	251	251	40. 98	3. 80

续表83

	村经济合作社数	村股份经济合作社数	村民小组数	农户总数	纯农户数	人口数	成员数	总收入（万元）	总支出（万元）
西岙郑	—	1	3	109	3	265	265	120.69	10.42
隔溪张	—	1	4	122	1	347	347	46.30	7.22
儒雅洋	—	1	10	406	15	1170	1170	118.68	19.99
大竹园	—	1	3	52	—	132	132	94.80	3.32
箬　岭	—	1	6	204	11	497	497	35.97	7.88
栲树岭	—	1	2	103	2	246	246	30.23	13.11
伊家山	—	1	2	101	—	220	220	46.25	3.07
山　头	—	1	3	73	1	202	202	30.47	3.11
沙　泉	—	1	3	111	—	314	314	30.49	2.76
大　岙	—	1	1	89	—	273	273	56.44	3.51
庆丰桥	—	1	5	126	—	394	394	30.10	12.55
车　岭	—	1	5	130	—	398	398	36.65	6.24
寒　山	—	1	3	222	25	743	743	47.83	4.65
新　屋	—	1	3	93	—	279	279	62.58	11.29
夏　叶	—	1	3	133	7	408	408	53.15	11.61
初　坑	—	1	3	111	—	327	327	43.72	5.99
土　上	—	1	6	146	5	456	456	77.73	4.64
土　下	—	1	5	188	6	568	568	112.55	21.80
上　谢	—	1	7	98	—	291	291	33.83	14.70
白月岙	—	1	4	75	—	256	256	31.58	6.63
大　坑	—	1	7	187	11	597	597	31.04	9.32
西　前	—	1	1	44	—	127	127	68.85	1.80
瀛　广	—	1	9	306	25	997	997	120.53	28.68
东　瀛	—	1	7	359	10	1067	1067	89.51	9.58
弘　瀛	—	1	10	458	19	1466	1466	189.83	24.63
瀛　洲	—	1	5	301	—	917	917	88.41	10.40
虎　山	—	1	2	74	—	245	245	35.01	3.61
乌　沙	—	1	18	207	2	613	613	129.93	5.87
琴诗岙	—	1	4	137	4	413	413	40.23	10.51
文　岙	1	—	18	552	8	1733	1733	169.98	88.07

表 84　　**2019 年西周镇 2000 万元以上企业情况表(包括 2000 万元)**

单位:万元

序号	企 业 名 称	主要负责人	工业总产值	主营业务收入	利润总额	利税总额	备注
1	象山华丹塑业有限公司	孙秀群	3967	3967	143	224	—
2	朗亿德电气股份有限公司	呙振飞	3187	3187	-11	69	—
3	宁波春华汽配有限公司	张宏坚	9214	9214	2225	2716	—
4	浙江大唐天地环保科技有限公司	竺森林	10496	9218	5027	5892	—
5	宁波华昊汽车饰件有限公司	孙云明	19833	19536	363	783	—
6	宁波协华汽车配件制造有限公司	周永敏	4540	4586	211	360	—
7	宁波科镭汽车零部件有限公司	鲍国林	4852	4855	273	501	—
8	象山蓝越食品机械制造有限公司	沈彦托	2613	2613	293	317	—
9	海申机电总厂(象山)	李向阳	46711	59172	1909	2392	—
10	象山天星汽配有限责任公司	周华平	4948	3698	162	357	—
11	宁波灵象电器有限公司	俞敏杰	2372	2369	163	181	—
12	宁波华翔电子股份有限公司	周晓峰	268676	239869	60157	62266	—
13	宁波振华电器有限公司	陶善国	2898	3101	15	285	—
14	宁波威霖住宅设施有限公司	陈岱桦	54802	54733	6140	6694	—
15	宁波华众塑料制品有限公司	周敏峰	173157	152947	24074	28488	—
16	宁波明宇汽车部件有限公司	盛水星	2848	2848	31	142	—
17	象山长路塑业有限公司	沈日升	4164	3757	225	424	—
18	宁波胜维德赫华翔汽车镜有限公司	徐文中	128343	113389	9910	12475	—
19	宁波象山华盛塑胶制品有限公司	鲍志昌	17497	16004	1749	2052	—
20	宁波乐惠国际工程装备股份有限公司	黄粤宁	62050	47299	-2374	-1767	—
21	宁波天弘电力器具有限公司	吕伟宏	1568	1552	83	174	—
22	宁波华峰橡塑件有限公司	周敏峰	2063	2001	474	587	—
23	象山博宇汽车模塑制造有限公司	张振海	20050	20004	1968	3163	—
24	宁波松亚汽车模塑有限公司	周松崎	9439	10236	66	185	—
25	宁波壹美家具有限公司	周渭明	2913	1775	-66	81	—
26	宁波奔腾塑业有限公司	郑文涌	3356	3122	213	241	—
27	宁波诗兰姆汽车零部件有限公司	胡建雄	75132	69015	16544	17945	—
28	宁波新华泰模塑电器有限公司	朱照华	16960	16660	1171	2142	—
29	宁波华翔特雷姆汽车饰件有限公司	毛小群	90241	103120	13536	18921	—
30	宁波华众模具制造有限公司	周敏峰	11300	10069	1380	1743	—
31	宁波昊光电器有限公司	陈　浩	3856	3922	160	290	—
32	象山华民汽车配件有限公司	郑国民	2737	2737	346	532	—
33	象山华杰塑业有限公司	孙　杰	8811	8908	493	738	—

续表84

序号	企 业 名 称	主要负责人	工业总产值	主营业务收入	利润总额	利税总额	备注
34	象山华鹰塑料工程有限公司	赖荣钢	11409	11320	597	988	—
35	宁波沪港食品机械制造有限公司	周东来	6860	6861	483	621	—
36	象山永欣橡塑有限公司	周 武	1039	1039	55	134	—
37	宁波汉普塑业股份有限公司	王汉男	17675	9094	387	706	—
38	宁波恒富汽车部件发展有限公司	张春富	16359	14484	893	1504	—
39	浙江大唐乌沙山发电有限责任公司	王长庚	391509	403331	51647	73825	—
40	宁波华翔汽车饰件有限公司	周海云	19707	21751	-1013	-640	—
41	象山通大机械制造有限公司	沈秀登	4585	4394	483	580	—
42	宁波华乐特汽车装饰布有限公司	朱柏芳	18552	18304	2537	2978	—
43	宁波劳伦斯汽车内饰件有限公司	舒荣启	77333	76882	31169	32701	—
44	宁波海纳机械有限公司	张宏勇	4087	4071	279	603	—
45	宁波佳乐特橡塑机电有限公司	周旭初	2366	2366	263	465	—
46	宁波贝诗特模塑有限公司	姚贤腾	2155	1935	143	217	—
47	象山海螺水泥有限责任公司	李 杰	198568	174170	23559	29266	—
48	宁波卓艺家纺有限公司	俞俐伶	11044	12202	275	809	—
49	象山华隆模架有限公司	赖德华	2019	2012	161	280	—
50	宁波众拓模具科技有限公司	朱鸿明	2630	2629	182	445	—
51	宁波廷胧食品机械制造有限公司	谢国平	3956	3422	230	270	—
52	象山长消汽车零部件有限公司	杨 军	16013	15670	-35	-31	新增
53	象山美久装饰有限公司	林久清	3453	3453	236	350	新增
54	宁波向上汽车饰件有限公司	王汉男	2788	3424	320	320	新增
55	象山大涂岸沥青制品有限公司	虞志光	4739	4210	21	171	—
56	象山豪翔新型建材有限公司	夏江海	2560	3167	269	285	新增
57	象山大唐新能源有限公司	王长庚	2896	2896	858	1116	新增
58	宁波沪泰食品机械制造有限公司	赖安平	2828	2828	278	289	新增

表85　　**2019年西周镇500万元至2000万元企业情况表(不包括2000万元)**

单位:万元

序号	企 业 名 称	法人代表	工业总产值	主营业务收入	利润	从业人员平均数	备 注
1	象山西周洁源五金加工厂	朱宏光	503	503	170	20	—
2	象山红星塑胶电器厂	周积慈	509	509	121	10	—
3	象山康源模塑有限公司	肖方明	516	516	-12	17	—
4	象山中腾五金制造有限公司	钱林海	517	517	6	21	—

续表85

序号	企业名称	法人代表	工业总产值	主营业务收入	利润	从业人员平均数	备注
5	宁波金山谷电子有限公司	周银来	527	527	42	18	—
6	象山天有灯具有限公司	陈天峰	535	535	-166	23	—
7	宁波象港食品机械制造有限公司	朱科满	543	543	10	6	—
8	象山赫尔曼塑业有限公司	沈喜喜	548	548	-81	26	—
9	象山天畅装饰材料有限公司	陈赛丽	552	552	75	11	—
10	宁波广和塑业有限公司	鲍　爱	560	560	17	15	—
11	象山凯跃铝制品厂	周文凯	560	560	11	20	—
12	象山科力照明有限公司	张东海	560	560	-47	35	—
13	象山源捷汽配有限公司	赖如平	580	580	16	34	—
14	象山西周海达塑料制品厂	赖林涛	581	581	166	12	—
15	宁波一逸光电科技有限公司	徐悠女	606	606	16	20	—
16	象山泰盛电器有限公司	朱承军	631	631	-3	25	—
17	宁波康顺橡塑有限公司	周旭初	682	682	63	1	—
18	象山锦宏包装材料有限公司	张晓燕	695	695	62	36	—
19	象山宁越模具有限公司	周海东	700	700	30	13	—
20	象山国强模具厂	石伟国	702	702	28	15	—
21	宁波惠霖食品机械制造有限公司	张　灵	716	716	21	12	—
22	象山盛发海绵复合有限公司	钮湘华	727	727	124	8	—
23	象山铭盛金属制品有限公司	朱东旭	733	733	25	20	—
24	宁波甬凌塑胶科技有限公司	周拥军	802	802	40	60	—
25	象山乔易塑胶制品有限公司	赖程纲	852	852	2	30	—
26	象山良信汽车零部件有限公司	郑剑峰	903	903	27	25	—
27	象山科镭激光涂装有限公司	鲍国林	905	905	-38	23	—
28	象山时利模塑有限公司	朱伟兴	929	929	30	21	—
29	象山立众塑料制品有限公司	朱文武	943	943	-4	35	—
30	宁波智美塑料制品有限公司	夏　波	1046	1046	39	33	—
31	象山翔凌塑料制品有限公司	张堂权	1055	1055	32	30	—
32	象山宝诚工贸有限公司	范　洁	1123	1123	6	30	—
33	象山骅马塑电有限公司	李建成	1170	1170	24	46	—
34	宁波劳伦斯电子有限公司	周辞美	1179	1179	-82	35	—
35	象山灵峰塑料薄膜印业有限公司	许玲爱	1200	1200	64	44	—
36	宁波瑞鑫汽车饰件有限公司	俞森森	1306	1306	39	26	—
37	宁波先通光电科技有限公司	周先富	1332	1332	3	52	—
38	象山东海不锈钢制品有限公司	谢国平	1358	1358	32	31	—

续表85

序号	企 业 名 称	法人代表	工业总产值	主营业务收入	利润	从业人员平均数	备 注
39	象山华鼎塑料制品有限公司	孙建群	1387	1387	-27	29	—
40	宁波逵优模具有限公司	袁学成	1435	1435	71	35	—
41	宁波斯伯莱茨汽车饰件有限公司	周亦荣	1439	1439	16	47	—
42	象山金鹏电子器材有限公司	俞才成	1482	1482	30	30	—
43	象山日晶电器有限公司	陈晓东	1554	1554	26	16	—
44	宁波锦宏塑料制品有限公司	赖海军	1576	1576	114	35	—
45	宁波华元木制品有限公司	朱春发	1590	1590	14	22	—
46	宁波华飞塑业有限公司	赖海明	1595	1595	30	46	—
47	象山甬铭汽车配件有限公司	周 锋	1670	1670	-56	34	—
48	象山仕曼尔灯饰有限公司	张欢平	1678	1678	95	73	—
49	宁波新友塑胶机模有限公司	孙 静	1716	1716	-102	3	—
50	象山永光机械制造有限公司	赖光明	1725	1725	49	33	—
51	宁波顺郲五金有限公司	黄胤智	1787	1787	97	52	—
52	象山发华线缆有限公司	李灵芝	1897	1897	19	40	—

鹤浦镇

【概况】 鹤浦镇地处象山最南端，北濒石浦港与石浦镇相望，西隔蜊门港与高塘岛相对。辖区由宁波市第一大岛——南田岛及周围40个岛礁组成，陆地面积102平方千米，其中南田本岛面积约90平方千米，下辖34个行政村、4个居民区，常住人口3.5万人，外来人口近1万人。海岛资源丰富，拥有78千米海岸线、2万余亩耕地、8.5万亩山林。隋唐时有人居住，曾立南田县，素有“南天十六福地”之称。近年来，贯彻落实县“双突破双驱动”战略，创建国家级卫生乡镇、省级文明镇和生态镇、通过美丽集镇验收。2019年实现生产总值62.5亿元，财政收入4808万元。

【工业经济】 2019年规上船舶企业稳中向好态势明显，实现产值13.6亿元，带动实现规上企业工业产值16.8亿元。完成工业投资3.2亿元，外贸进出口2.2亿元，完成固定资产投资8亿元。企业培育稳步推进，协助海基石化、文明船舶等8家企业完成技术改造备案，新增县级工程技术中心1个，新增规模企业2家。

【农业经济】 深化枇杷品牌化建设，海岛白枇杷年产值达8200余万元。强化技术支撑，推进优质柑橘新品种选育推广，新增面积800亩，自主选育新品种“黄美人”。抓好农产品质量安全监管，11家县级规上生产主体农产品全部实现可追溯。严格畜牧监管，加强非洲猪瘟等重大动物疫病防控。加强农业政策性保险，镇财政全额买单水稻、小麦等粮食作物7223亩。配合做好国家水产品健康养殖示范县创建，推进养殖尾水治理，水产品安全质量监管全面加强。

【商贸旅游】 以小百丈闲置宅基地“三权分置”改革为契机，扎实推进海岛乡村旅游。全面提升“海韵南田”示范线，沿线7个村完成整体项目建设，南田县署旧址、张苍水铸铁遗址等一批历史遗迹相继建成并对外开放。新增小百丈AAA级景区村，樊岙、大百丈2个A级景区村。旅游招商形势喜人，途家大沙爱琴丽旎度假村项目正式签约。旅游民宿提档升级，30家民宿证照完成办理，安可橘宿正式营业，初步形成以安可橘宿、走点湾路、博景湾为代表的精品民宿群。

【民生事业】 教育卫生基础设施投入加大，卫生院二期和鹤浦中学教学综合楼改建工程相继投用。注重提高教育质量，名师工作室作用发挥。提升卫计服务质量，镇卫生院加入县红十字台胞医院医疗健康集团，建成颐养小屋，契约式家庭医生签约服务续签率达63.2%。新建11家农村文化礼堂，渔业主题节目《盼归》获县第三届群众文化艺术节金奖。

【村镇建设】 门扇后至蟹厂公路正式通车，该公路为鹤浦镇第一条二级公路。排涝闸“断头路”贯通，蜊门港大桥至樊岙段路灯完成安装，前龙头至吉港等公路完成大修，新改建农村公路

7.6千米，成为全市首批“四好农村公路”示范乡镇。加快农田水利建设，维修加固峙弄塘海塘，完成鹤浦大闸防渗整治，建成樊岙水库引水工程，开工建设后龙头闸，新增机耕路7条12千米。实施水湖涂一期、螺蛳礁村土地综合整治，新增土地800余亩，新建高标准农田1783亩。启动渔港经济区建设，鹤浦一级渔港整治维护项目、海防（渔业）码头动建，“平安渔港”视频监控启用。鹤西路强电上改下完成管道铺设，吉港、后龙头、红卫塘供电配套设施完成提升改造。

【社会保障】 做好低保、残疾人两项补贴、社会临时救助，定期关爱失独家庭、贫困儿童和海难家庭，发放各类救助补贴资金1102万元。全面落实“送药上山进岛”工程，全市首个海岛药品便民服务点建成投用。提高社保覆盖面，养老保险、基本医疗保险参保率分别达100%、99.8%。提升退役军人服务水平，实现镇、村两级退役军人服务站全覆盖。提倡绿色殡葬发展理念，节地生态葬入葬率居全县首位。档案、残疾人、慈善、红十字等事业发展水平提高。

【平安建设】 扫黑除恶专项斗争取得阶段性成效，侦办各类涉黑涉恶领域案件5起，抓获、拘留犯罪嫌疑人16名，全镇治安刑事发案数下降33%。全面化解矛盾纠纷，受理、调处案件83起，调处率与调处率均达100%。加强码头走私管控。集中力量开展涉海涉渔领域“平安守护”专项行动，成立镇渔业安全生产指挥中心，严格落实“定人联船”，摸清全镇575艘渔船底数，清理“三无”渔船20艘，事故多发态势得到遏制。扎实开展安全生产整治百日大会战，排查治理危化、消防等重点领域隐患233处，安全事故数、死亡人数持续下降。

【政府管理】 2019年，执行人大决议决定，自觉接受镇人大主席团的工作监督、政协联络委的民主监督，发挥人大联络站作用，广泛听取社会各界的意见建议，办复人大代表建议21件。优化政府职能配置，完成镇政府机构改革。紧抓干部队伍建设，出台《鹤浦镇机关干部“双对双排”考核补充意见》，评选年度优秀、整改科室各2个。落实清廉鹤浦建设任务，履行全面从严治党“两个责任”，2019年以来，第一种形态提醒谈话19人，问责镇村干部6人，党纪处理8人。

【通过“国家级卫生乡镇”市级评估】 1月3日，鹤浦镇通过“国家卫生镇”创建市级评估，拿到国卫“入场券”

【中国共产党鹤浦镇第十三届代表大会第四次会议召开】 1月15日，中国共产党鹤浦镇第十三届代表大会第四次会议召开，共有61名代表出席大会。大会听取和审查镇党委工作报告和镇纪委工作报告，听取镇第十三次党代会提案办理情况报告，审议并通过该次年会代表提案和党建及重点项目代表审评票决，组织开展代表现场询问。

【通过省级小城镇环境综合整治考核验收】 1月17日，鹤浦镇通过省级小城镇环境综合整治工作考核验收。

【鹤浦镇第十八届人民代表大会第五次会议】 1月18日，鹤浦镇第十八届人民代表大会第五次会议胜利召开。来自全镇各条战线的人大代表和列席代表共65人出席会议。大会听取、审议并通过镇人民政府工作报告和镇财政预决算执行情况报告，完成各项既定任务。

【渔业安全生产会议】 1月31日，鹤浦镇召开2019年渔业安全生产会议，县委副书记孙小雄、县水利渔业局副局长包希伟等亲临现场进行指导，全镇渔船老大、部分渔嫂代表以及重点渔村书记、涉渔企业负责人共计280余人参与会议，会议指出要预防渔业船舶安全生产事故的发生，保障渔业生产秩序和渔民生命财产安全。

【深圳务工创业30周年纪念大会】 2月7日，鹤浦镇举行赴深圳务工创业30周年纪念大会，党委书记张帮寸主持会议，象山县物价局局长奚永成出席，50多名鹤浦籍乡贤立足自身优势，共谋鹤浦发展。

【“千名干部访渔（农）家，一线蹲点三服务”】 3月9日，鹤浦镇召开“千名干部访渔（农）家，一线蹲点三服务”活动动员大会，县委副书记孙小雄、县政协副主席叶富兴等参加。

【鹤浦镇第十八届人民代表大会第六次会议】 8月8日，鹤浦镇第十八届人民代表大会第六次会议胜利召开，来自全镇各条战线的人大代表和列席代表共64人出席会议。会议听取和审议镇人民政府半年度工作报告，审议镇2019年上半年财政预算执行情况和2019年下半年财政预算调整（草案）报告，审议、批准2019年下半年财政预算。

【中国青年志愿者蓝色护海行动启动仪式】 8月25日，由团县委、市生态环境局象山分局主办，鹤浦镇团委、妇联共同承办的中国青年志愿者蓝色护海行动之蓝色海岸行动在鹤浦镇大沙沙滩启动，活动当天成立“蓝色护海·守护海岸线生态文明”志愿服务队，开展公益净滩和垃圾分类活动，进行大沙环岛公路骑行宣传。

【主题教育工作部署会议】 9月12日，鹤浦镇召开“不忘初心、牢记使命”主题教育工作会议，镇全体机关干部、各行政村党支部书记、两新组织党支部书记、镇党代表以及下属部门负责人参加。镇党委书记张帮寸就如何开展鹤浦镇“不忘初心、牢记使命”主题教育作强调，县十指导组组长桂贤芳传达县委“不忘初心、牢记使命”主题教育工作会议精神，并对鹤浦镇如何开展主题教育提出具体的指导意见。

【安全整治百日大会战部署动员会议】 10月11日，鹤浦镇召开全镇危险化学品使用单位及小企业小加工作坊安全生产和消防安全整治百日大会战动员部署会议，镇全体党政班子成员，相关科室、部门负责人，行政村书记，消防重点企业、危险化学品使用企业负责人参加。

【三镇（乡）人大代表联合评议会议】 11月28日，召开石浦、鹤浦、高塘岛人大代表联合评议会议，会上三地人大代表对石浦渔港渔政管理站、石浦法庭、市生态环境局象山分局石浦分局、石浦供电所等4个单位进行测评，4个单位的部门负责人分别进行表态发言，随后人大代表对其提出意见和建议。

【鹤浦镇工会第三次代表大会】 12月18日，举行鹤浦镇工会第三次代表大会。大会听取、审议并通过鹤浦镇总工会第二届委员会及经费审查委员会工作报告，选举产生鹤浦镇总工会第三届委员会和经费委员会。

【荣获“四大攻坚行动”集体三等功】 鹤浦镇在县委县政府的坚强领导下，围绕开展涉海涉渔领域“平安守护”专项行动、109项目建设、四期“棚改清零”和“平安护航新中国成立70周年”活动等“四大攻坚行动”中主动作为、勇于担当，攻坚克难、拼搏奉献，完成既定目标任务，取得显著成绩，荣获集体三等功。

表86　鹤浦镇2019年行政村经济情况一览表

村名	户数（户）	人口（人）	水田（亩）	旱地（亩）	水产养殖（亩）	渔船（艘）	村级资产（万元）	村集体年收入（万元）	村集体年支出（万元）	书记	主任
黄金坦	309	909	538	200	0	21	911.23	64.39	22.86	郑宏金	金华
蟹厂	503	1534	1124.23	—	0	28	811.65	112.43	319.29	陈文斌	陈福生
鸭嘴头	211	517	122.6	—	0	5	395.95	136.37	27.08	虞亚赛	郑文明
鹤翔	364	1081	465	—	0	35	1236.01	167.5	39.22	梅传土	陈国友
鹤进	440	1342	328.29	439.49	300	7	1058.74	33.5	18.17	郑爱娥	郑国庆
鹤渔	179	439	—	—	0	10	262.01	110.8	13.11	李万根	李万根
鹤南	635	2021	1044.36	727.14	30	13	878.61	169.71	105.63	江财明	潘忠元
湾塘	256	843	312	317	100	6	1352.91	67.1	75.42	徐正国	汪根木
后龙头	164	555	174.74	69.07	0	35	373.36	34.57	694.12	江乐天	郭文永
前龙头	188	565	195.02	106.58	184	20	543.62	30.48	15.42	任孟勇	钱根云
吉港	380	1125	563.39	259.33	335	35	951.87	205.78	46.71	李由明	林周亮
小网市	232	807	288.08	224.21	368	11	1589.93	210.15	33.79	吕金根	王才华
流水岩	102	319	153.7	48	0	14	1417.02	117.63	7.66	芦赛玉	胡祥安
鹤湾	122	392	149.5	145.5	663	14	676.95	111.88	35.27	叶兴荣	倪阿强
双下湾	182	645	91.01	141.57	360	42	1764.48	163.92	20.37	谢才宝	杨辉

续表86

村名	户数（户）	人口（人）	水田（亩）	旱地（亩）	水产养殖（亩）	渔船（艘）	村级资产（万元）	村集体年收入（万元）	村集体年支出（万元）	书记	主任
大百丈	371	1151	475.28	352.42	0	23	857.29	74.31	13.12	陈长生	王先贵
小百丈	435	1313	587.95	416.38	0	8	1795.61	192.91	14.23	王叶永	金　国
大　沙	217	766	85.843	321.772	0	29	1858.47	43	30.81	许国庆	许国庆
文山前	279	854	313.69	396.85	0	4	610.12	30.41	9.37	顾佰满	冯万福
五　利	691	2226	1704.24	210.38	291	14	1949.66	153.22	33.25	赖岳安	赖岳安
螺蛳礁	438	1316	814.81	447.98	225.29	2	564.16	85.64	35.5	梅大海	邱锡挺
樊　岙	950	2977	1040.48	633.21	868.07	11	499.73	261.28	88.23	周正贵	泮万尚
高坎头	273	910	513.41	125.4	637.45	0	772.51	150.89	68.58	章罗永	姜会龙
谷　桶	102	311	175.86	58	112	1	215.01	40.17	6.99	王国强	王国强
马小坦	202	665	313.55	111.89	163	15	596.3	46.76	20.03	叶显进	叶显峰
南田墩	142	427	196.28	35.22	115	5	298.49	45.59	14.68	李千畅	俞阿平
凤凰山	106	330	165.07	56.93	95.5	2	320.05	62.13	4.8	郑阿永	刘彼德
大南田	441	1513	653.56	223.511	1109	4	784.53	682.38	59.7	林咸友	俞青峰
小南田	359	1185	416.93	261.84	233.24	38	735.64	72.98	44.46	陈维良	金安庆
牧童岙	246	851	300.3	158.05	184.5	6	441.53	53.48	21.36	林文泉	程增军
水湖涂	222	825	171.9	234.02	176.5	6	437.5	117.61	16.3	金正贵	金正贵
杨柳坑	208	757	—	—	100	46	471.52	63.77	22.97	梁金善	任增富
金七门	64	260	—	41	0	18	68.59	30.79	3.56	陈万龙	尤巍杰
金　渔	117	484	—	—	80	22	166.02	47.15	23.45	陈万龙	李国琪
合　计	—	—	—	—	—	550	—	—	—	—	—

表87

指标名称	计量单位	代码	数量	指标名称	计量单位	代码	数量
甲	乙	丙	1	甲	乙	丙	1
公园及休闲健身广场个数	个	Z66	36	其中：规模以上工业	万元	Z80	203921
生活垃圾月均处理量	吨/月	Z67	1020	批发和零售法人企业个数	个	Z81	120
1. 卫生填埋	吨/月	Z68	0	批发和零售法人企业商品销售额	万元	Z82	12000
2. 集中焚烧	吨/月	Z69	0	亿元以上商品交易市场个数	个	Z83	1
3. 转运至垃圾处理厂	吨/月	Z70	1020	亿元以上商品交易市场交易额	亿元	Z84	1.1

续表87

指标名称	计量单位	代码	数量	指标名称	计量单位	代码	数量
八、镇区经济社会情况（仅限建制镇填报）	—	—	—	住宿业法人企业个数	个	Z85	31
（一）面积与人口	—	—	—	其中：星级饭店个数	个	Z86	0
建成区面积	公顷	Z71	880	住宿业法人企业客房数	间	Z87	1500
常住户数	户	Z72	4120	其中：星级饭店客房数	间	Z88	0
常住人口	人	Z73	11209	旅行社个数	个	Z89	0
其中：外来人口	人	Z74	3416	（三）公用事业	—	—	—
（二）经济	—	—	—	集中供暖户数	户	Z90	0
企业个数	个	Z75	259	公交车通车线路	条	Z91	11
企业从业人员	人	Z76	3713	金融机构网点数	个	Z92	6
工业企业单位数	个	Z77	92	绿化面积	公顷	Z93	14.5
其中：规模以上工业	个	Z78	7	公共卫生间	座	Z94	4
工业总产值	万元	Z79	248718	—	—	—	—

（鹤浦镇人民政府　郑思宇）

贤庠镇

【概况】　贤庠是象山县北部临港重镇，地理位置独特，区位优势明显，地处北纬29°25′、东经121°150′，东邻涂茨镇，西接黄避岙乡，北邻象山港，南靠大徐镇，距宁波市区40千米，南距象山县城15千米，素有象山“北大门”之称。区域面积66.82平方千米，耕地面积2万余亩，山林4.6万亩，海岸线12千米，浅海滩涂2.5万亩，辖1个居民区、28个行政村。2019年贤庠镇实现社会总产值80亿元，年均增长23%；财政一般预算收入1.4亿元，年均增长12%；农渔民人均年收入27521元，年均增长16.2%。先后获得全国重点镇、国家级生态乡镇、省级中心镇、省级卫生镇、市卫生应急示范镇、市社会管理综合治理先进集体、县维护社会稳定工作先进集体、县招商引资工作金奖、县工业先进乡镇等荣誉称号。

【工业经济】　2019年实现规上工业总产值33.5亿元，完成规上工业主营业务收入32.8亿元。工业经济总量扩大，新增铭汇金属、华智丰科技、圣燕工程、鑫丰怡润、衣博服饰等5家规上企业。扎实推进科技创新，鼓励企业加大科技投入，新增市创新型初创企业14家、工程技术中心1家、高新技术企业1家；县级科技型小微企业5家、工程技术中心3家，完成县内输出和省（境）外吸纳技术交易额7000万元，企业引育成效明显。

【农业经济】　培育龙头企业，加快产业结构转型升级，新增枫康国家级农业标准化示范区1家，宁波甬港市级农业产业化龙头企业1家，碶头陈省级多彩农业美丽田园示范基地1个。全面完善农业基础设施建设，完成贤庠、西山下、珠东、常乐等4村标农提升1600亩，完成小蔚庄、珠东、乌屿山、盐厂等村土地开发300亩，规范运行丰年、丰盈、丰效3个农机专业合作社。

【商贸旅游】　做深“花开贤庠”精品线，挖掘沿线文化底蕴，优化“一线、两极、多点”旅游空间布局，提升旅游品质，通过“花开贤庠”风景线市级验收。做优乡村旅游市场，推进“旅游+”乡旅特色发展，组建摇啊摇旅游公司，举办开游节、春花音乐会、杨梅节等多场大型旅游活动，旅游综合收入达754万元，累计吸引游客25万余人。做强农村旅游项目，建成并运营西坡高端精品民宿，着衣亭创建省级美丽宜居示范村，沈家洋、章家墩创建A级景区村。

【民生事业】　支持教育工作，落实“奖教惠师”政策举措，促进教育事业健康发展。落实食品药品安全工作，广泛开展食品药品安全知识宣传，珠东、蒲门村创建省级农村家宴放心厨房。推进健康卫生事业，岑晁、西山下、官司塘、新丰等4村获评省级卫生村，盐厂村创建健康村。

【村镇建设】　推进截污纳管工程建设，投资3000万元完成镇域企业污水管网工程，投资3500万元完成珠溪、山厂、蒲门等村污水工程，通过省级“污水零直排区”验收。夯实“河长制”工作，开展定期巡河，完善水利建后管理服务长效机制，打造“水清、河畅、岸绿、景美”的美丽贤庠。持续推进垃圾分类工作，创新垃圾分类处理方式，多措并举推进垃圾分类全覆盖。

【社会保障】 推进社会保障工作，完善养老服务体系，及时发放养老服务和养老机构日常运营补贴，提高保障水平。健全困难群体救助体系，加强救济、优抚、互助等社会保障事业。“村村帮扶”成效明显，累计接收各类慈善捐款51.6万元，发放各类救助款300余万元。重视关爱特殊家庭，“一对一”落实27户独生子女伤残伤亡家庭服务，调查核实计生奖扶对象427人。

【平安建设】 围绕建设“平安贤庠”总目标，扎实推进扫黑除恶专项斗争，开展矛盾纠纷大排摸，累计排摸纠纷84件，接收各类群众信访、来电、投诉119起，办结率100%。深入开展安全生产百日大会战，排摸企业商铺826家，核查率100%。推进涉海涉渔领域“平安守护”专项行动，清剿“三无”船舶及排筏33艘，全面完成72艘渔船静态编组，渔业生产整体安全稳定。加强基层基础和群防群治工作，全年46名网格长累计上报网格事件16154件，办结率99.9%。

【政府管理】 执行重大事项向人大报告制度，自觉接受人大监督，办理人大代表建议29件。严格执行财经纪律，强化审计监督，坚决制止奢侈浪费，严格控制差旅费、会议经费等一般性支出，“三公”经费同比下降21.76%。

【中国共产党贤庠镇第十三届代表大会第四次会议胜利召开】 2019年1月15日上午，中国共产党贤庠镇第十三届代表大会第四次会议开幕，来自全镇各条战线的68名正式代表、42名列席人员及4名旁听党员参加会议。大会听取和审查镇党委工作报告和镇纪委工作报告，听取部分镇党委班子成员述职述廉述党建和部分下属党组织书记抓党建情况述职，对镇党委班子及其成员进行民主评议，通过镇党委、纪委工作报告决议。

【通过省级小城镇环境综合整治考核验收】 2019年1月17日，贤庠镇通过省级小城镇环境综合整治工作考核验收。

【第十八届人民代表大会第五次会议】 2019年1月18日上午，贤庠镇第十八届人民代表大会第五次会议开幕。出席该次会议的有来自全镇各条战线上正式代表51名，列席代表73名，贤庠镇党委书记汪成宏主持开幕式。代表们听取并审议《政府工作报告》《人大主席团工作报告》；审议通过《关于贤庠镇2018年财政预算执行情况和2019年财政预算草案的报告》；听取并票决通过2019年镇政府重大实事工程。

【召开“千名干部访渔（农）家，一线蹲点三服务”活动】 2019年3月6日，贤庠镇召开“千名干部访渔（农）家，一线蹲点三服务”活动动员大会。

【表彰先进企业】 2019年4月10日下午，贤庠镇召开工业经济会议，镇党政领导班子成员、规模企业及规模培育企业负责人、相关部门负责人、各村党支部书记等参加会议。

【农村工作会议】 2019年4月12日下午，贤庠镇召开2019农村工作会议。

【入党宣誓：从“心”出发，开启新征程】 2019年5月17日上午，镇组织新入党的同志在贺威圣故居举行新党员入党宣誓仪式。

【庆祝中国共产党成立98周年大会】 2019年6月27日上午，贤庠镇在蒲门

村文化礼堂召开庆祝中国共产党成立98周年大会，参会成员来自全镇各基层党组织的700多名党员。

【“双随机一通报”摇号汇报会】 2019年7月30日晚上，贤庠镇以机关干部夜学为契机，开展“双随机一通报”摇号汇报会，通过随机摇号抽取机关干部上台汇报工作的形式，营造比学赶超、干事创业的良好氛围。

【召开镇村两级村民说事会】 2019年8月13日晚上，“说说青莱那些事”——青莱村镇村两级村民说事会在镇政府大会议室拉开帷幕。镇有关部门、镇村干部济济一堂，建成特色民宿村，促进乡村旅游发展，打响贤庠乡村旅游的“金字招牌”。说事会采取开放式论坛的形式，由镇党委书记胡路主持，西坡集团创始人钱继良、台湾设计师王惠民、宁波民宿协会副会长苑威及青莱村书记樊开英受邀参加。

【贤庠镇木瓜村文化礼堂举行落成典礼】 2019年8月29日下午，贤庠镇木瓜村文化礼堂落成庆典活动举行，县老领导王庆祥、陈世灿、白国璋、吴安定，县文联副主席杨晟、县文广新局党委委员奚斌辉，镇长赖东海、副书记王永旭、宣传委员包艺峰等领导出席该次活动。活动上，赖镇长发表讲话。

【县四套班子领导“初心之旅”第一站走进贤庠贺威圣故居】 开展革命传统教育，是“不忘初心、牢记使命”主题教育的重要内容。9月20日上午，县四套班子领导赴贺威圣故居、殷夫故居、县党章学堂开展“初心之旅”。县委书记叶剑鸣出席并讲话。黄焕利、金红旗、俞骏、孙小雄和其他副县级以上领导出席。

【安全生产整治“大会战”】 为坚决遏制各类安全生产事故和公共安全事故发生，维护安全生产环境，10月14日下午，贤庠镇召开安全生产整治大会战工作部署会，会议将安全生产整治工作与主题教育总要求紧密结合，部署安全工作任务。全镇联村干部、各村主要负责人、各村网格长参加会议。副书记钱钧主持会议。

【镇党委书记上主题教育专题党课】 10月30日下午，贤庠镇党委书记胡路以“初心如磐　使命在肩　奋力书写新时代贤庠发展新篇章”为主题，为全镇各党组织书记、支委、县派第一书记及机关党员上一堂“不忘初心、牢记使命”主题教育专题党课，县第八巡回指导组李勇勤列席。

【青莱村“乡村振兴”首届农民文化节暨象山县新时代文明实践礼堂行活动精彩纷呈】 11月17日，青莱村文化礼堂热闹非凡，青莱村“乡村振兴”首届农民文化节暨象山县新时代文明实践礼堂行活动在此举行。

【县委对贤庠镇党委中心组学习开展巡听】 12月3日，贤庠镇召开党委理论中心组学习会议，县委常委、纪委书记、监委主任陈善方，县巡听小组成员参加巡听，镇党委书记胡路主持学习会。

表 88

村 名	户 数（户）	人 口（人）	耕 地（亩）	园 地（亩）	林 地（亩）	水产养殖（亩）	渔 船（艘）	村集体年收入（万元）	村集体年支出（万元）	书 记	主 任	村 名
岑晁村	719	2074	1389	126	359	0	1	639	210	陆海燕	沈根茂	岑晁村
常乐村	208	621	494	0	2687	0	0	136	27	叶大平	吴云庆	常乐村
程家屿村	92	316	178	0	83	0	0	31	5	章世胜	章华财	程家屿村
大石门社区	112	282	70	0	0	110	7	167	4	—	—	大石门社区
东风村	436	1015	970	0	1080	0	2	296	25	包本善	张庸宝	东风村
官司塘村	241	779	615	0	757	0	0	98	71	陈先安	谢文华	官司塘村
海墩村	1238	3808	3235	0	1437	1181	2	328	37	陈宏亮	—	海墩村
民洋村	199	494	387	23	924	704	6	158	18	郑全亿	林存国	民洋村
木瓜村	233	708	641	0	1365	0	1	93	12	—	柴常国	木瓜村
蒲门村	588	193	1629	0	3733	983	4	344	54	陈启虎	陈行全	蒲门村
碶头陈村	288	877	986	107	385	0	0	101	72	白源延	陈伟士	碶头陈村
青莱村	236	713	708	0	654	150	16	193	13	樊开英	谢红强	青莱村
山厂村	195	624	509	0	2473	0	0	70	12	徐成志	徐成松	山厂村
沈家洋村	151	417	307	0	1503	0	0	46	10	施元直	沈启苗	沈家洋村
塘花园村	166	511	403	0	1539	0	0	32	17	吕金威	—	塘花园村
乌屿山村	490	1357	685	0	526	627	14	269	41	屠康海	王声机	乌屿山村
西山下村	308	1012	893	108	2088	0	0	163	30	胡庆虎	贺建国	西山下村
溪沿村	712	2235	2322	0	4339	119	0	118	19	黄位春	—	溪沿村
下庄村	392	1209	1088	0	2914	0	0	73	9	黄惠东	葛敏杰	下庄村
贤庠村	359	1099	1144	142	169	0	0	293	128	张献文	张定宽	贤庠村
小蔚庄村	129	401	355	39	1027	111	9	100	7	陈财利	王仁建	小蔚庄村
新丰村	87	249	251	0	0	0	0	32	8	陈良恩	陈良恩	新丰村
盐厂村	544	1682	1066	221	1338	440	6	190	20	林善兴	张旺布	盐厂村
俞公岙村	191	622	544	221	1001	502	2	47	10	张小宝	黄传维	俞公岙村
章家墩村	135	372	302	0	1154	0	0	197	19	章世胜	蒋万清	章家墩村
着衣亭村	342	1067	897	0	1969	0	0	90	8	章志福	易武	着衣亭村
中溪村	174	514	327	0	1273	0	0	76	4	周成国	周全培	中溪村
珠山岙村	167	507	349	0	2897	0	0	107	6	王光辉	王文威	珠山岙村
珠溪村	1001	3016	2356	171	9304	4	1	479	40	许彩芳	—	珠溪村

表 89

指 标 名 称	计量单位	代码	数量	指 标 名 称	计量单位	代码	数量
甲	乙	丙	1	甲	乙	丙	1
公园及休闲健身广场个数	个	Z66	4	其中:规模以上工业	万元	Z80	335000
生活垃圾月均处理量	吨/月	Z67	640	批发和零售法人企业个数	个	Z81	63
1. 卫生填埋	吨/月	Z68	0	批发和零售法人企业商品销售额	万元	Z82	65000
2. 集中焚烧	吨/月	Z69	0	亿元以上商品交易市场个数	个	Z83	0
3. 转运至垃圾处理厂	吨/月	Z70	640	亿元以上商品交易市场交易额	亿元	Z84	0
八、镇区经济社会情况(仅限建制镇填报)	—	—	—	住宿业法人企业个数	个	Z85	7
(一)面积与人口	—	—	—	其中:星级饭店个数	个	Z86	0
建成区面积	公顷	Z71	350	住宿业法人企业客房数	间	Z87	54
常住户数	户	Z72	10133	其中:星级饭店客房数	间	Z88	0
常住人口	人	Z73	30574	旅行社个数	个	Z89	0
其中:外来人口	人	Z74	3161	(三)公用事业	—	—	—
(二)经济	—	—	—	集中供暖户数	户	Z90	0
企业个数	个	Z75	484	公交车通车线路	条	Z91	5
企业从业人员	人	Z76	4519	金融机构网点数	个	Z92	5
工业企业单位数	个	Z77	296	绿化面积	公顷	Z93	19.2
其中:规模以上工业	个	Z78	37	公共卫生间	座	Z94	2
工业总产值	万元	Z79	388600	—	—	—	—

墙头镇

【概况】 墙头古名“樯头”,意为看得见船桅的地方。墙头镇位于象山县城西郊,东接丹西街道,西连西周镇,南与茅洋乡相邻,北濒西沪港,镇域面积87平方千米,拥有耕地面积1.6万亩,山林5.4万亩,森林覆盖率65.23%、林木覆盖率65.76%。全镇下辖23个行政村、1个居委会,人口2.1万人。S19甬台温高速复线、戴港至城区快速通道和311省道穿境而过。全镇北面呈“U”字形环抱西沪港,海岸线长25千米,可养殖海涂面积3.4万亩。近年来相继荣获国家级生态镇、省美丽乡村示范镇、省综治先进集体、省文明镇、省卫生镇、市最美宜居小城镇、省爱国拥军模范镇、市“军警民共建”先进集体等县级以上综合荣誉60余项。

【工业经济稳中向好】 强化经济开发区、工业园区等平台主阵地作用,招大引强,完成实际利用外资350万美元、内资1.23亿元,其中内资超额完成年度任务。紧抓不放工业项目,亿元项目文墨制衣产业基地开工,福民纱线、三安制阀设备性能提升等技改项目全部竣工。全年完成工业投资1.98亿元、同比增长132.5%。在突破项目数量、质量、效益的前提下,以赴稳增长、促转型,完成规上工业产值16.24亿元、同比增长5%,新增规上企业1家、新增亿元企业1家、高新技术企业1家。工业领域主要指标均超过全县平均水平,个别指标处于前列。

【现代农业稳步发展】 推进农业基础设施建设,盛王张、舫前的高标准农田提升项目全部完成,建成省级创标山塘水库3座、堤防海塘3条。农业含金量提升,依托已有资源特色和产业优势,推进柑橘、草莓、樱桃等农业特色产业发展。大溪蒋村特色林果车厘子首次实现对外销售;丁家村、雷港村、岭下村等地的红美人、甘平等特色优质柑橘种植达到1000余亩;鸿象农业科技公司促进产销对接，依托镇农合联现代农业服务中心开展电商服务，2019年仅“红美人”一项销售额产值达1000余万元。农业产业上逐步形成具有高产高效、休闲观光、科普教育等功能的草莓、樱桃、柑橘、牡蛎等城郊精品特色农业。

【旅游发展势头】 年接待游客42万人次，旅游综合收入4200余万元，同比增长均超过20%，创建省首批AAA级景区镇。旅游招商形势喜人，全年引进200万元以上的旅游项目3个，总投资约3500万元。墙头—方家岙—溪里方一体化发展得到推进，方家岙成为全国首批重点旅游乡村备选单位。民宿经济提档升级，华翔西沪港旅游度假村初具规模。“两棵树”“咱家”等一批精品民宿相继开业，全镇累计建成民宿客栈67家，床位突破1200张。创新旅游营销模式，联合中青旅、浙江恒合景观规划设计公司筹建墙头文旅运营公司，初步尝试效果良好。

【城镇品质优化】 全面深化城镇精致建设，推进镇区路口、主街道路、绿化亮化等一揽子景观提升工程，先后完成杏花东路立面改造、映壁园建设、象西线“白改黑”等工程项目，城镇形象得到明显提升。沪港广场、海山休闲游步道等一批设施成为群众休憩新空间，完成大溪蒋体育公园等改造5座，象西线墙头段道路景观亮化工程建成投用。推进城镇精细化管理，加大镇区环卫投入力度，完成镇区环卫服务外包，“智慧环卫”“智慧城管”建设持续深化。一批古建筑得以修复，古韵墙头的文化内涵更加丰富。

【美丽乡村全域推进】 以美丽乡村精品村、示范村、特色村创建为基础，以“印象西沪风景线、古韵墙头文明示范线”等为纽带，潜心绘制美丽新图景，立项实施新农村建设项目53个，涵盖22个村庄。深化“多村联创、多线联建”，创建市美丽乡村示范乡镇，美丽合格村实现全域覆盖，新增市美丽宜居示范村1个、县特色村1个，“印象西沪”风景线1条，逐步形成以点串线、以线促面的美丽乡村建设新格局。

【综合整治推进】 全面加强环境卫生工作，建筑垃圾清运系统运行，垃圾分类工作稳固提升，田园生产环境全面优化，镇村整洁程度和颜值都有新的提高，在全县环境卫生评比中始终名列前茅。实施“五水共治”，持续推进“污水零直排区”创建，剿灭劣Ⅴ类水工作。截至年底，23个村全部完成截污纳管，创建省级标准化污水终端3个，七里亭、白墩污水终端完成提标改造。按期推进中央和省级环保督察、国家海洋督察问题整改，完成“大棚房”整治，持续推进“三改一拆”，累计拆违1.9万平方米，拆违工作处于全县领先地位。创新开展无人机海上跟踪检测，常态化实施违禁网具清理工作，开展岸线环境整治，西沪港管理实现常态化。

【社会事业稳步发展】 丰富素质教育内涵，持之以恒抓好学校品质提升和特色办学。持续加大教育投入，墙头中心幼儿园迁建工程开工。全面加强校园安全管理工作，排查并整治安全隐患。医疗卫生服务水平继续提高，优质医疗资源加快下引，墙头卫生院加入县中医院集团。健康创建稳扎稳打，创建省卫生村、市级健康社区、健康步道各1个，复评省卫生村、市卫生村各1个，签约家庭医生3328人。慈善、残疾人保障、红十字等事业发展水平提高。

【社会保障日益健全】 持续扩大社会保障覆盖面，全年新增本地户籍各类养老保险参保286人，其中低保户、五保户、残疾人等精准扶贫对象参保率达100%。促进就业，开发公益性岗位9个。落实精准救助措施，强化困难群众兜底保障，共发放各类救助资金1053万元。加强退役军人服务工作，建立工作体系，提高军人荣誉感和归属感。

【全面加强社会治理】 依托“村民说事”“警民说事”“一中心四平台全科网格”等社会治理载体，推进社会治理向源头化解、向事前防范转移，妥善处理矛盾纠纷90起。集中处理信访突出问题和群体性事件，共转办信访件76件，排摸不稳定因素5起，完成全国乡村治理现场会、新中国成立70周年等重大活动和敏感节点维稳安保任务。

【加强公共安全管理】 从严落实涉海涉渔“平安守护”专项行动，整改隐患船只3艘。加强渔船动态管理，落实37名专职人员监管，提高渔船海上航行安全。全面推进安全生产百日大会战，强化消防安全、危化品、“三小车”、食品药品等领域安全隐患排查整改，实现社会大局平安稳定。强化反走私工作，做好码头限高限宽、监控安装等各项工作。加强基层防灾减灾体系建设，组织开展应急演练，应对台风、强降雨，保障群众正常生产生活秩序。

【夯实自身建设】 推进“不忘初心，牢记使命”主题教育，抓好学习教育、调查研究、检视问题、整改落实四项重点举措，组织开展“破旧难、开新篇”专项行动，一些历史遗留问题得以化解。深化“双对双排”，坚持推行“周一夜学”“双随机一通报”等制度，完成镇内设机构和下属事业单位改革，推动干部比拼业绩、担当作为，干部精神面貌得到提振。加强村级领导班子建设，完成薄弱村转化，深化“村民说事”制度，基层基础巩固。严格落实“一岗双责”，坚决执行党风廉政建设“三书两报告”“三重一大”集体研究决策报告制度，规范基层权力运行机制。持续开展正风肃纪检查，加强执纪办案，治本控源的惩防体系逐步完善。

【宁波市委常委、秘书长施惠芳到墙头镇调研】 1月7日，宁波市委常委、秘书长施惠芳一行实地踏看黄溪村西沪港传习“非遗”馆、青龙山公园等建设情况，对村庄焕然一新的面貌表示肯定，强调黄溪村要细化2019年工作计划，在盘活闲置资源、培育产业上动脑筋、想办法，壮大村集体经济；要在村庄精细化管理上狠下功夫，规范村居风貌，加强环境整治，真正通过新农村建设，让乡村面貌美起来，让老百姓口袋鼓起来。市委副秘书长、办公厅主任傅建林，市农业农村局局长李强，县领导叶剑鸣、陈爱武等陪同调研。

【中国共产党墙头镇第十三届代表大会第四次会议】 1月8日，墙头镇召开中国共产党墙头镇第十三届代表大会第四次会议。大会听取和审议题为《咬定目标再发力，提标提速勇争先，奋力开创滨海休闲特色小镇建设新局面》的党代会工作报告，审议纪委工作报告和决议，审查2018年党费收缴使用情况报告，讨论并上交2019年党代会年会的提案工作。

【墙头镇第十八届人民代表大会第五次会议】 1月11日，墙头镇召开第十八届人民代表大会第五次会议。大会听取和审查墙头镇人民政府工作报告、镇人大主席团工作报告，审议镇财政关于墙头镇2018年财政预算执行情况和2019年财政预算（草案）的报告，批准墙头镇2018年财政决算和2019年财政预算，听取墙头镇2018年墙头镇人民政府民生实事项目实施情况，并票决出2019年政府民生实事项目。

【浙江省农业农村厅厅长林健东到墙头镇调研】 3月6日，浙江省农办主任、省农业农村厅厅长林健东一行赴墙头镇专题调研“三治结合”乡村治理工作。林健东一行对溪里方村在宅基地“三权分置”改革、农村生活垃圾分类、美丽庭院打造等的做法表示赞赏，并对方家岙村“党建+旅游”、乡村普惠金融、农家客栈等的发展情况表示肯定。省农业农村厅副厅长孙飞翔，市政府副秘书长宣柏林，市农办主任、市农业农村局局长李强，县领导叶剑鸣、孙小雄等陪同调研。

【延边州党政代表团到墙头镇考察】 3月7日，吉林省委常委、延边州委书记姜治莹，延边州委副书记康芳，延边州委常委、延吉市委书记姜虎权，率该州代表团到墙头镇考察。代表团一行实地考察溪里方村和方家岙村，详细了解墙头镇在民宿经济、农村生活垃圾分类、美丽庭院打造等方面的做法和经验。市委常委、宣传部部长万亚伟，县领导叶剑鸣、王化义等陪同调研。

【“千名干部访渔（农）家，一线蹲点三服务”活动动员大会】 3月10日，墙头镇召开“千名干部访渔（农）家，一线蹲点三服务”活动动员大会，县委常委、统战部部长陈爱武，县政协副主席欧亚群，县强基指导组第五督查组组长赖海平及成员等到墙头指导开展工作。会议强调，驻村干部要严格按照“全脱产、取消休假、连续作战”工作要求，抓好涉海涉渔领域“平安守护”专项行动，以点带面推进固本强基各项工作。

【宁波市委副书记、市长裘东耀到墙头镇调研】 4月1日，宁波市委副书记、市长裘东耀赴墙头调研乡村振兴工作。裘东耀强调，推进乡村振兴，生活富裕是根本，产业兴旺是重点，生态宜居是关键，治理是基础，乡风文明是保障。各地各部门要抓好组织领导、规划引领、政策支持和宣传发动，创建城乡融合先行示范区，共同走好乡村振兴之路。副市长卞吉安，市政府秘书长张良才，县领导叶剑鸣、黄焕利等陪同调研。

【宁波市规划院象山工作室揭牌仪式】 5月23日，宁波市规划院象山工作室揭牌仪式在墙头镇溪里方村“小石堂”举办。该工作室投用后，将发挥规划设计技术优势，参与乡村振兴一线工作，指导村民科学合理实施改造，培养实践能力强的规划型人才。

【中央农办主任、农业农村部部长韩长赋夜访墙头镇】 6月9日晚上，中央农办主任、农业农村部部长韩长赋赴墙头镇溪里方村、方家岙村夜访。韩长赋对象山县通过宅基地“三权分置”改革，盘活闲置古宅、集体用房，开发精品民宿，吸引社会资本和专业团队发展高端民宿，以乡村旅游推动实现乡村振兴的做法表示肯定和赞赏。市委副书记、政法委书记宋越舜，省农办主任、农业农村厅厅长林健东，副市长卞吉安，县领导叶剑鸣、孙小雄等陪同。

【2019年食品安全宣传周系列活动】 6月19日，墙头镇社会事务管理办联合综治办、丹西市场监管所在墙头综合市场开展以“尚德守法，食品安全让生活更美好”为主题的食品安全宣传周活动。该活动旨在提高墙头镇域内群众的食品安全意识及依法维权意识，营造全民参与、共治共管的良好氛围。

【庆祝中国共产党成立98周年暨“七一”表彰大会】 6月29日，墙头镇召开“不忘初心、牢记使命”——庆祝中国共产党成立98周年暨“七一”表彰大会。大会集中表彰2018年度镇先进基层党组织、优秀党务工作者和优秀共产党员，增强广大党员的责任感、使命感和荣誉感，动员全镇广大党员干部向先进学习，不忘初心、砥砺奋进。

【自然资源部国土空间规划局副局长张兵到墙头镇调研】 7月25日，自然资源部国土空间规划局副局长张兵一行先后参观溪里方村的文化礼堂、德治公园、圃舍、美术馆、小石堂等一些修后利用的古建筑，并对溪里方村利用古村资源，以文化振兴推动乡村振兴的实践表示高度的肯定。市自然资源和规划局局长王丽萍，县领导干维岳、王忠凯等陪同调研。

【浙江省爱国拥军模范单位】 7月29日，浙江纪念建军92周年暨双拥模范城（县）命名表彰大会在省人民大会堂召开。会上，墙头镇获评浙江省爱国拥军模范单位。

【墙头镇第十八届人民代表大会第六次会议】 8月6日，墙头镇召开第十八届人民代表大会第六次会议，会议听取和审议《政府半年度工作报告》和《墙头镇全面落实环境状况和环境保护目标完成情况的报告》，书面审议《2019年上半年镇财政预算执行情况的报告》。

【墙头镇科学技术协会第八次代表大会】 8月16日，墙头镇科学技术协会第八次代表大会胜利召开。大会听取审议并通过墙头镇科学技术协会第七届委员会工作报告,选举产生墙头镇科学技术协会第八届委员会。

【墙头镇第三届亭岙大糕文化节】 9月8日,墙头镇举办第三届亭岙大糕文化节。大糕文化节活动通过"非遗+旅游"融合发展模式,传承和发扬大糕传统技艺,打响大糕的知名度和影响力,形成当地的特色旅游品牌和发展新优势。

【"不忘初心、牢记使命"主题教育动员部署会】 9月12日,墙头镇召开"不忘初心、牢记使命"主题教育动员部署会。会议强调,墙头镇各级党组织将牢牢把握学习贯彻习近平新时代中国特色社会主义思想这条主线,强化责任意识,专题召开相关学习会议、专题会议,扎扎实实做好主题教育学习活动,以丰富的实际成效,向党和人民交出一份满意答卷,为推动业兴、民富、景美、人和的滨海小城镇建设做出新的更大贡献。

【墙头镇党委书记等领导履新】 9月23日,象山县委任命朱恩青为墙头镇党委书记,提名免去其墙头镇镇长职务;任命鲍明华为墙头镇党委副书记,提名其为墙头镇镇长人选,免去其爵溪街道党工委副书记职务;任命赵静为墙头镇党委委员,免去其爵溪街道县委组织员职务;任命王杰为墙头镇党委委员、纪委书记;任命祁海军为墙头镇党委委员、人武部部长;任命忻联兵为县城市建设投资集团有限公司党委委员、纪委书记,免去其墙头镇党委委员、纪委书记职务;任命张优玲为东陈乡党委委员,提名免去其墙头镇副镇长职务。

【象山县首个乡村文旅周末剧场】 10月12日,象山县文旅融合示范乡镇创建启动仪式暨首个乡村文旅周末剧场开演活动在墙头镇方家岙村举行。该周末剧场以"艺+堂"为运行模式,融合"一人一艺"全民艺术普及、农村文化礼堂、乡村旅游"三位一体"发展元素,以服务外包形式委托宁波千雅文化发展有限公司负责全年的节目创作、编排、演出等工作,并邀请宁波"天一荟"和县部分优秀文艺骨干、文艺团体等不定期驻演,将方家岙村百姓大舞台文旅基地作为主要演出点,每周开办一场传统民俗与现代交融的文艺活动,让村民、游客近距离感受地方民俗的独特魅力。

【宁波市委常委、秘书长施惠芳到墙头镇调研】 10月14日,宁波市委常委、秘书长施惠芳率市级相关部门负责人赴墙头开展"不忘初心、牢记使命"主题教育及美丽乡村建设专题调研。施惠芳一行实地调研黄溪村美丽乡村建设情况,听取镇、村两级关于"不忘初心、牢记使命"主题教育开展情况的汇报。施惠芳指出,美丽乡村建设要坚持规划先行,紧密结合当地特点,找准定位,进行科学规划;要挖掘地域、人文等元素,突出生态文明建设品牌,加强农村建房风貌引导,改善村庄环境,着重将村庄周边的田园、溪坑等进行整体改造提升,打造宜居宜游、绿色生态的美丽乡村,为乡村振兴奠定坚实基础。

【墙头镇中心幼儿园新园开工奠基仪式】 12月27日,墙头镇中心幼儿园举行新园开工奠基仪式。该项目建设地点位于象山县墙头镇。基地被三条规划项目道路围绕,东面为墙头村,北面为西港杏苑小区,南面与西面为自然景观。总用地面积为7140.37平方米,学校规模12个班,学生数360人,生均用地面积19.83平方米。幼儿园参照省二级幼儿园标准建造,总建筑面积为5037.3平方米。其中地上建筑面积4995.5平方米,地下建筑面积41.8平方米,各类活动场地1080平方米,其中班级活动场地720平方米,公共活动场地360平方米。主要建设内容包括生活用房、服务用房、供应用房、室外活动场地及围墙、园路、绿化、电气、给排水、停车位配套设施等。

(墙头镇 张子妍)

表90 **2019年象山县墙头镇各村基本情况一览表**

村名	户籍户数(户)	户籍人口(人)	耕地面积(公顷)	水产养殖(公顷)	渔船(艘)	村级资产(万元)	村集体收入(万元)	村集体支出(万元)	村书记	村主任
合心	136	420	18.4	—	—	417.44	66.44	11.54	俞东	李善行
吊水岩	225	666	46.67	—	—	862.2	108.13	38.62	俞开方	姚国立
亭岙	230	720	69.27	—	—	420.84	52.41	28.44	陈旭	郑胜利
七里亭	246	731	168	—	—	569.07	44.23	31.56	张世伟	郑岳定
洋北	595	1722	117.73	178	1	746.41	66.01	53.40	王坚刚	俞先刚
桃湾	74	209	11.27	10	1	385.61	59.24	12.94	胡仁德	周善永
白墩	160	456	38.47	261	4	261.54	56.07	26.45	王建祥	王建立
大溪蒋	262	700	51	—	—	851.31	218.28	56.47	蒋士林	郑才国

续表90

村　名	户籍户数(户)	户籍人口(人)	耕地面积(公顷)	水产养殖(公顷)	渔　船(艘)	村级资产(万元)	村集体收入(万元)	村集体支出(万元)	村书记	村主任
黄　溪	575	1690	189.87	1021	2	3543.83	181.18	132.75	董邦祥	董国定
塔　岭	241	729	64.4	32	—	831.32	50.73	20.66	潘永财	周国林
雷　港	320	894	106.67	526	—	730.54	82.85	53.22	周吉右	韩永花
蔡家岙	336	919	68.2	—	—	917.15	115.23	30.18	蔡雷洪	蔡敏剑
周家路	170	489	24.93	—	—	258.91	71.11	10.97	俞承琪	谢全忠
毛洋岭	36	100	10	—	—	111.6	31.19	3.14	陈志光	王　东
墙　头	1185	3405	600	449	2	4215.56	277.46	112.63	张国利	—
方家岙	645	1895	292.53	215	1	1894.41	314.74	114.36	欧昌武	徐国荣
溪里方	227	667	62.4	—	—	800.44	102.67	52.19	娄善成	欧卫杰
岭　下	257	758	211.73	47	—	594.8	58.87	20.69	陈德振	黄世清
舫　前	491	1519	149.73	349	—	1280.07	187.11	38.57	张海军	唐宝成
盛王张	111	308	21.6	38	—	287.01	96.47	16.76	盛服军	盛振航
孙　家	176	532	44.6	127	1	244.41	33.62	8.95	孙　斌	孙红阳
下　沙	356	1005	210.78	275	—	1166.01	125.20	64.29	何培法	何旭旦
西　沪	97	280	35	289	5	345.43	42.50	11.12	徐荣富	马旭东

表91　　**2019年墙头镇社会经济基本情况表**

指　标　名　称	计量单位	代码	数量	指　标　名　称	计量单位	代码	数量
甲	乙	丙	1	甲	乙	丙	1
一、基本情况	—	—	—	建筑业企业	个	31	0
行政区域面积	公顷	6	8700	住宿餐饮业企业	个	32	0
居民委员会(社区)	个	7	1	商品交易市场	个	33	2
村民委员会	个	8	23	营业面积50平方米以上的综合商店或超市	个	34	6
其中:通公共交通的村	个	9	19	五、教育、文化、卫生	—	—	—
通宽带互联网的村	个	10	23	幼儿园、托儿所	个	35	1
通有线电视的村	个	11	23	小学校	所	36	1
通自来水的村	个	12	23	小学专任教师	人	37	40
生活垃圾全部集中处理的村	个	13	23	小学在校学生	人	38	577
生活污水全部集中处理的村	个	14	23	图书馆	个	39	1
二、人口	—	—	—	剧场、影剧院	个	40	0

续表91

指 标 名 称	计量单位	代码	数量	指 标 名 称	计量单位	代码	数量
户籍户数	户	15	7149	体育场馆	个	41	0
户籍人口	人	16	20805	医疗卫生机构	个	42	1
三、农业	—	—	—	医疗卫生机构床位	张	43	5
耕地面积	公顷	17	873	执业(助理)医师	人	44	20
耕地灌溉面积	公顷	18	160	兽医(防疫)技术人员	人	45	1
农业技术服务机构	个	19	14	六、社会保障	—	—	—
农业技术服务机构从业人员	人	20	4	提供住宿的社会工作机构	个	46	6
农业企业	个	21	40	其中:本级政府创办的养老机构	个	47	1
家庭农场	个	22	30	提供住宿的社会工作机构床位	张	48	385
农民专业合作社	个	23	266	城乡居民基本养老保险参保人数	人	49	6087
农民专业合作社成员	户	24	278	城乡居民基本医疗保险参保人数	人	50	11500
四、财政、经济、贸易	—	—	—	城乡居民最低生活保障人数	人	51	517
一般公共预算收入	万元	25	7817.18	七、公用事业	—	—	—
一般公共预算支出	万元	26	7810.33	自来水用户	户	52	6578
资产总额	万元	27	65900.6	管道燃气用户	户	53	0
债务总额	万元	28	57540	金融机构网点	个	54	4
工业企业	个	29	130	公园及休闲健身广场	个	55	0
其中:规模以上工业企业	个	30	22	—	—	—	—

泗洲头镇

【概况】 泗洲头镇地处象山西南部,东濒茅洋乡,南临宁海县长街镇,西南连宁海胡陈乡,西北接西周镇。镇域面积74平方千米,下辖21个行政村,人口1.8万人。镇内生态资源得天独厚,森林覆盖率达70%,坐拥"灵岩山""白仙山",生态湿地浅海小海鲜资源十分丰富,青山绿水碧野,是发展休闲养生、旅游度假之胜地。先后荣获全国环境优美镇、省级生态镇、省级卫生乡镇、省级美丽乡村示范乡镇、市美丽乡村示范乡镇、市级卫生镇、市级"无违建"创建首批先进乡镇、县现代农业强镇、县工业先进乡镇和县新农村建设先进镇乡等荣誉。全镇村庄整治提升和垃圾分类实现全覆盖。2019年,全镇经济社会各项事业平稳发展,实现社会生产总值21.5亿元,同比增长14%;财政一般预算收入6570万元,同比增长6%;全社会固定资产投资1.92亿元。

【工业经济】 围绕高质量发展要求,实施工业强镇战略,以赴强服务、抓招商、扩总量,实现规模以上工业产值20亿元,增长11.2%。招商引资取得成效,完成实际内资1.25亿元,占年计划的125%,浙商回归5000万元,完成100%。2019年来新落户工业企业5家,其中总投资1.1亿元的浙江博骏环保科技项目落户镇工业小区并开工建设,成为镇域落户的首个亿元以上项目。科技支撑创新引领,完成科技型企业3家,创建瑞德能源高新技术企业1家,并获评高成长企业,海润制衣列入针织产业"八大中心、四大示范"创建范围,智慧管理示范工厂加快建设,协助盛昕能源、众达科技2家企业创建县级工程中心。商贸工作有序推进,创建电商专业村1个。

【现代农业】 精致高效农业加快发展,深化与市农科院、县供销社的战略合作,借助"甬品千创"、淘宝等直播平台,推广土豆"大地托管"模式,打响"泗洲灵梅"品牌。农旅产业发展取得新成效,建成甜瓜产业全国"一村一品"示范村1个。完善农业水利基础设施,泗洲头流域治理、倒流水库维修加固等水利项目建设推进,完成西洋村、峙前村、上马岙村、南岙村水毁工程建设。

【全域旅游】 全域景区化战略推进,市级风景线建设完成灵南高速出口至墩岙村段,新增上马岙省A级景区村,培育金家岙省AAA级景区村,全镇A

级以上景区村达到7个。民宿经济取得新突破，"望乡""二月别居"等民宿经营良好，新增个性化民宿9幢，创建市级民宿集聚村1个。旅游招商取得较大进展，灵岩山滨海森林运动智谷项目推进，上西庄顶亲养生旅居项目完成签约，金家岙龙溪峡谷漂流项目开工建设。

【美丽集镇】 交通基础设施改善，基本完成泗长线、泗西线大中修项目，完成农村公路改建提升2条0.8千米、推进实施2条3千米。推进"五水共治"，加强污水处理设施常态化运维管理，完成省级污水零直排区创建。统筹发挥综合执法中队、市场管理、车管所、环卫所等机构力量，对兴洲路、盛洲路、灵峰路和农贸市场周边等重点地段，实行"牛皮癣"清理外包服务，开展占道经营集中整治，巩固提升美丽集镇成果，落实"路长制""两员两站""门前三包"等各项制度。

【美丽乡村】 新时代美丽乡村建设推进，常态化开展全域环境综合整治，季度考评处于全县前列，创建上马岙市级美丽宜居示范村，创建"一村万树"5个村。有序推进垃圾分类工作，新建太阳能垃圾处理房1个，完成垃圾中转站主体建设，建成市级农村生活垃圾分类示范乡镇，创建省级高标准垃圾分类示范村1个、市级生活垃圾分类示范村2个。"灵岩山水秀，乡韵泗洲头"文明示范线全域贯通，率先实现新时代文明实践站全覆盖，建成农村文化礼堂4家。常态化开展全域环境综合整治，季度考评处于全县前列。推进农村厕所革命，全面完成农村公厕改造提升47座。

【社会事业】 "健康泗洲头"建设有序推进，建成镇敬老院颐养小屋，完成500名妇女"两癌"筛查任务，实现重点人群家庭医生契约式服务签约2159人，完成年度任务数的123%。加强健康支持性环境设施建设，创建墩岙、肖胡、何婆岭3个健康村。教育事业稳步向前，不折不扣落实全县教育发展和镇级奖教惠师政策，完成中学教师宿舍装修工程。教学质量提升，初中毕业班考入象山中学2名、第三中学2名。加强食品药品安全监管，建成省A级农村家宴放心厨房2个，创建"送药上山进岛"便民服务点1个。社会保障持续扩面，全面兜底弱势群体基本生活保障，发放各类保障资金505.7万元，惠及群众1475人。推进全民参保，新增城乡、职工基本养老保险329人，实现住房及家庭财产保险和政府扶贫救助保险参保全覆盖。完善农村基础设施，泗西线、泗长线公路大修工程基本完工，泗洲头流域治理工程有序推进，全面完成农村公厕改造。推进"五水共治"，加强污水处理设施常态化运维管理，完成省级污水零直排区创建。

【专项行动】 打好污染防治攻坚战，从严落实中央和省级环保督察，整改环保督查信访问题3个。加强饮用水源保护和规范化管理，落实灵岩山、白仙山、蟹钳港湿地等重点区域生态环境保护。深化渔业领域"平安守护"专项行动，开展联合执法行动12次，清理地笼网356顶。推进"五水共治"，泗洲头流域治理、倒流水库维修加固等水利项目推进，实施生活污水处理设施常态化运维管理，建成省级污水零直排区示范乡镇。坚决打赢"蓝天保卫战"，落实重污染天气应急减排工作，及时阻止违规焚烧农村秸秆30余起。持续推进"三改一拆""四边三化"专项行动，率先完成大棚房整治，累计拆违1.59万平方米，完成年度目标任务的105.7%。

【基层治理】 强化干部队伍建设，严格落实干部日常管理机制，制定实施干部职工考勤办法，落实"双随机三评价一通报"工作机制，提升干部能力水平，增强服务效能。扎实推进党支部规范化、标准化建设，规范落实"三会一课"、主题党日、民主评议党员等制度，深化完善党员党性体检、积分管理、党员联户等制度，建强基层组织的政治功能，保障村民说事规范开展。落实全面从严治党要求，始终把政治纪律和政治规矩挺在前面，注重日常管理和监督，督促党员干部时刻绷紧纪律规矩弦，做到心有所畏、言有所戒、行有所止。贯彻从严发展要求，新发展党员15名，其中45周岁以下7名。开展"三清践廉"工程，创建县级清廉村居示范村1个，在创市级1个、县级3个。运用监督执纪"四种形态"，提醒谈话15人次，给予党内警告3人，开除党籍2人，行政警告1人。

【平安建设】 深化平安泗洲头建设，推进扫黑除恶专项斗争，配合做好中央扫黑除恶专项督查工作，依法打击处理2人。深化"一中心四平台全科网格"建设，全面提升村级社会治理和服务群众水平，累计上报事件8548件，走访巡查317.4万次，排查调处各类矛盾纠纷89件。落实初信初访首办责任、领导包案等信访工作机制，化解初信初访25件、信访积案2起，完成全国、省市县各级两会、庆祝新中国成立70周年等重要会议、重大活动期间的维稳安保任务。严格落实安全生产责任制，开展安全生产整治百日大会战等行动，完成全镇170家商事主体排查录入工作，查处无照经营企业2家，整改隐患278处，立案处罚3起，拆除违章搭建1处，开展"四懂三会"培训1200余人次。健全大应急体系，强化应急救援演练，防御"利奇马"超强台风等自然灾害。

【中共泗洲头镇第十三届代表大会第五次会议召开】 1月8日，中共泗洲头镇第十三届代表大会第五次会议召开，县人大常委会副主任黄敏求应邀参加会议。来自全镇各行各业的43名正式代表，24名列席代表，10名旁听党员出席该次大会，与会代表高举习近平新时代中国特色社会主义思想伟大旗帜，贯彻落实中共十九届四中全会精神，总结回顾2019年工作，研究部署2020年任务，动员全镇各党组织和广大党员干部群众，围绕经济社会高质量发展要求，加快镇域治理现代化，打造乡村振兴示范区，奋力开创新时代美丽乡村建设新局面。

【泗洲头镇第十八届人民代表大会第七次会议召开】 1月14日，泗洲头镇政府召开第十八届第七次人代会，来自全镇各条战线的41名正式代表，40名列席代表肩负重托，心系梦想，齐聚一堂，共商泗洲头2020年发展大计。会上，副镇长芦敏代表泗洲头镇作2019年政府工作报告。会议总结2019年的工作，对2020年工作作出部署。会议指出，全镇人民要在县委、县政府及镇党委的正确领导下，团结依靠全镇干部群众，凝心聚力、真抓实干，推进乡村产业、生态、人才、组织、文化五大振兴，统筹"四美建设"，紧扣产业项目突破、美丽乡村品质、民宿经济提升、乡村治理示范、改革创新引领、基层基础巩固"六大行动"，高水平全面建成小康社会，高水平推进镇域治理现代化，高水平打造乡村振兴示范区，谱写新时代政府工作高质量发展新篇章。

【唐冬寿到泗洲头镇调研非洲猪瘟防控及绿色畜牧业可持续发展工作】 2月28日，省农业农村厅副厅长唐冬寿带队赴泗洲头镇调研非洲猪瘟防控及绿色畜牧业可持续发展工作，宁波市农业农村局及象山县相关领导陪同。赴后王村检查"大棚房"问题整治整改、消除集体经济薄弱村发展集体经济项目；赴泗洲头镇塘岸村检查象山农福生猪养殖合作社非洲猪瘟防控工作。

【孙小雄到泗洲头镇调研乡村振兴工作】 5月15日上午，县委副书记、政法委书记孙小雄率相关部门负责人，到泗洲头镇调研指导乡村振兴工作，实地考察横埕村九石生物，金家岙村（小石坑真象自然教育营地、国家AAA级旅游景区创建、"二月别居"民宿）。孙小雄在调研中指出，要提高站位、凝聚共识，高质量发展民宿经济，把绿水青山转为金山银山，以产业兴旺为突破带动乡村全面振兴。

【张天佐赴泗洲头镇墩岙村调研乡村治理工作】 5月28日下午，农业农村部张天佐司长、农业农村部产业合作指导司副处长贺潇等，省农业农村厅副厅长孙飞翔，市人民政府副市长卞吉安，叶剑鸣书记等到墩岙村实地考察乡村治理相关工作。

【"善行乡村·走进泗洲头"慈善文艺演出在墩岙村文化礼堂举办】 6月14日晚上，"善行乡村·走进泗洲头"慈善文艺演出在泗洲头镇墩岙村文化礼堂举办。该次晚会由象山县慈善总会主办，象山县慈善总会义工分会、泗洲头慈善分会承办，泗洲头镇妇联、镇文化站、镇团委协办，并由泗洲头镇党委副书记吴丹上台致辞。结合泗洲头镇墩岙村慈善文艺晚会，泗洲头镇综治办还联合禁毒办、司法所、团委等部门在村文化礼堂开展平安宣传活动。

【泗洲头镇召开庆祝中国共产党成立98周年党员大会】 6月28日，泗洲头镇召开"不忘初心·牢记使命"庆祝中国共产党成立98周年党员大会，全镇35个党支部500多名党员参加该次大会，党委副书记、镇长蔡振年主持会议，并通报表彰25名优秀共产党员，肯定他们在各自岗位兢兢业业、任劳任怨，发挥党员先锋模范作用。镇党委书记周元能代表镇党委向全镇广大党员致以节日的问候，向奋战在各战线的广大党员致以节日的问候，向奋战在各条战线的广大党员、干部致以崇高的敬意和衷心的感谢。大会最后，镇党委特邀的海曙区委党校韩欢老师为全体党员上一堂《加强党性修养　争做合格党员——〈中国共产党党员教育管理工作条例〉解读》专题党课。

【省文联文艺志愿服务走进泗洲头镇墩岙村】 7月9日，由省文联、省文联艺术家志愿服务总团主办，市文联协办，县委宣传部、县文联、泗洲头镇党委、政府承办的"到人民中去"省文联文艺志愿服务活动走进泗洲头镇墩岙村，为乡亲们送上一台以文艺助力乡村振兴为主题的文艺演出。该次活动旨在贯彻落实中共十九大精神和习近平新时代中国特色社会主义思想，弘扬"文艺轻骑兵"的精神和优良传统，满足人民群众精神文化需求，生活、扎根人民，让文艺服务于基层，服务于人民大众。

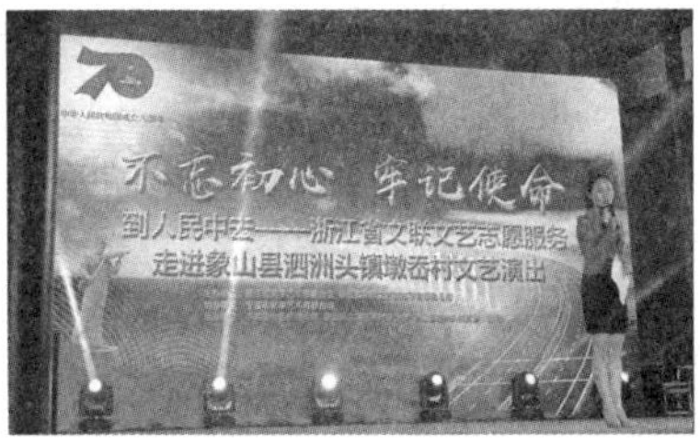

7月9日，举办以文艺助力乡村振兴为主题的文艺演出

【宁波大学"关爱1+1"社会实践基地签约揭牌仪式暨泗洲头镇春泥计划"假日学校"军事训练营闭幕式】 7月13日，泗洲头镇初级中学举行宁波大学"关爱1+1"社会实践基地签约揭牌仪式暨泗洲头镇春泥计划"假日学校"军事训练营闭幕式，宁波大学党委副书记冯志敏、人事处处长徐军伟、宁波大学机械工程与力学学院党委副书记邵丽、宁波大学团委副书记周星宇、象山县第九届政协副主席、关工委主任赖明和泗洲头镇党委书记周元能、党委副书记吴丹、泗洲头镇初级中学校领导衡建华、周洪林等出席该次活动。

7月13日，宁波大学"关爱1+1"社会实践基地签约揭牌仪式暨泗洲头镇春泥计划"假日学校"军事夏令营闭训式

【泗洲头镇开展"不忘初心、牢记使命"主题教育动员大会】 9月12日下午，泗洲头镇开展"不忘初心、牢记使命"主题教育动员大会，镇党委书记周元能主持会议并作动员部署，县委第九巡回指导组组长蒋全明指导讲话。全体机关干部、各基层党组织书记、属地部门负责人、派驻机构负责人等参加会议。

【泗洲头镇组织召开党委理论学习中心组（扩大）暨"不忘初心、牢记使命"主题教育干部专题研讨会】 9月30日上午，泗洲头镇组织召开党委理论学习中心组（扩大）暨"不忘初心、牢记使命”主题教育领导干部专题研讨会，县人大常委会副主任黄敏求、县主题教育第九巡回指导组副组长周善彪等参加巡听。

【泗洲头镇举办“不忘初心、牢记使命”主题教育暨学习强国知识竞赛】 10月9日下午，泗洲头镇举办“不忘初心、牢记使命”主题教育暨学习强国知识竞赛。镇全体机关党员、各村党支部书记、“两新”党支部书记参加活动，镇党委书记周元能出席活动，县委宣传部部务会议成员、县文明办副主任陈金裕应邀参加。

【石坚定出席泗洲头镇工业集聚区二期奠基】 10月17日，泗洲头镇工业集聚区二期奠基，县人民政府副县长石坚定、县府办副主任郑港峰、镇党委书记周元能出席奠基仪式。新招引的浙江博骏环保科技有限公司举行开工典礼。浙江博骏环保科技有限公司投产后，将成为镇域内首个亿元工业投资项目，这对镇实施工业强镇战略、推动高质量发展具有重要的示范带动意义。

10月17日，举行洲头镇工业集聚区二期奠基仪式

【孙小雄赴泗洲头镇开展“三服务”活动】 11月21日下午，县委副书记孙小雄携同县委办、县发改局、县自然资源和规划局、县水利和渔业局、县旅游发展中心先后走访泗洲头镇东联村、金家岙村，详细了解东联村集体闲置宅基地“三权分置”工作、金家岙漂流乡村产业项目的推进情况，对泗洲头镇改革创新，盘活闲置资源，助推乡村振兴工作给予肯定，针对提出的乡村产业项目报批、政策处理、项目落地进场等问题予以现场协调解决。

【江再国到泗洲头镇考察新时代文明实践等工作】 12月10日下午，市委宣传部副部长、新闻出版局局长邓晓东协同网信办副主任江再国、干部处处长孙文涛等人到泗洲头镇墩岙村、下马岙村考察农村文化礼堂、新时代文明实践中心及家风家训建设等情况。县委常委、宣传部部长罗来兴；常务副部长励胜利等人及泗洲头镇党委书记周元能陪同。

【裘东耀到泗洲头镇开展“三服务”活动暨节日市场供应调研】 12月25日上午，市委副书记、市长裘东耀，副市长卞吉安，市政府党组成员、秘书长张良才，市政府办公厅副主任陈顶祥以及市商务局局长张延、市农业农村局局长李强等人赴泗洲头镇农福生猪专业合作社开展“三服务”活动暨节日市场供应（生猪保供稳价）调研，象山县委书记叶剑鸣等人陪同。

（泗洲头镇人民政府　辛林岭）

表92　**2019年泗洲头镇社会经济基本情况表**

指标名称	计量单位	数量	指标名称	计量单位	数量
一、基本情况	—	—	建筑业企业	个	0
行政区域面积	公顷	8400	住宿餐饮业企业	个	0
居民委员会（社区）	个	1	商品交易市场	个	2
村民委员会	个	21	营业面积50平方米以上的综合商店或超市	个	5
其中：通公共交通的村	个	21	五、教育、文化、卫生	—	—
通宽带互联网的村	个	21	幼儿园、托儿所	个	2
通有线电视的村	个	21	小学校	所	1
通自来水的村	个	21	小学专任教师	人	32
生活垃圾全部集中处理的村	个	21	小学在校学生	人	344
生活污水全部集中处理的村	个	21	图书馆	个	1
二、人口	—	—	剧场、影剧院	个	0
户籍户数	户	5861	体育场馆	个	1
户籍人口	人	18065	医疗卫生机构	个	8
三、农业	—	—	医疗卫生机构床位	张	8

续表92

指标名称	计量单位	数量	指标名称	计量单位	数量
耕地面积	公顷	1230.6	执业(助理)医师	人	18
耕地灌溉面积	公顷	800	兽医(防疫)技术人员	人	3
农业技术服务机构	个	1	六、社会保障	—	—
农业技术服务机构从业人员	人	5	提供住宿的社会工作机构	个	1
农业企业	个	2	其中:本级政府创办的养老机构	个	1
家庭农场	个	41	提供住宿的社会工作机构床位	张	95
农民专业合作社	个	42	城乡居民基本养老保险参保人数	人	13717
农民专业合作社成员	户	671	城乡居民基本医疗保险参保人数	人	9917
四、财政、经济、贸易	—	—	城乡居民最低生活保障人数	人	482
一般公共预算收入	万元	6570	七、公用事业	—	—
一般公共预算支出	万元	6570	自来水用户	户	6578
资产总额	万元	21480	管道燃气用户	户	0
债务总额	万元	30450	金融机构网点	个	2
工业企业	个	97	公园及休闲健身广场	个	3
其中:规模以上工业企业	个	9	—	—	—

表93　　**2019年泗洲头镇行政村经济情况一览表**

村名	户数(户)	人口(人)	耕地(公顷)	林地(公顷)	村级资产(万元)	村集体年收入(万元)	村集体年支出(万元)	书记	主任
合计	5500	17572	1039.1	4965.1	23071.83	1518.13	645.6	—	—
泗洲头	521	1456	79.2	351.7	3108.84	131.02	203.11	吴建民	柳承波
东联	396	1189	57.5	478.1	1015.79	65.06	10.47	朱爱莲	黄永法
上峙后	130	453	22.5	197.2	611.44	33.04	7.59	陈和法	陈青权
下峙后	268	844	60.4	394.5	704.17	85.4	13.25	柳兴宏	袁保友
后王	116	375	17.2	69.8	833.36	44.64	14.84	朱孝忠	黄振球
塘岸	289	895	39.5	67.9	900.82	74.1	37.56	朱桂娥	朱仁绵
肖胡	294	898	38.2	221.2	1198.83	89.2	14.77	胡灵云	蒋小花
横埕	322	1026	54.8	259.5	954.11	69.92	52.79	胡世考	朱交忠
张岙	257	777	27.6	348.1	785.54	60.15	26.3	张培林	张小富
杨大场	238	739	40.72	144.3	868.56	34.41	6.04	柳志昂	柳尧兴
金家岙	139	431	25.3	137.1	974.04	46.27	17.54	金拥政	吴根培
何婆岭	131	365	17.3	190.7	504.15	33.77	18.43	汤雄伟	张和青

续表93

村　名	户　数（户）	人　口（人）	耕　地（公顷）	林　地（公顷）	村级资产（万元）	村集体年收入（万元）	村集体年支出（万元）	书　记	主　任
西　洋	262	801	60.4	199.6	1169.25	70.3	6.85	俞建方	朱裕敏
泗　联	388	1223	52.2	327.6	996.08	71.99	23.32	朱福云	朱兴平
峙　前	179	634	42.6	394.2	958.93	77.2	26.63	黄新春	陈文忠
下马岙	241	893	72.2	215.5	847.67	82.58	33.65	黄建华	黄瑶军
上马岙	346	1157	47.1	354.6	1279.56	35.53	52.84	黄建夫	胡全富
墩岙塘	100	363	34.7	32.8	752.16	46.58	7.34	陈增来	何光森
墩　岙	227	787	35.3	145.3	1407.65	136.41	13.68	鲍英钱	鲍耀飞
苏　岙	273	931	127.6	248.5	1523.03	103.32	20.08	张永富	黄伦勇
大　理	383	1335	86.7	186.7	1677.85	127.24	38.52	盛健海	盛大平

表94　**2019年泗洲头镇重点企业主要经济指标一览表**

单位：万元

企业名称	产值		销售		利润		税金	
	累计数	同期数	累计数	同期数	累计数	同期数	累计数	同期数
浙江启鑫新能源科技股份有限公司	84867（100467）	86304	75953	81650	-1370	-3851	858	1678
浙江众达能源科技有限公司	14060	17625	14060	17917	-171	-585	446	701
浙江长城玉士集团有限公司	395	4079	395	3487	-17	-46	29	70
宁波华中制衣有限公司	12197	12605	12197	12605	-37	7	236	316
宁波海润制衣有限公司	9870	14173	8124	14173	174	533	844	923
象山汇鑫针织有限公司	1884	3831	1477	3686	-60	-116	146(注销)	155
宁波新龙泰文具有限公司	7719	6152	7708	6152	-188	-8	399	172
宁波中纺海润制衣有限公司	8261	3450	8019	3287	37	-139	116	151
宁波盛昕能源有限公司	2867	2440	2757	2190	-26	-49	11	23
宁波艾文特汽车零部件有限公司	2240	2706	2240	2523	16	5	85	58
宁波瑞德能源有限公司	26849	15155	26849	14880	315	887	1510	427
宁波南方新能源科技有限公司	8935	12258	9212	12258	255	439	164	166
宁波高达新材料科技有限公司	1584	3104	1584	3104	-5	27	18	—
宁波聚浩能源科技有限公司	2940	2632	2528	2592	3	21	56	—

定塘镇

【概况】 定塘镇全镇陆域面积59.5平方千米,人口3.6万人,辖28个行政村,拥有4万亩耕地和120千米河网,全县最大的平原水库-大塘港水库穿越全镇,号称"下百万"("上百万"为中心城区的南庄平原),是象山著名的"粮仓"。2019年,全镇经济社会实现平稳健康发展。创建省级柑橘特色农业强镇,并作为全市唯一乡镇入选国家农业产业强镇建设名单。全年实现社会生产总值37.97亿元,同比增长7%;财政总收入6600万元,同比增长4.2%;全社会固定资产投资7.7亿元,同比增长141%。

【工业经济】 全年实现工业经济总产值5.2亿元,增长8.3%,其中规上工业产值3.2亿元,增长48.8%。企业梯队培育成效明显,连续第三年实现规上企业净增3家,累计达10家。加大科技投入,完成县科技型小微企业认定2家,入选市"3315计划"3家、市创新型初创企业5家。应对中美贸易摩擦,完成外贸进出口额1.3亿元,与2018年基本持平。开展精准服务企业活动,减免税费900余万元,兑现奖励政策45万元,帮扶企业破解融资、用地等难题58个。

【现代农业】 构建"一区两带多点"柑橘整体产业布局,投入2000万元建成柑橘农业湿地公园、柑橘种植及种苗示范园等项目12个,创建省级柑橘特色农业强镇。依托象山柑橘学院平台,开展科研项目36项,吸纳专家68名。加大"田园定塘"区域公用品牌推广力度,承办县第三届柑橘文化节暨柑橘产业高峰论坛。推进耕地数量、质量、生态"三位一体"保护,建成现代农业园区三期项目8300亩、高标准基本农田7100亩。夯实农业发展基础,投入1800万元完成中楼河小流域治理、节水灌溉等项目5个。发展美丽牧业,推广发酵床技术,新增美丽牧场3家、美丽牧场升级版2家。新建县级农产品质量安全放心示范基地4家、无公害基地1家。首创农机4S维修店,承办县农机维修网点规范化建设现场会,创建省级"机器换人"示范乡镇。建成现代农业园区三期项目9000亩、高标准基本农田1100亩。

【特色经济】 集聚海运发展合力,新增海运企业2家,实现营运收入6亿元,总运力达72万吨、占全县总量的70%。乡村旅游实现新的突破。全年共接待游客约30万人次,增长10%,旅游综合收入3200万元。新增A级以上景区村5个、省级休闲旅游示范区1个、市级专项休闲旅游基地1个。旅游基础设施完善,建成3A级旅游厕所2个、临时生态型停车泊位220个。坚持文化兴旅,启动建筑文化馆、海运文化馆、"非遗"特色街等项目建设,"二月二龙抬头""五月廿七大塘庙会""大塘龙舟邀请赛"等民俗节庆活动火热开展。

【专项行动】 保障重点工程建设。全面完成高速定塘连接线、高速石浦连接线政策处理,补征地30.4亩,拆迁房屋14户,补迁坟墓77座,工程建设推进,分别完成总量的90%、50%。保障110千伏新桥变工程建设,完成26个基杆塔政策处理,助推工程如期建成投用。强势开展涉海涉渔领域"平安守护"专项行动,成立海保公司专业化管理,集中整治老旧渔船等突出问题,查扣涉渔"三无"船舶17艘,渔船安全得到管理。开展安全生产整治百日大会战,集中排查工业园区、加油站、家具市场、小作坊等重点场所298处,治理危化品、消防、电动车等领域安全隐患583个。攻坚"大棚房"整治,清查拆除违建5000余平方米。

【美丽乡村】 持续深化"千万工程",镜架岙村创建县级美丽乡村特色村,金牛港村启动省级美丽宜居示范村建设。盘活闲置资源,大塘小学警务技能训练基地项目落户。深化农村综合改革,以盛平山电商村为试点,在全县率先打造农产品电商镇。完成农村自来水"一户一表"改造16个村6858户。加快"全域四好农村路"建设,新增农村公路3千米,修复田中线等主要路网7千米,完善道路安全设施75处,补种绿化5300平方米。

【人居环境改善】 推进农村环境卫生整治常态化,落实环境卫生专项资金200万元,提标改造太阳能垃圾站4座,实现农村垃圾分类处置全覆盖。开展"厕所革命",新增改造农村公厕8座。加强乡村生态宜居环境建设,新增市级"一村万树"示范村1个,县级绿化提升村6个。坚持节能控能联动,整治"低散乱"企业6家。

【科教文卫】 教育优质资源供给扩大,发放奖教惠师160万元,定塘中学综合楼动建,大塘小学完成撤并,老年大学正式开班。医共体整合加快推进,定塘卫生院全面纳入县第一人民医院医疗健康管理,实现专家坐诊136人次、接诊1800人次,开展二类手术3例。"健康定塘"建设有序开展,实现家庭医生契约式服务全覆盖,完成65周岁以上老年人健康体检3058人。文化事业繁荣进步,市级"非遗小镇"创建全面推进,建成文化礼堂7个、"艺+堂"1个,组织开展宁波市文化礼堂"我们的村晚""我爱你中国"快闪、戏曲大家唱等文化活动56次,送戏、送电影下乡128场。推进乡贤组织规范化、长效化建设,完成乡贤参事会注册开户并正式运行。

【社会保障】 加强社保精准扩面,社会养老、医疗保险参保率分别达92%、99%。推进养老服务提质工程,实现村级居家养老服务站点全覆盖。探索社会化救助,发放社会救助金908万元,慈善救助金42万元。完善镇村两级退役军人服务体系,发放重点优抚、生活补助金150万元。

【平安建设】 扫黑除恶专项斗争取得阶段性成效,破获涉黑涉恶案件5起,打击处理涉黑涉恶人员15名。依托

“村民说事”“代表督事”“一中心四平台一网格”等社会治理载体，推进社会治理向源头化解，妥善处理非正常死亡事件11起、矛盾纠纷26起，受理群众来信来访来电网上投诉91件。加大毒品排查和打击力度，查处罂粟违法种植3起，铲除罂粟2700余株。筑牢食品安全防线，建成大塘麦糕小作坊联盟，新增农村家宴放心厨房和食品安全科普站各1个。

【党风廉政】　扎实开展“不忘初心、牢记使命”主题教育，推进“一线蹲点三服务”活动，严格执行精准抓落实“10条”制度，为群众解决问题120余个。主动接受人大、政协和社会各界监督，办理人大代表建议25条。强化预算与支出管理，有序推进投融资体制改革，“三公”经费持续下降，财政管理绩效得到提高。

【中共定塘镇第十三次表大会第三次会议召开】　1月3日上午，中共定塘镇第十三届代表大会第四次会议召开，来自全镇各条战线的62名党代表出席参加会议。会议总结2018年主要工作、基本经验和取得的成绩，全面客观地分析面临的形势和存在的不足，并指明2019年工作的思路和方向。

【定塘镇第十八届人民代表大会第五次会议召开】　1月8日，定塘镇召开第十八届人民代表大会第五次会议，来自全镇各条战线的49名人大代表，以及各位列席代表出席会议。

【定塘镇举办中国柑橘产业链50人论坛】　1月12—13日，由定塘镇人民政府（象山柑橘学院）和新农堂共同发起举办的中国柑橘财富50人论坛，吸引来自四川、云南、广东、福建等全国各地的农业经销界和产业界大咖踊跃参与，共同探讨柑橘新品种，打造下一个柑橘爆品。

中国柑橘产业链50人论坛

【定塘镇全面开展涉海涉渔领域“平安守护”专项行动】　自3月8日涉海涉渔领域“平安守护”专项行动开展以来，定塘镇各工作组根据任务分工，纷纷赶赴石浦、鹤浦、舟山、慈溪的各个码头对辖区渔船逐船进行登船检查，按照“一船一档”的原则整合每艘渔船的档案，将档案材料数字化，并不定期开展专项督查，夯实渔业安全生产工作。

工作人员登船检查（吴敏勇　摄）

【田洋湖村举行“二月二”民俗文化节】　3月8日，定塘镇田洋湖村举办“二月二”民俗文化节。舞茶山老龙、教牛耕地、炒天外糕等传统民俗活动是对古老文化的一种传承。通过民俗节，可以让更多人了解、走进田洋湖村。

“二月二”民俗文化节活动现场（王珮　摄）

【下营村举办端午民俗文化节】　6月7日上午，定塘镇下营村锣鼓喧天，人声鼎沸，“粽情端午　和谐下营”第三届端午民俗文化节正式拉开序幕，当地村民与四方游客纷纷前来品粽怀古过端午，感受乡土文化风情。

（吴敏勇　摄）

【定塘镇举办“我爱你中国”快闪活动】　6月14日，定塘镇文化广场国旗飘扬、歌声嘹亮、人头攒动，庆祝新中国成立70周年“我爱你中国”快闪活动激情上演，数百名干部群众用嘹亮的歌声唱出对祖国的热爱，为祖国70华诞献上祝福。

“我爱你中国”快闪活动（吴敏勇　摄）

【举行“五廿七红庙庙会”】　6月29日，定塘镇中站村的红庙前，彩旗飘扬，锣鼓喧天，一年一度的大塘红庙庙会正热闹举行。庙会寄托着大塘人民历代相传的感恩之心和喜悦之情，具有鲜明民间文化特色，2019年更是被列入2019年“民间民俗·多彩浙江”优秀传统文化系列活动，吃麦糕、赶庙会、划龙舟等浓郁独特的乡土民俗活动精彩纷呈。

大塘红庙庙会

大塘龙舟赛

【浙江省大学生乡村振兴创意大赛竞赛暨定塘镇大学生乡村振兴实践合作基地启动】 7月19日,浙江省大学生乡村振兴创意大赛竞赛暨定塘镇大学生乡村振兴实践合作基地启动。启动仪式后,浙江财经大学、浙江师范大学、宁波大学等来自全省的多所高校团队将走进定塘,体会定塘风俗民情,了解定塘山山水水,开展乡村建设的头脑风暴,碰撞乡村振兴的思维火花,用青年人的热情和创意,为定塘乡村振兴高质量发展提供“加速度”。

授牌仪式(王珮　摄)

【“2019环太平洋国家艺术展”在定塘开展文化交流活动】 8月7日,赴甬参加2019“环太平洋国家艺术展”的18位外国艺术家到定塘镇定山村文化礼堂,与象山艺术家们进行创作交流,为村民送来太平洋凉爽的海风。

外国艺术家与象山艺术家们合影留念(王珮　摄)

【定塘镇召开第十八届人民代表大会第六次会议】 8月23日上午,定塘镇召开第十八届人民代表大会第六次会议,来自全镇各行各业的47名代表和26名列席人员出席大会。

第十八届人民代表大会第六次会议(王珮　摄)

【定塘镇召开“不忘初心、牢记使命”主题教育动员部署会】 9月12日下午,定塘剧院红旗招展,定塘镇全体党员、机关干部、县委巡回指导组、各行政村、基层站所、两新党组织负责人及市县党代表对镇全面开展“不忘初心、牢记使命”主题教育开展动员部署。

“不忘初心、牢记使命”主题教育动员部署会(王珮　摄)

【定塘乡贤出资照亮百姓出行路】 11月14日,金牛港村乡贤罗海敏出资10万元为村里道路安装的自发光体装置。不仅在没有路灯的区域显示路形,提醒安全行车,还有助于美化路域夜间出行环境。

村道夜景(潘孔展　摄)

【定塘镇乡贤参事会召开2019年度第二次全体理事会议】 12月11日,定塘镇乡贤参事会2019年度第二次全体理事会议在上海宏润大厦召开。20余名乡贤再聚一堂,共商乡里发展,共叙乡情乡谊。

定塘镇(王珮　摄)

表 95　　定塘镇 2019 年农村经济基本情况表

单位：万元

村别	户数	人口	土地面积	山林面积	村级经营性收入	上级补助收入	书记	主任
合计	10325	34182	31433.33	53266	549.081	1225.6807	—	—
渡头	343	1098	772.70	984	126.27	8.15	赵有存	郑安良
后洋塘	538	1852	1818.00	1149	14.378	80.041	池连忠	胡阿楚
葫芦门	148	473	561.70	898	4.95	19.12	郑高方	郑高敏
大湾山	290	1047	1043	4435	2.81	18.72	董元良	胡金钱
下营	528	1754	2052.52	3481	30.9181	68.2654	—	陈生汉
方前	290	932	681	4216	16	12.21	陈朝平	陈余清
沙地	240	859	592	4491	5.26	103.67	郑经治	陈兆永
周岙	219	624	416.65	3385	3.105	22.9676	王卫明	胡振益
洋岙	362	1156	1408	4170	15.9948	12.2403	黄良云	陈苏苗
定山	270	862	743	1656	68.74	133.64	王纪明	奚成会
灵雅舍	365	1104	1384	1846	8.7243	19.7132	余桂根	陈光维
台洞塘	272	960	1028	791	5.37	30.7	顾礼阳	华银松
中垊	995	3438	3052	2512	6.58	116.5112	陈定宗	何小良
新岙	436	1493	1252.3	2973	2.4317	29.3032	俞和平	俞建云
小湾塘	165	566	378.86	1644	11.2924	18.3808	施英东	史菊云
镜架岙	269	822	728.00	965	31	49.3321	胡亚平	—
岙底	331	1116	975.52	3916	10.1	71.7137	李玉定	薛世旁
田洋湖	431	1429	1012.41	3387	53.0713	45.3398	胡凌超	韩时平
盛平山	395	1197	1200.12	2488	5.12	54.4474	谢仁青	—
叶口山	426	1463	1199.5	1077	44.0208	50.3675	陈成定	王兴岳
宁波站	425	1517	1442.19	556	10.3832	10.1621	王恒良	励茂盛
花港	620	1984	1601.79	586	2.7695	59.5873	俞尚田	金赞
漕港	405	1287	1185.73	561	6.541	29.1357	齐其江	陈国明
英山	249	838	909.91	561	16.1328	16.9184	朱丛奎	周国田
白墩	411	1345	1065	120	2.565	52.3032	郑有才	王家定
金牛港	264	897	684.83	105	10.8314	42.7447	吕全德	黄永球
礁横	355	1174	1328.5	175	5.1592	26.0726	张灵才	陈青松
中站	283	895	916.1	138	28.5624	23.9235	陈明进	李志杰

涂茨镇

【概况】 涂茨镇位于象山县东北部，地处象山港口，东濒大目洋，与舟山群岛隔海相望，环港公路贯穿全镇，交通便捷。涂茨镇镇域面积62平方千米，下辖21个行政村，人口2.2万人，沿海岸线38千米，海涂面积833公顷，耕地836.6公顷，山林2572公顷，大小岛礁98个。境内有乱礁洋、外干门港、风车之路、珠山等自然景观，山海人文资源完美融合成"东海仙子湾"，是发展滨海休闲度假之胜地。依托城东工业园、临港装备工业区两翼驱动，道人山围垦、宁波水产种业园区、大港口、联围塘等临港资源优势，涂茨成为一方投资开发热土。2019年，全镇经济社会各项事业呈现稳中有进的向好态势，实现全镇社会生产总值38.5亿元，增长10.3%；税收9612.77万元，增长24.1%；农（渔）民人均纯收入22340元，增长8.1；荣膺承办全国加强乡村治理体系建设工作会议集体三等功、全县"四大攻坚行动"集体嘉奖。

【工业经济】 完成规上工业产值24亿元、增长29%，外贸进出口完成1.4亿元，增速位居全县第二。新引进亿元以上项目4个，首个50亿元的象山涂茨海上风电项目签约，实际利用内资1.68亿元、"浙商回归"资金7520万元，完成工业投资3.4亿元，成为全县最快完成重点工程建设的乡镇。实施抓大壮小扶微计划，新乐造船产值达7亿元，波威重工、美亚混凝土产值实现翻番，净增规上企业4家，新增科技型小微企业4家、创新型初创企业9家、省级工程技术中心1家，2家企业在宁波股权交易中心挂牌。探索弹性供地、承诺审批、银企对接等创新举措，做实项目代办、环境协调、政策处理等联企服务工作，解决贷款融资近5000万元，帮扶引育技能人才204人。

【现代农业】 实现农业总产值3.55亿元。建成盛腾现代农业科普示范区，双拥农机专业合作社创建市级规范合作社，农业智能化管控系统获批市级农机科技推广项目，承办全县农机春耕备耕暨水稻"穴直播"现场会。小水果产业、花木产业、畜牧业、渔业均有所发展，谷斯牧业落户黄山头，东港溪坑水库、钱仓渠道整治等一批水利工程基本完工，完成珠山、泊戈洋片区1200亩高标准农田提升工程，解决白象头、屿岙石塘遗留问题。

【全域旅游】 提升东海仙子湾精品线，建成环象绿道25千米，打造汤岙"蝶恋花"油菜花田500亩，建设"春华秋实"音乐稻香季活动基地，新增A级以上景区村3个、民宿12家，获评市级民宿经济集聚区称号，红色教育、休闲度假、户外拓展等精品特色旅游有所拓展，举办象山山地马拉松赛、环东海仙子湾自行车赛等活动，累计接待游客20万余人。编制闲置资源招商手册，完成猎鹰山庄二期建设，跟进大岭后田园综合体、东屿山海洋海岛游项目。健全旅游产品营销体系，与浙江纺织服装职业技术学院商学院、"阿拉团呗"达成三方合作，统一管理、营销东海仙子湾品牌产品，实现营业额55万元。

【镇村建设】 启动国土空间利用总体规划编制前期工作，农房确权完成率居全县前三，钱仓城乡客运站工程、镇敬老院工程启动运行，毛湾外山嘴至高湾口公路、长沙瞭望塔等工程扎实推进，实施沿海线长沙段、旭拱岙段等台风塌方维修5处。深化美丽乡村建设，大岭后省级美丽宜居示范村创建工作有条不紊，汤岙县级特色村培育打造农旅文融合特色基地，中堡村依托军事微展馆，推进红色军旅特色游，建成省级特色精品村1个，完成"一事一议"项目1个，创建县级美丽庭院示范村、"一村万树"各3个。

【人居环境】 持续推进"一户多宅"村庄梳理式改造工作，累计拆违1.65万平方米，梳理式改造拆除12.3亩。深化全域环境治理，结合全国两会、中华人民共和国成立70周年活动和台风灾后自救等重点工作，全面组织开展"红马甲"志愿行动等多种形式村庄清洁活动，累计整治环境卫生薄弱点160余处，整改环境卫生薄弱村1个。做好农村生活污水长效管理，21个村实现污水一体化运维管理，完成3个村庄处理设施标准化运维试点项目提升，新建公厕3座，改建新建太阳能垃圾处理站8个，污水零直排区创建通过省级验收。

【社会民生】 特色教育呈现亮点，涂茨小学《致善毓德》课程获省精品课程一等奖，涂茨幼儿园获评省级足球特色幼儿园。推进健康象山建设，新增村级医药一体化卫生室2家，创建市级卫生村2个。落实就业创业政策，城镇登记失业率1.8%。完善社会保险体系，新增户籍人员养老550人，医保参保率达99.2%。推进"最多跑一次"改革，殡葬事网上智慧办理全面实施。强化退役军人服务平台建设，建成中堡县级退役军人服务站示范点。慈善救助、扶残助残、红十字等工作扎实推进，开展低收入群体精准扶持行动，发放各类补助救助资金近550万元，东西部扶贫、山海协作任务落实。

【平安建设】 部署开展"保平安、迎大庆"专项行动，推动信访积案化解攻坚行动，以控促化、短期内化解一批信访积案，积案化解率和信访人员息访率达到半数以上，8月以来没有出现越级访现象，完成平安护航安保维稳任务，荣获集体嘉奖。完善群众来访登记管理制度，压实信访化解责任，形成源头收集分流化解工作闭环，初信初访化解率100%。深化平安象山建设，"一中心四平台全科网格"整合提升。推进扫黑除恶专项斗争，严厉打击涉黑涉恶等违法行为，农村治安形势显著好转。

【安全生产】 实施安全生产整治百日大会战等行动，集中治理危化品、消防、交通等领域安全隐患，安全事故数、死亡人数有所下降。动植物防控取得成效，全年未发生非洲猪瘟、森林火灾。加强食品药品安全管控，农产品农残检测620批次，合格率99.8%。"利奇马”超强台风防御工作取得阶段性成效，维修溪坑、渠道、码头20余处。强化反走私工作，落实码头限高限宽、监控安装等防范措施，全天候开展码头巡查，反走私形势明显好转。

【涉海涉渔领域“平安守护”专项行动】 抽调全镇66名干部和3个县派工作组一起，扛起背包进乡村、迈开步子上渔船，集中开展海上安全生产知识宣传、登船检查、港口码头巡查等工作，严厉整治编组生产、救生衣、养殖船违规捕捞、玻璃钢快艇、“三无”渔船等突出问题，解决254名船主船员的培训考试、29艘船检通不过、276名渔民救生衣发放等渔民实际需求，累计开展清港行动12次，查处“三无”船舶12艘，发放救生衣279件，监管玻璃钢快艇10艘，清除地笼网等违禁网具121顶，海上形势保持平稳。

【政府管理】 优化政府职能配置，完成内部机构改革。自觉接受镇人大监督，执行重大事项向人大报告制度，办理人大代表建议8件。完善重大行政决策程序、政府法律顾问制度，严格执行重大执法决定法制审核，强化政府性合同备案，依法履职能力提升。推进政务“五公开”，统筹规范文件会议等管理，集中清理“七多”事项，行政行为更加规范、透明。实施预算绩效管理，实行镇财县管模式，政府债务得到控制。从严压缩一般性支出，规范政府采购行为，强化办公经费、外出培训等管控，“三公”经费支出下降。

【党管治党】 坚持党要管党、从严治党，健全干部考核评价机制，深化“双对双排”，推行“双随机一抽查”制度和指纹考勤，加大奖优罚劣力度，形成“实干实绩实效”干部任用导向。全面落实意识形态工作主体责任，牢牢把握意识形态领域主导权和话语权。推进基层党建“整村推进，整镇提升”，建立“一清单、四落实”支部标准化规范化考评机制，落实党建工作例会制，整转后进村2个，调整村干部10名，破解一批党建发展难题。从严执行中央八项规定精神实施细则及有关规定，精准运用监督执纪“四种形态”尤其是第一种形态，提醒、问责42人次。保持惩治腐败高压态势，立案11件，查处党员干部9人。全面落实党风廉政建设两个责任，配合县委第二巡察组做好13个村级党组织巡察工作，抓好问题整改。纵深推进全面从严治党，新增新塘等“清廉村居”示范村2个，农村基层权力运行规范。

【主题教育】 高质量推进“不忘初心、牢记使命”主题教育，把学习教育、调查研究、检视问题、整改落实贯彻主题教育全过程，真正把“两个维护”落细落实、见诸行动。利用党委理论学习中心组、周一夜学等学习平台，第一时间传达学习习近平总书记发表的重要讲话、作出的重要指示，真信真学、深学笃用，累计开展各类学习培训座谈会110余次，开展“初心之旅”33批次。聚焦村级集体经济薄弱、镇南新区打造、基层组织软弱涣散等反映强烈的问题，领导班子领衔开展课题调研，谋划部署“工业旅游双突破、城乡发展和基层基础双提升”系列举措。召开专题民主生活会，全面推动专项整治、四类问题和主题教育检视问题整改落实，中央和省级环保督察、国家海洋督察问题整改基本完成，“大棚房”整治高质量完成，扫黑除恶专项斗争强势推进，对口帮扶、山海协作开展，省委“四大建设”、市委“六争攻坚”、县委“四个年”活动等重大部署落实。

【镇第十八届人民代表大会第四次会议】 1月18日，涂茨镇政府召开第十八届第四次人代会，县人大常委会副主任应伟刚莅临会议进行指导。大会听取并审议《政府工作报告》《人大主席团报告》《镇2018年财政预算执行情况和2019年财政预算》。并票决产生2019年度7大民生实事项目。

【完成全国加强乡村治理体系建设工作会议现场参观点承办任务】 按照全国会议的标准和要求，对旭拱岙村参观点进行整体提升，打造10个大节点100个小节点，全面展现旭拱岙村制度治村下的美丽环境、美丽产业、美好乡风，高水平、高质量、高效率完成会议参观点承办任务，受到各级领导和与会代表一致好评，涂茨镇党委、政府还荣获得集体三等功。涂茨镇信访说事会、旭拱岙村村民说事、诚信指数考评等相关做法还亮相《人民日报》、新华社、中新社及《浙江日报》、浙江在线等新闻媒体。旭拱岙村制度治村经验得到省委副书记、宁波市委书记郑栅洁，省委常委、政法委书记王昌荣的肯定，旭拱岙村成为县首个全国乡村治理示范村。

【垃圾分类工作名列前茅】 建立“领导联片、干部联村、党员联户”垃圾分类网格化指导管理机制，强化源头分类宣传管控。推行检查小组每月督查、专项工作月度通报，将垃圾分类纳入环境卫生考核和镇村干部考核，倒逼干部加快垃圾分类推进力度。投入专项资金350万，配套太阳能处理站、垃圾桶、垃圾房等设施投入，并按照分类考核落实“以奖代补”资金。2019年，涂茨镇生活垃圾分类处理工作名列全县前茅，旭拱岙获评省级高标准生活垃圾分类示范村称号。

【东海仙子湾开线】 1月5日，“东海仙子湾”美丽风景线（文明示范线）启动仪式在旭拱岙村举行。“东海仙子湾”，位于象山东北部沿海，是象山半岛接受第一缕阳光照射的地方，更是象山百里黄金海岸的起始点。该风景线全长12.1千米，涉及涂茨镇旭拱岙、毛湾、大岭后、长沙、大坦、中堡6个行政村，依托海、山、林、田、村等生态基底和渔村原生风情，围绕美丽乡村风景线、文明示范线、党建精品线、旅游风情线“四线合一”目标建设，重点打造“养心”“养生”“养气”三大块文章。创建市级民宿经济集聚区1个，AAA级景区村、市级美丽乡村示范村、村民说事示范村和清廉村居示范村各1个。

【省委副书记、市委书记郑栅洁到涂茨镇调研】 7月2日，省委副书记、市委书记郑栅洁从宁波日星铸业有限公司调研结束后，到涂茨镇浙江省新乐造船股份有限公司进行调研，详细了解3万立方米级LNG船船型的研发生产和市场拓展情况，要求政银合作抓紧解决企业融资难问题，支持企业扩大产能，提高细分市场占有率。随后郑栅洁一行到旭拱岙村调研党建为引领下的基层治理创新，肯定旭拱岙村的“党建引领、制度立村、规则治村”模式，认为这是党建争强的生动案例，要求市县两级把该村作为镇村干部的培训基地之一，提高党建引领乡村振兴的效果。

【省委常委、政法委书记王昌荣到涂茨镇调研】 12月12日，省委常委、政法委书记王昌荣率调研组一行到涂茨镇旭拱岙村，实地考察该村的村规民约、村风民俗、环境卫生及基层党建等情况。该村紧扣“共商共信，共建共享”要求，围绕“干部平时多主动，群众思想多调动，干部做事多行动，群众心里有感动”四个关键，结合诚信指数考评制度，全面推行“村民说事”制度，形成“守规则、讲诚信、促和谐”治村理念，村庄集体经济发展、乡风文明建设取得显著成效。王昌荣对该村的乡村治理工作给予肯定，认为旭拱岙村是一个典型的新时代美丽乡村，展现基层党组织先进模范的引领力、村级班子动真碰硬的执行力和农村群众共建共享的聚合力。希望象山县继续发挥先进典型引领作用，加大推广力度，持续推进基层治理现代化发展。

【首届象山山地马拉松在汤岙村开跑】 4月20日，2019象山山地半程马拉松暨首届宁波全民运动会迷你马拉松象山站选拔赛在涂茨镇汤岙村鸣枪起跑。来自全国各地的700余名选手参加当日的马拉松盛宴。此次主题为“活力象山，扬帆亚运”的比赛共设21.0975千米半程山地马拉松个人赛和12.5千米迷你山地马拉松个人赛2个项目4个组别，累计爬升山地高度537米。经过角逐，来自福建厦门的陈朝江和宁海跑团的吴冬香分别摘得半程山地马拉松男、女冠军，俞武建和王金台分别获得欢乐跑男、女冠军。活动还安排海鲜宴会、亲子农家生活体验、山地马拉松之夜文艺晚会等活动，让游客尽情感受“花漾汤岙”的乡土文化。

【与两所高校“牵手”】 11月26日，涂茨镇与浙江纺织职业技术学院商学院校地合作签约仪式及宁波财经学院大学生实践基地授牌仪式在旭拱岙村举行。该镇青年干部和高校师生代表一起谈感受、谈想法、谈憧憬，就校地合作、大学生暑期实践等内容进行探讨。

（涂茨镇　徐源）

表96　　涂茨镇2019年行政村经济情况一览表

村　名	户　数（户）	人　口（人）	承包耕地（公顷）	水产养殖（公顷）	渔　船（艘）	农村经济总收入（万元）	村级资产（万元）	村集体年收入（万元）	村集体年支出（万元）	书　记	主　任
珠　山	301	960	28.16	0	0	314.87	1651.3	11.12	16.68	刘林光	杜乾宝
泊戈洋	547	1711	66.97	0	0	268.96	1164.14	27.15	25.53	吴永富	虞行业
下盆岙	212	594	30.15	0	0	67.7	689.16	15.7	22.42	黄彩英	许善平
涂　茨	806	2070	51.5	0	4	414.319	2070.7	49.15	46.71	袁位永	袁争光
旭拱岙	347	1097	22.35	32	2	391.72	2230.27	29.01	25.86	葛聪敏	黄　平
庵　后	194	709	16.76	0	0	73.93	516.8	11.27	18.31	姚　斌	徐德宁
玉　泉	276	765	25.5	0	0	76.69	712.77	10.64	11.83	李先鹏	周　岳
永　联	278	827	17.92	0	6	131.66	1398.51	84.04	25.91	陈光明	殷立葵
东　港	517	1529	48.82	0	0	258.31	1340.13	46.54	47.82	陈锐铭	郑永定
里　庵	236	602	42.13	0	0	97.65	654.17	29.4	29.15	陈敬森	郑　健
前山姚	223	632	19.21	0	0	98.22	585.68	21.62	14.13	蔡明增	—
毛　湾	437	1470	11.03	35	28	236	731.39	41.47	32.7	林松年	—
大岭后	179	608	7.23	38	14	236.75	1223.35	11	14.57	夏永青	—
长　沙	90	238	1.93	30	13	148.54	642.52	11.37	9.86	李海华	李海挺
大　坦	216	683	6.19	25	24	153.04	697.31	18.62	15.56	陈忠国	洪凤展
中　堡	246	773	24.57	0	0	126.31	1184.08	30.65	33.76	钟真理	崔建国
钱　仓	557	1874	69.45	93	21	224.02	1784.34	107.39	57.94	张才云	陈亚武

续表96

村名	户数（户）	人口（人）	承包耕地（公顷）	水产养殖（公顷）	渔船（艘）	农村经济总收入（万元）	村级资产（万元）	村集体年收入（万元）	村集体年支出（万元）	书记	主任
新塘	107	257	15.26	0	11	42	501.82	14.06	8.5	茅全吉	—
汤岙	423	1278	72.54	0	1	156.75	1394.5	83.34	78.61	仲立东	朱平安
黄沙	343	957	36.56	35	1	141.33	1075.81	48.48	42.61	朱恩位	张国营
屿岙	300	1358	13.05	47	2	95.57	1336.87	66.64	16.3	丁乐平	—

表97　**2019年涂茨镇规模企业情况表**

单位：万元

序号	企业名称	工业总产值	工业销售产值	主营业务收入	主营业务成本	利润总额	实缴税金	项目经费支出
1	浙江新乐造船股份有限公司	70439.4	0	13275	965.09	14.4	2094.7	79.15
2	宁波劳伦斯表面技术有限公司	30532.1	24029.4	24029.4	1368.4	3815	1518.8	89.52
3	浙江波威重工有限公司	44736.9	16877.6	16878.1	1711.18	-7.2	137.1	32.16
4	中广核（浙江象山）风力发电有限公司	8735.8	8533.3	7200.2	315.01	3052.4	1160.0	4.21
5	象山县美亚混凝土制品有限公司	29788.1	29788.1	27961	2493.24	-617	934.8	35.21
6	象山新港服饰有限公司	6057.0	6057.0	5579.9	497.42	55.9	263.2	1.4
7	浙江华慧塑业有限公司	3540.4	29788.1	2983	245.21	113.8	59.3	12.83
8	象山东闵服饰有限公司	2385.0	2172.3	2176.1	196.6	-13.5	77.6	1
9	象山日升针织厂（普通合伙）	2872.2	2346.8	2350.1	204.2	21.3	123.6	0.86
10	宁波森骏服饰有限公司	2084.5	1962.5	1962.5	168.45	44.0	91.9	1.7
11	宁波茸发新材料科技有限公司	6310.5	5023.4	5023.4	413.69	30.7	1.0	43.21
12	象山县银恒矿业有限公司	8532.3	7283.5	6375.7	540.54	268.0	471.0	1.7
13	宁波恒辉照明电器有限公司	3767.1	3307.6	3241.9	260.16	300.7	19.8	5.7
14	宁波鑫象不锈钢制品有限公司	2260.8	2017.3	1867.5	168.39	-49.9	79.1	6.67
15	宁波山岳金属建材有限公司	3507.0	3463.4	3463.4	294.85	49.8	92.0	13.03
16	宁波鸿顺门窗装饰有限公司	2629.4	2629.4	2627	233.08	22.4	99.3	1.1
17	宁波龙康塑料科技有限公司	2109.2	2022.1	1292.1	104.27	25.5	26.4	5.08
—	合计	230287.7	147301.8	128286	10179.78	7126.3	7249.6	334.53

大徐镇

【概况】 大徐镇位于象山县东北部，71省道盛宁线、汤鲁线、丹大线和亭船线纵横分布，大徐溪和雅林溪贯穿全境，镇域总面积56.6平方千米，耕地面积1.15万亩，山林面积4.57万亩，总人口2.02万，辖24个行政村、1个居委会。全年全镇社会生产总值60.82亿元，增长8.8%；财政总收入1.77亿元；农民人均纯收入2.02万元，增长8.5%。

【工业经济发展稳中承压】 坚持把工业立镇作为第一方略，以转型升级为主线，持续推进工业强镇建设，全年实现工业规上产值29.3亿元,2018年实现规上增加值5.3亿元,工业投资3.7亿元、实际内资2.1亿元、浙商回归1.4亿元。

【为企服务全面深化】 帮助飞宜光电解决流动资金短缺难题,牵线航锦汽配、胜筹压铸与外乡镇企业开展合作。推进旧厂房“腾笼换鸟”工程,巧妙实施厂房置换,泛远机械、澳林服饰等企业盘活闲置厂房40亩,新增产值1.5亿元、税收1000万元。

【工业投资稳步增强】 共投资500万元以上工业项目16个,宏鑫混凝土有限公司生产车间结顶,申达轿车配件厂完成投资4775万元,大徐小微企业集聚区项目上报土地农转用资料。盘活“僵尸”土地172亩,实施厂房置换14家,为存量招商和滚动发展储备资源,全年新增小升规企业3家。

【技改投入取得进展】 坚持把创新驱动作为主攻方向,引导支持企业加大研发投入,完成技改项目25个,引进各类高层次人才3人,新增国家高新技术企业1家、县级及以上工程技术中心5家、创新型初创企业14家、科技型小微企业4家。

【农业基础地位持续巩固】 现代农业提质增效,协助建设青果柑橘精致示范园,完成下院、三角地村1000亩高标准农田沟渠路建设,夏雨岙、三角地大樱桃基地出产。农业基础设施逐步完善,完成夏雨岙村150米溪坑整治、青果专业合作社250米河道治理,基本完成杉木洋村水环境治理,创建杉木洋、下院“省气象防灾减灾标准化村”,完成双溪弄水库标准化管理创建。为农服务落到实处,强化村级“三资”管理规范运行,完成8个村的财务审计,完成农村集体经济组织登记赋码和农场集体资产清产验资验收,完成农村土地承包经营权确权颁证。

【全域旅游成效逐步显现】 扶持民宿经济发展,别处小白精品民宿被评为省银宿级民宿,新增的上岙三希棠、夏雨岙古树小院等民宿各具特色,雅林花溪精品民宿项目进入招挂拍阶段,夏雨岙毛洋自然村环境整治提升工程扎实推进。做好农旅深度融合文章,打造农业观光采摘游,杨梅、桑果、蓝莓、樱桃种植基地效益喜人。休闲度假、户外拓展、红色教育等精品特色旅游线路拓展,新引进的宁波雅溪锦鲤生态乐园开放运营,下院春荣竹空间文化创艺园培育基地完成一期工程,殷夫故居完成全面修缮提升,最美滨海风景道军民塘段示范项目完成初步设计,下院、林善岙、海口、陈山4个A级景区村创建。

【城镇管理有序开展】 推进小城镇环境综合整治项目结算收尾工作。实施长效整治行动,联动执法开展“五乱”整治。加强综合执法管理,完成智慧城管平台建设。扎实推进基础设施建设,建成大徐综合市场并投入使用,配合完成丹大线和环港公路绿化方案评审。实施废弃矿山专项治理,推进杉木洋短旗嘴复绿工程建设,完成江岙废弃矿山治理政策处理,协调下岙废弃矿山治理方案,完成海口村老鹰山边坡生态修复工程。加快交通路网提升,完成黄盆岙至环港公路、上岙至丁家、拾亩地至污水处理厂、杉木洋便道等农村公路建设及海口危桥维修,创建全省“四好农村路”示范乡镇。

【美丽乡村纵深推进】 深化美丽乡村“千万工程”,创建下院市级示范村、海口县级特色村,推进相思岭县级特色村培育工作。落实农房长效建管机制,推进农村宅基地和农房“三权分置”改革,发放“三权分置”证2本。全面开展农房确权登记工作,完成农房登记1008宗。加强村居风貌引导管控,新建浙派民居及村级公益建筑6幢。全面推行个人建房挂牌施工制度,严格落实“四到场”机制,完成个人建房会审112户,发放规划许可证67户。做好海口、上岙等村大棚房整治工作。落实村庄美化工程,创建省级森林城镇,落实大磊头、后林、雅林溪“一村万树”创建工作,改造或新建农村公厕8座。

【生态环境明显改善】 打好污染防治攻坚战,扎实推进“污水零直排区”创建,基本完成工业集聚点企业外污水管网工程,完成镇污水站空转问题整改及站内设施和工艺改造,完成里考坑、安东、雅林溪、陈山4村农村生活污水处理终端运维标准化建设,创建大徐溪省级“美丽河湖”,关停拆除军民塘周边畜禽养殖场5处。深化“三改一拆”专项行动,共计拆违1.85万平方米,完成困难家庭危房改造13户。深化全域环境治理,做好盛宁线沿线企业、村庄的环境卫生提升,规范建筑垃圾填埋场管理。开展垃圾分类工作,加大宣传指导力度,完善基础配套设施,建成生活垃圾处理阳光房及配套基础设施。

【社会治理持续优化】 探索信访源头治理体系,形成“问题主动找、研判分级管、处置全程督、信访源头治”闭环机制,为全市提供乡镇信访源头治理的大徐经验。深化平安大徐建设,整合提升“一中心四平台全科网格”,社会治安防控体系逐步完善。推进扫黑除恶专项斗争,严厉打击涉黑涉恶等违法行为。完成两会、全国乡村治理现场会、中华人民共和国成立70周年保大庆等重要节点敏感时期维稳安保工作

【社会事业协调发展】 开展文明创建“七大行动”,巩固文明窗口创建成果,开展文明村、文明单位创建工作。深化志愿服务制度化建设,定期开展环境卫生、敬老助残等各类服务活动。实行“四会说四风”乡村德治,持续深化婚丧礼俗整治,新建文化礼堂4个,举办庆祝中华人民共和国成立70周年排舞比赛、“不忘初心、牢记使命”文艺晚会、敬老助残节等文体活动。加快教育现代化,殷夫中学中考成绩居全县第三,大徐中心小学艺术、体育、科学等素质教育成果纷呈,大徐中心幼儿园获评县示范家长学校。

【社会保障扩面提质】 落实就业创业政策,新增就业533人,农村电商扶持创业8人,新增大学生就业4人。完善社会

保险体系，户籍人员养老、医保参保率分别达到94.73%、99.44%。推进“最多跑一次”改革，殡葬事网上智慧办理全面实施。强化退役军人服务平台建设，完成光荣牌悬挂、重点优抚对象医药费结报。优化养老服务供给，建成大徐村居家养老服务中心。健全救助主动发现机制，开展低收入群体精准扶持行动，发放各类补助救助资金456万元，慈善救助、扶残助残、红十字等工作。

【作风建设】 坚持勤政为民、实干担当，落实作风建设深化年活动，“双对双排”“双随机一通报”落实，政府治理能力提升。扎实开展“不忘初心、牢记使命”主题教育，引导党员干部读原著、学原文、悟原理，全面完成专项整治重点任务，践行初心使命意识得到强化。持续深化“三服务”活动，实打实帮助企业、群众、基层解决困难和问题100余个。

【依法行政得到加强】 深化法治政府建设，优化政府职能配置，完成内部机构改革。配合实施人大代表督事制度，自觉接受镇人大监督，执行重大事项向人大报告制度，办理人大代表建议12件。完善重大行政决策程序、政府法律顾问制度，严格执行重大执法决定法制审核，强化政府性合同备案，依法履职能力提升。推进政务“五公开”，统筹规范文件会议等管理，集中清理“七多”事项，行政行为更加规范、透明。

【廉政建设强化】 落实清廉象山建设任务，履行全面从严治党“两个责任”，始终保持反腐败高压态势。严格执行中央八项规定精神，提醒10人次，维护风清气正的干事环境。实施预算绩效管理，推进镇财县管模式，政府债务得到控制。从严压缩一般性支出，规范政府采购行为，强化办公经费、外出培训等管控，“三公”经费支出下降。

【央视到杉木洋村录制古盐熬制】 1月21日，央视《中国影像方志》摄制组到大徐镇杉木洋村拍摄该村国家级非物质文化遗产古盐熬制过程。

【杉木洋村厨艺比赛】 3月4日上午，大徐镇组织24个行政村的村嫂们在杉木洋村开展乡村厨娘才艺大比拼活动。活动还根据色香味和搭配方式评出一、二、三等奖和优胜奖。

【“千名干部访渔（农）家、一线蹲点三服务”动员大会】 3月10日上午，大徐镇全体干部职工取消休假，组织召开“千名干部访渔（农）家、一线蹲点三服务”动员大会。县派驻村工作组成员、县强基指导组成员，镇全体机关干部，各村支部书记、主任，基层站所负责人等参会，县经济开发区管委会党工委书记吴志辉也出席该次会议，会议由镇长杨雪娟主持。

【开展迎“五四”颂青春剪纸活动】 4月25日上午，大徐镇团委联合镇妇联、文化站举办“大徐青年、妇女干部巧剪纸　共迎‘五四’颂青春”活动。全镇35周岁以下青年干部、各村妇女主任参加该次活动。

【大徐镇开展“平安守护、群团共筑”知识竞赛】 5月23日下午，大徐镇团委、妇联、工会联合举办大徐镇“平安守护、群团共筑”知识竞赛。比赛共有妇联队、团委队、计生协队、网格队、部门队、企业队、安监队等7支队伍21名选手参加。各代表队踊跃参与、气氛热烈，在经过必答题1、抢答题、观众幸运题、必答题2、风险题等五个环节紧张、激烈的角逐后，妇联队最终以优异的成绩夺魁，企业队获得二等奖，团委队获得三等奖。

【开展“情暖端午　余香千里”爱心粽子义卖活动】 6月4日上午，大徐镇团委、妇联在大徐菜场门口联合开展“情暖端午　余香千里”爱心粽子义卖活动。据悉，当天共义卖50箱粽子共计金额3000元，这些善款将全部捐献给大徐祥青食堂，凡购买爱心粽子的爱心村民，都将给大徐村孤寡老人增添一份“浓浓的情”。

【召开中国共产党成立98周年党员大会】 6月29日,在镇中心小学文化活动中心内召开中国共产党成立98周年党员大会,来自全镇基层党组织近800名党员参加。会议由镇长杨雪娟主持。会议表彰2018年度优秀党员。镇党委书记虞先兵为全体党员上一堂题为《不忘初心重温红色记忆 牢记使命聚力攻坚作为》的专题党课。

【市委书记郑栅洁赴大徐镇调研代表督事】 7月2日,省委副书记、市委书记郑栅洁赴大徐调研代表督事制度。郑栅洁与镇村干部一起座谈交流,肯定大徐镇的"党委领导、人大参与、政府落实"的基层治理模式。他要求市级有关部门跟进调研,抓紧制定全面推广的路线图。

【严阵以待防御台风利奇马】 8月9日至11日,受第9号超强台风"利奇马"影响,大徐镇20余处溪坑坑岸坍塌共800米,损失约100万元。倒塌单独搭建的房屋2户2间,农田受淹6500亩,多户农业大棚倒塌,鸡鸭淹死千余只,农业损失约532万元,全镇统计直接经济损失1600万元。灾情发生后,大徐镇第一时间指导群众清理淤积路面,疏通塌方公路,抢救农作物,安抚受灾群众思想,帮助他们尽快恢复生产。

【垃圾中转站太阳能阳光房新建工程动工】 8月12日,位于大徐镇章家弄船倒山自然村旁垃圾中转站南侧的大徐镇农村生活垃圾处理太阳能阳光房新建工程开始动工。该工程总用地面积约760平方米,主要建设有阳光房、设备房等,建设工期为2个月。该工程建设完成后厨余垃圾日处理量最高达2000千克,届时将大幅度提升镇农村生活垃圾处理能力。

【大徐镇能塑汽配设立"阿能教育基金"捐助百万】 9月5日下午,"阿能教育基金"捐赠仪式在大徐镇殷夫中学举行。大徐镇引进的企业宁波能塑汽车部件有限公司,向县人民教育基金会捐赠100万元,专门设立"阿能教育基金"用于改善大徐镇基础教育设施,促进教育发展。

【大徐镇举办排舞比赛】 9月19日晚,由大徐镇党委、政府主办的"不忘初心 砥砺前行"大徐镇庆祝中华人民共和国成立70周年排舞大赛在枫溪公园举行。镇党委书记虞先兵致辞。大徐镇党政班子、各村村书记、村主任等参加,整个活动现场热闹非凡,洋溢着喜庆的氛围,还吸引上千名村民前来观看。

【抗击台风米娜】 10月1日至2日,第18号台风"米娜"影响象山,大徐镇各地出现不同程度的受灾,三角地道路漫水、丹大线派出所附近河水倒灌、军民塘水位达2.85米逼近警戒线,相关人员按照预案各负其责,经过临时挖水沟、清理渠道口、泄洪等措施,各地险情趋于稳定,军民塘水位回稳至2.5米。

【大徐镇开展企业安全生产大检查】 10月17日起,大徐镇在全镇范围内开展以危险化学品使用单位及"两小"企业为重点的安全生产和消防安全大检查行动。该次检查专门成立以镇党委书记为组长的领导小组,下设13个检查小组,共有检查人员70余名,每个小组由1名班子成员带队,一线,开展拉网式大排查。

【大徐镇开展登山环保行活动】 10月23日上午,大徐镇团委、妇联联合开展十里相思古道登山环保行志愿服务活动。20余名青年、妇女志愿者到十里相思古道,拿起火钳与编织袋,对古道进行垃圾清理。

【大徐镇为民宿颁发三权分置证书】 11月初,大徐镇党委书记虞先兵、镇长杨雪娟共同为大徐镇上岙村精品民宿三希堂颁发三权分置证书,意味着镇三权分置改革工作又得到推动,为乡村振兴注入新活力。

【大徐镇开展人大代表现场督事】 12月17日,大徐镇人大组织部分县、镇人大代表联合交警、路政等职能部门对盛宁线道路交通安全进行现场踏勘并召开座谈会。大徐镇综治办、镇交警队、镇路政中队分别通报整治情况,代表结合现场常看结果并提出意见建议。

【大徐镇开展干部职工健步走活动】12月28日，大徐镇联合县总工会在镇十里相思古道举行健步走活动，吸引镇干部以及县内其他单位干部职工约300余人参加。

（大徐镇　徐洪珂）

表98　　2019年象山县大徐镇行政村经济情况一览表

村名	户数（户）	人口（人）	耕地面积（公顷）	水产养殖（公顷）	渔船（艘）	农村经济总收入（万元）	村级资产（万元）	村集体年收入（万元）	村集体年支出（万元）	人均收入（元）	书记	主任
安东村	206	674	37.60	0	0	4819	627.01	100.68	5.93	16492	潘玉金	徐建平
陈山村	361	1235	98.47	0.07	3	10282	979.02	191.23	30.53	18324	钱国林	王其国
大磊头村	178	557	8.47	0	0	3679	772.14	59.38	9.66	17698	傅金位	朱松国
大徐村	518	1487	27.13	0.13	0	11753	1740.05	441.23	265.22	18984	翁荣良	徐家赛
海口村	217	698	41.00	0	0	5436	1178.50	117.82	33.70	17952	胡振祥	徐　龙
后林村	130	407	11.47	0.07	0	3163	693.56	31.22	3.91	16933	陈彩金	王光明
虎啸铺村	165	428	10.80	0	0	3426	1594.49	49.74	6.09	20519	王祥林	陈兴琪
黄盆岙村	201	608	32.53	0.07	0	4097	925.01	67.88	10.76	18509	范　城	姚林国
甲田弄村	286	825	24.87	0.07	0	8582	591.90	49.56	18.03	16967	练国财	倪素芬
里考坑村	275	812	17.40	0.07	0	6507	537.89	35.43	4.25	18903	王爱兴	王久松
林善岙村	258	918	28.07	0.07	1	6683	1953.71	123.99	24.53	18817	郑清和	郑岳元
三角地村	289	890	43.80	0.07	0	6339	818.39	57.00	9.30	19069	蒋成建	黄云华
杉木洋村	362	1050	43.33	0.07	0	9659	1622.15	61.07	13.29	18237	徐玉成	郎国位
上岙村	218	685	28.73	0	0	4974	367.61	46.29	7.71	17044	柴国平	赖国定
塔幢村	418	1297	45.00	0	0	8046	854.49	65.18	18.55	17886	张利成	谢章云
汤家店村	215	638	16.53	0	0	4232	518.30	37.27	12.22	18334	毛钱富	谢万兰
铁拾村	338	1085	27.27	0	0	16686	1936.05	113.27	41.96	23250	李文阳	郑后补
下岙村	228	654	28.47	0	0	3472	434.49	31.05	10.93	16358	王国锋	谢家裕
下院村	251	816	28.60	0.20	0	11568	1533.30	49.34	35.08	24964	王城丹	徐万富
夏雨岙村	153	468	9.00	0	0	3099	391.80	75.86	20.86	16574	刘文成	练正观
相思岭村	302	1025	40.13	0.13	0	6720	1476.30	102.52	18.20	17500	蔡带娣	史久才
新罗岙村	215	625	17.13	0	0	3243	550.89	38.25	12.99	14689	王志勇	罗志永
雅林溪村	224	716	24.40	0.07	0	5159	759.98	90.30	25.90	19959	陈旺云	童珍成
章家弄村	248	789	27.67	0	0	5744	1020.80	54.89	23.72	21685	陈存明	—

表99　　大徐镇2019年规模企业情况表（包括2000万元）

单位：万元

序号	企业名称	工业总产值	主营业务收入	利润总额	利税总额	税收	从业人员平均数	备注
	合计	295542	280731	13004	21410	10450	3507	—
1	宁波博禄德电子有限公司	93235	96338	3629	4500	1112	230	—

续表99

序号	企 业 名 称	工业总产值	主营业务收入	利润总额	利税总额	税 收	从业人员平均数	备 注
2	宁波顺声通讯设备有限公司	11051	10014	1086	2018	1586	225	—
3	宁波康达电子有限公司	9372	7678	75	131	542	242	—
4	宁波旭日灯饰有限公司	5399	4735	-26	228	386	66	—
5	宁波华升灯饰有限公司	2318	2280	-16	84	89	28	—
6	宁波安通电气科技有限公司	2611	2400	261	372	82	25	新增
7	宁波增元电气有限公司	2046	1696	31	90	64	24	—
8	宁波粤海电力设备制造有限公司	3255	3255	212	406	148	30	新增
9	宁波甬金防护设备有限公司	5497	5460	167	461	289	66	—
10	宁波珂翔电力机械有限公司	2926	2926	309	450	72	35	—
11	象山万邦电器有限公司	6096	6096	140	401	230	96	—
12	宁波能塑汽车部件有限公司	13756	12897	1545	1993	754	208	—
13	象山申达轿车配件厂	17176	17172	1204	1945	737	343	—
14	象山创亿金属制品有限公司	4354	4273	327	521	182	70	—
15	宁波锡安模具有限公司	2955	2175	72	226	150	39	—
16	象山联强汽车模具有限公司	2797	2747	82	344	306	50	—
17	宁波赛科效实科技股份有限公司	2758	1376	39	91	48	67	—
18	宁波德远洁具有限公司	26988	26988	-420	-17	411	386	—
19	宁波亚大金属表面处理有限公司	12885	9024	1677	2333	931	180	—
20	宁波骏维金属表面处理有限公司	3246	3246	124	277	168	95	—
21	宁波和民纸业有限公司	3259	3259	121	254	131	99	—
22	象山兴泰色材有限公司	2675	2124	110	181	70	30	—
23	宁波斯洛曼智能科技有限公司	3206	3154	61	141	87	75	—
24	象山东方输煤设备有限公司	4088	4066	205	394	110	55	—
25	象山滨港机械厂	2542	2002	115	197	87	62	—
26	宁波华启轴承有限公司	5474	4579	503	664	201	74	—
27	宁波象山宏鑫混凝土有限公司	26211	21589	1094	1809	795	85	—
28	象山祥和盛服饰有限公司	2202	2154	-25	40	78	68	—
29	宁波卫丝登服装有限公司	2624	2614	-44	90	116	106	—
30	宁波驰程服饰有限公司	1505	1505	0	51	51	52	—
31	宁波茂维服饰有限公司	3591	3591	-7	115	115	138	—
32	宁波澳林服饰有限公司	2759	2759	315	413	173	38	—
33	象山顺腾针织有限公司	2068	2068	-3	44	43	70	新增
34	象山中联佳汇纺织有限公司	2619	2494	44	165	104	50	全厂搬迁

新桥镇

【概况】 新桥镇地处象山半岛中部,东濒大目洋,西临蟹钳港、马岙门,与宁海县隔港相望,1992年由原东溪乡、新桥乡合并而成。辖28个行政村、1个居民委员会(新桥)、1个场管会(狮子山),常住人口2.8万人。总面积126.28平方千米,仅次于西周镇,位列全县第二,地域状况为六山二水二分地,拥有沿蟹钳港14.6千米的西海岸通道、小灵岩、大塘港等优势自然资源,山、海、林、田、岛、滩、塘一应俱全,可以称为缩小版的象山。2019年,实现社会总产值32.91亿元,同比增长9%;财政总收入1.58亿元,同比增长8.1%;农渔民人均纯收入21851元,同比增长15%。

【工业经济】 2019年,完成规上工业产值7亿元、工业增加值1.4亿元,同比略有上升,全镇16家规上企业超过6成保持增长,新增规上企业3家,在经济下行压力加大的情况下取得该成绩实属不易。落实民营经济发展系列政策,减免企业各类税费1000万元。主抓新招商项目加快落地,中化国际、龙育机械动建厂房,多成铸造、东方富邦、永华机械陆续完工,华昱化学材料、上矿电缆、远立高分子投产。加大科技项目申报和人才引进力度,新增初创型企业5家、县科技型小微企业6家、县级工程技术中心1家、县级重大攻关项目1个,申请市级新产品2项、实用新型专利10项,完成专利清零12家、技术成果转换500万美元,引进硕士及以上高层次人才16名。

【农业经济】 深化以"一线、四区"为主体的"双色"农业产业布局,将人文、休闲、餐饮、娱乐等元素融入农业休闲基地建设,先后完成枇杷精品园提升、石昌南美白对虾养殖基地尾水处理、红达莲藕基地提升等项目9个,创建省级特色农业强镇。加强产学研合作和应用技术推广,邀请浙江省海洋水产养殖研究所、宁波市海洋与渔业研究院专家提供技术支撑,解决自主育苗、抗病能力弱化等技术难题6个。严格实行农产品安全管理,推广散户及生产主体凭信息卡和农产品合格证扫码入市,实现上市农产品可查询、可追溯。全面夯实农业安全基础,海台塘扩孔工程和大塘港南站工程动工建设,山海流域现代功能区项目落成投用。

【商贸旅游】 全年接待游客230万人次,实现旅游综合收入4.8亿元,通过市乡村全域旅游示范区复评。影视带动效应持续放大,农家客栈发展至294家、9000余张床位,新增海涂边、拾忆、南舍等10家精品民宿,灵岩山居、枇杷谷酒店、金元名都大酒店等一批精品民宿酒店陆续动建和营业,兑现民宿产业扶持资金80万元,民宿经济转型升级步伐加快。围绕项目推动乡村旅游和景区旅游深度融合,镇区影视文化商业中心着手方案变更,康体养生、军事基地等项目洽谈进展。举办新桥生态马拉松赛事、第十三届枇杷文化节等大型活动7场,累计吸引游客10万人次,带动消费约6000万元。完成山海协作对口消费扶贫30万元。积极跟进新一轮全县商业网点布局规划,力争更多产业优惠政策纳入总盘子,撬动镇区商贸流通业发展。落实农贸市场改造提升三年行动计划,新桥菜市场创星项目列入2020年计划。

【民生事业】 落实教育优先发展战略,坚持立德树人,提升教育内涵品质,中考象中上线8人,录取5人。创建市级语言文字规范化乡镇。培育和践行社会主义核心价值观,全年开展"文化走亲""一人一艺""送戏下乡"等展演30余场,建成东狮村、庙前杨村等7个村文化礼堂,井头村、韩升村创建小康体育提升村。弘扬乡贤文化,举办新桥首届新乡贤大会,参事会班子运转富有成效。弘扬慈善美德,实施"村村慈善帮扶基金"工程,共募集资金33万元。积极开展拥军护军,东溪村退役军人服务站规范运行,承办宁波市退伍军人服务站现场会,接待多批次省内外考察团队。

【村镇建设】 扎实推进"多规融合",启动新一轮国土空间规划前期调研和美丽城镇创建规划编制,镇区、东溪、高塘等3个工业地块控规调整获批,统一衔接、功能互补、相互协调的空间规划体系加快形成。卫生院医疗附属用房建成投用,改扩建工程列入2019年前期类项目,派出所搬入新址实现和交警中队合署办公,镇区综合服务功能提升。按照全域景区化要求,打好村庄整治建设提升、美丽乡村、改旧村、"一事一议"等创建行动"组合拳",下七里村、石柱外村、崇站村最后一批提升村创建通过验收,东溪村美丽乡村示范村和"一事一议"项目按期推进,双岙村、井头村、东溪村梳理式改造成效明显,创建AAA级景区村2个、AA级景区村4个,全镇景区村达到10个。全力打造"洁序净美"影视大花园,实施人居环境提升革命和垃圾分类专项行动,农村环境卫生和垃圾分类全县排名位次明显上升。持续优化交通路网,板江公路至平岩头塘、茅石线至东狮村农村公路建成通车,东旦线至洋坑村、茅洋线至五兴村加密公路改造有序推进,创建规范化农村公路养护(站)所,建管护水平提高。

【社会保障】 加大对低保边缘家庭和支出型贫困家庭的救助力度,发放救助资金48万元,救助255人次。深化卫生计生服务,全年完成65岁以上农民体检2444人次,妇女免费"两癌"筛查900人次,契约式家庭医生制服务签约4055人次,有效遏制以手足口病和传染性肺炎为主的传染病扩散。推进社保提质扩面,养老保险参保人数新增638人,医疗保险参保率达98%以上。持续做好国家学龄前儿童防溺水干预项目试点工作,全镇30处重点危险水域配备救生设施。持续巩固食品安全"两级联创",加强对200余家生产主体在加工、流通及消费等环节的全程监管,累计开展专业培训4次,覆盖600余人次。

【平安建设】 推进基层治理信息化高效化，“四个平台”受理处置各类事件9792件次，一个月内限期办结率达100%，网格活跃度位居全县前列。深化扫黑除恶专项斗争和“枫桥式公安派出所”创建，完善立体化社会治安防控体系，处置6起突发事件，破获涉黑涉恶案件4起。全面开展码头(风险点)反走私隐患排查，落实物防、技防、人防等“一点一策”措施。健全矛盾纠纷排查化解体系，深化党政领导约访接访、包案化解机制，化解信访二级重点对象2例，妥善处理各类矛盾纠纷320起，圆满完成国家乡村治理现场会、新中国成立70周年大庆等重大活动期间的信访、安保、维稳任务。深入开展“千名干部访渔(农)家、一线蹲点三服务”活动，3条本县级渔船、2条挂靠渔船、1条在册渔船和217条养殖自备船筏全部登记入库。强势推进安全生产百日大会战行动，地毯式开展走访、排查、整治“两小”及涉危企业、群租房、影视道具加工点等主体395家，落实隐患整改343个，立案处罚5家。

【政府管理】 2019年，坚持以习近平新时代中国特色社会主义思想定向领航，将主题教育与当前正在做的事、未来要谋划的事结合起来，以理论收获推动实践自觉、事业发展。聚焦县委县政府、镇党委确定的重大攻坚任务，实行政府工作项目化、清单化、责任化、数字化，在重大项目推进、重大活动护航、重大政策争取上展现奋发有为的拼搏精神。深入开展“三服务”活动，解决一批企业和群众关心的问题。主动自觉接受法律监督、民主监督、社会监督和舆论监督，办理人大建议22件。积极推进依法行政，自觉规范决策程序，严格落实“三重一大”议事规则。深化政务公开工作，全面推进财政预决算公开。积极做好地方政府隐性债务风险化解工作。压紧压实政府系统全面从严治党和党风廉政建设主体责任，加强招投标等重点领域制度建设，严格落实中央八项规定精神，从严控制行政成本，行政经费同比下降8%，“三公”经费同比下降26%。

【创建宁波市乡村全域旅游示范区】 根据《关于公布2018宁波市乡村全域旅游示范区验收评定和复核结果的通知》，新桥镇通过宁波市乡村全域旅游示范区验收评定。

【中共新桥镇第十三届代表大会第四次会议胜利召开】 1月8日上午，中共新桥镇第十三届代表大会第四次会议召开，来自全镇各条战线的60名正式代表、35名列席代表参加该次会议。大会听取、审议并通过镇党委书记孙华军题为《接轨宁波谋发展　富民创新谱新篇　为高水平建成影视旅游特色小镇而不懈奋斗》的报告。会上，代表们书面审议并通过镇纪委工作报告，听取党委班子成员代表作的述职述廉述党建报告，上一年代表提案办理落实情况以及该次年会代表提案审查情况报告，并对镇党委领导班子及成员进行民主评议。

【新桥镇第十八届人民代表大会第五次会议胜利召开】 1月11日，新桥镇第十八届人民代表大会第五次会议开幕，来自各条战线的55位镇人大代表和70位列席人员出席会议，听取和审议各项报告，通过关于人民政府工作报告的决议、关于镇人大主席团工作报告的决议、关于财政预决算报告的决议，并通报2019年度政府实事工程票决结果。

【三门湾大桥及接线工程正式通车】 1月16日14:00，包括三门湾大桥及接线、台州湾大桥及接线和温州乐清南塘至黄华段的甬台温高速复线全线通车运营。

【新桥学校“农村教育改革案例”荣获全国一等奖】 1月13日，新桥学校《基于地域资源课程建设在促进乡村学校发展的思考与实践》农村教育改革案例获得“第三届农村教育发展优秀案例”全国一等奖。

【“千名干部访渔(农)家，一线蹲点三服务”】 3月10日上午，新桥镇组织召开“千名干部访渔(农)家、一线蹲点

三服务”活动动员大会，县派工作组、全体机关干部、村“两委”负责人、镇属部门负责人共180余人到会。

【新桥镇首届新乡贤大会】 2019年4月6日，新桥镇首届新乡贤大会在海影城召开，180余名来自全国各地的新桥籍乡贤如约赴会，春风做伴、荣归故里，共叙家乡情、共商家乡事。

【新桥镇工业暨开放型经济大会举行】 4月29日下午，“六争攻坚 智造新桥”2019年新桥镇工业暨开放型经济大会举行。镇党政领导班子全体成员、驻镇相关部门负责人、镇各办主任及工办全体同志和全镇工业企业负责人等100余人出席大会。

【新桥镇遭遇“8·18”台灾以来最大强降雨】 根据8月10号上午9时数据，新桥镇崇站观测点近24小时最大降雨量达到387毫米，平均24小时面雨量突破300毫米，为1997年“8·18”台灾以来新桥所遭遇的最大强降雨。

【新桥镇第十八届人民代表大会第六次会议召开】 8月16日上午，新桥镇召开第十八届人民代表大会第六次会议。会议审议通过《2019年新桥镇人民政府半年度工作报告》、审查通过《新桥镇2019年财政预算半年度执行情况的报告》和《新桥镇2019年度实事工程票决项目半年度进展情况报告》。

【新桥镇召开“不忘初心、牢记使命”主题教育动员部署会】 为全面贯彻落实中央和省市县委关于“不忘初心、牢记使命”主题教育的部署要求，9月12日下午，新桥镇召开“不忘初心、牢记使命”主题教育动员部署会。镇党委书记孙华军作动员部署，县委第三巡回指导组组长袁廷春出席并讲话。全体机关干部、各行政村党组织书记、第一书记、两新单位党组织书记、县级部门驻镇基层站所负责人、县党代表出席会议。

【“中化国际杯”2019象山新桥生态马拉松赛举行】 2019年10月19日下午，“中化国际杯”2019象山新桥生态马拉松赛在象山影视城鸣枪起跑，来自国内外的2000余名马拉松爱好者齐聚新桥，以健康奔跑的方式，共享运动狂欢盛会。

表100 **新桥镇2019年行政村经济情况一览表**

村名	户数（户）	人口（人）	水田（公顷）	旱地（公顷）	水产养殖（公顷）	村级资产（万元）	农村经济总收入（万元）	村集体年收入（万元）	书记 主任
合计	8373	27868	1069.1	297.5	693	41676.4	3500.5	1333.8	—
七林湾	231	859	21.67	5.47	3	1847.3	40.7	10.0	卢回兵 张月年
高湾	621	2168	69.07	21.93	7	2451.8	196.0	30.3	陈爱国 陈永会
高塘	307	1016	30	8.6	0	2366.2	112.5	56.6	舒继岳 胡松建

续表100

村 名	户 数（户）	人 口（人）	水 田（公顷）	旱 地（公顷）	水产养殖（公顷）	村级资产（万元）	农村经济总收入（万元）	村集体年收入（万元）	书 记 主 任
东 狮	199	638	14.47	2.27	0	950.7	37.5	16.3	邵升烈 邵升安
石柱里	212	743	14.73	3.2	0	1321.5	40.4	19.8	史济利 励增强
石柱外	190	653	19.93	3.07	0	758.4	301.6	10.0	陈 皓
黄公岙	631	2132	111.27	12.33	13	1793.2	288.8	159.9	邵兴吉 史国平
上 盘	243	801	39.6	4.67	5	1447.7	187.8	132.1	曹善东 俞卫星
灵 岙	195	675	26.53	4.93	24	1228.58	89.153	45.0884	郑其堂 王秀福
上七里	180	667	25.93	2.73	21	1308.6	213.0	10.6	奚坚峰 奚建科
下七里	393	1304	61.47	9.07	35	1962.4	121.9	35.7	陈家明 奚士鲍
黄吉岙	163	582	24.27	2.53	56	920.8	35.7	10.0	林 晨 王阿明
双 岙	90	335	14.87	5.07	7	199.4	30.8	10.0	吴曾财 奚小高
崇 站	70	250	16.4	1.33	30	336.0	43.9	10.1	王平安 叶小发
韩 升	104	341	9.6	4	15	608.6	152.5812	10.4020	宋罗平 史爱芳
海 台	332	1100	39.87	6.67	45	1005.9	80.9	47.6	韩海祥 韩荣林
山 根	367	1261	37.4	4.27	60	1201.5	120.0	83.4	顾德照 顾长苗
井 头	311	1065	28.8	9.33	47	3069.2	192.9	105.1	顾贤丁 顾水源
五 兴	250	862	19.93	11.73	27	899.3	114.1	87.9	郑志江 赵士育
东 溪	894	2794	52.87	131.7	113	3263.2	279.0	104.1	钱勇臻 励跃进
庙前杨	212	712	18.87	5.8	10	545.1	55.6	10.9	韩锡云 杨永水
洋 坑	251	747	25.87	5.93	17	1082.5	68.5	10.4	吴允眺 吴小元

续表100

村名	户数（户）	人口（人）	水田（公顷）	旱地（公顷）	水产养殖（公顷）	村级资产（万元）	农村经济总收入（万元）	村集体年收入（万元）	书记 主任
山头王	218	693	21.27	4.4	10	1392.2	58.8	10.2	王浩成
新桥	157	520	14.8	2.2	2	1052.5	132.8	59.0	葛阿明 林裕平
关头	811	2716	111.53	15.6	39	3865.4	280.0	171.7	史良法 史济代
海丰	194	665	23.13	4.33	40	728.8	71.6	10.0	鲍斯福 叶云明
板岭	276	861	39.27	0.87	37	2635.61	108.8	50.5	陈杏成 陈瑞东
兴海	189	620	15.67	3.47	30	1432.7	43.96	15.1	励小安 龚平

表101　**2019年1—12月新桥镇2000万元以上企业经济指标分析表**

序号	企业	产值				外贸出口交货值			工业销售产值			利润		
		本月	累计	2018年	同比%	累计	2018年	同比%	累计	2018年	同比%	累计	2018年	同比%
1	宁波三耀照明电器有限公司	200.58	2100.31	2003.36	4.84%	—	—	—	2044.64	2003.27	2.1%	224.1	114.9	95.04%
2	宁波托森机械实业有限公司	290.33	3386.84	2935.43	15.38%	3160.82	2833.91	11.5%	3284.84	2857.98	14.9%	100.3	6.1	1544.26%
3	宁波森根服饰有限公司	83.87	2345.99	2612.82	-10.21%	2298.46	2575.52	-10.8%	2298.46	2575.52	-10.8%	-20.8	-17.5	18.86%
4	宁波锦洲食品实业有限公司	1072.60	4627.10	3460.00	33.73%	1134.40	1048.60	8.2%	4627.10	3460.00	33.7%	-58.7	25.6	-329.30%
5	宁波鸿润针织有限公司	300.90	9277.00	11265.70	-17.65%	9277.00	11265.70	-17.7%	9277.00	11265.70	-17.7%	246.6	262.3	-5.99%
6	宁波伟益服饰有限公司	121.50	5825.60	5346.24	8.97%	5825.60	5346.24	9.0%	5825.60	5346.24	9.0%	36.7	15.2	141.45%
7	宁波镭纳涂层技术有限公司	1056.60	3384.80	2966.06	14.12%	0.00	0.00	—	3324.90	2805.22	18.5%	453.5	408.2	11.10%
8	宁波赛德液压件有限公司	165.00	2102.20	2110.00	-0.37%	0.00	0.00	—	2068.00	1830.80	13.0%	69.6	46.2	50.65%
9	象山华益制衣有限公司	514.60	7134.50	5650.10	26.27%	0.00	0.00	—	7134.50	5230.40	36.4%	229.6	94.5	142.96%
10	宁波利德自动化设备制造有限公司	192.27	2041.70	2013.23	1.41%	0.00	0.00	—	1927.98	1896.91	1.6%	104.1	51.1	103.72%

续表101

序号	企业	产值				外贸出口交货值			工业销售产值			利润		
		本月	累计	2018年	同比%	累计	2018年	同比%	累计	2018年	同比%	累计	2018年	同比%
11	浙江钰烯腐蚀控制股份有限公司	3290.40	17106.10	16214.10	5.50%	11701.10	13138.10	-10.9%	15501.90	15040.50	3.1%	956.6	1127.5	-15.16%
12	象山华泰液压有限公司	200.30	2020.10	2106.60	-4.11%	0.00	0.00	—	1900.10	2106.60	-9.8%	1.4	2.1	-33.33%
13	宁波继望锻造有限公司	0.00	912.40	2262.60	-59.67%	0.00	1075.90	-100.0%	792.00	2205.30	-64.1%	0	85.1	-100.00%
14	宁波搏莱电子有限公司	423.30	4621.70	4874.60	-5.19%	0.00	0.00	—	3837.30	4110.70	-6.7%	21.8	46.4	-53.02%
15	浙江继望锻造科技有限公司	513.80	4832.03	3385.80	42.71%	790.70	0.00	—	4220.77	2990.00	41.2%	236.4	76	211.05%
16	宁波众发机械模具有限公司	250.14	2025.32	2126.81	-4.77%	0.00	0.00	—	1399.07	2000.31	-30.1%	8.3	24.8	-66.53%
17	合计	8676.19	73743.69	71333.44	3.38%	34188.08	37283.98	-8.3%	69464.14	67725.44	2.6%	2609.5	2368.5	10.18%

东陈乡

【概况】 东陈乡位于象山半岛中部，县城南郊，东濒大目涂，南接新桥镇，西邻茅洋乡，北连中心城区。辖区总面积56平方千米，海岸线长32千米，现有耕地面积14018.4亩，全乡共有7266户、23002人，下辖20个行政村，乡政府驻地沙岗村。2019年，在县委、县政府的正确领导下，东陈乡围绕建设“重工兴业、产城融合现代化产业新城区”的发展战略，不忘初心、牢记使命，实现经济平稳增长、人居环境改善、人民安居乐业、社会和谐稳定、政治生态风清气正的良好局面。实现地区生产总值76亿元，同比增长16.9%；财政总收入2.07亿元，同比增长6.5%；农渔民人均收入26200元，同比增长9.3%。2019年，获评宁波最佳妇女组织、县“四大攻坚行动”集体三等功、水利“大禹杯”金奖、县老年体育工作先进集体，东陈乡樟岙村验收通过浙江省五星级农村文化礼堂，东陈村、樟岙村获评省民主示范村，上周村获评县十大治水美村，春在江南家庭农场获评“2019象山稻米铜奖”。

【“不忘初心、牢记使命”主题教育】 围绕“守初心、担使命，找差距、抓落实”的总要求，打出主题教育学、查、考、做“四步走”组合拳，设立“集体学堂”“个人学堂”“示范学堂”，开展“初心之旅”，推动学习教育走深走实；实施“青蓝计划”，凝聚青春力量、践行初心使命；推行不忘初心、倾注真心、善聚民心、恪守公心的“四心法”工作，增强自身建设，强化干事创业担当；创新“五张问题清单”管理模式，深化“三服务”，坚持问题导向，分类指导、精准施策，全面整改专项整治问题13个、检视问题29个，开展党员志愿服务、办实事好事达5000余件，把主题教育成效转化为助力东陈发展的强大合力。

【工业经济转型升级实现“二次创业”】 2019年，东陈乡紧抓供给侧结构性改革契机，探索“动力转换、结构转型、效益转变”的工业高质量发展路径。全年实现新能源、新材料、汽车零部件等高新技术产业占比92%，同比提升17个百分点；全乡实现工业总产值46亿元、规上产值33亿元、实缴税金1.27亿元，分别同比增长10.3%、11.1%、16%。实施亲情引商、浙商回归等工程，引进上海交大国金优模轻合金、金瑞包装科技、新能源物流车等重大项目10个，实际利用外资550万美元、内资4.91亿元、浙商回归4.59亿元，分别同比增长5.6%、128.3%、149.5%。强化科创引领，新申报高新技术企业2家、科技“小巨人”企业4家，申报市创新型初创企业10家、县科技型小微企业5家，新增市级工程技术中心1家。深化为企服务，完善党政领导联企服务制度，18名班子成员定向结对73家规上企业、“小升规”重点企业及小微科研企业，累计走访企业1560次，落实子女入学36名，协调解决企业贷款近2亿元，减税降费达4000万元。

【攻坚“109项目”群众工作】“109项目”为县级重点民生实事工程，作为县“109项目”群众工作组的牵头单位，东陈乡先后召开在外知名人士、“两代表一委员”、核心村干部等座谈会11次，约谈东陈籍精英人士、村干部300余人次，了解村集体及村民基本诉求。按照“网格化管理、片区化攻坚”模式划分17个网格，全面摸清1641户6201名群众的个人信息及社会关系，建成“一户一档”。108名乡干部会同126名县派干部、34名村干部组建“正副组长+县派乡派干部+村干部”的17个工作组，全员取消休假，“5+2”“雨+晴”，连续日夜作战200余天，实现“零上访、零炒作、零阻工”目标。

【乡村振兴发展】2019年，东陈乡持续深化乡村振兴三年行动计划，完成环象绿道东陈段、王家兰至东旦农村公路提升改造工程，对照宁波市公厕改造标准完成农村公厕改造6座，改造提升分散式污水处理终端5处，拆新建旦门、王家兰公交候车亭5座，完成全乡39条48千米农村公路日常养护检查工作。完成太阳能阳光房建设，全乡20个行政村实现农村生活垃圾分类全覆盖，完善垃圾清运新模式管理机制。建成AA级景区型村庄1个，创建县级特色村2个、“美丽庭院”示范村3个、县级“美丽庭院”9户，东湾中式传统风貌村个人建房基本完成建设。凝聚县、乡、村三级力量，加快实施三村人居环境提升工程，完成垃圾清理245处4万平方，节点打造76个，动建松岙门户工程、旦门（大湾）岭头环村道路提升工程等项目21个。

【重点工程推进】2019年，东陈乡共有县级重点工程15个、乡级重点工程12个。牵头做好生活垃圾焚烧发电项目群众工作，完成预期目标；宁波锦浪逆变器扩产项目完成土地摘牌，进入前期方案设计阶段；高标准农田建设、71省道东陈连接线、沿海南线滨海大道至金开路拓宽工程等项目完工；东陈流域南堡河段治理工程、中心城区环城西路工程、赛帆创业园配套设施建设等工程扎实推进；大目湾老虎洞复绿工程、象山现代物流园公共服务中心二期工程完成政策处理。沿海南线金井头道路工程竣工；启动旦门菜市场及旦门街立面改造工程；大塔、西庄农村网络公路、东湾安置区市政工程等项目有序实施。全年完成投资18.8亿元，同比增长24.4%。

【专项行动突破】纵深推进“一打三整治”专项行动，开展“千名干部访渔（农）家、一线蹲点三服务”活动，累计召开“三无”渔船、违禁网具清查行动30余次，打击查处“三无”船只17只，清理地笼网1600余顶、串网4800余米、流网700米，完成68艘捕捞渔船统一定位安装。开展安全生产整治“百日大会战”专项行动，实现全乡487家企业排摸检查全覆盖，组织企业安全专题培训25次1256人，开展执法检查24次，责令停产整顿2家、责令停工1家、立案4家，以严格执法倒逼安全责任落实。纵深推进“三改一拆”，结合“两路两侧”“四边三化”等重点工作，完成拆违1.2万平方米，拆后利用率达80.8%。开展农村危旧房治理，完成5户农村危旧房即时解危目标任务，全面守住房屋使用安全底线。

【“人文东陈”建设】以书香东陈建设为引领，建成陈汉章国学馆、家训馆和法制馆，举办第十三届陈汉章读书节。深化道德东陈建设，全面推进樟岙村全国道德模范剪纸馆及网上馆的文化阵地建设，协办市级“清廉乡村”现场会。加强健康东陈建设，参加全县生态运动会、羽协杯等赛事，老年体育工作获评年度县优秀集体奖项。加强文明东陈建设，推荐樟岙村何爱花为“象山好人”，“海风古韵、人文东陈”文明示范线开线。加强文化阵地，新建文化礼堂5个，乡文化体育活动中心工程完成建设。推进婚丧礼俗整治工作长效管理，完善红白理事会机制，营造良好社会风气。

【民生事业发展】统筹做好计生宣传、奖扶和服务工作，提升流动人口服务和管理水平，2019年共出生170人，管理服务流动人口9302人。加强学校安全管理，开展学生接送车、学生餐饮安全工程、暑期学生防溺水等各类专项检查7次。开展健康乡镇建设，推进爱国卫生月活动，落实春夏季除四害工作，完成救护员培训96人次，普及救护知识1400余人次。推进家庭医生契约式服务工作，完成重点人群在签3068人。加强食品药品安全工作，新建农村家宴放心厨房2个、食品药品科普宣传站1个。加大就业扶持力度，新增城镇就业250人，办理就业失业认证192人，灵活就业登记58人，开展城乡劳动力调查11425人，大学生创业调查191家。深化社保扩面提质，完成2020年度城乡居民医疗保险缴费工作，参保居民11890人，成年居民A档参保率达45%，同比增长17个百分点。建立智慧养老综合服务平台，全年新增城乡居民基本养老保险517人。完善新型社会救助体系，开展慈善一日捐活动，维护妇女、儿童、残疾人等弱势群体合法权益。加强退役军人工作，完成退役军人社保接续工作。深化扶贫结对共建，推进山海协作工程，做好与遂昌县石练镇对口帮扶任务，全乡精准扶贫季度考核实现调查率、参保率、核查率“3个100%”。

【构建“平安东陈”】完善“一中心四平台全科网格”运行机制，全乡共办理各类事件5850件，办结率100%。创新“三合说事”模式，组建乡人大代表驻警联络站，发挥乡司法所“一站式”法律服务平台作用，利用“互联网+矛盾调解”新模式调解纠纷107起。规范乡领导信访接访日和首问责任制，落实周五信访例会和领导责任包干，全年受理群众来信来访47件次，均落实办结，妥善化解县级挂牌的信访积案1件。健全东陈安全监管体系，全年累计开展安全生产检查170余次，整治安全隐患2300余处，全年未发生一起重特大安全生产事故。深化扫黑除恶专项斗争，累计排查涉黑涉恶线索 12 条，破获涉黑涉恶案件 3 起，采取刑事强制措施 41 人，查处行政案件 69 起，社会治安面总体稳定向好。

【第十八届人民代表大会第五次会议】 1 月 29 日，东陈乡召开第十八届人民代表大会第五次会议。会议审议通过东陈乡《政府工作报告》《财政报告》和《主席团工作报告》的决议，票决通过实施东湾新村配套工程、高标准农田建设项目等五项民生实事工程。

【乡贤新春恳谈会】 2 月 12 日，东陈乡举行乡贤新春恳谈会，36 名乡贤共叙桑梓之情，共商发展大计。会议听取东陈乡乡贤参事会筹备工作报告，审议通过《东陈乡乡贤理事会章程》，选举吴志定为乡贤理事会会长，凝聚乡贤合力、发挥乡贤作用。

【扫黑除恶专项斗争推进会】 2 月 18 日，东陈乡召开扫黑除恶专项斗争推进会，会上通报全乡“扫黑除恶”工作开展情况，并对 2019 年“扫黑除恶”工作任务进行部署强调。乡党政班子成员、行政村书记、主任、自然村负责人以及驻乡部门负责人参与会议。

【《百年汉章》专题讲座】 2 月 25 日，东陈乡组织全体机关干部学习会，邀请象山县政协社法委主任陈明吉从陈汉章的家世、求学、考职、教授、成就等八个方面作《百年汉章》专题讲座。

【省政协副主席陈铁雄到东陈乡调研民间信仰场所】 3 月 13 日，省政协副主席陈铁雄就推进宗教领域基层社会治理创新工作专题到象山调研，走访东陈乡樟岙村神庆庙，了解民间信仰文化及微型消防站安全工作，并指出要挖掘民间信仰文化，通过开展优秀民间信仰文化活动促进基层社会和谐。

【水法宣传进校园】 3 月 22 日，东陈乡农办走进东陈乡汉章小学开展水法宣传进校园活动。现场通过节水护水知识讲座、观看宣传视频、发放宣传单和宣传册、悬挂水法宣传横幅等方式引导学生树立节水、护水、爱水的环保意识。

【庆“五一”4S 店维修技能大比武】 4 月 23 日，东陈乡总工会联合县汽车城 4S 店协会，组织开展庆“五一”4S 店维修技能大比武，比赛设理论考试和实操项目，12 支代表队、36 名选手同场竞技、一较高下。

【陈汉章国学思想馆开馆】 4 月 28 日，陈汉章国学思想馆在东陈村陈汉章故居举办开馆仪式，现场举行国学开课讲座，为党员党课宣讲先锋队、党员项目攻坚先锋队、党员志愿服务先锋队、党员平安护航先锋队等 10 支队伍授旗。

陈汉章故居开馆仪式上的党员先锋队授旗仪式

【县委书记叶剑鸣实地调研东陈乡经济建设】 6 月 17 日，县委书记叶剑鸣率相关部门负责人在东陈乡调研。调研组一行前后前往东旦村、松岙村、振晨机械制造公司，实地察看了解乡村旅游发展、人居环境提升建设、企业生产规模等情况，并听取东陈乡经济建设各项工作报告。

县委书记叶剑鸣（左四）走访振晨机械制造公司

【东陈乡庆祝中国共产党成立 98 周年大会】 7 月 1 日，东陈乡召开庆祝中国共产党成立 98 周年大会，乡机关全体党员，村、企事业单位党员，机关退休党支部全体党员，新发展党员等共 800 余人参加会议。大会对东陈乡先进基层党组织、优秀共产党员和优秀党务工作者进行表彰，通报东陈乡近三年经济社会建设情况，并召开“不忘初心，砥砺前行”主题党课。

7 月 1 日，东陈乡召开庆祝中国共产党成立 98 周年大会

【善行公益行慈善晚会进东陈】 6 月 30 日，善行乡村公益慈善晚会在东陈乡沙岗村举行。晚会由象山县慈善总会主办，象山县慈善总会义工分会、东陈乡慈善分会承办，东陈乡妇联、文化站、团委协办。东陈乡村民、慈善义工代表、社会各界爱心人士近 500 人共同参与见证。

【2019 年度征兵工作会议】 7 月 8 日，东陈乡召开征兵工作会议，全面部署乡征兵工作。各行政村书记、主任、自然村负责人、民兵连长，东陈乡卫生院院长、东陈中学校长、派出所教导员，全体联村干部参加会议，对 2019 年度征兵工作进行部署，并就相关征兵优抚政策进行详细解读。

【“八一”建军节走访慰问】 7 月 31 日，东陈乡召开“八一”建军节走访慰问动员部署会议。各行政村书记、主任、村退役士军人服务站站长、各自然村负责人及全体联村干部参加会议，并于会后上门入户走访慰问重点优抚对象、因贫因病因残退役军人家庭，向其送去慰问和关怀。

【备战超强台风“利奇马”】 8 月 9 日

12时起，台风“利奇马”的防台应急响应由二级提升至一级，东陈乡第一时间启动应急响应，全体机关干部、工作人员严格按照一级应急预案响应，到岗到位下村防御台风，指导督促各村做好各项防台工作，确保生命财产安全。

台风“利奇马”过后，出现农作物受淹、行道树倾倒、线路受损停电等情况，东陈乡迅速启动灾后自救工作方案，投入灾后清理工作

【人才实习基地建设签约仪式】 9月2日，湖南工学院数理科学与能源工程学院，和宁波锦浪科技新能源有限公司就共建“材料物理专业”实习基地达成合作协议，福达包装、百易东和、金瑞科技等东陈乡辖区的8家企业参加签约仪式，满足人力资源及技术提升需求，提升技能型人才培养质量。

【工业经济工作会议】 9月9日，东陈乡召开全乡工业经济工作会议，总结2018年度全乡工业经济工作，安排2019年工业经济工作的目标任务，重点部署工业经济“百日攻坚”。该乡规上企业负责人、年销售500万元以上及100万美元以上企业负责人，部门负责人，行政村书记，以及乡党政班子成员、各办负责人等参与会议。

【第十八届人民代表大会第六次会议】 9月10日，东陈乡第十八届人民代表大会第六次会议召开，会议审议并通过《2019年东陈乡半年度政府工作报告》、审查通过《东陈乡2019年财政预算半年度执行情况的报告》，依法选举张威明为东陈乡人大主席。

【副县长石坚定赴东陈乡南盘村调研后进村整转工作】 9月21日，副县长石坚定前往东陈乡南盘村调研后进村整转工作，听取南盘村关于后进村整转工作的情况汇报，并结合“不忘初心、牢记使命”主题教育对南盘村的焦点难题和问题进行梳理分析和研究。

【庆祝中华人民共和国成立70周年文艺会演】 9月28日，东陈乡在乡文体活动中心举办“携手跟党走，共筑中国梦”庆祝中华人民共和国成立70周年文艺会演，以良好的文化氛围和东陈风采，迎接新中国70周年华诞。

9月28日，东陈乡在乡文体活动中心举办庆祝中华人民共和国成立70周年文艺会演

【东陈铁军踏上“初心之旅”】 9月29日，东陈乡组织开展主题教育“初心之旅”活动，先后前往象山县党章学堂和东陈村陈汉章故居，追忆烈士事迹，重温入党誓词，乡机关党员干部、各行政村党组织书记、第一书记，两新党组织书记参加活动。

在汉章故居参与“初心之旅”活动的党员合影

【“践行初心、青力青为”微型党课演讲比赛】 10月31日，东陈乡召开“不忘初心、牢记使命”专题党课暨微型党课宣讲比赛，全乡机关干部、工作人员、“第一书记”以及驻乡单位干部等参加会议，县委第六巡回指导组组长许铭，县委宣传部部务成员、象山县精神文明办公室副主任陈金裕到会指导，参赛选手围绕“不忘初心、牢记使命”主题，结合自身工作实际和感悟，展现东陈青年干部的干事决心和热情。

【“助力小微、普惠金融”政银企对接会】 11月19日，东陈乡举行“助力小微、普惠金融”政银企对接会活动，东陈乡人民政府与邮储银行象山支行签订金融服务战略合作协议。通过政府搭台，为企业与银行提供交流对话平台，促进银企互利合作、共谋发展。

【农村生活垃圾分类工作推进会】 11月28日上午，东陈乡召开农村生活垃圾分类工作推进会，对农村生活垃圾分类工作方案及考核办法进行解读，并就近阶段工作要点作出安排和部署。乡全体联村干部，各行政村书记、主任、自然村负责人，村妇联主席，“第一书记”，各基层站所负责人，小区业委会及物业等参加会议。

【第十八届人民代表大会第七次会议】 12月27日，东陈乡第十八届人民代表大会第七次会议胜利召开。会议审议通过《政府工作报告》《财政预算报告》《人大主席团工作报告》的决议，票决通过旦门村双桥街菜市场改建、松岙村后溪坑整治等4项民生实事工程，依法选举李逸楠和史文武为东陈乡副乡长。

新当选副乡长举行宪法宣誓（从左往右依次为农业副乡长史文武、乡长应建宁、发展服务副乡长李逸楠）

（东陈乡　陈怡）

表102　　东陈乡2019年各行政村经济情况一览表

村名	户数	人口	耕地（亩）	村级集体经营性收入（万元）	村级集体经济总收入（万元）	其中 上级拨款（万元）	村级集体资产总额	书记　主任
合计	6660	23095	8959	660	2949	2289	36422.97	—
北山下	74	226	132	25.11	30.53	5.24	779.26	史祖良、仇友福
岳头	641	2291	1395	16.99	46.4	29.23	2196.04	杨东（副书记）、牛赛月
东陈	276	939	450	13.31	113.91	100.52	1384.95	陈增荣、石邦国（村务负责人）
大塔	217	820	610	31.23	87.75	56.197	873.9	武益华、屠国敏
西庄	150	518	80	10.99	30.37	18.71	858.04	胡珂祥、陈海洋
洋里	103	291	16	10.05	41.37	31.18	634.33	陈真民、鲍于力
升岙	116	402	0	10.67	58.64	47.51	558.21	陈国峰（副书记兼主任）
马岗	243	834	98	95.46	148.3	52.74	1222.46	虞幸裕（副书记兼主任）
沙岗	611	2360	750	68.04	496.75	424.27	3626.93	陈挺、朱玲玲
武家山	94	327	307	10.39	35.9	25.42	372.74	武勇、陈祥其
金井头	59	216	172	14.52	30.48	15.59	566.13	陈会祥（副书记）、陈宏
南盘	106	392	179	10.48	96.47	85.49	2610.38	俞志贵、陈奉叶
樟岙	859	2954	1401	54.62	286.05	230.64	4586.61	谢才华、俞建国
南堡	613	1928	1135	31.46	102.81	70.53	2421.44	王世潭、杨培军
松岙	664	2251	605	32.8	705.16	670.60	2911.19	王志瑞、蔡国平（村务负责人）
旦门	959	3184	730	43.06	136.8	91.46	5337.05	杨再宽、李兆明
上周	208	727	289	12.36	92.9	80.24	1001.54	谢定再、周希望
王家兰	109	374	155	11.03	105.92	94.78	635.44	张勇琪、郭福根
东旦	85	291	34	126.02	228.13	101.69	920.28	陈阿苗、励宝玉
红岩	473	1770	421	13.24	74.36	57.07	2926.05	施朝飞、李小飞

晓塘乡

【概况】 晓塘乡地处象山半岛中南部，东邻石浦港，南濒高塘岛乡，西接岳井洋，北连定塘镇。全乡行政区域总面积45.6平方千米，乡政府驻地美礁碶村，距丹城47千米，下辖19个行政村。全乡1.9万人，耕地面积1.9万亩，山林面积1.9万亩。先后获得全国环境优美乡镇、省旅游强乡、县水利“大禹杯”银奖等荣誉，首创党建精品工作“书记账本”项目并推广至全县，2017年、2018年连续工业考核位列C类乡镇第一，被列为2018年度第二批省级小城镇环境综合整治样板。晓塘乡按照“一核一带四瓣”功能布局，全力打造农旅文融合的柑橘小镇，推进“美丽集镇”建设，已建成国家现代农业产业技术示范基地、浙江柑橘研究所实施基地、华东柑橘综合试验站示范基地，邓秀新院士团队专家工作站。

【农业经济】 围绕农业供给侧结构性改革，开展柑橘小镇推进年各项活动，发展“红美人”等精品柑橘产业，全乡实现社会总产值22.15亿元，农业生产总值3.66亿元，农渔民人均收入2.04万元。

【柑橘产业】 编制“省级特色农业强镇”“柑橘种苗产业园”总体规划，确定“一心二带三园”农业产业布局，突出产业核心，走农业标准化、精品化、景区化道路。龙之梦基地建成柑橘展示中心，甬红基地柑橘课堂常态化开班，乡柑橘综合服务中心打通种、产、销、运四个环节，辐射晓塘、定塘乃至全县柑橘农户。精致农业做大做强，建成省级农业领域“机器换人”示范基地，推广嫁接“媛红椪柑”“明日见”等优质种苗10万余株，推广钢制大棚150亩，天作农业打造260亩台湾特色农业休闲观光基地，万木春公司建成100亩标准化脱毒苗圃基地，台湾青柠檬基地完成二次招商。基础设施建设持续完善，新厂村节制闸、胡家峙村水环境整治、西边塘休闲果园渠道改造、后岭村河道护岸整治等工程完工。

【工业经济】 全年实现工业总产值17.42亿元，新增规上企业3家，和信制药产值首次破亿。推进“中国制造2025”，实施“四换三名”工程，高新企业增加值突破1.1亿元。新增高新技术企业1家，复评2家，新增“小巨人”培育企业、县级工程技术中心、县级重大科技攻关项目各1家。晓塘工业区获评浙江省第一批小微企业园，完成二期“三通一平”及配电房建设，园区共实现投产9家，动工建设2家，摘牌入驻3家，三期用地规划及政策处理工作全面启动。

【乡村旅游】 发展乡村旅游，接待县内外游客25.7万人次，同比增长91.8%。引入海之湾户外大本营项目，形成旅游新爆点，有效促进涉旅行业发展，累计带动就业100人次，全乡民宿发展至21家，床位达700余个，环大塘港农业休闲观光带逐步形成。

【美丽乡村建设】 完成青山头“一村万树”示范村、AAA级景区村、月楼A级景区村验收，创建中岙市级示范村、双连峙县级特色村、励家坪美丽宜居示范村。深化城管网格化和环卫常态化管理，启动烂橘专项整治，乡域主要路段、重点区域和农村环境卫生大有改观。开展以桶换桶、源头分类等工作，实现村级垃圾分类培训全覆盖、分类全覆盖，生活垃圾第三方督查排名位居全县前列。交通环境显著改善，推进农村公路、公共绿化、路灯等基础设施养护管理工作，完成大下线中修、三井线大中修工程、茅石线两侧绿化等工程。有效增强村集体造血功能，挖掘村集体经济增收项目19个，雁鹅塘802亩土地旱改水项目完成前期工程，进入招商阶段。实事工程进展，全面完成沈海高速石浦连接线工程政策处理，集镇区农贸市场等美丽集镇收尾工程完工，晓塘综合客运站投入使用。统筹抓好专项工作，全力推进“三改一拆”，累计拆除违法建筑1.02万平方米，扎实开展土地确权、农房确权、“五水共治”等工作，配合做好大塘港水环境提升。

【教育医疗】 加大小学、幼儿园基础设施建设支持力度，引导签约家庭医生2930人次，完成“两癌”筛查523人。本地户籍养老保险参保新增263人次，开展低保、五保救助53户，发放各类救助资金450万元。

【住房、养老保障建设】 建成乡居家养老服务中心，完成危旧房改造11户。

【文化事业】 文化阵地健全，新建文化礼堂3个，举行村村演、“非遗”课堂等活动43场，覆盖群众7000余人次。举办新厂油菜花音乐旅游节、励家坪“四月八”家风日、省生态运动会等文体旅活动20余次。启动“文明家庭”“家风家训”评比活动，弘扬社会主义核心价值观。

【主题教育】 举行“不忘初心、牢记使命”主题教育，各支部累计组织学习147次，开办“红色讲堂”8期，围绕柑橘小镇形成调研报告14个。结合“初心耀橘灯、锋领果乡行”活动，解决群众技术难题180余个，完成重点整治问题20个，化解历史积案4起。“村民说事”提质增效，开展集中说事229次，办结各类事项317件。

【媒体宣传】 截至12月，150余篇稿件分别被中央电视台、人民网、搜狐、新浪、网易、百度、今日头条、浙江电视台、《浙江日报》、浙江广电、宁波电视台、《宁波日报》等市级以上媒体录用。《今日象山》、象山电视台、象山客户端、象山港网站等媒体录用。青山头村党群合力灾后抢救红美人的故事被中央电视台1套《新闻联播》、中央电视台13套综合新闻频道直播报道。第三届象山柑橘文化节暨象山柑橘红美人晓塘乡开园仪式以及晓塘红美人被中央、省市县近20余家媒体争相报道。

【文明创建】 开展小城镇文明行动创建工作，即公益广告提升、环境卫生整治、薄弱村清零、便民中心服务提升、小餐饮店整治、核心价值观宣传等行动。落实环境整治长效机制，每季度开展一次环境卫生督查整改，第一季度16名，第二、三季度12名，第四季度7名。加大文明村培育，创建青山头、中岙省级文明村，里塘村、黄埠村市级文明村，双联峙、新厂村县级文明村。创建青山头、中岙村“四会说四风”示范村及新时代文明实践站，创建月楼村为诚信指数测评示范村，创建青山头婚丧礼俗整治示范村。

【社会保障】 新增低保16户、注销低保户180户，其中104户转残联，62户家庭收入或者赡养人收入超标而退出，13户死亡，低保转五保1户。注销低保边缘户25户，注销五保户的1户(死亡)。乡低保户共有239户、366人。做好五保供养人员、孤儿、困境儿童等保障金发放工作。困境儿童30人，其中2名困难儿童是留守儿童，有1名为孤儿。

【城建工作】 制止违建行为25件，整改未批先建、少批多建12处；累计拆除违法建筑1万余平方米；整治大棚房3处，象山红经济合作社办公楼、月楼湾边甬红基地小木屋、美礁碶村礁头农业设施用地旁违建。完成全乡违建别墅排查、300平方米以上违法建筑筛查等工作。

小城镇环境综合整治9个相关工程竣工，完成审计工作；茅石线（葫芦门隧道至晓城故事家园）道路绿化提升工程、盐三线大修工程、美石抱儿石江环境提升工程、美礁碶集镇区外环市政道路工程4个项目完成二次审计工作并结清工程款；晓塘乡集镇区建筑立面整治工程、三眼碶至做布厂公路工程2个项目正在进行二次审计工作；三眼碶山体景观修复改造工程、三井线、果乐大街白改黑工程、三眼碶农贸市场及集镇区景观节点建设工程3个项目正一审；其余相关强电、弱电排管土建工程、弱电4家运营商上改下、强弱电线梳理等工程也正在进行审计和补办相关手续。

【中共晓塘乡第十三届代表大会第五次会议】 12月31日，召开中共晓塘乡第十三届代表大会第五次会议，孔侠作《抢抓发展机遇，践行初心使命，为加快建设柑橘特色强镇而奋斗》的报告，回顾总结2019年工作，研究部署2020年任务，动员全乡广大党员和干部群众，抢抓发展机遇，践行实干争先，从严治党管党，奋力谱写果乡晓塘壮丽篇章。

【晓塘乡第十九届人民代表大会第七次会议】 2020年1月3日，召开晓塘乡第十九届人民代表大会第七次会议，吴丹作《政府工作报告》，回顾总结2019年工作，研究部署2020年任务。

【安全生产及消防安全工作会】 为确保冬春火灾防控工作和各单位、行业场所的消防安全管理，1月16日，召开安全生产及消防安全工作会。各行政村、企事业单位负责人共70余人参加会议。会议传达《象山县安全生产委员会办公室关于开展2018年今冬明春火灾防控工作的通知》和《象山县安委办关于扎实做好岁末年初及元旦春节安全生产工作的通知》等文件，总结2018年晓塘各企业的安全生产和消防工作情况，完善2019年企业台账资料和现场监督管理。

【入选浙江小城镇环境综合整治省级样本】 1月20日，晓塘乡被省城乡环境整治工作领导小组办公室列入2018年度浙江小城镇环境综合整治省级样本。晓塘乡实施美丽集镇建设，生产美、产业强、生态美、环境优、生活美、家园好的美丽集镇新形象，完成重点建设项目9个，乡便民中心移至乡信用社旁街面只为更便民；在集镇区主街口事故多发地段增设红绿灯、电子警察等科技设备减少事故发生；在葫芦门隧道口打造特色景观，设立柑橘小镇创意迎宾节点，亮化小城镇入口形象等。

【涉海涉渔“平安守护”专项宣传活动】 3月8日，为落实象山县委“千名干部访渔（农）家、一线蹲点三服务”活动，晓塘乡关工委携手晓塘小学开展涉海涉渔“平安守护”专项宣传活动。全校教职工会议传达《从严从重查处船舶安全生产违法行动“铁律十五条”》和《渔业船舶主动干预“一点验二报告六提醒”》，要求班主任通过校训通、短信、微信群向家长进行宣传。

【“2·23”沉船事件】 2月23日13时30分许，浙象渔46102渔船在197海区9小区与一货轮相撞后沉没。船上人员除船主李某和船员吴某被同编组船（浙象渔46085）救起，其他5人都失联。14时左右，县水利和渔业执法大队大队长张生荣指令在石浦港的中国渔政33205船赴出事海域进行搜救。宁波渔政支队派遣渔政船协助搜救，协调附近生产作业的20余艘渔船共同参与搜救。

事故渔船浙象渔46102船长32.2米、型宽6.5米，型深3.05米，功率257千瓦，船舶类型为捕捞船，船舶证书齐全有效。根据《中华人民共和国渔业船员管理办法》规定，浙象渔46102船的职务船员最低配员需有二级船长1名、二级船副1名、二级轮机长1名、二级管轮1名，而浙象渔46102船不具备适任船长和船副。船主李某持有二级轮机长证书和已过期失效的四等船副证书，且四等船副证书即使有效，也不适任驾驶这类船舶。按《浙江省渔港渔业船舶管理条例》规定，职务船员配备不足，尤其是没有适任船长的渔船不准出海。

根据国际海上避碰规则，两艘事故船都存在问题。渔船是自西向东出海作业，货轮是自北往南航行，按相遇规则规定，货轮是让路船，应当避让渔船，而货轮并没有主动采取避让措施。货轮在发现右前方有渔船通过并联系渔船未得到回应，直至发生碰撞危险局面后，仍未采取倒车减速等措施，严重违反避让规则。而渔船则违反避碰规则里的瞭望规定，没有完全利用视觉、听觉，以及GPS、北斗、AIS、雷达等其他一切可以利用的手段来进行瞭望，疏于瞭望甚至未有瞭望导致碰撞发生。两船碰撞之前，渔船应当能发现左前方向来货轮，在货轮没有改变航向航速的情况下，尽管渔船作为直航船，货轮作为让路船，渔船也应当主动采取避让行动，而渔船并没有采取避让。

【晓塘乡“两新”组织党建联盟成立暨“晓学堂”开班】 5月14日，晓塘乡第一期“晓学堂”正式开班。“两新”组织党员和乡机关党员参加开班仪式。

为破解“两新”组织党务人才少、党建活动开展难、场地资金缺乏等难题，晓塘乡打破传统党建工作模式，采取“‘单独’组建，‘兼合式’”管理新工作模式，通过组建“两新”组织党建联盟，成立“晓学堂”，将“两新”组织全体党员组织起来集体进行学习交流，旨在促进“两学一做”学习教育和主题党日活动规范化常态化，增强全体党员组织归属感，更好地发挥“两新”组织党组织的战斗堡垒和党员的先锋模范作用。

（晓塘乡　沈建燕）

表 103　　2019 年晓塘乡社会经济基本情况表

指标名称	计量单位	数量	指标名称	计量单位	数量
一、基本情况	—	—	建筑业企业	个	0
行政区域面积	公顷	4550.0	住宿餐饮业企业	个	0
居民委员会(社区)	个	0	商品交易市场	个	5
村民委员会	个	19	营业面积 50 平方米以上的综合商店或超市	个	12
其中:通公共交通的村	个	18	五、教育、文化、卫生	—	—
通宽带互联网的村	个	19	幼儿园、托儿所	个	1
通有线电视的村	个	19	小学校	所	1
通自来水的村	个	19	小学专任教师	人	27
生活垃圾全部集中处理的村	个	19	小学在校学生	人	222
生活污水全部集中处理的村	个	19	图书馆	个	1
二、人口	—	—	剧场、影剧院	个	0
户籍户数	户	5582	体育场馆	个	1
户籍人口	人	18989	医疗卫生机构	个	10
三、农业	—	—	医疗卫生机构床位	张	14
耕地面积	公顷	1223.0	执业(助理)医师	人	23
耕地灌溉面积	公顷	1223.0	兽医(防疫)技术人员	人	0
农业技术服务机构	个	1	六、社会保障	—	—
农业技术服务机构从业人员	人	2	提供住宿的社会工作机构	个	1
农业企业	个	3	其中:本级政府创办的养老机构	个	1
家庭农场	个	124	提供住宿的社会工作机构床位	张	75
农民专业合作社	个	110	城乡居民基本养老保险参保人数	人	9525
农民专业合作社成员	户	1547	城乡居民基本医疗保险参保人数	人	15311
四、财政、经济、贸易	—	—	城乡居民最低生活保障人数	人	591
一般公共预算收入	万元	4961.6	七、公用事业	—	—
一般公共预算支出	万元	4961.6	自来水用户	户	5444
资产总额	万元	1772.6	管道燃气用户	户	0
债务总额	万元	23900.0	金融机构网点数	个	1
工业企业	个	152	公园及休闲健身广场	个	5
其中:规模以上工业企业	个	19	—	—	—

表 104　　**2019 年晓塘乡行政村经济情况一览表**

村　名	户籍户数（户）	户籍人口（人）	耕地面积（亩）	水产养殖（亩）	渔　船（艘）	村级资产（万元）	村集体收入（万元）	村集体支出（万元）	村书记	村主任
岭头村委会	91	305	398	0	0	373.79	30.99	12.77	洪文明	李国良
支坑村委会	159	497	301	0	0	528.20	64.40	6.39	黄永明	陈　毅
黄埠村委会	353	1155	686	0	1	3261.41	161.64	25.39	张学武	章哲明
后岭村委会	127	395	416	0	1	383.49	60.63	14.36	张海峰	潘行绍
鹤洋村委会	90	339	314	40	0	327.04	58.09	13.81	潘阿生	潘阿生
做布厂村委会	210	719	630	60	0	799.20	75.76	10.82	周来根	黄驰实
中岙村委会	390	1290	1502	0	0	1806.65	338.03	24.72	高良德	陈兆播
中央塊村委会	210	709	889	0	0	2042.45	110.94	27.22	邬学忠	邱永虎
里塘村委会	154	555	639	35	0	684.85	127.04	7.62	麻万清	林国安
新厂村委会	405	1398	1545	73	0	3007.82	129.30	33.00	郑　奋	干则亿
晓塘村委会	432	1460	1377	0	0	2341.57	285.19	93.45	胡庆选	胡富根
励家坪村委会	419	1322	1080	0	0	1520.64	109.99	12.76	潘国民	范存国
双连岭村委会	242	816	1011	90	0	1734.84	139.11	522.54	郭云水	张利文
西边塘村委会	473	1790	1798	133	5	4228.92	256.51	40.66	干中才	黄兴常
美礁碶村委会	324	1181	703	12	0	1376.79	118.45	18.77	潘建定	潘永光
青山头村委会	357	1203	1194	121	0	2285.65	325.33	308.12	蒋秋军	陈振堂
胡家岭村委会	455	1538	1783	0	0	2876.96	90.71	16.59	任加福	徐仁林
月楼村委会	421	1420	1501	168	1	2038.04	292.01	28.86	黄和振	王小友
东浦村委会	270	897	573	0	0	880.75	58.04	23.98	潘国存	练开通

黄避岙乡

【概况】　黄避岙乡因“南宋康王避金南渡至此得救”传说，故得名“王（黄）避岙”，是象山的北部门户乡镇，三面环海，南依西沪港与墙头、西周毗邻，北靠象山港与奉化、鄞州隔港相望，象山港大桥穿乡而过。全乡陆域面积 43.6 平方千米，海岸长 28.6 千米，辖 16 个行政村，人口 1.37 万人。2019 年实现地区生产总值 27.4 亿元；财政总收入 1.14 亿元（去除上级补助海域使用金外为 5543 万元）；全社会固定资产投资 2.9 亿元。

【工业经济】　2019 年完成规上企业产值 36.8 亿元、工业销售额 35.5 亿元、工业利润 4.3 亿元，分别同比增长 47.5%、45.5%、107%，位居工业经济 B 类乡镇第一位。发展质量显著增强，完成工业增加值 9 亿元，同比增长 55.2%，其中高新企业增加值 7.6 亿元，占比 84.5%。平台建设稳步推进，严格落实《黄避岙乡工业发展三年行动计划》，以“大型铸件、新型建材、电动工具、智能制造”为主体的工业格局巩固。

【农业经济】　完成春夏秋季种植面积调查、粮食监测和粮食收购。农业基础设施建设扎实推进，完成谢家、鸭屿高标准农田建设项目验收，建成高标准农田 720 亩。防汛责任体系和水利标准化建设等任务全面完成。农产品安全持续向好，全面实现辖区内畜禽免疫、产地检疫、病死动物无害化处理。严格落实耕地保护制度，“大棚房”整治工作有效开展。土地确权工作稳步推进，完成浅海滩涂确权试点摘牌。

【旅游发展】　研究制定《宁波市“斑斓海岸”文明示范线、美丽乡村风景线规划》，明晰“一线一核多点”布局思路。示范创建取得新进展，创建 2019 年宁波市乡村全域旅游示范区，龙屿景区通过国家 AAA 级景区景观质量专家评审。宣传推广力度加大，赴厦门参加第十二届海峡两岸文化产业博览会，“斑斓海岸”文明示范线成果获中宣部及全国各省市相关领导肯定。设计制作本土文化元素系列文创产品12种，通过电视、广播、报纸、网络等新闻媒介，开展多层次、全方位宣传推介，获得社会各界广泛好评。全年累计接待游客25万人次，带动旅游收入超3000万元。

【民生事业】 2019年五大基本保险新增参保670人次，本地户籍人员养老保险参保率93.1%。营造良好就业创业环境，全年新增就业125人，整体城镇失业率控制在3%以内。黄避岙乡中心小学建成投用，奖教惠师、“平安校园”建设、学生饮食放心工程扎实推进。外宣工作有力开展，全年在中央、省、市级主流媒体刊发我乡相关报道18篇。加强健康教育宣传，完成救护员培训110人次，普及救护知识1400余人次。推进家庭医生契约式服务工作，完成重点人群在签1610人。加强食品药品安全保障力度，新建农村家宴放心厨房1个、食品药品科普宣传站1个，保障人民群众舌尖上的安全。

【村镇建设】 深入开展环境卫生提升年行动，实行“周排名、月督查、季考核”机制，落实属地保洁主体责任，全年累计清理卫生死角240余处、建筑垃圾2000余吨，生活垃圾560余车。深化城管网格化和环卫常态化管理，乡城管执法中队作用发挥，全年教育、取缔流动设摊86起，农村脏、乱、差现象得到有效改观。“四好农村公路”建设全面提速，乡公交场站和自行车骑行道二期项目建成投用。乡公交路网优化，“三高线”以第一名成绩入选市级美丽公路走廊。

【农村改革】 做好农地、宅基地、集体建设用地“三块地”文章，激活农村主体、要素和市场。明确“政府主导、市场协作、社会参与”机制，坚持“招商选商”思路，全年开展专题招商24次，引进、推动南铂度假酒店、北黄医旅、“水调歌头”精品民宿、龙屿七彩滑道、龙岙精品酒店、山海间度假酒店等优质招商项目，总投资6.2亿元。

【平安建设】 高质量完成全国加强乡村治理体系建设工作会议现场参观点建设任务。“平安黄避岙”建设深化，“一中心四平台全科网格”全面提升。全力打好安全生产百日大会战，建立“领导分线、中层分村、党员分网”工作模式，累计排查安全隐患220处，整改完成率95%。加强基层防灾减灾体系建设，防御“利奇马”“米娜”强台风等自然灾害。重视初信初访，全年累计接访群众150批次、460人次，化解重点信访积案10起，确保在全国两会、中华人民共和国成立70周年大庆、中共十九届四中全会、上海进博会等各个重要时期社会大局和谐稳定。

【政府管理】 2019年，聚焦县委县政府、乡党委确定的重大攻坚任务，实行政府工作项目化、清单化、责任化、数字化，在重大项目推进、重大活动护航、重大政策争取上展现奋发有为的拼搏精神。主动自觉接受法律监督、民主监督、社会监督和舆论监督，办理人大建议23件。积极推进依法行政，自觉规范决策程序，严格落实“三重一大”议事规则。深化政务公开工作，做好财政预决算公开。压紧压实政府系统全面从严治党和党风廉政建设主体责任，加强招投标等重点领域制度建设，严格落实中央八项规定精神，从严控制行政成本，“三公”经费同比下降14%。

【黄避岙乡第十八届人民代表大会第五次会议召开】 1月8日上午，黄避岙乡第十八届人民代表大会第五次会议召开。会议听取并审议2018年黄避岙乡人民政府工作报告、审议《黄避岙乡2018年财政预算执行情况和2019年财政预算草案的报告》、听取和审议黄避岙乡人大主席团工作报告、通过辞职决定、表决通过2019年度政府实事工程事项等。

【中国共产党黄避岙乡第十三届代表大会第四次会议召开】 1月16日，中国共产党黄避岙乡第十三届代表大会第四次会议召开，来自全乡各条战线的48名党代表和36名特邀列席人员参加会议。

【召开“千名干部访渔（农）家、一线蹲点三服务”动员大会】 3月11日下午，黄避岙乡组织召开“千名干部访渔（农）家、一线蹲点三服务”活动动员大会，县人大常委会副主任伊珍林、县派工作组、县强基指导组、全体机关干部、村“两委”负责人参加会议。乡党委副书记赖文浩主持会议。

【组织召开2019年农村工作会议】 4月30日上午，黄避岙乡组织召开2019年农村工作会议，乡全体班子成员、机关中层干部、各村党支部书记及村主任参加会议。

【举办第二届“美丽公路杯”自行车绕圈赛暨宁波市首届全民运动会自行车选拔赛】 5月19日，第二届“美丽公路杯”自行车绕圈赛暨宁波市首届全民运动会自行车选拔赛在黄避岙乡塔头旺村举办。

【组织召开纪念中国共产党成立98周年大会】 6月29日上午，黄避岙乡组织全体党员代表召开“不忘初心、牢记使命”——纪念中国共产党成立98周年大会。

【黄避岙乡党委与宁波城市职业技术学院旅游学院党总支签约】 6月30日下午，黄避岙乡党委与宁波城市职业技术学院旅游学院党总支举行党建共建合作发展签约仪式。市委常委、宣传部部长万亚伟，市文化广电旅游局局长张爱琴，宁波城市学院院长史习明，县委常委、宣传部部长罗来兴，宁波旅游学院院长祝志勇，宁波旅游学院党总支书记朱建国，黄避岙乡党委书记董盛益等领导出席会议。

【做好台风"利奇马"防御工作】 8月8日上午，黄避岙乡召开防御"利奇马"台风的紧急会议，迅速启动三级响应，全面部署，实现防台工作的"横向到村，纵向到户"的网格式覆盖。

【黄避岙乡第十八届人民代表大会第六次会议召开】 8月16日上午，黄避岙乡第十八届人民代表大会第六次会议召开。会议的议程有听取并审议2019年黄避岙乡半年度政府工作报告、审议《黄避岙乡2019年上半年财政预算执行情况的报告》、通过辞职决定等。

【"不忘初心、牢记使命"主题教育动员部署会议召开】 9月12日下午，黄避岙乡"不忘初心、牢记使命"主题教育动员部署会议召开，乡党委副书记赖奇鲲在会议上传达县委关于开展"不忘初心、牢记使命"主题教育的实施意见，乡党委书记董盛益在会上发表讲话。

【召开安全生产整治百日大会战工作会议】 10月12日下午，黄避岙乡召开安全生产整治百日大会战工作会议，稳步推进安全生产百日攻坚相关工作，明确部署乡机关干部、各部门、警务站下一步工作内容。

【召开村级巡察工作动员会】 10月21日上午，县委第四巡察组巡察黄避岙乡村级党组织工作动员会议召开。参加会议的对象有党政领导班子、联村干部、"三资"办全体干部和各村村干部。

【组织全体机关干部学习中共十九届四中全会精神】 11月5日，黄避岙乡召开学习贯彻中共十九届四中全会精神专题会议，乡党委书记董盛益主持会议，乡全体机关干部参会学习。

【召开"不忘初心、牢记使命"专题民主生活会】 12月5日，黄避岙乡召开"不忘初心、牢记使命"专题民主生活会。全体党员领导班子成员参与会议、县巡回指导组组长张赛君到会指导、乡党委书记董盛益主持会议。

表105　　**黄避岙乡2019年行政村经济情况一览表**

村　名	户　数（户）	人　口（人）	水　田（亩）	旱　地（亩）	水产养殖（亩）	渔　船（艘）	村级资产（万元）	村集体年收入（万元）	村集体年支出（万元）	书　记	主　任
白屿村	342	1052	8879	39171	146	1	2474.82	149.8	47.8	沈广西	徐振标
兵营村	331	920	464	2234	2	5	1149.08	33.61	11.42	陈先定	—
大林村	311	1317	741	1553	11	0	1643.65	75.31	35.06	徐利兴	林喜千
大斜桥村	437	360	706	5306	7	0	718.45	92.49	33.69	应定玉	谢贤华
高泥村	127	801	322	1648	3	2	3580.3	279.6	19.03	朱中华	钱德所
横里村	259	574	654	3670	5	2	1061.7	74.35	12.62	沈贤松	沈三兴

续表105

村 名	户 数（户）	人 口（人）	水 田（亩）	旱 地（亩）	水产养殖（亩）	渔 船（艘）	村级资产（万元）	村集体年收入（万元）	村集体年支出（万元）	书 记	主 任
横塘村	198	674	293	293	2	0	1199.85	37.44	39.71	陈春根	陈赛华
黄避岙村	249	1498	597	847	8	0	2745.32	51.59	15.3	林 达	竺有武
龙屿村	531	1856	728	5114	10	0	4342.1	127.47	29.61	张伟兴	沈洪建
鲁家岙村	626	526	1802	5279	12	2	1189.91	60.33	12.03	谢国生	陈贺彪
山夹岙村	187	308	378	2898	2	0	783.86	68.06	8.91	张有护	—
塔头旺村	105	532	194	1425	3	0	1975.59	185.26	18.43	周斌权	周斌权
谢家村	181	757	257	859	0	6	1005.38	119.16	47.36	谢秀杰	谢宝能
驿角岙村	265	783	599	1927	6	2	2238.9	114.87	16.99	李达振	邱坚良
鸭屿村	232	599	371	3137	2	0	2043.71	92.53	8.52	李爱定	张林法
周家村	172	584	266	1781	3	0	785.29	77.94	6.65	周成世	张秋霞

（黄避岙乡）

茅洋乡

【概况】 茅洋乡行政区域总面积47平方千米，下辖21个行政村，人口1.5万，拥有耕地面积562公顷，山林3101公顷，滩涂53公顷。2019年，全乡实现社会生产总值34.58亿元，同比增长8.2%；财政总收入1.06亿元；农民人均纯收入22852元，同比增长12.6%。创建省旅游风情小镇、省乡村旅游产业集聚区、省景区乡镇。

【工业经济】 全乡19家规上企业累计实现工业总产值15.8亿元，同比增长15.75%；主营业务收入14.5亿元，同比增长12.4%；实缴税金7083万元，同比增长4.2%。完成工业固定资产投资8108万元。新增规模以上企业2家。开放型经济累计完成外贸自营出口额12.02亿元。招商引资取得突破，实际利用外资510万美元、内资1.48亿元，完成浙商回归资金1.5亿元。引进落户宁波东铸、佩卡、华旸、博思特等项目4个，在谈项目2个。实施创新驱动，加快转型升级，增创市创新型初创企业5家，认定县科技型小微企业5家和县工程技术中心企业、科技型"小巨人"培育企业各1家，新增县级科技项目2项。引进海外11名博士研发团队，研发欧盟认证可穿戴医疗设备。

【农村经济】 全乡农业经济总产值实现11.45亿元，同比增长12.4%。全乡粮食种植面积达4068亩，粮食产量2034吨，完成南充500亩高标准基本农田建设项目。做强做大红美人柑橘产业，新增种植面积600亩，投产400亩，产值达到3000万元，同比增长50%。完成农村土地承包权确权颁证，推行承包经营权流转。白岩下村流转60亩农田，启动美丽田园项目建设。加快传统产业升级，重视区域品牌创建，"野茗红"红茶荣获"浙茶杯"金奖，推出茶叶、苔皮等农副产品特色旅游包装4个。新建农旅产品展示展销中心，并通过省现代农业综合中心认定。

【全域旅游】 全乡游客量达107.35万人次，旅游直接收入1.25亿元，分别同比增长25.4%和25.9%。投资2.5亿元的国际乡野俱乐部项目启动建设，粮站维修加固工程即将竣工验收，白岩下村二期众筹玻璃滑道项目建成运营。民宿产业发展势头向好，新增精品民宿、特色民宿等旅游项目9个，全乡农家客栈增加到106家，床位达到2000余张。深化旅游市场运作机制，蟹钳港旅游公司与中青旅产投等国企、民企组建成立浙江国景文化旅游公司。引入市场化赛事运作模式，举办2019年中国无人机竞速公开赛暨茅洋首届乡村旅游体验周活动，吸引游客7万人，实现旅游收入369.5万元。

【村镇建设】 推进新一轮国土空间利用规划，启动小白岩、文山、白岩下等村多规融合修编。推行"三权分置"和农房确权登记，全乡累计颁发"三权分置"不动产权登记证6本，农户不动产登簿892宗。加快集镇区配套建设，新建公共厕所1座，高速桥下空间利用，建成2个门球场并投入使用。推进市级"农村四好公路"示范创建，镇中路延伸工程全面建成通车，南充村、杨家岙村2条农村公路及盛宁线至山下叶大桥公路路基工程全面完成，溪东线至屠家园公路工程完成政策处理攻坚,施工进度过半。旅游配套设施优化,改造提升农村公厕5座,新建旅游公厕3座,旅游服务中心和田乐园两条入口道路完成提升改造。启动新盛宁线节点小品建设,打造靓丽风景线。分类推进各项创建工作,创建省旅游风情小镇和全市首个浙江省乡村旅游产业集聚区。溪东村通过省AAA级景区村验收,全乡省AAA级景区村总量位列全县第一,山下叶村、大地园村、李家弄村通过省A级景区村验收。郑家庄村通过市级美丽宜居示范村验收,李家弄村完成“一村万树”示范村创建,花墙村实施“一事一议”项目整治提升。观溪美丽河湖创建通过市级部门验收。市级污水零直排区创建通过验收,管溪下游生态闸门项目建设实施。强化生态环保督察整改,全面整治各类环保问题16个。推进“千名干部访渔(农)家、一线蹲点三服务”活动,实施清港行动25次,整改问题35个。荣获宁波市农村生活垃圾分类处理工作示范乡镇称号,新建太阳能阳光房厨余垃圾处理终端配套设施,组建“绿动茅洋”宣讲队,强化垃圾分类宣传。

【民生事业】 教育质量逐步提高,茅洋学校中考象中录取1名,三中录取2名,小学毕业考成绩近十年首次进位县中等水平。县级文明学校和语言文字规范化乡镇创建完成。推进健康茅洋建设,乡卫生院加入县中医院医疗健康集团,推行全专融合门诊服务,契约式家庭医生签约服务人数达到2333人。健康服务能力强化,两癌筛查、孕妇教育、流动人口健康以及生育服务等深入推进。承办全市首条全域文明示范线开线仪式,创建新时代文明实践站及“四会说四风”示范村2个、县级文明村3个、春泥计划实施村1个,台头村通过市级文明村复评。实施文化惠民工程,举办文体活动41次,开展主题教育、垃圾分类、爱国主义教育等基层宣讲活动60余次,增创文化礼堂5个,参加县庆祝中华人民共和国成立70周年歌咏比赛获银奖。婚丧礼俗整治富有成效,郑家庄村通过婚丧礼俗整治示范村创建,全乡无一违规案例。

【社会保障】 社会保险和就业服务扩面增量,新增参保人数422人。救灾、扶贫、济困、助残、救孤、助医、养老等工作有序开展,累计发放各类补助资金353.8万元。完成年度慈善募捐任务,文山村、白岩下村推行慈善“三个一”试点建设。以旅游产业集聚发展,带动居民就业增收,共吸纳解决农村剩余劳动力1500个。推行智慧殡葬改革,提升殡葬服务水平。加强退役军人服务,小白岩村创建规范村级退役军人服务站。

【平安建设】 依托“一中心四平台全科网格”平台,健全矛盾纠纷调处化解联动机制,扎实做好中华人民共和国成立70周年大庆等重要时期社会稳定工作。排查化解较大矛盾纠纷和不稳定因素20起,妥善化解挂牌督办信访积案1起、县级转办初信初访案件3起,初信初访办结率100%。溪东村通过全国民主法治村复评,获得省村社区建设引领村荣誉,台头村完成市级“三治融合”示范村创建。全面攻坚扫黑除恶专项斗争,抓好特定群体管控帮教,严厉打击违法犯罪活动,开展反恐防暴行动。推进反走私专项整治,落实洋岙山村码头整治措施。开展安全生产和消防安全百日大会战活动,对“两小”企业、危化品行业进行大排查大整治,共排摸使用危险化学品生产经营单位30家,发现安全隐患105条,现场立即整改17条,印发限期整改指令书19份。加强食品药品安全监管,开展校园及周边流动摊贩食药安全专项整治,整治提升郑家庄村农村家宴放心厨房。全年上报食品药品隐患107次,查处无证照1家。

【政府管理】 坚持勤政廉政,依法行政,从严治政,深入推进“大走访大调研大攻坚”活动,实施“两强三提高”、服务争效等行动,提高政府治理能力和服务水平。扎实推进“两学一做”学习教育常态化制度化,增强“四个意识”。办理代表议案建议,自觉接受乡人大监督,广泛听取社会各界的意见建议,主动接受舆论监督和社会监督。健全行政决策机制,实行重大行政决策清单制度,完善政务公开和政府信息公开制度,政府执行力得到提升。履行全面从严治党和意识形态“两个责任”,严格执行中央八项规定及“正风肃纪十项规定”,严守规矩,筑牢防线,解决存在的各类四风突出问题。开展“三问三治”作风建设,开展廉政谈话4人,问责干部2人。严格落实“岗位对责、绩效对账”制度,加强干部责任担当,打造“敢为人先、忠诚为民”的茅洋铁军。加大审计监督、行政监察力度,严格债务管理,规范政府投资项目招投标和政府采购程序。强化机关事务管理,规范公务接待,“三公”经费持续降低。扎实推进“清廉村居”建设,农村小微权力运行得到规范。

【宁波市首条全域文明示范线茅洋亮相】 1月3日上午,“山海水乡,心悦茅洋”全域文明示范线启动仪式在茅洋乡银洋村举行,市委宣传部副部长、文明办主任李正平,县领导孙小雄、罗来兴等出席。该线为宁波市第一条全域文明示范线。

【市政协副主席林静国一行赴茅洋乡开展专题调研活动】 3月5日上午10点,市政协副主席、党组副书记林静国一行赴茅洋乡调研村庄梳理式改造相关工作,县政协主席俞骏,茅洋乡党委书记洪海、乡长张冬青及茅洋乡政协联委会成员陪同调研。林静国一行先后到溪东村、文山村调研村庄梳理改造工作,走访参观利用拆后宅基地新建的医疗站、文体场所、居家养老公寓等公共服务设施场所,听取乡、村负责人有关情况介绍。林静国对茅洋村庄梳理改造工作取得成绩给予肯定,并对下一步工作推进提出意见和建议。

【“党建+全域旅游”推动乡村振兴动员会召开】 4月30日上午,茅洋乡召开2019年“党建+全域旅游”助推乡村振兴工作会议。乡全体机关干部,各行政村书记、主任、村监会主任,各部门负责人及受表彰对象参加会议。会议回顾总结2018年度全乡工作情况，明确2019年工作目标任务，并对乡村振兴工作中做出突出贡献的集体和个人进行表彰。

【庆祝中国共产党成立98周年大会召开】 7月1日，茅洋乡召开庆祝中国共产党成立98周年大会，乡全体党员参加会议。会上，全体党员重温入党誓词，洪海书记对6个先进基层党组织和37名优秀共产党员进行表彰，并为茅洋乡“不忘初心、牢记使命”党员宣讲团、乡旅游服务党员志愿队、乡美丽环境党员志愿者队授旗。会议最后，洪海书记围绕“不忘初心、牢记使命”为全体参会人员讲授一堂党课。

【第十八届人民代表大会第六次会议召开】 8月12日，茅洋乡第十八届人民代表大会第六次会议举行。大会审议通过关于乡人民政府半年度工作报告的决议、关于乡半年度财政执行情况及下半年财政预算计划安排的决议。大会对乡建设管理办、茅洋学校、泗洲头派出所3个职能科室和部门开展工作评议测评。

【2019年中国无人机竞速公开赛在茅洋举行】 8月17—18日，2019年中国无人机竞速公开赛在茅洋举行。中共象山县委副书记、政法委书记孙小雄，国家体育总局航管中心运动三部副主任吕洁，浙江省体育局智力运动管理中心副主任林罡，宁波市体育局副局长徐建，象山县人民政府副县长钮晶莹，中共象山县委宣传部副部长钱江等出席开幕式。此次大赛是自2017年以来国内参赛选手最多、参赛选手水平最高的一场公开赛，共83名运动员参赛，最终由14岁飞手夏恒夺冠。2019年中国无人机竞速公开赛（象山茅洋站）暨茅洋首届乡村旅游体验周活动开展期间，全乡接待游客6.92万人次，实现旅游收入369.47万元。

【“不忘初心、牢记使命”主题教育动员部署会召开】 9月12日，茅洋乡召开“不忘初心、牢记使命”主题教育动员部署会，深入学习贯彻上级主题教育工作会议及习近平总书记重要讲话精神，号召全乡各基层党组织和党员干部，把主题教育各项具体任务落到实处。乡党委书记洪海作动员部署，县委“不忘初心、牢记使命”第九巡回指导组副组长周善彪出席并讲话。各行政村党组织负责人、“两新”组织党组织负责人、县级部门驻乡基层站所负责人、县党代表、全体机关干部参加会议。

【生活垃圾分类推进会召开】 9月17日，茅洋乡生活垃圾分类推进会召开，研究部署当前生活垃圾分类工作，并组建成立“绿动茅洋”垃圾分类宣讲团。全乡各村主要负责人、妇联主席、综合事务员及全体机关干部参加会议。会前，全体参会人员在“践行垃圾分类·共建文明茅洋”签名墙上签字承诺。

【宁波市乡村全域旅游示范区建设推进工作会议在茅洋乡召开】 9月24—25日，宁波市乡村全域旅游示范区建设推进会暨三季度旅游经济运行工作汇报会在茅洋召开，茅洋乡等19家市乡村全域旅游示范区（获评、创建、培育单位）所在乡镇主要领导和分管领导，各区县（市）文旅部门工作领导及相关科室负责人，乡村全域旅游示范区指导专家等出席参加会议。会前，与会人员参观考察茅洋乡村全域旅游示范区部分旅游景点景区，实地了解茅洋发展乡村全域旅游做法和举措。

【茅洋乡召开安全生产和消防安全整治百日大会战工作会议】 10月14日，茅洋乡召开安全生产和消防安全整治百日大会战工作部署会议，各企业负责人、各行政村书记、各基层站所负责人及全体联村干部参加会议。

【县委常委、组织部部长范焕平到茅洋乡开展主题教育走乡入村“三服务”活动】 10月17—18日，县委常委、组织部部长范焕平到茅洋乡逐村走访调研，全面开展“不忘初心、牢记使命”主题教育走乡入村深化“三服务”活动。此次调研，主要围绕建强村级基层组织、发展村级经济、狠抓垃圾分类、提档村民说事、注重安全生产等主题开展，乡党委书记洪海陪同。

【茅洋乡管溪美丽河湖通过市级部门创建验收】 10月18日，由市水利局、市“五水办”、农村农业局等相关部门及专家人员组成的验收组，对管溪美丽河湖创建工作进行验收。验收组一致认为，管溪符合美丽河湖创建验收标准，同意通过创建初步验收。

【县委组织部副部长张荣飞为银洋村党员送上“初心党课”】 10月31日，县委组织部张荣飞副部长到茅洋银洋村开展“不忘初心、牢记使命”主题教育专题党课活动，为全村党员送上“初心食粮”，为7名村困难党员和困难群众送上“微心愿”。

【象山县职工环茅洋乡健步走活动举行】 12月15日，以“做深做实全域旅游、扎实推进乡村振兴”为主题的象山县职工环茅洋乡健步走活动举行，吸引全县300余名职工参加。

【创建宁波市首个省级乡村旅游产业集聚区】 12月18日，浙江省旅游发展领导小组印发文件，公布2019年度省级乡村旅游产业集聚区名单，茅洋榜上有名，成为宁波市首个省级乡村旅游产业集聚区。

（茅洋乡　张芝盈）

表 106　　**2019 年茅洋乡社会经济基本情况表**

指　标　名　称	计量单位	数　量	指　标　名　称	计量单位	数　量
一、基本情况	—	—	建筑业企业	个	0
行政区域面积	公顷	4700	住宿餐饮业企业	个	1
居民委员会(社区)	个	0	商品交易市场	个	1
村民委员会	个	21	营业面积 50 平方米以上的综合商店或超市	个	4
其中:通公共交通的村	个	21	五、教育、文化、卫生	—	—
通宽带互联网的村	个	21	幼儿园、托儿所	个	1
通有线电视的村	个	21	小学校	所	1
通自来水的村	个	21	小学专任教师	人	22
生活垃圾全部集中处理的村	个	21	小学在校学生	人	307
生活污水全部集中处理的村	个	21	图书馆	个	2
二、人口	—	—	剧场、影剧院	个	0
户籍户数	户	4328	体育场馆	个	1
户籍人口	人	13614	医疗卫生机构	个	1
三、农业	—	—	医疗卫生机构床位	张	5
耕地面积	公顷	562	执业(助理)医师	人	14
耕地灌溉面积	公顷	562	兽医(防疫)技术人员	人	1
农业技术服务机构	个	2	六、社会保障	—	—
农业技术服务机构从业人员	人	4	提供住宿的社会工作机构	个	3
农业企业	个	0	其中:本级政府创办的养老机构	个	1
家庭农场	个	39	提供住宿的社会工作机构床位	张	146
农民专业合作社	个	35	城乡居民基本养老保险参保人数	人	12211
农民专业合作社成员	户	243	城乡居民基本医疗保险参保人数	人	12586
四、财政、经济、贸易	—	—	城乡居民最低生活保障人数	人	437
一般公共预算收入	万元	7125	七、公用事业	—	—
一般公共预算支出	万元	7125	自来水用户	户	3692
资产总额	万元	34018	管道燃气用户	户	0
债务总额	万元	35466	金融机构网点	个	2
工业企业	个	81	公园及休闲健身广场	个	4
其中:规模以上工业企业	个	22	—	—	—

表 107　　茅洋乡 2019 年行政村经济情况一览表

村　名	户　数（户）	人　口（人）	耕　地（公顷）	林　地（公顷）	村级资产（万元）	村集体年收入（万元）	村集体年支出（万元）	书　记	主　任
南充村	569	1879	42.6	548.06	1924.0643	89.28	11.58	祝彩芳	郑忠明
屠家园村	346	1158	35.8	367.07	1117.18	67.62	15.68	—	屠财孝
溪东村	276	894	48.87	339.4	2498.54	85.15	24.33	石维坚	—
银洋村	110	388	25.3	147.47	1292.26	62.14	17.08	丁道理	周基林
溪口村	506	1637	43.67	124.07	2939.38	140.48	12.42	邓海勇	周怀永
白岩下村	349	1145	37.33	0.67	1232.24	169.31	49.99	胡　凯	—
文山村	242	800	24.87	93.93	1208.7	66.6	27.56	石中于	石伟国
兴坑村	142	503	12	222.4	703.48	34.16	10.24	石士吉	石文根
花墙村	104	324	16.67	99.67	746.499	119.13	309.25	—	顾国建
洋岙山村	116	348	5.2	17.33	813.5	185.35	463.63	何宗林	黄有茂
台头村	272	869	38.93	217.13	1189.85	151.53	62.64	石帮慈	陈兆根
李家弄村	237	620	21.8	139	1482.13	122.57	16.7	陈宝国	李增尧
茅洋村	201	682	33.53	135.87	1415.02	62.03	5.99	石友金	葛兆丙
乌石峧村	108	335	17.06	92.07	714.07	68.64	31.51	朱善忠	鲍斌昶
上缸厂村	68	273	5.2	13.2	398.58	30.81	2.17	章福飞	—
小白岩村	364	1167	63.73	330.53	1469.79	80.46	14.65	周宏贤	鲍春成
郑家庄村	120	408	13.87	46.6	701.051	111.55	9.37	郑敏建	郑振刚
大地园村	129	401	14.67	66.4	618.16	139.64	3.83	周世乐	陈永林
徐家岙村	144	462	16.67	116.33	612.94	83.95	5.79	徐行南	徐惠国
杨家岙村	213	706	28.73	131.4	1167.36	80.94	7.43	应根财	杨善吉
山下叶村	139	452	15.67	36.07	877.65	45.68	8.39	叶守源	叶先祖

高塘岛乡

【概况】 高塘岛乡位于象山县境最南端，西临三门湾，北连中国六大中心渔港之一的石浦港。陆域面积 5280 公顷，分高塘和花岙两岛，其中高塘岛是宁波市第二大岛。海域面积 3820 公顷，共有大小岛礁 52 个。全乡共管辖 18 个行政村、1 个居民区，总人口 21275 人。2019 年，实现地区生产总值 24.5 亿元，增长 7.2%；财政收入 6117.6 万元，实现固定资产投资 2.7 亿元，农渔民人均可支配收入 16920 元。

【工业经济】 经济产值持续提升，2019 年实现规上工业总产值 2.5 亿元，较上一年增长 19.0%，实现规上工业增加值 4150 万元，税收 1200 万元，工业投资 8003 万元，服务业固定资产投资达 1.9 亿元。规模企业稳步增长，新增规上企业 3 家，广天重工全年实现产值 1.3 亿元。对外贸易突破，完成自营进出口额 8.5 亿元，创近三年新高。招商引资势头趋好，全年实到内资 1.4 亿元、浙商回归资金 5000 万元，实到外资 500 万美元，同比增长近 150%。引导企业科技转型，全年投入企业研发费用 470 万元。林氏汽车获批 2019 年度县科技型小微企业和县工程技术中心,营商环境持续优化。

7月17日,浙江广天重工企业经济发展稳定(史建峰　摄)

【农业经济】 全年实现农业生产总值11.2亿元,其中渔业产值8.5亿元,分别同比增长8.7%和5.1%。产业规模集聚,建成高标准农田173.33公顷,新增“红美人”柑橘种植面积80公顷。各类名特优产品产值突破1.4亿元,其中“红美人”柑橘实现亩均产值5.3万元,产量达2750吨。农业经营主体加快培育,全年新增家庭农场45家,同比增长30%。农业保障持续深化,全年完成农业投保381.27公顷,发放赔付保险及惠农补贴750万元。农业水利设施完善,全年投入1250万元,基本建成黄湾海塘三期维修加固工程Ⅰ标,完成直落岙、黄沙岙、高涂岙多处海塘及乌岩江、中心河、中江大河等乡级河道水毁修复。

【集体经济】 因地制宜发展产业经济、美丽经济、合作经济,增强村级集体经济造血功能,全面完成18个村集体经济组织登记赋码,实现村级集体经济创收2011.8万元,同比增长25.7%,经营性收入30万元以上村达10个。

【商贸旅游】 旅游经济持续提升,全年实现旅游总产值1500万元,接待游客15.5万人次,分别同比增长25%和21%。花岙岛生态岛礁建设一期项目累计完成投资7300万元,环岛主干道、香桩岸线整治修复、垃圾无害化处理站等项目完工,天作塘保护与修复项目进入收尾,生态绿道、沙滩修复、实验室自动观测站等项目推进,二期项目启动前期;江南村创建A级景区村。旅游业态加快,潮汐发电站海上艺术中心、“语自在”精品民宿及花岙慢行系统等项目即将动建,高涂岙芸苔田园综合体项目于杭州作为重点项目代表同杭州云彩科技有限公司完成正式签约。以农村宅基地改革为牵引,加快探索“三权分置”改革,大塘里精品民宿项目签订框架协议,农渔家乐及农家客栈运行更加规范。

6月5日,在象山县旅游发展中心二楼会议室,高塘岛乡举办潮汐发电站海上艺术馆及“语自在”精品民宿项目签约仪式(李开馨　摄)

【基建完善】 全年共投入资金1.8亿元,实施城乡建设项目31项,其中动建13项、完成6项,启动前期准备12项。投入852万元,新建上江至蟹礁段、纱帽绿至穿心段、石三线至杏八村等农村网络公路3.7千米,完成道路改造2千米、绿化1千米,创建宁波市“四好农村公路示范乡镇”。加快金高椅及林门二级渔港提升改造、金高椅客运码头、黄湾山矿山治理等工程建设进度,基本完成香桩码头至大塘里、纱帽绿山脚至塘里等6条农村公路前期准备。深化“三改一拆”工作,全年拆除违章建筑43处、1.3公顷,完成“大棚房”整治4处、0.41公顷,消除违法状态。

【集镇环境治理】 结合“美丽庭院”创建工作,加强对陈年垃圾、乱堆乱放等环卫“乱象”的整治力度,人大代表督查作用发挥,村庄整体环境实现较大提升,全县农村环境卫生检查排名明显上升。坚持生态优先,推进“一村万树”“两路两侧”及“四边三化”工程,开展各类造绿添彩活动。深化“五水共治”,完成群英塘压脚河清淤2.2万立方、疏通河道2.4千米;建成江北村、江南村补充片区生活污水处理系统,创建市级“污水零直排区”。聚焦公厕革命、垃圾分类等“关键小事”,高质量新建农村公厕1座、对标改造2座,建成全县首个乡镇级有机废弃物处理站,投放分类配套设施7000余套,三五村、罗元村分别创建省、市级垃圾分类示范村。“美丽乡村示范村”创建有序推进,三五村启动河道提升改造、村口铭牌及庭院打造等项目。

【渔业安全】 贯彻落实“千名干部访渔家,一线蹲点三服务”活动,全面排查在册渔船353艘,做到“乡清、村清、船清、人清”四清要求。完善渔业安全监管体系,夯实渔船管理基础。升级渔业信息指挥中心,引进市渔业互保协会,成立东航渔业公司,落实落细“一点验两报告六提醒”及“定人联船”等管理制度,整改隐患渔船183艘、老旧渔船54艘,完成职务船员培训843人,全面消除“无证上岗”现象。强化海上执法检查,查获“三无”船舶34艘,清剿禁用网具1420顶,全乡获评“平安守护”专项行动县级集体三等功。

3月20日,在林港村老年公寓演出“千名干部访渔家,一线蹲点三服务”文艺晚会(黄银银　摄)

【企业排查】 结合“铸安三号”专项行动,强势开展安全生产和消防安全整治百日大会战,全面排查乡辖“两小”企业、涉危企业及自营商铺等经营主体，完成涉危企立案2起、罚款9.6万元，完成1起市级挂牌督办问题整改。

【获评市级防台先进】 以人民群众生命财产安全为守则，加强自然灾害防范，在台风预警发布后迅速完成水库预泄、渔船避风、人员转移、隐患排除等工作，应对30年来最多的台灾降雨量，完成4次台风防灾抗险工作，获评宁波市防台先进单位。

【推进“百万惠师”】 坚持教育优先，推进教育现代化，优化办学条件，出台“百年大计教育为本百万惠师助创一流”奖励办法，对获得各种先进荣誉的教师，教学成绩突出的教师，辅导学生获奖的教师，论文发表获奖的教师，安心居住海岛的教师将进行奖励，抓好中小学教师队伍建设，2019年共发放“百万惠师”奖金106.4万元。

【民生实事】 教育投入持续加大，投资1436万元的高塘学校教师宿舍楼项目，工程进度快马加鞭，即将建成使用。中考成绩持续突破，象山中学录取13人，普高上线率42%，平均分排名位于全县乡村学校前列。健康服务提质扩面，完成农村妇女免费“两癌”筛查856人次。医共体建设正式落地，医养结合推广。爱国卫生推进，“三减三健”宣传全面覆盖，龙珠、孝贤湾两村参加市级卫生村复评，三五村申报创建市级卫生村。文化事业更加繁荣，新建农村文化礼堂3个，举办文化下乡、节庆民俗等活动25场，海岛书吧、乡综合文化站等文化阵地正式运行。婚丧礼俗新规严格执行，村民精神文明意识增强，高塘学校校长谢振华获评宁波市第六届道德模范及浙江好人，个人事迹获省市级领导肯定。重视历史传承，基本完成乡志初稿编制。推进农业机械化转型升级，全县柑橘产业“机器换人”现场观摩会在高塘岛乡召开。承办县第三届柑橘文化节，开展“红美人”柑橘高塘产地行活动，乐味果业荣获“浙江农业之最”评比双料冠军。

4月2日，位于江北村龙泉路146号的海岛书吧正式开馆营业（史建峰　摄）

【社会保障】 保障社会保险提质扩面，新增社保830人次，社保服务大厅年综合受理量超4500人次，全乡居民社保参保及征缴率达97%。稳步实施全面两孩政策，完成72对夫妇孕前健康查体工作。健全弱势群体救助体系，开展低保、五保救助377户，发放各类低保、优抚、救助扶助款735万元，残联、红十字等事业健康发展，完成村村慈善募捐27.4万元。食品药品安全监管体系完善，完成敬老院阳光厨房及珠溢村农村家宴厨房标准化建设，食品生产小作坊场地脏乱差情况基本制止。

【平安建设】 持续推进“扫黑除恶”专项斗争，全年接警576起，完成刑事立案32起、破获18起，治安立案93起、破获62起，其中核实涉黑涉恶线索6件、查获走私普通货物案件1起，刑拘9人、治安拘留30人，拘留黄赌毒及侵财罪犯共计59人。强化“一中心四平台全科网格”建设，织密覆盖全乡群防群治网络，完成各级两会、全国乡村治理现场会及中华人民共和国成立70周年大庆等重要时期的维稳工作。加大信访化解力度，办理初信初访案件70起，落实重点问题“一案一策”，排查重大不稳定问题2起，化解矛盾纠纷89起，引导司法途径1起。深化海岛说事会制度，打造村民说事2.0版，开展集中说事会296场次、现场说及上门说518次，解决群众身边“小事”600余件，治理水平显著提升。

【法治政府】 坚决维护宪法和法律权威，自觉运用法治思维和法治方式推动工作，把政府活动全面纳入法治轨道。规范政府议事规则和集中决策程序，严格落实“三重一大”制度。推进政务公开，自觉接受人大法律监督、政协民主监督、纪委监委监督和社会舆论监督，全年通过政府门户网、“两微一端”公开各类政府信息321条。

【行政职能】 持续开展“最多跑一次”改革，推行“互联网+政务服务”运作模式，全年办结各类便民服务5000余项，“一次完成率”达97%。深化综合行政执法改革，建立乡渔业执法中队、设立高塘应急管理所、强化城管队伍建设，加强与高塘派出所、鹤浦交警中队及市场监督管理所等部门的联动管理，健全联合执法机制。自觉接受人大监督，执行人大决议、决定，办理人大代表的意见建议。

【廉政建设】 以“政府清廉、干部清正”为目标，严格执行《乡机关工作人员问责办法》《正风肃纪专项整治方案》等制度，出台《关于改进工作作风和严肃工作纪律的通知》，开展党风廉政宣传14次，正风肃纪、中央八项规定执行情况等专项检查28次，通报批评2人、问责2人。围绕“增收节支推进年”活动要求，培植财源税源、强化节支氛围，全年缩减“三公”经费21.7万元，同比下降24.9%，公务接待和政府采购更加规范。

【基层组织建设】 树立“一切工作到支部”的鲜明导向，层层压实党组织书记党建第一责任人职责，开展党组织书记年度述职评议，形成比学超赶的良好氛围。落实“党建争强”三年行动计划，抓好支部规范化建设，完成后进村党组织整转，三五村党支部获评县先进基层党组织。开展村级组织换届回头看工作，清理曾受到刑事处理的村干部2人。严抓党员日常管理和先锋模范作用发挥，实行农村党员“双向十分制”考评制度，表彰乡“初心红榜”优秀党员60人，3名党员获评县优秀共产党员，3名问题党员受党纪处分。

【海上红帆】 以金高椅码头、林港码头为主活动阵地，通过“渔船+渔船”形式，联合成立由45名党员组成的“海上红帆临时支部”，出台有关组织生活、党员亮相、渔民党员激励、渔民人才培养、“双党课”、结对帮扶等6项管理制度。拓展红帆课堂，实现学习无缝对接，强化党性学习，在15艘“党员先锋示范船”设立流动阅览窗，全年累计发放党章、习近平总书记系列讲话等读本资料258份。每月评选“红帆示范船”并承办“一周一会”流动党课，并通过卫星电视进行转播，组织收看各类党建影视资料或直播节目17场次，举办党章知识竞赛和党课学习活动23次，确保出海党员“离港不离学”，构建“海陆双网格”管理服务体系。组织召开“海上红帆”党支部“平安守护”座谈会、林港村船长说事会等活动15次，化解海上区域权属、渔船作业纠纷、渔货销售分红等群体纠纷13件，办理“红帆说事”及渔业“最多跑一次”事项79件，群众回访满意率达100%。“海上红帆”党建工程产生的相关经验在国家及省市级报刊及党建刊物发表推广。

【书记巡诊】 创新推行“书记巡诊”制度，由乡党委书记带领干部利用晚上时间进行组团检视。通过“上级点、同级查、村干部找、老百姓说”等方式，广泛收集社情民意，检视存在问题，共同梳理问题清单，并与村干部面对面交流研究破解办法，能当场解决的问题当场答复解决，不能当场解决的问题限期整改，实现村级治理从“治病”向“保健”转变。9月下旬以来，累计开展“书记巡诊”5个村次，收集村级疑难问题23个，当场指导解决5个，各科室骨干现场领办18个。截至年底，共帮助解决问题6个，夯实基层发展基础，村级“两委”组织力、战斗力和凝聚力显著提升。

【主题教育】 全面落实意识形态工作主体责任，牢牢把握意识形态领域主导权和话语权，多次召开主题教育专题工作会议及领导小组会议，结合实际精心制定《主题教育实施方案》《主题教育工作计划》《高塘岛乡主题教育各支部一周工作提示单》及《主题教育工作进度公示表》。严格落实落细理论中心组学习、周一夜学、入村宣讲等制度，扎实启动“初心之旅”活动20余次，组织志愿服务600余人次，支部书记上党课32人次，交流初心感言500余人次，为群众办实事办好事450余人次，持续推动“不忘初心、牢记使命”主题教育常态化、制度化。

6月28日，在高塘岛乡三楼大会议室，召开庆祝中国共产党成立98周年大会（史建峰　摄）

（高塘岛乡　俞笠）

表108　**2019年高塘岛乡社会经济基本情况表**

指标名称	计量单位	数量	指标名称	计量单位	数量
一、基本情况	—	—	建筑业企业	个	2
行政区域面积	公顷	5280	住宿餐饮业企业	个	3
居民委员会(社区)	个	1	商品交易市场	个	1
村民委员会	个	18	营业面积50平方米以上的综合商店或超市	个	—
其中:通公共交通的村	个	18	五、教育、文化、卫生	—	—
通宽带互联网的村	个	18	幼儿园、托儿所	个	2
通有线电视的村	个	18	小学校	所	1
通自来水的村	个	18	小学专任教师	人	56
生活垃圾全部集中处理的村	个	17	小学在校学生	人	858
生活污水全部集中处理的村	个	18	图书馆	个	1
二、人口	—	—	剧场、影剧院	个	0
户籍户数	户	6358	体育场馆	个	1

续表108

指标名称	计量单位	数量	指标名称	计量单位	数量
户籍人口	人	21275	医疗卫生机构	个	1
三、农业	—	—	医疗卫生机构床位	张	10
耕地面积	公顷	1133.33	执业(助理)医师	人	20
耕地灌溉面积	公顷	630.87	兽医(防疫)技术人员	人	2
农业技术服务机构	个	0	六、社会保障	—	—
农业技术服务机构从业人员	人	0	提供住宿的社会工作机构	个	1
农业企业	个	113	其中:本级政府创办的养老机构	个	0
家庭农场	个	197	提供住宿的社会工作机构床位	张	66
农民专业合作社	个	65	城乡居民基本养老保险参保人数	人	824
农民专业合作社成员	户	260	城乡居民基本医疗保险参保人数	人	11057
四、财政、经济、贸易	—	—	城乡居民最低生活保障人数	人	556
一般公共预算收入	万元	5698.01	七、公用事业	—	—
一般公共预算支出	万元	5698.01	自来水用户	户	6623
资产总额	万元	—	管道燃气用户	户	0
债务总额	万元	53370	金融机构网点	个	2
工业企业	个	90	公园及休闲健身广场	个	1
其中:规模以上工业企业	个	8	—	—	—

表109　　高塘岛乡2019年行政村经济情况一览表

村名	户籍户数(户)	户籍人口(人)	耕地面积(公顷)	水产养殖(公顷)	渔船(艘)	村级资产(万元)	村集体收入(万元)	村集体支出(万元)	村书记	村主任
江北	621	1998	59	33	14	3153.07	484.65	431.56	张贵宝	陈在元
江南	518	1601	50.07	25.67	26	1117.4	582	628.55	周双忠	项国兴
龙珠	280	963	36.2	15.4	18	566.17	118.35	83.27	王阿德	周阿兵
乌岩头	525	1714	119	11	29	375.42	111.75	105.8	郑国根	杨根祥
金高椅	170	531	0	8.33	15	351.99	67.23	51.93	郑先高	张建军
花岙岛	324	1077	7.87	126.33	50	860.93	288.68	185.56	杨法增	赵利明
林港	619	2028	82.33	14.4	85	1190.87	505.19	382.76	段道博	林永明
三五	428	1385	85.67	2.6	18	682.83	266.94	200.99	史久松	江卫
孝贤湾	340	1231	62.13	81.13	9	728.87	66.09	41.11	徐大春	徐大春
杏八	323	1141	102.13	22.53	18	425.89	61.86	62.7	黄信华	项朝明
珠益	476	1591	95.07	53.07	10	572.91	262.65	279.84	徐明月	徐卫弟
渔潭	279	909	37.07	1.87	4	1284.22	134.37	211.83	潘正来	李建友

续表109

村　名	户籍户数（户）	户籍人口（人）	耕地面积（公顷）	水产养殖（公顷）	渔　船（艘）	村级资产（万元）	村集体收入（万元）	村集体支出（万元）	村书记	村主任
纱帽绿	228	832	46.33	12.33	0	2176.83	187.31	995.41	何帮永	李道国
余　江	256	911	59	29.53	8	539.03	87.08	72.23	洪伟国	陈存德
上　江	236	839	57.4	25.53	12	403.97	228.33	152.58	牟爱勤	项先利
中　江	231	795	65.73	18.87	24	616.62	489.31	394.51	张礼广	李贵根
罗　元	216	751	42.87	28.07	12	347.08	83.95	93.06	林兴涛	杨再苗
珠　门	288	978	45.53	42.33	2	656.41	98.89	91.84	葛海滨	郑志明